머리말

필자는 대학 시절 3ds Max 4.x 버전을 통해 3ds Max라는 프로그램을 처음 알게 되었습니다. 그 당시 Splutterfish의 Brazil Render를 사용하면서 렌더링의 묘미를 느꼈고, 머릿속에 떠오르는 이미지를 표현하여 다른 사람과 공유할 수 있다는 매력 때문에 마치 화실에서 처음 연필을 잡았을 때와 같은 설렘을 느낄 수 있었습니다. 그 후로 10년 동안 3ds Max와 함께 많은 일들을 해 왔고, 많은 사람들을 만날 수 있었습니다.

여러분도 필자와 같이 3ds Max와 좋은 인연을 맺게 되기를 바라며, 이 책이 어렵고 복잡해 보이는 3ds Max를 좀 더 쉽고 재미있게 배울 수 있는 계기가 되었으면 좋겠습니다.

이 책의 Part 1~3은 초보 사용자를 위한 3ds Max의 화면 구성과 기본적인 사용법에 대해 다루고 있으며, Part 4~7은 이를 바탕으로 결과물을 얻게 되기까지의 과정에 대해 다루고 있습니다.

예제에서 사용되는 설정들은 특정 결과물에 최적화된 저자의 개인적인 세팅 방법이며, 설정은 작업 상황에 따라 달라질 수 있습니다. 예제를 통해 체험한 여러 기능들을 나만의 노하우로 만들기 위해서는 다양한 작업 상황에 적용해보는 꾸준한 노력이 필요합니다.

이 책을 집필할 수 있도록 많은 도움과 조언을 주신 오렌지페이퍼 이영노 이사님과 최서롱 실장님, 함께하는 동안 많은 가르침을 주신 리즘인터랙티브 이창훈 대표님과 동료들, 3ds Max를 처음 접하게 해주신 정원영 선생님과 JOYCG 안재문 대표님 그리고 인철 형, 항상 나와 함께하는 곽차신권, 친구들, 선배님, 후배님들에게 감사의 마음을 전합니다.

마지막으로 언제나 존재만으로 힘이 되는, 사랑하는 나의 가족과 항상 곁에서 집필을 완료할 수 있도록 배려하며 응원해준 아내 민정에게도 사랑과 감사의 뜻을 전합니다.

저자 신선호

3D Visualizer and Designer
Email : uncover27@naver.com
Blog : uncover27.blog.me

이 책을 보는 법

이 책은 3ds Max에 입문하는 초·중급자들을 위하여 Scanline Rendering, VRay를 활용한 Animation 등을 주요 내용으로 다루고 있습니다. 독자들이 좀 더 쉽고 빠르게 3ds Max의 다양한 기능을 습득할 수 있도록 다음과 같이 구성하였습니다.

- **LESSON** – 각 과정의 핵심 과정을 쉽게 구분할 수 있도록 LESSON 단계로 구성하였습니다.

- **PREVIEW** – 미리보기 화면과 학습 목표를 통해 각 LESSON 과정에서 배우는 핵심을 파악할 수 있도록 하였습니다.

- **tip** – 실무 작업에 필요한 노하우 및 추가 기능에 대해 설명하였습니다.

- **클릭 표시** – 이미지에 클릭 및 지시선을 표시하여 시인성을 높였습니다.

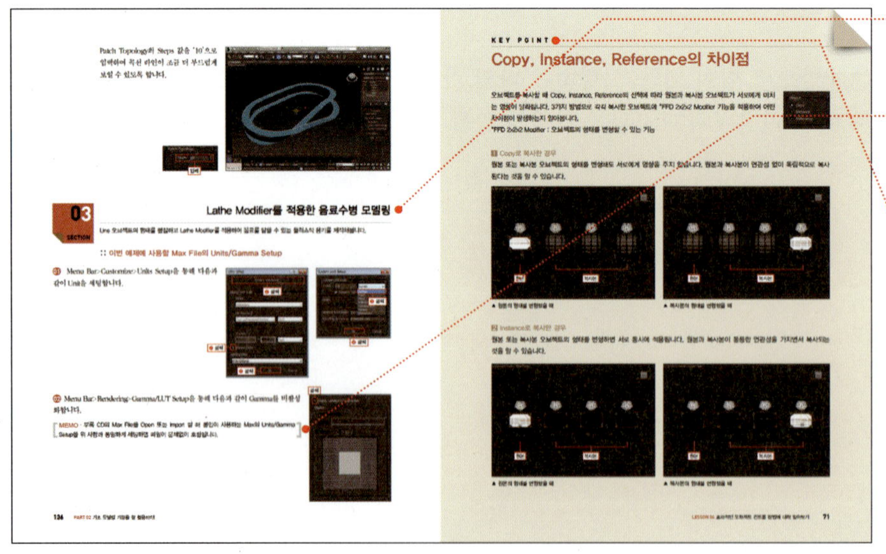

- **SECTION** – LESSON을 세분화하여 과정에 대한 이해도를 높이고자 하였습니다.

- **MEMO** – 주의사항 및 알아두면 좋은 간략한 팁을 수록하였습니다.

- **KEY POINT** – 3ds Max의 주요 기능 외의 추가 기능에 대한 구체적인 설명과 실무 작업에 필요한 노하우를 제시하였습니다.

3ds Max

크리에이티브 3D 모델링의 기초부터 활용까지!

2014

안재문 CEO/JOYCG — www.joycg.com(CG, E-Training)

국내 아티스트가 바쁜 일상 속에서 실무 작업을 공개한다는 것은 결코 쉬운 일이 아닙니다. 이 책은 필자의 작업 과정 속에서 얻은 수많은 노하우를 아낌없이 공개하고 있습니다. 오랜 시간 완성도 있는 집필을 위한 노력이 책의 곳곳에서 보입니다. 3ds Max의 효과적인 Modeling, Lighting, Animation까지의 실무 과정을 엿보고 싶다면 이 책에 그 해답이 있습니다. 이 책은 실무 작업을 하는 데에 있어서 효율적인 작업이 얼마나 중요한지를 일깨워주고 있습니다. 아직까지는 VRay를 이용한 Animation 과정들이 공개되지 않고 있지만, 이 책을 읽고 나면 VRay Animation 작업도 무난히 해낼 수 있으리라 생각합니다. 제가 이 책을 보면서 느낀 저자의 진심이 여러분에게도 전달되기를 바랍니다.

백근림 실장/LEEZM Interactive — www.leezm.co.kr(UX Design)

기초부터 고급 활용까지 이해하기 쉬운 예제들을 활용하여 디테일한 결과물을 만들어가는 과정까지 손쉽게 따라갈 수 있도록 잘 정리되어 있습니다. 많은 실무 경험을 통해야만 알 수 있는 디테일한 노하우들과 고급 활용에 대한 깊이를 엿볼 수 있는 좋은 기회라고 생각합니다.

김현호 실장/AR-studio — www.ar-studio.co.kr(건축 CG)

3ds Max 작업에서 주로 사용되는 기본 기능부터 저자의 실무 경험을 바탕으로 한 모델링 방법, 사실적인 장면 연출을 위한 라이트세팅, High Quality Output을 위한 렌더링 기법 등 다양한 기능을 학습할 수 있는 3ds Max 입문서입니다.

이승호/영상 제작 프리랜서 — www.ssuung.com(Motion Graphics)

오랜 친구이자 같은 3ds Max 사용자인 저자를 알고 지낸 것은 저에게 있어 큰 행운이었습니다. 제가 저자를 통해 얻었던 3ds Max의 매력을 이제는 이 책을 통해 여러 사람이 공감할 수 있다는 점에서 매우 기쁘게 생각합니다. 같은 대상을 표현하더라도 3ds Max의 장점을 최대한 이끌어내 High Quality의 결과물을 만들어 내고 싶은 분들께 이 책을 적극 추천합니다.

한창민 Lighting Lead/Digital IDEA — www.digitalidea.co.kr(영화 VFX)

이 책에서는 좀 더 직관적이고 감각적인 렌더링을 하기 위해서는 어떤 오브젝트를 선택할 것인지, 장소와 카메라 앵글 그리고 조명을 어떻게 다룰 것인지에 대한 저자의 노하우를 배울 수 있습니다.

차례

02 기초 모델링 기능을 잘 활용하자!

P A R T

03 기본 Camera, Light, Material에 대해 알아보고 Scanline 렌더링을 해보자!

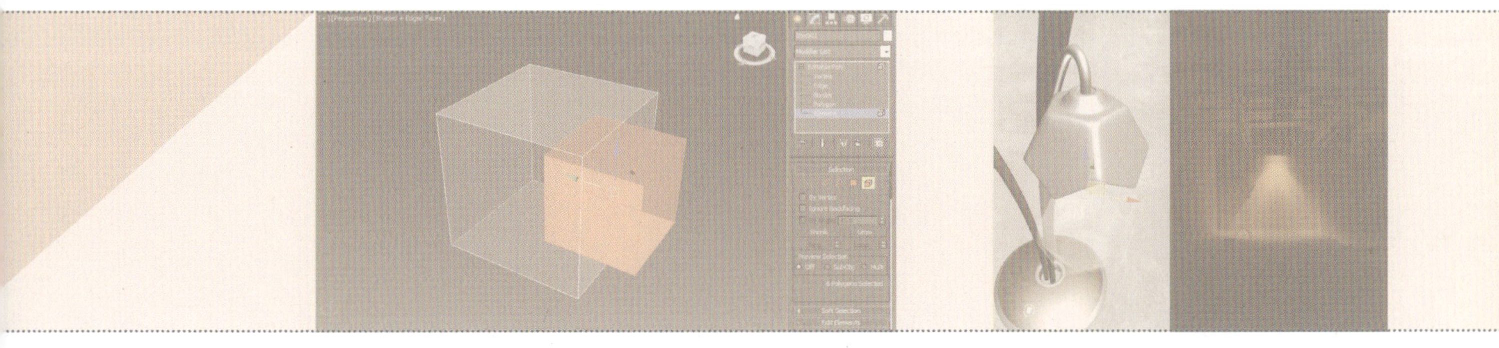

VRayRender를 활용하여
빈티지한 느낌의 실내 공간을 표현해보자!

05 정교한 손목시계를 제작하고 제품의 특징을 사실적으로 보여줄 수 있는 장면을 연출해보자!

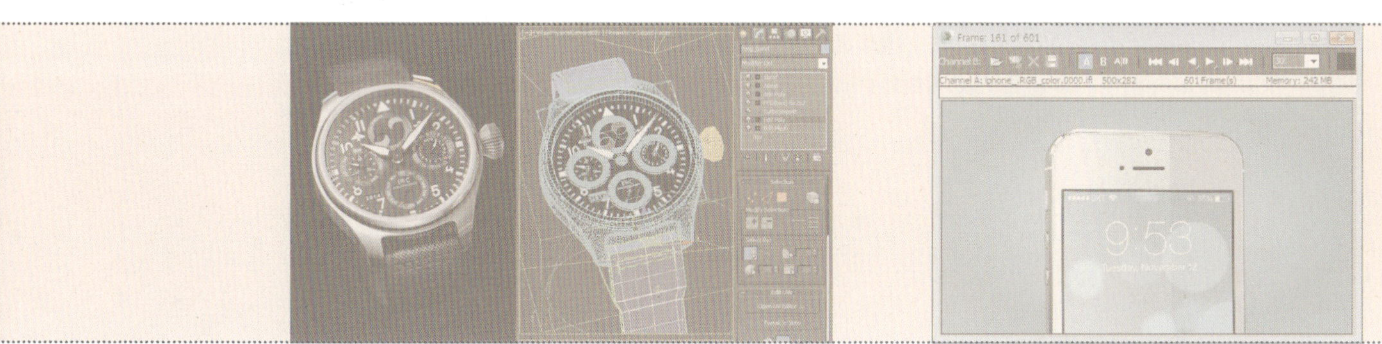

07 VRay의 Caustics에 대해 알아보고 기능을 활용하여 다양한 이미지를 제작해보자!

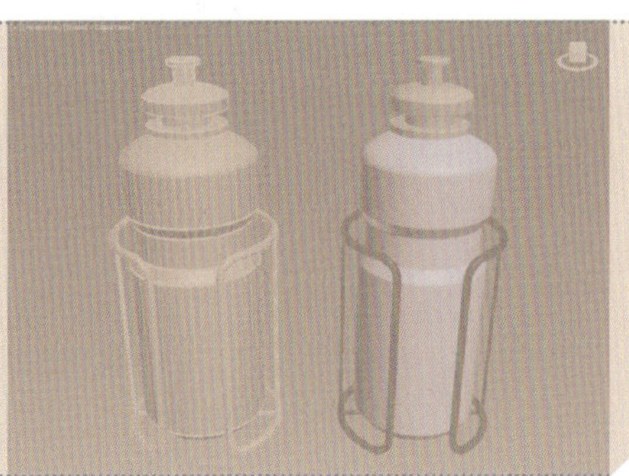

01 PART

3ds Max 2014를 활용하기 위한 준비를 해보자!

3ds Max 2014의 새로운 기능들에 대해 간단히 살펴본 후 프로그램의 주요 화면 구성을 파악하고 Viewport와 오브젝트를 자유롭게 다루기 위한 준비 과정을 알아봅니다.

PART contents

3ds Max 2014의 새로운 기능을 알아보고 설치하기

01

P R E V I E W

Lesson 01 기능 설명 및 설치 관련 이미지 출처 : http://www.autodesk.co.kr

3ds Max의 새로운 버전이 출시되면서 꾸준히 새로운 기능들이 업데이트되고 있습니다. 추가되는 기능들을 모두 알아야 하는 것은 아니지만 3ds Max 사용자들의 필요에 의해 업데이트되는 기능들이므로 이러한 부분들에 대해 알아둔다면 남들보다 효율적인 작업을 할 수 있을 것입니다.

3ds Max 2014의 새로운 기능

Autodesk의 3ds Max는 게임, 영화, 모션 그래픽 아티스트들에게 포괄적 3D 모델링, 애니메이션, 렌더링 및 컴포지팅 솔루션을 제공합니다. 3ds Max 2014에는 군중 생성, 파티클 애니메이션, Perspective Match가 새로 추가되었고 Microsoft® DirectX 11® 셰이더 지원도 도입되었습니다.

:: Search 3ds Max Commands

3ds Max 2014의 기능과 관련된 모든 것들을 검색할 수 있는 검색 필드 기능이 추가되었습니다. 화면 상단의 Main Menu에서 Help>Search 3ds Max Commands을 선택하거나 키보드의 X를 누르면 3ds Max에 검색 필드가 포함된 작은 대화상자가 표시됩니다. 이곳에 문자열을 입력하면 지정한 텍스트가 포함된 명령어 리스트가 대화상자에 표시되어 신속하게 선택하거나 사용할 수 있습니다.

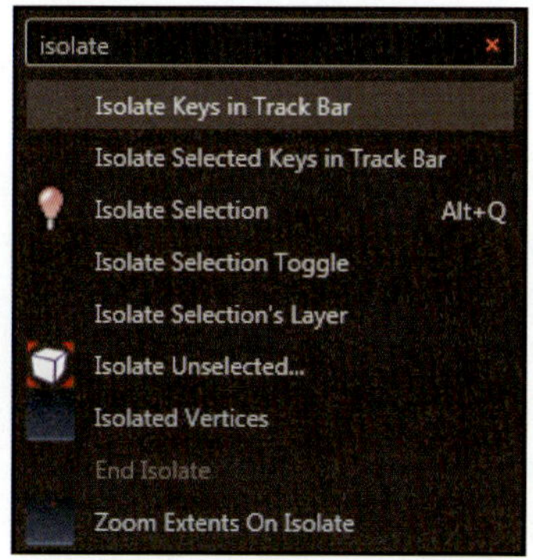

:: Enhanced Menus

기존 Window 규칙을 따르던 Menu Bar에서 아이콘과 함께 표시되는 Enhanced Menu 방식이 추가되었습니다. Enhanced Menu 시스템은 기본 레이아웃의 향상된 구성, 구성 가능한 표시, 관련된 도움말 항목에 연결되는 자세한 툴팁, 드래그 앤 드롭 메뉴 범주 및 키보드에서 메뉴 명령을 검색하는 기능을 특징으로 합니다.

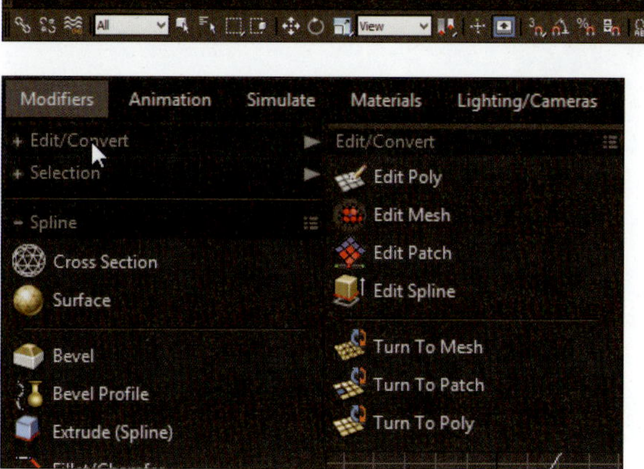

Enhanced Menu에 액세스하려면 신속 접근 도구 막대에서 작업 공간 드롭다운 리스트를 열고 고급 기본 메뉴를 선택해야 합니다.

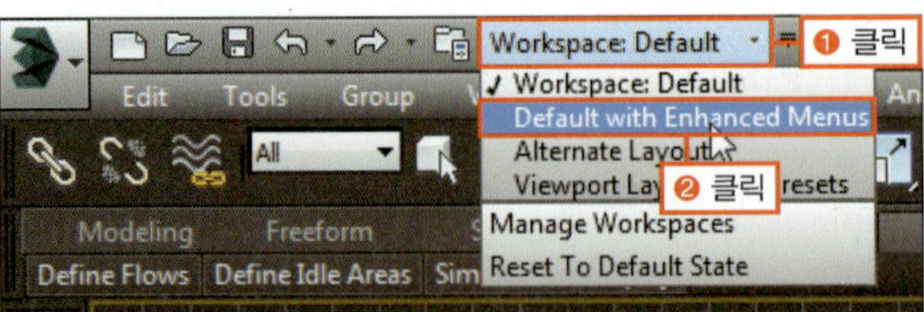

[MEMO · 키보드의 X를 누르고 검색 필드에서 Enhan-
ced Menu를 직접 입력하여 활성화할 수도 있습니다.]

∷ Cycling the Active Viewport

Viewport가 최대화되어 있지 않을 때 Windows 로고 버튼(경우에 따라 "시작"으로 레이블이 지정됨)과 키보드의 Shift 를 함께 누르면 활성 Viewport가 순환됩니다. 하나의 Viewport가 최대화되었을 때 Windows 로고 버튼과 키보드의 Shift 를 함께 누르면 사용할 수 있는 Viewport가 표시되고 이들 사이를 순환할 수 있습니다. 키보드 버튼을 놓으면 선택된 Viewport가 최대화됩니다.

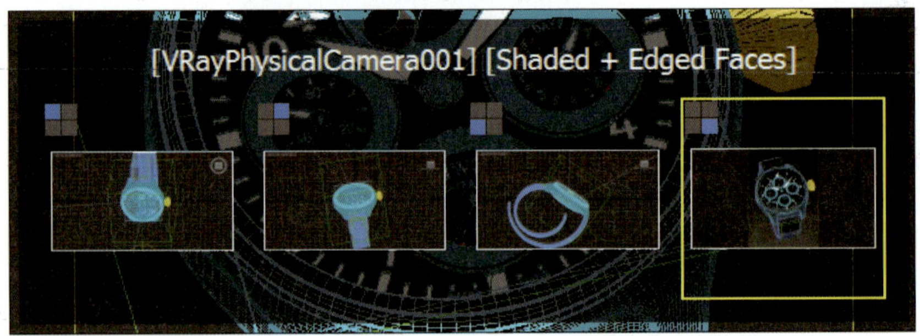

∷ Populate

Populate 기능을 통해 애니메이션된 캐릭터를 장면에 쉽고 빠르게 추가할 수 있습니다. 캐릭터를 지정된 경로나 흐름을 따라 걸어가도록 설정하거나 대기 영역에서 시간을 보내도록 설정할 수도 있습니다. 캐릭터 경로는 사용자 임의대로 간단하거나 복잡하게 조절할 수 있으며 얕은 오르막과 내리막을 포함할 수 있습니다.

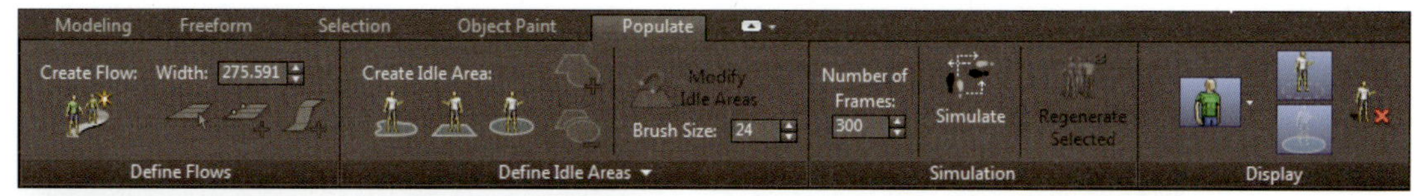

:: Vector Map

Vector 이미지는 아무리 확대시키더라도 해상도가 깨지지 않는다는 장점이 있습니다. 3ds Max 2014에서는 애니메이션을 포함하는 Vector 기반 이미지를 오브젝트의 텍스처로 적용할 수 있습니다. Vector 이미지는 디스플레이 해상도와 독립적으로 적용되며, 다양한 프로그램의 표준이 되는 Vector 그래픽 형식을 지원합니다.

:: Perspective Match

Perspective Match 기능을 통해 아티스트는 대화식으로 장면의 카메라 뷰를 사진 또는 배경에 쓰이는 그림의 투시와 일치시킬 수 있습니다. 아티스트는 이 기능을 사용하여 CG 요소를 스틸 프레임 사진 배경에 쉽게 배치함으로써 인쇄 및 광고 합성에 이상적으로 사용할 수 있습니다.

:: 2D Pan Zoom Mode

2D Pan Zoom Mode를 사용하면 아티스트가 카메라, 스포트라이트 또는 Perspective View를 마치 2차원 이미지처럼, 실제 카메라 또는 라이트 위치(또는 Perspective View의 경우 렌더링 프레임)에 영향을 주지 않고 초점 이동 및 확대·축소할 수 있습니다. 이 옵션은 Perspective Match를 활용하거나 선택 항목에 조밀한 메시를 확대할 때 유용합니다.

:: Auto Backup 중단 기능

3ds Max에서 자동 백업 파일을 저장하는 동안 프롬프트 행에서 해당 효과에 대한 메시지를 표시합니다. 장면이 크고 현 시점에서는 저장하는 데 시간을 소비하고 싶지 않은 경우 키보드의 Esc 를 눌러 저장을 중지할 수 있습니다(장면이 크지 않은 경우에는 프롬프트가 잠깐 동안만 표시됩니다).

:: Nitrous 성능 개선 사항

3ds Max 2014에서 복잡한 장면, CAD 데이터 및 메시 변형에 대한 대화식 성능과 재생 성능이 새 어댑티브 디그러데이션 기술, 텍스처 메모리 관리 향상, 수정자 병렬 계산 및 기타 특정 최적화 추가로 인해 현저하게 개선되었습니다.

Nitrous Viewport가 성능 속도를 향상하기 위해 여러 가지로 업데이트되었습니다.

- 파티클 흐름 재생 성능 향상
- 장면에 다수의 인스턴스화된 오브젝트가 포함된 경우 성능 향상
- AutoCAD 파일에서 성능 향상
- 스킨 오브젝트에 대한 재생 성능 향상
- 텍스처 관리 향상
- 와이어프레임 표시에서의 뒷면 발췌

:: Direct3D 11 지원

이제 아티스트는 3ds Max 2014에서 DX 11 셰이더에 대한 새 지원으로, Microsoft® DirectX® 11의 기능을 이용하여 보다 짧은 시간 안에 고품질 자산 및 이미지를 만들고 편집할 수 있습니다. 또한 새 API는 HLSL(High Level Shading Language)이 지원되는 3ds Max에서 DirectX 11 기능을 제공합니다.

이제 Windows 7 시스템에서 Nitrous Viewport가 Direct3D 11을 사용할 수 있습니다.

Windows XP 사용자는 Nitrous Direct3D 9 드라이버를 계속 사용할 수 있습니다. 그래픽 가속이 없는 Windows 7 시스템에서도 Nitrous 소프트웨어 드라이버를 사용할 수 있습니다. 이러한 변경 사항을 반영하기 위해 디스플레이 드라이버 선택 대화상자가 업데이트되었습니다.

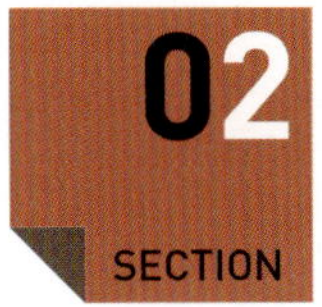

3ds Max 2014 설치를 위한 시스템 사양

3ds Max를 정상적으로 설치하고 사용하기 위한 시스템 권장 사양에 대해 알아봅니다.

:: Windows용 64비트 3ds Max 2014 또는 3ds Max Design 2014의 시스템 요구 사항

3ds Max 2014는 64비트 운영 체제에서 지원되며, 최소한 다음과 같은 64비트 사양의 시스템을 필요로 하고 있습니다.

- Windows® 8 또는 Windows® 7 64비트 Professional 운영 체제
- 64 비트 Intel 또는 AMD 다중 코어 프로세서
- 최소 4GB RAM(8GB 권장)

• 설치용 4.5 GB 하드 드라이브 여유 공간

• 3 버튼 마우스

• 최신 버전의 Microsoft® Internet Explorer®, Apple® Safari 또는 Mozilla® Firefox 웹 브라우저

• 권장되는 시스템 및 그래픽 카드를 다음 링크에서 자세히 알아볼 수 있습니다.

권장 하드웨어 마법사 : http://usa.autodesk.com/adsk/servlet/syscert?id=18844534&siteID=123112

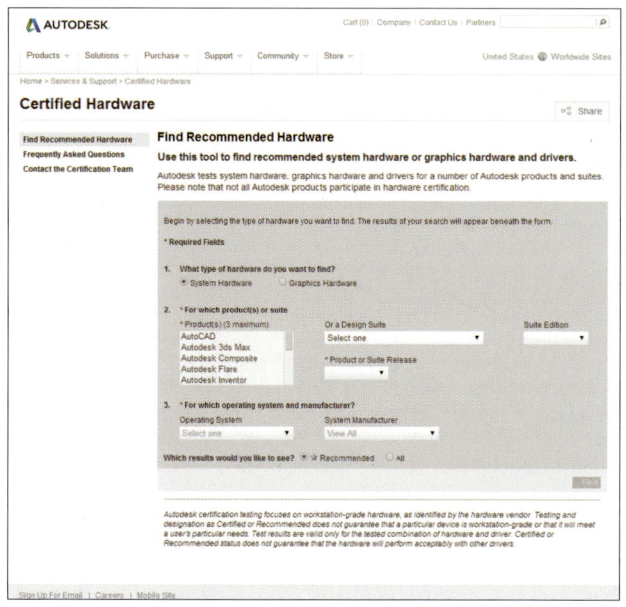

3ds Max 2014 설치 및 시작하기

03
SECTION

오토데스크에서 제공하는 무료 체험판 3ds Max 2014를 다운로드한 후 설치하는 방법에 대해 알아봅니다.

:: 3ds Max 2014 무료 체험판 다운로드

오토데스크 사 공식 웹 사이트(http://www.autodesk.co.kr)의 상단 메뉴에서 제품>3ds Max를 선택합니다.

3ds Max 메인 페이지에서 [무료 체험판]을 클릭하여 다음 페이지로 이동합니다. 체험판 다운로드에서 설치를 위한 언어와 운영체제를 선택하고 동의 항목에 체크한 후 [지금 설치] 버튼을 클릭하면 설치 진행을 위한 새로운 창이 팝업됩니다.

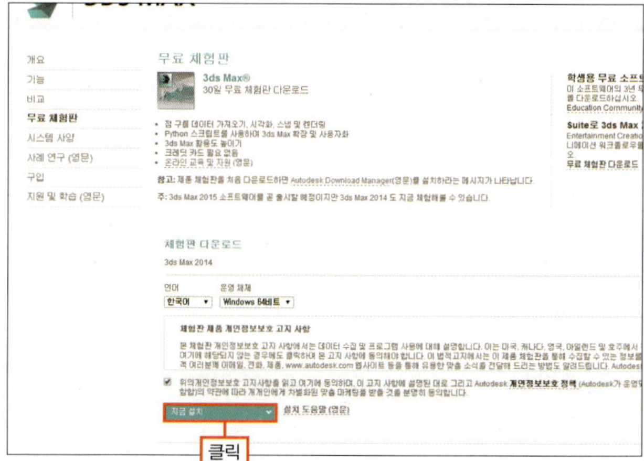

'동의함'을 클릭한 후 [설치] 버튼을 클릭하면 설치 파일을 다운로드할 수 있습니다. 아이콘을 더블클릭하여 설치를 진행합니다.

Autodesk_3ds_Max_2014_EFGJKS_Win_64bit_wi_ko-KR_Setup

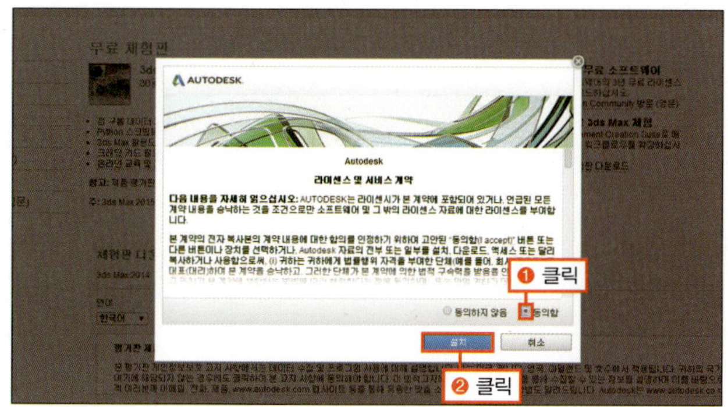
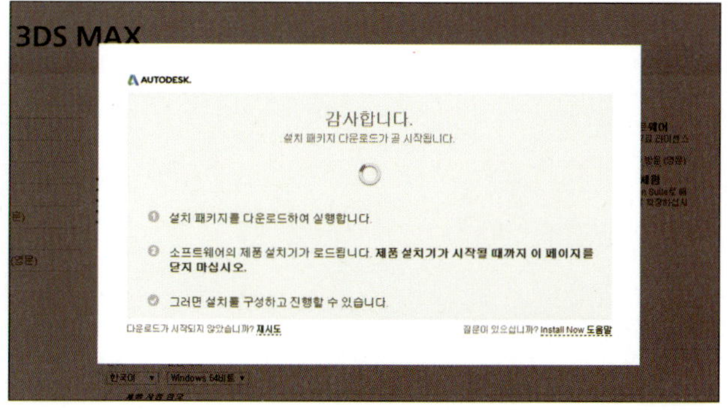

:: 3ds Max 2014 설치

[설치] 버튼을 클릭하여 다음 페이지로 이동한 후 '30일 동안 이 제품을 시험 사용합니다'를 선택하고 [다음] 버튼을 클릭합니다.

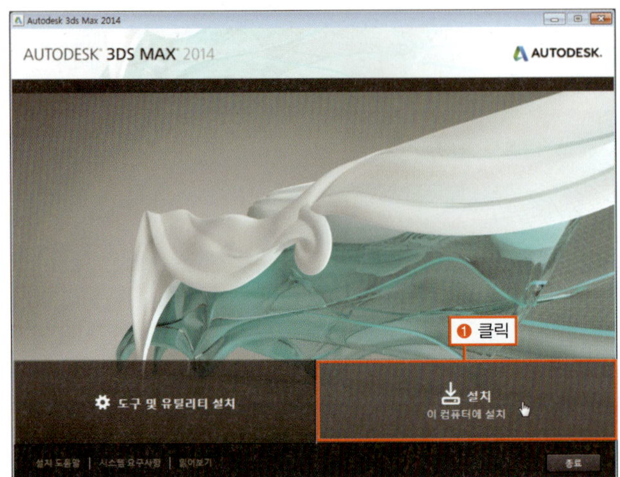

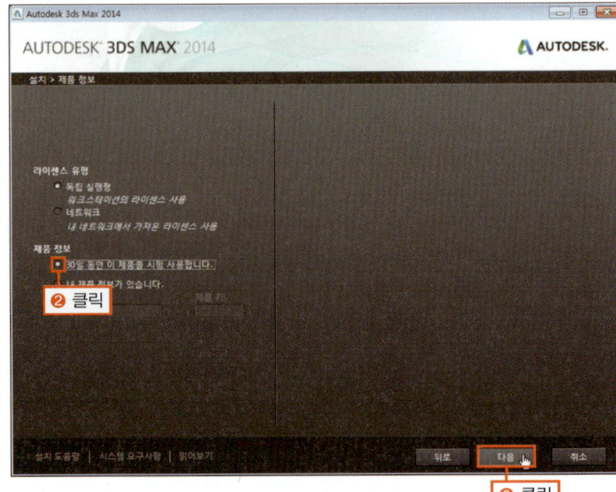

프로그램이 설치될 경로를 확인한 후 [설치] 버튼을 클릭합니다.

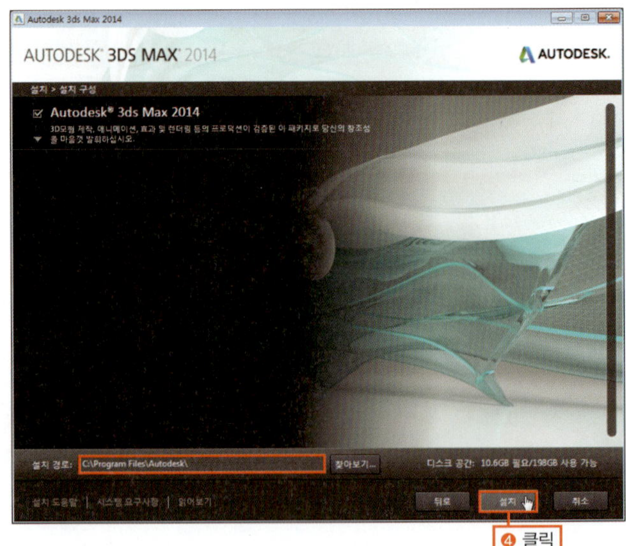

설치를 위한 다운로드 및 설치 과정이 몇 분 정도 진행됩니다. 설치가 완료되면 [마침] 버튼을 눌러
종료합니다.

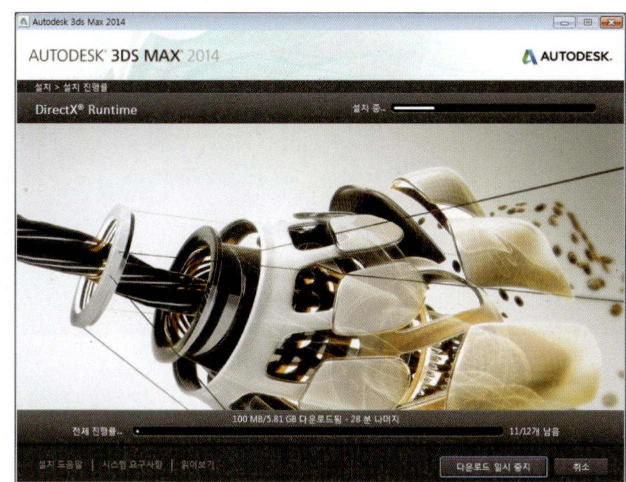

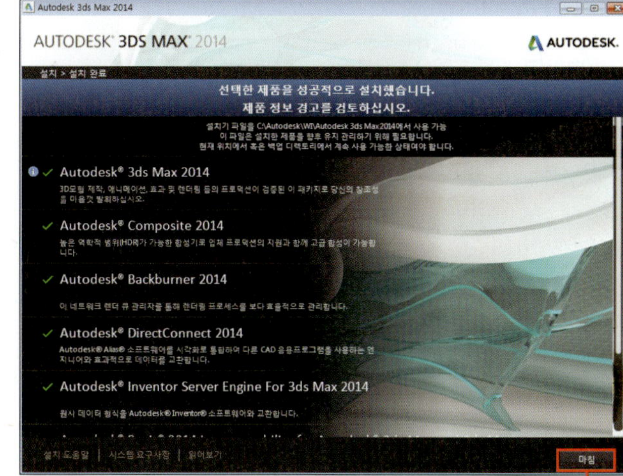

바탕화면에 생성된 아이콘을 클릭하여 3ds Max 2014를 실행합니다. 3ds Max
2014 실행 화면이 나타납니다.

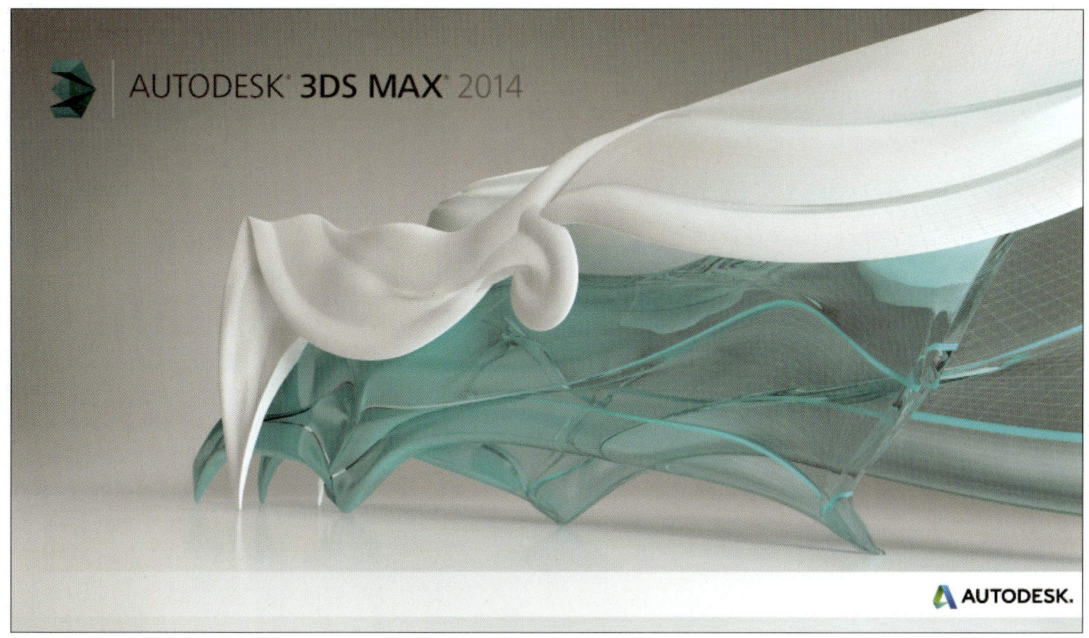

Autodesk Privacy Statement 창이 팝업되면 항목에 체크한 후 [I Agree] 버튼을 클릭합니다. 팝업되는 창에서 [Try] 버튼을 선택하면 30일 동안 '무료 체험판'을 사용할 수 있습니다. 정품 인증을 등록한 후 사용하려면 [Activate] 버튼을 클릭하고 부여받은 인증 코드를 입력하면 됩니다.

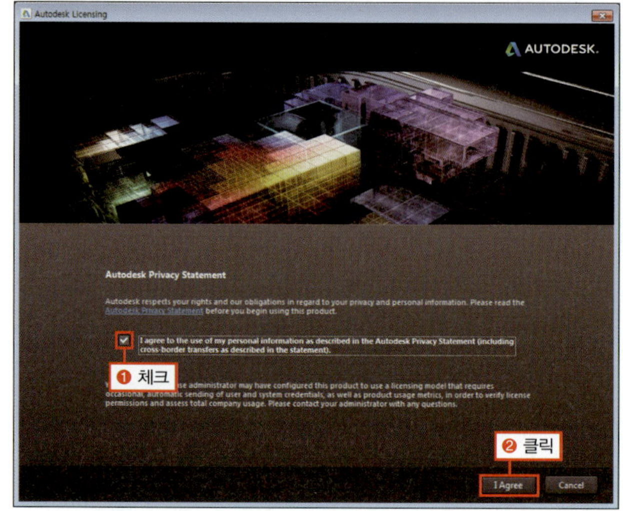

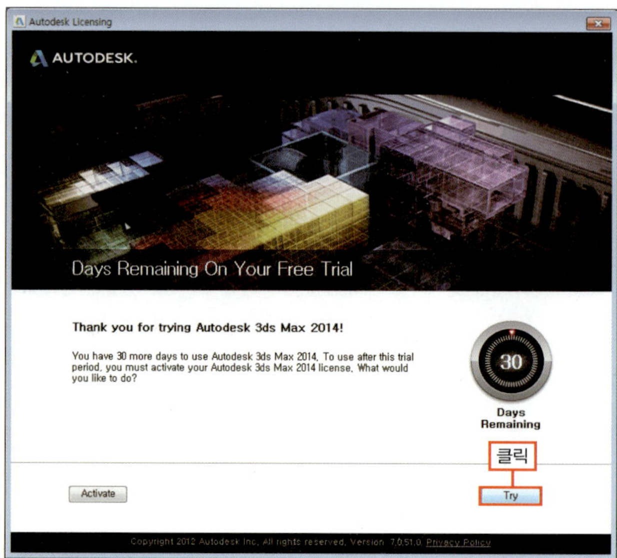

∷ 3ds Max 2014 실행하고 파일 열어보기

1 Welcome to 3ds Max

바탕화면의 아이콘을 더블클릭하여 3ds Max 2014를 실행합니다. 3ds Max 2014가 실행되면 첫 화면에 Welcome to 3ds Max 창이 팝업됩니다. 이곳에서 Max의 기본적인 기능을 다룬 동영상을 감상하거나, 파일을 열거나, 최근에 열었던 파일들을 빠르게 선택할 수 있습니다. [Close] 버튼을 클릭하여 Welcome to 3ds Max 창을 닫습니다.

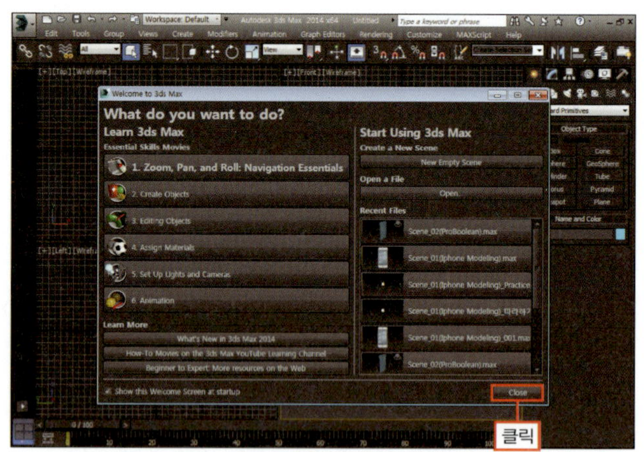

❷ Max 파일 열어보기

다음과 같이 클릭하여 부록 CD의 Part 01>Lesson 03 폴더에
서 'Scene_01(Viewport Control).max' 파일을 불러옵니다.

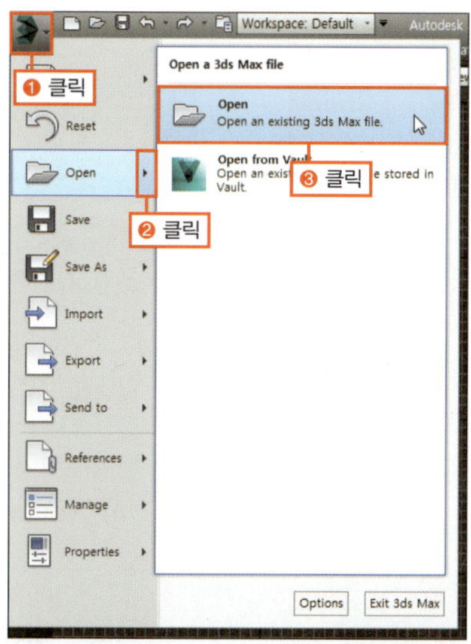

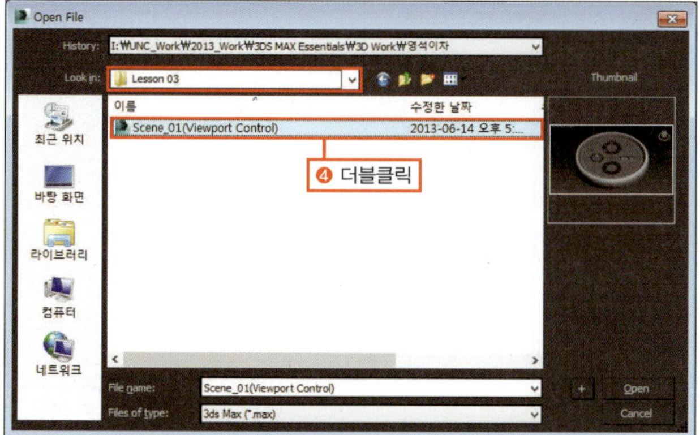

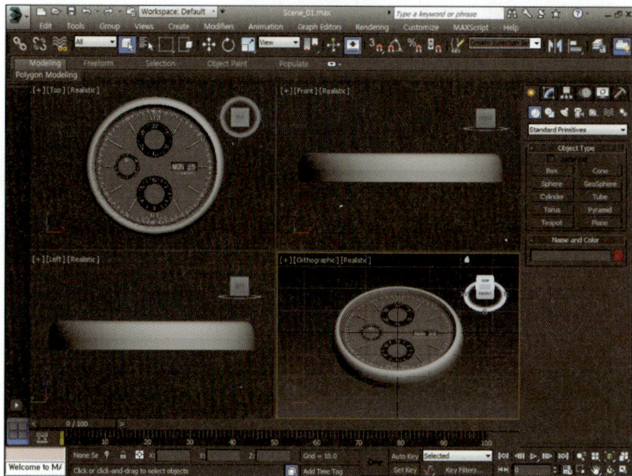

단위 설정이 맞지 않을 경우 다음과 같은 창이 팝업될 수
있습니다. 이때는 'Adopt the File's Unit Scale?'에 체크되
어 있는지 확인하고 [OK] 버튼을 클릭합니다. System의
단위 설정이 불러온 파일을 기준으로 변경됩니다.

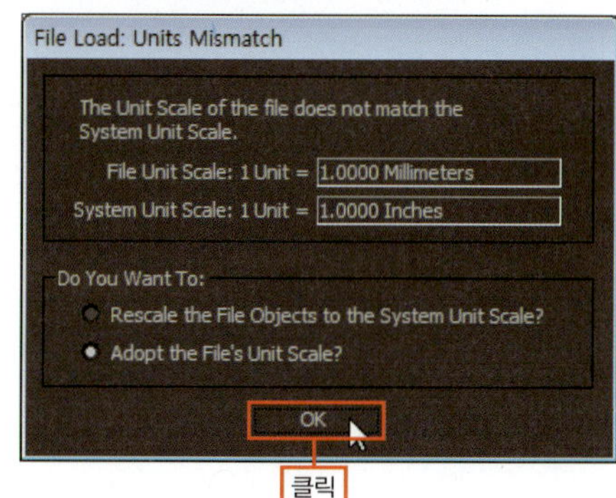

오토데스크 사 공식 사이트(http://www.autodesk.co.kr)에서는 3ds Max 2014 버전의 오류 및 버그에 대한 업데이트가 지속적으로 이루어지고 있습니다. 따라서 주기적으로 사이트를 방문하여 최신 버전의 Updates & Service Packs을 설치하는 것이 좋습니다.

[**MEMO** · Updates & Service Packs을 설치할 때는 반드시 3ds Max를 종료한 후에 진행해야 합니다.]

∷ 3ds Max 2014 Service Pack 다운로드

http://www.autodesk.co.kr의 3ds Max 메인 페이지에서 [지원 및 학습]을 선택하고 Overview 페이지에서 [Downloads]를 클릭합니다.

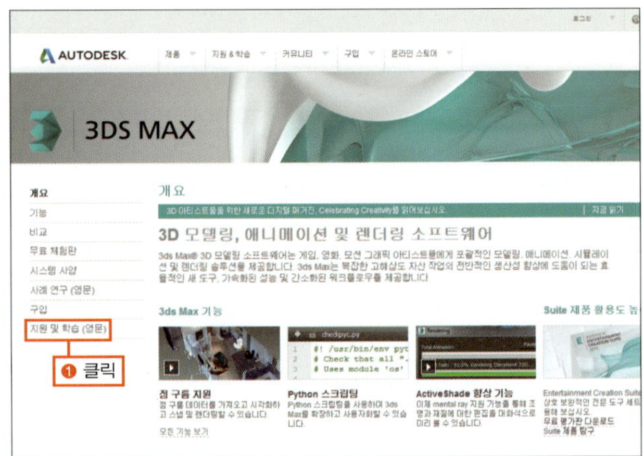

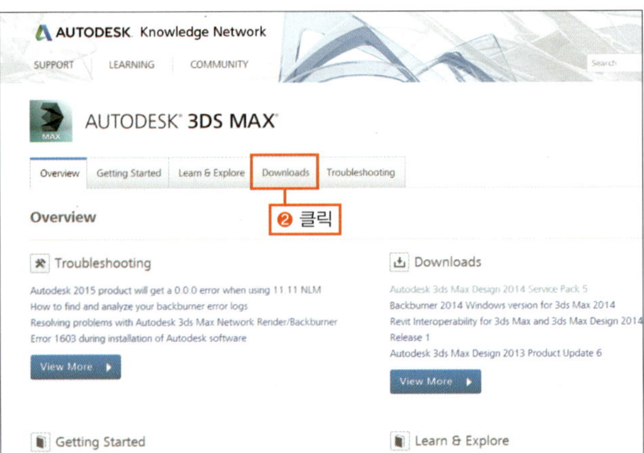

Download 페이지에서 Autodesk 3ds Max 2014 Service Pack 5를 선택합니다.

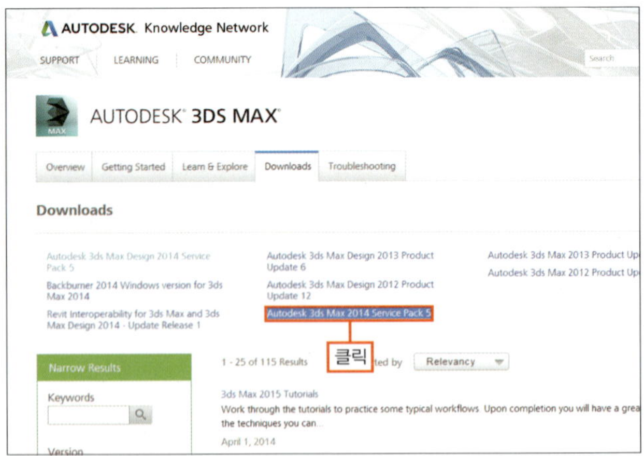

Autodesk 3ds Max 2014의 최신 Service
Pack을 선택하여 설치 파일을 다운로드
합니다.

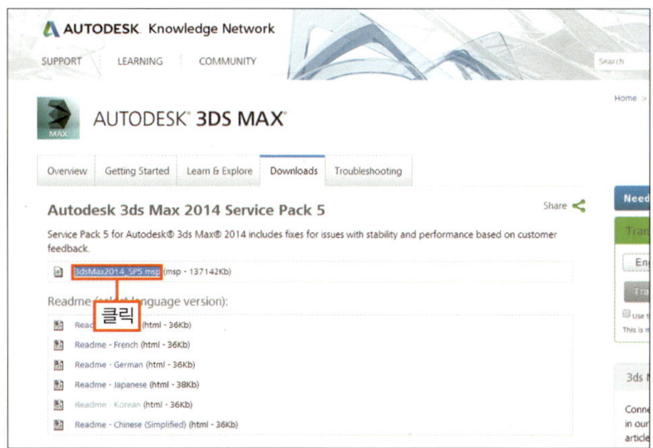

:: 3ds Max 2014 Service Pack 설치

3ds Max 2014 프로그램이 꺼져 있는지 확인하고 다운로드한 파일
을 더블클릭하여 설치를 시작합니다.

3ds Max 2014 Service Pack이 설치되는 데에는 약간의 시간이 소요됩니다. [Next] 버튼을 클릭하여
Update를 실행합니다.

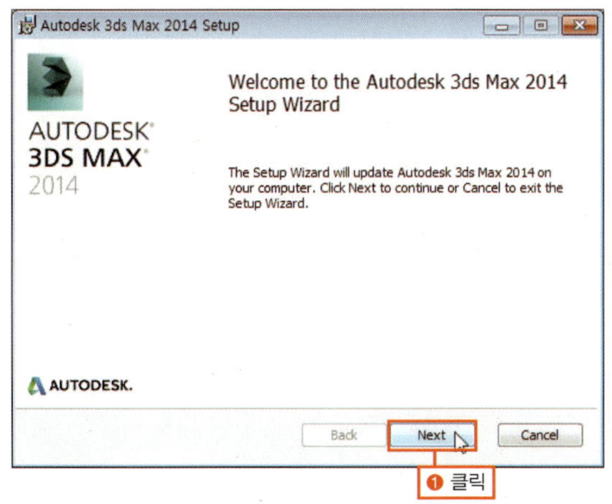

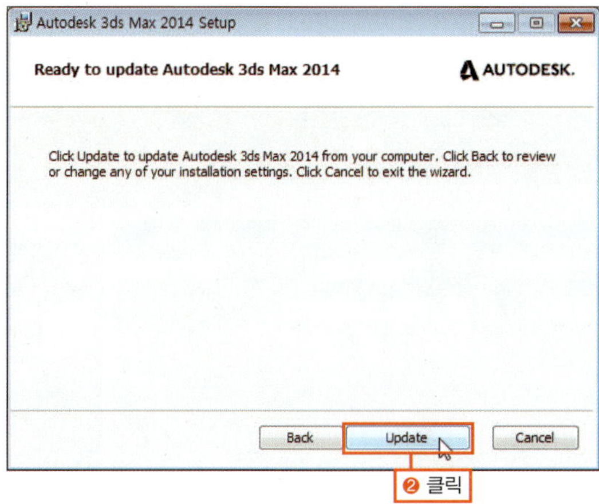

설치 진행 과정이 모두 끝나면 [Finish] 버튼을 클릭하여 Service Pack 설치를 완료합니다.

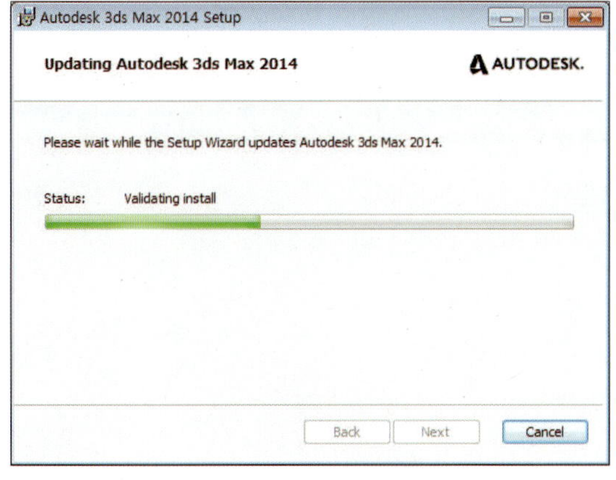

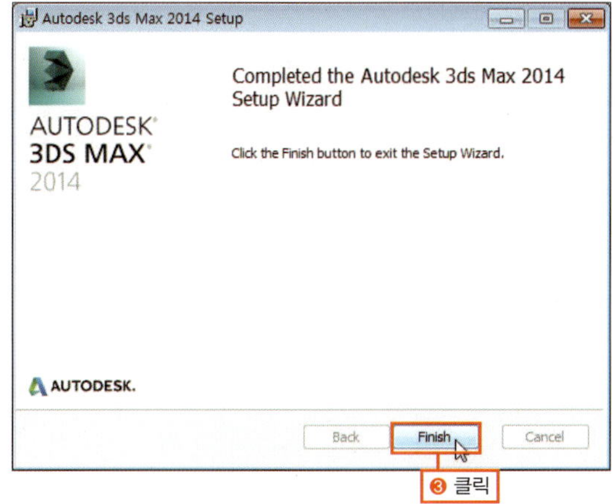

3ds Max 2014의
화면 구성에 대해 알아보기

02

P R E V I E W

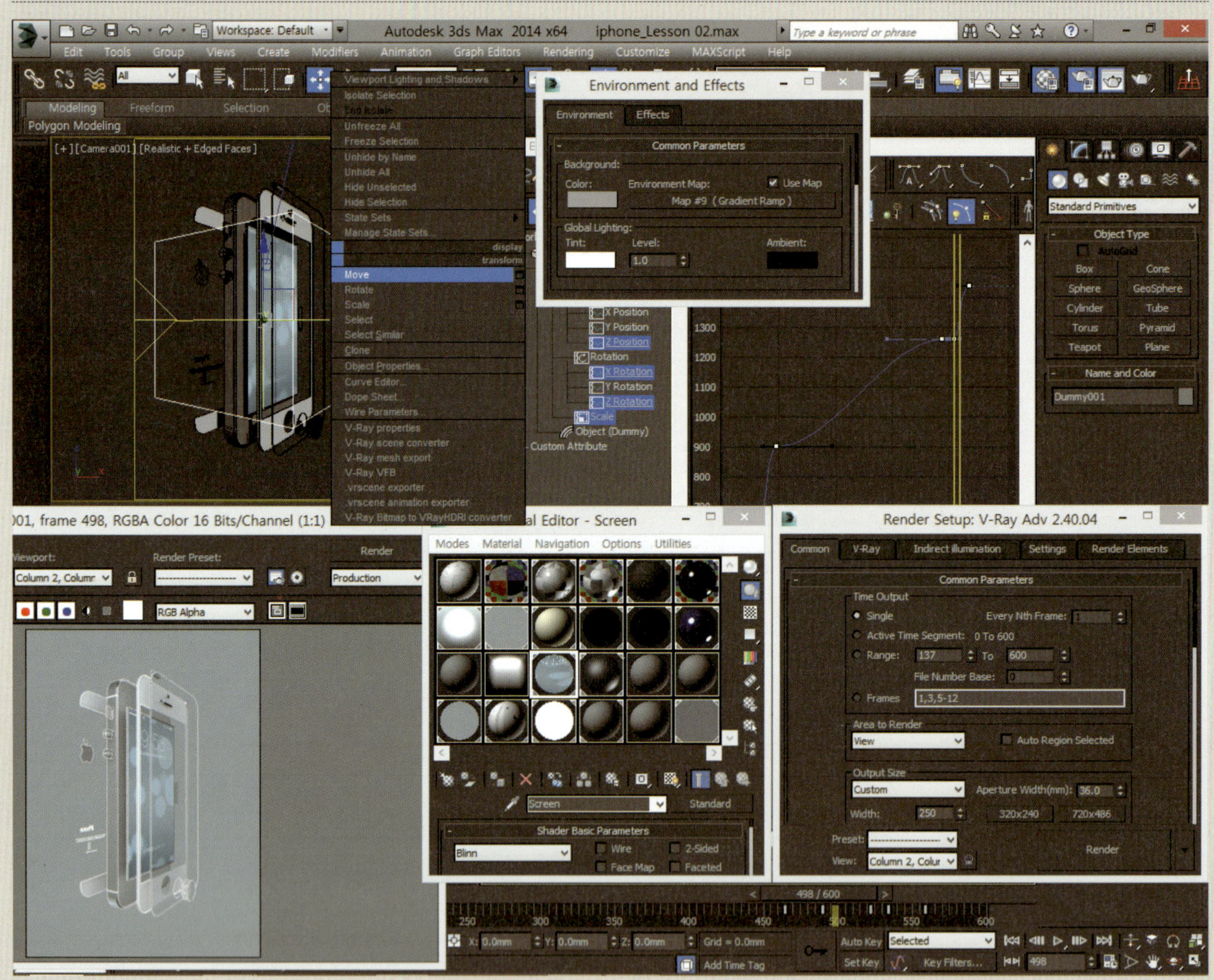

3ds Max를 처음 접하시는 분들은 화면 구성이 다소 복잡하게 느껴질 수 있습니다. 하지만 화면 구성의 큰 흐름을 이해하고 나면 세부적인 기능들의 위치를 찾는 것은 그리 어렵지 않습니다. 이번 장에서는 어떤 곳에 어떤 기능들이 있는지 살펴봅니다.

3ds Max 2014의 화면 구성 살펴보기

3ds Max 2014 화면의 주요 구성 요소에 대해 알아봅니다.

∷ 3ds Max 2014의 화면 구성

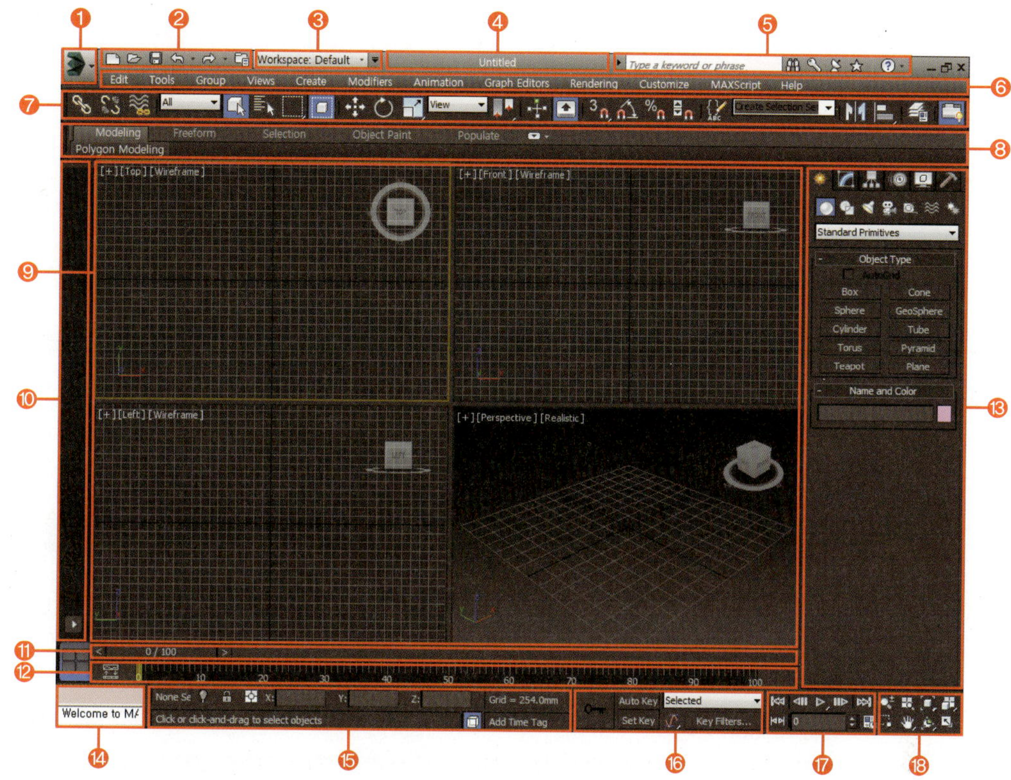

❶ Application button

3ds Max와 관련된 파일을 저장하거나 열 수 있습니다. 다른 포맷의 데이터와 상호 운용 관리 등 전반적인 파일 관리를 할 수 있습니다.

❷ Quick Access toolbar

Application button의 기능 중에서 빠른 실행이 필요한 주요 기능(New Scene, Open File, Save File)이 배치되어 있습니다. Undo, Redo 기능 실행이 가능하고 프로젝트 폴더를 세팅할 수도 있습니다.

❸ Workspace

Workspace란 3ds Max 화면에서 Command Panel이나 The Ribbon 등의 구성 요소가 배치되어 있는 작업 공간을 말합니다. 이 기능을 활용하면 사용자가 작업의 특성에 맞게 Workspace를 선택할 수 있

습니다. Workspace의 이름을 지정하거나 최초의 Workspace로 복원할 수도 있습니다.

❹ Title Bar

현재 작업 중인 파일의 이름을 표시해주는 영역입니다.

❺ Info Center

3ds Max Help 페이지에서 키워드에 관련된 검색을 실행합니다. Communication Center나 Autodesk 관련 사이트로도 쉽게 연결할 수 있습니다.

❻ Menu Bar

3ds Max의 모든 기능을 메뉴 타입으로 모아놓은 곳입니다.

❼ Main Toolbar

3ds Max에서 자주 쓰이는 핵심적인 기능들을 아이콘화하여 사용자가 손쉽게 접근할 수 있도록 한 툴 바입니다.

❽ The Ribbon

2010 버전부터 추가된 기능으로 Poly 오브젝트를 편집하는 데 필요한 기능을 제공합니다. [Modeling], [Freeform], [Selection], [Object Paint], [Populate] 탭으로 구성되어 있습니다.

❾ Viewport

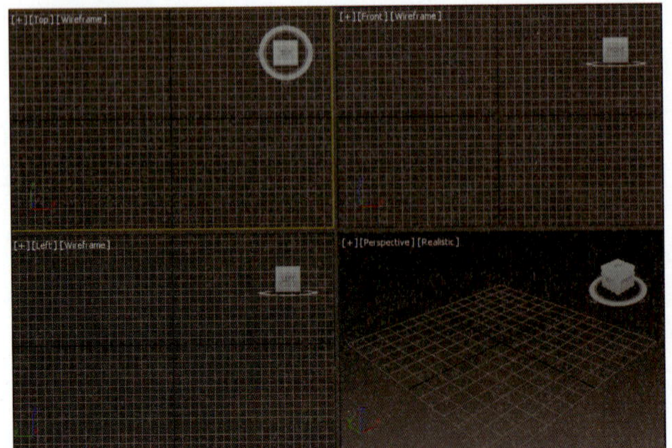

3ds Max 화면 구성의 대부분을 차지하는 영역으로 평상시 Top, Front, Left, Perspective View로 이루어져 있습니다. 진행 중인 결과물을 확인 및 제어하고 사용자의 필요에 따라 View의 개수를 변경하거나 크기를 조절하여 작업에 맞는 Viewport로 설정할 수 있습니다.

⑩ Viewport Layout Tab

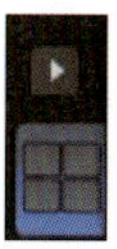 평상시 4개로 이루어진 Viewport 스타일을 빠르게 여러 스타일로 변경할 수 있습니다.

⑪ Time Slider

애니메이션 작업 시 사용자가 슬라이더를 이동하여 움직임을 확인하고 신속하게 원하는 프레임으로
이동할 수 있습니다.

⑫ Track Bar

현재 Time Slider와 Key의 위치를 확인하고 애니메이션 작업 시 간단하게 Key를 이동하거나 편집할
수 있습니다.

⑬ Command Panel

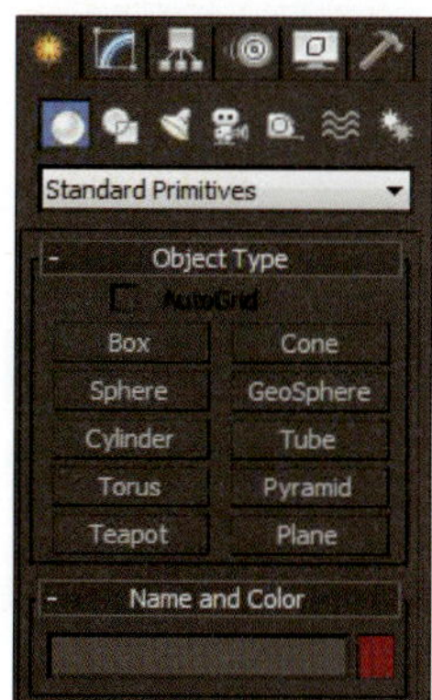 3ds Max의 모델링 기능을 포함한 대부분의 작업이 이곳을 통해 진행되며
Create, Modify, Hierarchy, Motion, Display, Utilities의 6개 Panel로 이루어져
있습니다.

⑭ Mini Scripts Listener

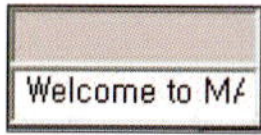 스크립트 언어를 입력하는 대화상자로, 스크립트를 제작하거나 편집할 수 있습니다.

⑮ Status Bar Controls

실행한 명령에 대한 프롬프트 및 상태 정보가 표시되는 영역입니다. 최근 실행한 동작(Render Time
등)에 대한 정보가 표시됩니다.

⑯ **Animation Key Controls**

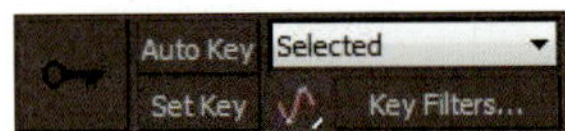

Auto Key와 Set Key를 활성화하여 Key 애니메이션을 생성할 수 있는 영역입니다.

⑰ **Animation Playback Controls**

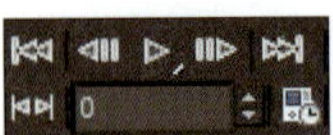 애니메이션 작업 시 대상의 움직임을 실행하거나 정지할 수 있으며, 지정한 프레임으로 이동할 수 있습니다.

⑱ **Viewport navigation controls**

 Viewport에 보이는 오브젝트를 확대·축소하거나 위치를 움직여 원하는 방향을 확인할 수 있는 기능들을 제공하고 있습니다. 선택한 오브젝트만 화면에 가득차게 하거나 4개의 Viewport를 1개의 큰 Viewport로 전환할 수도 있습니다.

02 SECTION Main Toolbar의 주요 기능과 설정

Main Toolbar의 주요 기능과 각 Toolbar의 설정방법에 대해 알아봅니다.

:: Main Toolbar의 주요 기능

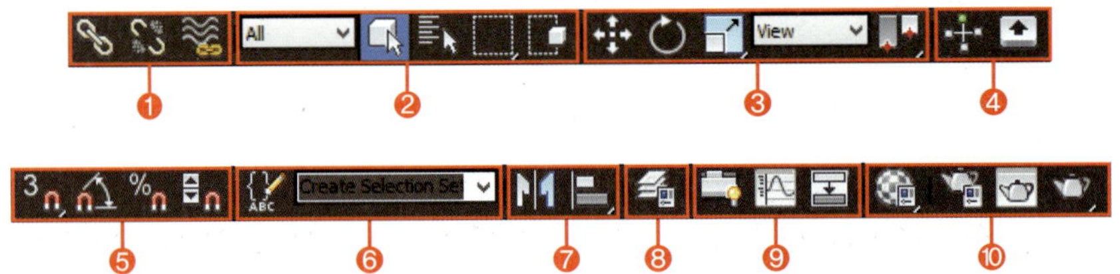

❶ 계층 구조의 정의와 관련된 도구 모음

Select and Link : 두 오브젝트를 상위, 하위 개념의 계층 구조로 연결할 때 사용합니다.

Unlink Selection : 연결된 링크를 해제할 때 사용합니다.

Bind to Space Warp : 공간 왜곡 기능을 갖는 Space Warps 오브젝트를 이용하여 계층 구조를 정의할 때 사용합니다.

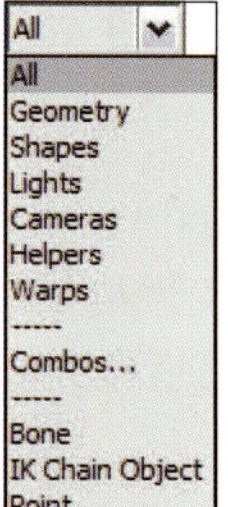

Selection Filter List : Viewport에서 특정한 유형의 오브젝트만을 선택해야 할 때 이 기능을 사용합니다. 예를 들어 선택 목록(Filter List)에서 라이트(Lights)를 선택한 경우, 다른 오브젝트를 제외한 라이트만 선택할 수 있게 됩니다.

Select Object : 오브젝트 및 하위 오브젝트를 선택할 수 있습니다.

Select From Scene : 현재 장면의 모든 오브젝트가 표시되는 목록에서 필요한 오브젝트를 선택할 수 있는 기능입니다.

Selection Region Flyout : 직사각형(Rectangle), 원형(Circular), 울타리(Fence), 올가미(Lasso), 페인트(Paint) 중에서 선택 영역을 지정할 수 있습니다.

Window/Crossing Selection Toggle : 선택 영역과 교차하는 모든 오브젝트를 선택하거나 선택 영역 내에 들어온 오브젝트만 선택할 수 있도록 모드를 전환해주는 토글 버튼입니다.

❸ 이동, 회전, 스케일 조절 및 좌표계 선택에 관련된 도구 모음

Select and Move, Rotate, Scale : 오브젝트를 선택하여 이동하거나, 회전하거나, 스케일을 조절할 수 있도록 해줍니다.

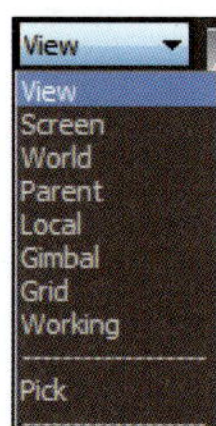

Reference Coordinate System : 이동, 회전, 스케일 조절에 사용되는 좌표계를 선택할 수 있습니다.

Use Center Flyout : 오브젝트의 스케일을 조절하거나 회전할 때 그 중심점을 세 가지 방법 중에서 선택할 수 있습니다.

❹ 컨트롤러 정의와 단축키 설정 관련 도구 모음

Select And Manipulate : Viewport에서 오브젝트나 modifiers의 매개 변수를 컨트롤러 드래그를 통해 변경할 수 있도록 제공해줍니다.

Keyboard Shortcut Override Toggle : 메인 인터페이스 단축키 사용만 제공할지 메인 단축키 사용을 포함한 나머지(Edit/Editable Mesh, 트랙 뷰, NURBS 등의 그룹) 단축키 사용을 모두 제공할지의 여부를 결정합니다.

❺ 스냅(Snap) 관련 도구 모음

2D, 2.5D, 3D, Angle, Percent, Spinner, Snaps Toggle : 설정한 일정 범위의 3D값으로 오브젝트나 수치를 조절하기 위해 제공되는 기능입니다.

❻ 오브젝트를 분류, 선택하기 위한 도구 모음

Edit Named Selection Sets : 선택한 오브젝트를 편집 대화상자에서 세트로 구성할 수 있습니다. 한 오브젝트를 여러 세트에 동시 등록할 수 있습니다.

Named Selection Sets : 등록한 세트의 이름을 선택하면 해당 오브젝트들이 선택됩니다.

❼ 대칭 이동, 복사 및 정렬에 관련된 도구 모음

Mirror : 오브젝트를 대칭 이동하거나 복사할 때 사용합니다.

Align Flyout : 선택한 오브젝트를 임의의 대상에 설정한 기준에 따라 정렬할 수 있는 도구입니다. 정렬(Align), 빠른 정렬(Quick Align), 법선 정렬(Normal Align), 강조 표시 배치(Place Highlight), 카메라에 정렬(Align Camera), View에 정렬(Align to View)의 6가지 형태로 제공하고 있습니다.

❽ 레이어 관리 대화상자

Manage Layers Dialog : 작업에서 복잡하고 많은 수의 오브젝트들이 사용될 때 레이어(Layer) 형태로 오브젝트들을 구성해 놓고 손쉽게 숨기기(Hide), 얼리기(Freeze)를 하거나 렌더링에서 제외할 수 있습니다.

⑨ 특수 대화상자 관련 도구 모음

 Graphite Modeling Tools, Curve Editor, Schematic View : 각 기능에 해당하는 대화상자
를 팝업할 수 있는 버튼입니다.

⑩ 재질 및 렌더 대화상자 관련 도구 모음

 Material Editor flyout : 재질 및 맵을 만들고 편집할 수 있는 대화상자를 팝업할 수 있는 버튼입
니다.

Render Setup, Rendered Frame Window : 렌더링 옵션을 설정하는 대화상자와 렌더링 결
과물을 확인할 수 있는 Rendered Frame Window를 팝업할 수 있습니다.

 Render flyout : Render Production, Render Iterative, ActiveShade의 3가지 방식으로 렌더링합
니다.

Main Toolbar의 아이콘 수가 많아 화면 안에서 모두 보이지 않는 경우가 있습니다. 이때 그림과 같이
Main Toolbar의 아이콘을 제외한 빈 영역에 마우스 포인터를 올려놓으면 포인터가 손 모양으로 바뀌
면서 Main Toolbar를 좌우로 이동할 수 있게 됩니다. 

∷ Main Toolbar의 아이콘 크기 작게 변경하기

01 상단 Menu Bar의 Customize>Preference Settings를 선택합니다.

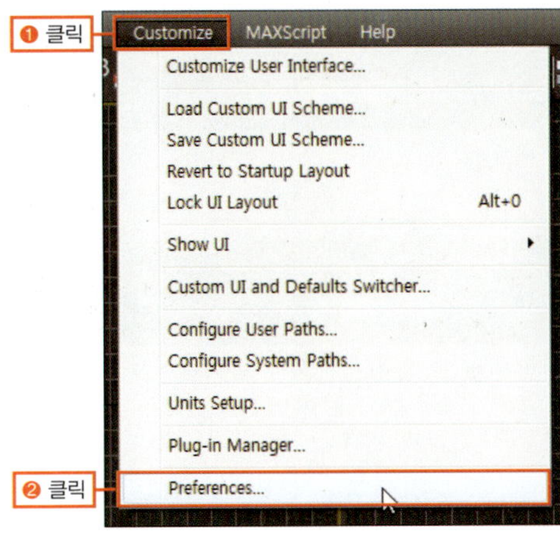

02 [Preference Setting] 대화상자가 팝업되면 [General] 탭의 UI
Display 항목 중 Use Large Toolbar Buttons의 체크를 해제하고
[OK] 버튼을 클릭합니다.

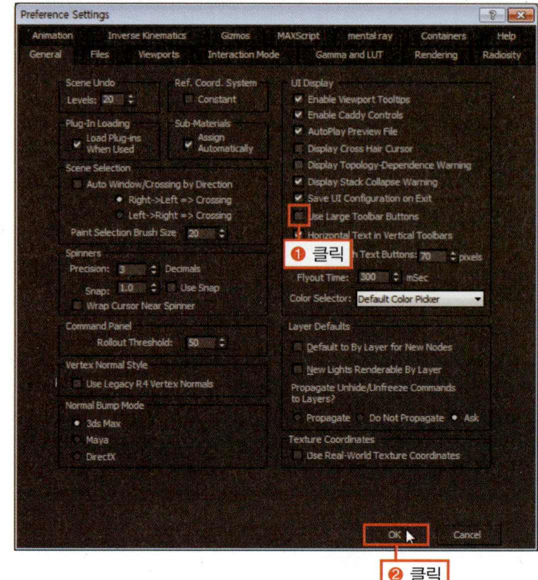

03 다음과 같은 대화상자가 팝업되면 [확인] 버튼을 클릭하고
3ds Max 2014를 재실행합니다.

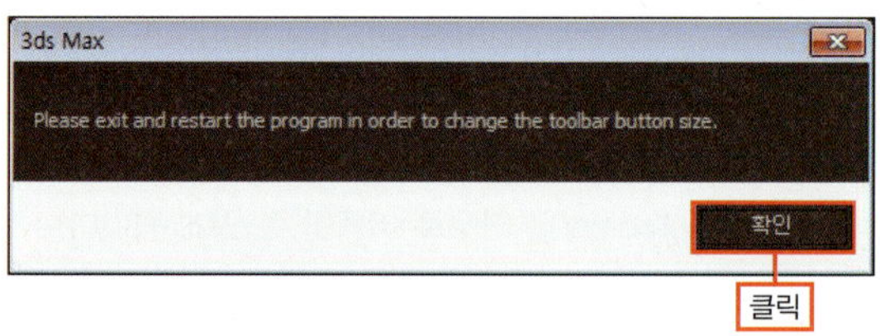

04 3ds Max 2014를 재실행하면 Main Toolbar의 아이콘 크기가 작아진 것을 확인할 수 있습니다.

▲ 변경 전

▲ 변경 후

:: Main Toolbar의 위치 변경하기

01 Main Toolbar의 외곽 경계 부분에 마우스 포인터를 올려놓으면 포인터 모양이 오른쪽 그림과 같이 바뀝니다. 이때 마우스 왼쪽 버튼을 클릭한 채 드래그하면 Main Toolbar를 분리할 수 있습니다.

02 분리한 Toolbar를 그림과 같이 Viewport 상하좌우의 끝부분으로 이동하면 해당 위치에 합쳐집니다.

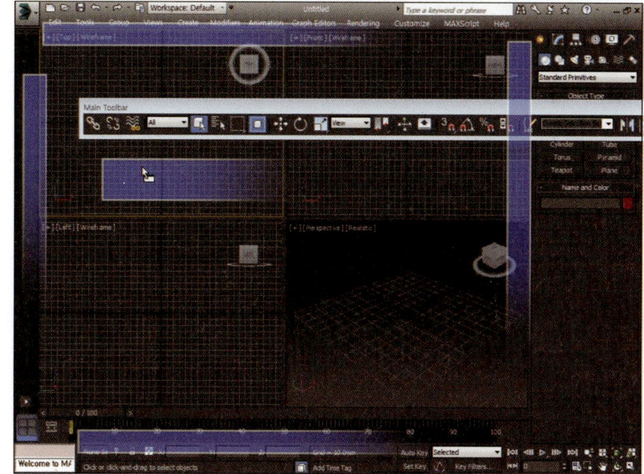

03 분리된 Toolbar 위에서 마우스 오른쪽 버튼을 클릭하면 새로운 메뉴가 팝업됩니다. Dock >Top, Bottom, Left, Right 메뉴 중 하나를 선택하면 툴바가 해당 위치에 합쳐집니다.

01 Main Toolbar의 빈 영역에 마우스 오른쪽 버튼을 클릭하면 다음과 같은 메뉴가 팝업됩니다. 메뉴 목록에서 현재 화면에 없는 새로운 Toolbar를 선택하여 불러올 수 있습니다.

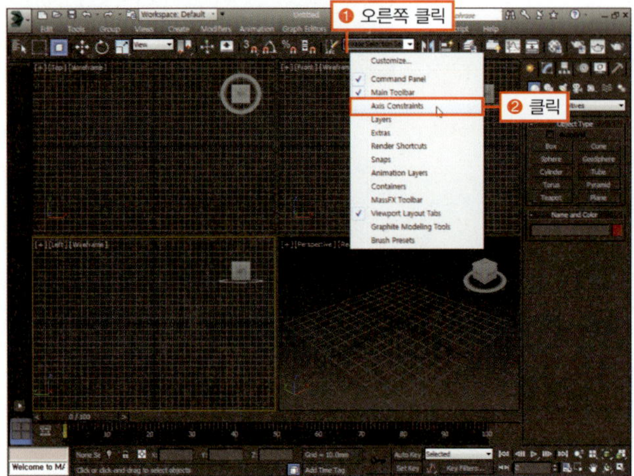

02 상단 Menu Bar의 Customize>Show UI>Show Floating Toolbar를 선택하면 현재 화면에 없던 모든 Toolbar를 불러올 수 있습니다.

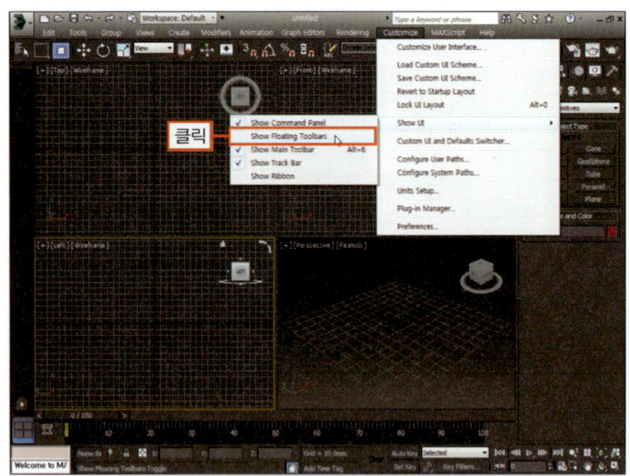
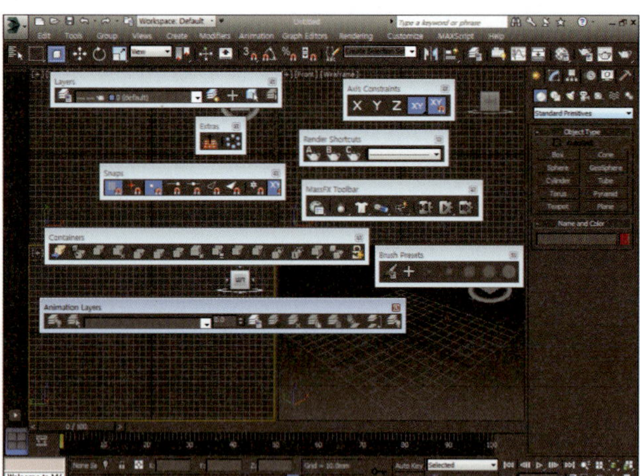

Command Panel의 주요 기능과 설정

Command panel에는 Max에서 지원하는 대부분의 기능들이 포함되어 있으며, 오브젝트를 생성하고 편집하는 등의 작업들이 주로 실행됩니다. 총 6개의 panel로 구성되어 있으며, 다음에서 각 기능들을 살펴봅니다.

❶ **Create Panel(　)** : Create panel은 3ds Max에서 생성할 수 있는 모든 오브젝트들을 모아놓은 곳입니다. 기본 도형을 생성하거나 라이트, 카메라를 설치할 수도 있습니다. 총 7개의 범주로 구성되며 각각은 여러 개의 하위 분류로 구성됩니다.

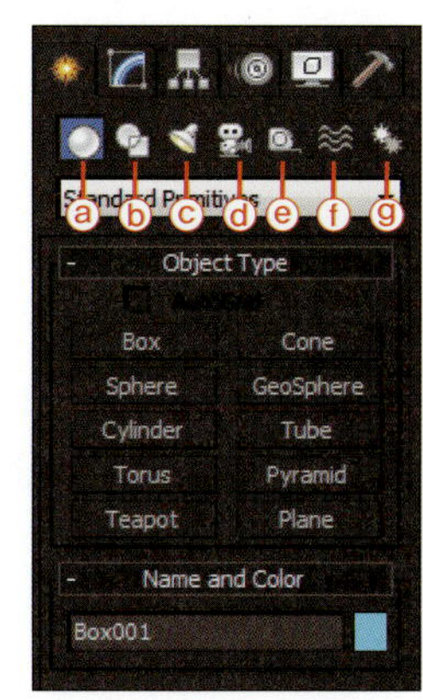

　ⓐ Geometry(　) : 3ds Max에서 렌더링이 가능한 단위의 3차원 오브젝트 생성 도구를 제공합니다.

　ⓑ Shapes(　) : 2차원 오브젝트를 생성하는 도구를 제공합니다.

　ⓒ Lights(　) : 조명, 태양광 등 빛에 관련된 오브젝트 도구를 제공합니다.

　ⓓ Cameras(　) : 카메라를 생성할 수 있는 도구를 제공합니다.

　ⓔ Helpers(　) : 더미(Dummy) 등의 애니메이션에 도움을 줄 수 있는 도구를 제공합니다.

　ⓕ Space Warps(　) : 입체 오브젝트를 비트는 등의 변형에 관련된 도구를 제공합니다.

　ⓖ Systems(　) : 본(Bone)이나 선라이트(Sunlight) 등 특수하게 사용할 수 있는 도구를 제공합니다.

❷ **Modify Panel(　)** : 선택한 오브젝트를 편집하기 위한 기능이 모여 있는 곳입니다. Modifier List에 있는 기능을 활용하여 오브젝트를 수정·변형할 수 있고 라이트, 카메라 등을 선택하여 세부 기능을 컨트롤할 수 있습니다. 장면에 오브젝트가 선택되었을 때 확인할 수 있습니다.

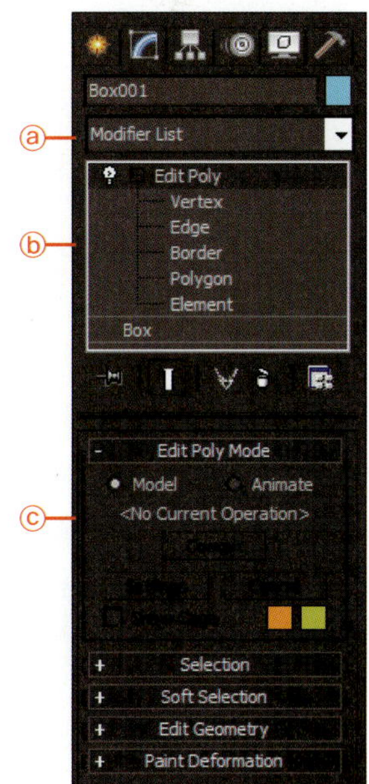

　ⓐ Modifier List : 오브젝트에 적용할 수 있는 Modifier를 선택할 수 있습니다.

　ⓑ Modifier Stack : 오브젝트에 Modifier의 특정 기능을 적용하면 그림과 같이 위로 쌓이는 형태로 기능이 추가됩니다. 여러 기능을 동시에 적용했을 경우 쌓여 있는 순서를 바꿀 수도 있고 특정 기능을 잠시 꺼둘 수도 있습니다.

　ⓒ Parameters : 오브젝트의 특성 및 적용한 Modifier 기능에 따라 다양한 세부 옵션들을 설정할 수 있습니다. 각 기능들은 각 [+Rollout] 버튼을 클릭하면 펼쳐지는 방식으로 제공됩니다.

❸ **Hierarchy Panel(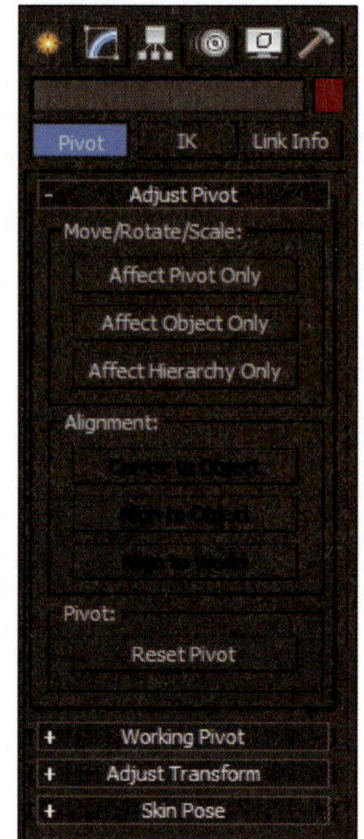)** : 오브젝트 간의 계층적 연결 조정을 위한 도구들을
모아놓은 곳입니다. 오브젝트의 기준 축(Pivot)을 조정할 수 있고 상하위
계층 연결을 통해 복잡한 구조의 Motion을 만들거나 시뮬레이션할 수도
있습니다.

❹ **Motion Panel(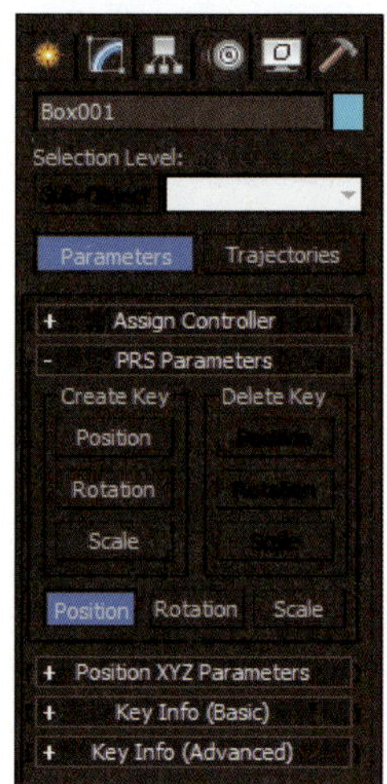)** : 선택한 오브젝트의 Motion에 관련된 기능을 제공하는
곳입니다. 애니메이션 Key 작업을 할 경우 각 Key의 타이밍이나 Motion
형태를 조절할 수 있습니다. 오브젝트가 Viewport에서 경로를 따라 이동
하는 궤적을 살펴볼 수도 있습니다.

❺ **Display Panel( )** : 화면에 보이는 여러 오브젝트들 중 원하는 개체만 보이거나 숨기기 위한 기능
을 모아둔 곳입니다.

Hide by Category, Hide Rollout : 종류별 · 선택별로 오브젝트를 숨기거나 보이게 할 수 있습니다.
Freeze Rollout : Viewport에서 오브젝트가 선택되지는 않고 흐리게 보이도록 표시해 모델링을 하거
나 애니메이션 작업을 할 때 도움을 줄 수 있습니다.
Display Properties Rollout : 오브젝트가 화면에 보이는 설정을 변경할 수 있습니다.

좀 더 자세한 내용은 Lesson 04의 'Section 06. 오브젝트 Hide, Freeze'에서
알아봅니다.

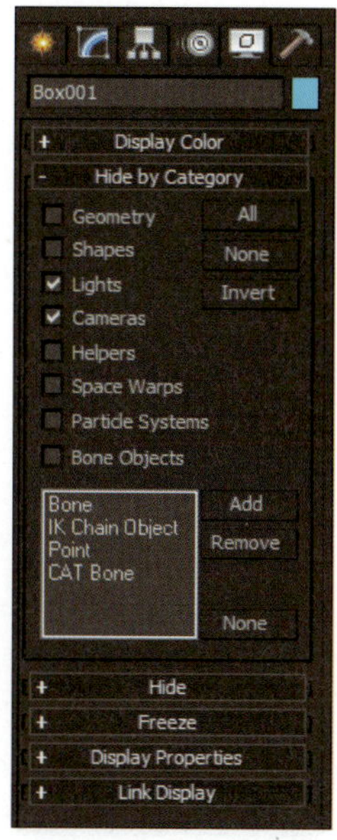

❻ **Utilities Panel(　)** : 3ds Max 2014를 활용하는 데 도움이 될 수 있는 특수한 기능들을 모아놓은 곳
입니다. 장면에 쓰인 맵들의 경로를 설정하거나 채널 정보를 확인할 수도 있습니다. [Configure
Button Sets] 버튼(　)을 클릭하여 버튼의 개수를 늘리거나 사용자가 지정한 기능을 세트로 구성
하여 사용할 수도 있습니다.

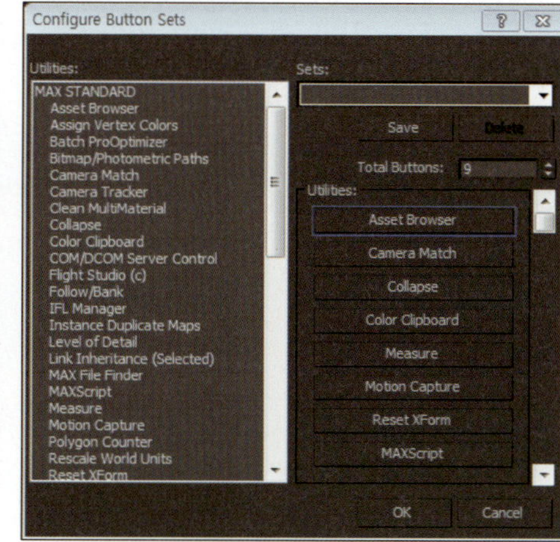

Command Panel
크기 및 위치 조절하기

01. Command Panel의 경계 부분에 마우스 포인터를 올려놓으면 모양이 ⊞로 바뀌면서 영역의 크기를 조절할 수 있습니다.

02. Command Panel의 상단 경계 부분에 마우스 포인터를 올려놓으면 모양이 ⊞로 바뀌면서 Command Panel을 따로 분리할 수 있습니다.

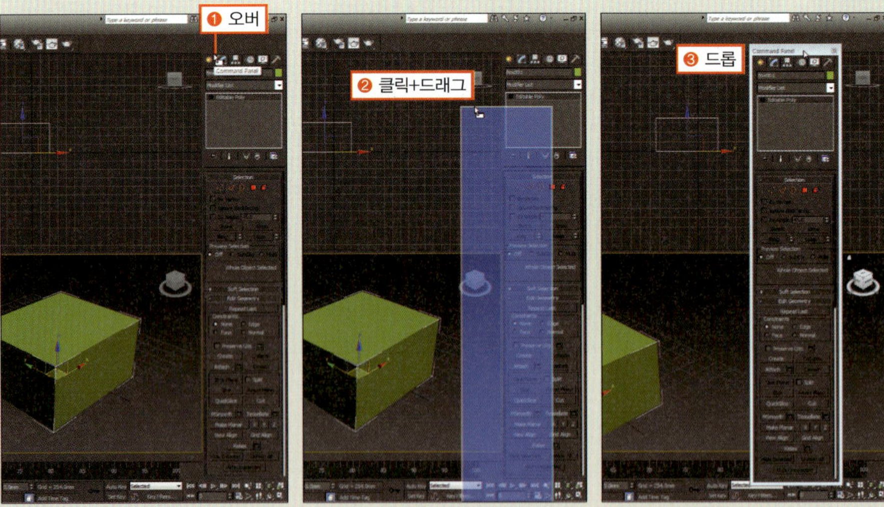

03. 분리된 Command Panel을 화면의 맨 끝부분으로 이동하면
해당 위치에 합쳐집니다.

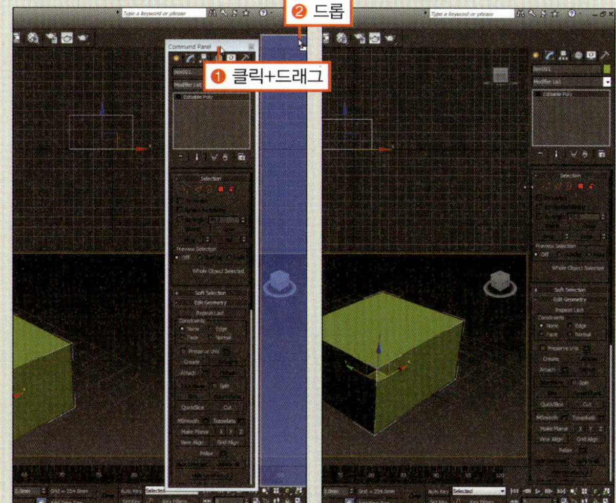

Command Panel 상단 바에 마우스 오른쪽 버튼을 클릭하면 나
타나는 메뉴 중에서 Dock >Right를 선택하여 원래 위치로 복귀
시킬 수도 있습니다. 같은 방법으로 메뉴에서 Dock >Left를 선택
하여 Command Panel의 위치를 화면 좌측으로도 변경하여 사용
할 수도 있습니다.

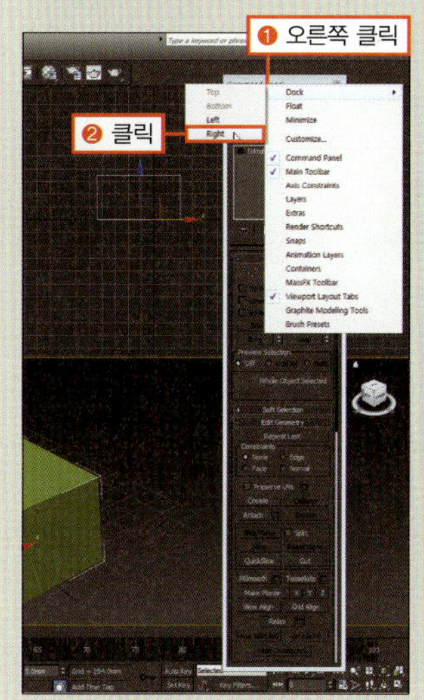
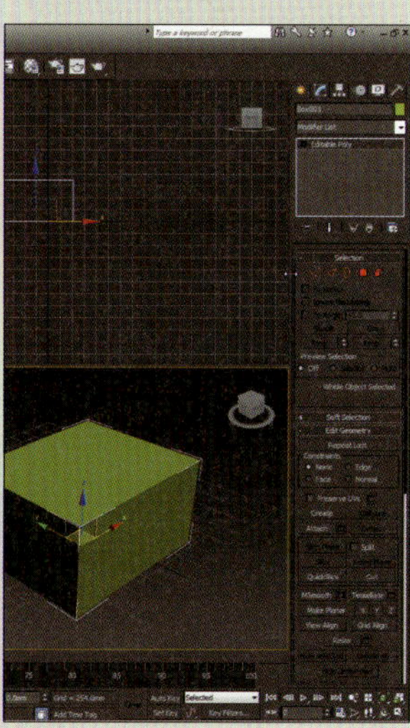

Viewport를
자유롭게 다루기

03

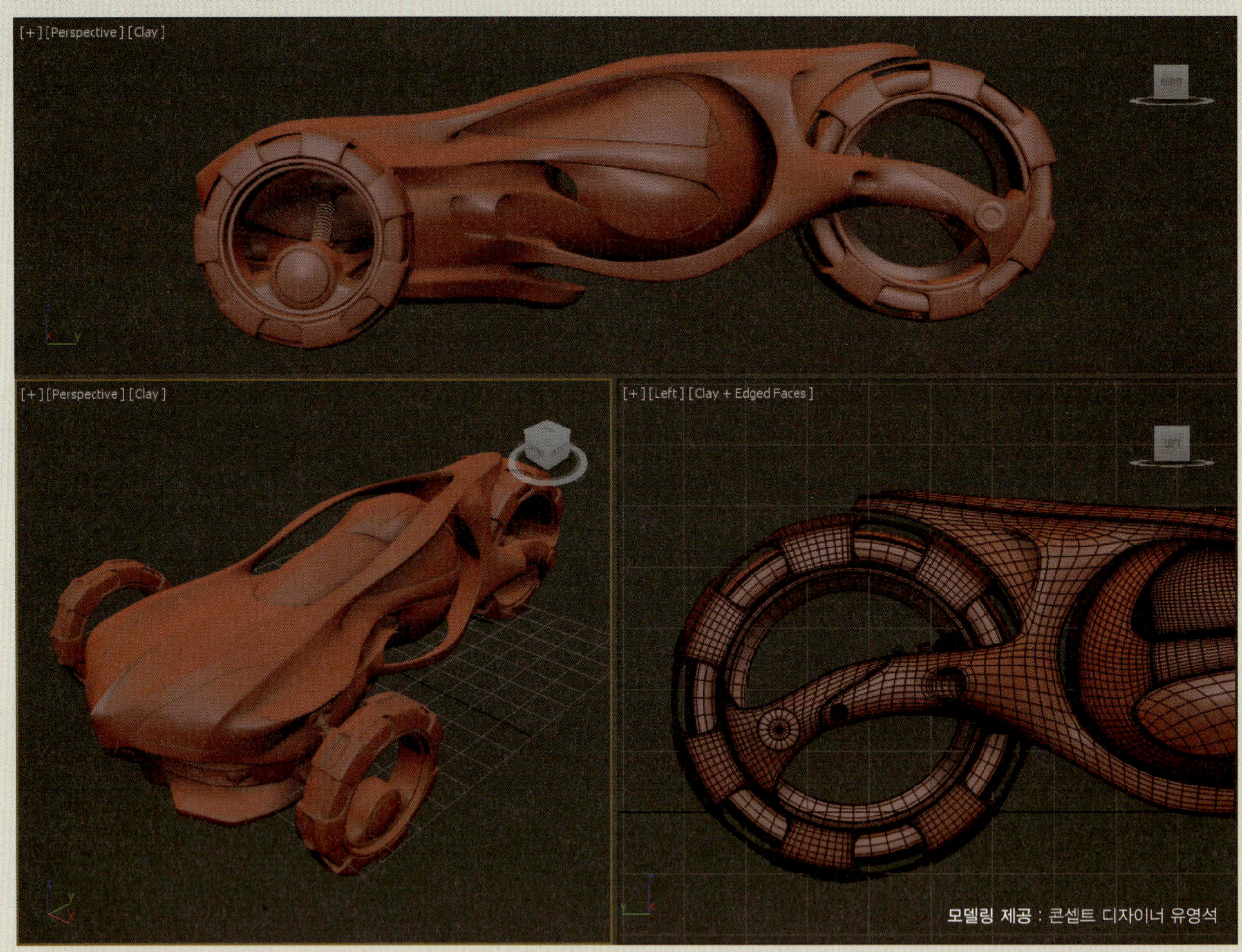

3ds Max의 Viewport는 3차원의 입체 공간으로 이루어져 있습니다. 이러한 공간 안에서 작업을 효율적으로 진행하기 위해서는 빠르게 원하는 View로 전환하거나 필요한 방향에서 살펴볼 수 있어야 합니다. 이번 과정에서는 Viewport의 개념에 대해 파악하고 각 View들을 자유롭게 다룰 수 있는 방법에 대해 알아봅니다.

Viewport 이해하기

Viewport의 개념 및 구성 요소에 대해 알아봅니다.

:: Viewport의 개념 이해하기

Viewport는 기본적으로 4개의 영역으로 나뉘어 있습니다. 보고 있는 시점에 따라 Top, Bottom, Front, Back, Left, Right View라고 부르며 X, Y, Z축이 존재하는 3차원 공간에서 보는 View를 Perspective View라고 합니다. 필요에 따라 투시가 적용되지 않은 Orthographic View에서 작업하기도 합니다.

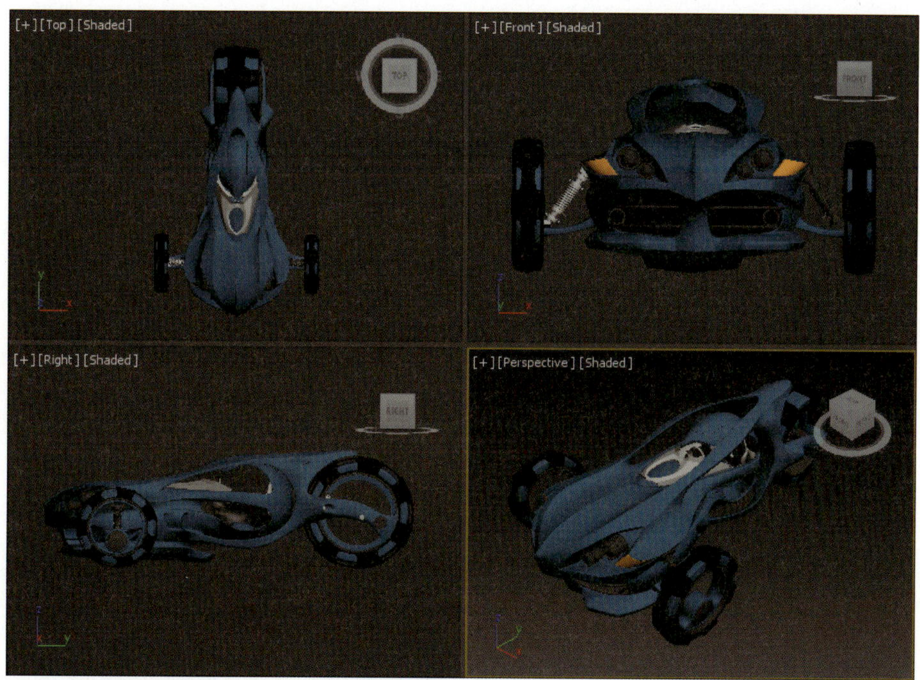

:: Viewport의 구성 요소 알아보기

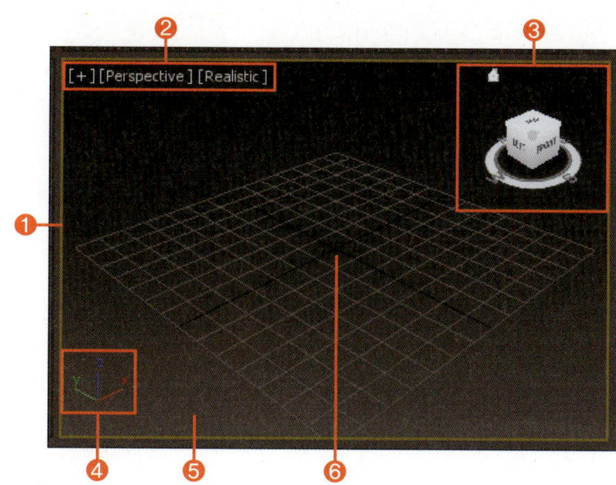

❶ **Active Viewport Borders** : 현재 활성화된 Viewport에는 그림과 같이 밝은색 테두리가 표시됩니다.

❷ **Viewport Labels** : 좌측 상단에 Viewport의 현재 상태가 텍스트로 표시되며, 클릭하여 여러 설정을 변경할 수 있습니다.

❸ **View Cube** : 우측 상단에는 View를 손쉽게 컨트롤할 수 있는 View Cube가 표시됩니다.

❹ **World-Space Tripod** : 좌측 하단에는 세 가지 색상의 표준 공간 삼각대(빨간색=X, 녹색=Y, 파란색 =Z)가 표시됩니다. 삼각대는 현재의 참조 좌표계에 상관없이 항상 표준 공간을 나타냅니다.

❺ **Background** : 3ds Max의 Perspective Viewport의 백그라운드는 기본적으로 Gradient Color가 적용되어 있습니다. 이 부분에 다른 Solid한 컬러 또는 작업을 위한 도면이나 이미지를 적용할 수도 있습니다.

❻ **Grid** : 공간을 가늠해볼 수 있는 Grid가 표시됩니다.

Viewport 활성화를 변경하고 크기 조절하기

SECTION 02

상황별 특성에 따라 Viewport 환경을 구성하기 위한 컨트롤 방법에 대해 알아봅니다.

∷ Viewport 활성화 변경하기

활성화된 Viewport를 변경하기 위해서는 마우스 포인터를 해당 Viewport 위로 가져간 후 마우스 버튼을 클릭하면 됩니다. 이때 오른쪽, 왼쪽, 휠 버튼 모두 사용할 수 있습니다.

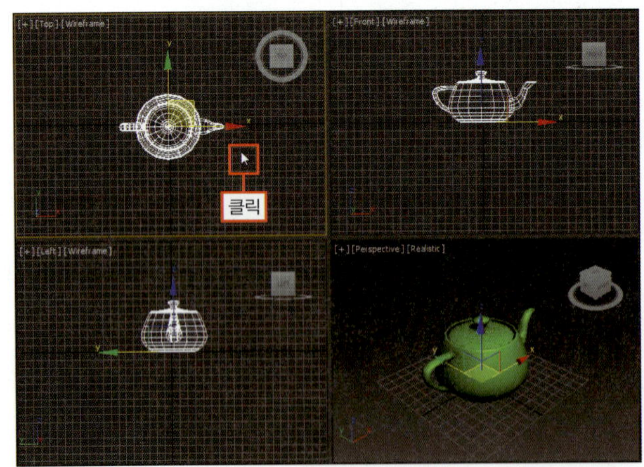

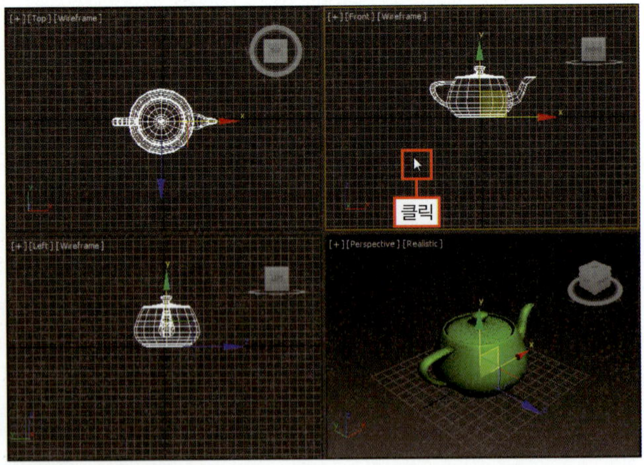

[**MEMO** · 오브젝트를 선택한 상태로 Viewport 활성화를 변경하는 경우가 많기 때문에 오른쪽 버튼을 이용하는 것이 가장 편리합니다.]

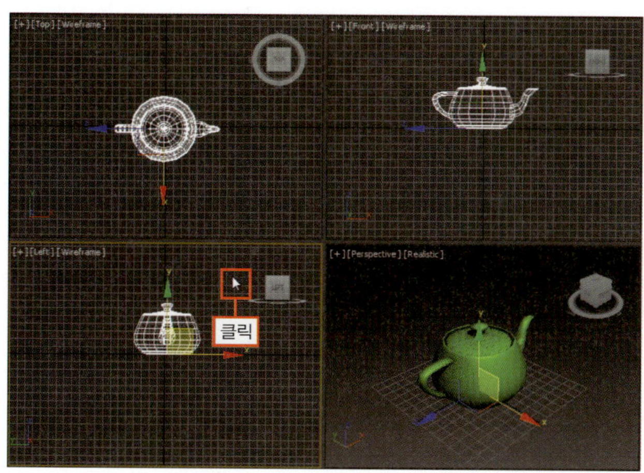
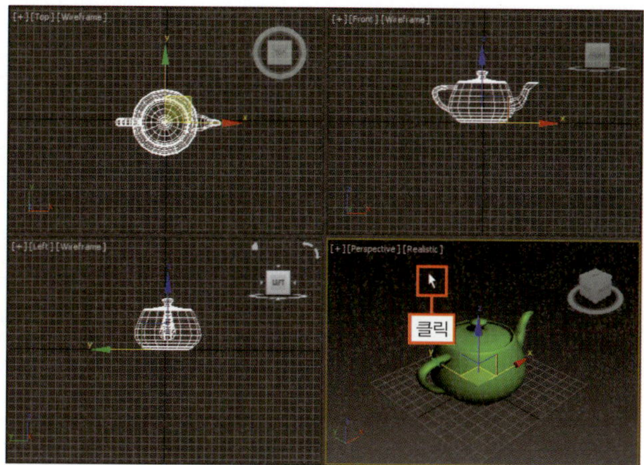

:: Viewport 변경하기

1 단축키를 사용하여 빠르게 Viewport 변경하기

기본적으로 설정되어 있는 Viewport 단축키를 사용하면 각 View에서 원하는 다른 View로 빠르게 변경할 수 있습니다.

▲ 단축키 [T] : Top View

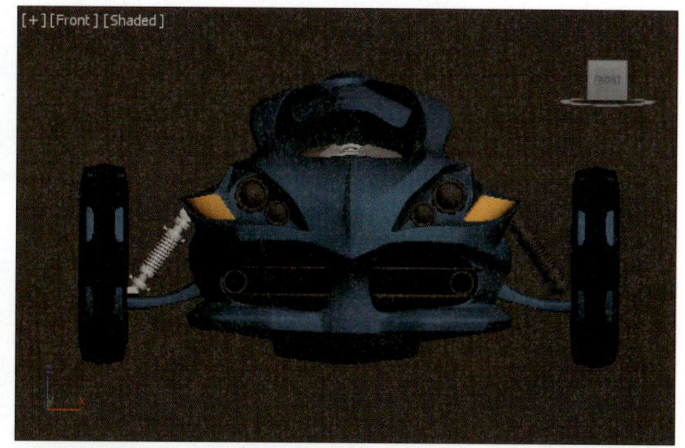

▲ 단축키 [F] : Front View

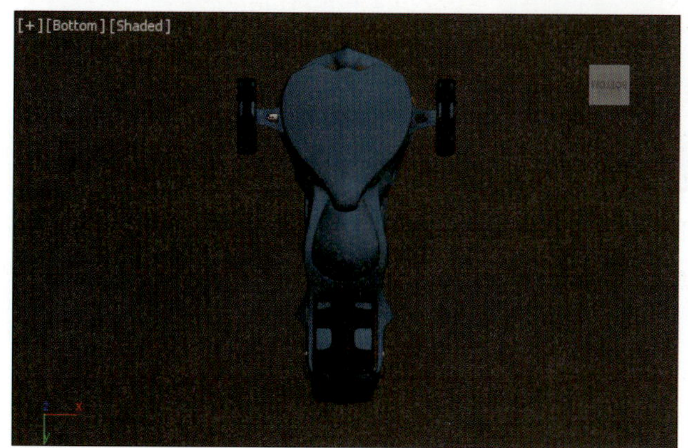

▲ 단축키 [B] : Bottom View

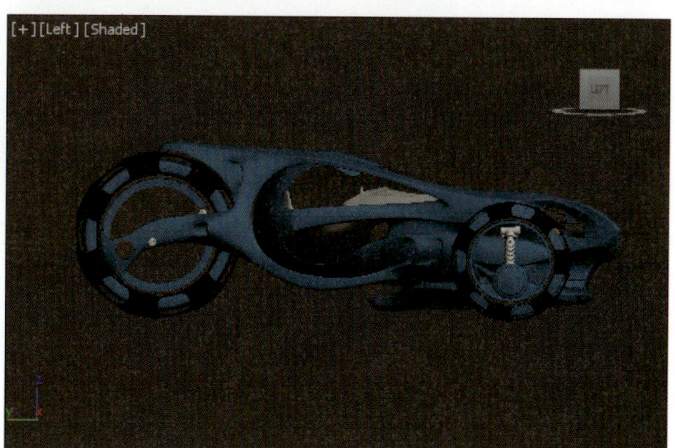

▲ 단축키 [L] : Left View

▲ 단축키 P : Perspective View

▲ 단축키 U : Orthographic View

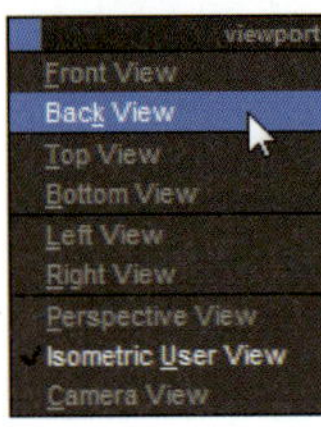
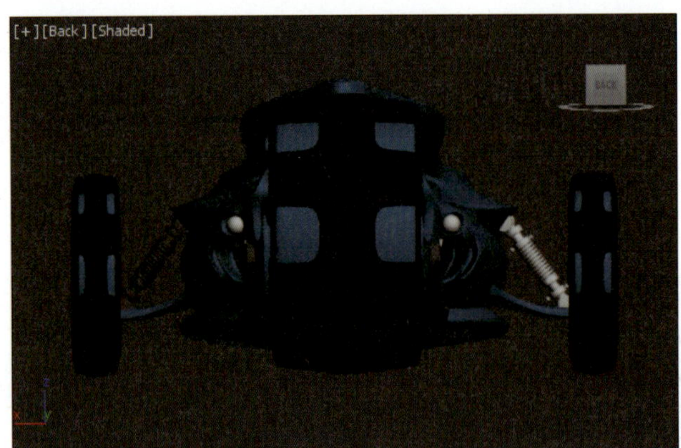

▲ 단축키 V + K : Back View

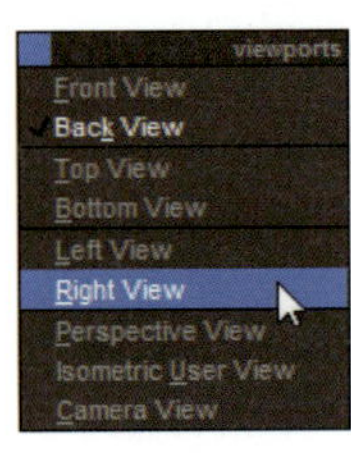
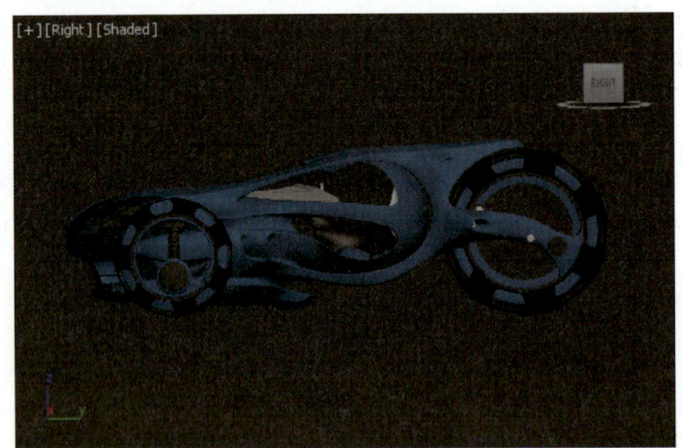

▲ 단축키 V + R : Right View

2 [Viewport 이름]을 선택하여 View 변경하기

각 Viewport의 좌측 상단에 있는 [Viewport 이름]
을 선택하면 메뉴가 팝업됩니다. 목록에서 원하는
View를 클릭하여 전환할 수 있습니다.

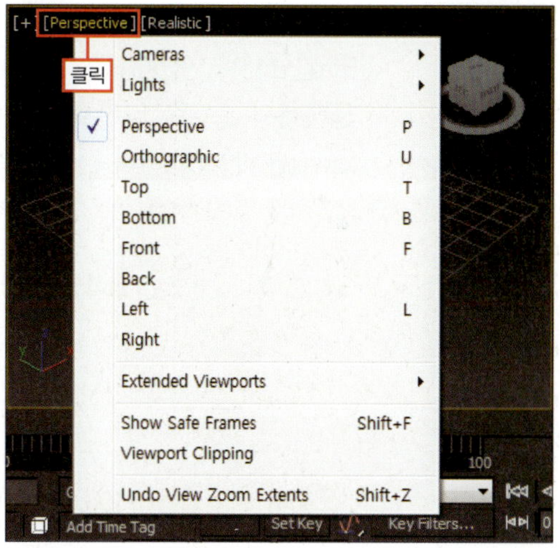

:: 4개의 Viewport를 원하는 크기로 조절하기

1 Viewport 사이즈 조절

마우스 포인터를 Viewport 경계 부분에 가져가면 아
래 그림과 같은 2방향의 화살표가 나타나면서 각 방
향으로 크기를 조절할 수 있습니다. Viewport 정중
앙에 나타나는 4방향의 화살표를 사용하면 원하는
방향으로 Viewport의 크기를 조절할 수 있습니다.

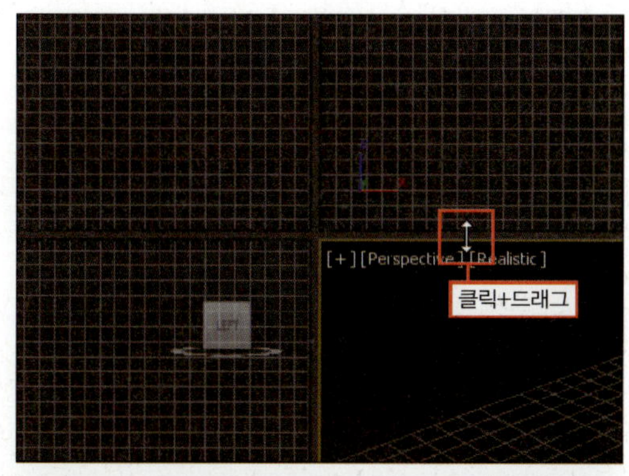

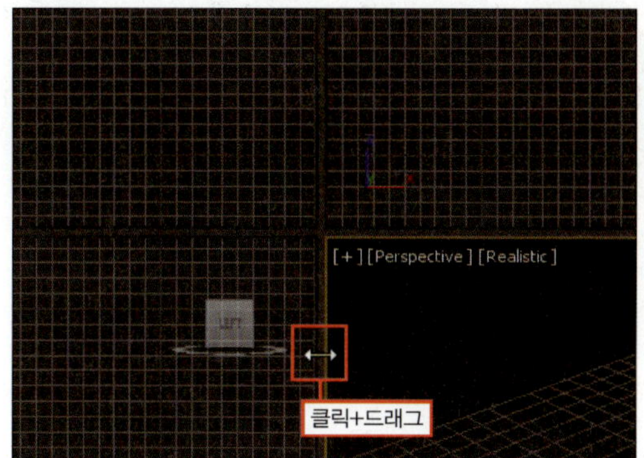

② Reset Layout(원래 상태로 되돌리기)

변경된 Viewport 레이아웃을 원래의 상태로 되돌릴
수 있습니다. 마우스를 Viewport 경계 부분에 놓은
상태에서 오른쪽 버튼을 클릭하여 팝업되는 [Reset
Layout] 버튼(Reset Layout)을 클릭합니다.

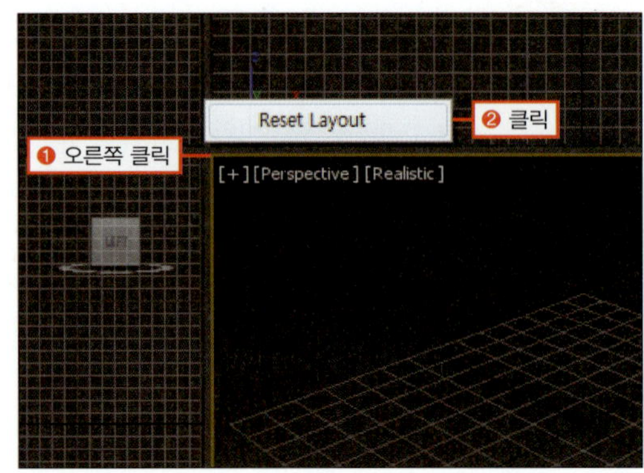

∷ 4개 Viewport에서 1개의 큰 Viewport로 전환하기

4개의 Viewport를 1개의 큰 Viewport로 보면서 디테일한 부분을 컨트롤해야 하는 경우가 있습니다.

단축키 Alt+W를 사용하면 1개의 큰 View로 전환하거나 원래대로 되돌릴 수 있습니다. Max 화면의 맨 우측 하단에 있는 [Maximize Viewport Toggle] 버튼( )을 사용해도 화면을 전환할 수 있습니다.

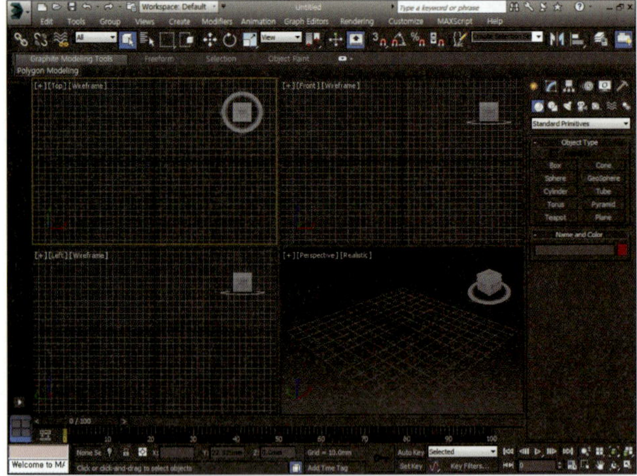

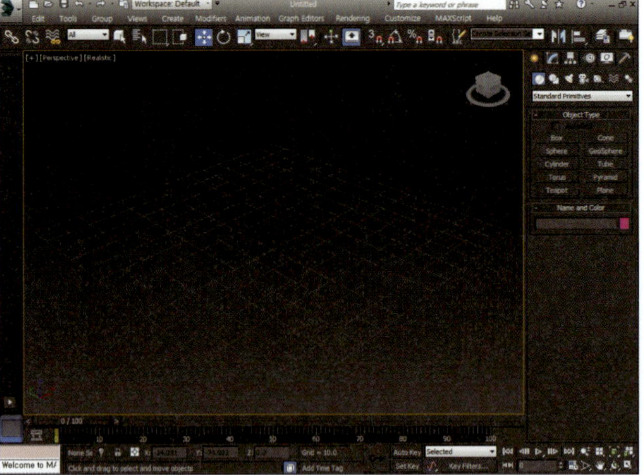

마우스를 이용하여 Viewport 컨트롤하기

오브젝트가 있는 Viewport를 컨트롤할 때 제일 먼저 마우스를 이용하게 됩니다. 확대 · 축소(Zoom In, Zoom Out)나 화면 이동(Pan)을 마우스의 간단한 조작으로 실행할 수 있습니다. 단축키와 같이 사용하게 되면 대부분의 Viewport 제어가 가능하므로 충분히 숙지하여 능숙하게 Viewport를 컨트롤할 수 있도록 합니다.

:: 화면 확대 · 축소(Zoom In, Zoom Out)

❶ 마우스 휠 버튼을 회전하면 화면을 확대하거나 축소할 수 있습니다.

❷ Ctrl +마우스 휠 버튼을 회전하면 화면의 확대 · 축소를 좀 더 빠르게 할 수 있습니다.

❸ Ctrl + Alt +마우스 휠 버튼을 클릭한 채 상하 방향으로 드래그하면 화면을 확대 · 축소할 수 있습니다.

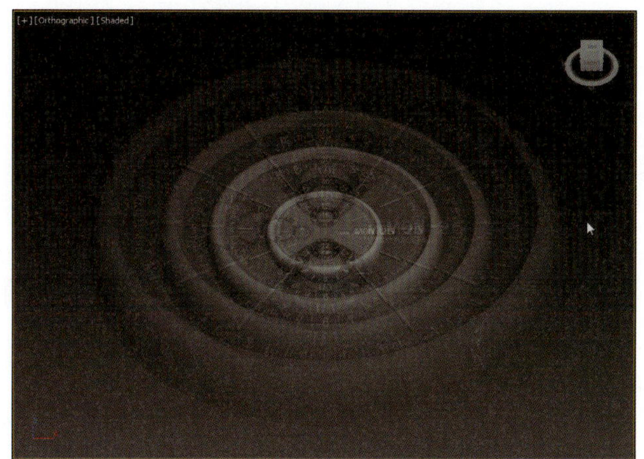

:: 화면 이동(Pan)

❶ 마우스 휠 버튼을 클릭한 채 원하는 방향으로 드래그하면 해당 방향으로 화면을 이동할 수 있습니다.

❷ Ctrl +마우스 휠 버튼을 클릭하고 드래그하면 좀 더 빠르게 화면을 이동할 수 있습니다.

❸ Shift +마우스 휠 버튼을 클릭하고 드래그하면 상하좌우의 직선으로 화면을 이동할 수 있습니다.

:: 화면 회전(Orbit)

❶ Alt +마우스 휠 버튼을 드래그하면 오
브젝트가 있는 Viewport를 회전하여
확인할 수 있습니다.

❷ Shift + Alt +마우스 휠 버튼을 클릭하
고 드래그하면 상하좌우의 직선 방향
으로만 View를 회전할 수 있습니다.

Viewport 우측 상단에 있는 ViewCube를 활용하여 View를 변경할 수도 있습니다.

분할된 Cube의 각 부분을 클릭하면 해당 방향에서 바라보는 View로 변경되며, 🏠 버튼을 클릭하면 기본 View로 되돌아옵니다.

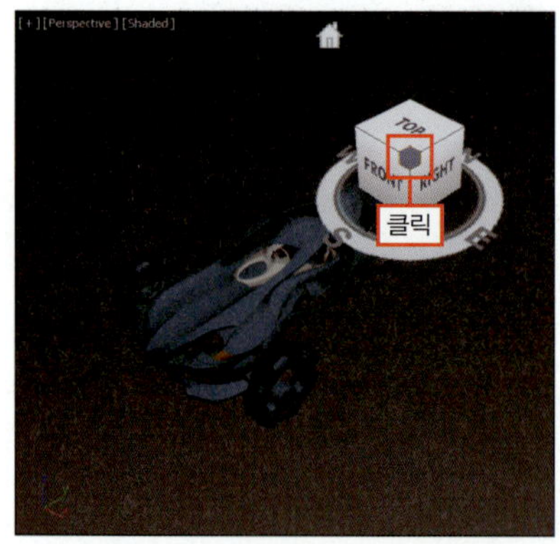

Cube 영역 안에서 마우스를 드래그하면 자유롭게 View를 회전할 수 있으며, 원형 컨트롤러를 드래그하면 좌우 방향으로만 회전합니다. 화살표를 클릭하면 해당 방향으로 View가 90도씩 회전합니다.

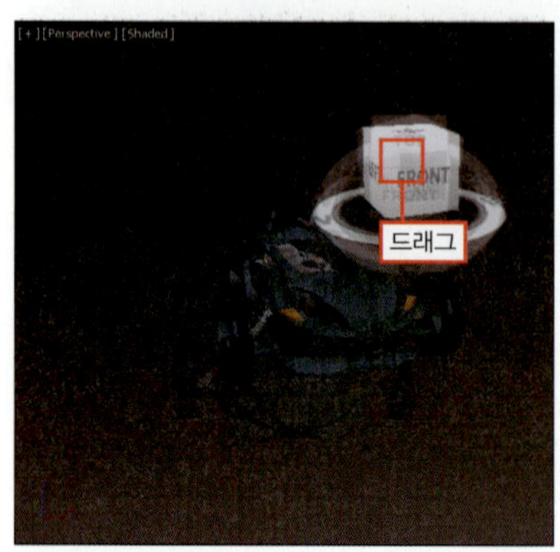
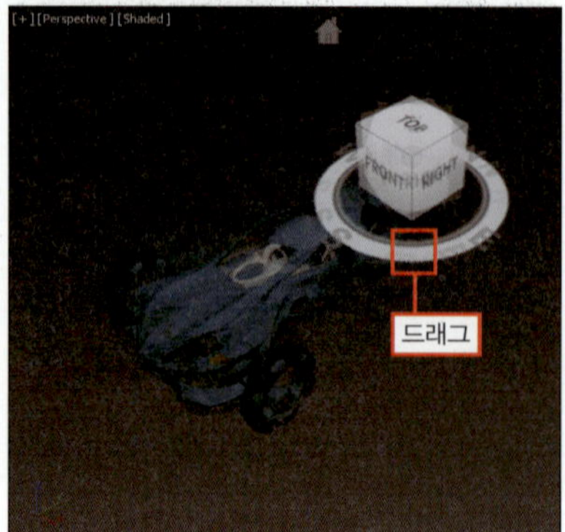
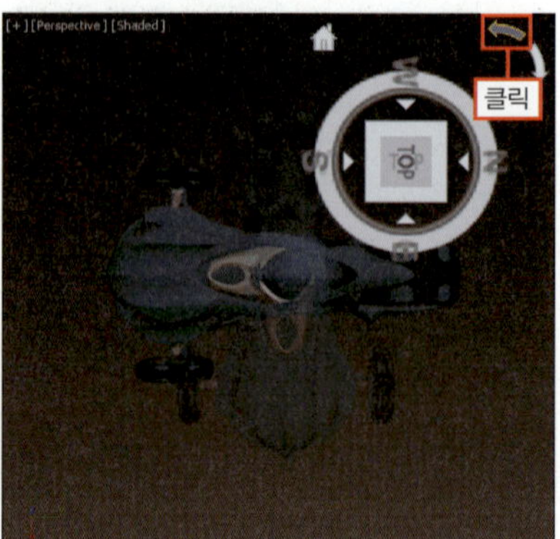

Quad Menu의 사용

Viewport에서 마우스 오른쪽 버튼을 클릭하거나 특정 키보드를 누른 채 클릭하면 다양한 Quad Menu가 팝업됩니다. Quad Menu는 작업 상황에 따라 빠르게 필요한 기능을 호출하여 작업의 효율성을 높여주는 역할을 합니다. 사용자가 필요한 기능을 직접 추가하여 사용할 수도 있습니다.

01. 마우스 오른쪽 버튼 클릭

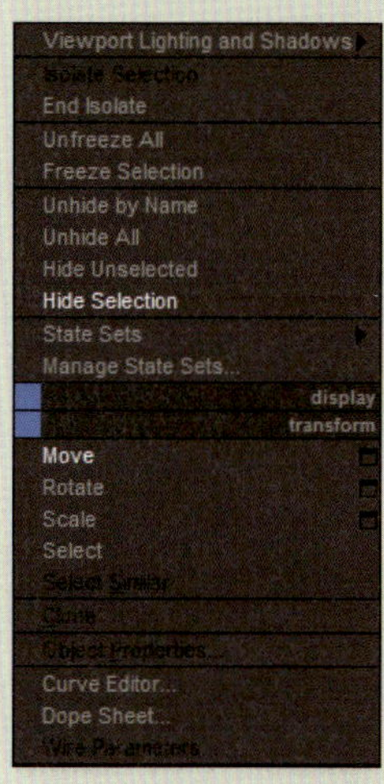

02. Ctrl+마우스 오른쪽 버튼 클릭

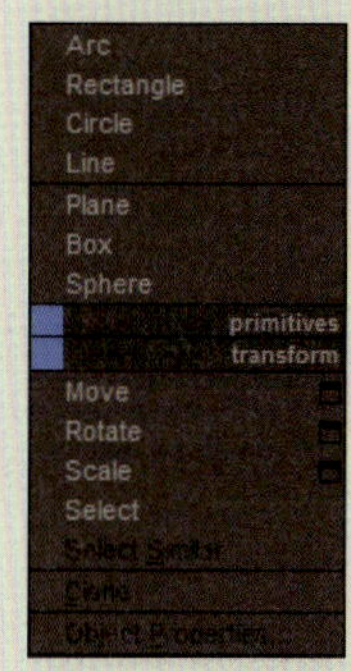

03. Shift+마우스 오른쪽 버튼 클릭

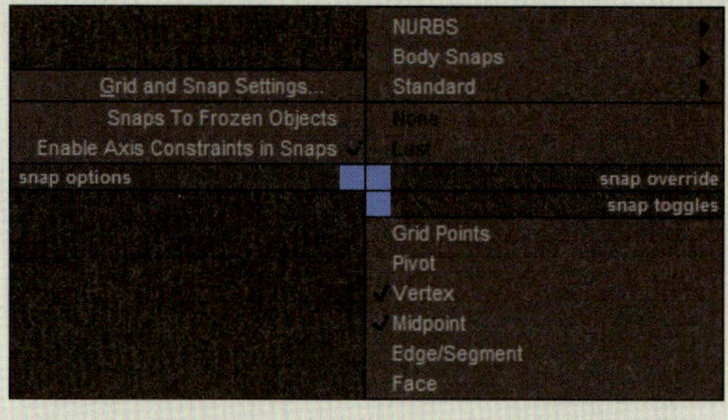

04. Alt+마우스 오른쪽 버튼 클릭

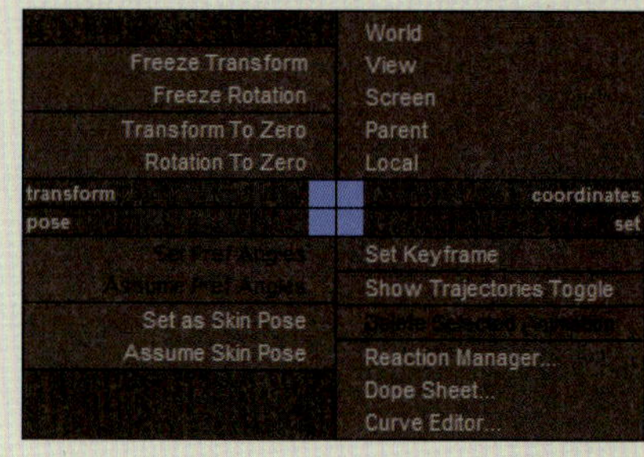

05. Ctrl+Alt+마우스 오른쪽 버튼 클릭

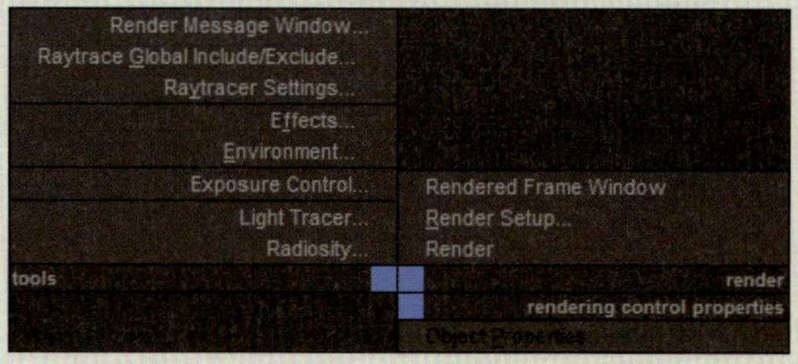

06. Shift+Alt+마우스 오른쪽 버튼 클릭

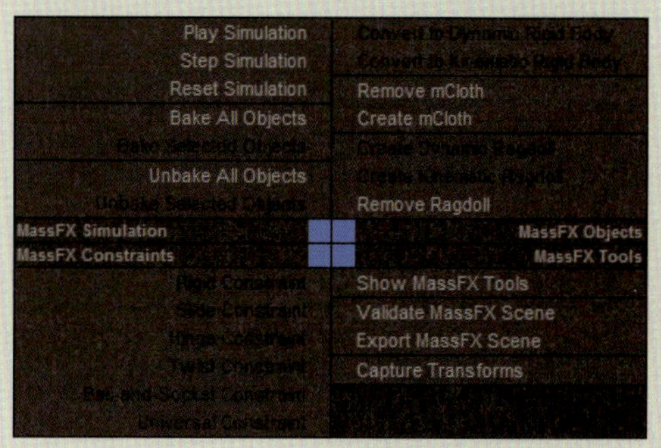

Viewport Layout 스타일 변경하기

기본 Viewport Layout을 빠르게 다른 스타일로 변경하여 작업 상황에 맞는 Viewport를 구성해봅니다.

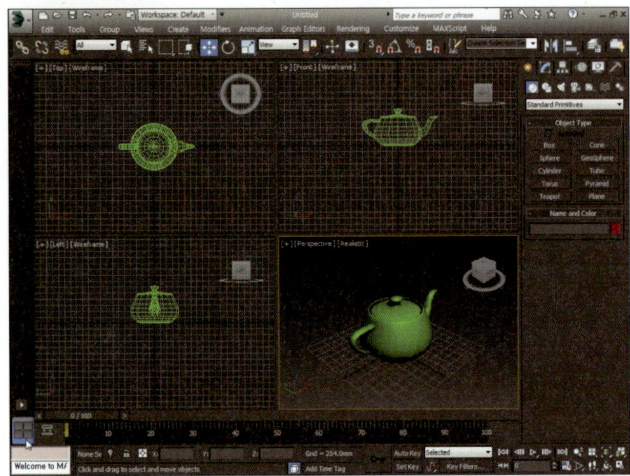

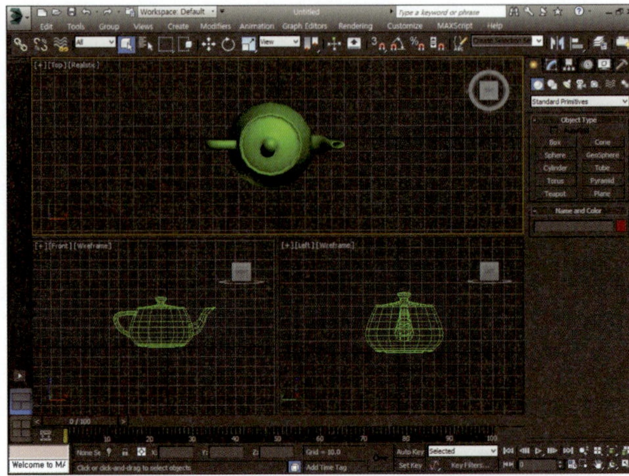

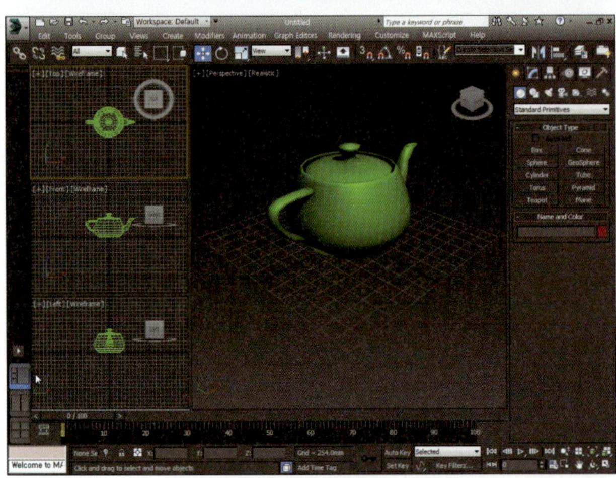

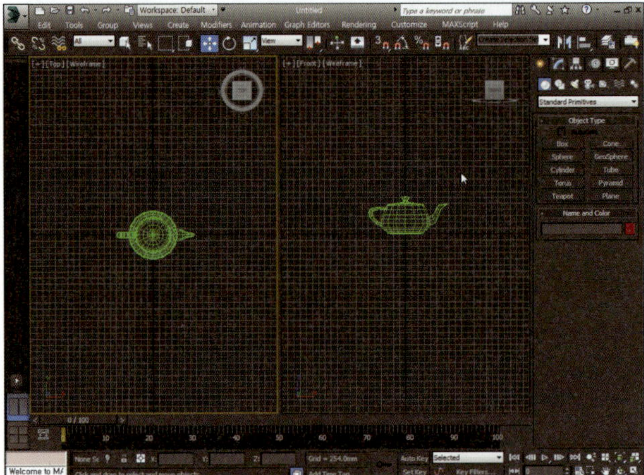

01 화면 좌측 하단에 있는 [Create a New Viewport Layout Tab] 버튼 (▶)을 클릭합니다.

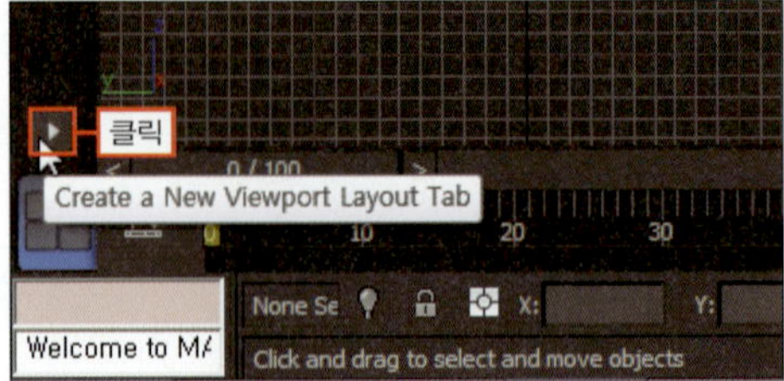

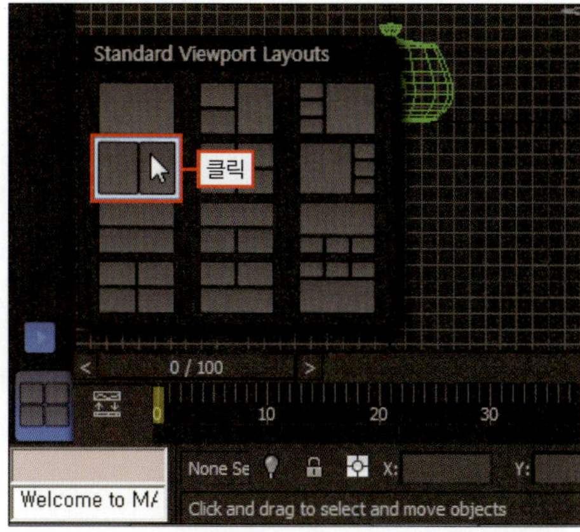

02 [Standard Viewport Layouts] 대화상자가 팝업되고 다양한 Layout 스타일을 선택할 수 있습니다.

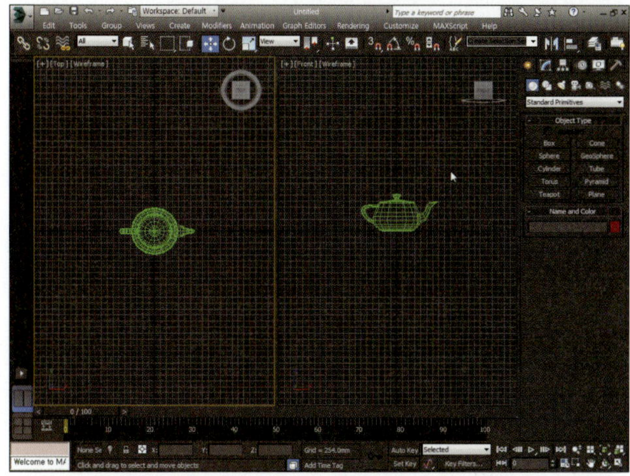

03 선택한 Layout 스타일의 버튼이 아래부터 순서대로 추가되며 Viewport Layout이 변경됩니다.

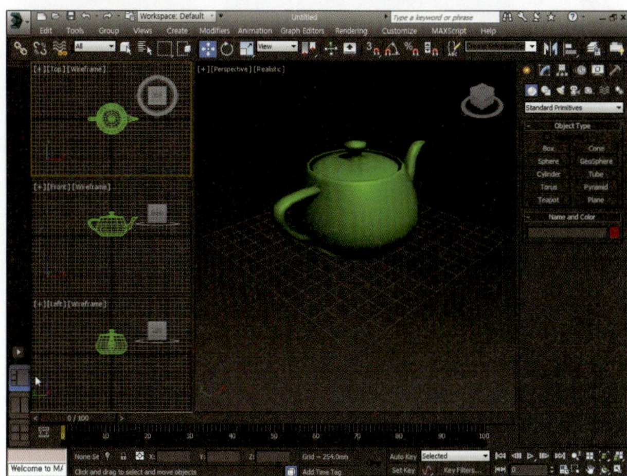

04 같은 방법으로 다른 스타일의 [Layout] 버튼도 추가할 수 있습니다. 작업 특성에 따라 여러 가지 Layout 스타일을 선택하여 사용할 수 있습니다.

05 추가된 [Layout] 버튼에서 마우스 오른쪽 버튼을 클릭하면 새로운 대화상자가 팝업됩니다. 대화상자에서 Layout 의 새로운 이름을 지정하거나 Layout을 따로 저장할 수도 있습니다. 또한 필요 없는 탭은 삭제할 수 있습니다.

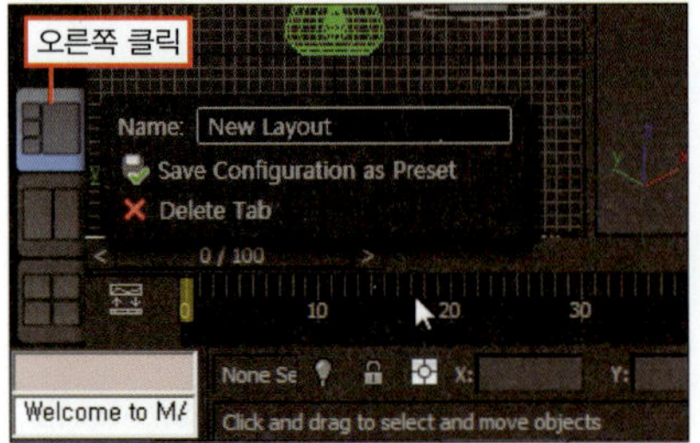

▲ 새로운 이름을 지정

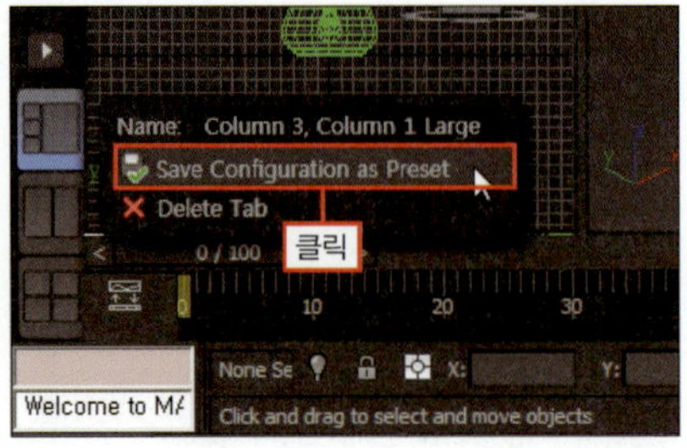

▲ Layout 저장

▲ Delete Tab

06 대화상자의 [Name:]에 'new_layout'을 적은 후 [Save Configuration as Preset]를 클릭하여 저장합니다.

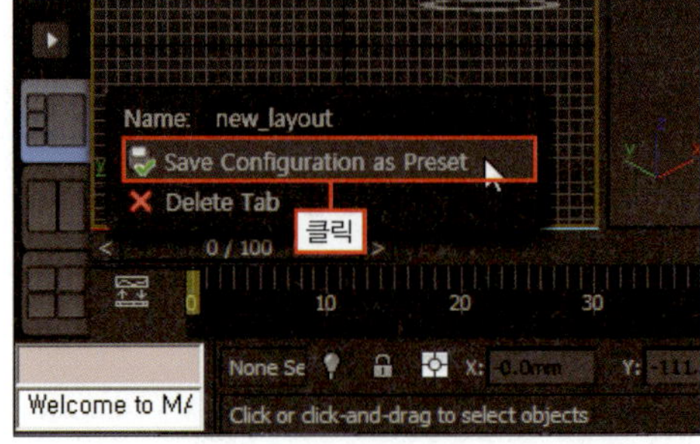

07 [Create a New Viewport Layout Tab] 버튼(▶)을 클릭하여 대화상자를 열어보면 이름을 지정한 Layout이 저장 된 것을 확인할 수 있습니다. [Rename or Delete Saved Presets] 버튼(✎)을 클릭하면 저장된 Layout의 이름을 변경 하거나 삭제할 수 있습니다.

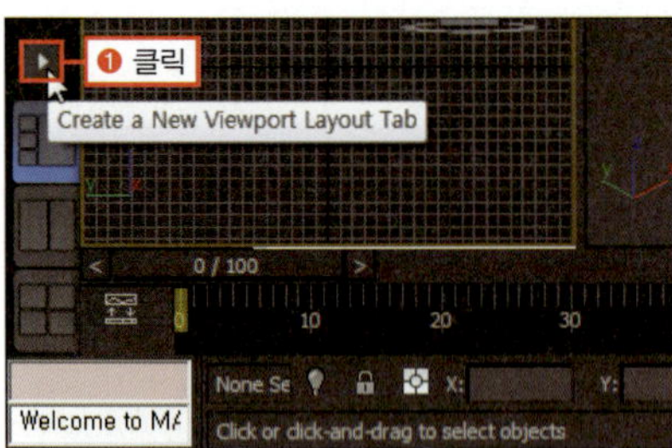

Viewport를 단축키 Ctrl + X 를 사용하여 전문가 모드(Expert Mode)로 전환하면 Main Toolbar나 Command panel 등 주요 화면 구성 요소들이 숨겨져 화면을 넓게 활용할 수 있습니다. 원래 화면으로 복귀하려면 단축키 Ctrl + X 를 사용하거나 화면 우측 하단의 [Cancel Expert Mode] 버튼(Cancel Expert Mode)을 선택하면 됩니다.

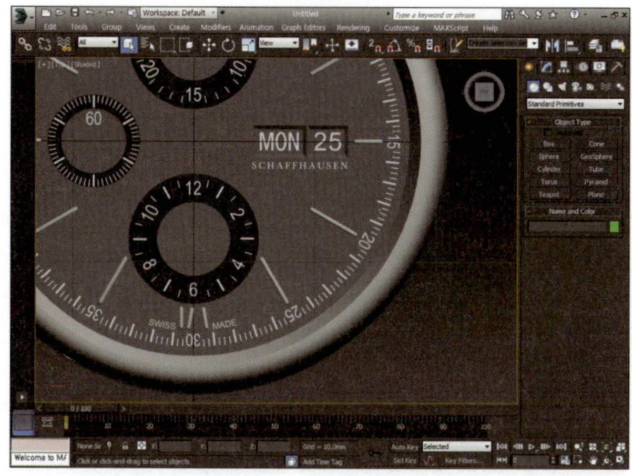

05

SECTION

Viewport navigation controls 이용하기

Viewport navigation control에 있는 기능들을 살펴보고 이를 활용한 효율적인 View 컨트롤 방법에 대해 알아봅니다.

:: View의 상태에 따른 Viewport navigation control의 기능 비교

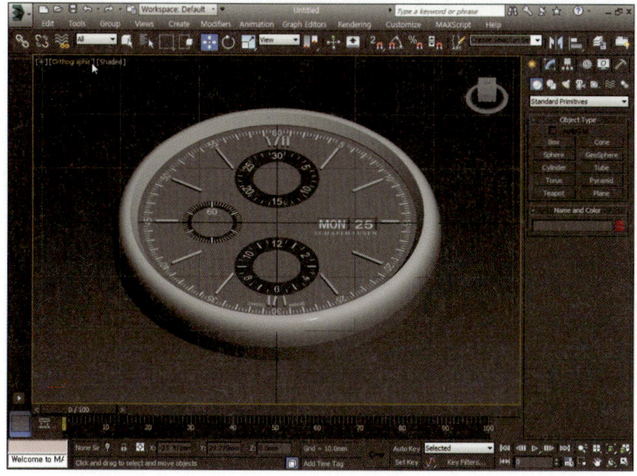

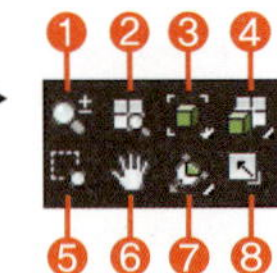
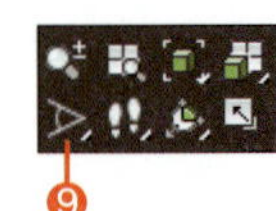

그림과 같이 버튼 우측 아래에 작은 화살표 모양이 표시되는 버튼들이 있습니다. 이 화살표 모양은 버튼에 1개 이상의 기능이 숨어 있다는 것을 나타냅니다. 해당 버튼을 마우스로 길게 클릭하면 숨어 있는 버튼들이 펼쳐지며 선택할 수 있게 됩니다.

:: 이번 예제에 사용할 Max File의 Units/Gamma Setup

01 Menu Bar>Customize>Units Setup을 통해 다음과 같이 Unit을 세팅합니다.

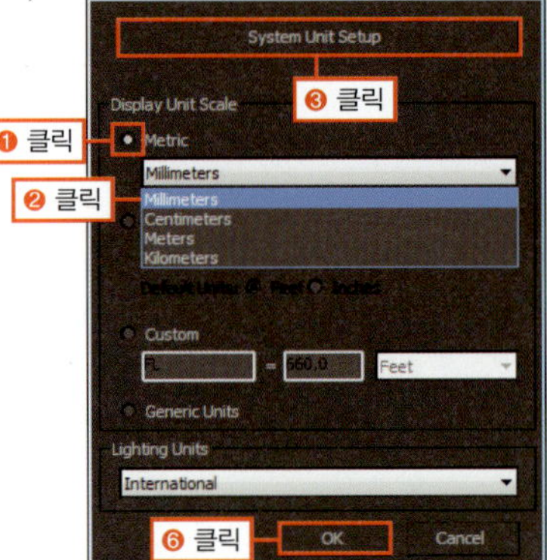
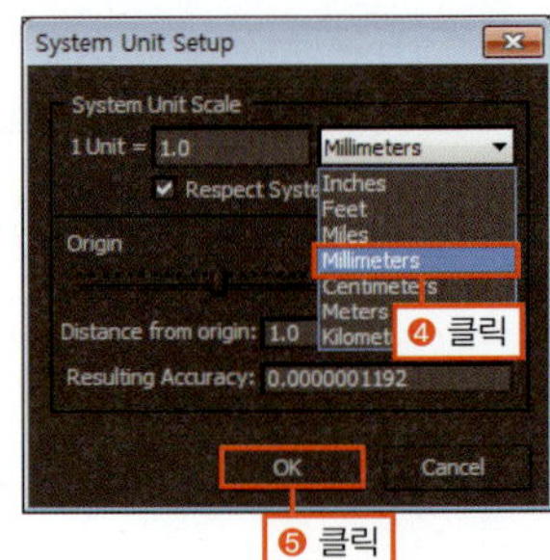

02 Menu Bar>Rendering>Gamma/LUT Setup을 통해 다음과 같이 Gamma를 비활성화합니다.

[**MEMO** · 부록 CD의 Max File을 Open 또는 Import할 때 본인이 사용하는 Max의 Units/Gamma Setup을 위 사항과 동일하게 세팅하면 파일이 문제없이 호환됩니다.]

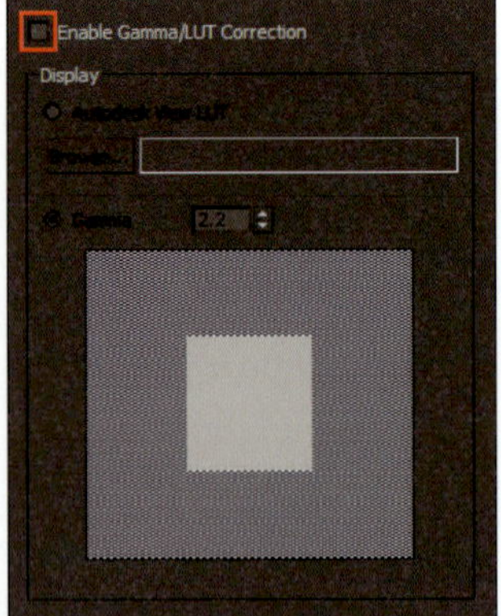

준비된 장면을 열어 Viewport navigation control의 기능들을 실습해봅니다. 부록 CD의 Part 01>Lesson 03 폴더에서 'Scene_01(Viewport Control).max' 파일을 불러옵니다.

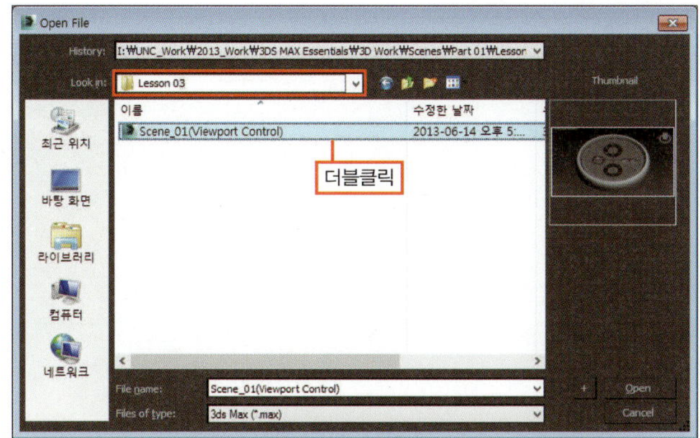
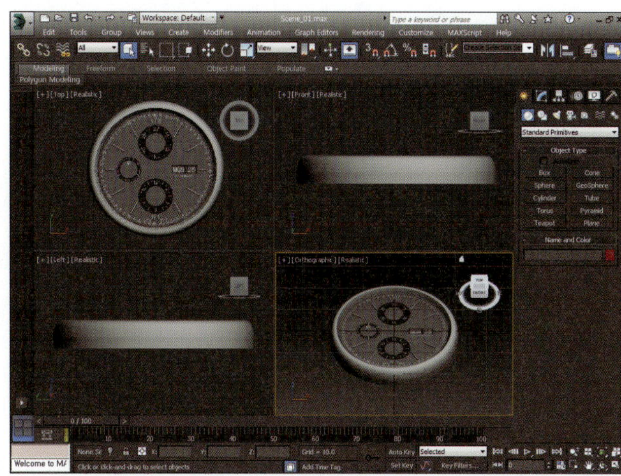

❶ 활성화된 View에서 확대 · 축소하기(Zoom)

[Zoom] 버튼(▣)을 클릭합니다. 확대 · 축소할 View에서 마우스 왼쪽 버튼을 클릭한 상태로 상하 방향으로 드래그하면 View를 확대하거나 축소할 수 있습니다.

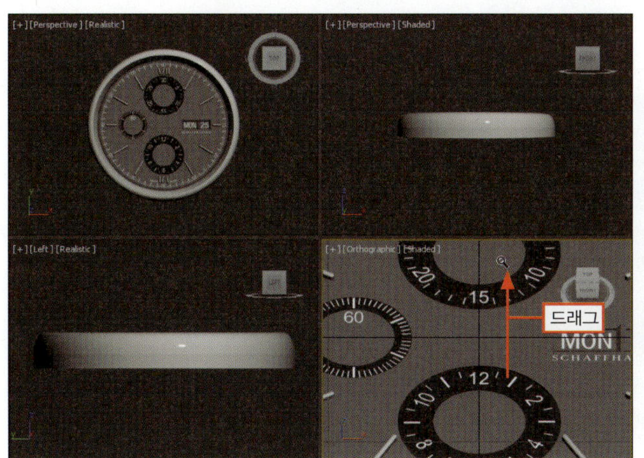

▲ 확대 : 마우스 왼쪽 버튼 클릭+↑ 드래그

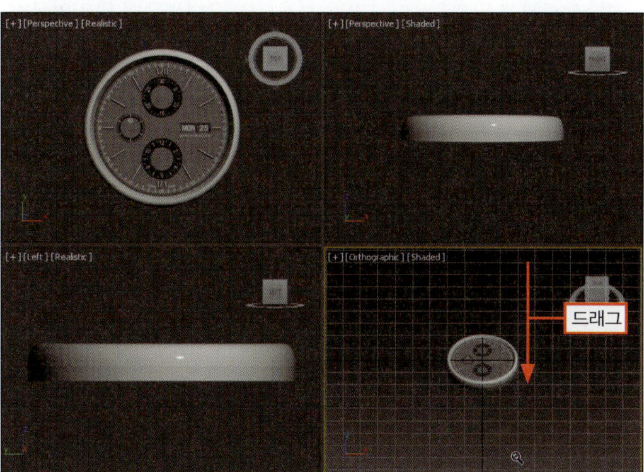

▲ 축소 : 마우스 왼쪽 버튼 클릭+↓ 드래그

❷ 모든 View에서 확대 · 축소하기(Zoom All)

[Zoom All] 버튼(⊞)을 클릭합니다. 모든 View에서 마우스 왼쪽 버튼을 클릭한 상태로 화면 상하 방향으로 드래그하면 모든 View를 동시에 확대 · 축소할 수 있습니다.

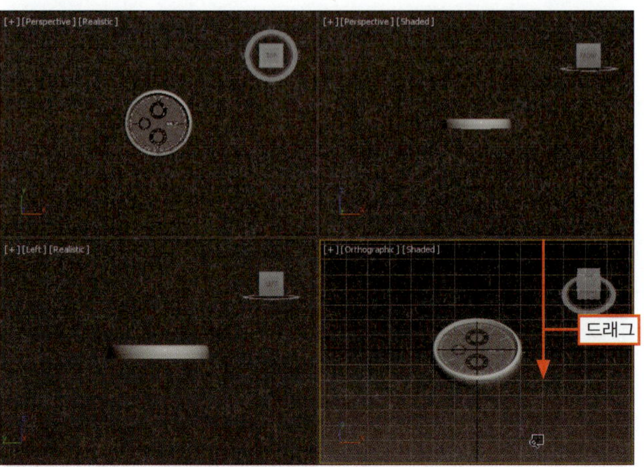

▲ 확대 : 마우스 왼쪽 버튼 클릭+↑ 드래그　　　　　　　▲ 축소 : 마우스 왼쪽 버튼 클릭+↓ 드래그

 단축키 F3 , F4 를 사용해 와이어프레임 확인하기

각 View에서 단축키 F3 , F4 를 사용하면 오브젝트의 와이어프레임을 확인할 수 있습니다.

● 단축키 F3 : Wireframe on/off

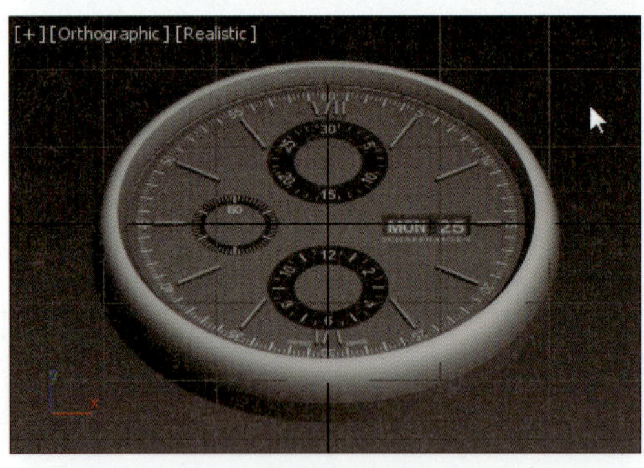

● 단축키 F4 : Edged Faces on/off

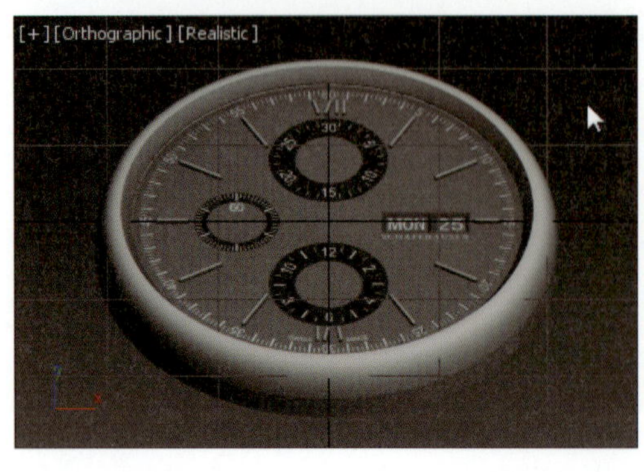

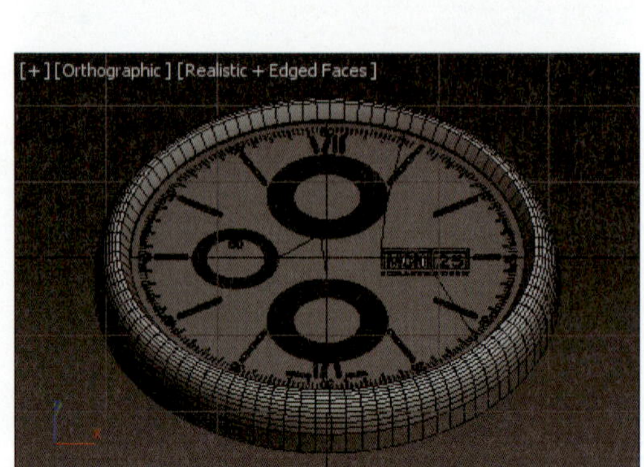

❸ **오브젝트를 활성화된 View 중심에 배치하기(Zoom Extents, Zoom Extents Selected)**

마우스 오른쪽 버튼을 클릭하여 View를 선택하고 [Zoom Extents] 버튼(□)을 클릭합니다. 장면에
있는 모든 오브젝트가 활성화된 View 중심으로 배치됩니다.

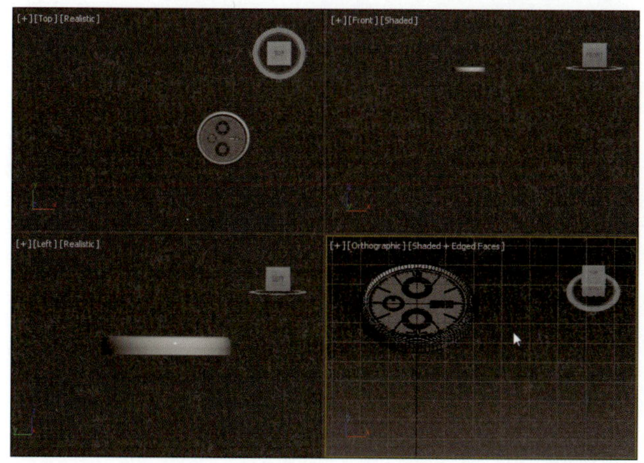
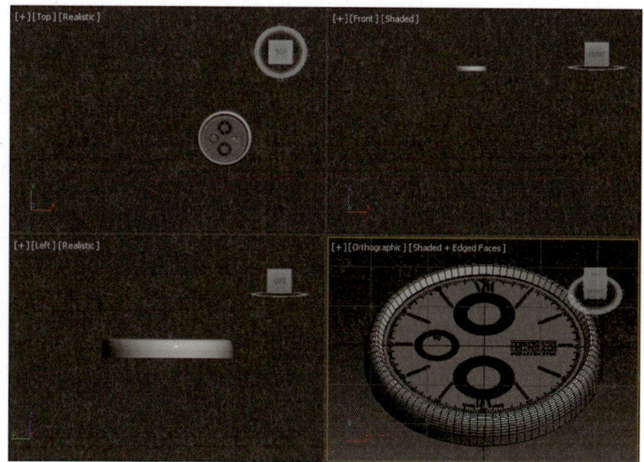

[**MEMO** · 버튼이 숨어 있을 경우 마우스를 길게 클릭하여 선택합
니다.

이번에는 선택한 오브젝트를 View 중심에 꽉 차도록 배치시켜봅니다.

장면에 있는 오브젝트 중 한 가지를 선택하고 [Zoom Extents Selected] 버튼(□)을 클릭합니다. 오
브젝트가 View의 중심으로 배치됩니다. 선택한 오브젝트가 없을 경우에는 장면에 있는 모든 오브젝
트가 View의 중심으로 배치됩니다.

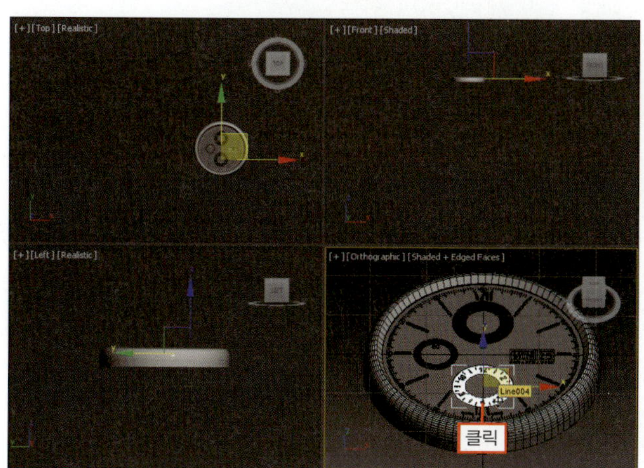

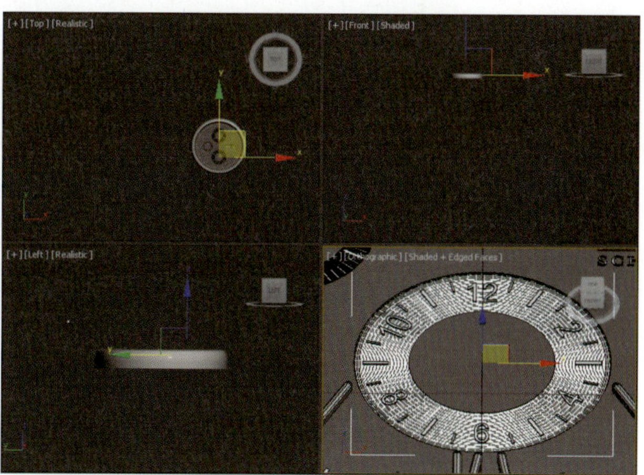

❹ **오브젝트를 모든 View의 각 중심에 배치하기(Zoom Extents All Selected, Zoom Extents All)**

[Zoom Extents All] 버튼(￼)을 클릭하면 모든 오브젝트가 각 View의 중심으로 배치됩니다.

[**MEMO** · 버튼이 숨어 있을 경우 마우스를
길게 클릭하여 선택합니다.

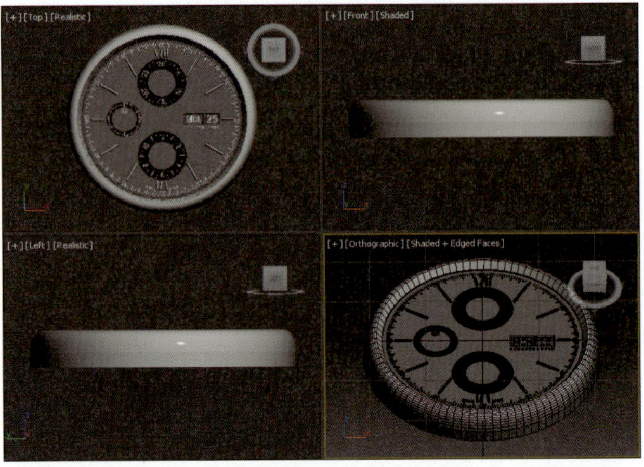

특정 오브젝트를 선택하고 [Zoom Extents All Selected] 버튼(￼)을 클릭합니다. 모든 View에서 선택한 오브젝트가 View의 중심으로 배치됩니다. 선택한 오브젝트가 없을 경우에는 모든 오브젝트가 View의 중심으로 배치됩니다.

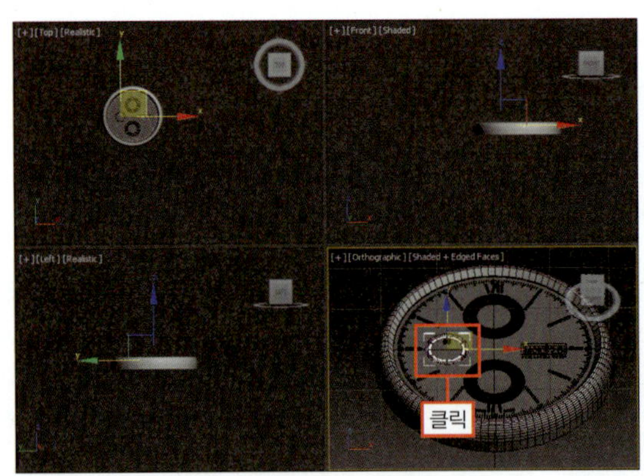

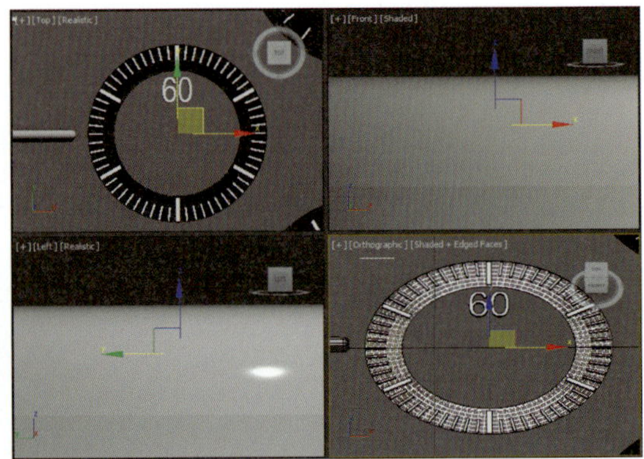

❺ **드래그한 영역 확대하기(Zoom Region)**

Orthographic View에서 [Zoom Region] 버튼(￼)을 클릭합니다. View에서 확대할 부분을 마우스로 드래그하면 해당 영역만큼 확대됩니다.

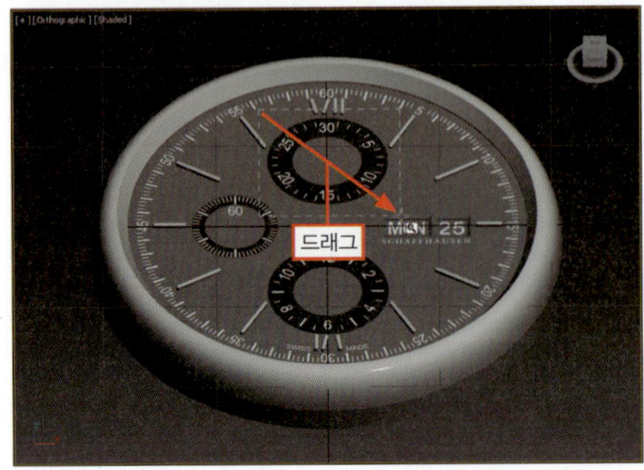

❻ 화면 이동하기(Pan View)

[Pan View] 버튼(🖐)을 클릭합니다. 마우스 왼쪽 버튼을 클릭한 채 원하는 위치로 드래그하면 View
가 이동됩니다.

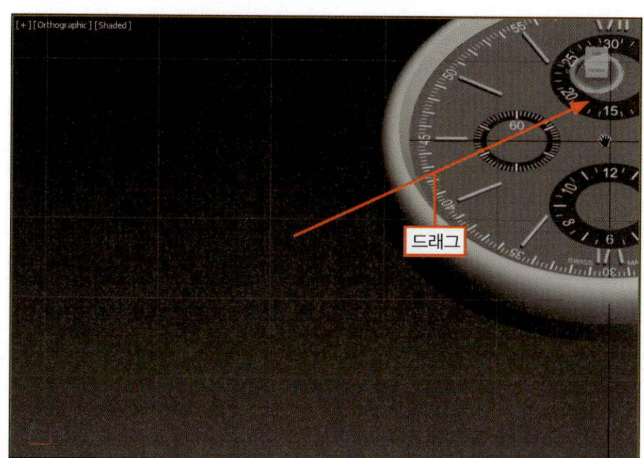

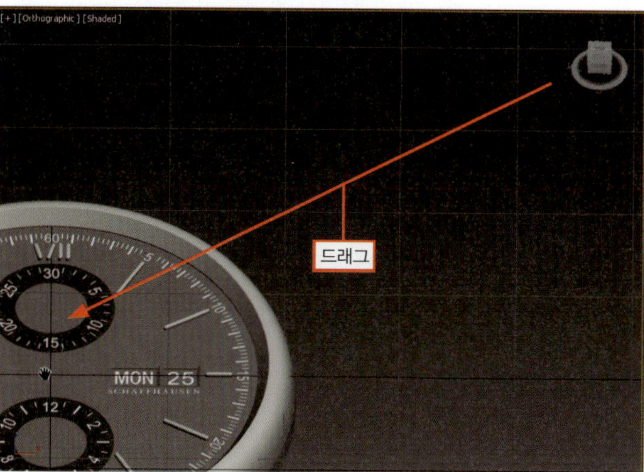

❼ View 자유롭게 돌려보기(Orbit, Orbit Selected, Orbit SubObject)

[Orbit SubObject] 버튼(🔄)을 클릭하면 View를
회전할 수 있는 '트랙볼'이 표시됩니다.

[**MEMO** · 버튼이 숨어 있는 경우에는 마우스를 길게 클릭
하여 선택합니다.]

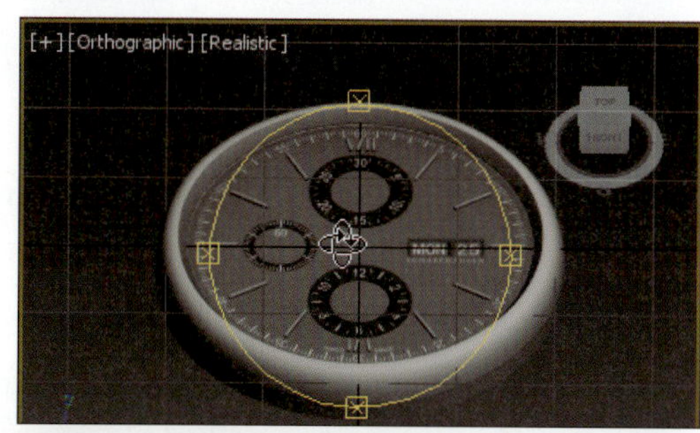

트랙볼 안쪽에서 마우스 왼쪽 버튼을 클릭한 채 드
래그하면 View가 원하는 방향으로 회전합니다.

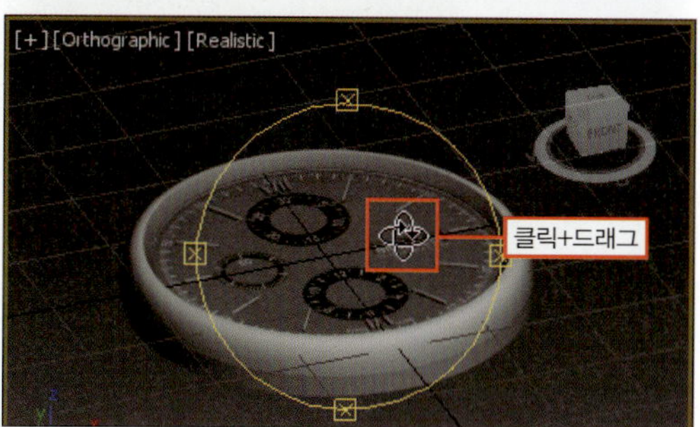

트랙볼 바깥쪽에서 드래그하면 View의 기울기가
조절됩니다.

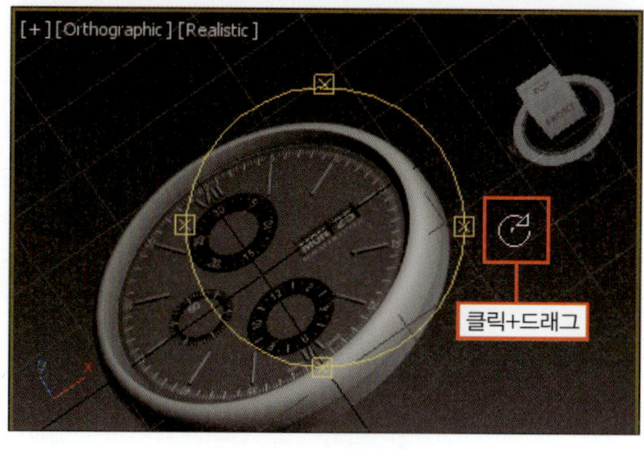

[Orbit] 버튼( )을 사용하면 View의 중심을 기점으로 회전하며, [Orbit Selected] 버튼( )을 사용하면 선택한 오브젝트의 중심을 기점으로 회전합니다.

❽ 1개의 화면으로 전환하기(Maximize Viewport Toggle)

[Maximize Viewport Toggle] 버튼( )을 클릭하면 4개의 Viewport를 1개의 큰 Viewport로 전환할 수 있습니다. 단축키 Alt + W 를 사용해도 화면을 전환할 수 있습니다.

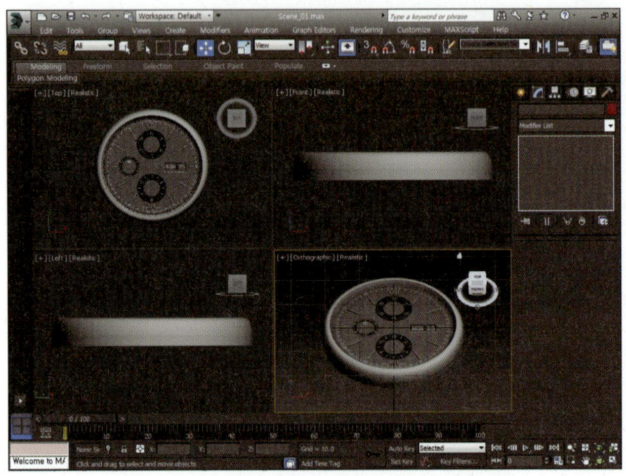
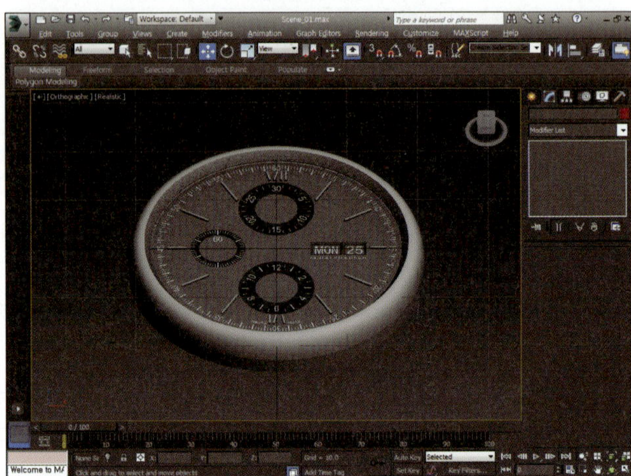

❾ 화면 왜곡(투시) 변경하기(Field-of-View Button)

Perspective View에서 [Field-of-View Button] 버튼( )을 클릭합니다. Viewport에서 마우스 왼쪽 버튼을 클릭한 상태로 View 상하 방향으로 드래그하면 FOV 각도가 변경되어 왜곡이 발생합니다.

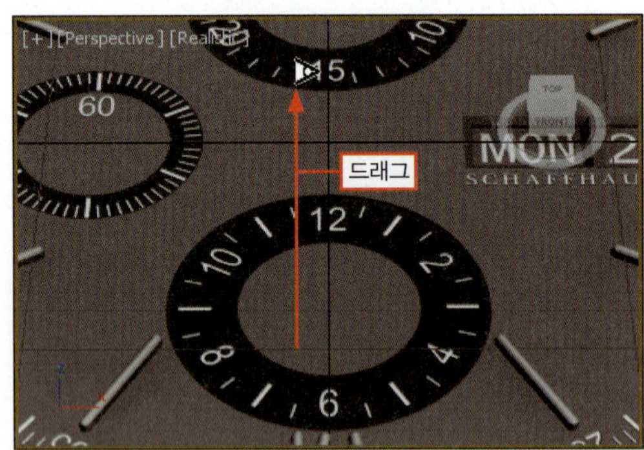

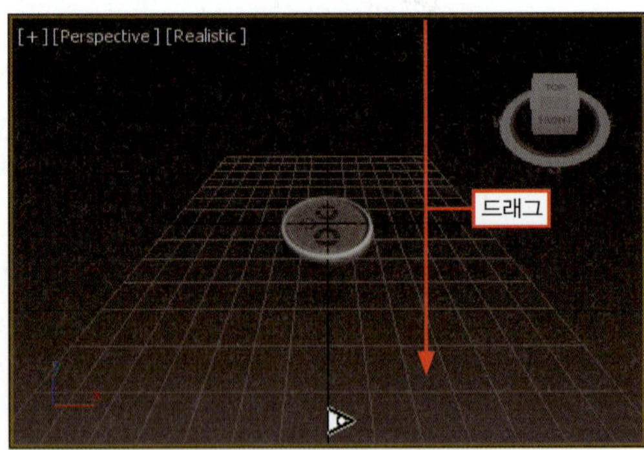

▲ 왜곡 감소 : 마우스 왼쪽 버튼 클릭+↑ 드래그   ▲ 왜곡 과장 : 마우스 왼쪽 버튼 클릭+↓ 드래그

효과적인 오브젝트 컨트롤
방법에 대해 알아보기

04

3ds Max에서는 오브젝트를 효과적으로 컨트롤하기 위한 다양한 기능을 제공하고 있습니다. 3차원의 개념과 Gizmo에 대해 이해하고 여러 가지 오브젝트들을 사용자가 원하는 위치로 옮기거나 그룹화하여 관리하는 등의 컨트롤 방법에 대해 알아봅니다.

Gizmo 이해하기(Move, Rotate, Scale)

Move Gizmo, Rotate Gizmo, Scale Gizmo에 대해 알아봅니다.

∷ Move Gizmo

1 Move Gizmo 활성화하기

오브젝트를 선택하고 Main Toolbar의 [Select and Move] 버튼(　)을 선택하거나 단축키 W 를
사용하여 이동 기즈모(Move Gizmo)를 활성화할 수 있습니다.

> **tip ○ Gizmo가 보이지 않을 때**
>
> 화면의 Gizmo가 세 가지 컬러의 화살표 모양으로 보이지 않을 경우가 있습니다. 이때 키보드 Ctrl + Shift + X 를 사용하면 Gizmo 상태를 다음과 같이 변경할 수 있습니다.

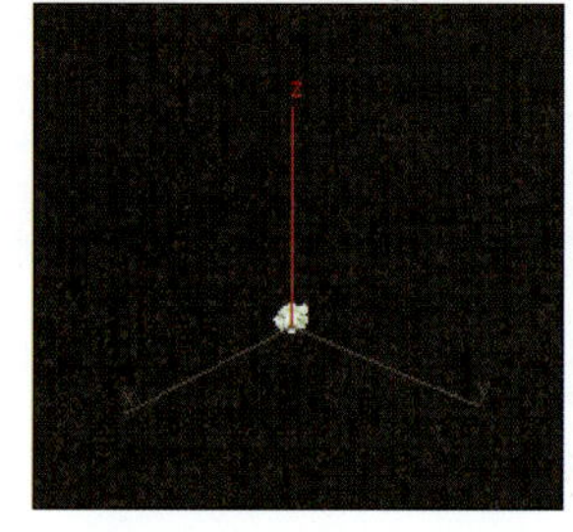 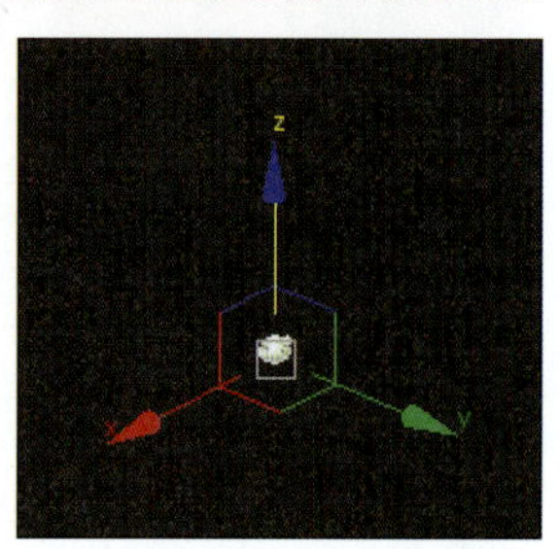

2 Move Gizmo의 구조

이동 기즈모(Move Gizmo)는 x=빨간색, y=초록색, z=파란색 핸들로 이루어져 있습니다. 마우스를
이동하여 각 방향의 핸들에 올려놓으면 노란색으로 바뀌면서 활성화됩니다.

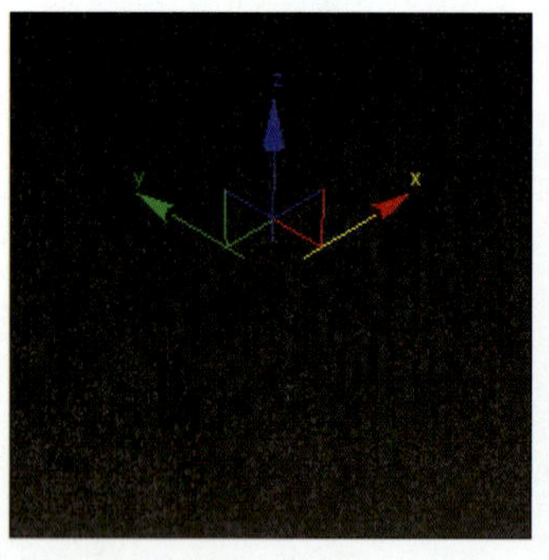 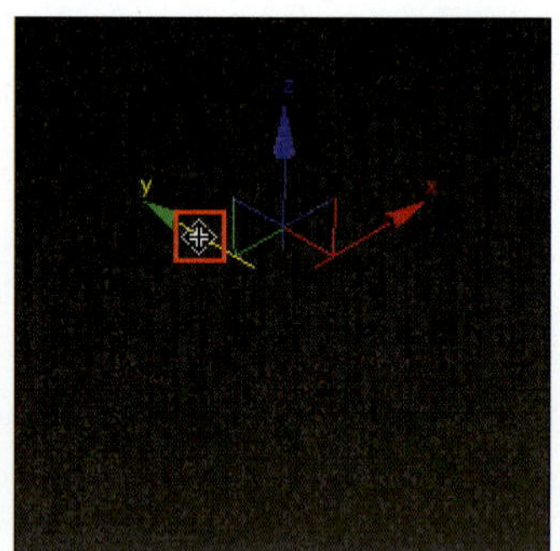 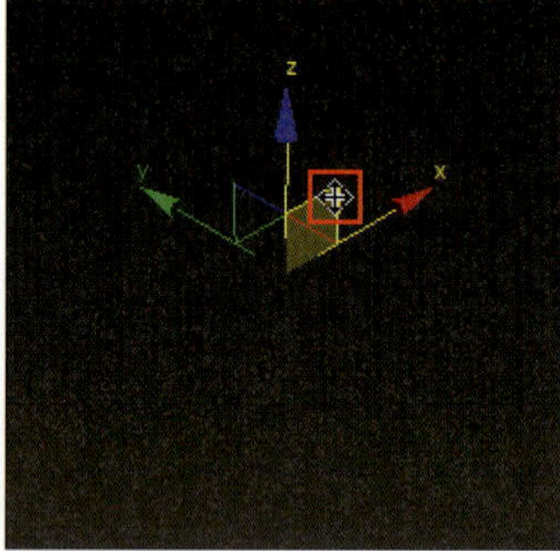

3 각 방향으로 이동하기

그림과 같이 y축 방향 핸들을 선택
하고 마우스를 드래그하면 y축의
양 방향으로 오브젝트를 이동할 수
있습니다.

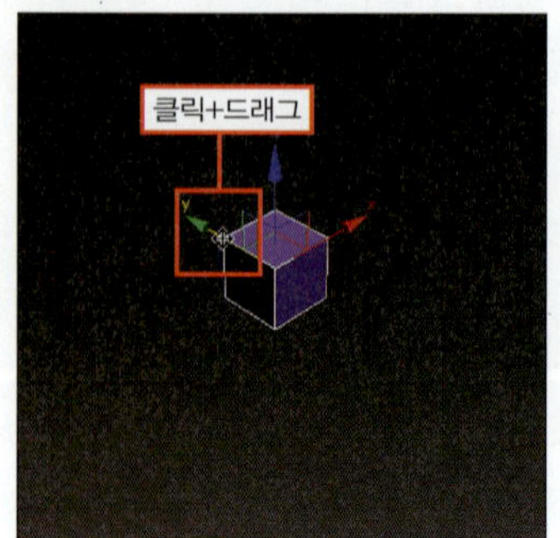

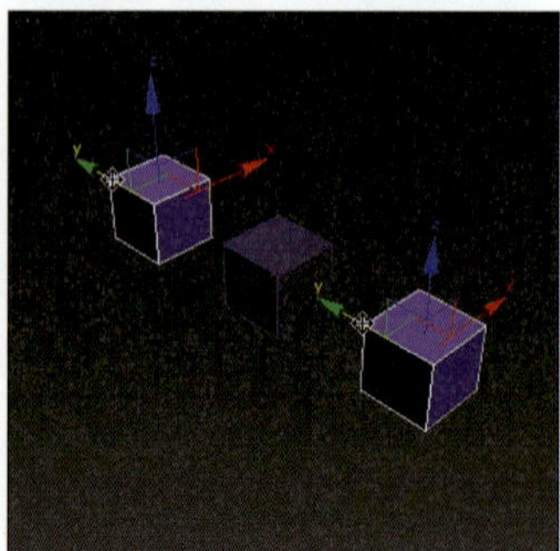

4 두 방향 축의 평면 내에서 이동하기

그림과 같이 두 방향의 핸들을 동시에 활성화하여 마우스를 드래그하면 선택된 두 방향 축으로 이루어진 평면 내에서 오브젝트를 자유롭게 이동할 수 있습니다.

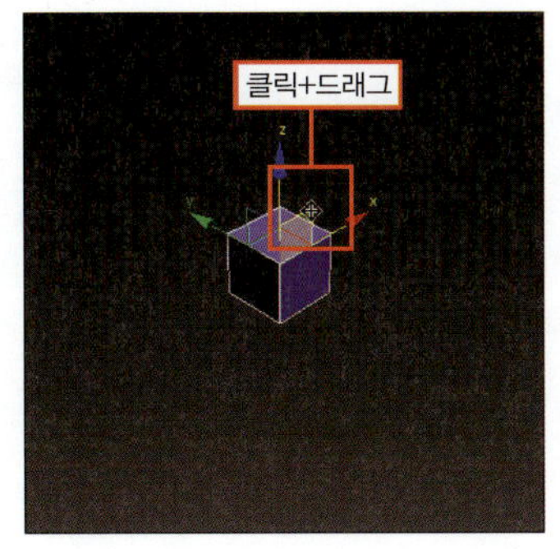

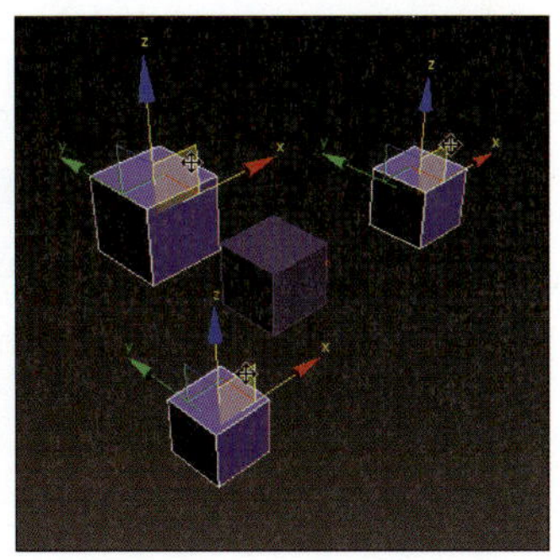

:: **Rotate Gizmo**

1 Rotate Gizmo 활성화하기

오브젝트를 선택하고 Main Toolbar의 [Select and Rotate] 버튼()을 선택하거나 단축키 E 를 사용하면 회전 기즈모(Rotate Gizmo)를 활성화할 수 있습니다.

2 Rotate Gizmo의 구조

회전 기즈모(Rotate Gizmo)는 각 축의 중심을 기점으로 그려진 원형 라인들이 트랙볼과 같은 형태를 이루고 있습니다. x, y, z 각 방향 및 Viewport에 수직인 축의 중심을 기점으로 오브젝트를 자유롭게 회전할 수 있습니다. 마우스를 이동하여 각 방향의 핸들에 올려놓으면 노란색으로 바뀌면서 활성화됩니다.

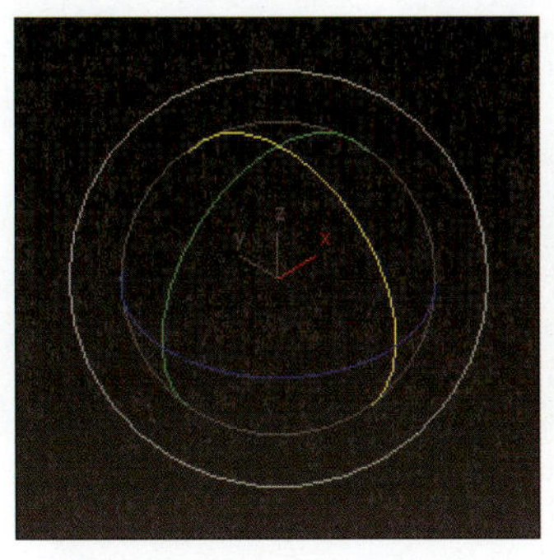
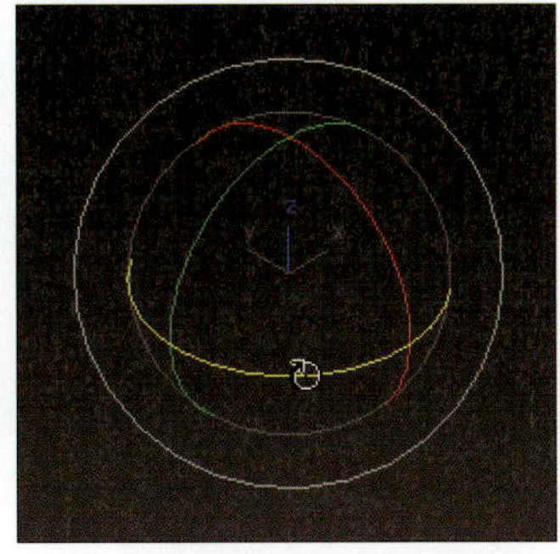
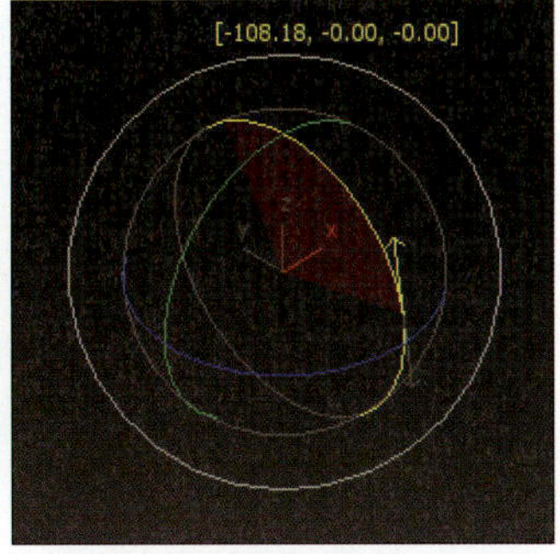

3 선택한 방향으로 회전하기

선택한 방향의 핸들을 잡고 마우스를 드래그하면 축의 중심을 기점으로 오브젝트가 회전됩니다. 이때 회전하는 방향으로 노란색 화살표가 표시됩니다. 회전한 각도는 투명도가 있는 붉은색 조각을 통해 시각적으로 표현되며 360° 이상 회전한 경우에는 조각이 겹쳐져서 붉은색 조

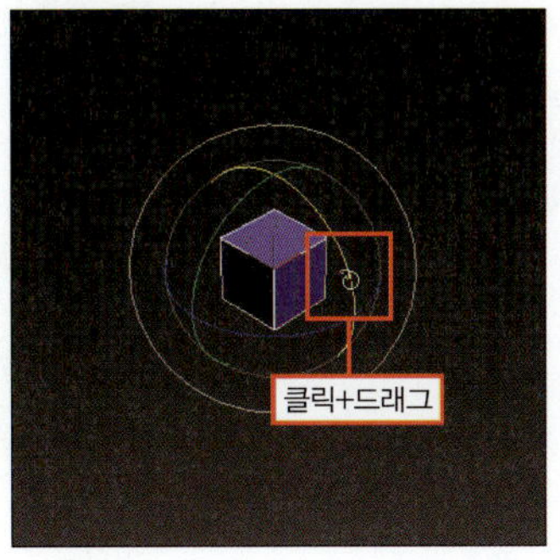

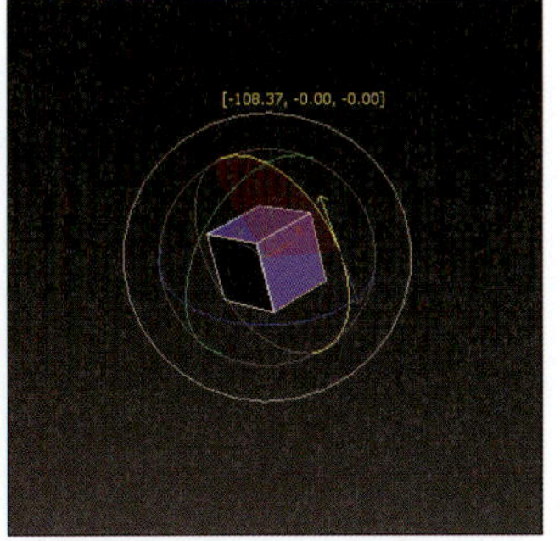

각은 점점 더 불투명하게 표현됩니다. 회전 기즈모(Rotate Gizmo) 상단에는 정확한 회전값을 x, y, z의 값으로도 표시합니다.

4 축 방향에 상관없이 회전하기

마우스 커서가 그림처럼 [Rotate]
버튼(⟳)으로 바뀐 상태에서 핸들
이외의 영역에서 마우스 왼쪽 버튼
을 클릭한 채 드래그하면 축 방향에
상관없이 자유 회전이 가능합니다.

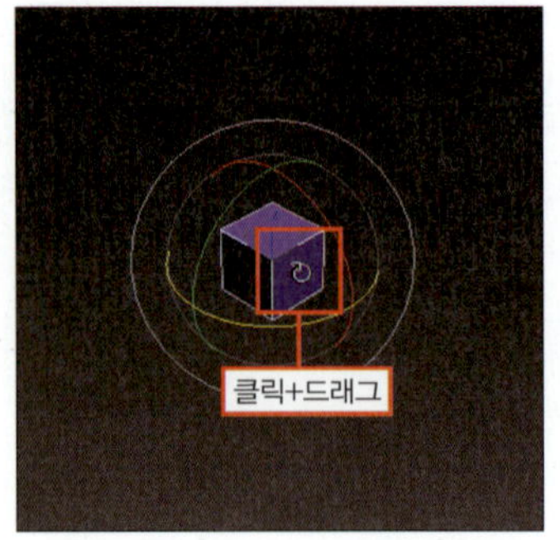

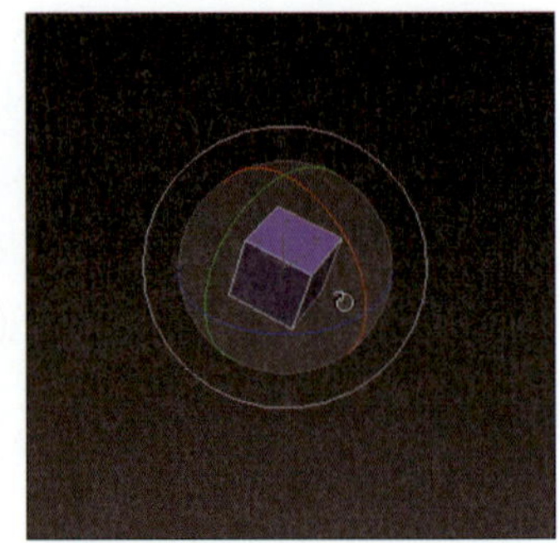

:: Scale Gizmo

1 Scale Gizmo 활성화하기

오브젝트를 선택하고 Main Toolbar의 [Select and Uniform Scale] 버튼(✛ ⟳ ▱)을 선택하거나 R을
사용하면 스케일 기즈모(Scale Gizmo)를 활성화할 수 있습니다.

2 Scale Gizmo의 구조

스케일 기즈모(Scale Gizmo)는 각 방향 축을 이어주는 피라미드 형태의 구조로 이루어져 있습니다.

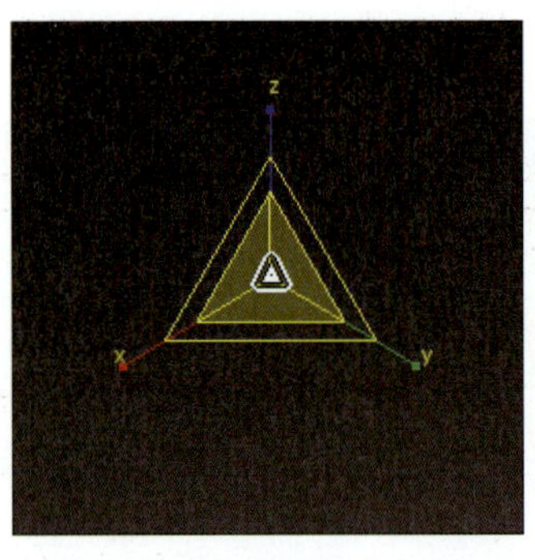
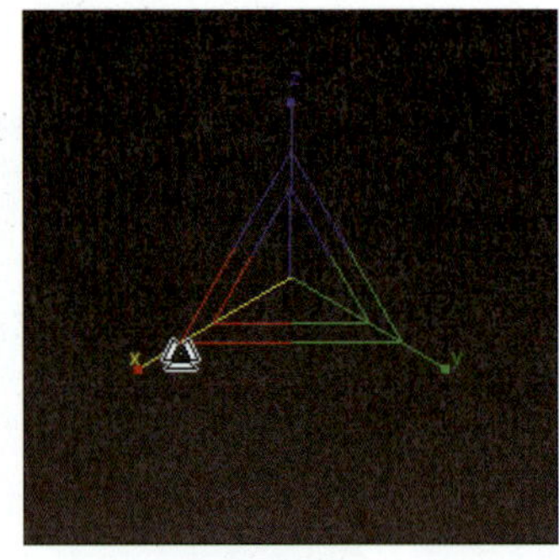
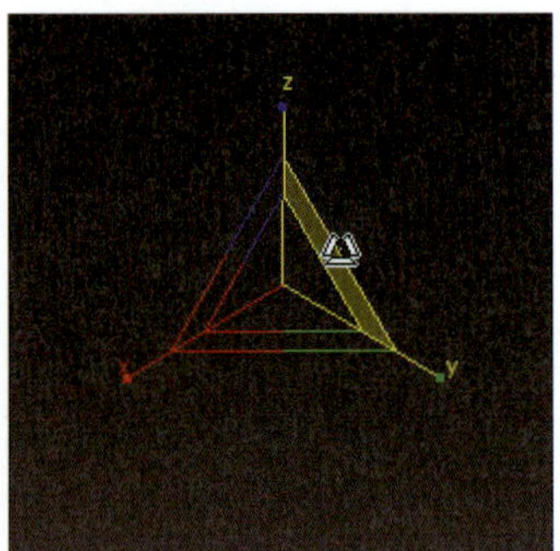

3 균일한 비율로 스케일 조절하기

기즈모 중심에서 마우스 왼쪽 버튼
을 클릭한 채 상하 방향으로 드래그
하면 균일한 비율로 스케일이 조절
됩니다.

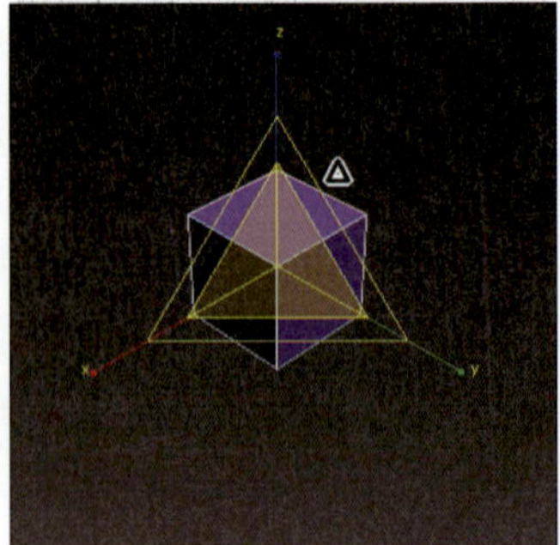

4 각 방향으로 스케일 조절하기

x, y, z 각 방향 핸들을 선택하고 드
래그하면 해당 축 방향으로 스케일
이 조절됩니다.

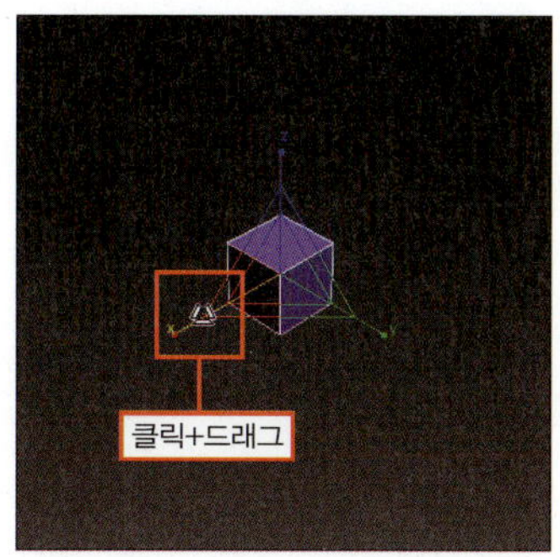

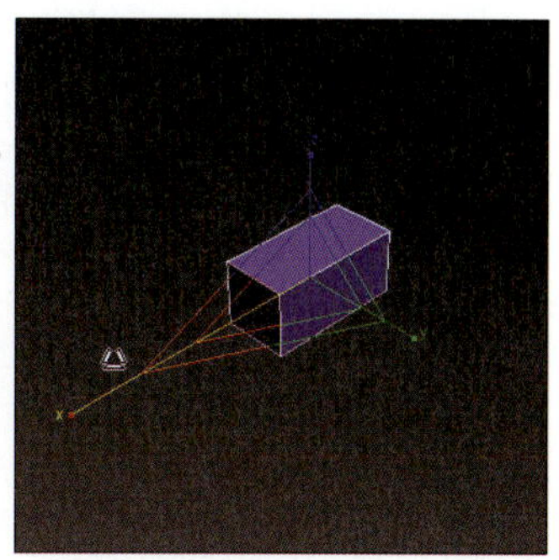

5 두 방향 축의 평면 내에서 스케일 조절하기

두 방향을 잇는 평면 핸들을 선택하
고 드래그하면 해당 평면 방향으로
스케일이 조절됩니다.

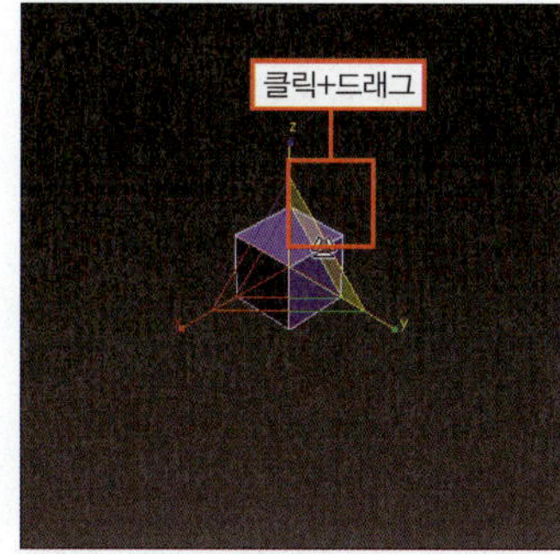

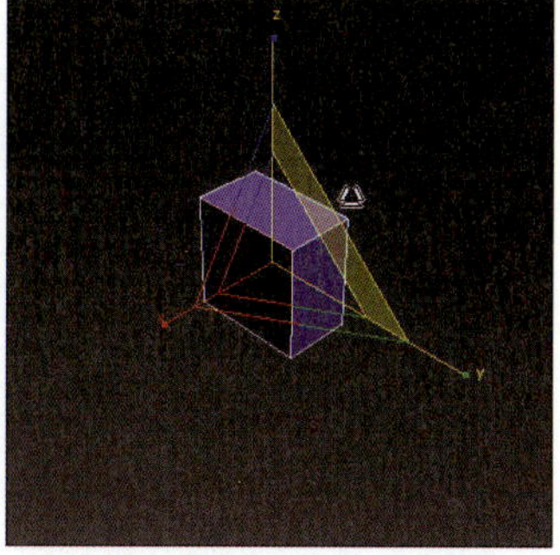

02
SECTION

다양한 방법으로 오브젝트 선택하기

오브젝트를 선택하는 방법에는 여러 가지가 있습니다. 상황에 맞는 선택방법을 알아봅니다.

:: 이번 예제에 사용할 Max File의 Units / Gamma Setup

01 Menu Bar>Customize>Units Setup을 통해 다음과
같이 Unit을 세팅합니다.

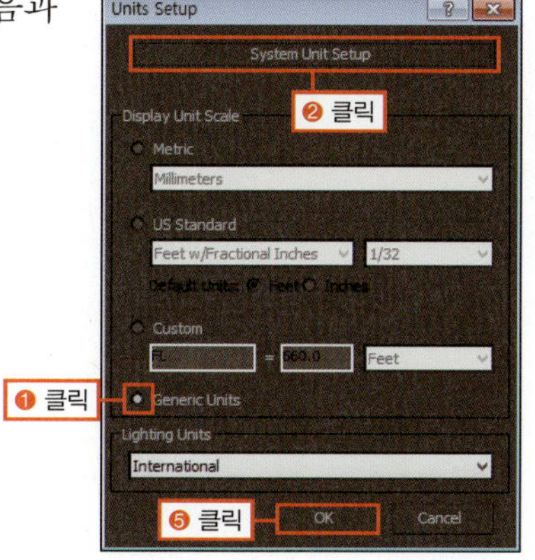

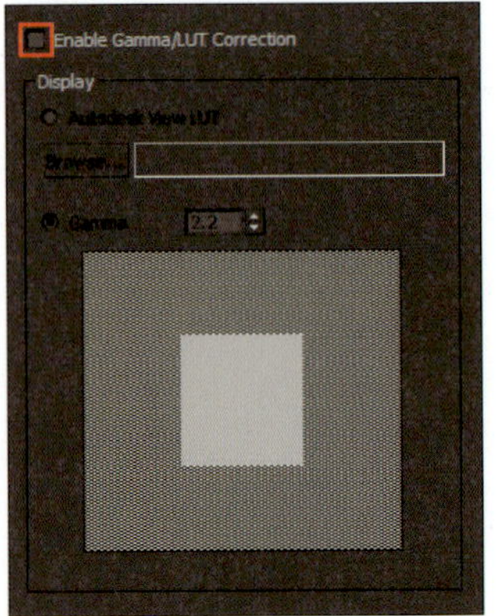

02 Menu Bar>Rendering>Gamma/LUT Setup을 통해 다음과 같이 Gamma를 비활성화합니다.

[**MEMO** · 부록 CD의 Max File을 Open 또는 Import할 때 본인이 사용하는 Max의 Units/Gamma Setup을 위 사항과 동일하게 세팅하면 파일이 문제없이 호환됩니다.]

부록 CD의 Part 01>Lesson 04 폴더에서 'Scene_01(Object Select).max' 파일을 불러옵니다.

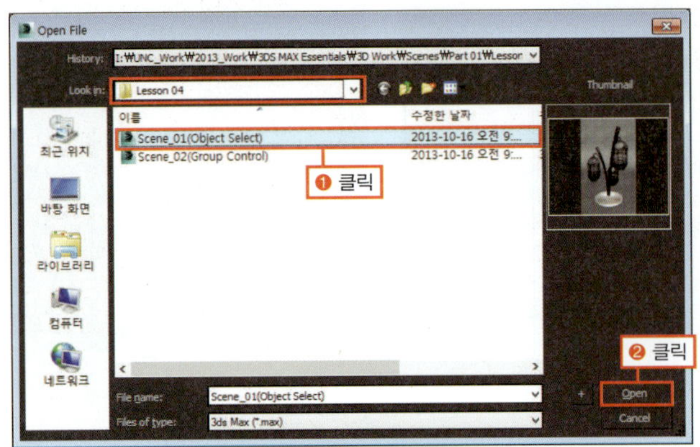 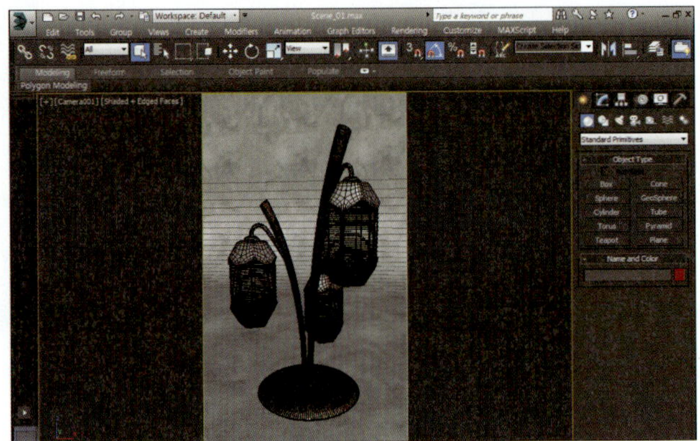

:: 마우스를 클릭하여 오브젝트 선택하고 제외하기

■ [Select Object] 버튼으로 선택하기

파일을 열었을 때 보이는 [Camera001] View에서 오브젝트를 선택합니다. Main toolbar의 [Select Object] 버튼(■)을 클릭하고 장면에 있는 오브젝트를 마우스 왼쪽 버튼으로 클릭합니다. 와이어프레임이 흰색으로 변경되어 선택된 오브젝트를 확인할 수 있습니다.

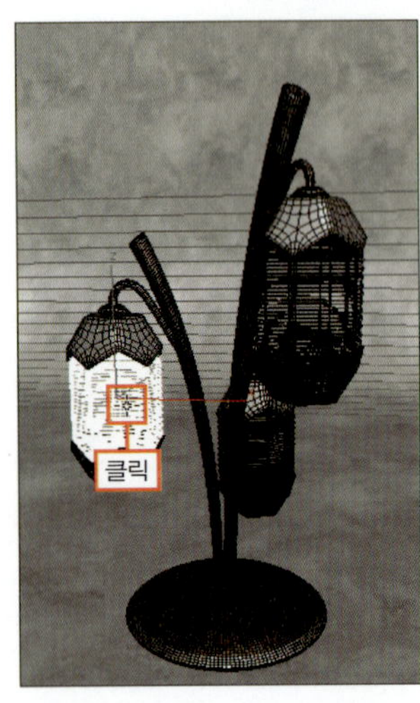

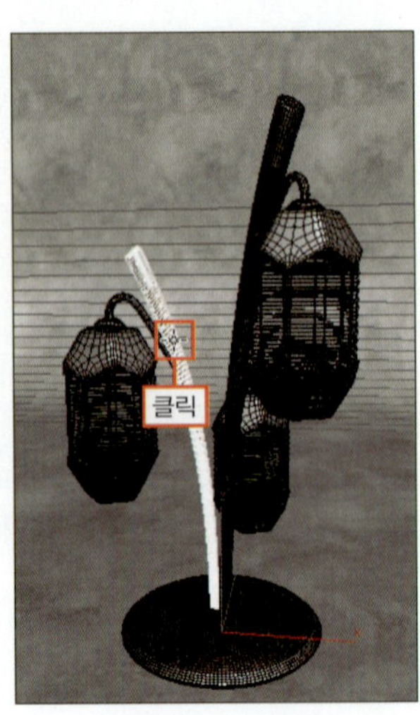

Main Toolbar의 [Select and Move], [Rotate], [Scale] 버튼(　　　　)을 각각 활성화하고 오브젝트를 선택합니다. 이 방법을 사용하면 오브젝트를 선택하고 바로 Move, Rotate, Scale 기능을 실행할 수 있습니다.

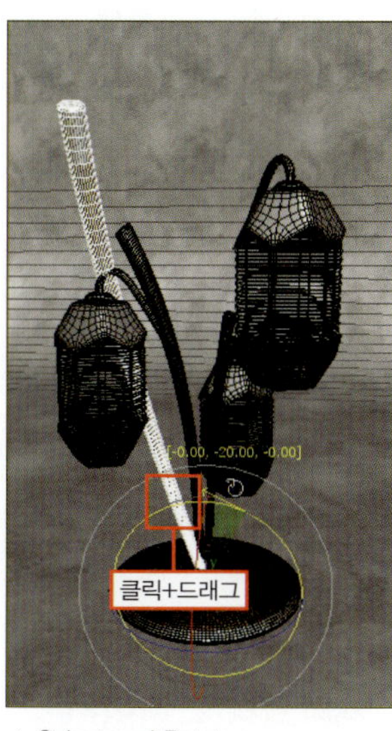

▲ Select and Move　　　　　　▲ Select and Rotate　　　　　　▲ Select and Scale

[Select and Move] 버튼(　　　　)을 클릭합니다. 1개의 오브젝트를 선택한 후 키보드의 Ctrl 을 누른 채 다른 오브젝트를 선택합니다. 여러 개의 오브젝트를 다중 선택할 수 있습니다.

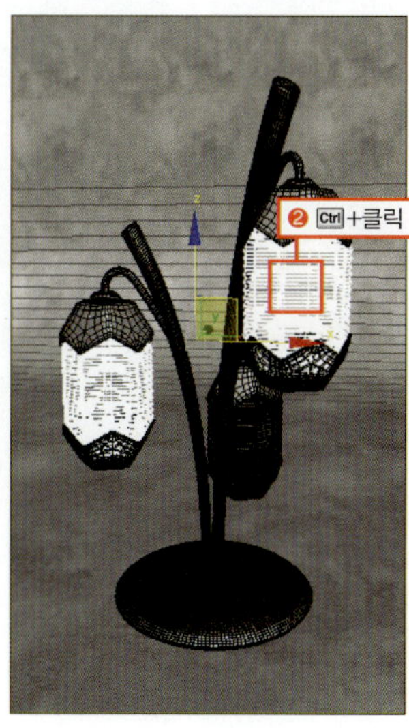

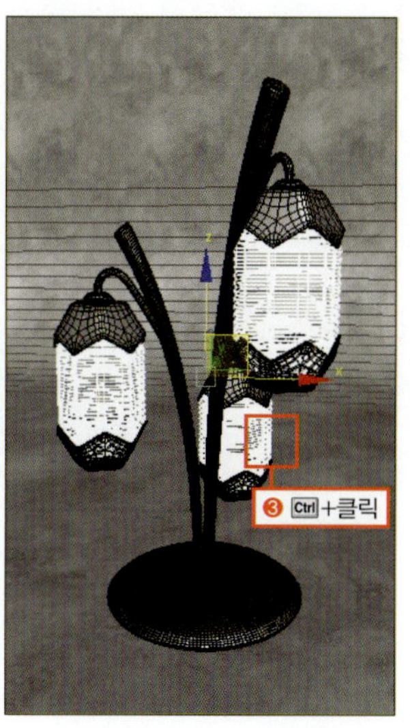

4 **Alt**를 사용하여 선택 제외하기

다중 선택이 된 상태에서 키보드의 **Alt**를 누른 채 선택된 오브젝트를 클릭하면 선택이 제외됩니다.

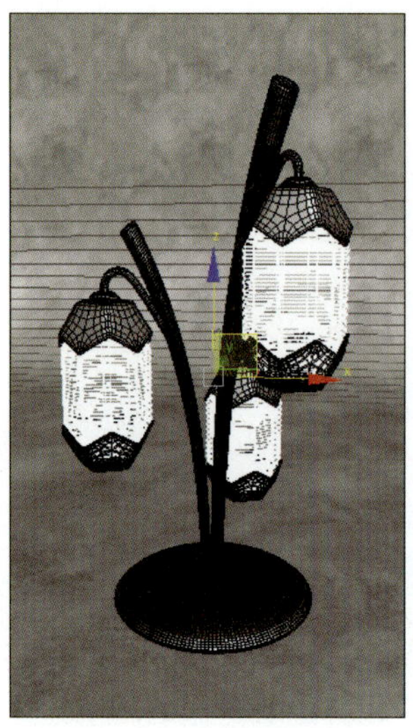
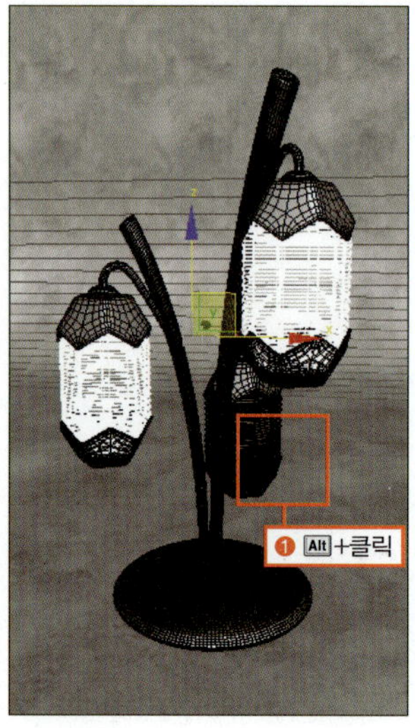

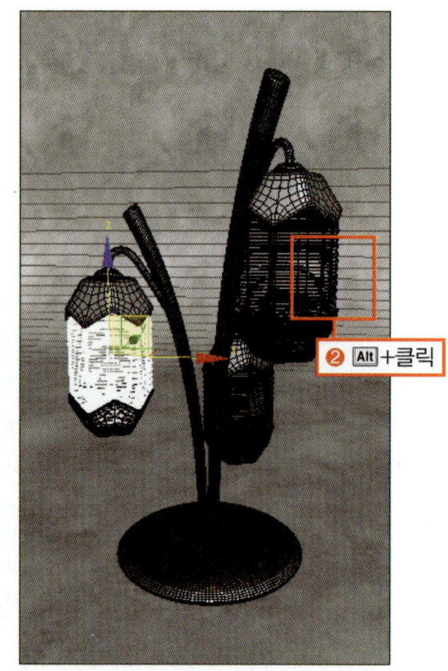

:: 마우스를 드래그하여 오브젝트 선택하기

이번에는 다른 View에서 오브젝트를 선택합니다. 단축키 **Alt**+**W**를 사용하여 다음과 같이 화면을 전환합니다.

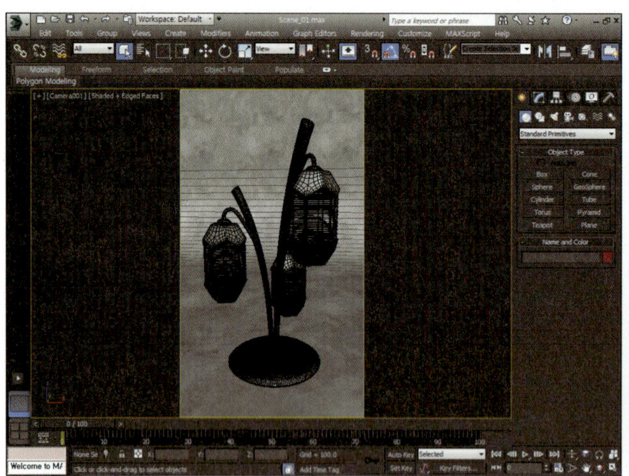
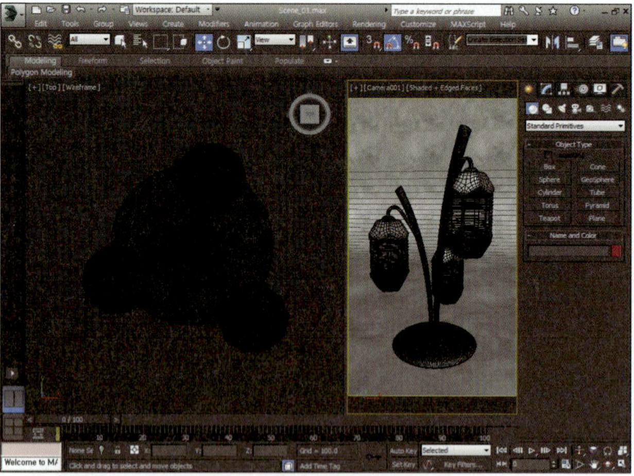

① Crossing(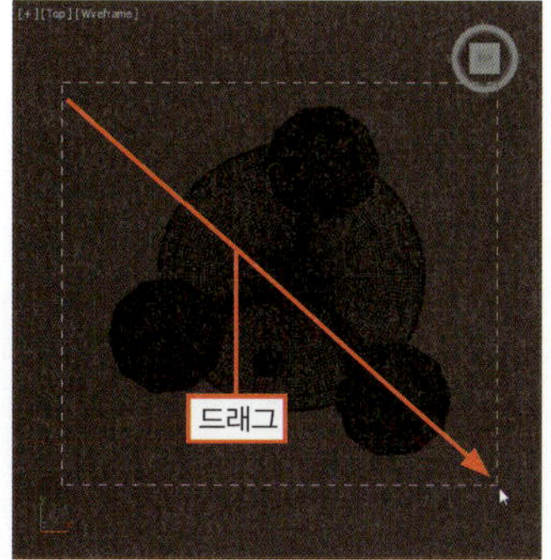) 선택하기

[Top] View에서 마우스를 그림과 같이 드래그하여 오브젝트를 선택합니다. 드래그한 영역의 안쪽에 있는 모든 오브젝트가 선택됩니다.

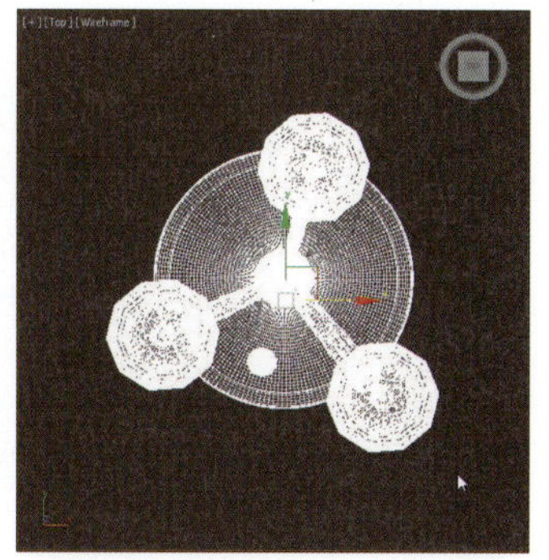

그림과 같이 장면의 부분을 드래그하여 선택해봅니다. 드래그한 영역에 걸쳐진 오브젝트까지 선택됩니다.

이와 같이 Clossing을 사용하여 선택하면 드래그한 영역에 포함되거나 걸쳐 있는 모든 오브젝트들을 선택할 수 있습니다.

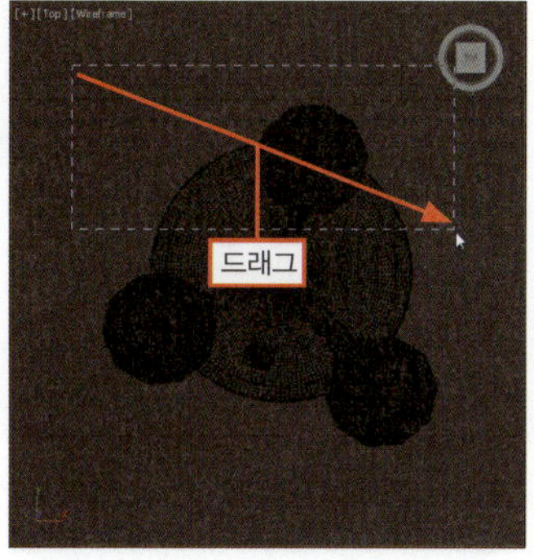
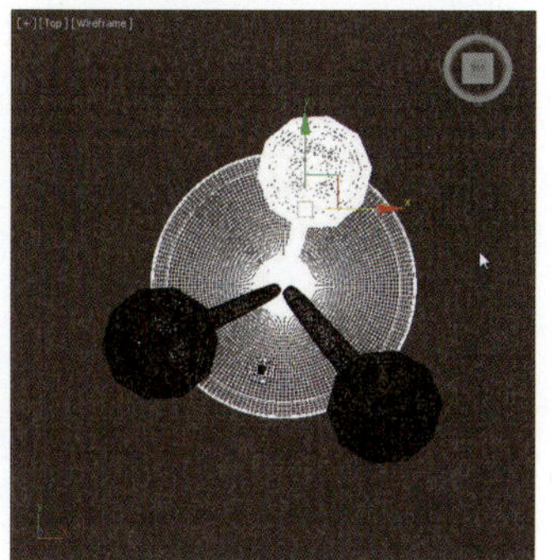

② Window(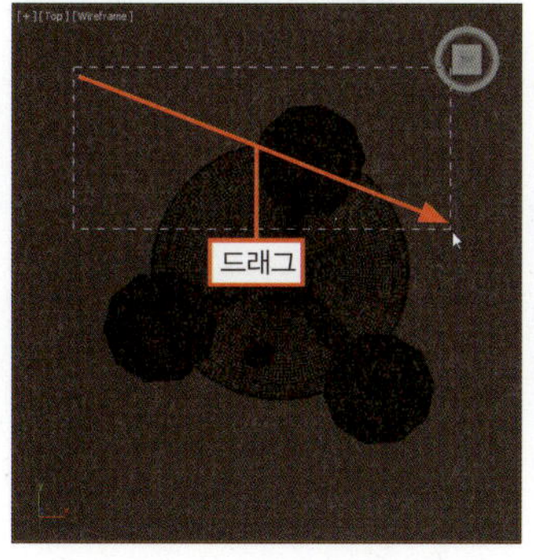) 선택하기

Main Toolbar의 [Crossing]() 버튼을 클릭하여 [Window]( ) 버튼으로 전환합니다. 이 상태에서 오브젝트를 선택해봅니다. 동일한 영역을 드래그했지만 이번에는 드래그 한 영역 안쪽에 완전히 들어온 오브젝트만 선택됩니다. Window 선택은 드래그한 영역의 안쪽에 완전히 들어온 오브젝트만 선택됩니다.

> **tip Select All, None, Invert 활용하기**
>
> 오브젝트를 마우스로 직접 선택하지 않고도 장면에 모든 오브젝트를 선택하거나 해제 또는 반전시킬 수 있습니다. Menu bar>Edit에서 각 기능을 선택하거나 단축키를 사용하면 됩니다.
>
> | | |
> |---|---|
> | Select All | Ctrl+A |
> | Select None | Ctrl+D |
> | Select Invert | Ctrl+I |
>
> ❶ Select All : 장면에 있는 모든 오브젝트가 선택됩니다.
> ❷ Select None : 모든 선택을 해제합니다.
> ❸ Select Invert : 선택이 반전됩니다. 즉, 선택한 오브젝트를 제외한 모든 오브젝트가 선택됩니다.

:: **Selection Filter List를 이용하여 특정 유형의 오브젝트만 선택하기**

장면에 미리 설치되어 있는 Light를 불러와서 Selection Filter List를 이용한 선택방법에 대해 알아봅니다.

01 단축키 [Shift]+[L]을 사용해 숨어 있던 Light가 장면에 보이도록 합니다.

[**MEMO** · 오브젝트 Hide에 관련된 자세한 내용은 'Section 06. 오브젝트 Hide, Freeze'에서 알아봅니다.]

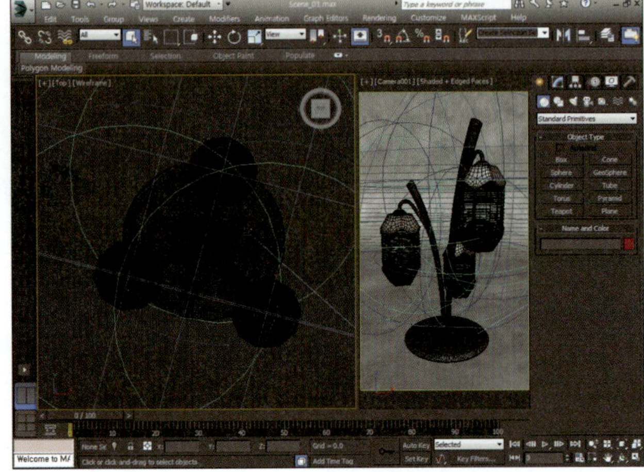

02 단축키 [Z]를 사용하거나 [Zoom Extents] 버튼(■)을 클릭하여 Light를 포함한 모든 오브젝트가 Viewport에 보이도록 합니다.

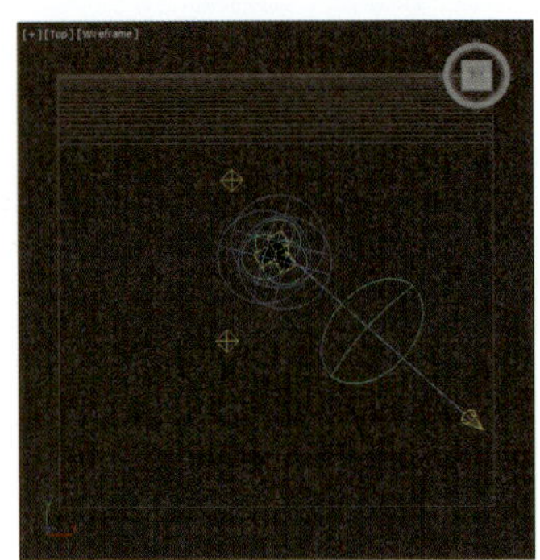

03 Main Toolbar에 있는 Selection Filter List를 열어 Lights를 선택합니다.

04 장면 전체를 드래그하면 다른 오브젝트들은 반
응하지 않고 Light만 선택되는 것을 확인할 수 있습
니다.

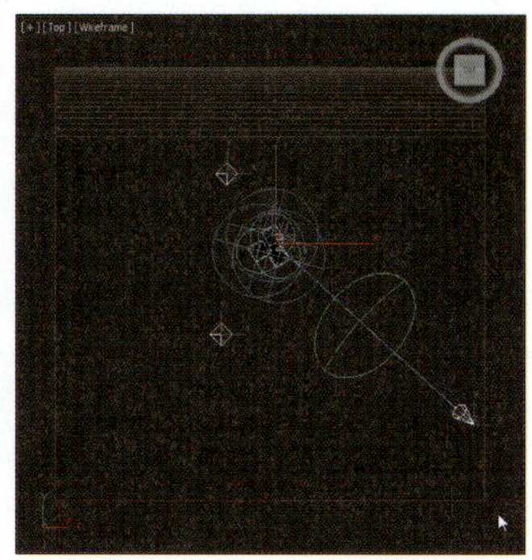

05 다음 실습을 위해 Selection Filter List를 열어 All로 되돌려 놓습니다.

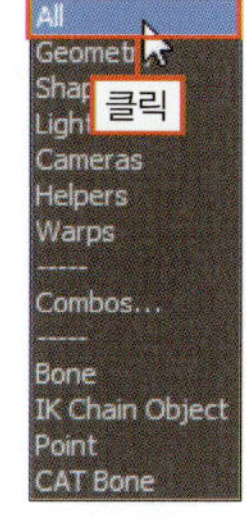

:: 오브젝트 이름으로 선택하기

Main Toolbar의 [Select by Name] 버튼(￼)을 클릭하면 [Select From Scene] 대화상자가 팝업됩니
다. 오브젝트 이름을 선택하고 [OK] 버튼을 클릭하면 Viewport에 선택된 오브젝트가 표시됩니다.

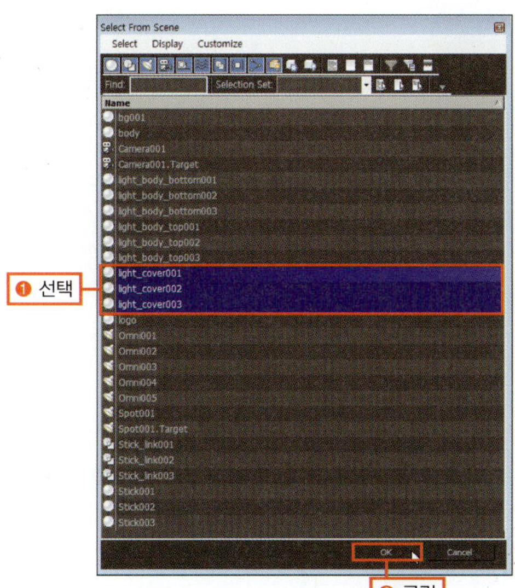

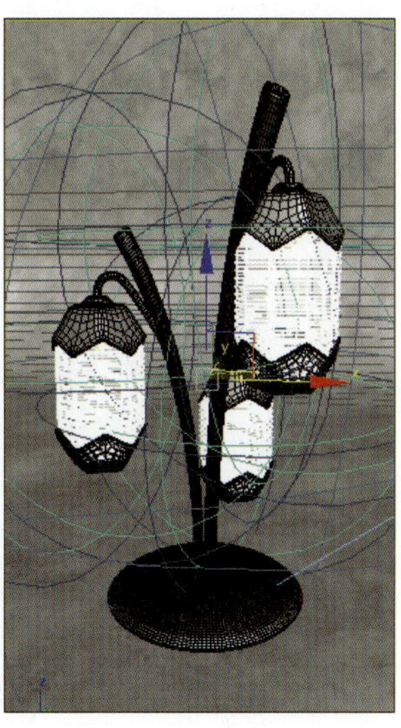

선택한 오브젝트의
와이어프레임 보이지 않게 하기

오브젝트를 선택하고 있을 때 View에서 키보드의 F4 를 사용
해 [Edged Faces]을 꺼도 선택한 오브젝트의 와이어프레임은
그대로 보일 때가 있습니다.

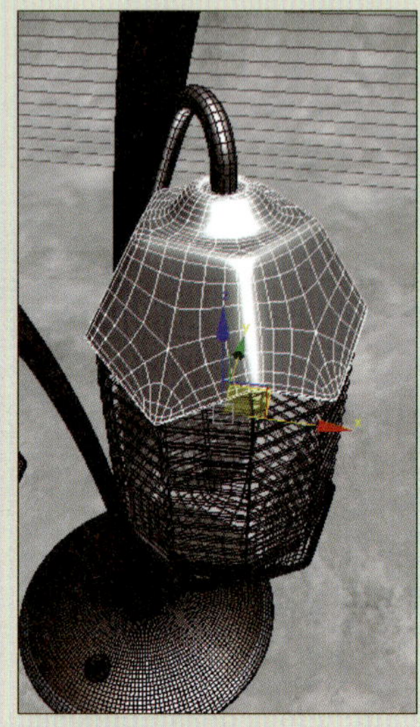

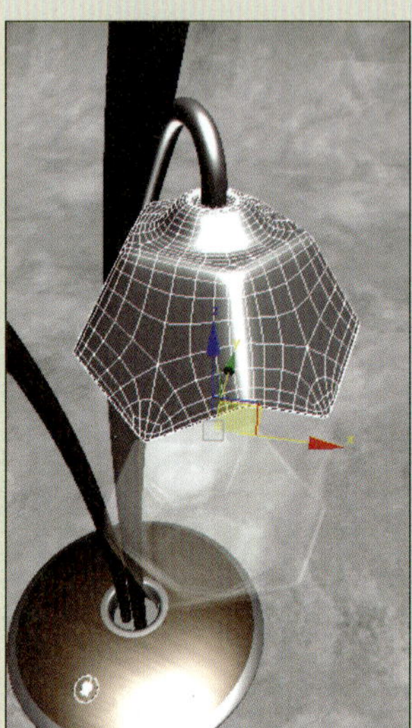

▲ Shaded+Edged Faces　　　▲ Shaded

선택한 오브젝트에서도 와이어프레임이 보이지 않게 하는 방법
을 알아봅니다.
Viewport 좌측 상단에 [Shade]를 클릭하고 Shading Viewport
Label Menu >Configuration을 선택하면 [Viewport Configuration]
대화상자가 팝업됩니다.

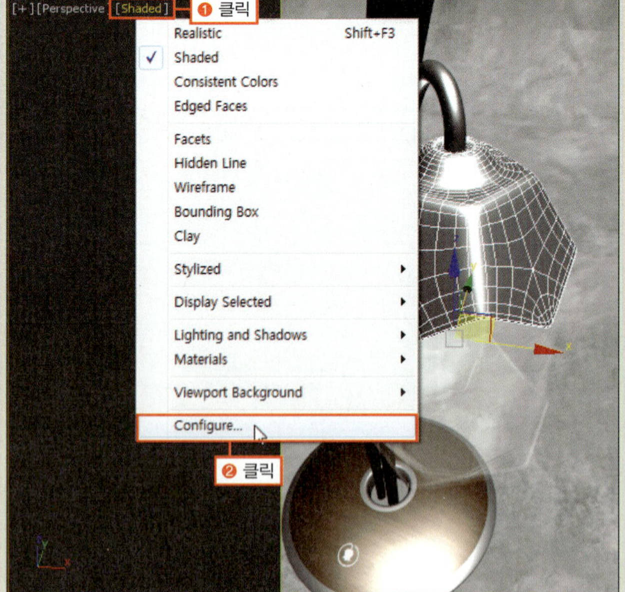

[Viewport Configuration] 대화상자에서 Selection의 Display Selected with Edged Faces 체크를 해제하고 [Apply to Active View] 버튼(Apply to Active View)과 [OK] 버튼을 순서대로 클릭합니다.

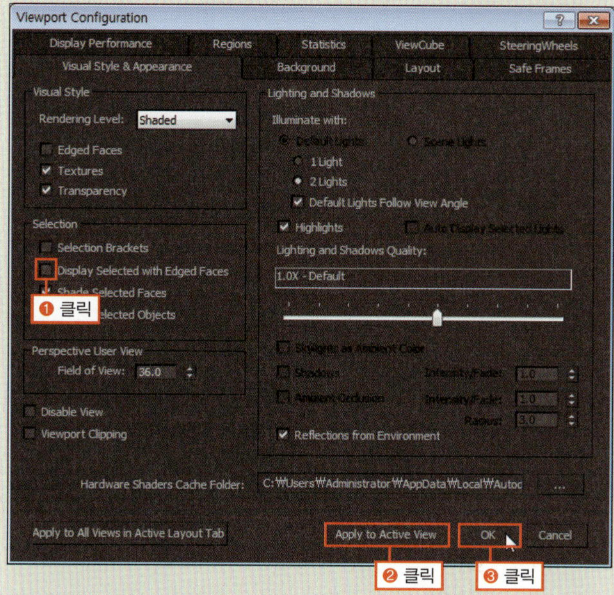

키보드의 F4를 눌러 View를 확인해봅니다. 선택한 오브젝트를 와이어프레임이 없는 상태로 확인할 수 있습니다.

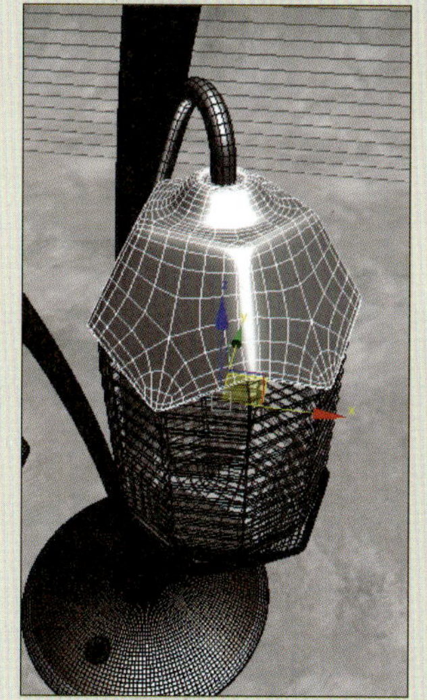

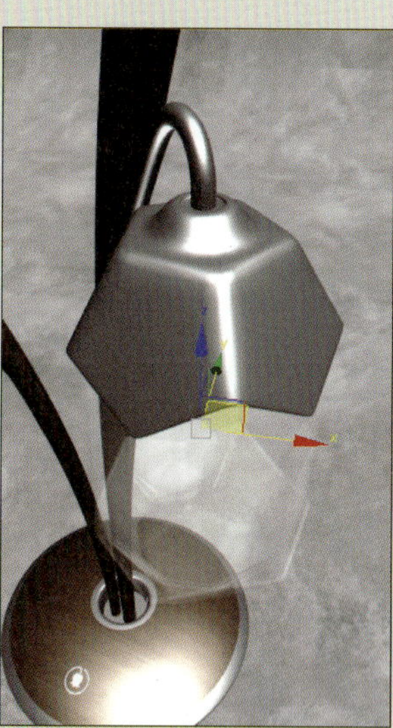

오브젝트 복사하기

장면에서 필요한 오브젝트를 복사하여 사용하는 방법에 대해 알아봅니다. 복사한 오브젝트들의 특성을 잘 알아두면 이후 오브젝트를 효율적으로 관리할 수 있게 됩니다.

:: Shift 를 이용하여 복사하기

1 Shift +Move 복사

오브젝트를 선택하고 키보드의 Shift 를 누른 채 원하는 거리만큼 이동합니다.

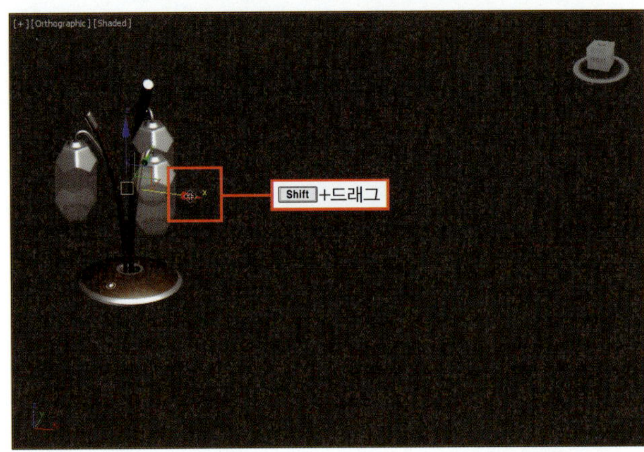

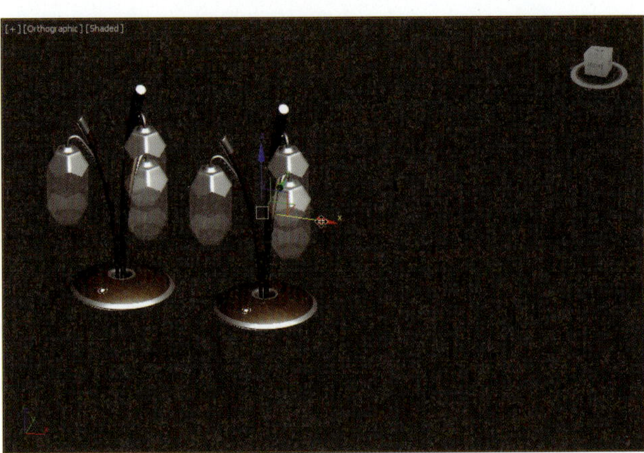

[Clone Options] 대화상자가 팝업되면 Number of Copies에 복사할 오브젝트의 숫자를 입력합니다. [OK] 버튼을 클릭하면 Viewport에서 복사된 오브젝트를 확인할 수 있습니다.

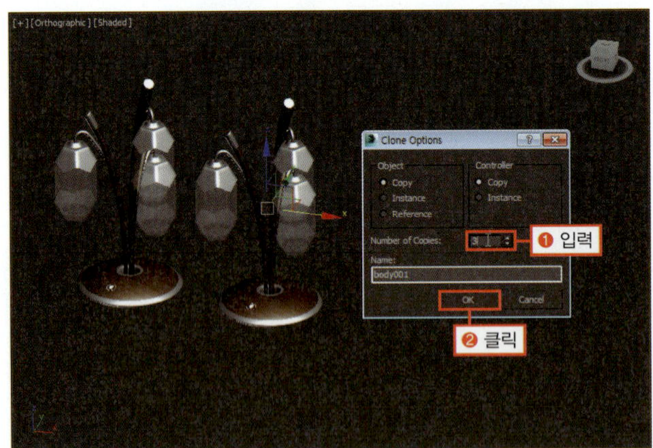

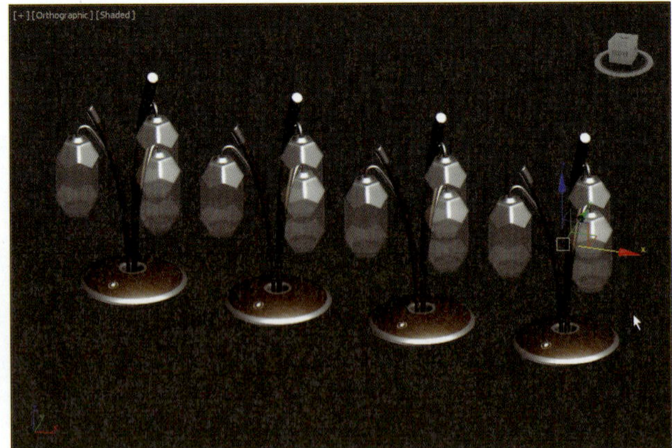

2 **Shift** +Rotate 복사

오브젝트를 선택하고 키보드의 **Shift** 를 누른 채 원하는 방향으로 회전합니다.

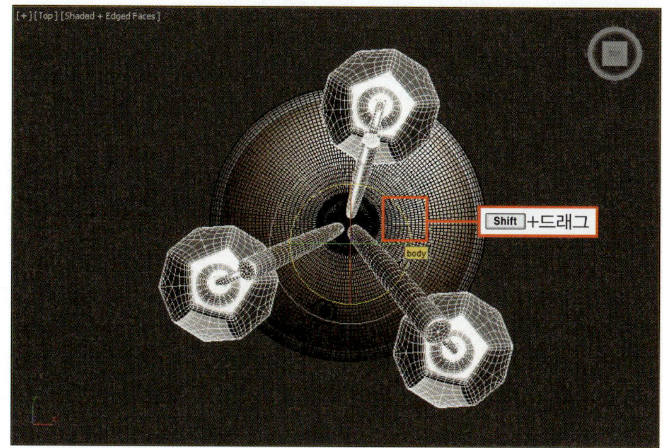

복사할 오브젝트 숫자를 입력하고 [OK] 버튼을 클릭합니다.

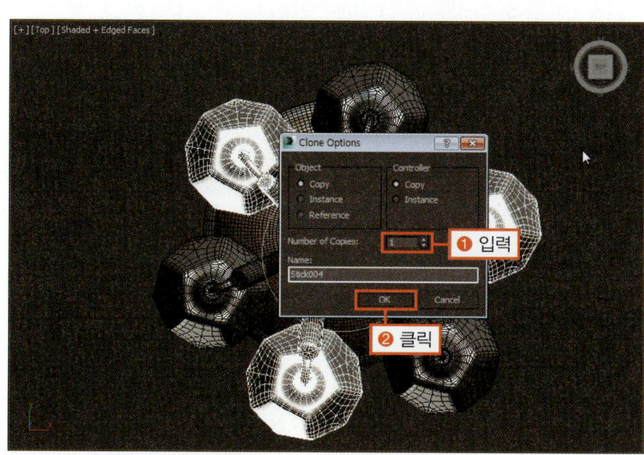

3 **Shift** +Scale 복사

오브젝트를 선택하고 키보드의 **Shift** 를 누른 채 원하는 크기만큼 Scale을 조절합니다.

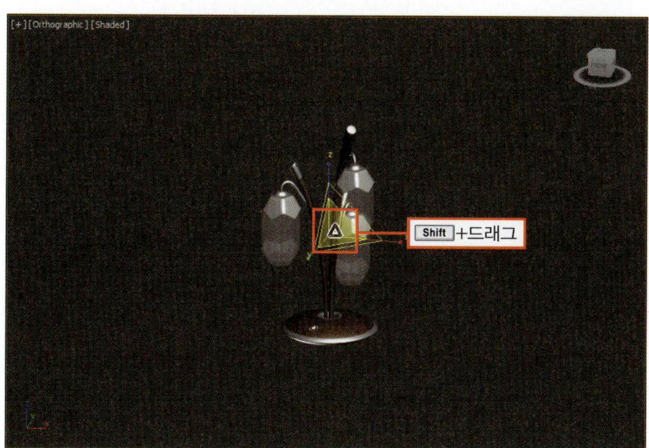

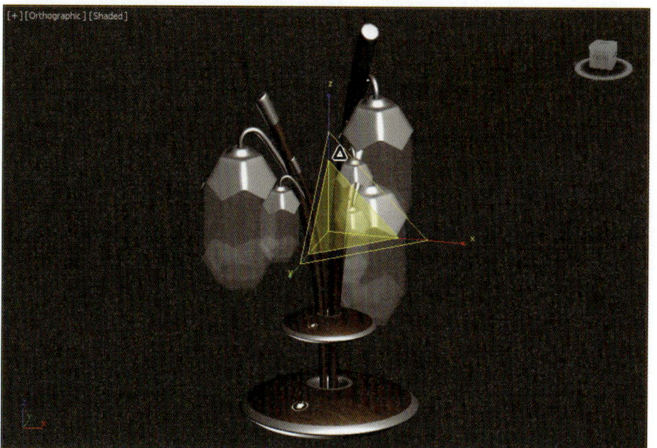

복사할 오브젝트 개수를 입력하고 [OK] 버튼을 클릭합니다.

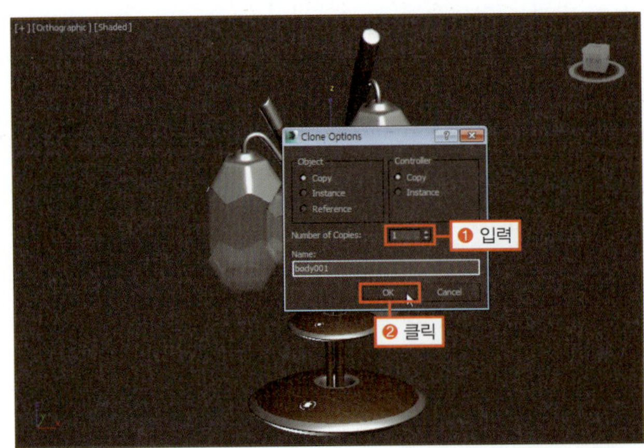

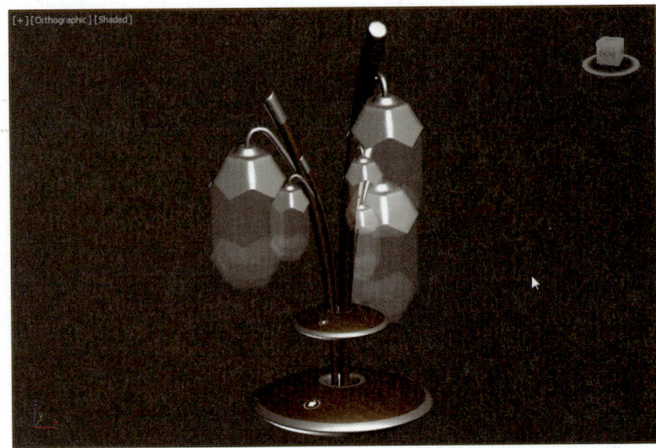

:: Clone으로 복사하기

오브젝트를 선택하고 Menu Bar의 Edit>Clone을 이용하여 복사할 수도 있습니다. 선택한 오브젝트
와 동일한 위치에 복사되므로 원하는 위치로 이동하여 사용합니다.

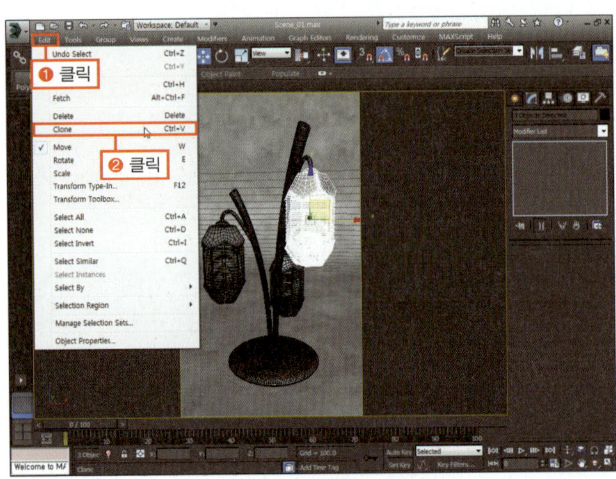

Copy, Instance, Reference의 차이점

오브젝트를 복사할 때 Copy, Instance, Reference의 선택에 따라 원본과 복사본 오브젝트가 서로에게 미치는 영향이 달라집니다. 3가지 방법으로 각각 복사한 오브젝트에 *FFD 2x2x2 Modifier 기능을 적용하여 어떤 차이점이 발생하는지 알아봅니다.

*FFD 2x2x2 Modifier : 오브젝트의 형태를 변형할 수 있는 기능

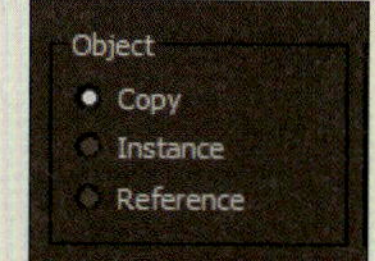

1 Copy로 복사한 경우

원본 또는 복사본 오브젝트의 형태를 변형해도 서로에게 영향을 주지 않습니다. 원본과 복사본이 연관성 없이 독립적으로 복사되는 것을 알 수 있습니다.

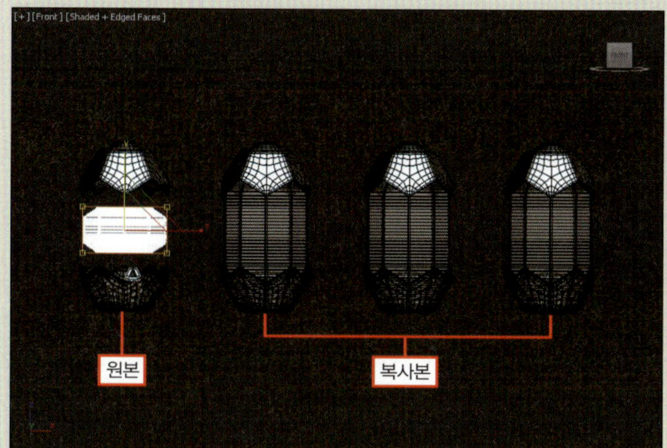

▲ 원본의 형태를 변형했을 때

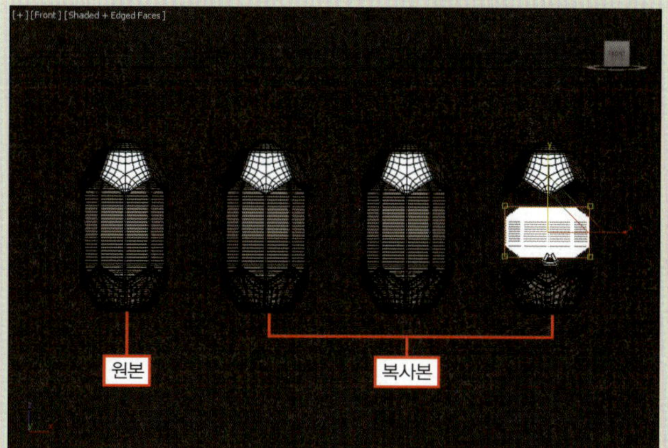

▲ 복사본의 형태를 변형했을 때

2 Instance로 복사한 경우

원본 또는 복사본 오브젝트의 형태를 변형하면 서로 동시에 적용됩니다. 원본과 복사본이 동등한 연관성을 가지면서 복사되는 것을 알 수 있습니다.

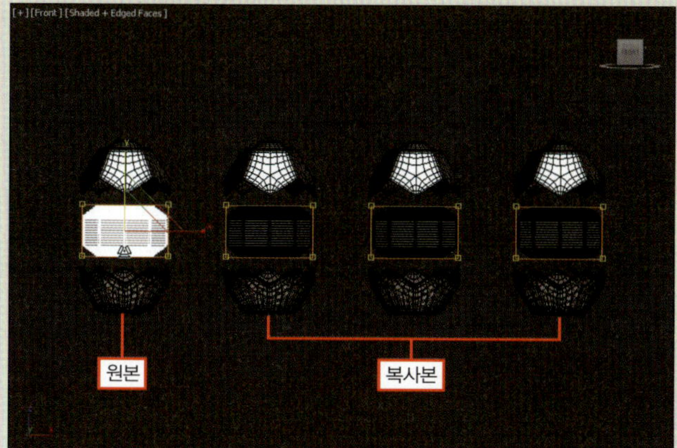

▲ 원본의 형태를 변형했을 때

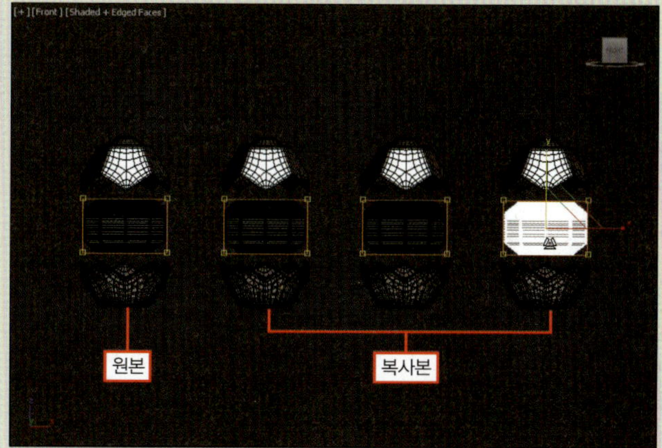

▲ 복사본의 형태를 변형했을 때

3 Reference로 복사한 경우

원본 오브젝트의 형태를 변형하면 복사본에도 동일하게 적용되지만 복사본의 형태를 변형했을 때는 원본에 적용되지 않습니다. 원본만 복사본에 영향을 줄 수 있다는 것을 알 수 있습니다.

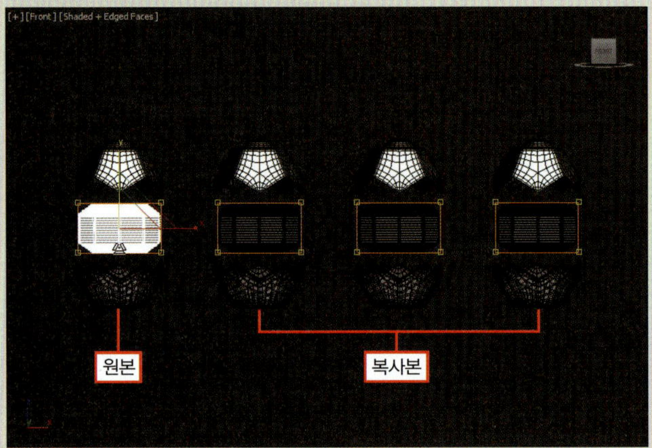

▲ 원본의 형태를 변형했을 때

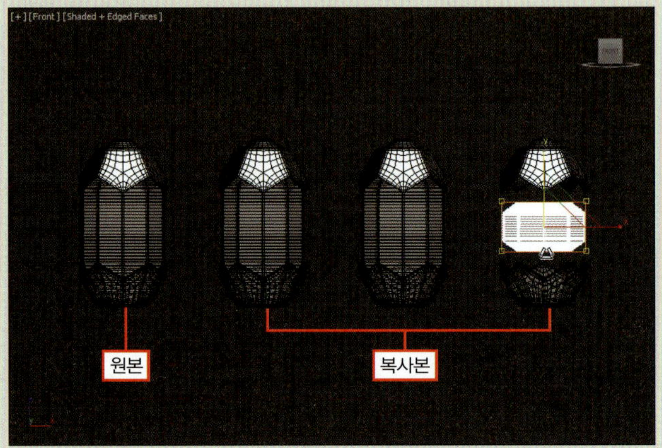

▲ 복사본의 형태를 변형했을 때

오브젝트의 대칭 이동과 정렬하기(Mirror, Align)

Mirror를 활용하여 대칭 이동 및 복사를 할 수 있는 방법과 Align을 활용하여 오브젝트를 정렬하는 방법에 대해 알아봅니다.

:: Mirror를 활용하여 오브젝트 대칭 복사하기

오브젝트를 선택하고 Main Toolbar의 [Mirror] 버튼(N1)을 클릭하면 [Mirror] 대화상자가 팝업됩니다. 기준 축과 Clone Selection을 다음과 같이 체크하고 Offset에 수치를 입력합니다. X축 방향으로 '400'만큼 떨어진 거리에 오브젝트가 대칭복사됩니다.

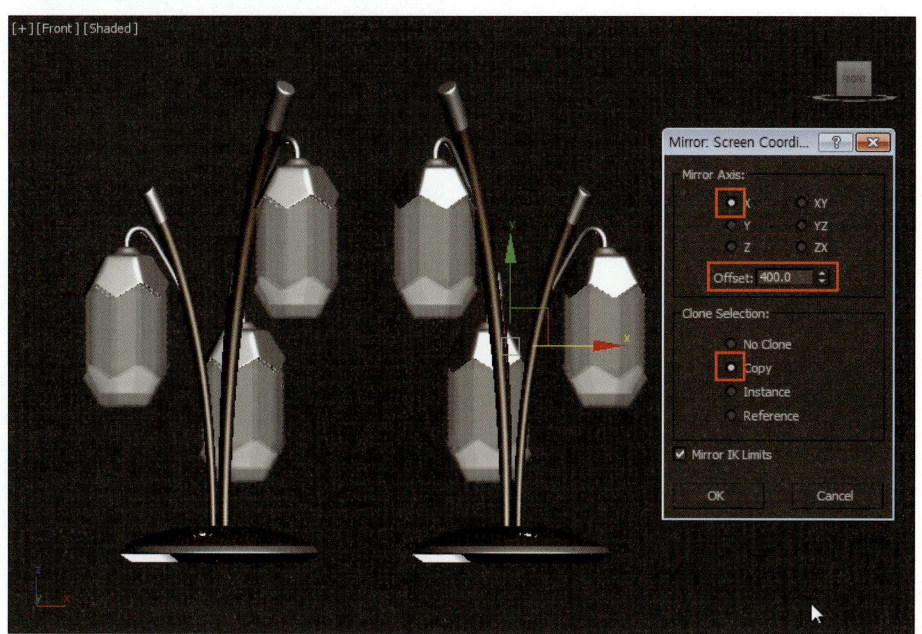

:: Align을 활용하여 오브젝트 정렬, 복사하기

앞에서 배운 Clone을 활용하여 복사한 오브젝트를 Align으로 원하는 위치에 정렬해봅니다.

01 장면에서 그림과 같이 오브젝트를 선택하고 키보드의 [Delete]를 사용하여 삭제합니다.

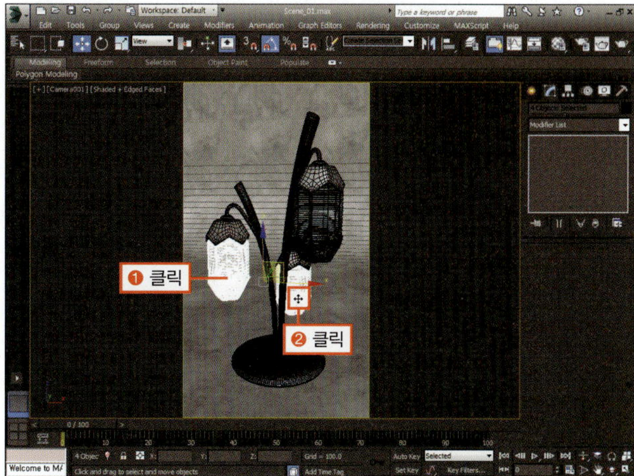

02 복사할 오브젝트를 선택하고 Menu Bar의 Edit>
Clone을 선택합니다.

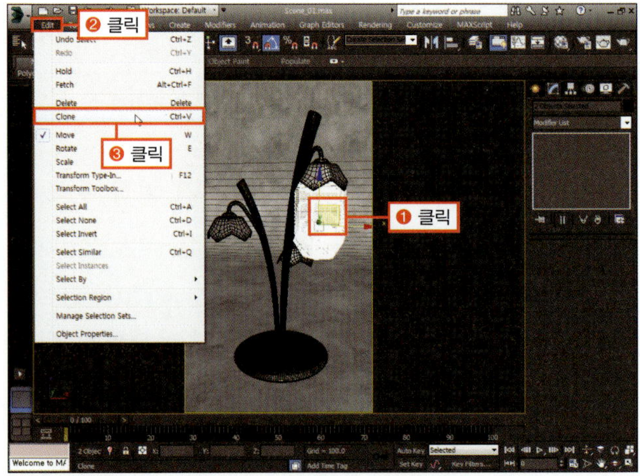

03 [Clone Options] 대화상자가 팝업되면 Copy에 체크
되어 있는지 확인하고 [OK] 버튼을 클릭하여 오브젝트
를 복사합니다.

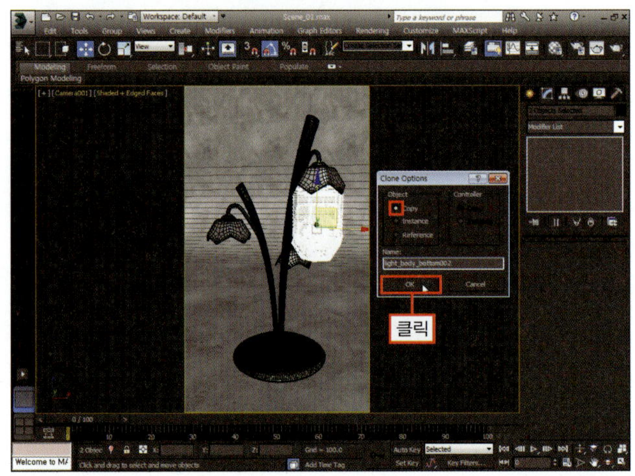

04 기존 오브젝트와 동일한 위치에 오브젝트가 복사되
어 겹쳐 보이게 됩니다. [Align] 버튼(▣)을 클릭하고 정
렬할 대상 오브젝트(light_body_top002)를 선택합니다.

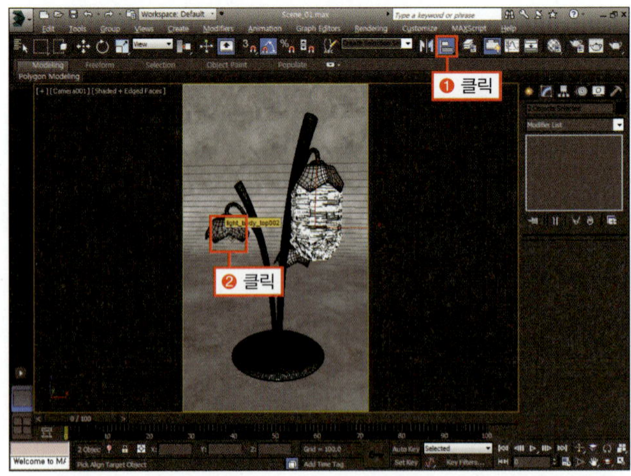

05 [Align Selection] 대화상자가 팝업되면 다음 설정을 확인하고 [OK] 버튼을 클릭합니다. 복사한 오브젝트는 light_body_top002와 동일한 Pivot Point로 정렬됩니다. [Align Selection] 대화상자에서 정렬에 사용할 X, Y, Z축을 선택하거나 Current Object와 Target Object별로 정렬 기준을 변경할 수도 있습니다.

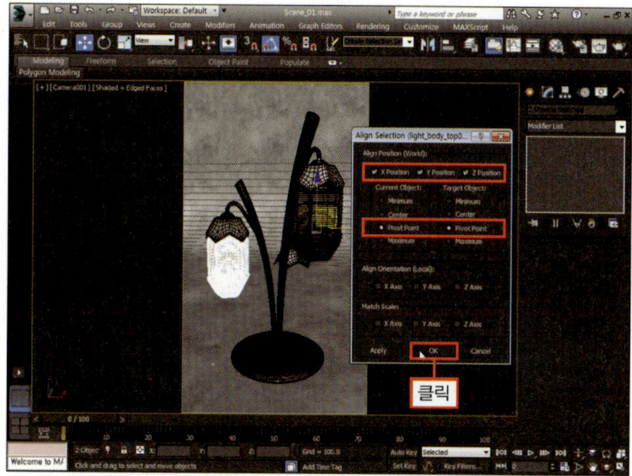

06 앞에서 실행한 방법으로 오브젝트를 복사하여 나머지 위치에도 정렬합니다.

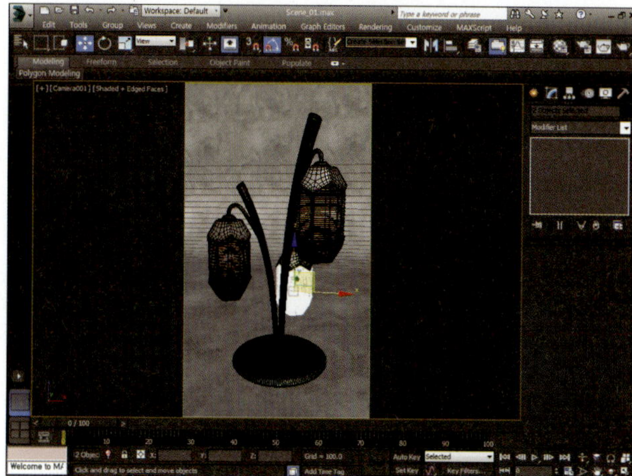

SECTION 05

장면에 여러 개의 오브젝트들이 있을 때 이를 그룹화하여 관리할 수 있습니다.

:: 오브젝트들을 Group으로 묶고 Ungroup으로 해제하기

01 장면에서 `Ctrl`+마우스 왼쪽 버튼을 이용하여 그룹으로 묶어줄 4개의 오브젝트를 선택합니다.

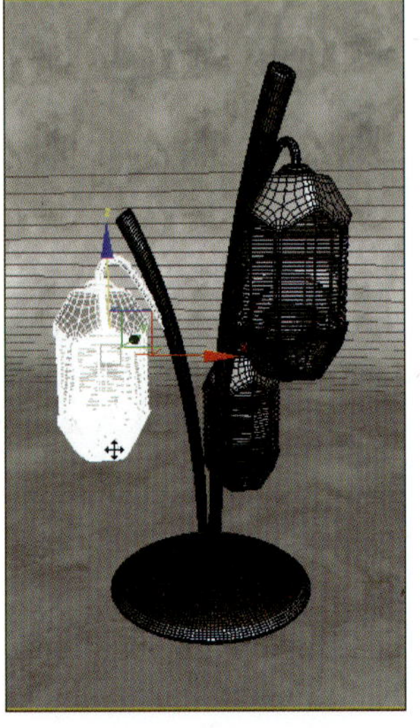

02 Menu Bar의 Group>Group을 선택합니다.

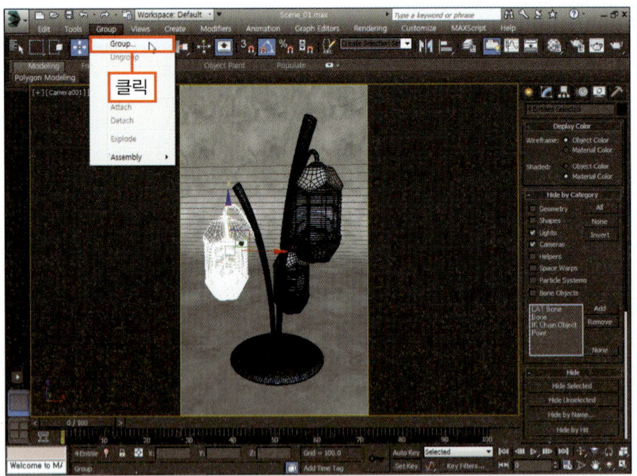

03 [Group] 대화상자가 팝업되면 Group name을 지정하고 [OK] 버튼을 클릭합니다.

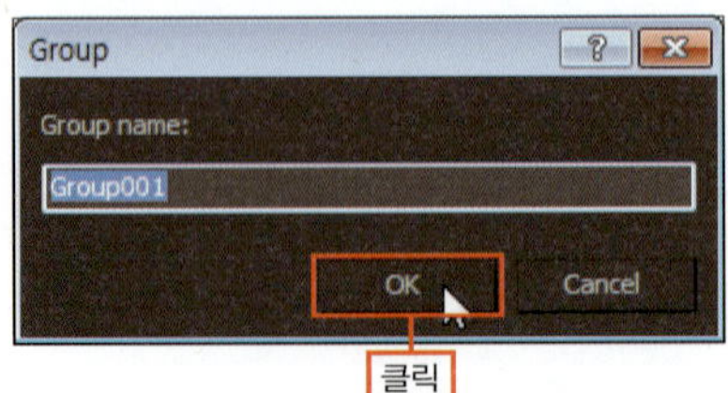

04 화면을 클릭하면 4개의 오브젝트들이 그룹으로 묶여 동시에 선택되는 것을 확인할 수 있습니다.

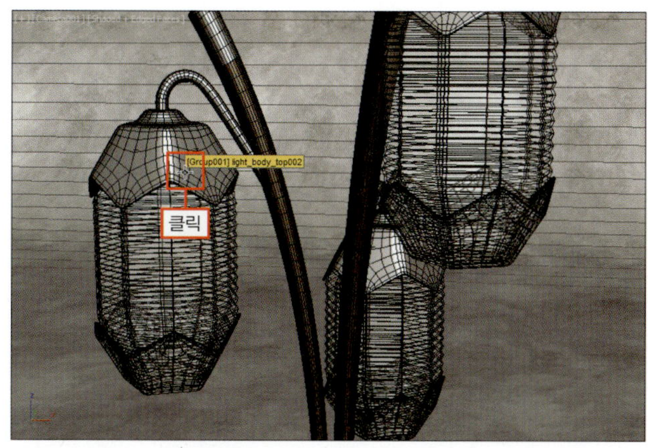

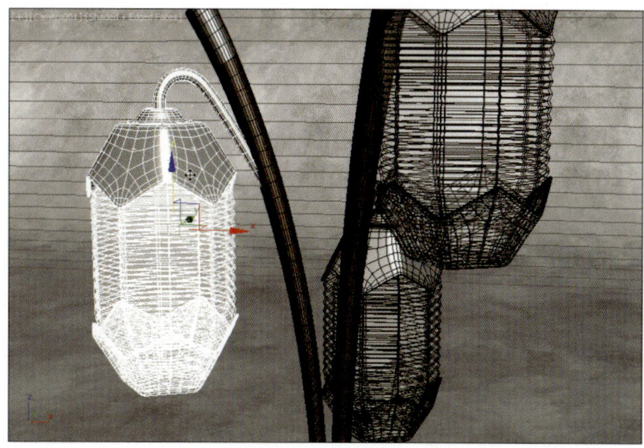

05 이번에는 묶었던 그룹을 해제하기 위해 Menu Bar의 Group>Ungroup을 선택합니다.

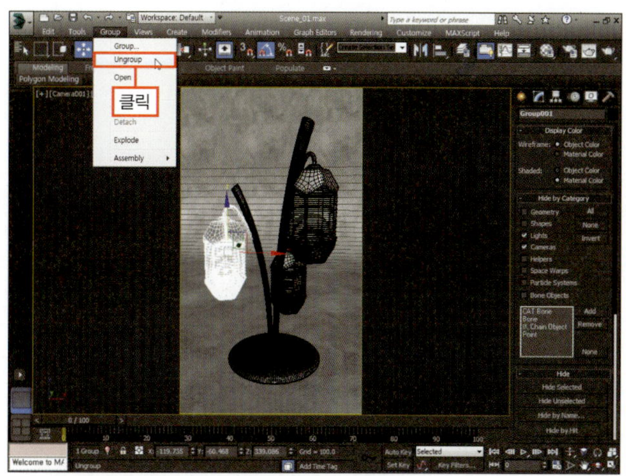

06 그룹이 해제되어 각각의 오브젝트가 따로 선택되는 것을 확인할 수 있습니다.

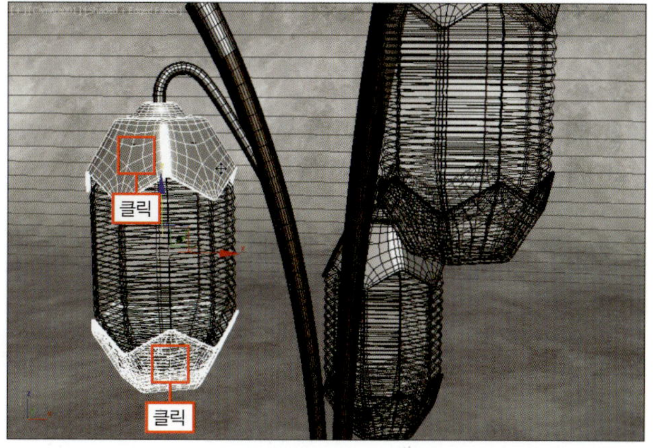

:: Open, Close를 활용하여 그룹 열고 닫기

01 Open, Close를 실습하기 위해 그림과 같이 3개의 오브젝트를 그룹으로 묶어줍니다.

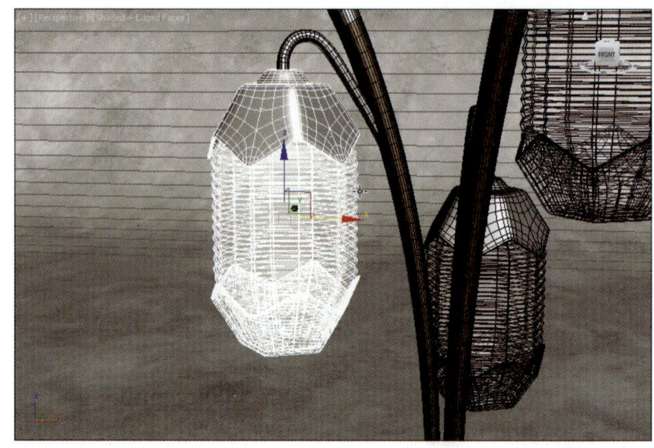

02 Menu Bar의 Group>Open을 선택합니다.

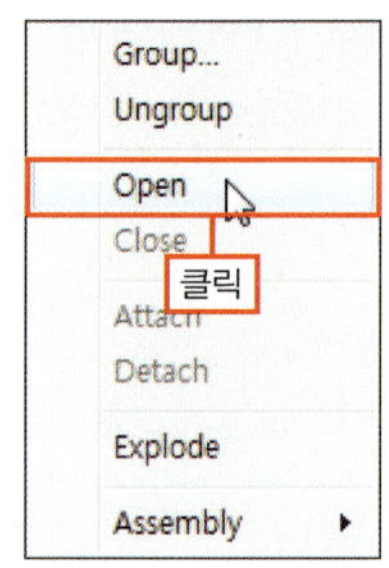

03 핑크색 박스 테두리(Display Groups)가 표시되면서 선택한 그룹이 열렸음을 보여줍니다.

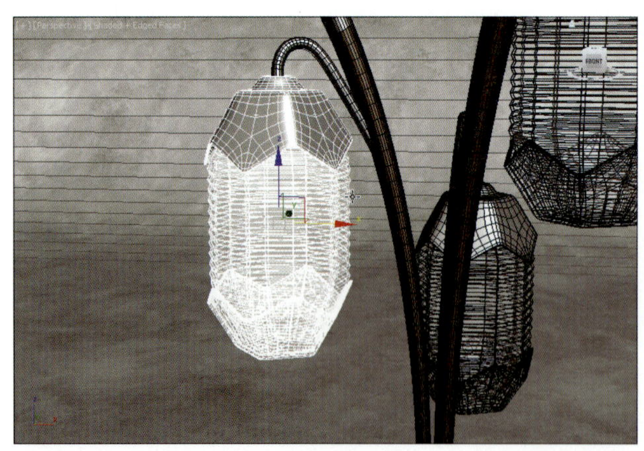
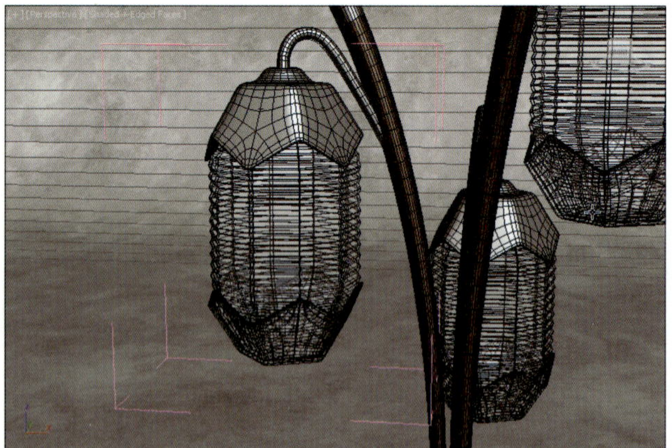

04 그룹이 열린 상태에서 개별 오브젝트를 컨트롤할 수 있습니다. 특정 오브젝트를 이동하면 핑크색 박스 테두리 영역(Display Groups)이 같이 넓어지는 것을 확인할 수 있습니다.

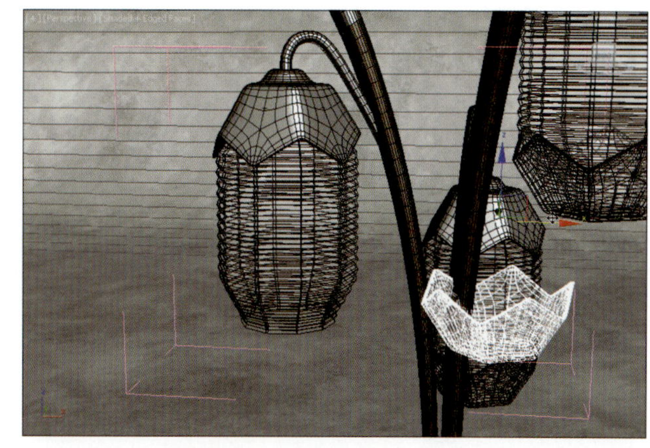

05 단축키 Ctrl+Z를 사용하여 원래 위치로 복귀시킵니다.

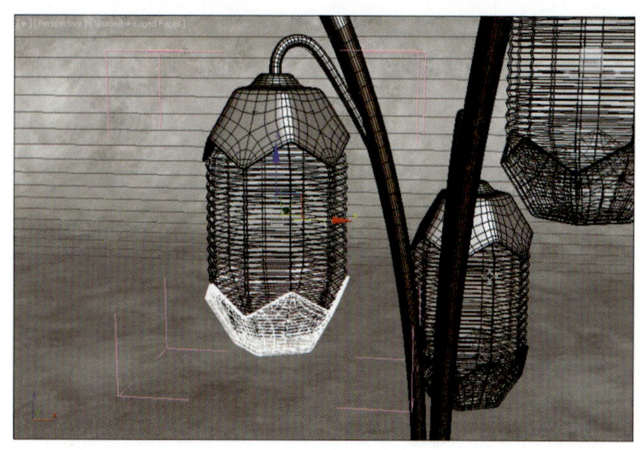

06 핑크색 박스 테두리(Display Groups)를 선택하고 움직이면 Group001에 속한 모든 오브젝트가 같이 움직이게 됩니다. 핑크색 박스 테두리가 Group001에 속한 모든 오브젝트의 상위 객체 역할을 하고 있습니다.

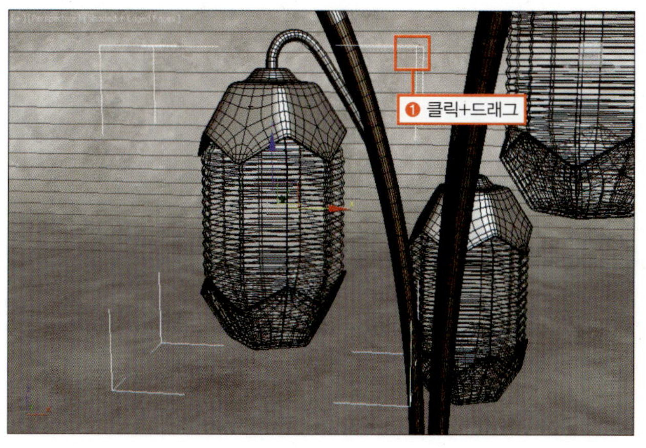

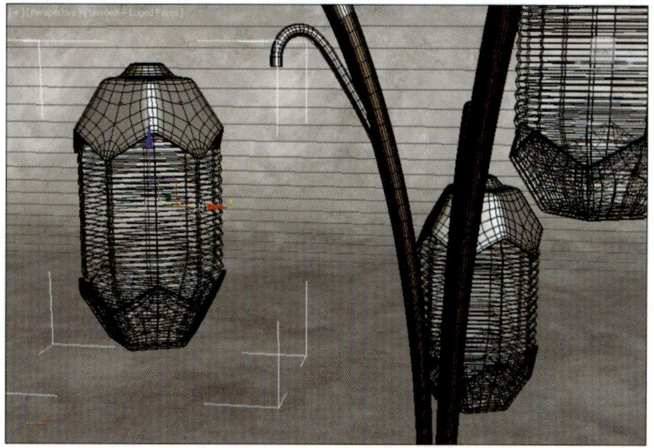

07 핑크색 박스 테두리(Display Groups)를 마우스로 더블클릭하면 그룹에 속한 모든 하위 오브젝트를 선택할 수 있습니다.

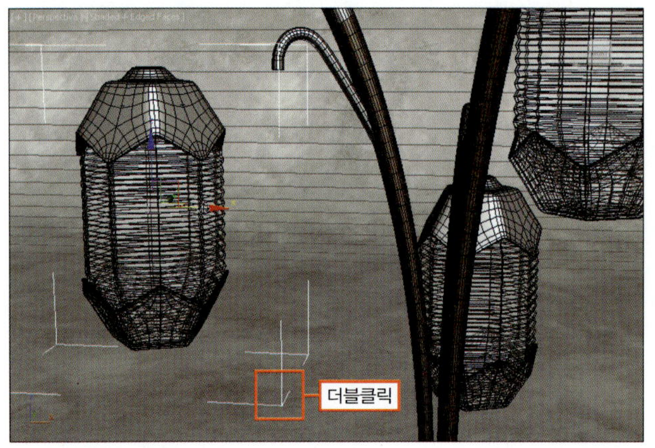

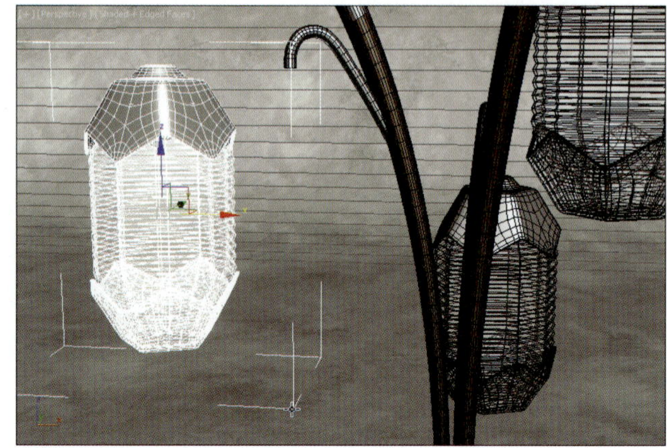

08 단축키 Ctrl + Z 를 사용하여 이동했던 그룹 오브젝트를 원래 위치로 복귀시킵니다.

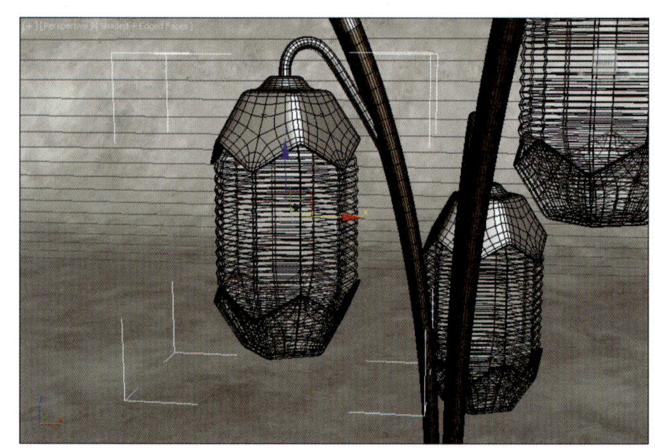

09 열려 있는 그룹을 원래의 닫힌 상태로 되돌려봅니다. 핑크색 박스 테두리(Display Groups)나 그룹에 속한 오브젝트 중 한 가지를 선택하고 Menu Bar의 Group>Close를 선택합니다. 열려 있던 핑크색 박스 테두리(Display Groups)가 사라지면서 Group001이 닫힌 상태로 변경됩니다.

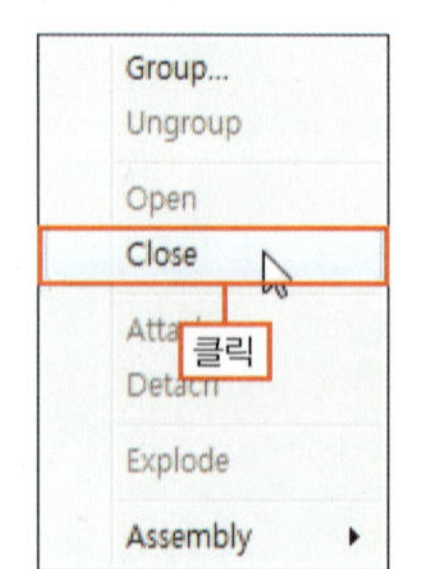

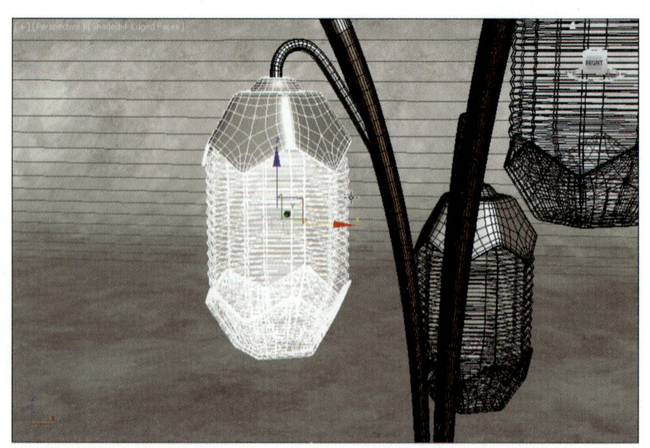

∷ Attach, Detach를 활용하여 그룹에 오브젝트를 포함하거나 제외하기

1 Attach를 활용하여 선택한 오브젝트를 그룹에 포함하기

그림과 같이 장면에 있는 Stick과 Stick_link 오브젝트를 선택합니다.

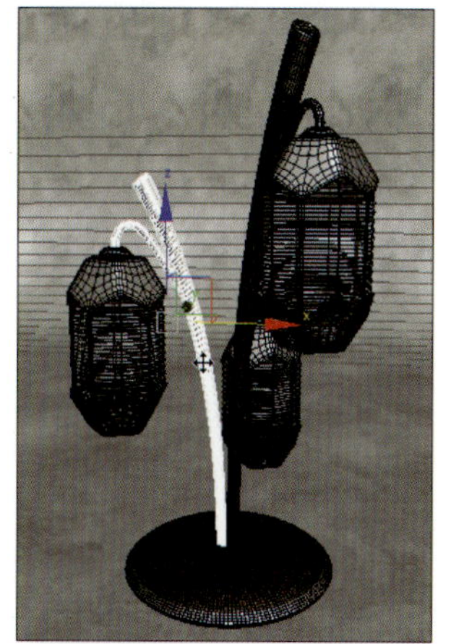

Menu Bar의 Group>Attach를 선택하고 'Group001' 오브젝트를 마우스로 클릭하면 선택된 오브젝트들이 그룹에 포함되는 것을 확인할 수 있습니다.

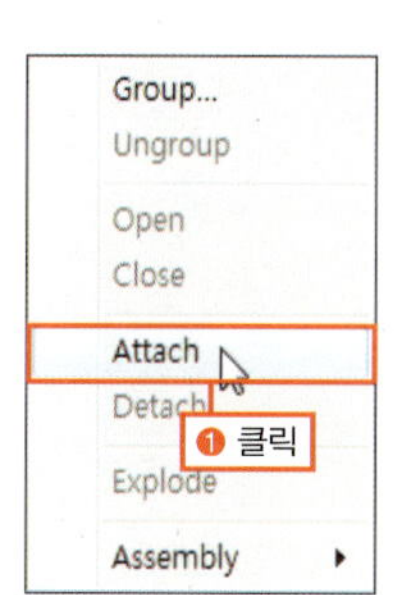

2 Detach를 활용하여 선택한 오브젝트를 그룹에서 제외하기

Menu Bar의 Group>Open을 선택하여 그룹을 열고 그룹에서 제외할 Stick 오브젝트를 선택합니다.

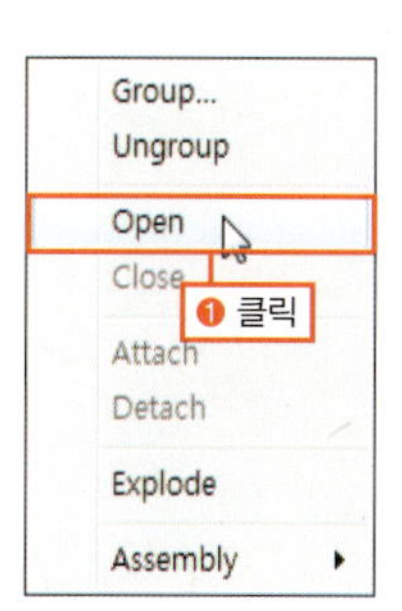
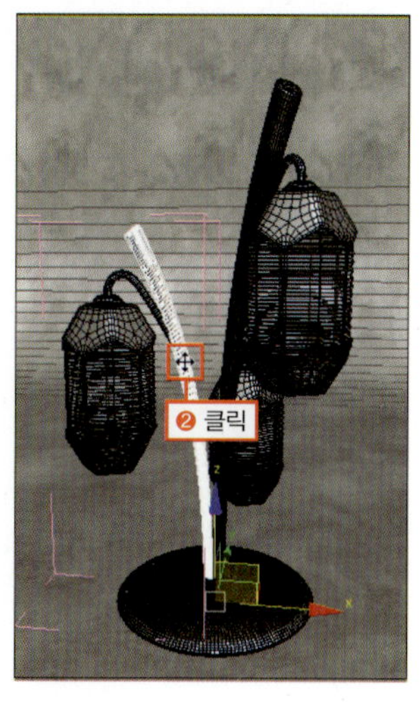

Menu Bar의 Group>Detach를 선택하면 핑크색 박스 테두리(Display Groups) 영역이 줄어들면서 Stick 오브젝트가 해당 그룹에서 제외됩니다.

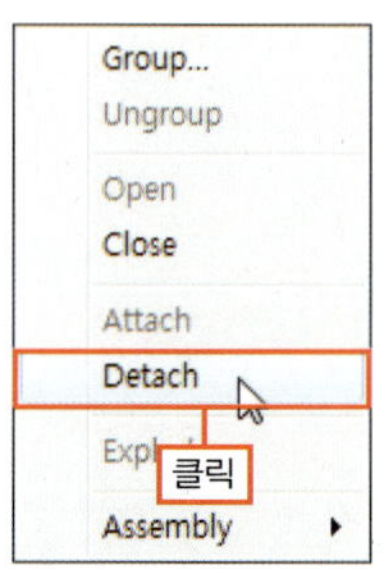

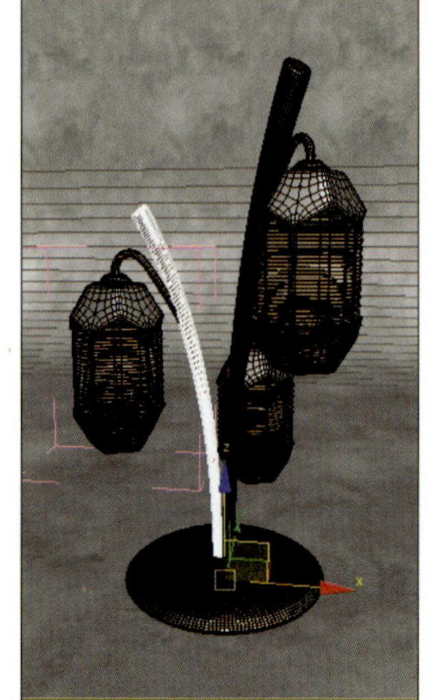

열려 있는 그룹을 다시 닫아보면 Stick 오브젝트가 그룹에서 제외된 것을 확인할 수 있습니다.

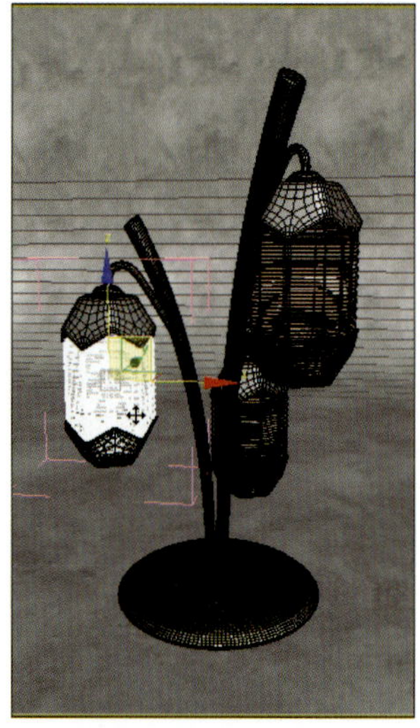

다음 예제 실습을 위해 3ds Max를 초기화합니다.

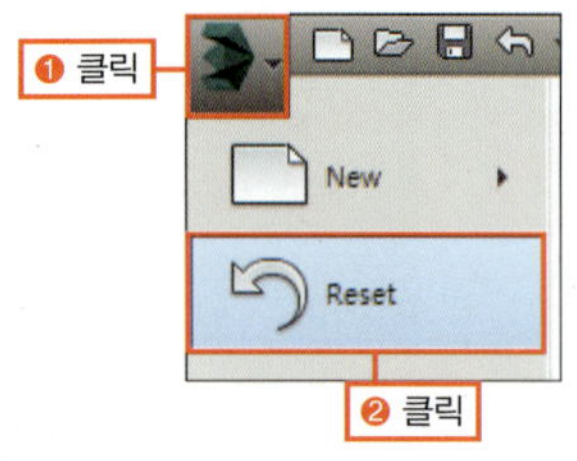

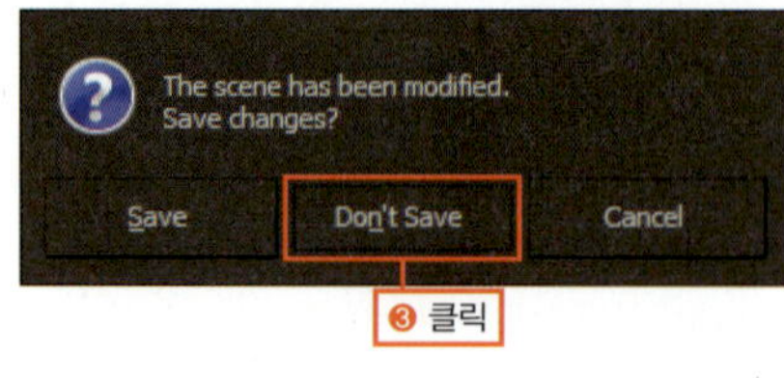

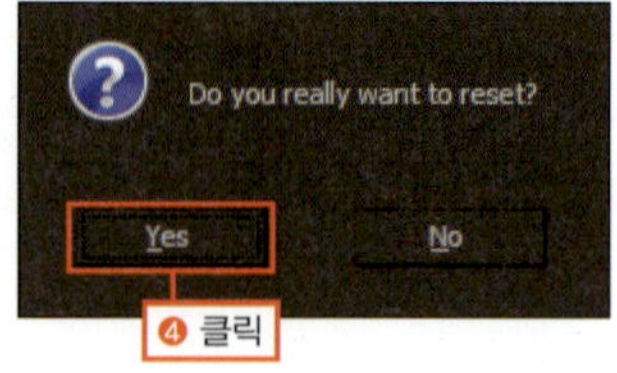

01 Menu Bar>Customize>Units Setup을 통해 다음과 같이 Unit을 세팅합니다.

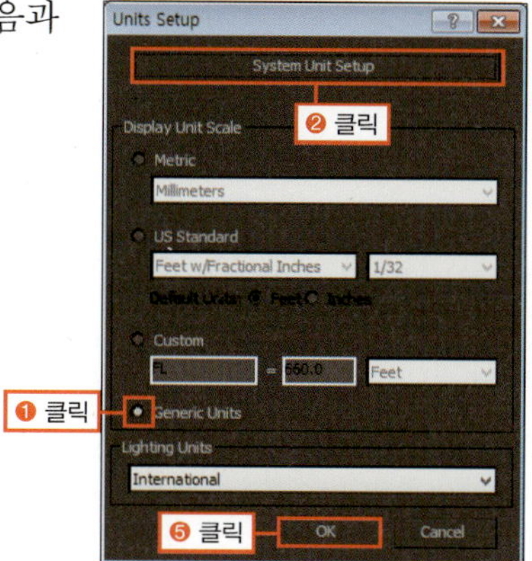

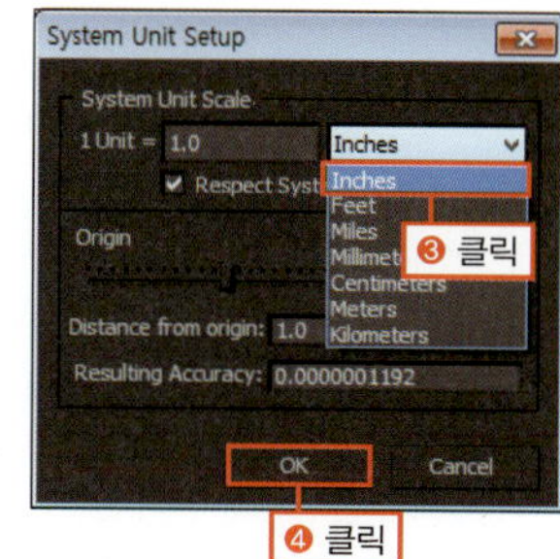

02 Menu Bar>Rendering>Gamma/LUT Setup을 통해 다음과 같이 Gamma를 비활성화합니다.

[**MEMO** · 부록 CD의 Max File을 Open 또는 Import할 때 본인이 사용하는 Max의 Units/Gamma Setup을 위 사항과 동일하게 세팅하면 파일이 문제없이 호환됩니다.]

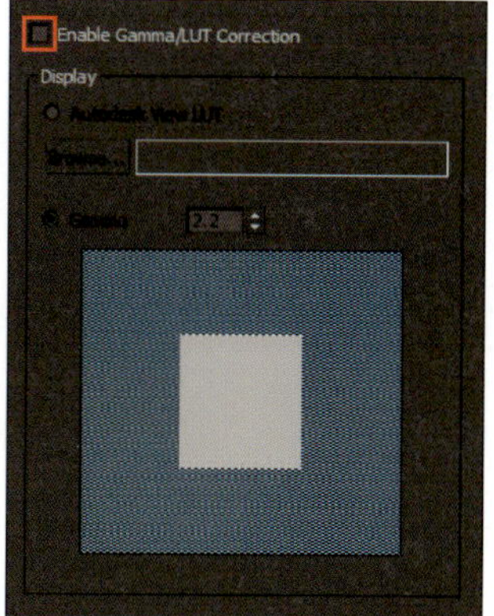

:: **Explode를 활용하여 하위 그룹까지 모두 해제하기**

부록 CD의 Part 01>Lesson 04 폴더에서 'Scene_02(Group Control).max' 파일을 불러옵니다.

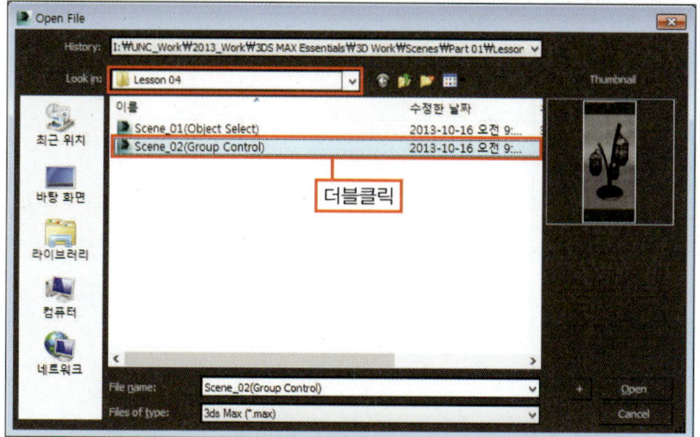

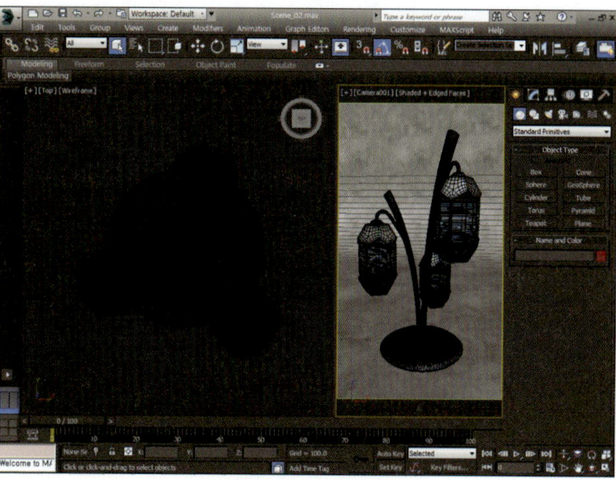

01 Top view에서 'Group_Stand Lighting' 오브젝트를 선택합니다. Menu Bar의 Group>Open을 선택하여 그룹 오브젝트가 열리도록 합니다.

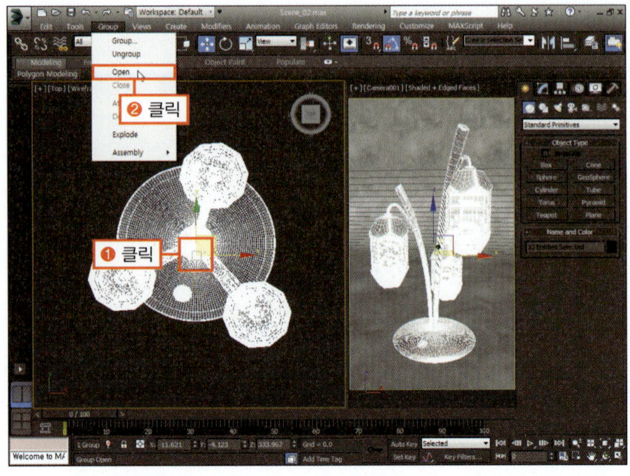

02 그룹이 열리면 Group_Lamps001~003 오브젝트를 클릭하여 선택합니다. Group 오브젝트 안에 다시 3개의 Group 오브젝트가 포함되어 있는 것을 알 수 있습니다.

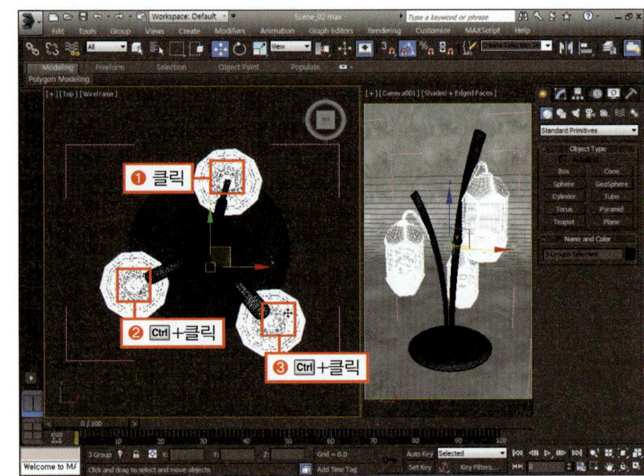

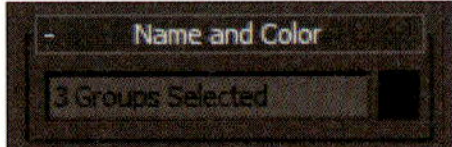

03 Menu Bar의 Group>Open을 선택하여 3개의 그룹도 열어봅니다. 이렇게 그룹 오브젝트 하위에 또 다른 그룹 오브젝트가 포함될 수 있습니다. 즉, 그룹 오브젝트 여러 개를 하나의 그룹으로 만들 수 있습니다.

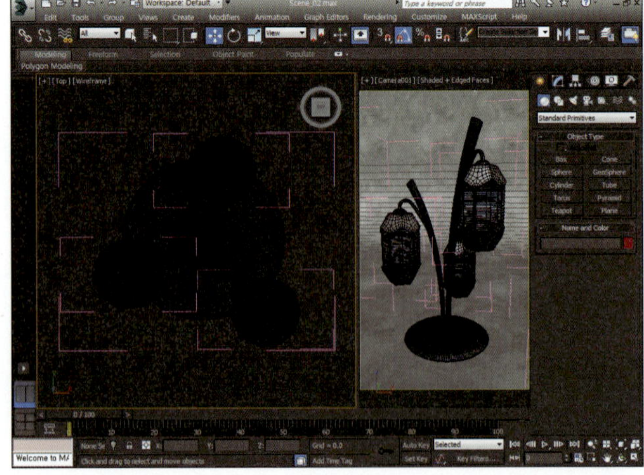

④ 단축키 Alt + A 를 사용해 장면의 모든 오브젝트를 선택하고 Menu Bar의 Group>Close를 선택합니다.

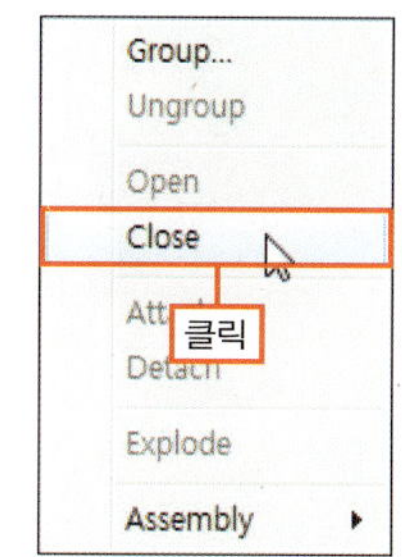

⑤ Menu Bar의 Group>Explode를 선택합니다.

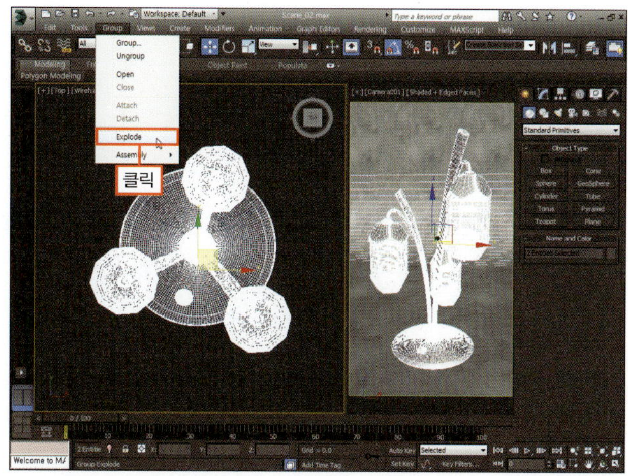

⑥ 오브젝트가 개별적으로 선택되며 하위 그룹까지 모두 해제된 것을 확인할 수 있습니다.

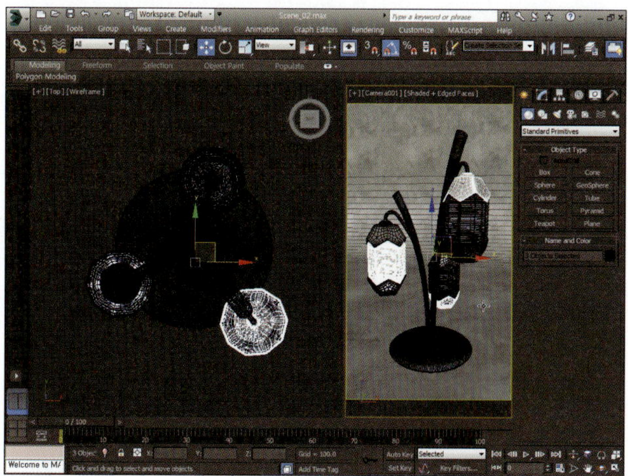

06
SECTION

장면에 여러 오브젝트들이 있을 때 필요한 오브젝트만 보이게 하거나 숨길 수 있습니다. Freeze를 활용하여 오브젝트가 장면에는 보이되 선택되지 않는 상태로 만들어 작업할 수도 있습니다.

:: 이번 예제에 사용할 Max File의 Units/Gamma Setup

01 Menu Bar>Customize>Units Setup을 통해 다음과 같이 Unit을 세팅합니다.

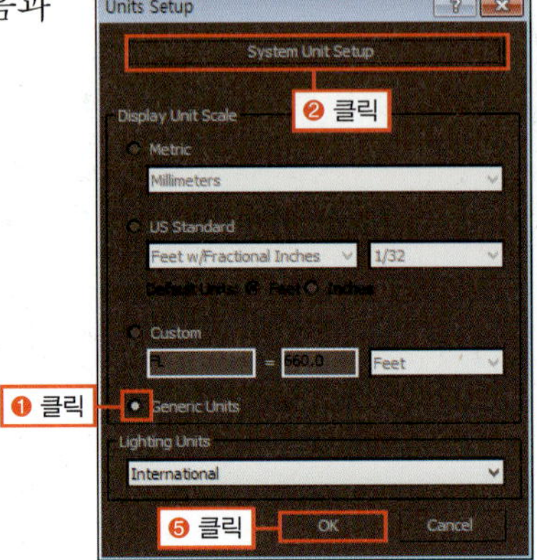
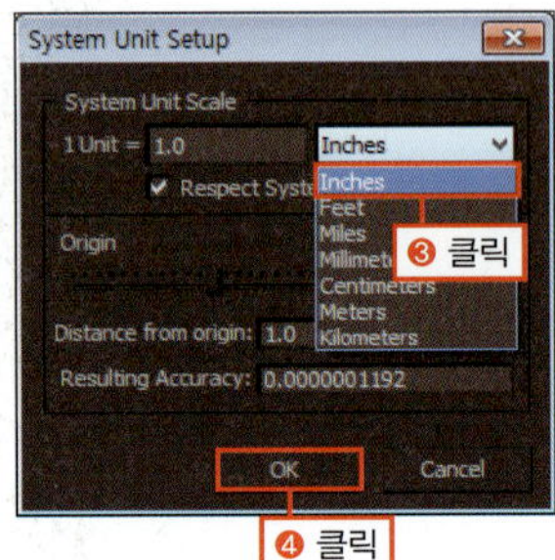

02 Menu Bar>Rendering>Gamma/LUT Setup을 통해 다음과 같이 Gamma를 비활성화합니다.

> **MEMO** · 부록 CD의 Max File을 Open 또는 Import할 때 본인이 사용하는 Max의 Units/Gamma Setup을 위 사항과 동일하게 세팅하면 파일이 문제없이 호환됩니다.

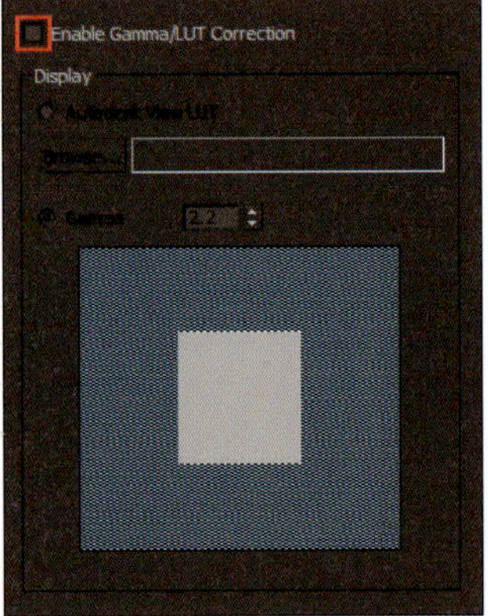

부록 CD의 Part 01>Lesson 04 폴더에서 'Scene_01(Object Select).max' 파일을 불러옵니다.

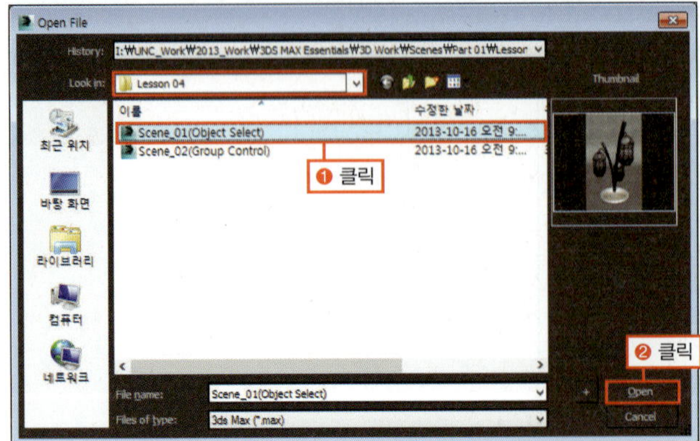
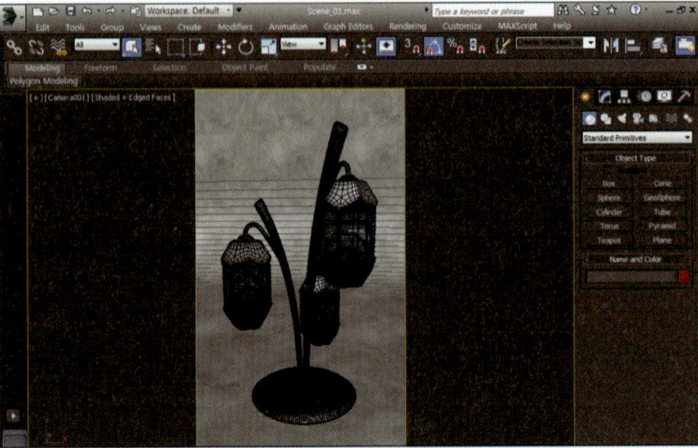

:: **Hide by Category 롤아웃 활용하기**

단축키 Alt + W 를 사용해 다음과 같이 화면을 전환합니다.

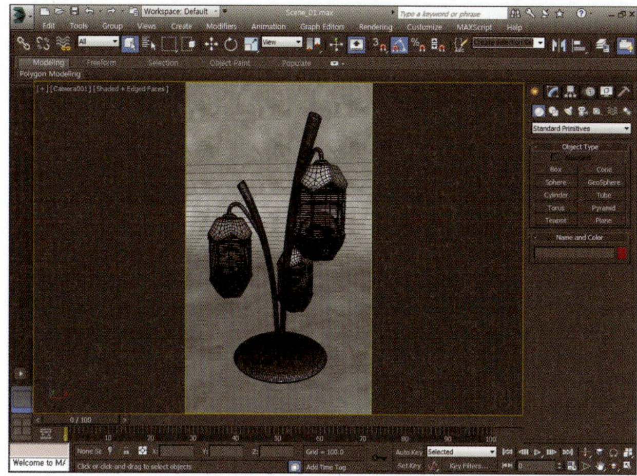 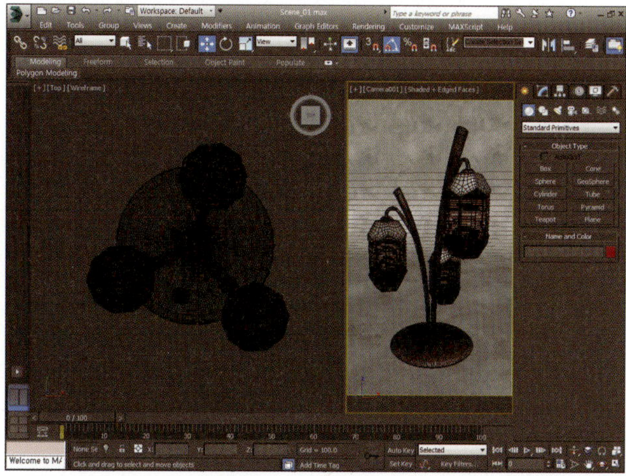

01 Command Panel에서 [Display] 버튼(■)의 Panel을
선택합니다.

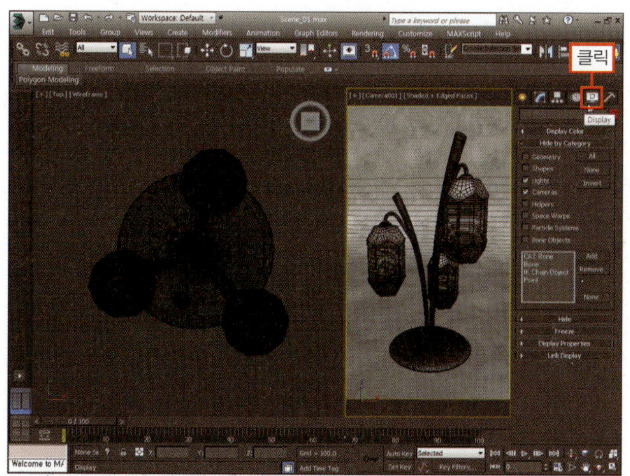

02 Hide by Category 롤아웃에서 Lights와 Cameras의
체크를 해제하고 [Zoom Extents All] 버튼(■)을 클릭합
니다. 숨어 있던 Light와 Camera 오브젝트가 Viewport의
중심에 보입니다.

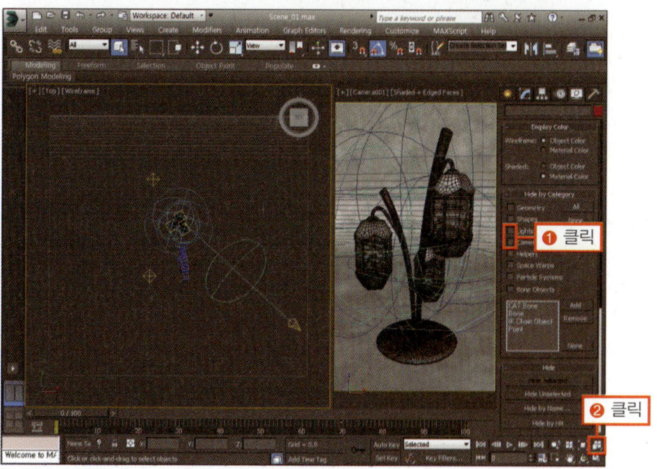

03 Hide by Category 롤아웃에서 Geometry를 체크하면 해당 속성을 가진 오브젝트들이 장면에서 사라지게 됩니다. 이와 같이 Hide by Category 롤아웃에서는 체크한 범주의 오브젝트를 숨기거나 나타나게 할 수 있습니다. 숨겨진 오브젝트의 경우 장면에서 평가되지 않으므로 Viewport 성능이 향상될 수 있습니다.

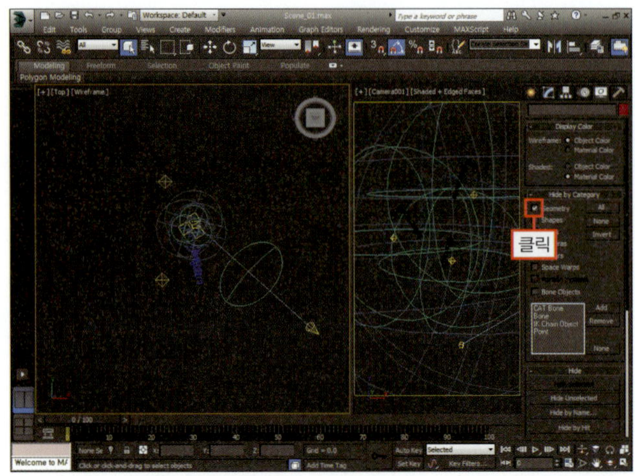

:: Hide 롤아웃 활용하기

Hide 롤아웃을 실습하기 위해 Hide by Category 롤아웃에서 Geometry를 체크하여 모든 오브젝트가 보이도록 합니다.

■ Hide Selected, 선택한 오브젝트 숨기기

장면에서 다음과 같이 오브젝트를 선택하고 Hide 롤아웃에서 [Hide Selected] 버튼(Hide Selected)을 선택합니다. 선택한 오브젝트가 장면에서 사라지는 것을 확인할 수 있습니다.

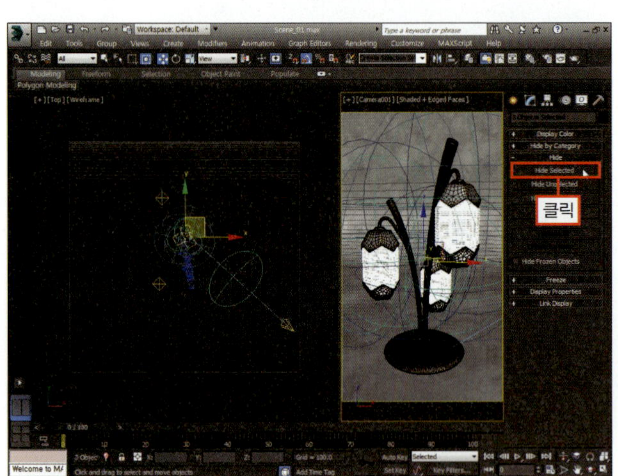

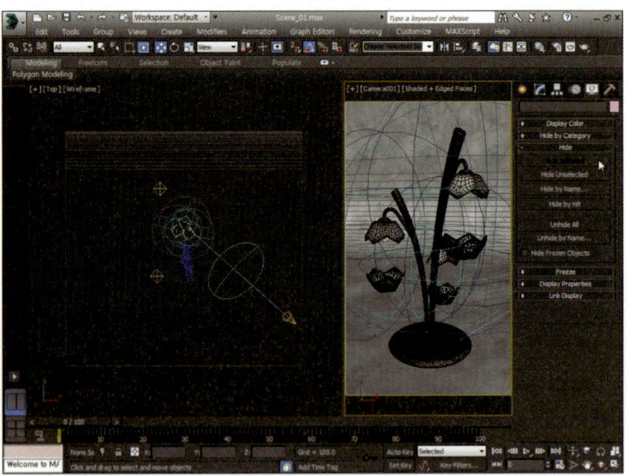

단축키 Ctrl+Z를 사용하여 오브젝트가
사라지기 이전 장면으로 복귀시킵니다.

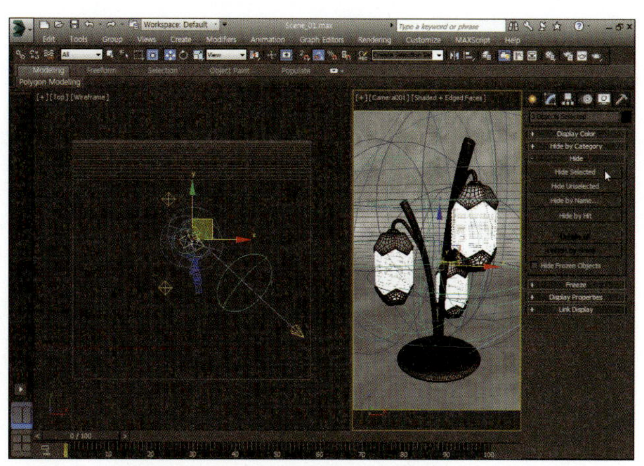

② Hide Unselected, 선택한 오브젝트를 제외한 모든 오브젝트 숨기기

다음과 같이 오브젝트를 선택하고 Hide 롤아웃에서 [Hide Unselected] 버튼(Hide Unselected)을 클릭합
니다. 선택한 오브젝트를 제외한 모든 오브젝트가 장면에서 사라집니다. 확인 후에는 단축키 Ctrl+Z
를 사용하여 사라지기 이전 장면으로 되돌립니다.

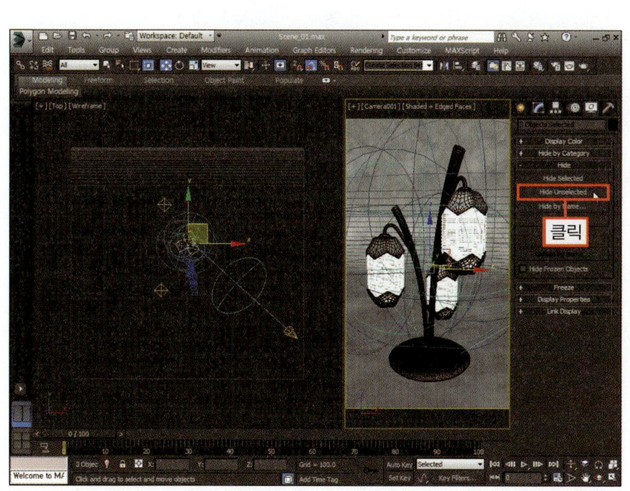

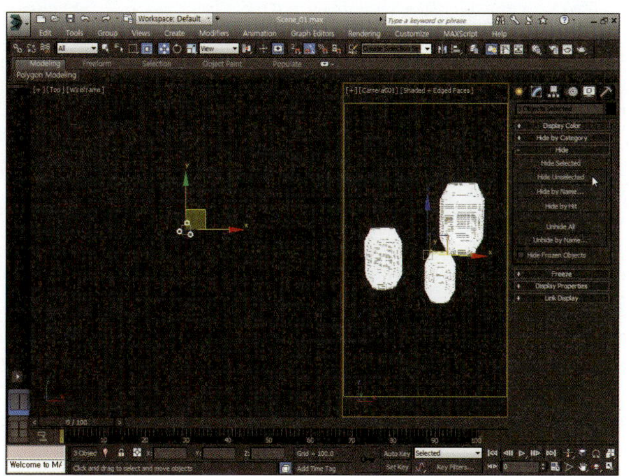

③ Hide by Name, 이름을 선택하여 숨기기

Hide 롤아웃에서 [Hide by Name] 버튼
(Hide by Name...)을 선택합니다. [Hide
Objects] 대화상자가 열리면 숨길 오브
젝트를 선택한 후 [Hide] 버튼(Hide)
을 클릭합니다. 해당 오브젝트는 장면에
서 사라지게 됩니다.

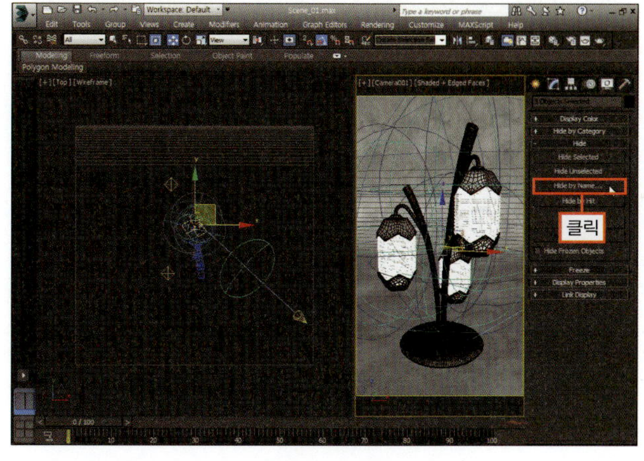

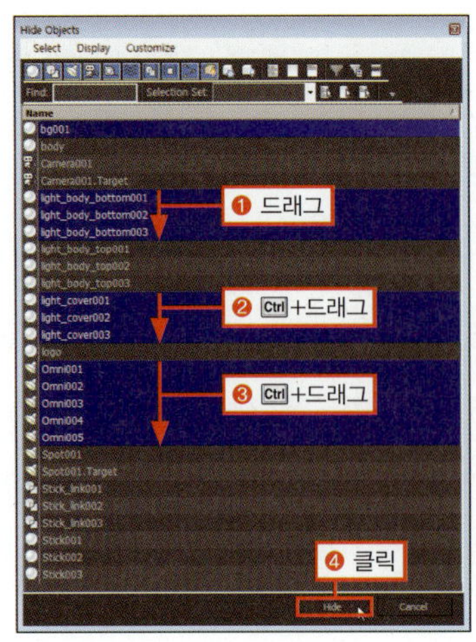
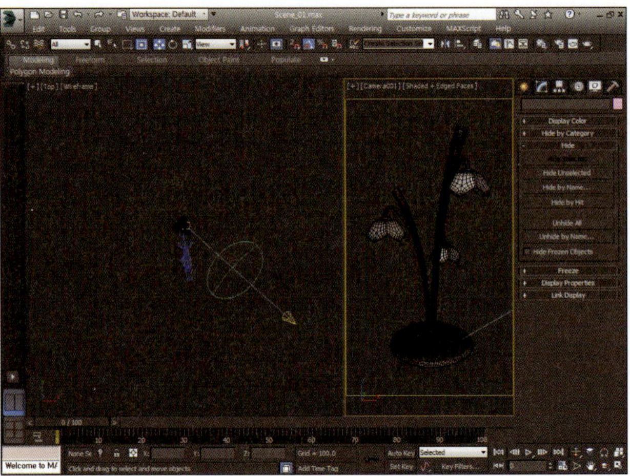

4 Hide by Hit, 직접 클릭하여 숨기기

Hide 롤아웃에서 [Hide by Hit] 버튼(Hide by Hit)을 클릭하면 Viewport에서 숨길 오브젝트를 바로 선택할 수 있습니다.

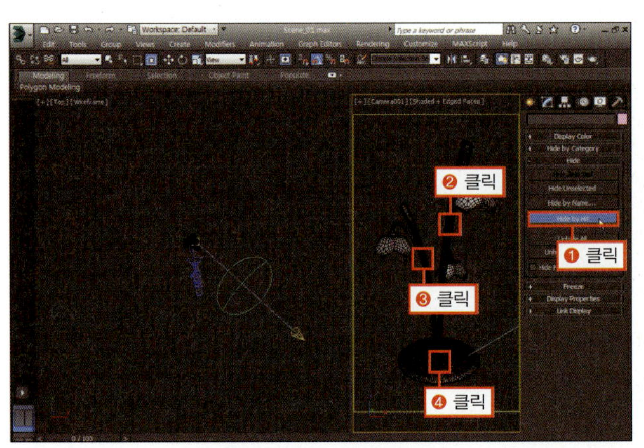
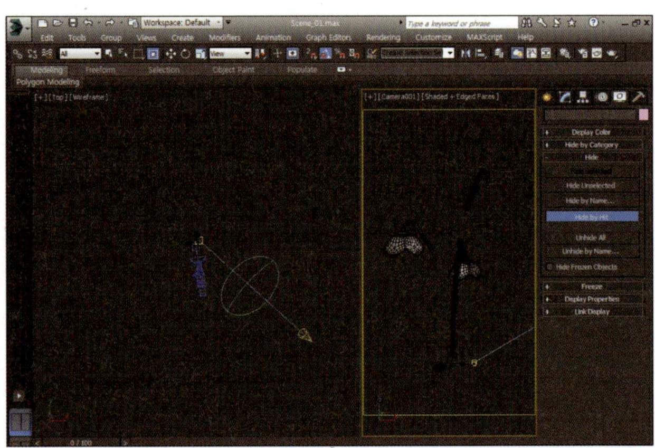

5 Unhide All, 숨겨진 모든 오브젝트 불러오기

Hide 롤아웃에서 [Unhide All] 버튼(Unhide All)을 클릭합니다. 사라진 모든 오브젝트들이 장면에 보이게 됩니다.

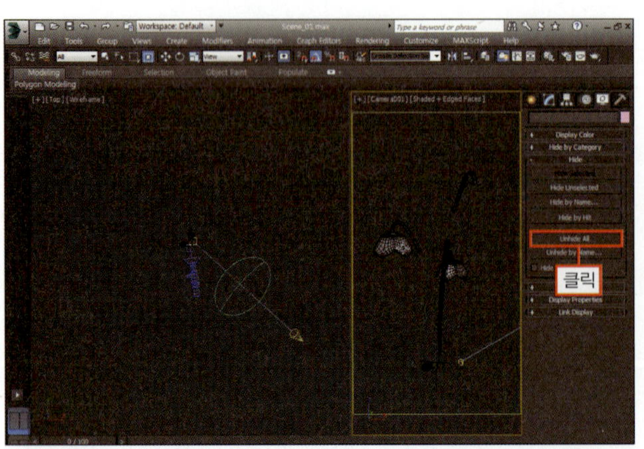
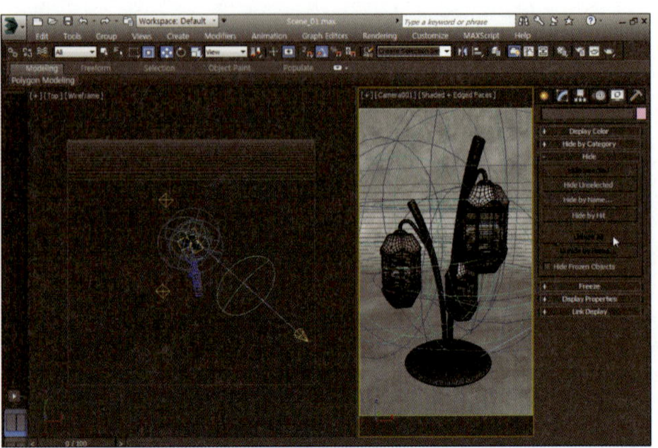

 Unhide by Name, 이름을 선택하여 불러오기

단축키 Ctrl + Z 를 사용하여 모든 오브젝트가 보이기 이전 장면으로 복귀시킨 후 Hide 롤아웃에서 [Unhide by Name] 버튼(Unhide by Name...)을 선택합니다.

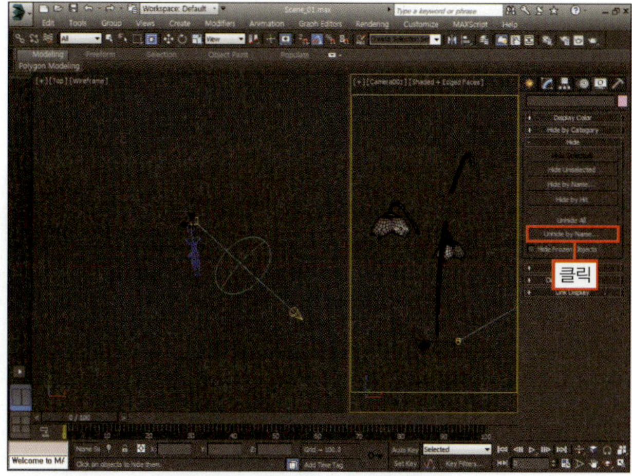

[Unhide Objects] 대화상자에서 오브젝트를 선택하고 [Unhide] 버튼(Unhide)을 클릭하면 선택한 오브젝트가 장면에 나타납니다.

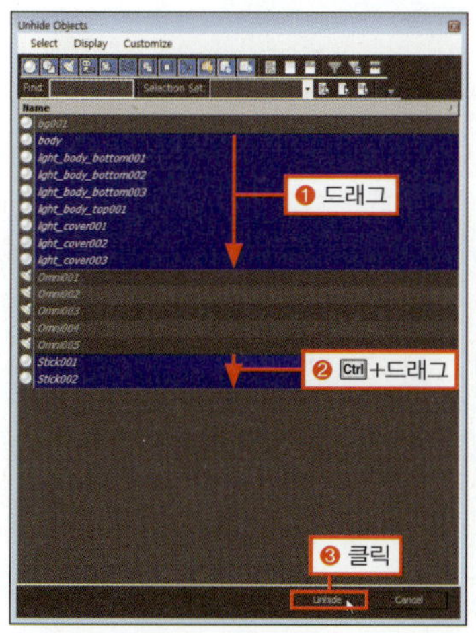
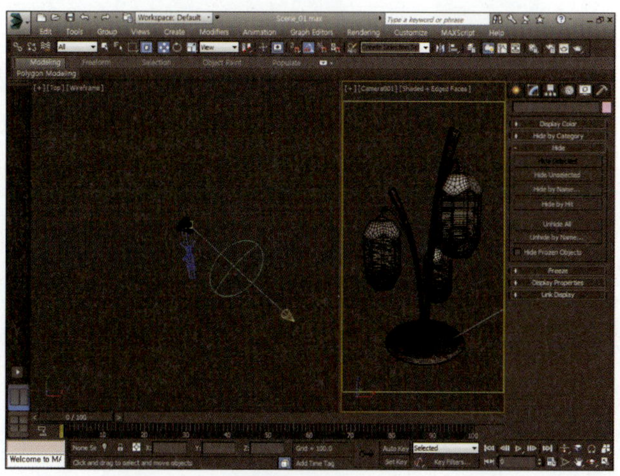

다음 실습을 위해 Hide 롤아웃에서 [Unhide All] 버튼(Unhide All)을 선택하여 사라진 모든 오브젝트들이 장면에 보이도록 합니다.

:: 오브젝트를 Freeze하거나 해제하기

■ Freeze Selected, 선택한 오브젝트 얼리기

Main Toolbar의 Selection Filter List에서 Geometry를 선택한 후 장면에 있는 전체 오브젝트를 드래그
하여 선택합니다. Light, Camera, Shapes 오브젝트를 제외한 모든 오브젝트가 선택됩니다.

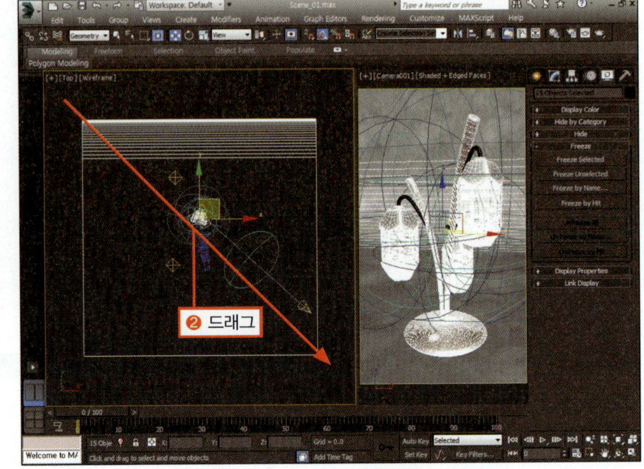

Freeze 롤아웃에서 [Freeze Selected] 버튼(Freeze Unselected)을 선택하면 오브젝트가 마치 얼어붙듯이
회색으로 변합니다. Freeze된 오브젝트는 장면에서 선택되지 않습니다.

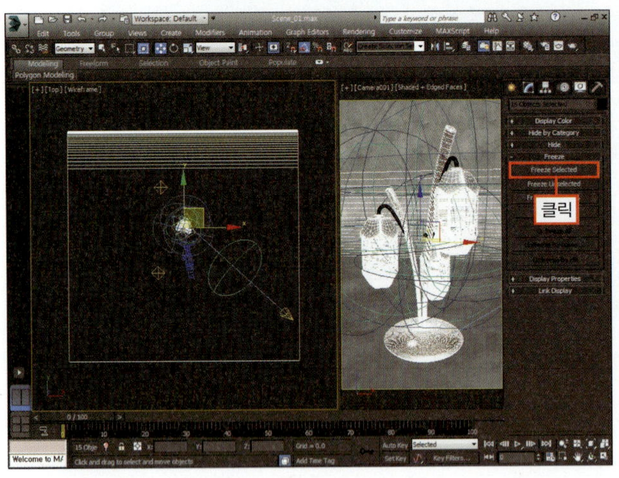

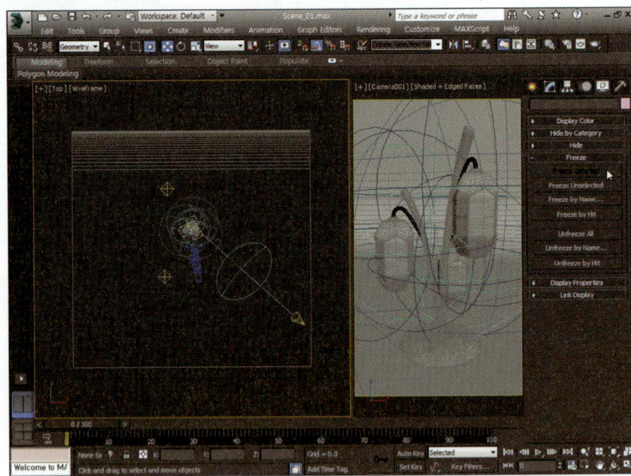

2 Unfreeze All, 얼린 오브젝트 원상태로 되돌리기

Freeze 롤아웃에서 [Unfreeze All] 버튼(Unfreeze All)을 선택하면 얼려져 있던 모든 오브젝트를 원래 상태로 되돌릴 수 있습니다.

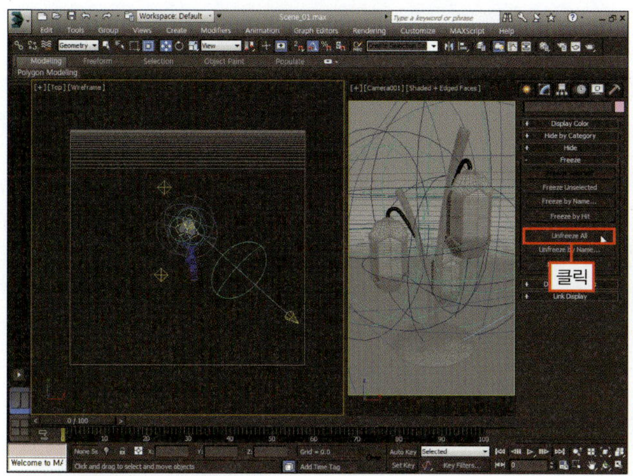

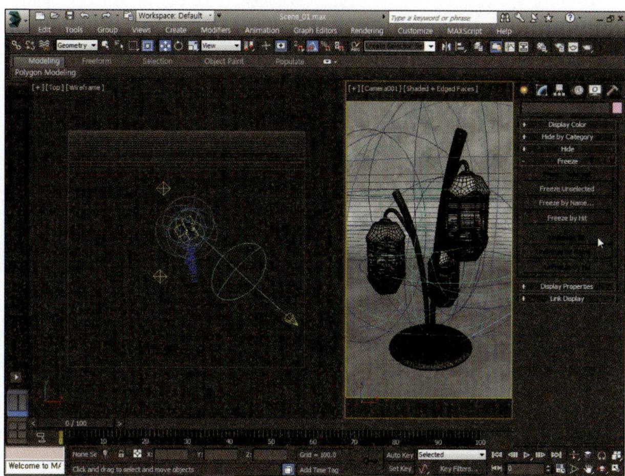

복잡한 장면에서 특정 오브젝트만 남기고 나머지 오브젝트를 숨겨야 할 경우 Isolate Selection 활용하면 효율적인 Viewport 컨트롤이 가능합니다.

오브젝트 1개를 선택하고 화면 하단에 [Isolate Selection Toggle] 버튼(   )을 클릭합니다. 선택한 오브젝트만 남고 나머지 모든 오브젝트는 사라집니다.

원래대로 되돌리려면 [Isolate Selection Toggle] 버튼(   )을 클릭합니다.

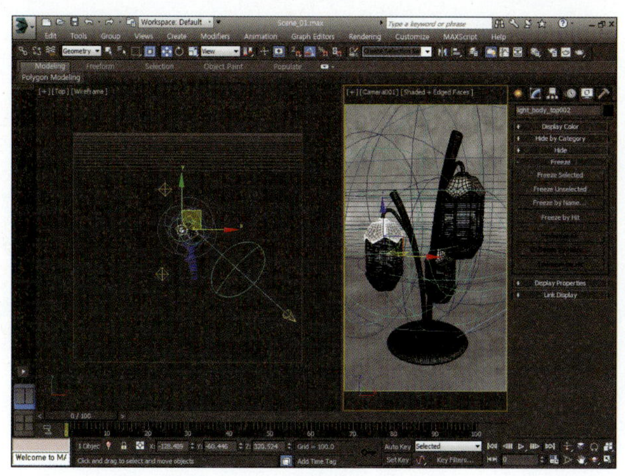

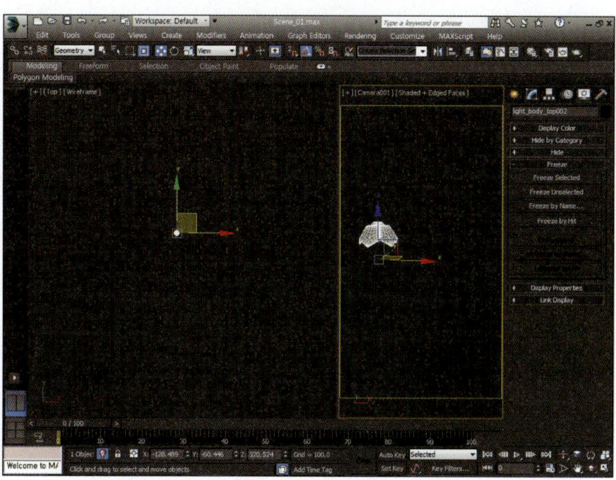

02 **P A R T**

기초 모델링 기능을
잘 활용하자!

모델링은 3ds Max로 결과물을 만들어 내는 데 있어서 가장 중요한 단계 중 하나입니다. 그중에서
도 Spline과 Poly의 개념을 이해하고 기본 기능을 습득하는 것은 매우 중요합니다. 여러 가지 기능
을 활용한 간단한 모델링을 따라해보면서 모델링의 기본기를 익혀봅니다.

PART contents

Spline의 개념에 대해 알아보고 Line 오브젝트 생성하기

01

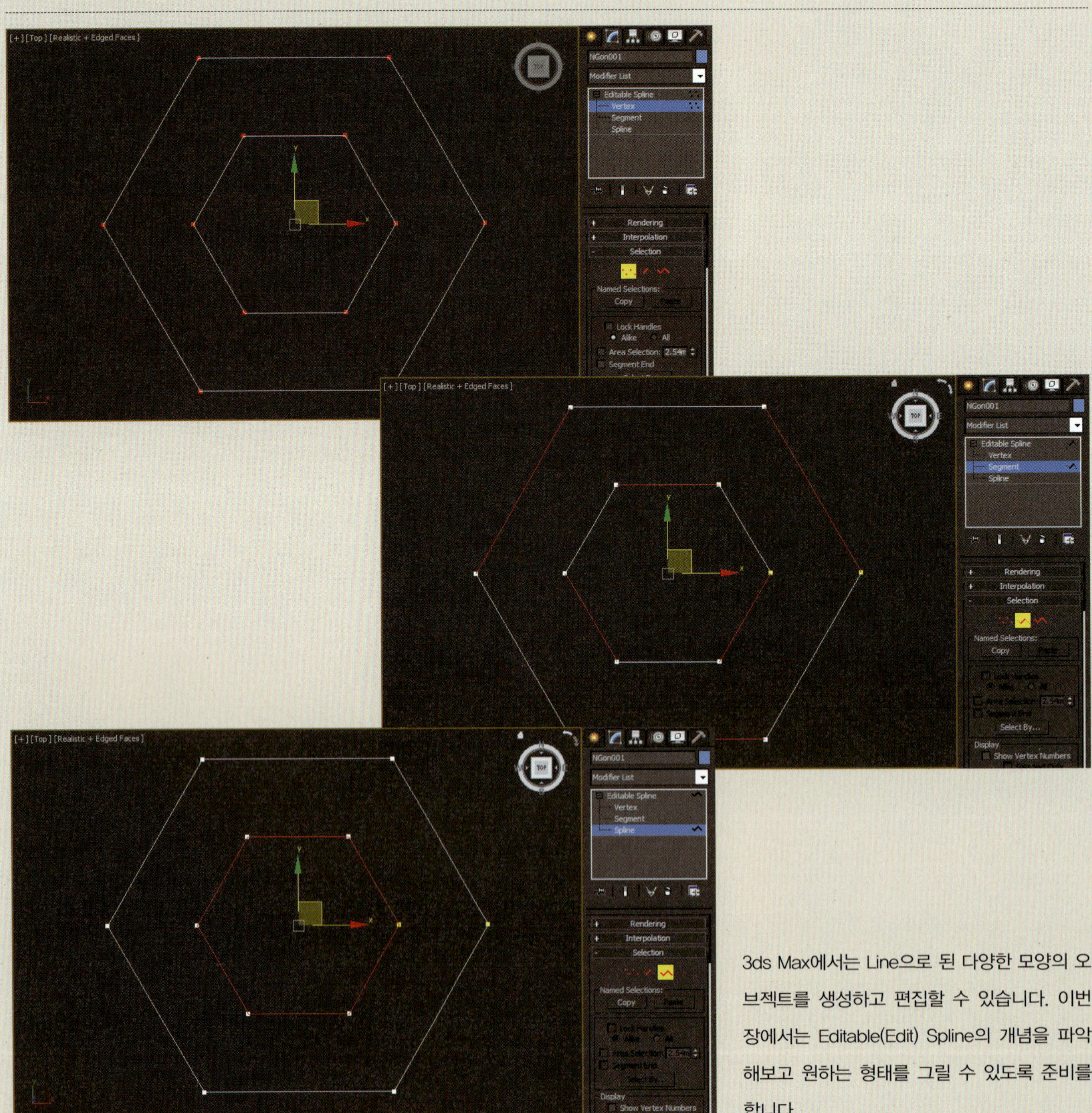

3ds Max에서는 Line으로 된 다양한 모양의 오브젝트를 생성하고 편집할 수 있습니다. 이번 장에서는 Editable(Edit) Spline의 개념을 파악해보고 원하는 형태를 그릴 수 있도록 준비를 합니다.

Editable(Edit) Spline의 Sub-Object Level에 대해 알아보기

Editable(Edit) Spline는 Vertex, Segment, Spline의 구조로 이루어져 있습니다. 각 레벨의 개념에 대해 알아봅니다.

:: 설명에 사용될 Line 오브젝트를 생성

1 Viewport 상태 변경

Top View에서 단축키 F3과 G를 눌러 만들어질 오브젝트의 Line과 정점이 잘 보이도록 Viewport 상태를 변경합니다.

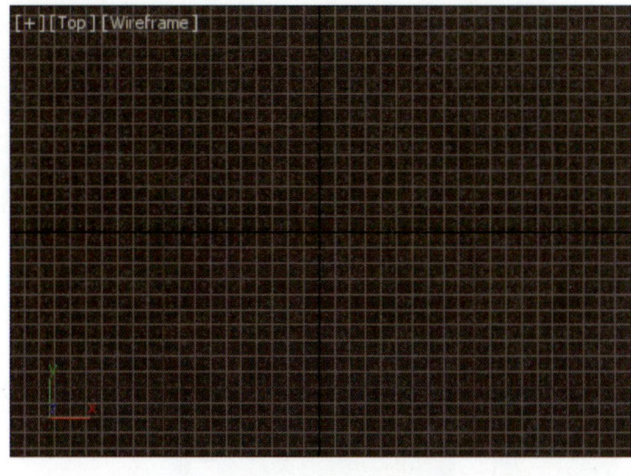

[**MEMO** · 영문 키보드를 누를 때는 한/영 상태를 잘 확인해야 합니다.]

2 NGon Spline 생성

Commend Panel의 Create>Shapes>Splines에서 [NGon] 버튼(NGon)을 클릭합니다.

Top View의 중심 부분에서 마우스를 드래그하여 그림과 같은 다각형을 생성합니다. 마우스 오른쪽 버튼을 클릭하면 NGon Spline 생성이 완료됩니다.

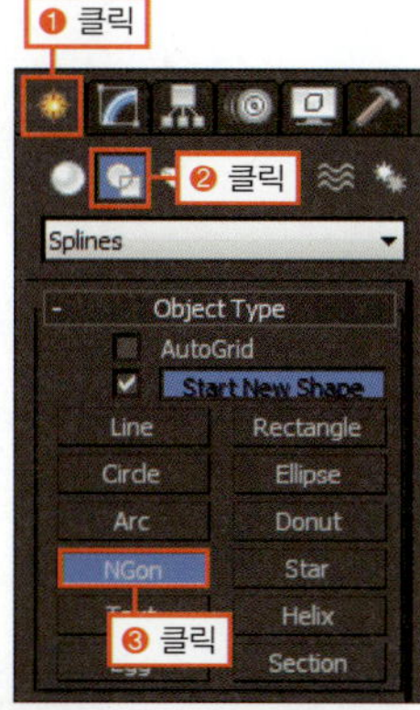

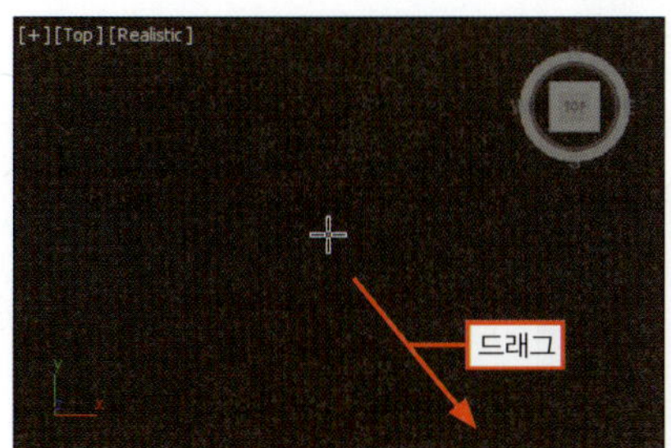

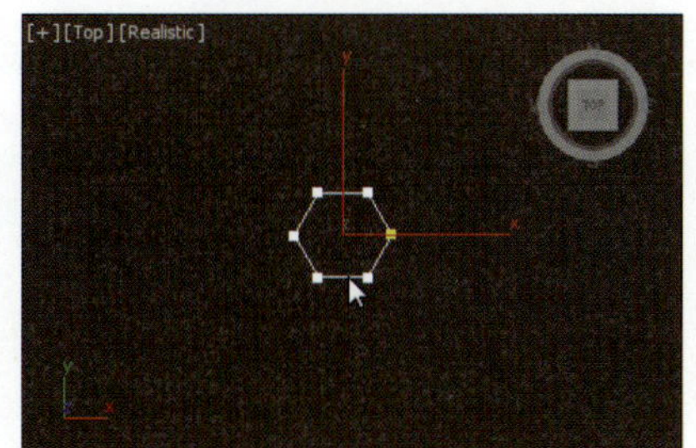

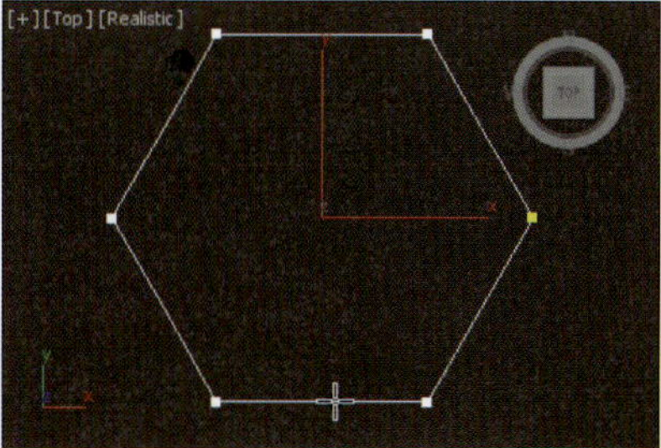

3 Editable Spline으로 변환

오브젝트를 생성한 Viewport에서 마우스 오른쪽 버튼을 한 번 더 클릭하면 그림과 같은 Quad menu
가 팝업됩니다.

transform>Convert To>Converter To
Editable Spline을 선택합니다.

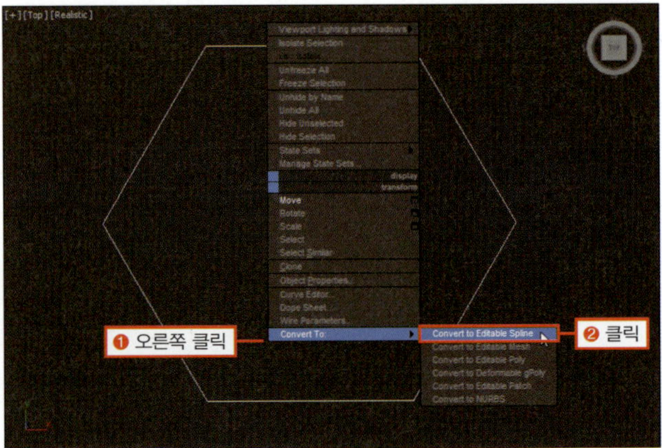

NGon Spline 오브젝트가 Editable Spline으로 변환되었습니다.
Command Panel의 Modify Panel에서 그림과 같이 확인할 수 있습니다.

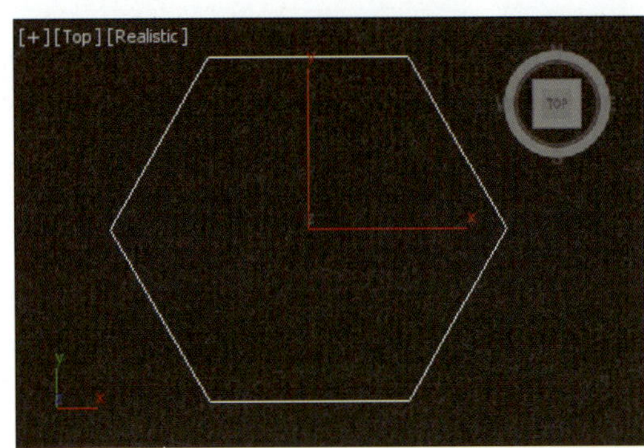

4 Spline 복사

[Editable Spline] 버튼(Editable Spline)의 [+] 버튼을 클릭하여 Vertex, Segment, Spline이 모두 보이
도록 합니다. Spline을 활성화하고 View에서 마우스를 클릭하거나 드래그하여 Spline 오브젝트를 선
택합니다.

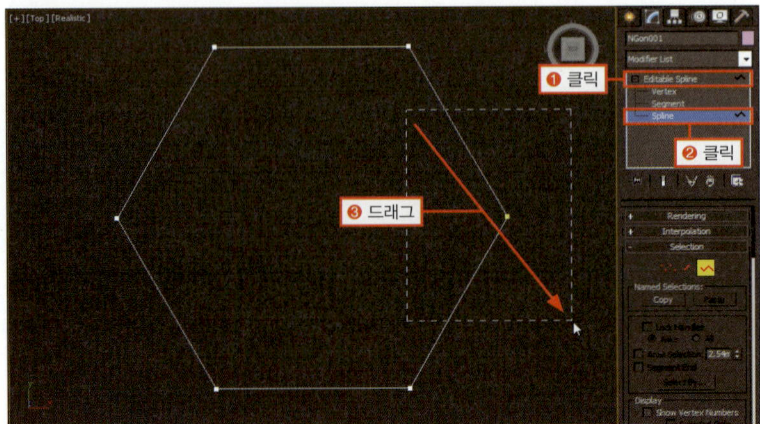

Main Toolbar에서 [Select and Uniform Scale] 버튼을 클릭합니다. 키보드의 Shift 를 누르고 스케일 Gizmo 중심에서 ↓방향으로 드래그하여 Spline을 복사합니다.

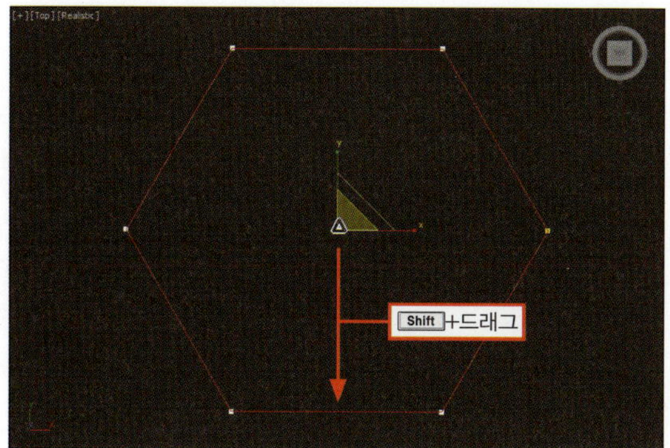

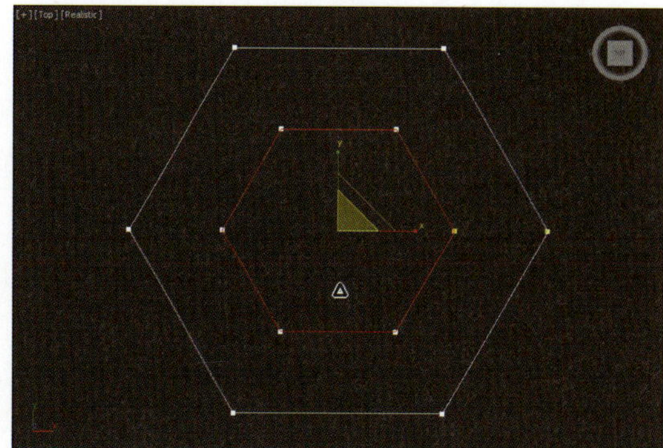

Editable(Edit) Spline의 Sub-Object Level

생성한 Line 오브젝트를 보면서 Editable(Edit) Spline의 Sub-Object Level에 대해 알아봅니다.

3ds Max에서 Spline은 편집이 가능한 Line 오브젝트를 의미합니다. Vertex, Segment, Spline 3개의 하위 오브젝트 레벨로 이루어져 있으며 각 레벨별로 선택하여 편집할 수 있습니다.

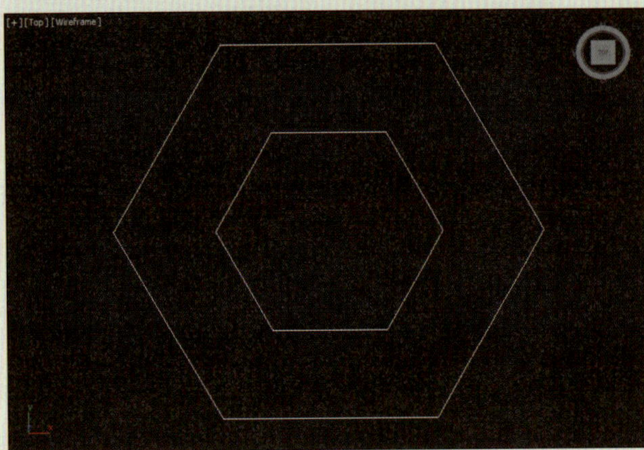
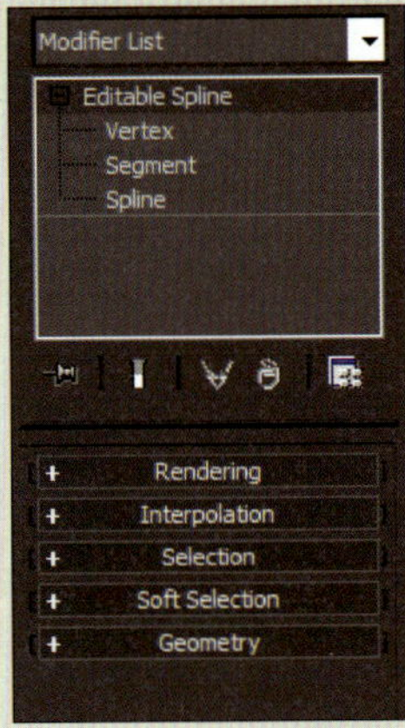

1 Vertex( )

Line 오브젝트에서 아래 그림에서와 같이 붉은색으로 선택된 점들을 의미합니다. 생성한 다각형은 총 12개의 Vertex로 이루어져 있습니다.

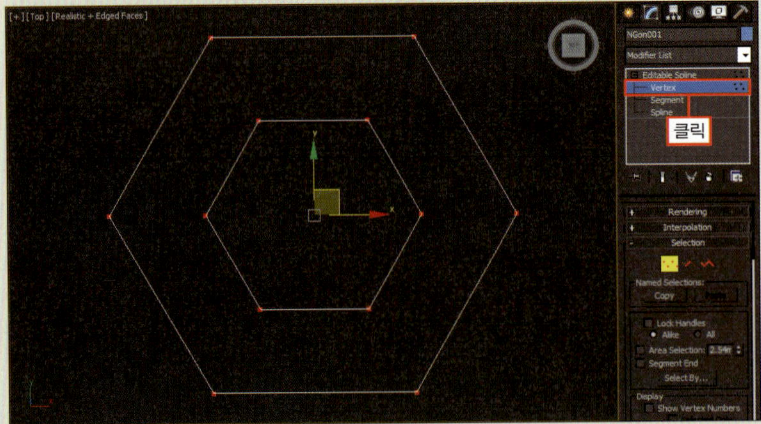

2 Segment(✎)

점과 점을 이어주는 선을 Segment라고 합니다. 아래 다각형에는 12개의 Segment가 있고 그중 6개가 선택되어 있습니다.

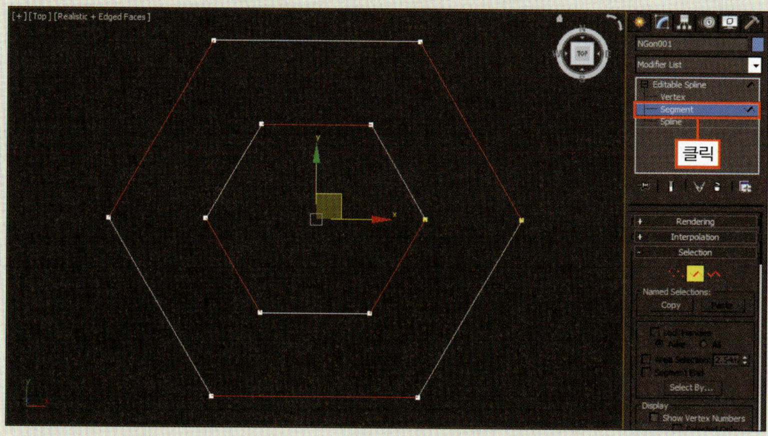

3 Spline(◠)

1개의 Segment가 1개의 Spline이 될 수도 있습니다. 여러 개의 Segment가 연결된 집합체도 Spline이라고 합니다. 즉, Line 오브젝트를 이루고 있는 집합체 하나하나를 말합니다. 아래 그림에서는 2개의 Spline 중 1개가 선택되어 있습니다.

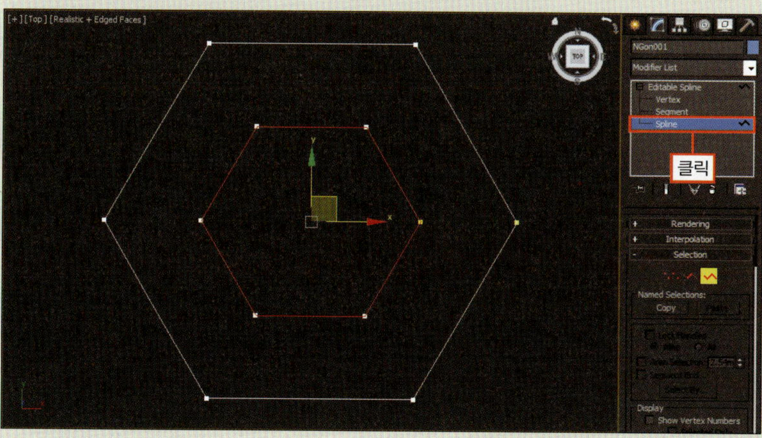

Editable(Edit) Spline의 Rollout 구성과 기능 알아보기

Editable Spline과 Edit Spline의 차이점 및 각 Rollout의 구성을 살펴보고, Line 오브젝트를 다룰 때 자주 사용하는 주요 기능에 대해 알아봅니다.

∷ Editable Spline과 Edit Spline의 차이점

Line 오브젝트를 편집하기 위해서는 Editable Spline으로 직접 변환하거나 오브젝트에 Edit Spline을 적용하여 진행하는 방법이 있습니다. 두 방식은 Vertex, Segment, Spline 3개의 하위 오브젝트를 레벨별로 컨트롤할 수 있다는 점에서 유사하지만 적용하는 방법과 오브젝트의 원본 속성에는 차이가 있습니다. 직접 각 방식을 적용해보면서 차이점에 대해 알아봅니다.

1 Line 오브젝트를 Editable Spline으로 변환하기

Commend Panel의 Create>Shapes>Splines에서 [NGon] 버튼(NGon)을 클릭하여 NGon 오브젝트 1개를 생성합니다.

빈 공간에서 마우스 오른쪽 버튼을 클릭하고 Quad Menu>Convert To:>Convert To Editable Spline을 선택하여 적용합니다. 기존 Line 오브젝트(NGon)의 속성은 사라지고 Editable Spline으로 완전히 변환됩니다.

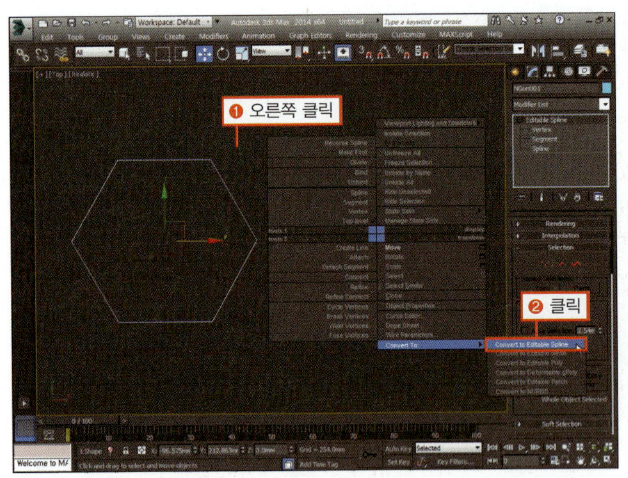

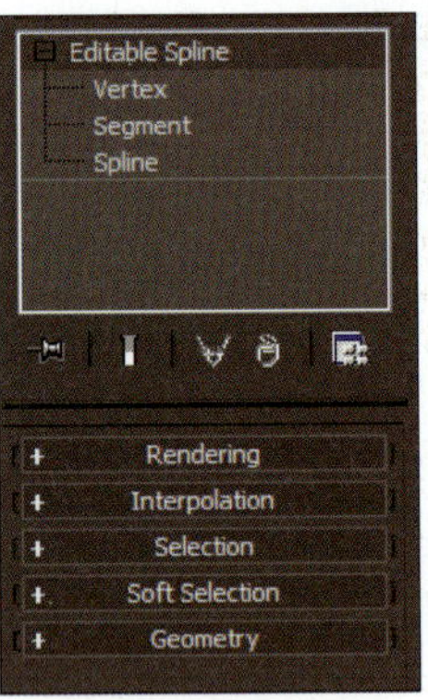

2 Line 오브젝트에 Edit Spline을 적용하기

NGon 오브젝트를 1개 더 생성하고 이번에는 Command Panel의 Modify>Modifier List에서 Edit Spline을 선택하여 적용합니다.

기존 Line 오브젝트(NGon)의 속성이 유지되고 Edit Spline Modifier가 적용됩니다.

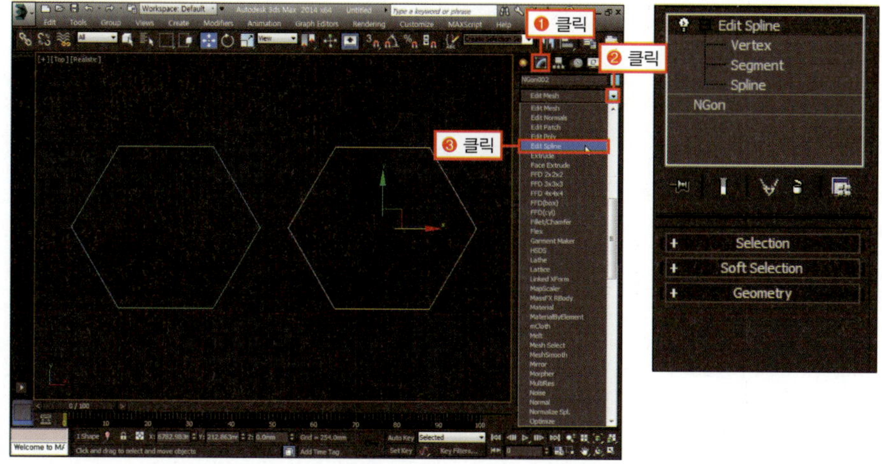

Editable Spline은 생성된 Line 오브젝트(NGon) 속성을 유지하지 않고 Editable Spline으로 완전히 변환되어 편집이 진행된 이후에는 NGon으로 돌아가 옵션을 조절할 수 없습니다.

반면에 Edit Spline은 NGon 오브젝트 상위에 Edit Spline이라는 Modifier가 별도로 적용되는 방식이므로 History 관리가 가능하며 편집이 진행된 이후에도 NGon으로 되돌아가서 옵션을 조절할 수 있습니다.

위와 같은 차이점을 효율적으로 활용하기 위하여 대부분의 작업은 Edit Spline으로 Modifier가 쌓인 상태를 유지하여 진행하고 최종적으로 만족스러운 결과물이 나왔을 때 Editable Spline으로 변환해주는 방법을 사용하게 됩니다.

∷ Editable Spline의 Rollout 구성과 주요 기능

Editable Spline으로 변환된 오브젝트를 선택했을 때 Command Pannel>Modify Pannel에서 확인할 수 있는 Editable Spline Rollout의 구성과 주요 기능에 대해 알아봅니다.

평상시나 Vertex를 활성화했을 때는 5개의 Rollout으로 구성되며, Segment와 Spline을 활성화했을 때는 Surface Properties Rollout이 추가됩니다.

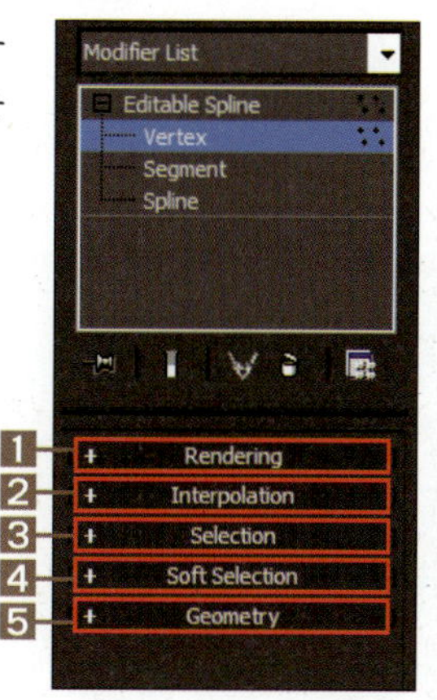
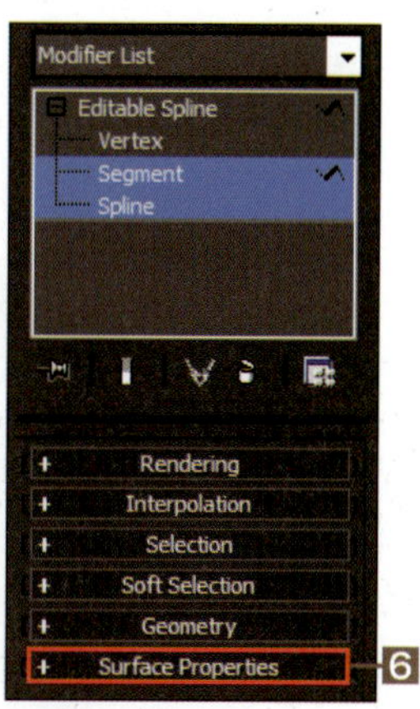

1 Rendering Rollout(+ Rendering)

일반적으로 Line 오브젝트는 Viewport에서 두께가 없는 Line으로만 보이고 렌더링이 되지 않습니다. Rendering Rollout의 옵션을 조절하면 렌더링될 Line의 두께와 모양 등을 조절할 수 있습니다.

❶ **Enable In Renderer** : 체크하면 설정된 값으로 렌더러에서 Line이 렌더링됩니다.

❷ **Enable In Viewport** : 체크하면 설정된 값으로 Viewport에서 Line이 렌더링됩니다.

❸ **Radial/Rectangular** : Line이 두께를 가질 때 횡단면의 모양이 원형으로 표현될지 사각형으로 표현될지를 선택합니다.

❹ **Thickness** : 수치를 입력하여 Line의 두께를 조절합니다.

❺ **Sides** : 두께를 만드는 측면의 개수를 설정합니다. 예를 들어, 값이 4이면 정사각형 횡단면이 생성됩니다.

❻ **Angle** : 생성된 횡단면을 회전할 수 있습니다.

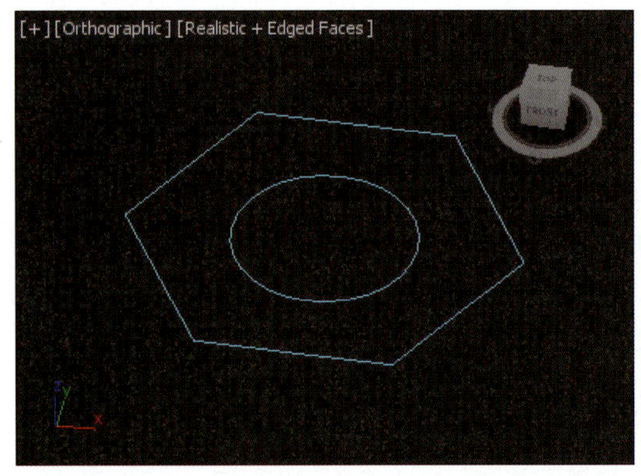
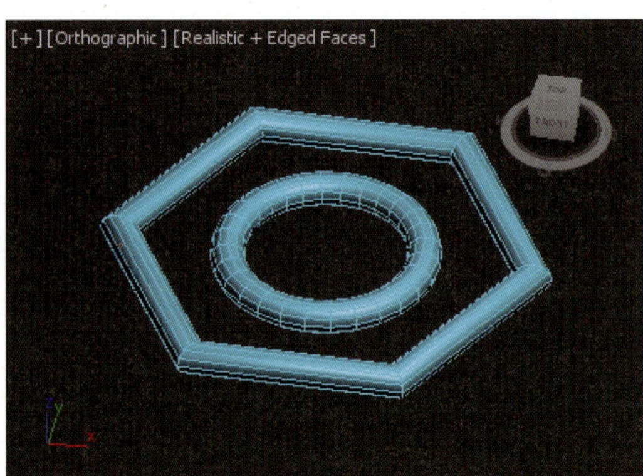

▲ Enable In Viewport를 체크하고 Thickness에 '20mm'를 입력한 경우

2 Interpolation Rollout(+ Interpolation)

Max의 Spline에서 곡선은 실제 곡선에 근접하는 작은 직선으로 이루어져 있습니다. Steps값을 높일수록 곡선이 더 부드럽게 표시됩니다.

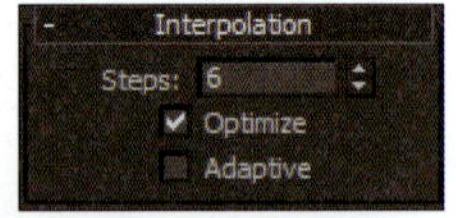

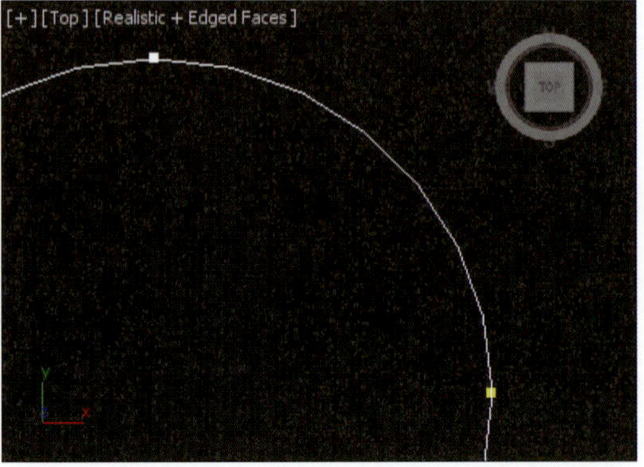

3 Selection Rollout(+ Selection)

Selection Rollout에는 각 하위 레벨에서 선택과 관련된 기능들을 제공하고 있습니다.

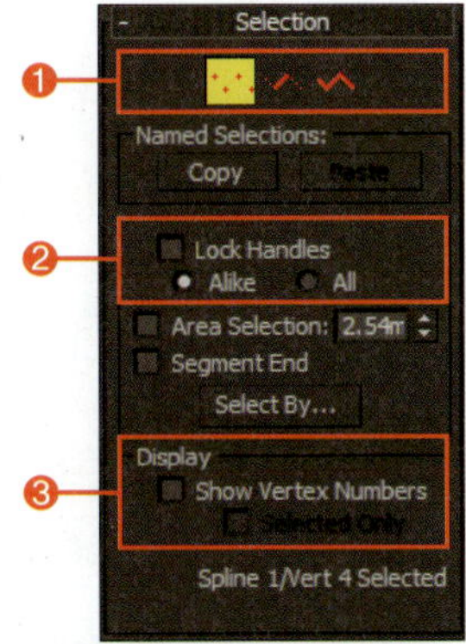

❶ 각 버튼을 클릭하여 Vertex, Segment, Spline을 활성화합니다.

❷ **Lock Handles** : 항목을 체크하면 여러 Vertex의 모서리 핸들을 동시에 컨트롤할 수 있습니다.

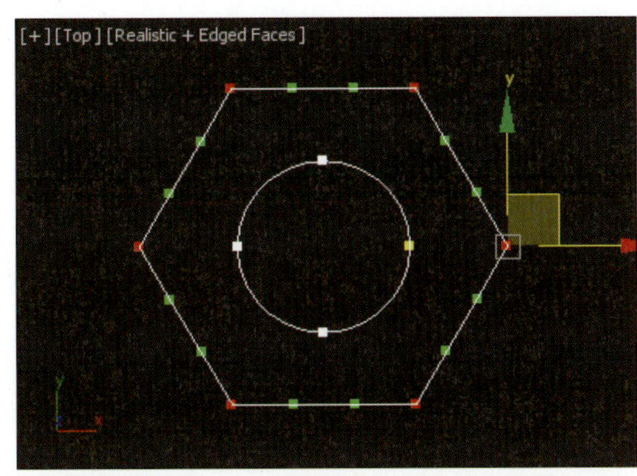
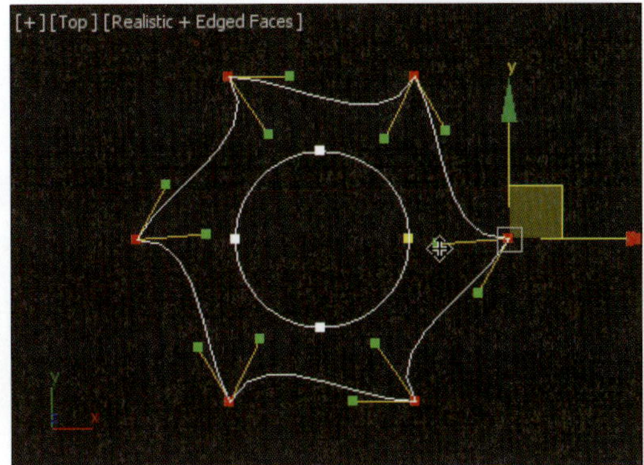

❸ **Show Vertex Numbers** : 항목을 체크하면 View에서 Vertex 옆에 각 Number를 표시해줍니다.

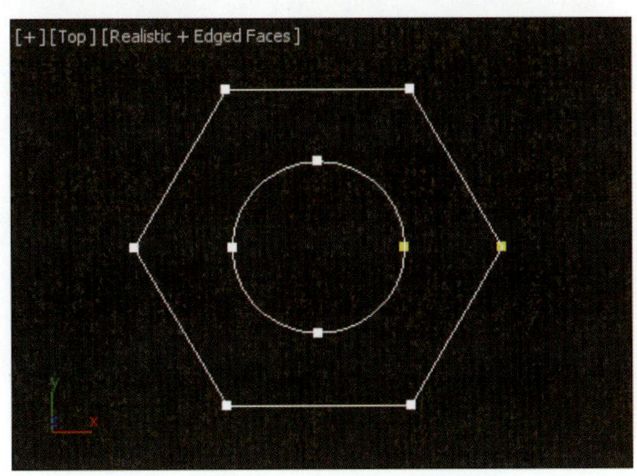
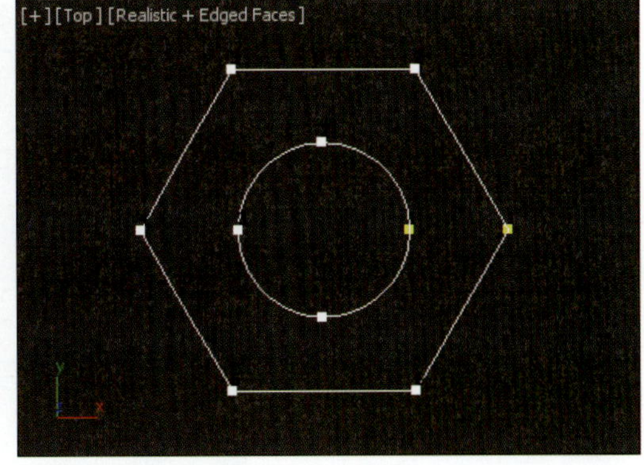

4 Soft Selection Rollout(+ Soft Selection)

Soft Selection Rollout을 사용하면 그림과 같이 소프트한 선택과 편집이 가능합니다.

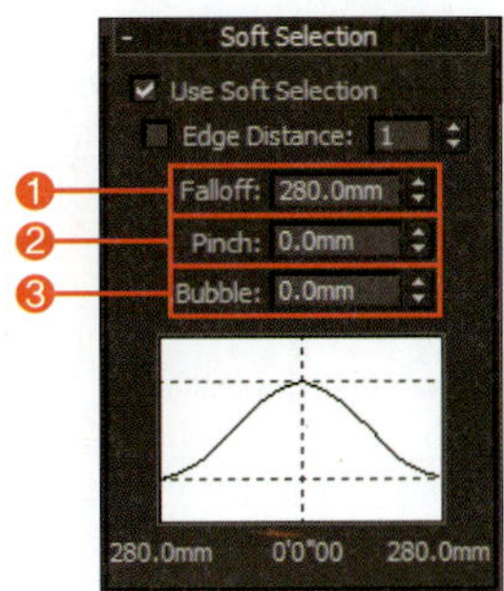

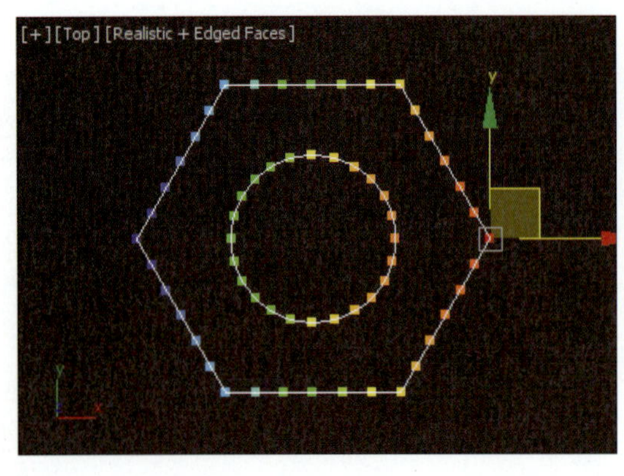 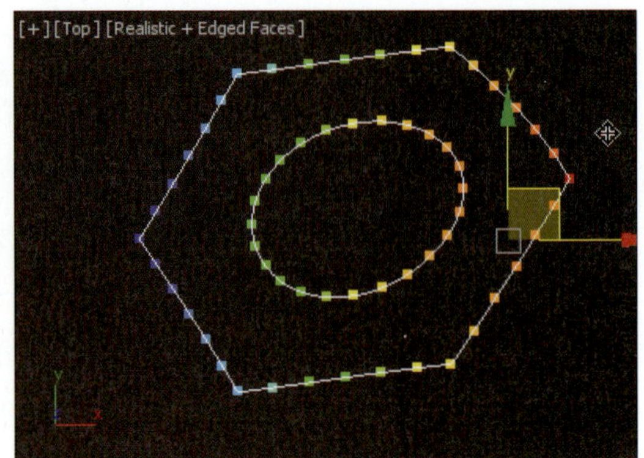

❶ **Falloff** : 영향받을 영역을 값으로 조절합니다.

❷ **Pinch** : 그래프에서 수직 축을 따라 곡선 위쪽 점의 날카로움을 컨트롤합니다.

❸ **Bubble** : 그래프에서 수직 축을 따라 곡선의 폭을 넓게 할지 좁게 할지를 컨트롤합니다.

❺ Geometry Rollout(+ Geometry)

Geometry Rollout에는 Spline을 편집할 수 있는 다양한 기능들을 제공하고 있습니다.

각 Sub-Object Level(Vertex, Segment, Spline)을 선택하면 해당 레벨에서 사용 가능한 기능들이 활성화 상태로 바뀌게 됩니다.

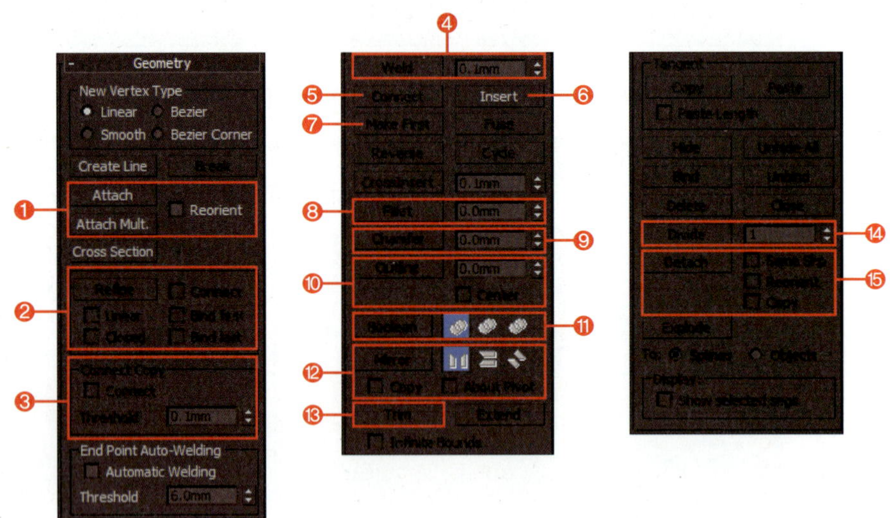

❶ Attach : 장면에 있는 서로 다른 Spline을 연결할 때 사용합니다.
Spline을 선택하고 [Attach] 버튼(Attach)을 클릭한 후 연결할
다른 Spline을 마우스 왼쪽 버튼으로 선택합니다.

 ⓐ Reorient : 항목을 체크하고 Attach를 실행하면 현재 선택한 Spline의 중심에 정렬되면서 연결됩니다.

 ⓑ Attach Multiple : 장면에 있는 모든 Spline의 목록이 표시된 대화상자가 팝업됩니다. 목록에서 선택한 Spline을 연결할 수 있습니다.

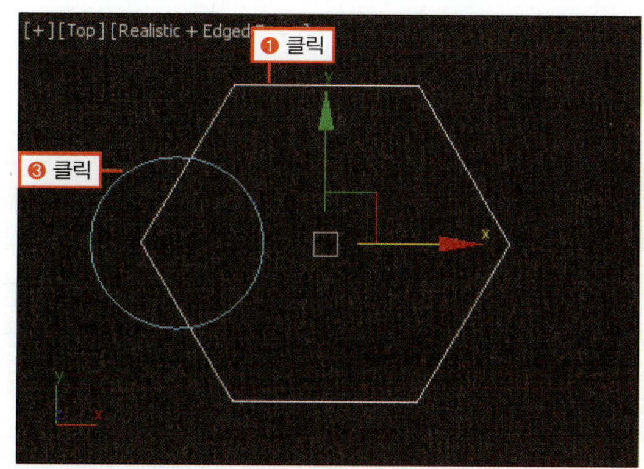

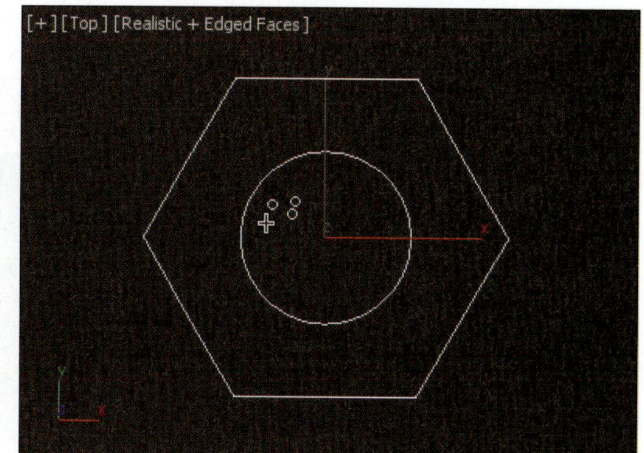

❷ **Refine(** 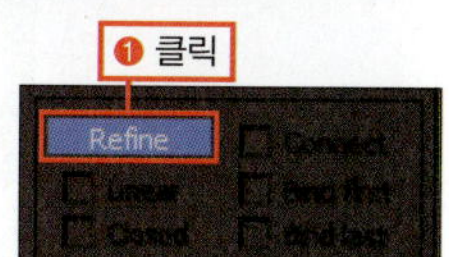 **)** : 선택한 위치에 Vertex를 추가할 수 있습니다. [Refine]을 활성화한 후 마우스 왼쪽 버튼으로 Vertex가 추가될 위치를 선택합니다.

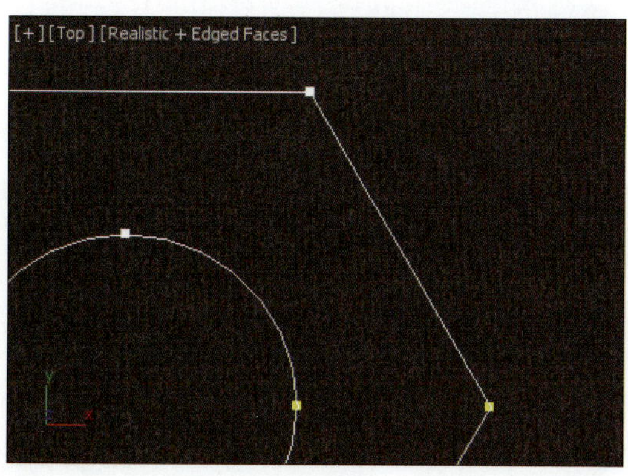

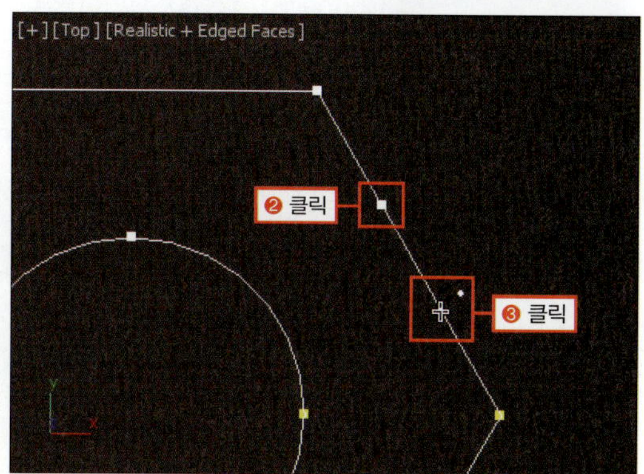

❸ **Connect Copy(** 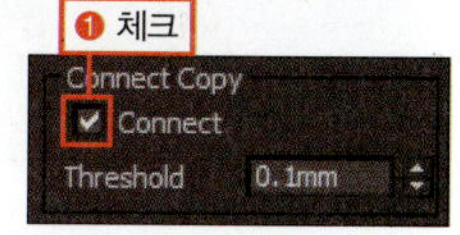 **)** : Connect를 체크하고 Shift +마우스 드래그로 Segment나 Spline을 복사하면 원래의 Vertex와 복사된 Vertex를 연결하는 새로운 Segment가 자동으로 생성됩니다.

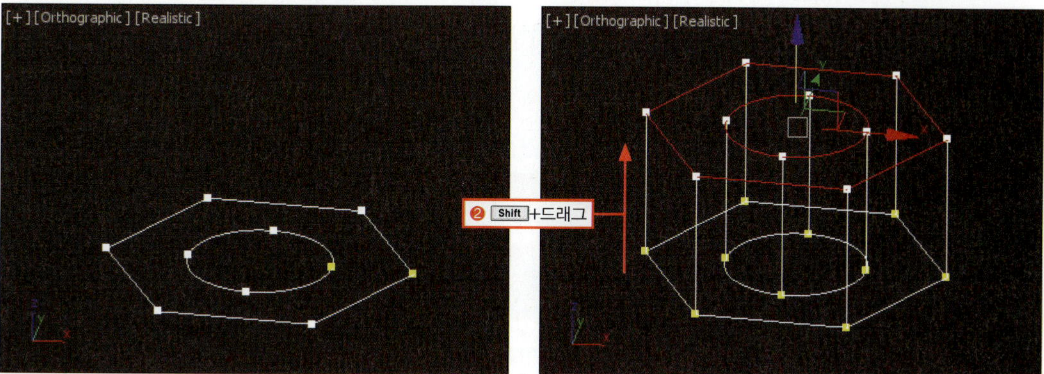

❹ Weld(　) : 선택된 Vertex가 입력한 거리값에 의해 하나로 합쳐집니다.

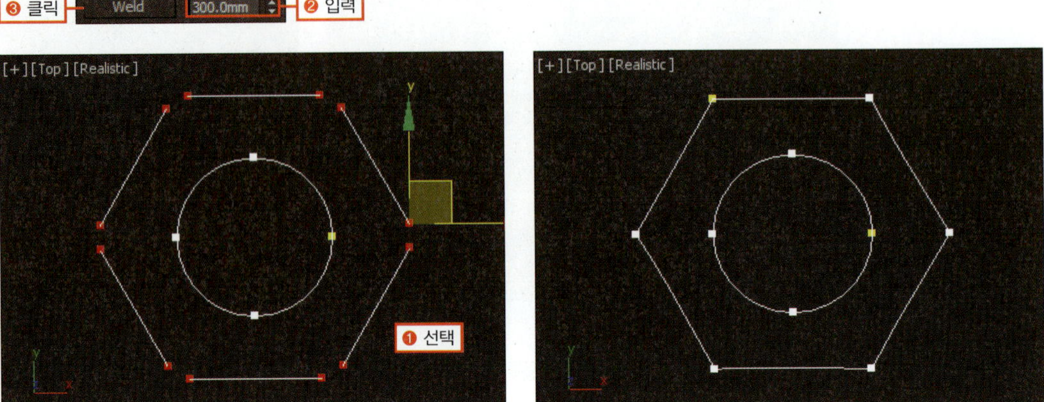

❺ Connect(　) : Vertex와 Vertex를 연결하는 Line을 생성합니다. [Connect] 버튼(　Connect　)을 클릭하고 연결하려는 지점을 마우스 왼쪽 버튼으로 드래그합니다.

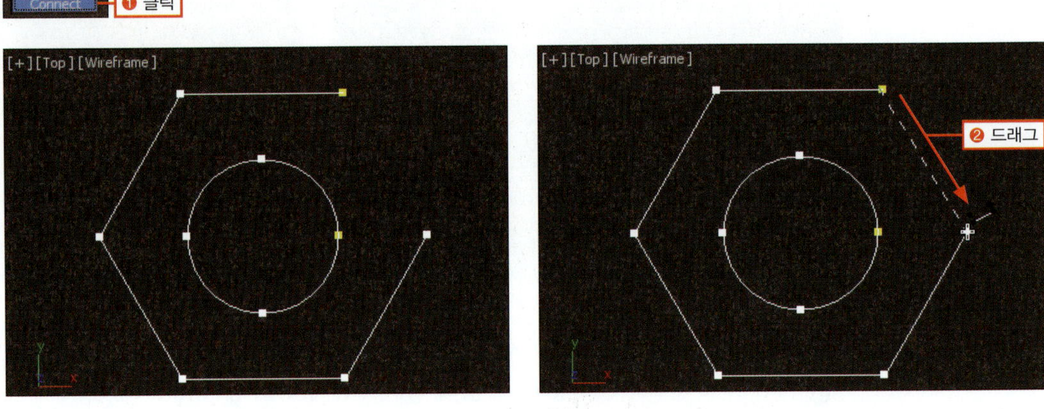

❻ Insert : 기존의 Spline에 하나 이상의 Vertex를 삽입하여 새로운 모양을 만듭니다. [Insert] 버튼(　Insert　)을 활성화하고 선택한 지점으로부터 Spline을 생성하듯 마우스를 클릭하거나 드래그합니다.

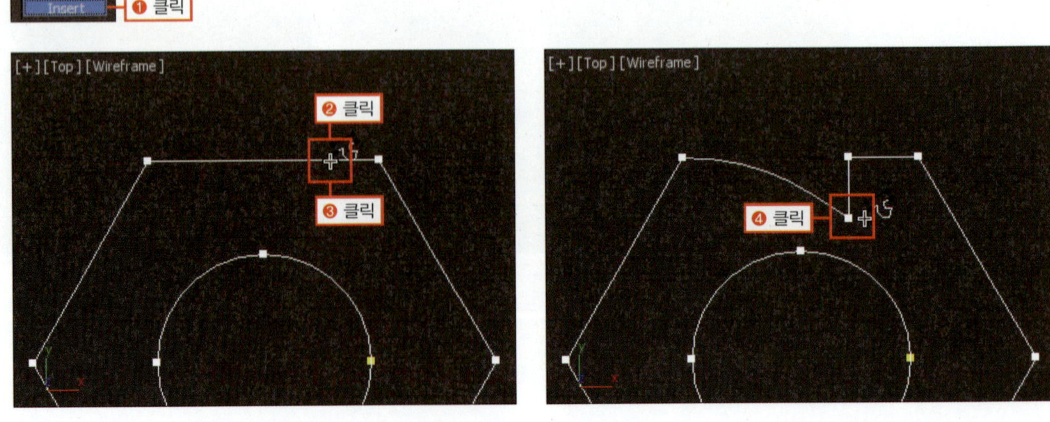

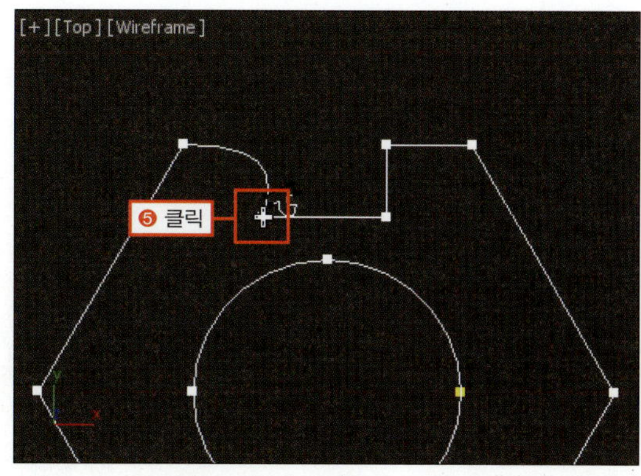
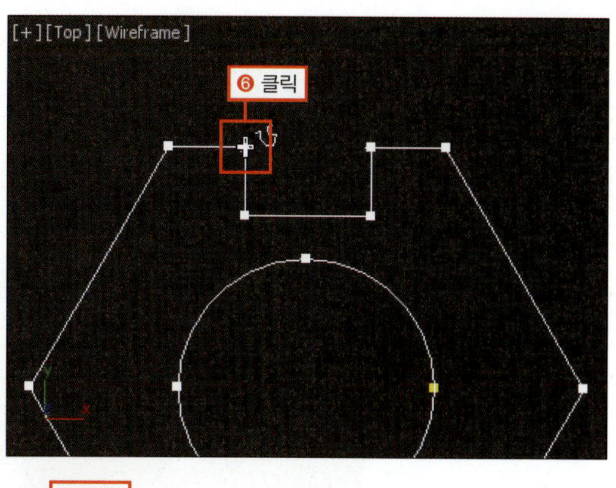

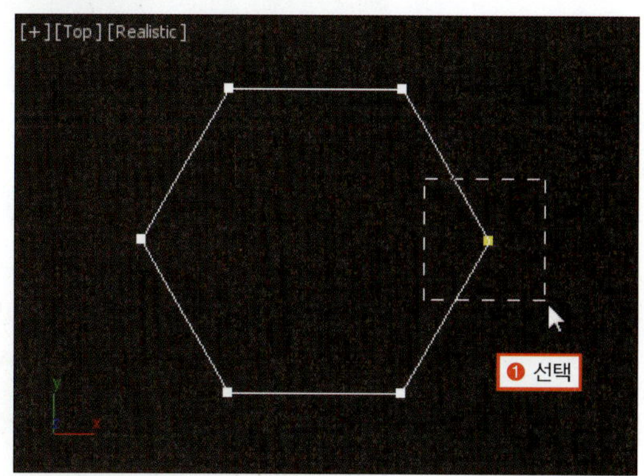

❼ **Make First(**  **)** : Spline에서 첫 번째 Vertex
가 될 지점을 지정합니다. Vertex를 선택하고
[Make First] 버튼(Make First)을 클릭합니다. 첫
번째 Vertex는 노란색으로 표시되며 모션 작업
시 경로의 시작점을 의미하기도 합니다.

❽ **Fillet(** ▯ **)** : Segment가 만나는 모서리를 선택하여 둥글게 깎아줍니다. [Fillet] 버튼(Fillet)
을 활성화한 후 선택한 Vertex 중 한 지점에서 마우스를 상하로 드래그하거나 Fillet 입력 창에 값을
입력하여 실행합니다.

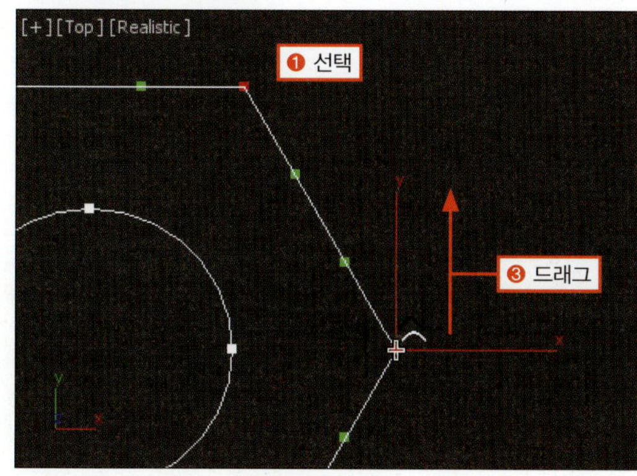
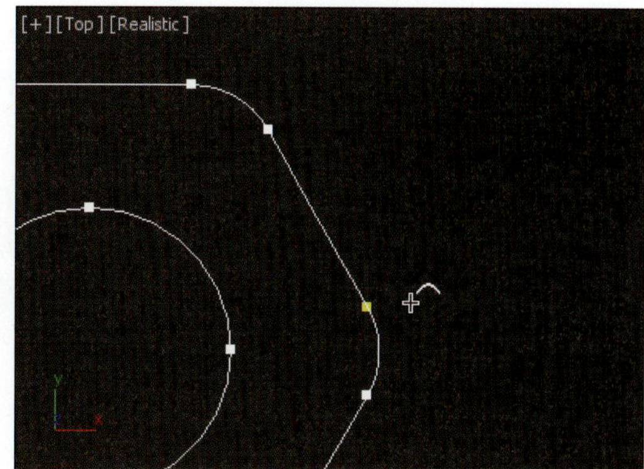

❾ **Chamfer( )** : Segment가 만나는 모서리를 선택하여 비스듬하게 깎아줍니다. [Chamfer] 버튼을 활성화한 후 선택한 Vertex 중 한 지점에서 마우스를 상하로 드래그하거나 입력창에 값을 입력하여 실행합니다.

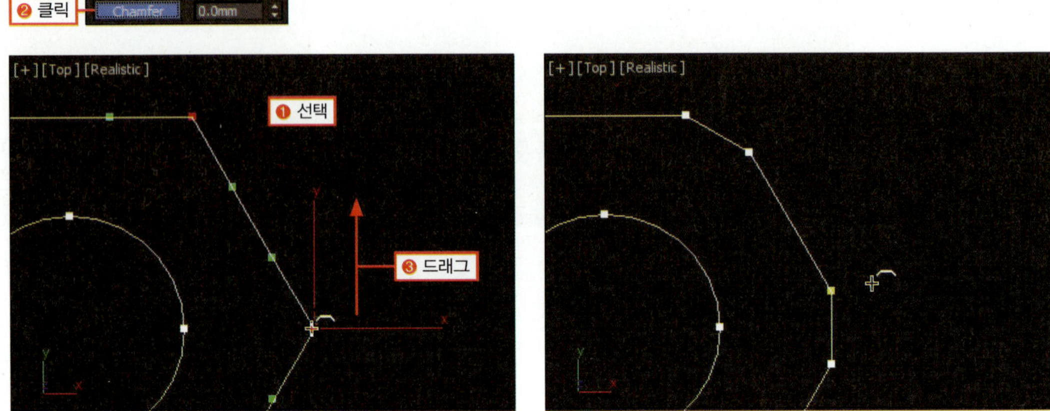

❿ **Outline( )** : Spline의 모든 측면에 윤곽선을 생성합니다. [Outline] 버튼( )을 활성화한 후 Spline에서 마우스를 상하로 드래그하여 안쪽 혹은 바깥쪽으로 윤곽선을 생성할 수 있습니다.

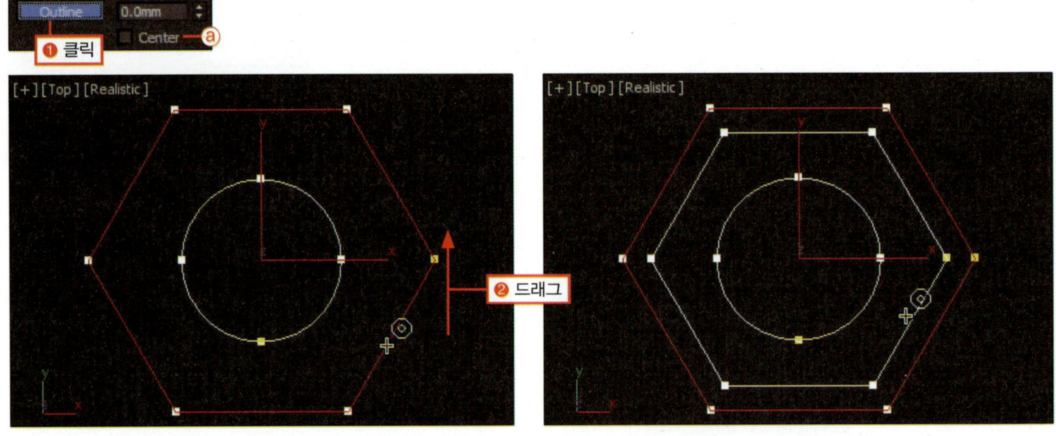

ⓐ Center : 항목을 체크하고 Outline을 실행하면 보이지 않는 중앙선으로부터 지정한 거리까지 멀어지며 윤곽선이 생성됩니다.

⓫ **Boolean( )** : 선택한 Spline에서 두 번째 선택하는 Spline을 결합하거나, 빼거나, 교차한 부분만 남기고 삭제할 수 있습니다.
첫 번째 Spline을 선택하고 [Boolean] 버튼( )을 활성화합니다. Boolean 타입을 결정한 후 마우스로 두 번째 Spline을 클릭하면 실행됩니다.

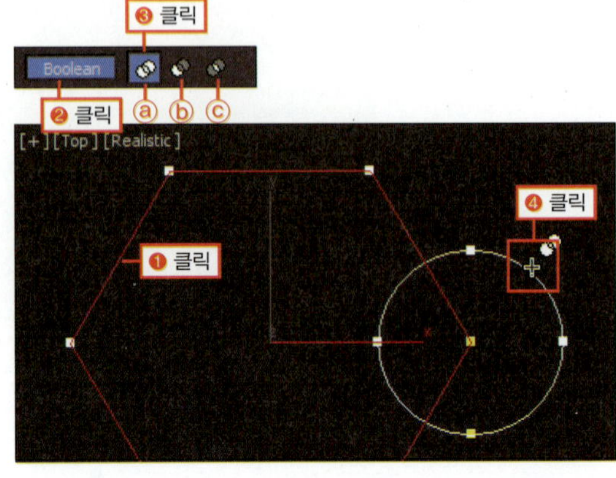

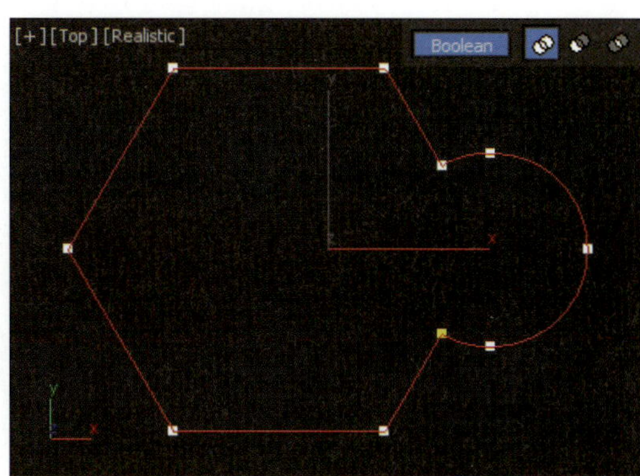

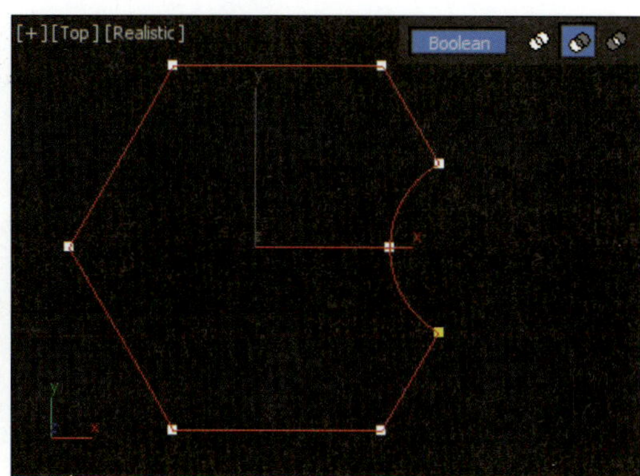

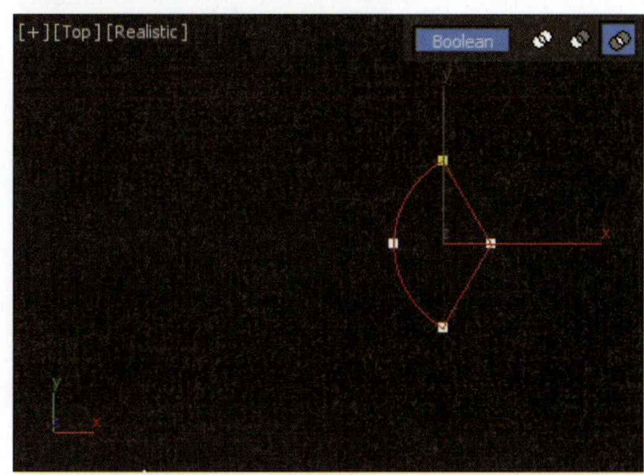

⑫ **Mirror(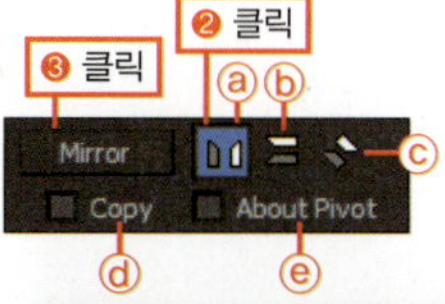)** : 선택한 Spline을 설정한 기준만큼 대칭으로 이동하거나 복사할 수 있습니다. Mirror를 실행할 Spline을 선택하고 대칭 방향을 선택합니다. [Mirror] 버튼(📷)을 클릭하면 실행됩니다.

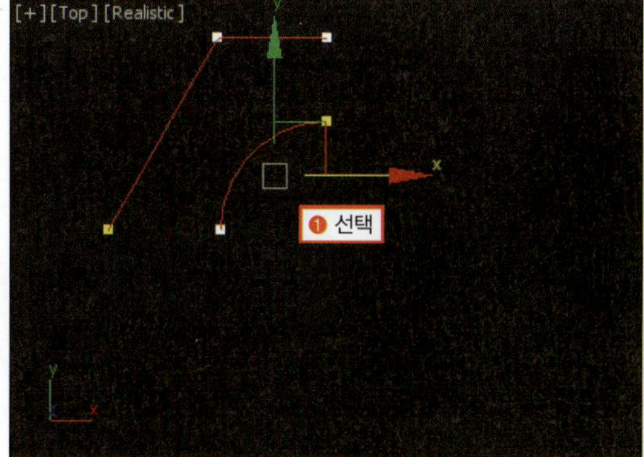

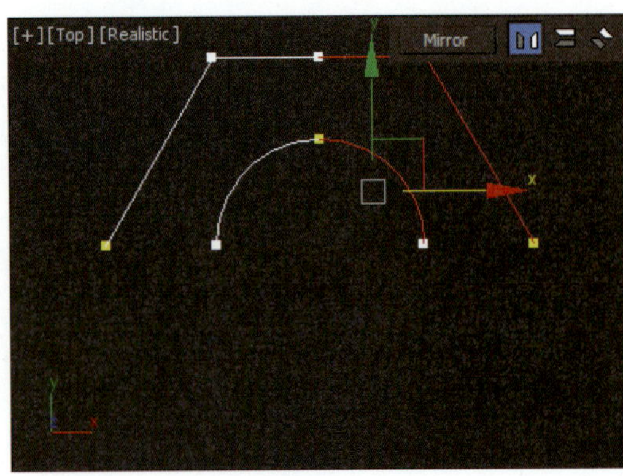

ⓐ Horizontally : 수직 대칭

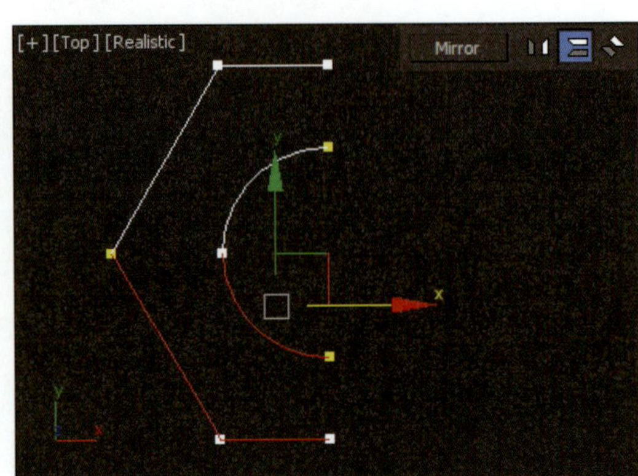

ⓑ Vertically : 수평 대칭

ⓒ Both : 수직 · 수평 대칭

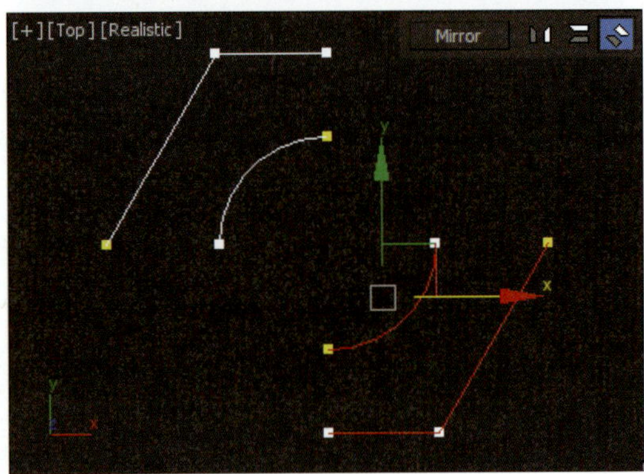

ⓓ Copy : 항목을 체크하면 Mirror 실행 시 대칭으로 Spline을 복사합니다.

ⓔ About Pivot : 오브젝트의 Pivot을 중심으로 대칭 이동이나 복사를 실행합니다. 체크하지 않을 경우 선택한 Spline을 중심으로 Mirror를 실행합니다.

⓭ **Trim( )** : 교차하는 Spline이 있을 경우 선택한 지점으로부터 양 방향으로 교차되는 지점까지의 Spline을 삭제합니다. Spline이 교차하지 않거나 한 교차점만 있는 경우 아무런 작업도 수행되지 않습니다.

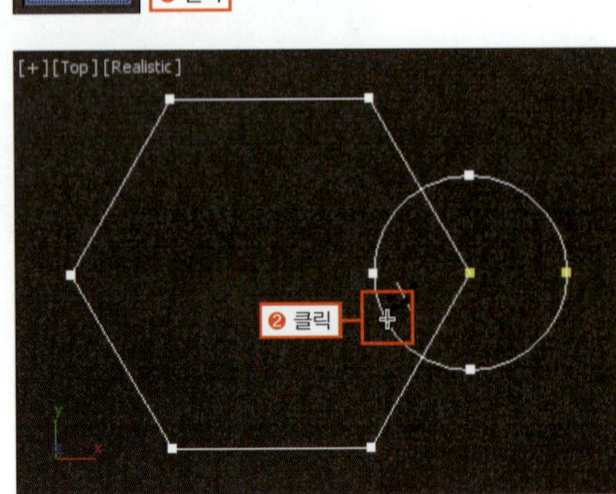

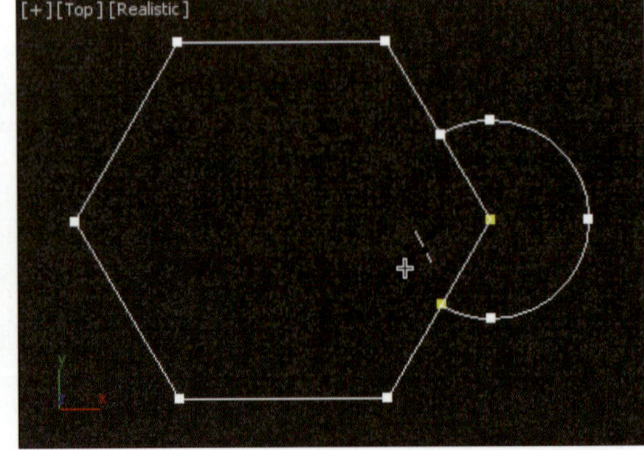

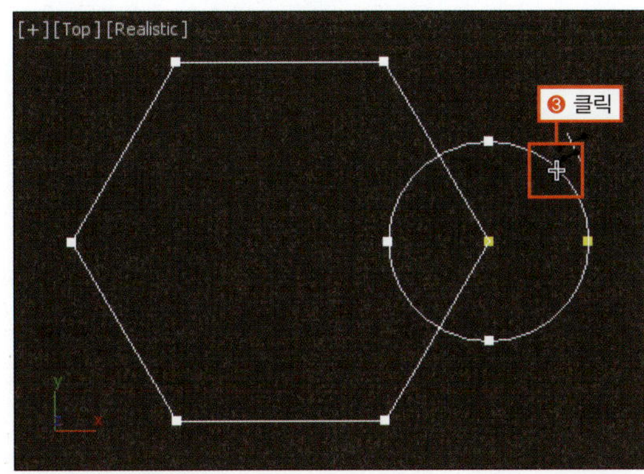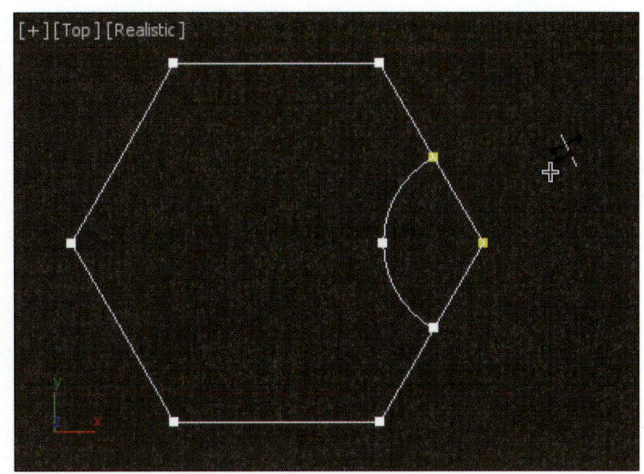

⓮ **Divide(** 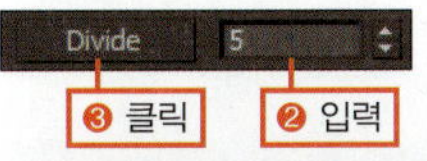 **)** : 입력한 값만큼 Vertex를 추가하여 Segment를 세분화합니다. Segment를 선택하고 추가하려는 Vertex 개수를 입력한 후 [Divide] 버튼(Divide)을 클릭하면 실행됩니다.

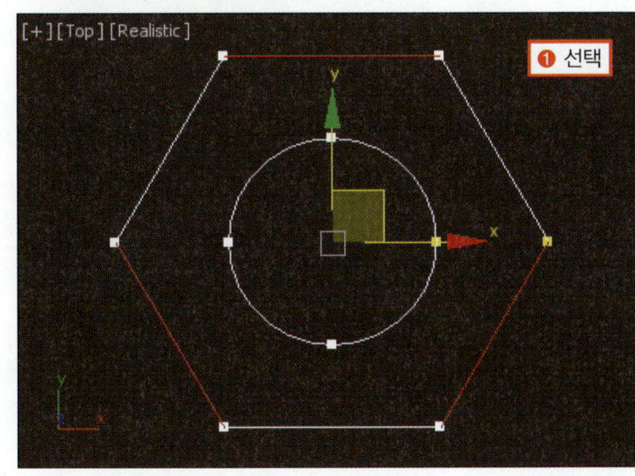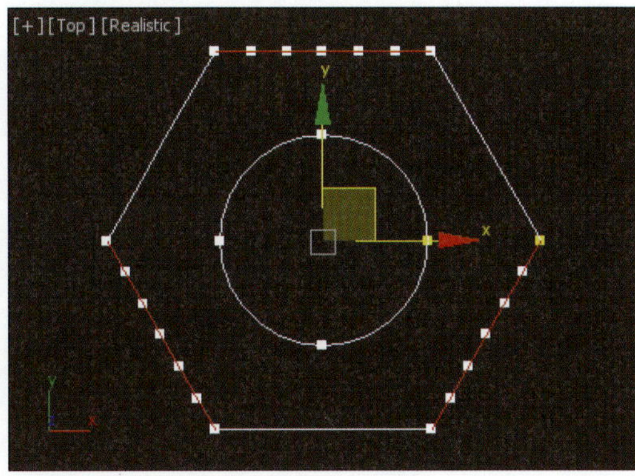

⓯ **Detach(** 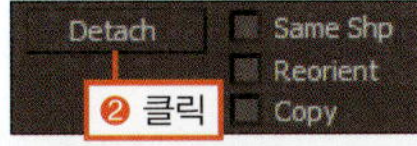 **)** : 선택한 Segment나 Spline을 분리하여 새로운 Spline으로 만들 수 있습니다. 분리할 부분을 선택한 후 [Detach] 버튼(Detach)을 클릭하여 실행합니다.

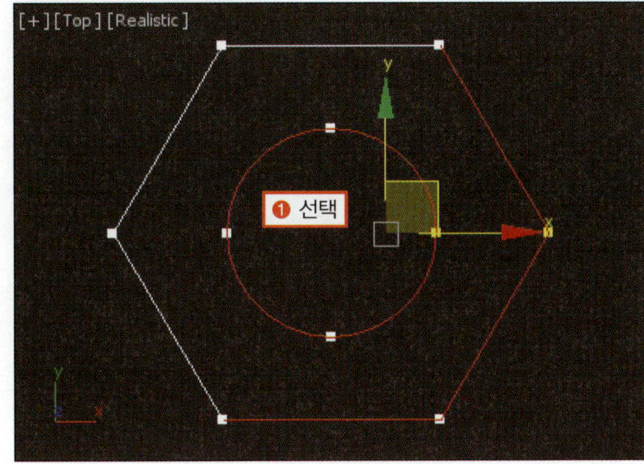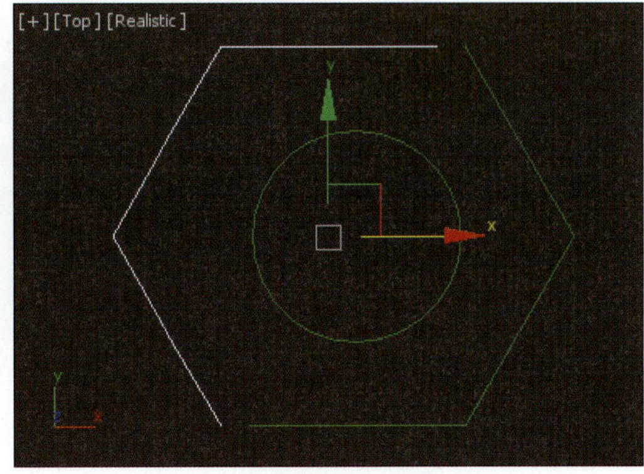

⑥ Surface Properties Rollout(**+ Rendering**)

Spline에 재질 ID를 지정하고 이후 3차원 오브젝트에서 Multi/Sub-Object를 적용하여 다양한 재질
표현으로 활용할 수 있습니다.

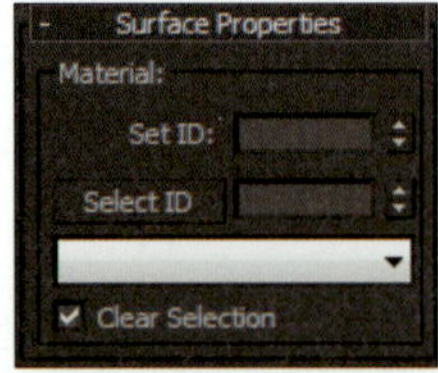

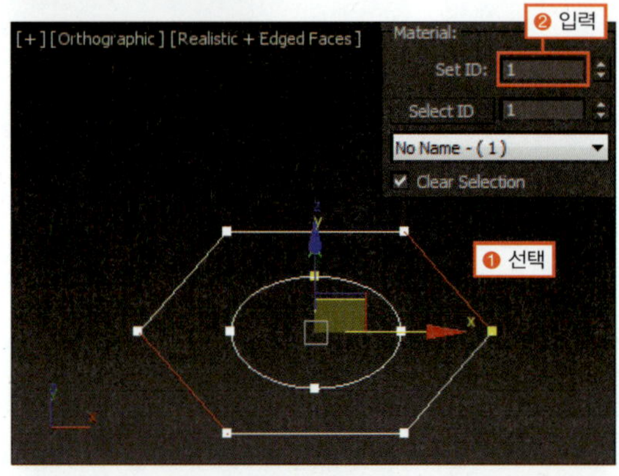

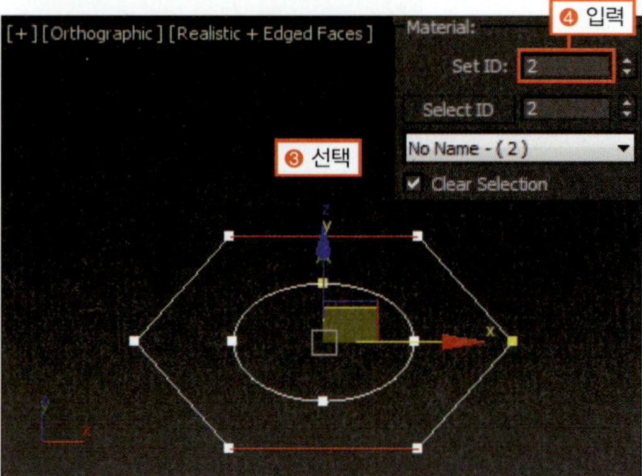

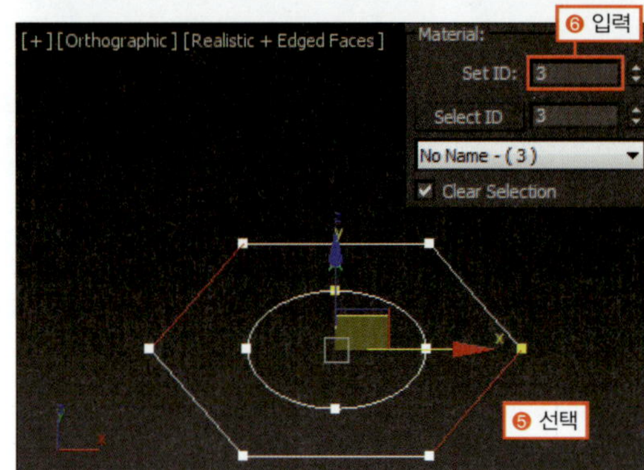

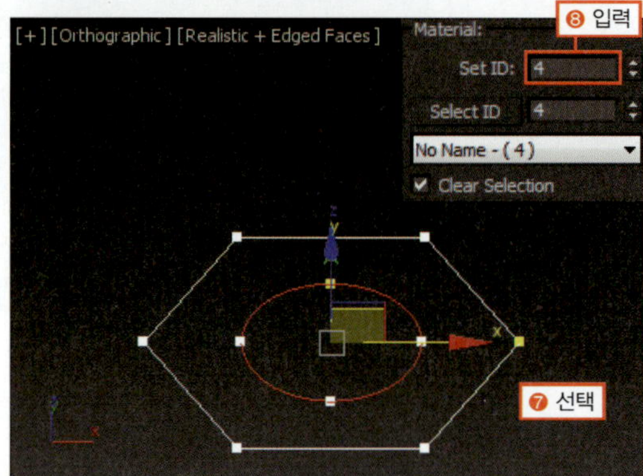

Multi/Sub-Object에 대한 자세한 사항은 Material 관련 예제 진행 시 알아봅니다.

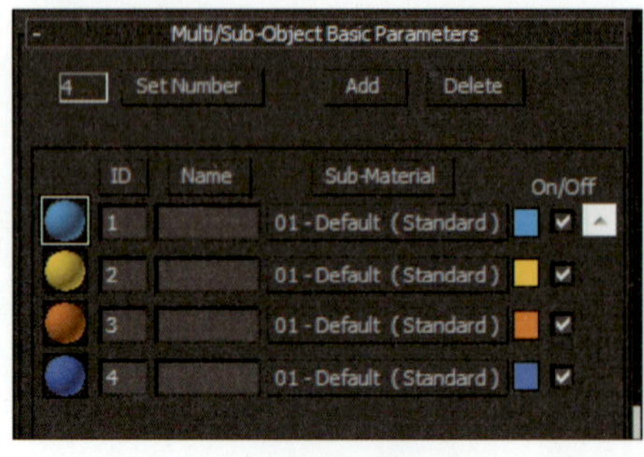

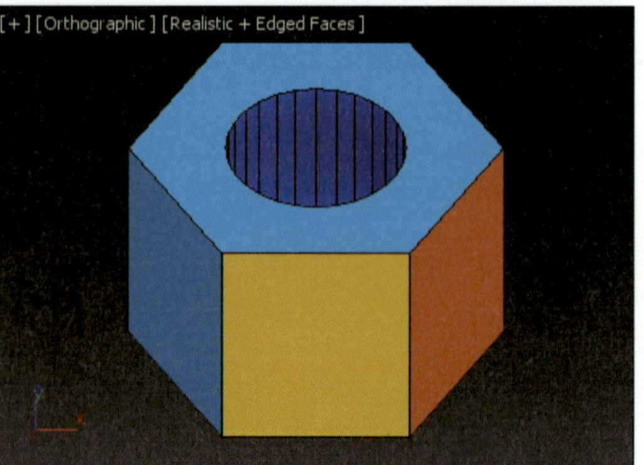

Line Spline으로 간단한 직선과 곡선 그려보기

Splines 오브젝트 중에서 가장 많이 사용되는 Line Spline을 활용하여 간단한 직선과 곡선을 그리는 방법에 대해 실습해봅니다.

:: 직선 그리기

1 [Line] 버튼 선택

Command Panel의 Create>Shapes>Splines에서 [Line] 버튼(Line)을 클릭합니다.

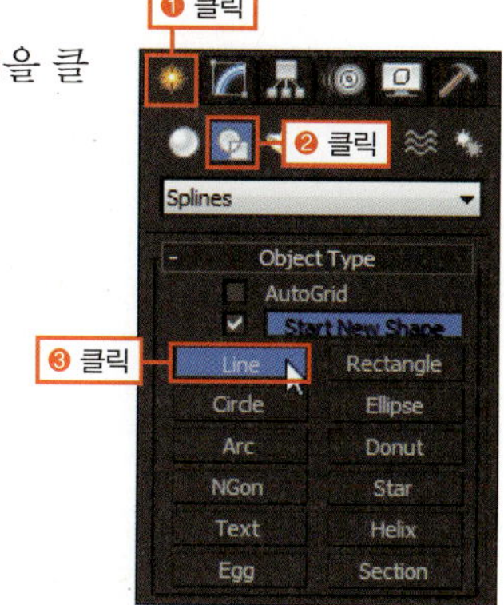

2 시작, 끝점 지정

Top View에서 직선이 시작될 위치에 마우스 왼쪽 버튼을 한 번 클릭하고 마우스를 움직여 봅니다.

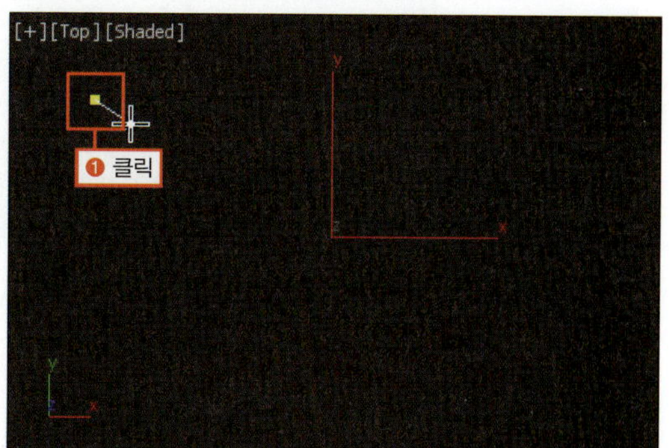

직선이 끝날 위치에서 마우스를 다시 한 번 클릭합니다.

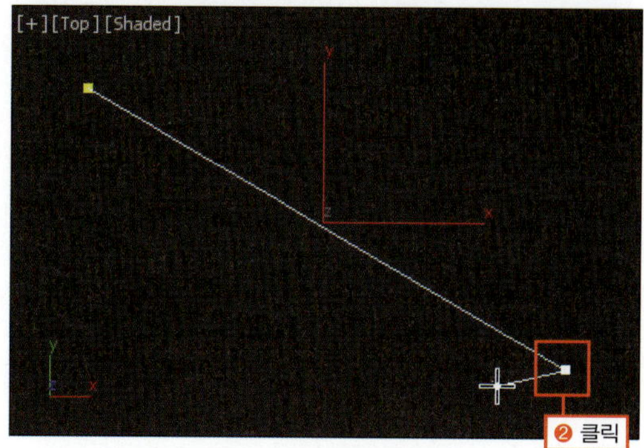

❸ 수직, 수평 그리기

이번에는 키보드의 Shift 를 누르고 마우스를 이
동해봅니다. 직각 방향으로만 마우스 포인터가 움
직이는 것을 확인할 수 있습니다. 그림과 비슷한
위치에서 마우스를 클릭하여 직선을 그려봅니다.

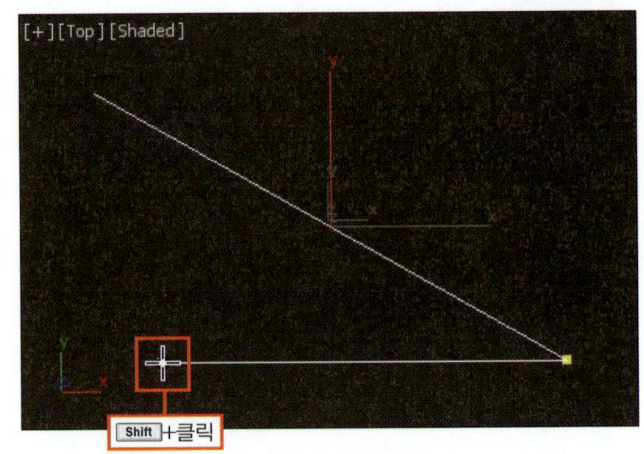

❹ Line 그리기 완료

같은 방법으로 키보드의 Shift 를 이용하여 다음과 같이 직선을 그려봅니다. Line 그리기를 완료하려
면 마우스 오른쪽 버튼을 클릭합니다.

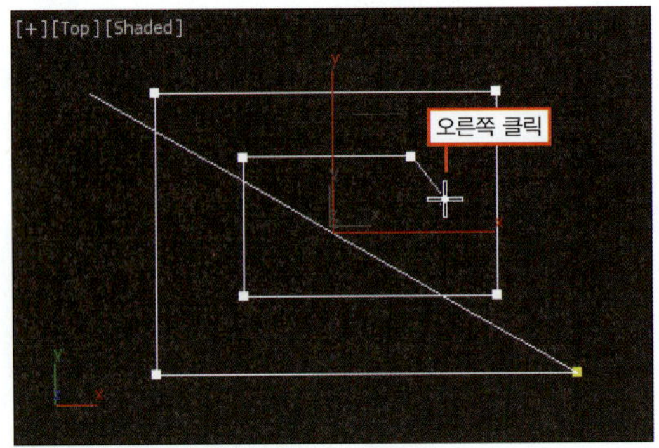

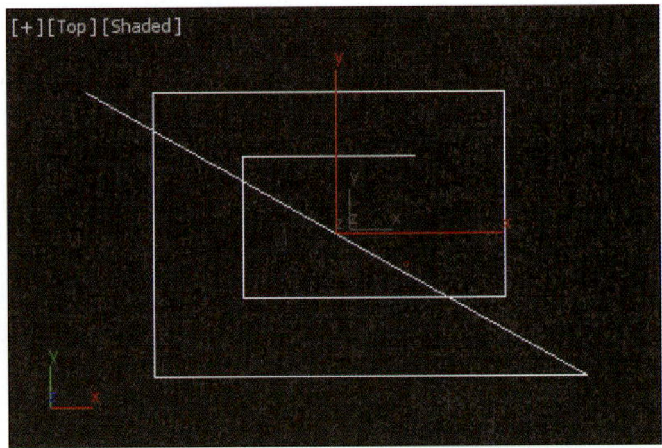

키보드의 Delete 를 눌러 오브젝트를 삭제하고 이번에는 곡선형 Line을 그려봅니다.

∷ 곡선 그리기

❶ [Line] 버튼 선택

Command Panel의 Create>Shapes>Splines에서 [Line] 버튼(Line)을 클릭합니다.

❷ 곡선 형태 조절

Top View의 정점이 시작될 위치에서 마우스 왼쪽
버튼을 한 번 클릭합니다.

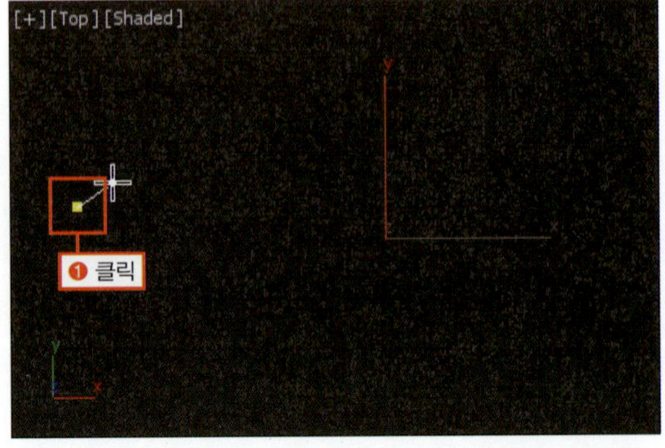

두 번째 정점 위치에서 마우스 왼쪽 버튼을 클릭한
채 마우스를 드래그하면 곡선의 형태를 조절할 수
있습니다. 형태 조절이 끝나면 버튼을 놓습니다.

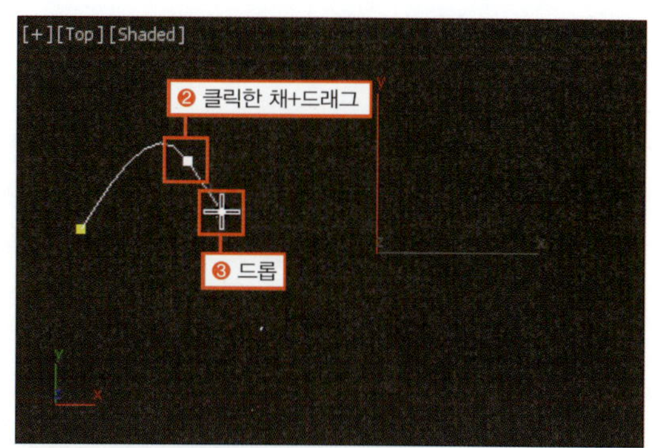

그 다음 정점 위치에서도 마우스 왼쪽 버튼을 클릭
한 채 드래그하여 곡선의 형태를 조절합니다.

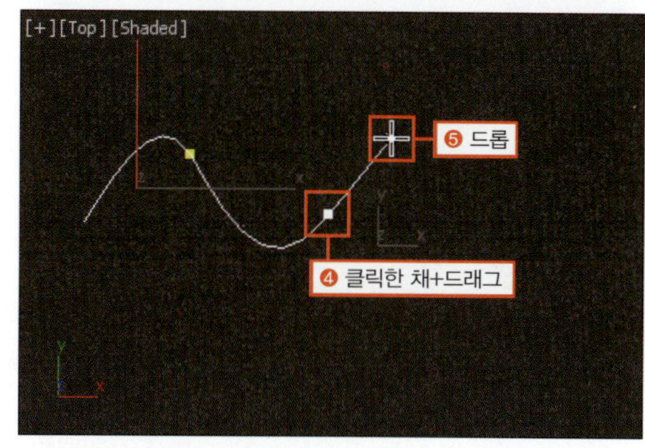

❸ Close spline

같은 방법으로 그림과 같은 형태를 그려봅니다. ❻
번 정점과 곡선의 형태를 결정한 후에는 처음 시
작한 ❶번 정점 위에서 마우스를 클릭한 채 마지막
곡선의 형태를 조절합니다.

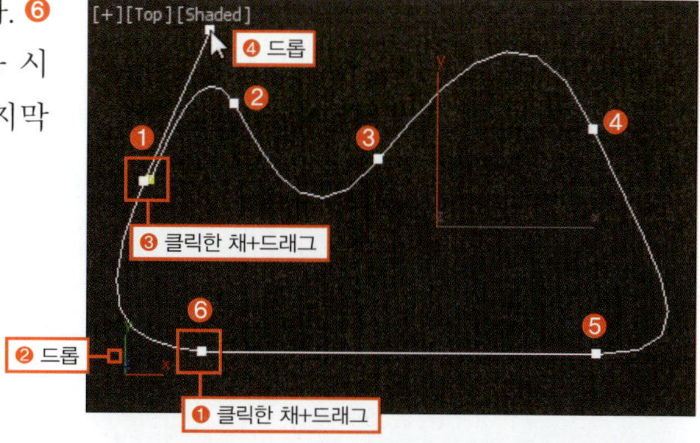

[Spline] 대화상자가 팝업되고 닫힌 형태의 Spline
으로 만들지 여부를 선택할 수 있습니다. [예(Y)]
버튼을 클릭하면 닫힌 형태의 곡선형 Line 생성이
완료됩니다.

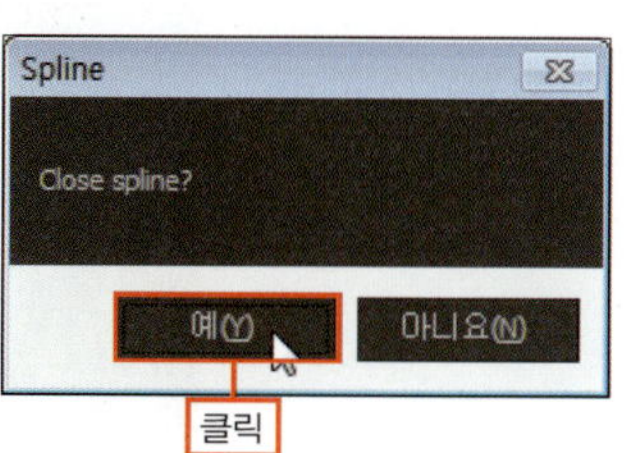

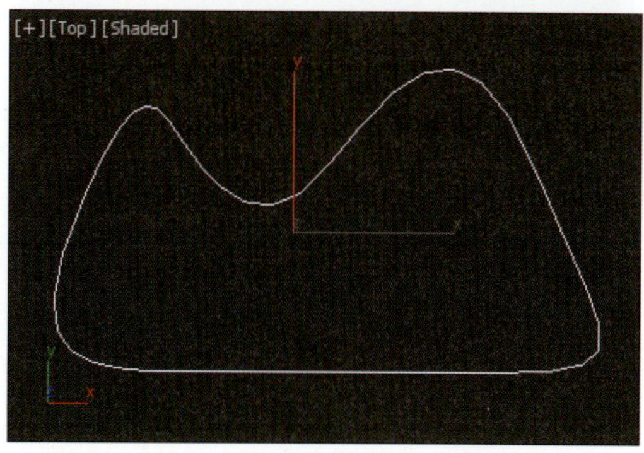

다양한 모양의 Spline 오브젝트 알아보기

Max에서 기본으로 생성할 수 있는 Spline 오브젝트는 어떤 것들이 있는지 알아봅니다.

:: Splines 오브젝트의 종류

Command Panel의 Create>Shapes>Splines를 선택하면 여러 가지 모양의 Line 오브젝트를 생성할 수 있습니다.

❶ Line Spline(Line) : Line을 사용하여 다중 세그먼트로 구성된 자유형 Spline을 만들 수 있습니다.

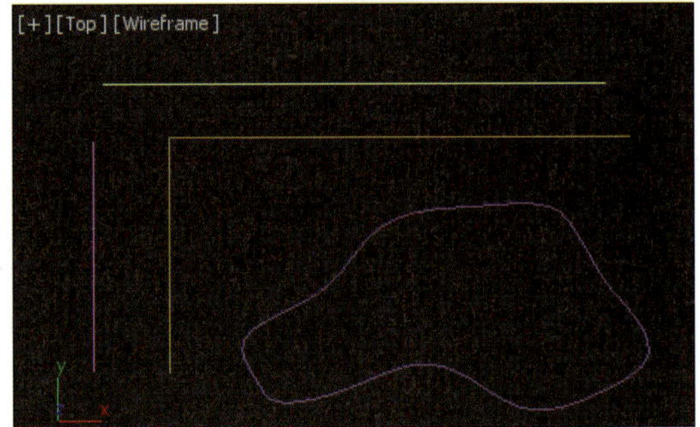

❷ Rectangle Spline(Rectangle) : Rectangle을 사용하여 정사각형 및 직사각형 Spline을 만들 수 있습니다.

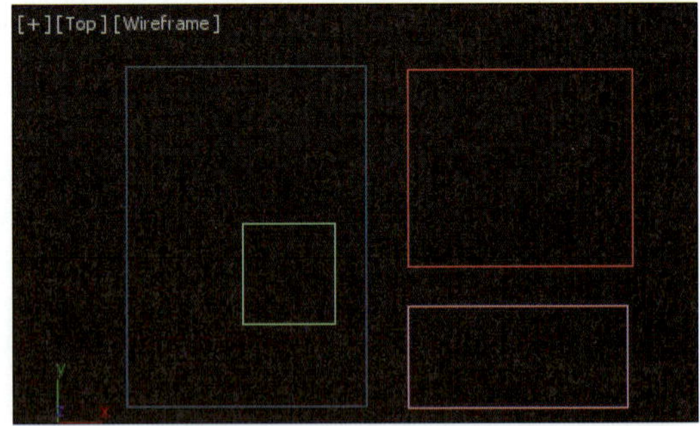

❸ Circle Spline(Circle) : Circle을 사용하여 네 정점으로 구성된 원형 Spline을 만들 수 있습니다.

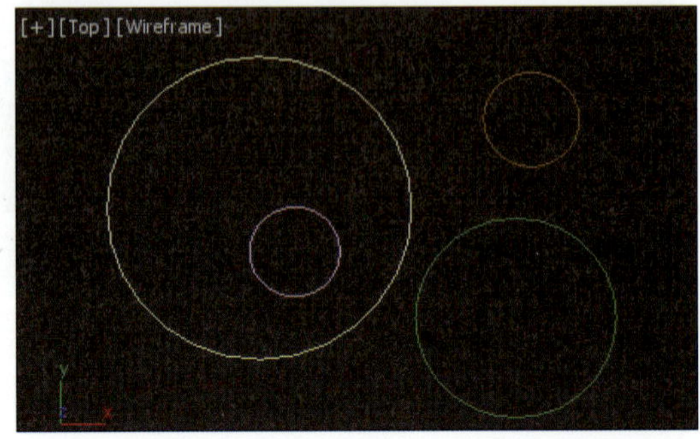

❹ **Ellipse Spline(** Ellipse **)** : Ellipse를 사용하여 타원 및 원형 Spline을 만들 수 있습니다.

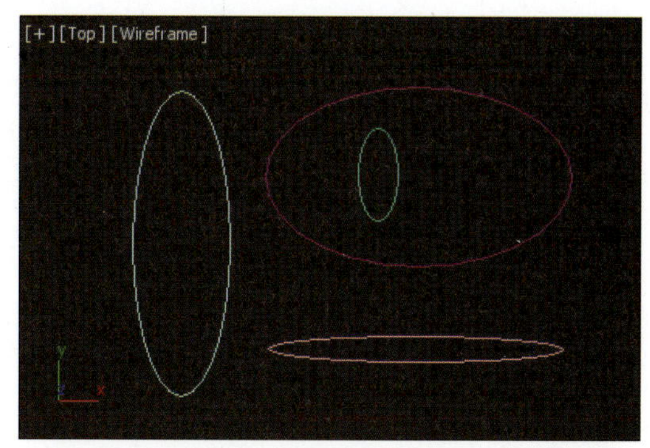

❺ **Arc Spline(** Arc **)** : Arc를 사용하여 4개의 정점이 있는 개방 및 닫힌 원형의 Arc를 만들 수 있습니다.

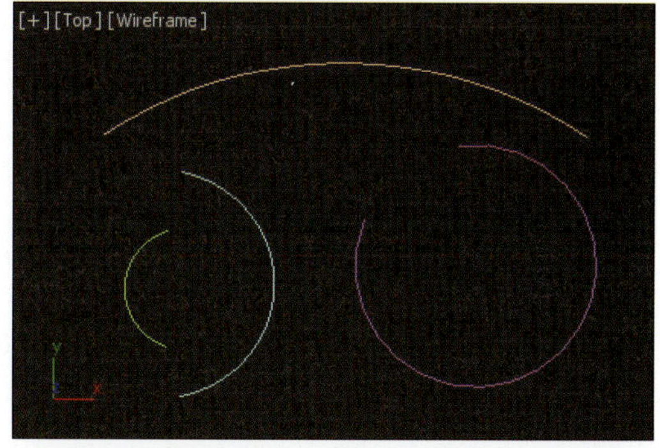

❻ **Donut Spline(** Donut **)** : Donut을 사용하여 두 동심원으로부터 닫힌 모양을 만들 수 있습니다. 각 원은 4개의 정점으로 구성됩니다.

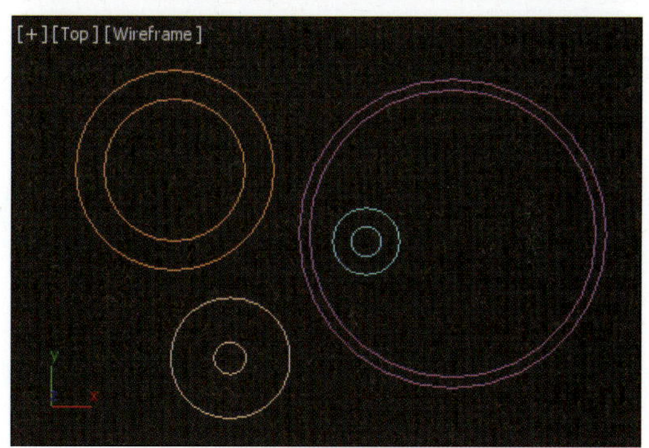

❼ **NGon Spline(** NGon **)** : NGon을 사용하여 임의의 면 또는 정점 수를 가진 닫힌 평면 또는 원형에 가까운 Spline을 만들 수 있습니다.

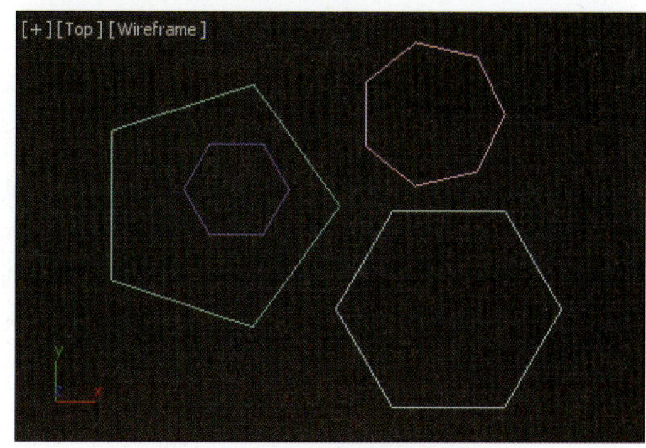

❽ **Star Spline**(Star) : Star Spline을 사용하여 임의 개수의 점으로 별 모양 Spline을 만들 수 있습니다. Star Spline은 2개의 반지름을 사용하여 외부 점과 내부 골 사이의 거리를 설정합니다.

❾ **Text Spline**(Text) : Text Spline을 사용하여 Text 모양으로 Spline을 만들 수 있습니다.

❿ **Helix Spline**(Helix) : Helix Spline을 사용하여 개방형의 편평한 또는 3D 나선을 만들 수 있습니다.

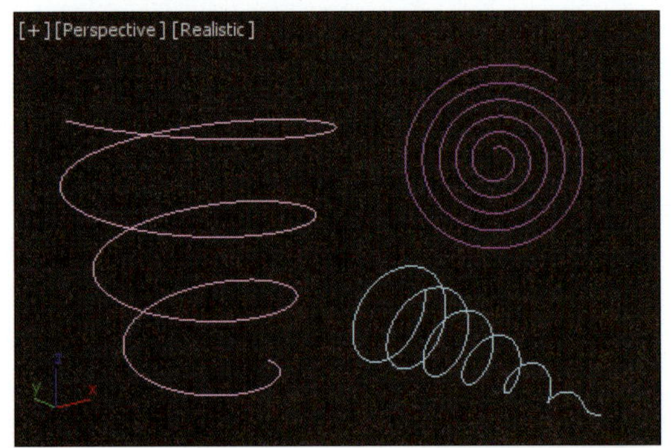

⓫ **Egg Spline**(Egg) : 자유형 Spline을 사용하여 자연스러운 달걀의 외곽 모양을 그리기는 조금 까다로운 편입니다. Egg Spline을 사용하면 손쉽게 달걀 모양 Spline을 생성할 수 있습니다.

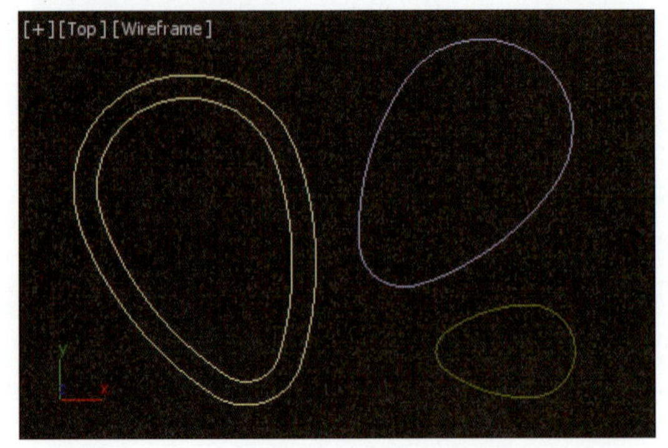

⑫ **Section Spline(** Section **) :** Section Spline을 사용하면 장면에 있는 3D 오브젝트의 단면을 추출하여 Spline으로 활용할 수 있습니다.

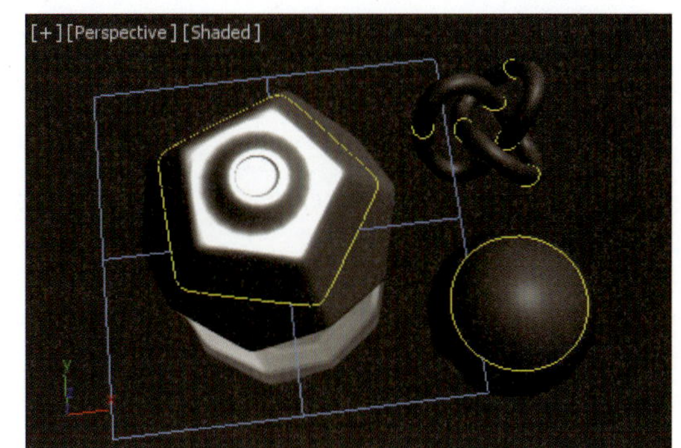

:: **Extended Splines 오브젝트의 종류**

Command Panel의 Create>Shapes>Extended Splines를 선택하면 다음과 같은 모양의 확장형 Spline 오브젝트를 생성할 수 있습니다.

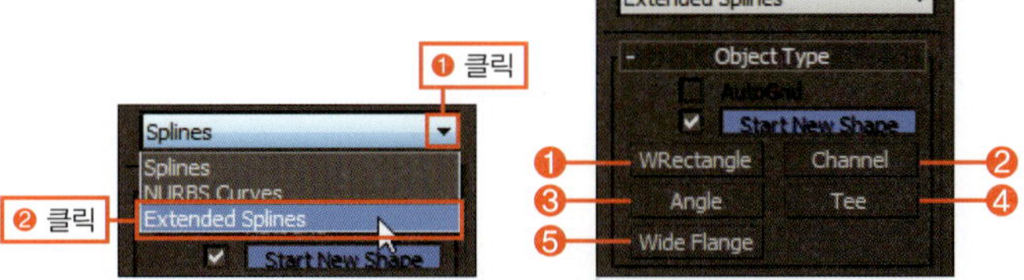

❶ **WRectangle(** WRectangle **) :** WRectangle을 사용하여 두 동심 사각형으로부터 닫힌 모양을 만들수 있습니다. 각 사각형은 4개의 정점으로 구성되며 WRectangle은 원 대신 사각형을 사용한다는 점을 제외하고 도넛 도구와 유사합니다.

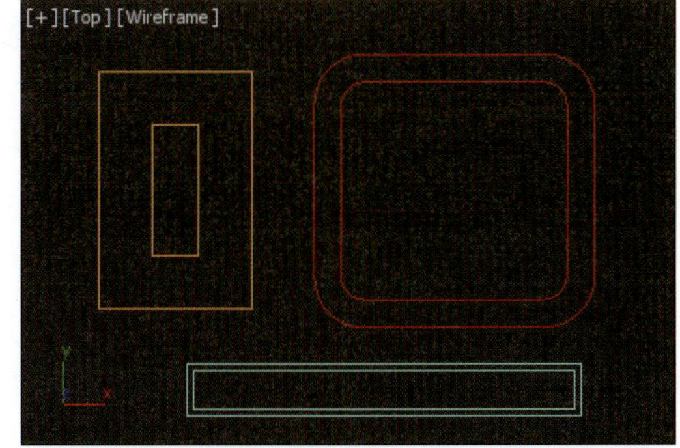

❷ **Channel Spline(** Channel **) :** Channel Spline을 사용하여 'C' 모양의 닫힌 Spline을 만들 수 있습니다.

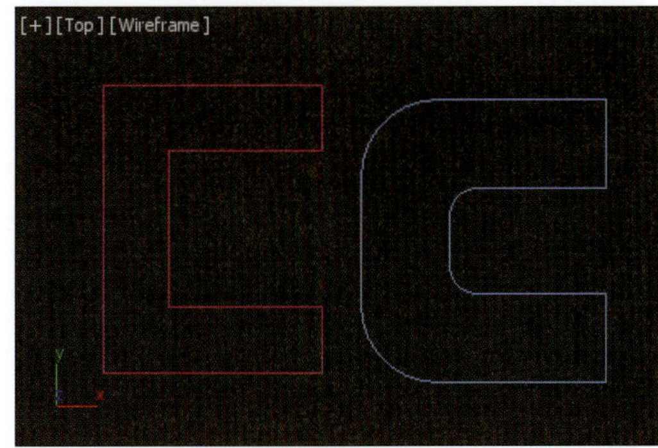

❸ **Angle Spline(** Angle **)** : Angle Spline을 사용하여 'L' 모양의 닫힌 Spline을 만들 수 있습니다.

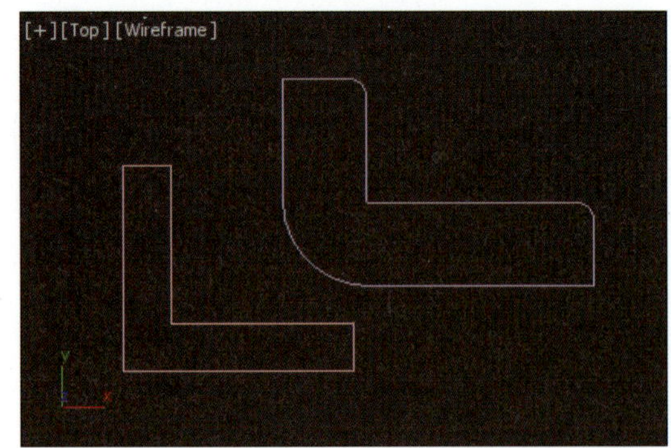

❹ **Tee Spline(** Tee **)** : Tee Spline을 사용하여 'T' 모양의 닫힌 Spline을 만들 수 있습니다.

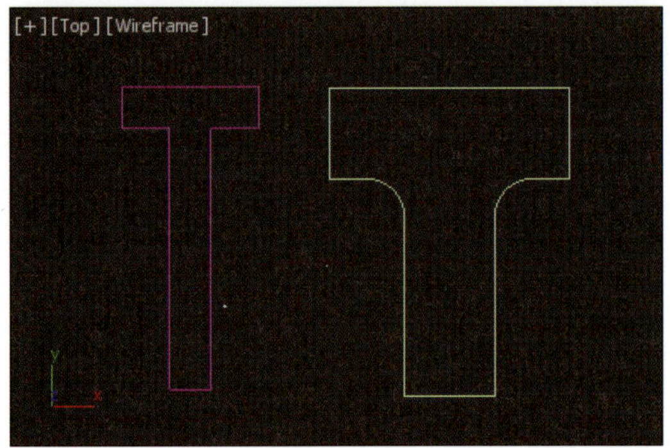

❺ **Wide Flange Spline(** Wide Flange **)** : Wide Flange Spline을 사용하여 대문자 'I'와 같은 모양의 닫힌 Spline을 만들 수 있습니다.

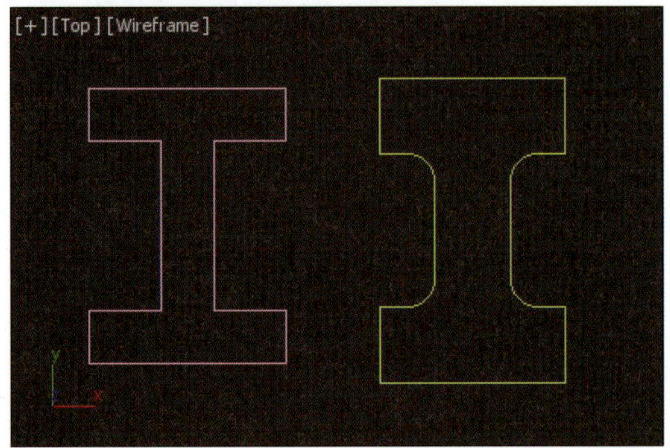

Editable(Edit) Spline과 Modifiers 기능을 활용하여 모델링하기

P R E V I E W

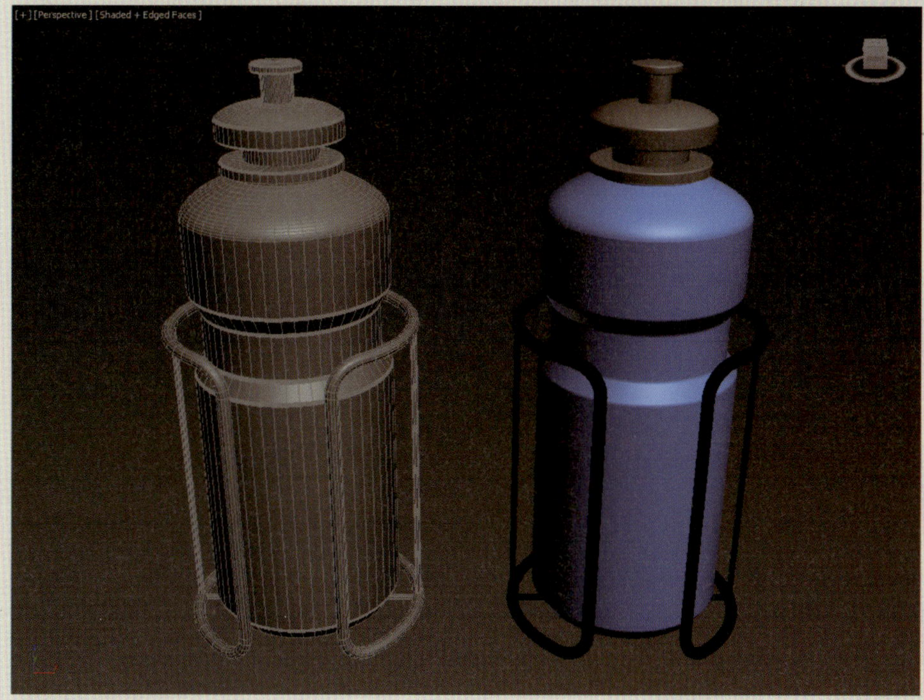

이 과정에서는 Editable(Edit) Spline의 기능을 활용하여 Line 오브젝트를 생성하고 편집하는 방법에 대해 알아봅니다.

Bevel Profile Modifier를 적용한 프레임 형태의 오브젝트 모델링

'뫼비우스의 띠' 모양의 Line을 그려보고 Bevel Profile Modifier를 적용하여 프레임 형태의 오브젝트를 만들어 나가는 과정에 대해 알아봅니다.

:: 이번 예제에 사용할 Max File의 Units/Gamma Setup

01 Menu Bar>Customize>Units Setup을 통해 다음과 같이 Unit을 세팅합니다.

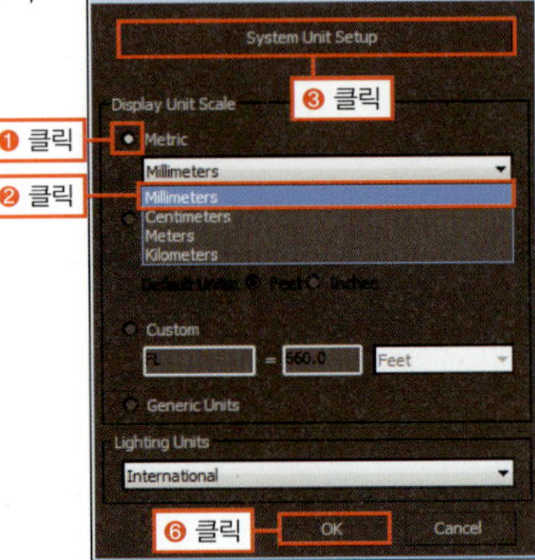

02 Menu Bar>Rendering>Gamma/LUT Setup을 통해 다음과 같이 Gamma를 비활성화합니다.

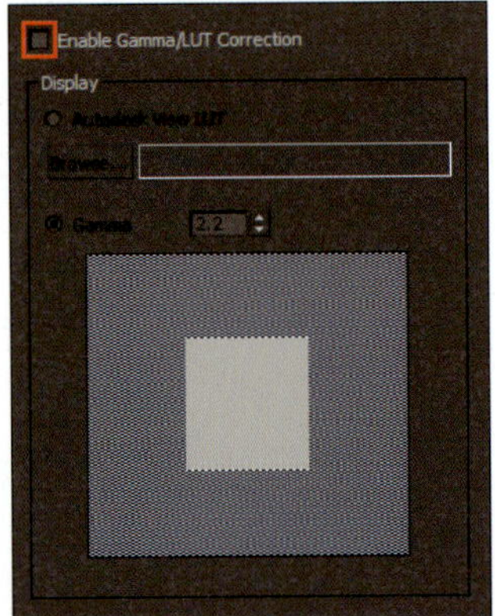

:: '뫼비우스의 띠' 모양의 Line 그리기

1 Rectangle 생성하기

Command Panel의 Create>Shape>Splines에서 [Rectangle] 버튼(Rectangle)을 선택합니다.

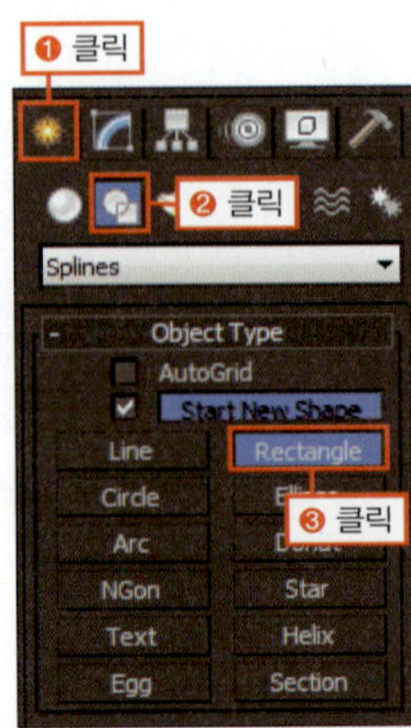

Top View에서 마우스 왼쪽 버튼을 드래그하여 Rectangle을 생성하고 Parameters Rollout에서 Length, Width값을 다음과 같이 변경합니다. 마우스 오른쪽 버튼을 클릭하여 Rectangle 생성을 완료한 후 키보드의 W를 눌러 Move를 활성화합니다.

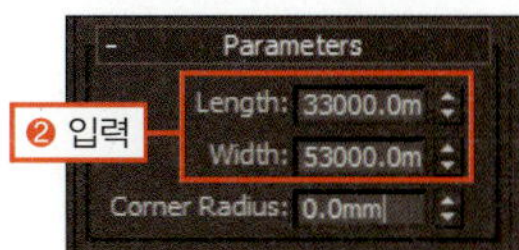

다음 좌표를 입력하여 Rectangle의 위치를 조절합니다.

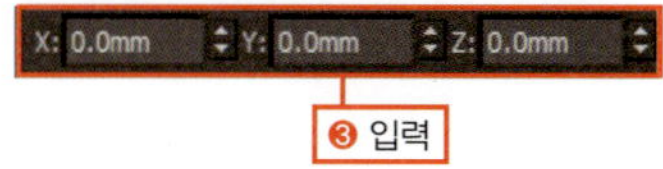

2 Zoom Extents All

[Zoom Extents All] 버튼(　)을 선택하여 Rectangle이 각 Viewport의 중심에 보이도록 합니다.

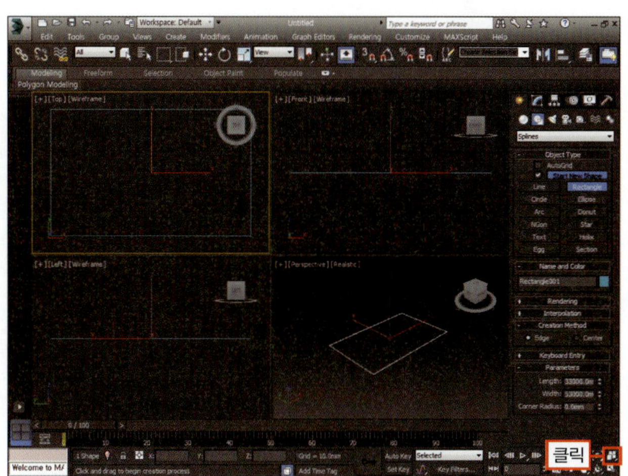

3 Edit Spline 적용하기

Rectangle의 모양을 편집하기 위해 Modify>Modifier List에서 Edit Spline을 적용합니다.

[**MEMO** · Modifier List에서 키보드의 E를 누르면 알파벳 E로 시작하는 Modifier를 쉽게 찾을 수 있습니다.]

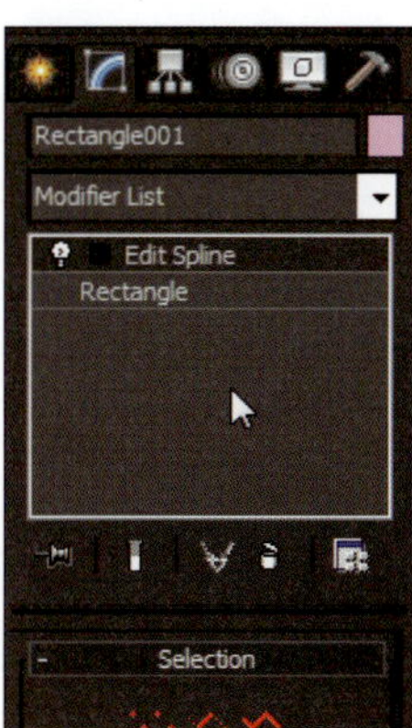

4 Fillet 적용하기

Selection Rollout에서 Vertex를 활성화
하고 마우스를 드래그하여 Vertex 전체
를 선택합니다.

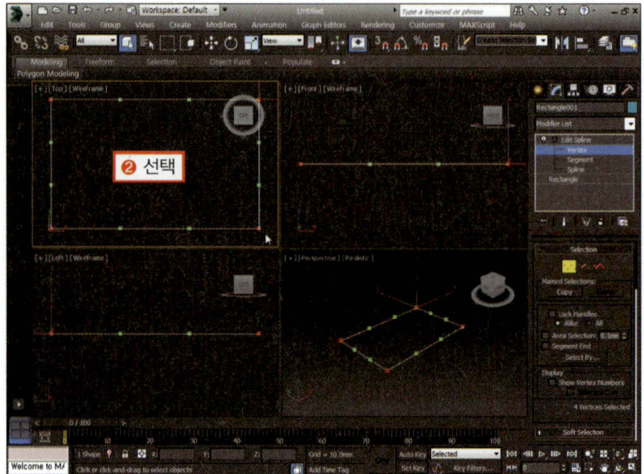

Geometry Rollout에서 [Fillet]을 활성화하고 Vertex 위에서 마우스 왼쪽 버튼을 클릭한 채 ↑ 방향으
로 드래그합니다.

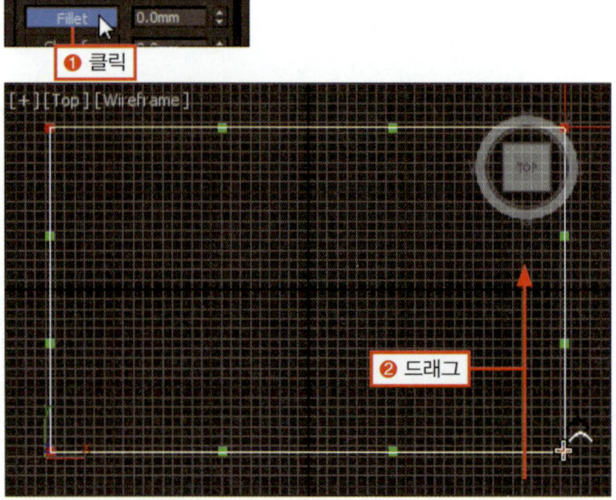

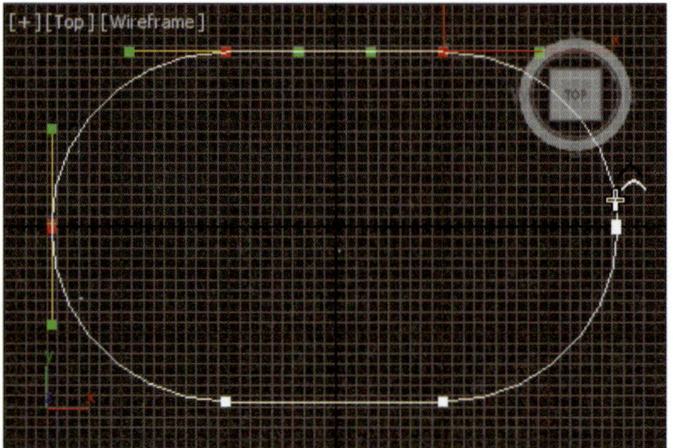

5 Weld(합치기)

Top View에서 다음과 같이 두 부분의
Vertex를 선택한 후 Geometry Rollout의
[Weld]에 '1000'을 입력하고 버튼을 클릭
하여 Vertex를 합칩니다.

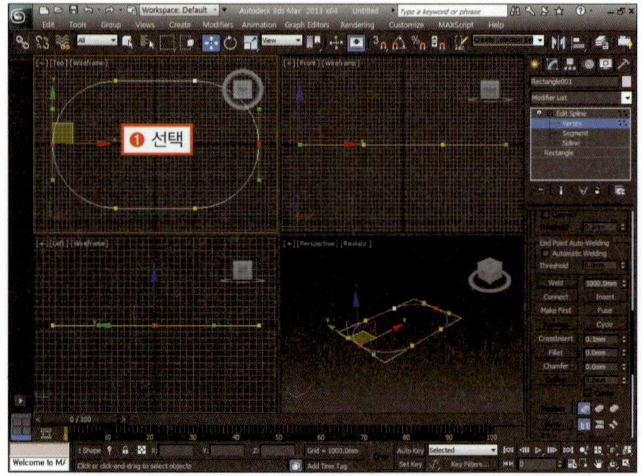

6 Segment 삭제하기

다음과 같이 Segment를 선택하고 키보드의 Delete 를 눌러 삭제합니다.

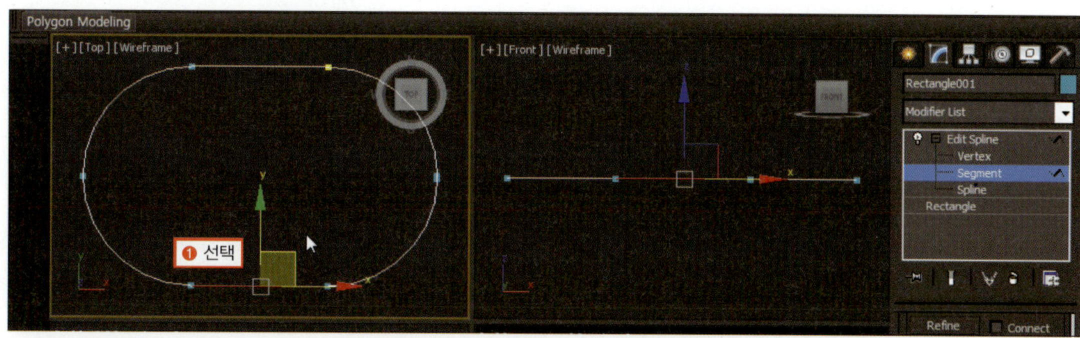

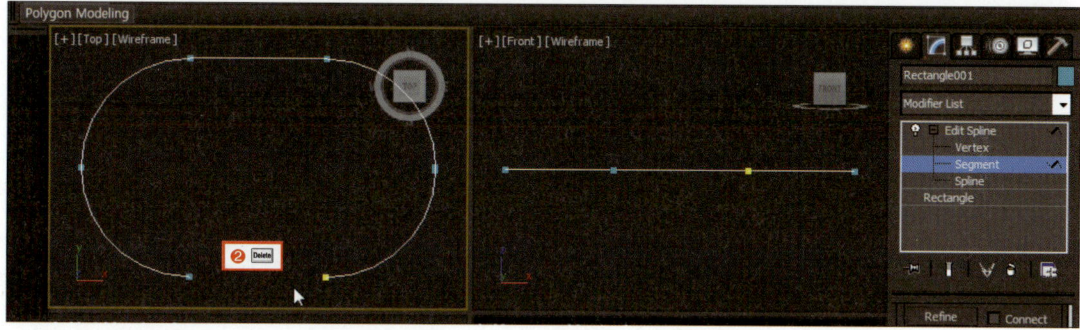

7 Spline 복사하기

Front View에서 선택한 Spline을 Shift +
마우스↑ 드래그로 복사한 후 Z좌표에
'6000'을 입력하여 위치를 다음과 같이
조절합니다.

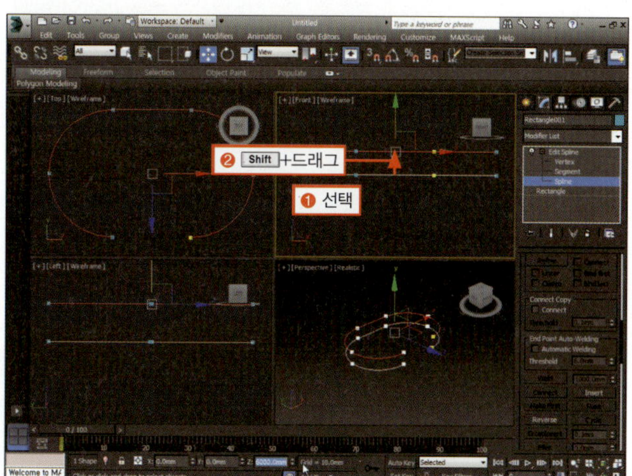

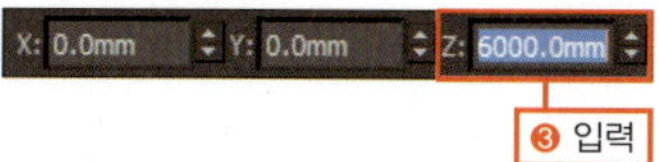

8 Vertex 이동하기

Perspective View에서 2개의 Vertex를 선택합
니다.

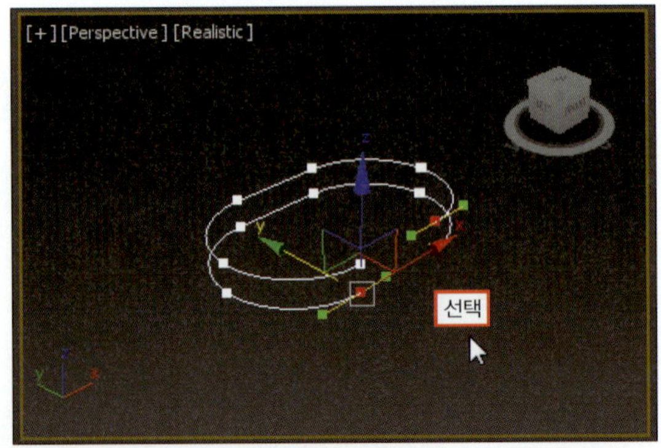

화면 하단의 [Offset Mode Transform
Type-in] 버튼(⊞)을 활성화하고 Y좌표
에 '3500'을 입력하여 위치를 다음과 같
이 조절합니다.

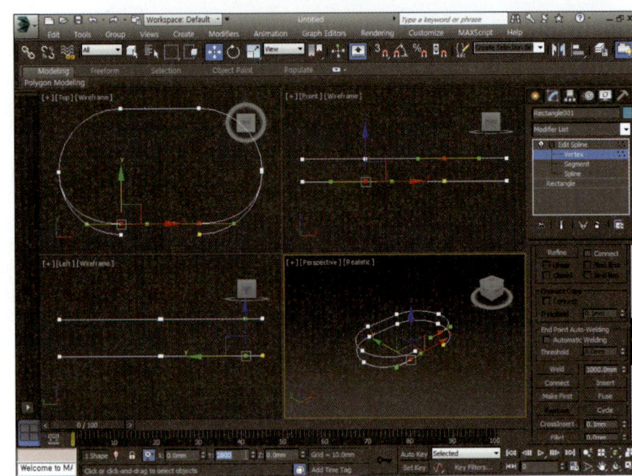

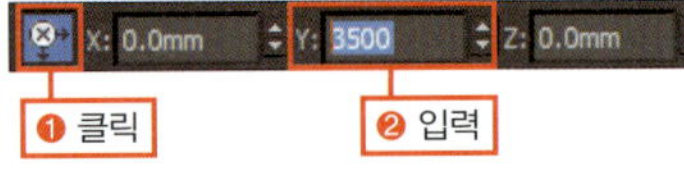

9 Connect

Perspective View에서 단축키 Alt + W 를 사용하여 1개의 큰 View로 전환합니다. Geometry Rollout
의 [Connect] 버튼(Connect)을 클릭하고 Vertex를 다음과 같이 연결합니다. 마우스 오른쪽 버튼을
클릭하여 [Connect]를 완료합니다.

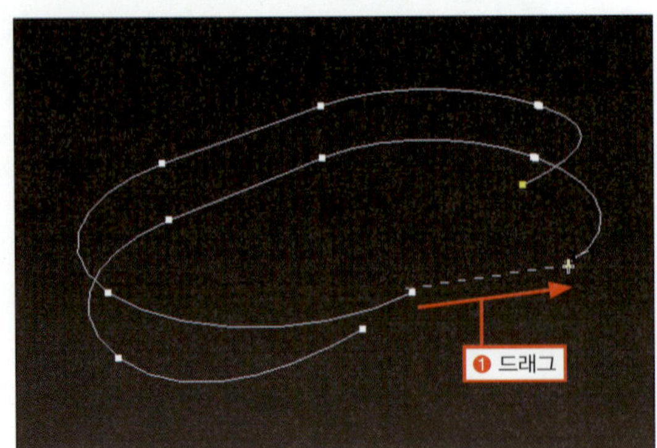

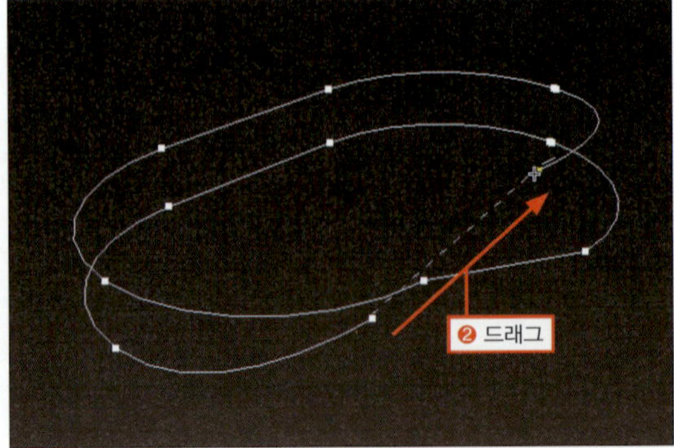

🔟 Fillet 적용하기

Top View에서 다음 4개의 Vertex를 선택하고 Geometry Rollout에서 [Fillet]에 '2000'을 입력하여 적용합니다.

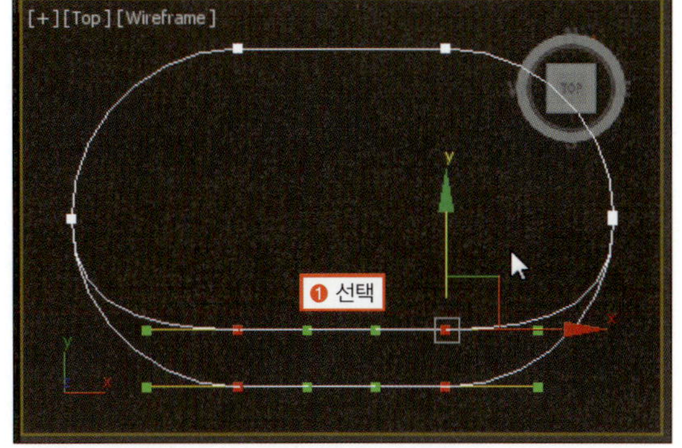

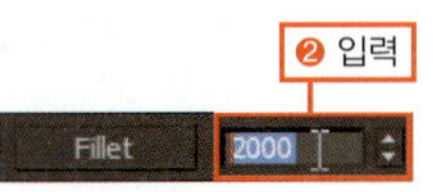

Front View에서 다음과 같이 모서리가 둥글게 수정된 것을 확인할 수 있습니다.

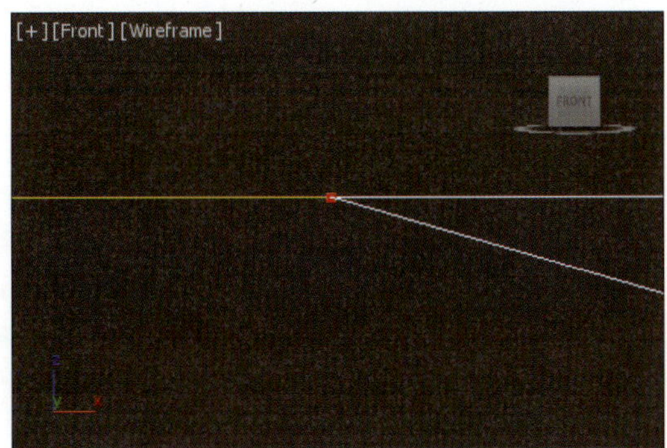

▲ Fillet 적용 전

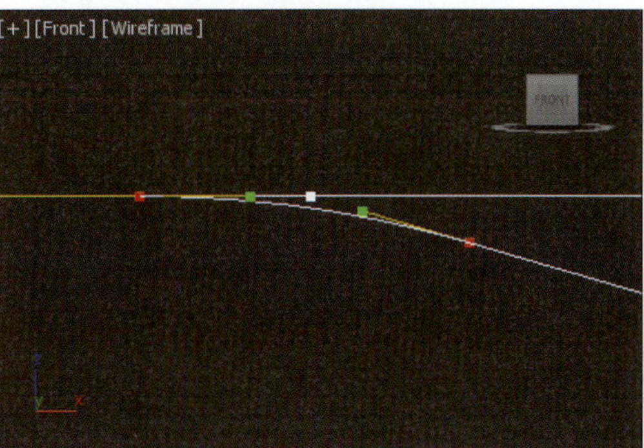

▲ Fillet 적용 후

1️⃣1️⃣ Steps

Interpolation Rollout의 Steps에 '20'을 입력하여 라인을 조금 더 부드럽게 만들어줍니다.

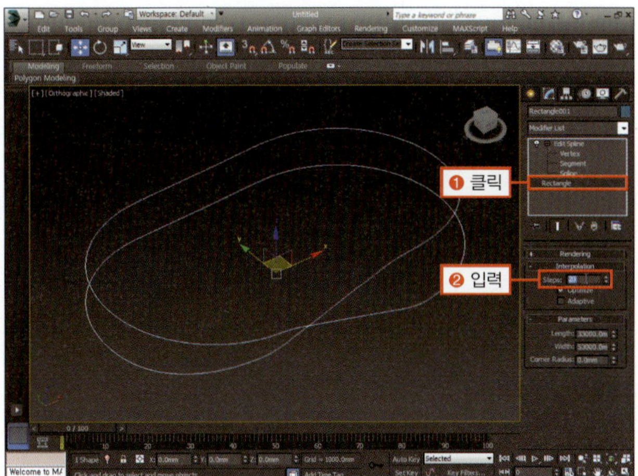

뫼비우스의 띠 형태의 Line 오브젝트 제
작이 완료되었습니다.

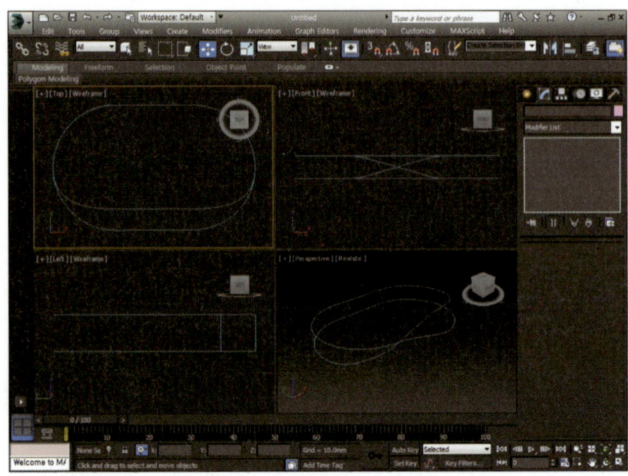

:: Bevel Profile 적용하기

1 Rectangle 생성

Front View에서 단축키 Alt + W 를 사용하여 1개의 View로 전환하고 Command
Panel의 Create>Shape>Splines에서 [Rectangle] 버튼(Rectangle)을 선택합니다.

마우스를 드래그하여 Rectangle을 생성
한 후 Length에 '800', width에 '3100'을
입력하여 사이즈를 조절합니다.

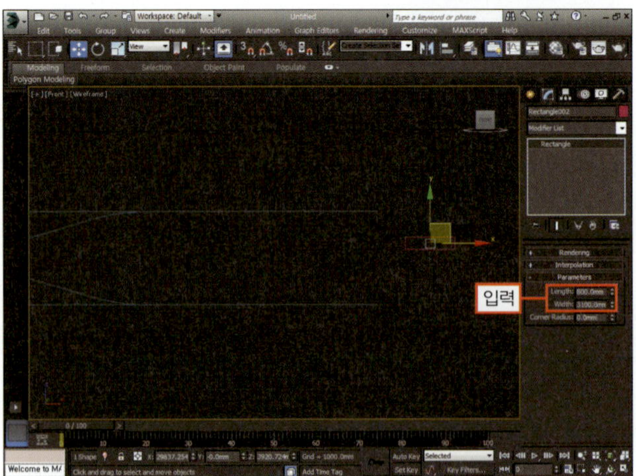

② Edit Spline 적용

생성한 Rectangle에 Modify>Modifier List에서 Edit Spline을 선택하여 적용합니다.

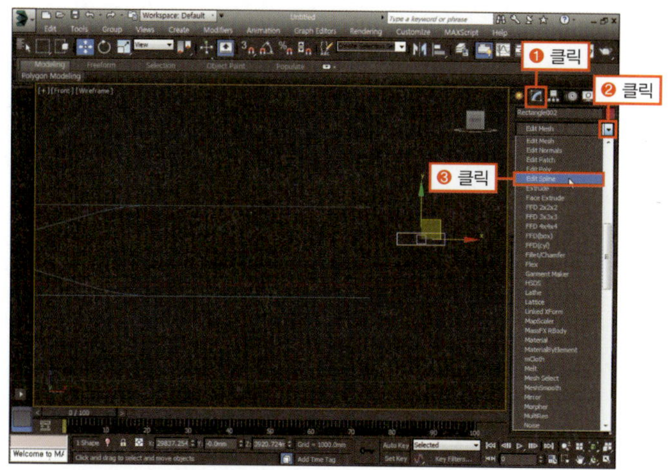

③ Fillet

Vertex를 활성화하고 모든 점을 선택합니다.

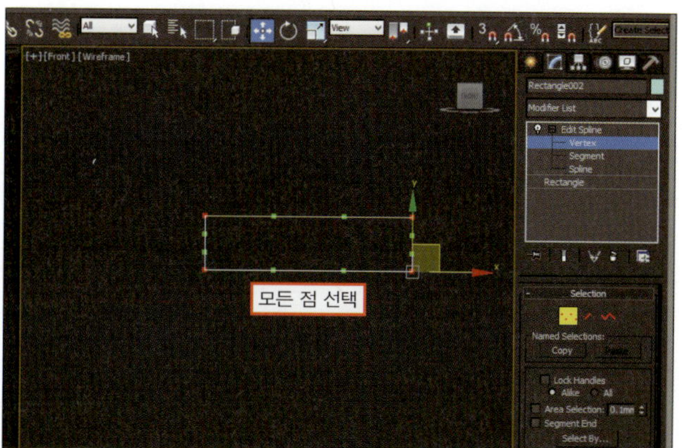

Geometry Rollout의 [Fillet]에 '150'을 입력하여 모서리를 둥글게 만듭니다.

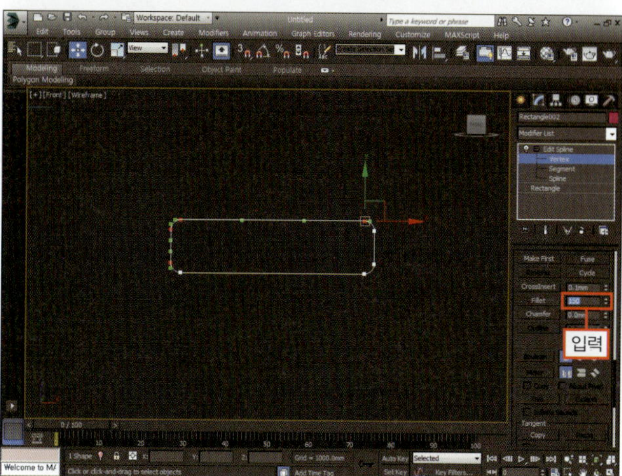

4 Bevel Profile 적용

단축키 Alt + W 를 사용하여 4개의 View로
전환한 후 Top View에서 'Rectangle001'
오브젝트를 선택합니다. Modifier List에서
Bevel Profile을 적용합니다.

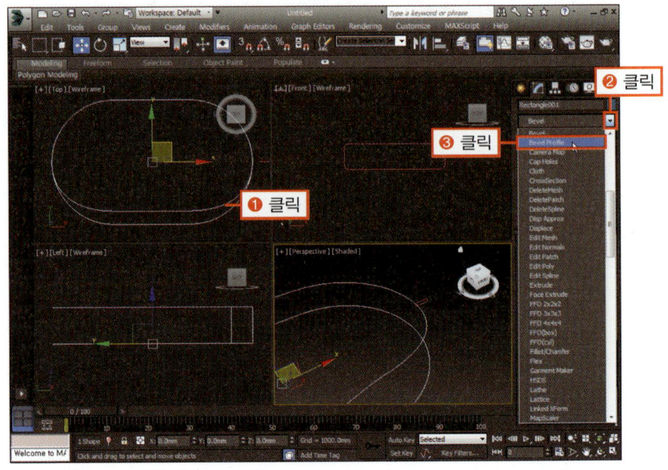

Bevel Profile의 Parameter Rollout에서 [Pick Profile] 버튼(Pick Profile)을 활성화하고 새로 생성한 'Rectangle002' 오브젝트를 마우스로 선택합니다. 'Rectangle002의 모양을 단면으로 갖는 3차원 오브젝트가 생성됩니다.

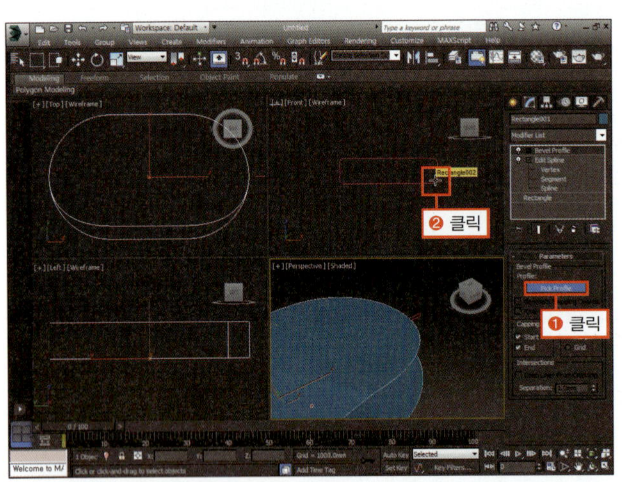

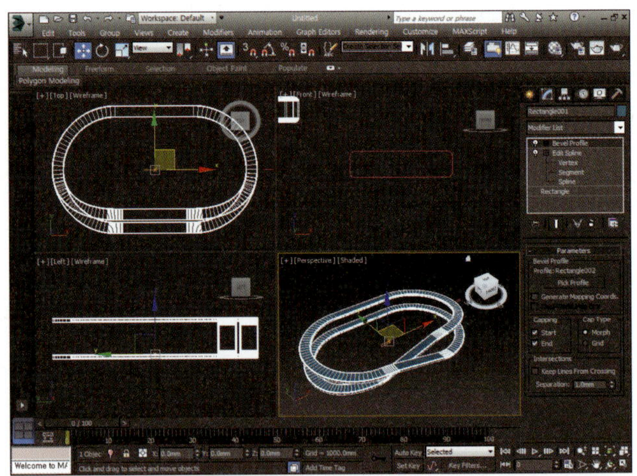

Rectangle002의 Segment를 선택하고 [Divide]에 '2'를 입력한 후 버튼을 클릭하여 Vertex의 개수를 늘려줍니다. 가운데 2개의 Vertex를 선택하고 그림과 같은 순서로 모양을 수정하면 Bevel Profile이 적용된 오브젝트에도 실시간으로 반영됩니다.

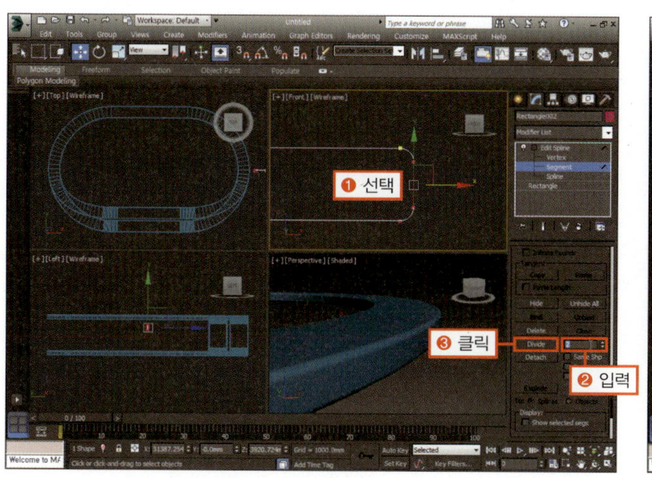
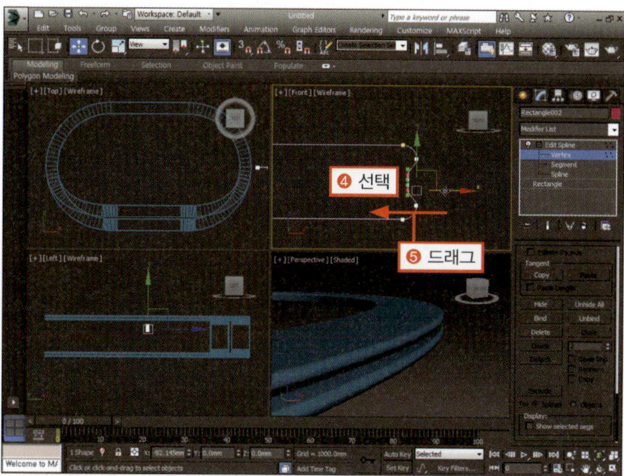

Rectangle002의 반대쪽 형태도 수정하여
최종 모델링을 완료합니다.

02

Surface Modifier를 활용한 오브젝트 모델링

SECTION

3ds Max에서는 모델링 제작을 위한 다양한 방법을 제공하고 있습니다. Section 01에서 Bevel Profile을 활용하여 제작한 모델링 결과물의 일부를 Section 02에서는 Surface Modifier라는 다른 방법을 적용하여 만들어봅니다.

:: 이번 예제에 사용할 Max File의 Units/Gamma Setup

 Menu Bar>Customize>Units Setup을 통해 다음과 같이 Unit을 세팅합니다.

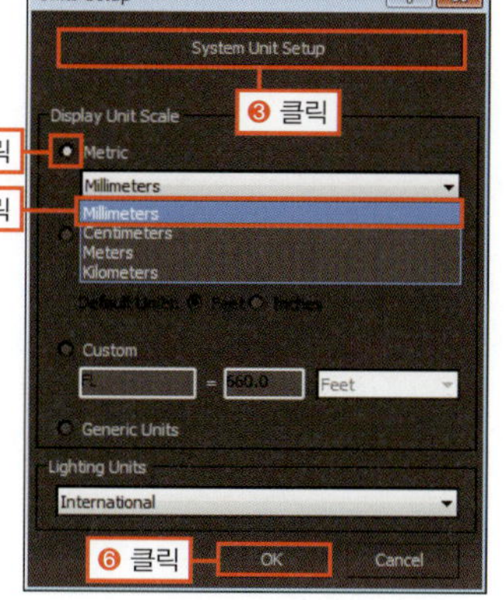
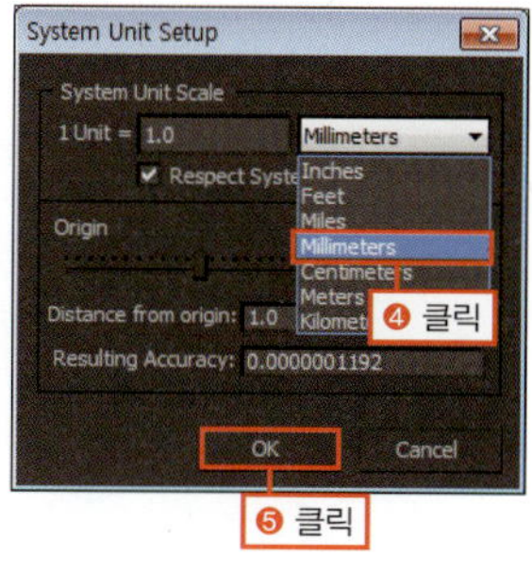

02 Menu Bar>Rendering>Gamma/LUT Setup을 통해 다음과 같이 Gamma를 비활
성화합니다.

[**MEMO** · 부록 CD의 Max File을 Open 또는 Import 할 때 본인이 사용하는 Max의 Units/Gamma
Setup을 위 사항과 동일하게 세팅하면 파일이 문제없이 호환됩니다.]

부록 CD의 Part 02>Lesson 02 폴더에서 'Scene_01(Surface Modifier).max' 파일을 불러옵니다.

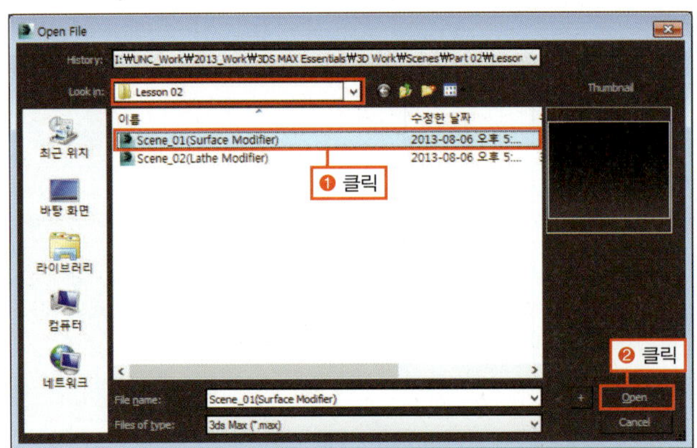

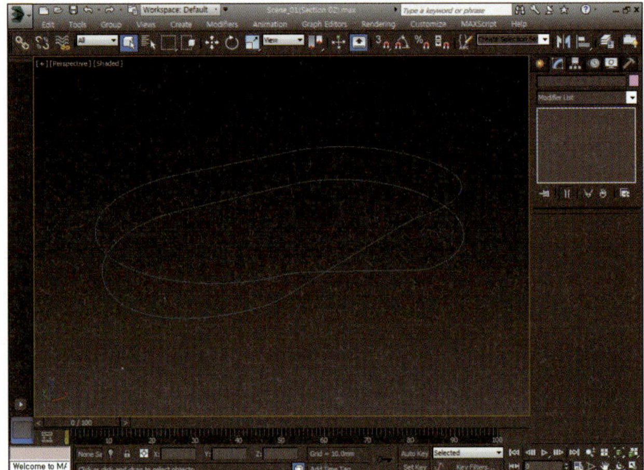

∷ Surface Modifier를 활용한 모델링

▣ Outline

'Rectangle001' 오브젝트의 Spline을 활
성화하고 다음과 같이 선택합니다.

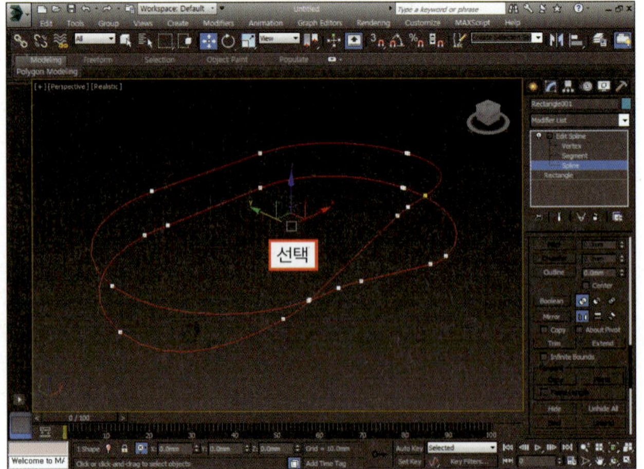

Geometry Rollout의 Outline에 '3100'을
입력합니다.

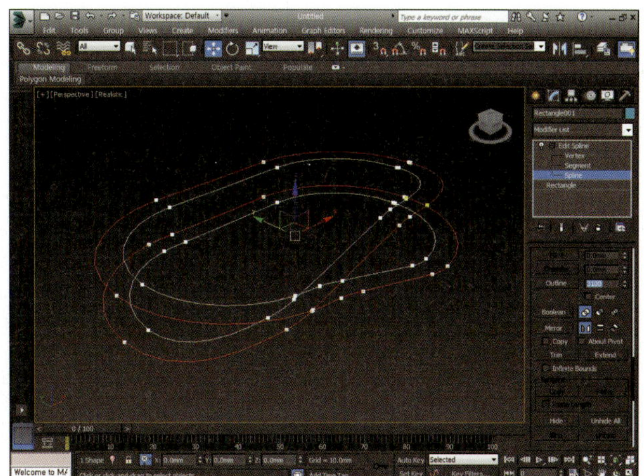

② Cross Section

[Cross Section] 버튼(Cross Section)을 활성화하고 다음 순서대로 Vertex를 클릭한 후 오른쪽 버튼을 클릭하여 완료합니다. 2개의 Spline을 연결해주는 Line이 생성됩니다.

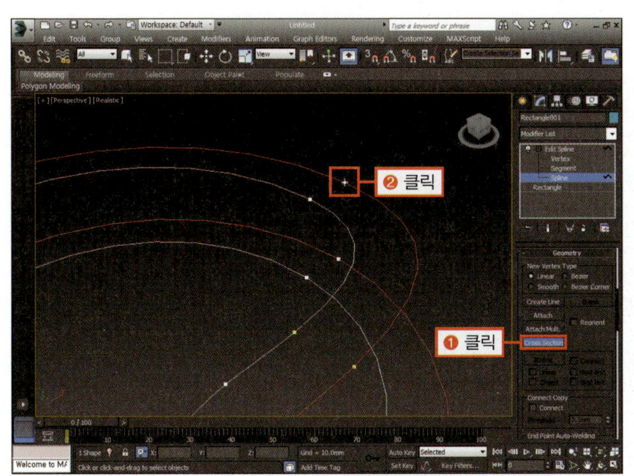

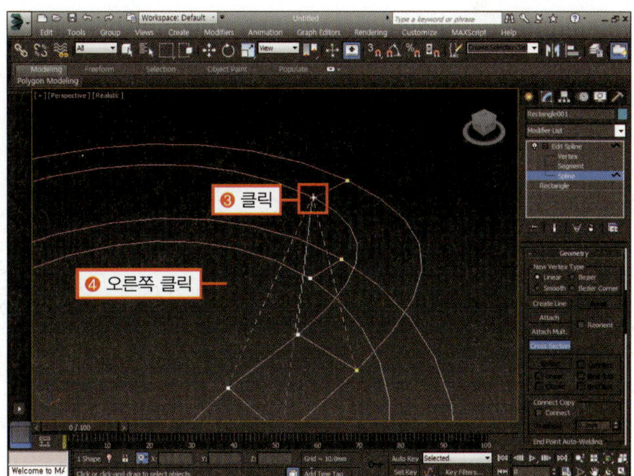

③ Surface Modifier

Modifier List에서 Surface를 적용하면 트랙의 바닥 부분이 될 면이 생성됩니다.

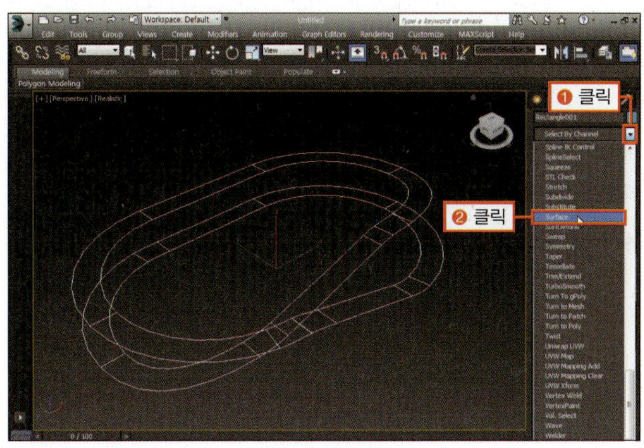

Patch Topology의 Steps값을 '10'으로 입력하여 곡선 라인이 조금 더 부드럽게 보일 수 있도록 합니다.

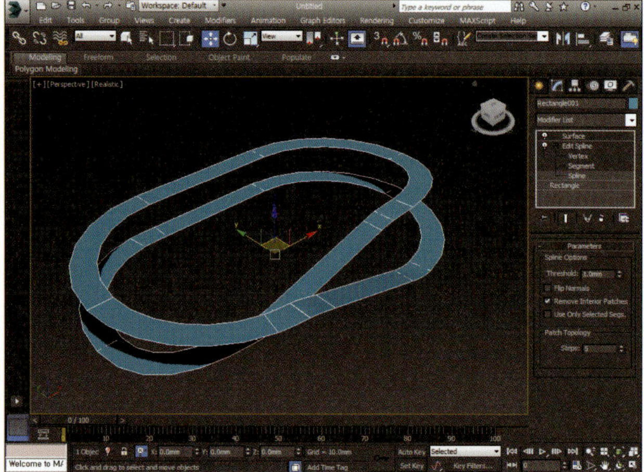

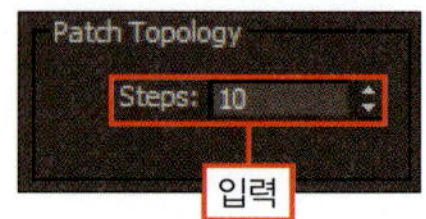

Lathe Modifier를 적용한 음료수병 모델링

SECTION 03

Line 오브젝트의 형태를 편집하고 Lathe Modifier를 적용하여 음료를 담을 수 있는 플라스틱 용기를 제작해봅니다.

:: 이번 예제에 사용할 Max File의 Units/Gamma Setup

01 Menu Bar>Customize>Units Setup을 통해 다음과 같이 Unit을 세팅합니다.

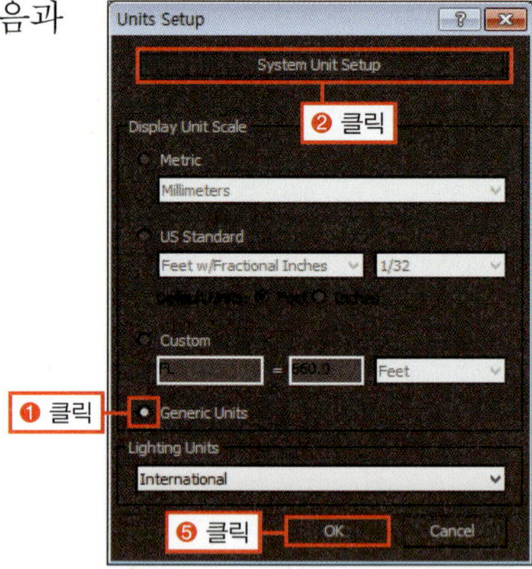

02 Menu Bar>Rendering>Gamma/LUT Setup을 통해 다음과 같이 Gamma를 비활성화합니다.

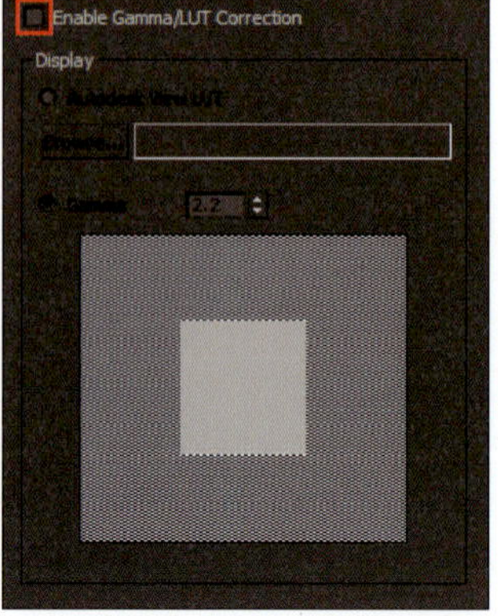

[MEMO · 부록 CD의 Max File을 Open 또는 Import 할 때 본인이 사용하는 Max의 Units/Gamma Setup을 위 사항과 동일하게 세팅하면 파일이 문제없이 호환됩니다. **]**

부록 CD의 Part 02>Lesson 02 폴더에서 'Scene_02(Lathe Modifier).max' 파일을 불러옵니다.

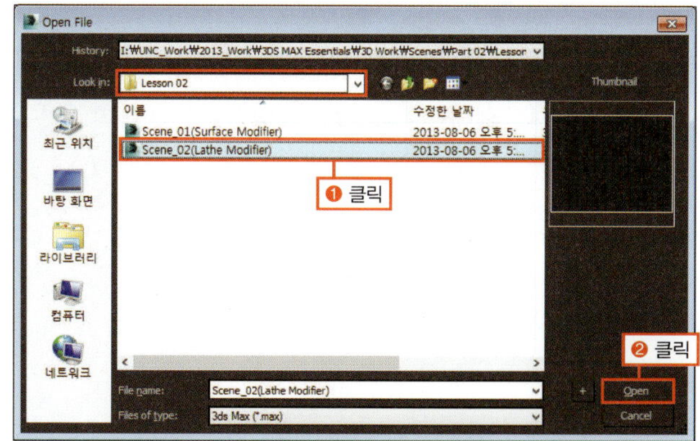

본 예제의 원활한 진행을 위해 장면에는 2개의 Line 오브젝트가 미리 준비되어 있습니다. 음료수병의 뚜껑과 몸통이 될 부분으로 Command Panel의 Create>Shapes>Splines 에서 Line 을 사용하여 쉽게 그릴 수 있는 형태입니다.

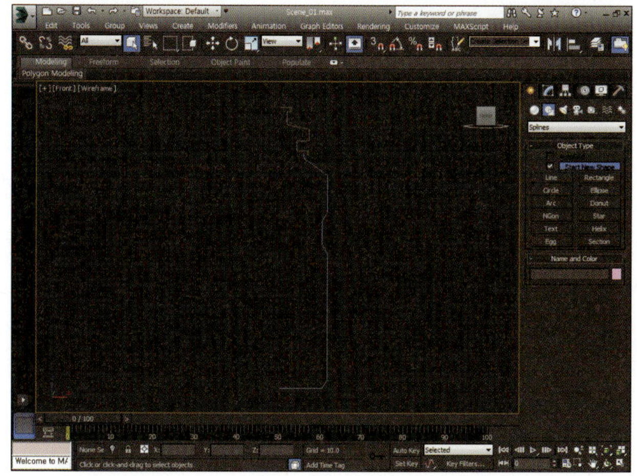

:: 뚜껑(Line001) 오브젝트 편집

1 Lathe Modifier 적용

준비된 Line 오브젝트에 Lathe Modifier를 적용합니다. 뚜껑이 될 Line001을 선택하고 Commend Panel의 Modify>Modifier List에서 키보드의 L을 눌러 Lathe Modifier를 선택합니다. 그런 다음, 키보드의 Z를 누르고 적용된 결과를 가까이에서 확인합니다.

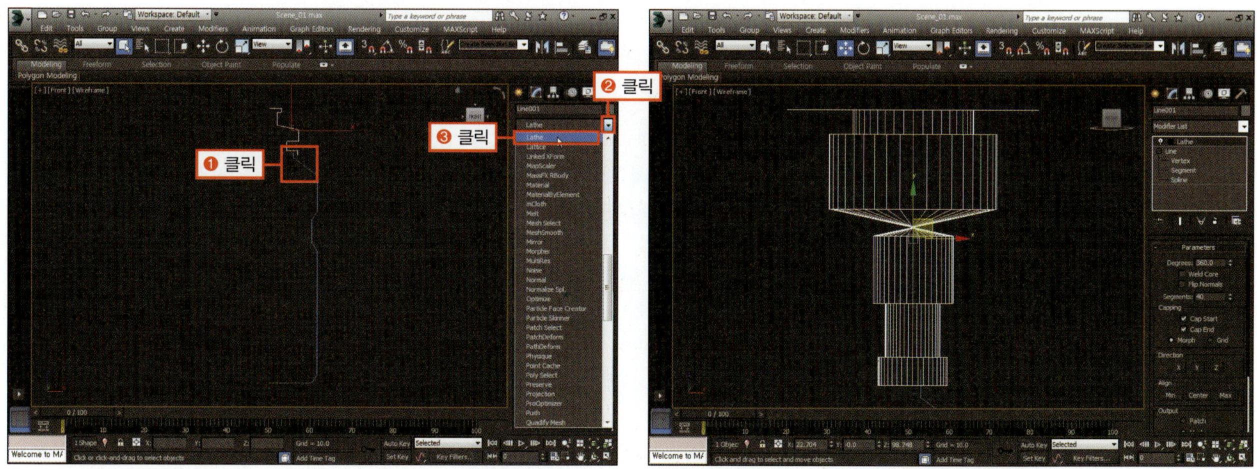

② Align 선택

Lathe의 Parameters Rollout에서 Align을
[Min]으로 선택합니다. 키보드의 F3을
눌러 오브젝트를 확인해봅니다. 아직 모
서리의 각이 날카롭지만 뚜껑의 큰 모양
이 생성된 것을 확인할 수 있습니다.

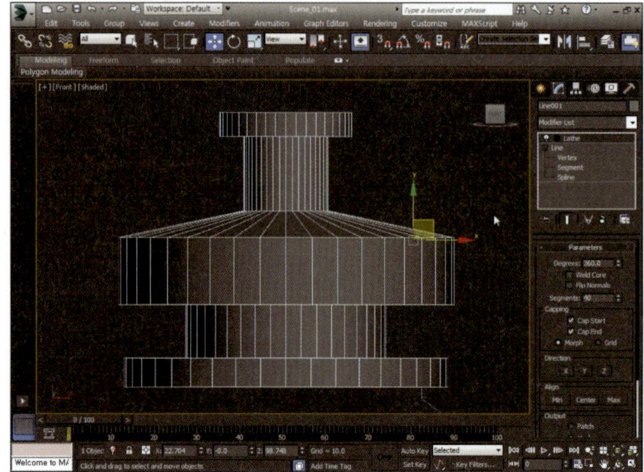

③ Modifier Copy

적용된 Lathe Modifier에서 마우스 오른쪽 버튼을
클릭하면 메뉴창이 팝업됩니다. Copy를 선택하여
Lathe Modifier를 복사합니다.

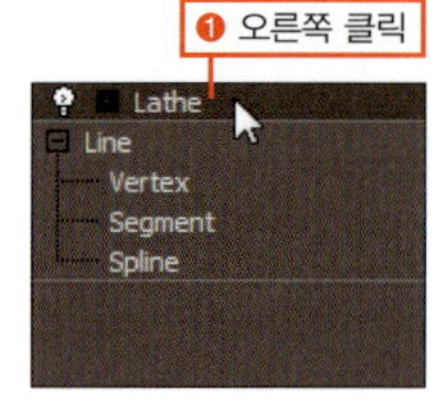

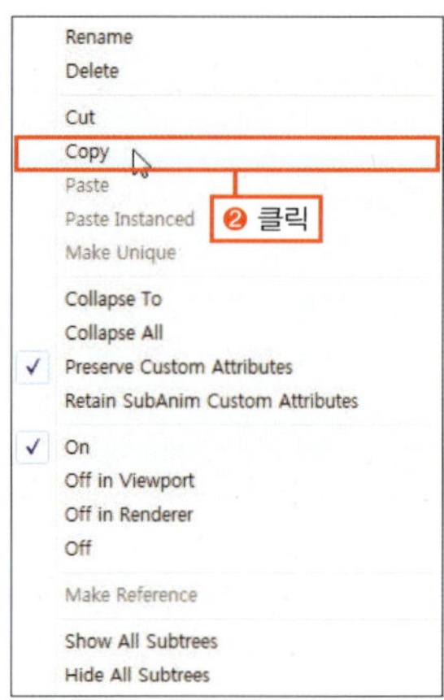

④ Modifier Paste

마우스 휠 버튼을 회전하여 화면을 축소한 후 'Line002' 오브젝트를 선택하여 복사한 Lathe Modifier
를 붙여넣기 합니다.

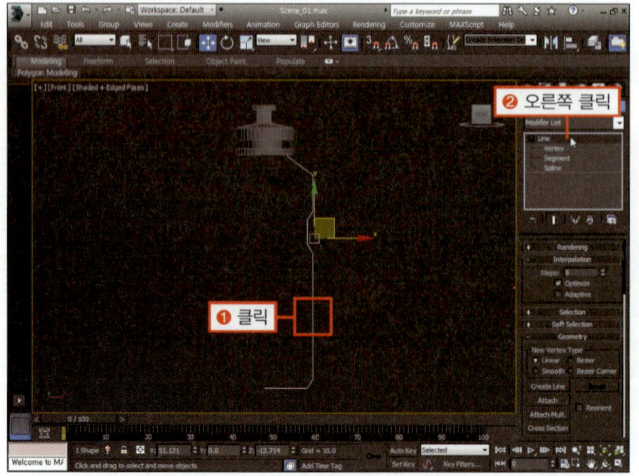

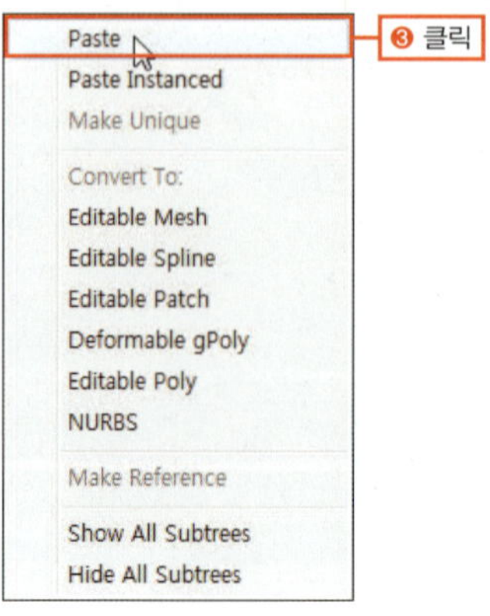

‘Line001’오브젝트에서 복사한 Lathe
Modifier가 적용되었습니다.

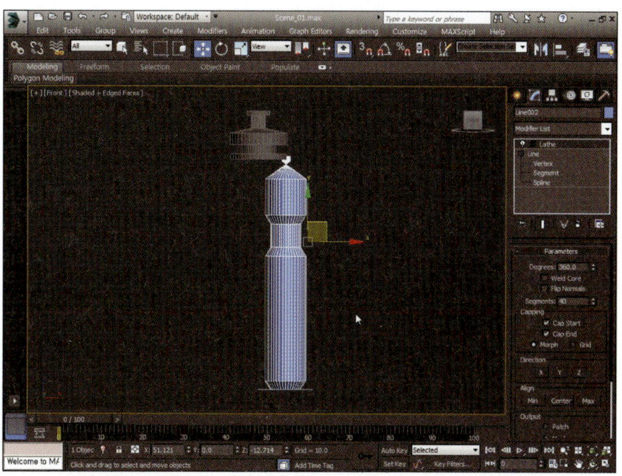

5 Align 선택

Lathe의 Parameters Rollout에서 Align을
[Min]으로 선택합니다. 이제 음료수병의
전체 윤곽이 제대로 보입니다.

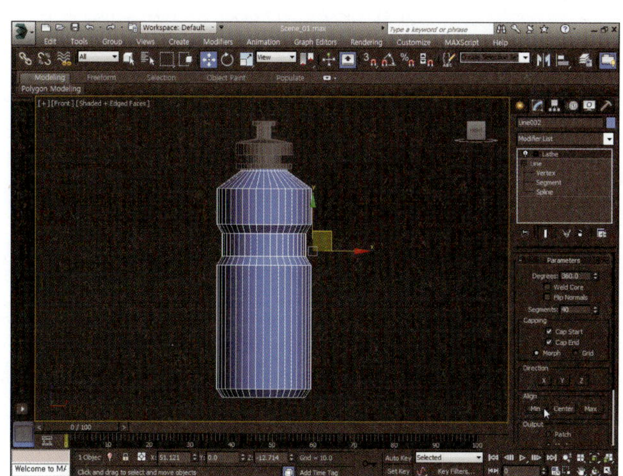

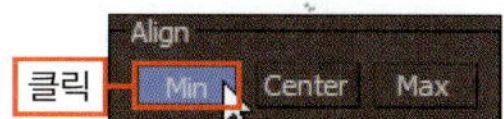

6 Refine으로 Vertex 추가

‘Line001’오브젝트를 선택하고 Vertex를 활성화합니다.

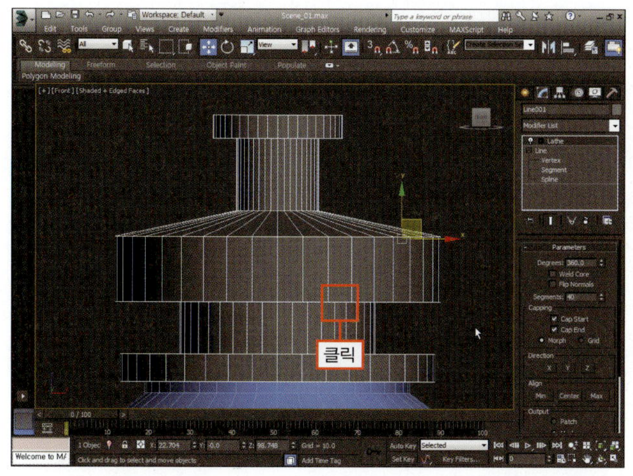

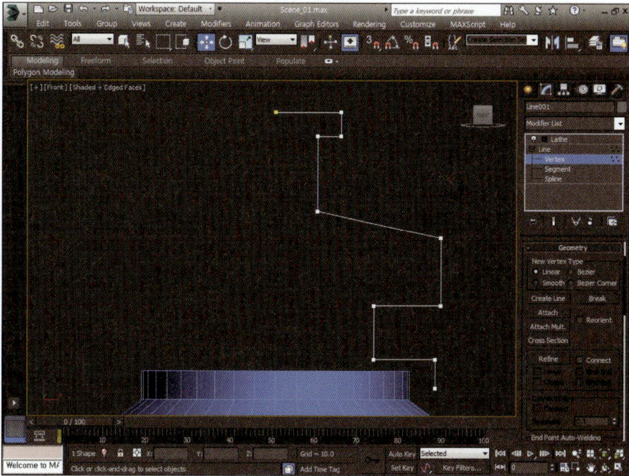

Geometry Rollout에서 [Refine] 버튼
(Refine)을 클릭하고 Segment의 한
지점을 마우스 왼쪽 버튼으로 선택합니
다. Segment에 Vertex가 추가되는 것을
확인할 수 있습니다. 마우스 오른쪽 버튼
을 클릭하여 Refine 명령을 완료합니다.

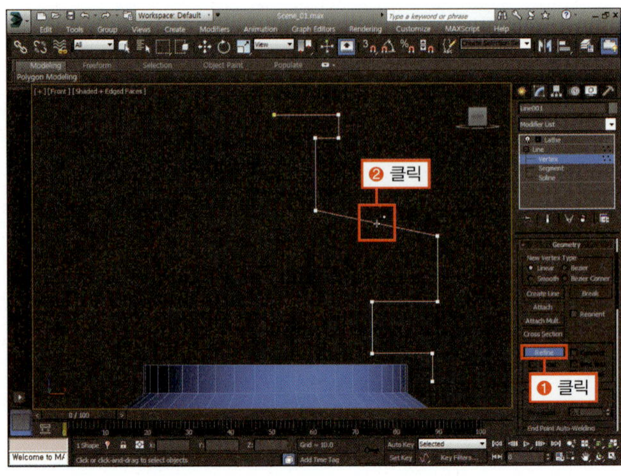

☑ Vertex 속성 변경

추가한 Vertex를 선택하고 마우스 오른쪽 버튼을 클릭하여 Vertex 속성을 Smooth로 바꿔줍니다.

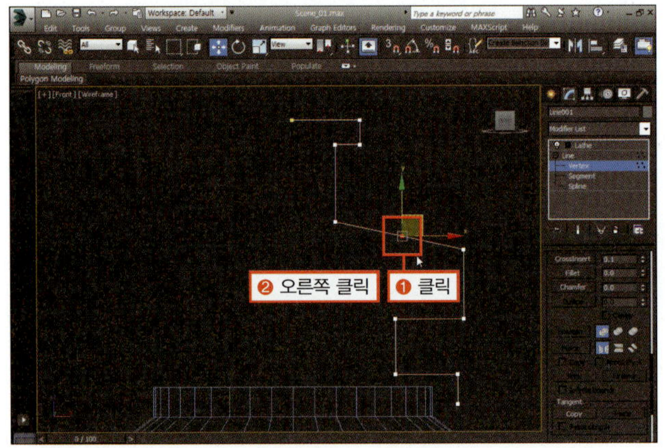

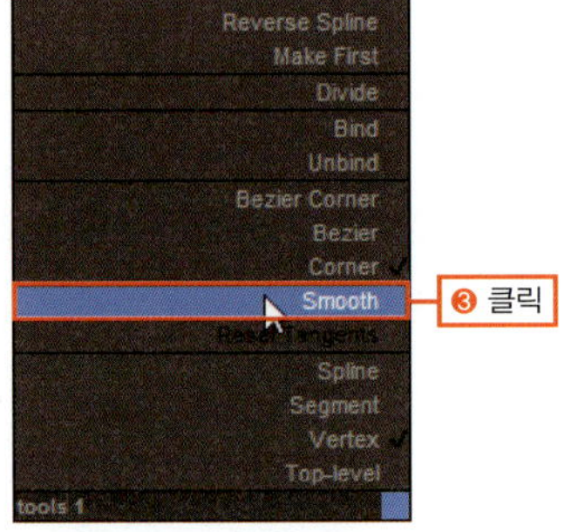

☑ Vertex 형태 수정

Vertex를 이동하면 Segment가 부드러운 곡선으로 변형되는 것을 확인할 수 있습니다. 그림과 같은
곡선이 될 수 있도록 위치를 수정한 후 바로 오른쪽 아래의 Vertex도 선택하여 조금 아래로 위치를 수
정합니다.

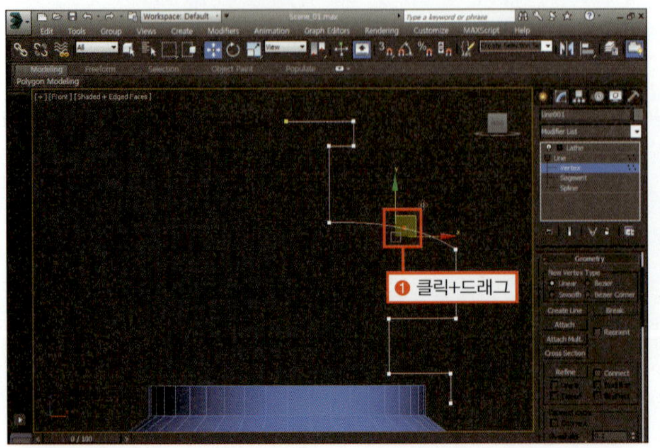

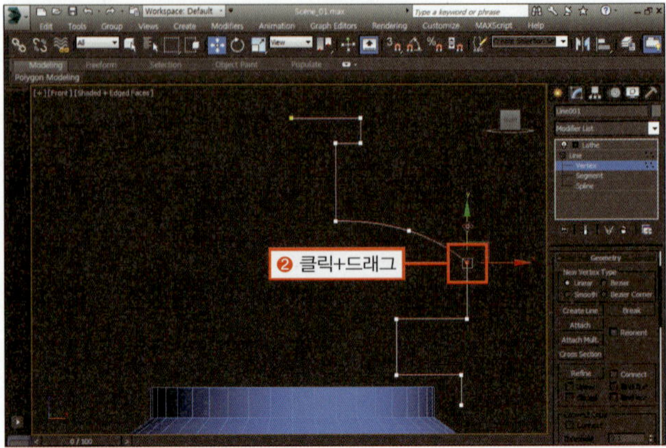

⑨ 드래그로 Fillet 적용

그림과 같이 Vertex를 선택하고 Geometry Rollout의 [Fillet] 버튼()을 클릭합니다. 선택한 Vertex 중 한 곳에서 마우스 왼쪽 버튼을 클릭한 채 ↑방향으로 드래그합니다. ↑↓방향 드래그에 따라 모서리의 둥근 정도가 조절됩니다.

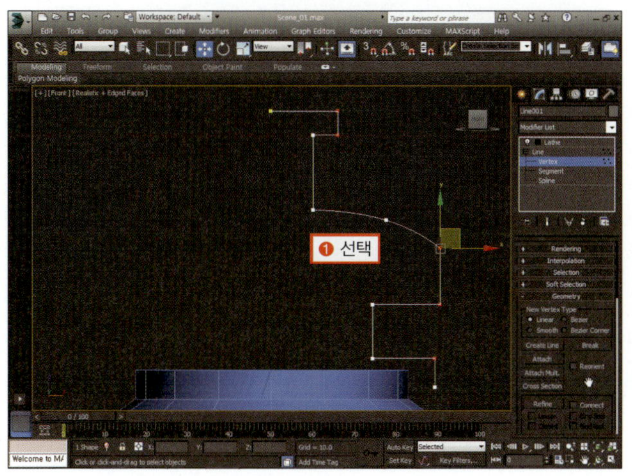

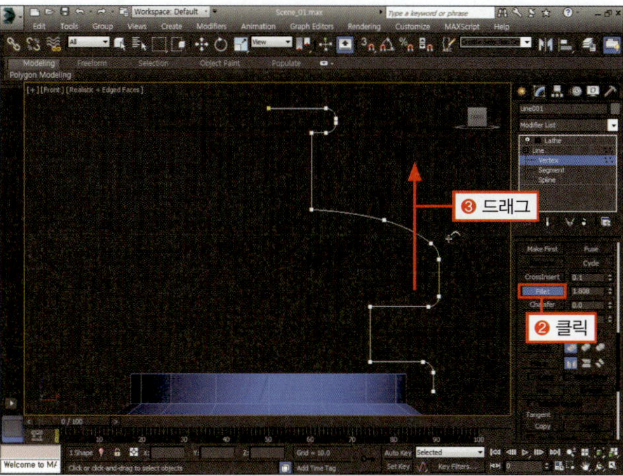

⑩ 값을 입력하여 Fillet 적용

단축키 Ctrl+Z를 눌러 Fillet 적용 이전 단계로 돌아갑니다. 이번에는 정확한 값을 입력하여 Fillet을 적용합니다. [Fillet] 버튼(Fillet) 옆의 입력창에 '1'을 입력하고 키보드의 Enter를 눌러 실행합니다.

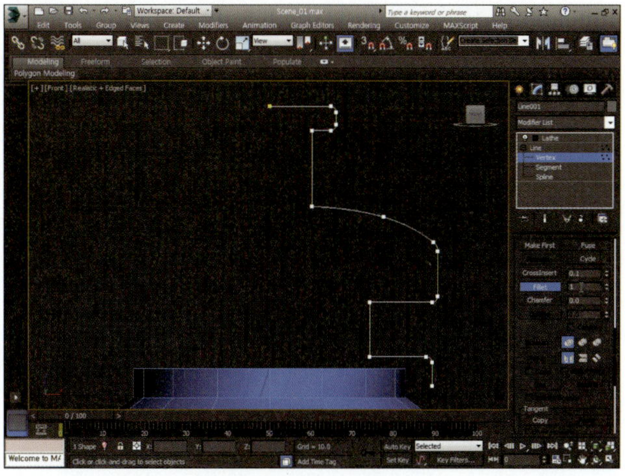

⑪ Outline 적용

그림과 같이 Spline을 활성화하고 Geometry Rollout의 [Outline] 버튼(Outline)을 클릭합니다. Spline 위에서 마우스 왼쪽 버튼을 클릭한 채 ↑방향으로 드래그합니다. ↑↓방향 드래그에 따라 Outline이 형성됩니다.

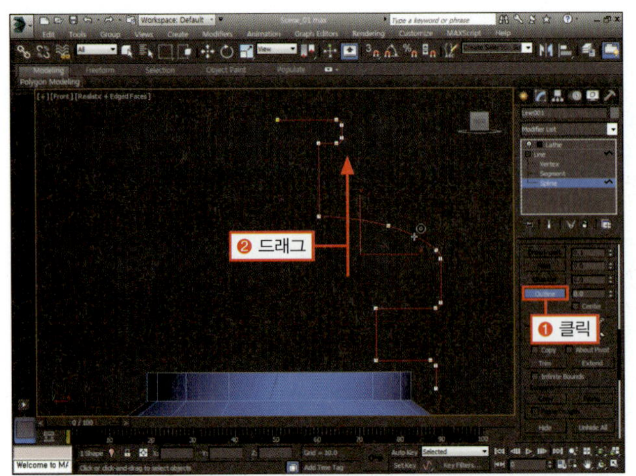 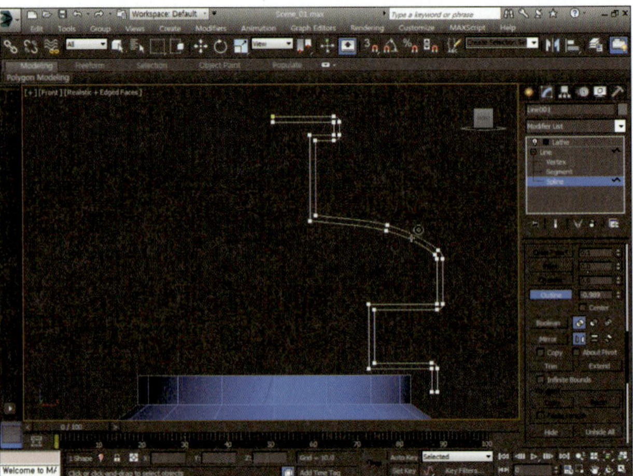

단축키 Ctrl+Z를 사용하여 Outline 적용 이전 단계로 돌아갑니다.
정확한 값을 입력하여 Outline을 적용할 수도 있습니다. '-1'을 입력하고 키보
드의 Enter를 눌러 실행합니다.

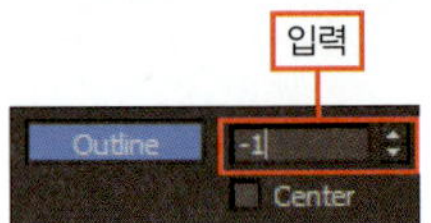

[MEMO · Center를 체크하고 Outline을 실행하면 보이지 않는
중앙선으로부터 지정한 거리만큼 Outline이 적용됩니다.]

⓬ Segment 삭제

그림과 같이 Segment 1개를 선택합니다. 이 Segment는 Lathe 적용 시 불필요한 면을 생성하므로 키
보드의 Delete를 눌러 삭제합니다.

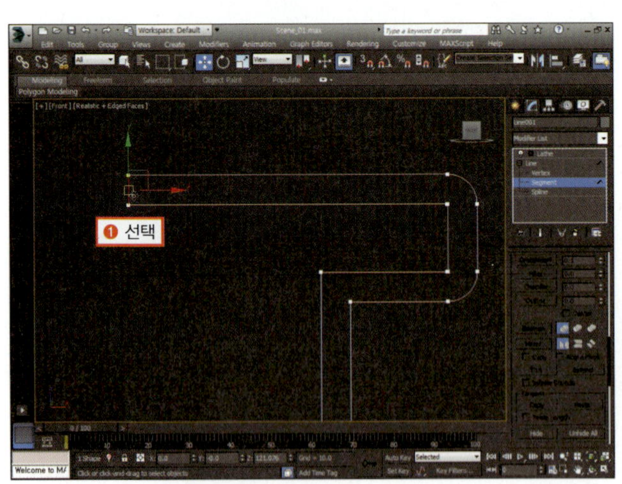 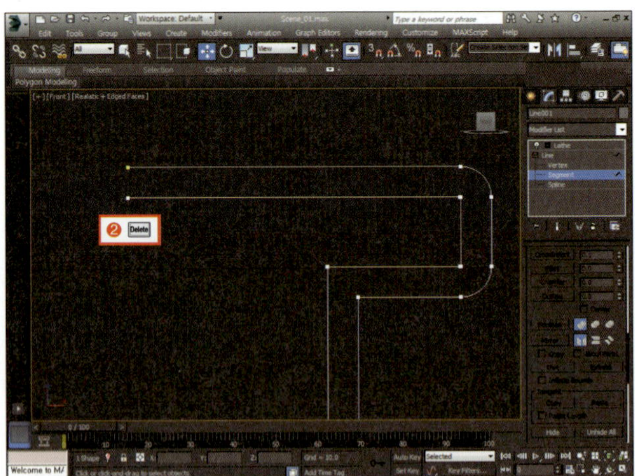

⓭ Lathe 적용 확인

Modifier Stack List에서 다음과 같이 선택하고 Lathe Modifier가 적용된 결과를 확인합니다. 단축키
Ctrl+R을 사용하거나 [Orbit Sub Object] 버튼(🔘)을 클릭하여 오브젝트의 윗부분을 확인합니다.

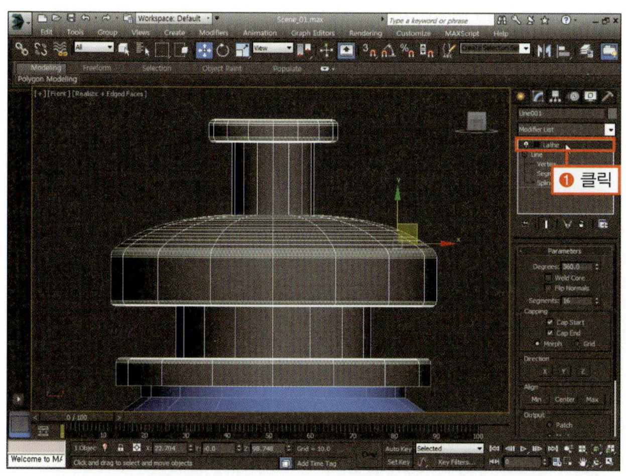
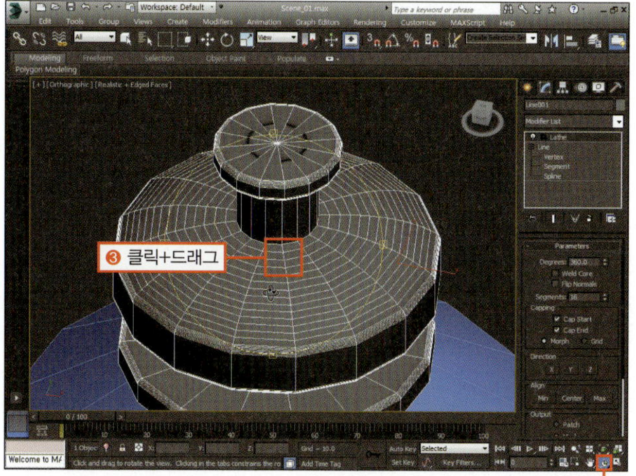

⑭ Parameters 수정

Weld Core을 체크하여 뚜껑 윗부분의 점들이 깨끗하게 합쳐지도록 하고 Flip Normals를 체크하여 Normal 방향을 뒤집어줍니다. Segments에 '50'을 입력하여 면이 조금 더 부드럽게 보이도록 조절합니다.

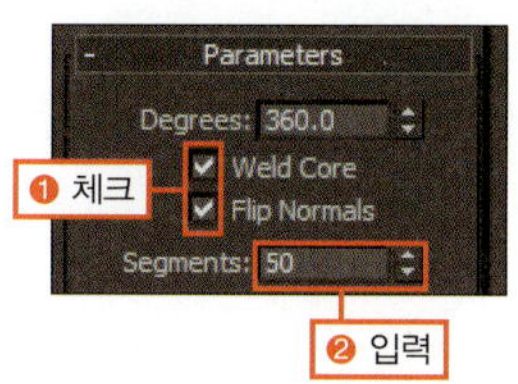

:: 몸통(Line002) 오브젝트 편집

① Line002 오브젝트 수정

키보드의 단축키 F 를 사용하여 Front View로 전환하고 Line002 오브젝트의 Vertex를 활성화합니다.

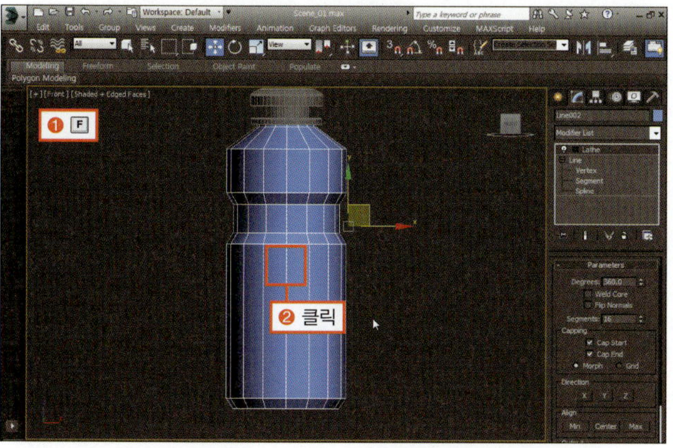

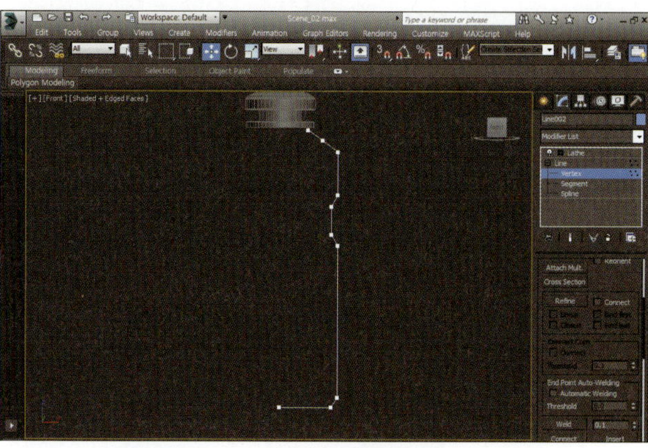

② Show end result on/off

[Show end result on/off toggle](🔲) 버튼을 클릭합니다. [Show end result](🔲)가 활성화되면 스택 구조 상위에 적용된 Lathe Modifier의 결과를 실시간으로 확인하면서 현재 레벨의 Vertex 형태를 수정할 수 있습니다.

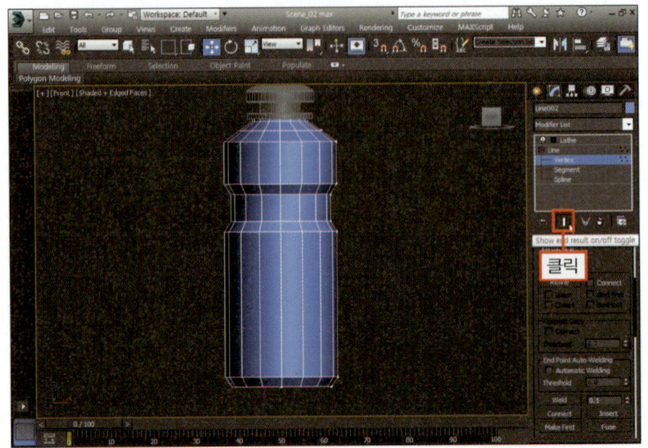

Geometry Rollout에서 [Refine] 버튼(Refine)을 활성화하고 Segment에 그림과 같은 위치에서 마우스 왼쪽 버튼을 클릭합니다. Lathe Modifier가 적용된 상태를 미리 보면서 Vertex를 추가합니다. 마우스 오른쪽 버튼을 클릭하여 Refine 명령을 완료합니다.

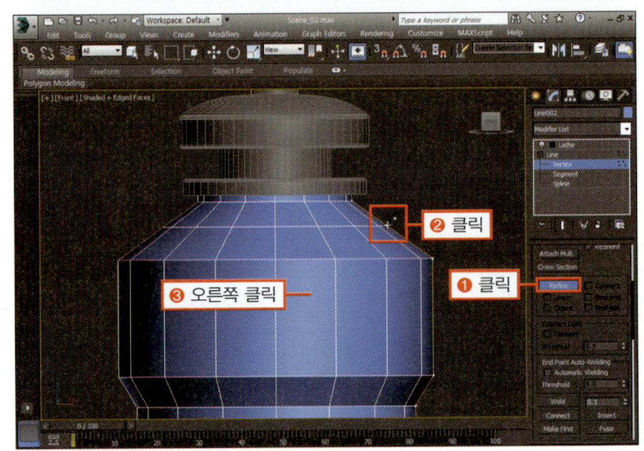

③ Vertex 속성 변경

추가한 Vertex를 선택하고 마우스 오른쪽 버튼을 클릭하여 Vertex 속성을 Smooth로 변경합니다. Vertex를 이동하면 Segment가 부드러운 곡선으로 변형되는 것을 확인할 수 있습니다. 그림과 같이 자연스러운 곡선이 될 수 있도록 위치를 조절합니다.

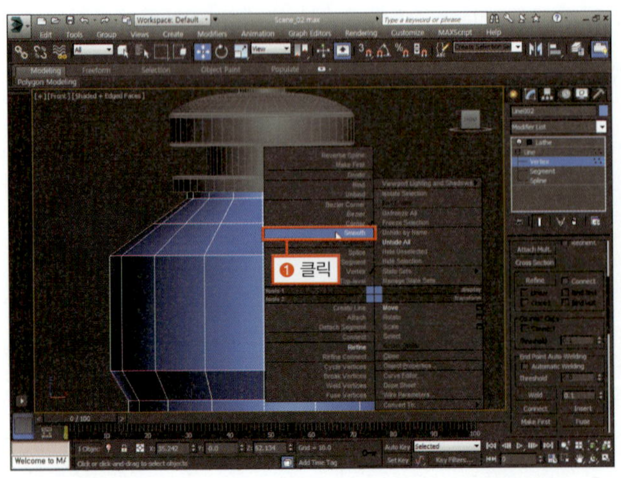

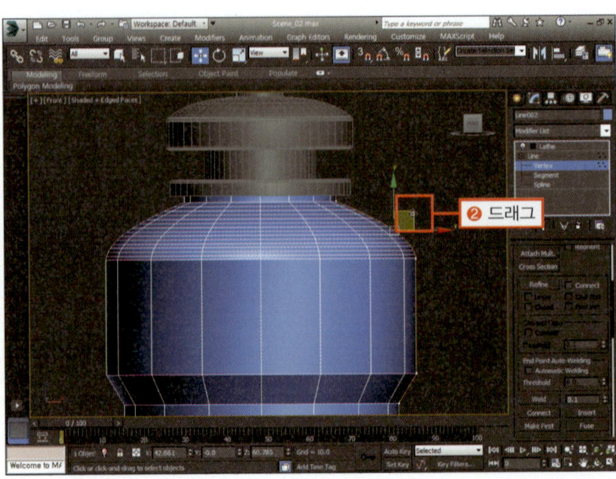

4 Fillet 적용

키보드의 F3 을 사용하여 Viewport를 Wireframe 상태로 확인하면서 다음 영역을 드래그하여 Vertex
를 선택합니다.

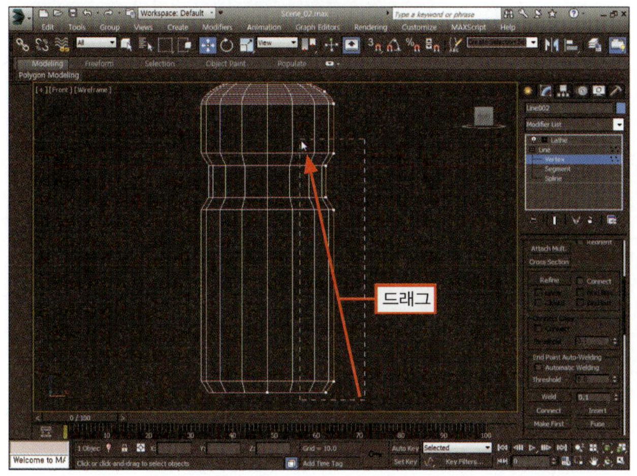

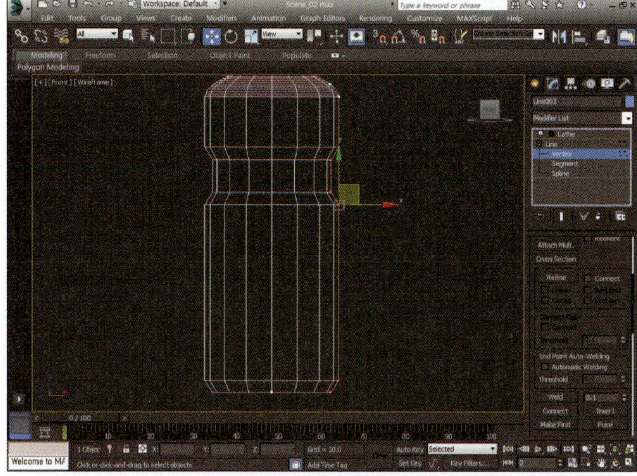

선택한 Vertex에 Fillet '1'을 입력하여 적
용하고 키보드의 F3 을 눌러 결과물을 확
인합니다.

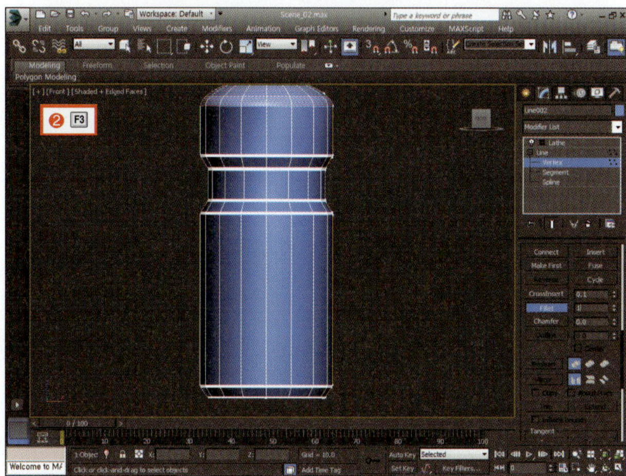

5 Parameters 수정

Lathe Modifier의 Parameters Rollout에
서 Weld Core와 Flip Normals를 체크하
고 Segments에 '50'을 입력하여 면이 조
금 더 부드럽게 보이도록 조절합니다.

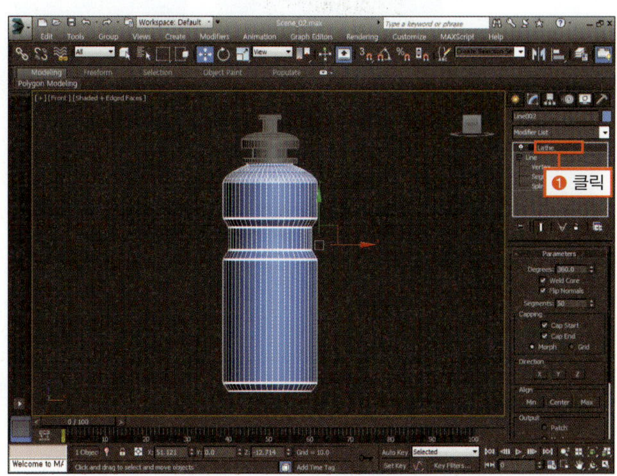

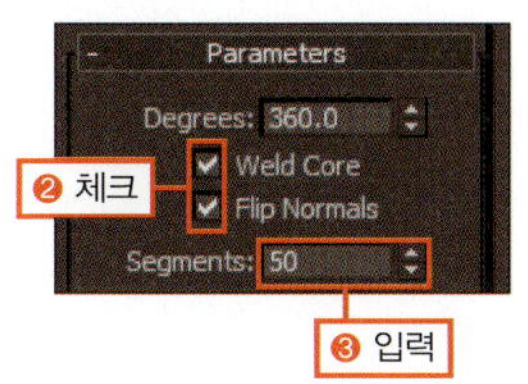

음료수병의 뚜껑과 몸통 모델링을 완료합니다.

:: 거치대 제작

1 Circle 생성

Create Panel의 Shapes>Splines에서 [Circle] 버튼()을 클릭합니다. Top View로 전환한 뒤
화면 중심부에서 마우스를 드래그하여 Circle 오브젝트를 생성합니다. Modify Panel의 Parameters
Rollout에서 Radius에 '60'을 입력하여 Circle의 크기를 조절합니다.

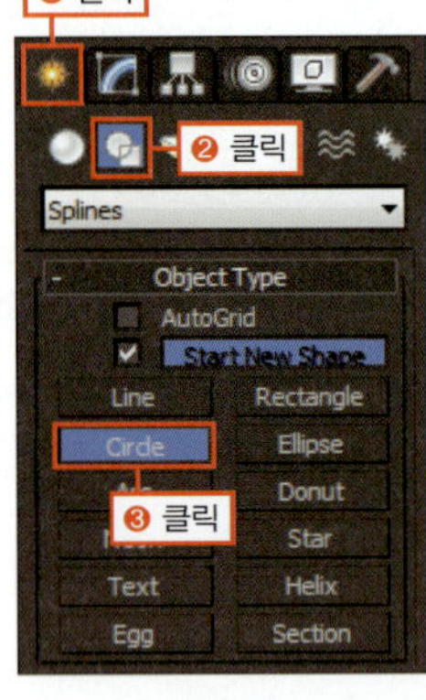

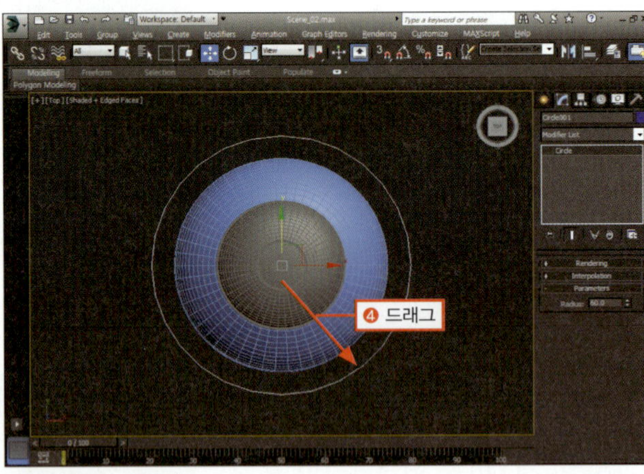

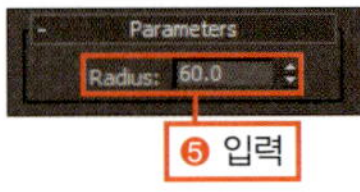

좌표에 다음 값을 입력하여 Circle의 위치를 조절합니다.

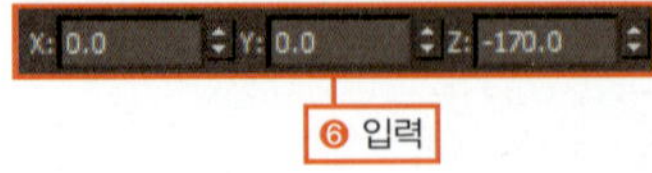

2 Circle 복사

Front View로 돌아가서 선택된 'Circle 001' 오브젝트를 Shift + ↑ 방향으로 드래그하여 복사합니다.

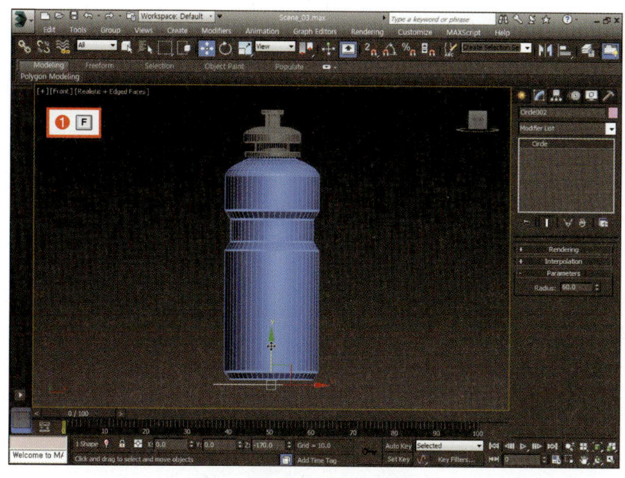 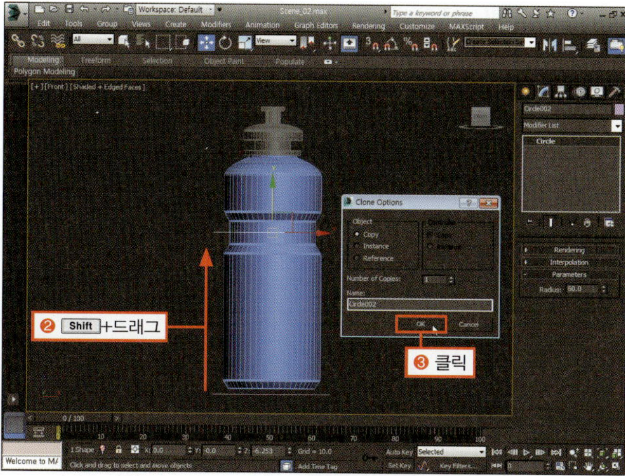

좌표에 다음 값을 입력하여 Circle의 위치를 조절합니다.

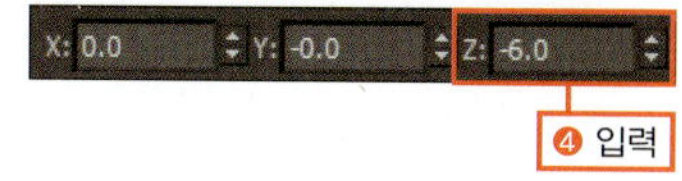

3 Converter To Editable Spline

아래에 있는 Circle001을 선택하고 마우스
오른쪽 버튼을 클릭하면 Quad menu가
팝업됩니다. Converter To Editable Spline
을 선택하여 Circle의 속성을 Spline으로
변경합니다.

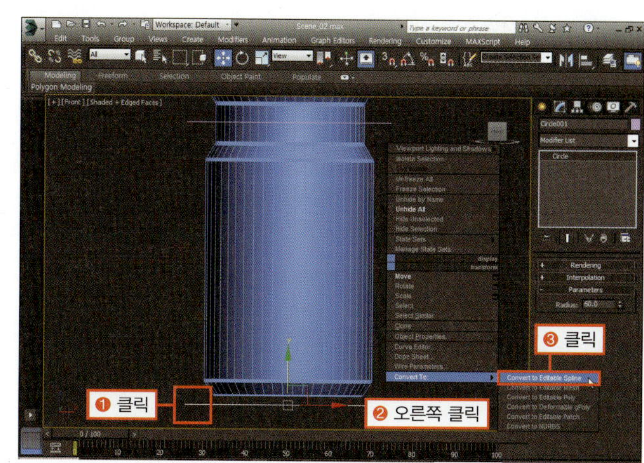

4 Attach

마우스 오른쪽 버튼을 클릭하여 Quad menu의 Attach를 선택합니다. 마우스로 'Circle002' 오브젝트
를 선택하면 'Circle001' 오브젝트와 하나로 합쳐집니다.

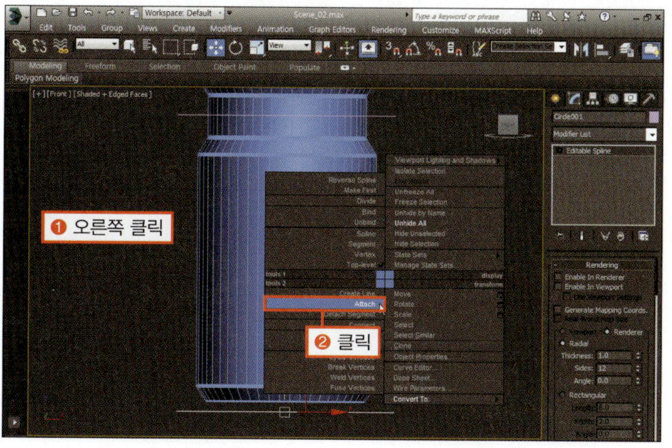 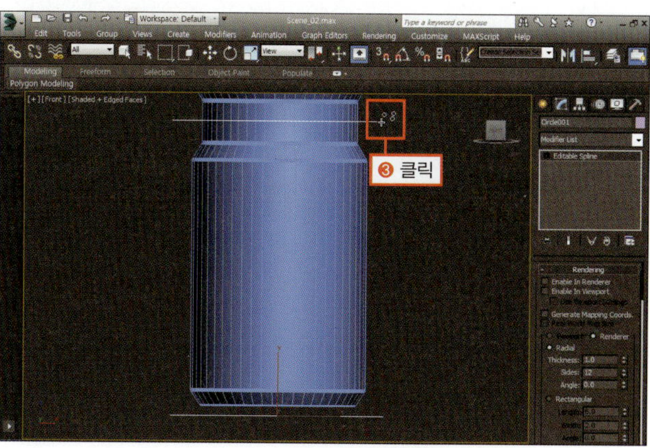

5 Chamfer 적용

단축키 Alt + W 를 눌러 4개의 View로 전환한 후 [Zoom Extents All Selected] 버튼(⊞)을 클릭하여 선택한 오브젝트가 View의 중심으로 배치되도록 합니다. Top View에서 'Circle001' 오브젝트의 Vertex 2개를 선택합니다.

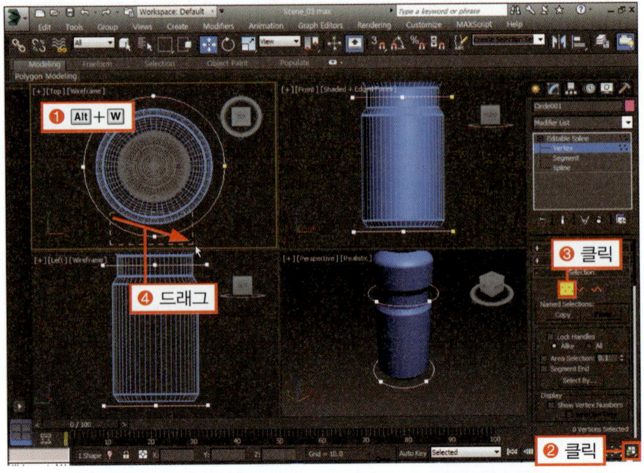

Geometry Rollout의 [Chamfer]에 '25'를 입력하여 Circle의 모서리를 그림과 같이 깎아줍니다.

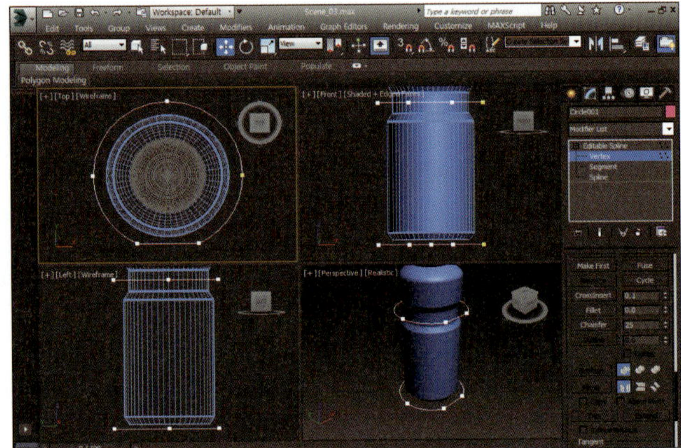

6 Connect 실행

화면 하단에 [Isolate Selection Toggle] 버튼(●)을 클릭하여 'Circle001' 오브젝트만 보이도록 합니다. 앞쪽의 Segment 2개를 선택하고 키보드의 Delete 를 눌러 삭제합니다.

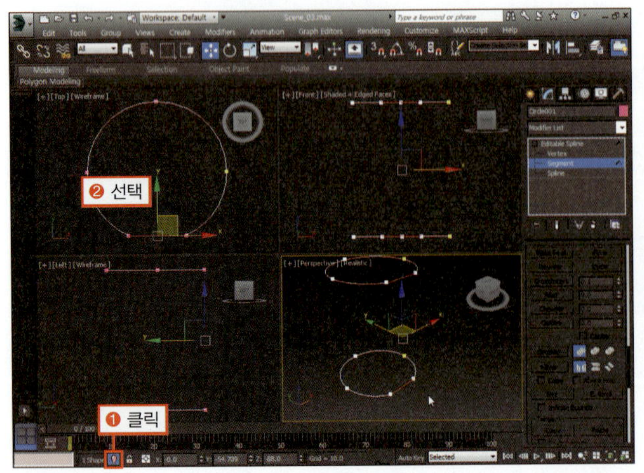

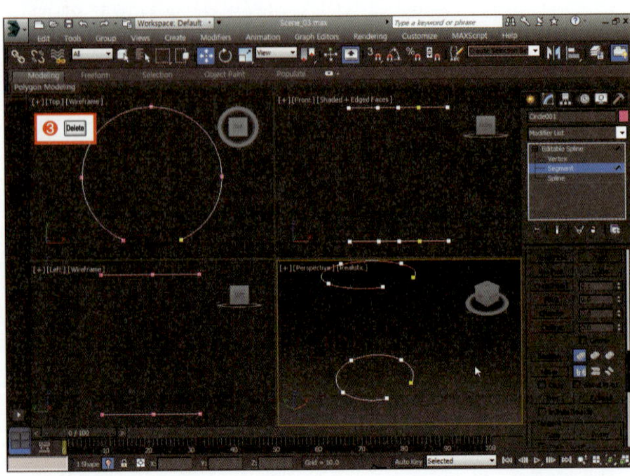

Geometry Rollout에서 [Connect] 버튼
(Connect)을 클릭하고 마우스 왼쪽 버
튼으로 다음과 같이 Vertex를 드래그하
여 연결합니다. 마우스 오른쪽 버튼을 클
릭하여 Connect 명령을 완료합니다.

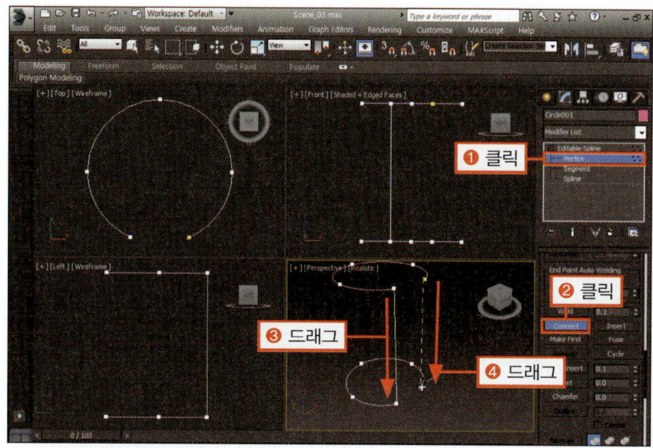

7 Fillet 적용

Vertex 4개를 선택하고 Geometry Rollout의 [Fillet]에 '15'를 입력하여 모서리
를 그림처럼 둥글게 만듭니다.

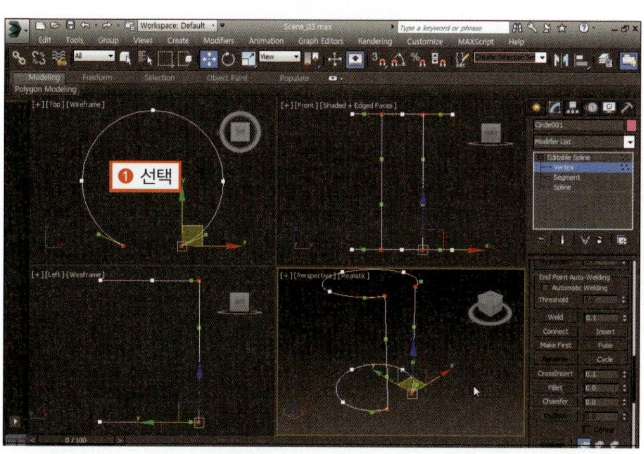

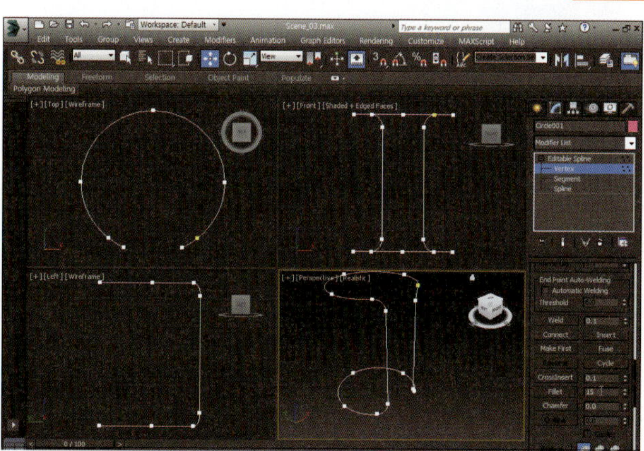

8 Snap Setting

정확한 위치에 Line을 생성하기 위해 [2D Snap] 버튼( )을 클릭합니다. 버튼 위에서 마우스 오른쪽
버튼을 클릭하여 [Grid and Snap Settings] 대화상자가 팝업되면 Vertex에 체크를 하고 대화상자를
닫습니다.

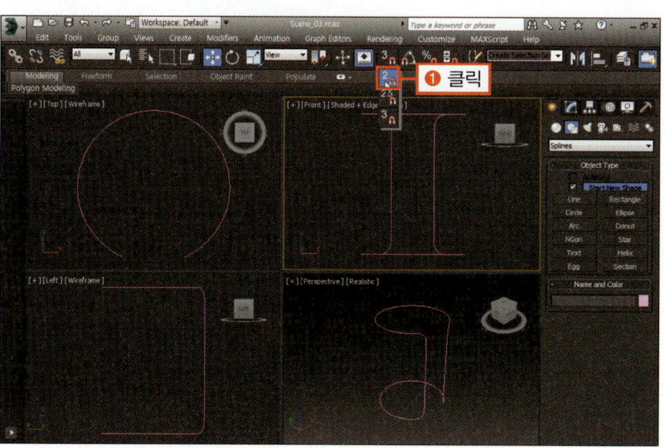

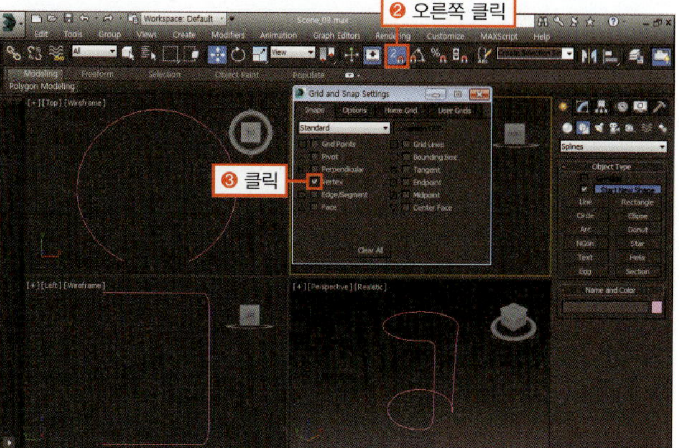

9 Line 생성

Create>Shapes>Splines에서 Line을 선택하여 Front View에서 그림과 같이 음료수병의 받침이 될 Line을 생성합니다. [2D Snap] 버튼( )이 활성화되어 중심에 정확히 생성됩니다.

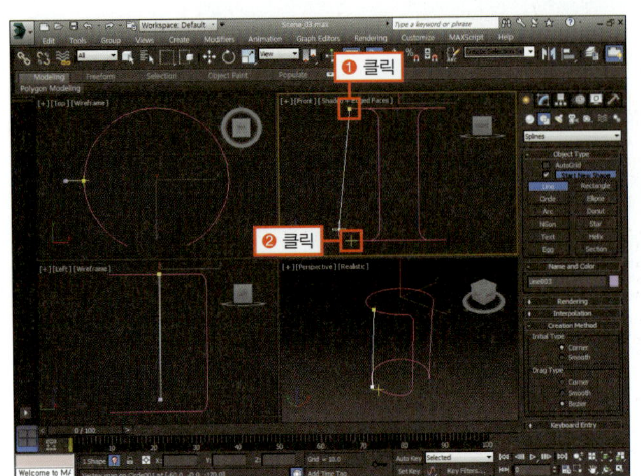

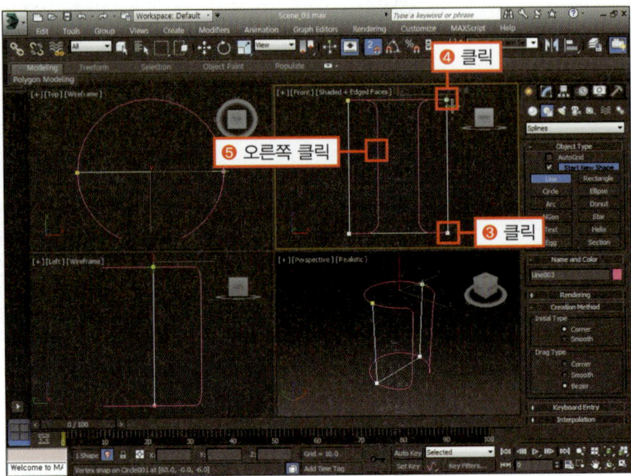

10 Divide

생성한 Line의 Segment를 선택하고 Geometry Rollout의 [Divide] 버튼 (Divide)을 클릭합니다. Vertex 하나가 추가되며 Segment가 등분됩니다.

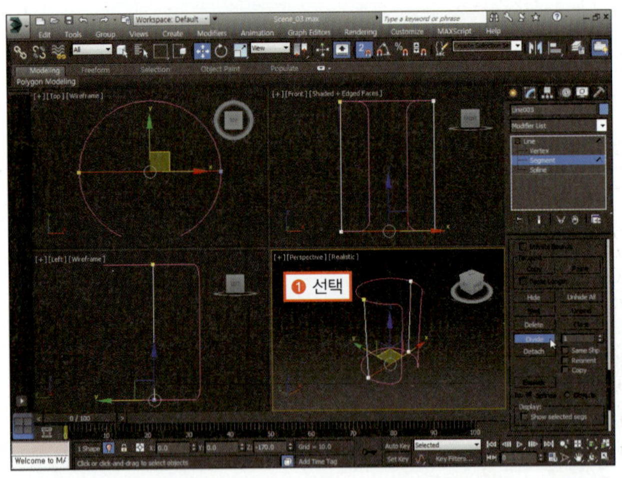

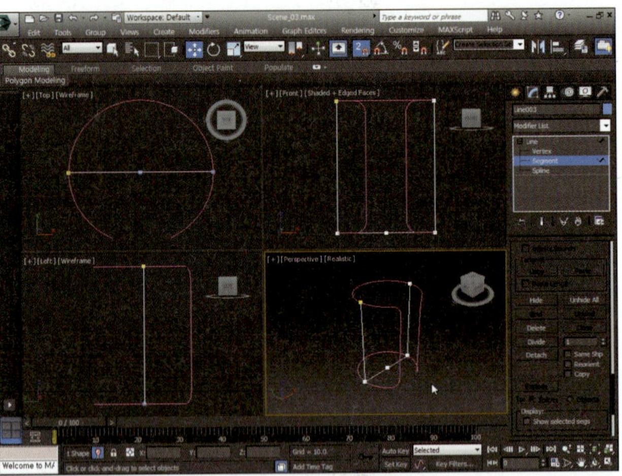

⑪ Segment 선택

Perspective View에서 단축키 Alt + W 를
사용하여 1개의 View로 전환한 후 Select
and Rotate( )를 활성화하여 다음 2개의
Segment를 선택합니다. 일정 각도로 회전
시키기 위해 Angle snaps toggle( )을 활
성화하고 Use Transform Coordinate
Center( )를 선택하여 회전될 축을 변경
합니다.

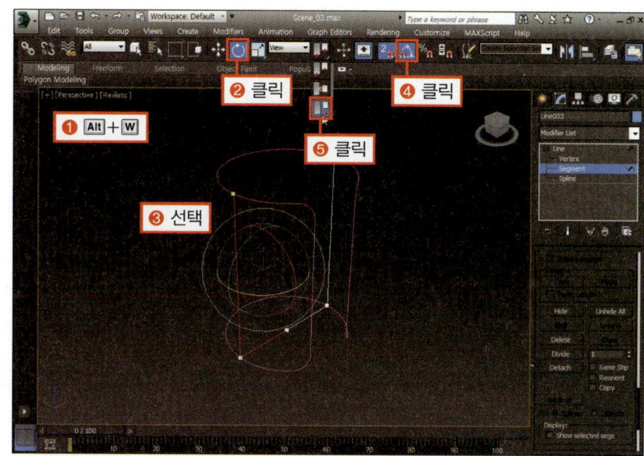

⑫ Segment 복사

키보드의 Shift 를 누른 채 Z축 방향의
핸들을 잡고 −90도 만큼 회전하여
Segment를 복사합니다. 회전할 때 아래
좌표에서 각도를 확인합니다.

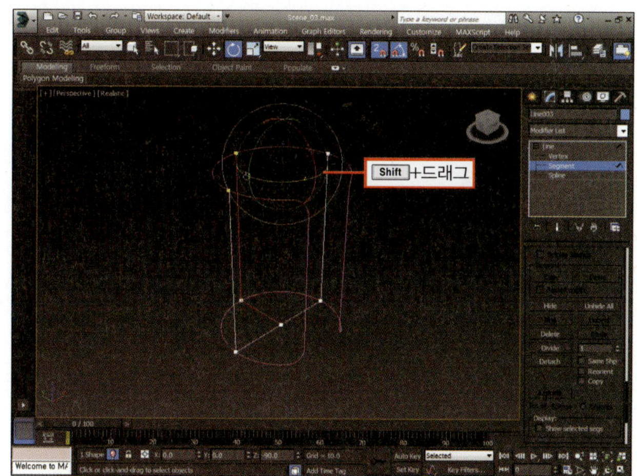

X: 0.0   Y: 0.0   Z: -90.0

⑬ Line 두께 주기

'Circle001' 오브젝트를 선택한 후 Rende
ring Rollout에서 다음 두 곳을 체크하고
Thickness에 '6'을 입력하여 두께를 조절
합니다.

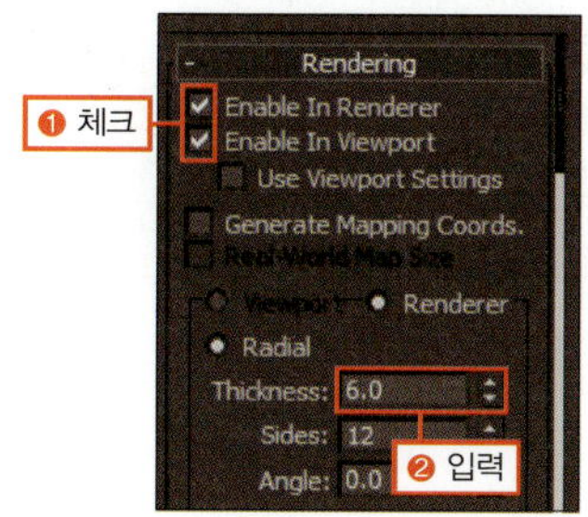

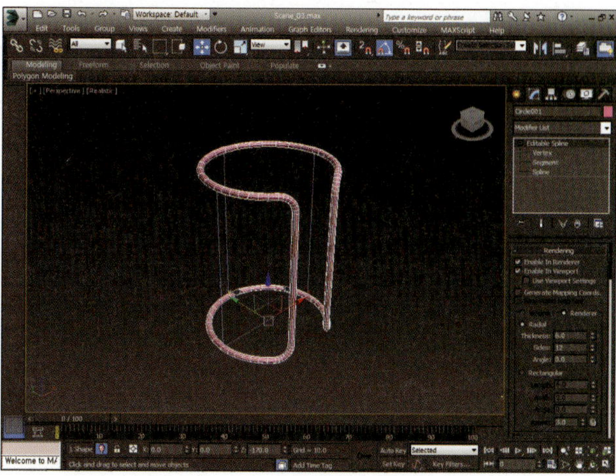

'Line003' 오브젝트도 선택한 후 다음 두 곳을 체크하고 Thickness : 3을 입력하여 두께를 조절합니다.

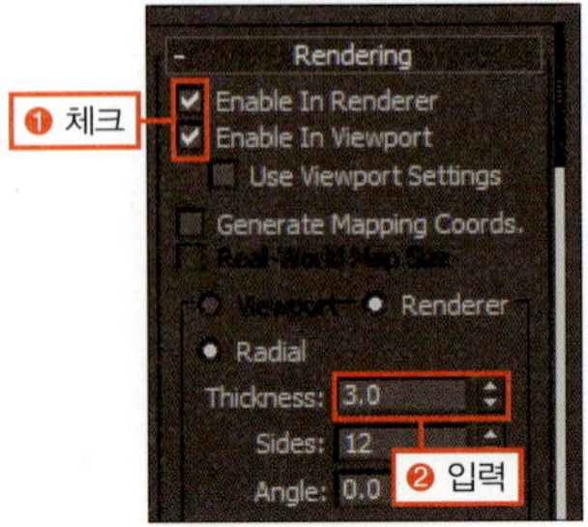

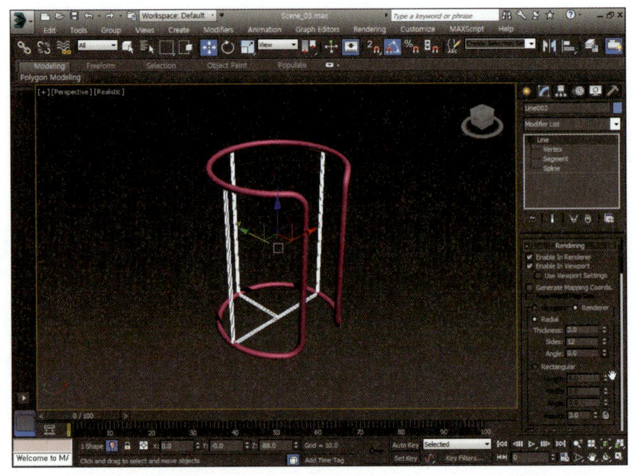

⑭ Object Color 변경

2개의 오브젝트를 선택하고 [Object Color] 대화상자를 팝업하여 컬러를 변경합니다.

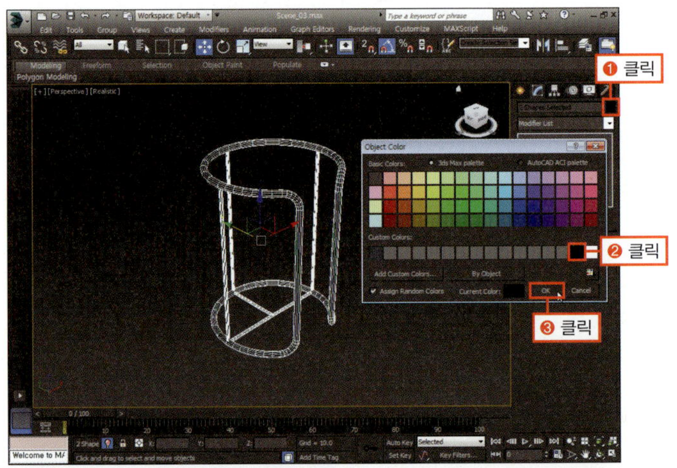

[Isolate Selection Toggle] 버튼(🔎)을 클릭하여 제작한 오브젝트를 모두 불러옵니다. 전체 음료수병 모델링을 완료했습니다.

Poly의 개념에 대해 알아보고
Geometry 오브젝트 생성하기

03

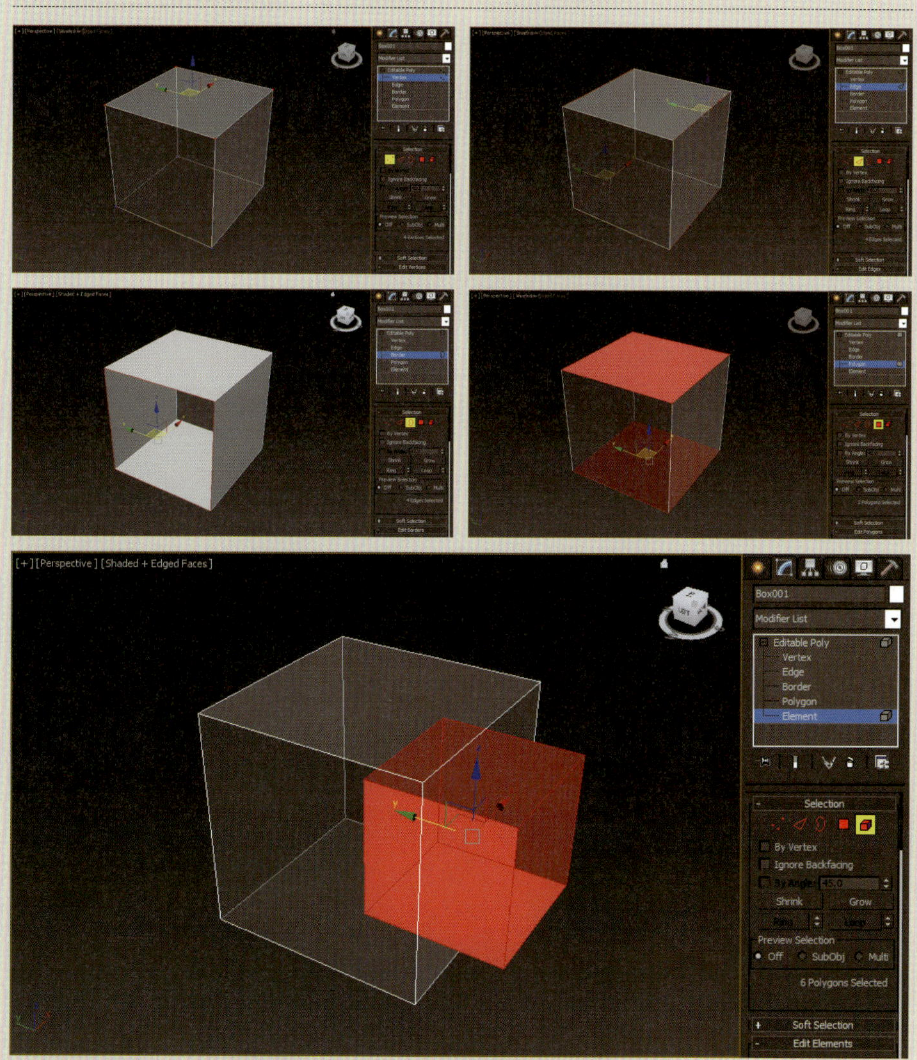

Editable(Edit) Poly의 개념에 대해 알아보고 Max에서 제공되고 있는 다양한 모양의 Geometry 오브젝트
를 생성해봅니다.

Editable(Edit) Poly의 Sub-Object Level에 대해 알아보기

Editable(Edit) Poly는 Vertex, Edge, Border, Polygon, Element의 구조로 이루어져 있습니다. 각 하위 Level의 개념에 대해 알아봅니다.

:: 이번 예제에 사용할 Max File의 Units/Gamma Setup

01 Menu Bar>Customize>Units Setup을 통해 다음과 같이 Unit을 세팅합니다.

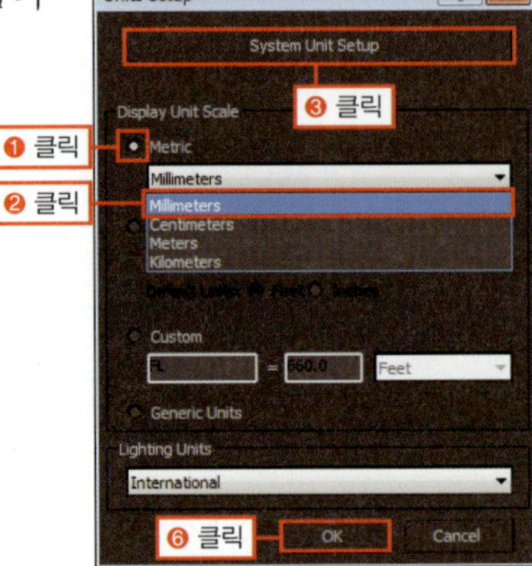

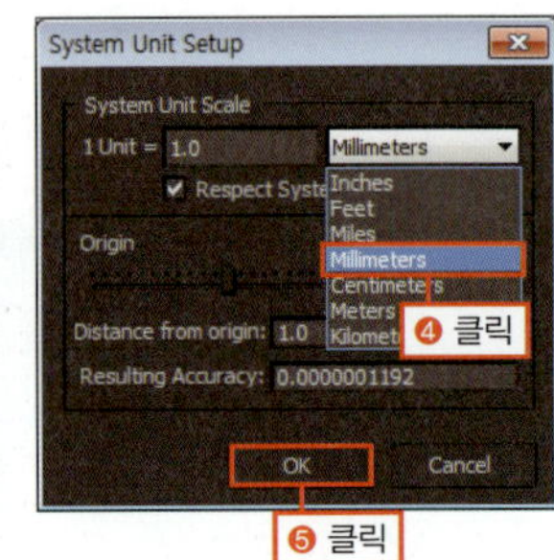

02 Menu Bar>Rendering>Gamma/LUT Setup을 통해 다음과 같이 Gamma를 비활성화합니다.

[**MEMO** · 부록 CD의 Max File을 Open 또는 Import할 때 본인이 사용하는 Max의 Units/Gamma Setup을 위 사항과 동일하게 세팅하면 파일이 문제없이 호환됩니다.]

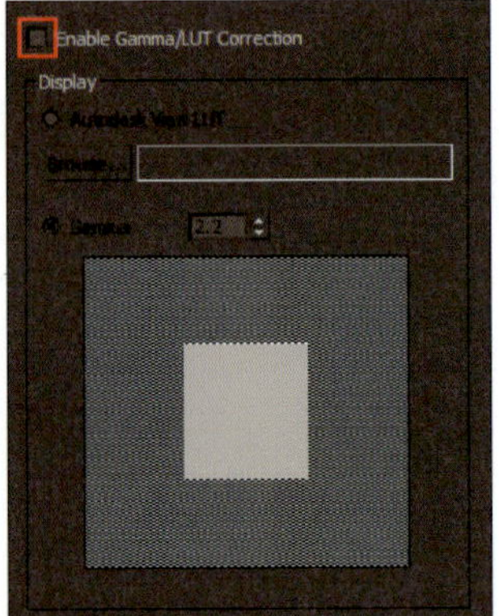

:: 설명에 사용될 Box 오브젝트 생성

1 Box 생성

Commend Panel의 Create>Geometry 에서 Box를 선택합니다.

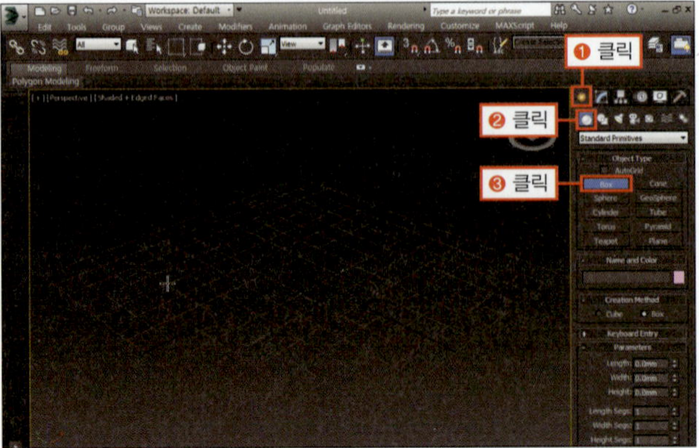

Perspective View에서 마우스 왼쪽 버튼을 클릭한 채 → 방향으로 드래그한 후 해당 위치에서 마우스 왼쪽 버튼을 드롭합니다.

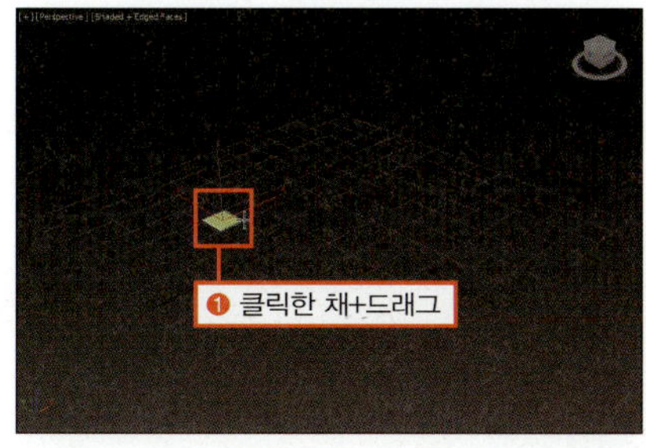

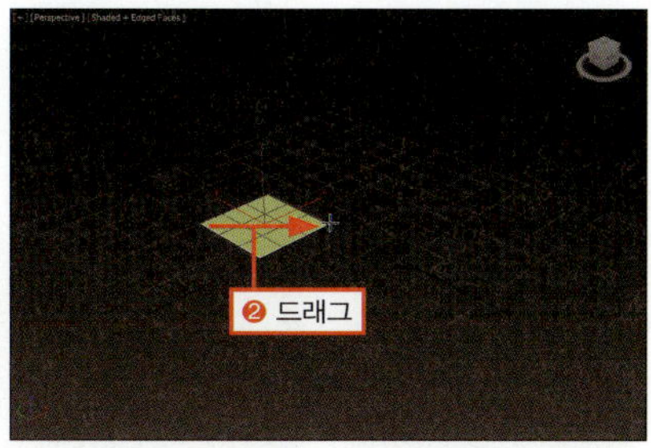

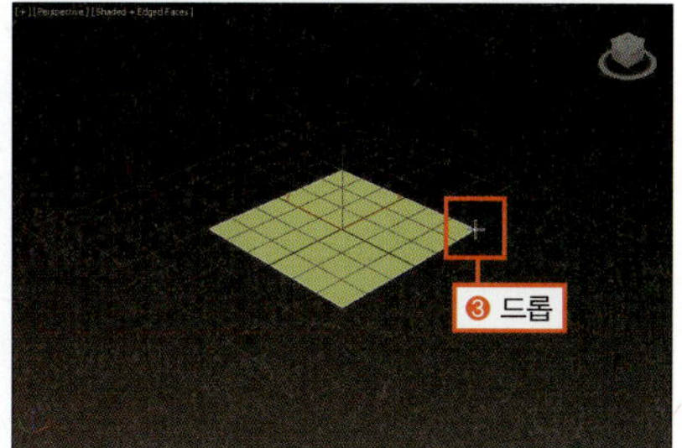

마우스를 ↑ 방향으로 드래그한 후 클릭하여 Box를 생성합니다.

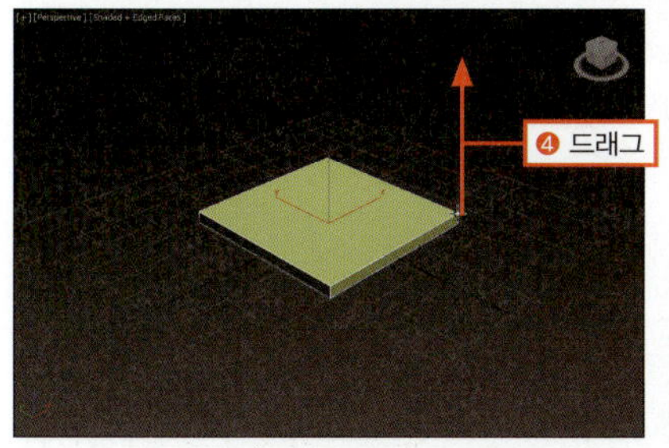

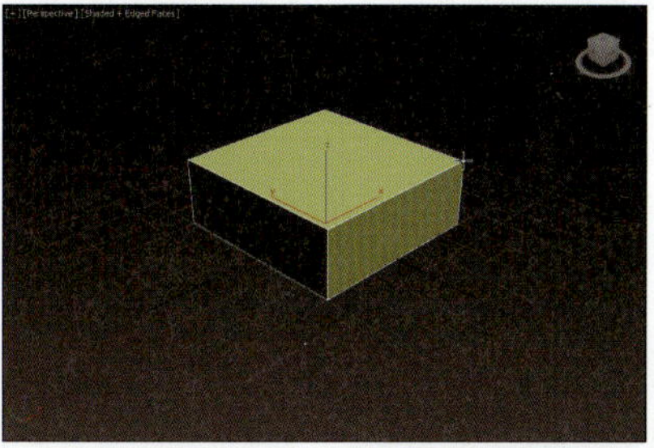

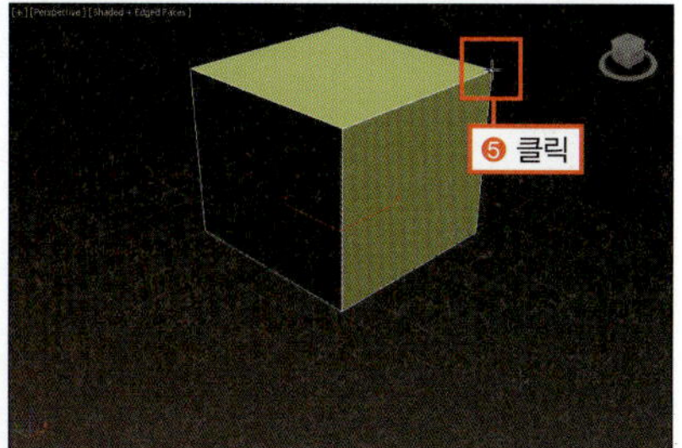

Box Parameter Rollout에서 사이즈를 변경하고 오브젝트의 좌표를 다음과 같이 입력하여 위치를 조절합니다.

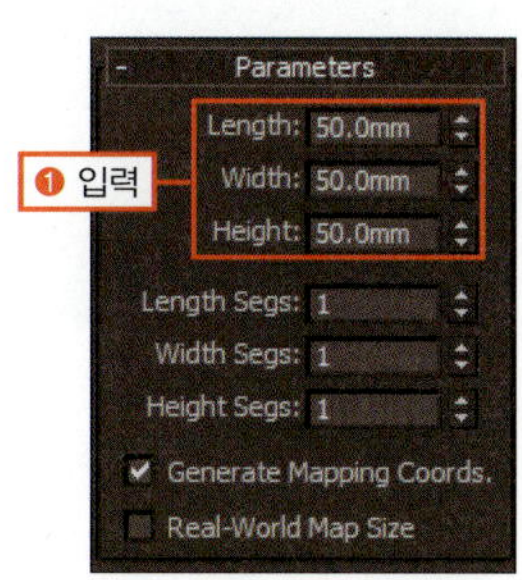

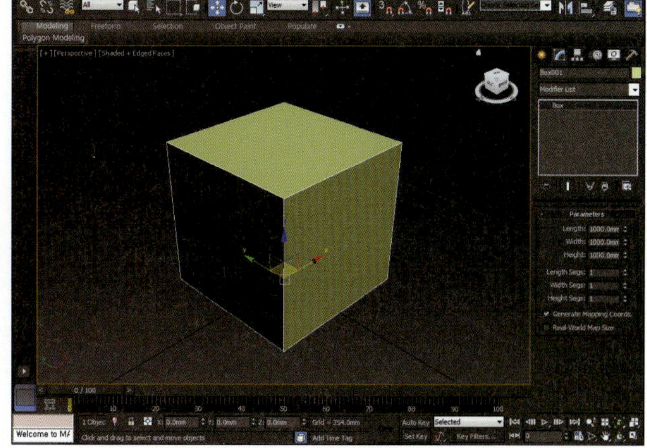

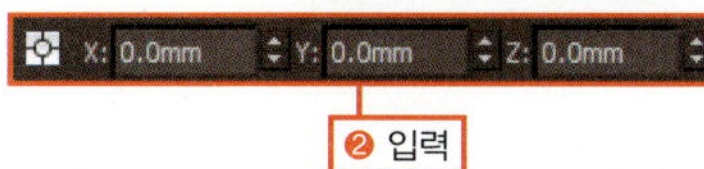

[Object Color] 대화상자를 열어 컬러를 변경합니다.

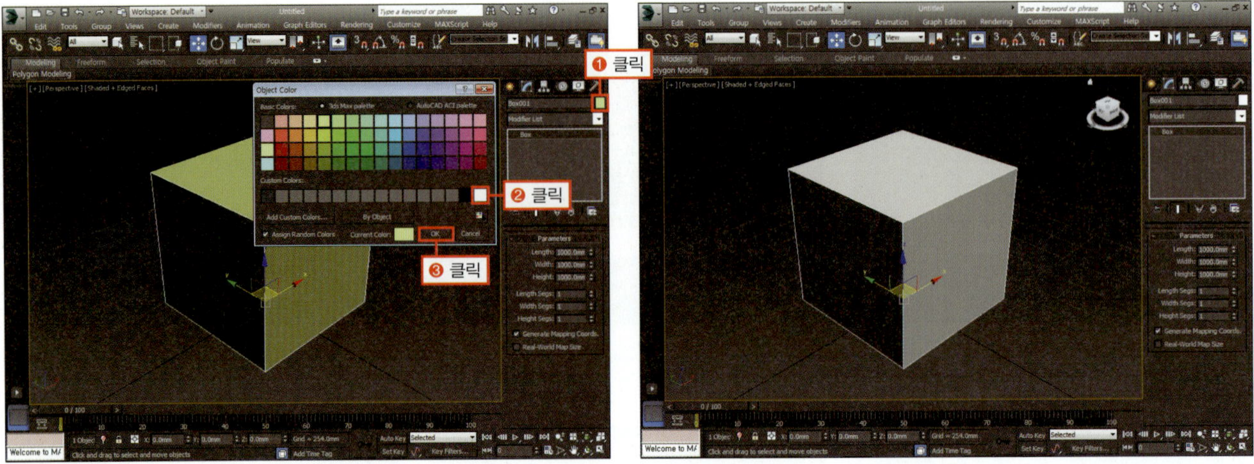

② Convert to Editable Poly

마우스 오른쪽 버튼을 클릭하여 Convert to>Convert to Editable Poly를 선택합니다.

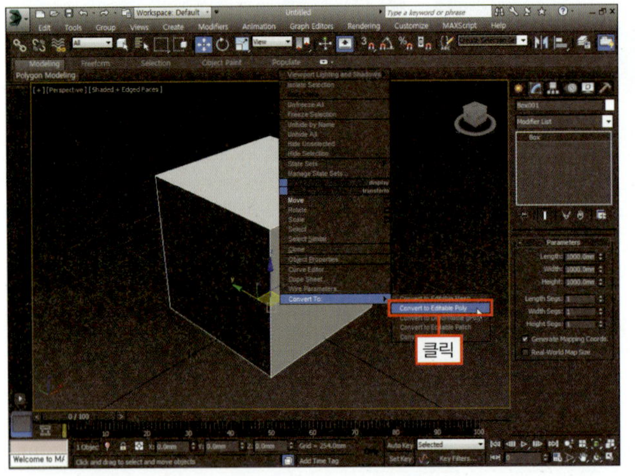

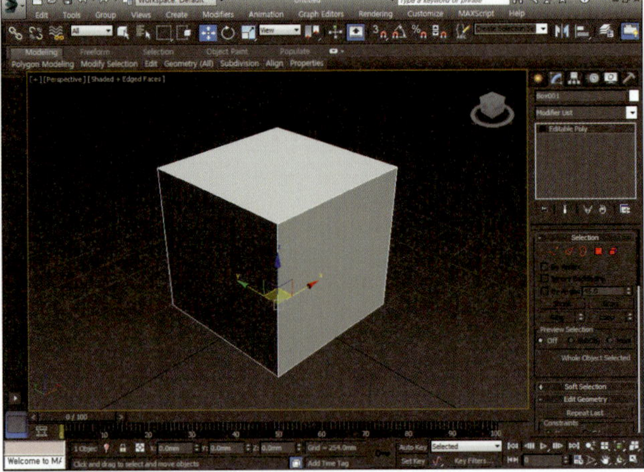

Editable(Edit) Poly의 Sub-Object Level

3ds Max에서 Poly란 편집이 가능한 3차원 오브젝트를 의미합니다. Vertex, Edge, Border, Polygon, Element의 5개 하위 오브젝트 레벨로 이루어져 있으며 각 레벨의 특징 및 기능을 활용하여 3차원 오브젝트를 편집할 수 있습니다.

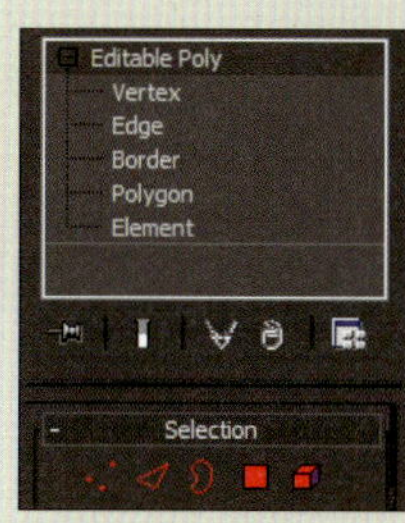

1 Vertex( )

Vertex란 3D 오브젝트에서 붉은색 또는 푸른색으로 표시된 정점들을 의미합니다. Vertex는 다른 하위 오브젝트의 구조를 정의하는 최소 단위입니다. 오른쪽 그림 Box 형태의 Poly에는 총 8개의 Vertex가 있고 그중 4개가 선택되어 있습니다.

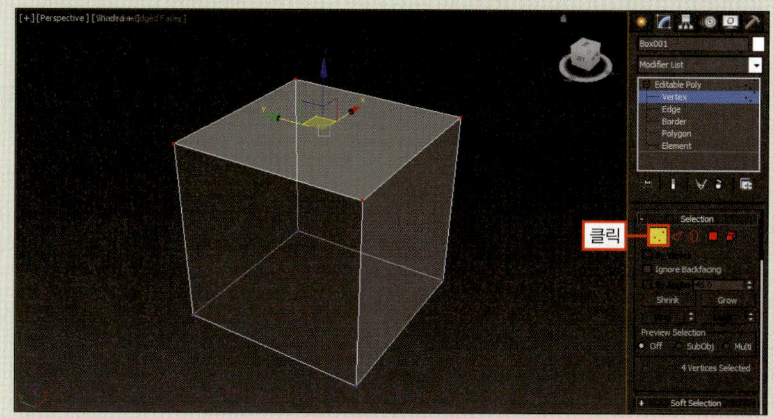

2 Edge( )

Edge란 Vertex와 Vertex를 이어주는 선, 즉 모서리를 말합니다. Edge는 면과 면이 만나는 경계선이기도 합니다. 오른쪽 그림 Box 형태의 Poly에는 총 12개의 Edge가 있고 그중 4개가 선택되어 있습니다.

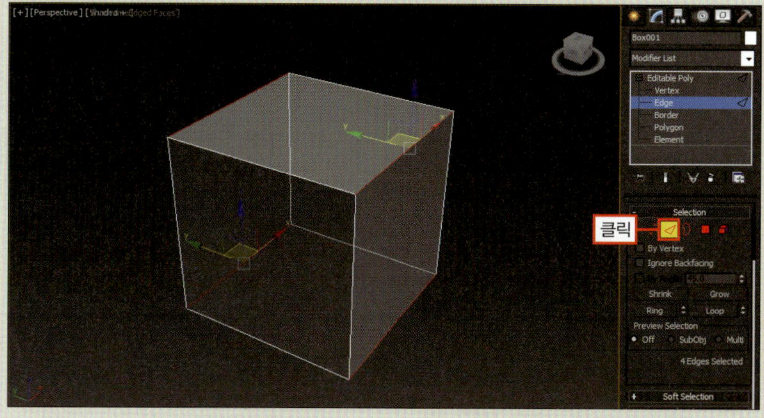

3 Border( )

Border란 구멍이 있는 오브젝트의 가장자리를 말합니다. Box 오브젝트에는 구멍이 없지만 오른쪽 그림에서는 앞쪽의 면을 선택하여 삭제한 상태입니다.

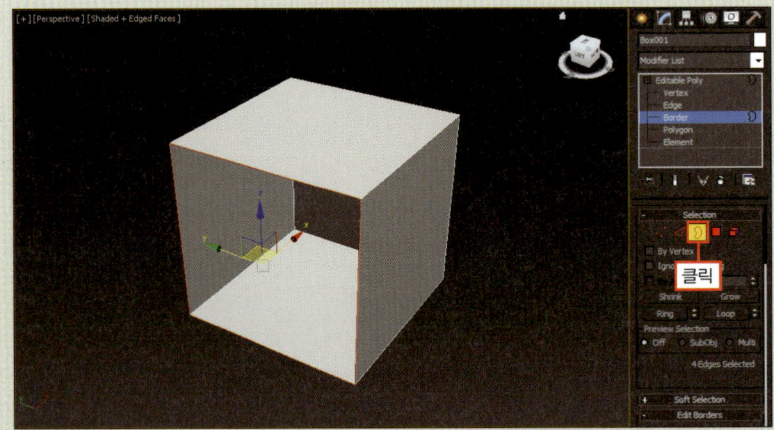

4 Polygon( )

3개 이상의 Edge가 만나서 이루고 있는 면을 Face라고 하며 이는 렌더링이 가능한 최소 단위이기도 합니다. Polygon이란 2개의 Face로 이루어진 편집이 가능한 오브젝트의 표면을 말합니다. 오른쪽 그림 Box 형태의 Poly에는 6개의 Polygon이 있고 그중 위, 아래 2개의 Polygon이 선택되어 있습니다.

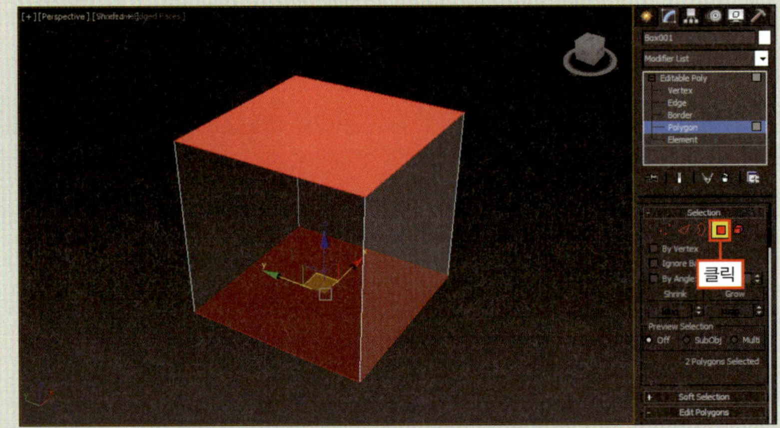

5 Element( )

1개의 Polygon이 1개의 Element가 될 수도 있습니다. 여러 개의 Polygon이 연결된 집합체도 Element라고 합니다. 즉, Element란 오브젝트를 이루고 있는 연결된 집합체를 말합니다. 오른쪽 그림에서는 2개의 Element 중 1개가 선택되어 있습니다.

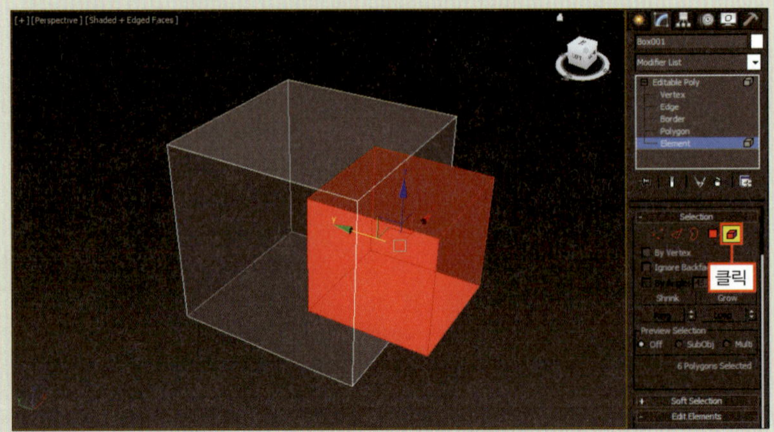

Editable(Edit) Poly의 Rolllout 구성과 기능 알아보기

3D 모델링에서 가장 중요한 기능을 하는 Editable Poly의 Rollout 구성을 살펴보고 모델링을 진행할 때 자주 사용하는 주요 기능에 대해 알아봅니다.

:: 이번 예제에 사용할 Max File의 Units/Gamma Setup

01 Menu Bar>Customize>Units Setup을 통해 다음과 같이 Unit을 세팅합니다.

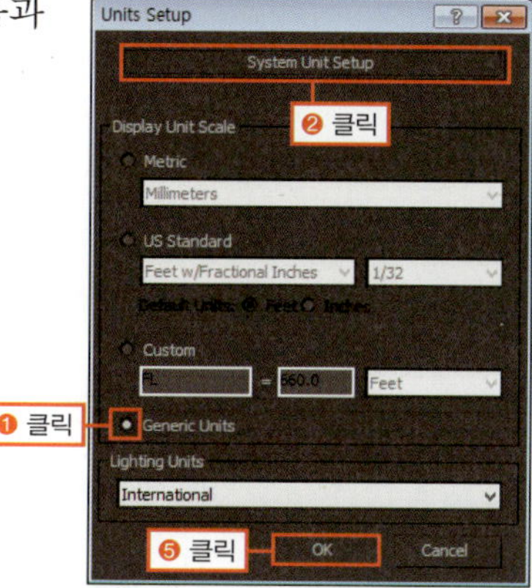
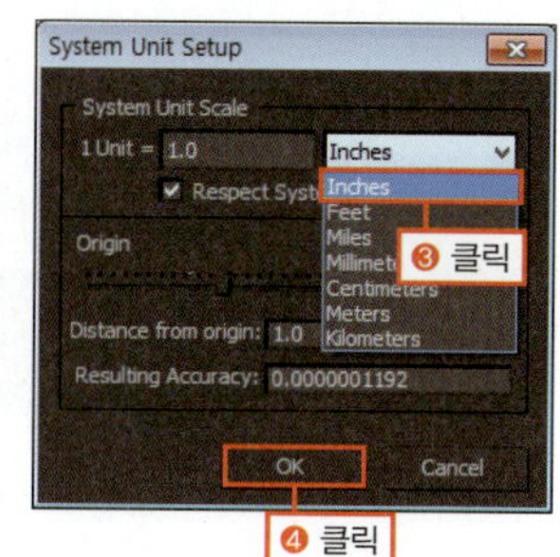

02 Menu Bar>Rendering>Gamma/LUT Setup을 통해 다음과 같이 Gamma를 비활성화합니다.

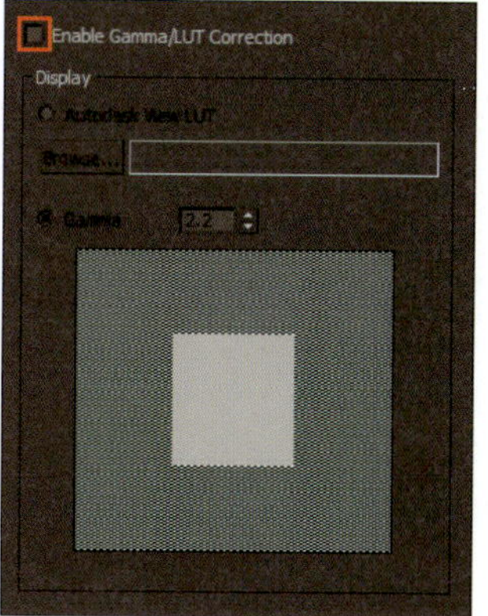

[**MEMO** · 부록 CD의 Max File을 Open 또는 Import할 때 본인이 사용하는 Max의 Units/Gamma Setup을 위 사항과 동일하게 세팅하면 파일이 문제없이 호환됩니다.]

:: Tube 오브젝트 생성하기

Editable Poly의 Rollout 구성과 주요 기능에 대해 알아보기 위해 Tube 오브젝트를 Viewport에 생성합니다.

01 Commend Panel의 Create>Geometry에서 Tube를 선택합니다. 해당 부분을 순서대로 입력, 체크 해제하고 [Create] 버튼(Create)을 클릭합니다.

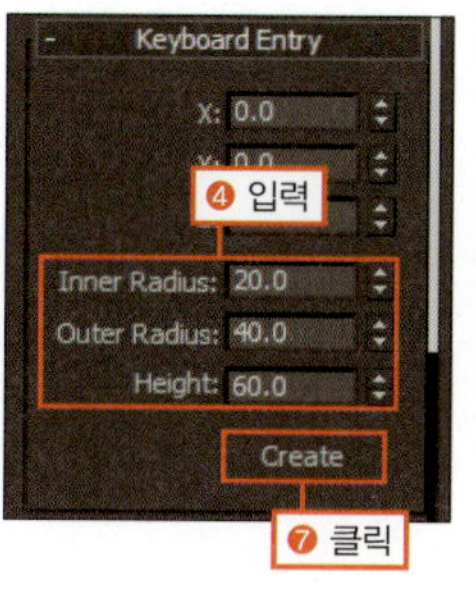
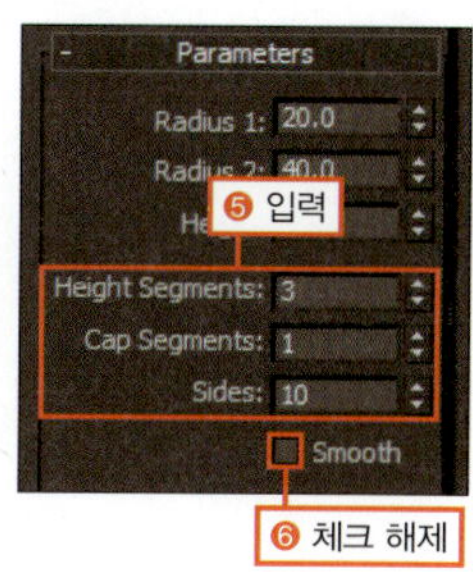

02 Tube가 생성되면 마우스 오른쪽 버튼을 클릭하여 Quad Menu에서 Editable Poly로 변환합니다.

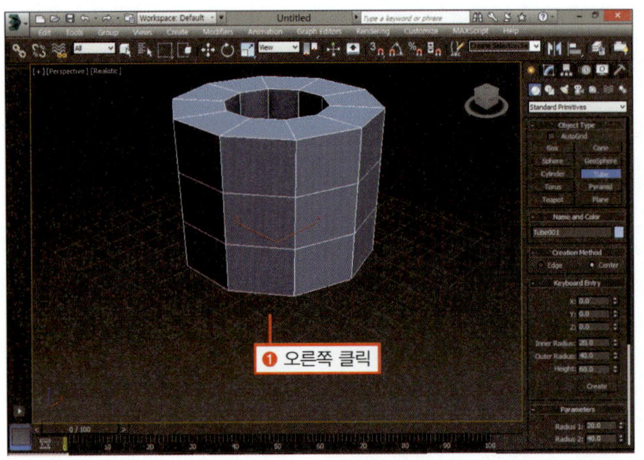

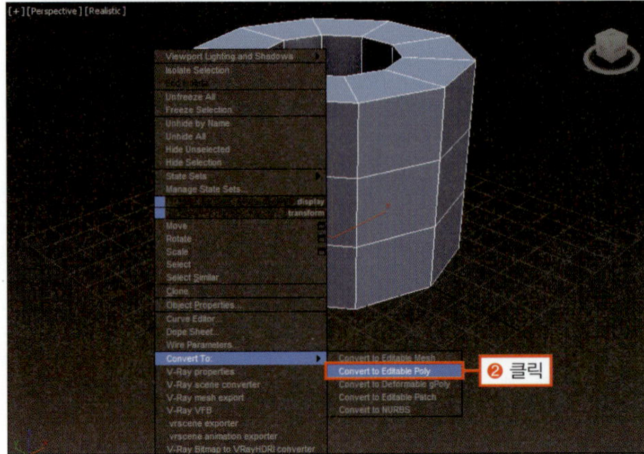

:: Editable Poly의 Rollout 구성과 주요 기능

Editable Poly의 Rollout은 평상시에는 6개로 구성되어 있고, 하위 레벨을 활성화했을 때는 각 레벨에 해당하는 Rollout이 추가됩니다.

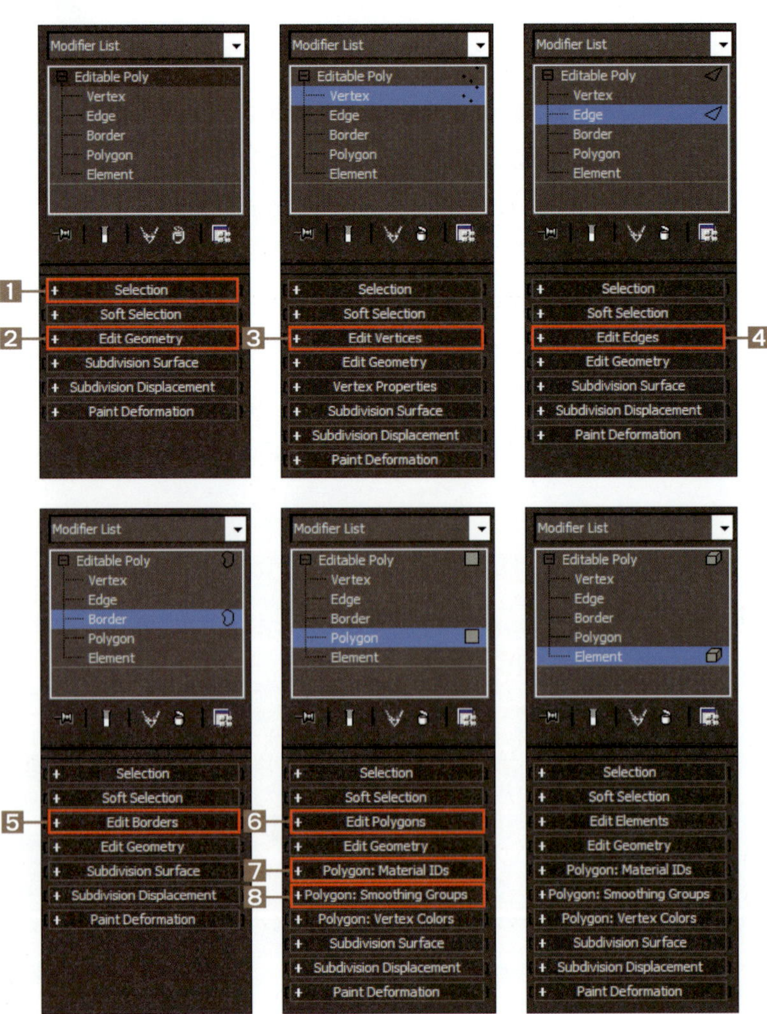

Selection Rollout에는 각 하위 레벨에서 선택과 관련된 다양한 기능들
이 제공됩니다.

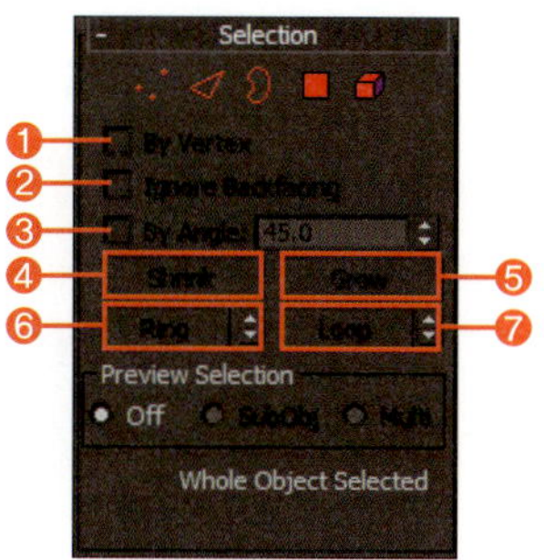

① By Vertex( ) : By Vertex를 체크하고 Vertex를 제외한 각 Level에서 Vertex의 위치를 선
택하면 주변의 Edge나 Polygon이 한 번에 선택됩니다.

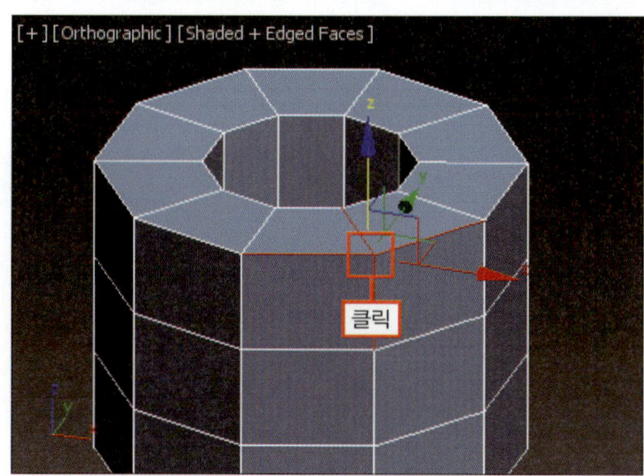

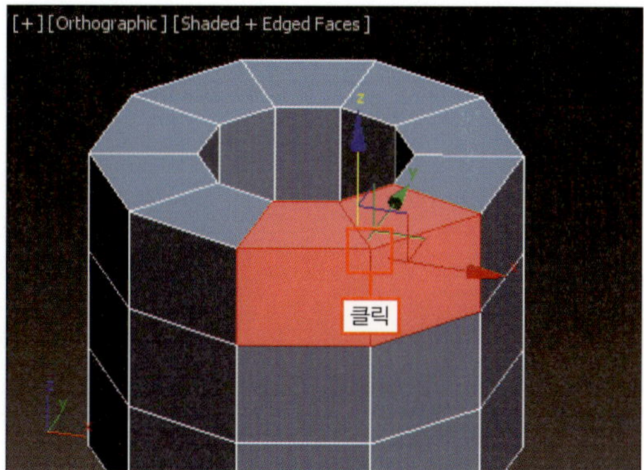

② Ignore Backfacing( ) : Viewport에서 보이지 않는 부분은 선택되지 않도록 설정합니다.

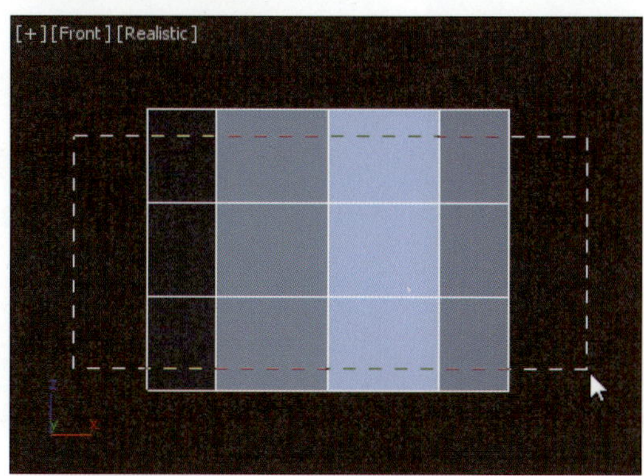

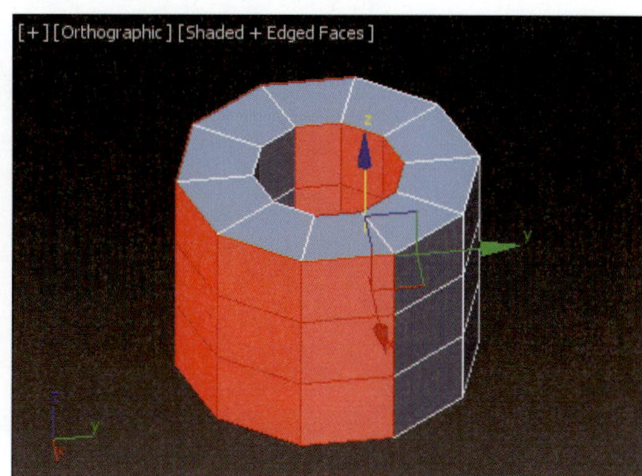

❸ **By Angle(** 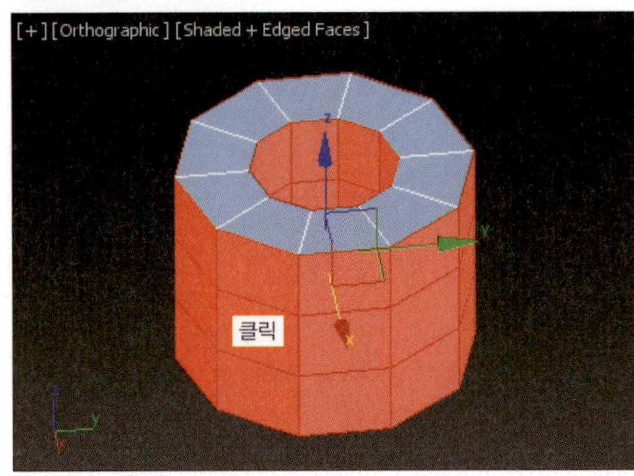 **)** : 입력한 각도의 범위 내에 있는 Polygon을 한 번에 선택합니다.

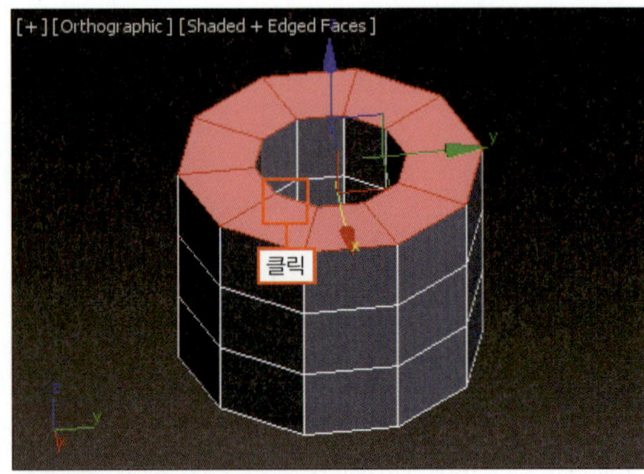

❹ **Shrink(** 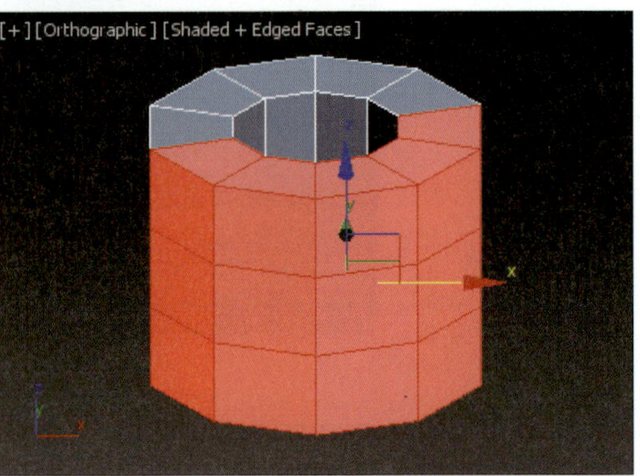 **)** : 선택한 영역이 안쪽으로
한 단계씩 줄어듭니다.

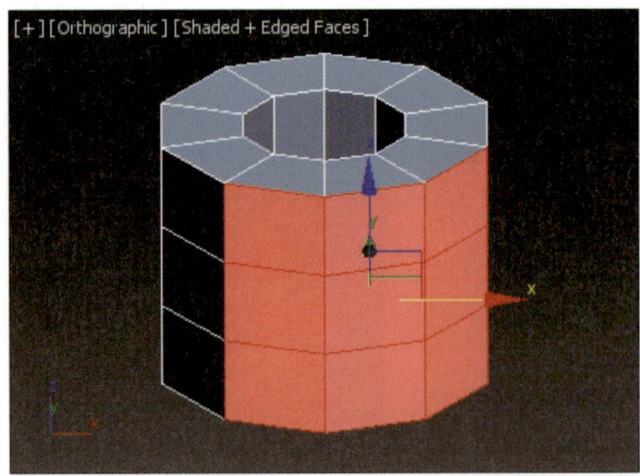

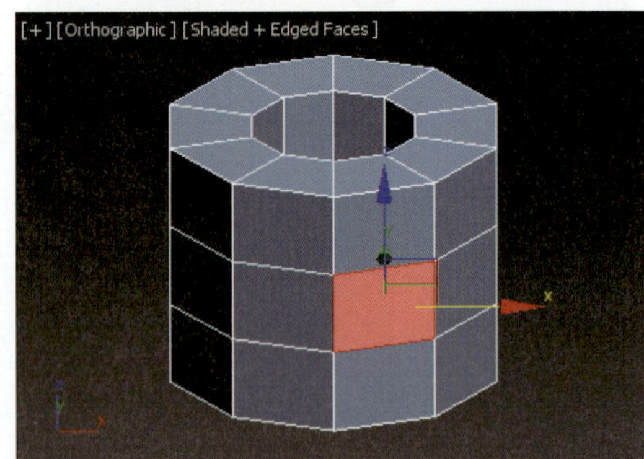

❺ Grow(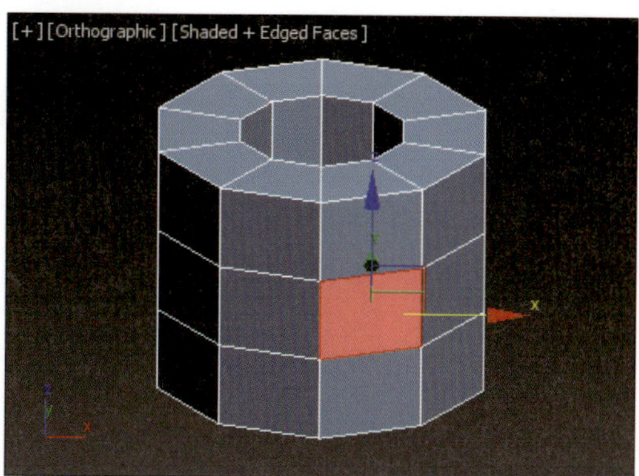) : 선택한 영역이 바깥쪽으로 한 단계씩 확장됩니다.

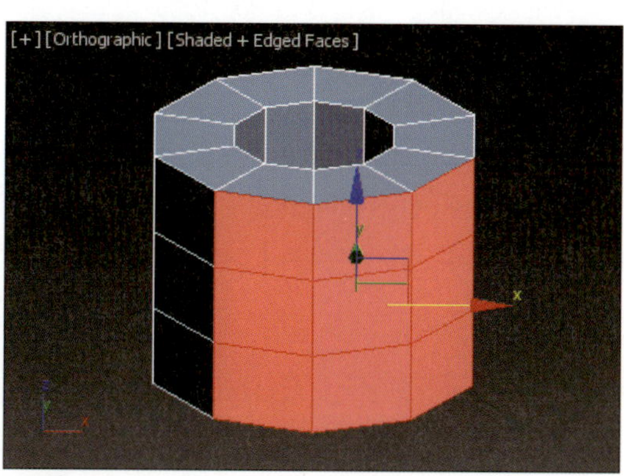

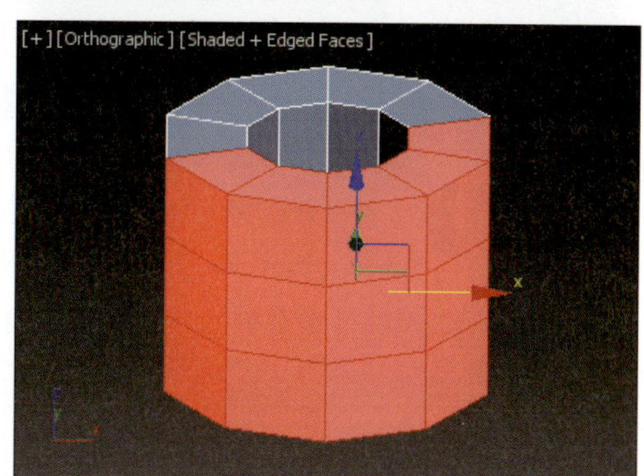

❻ Ring(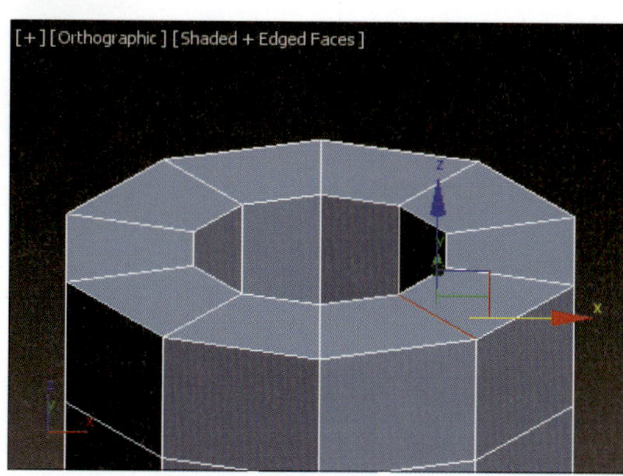) : 선택한 Edge와 원형으로 평행한 방향의 모든 Edge를 한 번에 선택합니다.

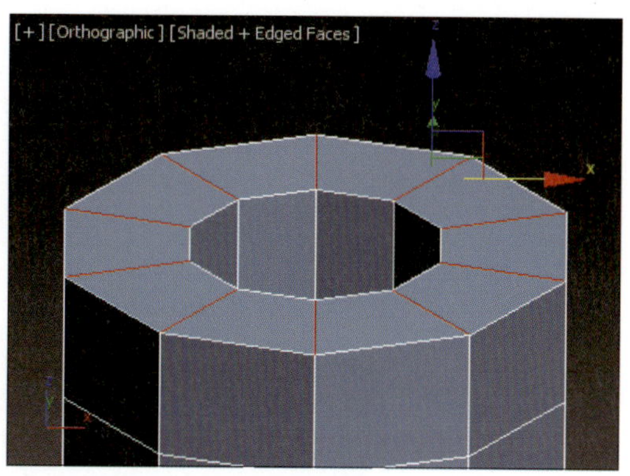

❼ Loop(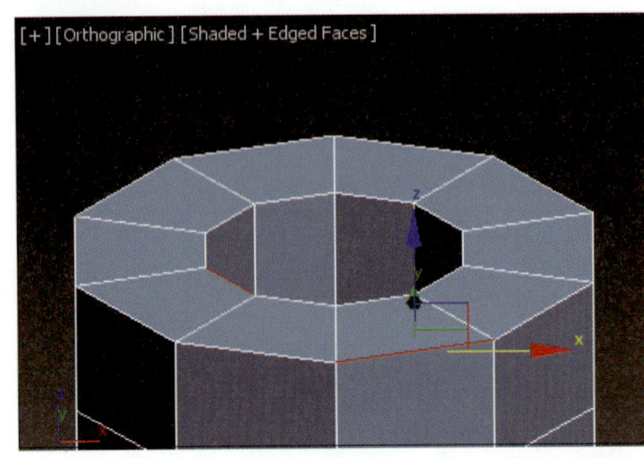 **)** : 선택한 Edge와 일렬로 연결된 모든 Edge를 한 번에 선택합니다.

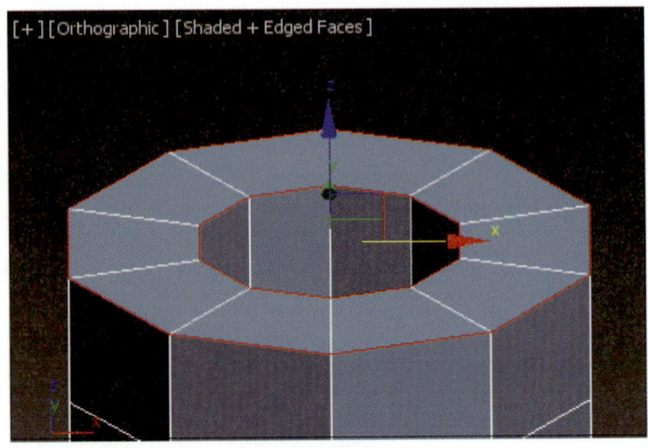

❷ Edit Geometry Rollout(**Edit Geometry**)

Edit Geometry Rollout은 3차원 오브젝트를 편집할 수 있는 여러 가지 기능들을 제공하고 있습니다. 각 Sub-Object Level(Vertex, Edge, Border, Polygon, Element)을 선택하면 사용 가능한 기능들이 비활성화에서 활성화 상태로 바뀌게 됩니다.

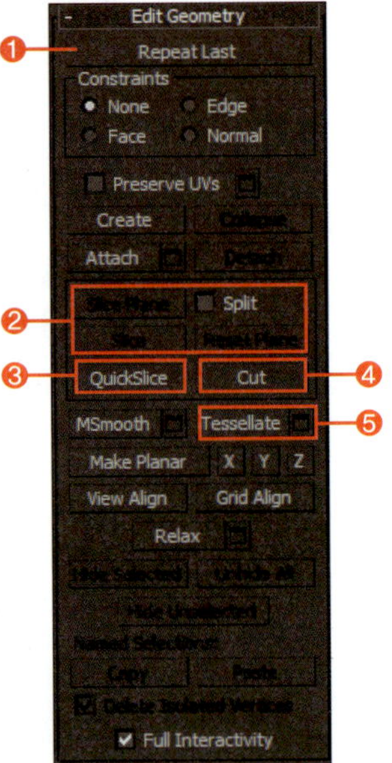

❶ Repeat Last : [Repeat Last] 버튼(Repeat Last)을 클릭하면 가장 최근에 사용한 명령을 반복해서 실행합니다.

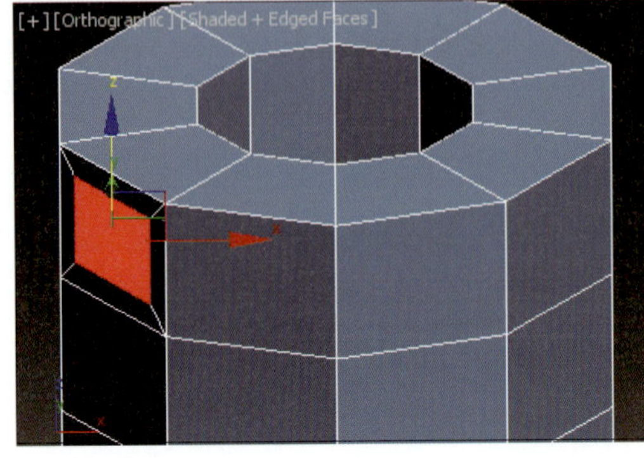

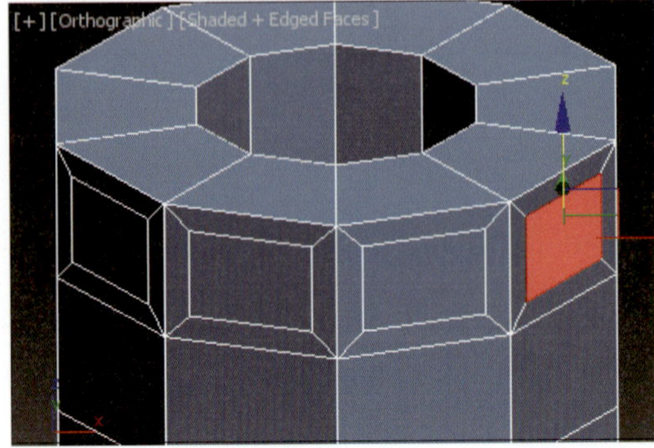

❷ **Slice** : [Slice Plane] 버튼()을 클릭하면 오브젝트에 노란색 평면 Gizmo가 나타나 잘리게 될 모양을 오브젝트 표면에서 미리 보여줍니다. Slice될 위치를 조절하고 [Slice] 버튼(　Slice　)을 클릭하면 기능이 실행됩니다.

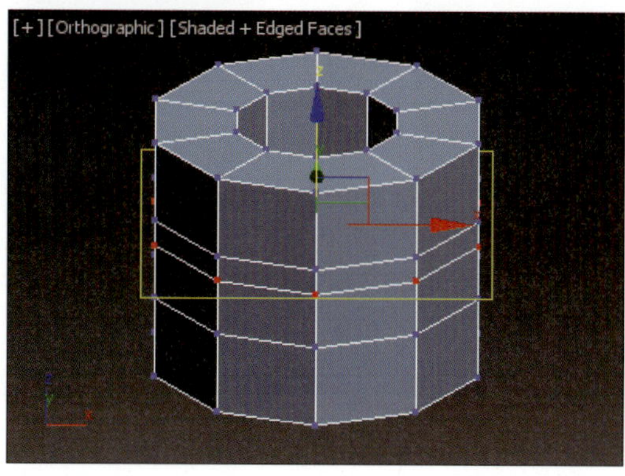

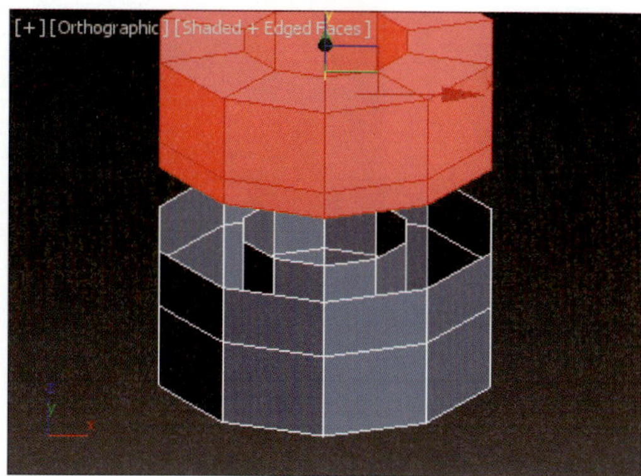

ⓐ Split : 항목을 체크하고 기능을 실행하면 Slice한 단면을 경계로 오브젝트가 분할됩니다. 체크하지 않으면 Slice만 실행되고 각각의 오브젝트로 분할되지는 않습니다.

ⓑ Reset Plane : Slice Plane을 기본 위치와 방향으로 되돌립니다.

❸ **QuickSlice**(　QuickSlice　) : QuickSlice를 선택하고 Viewport에서 시작점과 끝점을 마우스로 클릭하면 신속하게 오브젝트를 자를 수 있습니다.

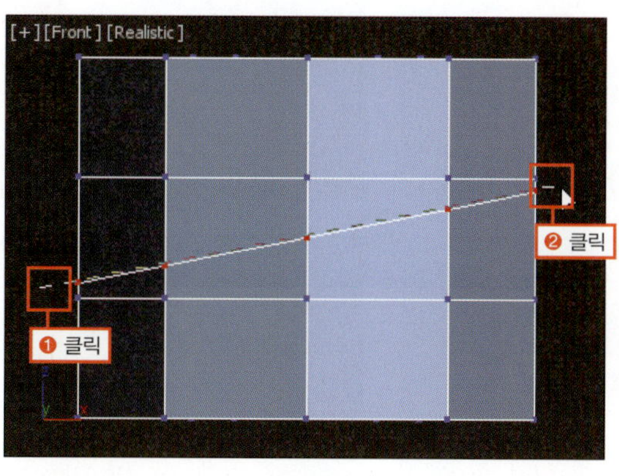

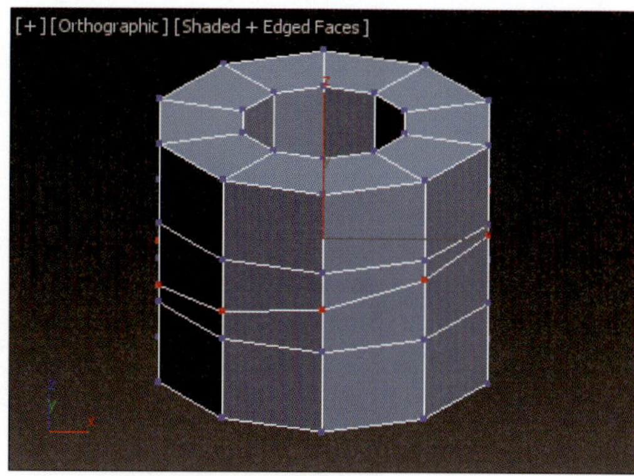

❹ Cut(Cut   ) : 오브젝트를 자유롭게 잘라낼 수 있는 기능입니다. 시작 지점을 마우스로 클릭한 후 다른 지점(Vertex, Edge, Polygon 모두 가능)을 선택하면 해당 위치를 연결하는 새로운 Edge가 생성됩니다. Cut을 종료하려면 마우스 오른쪽 버튼을 클릭하거나 [Cut] 버튼(Cut   )을 클릭합니다.

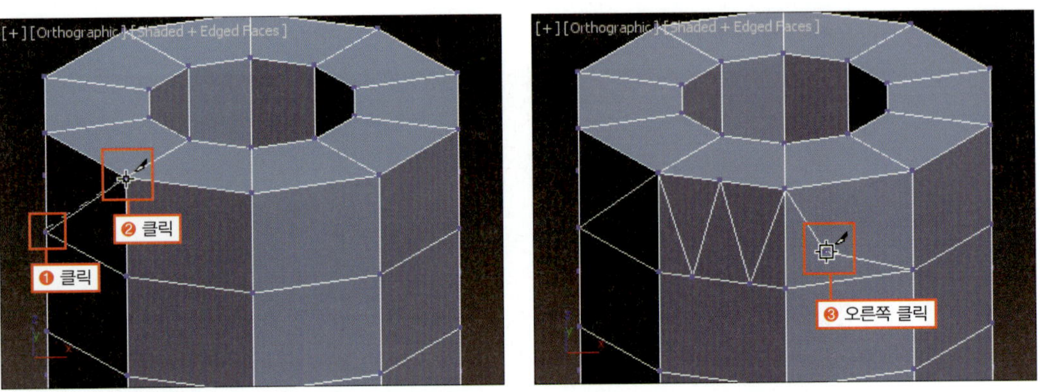

❺ Tessellate(Tessellate ■) : 선택한 다각형의 면을 세분화합니다. [Settings] 버튼(■)을 누르면 팝업되는 설정 창에서 Edge의 방향을 다르게 설정할 수도 있습니다.

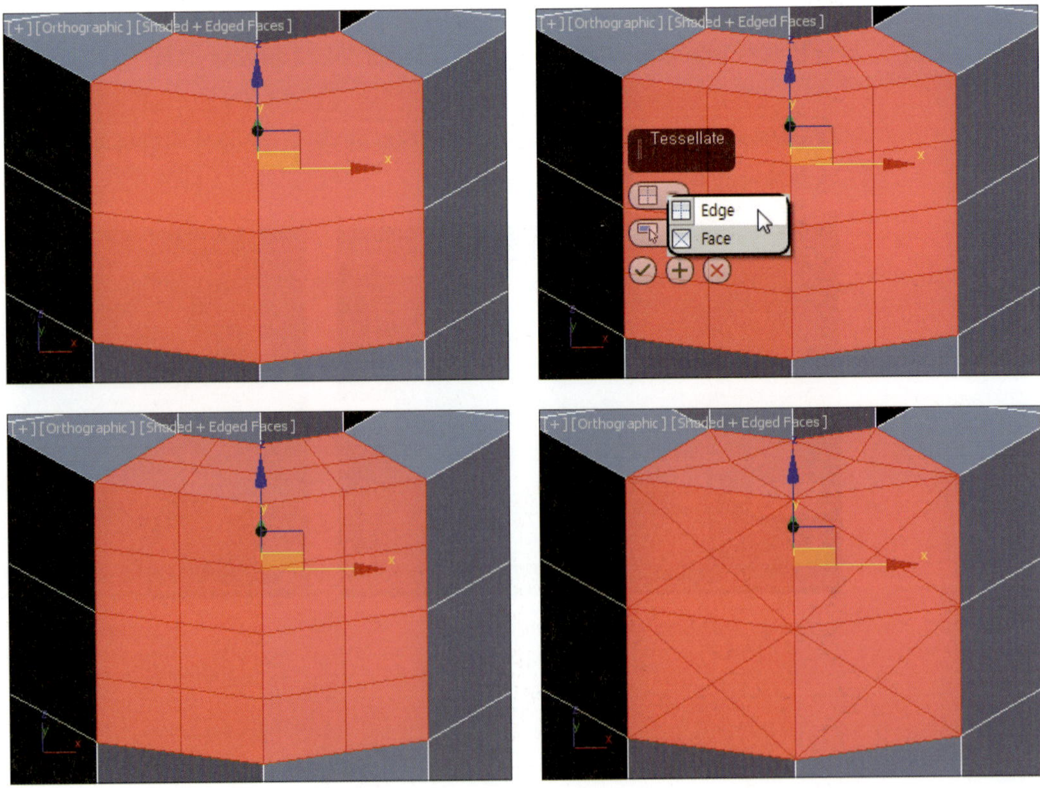

3 Edit Vertices Rollout(**+**　　Edit Vertices　　)

Vertex를 활성화했을 때 사용할 수 있는 기능들입니다.

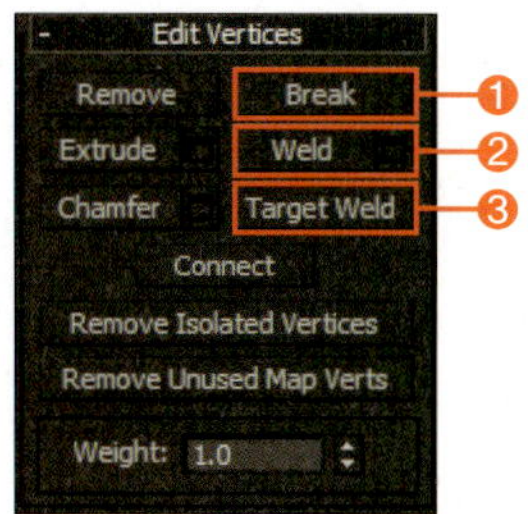

❶ Break(Break **)** : 선택한 Vertex를 분할해줍니다. [Break] 버튼(Break)을 클릭하여 기능을
실행하면 화면상에 아무런 변화가 보이지 않습니다. 마우스로 Vertex를 선택하여 움직여 보면 각
각 분할되어 있는 것을 확인할 수 있습니다.

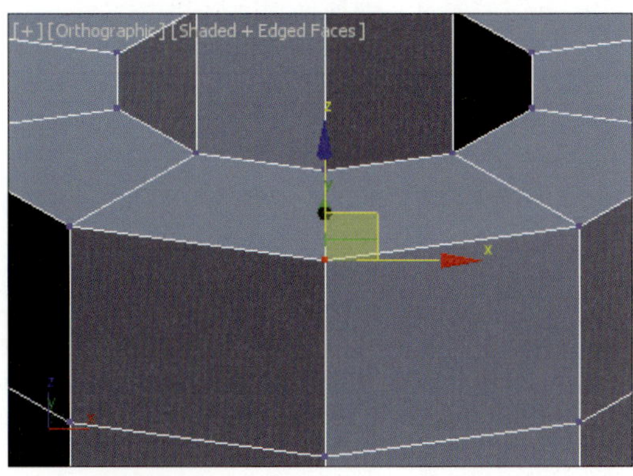
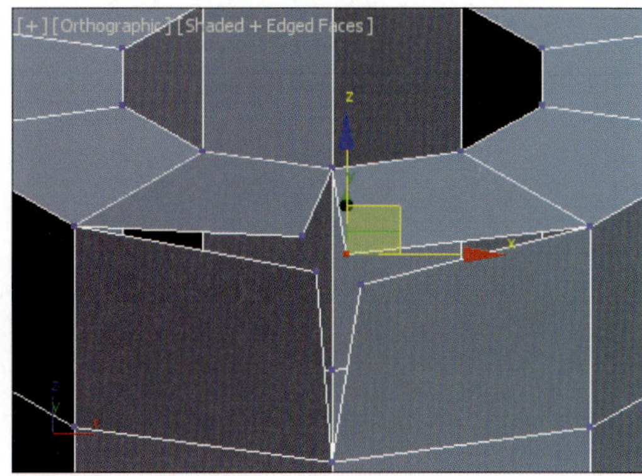

❷ Weld(Weld **)** : [Settings] 버튼( )을 클릭하여 팝업되는 설정 창에 값을 입력하면 선택된 Vertex
들이 값에 의해 하나로 합쳐집니다.

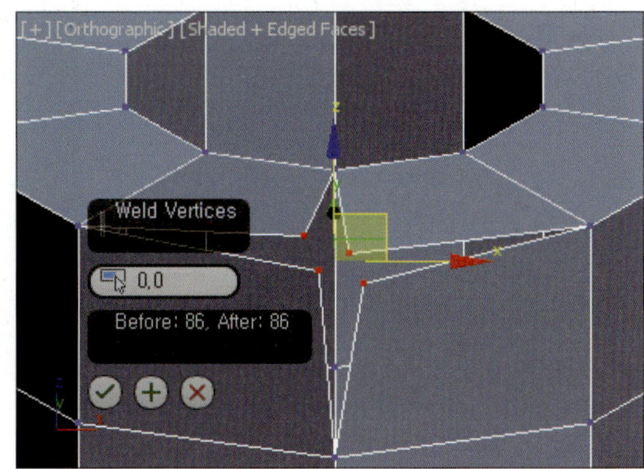

❸ **Target Weld(** Target Weld **)** : [Target Weld] 버튼(Target Weld)을 클릭하고 마우스 왼쪽 버튼으로
Vertex를 클릭하여 원하는 위치로 드래그하거나 클릭하면 해당 위치로 Vertex가 이동되면서 합쳐
집니다.

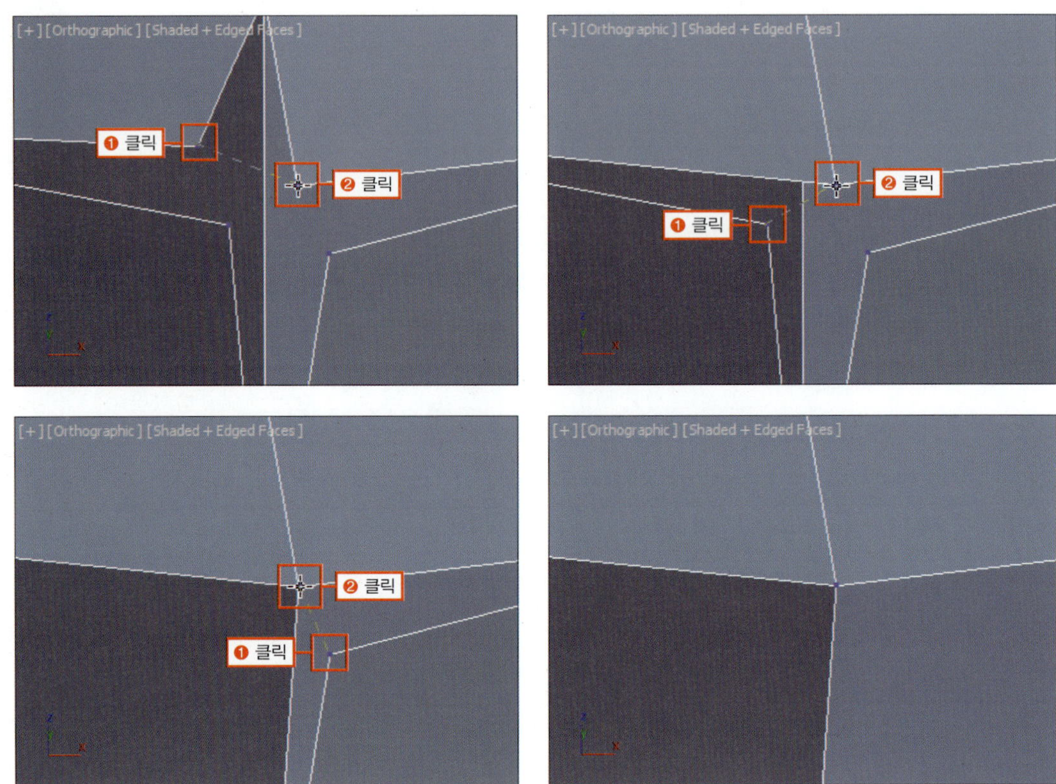

4 Edit Edges Rollout(+ Edit Edges **)**

Edge를 활성화했을 때 사용할 수 있는 기능들입니다.

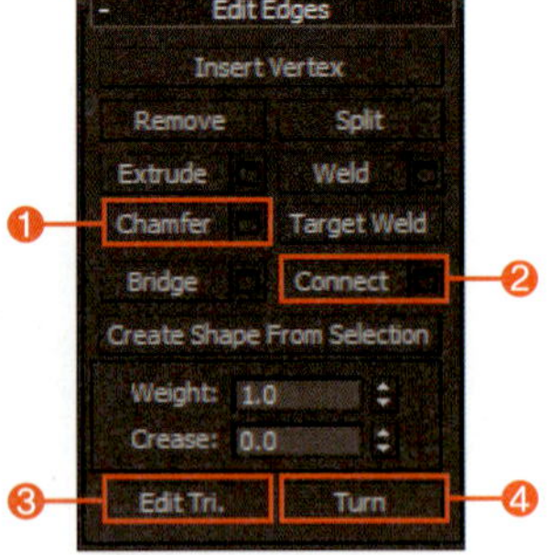

❶ **Chamfer(** Chamfer **)** : [Chamfer] 버튼(Chamfer)을 활성화하고 선택한 Edge 위에서 마우스를 상하
방향으로 드래그하면 그림과 같이 모서리가 비스듬하게 깎이게 됩니다.

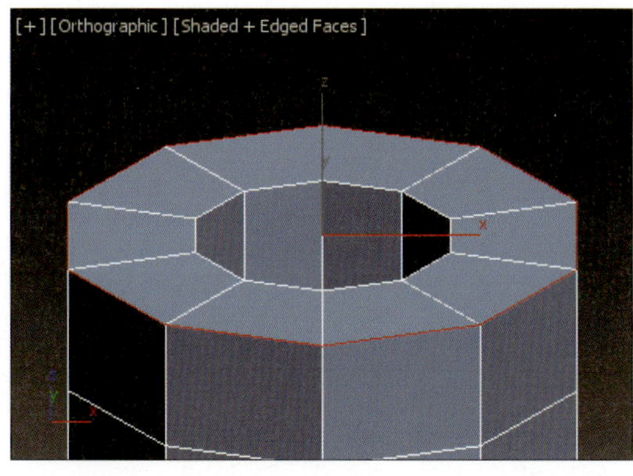
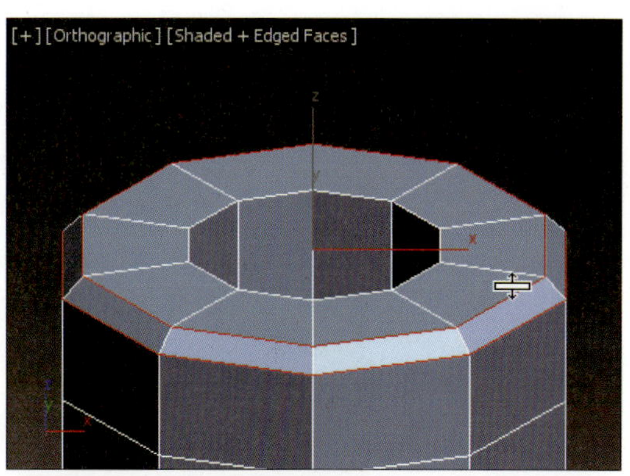

[Chamfer Setting] 버튼(■)을 팝업하여 값을
입력하면 Chamfer의 간격과 Connect Edge
Segment의 개수를 설정할 수 있습니다.

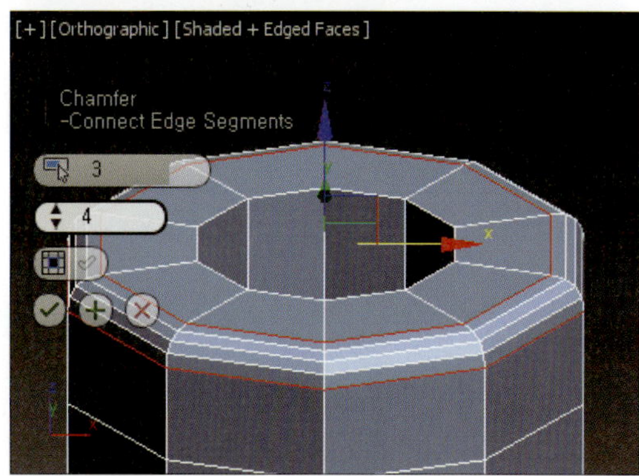

❷ **Connect**(Connect ■) : 그림과 같이 Edge를 선택하고 Connect Setting(■)을 팝업하여 값을 입력하
면 선택한 Edge들을 연결하는 새로운 Edge를 생성할 수 있습니다.

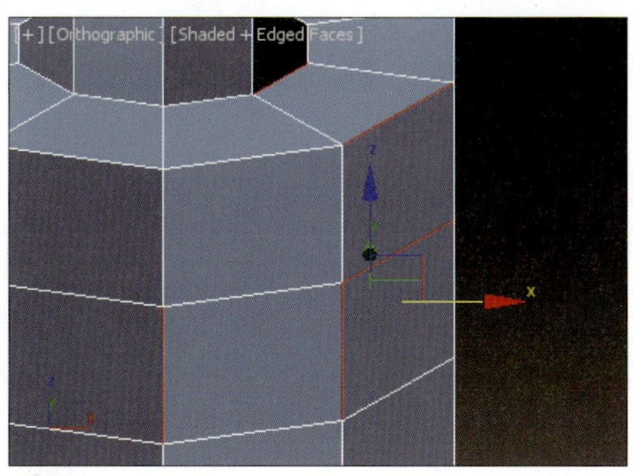
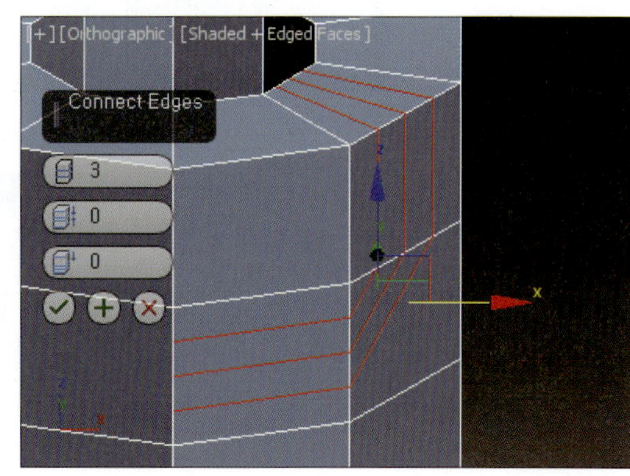

❸ **Edit Tri.(** Edit Tri. **)** : Poly의 특성상 기본적으로 보이지 않던 숨겨진 Edge를 확인할 수 있습니다.

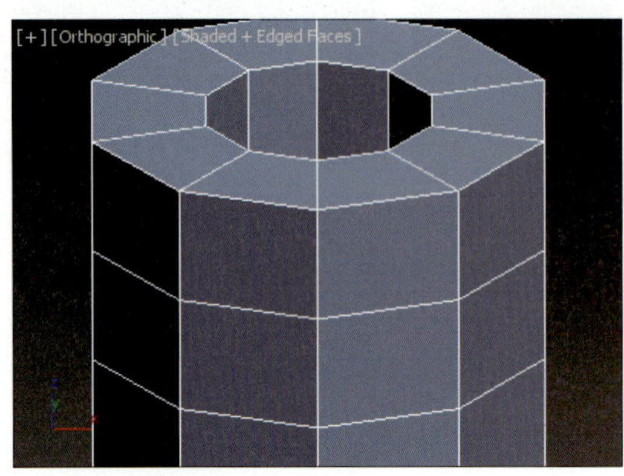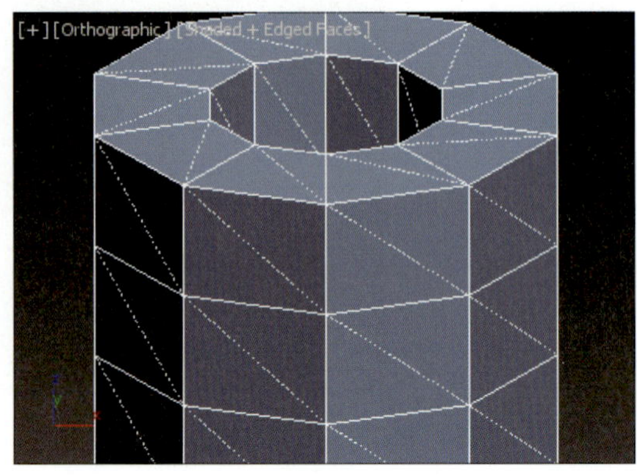

❹ **Turn(** Turn **)** : Edit Tri.와 Turn을 활성화한 상태에서 눈금으로 표시되는 Edge를 마우스로 선택하면 Edge의 연결 방향이 그림과 같이 바뀝니다. 캐릭터 모델링 등에서 오브젝트의 특성상 면의 흐름이 바뀌어야 할 필요가 있을 때 이 기능을 사용합니다.

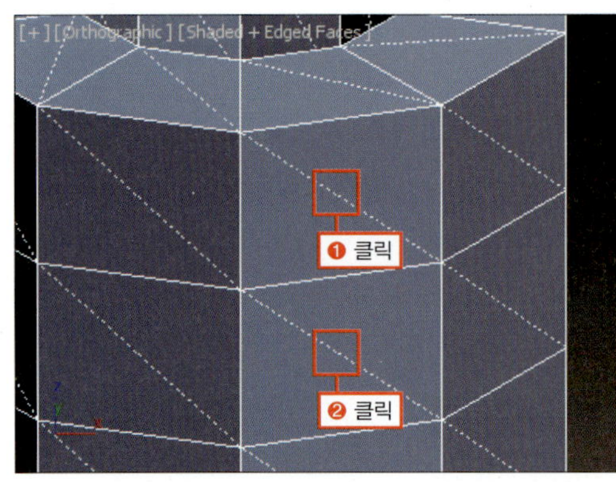

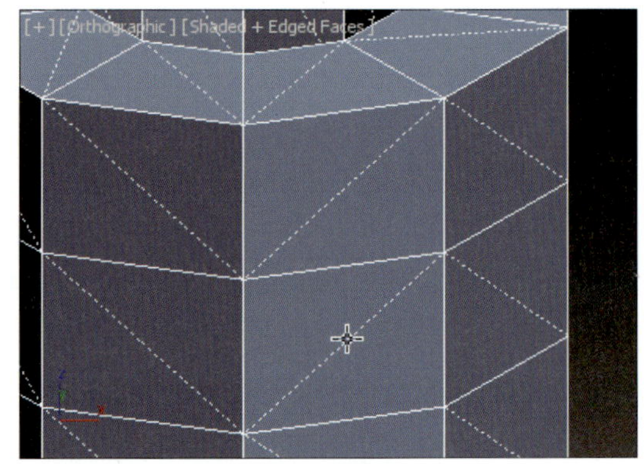

5 **Edit Borders Rollout(** + Edit Borders **)**

Border를 활성화했을 때 사용할 수 있는 기능들입니다.

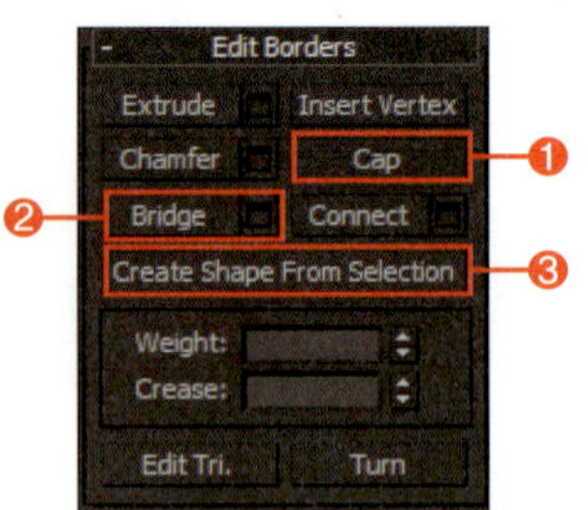

❶ **Cap(** Cap **)** : 오브젝트에 그림과 같이 구멍이 있을 때 Border를 선택하고 Cap을 실행하면 뚫려 있던 구멍에 새로운 면이 생성됩니다.

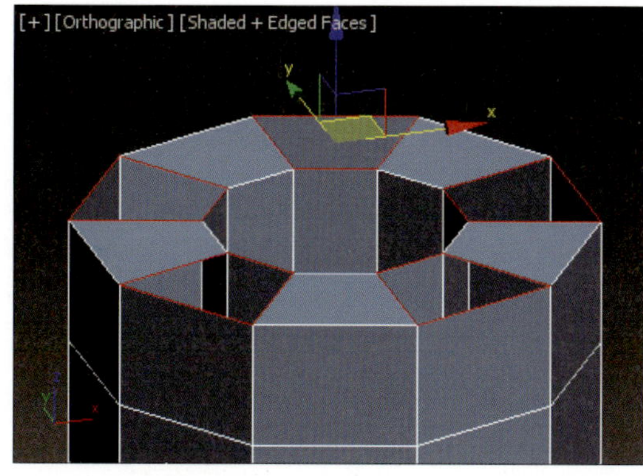 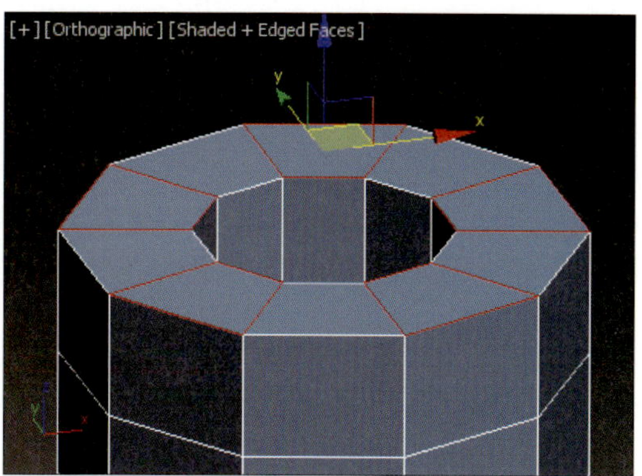

❷ **Bridge(** Bridge ▢ **)** : 그림과 같이 한 오브젝트에서 Border와 Border를 이어주는 면을 생성할 수 있습니다.

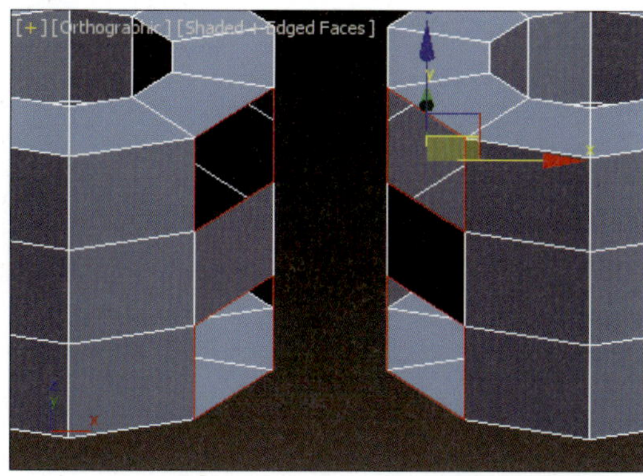 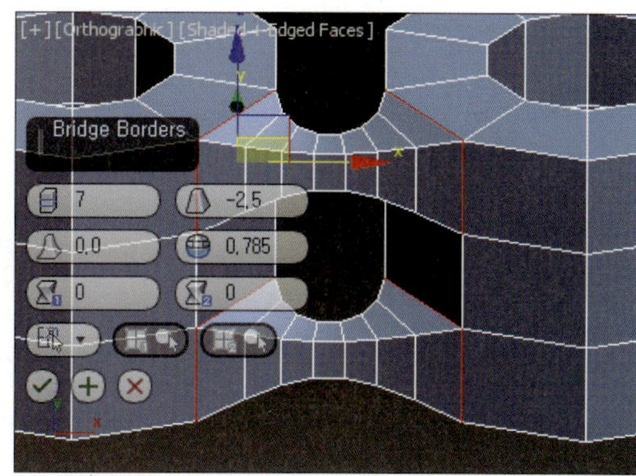

❸ **Create Shape From Selection(** Create Shape From Selection **)** : 선택한 Border나 Edge의 모양으로 새로운 Line Shape을 생성할 수 있습니다. [Create Shape From Selection] 버튼(Create Shape From Selection)을 클릭하여 Create Shape 창이 팝업되면 Shape Type을 Linear로 선택하고 [OK] 버튼을 클릭합니다. 원래 선택했던 Border와 동일한 위치에 새로운 Spline이 생성됩니다.

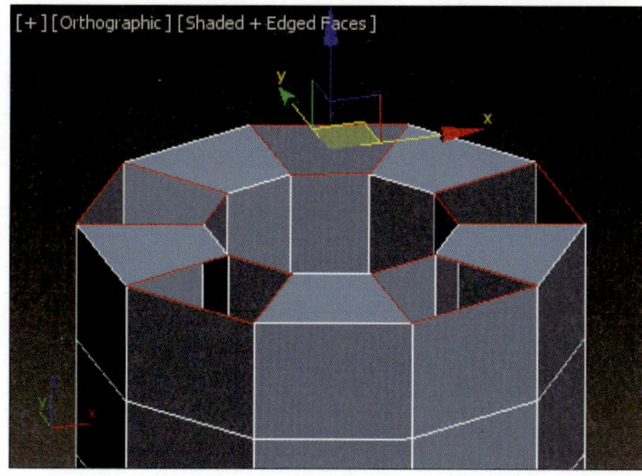 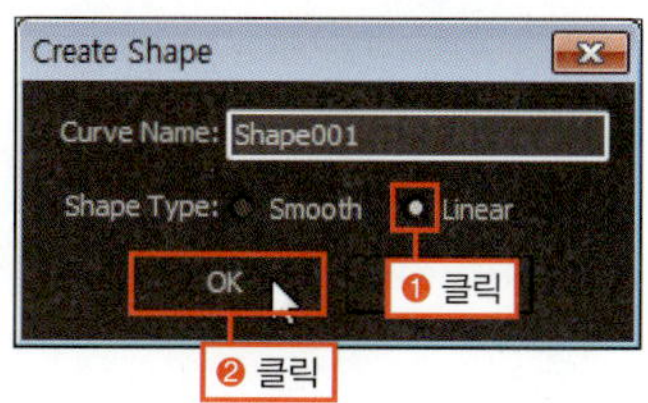

생성된 Spline을 선택하여 위로 약간 올려준 모습입니다.

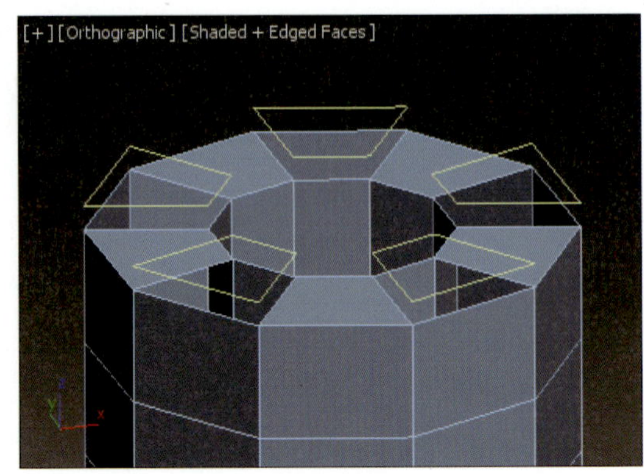

6 Edit Polygons Rollout(**+ Edit Polygons**)

Polygon을 활성화했을 때 사용할 수 있는 기능들입니다.

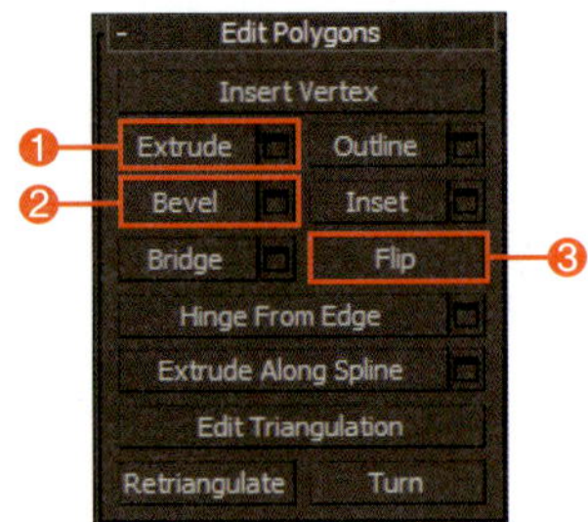

① Extrude(Extrude ▣) : 선택한 면을 돌출시킬 때 사용하는 기능입니다. 그림처럼 오브젝트 중간 부분의 면을 선택하고 Extrude Setting(▣)을 팝업합니다. 의 화살표를 클릭하면 Extrude되는 타입을 선택할 수 있습니다.

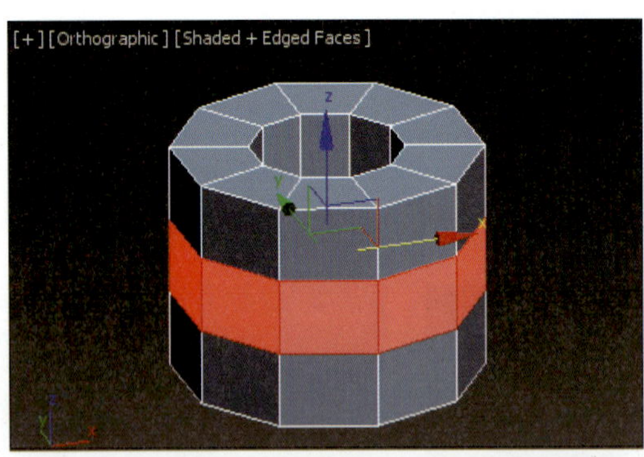
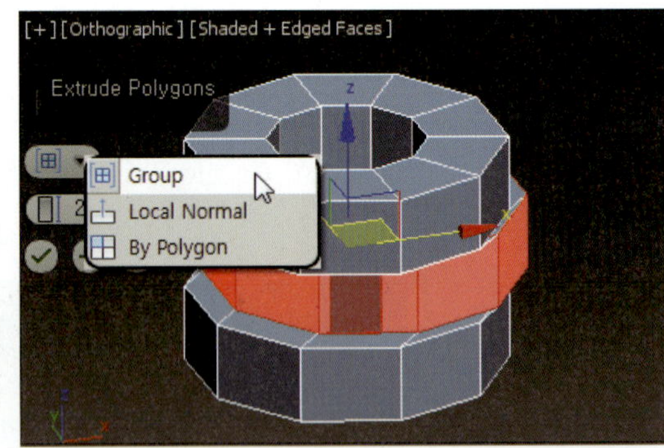
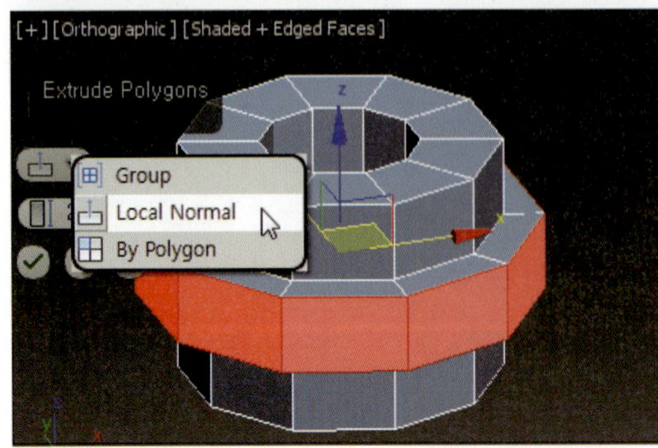
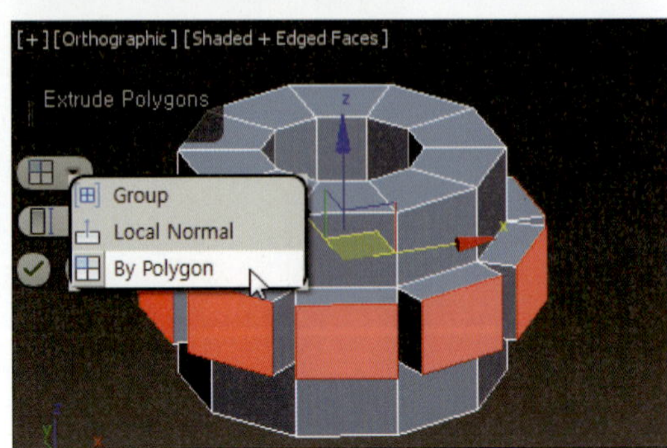

Height에 입력한 값만큼 면이 Extrude됩니다.

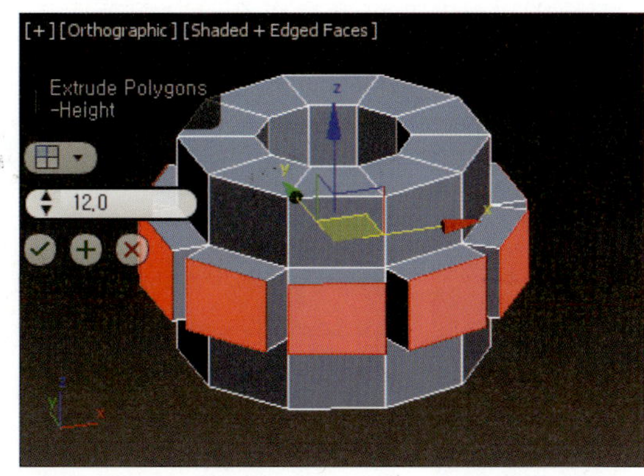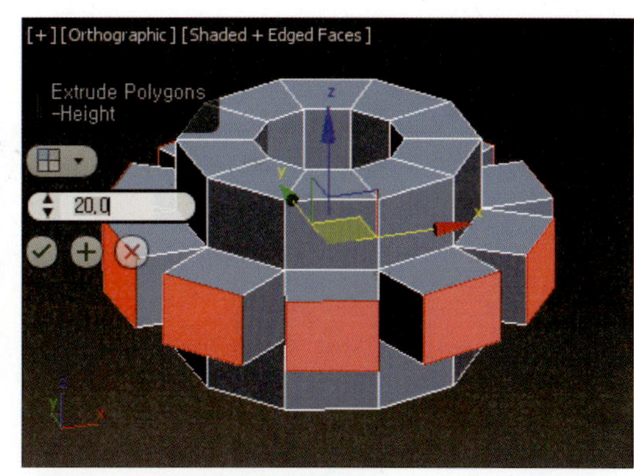

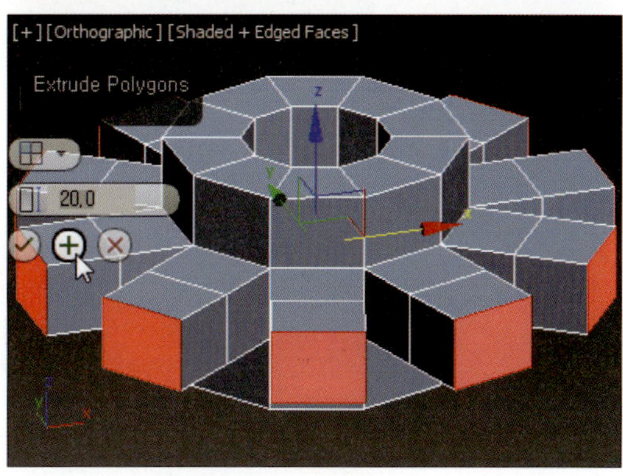

🞣 버튼을 클릭하여 Extrude를 추가로 실행할
수 있습니다.

[Extrude]를 활성화하고 마우스를 선택한 오브젝트 위에 올려놓으면 커서가 🔲으로 바뀝니다. 이
상태에서 마우스를 상하 방향으로 드래그하여 Extrude를 실행할 수도 있습니다.

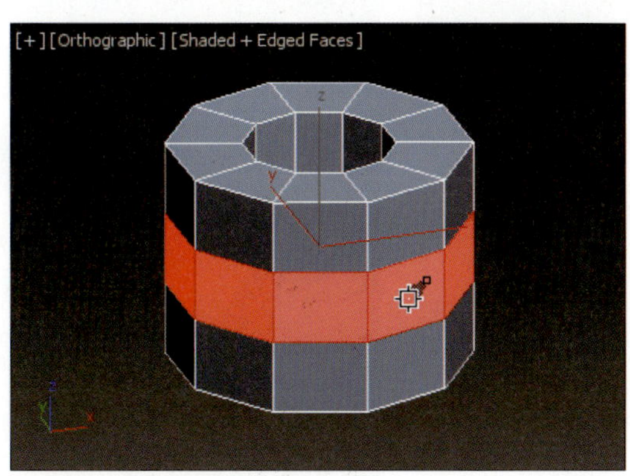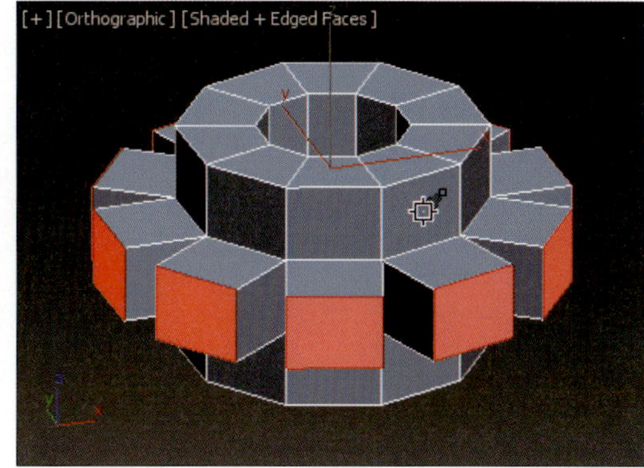

❷ **Bevel**(Bevel) : Bevel을 사용하면 Insert(삽입)와 Extrude(돌출) 기능을 연속해서 실행할 수 있
습니다.

그림처럼 Polygon을 선택하고 Bevel Setting(■)을 팝업합니다. Bevel Type을 Local Normal로 선택한 후 Height에 '0', Outline에 '-5'를 입력하면 면이 돌출되지 않고 안쪽으로 입력한 값만큼 축소됩니다.

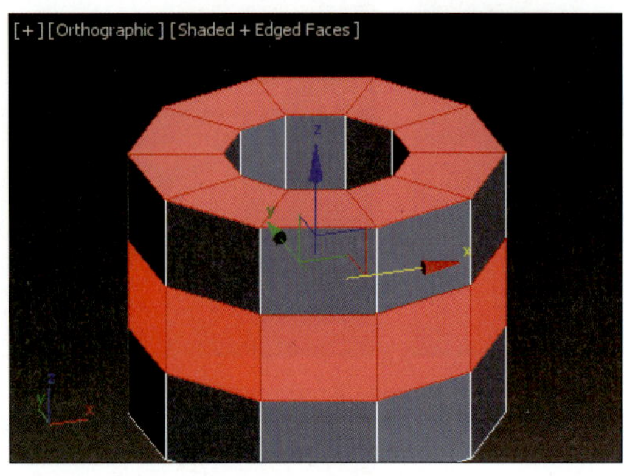

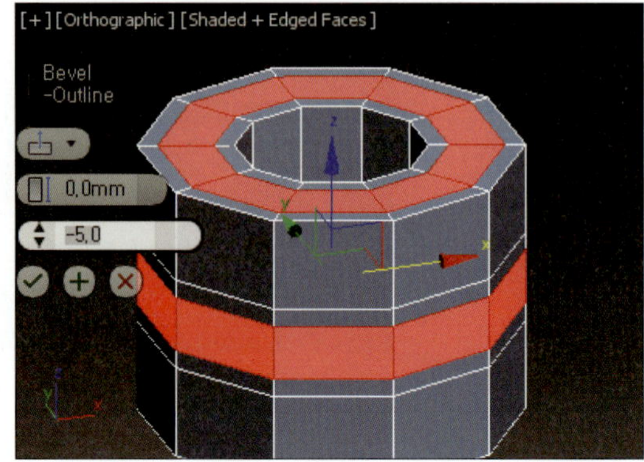

■ 버튼을 클릭하여 Bevel을 추가로 실행합니다. 이번에는 Height에 '-4', Outline에 '0'을 입력합니다. 면이 축소되지 않고 안쪽으로 삽입됩니다.

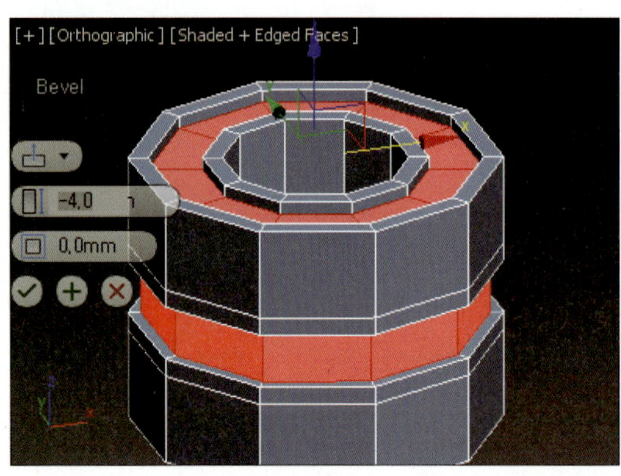

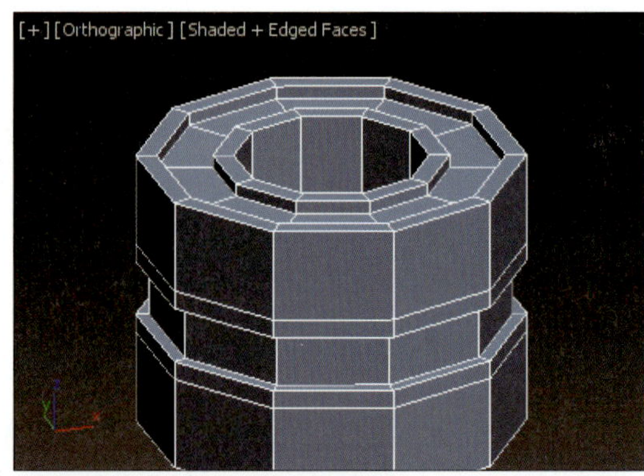

타입을 By Polygon으로 설정하면 그림과 같은 형태로 Bevel을 실행할 수도 있습니다.

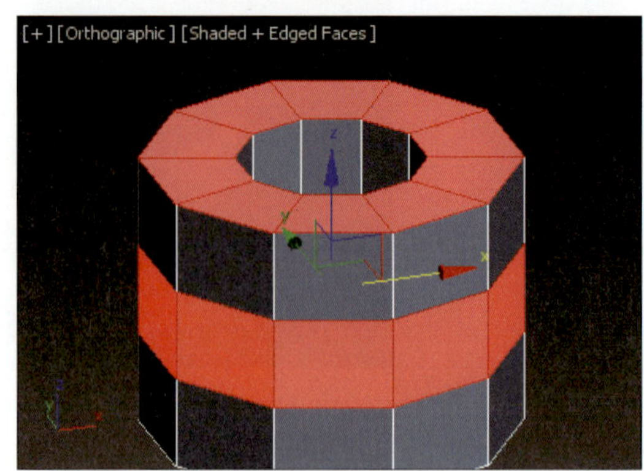

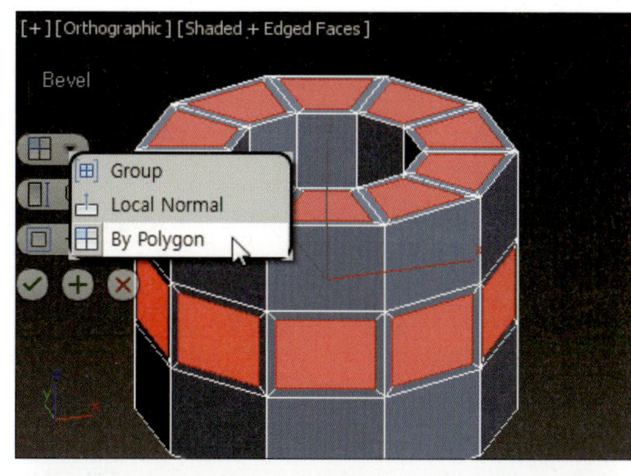 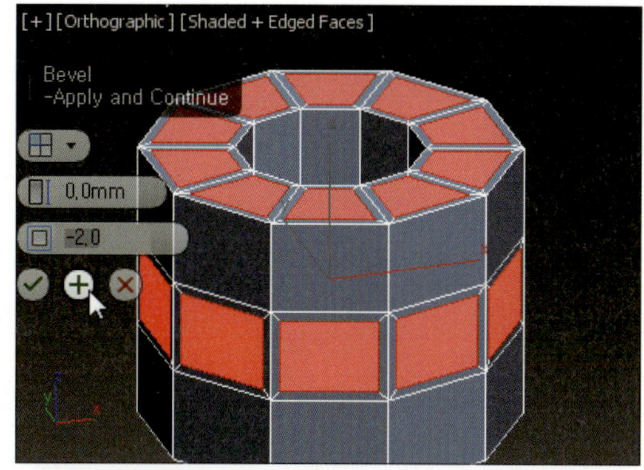

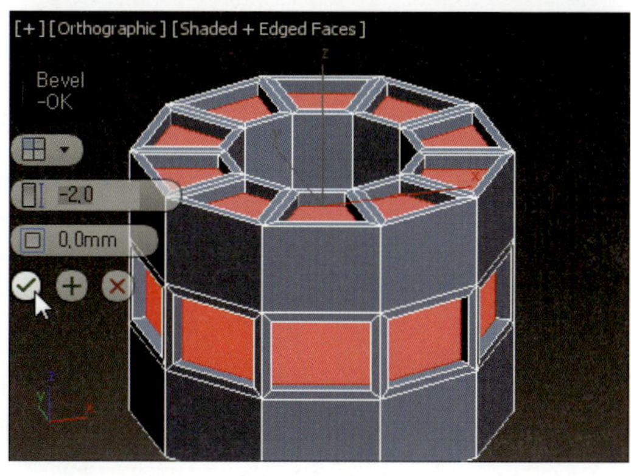 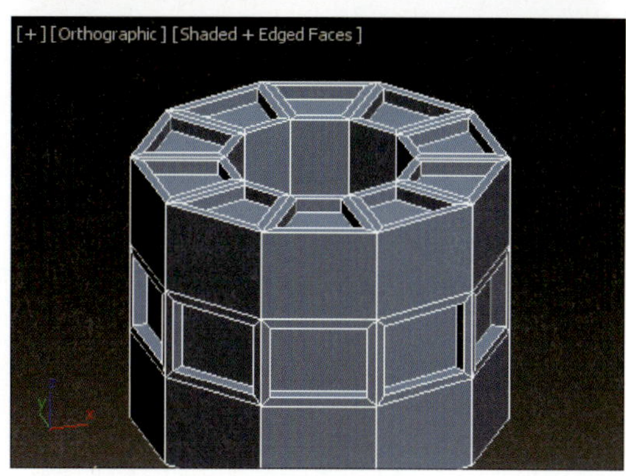

❸ **Flip(** Flip **)** : 선택한 면의 방향을 뒤집어주는 기능으로 실행하면 붉은색이 조금 어두워져 면의 방향이 바뀐 것을 확인할 수 있습니다.

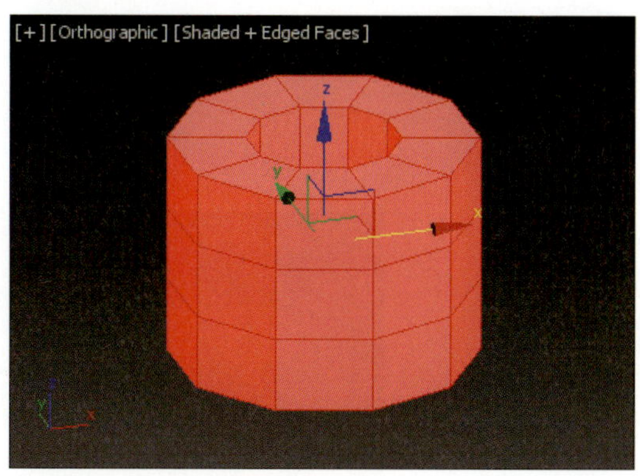 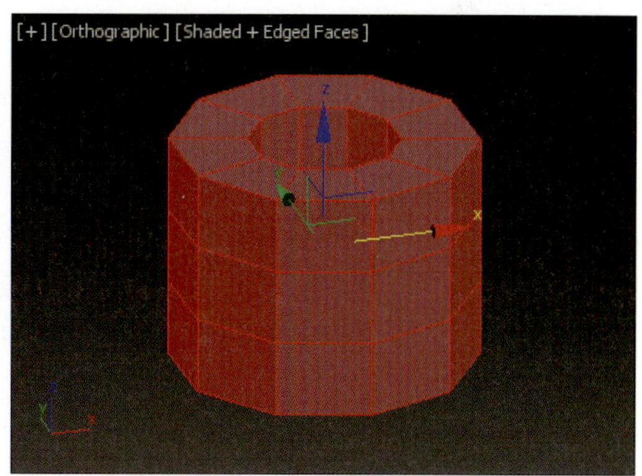

7 **Polygon: Material IDs Rollout(** + Polygon: Material IDs **)**

Polygon에 ID를 지정하면 이후에 Multi/Sub-Object를 적용하여 여러 개의 재질을 효과적으로 관리할 수 있습니다.

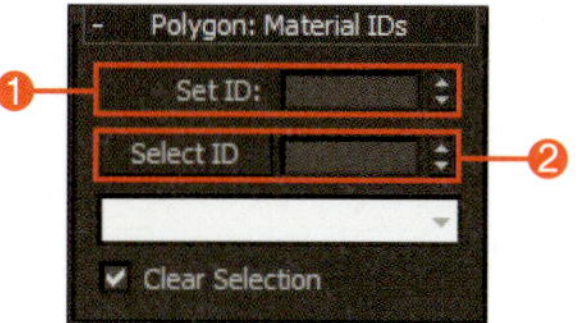

❶ **Set ID** : 숫자를 입력하여 ID를 적용합니다.

❷ **Select ID** : 입력한 ID의 Polygon을 선택합니다.

⑧ Polygon : Smoothing Groups Rollout(`+ Polygon: Smoothing Groups`)

Polygon을 선택하여 부분적으로 부드럽게 만들거나 초기화할 수 있습니다.

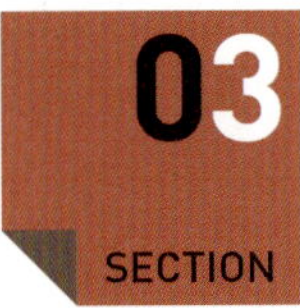

❶ **1~32** : 선택한 서브 오브젝트에 1~32까지 Smoothing Groups을 지정합니다.

❷ **Select By SG** : Smoothing Group Number로 서브 오브젝트를 선택합니다.

❸ **Clear All** : 선택한 서브 오브젝트의 Smoothing Group을 초기화합니다.

❹ **Auto Smooth** : 입력한 범위 내의 서브 오브젝트 단위로 Smoothing Group을 만듭니다.

---

03 SECTION 다양한 모양의 Geometry 오브젝트 생성하기

Max에서 기본적으로 생성할 수 있는 Geometry 오브젝트는 어떤 것들이 있는지 알아봅니다.

:: Standard Primitives 오브젝트의 종류

Command Panel의 Create>Geometry>Standard Primitives를 선택하면 기본 형태의 Geometry 오브젝트를 생성할 수 있습니다.

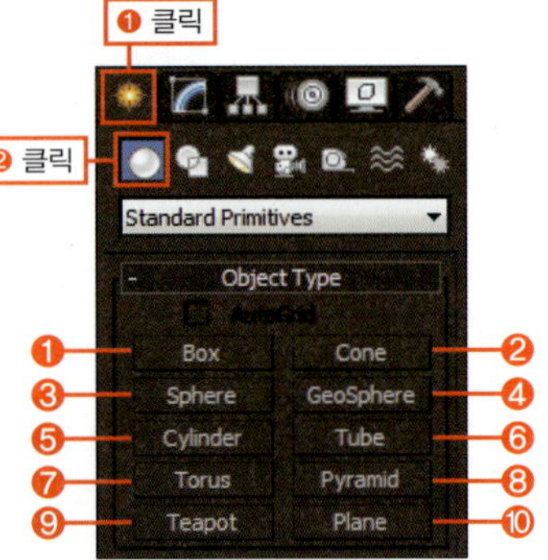

❶ **Box(`Box`)** : 박스 형태의 오브젝트를 생성할 수 있습니다. 크기와 배율을 다양하게 조정하여 대규모의 편평한 패널과 슬래브에서 큰 기둥과 작은 블록에 이르기까지 많은 종류의 직사각형 오브젝트를 만들 수 있습니다.

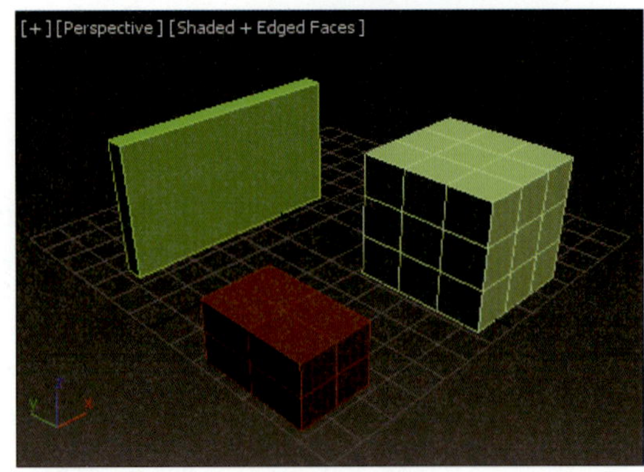

❷ Cone(Cone) : 위쪽 또는 반대 방향의 둥근
원뿔을 만들 수 있습니다.

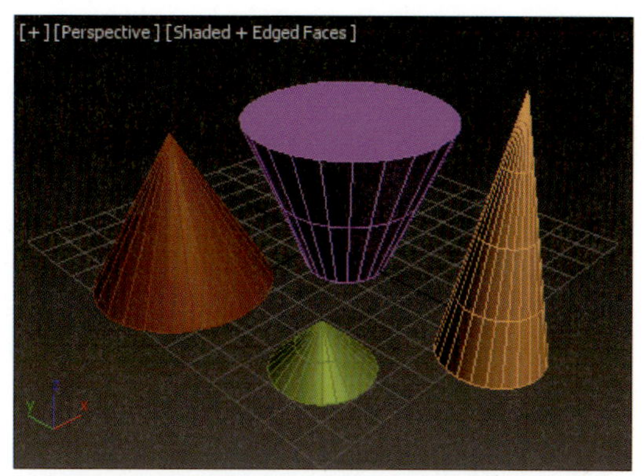

❸ Sphere(Sphere) : Sphere는 전체 구, 반구 또
는 구의 다른 부분을 만들 수 있습니다. 수직 축
을 중심으로 구를 자를 수도 있습니다.

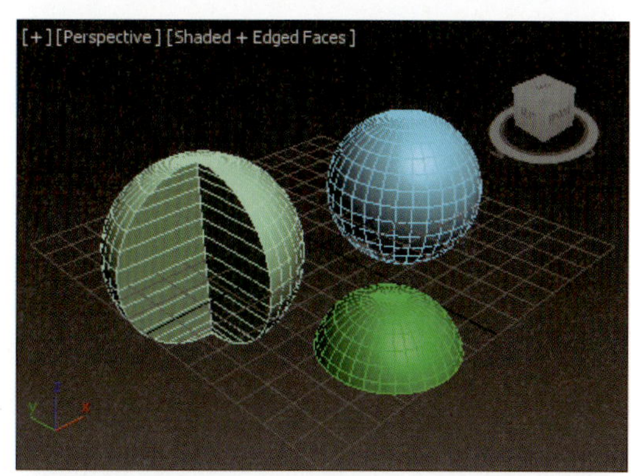

❹ GeoSphere(GeoSphere) : GeoSphere을 사용하
여 3가지의 Geodesic Base Type에 기반을 둔
구 및 반구를 만들 수 있습니다.

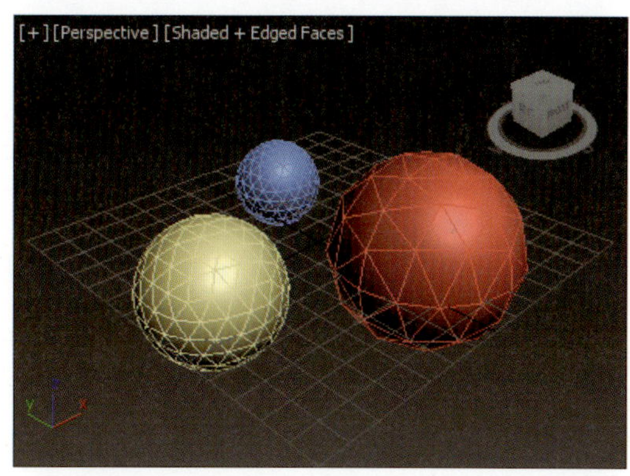

❺ Cylinder(Cylinder) : Cylinder는 주 축을 중심
으로 조각화된 원통을 만들 수 있습니다.

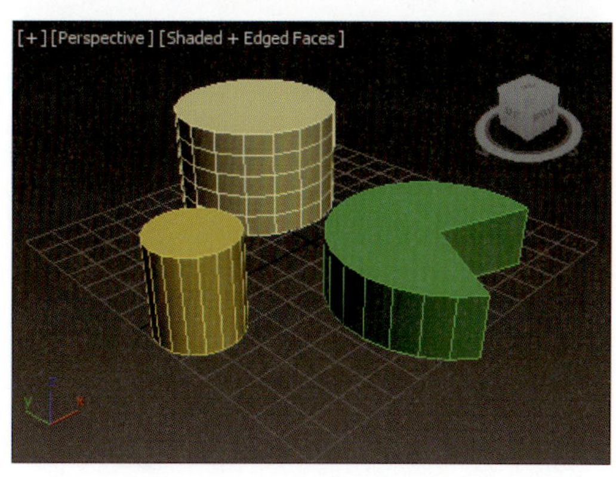

❻ Tube(Tube) : Tube는 원형 튜브와 각기둥 튜브를 생성할 수 있습니다. 원통 안에 구멍이 뚫린 형태와 유사합니다.

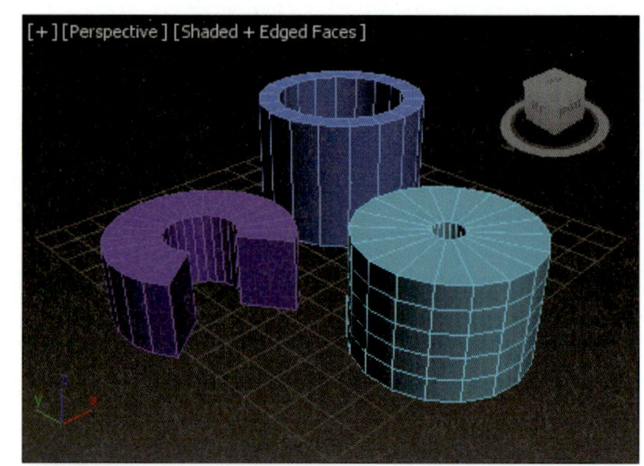

❼ Torus(Torus) : 원형 횡단면을 포함한 링이나 토러스를 생성하며 '도넛형 고리'라고도 합니다. 세 가지 스무딩 옵션과 회전 및 비틀기 설정을 결합하여 복잡한 변형을 만들 수 있습니다.

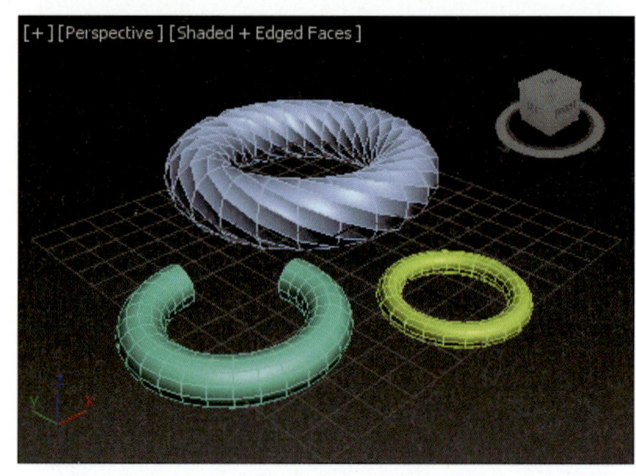

❽ Pyramid(Pyramid) : 피라미드 형상을 만들 수 있습니다.

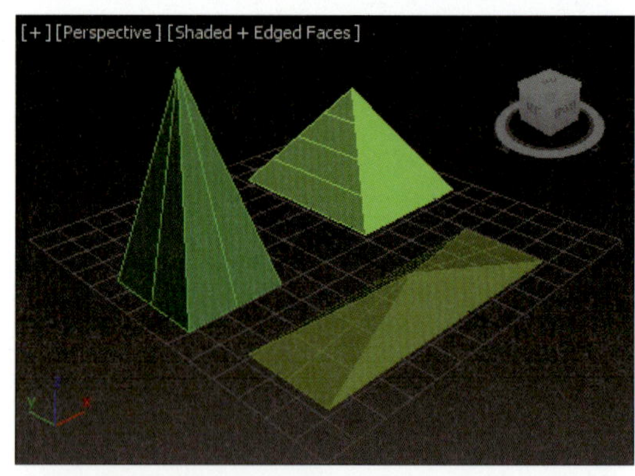

❾ Teapot(Teapot) : 찻주전자 모양을 만들 수 있습니다. 한 번에 전체 찻주전자를 만들거나 (기본값) 찻주전자의 부분을 만들도록 선택할 수 있습니다.

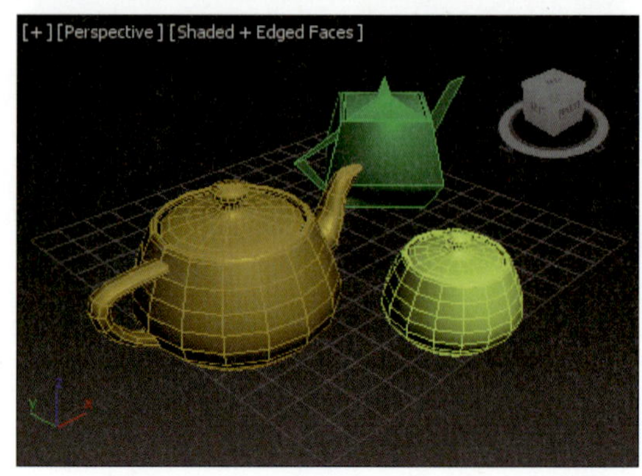

⑩ Plane(Plane) : 평면 오브젝트를 만들 수 있습니다. 세그먼트의 크기나 수 또는 둘 다 확대할 요소를 명시할 수 있습니다.

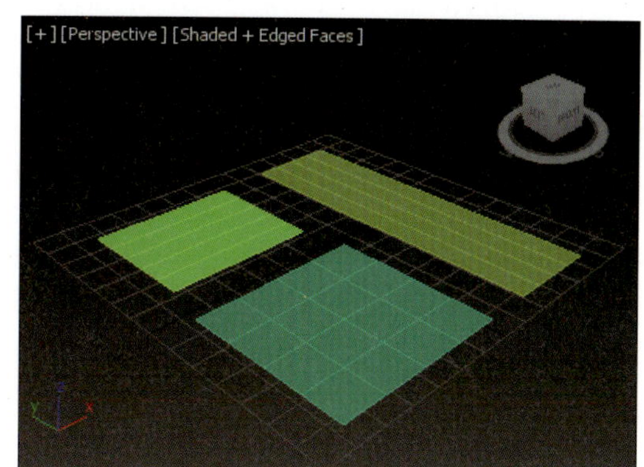

: : Extended Primitives 오브젝트의 종류

Command Panel의 Create>Geometry>Extended Primitives를 선택하면 확장형 Geometry 오브젝트를 생성할 수 있습니다.

❶ Hedra(Hedra) : 여러 개의 다면체군에서 오브젝트를 생성할 수 있습니다.

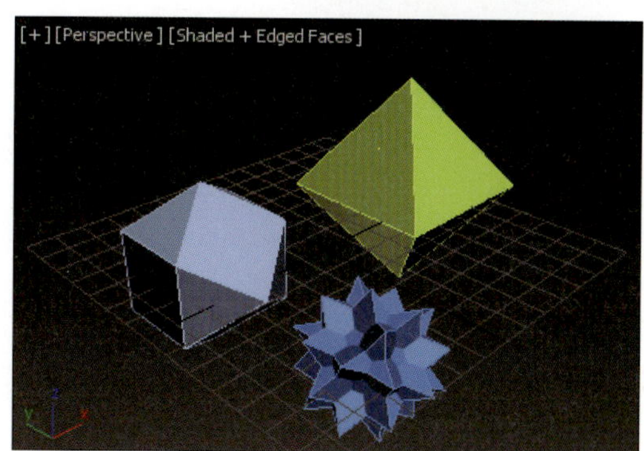

❷ Torus Knot(Torus Knot) : 3D 곡선 주변의 법선 평면에서 2D 곡선을 드래그하여 복잡하거나 간단한 Torus Knot를 만들 수 있습니다.

❸ ChamferBox(ChamferBox) : 가장자리가 둥근 상자
를 만들 수 있습니다.

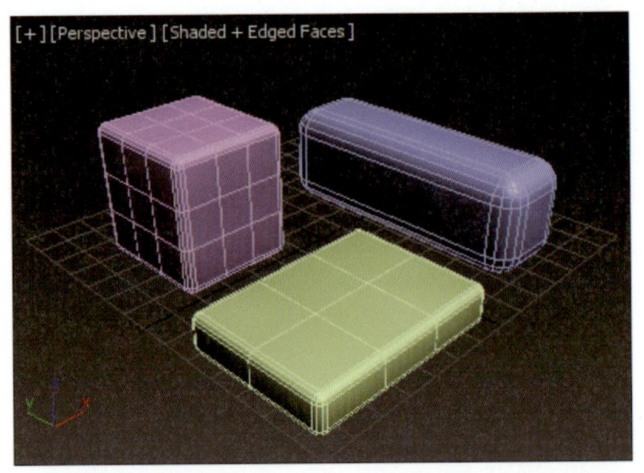

❹ ChamferCyl(ChamferCyl) : 가장자리가 둥근 원통
을 만들 수 있습니다.

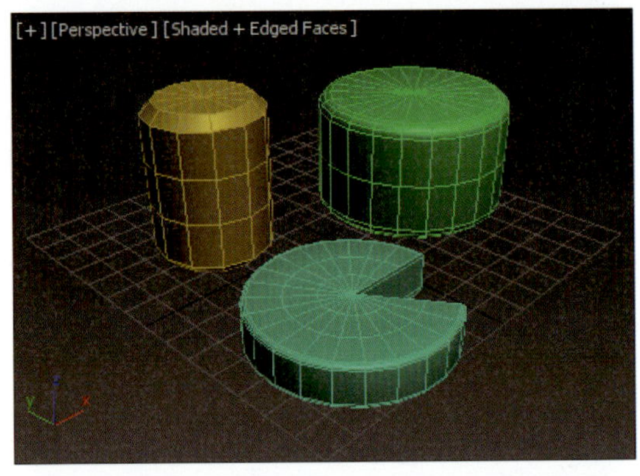

❺ OilTank(OilTank) : 볼록한 덮개가 있는 원통
을 만들 수 있습니다.

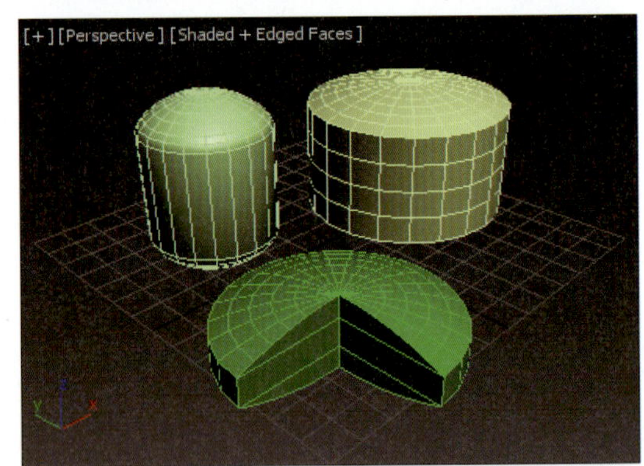

❻ Capsule(Capsule) : 반구 캡이 있는 원통을 만
들 수 있습니다.

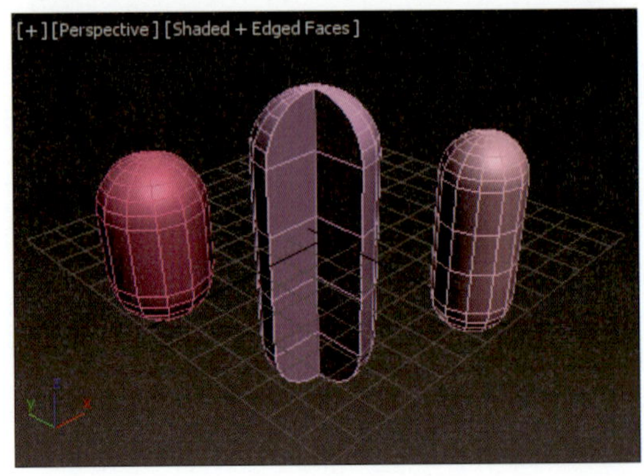

❼ Spindle(　Spindle　) : 원뿔 모양 캡이 있는 원통
을 만들 수 있습니다.

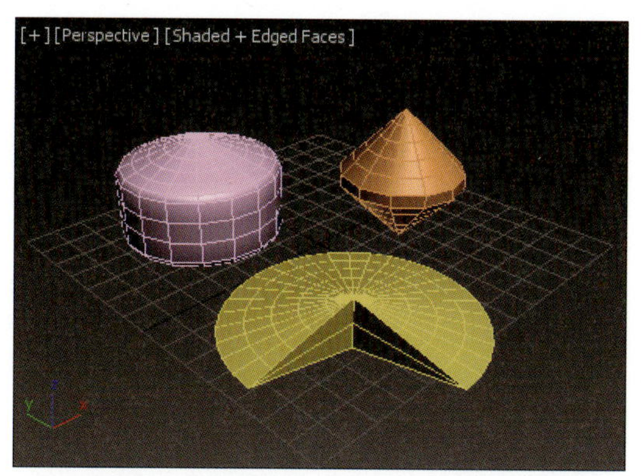

❽ L-Ext(　L-Ext　) : 돌출된 L 모양의 오브젝트를
만들 수 있습니다.

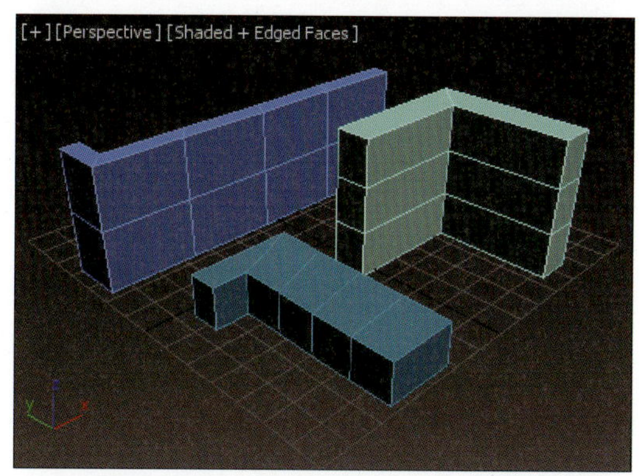

❾ Gengon(　Gengon　) : 옆쪽 가장자리의 모서리
가 선택적으로 깎인 돌출된 다각형을 만들 수
있습니다.

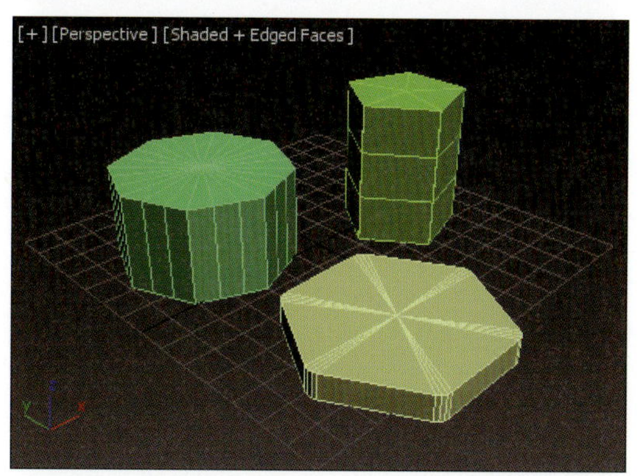

❿ C-Ext(　C-Ext　) : 압출 성형된 C 모양 오브젝
트를 만들 수 있습니다.

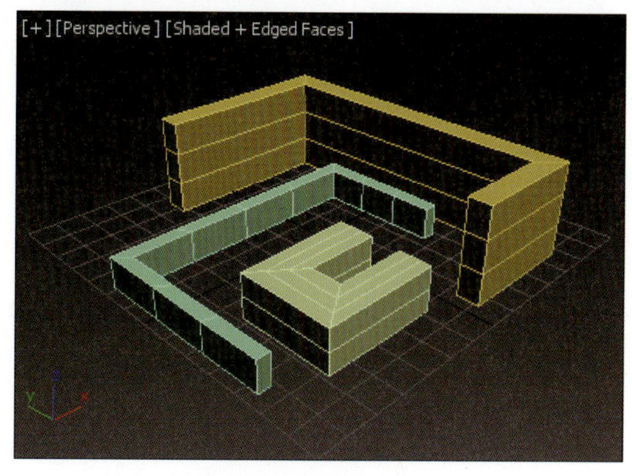

⓫ RingWave(RingWave) : 링의 형상을 애니메이션
할 수 있는 불규칙한 내부 및 외부 가장자리가
있는 링을 만듭니다.

⓬ Hose(Hose) : 두 오브젝트 사이를 연결하
고 연결된 오브젝트의 움직임에 반응하는 유연
한 오브젝트입니다.

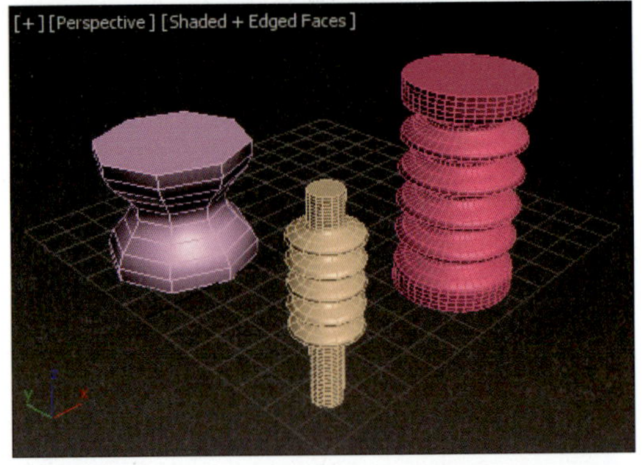

⓭ Prism(Prism) : 독립적으로 구획된 3면 프리
즘을 만들 수 있습니다.

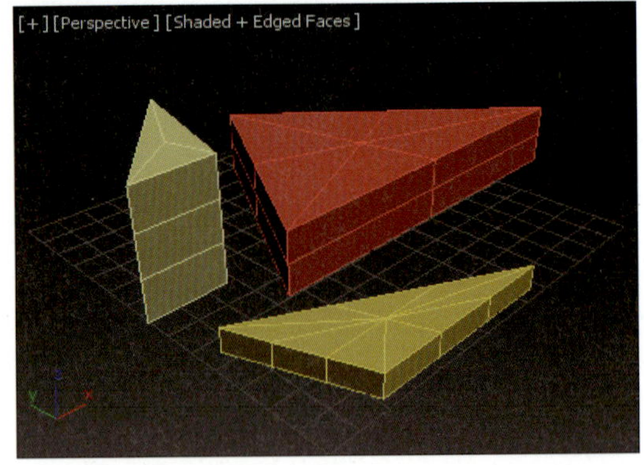

Editable(Edit) Poly와 Ribbon Modeling Tools를 활용하여 모델링하기

04

PREVIEW

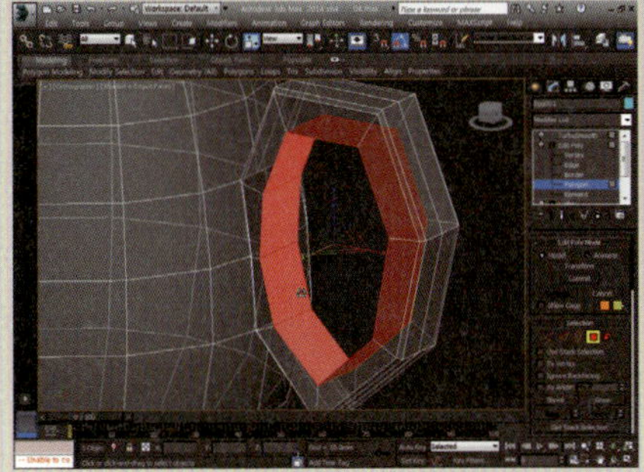
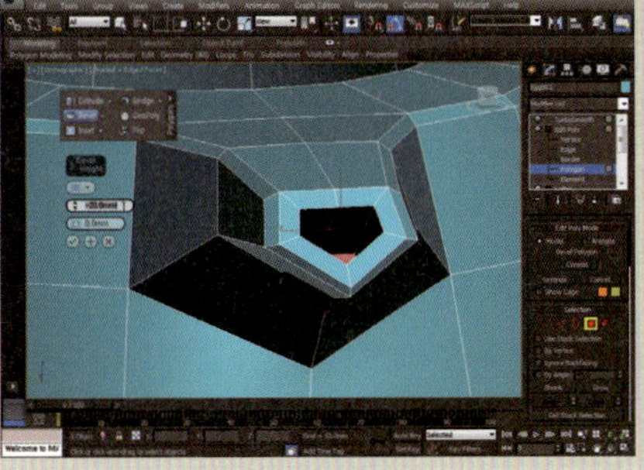
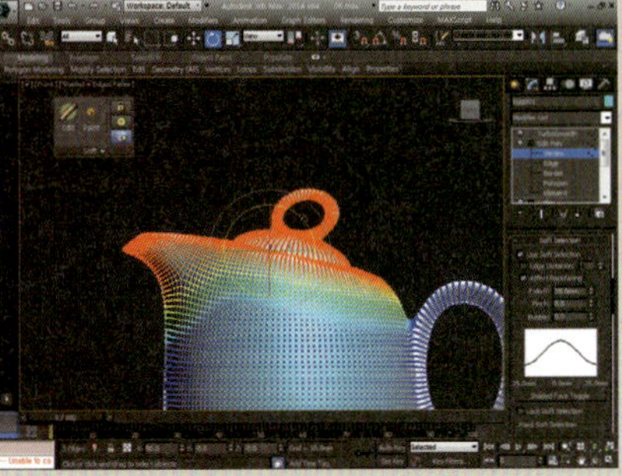

Ribbon Modeling 기능을 활용한 모델링 방법을 알아봅니다.

Ribbon Modeling Tools를 활용한 커피포트 모델링

Max의 Ribbon Modeling 기능을 활용하여 커피포트를 제작하는 과정에 대해 알아봅니다.

:: 이번 예제에 사용할 Max File의 Units/Gamma Setup

01 Menu Bar>Customize>Units Setup을 통해 다음과 같이 Unit을 세팅합니다.

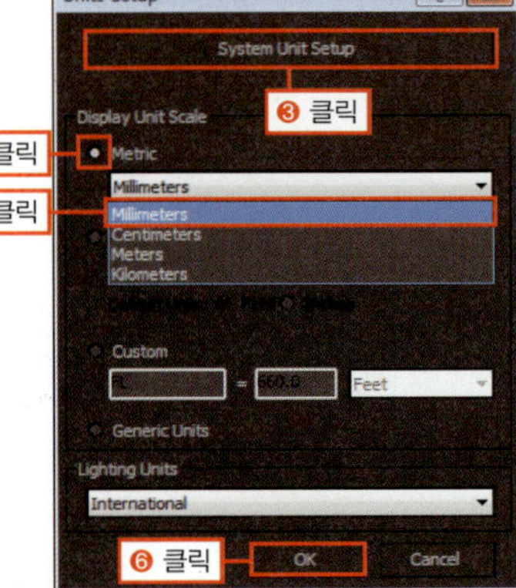

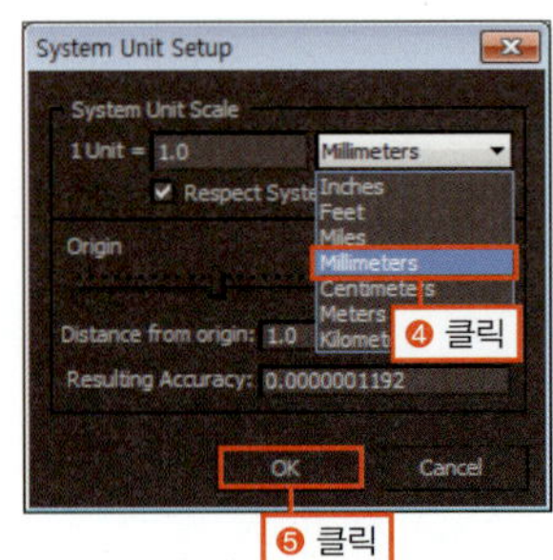

02 Menu Bar>Rendering>Gamma/LUT Setup을 통해 다음과 같이 Gamma를 비활성화합니다.

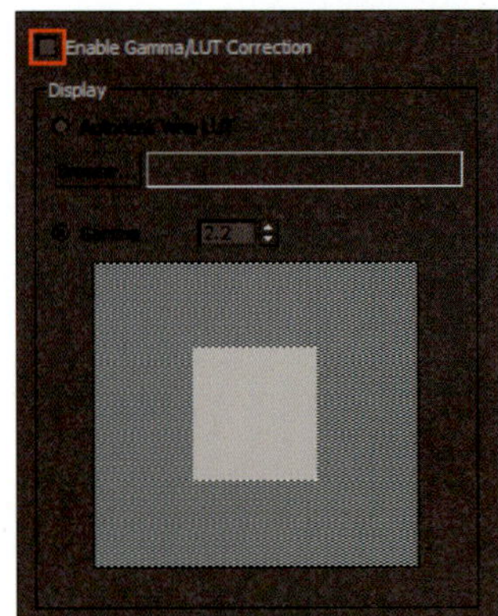

:: 커피포트 보디라인 그리기

1 Egg 생성

Egg Spline을 활용하여 커피포트의 보디라인을 그립니다. Command Panel>Create>Shapes>Spline에서 [Egg] 버튼(　Egg　)을 클릭합니다.

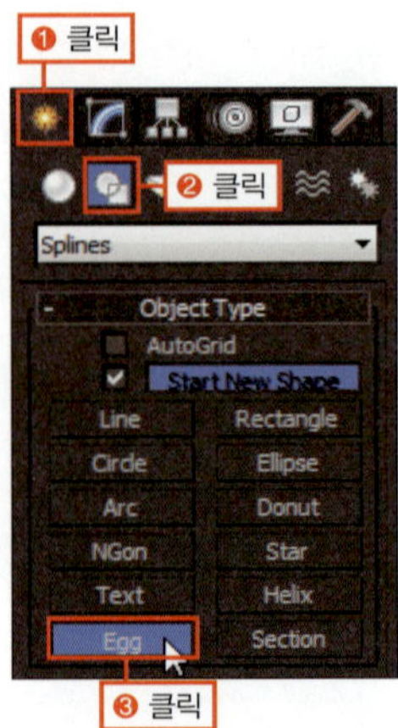

Front View에서 Rollout의 Length에 '300'을 입력하고 Outline 체크를 해제합니다. [Create] 버튼
(Create)을 클릭하면 Egg Spline이 화면 중앙에 생성됩니다.

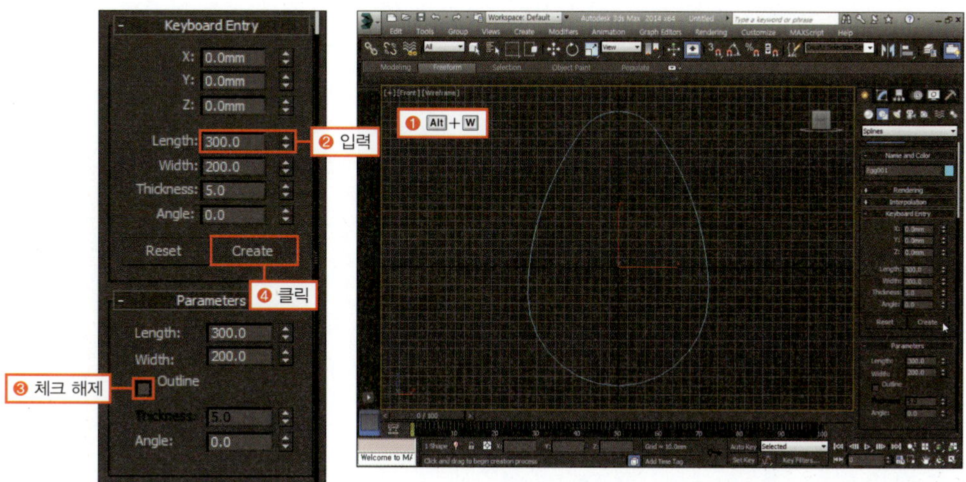

② Segment 삭제

Egg의 형태를 편집하기 위해 Modifier List에서 Edit Spline을 적용합니다.

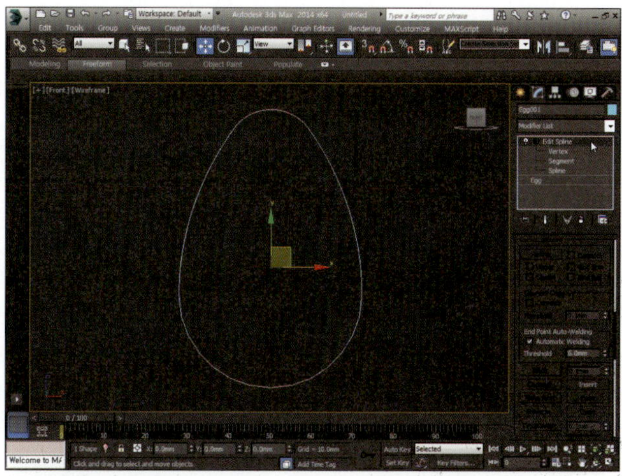

그림과 같이 Segment를 선택하고 키보드의 Delete를 눌러 삭제합니다.

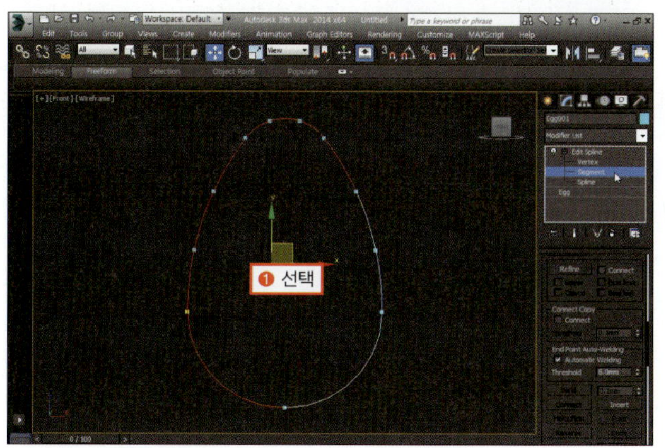

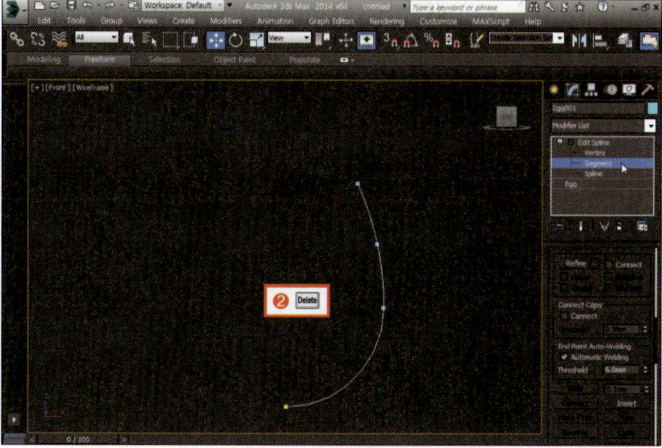

3 Refine

마우스 오른쪽 버튼을 클릭하여 Quad Menu가 팝업되면 Refine을 선택합니다. 마우스를 클릭하여 그림과 유사한 지점에 Vertex 2개를 추가합니다. 커피포트 모델링의 바닥면이 이 지점에서 시작될 것입니다.

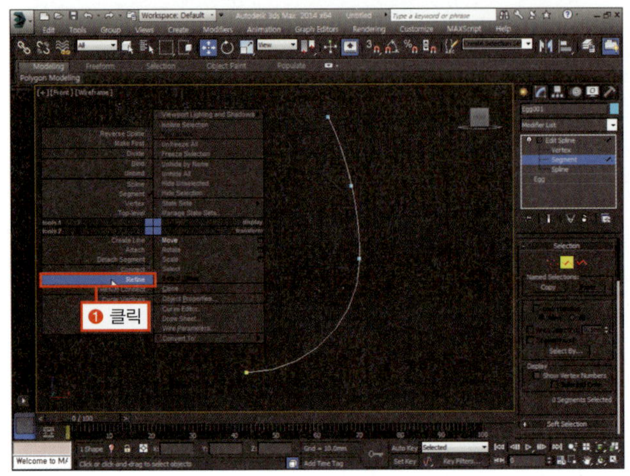
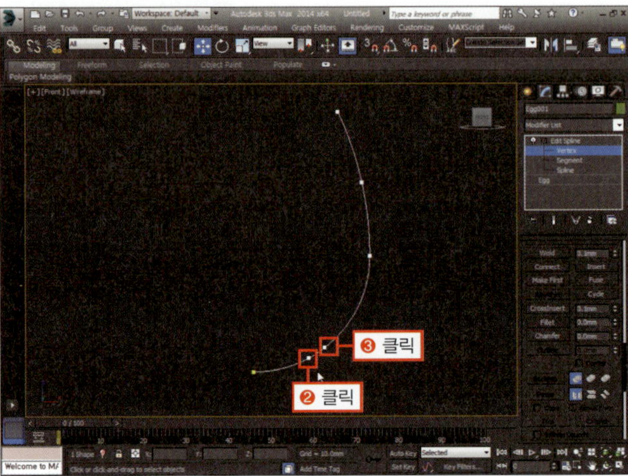

4 Vertex 속성 변경

Vertex 2개를 다시 선택하고 Quad Menu에서 Vertex의 속성을 Corner로 변경합니다.

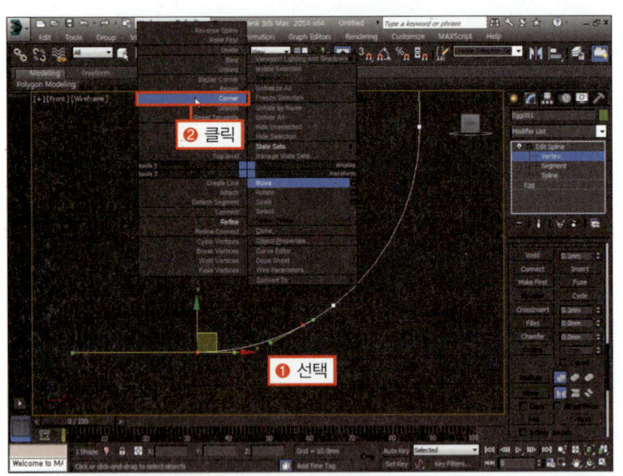
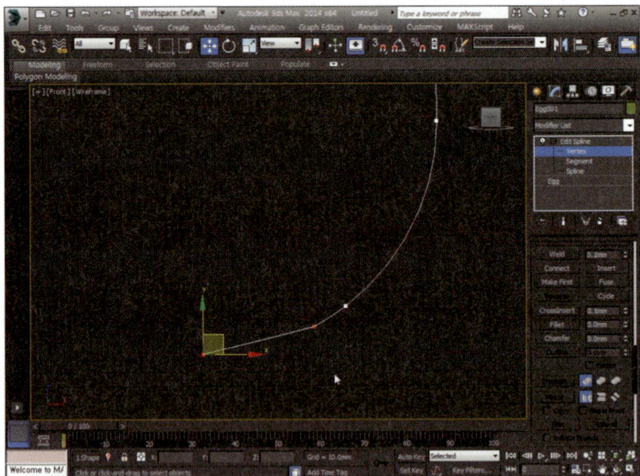

5 Chamfer 적용

Vertex를 선택하고 위치를 그림과 같이 조절합니다.

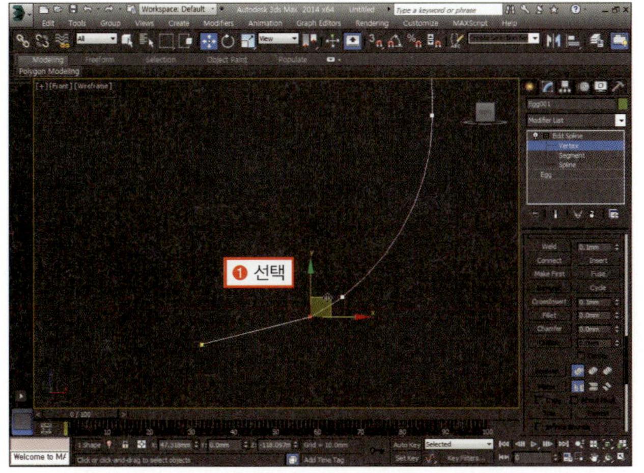

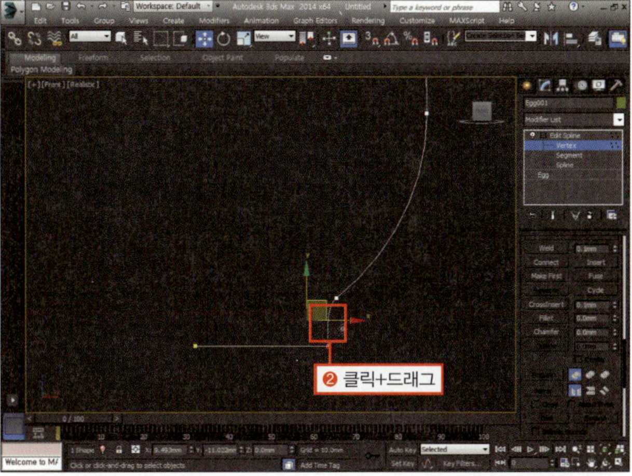

Geometry Rollout에서 [Chamfer]에 '2'를 입력합니다.

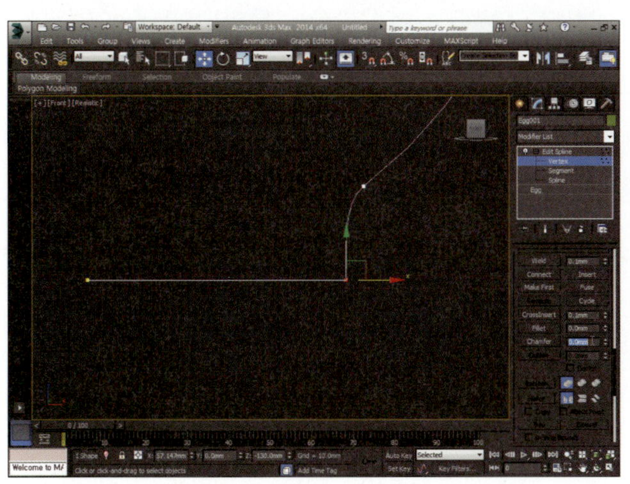

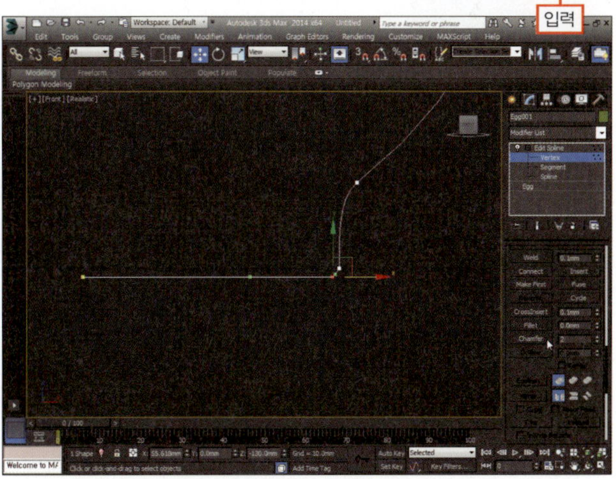

⑥ Lathe 적용

다음과 같이 클릭하여 Modifier List에서
Lathe 명령을 적용합니다.

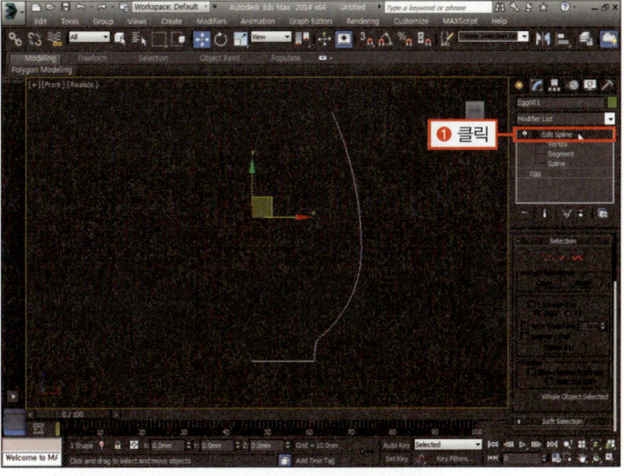

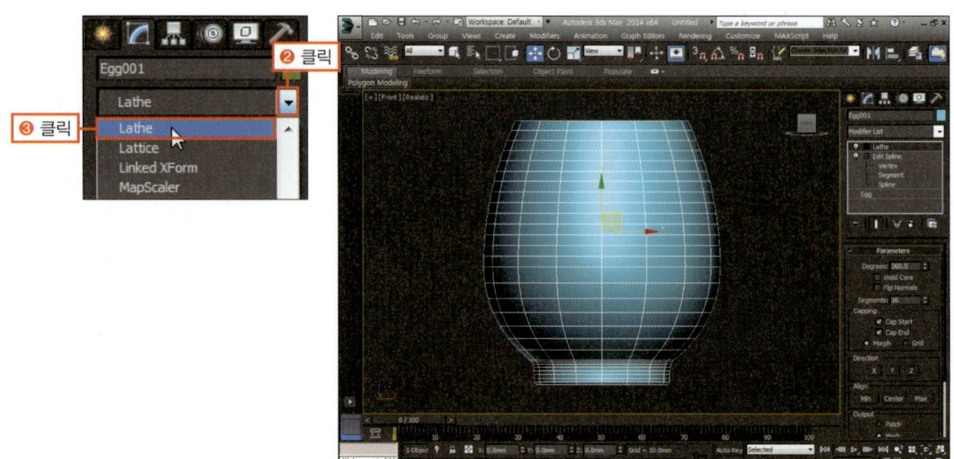

7 Interpolation Steps

Egg의 Interpolation Rollout에서 Steps에 '1'을 입력하여 Edge의 개수를 조절합니다.

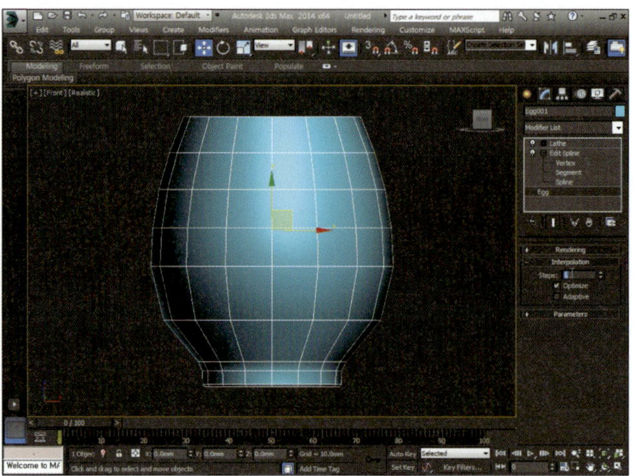

:: 커피포트 손잡이 제작

1 Edit Poly 적용

다음과 같이 클릭하여 Modifier List에서 Edit Poly를 적용합니다.

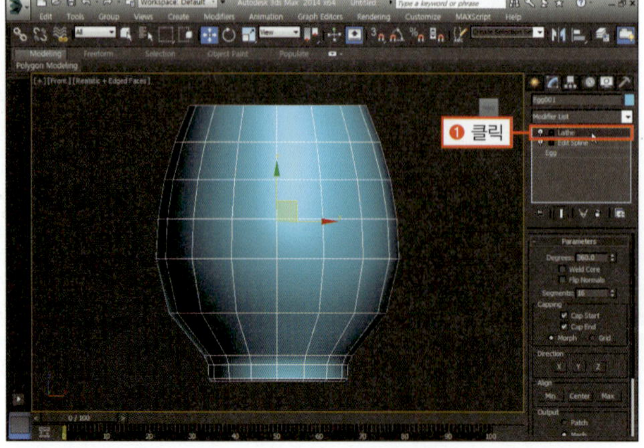

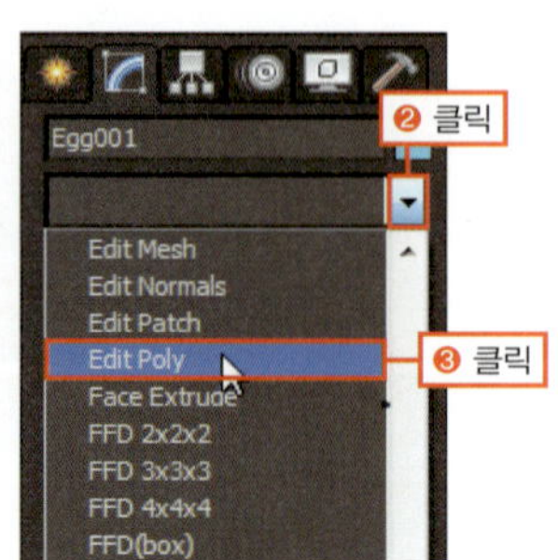

2 Edge Chamfer

단축키 V + R 을 사용하여 Right View로 변경하고 이 부분에 커피포트의 손잡이를 만들어봅니다.
Ribbon>Modeling>Polygon Modeling>[Edge]를 활성화합니다.

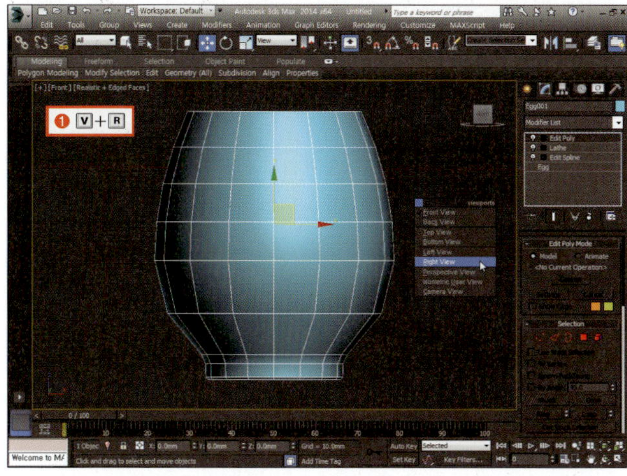

[**MEMO** · Ribbon 메뉴가 보이지 않을 때는 Main Toolbar의 [Toggle Ribbon] 버튼(□)을 클릭하여 활성화합니다.]

오브젝트 중심에 있는 Edge 2개를 선택하고 단축키 Ctrl + R 을 사용하여 View를 조금 돌려 확인합니다.

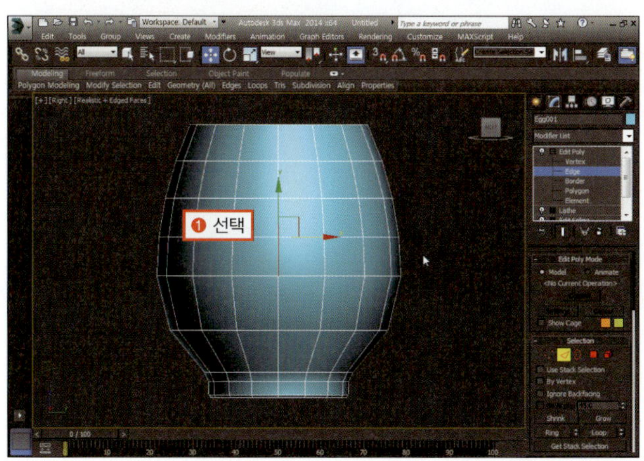

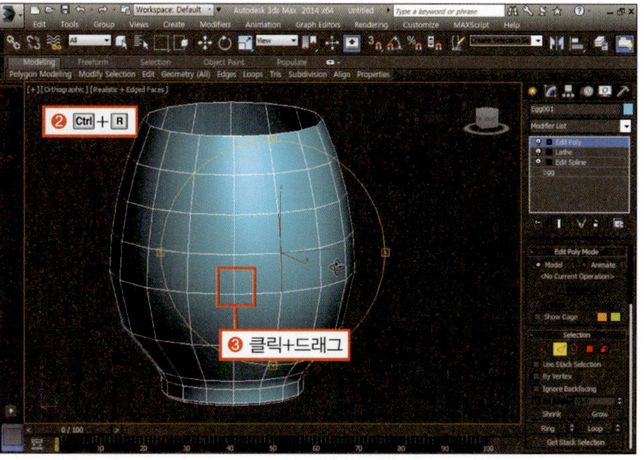

Ribbon>Modeling>Edges>Chamfer>[Chamfer Setting]을 선택하여 팝업합니다. Chamfer Amount 에 '15'를 입력하여 손잡이 폭만큼 넓혀줍니다. ☑ 버튼을 클릭하면 Chamfer 실행이 완료됩니다.

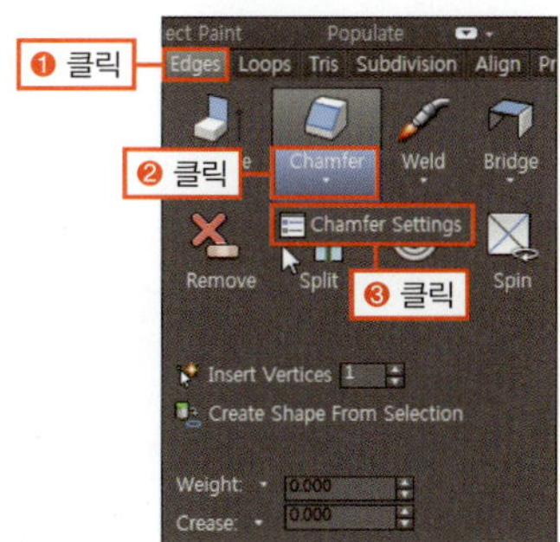

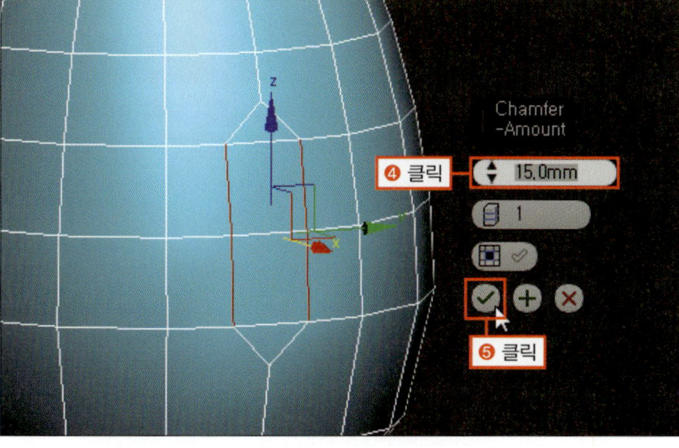

❸ Polygons Extrude, 형태 수정

Ribbon>Modeling>Polygon Modeling>
[Polygon]을 활성화하고 다음과 같이
Polygon을 선택합니다.

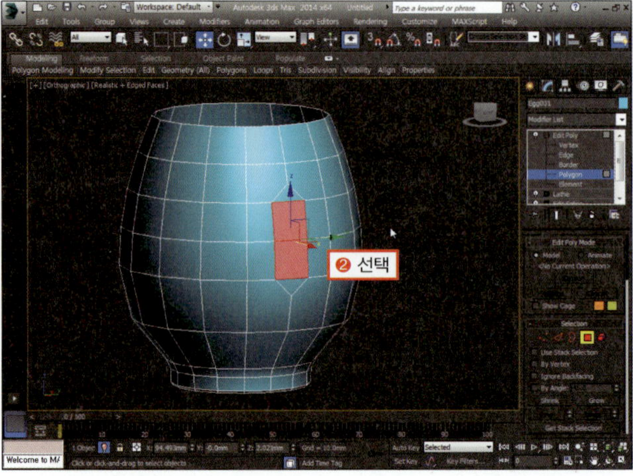

Ribbon>Modeling>Polygons>Extrude>[Extrude Setting]을 선택하여 팝업합니다. Height에 '15'를
입력하여 손잡이 두께만큼 면이 돌출되도록 합니다. ⊘ 버튼을 클릭하여 Extrude를 완료합니다.

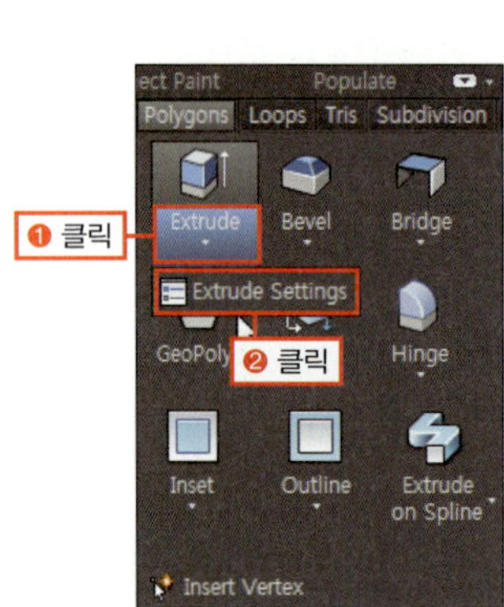

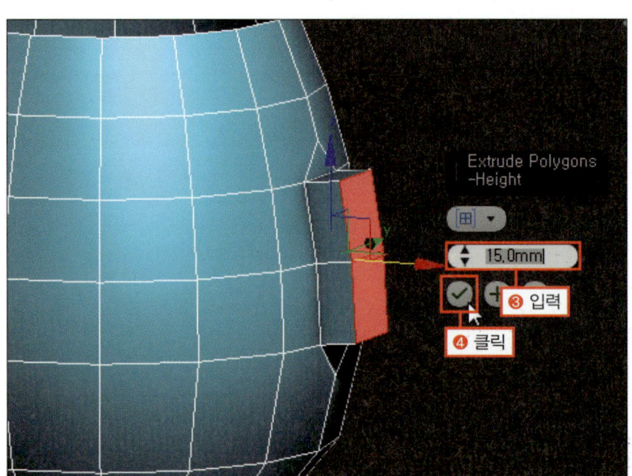

돌출된 부분의 위아래 면을 선택합니다.

MEMO · 단축키 `Alt`+`X`를 사용하면 오브
젝트가 반투명하게 보여 뒤쪽에 선택된 개체
도 확인할 수 있습니다.

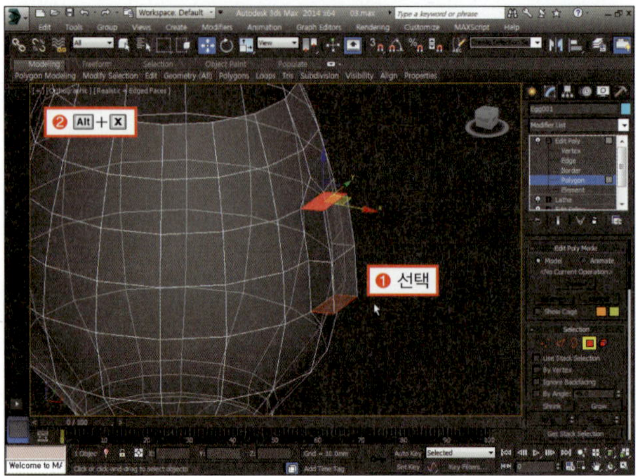

Front View로 전환한 후 Ribbon>Modeling>Polygons>Extrude>[Extrude Setting]을 선택하여 팝업합니다. Height에 '30'을 입력하여 Extrude를 실행하고 선택된 Polygon의 위치를 오른쪽으로 조금 이동합니다.

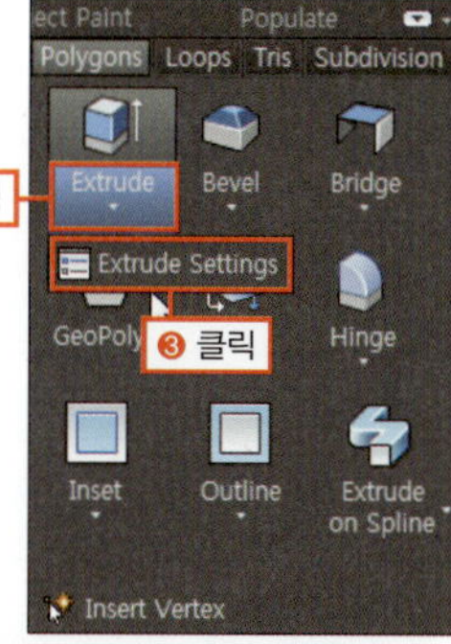

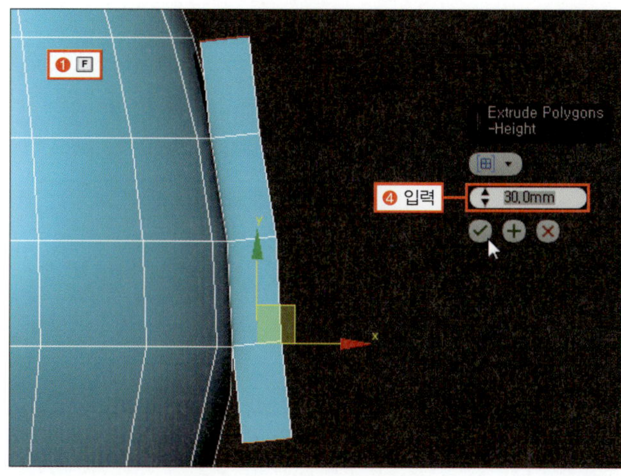

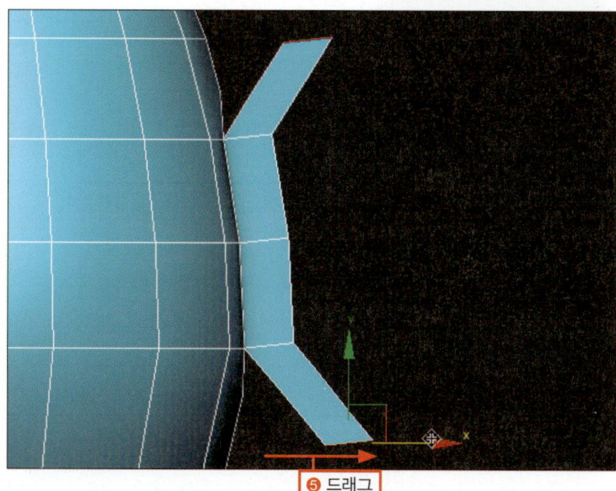

Alt 를 누른 채 마우스를 드래그하여 아래쪽 면이 선택에서 제외되도록 합니다.

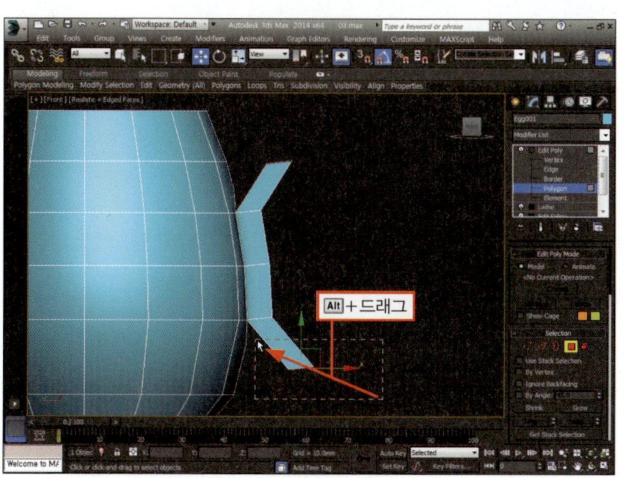

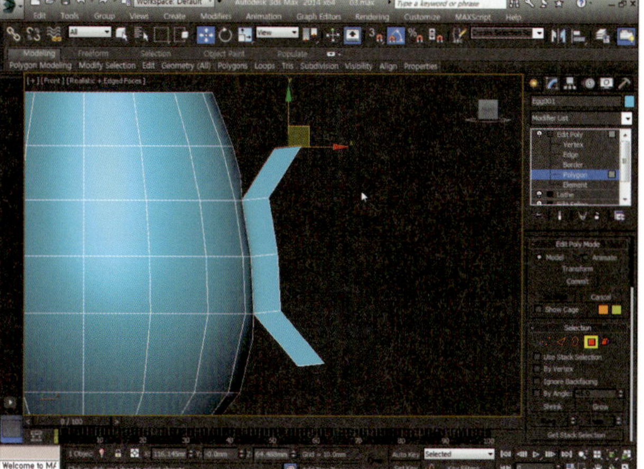

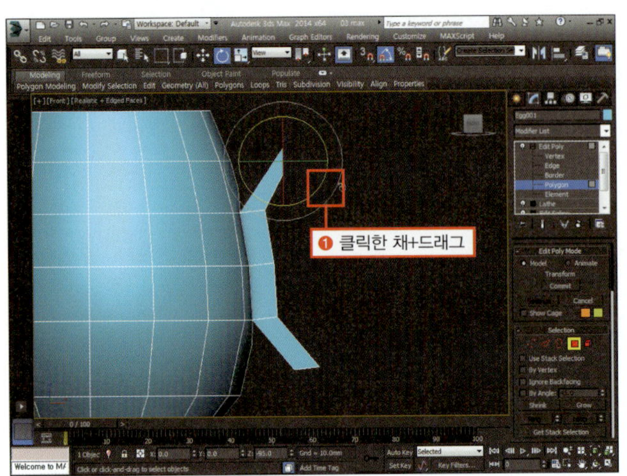
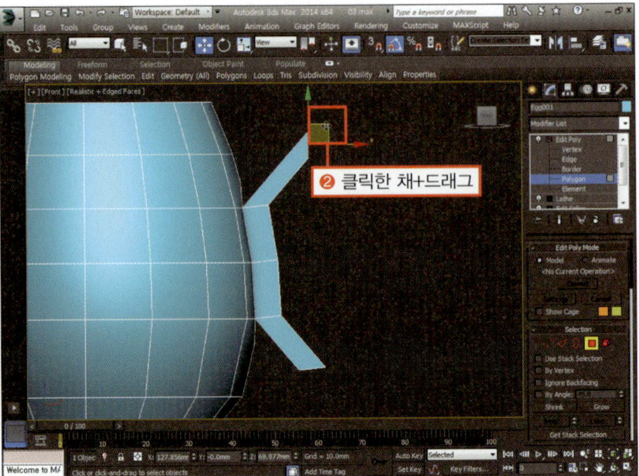

를 활성화하여 선택한 Polygon을 회전한 후 을 사용하여 그림과 같이 위치를 조절합니다.

❹ Repeat Last

Ribbon>Modeling>Edit>[Repeat Last]를 클릭하여 마지막 실행 명령인 Extrude가 적용되도록 합니다. , 를 사용하여 선택된 Polygon의 위치를 다음과 같이 조절합니다.

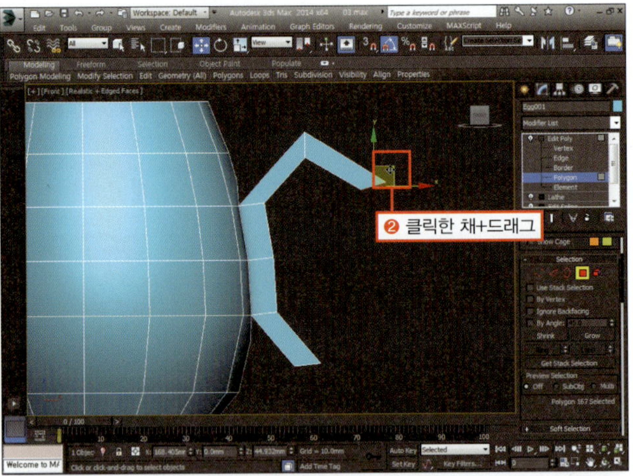

위 방법을 사용하여 그림과 같은 형태를 만듭니다. 아래쪽으로 돌출된 Polygon도 선택하고 위치를 조절합니다.

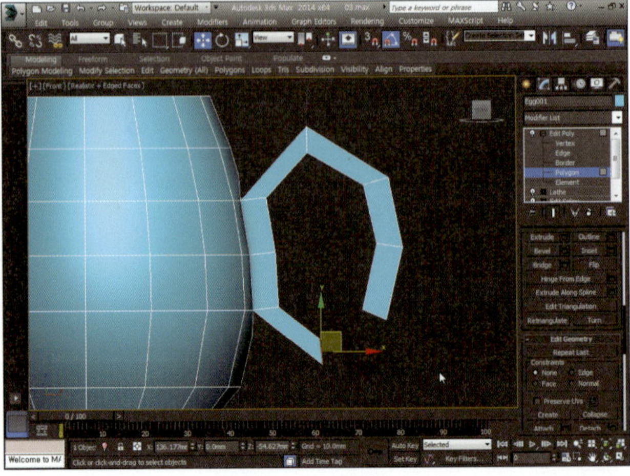

5 Polygon 삭제

View를 조금 돌린 후 그림과 같이 Polygon을 선택하고 삭제합니다.

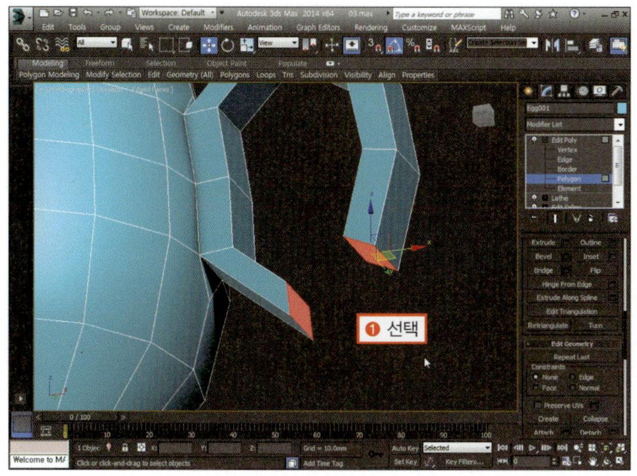
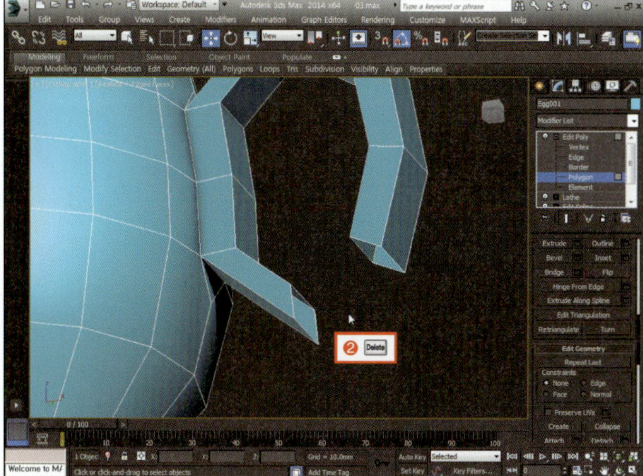

6 Borders Bridge

Ribbon>Modeling>Polygon Modeling>
[Border]를 활성화하고 그림과 같이 2개
의 Border을 선택합니다.

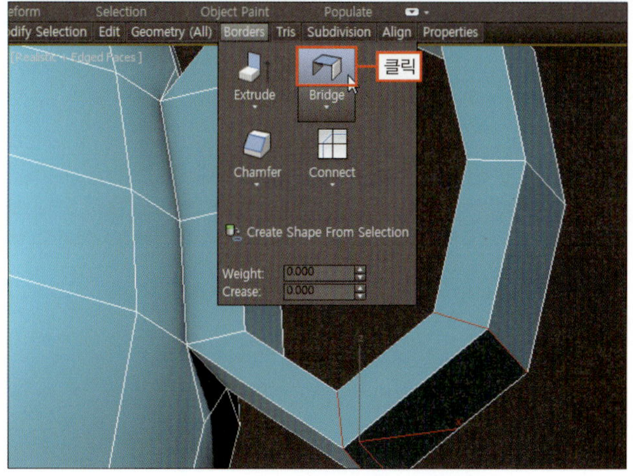

Ribbon>Modeling>Borders>[Bridge]
를 선택하면 열려 있던 2개의 Border가
연결됩니다.

7 Turbo Smooth 적용

Modifier List에서 Turbo Smooth를 적용하고 Turbo Smooth Rollout의 Interations에 '2'를 입력합니다.

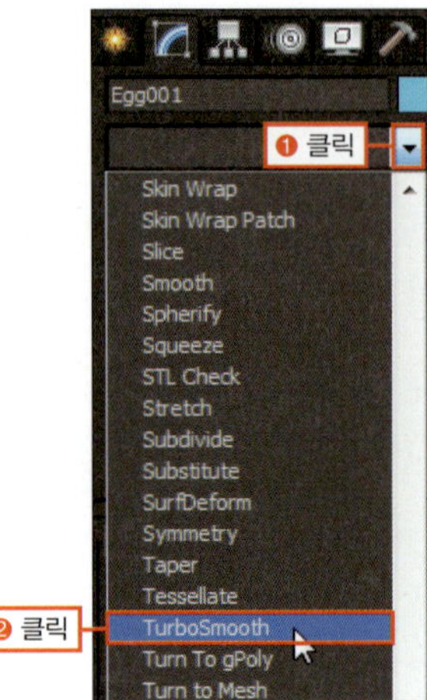
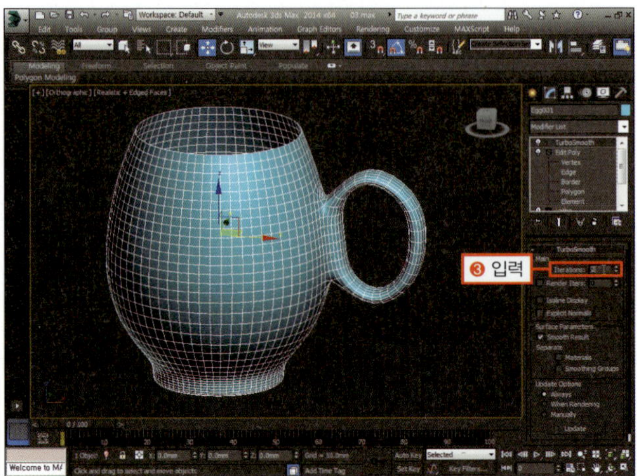

8 Show end result on/off toggle

손잡이 모양을 수정하기 위해 Front View로 전환합니다. Vertex를 활성화하고 [Show end result on/off toggle] 버튼(   )을 클릭하여 Edit Poly 활성화 상태 에서도 Turbo Smooth가 적용된 모양을 확인합니다.

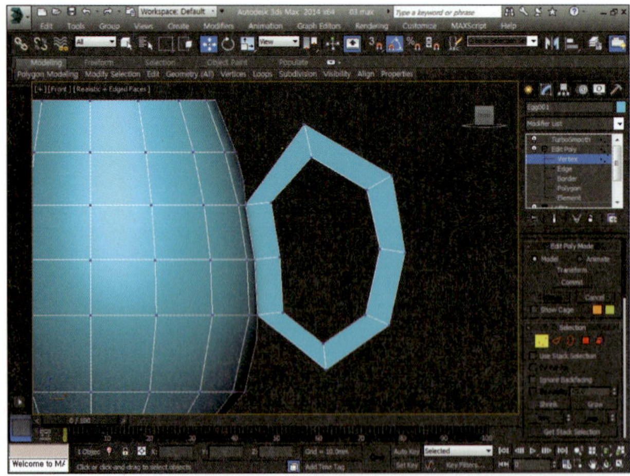
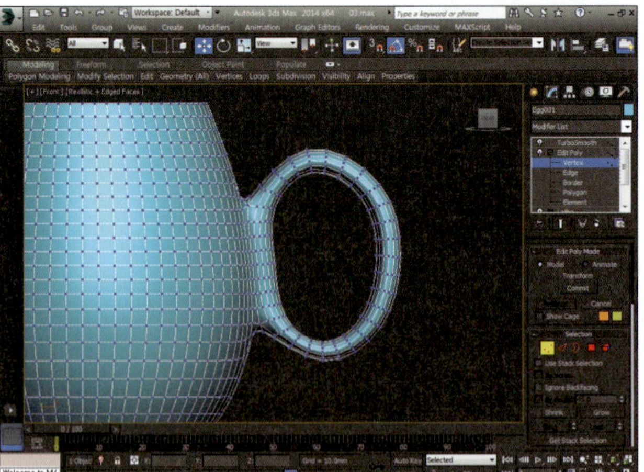

9 Show Cage

Edit Poly Rollout의 Show Cage를 체크합니다. Turbo Smooth가 적용된 모양
을 확인하면서 Edit Poly의 Sub-Object를 컨트롤할 수 있습니다. Vertex 위치
를 조절하여 손잡이 모양이 조금 더 자연스럽고 둥글게 되도록 합니다.

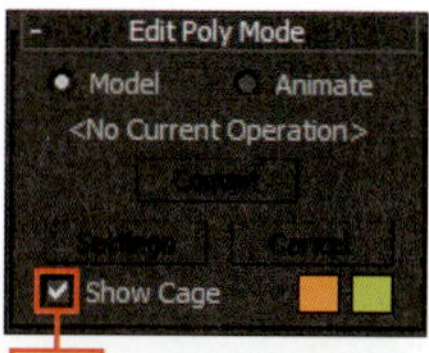

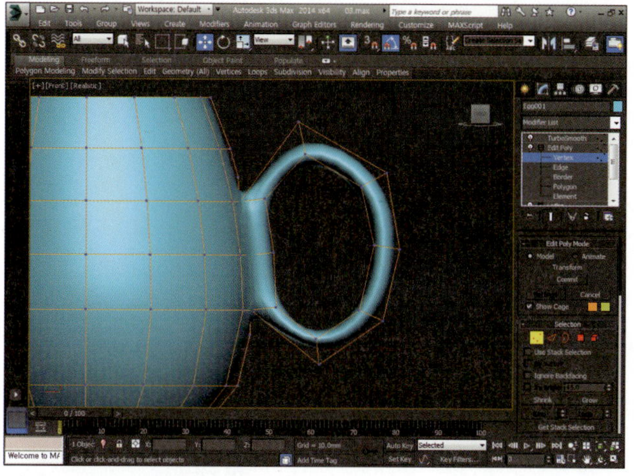

▲ 손잡이 Vertex 형태 수정 전

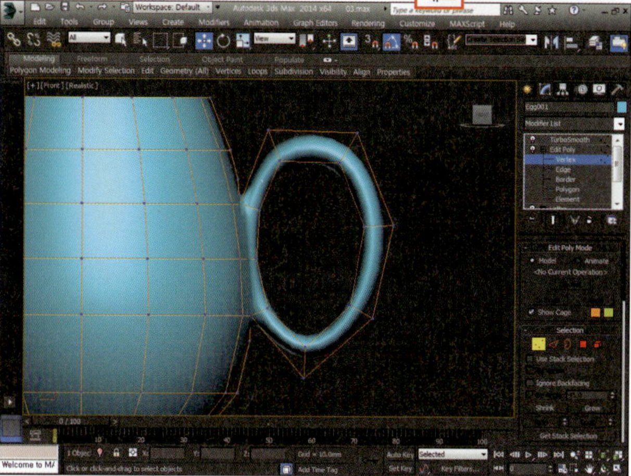

▲ 손잡이 Vertex 형태 수정 후

다음 과정 진행을 위해 [Show end result on] 버튼(Ⅰ)을 클릭하여 [Show
end result off] 버튼(Ⅰ)으로 설정하고 Show Cage 체크를 해제합니다.

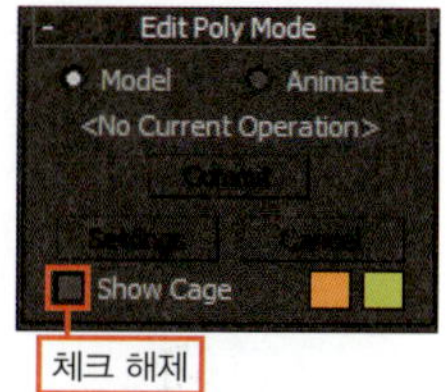

10 Loop Mode 선택

키보드 2를 눌러 Edge가 활성화되도록
한 후 Ribbon>Modeling>Modify Selec
tion >[Loop Mode]를 활성화하고 그림
과 같이 클릭하여 Edge를 선택합니다.

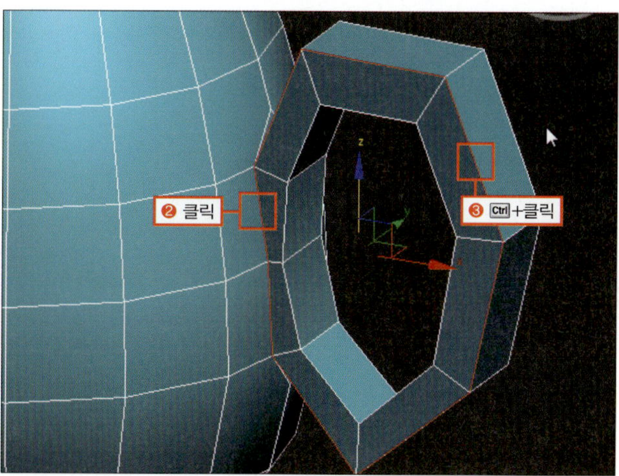

View를 돌려서 다음 Edge도 선택합니다.

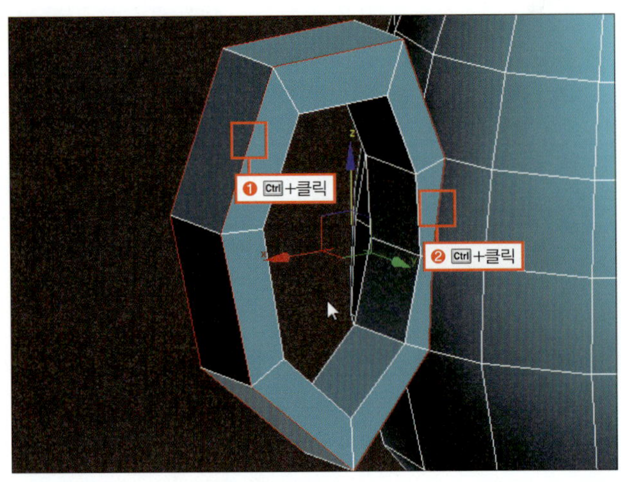

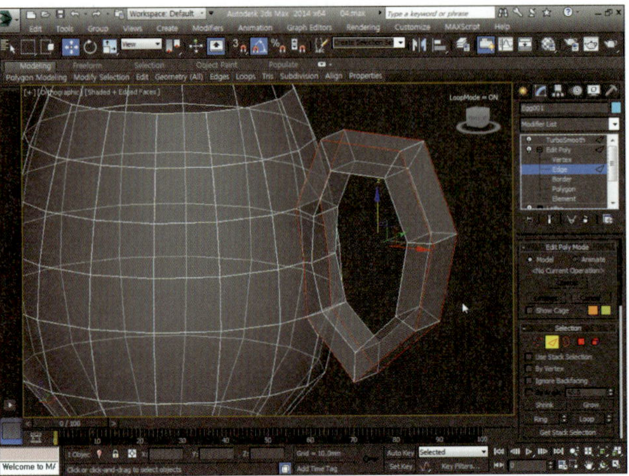

Ribbon에 있는 각 Panel들을 마우스로 클릭하여 Viewport로 드래그하면 해당 기능의 Panel을 열어 놓고 사용할 수 있습니다.

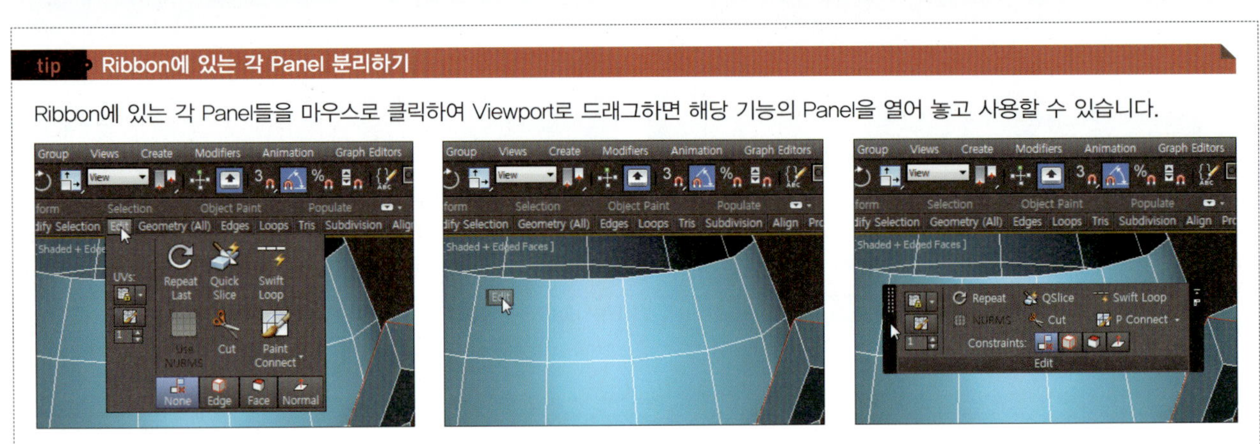

11 Edge Chamfer

모델링 편집에 자주 사용될 Edge Panel을 꺼내 놓습니다. Panel에 있는 기능들은 선택한 Sub-Object
에 따라 자동으로 변경됩니다.

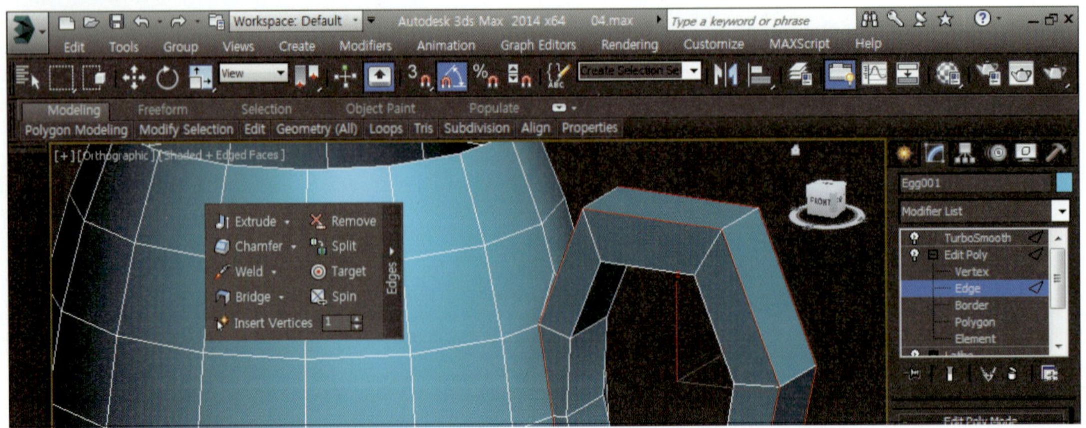

Edge Panel>Chamfer>[Chamfer Settings]을 열어 Chamfer Amount에 '2'를 입력하고 버튼을 클릭하여 Chamfer 실행을 완료합니다.

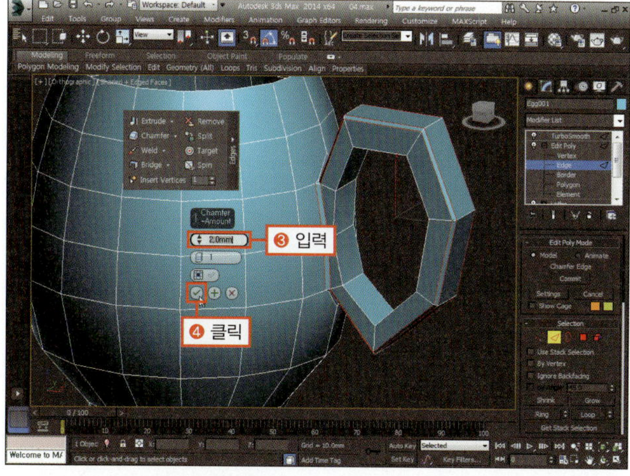

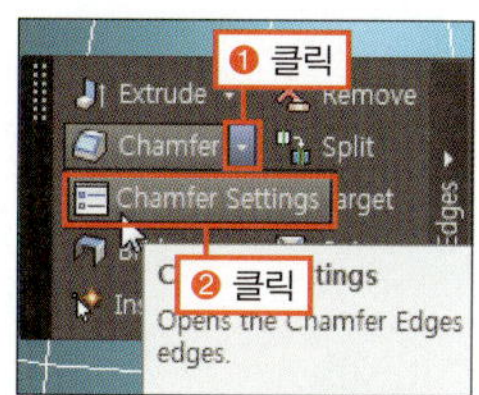

⑫ Vertex Target Weld

Vertex를 활성화하고 마우스의 가운데 휠 버튼을 회전하여 해당 부분을 가까이에서 확인합니다.

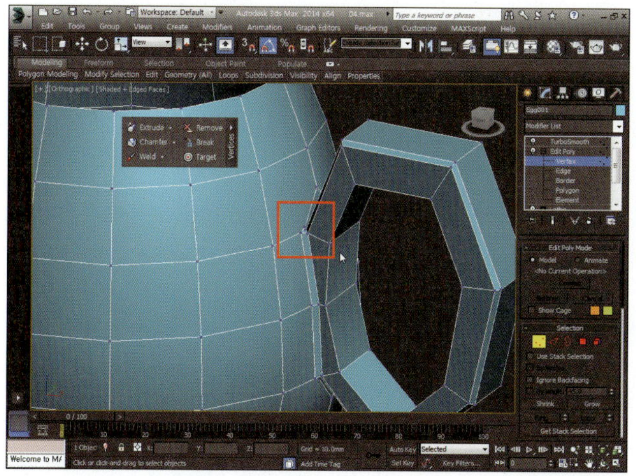

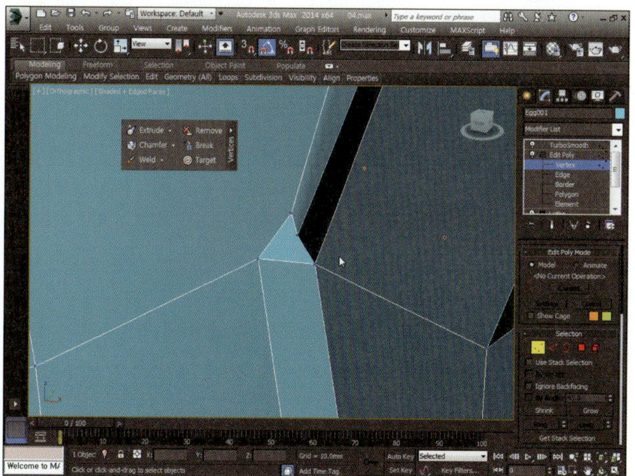

Vertex Panel>Target Weld를 선택합니다.

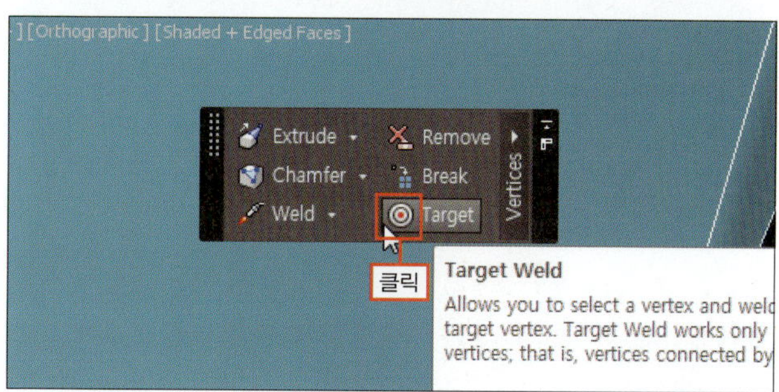

마우스 왼쪽 버튼으로 드래그하여 그림과 같이 Vertex를 정리합니다.

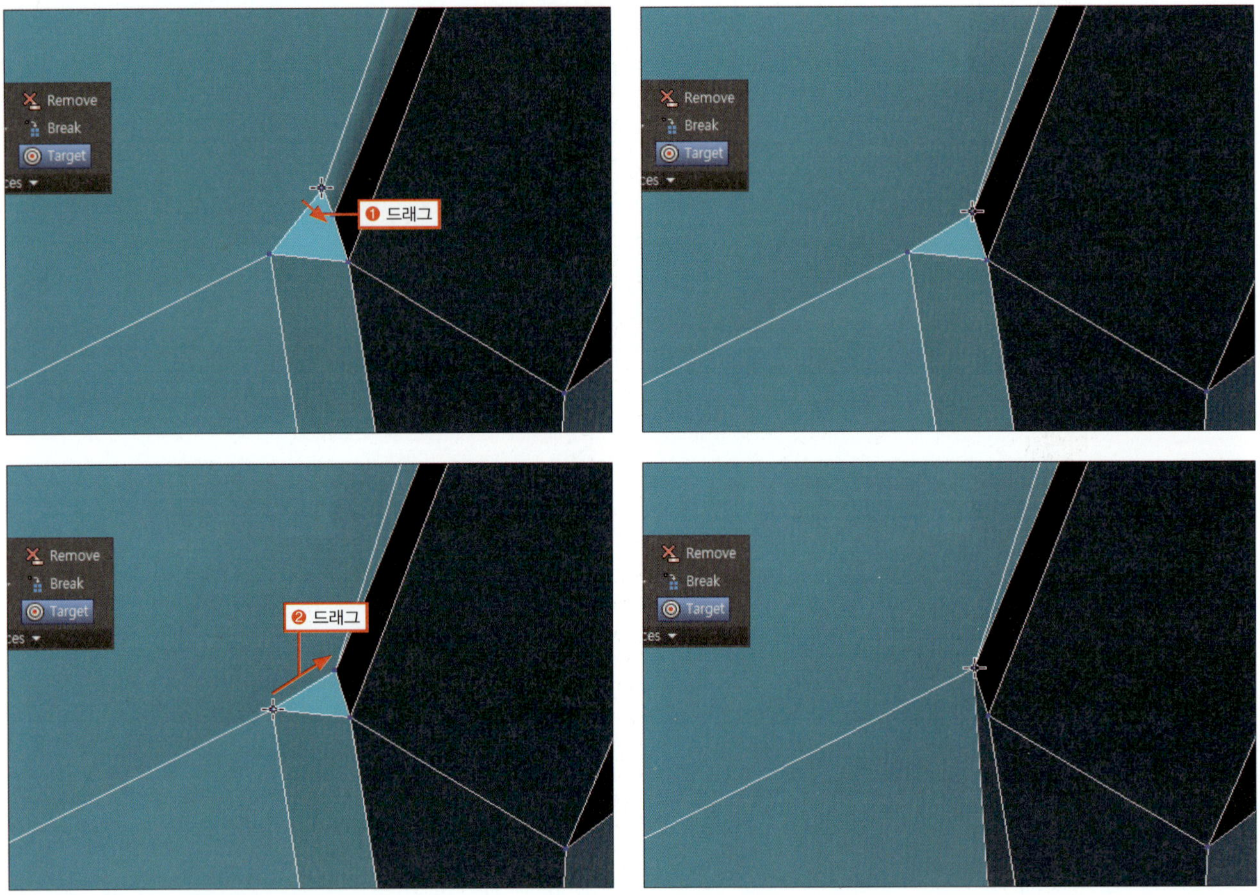

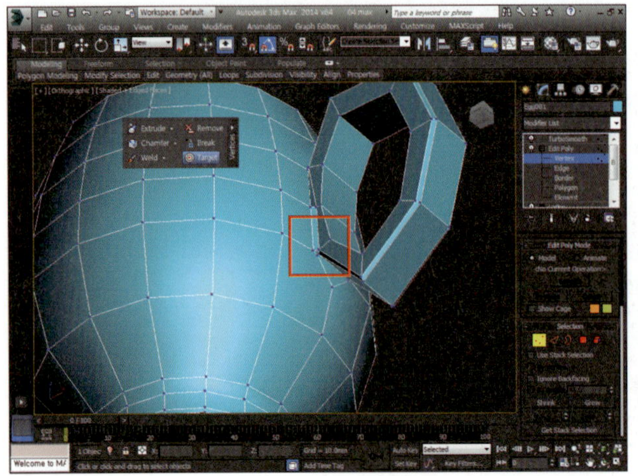

이번에는 View를 컵 아래쪽으로 변경하고 해당 부분을 Zoom In하여 확인합니다.

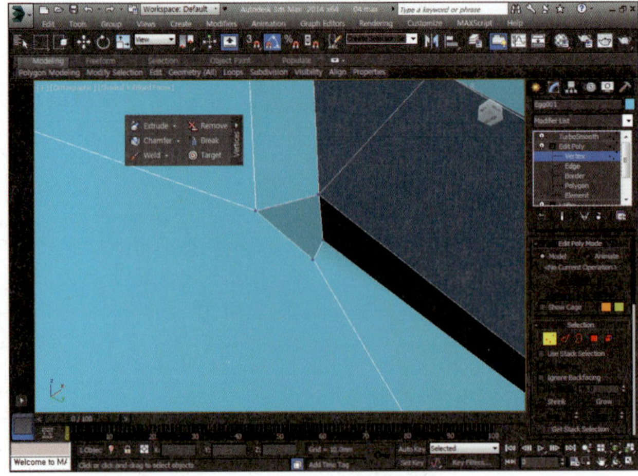

Target Weld가 활성화된 상태에서 마우스 왼쪽 버튼으로 드래그하여 그림과 같이 Vertex를 정리합니다.

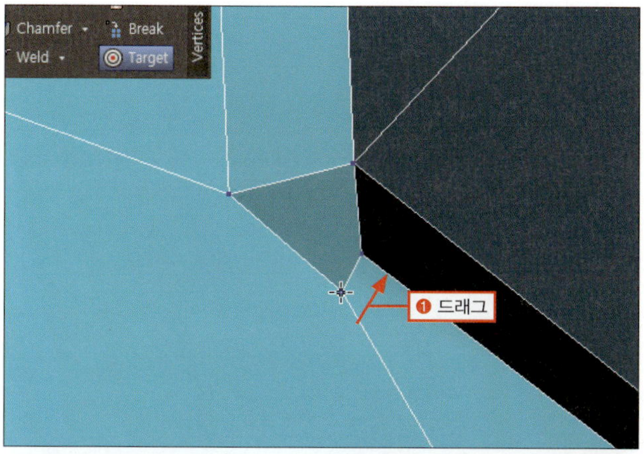

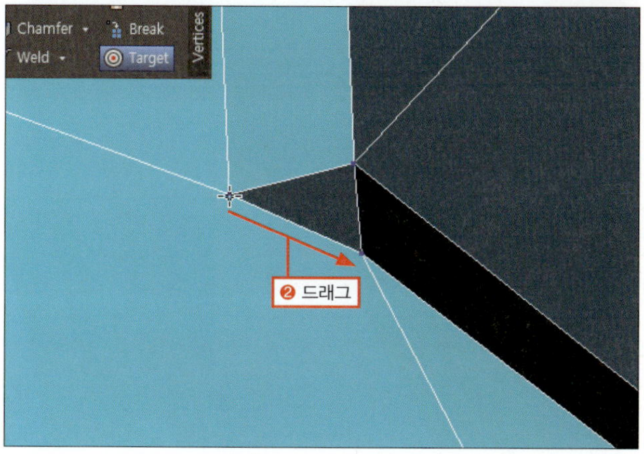

반대편의 2군데도 위와 같은 방법으로 Vertex를 정리합니다.

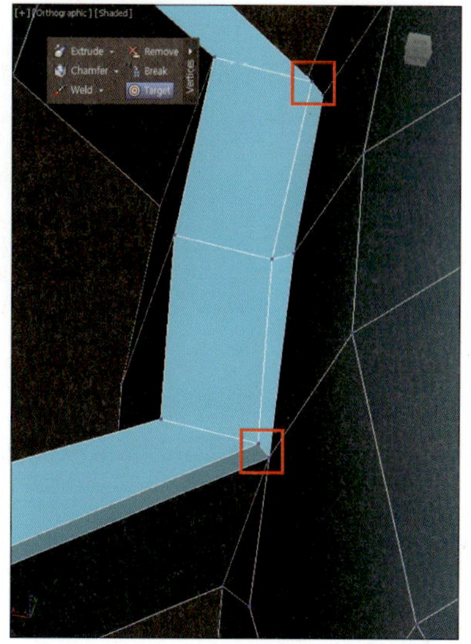

13 Ring Mode 선택

키보드 2 를 눌러 Edge가 활성화되도록 한 후 Ribbon>Modeling>Modify Selection>[Ring Mode]를 활성화하고 1개의 Edge를 클릭하면 그림과 같이 Edge가 선택됩니다.

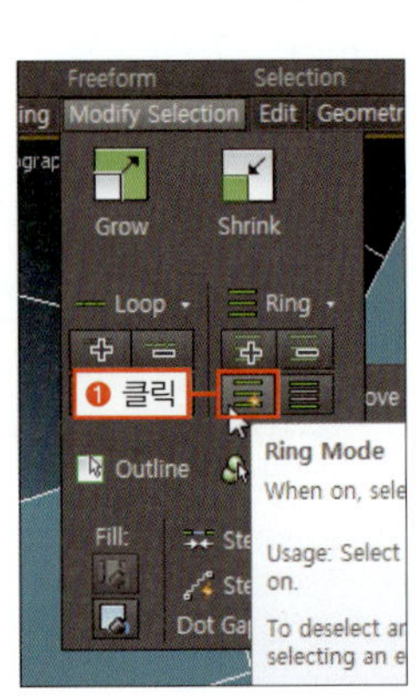
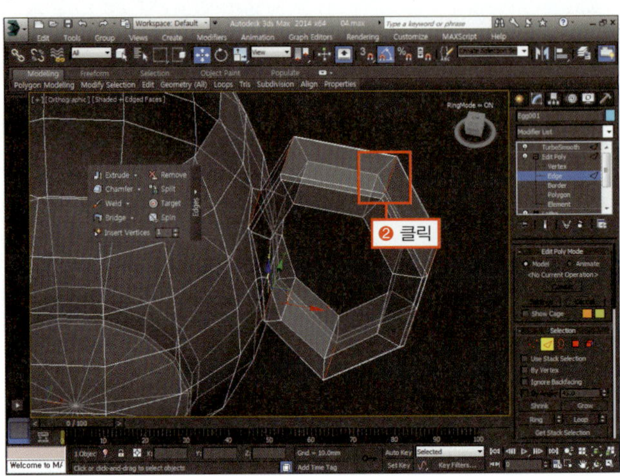

14 Edge Connect

Ribbon>Modeling>Loops>[Connect]를 클릭하여 선택된 Edge들을 연결하는 새로운 Edge를 생성합니다.

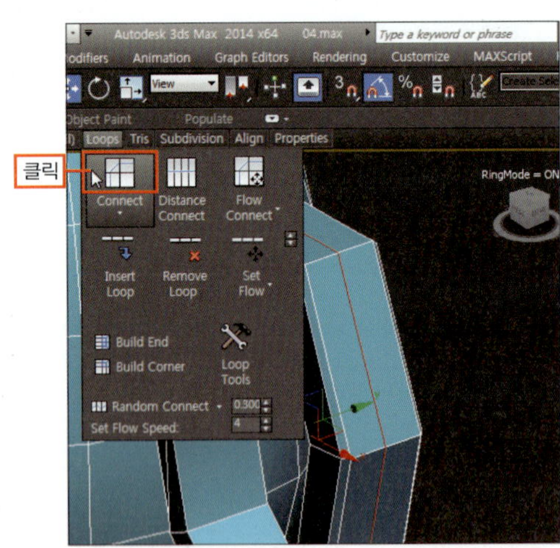
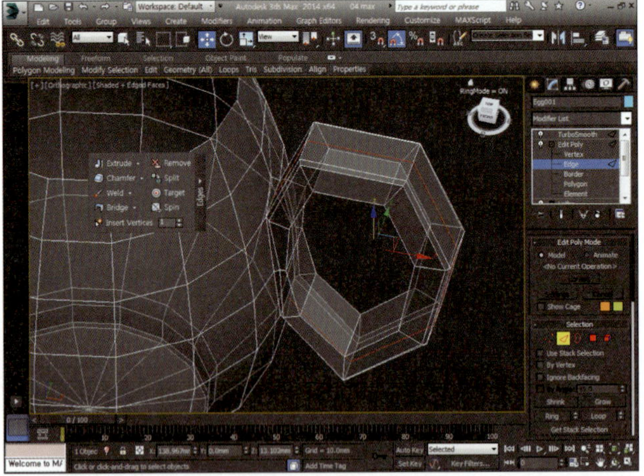

15 Polygon 삭제

Polygon을 활성화하고 손잡이가 시작되는 부분의 삼각형 Polygon을 위아래 모두 선택하여 삭제합니다.

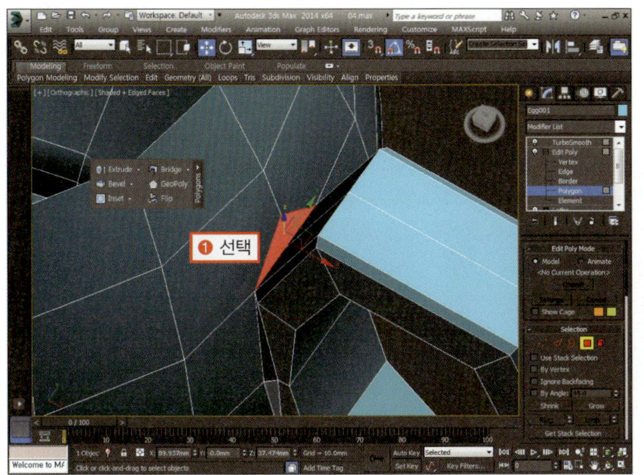

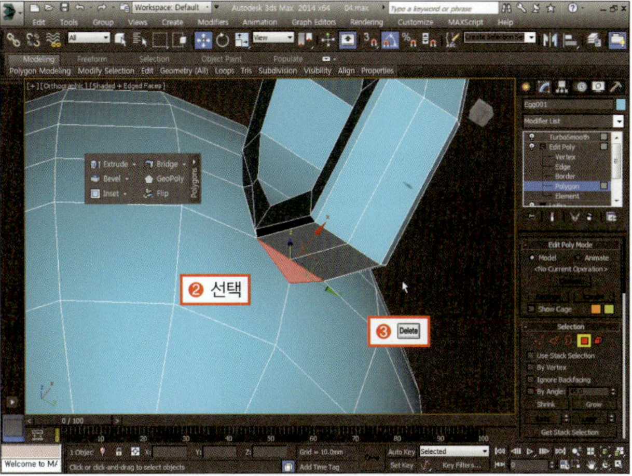

🔟 Vertex Target Weld

Vertex의 Target Weld를 사용하여 그림과 같이 Vertex를 합칩니다.

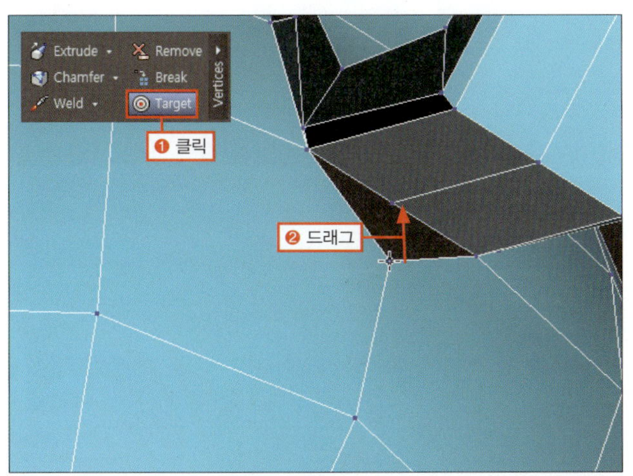

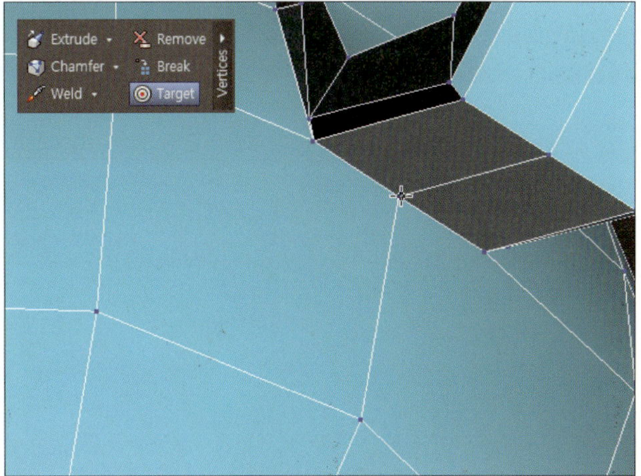

상단 손잡이 연결 부분도 Target Weld를 사용하여 Vertex를 합칩니다.

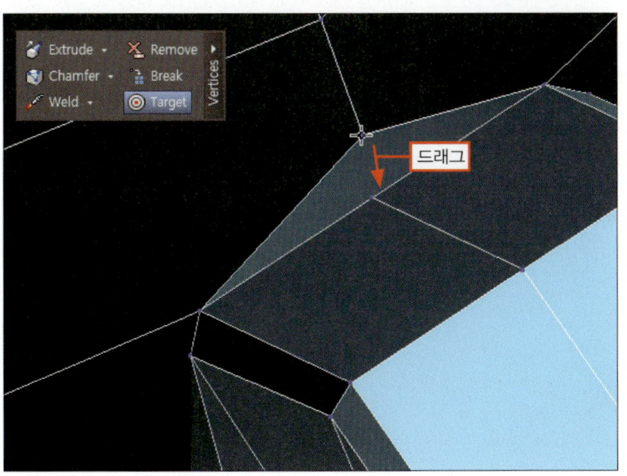

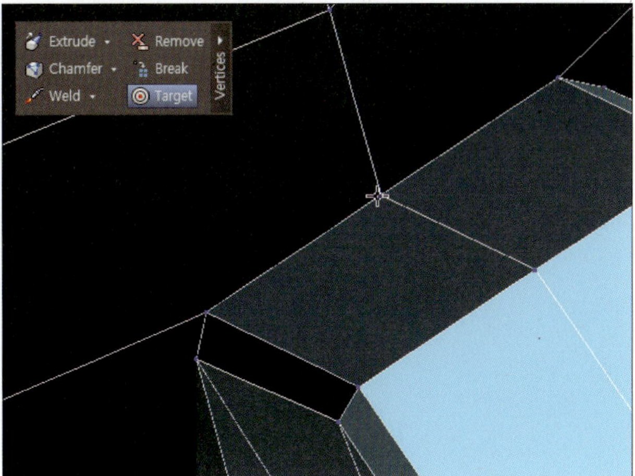

🔢 Scale을 이용한 형태 조절

그림과 같이 조금 튀어나와 있는 Vertex를 반대편 쪽 Vertex와 동시에 선택하고 [Select and Non-Uniform Scale] 버튼(🔳)의 Y축 방향으로 스케일을 줄여 형태를 조절합니다.

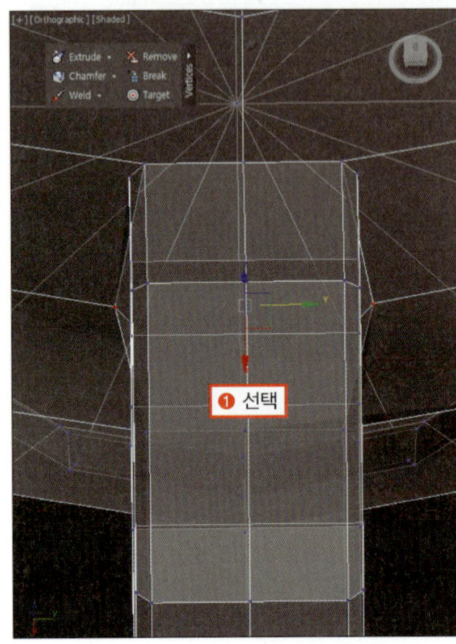

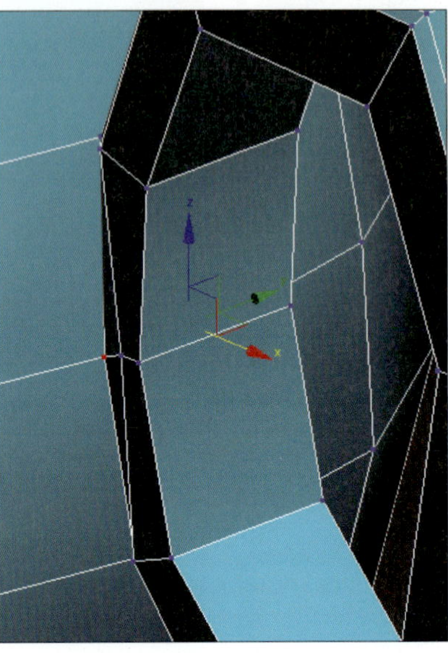

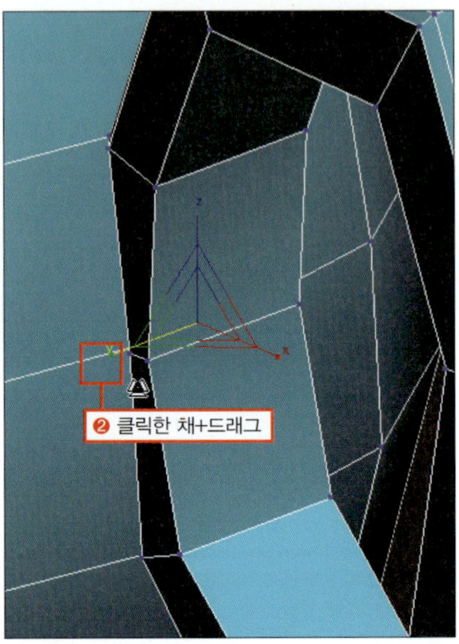

Polygon 1개를 선택하고 키보드의 Shift 를 누른 채 바로 아래 있는 Polygon을 클릭하면 그림과 같이 선택됩니다.

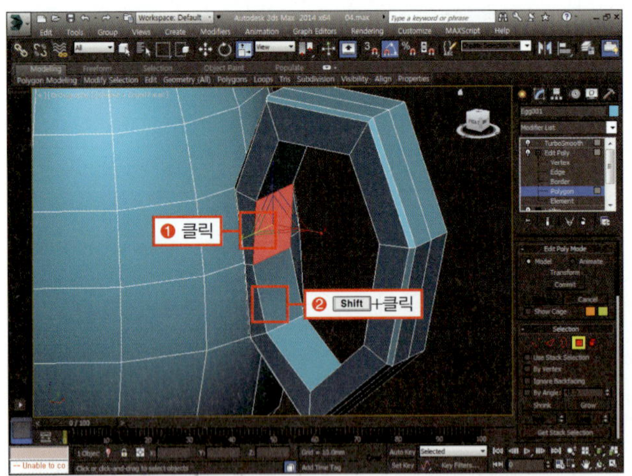

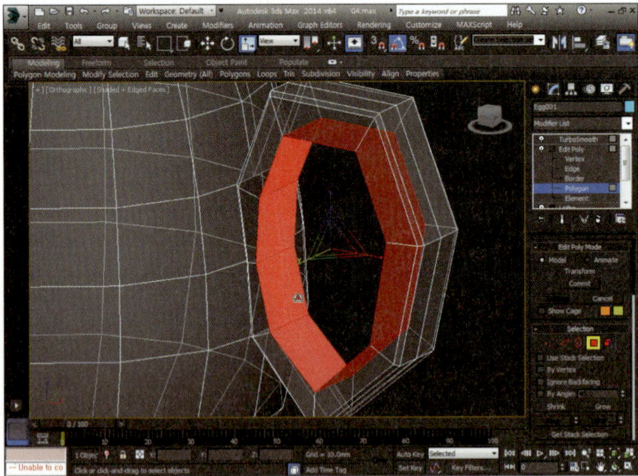

[Select and Non-Uniform Scale] 버튼
(▣)의 Y축 방향 핸들을 잡고 드래그하
여 형태를 조절합니다.

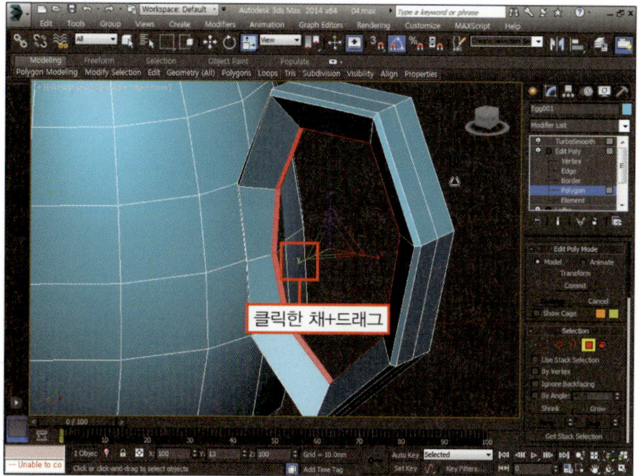

몸통에서 자연스럽게 연결되어 나오는
손잡이 부분을 완성했습니다.

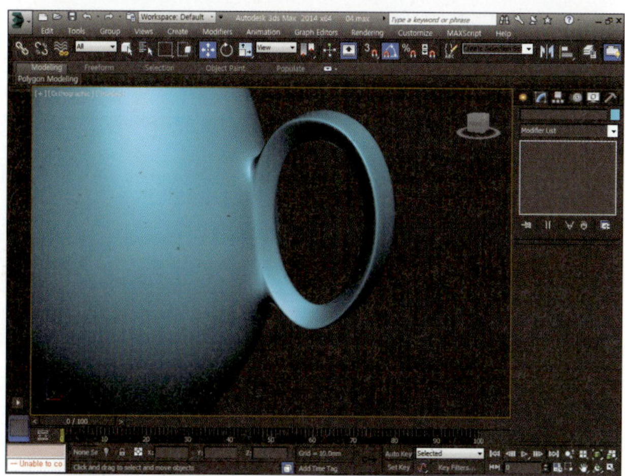

:: 커피포트 주입구 제작

1 Edge Extrude

Edge를 활성화한 후 [Loop Mode]를 클릭하여 그림과 같이 Edge를 선택합니다. 키보드의 Shift 를
누른 채 드래그하여 Edge를 안쪽으로 Extrude합니다. 이때 화면 하단의 좌표에서 '100'부터 줄어드
는 값을 확인한 후 '64'에서 마우스 버튼을 놓습니다.

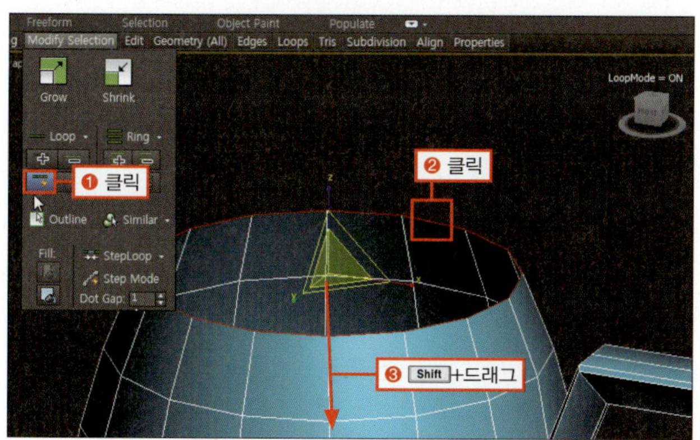

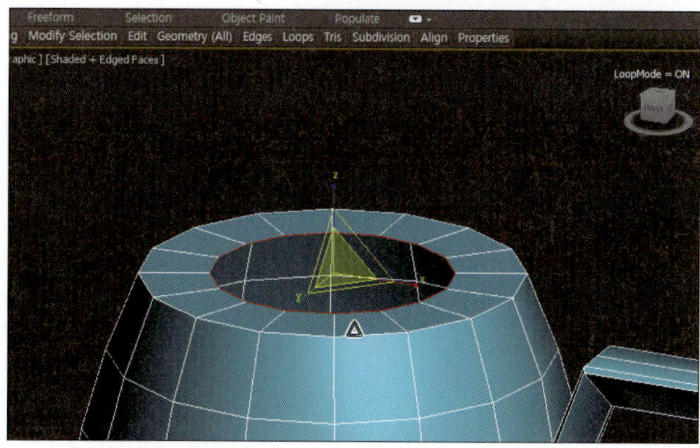

Front View에서 키보드의 F3을 눌러 오
브젝트를 Wireframe으로 확인합니다. 선
택되어 있는 Edge를 조금 위로 올려 형
태를 조절합니다.

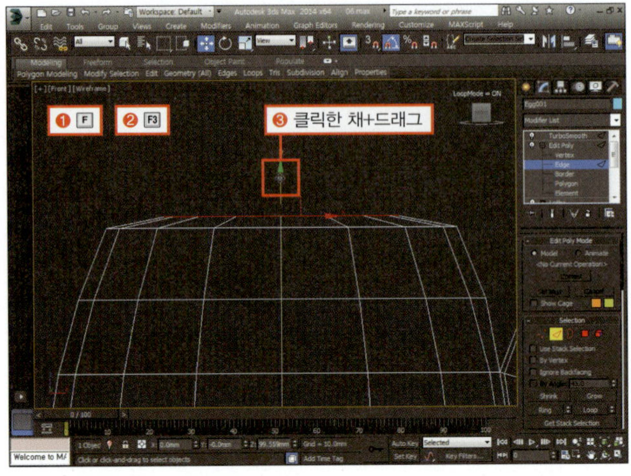

키보드의 Shift 를 누른 채 드래그하여 선택된 Edge를 아래쪽으로 Extrude 한 후 Scale이 안쪽으로
줄어들도록 조절합니다.

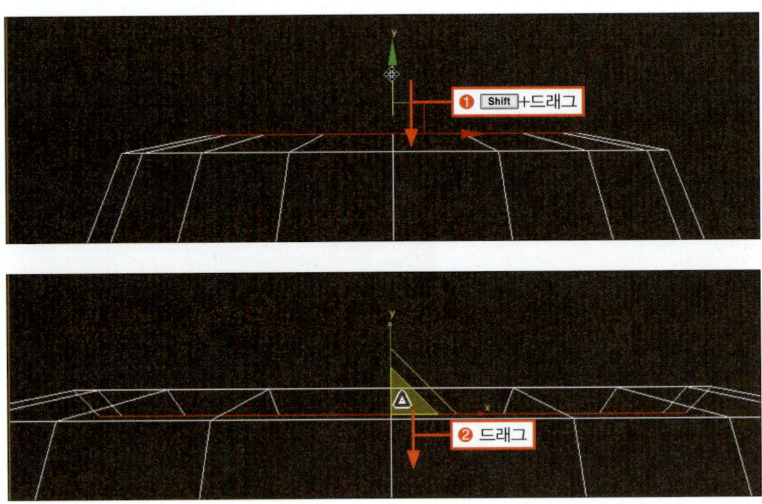

2 Polygon Extrude

Left View 방향에서 다음과 같이 Polygon
을 선택합니다.

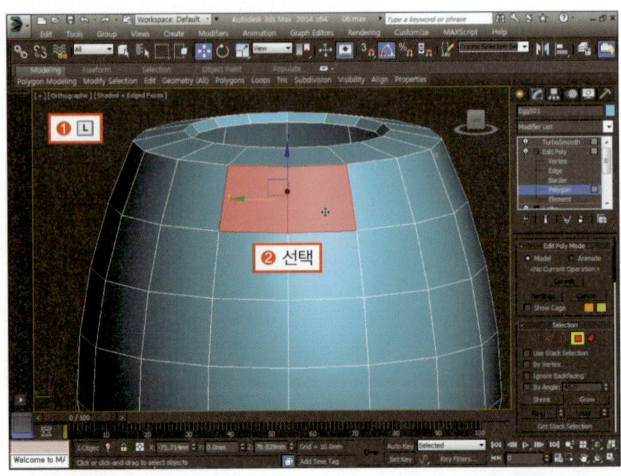

Front View로 전환한 후 Ribbon>Modeling>Polygon Panel에서 [Extrude]를 선택합니다. 선택된 Polygon 위에서 마우스를 드래그하여 Extrude를 실행한 후 위치를 그림과 같이 조절합니다.

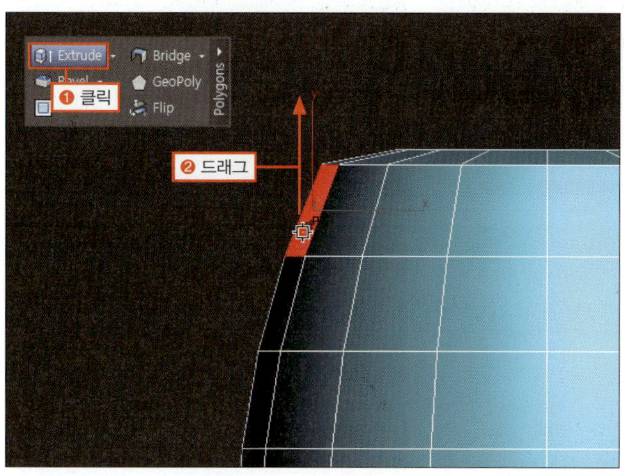

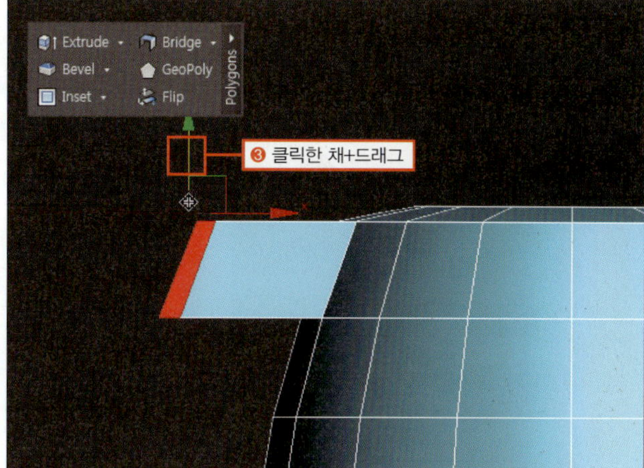

③ Edge Connect

마우스를 드래그하여 다음 Edge를 선택하고 Ribbon>Modeling>Loops Panel에서 [Connect]를 실행합니다.

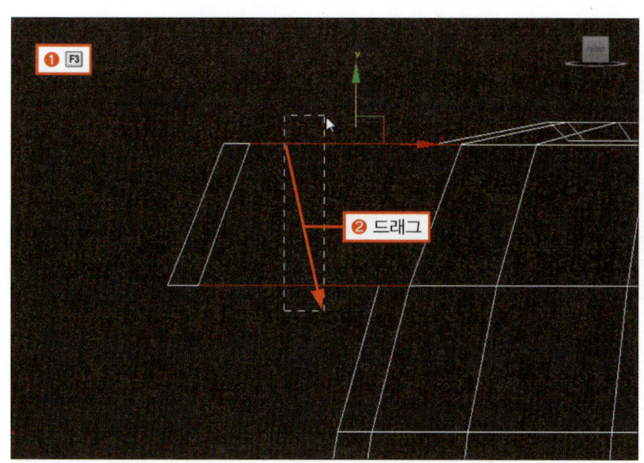

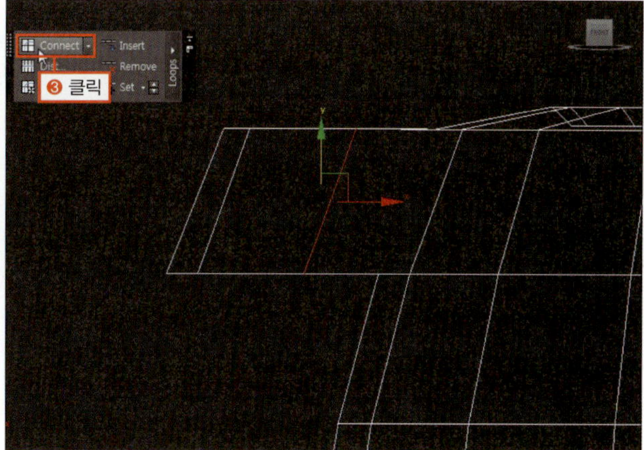

④ Front View 형태 수정

Vertex를 활성화하고 다음과 같이 형태를 수정합니다.

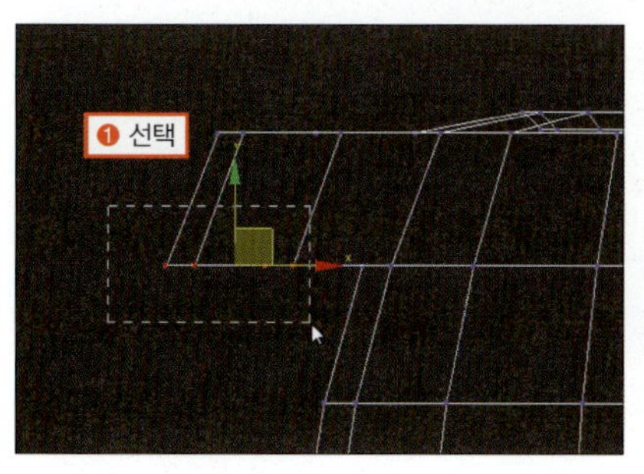

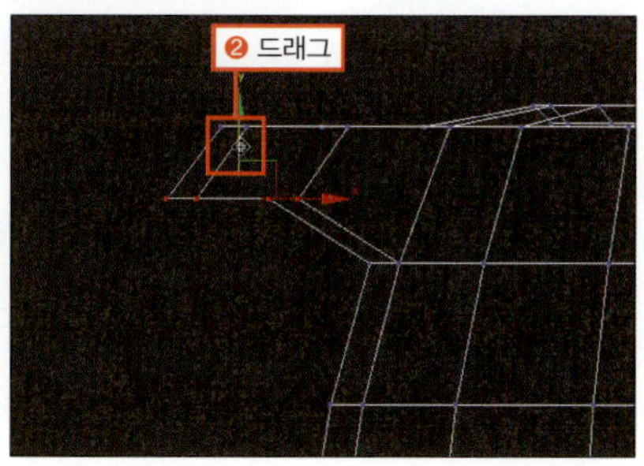

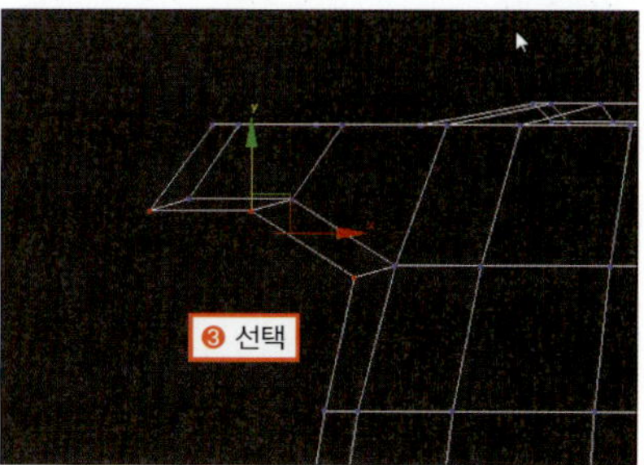

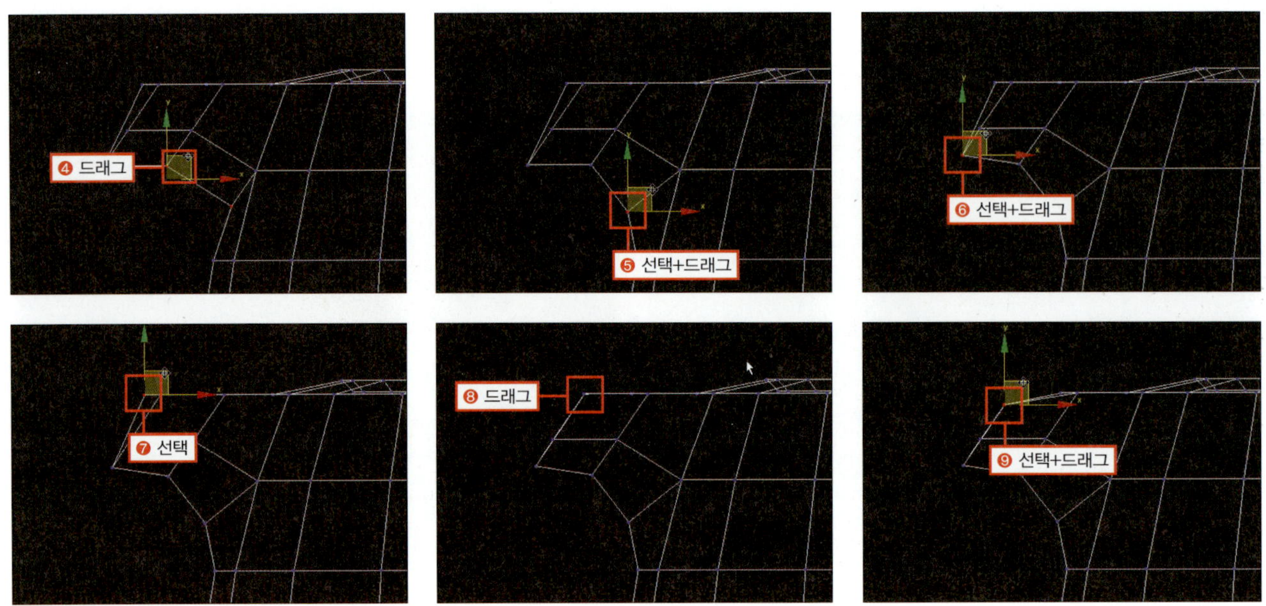

5 Top View 형태 수정

Top View에서 다음 Vertex를 선택하고 Scale을 이용하여 형태를 수정합니다.

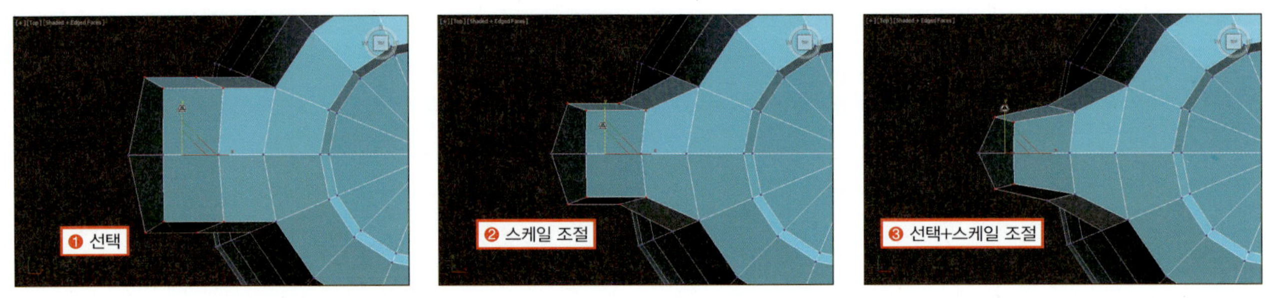

6 Left View 형태 수정

Left Vew에서 Vertex를 선택하고 Scale을 이용하여 형태를 수정합니다.

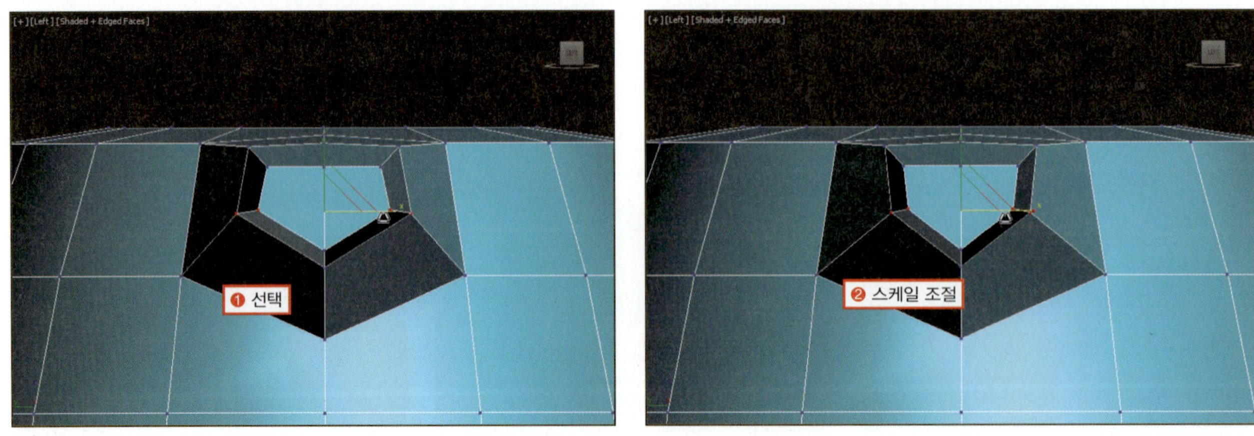

7 Edge Chamfer

View를 조금 돌려서 확인 후 Edge를 활성화하고 Loop Mode를 활용하여 그림과 같이 테두리의
Edge를 선택합니다.

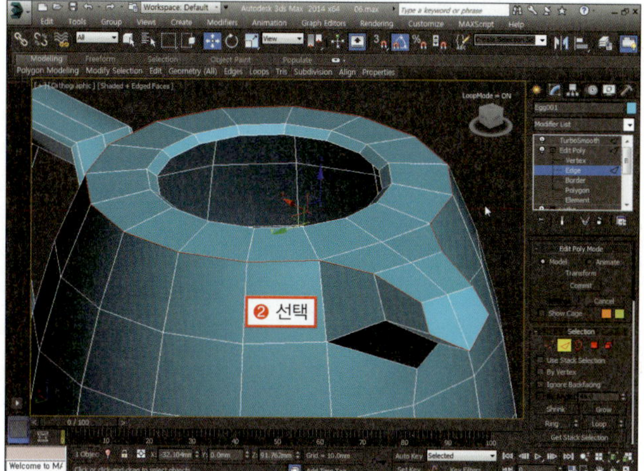

[Chamfer Setting]을 팝업하고 Amount
에 '2'를 적용합니다.

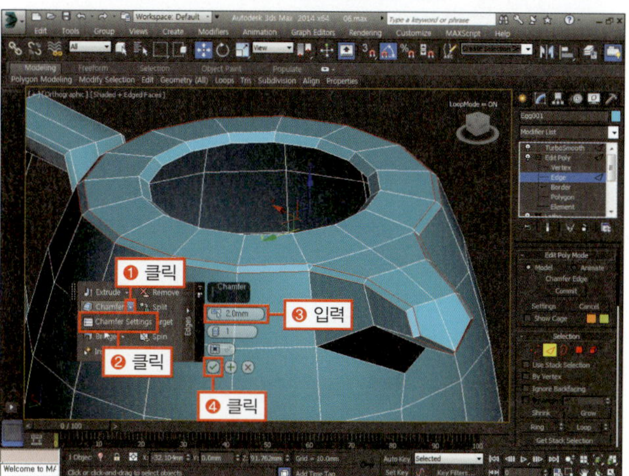

그림과 같이 Edge를 선택하고 Chamfer Amount에 '0.5'를 적용합니다.

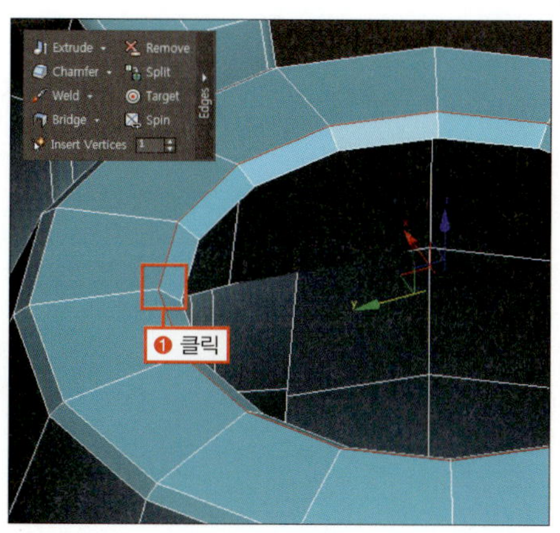

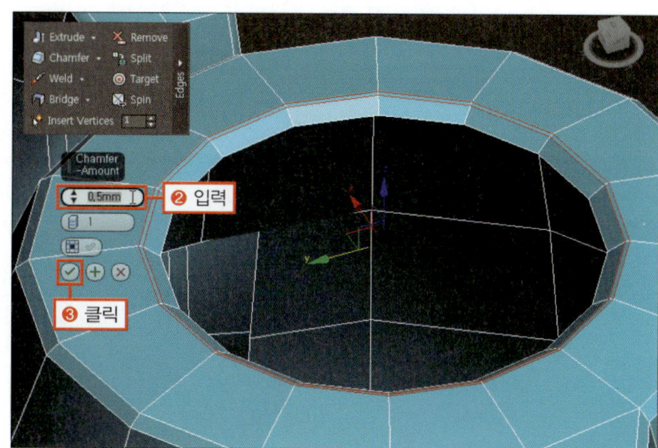

8 Vertex Target Weld

[Target Weld]를 실행하여 Vertex를 정리합니다.

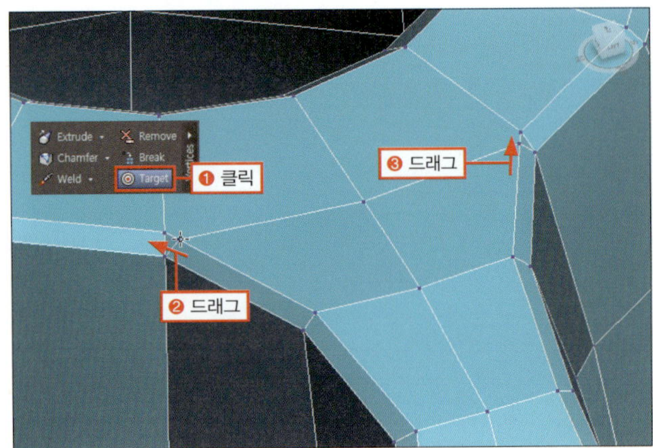

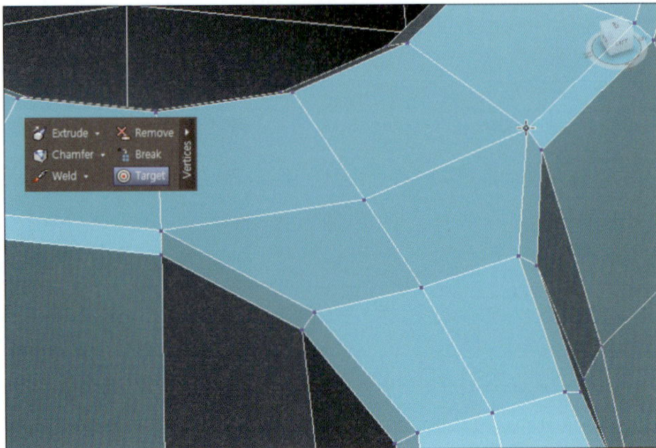

9 Polygon Bevel

구멍이 될 부분의 Polygon을 선택하고 [Bevel Setting]을 클릭하여 팝업합니다.

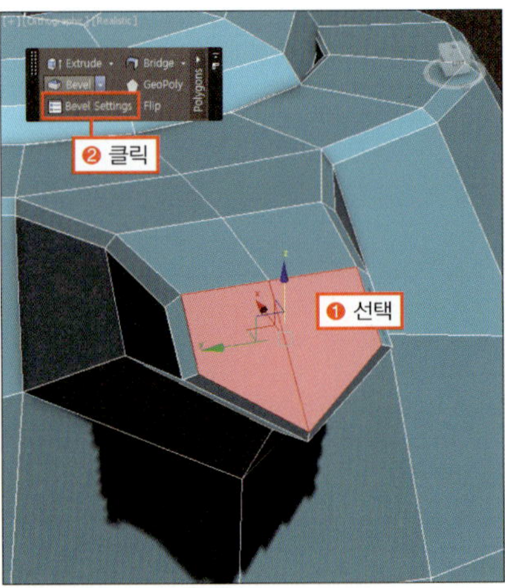

Outline에 '-4'를 입력합니다. ⊕ 버튼을 클릭하여 Bevel을 한 번 더 실행한 후 Height에 '-20' Outline에 '0'을 입력하여 안쪽에 구멍이 생기도록 합니다.

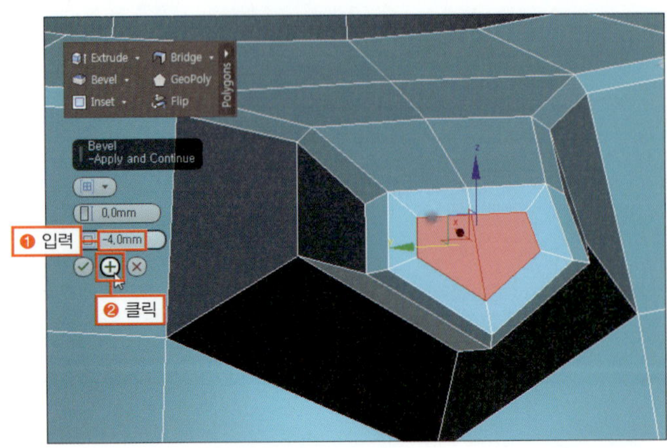

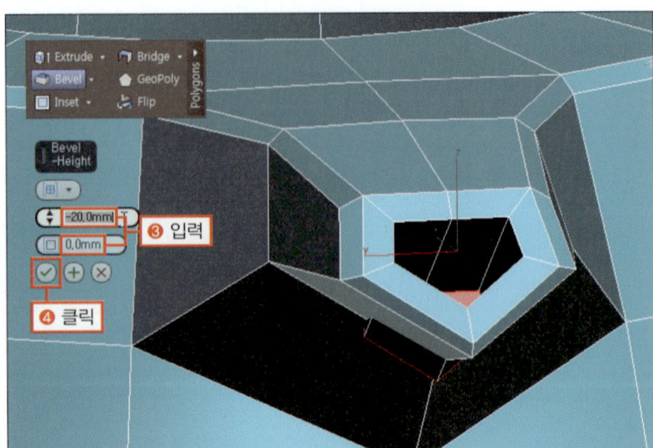

Front View에서 키보드의 F3 을 눌러 Wireframe으로 확인하면서 선택된 Polygon의 위치와 Scale을
조절합니다.

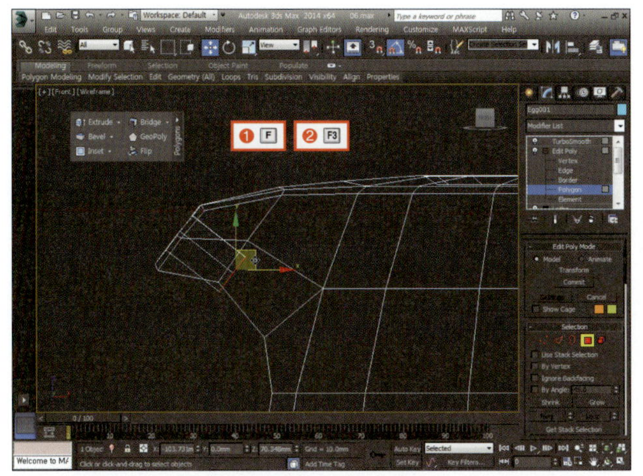

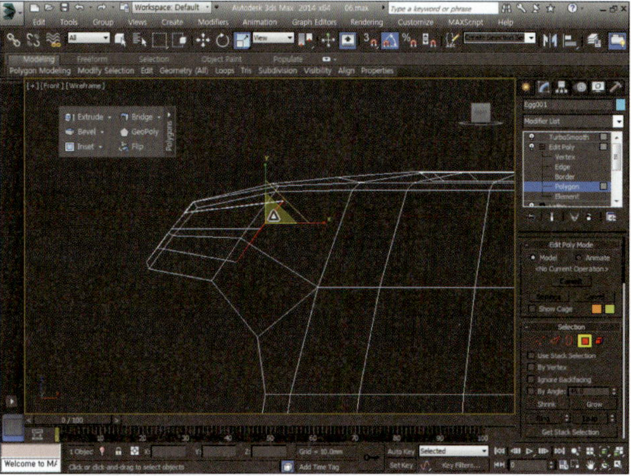

⑩ Polygon Extrude

Extrude를 실행하여 구멍이 조금 더 안쪽까지 연결되도록 합니다. 선택된 Polygon의 위치와 Scale을
조절한 후에는 키보드의 Delete 를 눌러 삭제합니다.

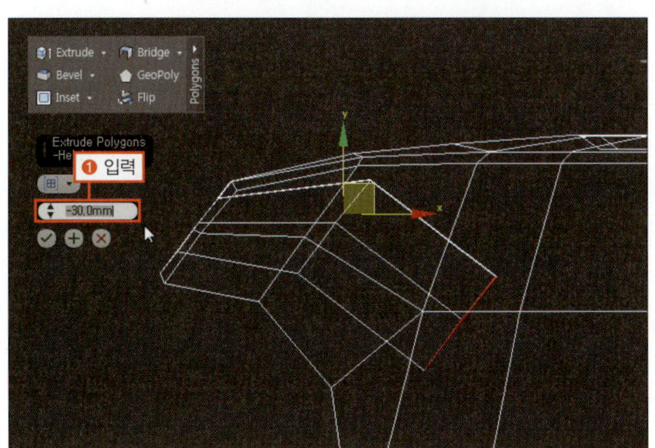

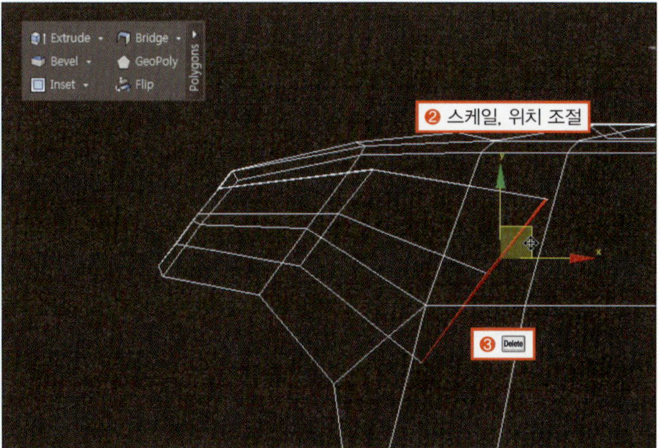

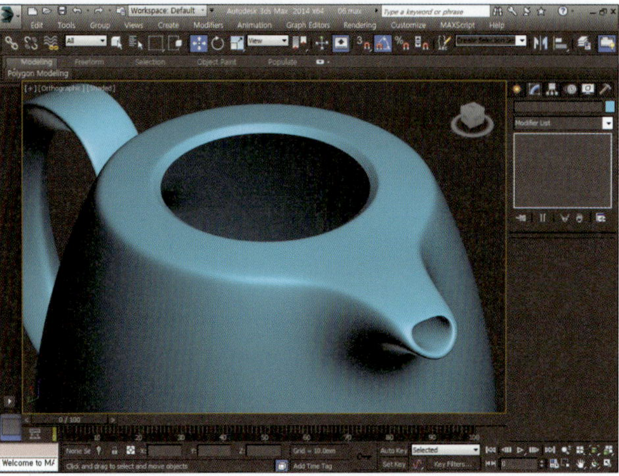

:: 커피포트 뚜껑 제작

1 Capsule 생성

Command Panel>Create>Geometry>Extended Primitives에서 [Capsule]을 선택합니다. Keyboard
Entry Rollout에서 Radius에 '50', Height에 '102'를 입력하고 [Create] 버튼(Create)을 클릭하여
Capsule을 생성합니다.

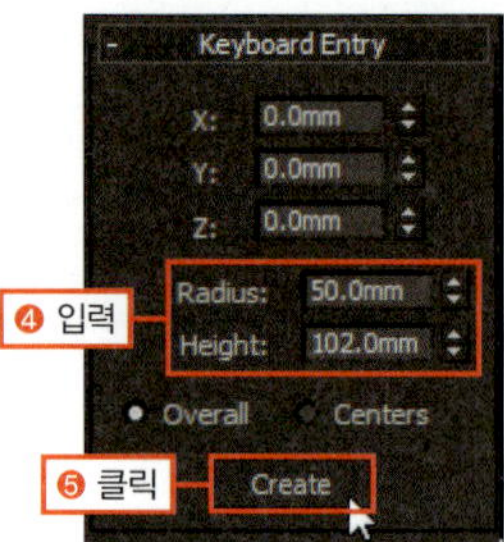

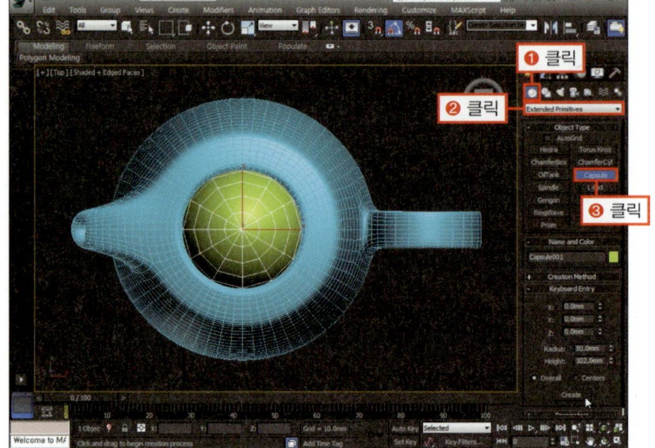

Z좌표에 '45'를 입력하여 Capsule의 위
치를 조절합니다.

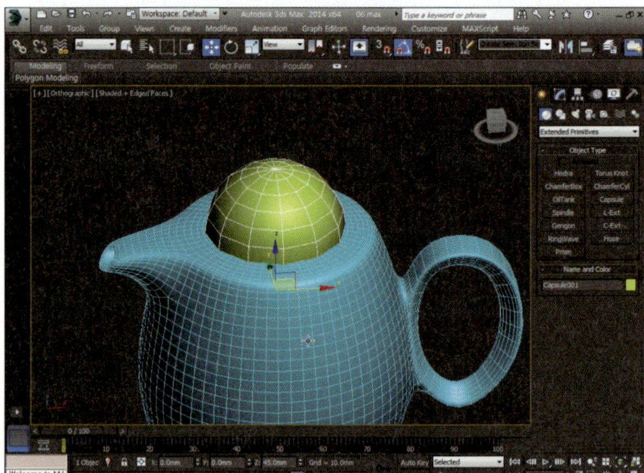

단축키 Alt+Q를 사용하여 Viewport에
Capsule만 보이도록 하고 Sides에 '8'을
입력합니다.

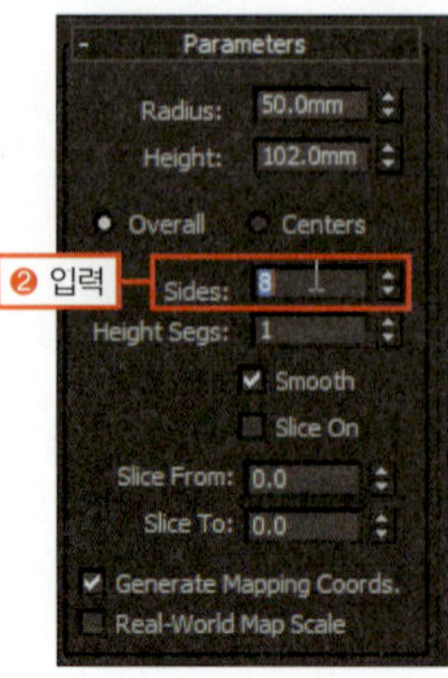

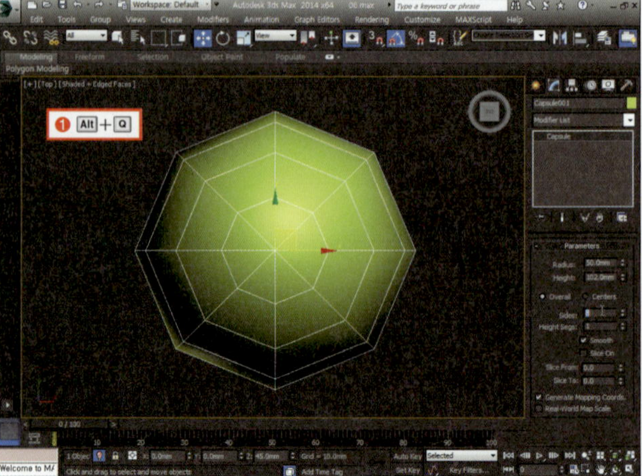

② Edit Poly 편집

Front View로 전환하여 Capsule에 Modifier List의 Edit Poly를 적용합니다. 그림과 같이 아래쪽 Polygon을 선택하고 삭제합니다.

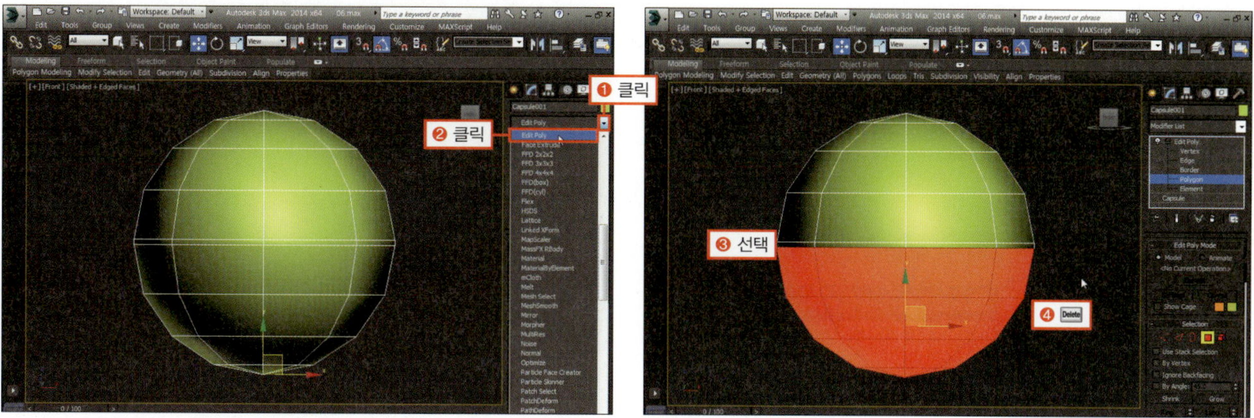

③ FFD 2x2x2 적용

그림과 같이 맨 아래 Vertex를 제외한 모든 Vertex를 선택한 상태에서 Modifier List의 FFD 2x2x2를 적용합니다.

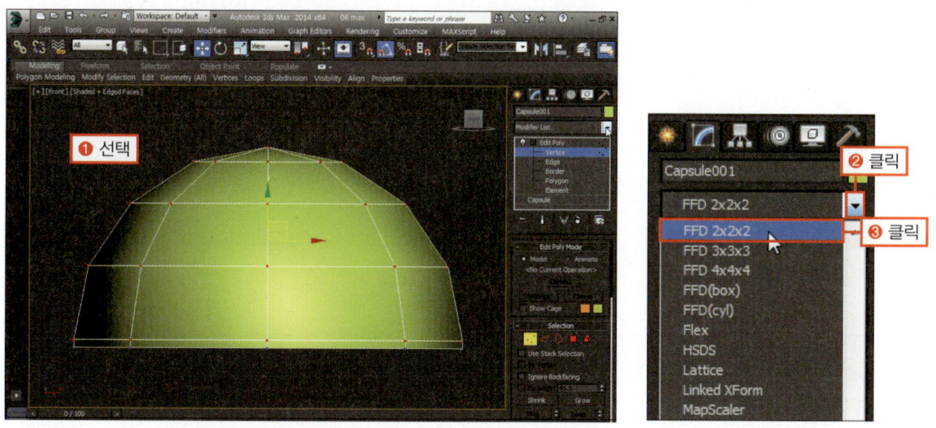

마우스 오른쪽 버튼을 클릭하여 Quad Menu에서 Control Point를 활성화하고 그림과 같이 Control Point를 선택합니다.

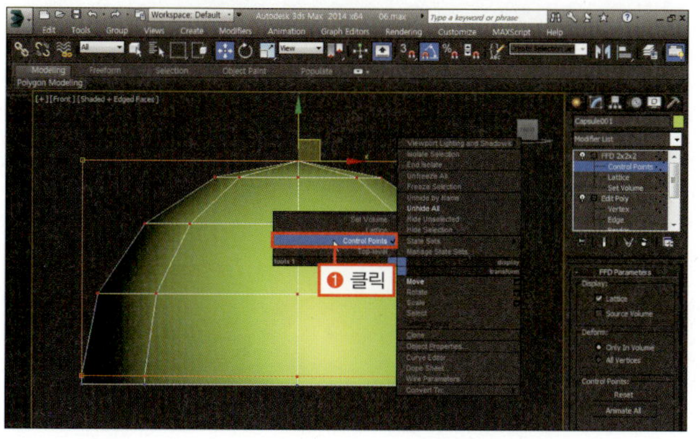
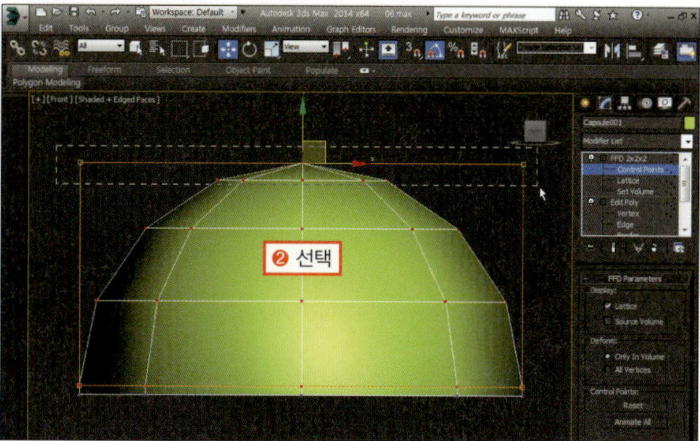

Z좌표에 '114'를 입력하여 높이를 조절
합니다.

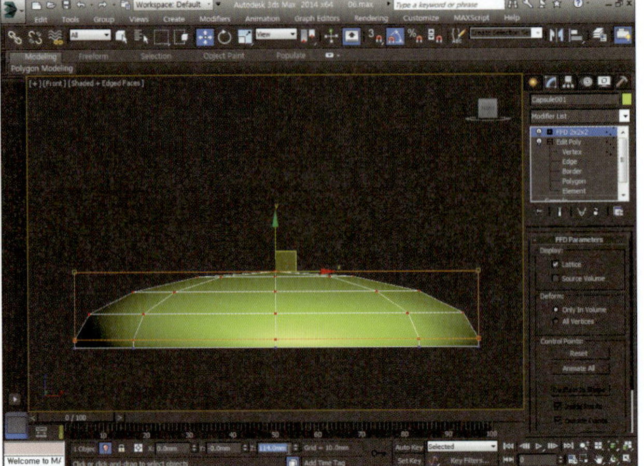

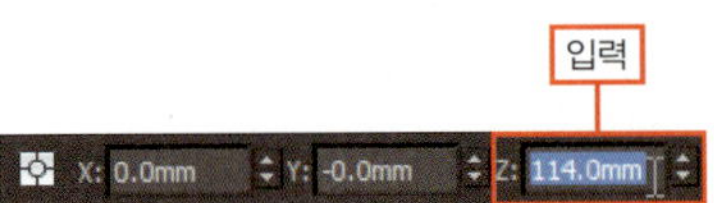

4 Edit Poly

뚜껑의 형태를 수정하기 위해 다시 한 번
Edit Poly를 적용합니다.

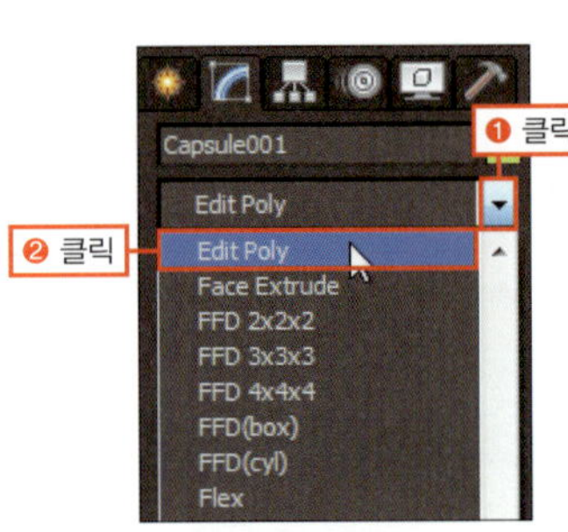

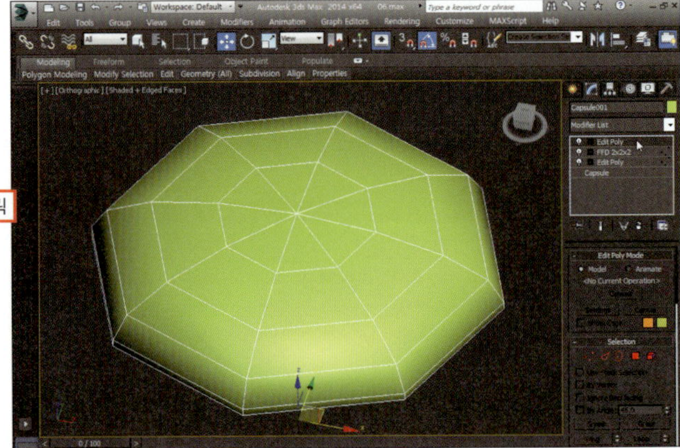

5 Edge Chamfer

다음 Edge를 선택하고 [Chamfer Setting]을 팝업합니다. Amount에 '2'를 입력하여 Chamfer를 적용
합니다.

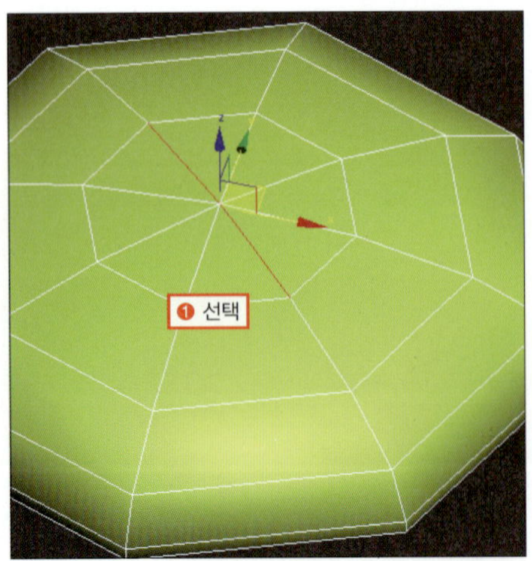

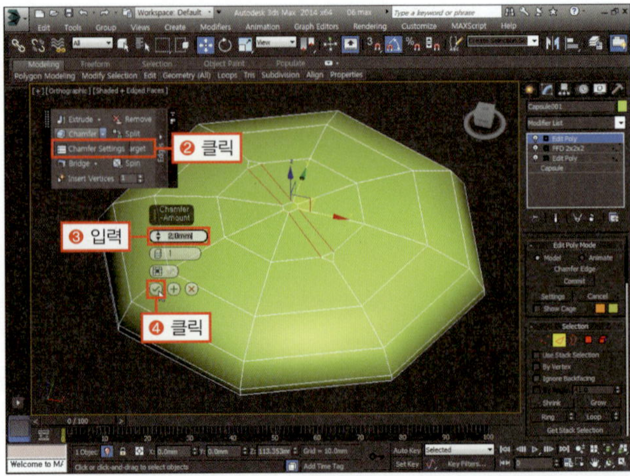

6 Vertex Target Weld

Target Weld를 활성화하여 다음 Vertex
를 정리합니다.

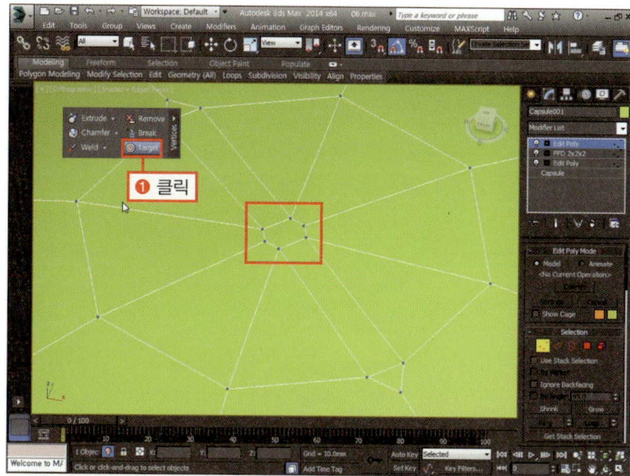

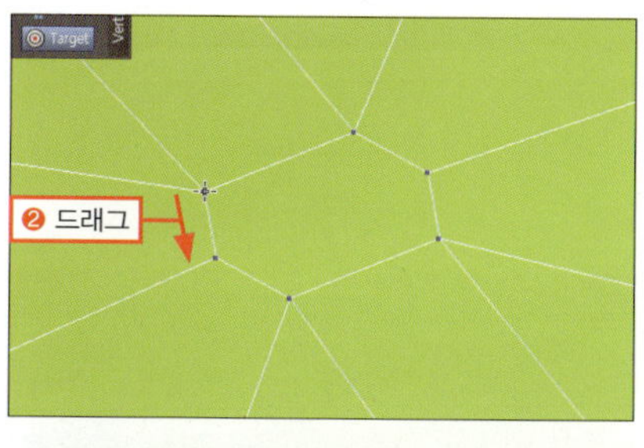

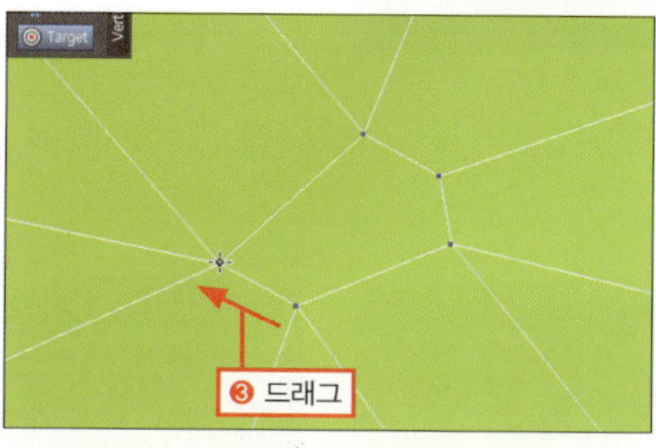

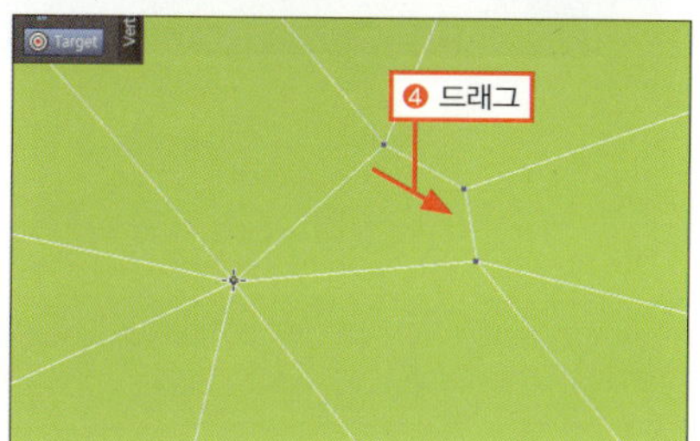

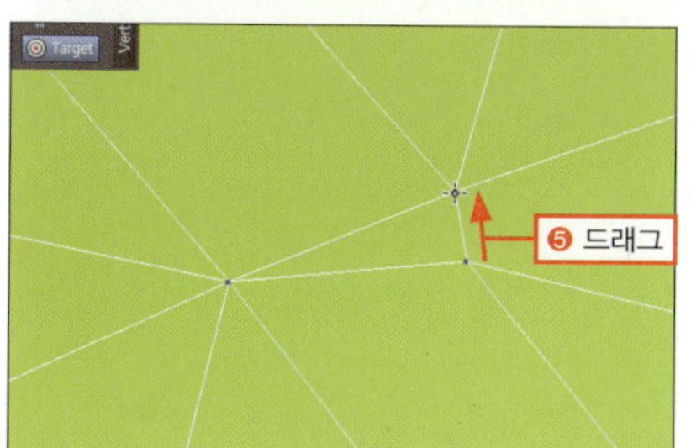

7 Polygon 삭제

다음과 같이 Polygon을 선택하고 삭제합니다.

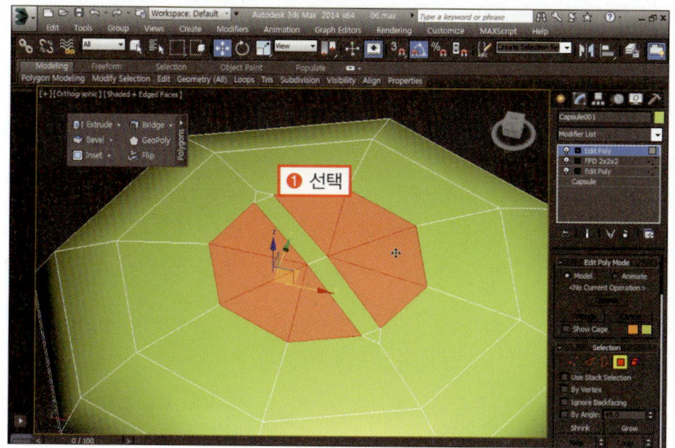

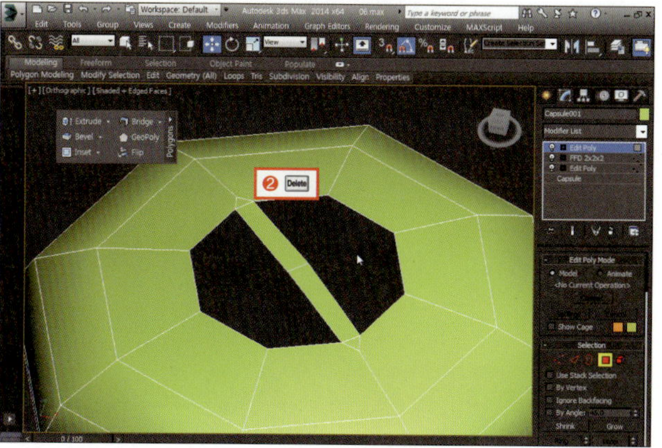

8 Edge Extrude

다음 4군데 Edge를 선택합니다. 키보드의 Shift 를 누른 채 Z축 방향으로 Edge를 Extrude합니다.

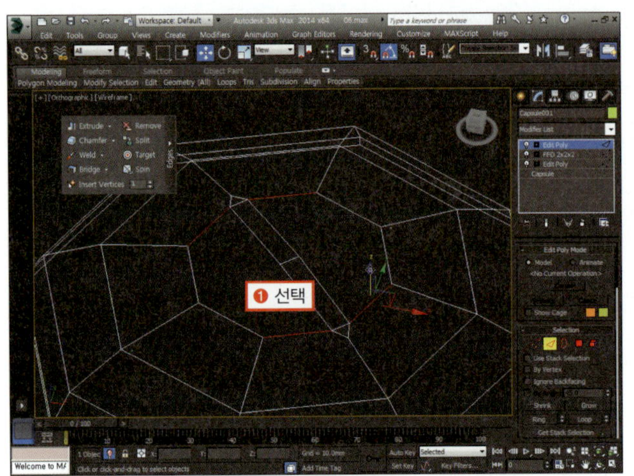

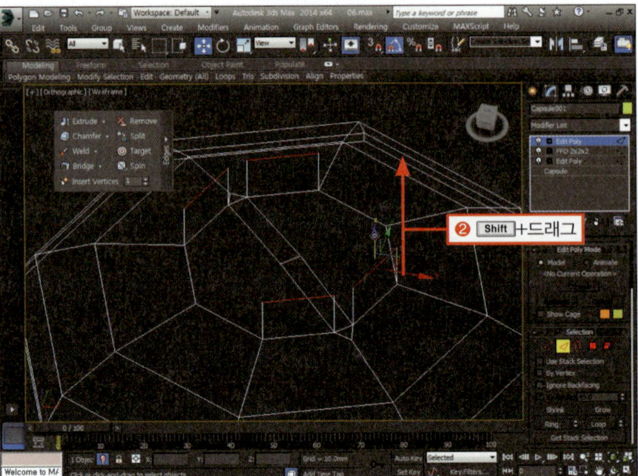

Target Weld를 활성화하고 그림과 같이 Edge를 드래그하여 합칩니다. 나머지 부분도 모두 동일한 방법으로 정리합니다.

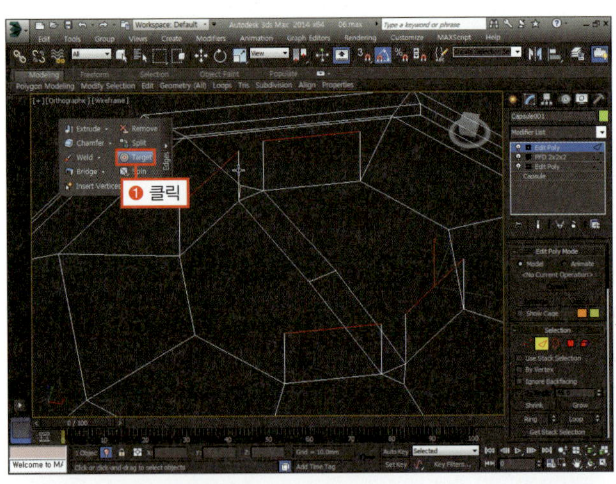

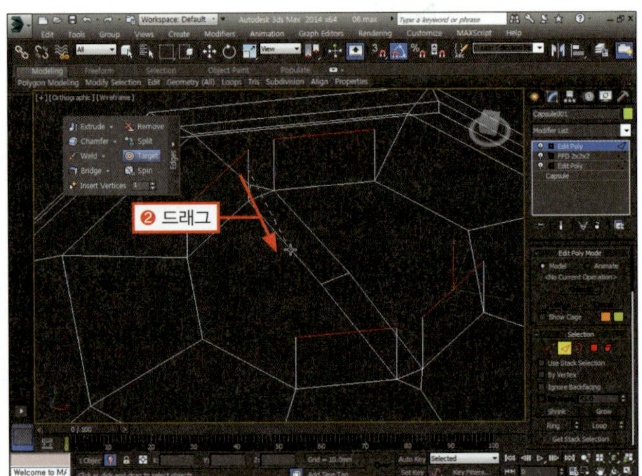

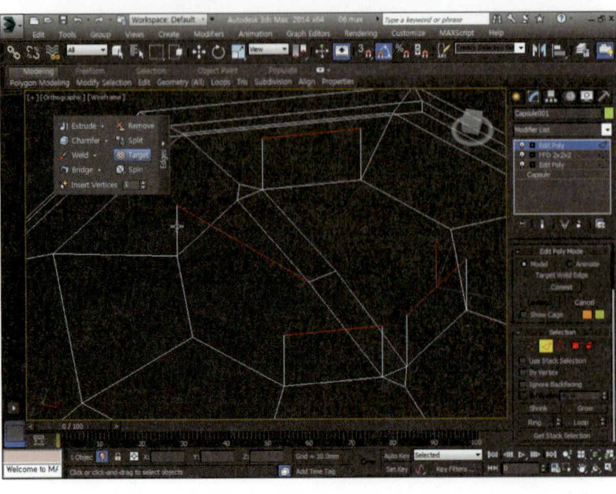

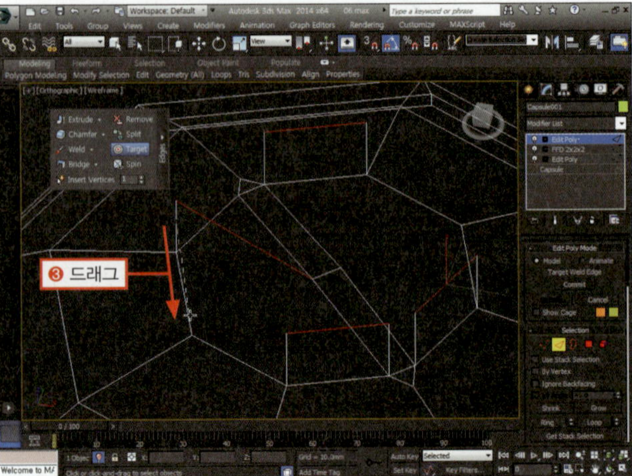

9 Polygon Extrude

뚜껑의 손잡이가 될 2개의 Polygon을 선택하고 Scale로 넓이를 조절합니다.

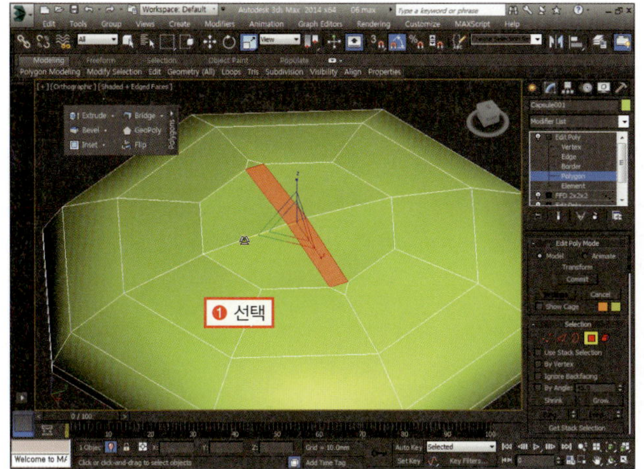

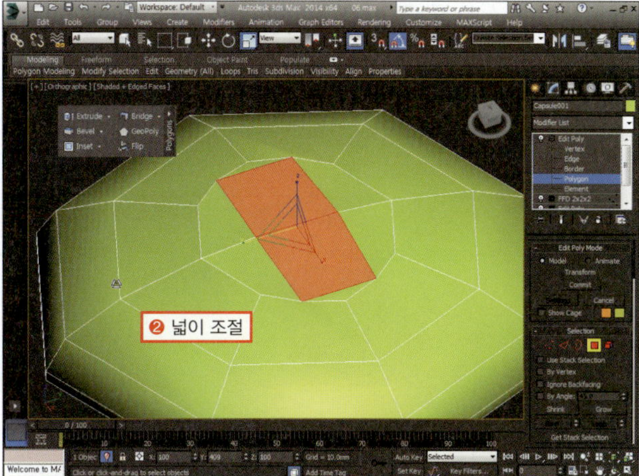

Height에 '9'를 입력하여 Extrude를 실행
합니다.

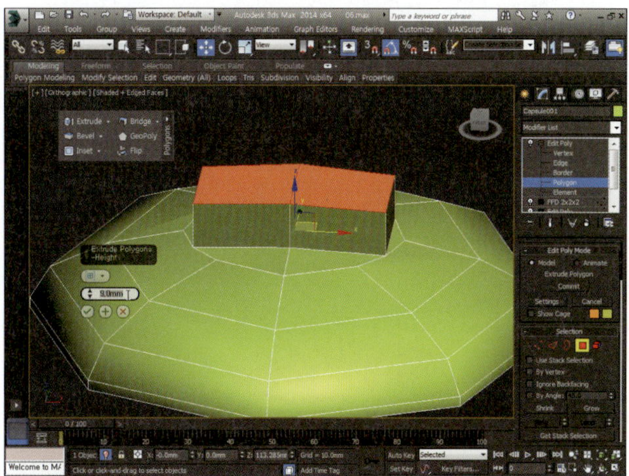

양쪽 Polygon을 선택하고 Front View에서 Height에 '20'을 입력하여 Extrude를 실행합니다.

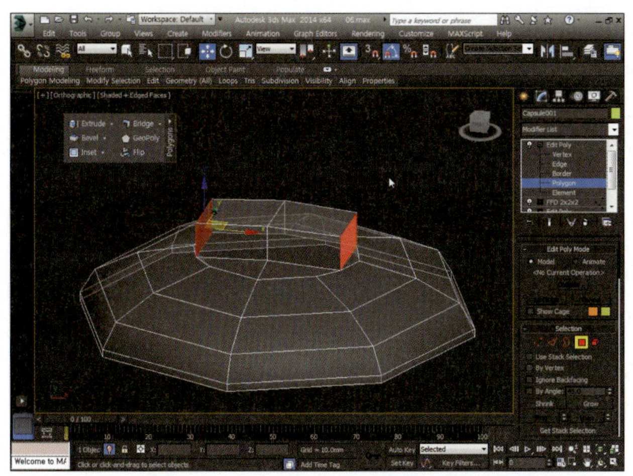

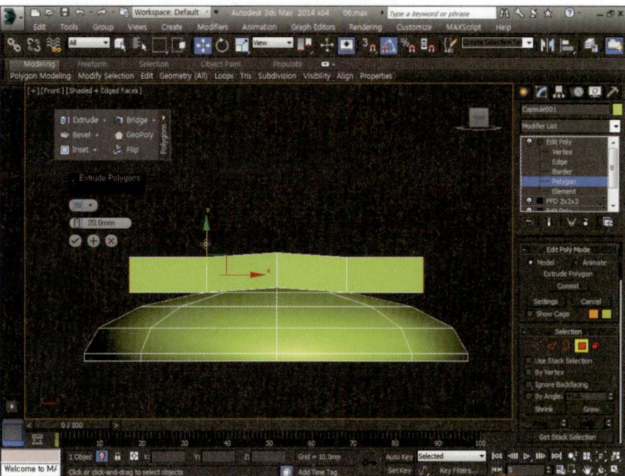

10 **형태 조절**

커피포트의 몸통 손잡이를 만들었던 방법을 참고하여 뚜껑 손잡이도 다음 그림과 같이 둥글게 뽑아
낸 후 연결합니다. 형태에 어색한 부분이 없도록 Vertex 위치를 조절합니다.

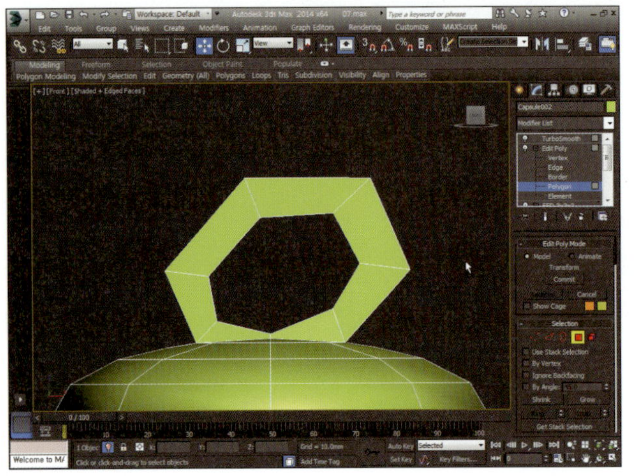 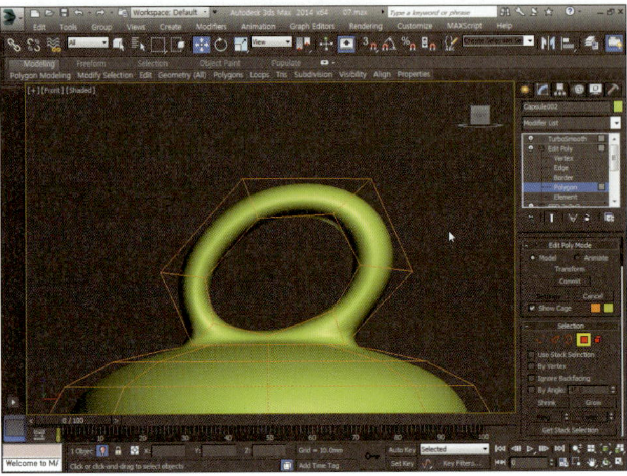

아래 부분 Vertex를 선택하여 안쪽으로 스케일을 조절합니다.

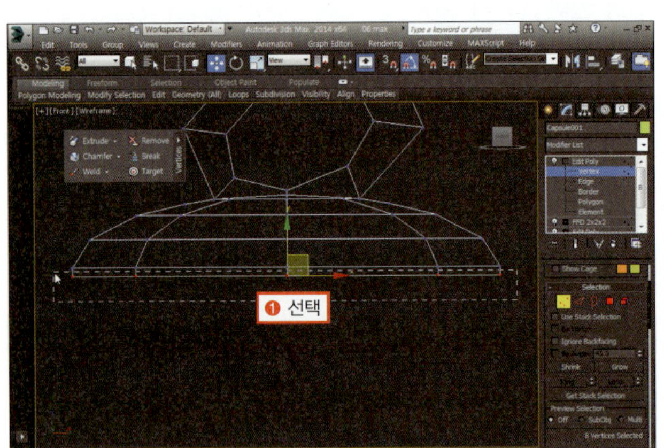

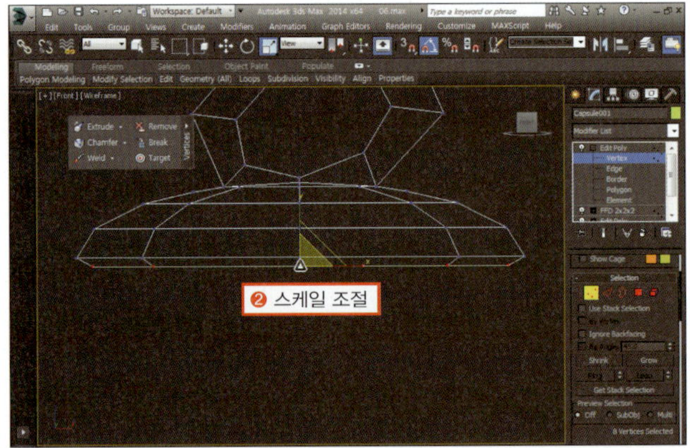

11 **Edge Chamfer**

꺾인 부분의 Edge를 선택하고 Height에 '0.1'을 입력하여 Chamfer를 적용합니다.

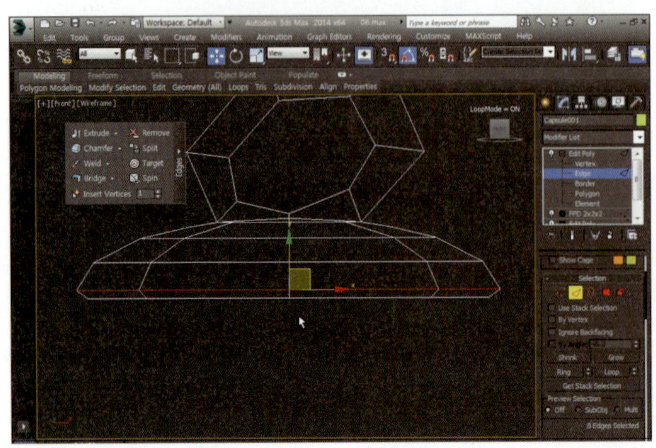 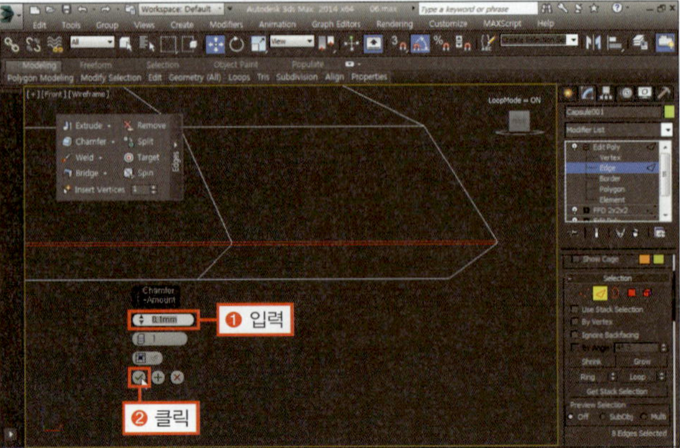

View를 돌려서 형태를 확인하고 [Isolate Selection Toggle] 버튼을 클릭하여 제작한 오브젝트가 모두 보이도록 합니다.

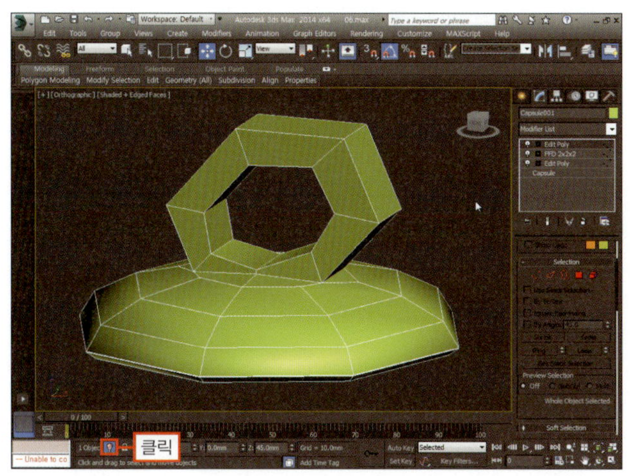 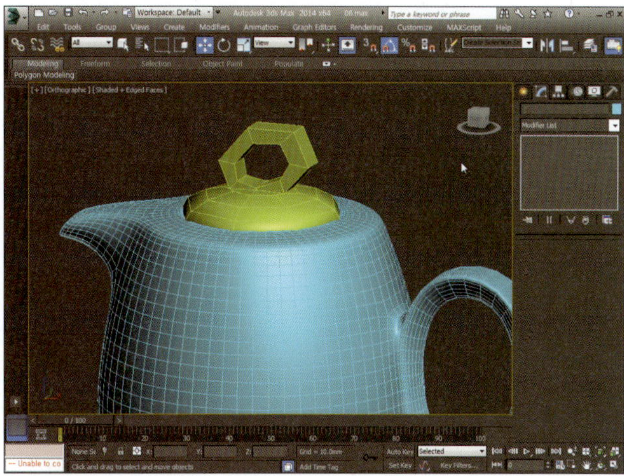

⑫ Attach

'Egg001' 오브젝트를 선택하고 Edit Poly를 활성화합니다. Ribbon>Modeling>Geometry (All) Panel 에서 [Attach]를 클릭한 후 'Capsule001' 오브젝트를 선택하여 하나의 오브젝트로 만듭니다.

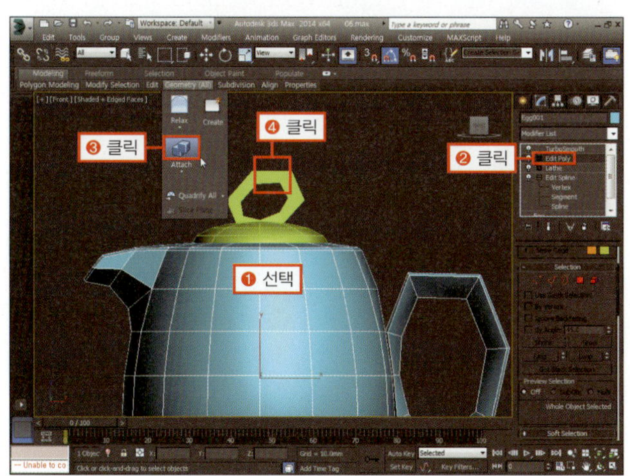

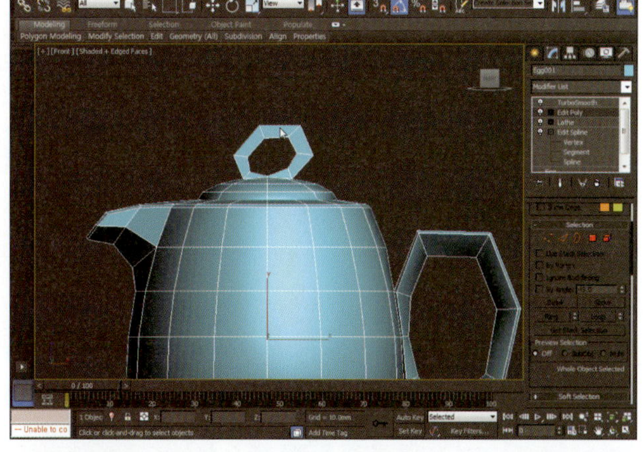

커피포트의 뚜껑이 완성되었습니다.

:: 커피포트 전체 형태 조절

1 Use Soft Selection

Front view에서 Vertex를 다음과 같이
선택하고 Ribbon>Modeling>Polygon
Modeling>[Use Soft Selection]을 활성
화합니다.

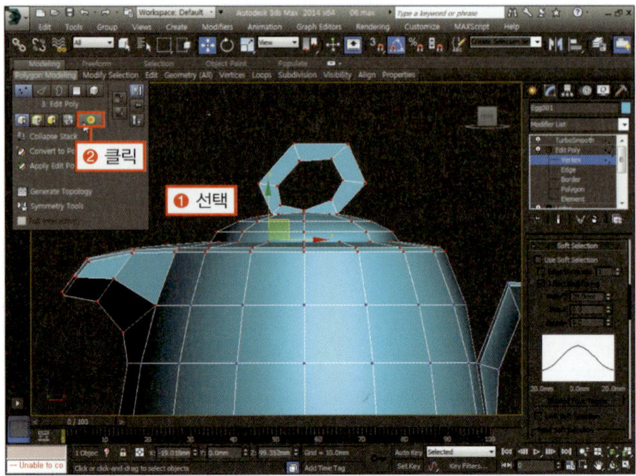

Ribbon>Modeling>Soft Panel의 Falloff
에 '35'를 입력하여 선택이 영향을 미치
는 범위를 조절합니다.

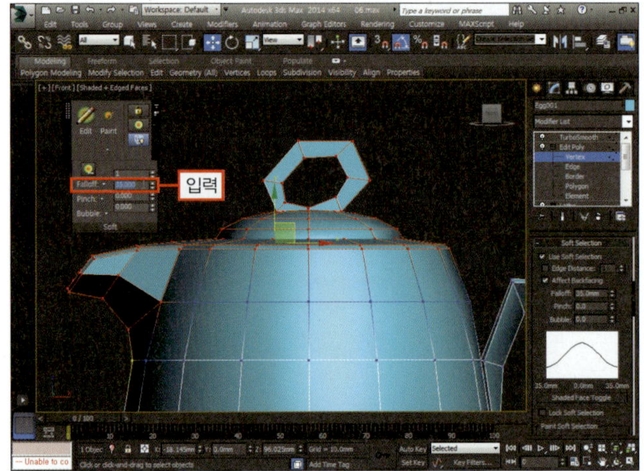

선택된 부분을 회전하고 위치를 조절하여 이 제품의 특징인 기울어진 형태를 만들어줍니다. **I**, **I**
을 이용하여 변형되는 형태를 확인하면서 조절합니다.

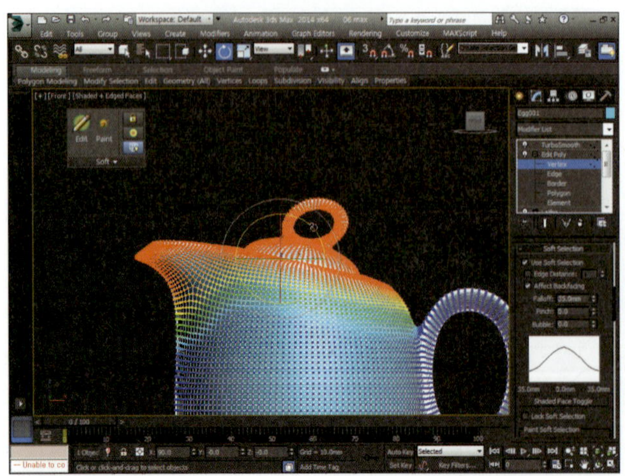 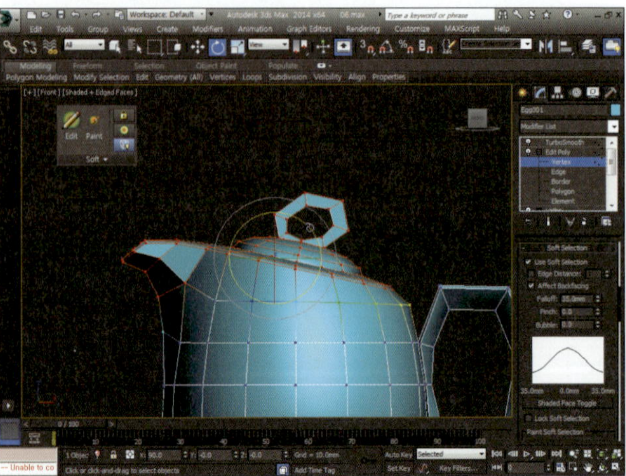

[Use Soft Selection]의 활성화를 끄고 나
머지 세부적인 형태를 조절합니다.

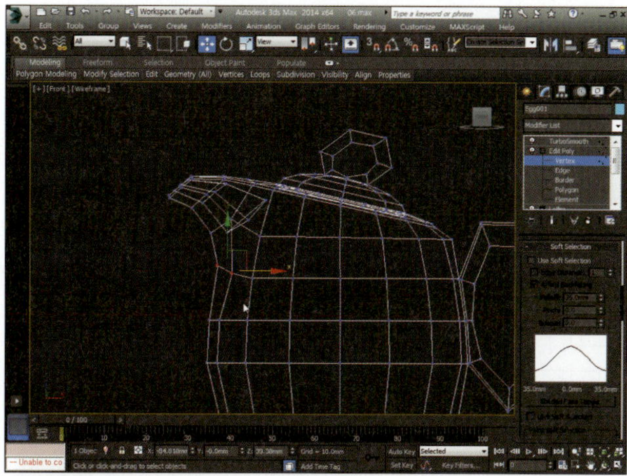

커피포트 모델링을 완료합니다.

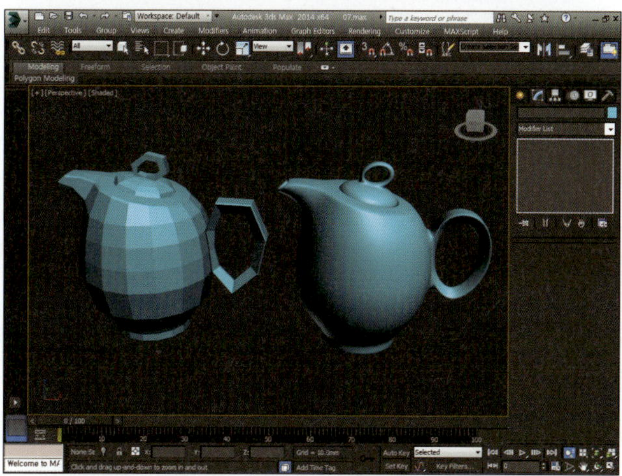

03 PART

기본 Camera, Light, Material에 대해 알아보고 Scanline 렌더링을 해보자!

이 파트에서는 결과물을 표현할 때 매우 중요한 역할을 하는 3ds Max의 기본 Light, Camera, Material에 대해 알아보고 직접 Scanline 렌더링을 해보면서 원하는 결과물을 얻을 수 있는 방법에 대해 알아봅니다.

PART contents

Camera에 대해 알아보고 기능 활용하기

01

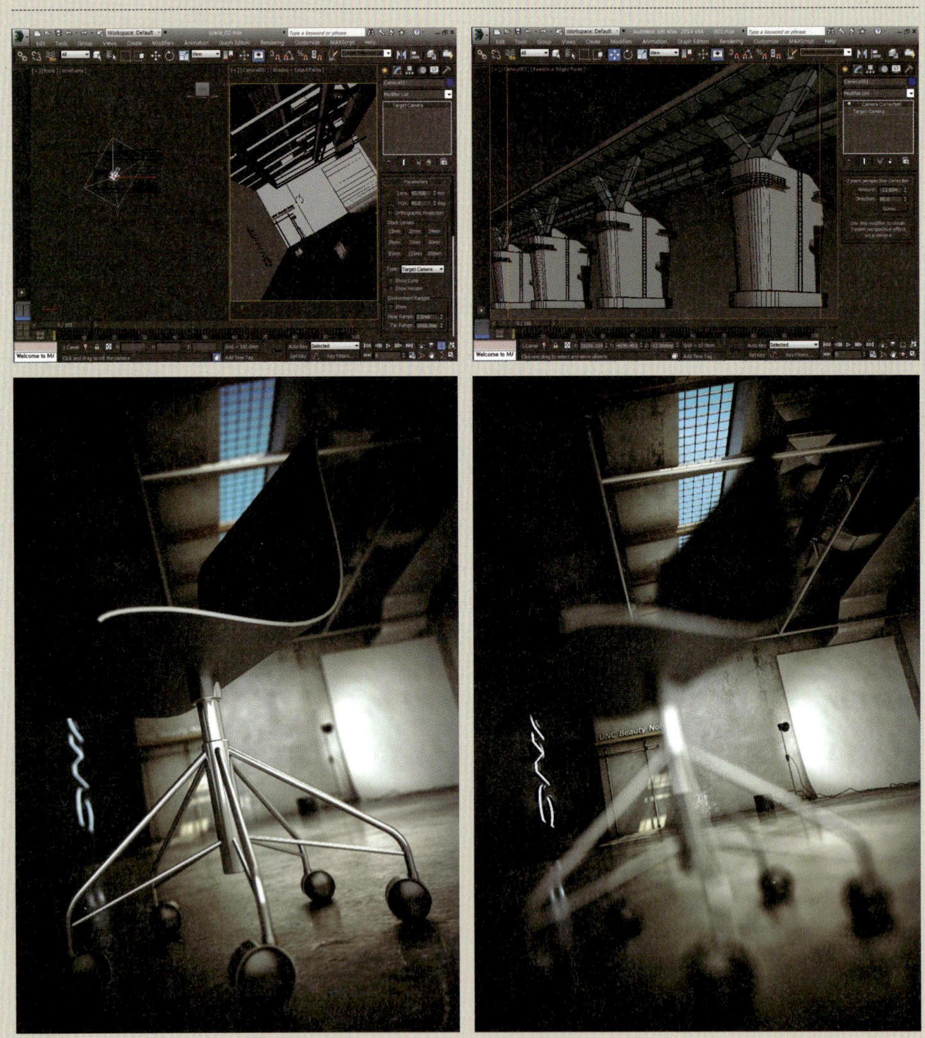

3ds Max에서 제공되는 Camera를 사용하면 제작한 장면에서의 특정 View를 이미지로 렌더링하거나 모션으로 시뮬레이션할 수 있습니다. Camera의 다양한 기능을 활용하여 장면 특성에 맞는 View를 설정해 보도록 합니다.

Camera를 설치하고 View에서 확인하기

준비된 장면에 Camera를 설치하고 View에서 확인하는 방법을 실습하여 3ds Max에서 Camera가 어떤 식으로 활용되는지를 알아봅니다.

:: 이번 예제에 사용할 3ds Max File의 Units/Gamma Setup

01 Menu Bar>Customize>Units Setup을 통해 다음과 같이 Unit을 세팅합니다.

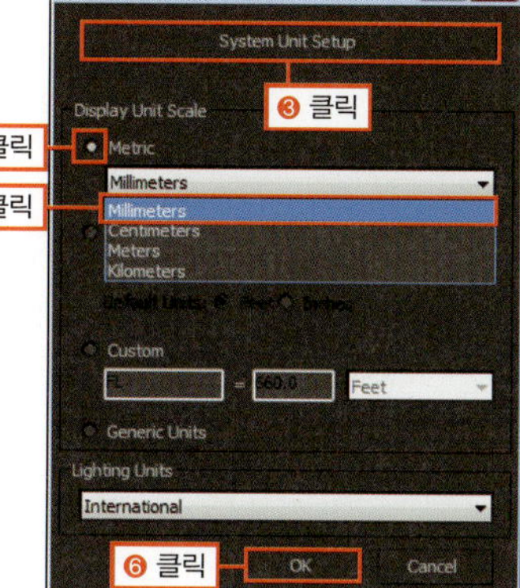

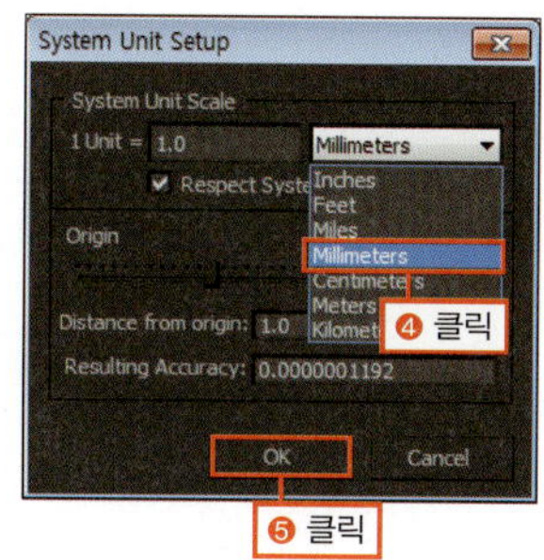

02 Menu Bar>Rendering>Gamma/LUT Setup을 통해 다음과 같이 Gamma를 비활성화합니다.

[**MEMO** · 부록 CD의 3ds Max File을 Open 또는 Import할 때 본인이 사용하는 3ds Max의 Units/ Gamma Setup을 위 사항과 동일하게 세팅하면 파일이 문제없이 호환됩니다.

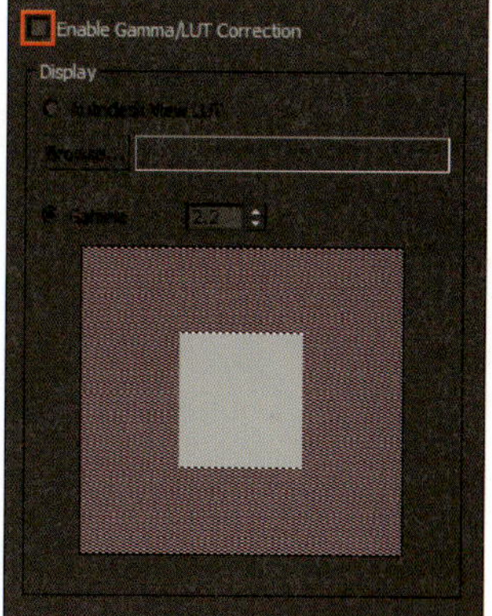

:: Perspective에서 View를 조절하고 단축키를 사용하여 Camera 생성하기

부록 CD의 Part 03>Lesson 01 폴더에서 'Scene_01(Create Camera).max' 파일을 불러옵니다.

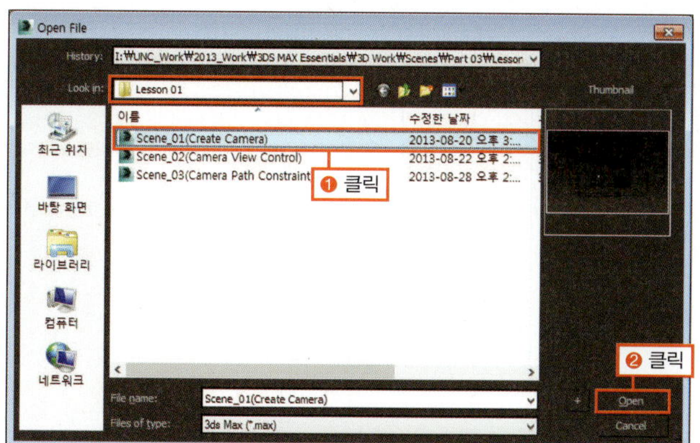

장면에는 Camera를 설치하기 위해 미리 세팅해 놓은 스튜디오 형태의 공간이 구성되어 있습니다. 이 장면에 어울리는 Camera View를 잡아보겠습니다.

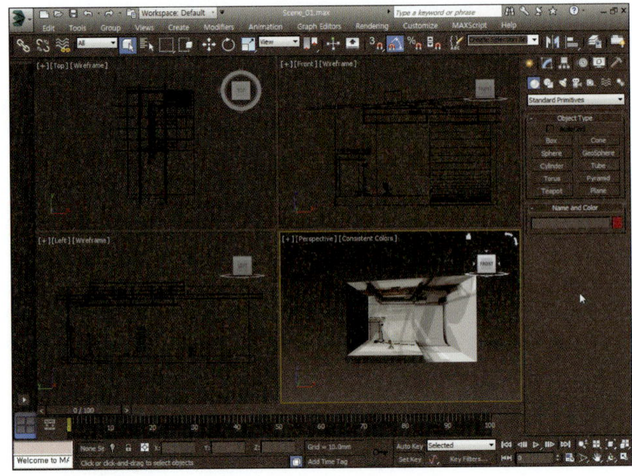

1 Maximize Viewport

Perspective View에서 단축키 Alt+W를 눌러 1개의 큰 Viewport로 전환합니다.

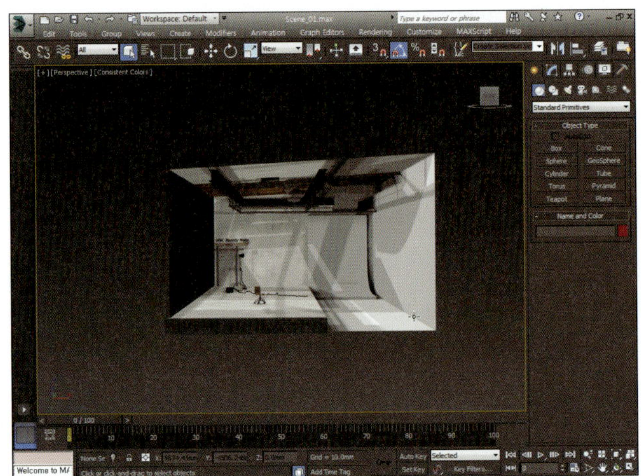

2 Show Safe Frames

단축키 Shift+F 를 눌러 Show Safe Frames를 활성화하면 노란색으로 표시된 Safe Frames 영역이 미리 설정해 놓은 렌더링 사이즈 비율로 바뀝니다.

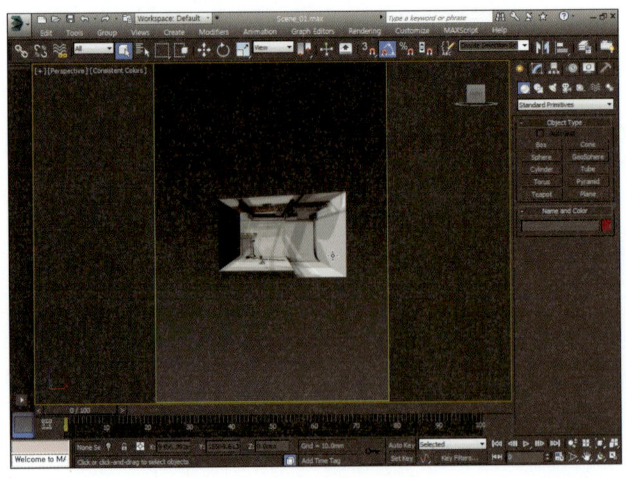

3 Zoom, Pan View

Viewport Navigation Control에서
[Zoom] 버튼(　)을 클릭하고 View에서
마우스 왼쪽 버튼을 클릭한 채 ↕ 방향으
로 드래그하여 Zoom In, Out을 조절합니
다. 마우스 휠 버튼을 클릭한 채 이동하여
View의 위치도 동시에 조절합니다.

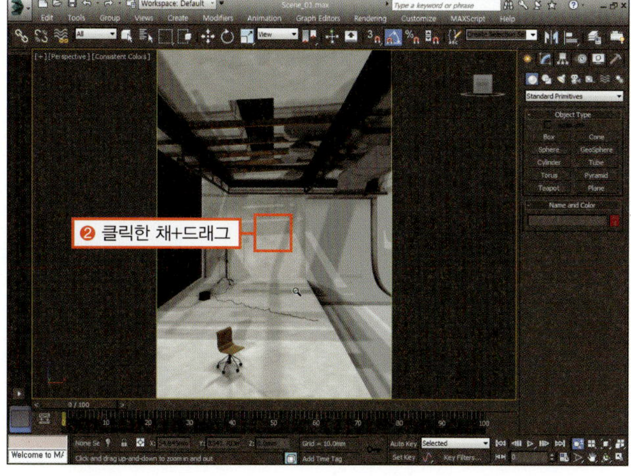

Viewport에서 마우스 휠 버튼을 클릭한 채 마우스를 드래그하면 화면에 보이는 마우스 포인터의 모양이 　로 바
뀌면서 Viewport Navigation Control의 [Pan View](　)를 클릭한 것과 동일하게 화면을 상하좌우로 이동할 수 있
습니다.

---

4 Orbit Sub-Object

Viewport Navigation Control에서 [Orbit
Sub-Object] 버튼(　)을 활성화한 후
원하는 방향으로 View를 회전합니다.

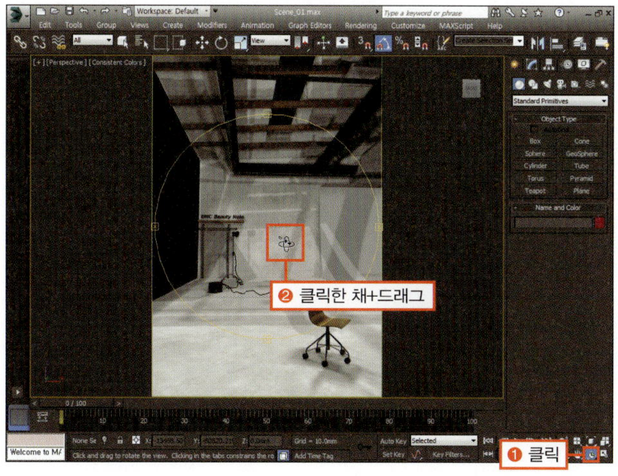

5 단축키로 Camera 생성

마음에 드는 View를 찾았다면 그 상태에서 단축키 Ctrl + C를 눌러 Camera를 생성합니다. Viewport 이름이 Camera001로 바뀌었지만 현재 상태에서 Camera가 화면에 보이지는 않습니다. 이때 단축키 Alt + W를 눌러 원래 4개의 Viewport로 전환하면 Camera가 설치되어 있는 것을 확인할 수 있습니다.

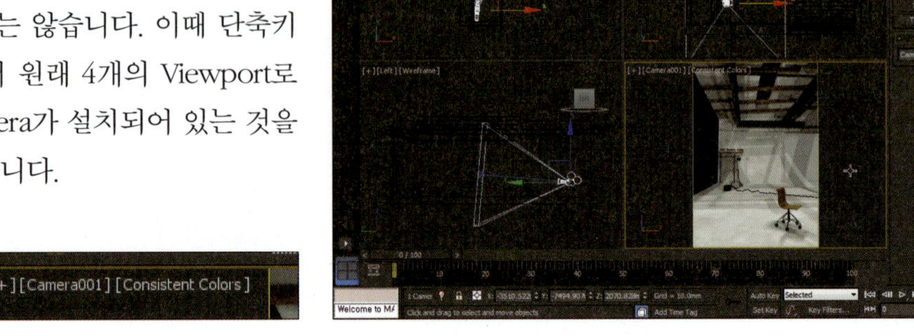

∷ Camera 먼저 설치하고 View 조절하기

이번에는 조금 다른 방법으로 장면에 Camera를 설치합니다.

1 Target Camera 생성

Command Panel>Create panel>Cameras>Standard에서 [Target]을 선택합니다.

Top View에서 마우스를 그림과 같이 드래그하여 Camera를 설치합니다.

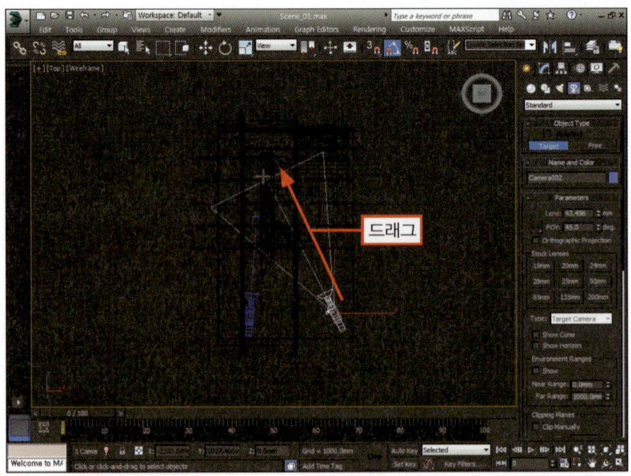

② Camera View로 전환

Camera를 설치한 후 키보드의 C 를 누르면 바로 선택된 Camera의 View로 전환됩니다. Viewport Navigation Control의 기능을 활용하면 알맞은 View로 조절할 수 있습니다. Camera View일 때 Viewport Navigation Control의 기능은 바로 다음 Section에서 자세히 알아봅니다.

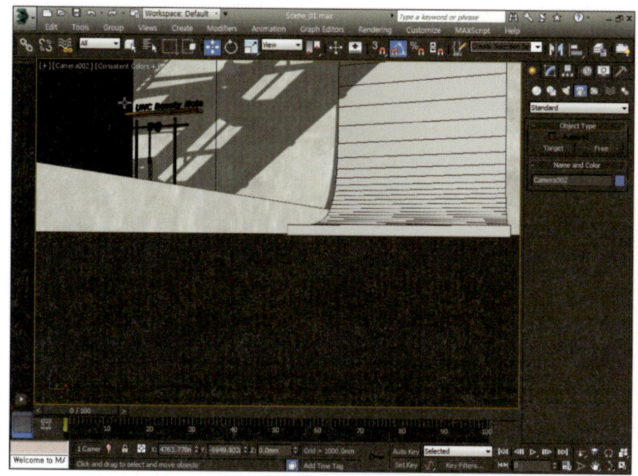
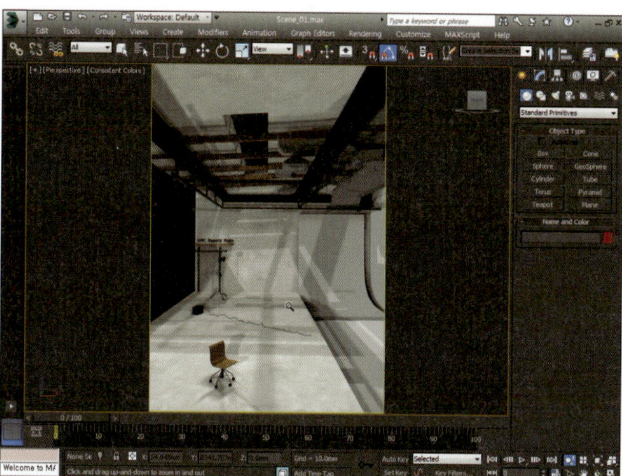

Camera가 선택되지 않은 상태에서 키보드의 C 를 누르면 장면에 설치된 모든 [Camera View]를 대화상자에서 선택하여 전환할 수 있습니다.

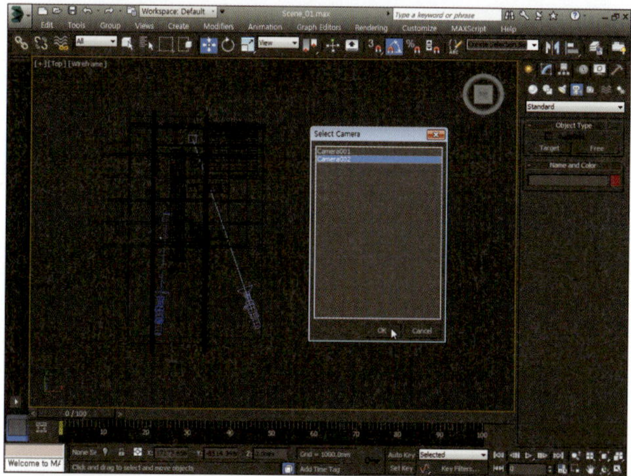

Viewport 이름을 클릭하여 Camera View를 선택할 수도 있습니다.

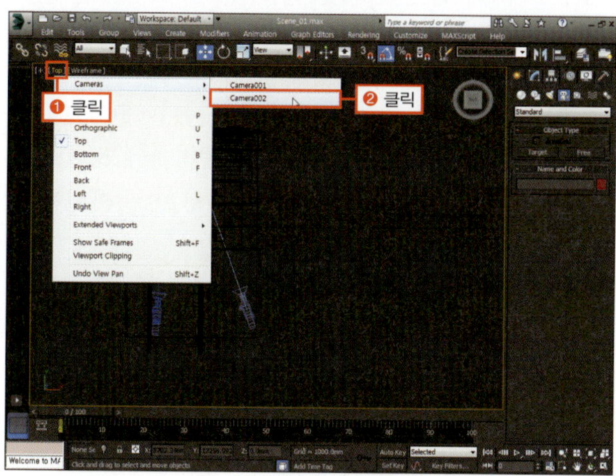

Camera View에서 Viewport 컨트롤하기

Camera가 설치되면 Viewport Navigation Control에 있는 기능들이 조금 변경됩니다. 해당 기능을 살펴본 후 이를 활용한 효율적인 Camera View 컨트롤 방법에 대해 알아봅니다.

:: 이번 예제에 사용할 3ds Max File의 Units/Gamma Setup

01 Menu Bar>Customize>Units Setup을 통해 다음과 같이 Unit을 세팅합니다.

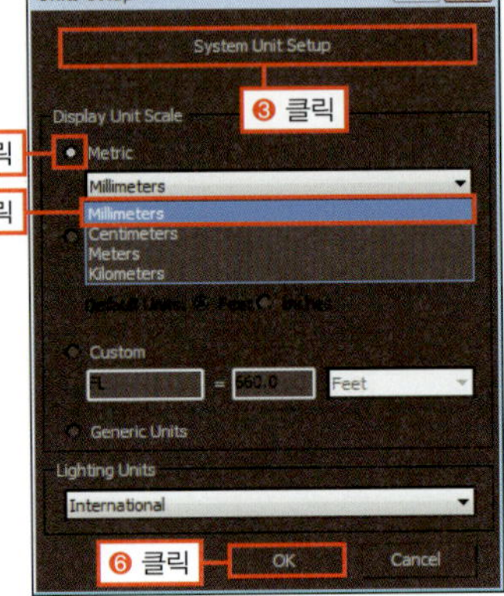

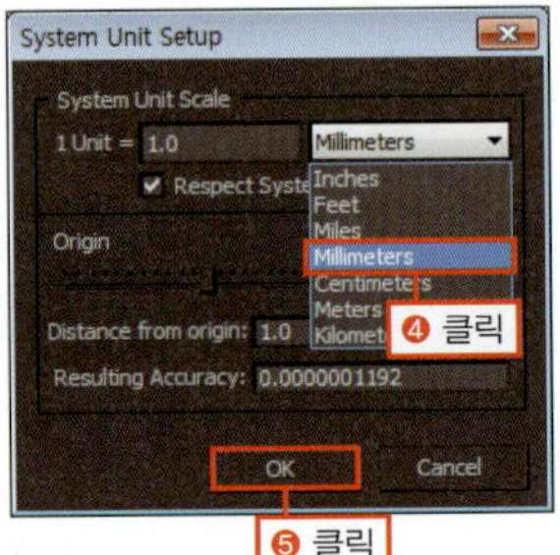

02 Menu Bar>Rendering>Gamma/LUT Setup을 통해 다음과 같이 Gamma를 비활성화합니다.

[**MEMO** · 부록 CD의 3ds Max File을 Open 또는 Import할 때 본인이 사용하는 3ds Max의 Units/Gamma Setup을 위 사항과 동일하게 세팅하면 파일이 문제 없이 호환됩니다.]

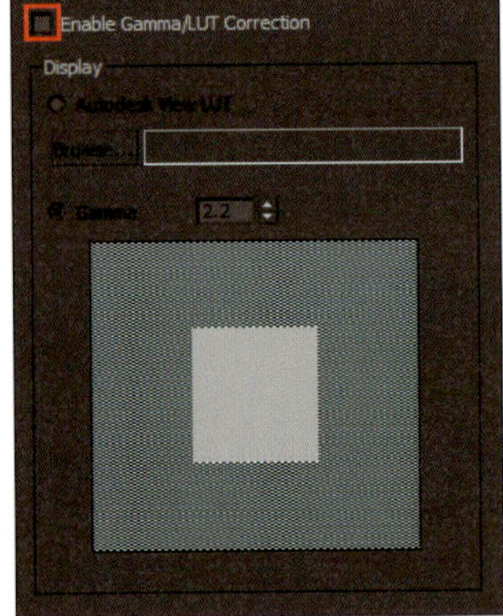

준비된 장면을 불러와서 Camera가 설치되었을 때 Viewport Navigation Control의 기능들을 실습합니다. 부록 CD의 Part 03>Lesson 01 폴더에서 'Scene_02(Camera View Control).max' 파일을 불러옵니다.

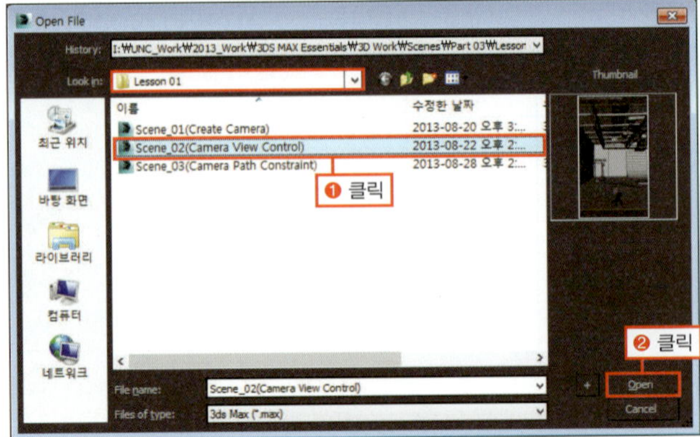

Section 01에서 실습했던 장면에 하나의 Camera가 설치되어 있는 것을 알 수 있습니다.

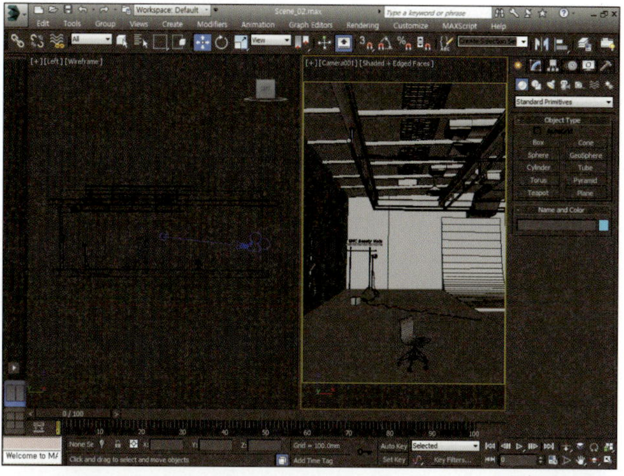

Camera가 변화되는 모습이 Viewport에서 잘 보이도록 Viewport Name>Select Camera를 선택합니다.

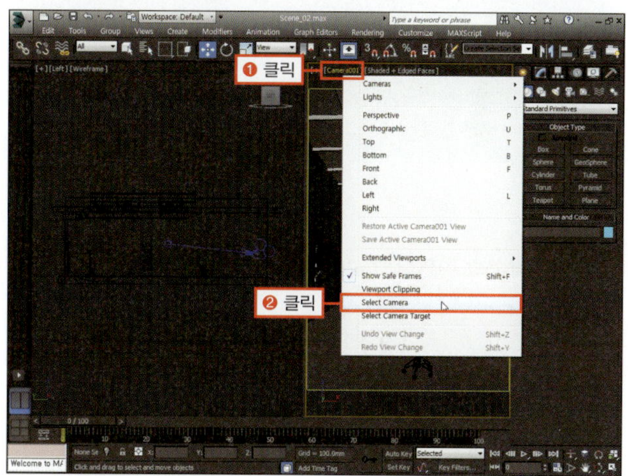

:: Camera View일 때 Viewport Navigation Control의 기능

Camera가 설치되면 Viewport navigation control의 기능이 평소 View 상태와 조금 달라집니다. 해당 기능들을 살펴보고 이를 활용한 효율적인 View 컨트롤 방법에 대해 알아봅니다.

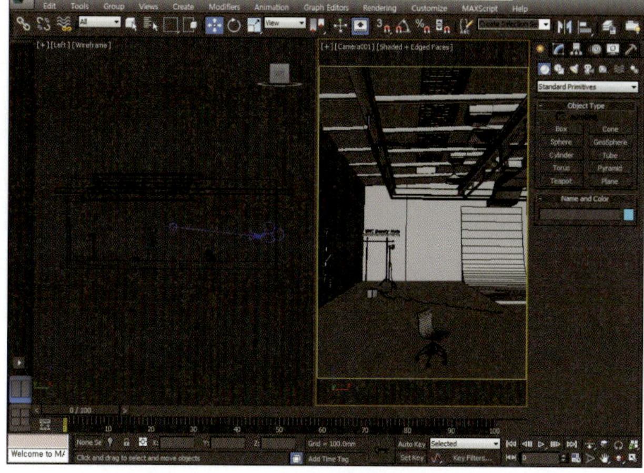

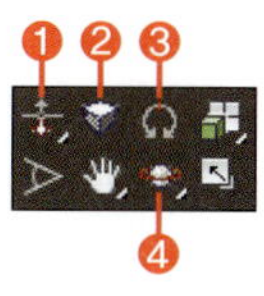

1 Camera의 주축을 따라 앞뒤로 View 이동하기(Dolly Camera, Target, or Both)

[Dolly Camera] 버튼(■)을 클릭한 후 마우스를 ↕ 방향으로 드래그하면 Target은 고정되고 Camera
가 앞뒤로 이동합니다.

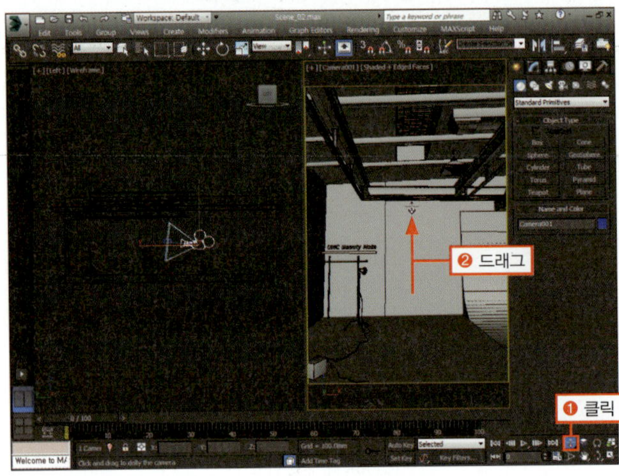

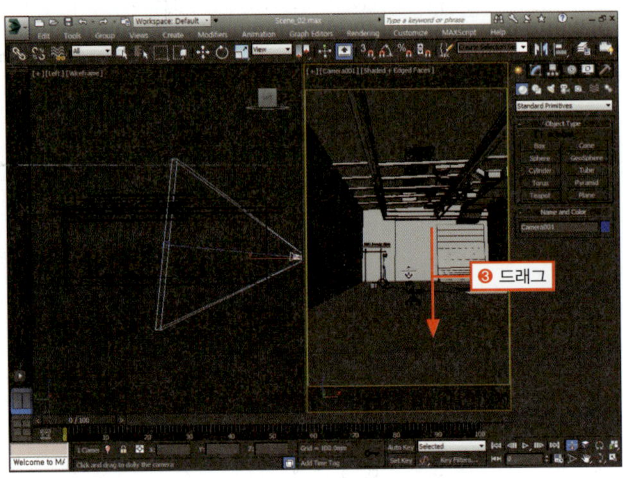

▲ 마우스 왼쪽 버튼 클릭+↑드래그

▲ 마우스 왼쪽 버튼 클릭+↓드래그

[**MEMO** · 해당 아이콘이 보이지 않을 경우 버튼을 길게 클릭하여
선택합니다.]

[Dolly Target] 버튼(■)을 클릭하고 마우스를 ↕ 방향으로 드래그하면 Camera는 고정되고 Camera
의 Target만 이동합니다.

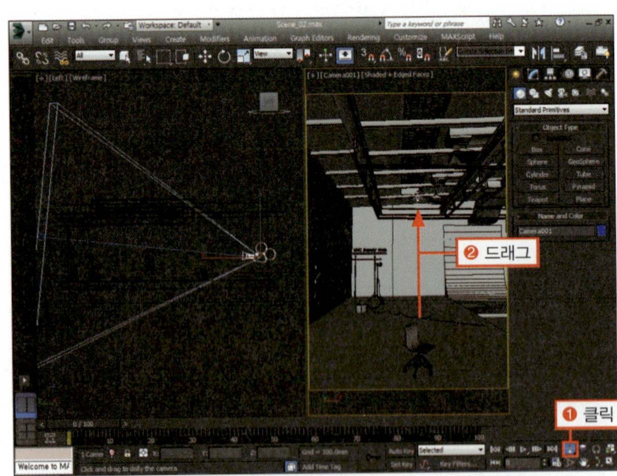

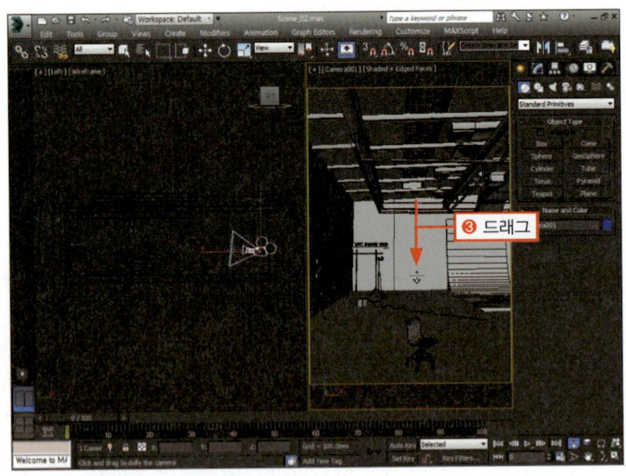

▲ 마우스 왼쪽 버튼 클릭+↑드래그

▲ 마우스 왼쪽 버튼 클릭+↓드래그

[Dolly Camera+Target] 버튼(⬛)을 클릭하고 마우스를 ↕ 방향으로 드래그하면 Camera와 Target이
동시에 앞뒤로 이동합니다.

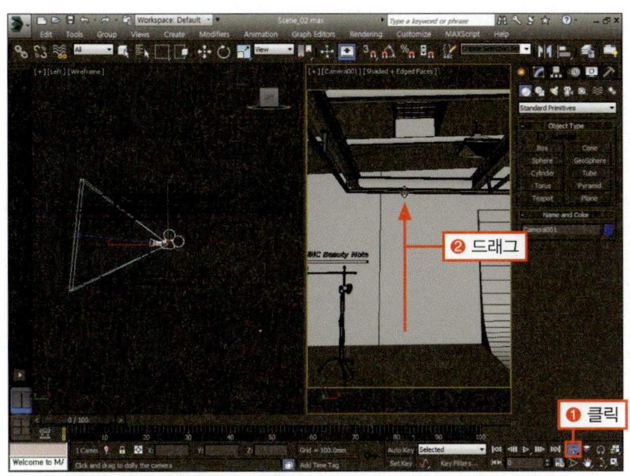

▲ 마우스 왼쪽 버튼 클릭+↑ 드래그

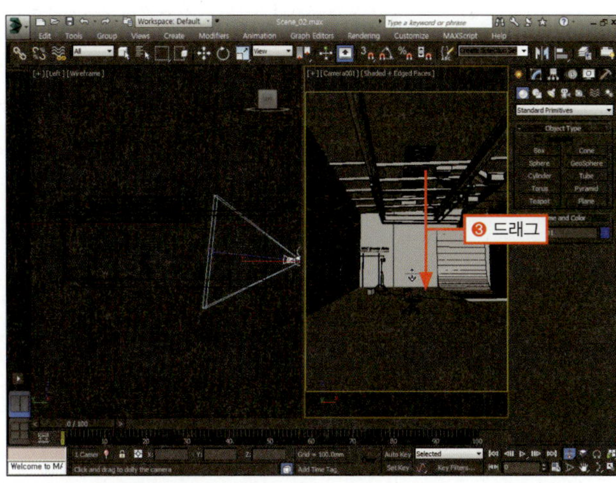

▲ 마우스 왼쪽 버튼 클릭+↓ 드래그

② 투시 조절하기(Perspective)

[Perspective] 버튼(◆)을 클릭하고 마우스를 ↕ 방향으로 드래그하면 View에 보이는 장면의 조합을
유지한 채 투시의 정도를 증가시키거나 감소시킬 수 있습니다.

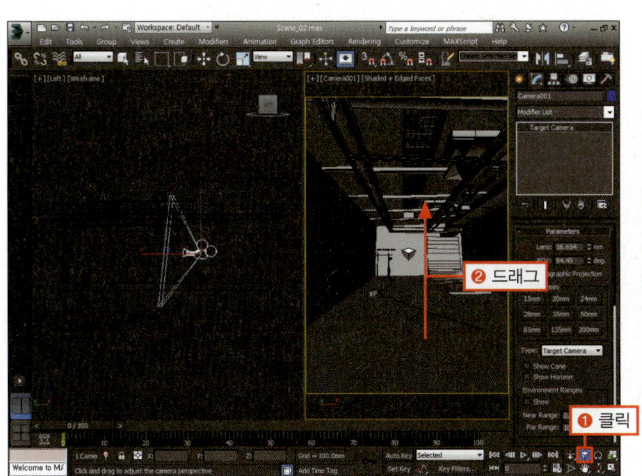

▲ 마우스 왼쪽 버튼 클릭+↑ 드래그

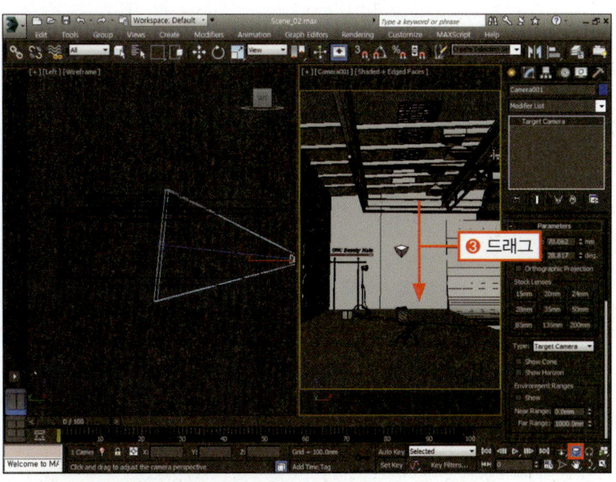

▲ 마우스 왼쪽 버튼 클릭+↓ 드래그

[**MEMO** · 키보드의 Ctrl을 함께 사용하면 좀 더 신속하게 조절
할 수 있습니다.]

❸ 가시선 주변으로 Camera 회전하기(Roll Camera)

[Roll Camera] 버튼(🎧)을 클릭하고 마우스를 ↔ 방향으로 드래그하면 View를 해당 방향으로 회전할 수 있습니다.

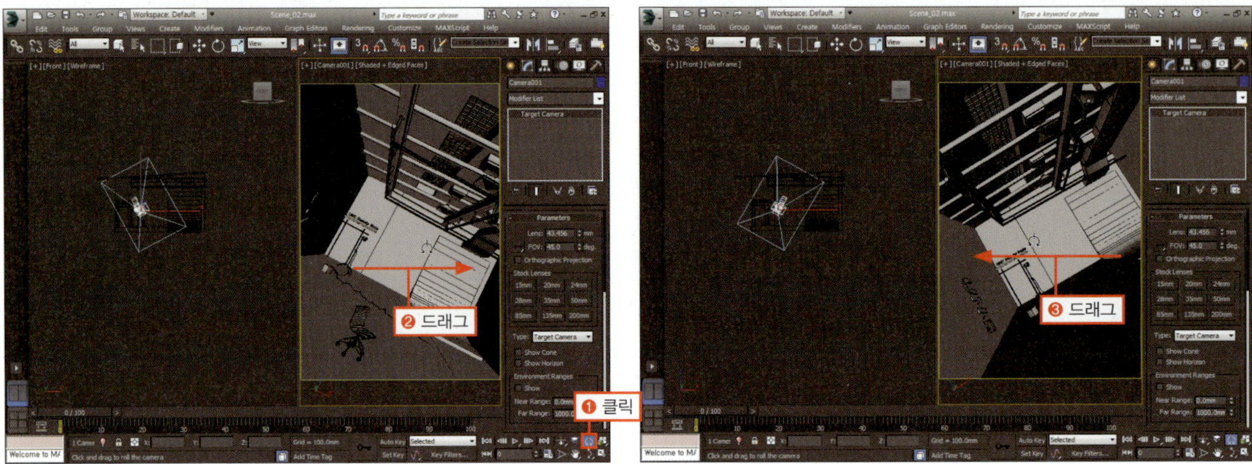

▲ 마우스 왼쪽 버튼 클릭 + →드래그   ▲ 마우스 왼쪽 버튼 클릭 + ←드래그

❹ Camera 또는 Camera Target을 중심으로 View 회전하기(Orbit/Pan Camera)

[Orbit Camera] 버튼(🔴)을 클릭하고 마우스를 드래그하면 Camera Target을 중심으로 Camera가 회전되면서 원하는 View로 변경할 수 있습니다.

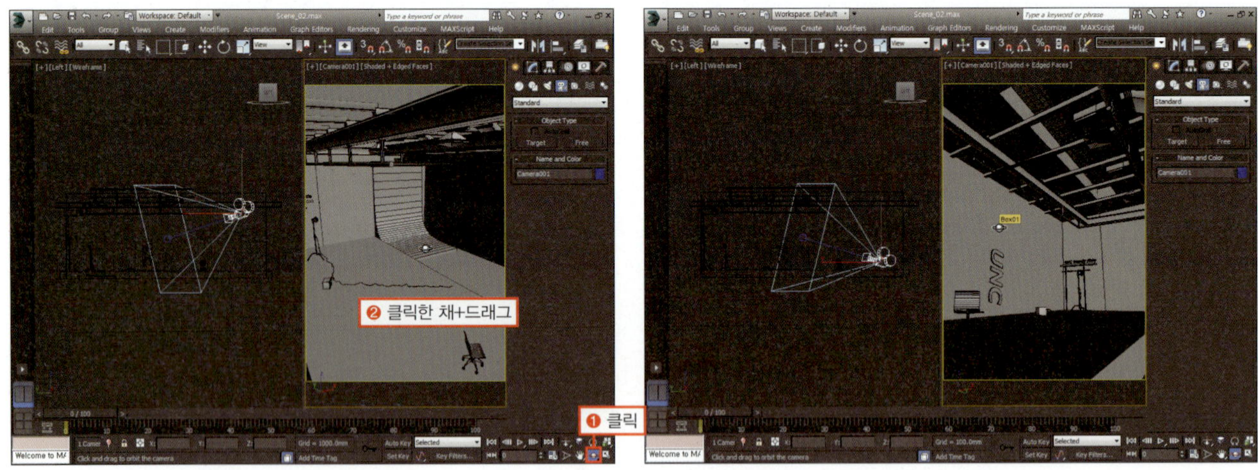

[Pan Camera] 버튼(🔆)을 클릭하고 마우스를 드래그하면 Camera를 중심으로 Camera Target이 회전되면서 원하는 View로 변경할 수 있습니다.

> **MEMO** · 해당 아이콘이 보이지 않을 경우, 버튼을 길게 클릭하여 선택합니다.

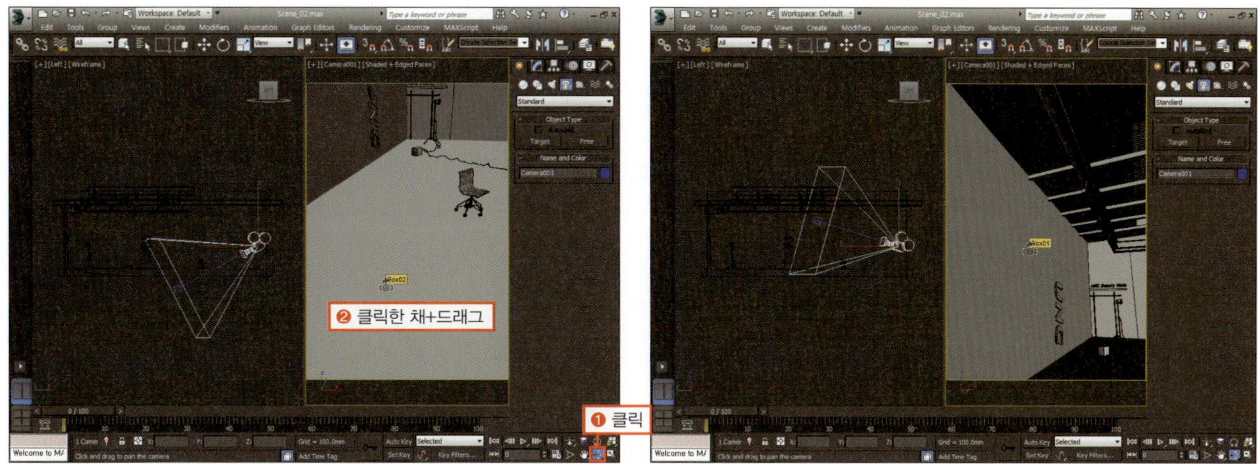

03

SECTION

Camera의 Parameters Rollout 알아보기

장면에 설치된 Camera를 선택하고 Command Panel>Modify를 클릭하면 Camera의 Parameters를 확인할 수 있습니다.
Parameters Rollout의 주요 기능에 대해 알아봅니다.

∷ Parameters Rollout의 주요 기능

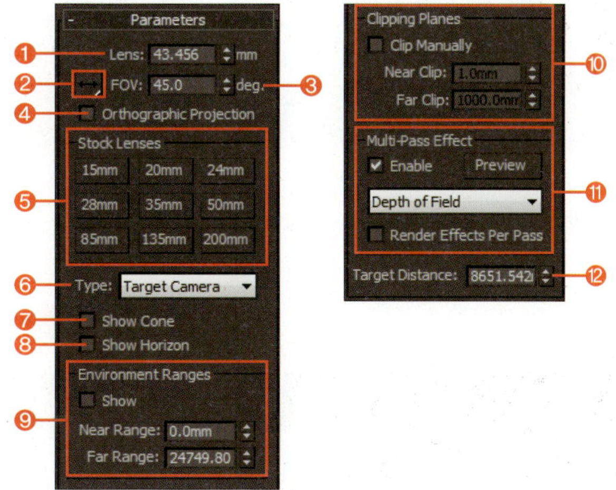

❶ **Lens** : Camera의 초점 거리(mm)를 설정합니다.

❷ **FOV Direction flyout** : 뷰 필드(FOV)값 적용 방법을 수평, 수직, 대각선 중에서 선택할 수 있습니다.

❸ **FOV** : Camera에 표시되는 영역의 넓
이(뷰 필드)가 입력한 값에 의해 결정
됩니다.

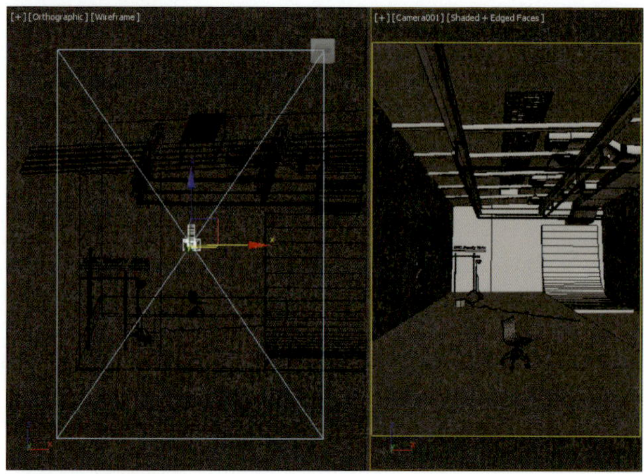

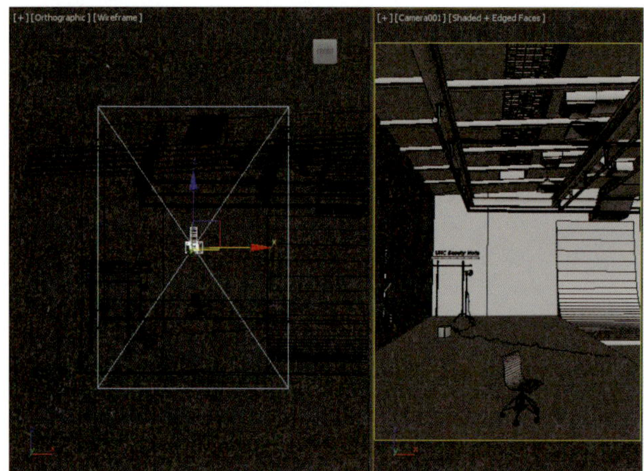

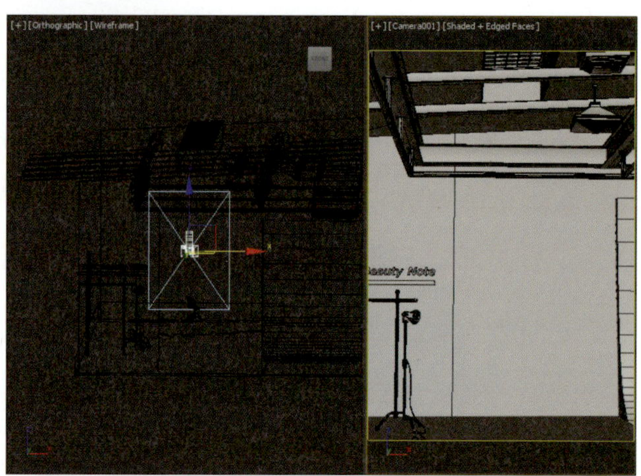

❹ **Orthographic Projection** : 이 항목에 체크하면 Camera View가 Orthographic View와 동일하게 투
시가 적용되지 않는 상태로 나타납니다.

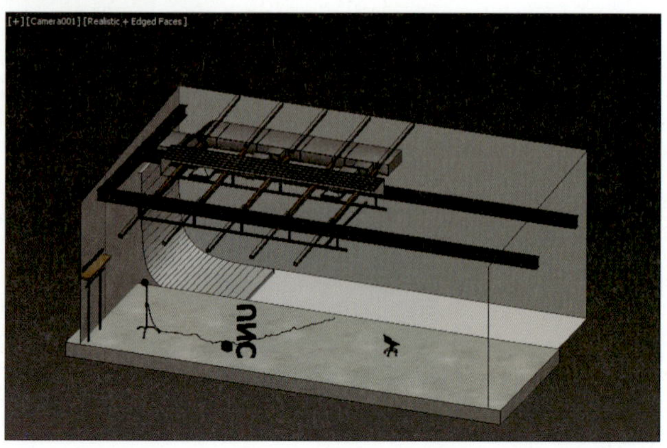

❺ **Stock Lenses group** : 미리 설정된 Camera의 초점 거리(밀리미터)값을 선택하여 사용합니다.

❻ **Type** : Free Camera와 Target Camera를 선택할 수 있습니다. 두 Camera의 가장 큰 차이점은 Target Camera만 Camera Target을 가지고 있다는 점입니다. Free Camera는 이와 같은 차이로 인해 경로를 따라 애니메이션되는 경우에 주로 사용하며, Target Camera는 Target을 독립적으로 애니메이션할 수 있으므로 Target이 되는 오브젝트의 주위 영역을 볼 때 주로 사용합니다.

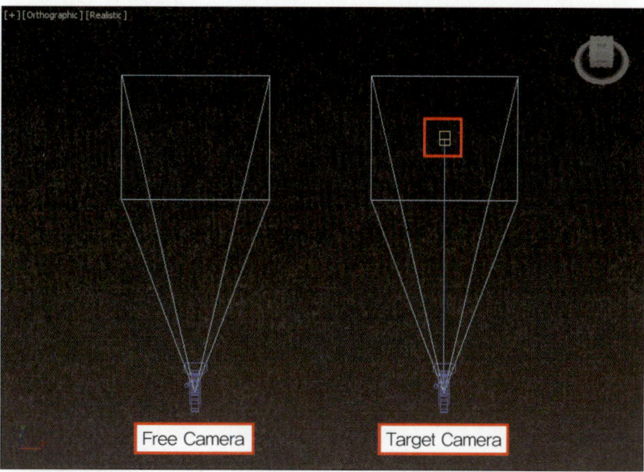

❼ **Show Cone** : Camera를 선택하지 않는 상태에서도 뷰 필드에 의해 정의된 원뿔(실제로 피라미드)을 화면에 표시합니다.

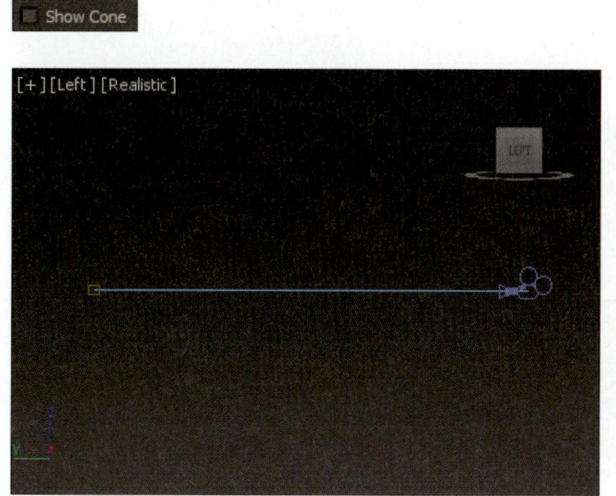
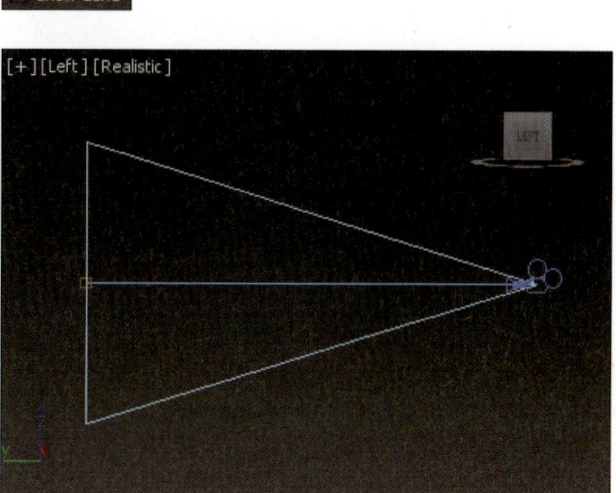

❽ **Show Horizon** : 수평선을 표시합니다. Camera 뷰포트의 수평 수준에 짙은 회색 선이 나타납니다.

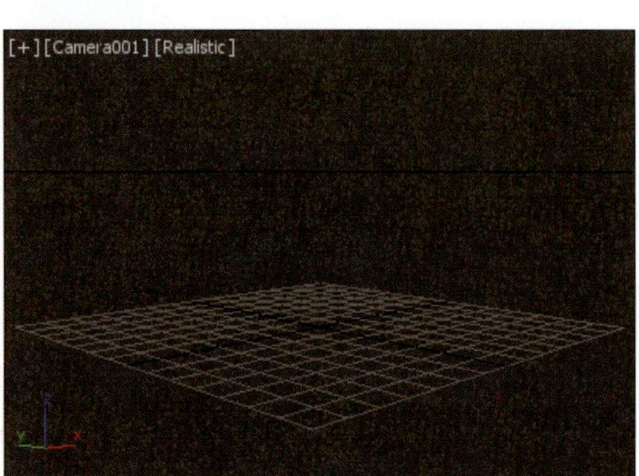

❾ **Environment Ranges group**

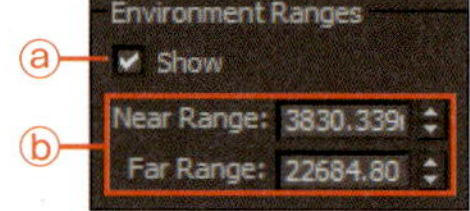

ⓐ Show : Camera 원뿔 내에 직사각형을 표시
하여 근거리 및 원거리 범위 설정을 나타냅
니다.

ⓑ Near Range and Far Range : 환경 패널에서
설정된 대기 효과 사용 시 근거리 및 원거리
범위 한도값을 입력하여 효과를 조절합니다.

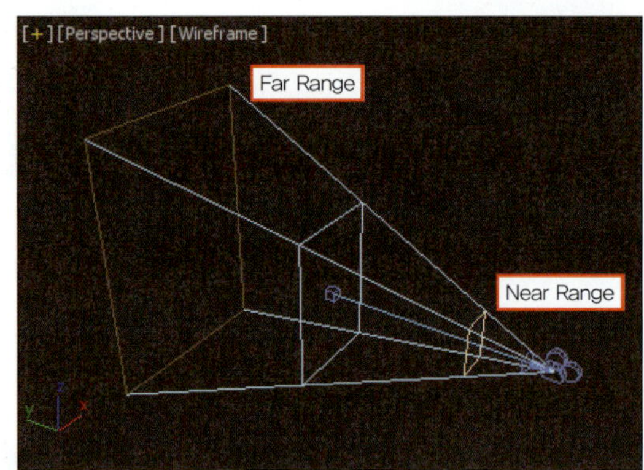

▲ 대기 효과를 적용한 예시 이미지

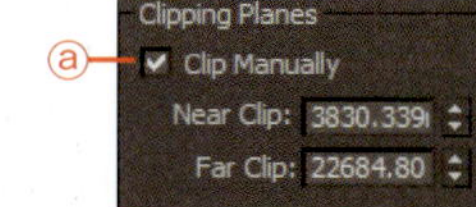

❿ **Clipping Planes group** : 거리를 설정하여 범위에 속하지 않은 오브젝트는 Camera에서 렌더링되지 않도록 하는 기능입니다.

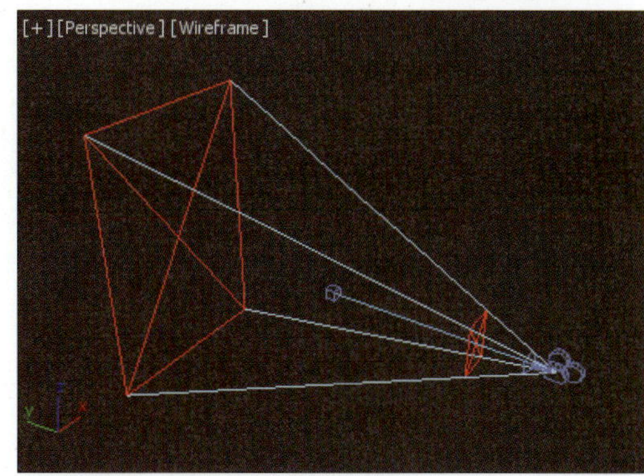

ⓐ Clip Manually : 항목을 체크하여 클리핑 평면을 활성화합니다. 뷰포트에서 Camera의 원뿔 내에 빨간색 직사각형(대각선 포함)으로 표시됩니다.

▲ Clipping Planes를 적용한 예시 이미지

⓫ **Multi-Pass Effect group** : 이 기능을 활용하면 depth-of-field 또는 모션 블러 효과를 카메라에 할당할 수 있습니다.

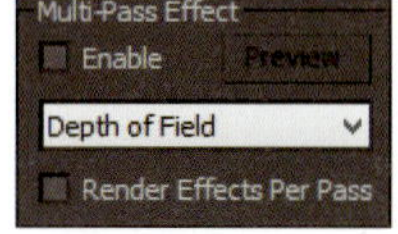

▲ depth-of-field를 적용한 예시 이미지

⑫ **Target Distance** : Target Camera를 사용하는 경우 Camera와 Target 간의 거리를 나타냅니다. Free Camera를 사용하는 경우 보이지 않는 Target으로 사용할 점을 설정하여 해당 점을 중심으로 Camera를 궤도 선회할 수 있도록 합니다.

04 SECTION

Camera의 기능 활용하기

Camera의 기능을 활용하는 몇 가지 방법에 대해 알아봅니다.

∷ Camera Correction Modifier 적용하기

Camera View에서는 기본적으로 3점 투시가 적용됩니다. 그렇기 때문에 비교적 높은 오브젝트를 아래쪽에서 바라보면 그림과 같이 높이에 따라 수직선이 점점 수렴되고 있는 View로 보입니다. 수직선을 보정하여 2점 투시로 보이게 할 때 Camera Correction Modifier를 사용합니다.

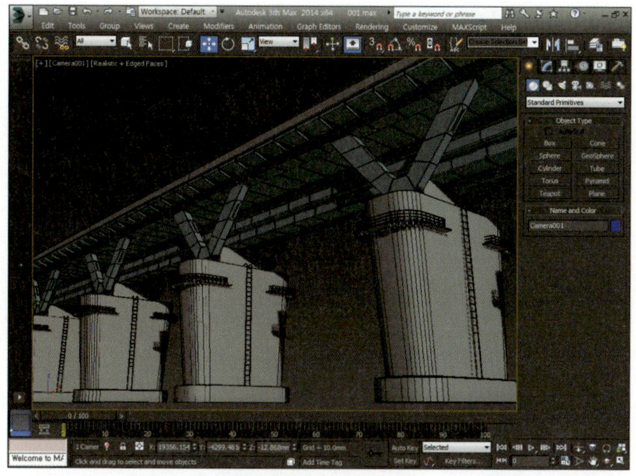
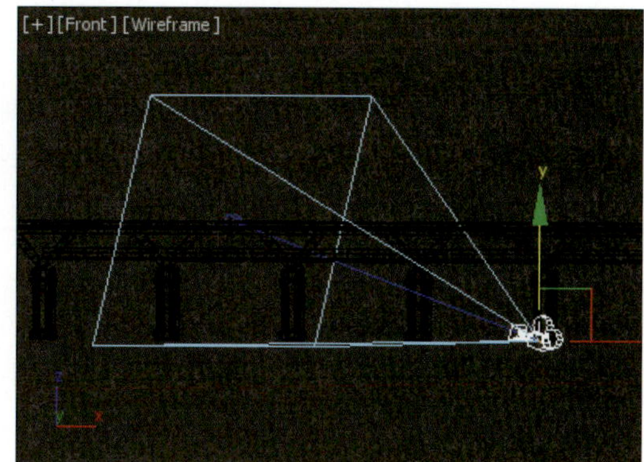

▲ Camera Correction 적용 전

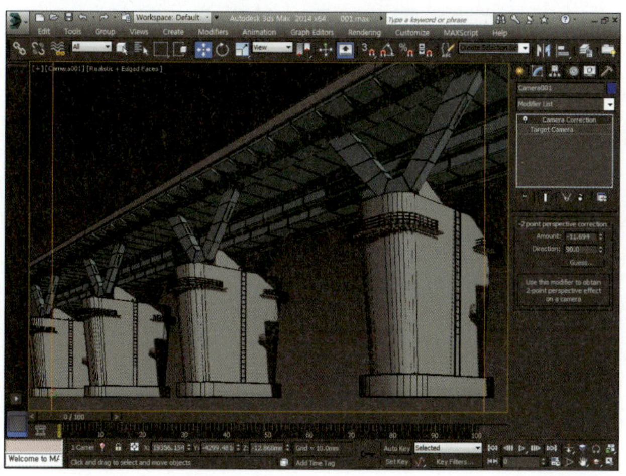
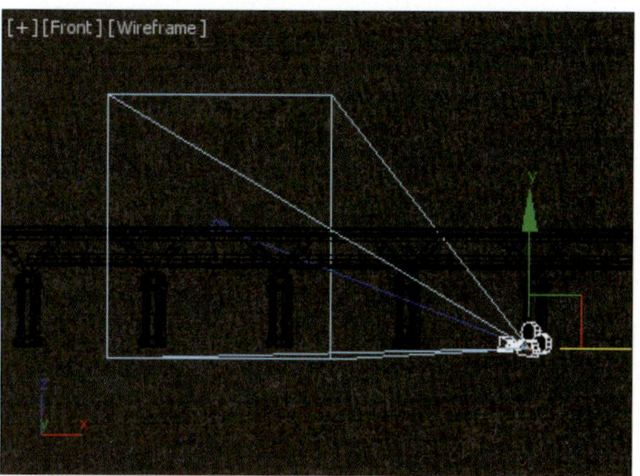

▲ Camera Correction 적용 후

설치된 Camera를 선택하고 Menu Bar>Modifiers>Cameras>Camera Correction을 클릭하여 적용합니다.

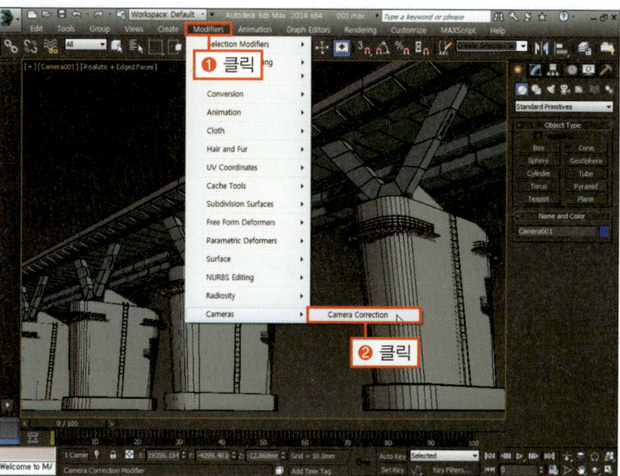

:: 이번 예제에 사용할 3ds Max File의 Units/Gamma Setup

01 Menu Bar>Customize>Units Setup을 통해 다음과
같이 Unit을 세팅합니다.

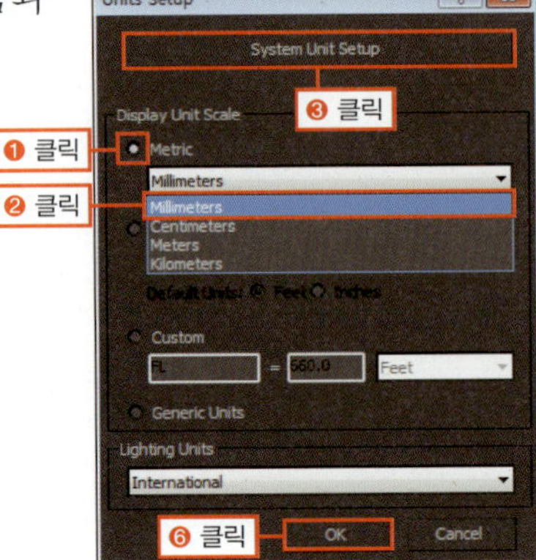

02 Menu Bar>Rendering>Gamma/LUT Setup을 통해 다음과 같이 Gamma를 비활
성화합니다.

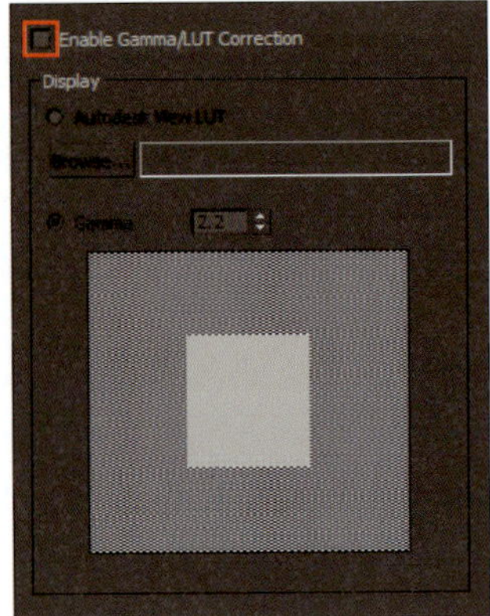

[**MEMO** · 부록 CD의 3ds Max File을 Open 또는 Import할 때 본인이 사용하는 3ds Max의 Units/
Gamma Setup을 위 사항과 동일하게 세팅하면 파일이 문제없이 호환됩니다.]

:: 지정한 경로를 따라 Camera 이동하기

준비된 장면을 열어 Camera가 지정한 경로를 따라 이동하는 애니메이션을 만들어 봅니다. 부록 CD
의 Part 03>Lesson 01 폴더에서 'Scene_03(Camera Path Constraint).max' 파일을 불러옵니다.

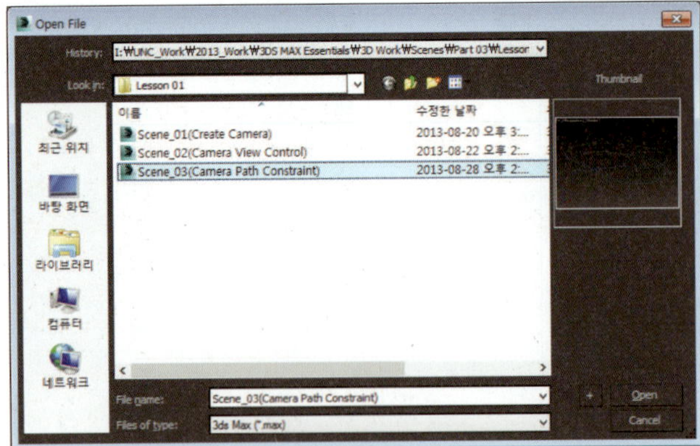
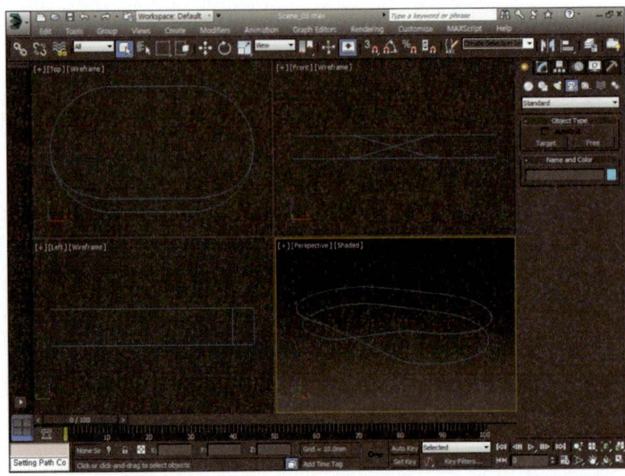

1 Free Camera 설치

Panel>Create>Cameras>Free를 선택한 후 Left View에 마우스를 클릭하여 Camera를 설치합니다.

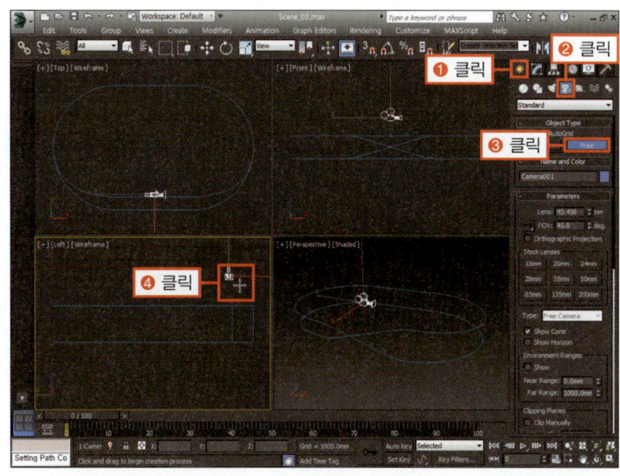

2 Path Constraint 적용

Camera가 선택된 상태에서 Menu Bar>Animation>Constraints>Path Constraint를 활성화한 후 Viewport에서 'Rectangle001' 오브젝트를 클릭합니다.

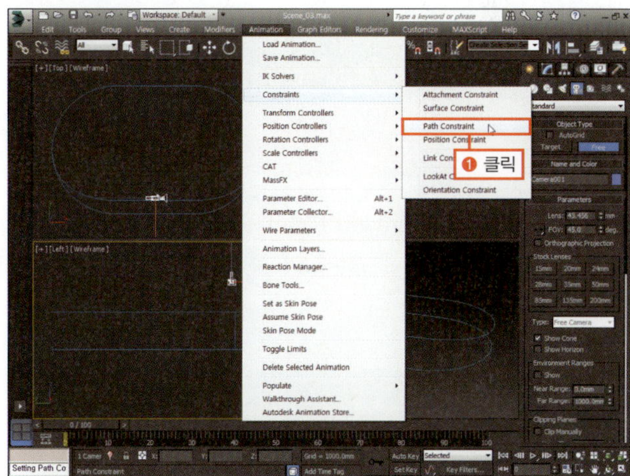

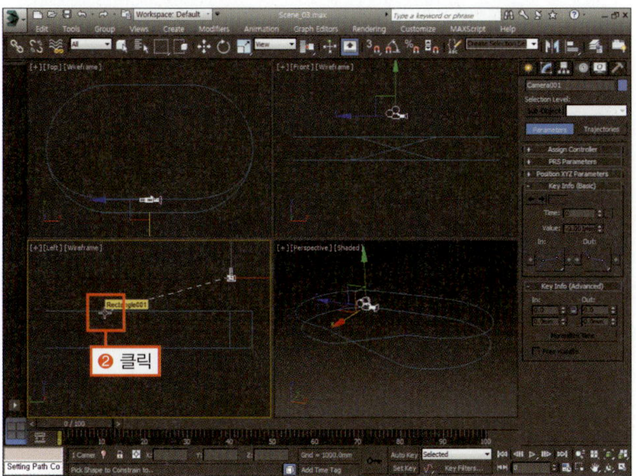

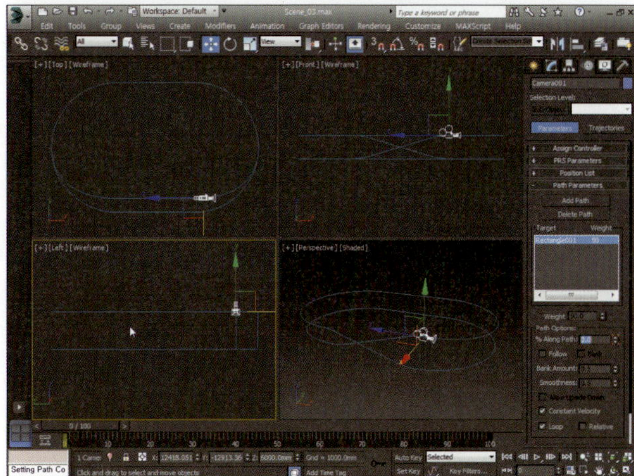

Perspective View를 전체 화면으로 전환하고 화면 하단의 Time Slider를 마우스 왼쪽 버튼을 사용하여 이동합니다. 0, 100프레임에 Key가 생성되어 있고 Camera가 같은 방향을 바라보면서 'Rectangle001'의 라인을 따라 이동하는 것을 확인할 수 있습니다.

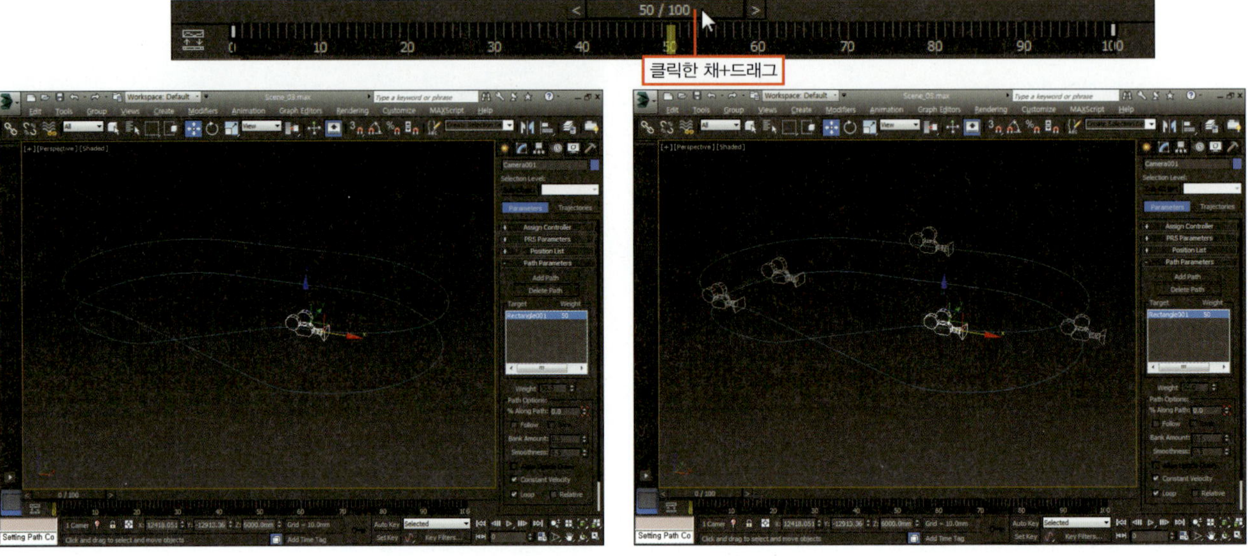

3 Follow

Command Panel>Motion의 Path Parameters Rollout에서 Follow를 체크하고 Time Slider를 이동합니다. Camera가 라인의 진행 방향과 동일한 방향을 바라보면서 이동하는 것을 확인할 수 있습니다.

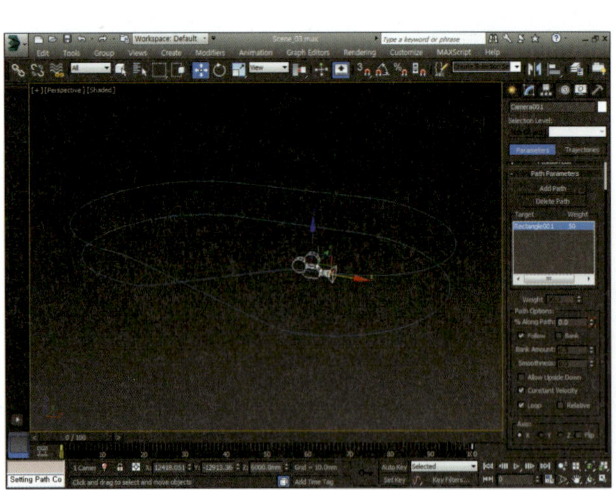

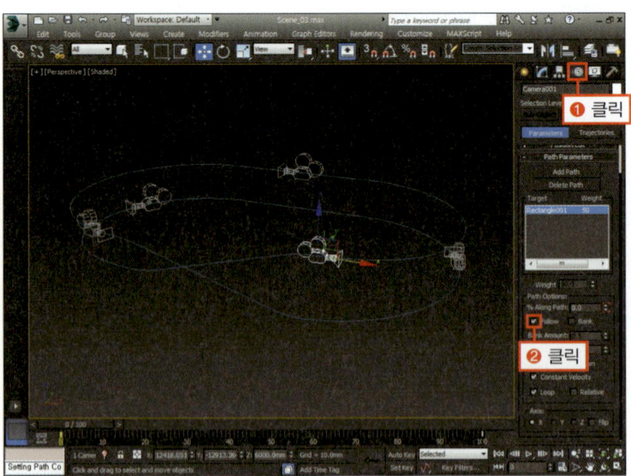

Path Constraint를 활용하면 그림과 같이 Camera가 경로를 따라 이동하는 애니메이션을 제작할 수 있습니다.

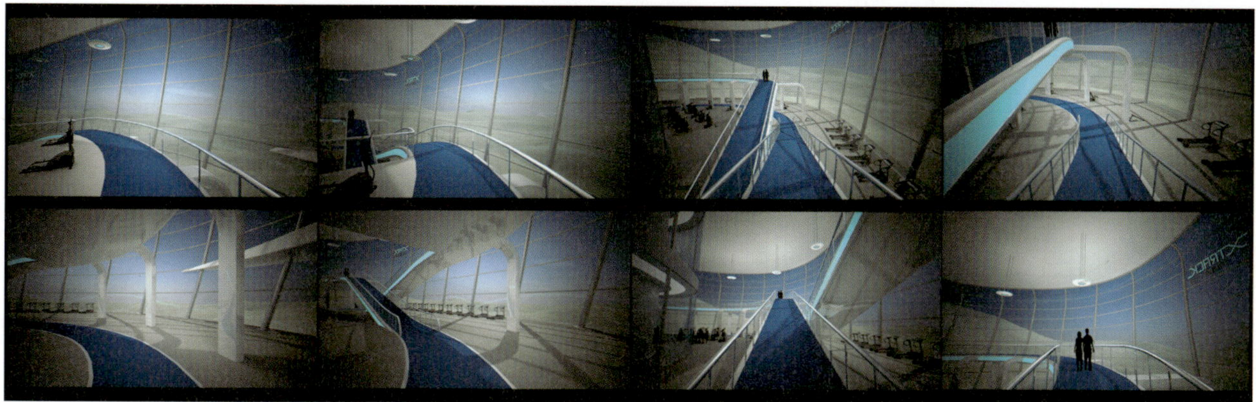

3ds Max에서 기본으로
제공되는 Light에 대해 알아보기

02

PREVIEW

이 파트에서는 3ds Max에서 기본으로 제공되고 있는 Light의 기능을 살펴보고 Light를 활용할 수 있는 다양한 방법들에 대해 알아봅니다.

Standard Light의 특성과 주요 기능

Standard Light에는 3ds Max에서 광원 효과를 표현하기 위해 가장 중요하면서도 기본이 되는 Spot, Directional, Omni Light 가 포함되어 있습니다. Sky Light나 mr Area Omni, mr Area Spot를 사용하거나 VRay와 같은 별도의 렌더러를 활용하여 리 얼하면서도 강력한 Light 환경을 구성할 수 있습니다. 이들을 효율적으로 사용하려면 결국은 기본 라이트의 기능을 잘 알아 야 합니다. Light의 특징을 알아보고 주요 기능들을 활용해 봅니다.

:: Standard Light의 종류

Command Panel>Create>Lights>Standard에서 8가지의 Light를 사용할 수 있습니다. 그중 Default Scanline Renderer만으로도 사용할 수 있는 기본 라이트의 주요 기능들에 대해 알아봅니다.

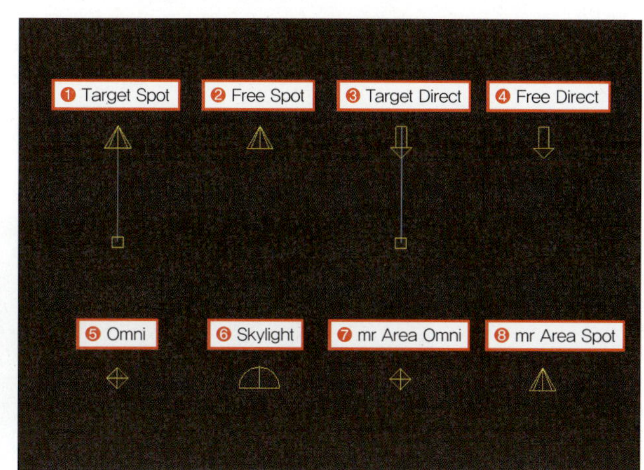

:: Standard Light의 주요 Rollout

Light를 장면에 설치하면 Modify Panel에서 Standard Light의 Rollout들을 확인할 수 있습니다. Light 종류에 따라 조금씩 차이가 있지만 공통되는 내용이 대부분입니다. 각 Rollout별로 주요 세부 기능을 알아봅니다.

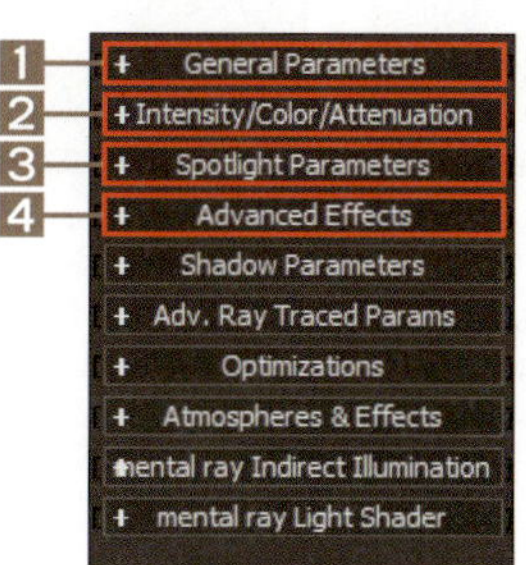

1 General Parameters Rollout(Standard Lights)

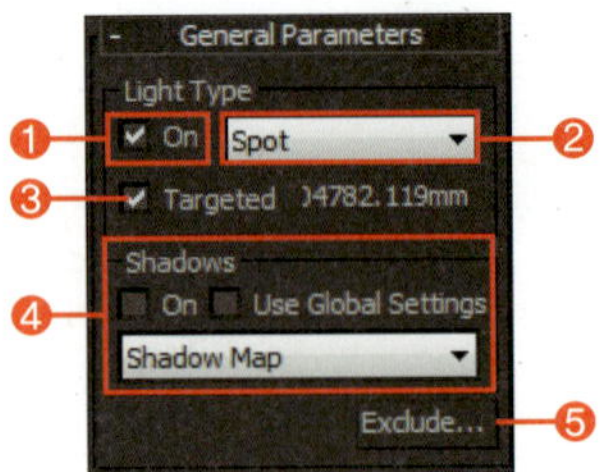

Light의 Type을 변경하거나 그림자의 종류를 선택할 수 있습니다. 장면에서 특정 오브젝트를 Light의 영향에서 제외하거나 포함할 수도 있습니다.

❶ **On** : Light 효과를 장면에서 설정하거나 해제합니다. 체크를 해제한 Light는 Viewport에서 어둡게 표시되고 렌더링 시 광원이 사용되지 않습니다.

❷ **Light Type List** : Spot, Directional, Omni 중에서 Light Type을 선택합니다.

ⓐ Spot Light() : 방향성을 가지면서 시작 지점으로부터 빛의 영역이 점점 확장되도록 조절할 수 있는 Light로 장면의 특정 부분에 밝기를 강조하기 위한 목적으로 사용됩니다. 무대에서 쓰이는 조명이나 실내에서 포인트가 되는 부분에 사용되기도 합니다.

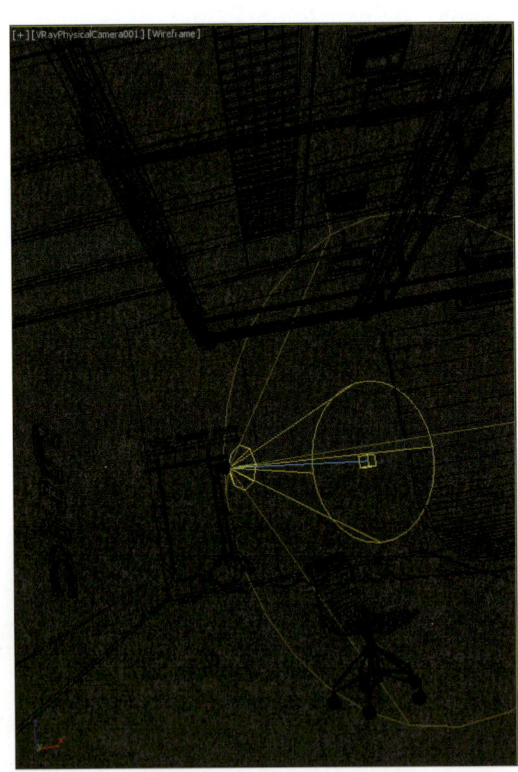

▲ Spot Light 사용 예시

ⓑ Directional Light(Directional ▾) : 설정한 방향 쪽으로 점점 확장되는 Spot Light와 달리 빛이 곧게
전달되는 특성 때문에 실내외의 태양광이나 넓은 면적에 있는 여러 개의 오브젝트에서 일정한
방향, 길이의 그림자를 얻고자 하는 경우 등에 Directional Light를 사용합니다.

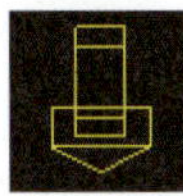

▲ Directional Light 사용 예시

ⓒ Omni Light : 3ds Max에서 가장 기본이 되는 조명으로, 광원의 중심에서 모든 방향으로 빛이 전
달되는 특성을 가진 Point Light 중 한 가지입니다. 백열 전구처럼 모든 방향으로 빛이 발산되는
Light에 사용하는 것이 적합합니다.

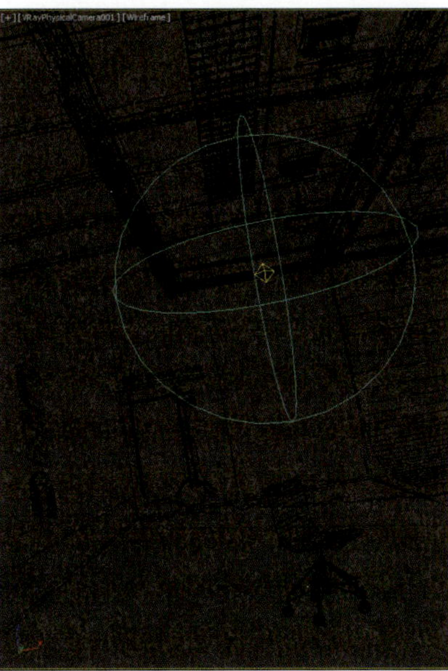

▲ Omni Light 사용 예시

❸ **Targeted** : Spot Light와 Directional Light에서 Target의 유무를 결정할 수 있습니다.

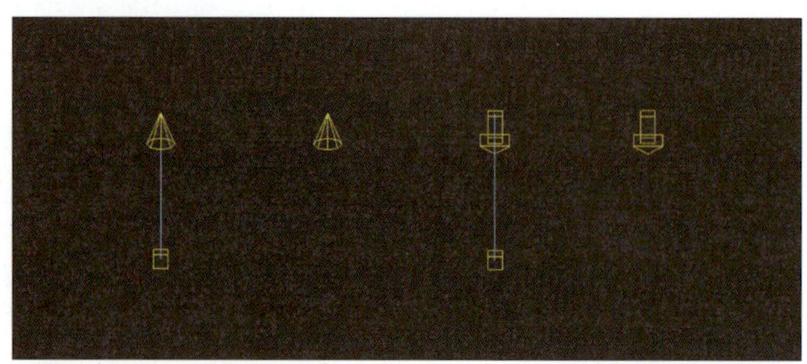

❹ **Shadows** : 그림자를 켜거나 끄고 그 유형을 선택할 수 있습니다. 선택한 그림자에 따라 각각 다른 Rollout이 활성화됩니다.

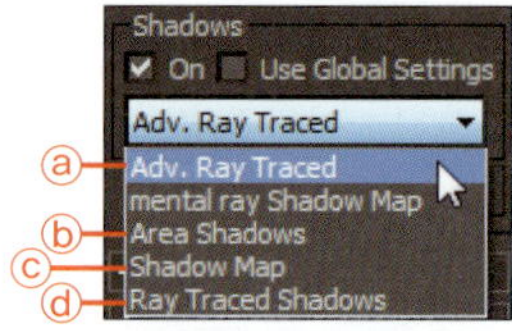
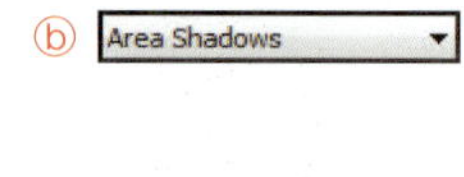
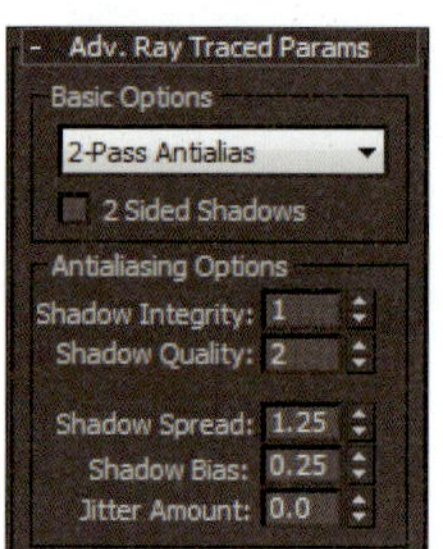
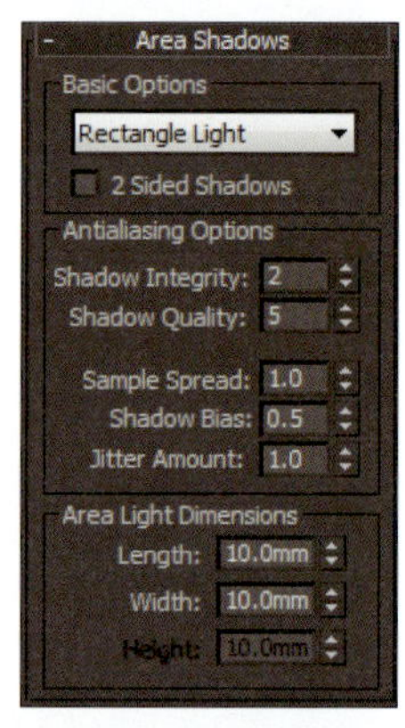

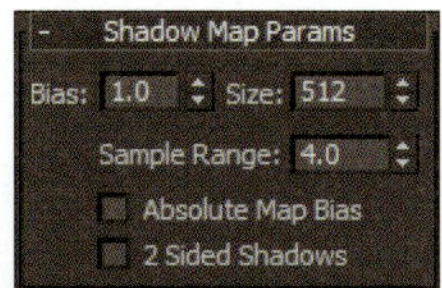

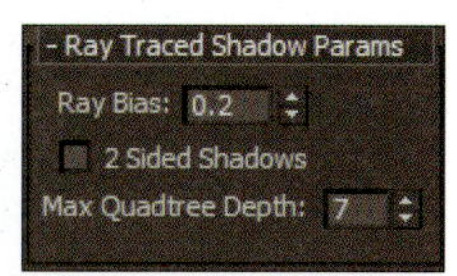

▲ 그림자 유형별 사용 예시

❺ **Exclude** : 광원 효과에서 제외될 오브젝트를 리스트에서 선택할 수 있습니다.

Exclude...

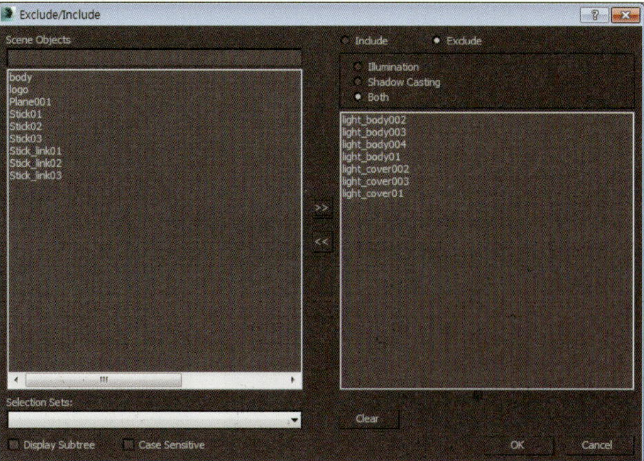

▲ 특정 오브젝트를 광원 효과에서 제외한 경우

② Intensity/Color/Attenuation Rollout(Standard Lights)

Light의 컬러와 밝기를 설정할 수 있습니다. 또한 Light의 감쇠 효과를 이곳에서 정의할 수 있습니다.

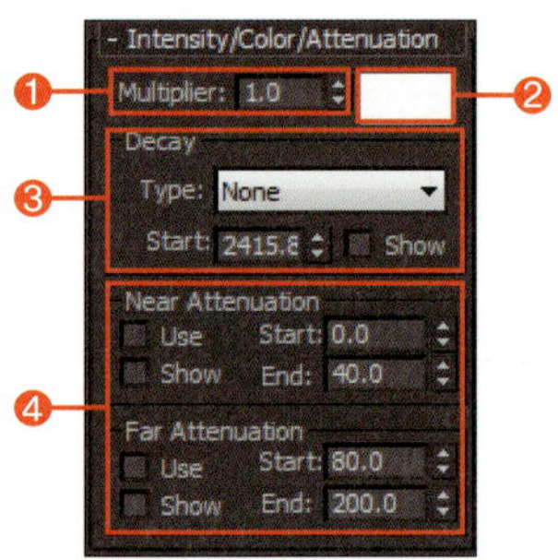

❶ **Multiplier** : 기본값은 '1.0'이며 입력한 값에 의해 Light의 밝기가 조절됩니다.

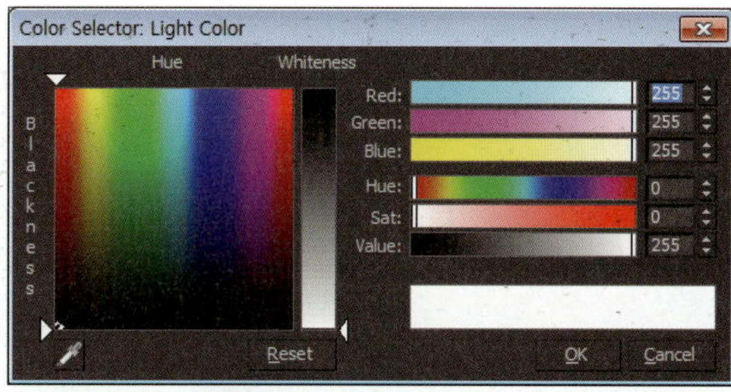

❷ **Color Box** : Light의 Color를 선택할 수 있습
니다.

❸ **Decay** : Light에서 멀어짐에 따라 빛이 점점 감쇠되는 효과를 설정합니다. 같은 밝기에서 Inverse
나 Inverse Square를 선택하면 그림과 같이 빛이 감쇠되는 정도가 변경됩니다.

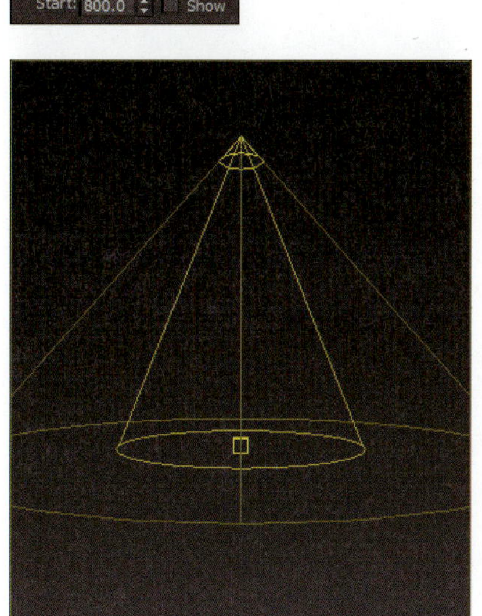

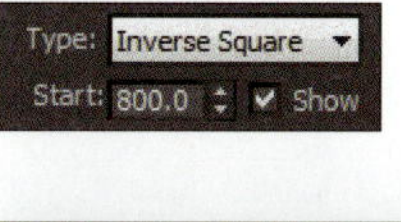

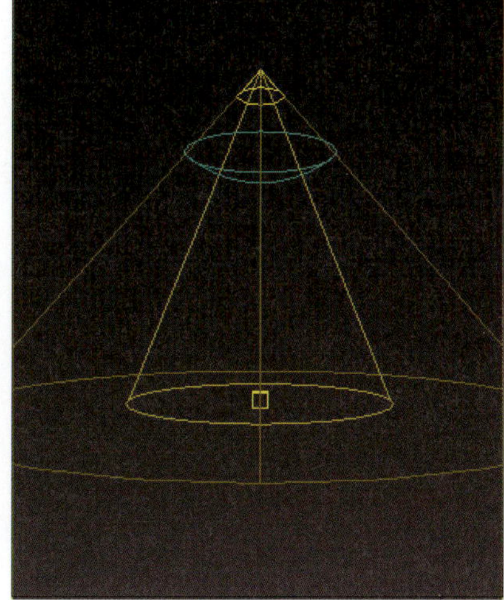

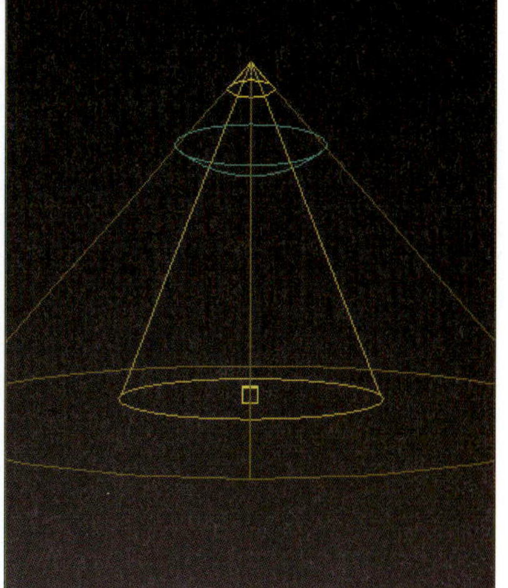

❹ **Near, Far Attenuation** : 근거리나 원거리에서 빛의 감쇠를 각각 설정할 수 있습니다.

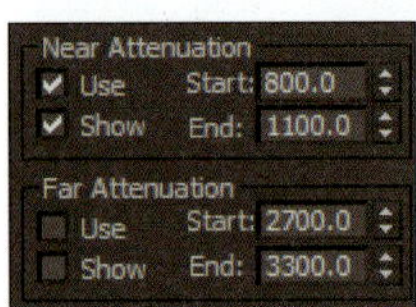 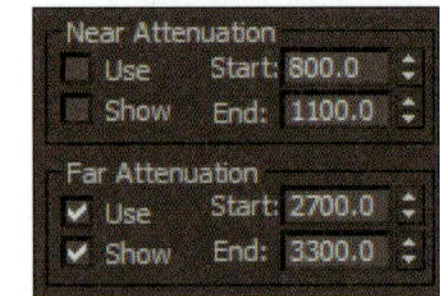 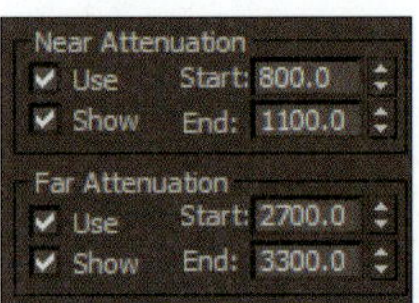

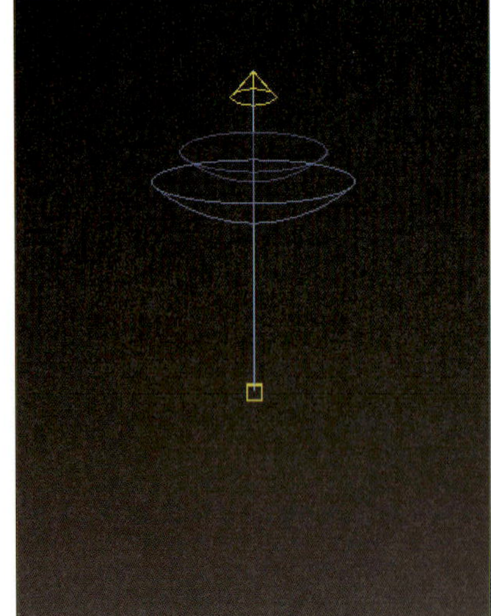 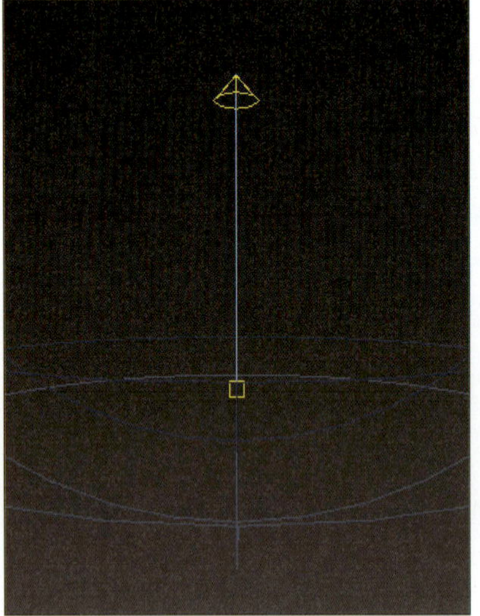 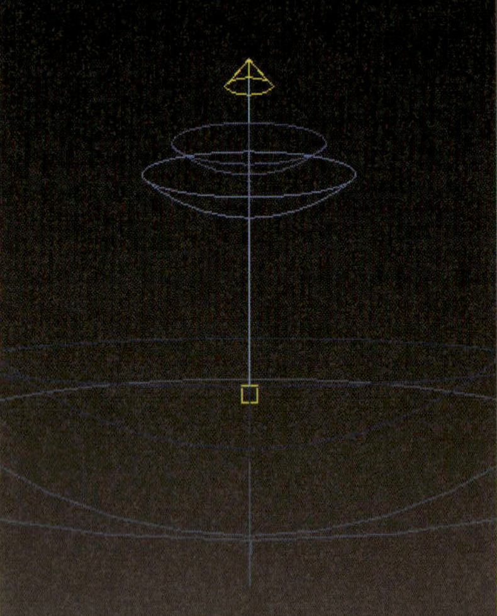

3 Spotlight Parameters

Spot Light를 선택했을 때 활성화되는 Rollout입니다.

❶ **Hotspot, Falloff** : 값을 입력하여 빛이 투사되는 범위를 조절할 수 있습니다.

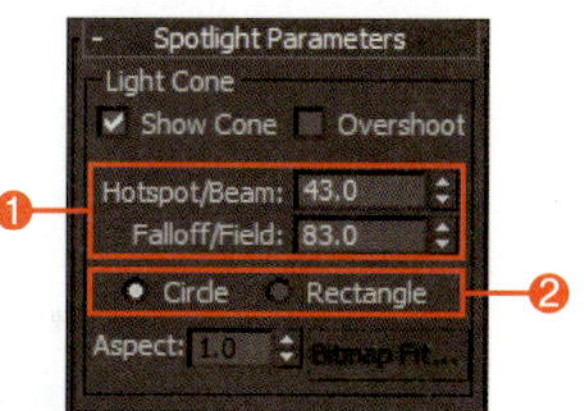

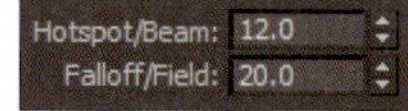

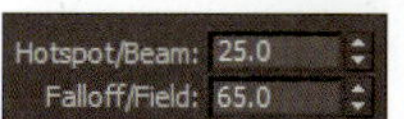

❷ **Circle, Rectangle** : 영역의 모양을 원형이나 직사각형 중에 선택할 수 있습니다.

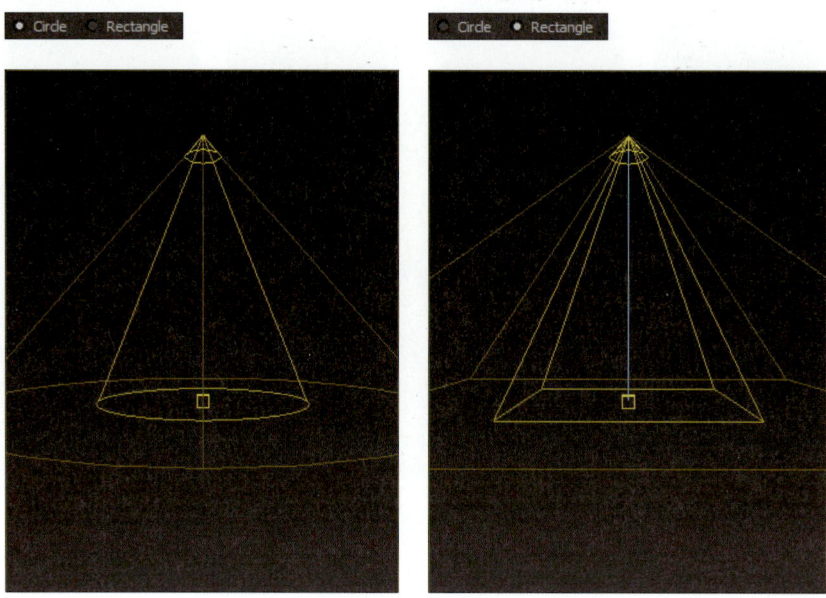

 Advanced Effects

Light가 오브젝트 표면에 주는 영향을 설정할 수 있습니다.

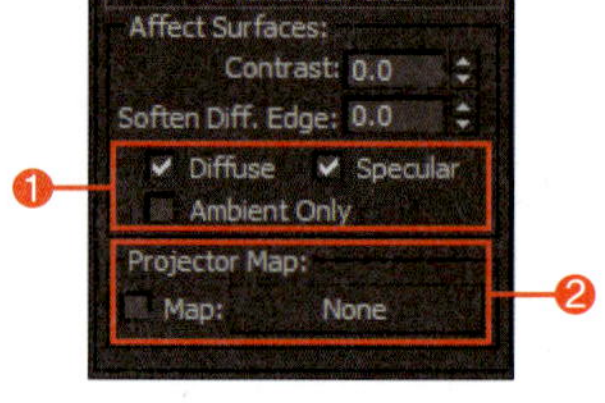

❶ **Affect Surfaces** : 기본은 Diffuse와 Specular가 오브젝트에 영향을
주도록 설정되어 있으며 각 항목을 체크하면 설정을 변경할 수 있
습니다.

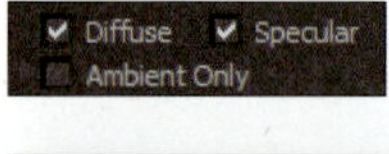

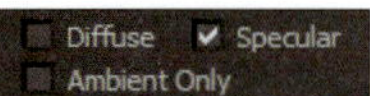

tip ▶ Ambient Only Light 활용하기

Ambient Only를 체크한 Light를 장면에 추가로 사용하면 그림자를 포함한 어두운 부분을 선택적으로 밝게 표현할 수 있습니다.

❷ **Projector Map** : 지정해준 Map 이미지를 오브젝트 표면에 투영합니다. 빔 프로젝터를 사용한 느낌을 표현할 수 있습니다.

▲ Projector Map에 사용한 이미지

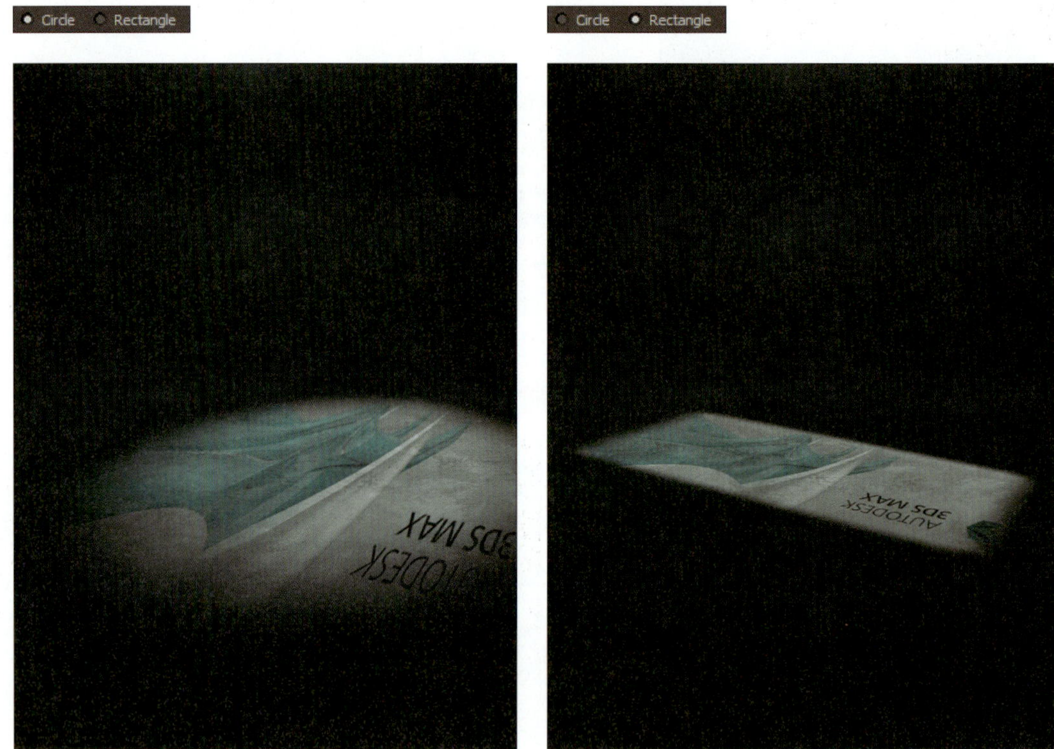

▲ Spotlight Parameters에서 Cone의 형태를 바꿔서 렌더링한 결과물

Photometric Light의 특성과 주요 기능

Photometric Light는 현실에서 정확하게 정의할 수 있는 값들을 사용하여 빛을 표현하게 됩니다. 그렇기 때문에 빛의 분산, 강도, 색상 온도 등과 같은 빛의 특징을 설정할 수 있으며, 조명 생산업체에서 제공하는 Photometric Light 관련 파일을 사용하여 현실에서 사용하는 조명을 기초로 빛을 디자인할 수 있습니다.

∷ Photometric Light의 종류

Command Panel>Create>Lights>Photometric에서 3가지의 Light를 사용할 수 있습니다. 그중 Default Scanline Renderer만으로도 사용할 수 있는 Photometric Light의 주요 기능들에 대해 알아봅니다.

∷ Photometric Light의 주요 Rollout

Light Object Type 중에 한 가지를 선택하면 Exposure Control 설정 변경 여부를 묻는 창이 팝업됩니다. Yes를 선택하면 Logarithmic Exposure Control로 설정이 변경됩니다.

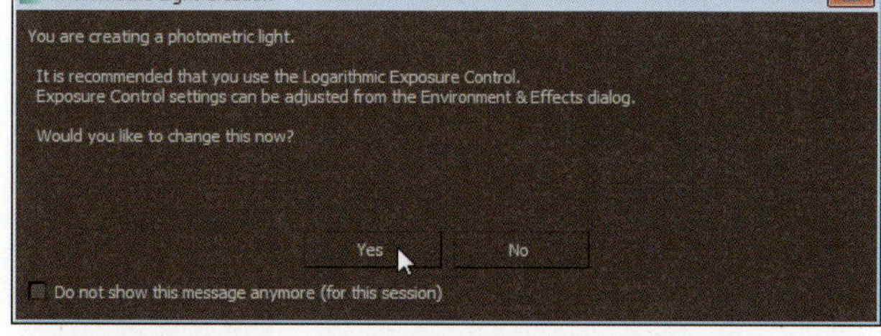

Target Light를 장면에 설치하면 Modify Panel에서 Photometric Light의 Rollout들을 확인할 수 있습니다. 각 Rollout별로 주요 세부 기능을 알아봅니다.

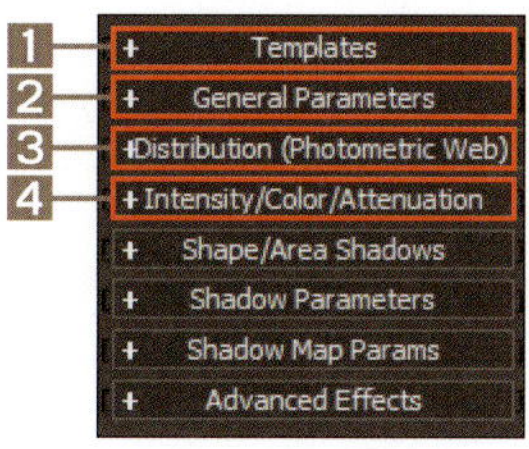

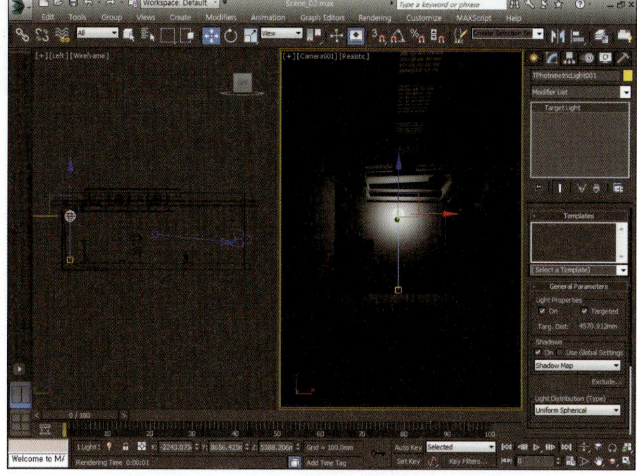

실제 조명 설정값에 의해 미리 세팅되어 있는 Light를 선택하여 장면
에 바로 활용할 수 있습니다.

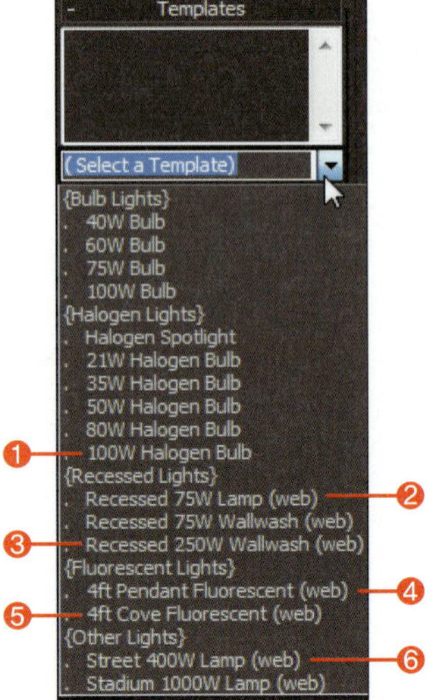

❶ 100W bulb

❷ Recessed 75W Lamp(web)

❸ Recessed 250W Wallwash(web)

❹ 4ft Pendant Fluorescent(web)

❺ 4ft Cove Fluorescent(web)

❻ Street 400W Lamp(web)

❷ General Parameters Rollout(Photometric Lights)

Standard Lights의 General Parameters와 유사한 기능을 포함하고 있습니다. Light의 On, Off를 설정하거나 그림자의 종류를 선택할 수 있습니다. Light Distribution 의 drop-down list에서 Type을 변경할 수도 있습니다.

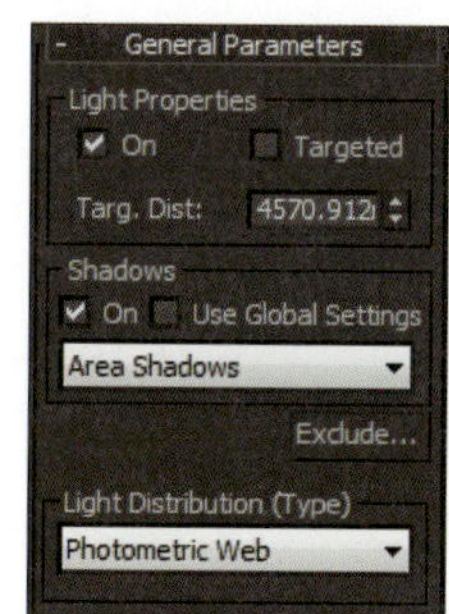
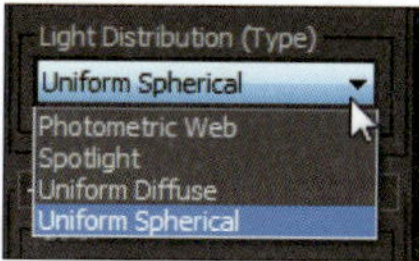

❸ Distribution(Photometric File) Rollout

이곳에서 Light의 유형을 Web diagram으로 확인할 수 있습니다.

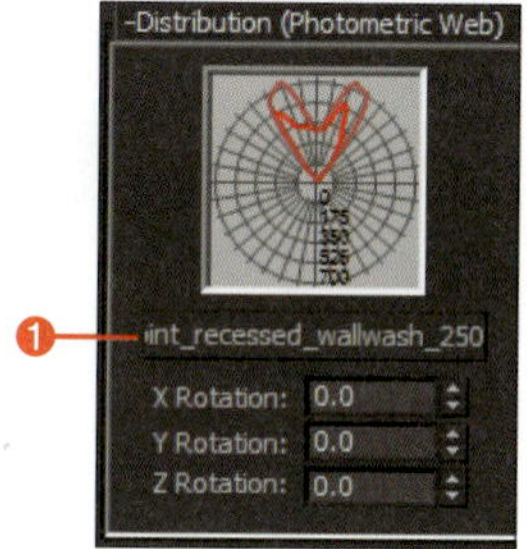

Distribution Rollout은 기본 항목에는 표시되지 않고 Light Distribution의 drop-down list에서 Photometric Web을 선택하거나 Templates Rollout에서 Light 이름 뒤에 web이라고 표시된 Light들을 선택하면 Distribution Rollout이 활성화됩니다.

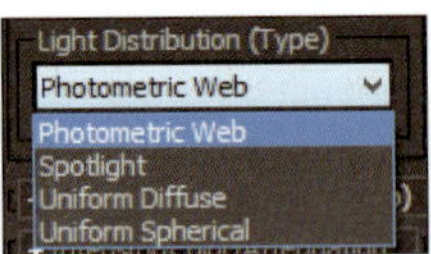
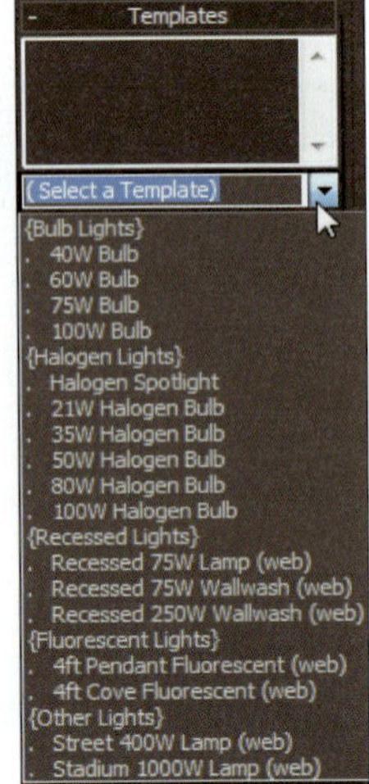

❶ **Choose Photometric File** : 다른 종류의 Photometric파일(IES, LTLI 등)을 선택하여 불러올 수도 있습니다.

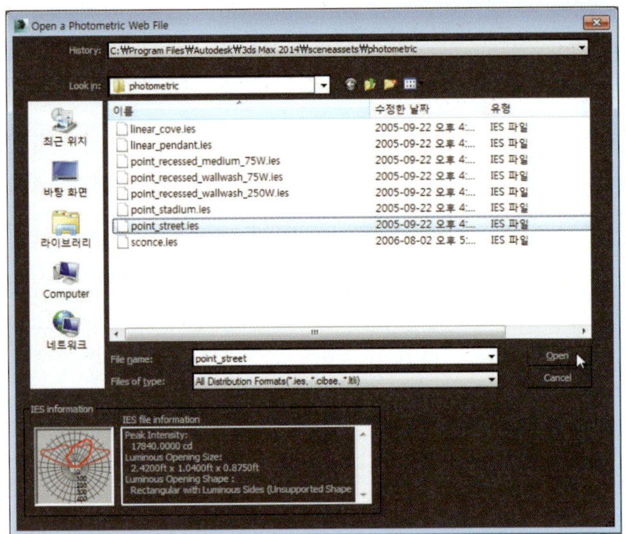

erco.com 사이트의 Products나 Download 메뉴를 이용하면 각종 조명에 관련된 모델링 데이터와 IES 파일을 다운로드할 수 있습니다.

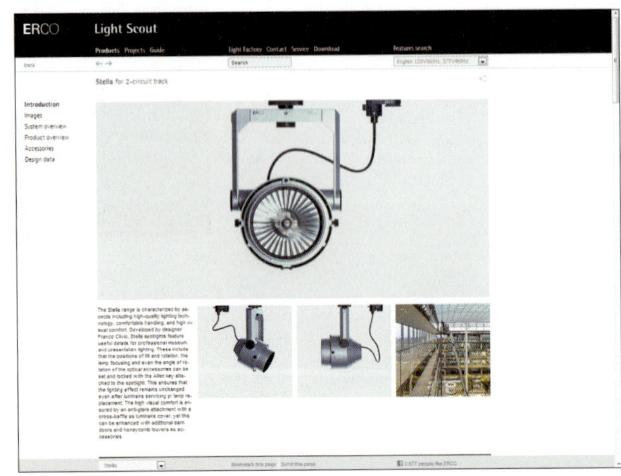
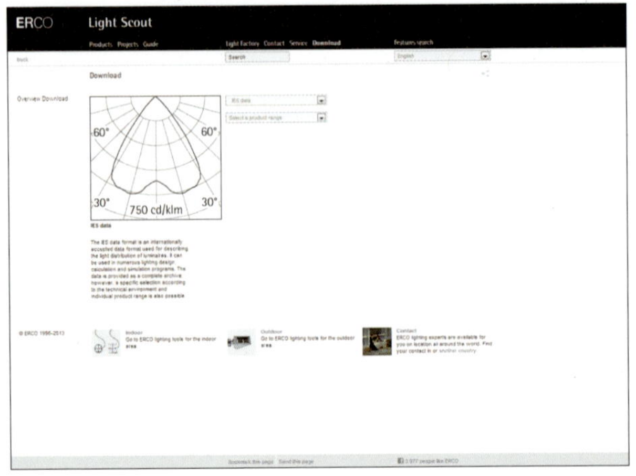

조명 데이터를 장면에 불러오면 기본적인
재질과 조명의 방향을 설정할 수 있도록
세팅되어 있기 때문에 매우 편리하게 사용
할 수 있습니다.

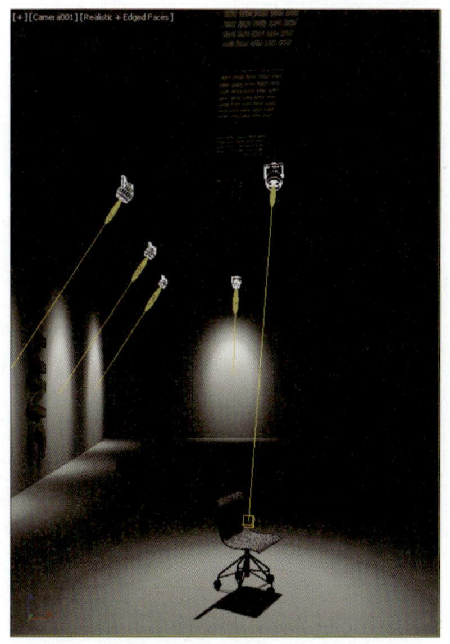

▲ 다운로드한 데이터를 장면에 사용한 예시

④ Intensity/Color/Attenuation Rollout(Photometric Lights)

해당 롤아웃에서 광원의 색과 강도를 설정하거나 선택적으로 빛의 감쇠에 대
한 제한을 설정할 수도 있습니다.

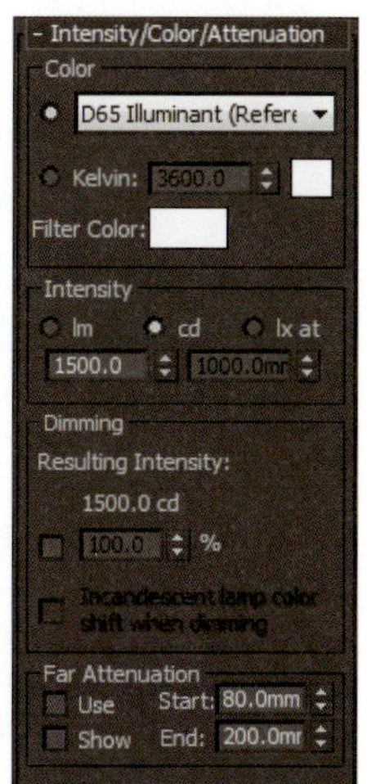

❶ **Color group** : Light drop-down list에서 일반 램프 사양을 선택하거나
Kelvin(색온도)값을 입력하여 Light Color를 조절합니다.

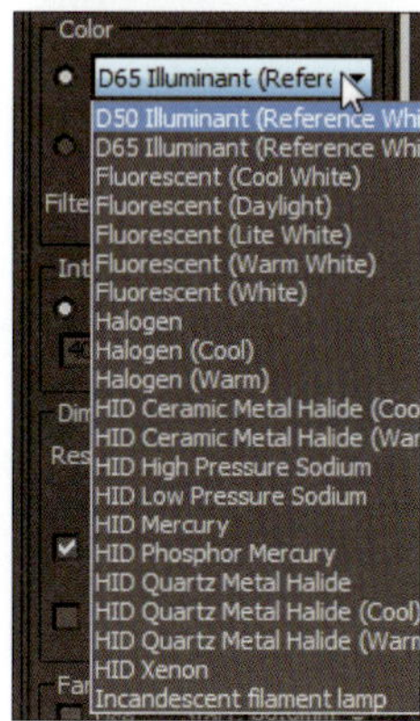

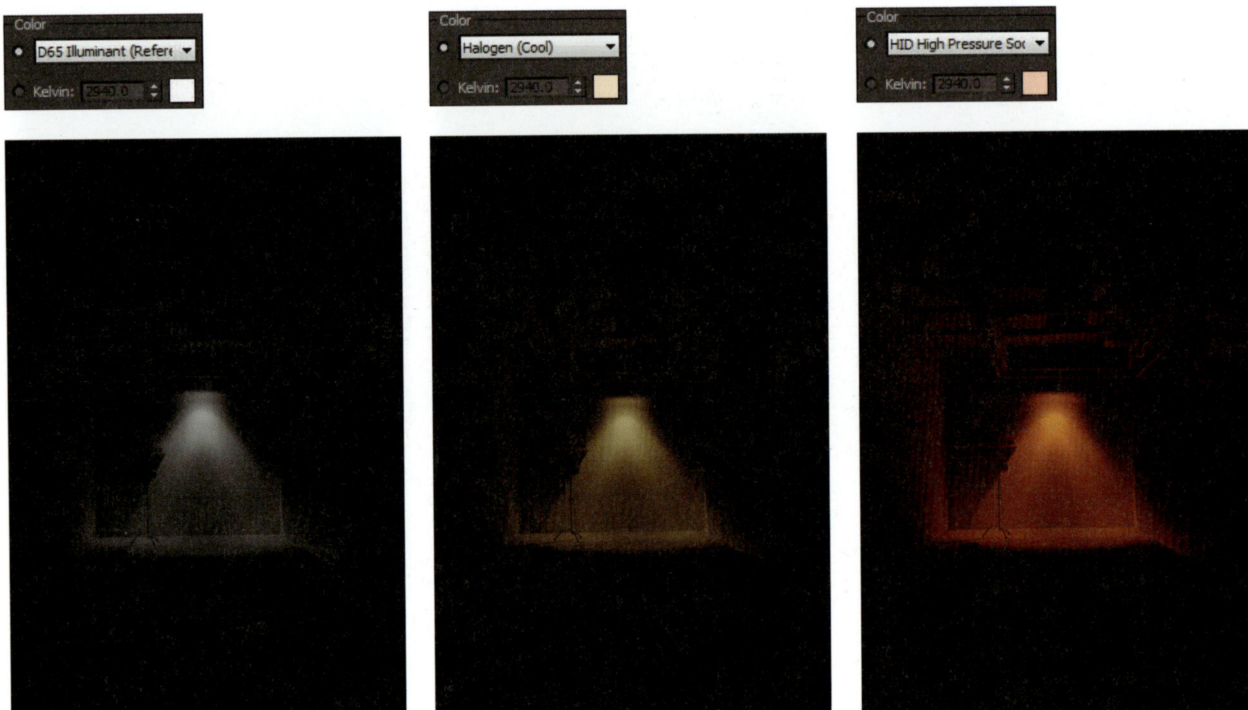

▲ 일반 램프의 사양을 각각 다르게 적용한 경우

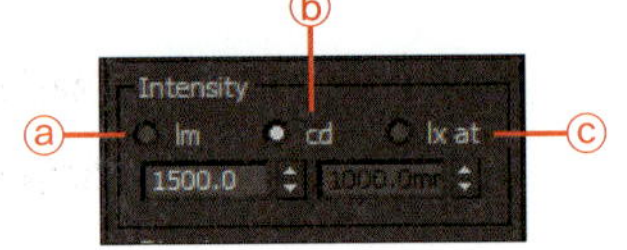

❷ **Intensity** : Photometric Light의 강도나 밝기를 물리적 기반의 수량으로 지정합니다. 다음 단위 중 하나를 사용하여 광원의 강도를 설정합니다.

ⓐ lm(루멘) : 광원의 전반적인 출력 강도(광속)를 측정합니다. 100W 범용 전구는 약 1750lm의 광속을 가집니다.

ⓑ cd(칸델라) : 일반적으로 조준 방향을 따라 광원의 최대 광도를 측정합니다. 100W 범용 전구의 광도는 약 139cd입니다.

ⓒ lx(럭스) : 특정 거리에서 표면을 비추고 소스의 방향을 향하는 광원에 의해 발생하는 조도를 측정합니다. 럭스는 평방미터당 1루멘에 해당하는 국제 장면 단위입니다.

5 Shape/Area Shadows Rollout

drop-down list에서 그림자가 생성되는 모양을 선택할 수 있습니다. 점이 아닌 모양을 선택하면 치수를 입력할 수 있는 부분이 표시되고 그림자 샘플을 컨트롤할 수 있는 옵션이 나타납니다.

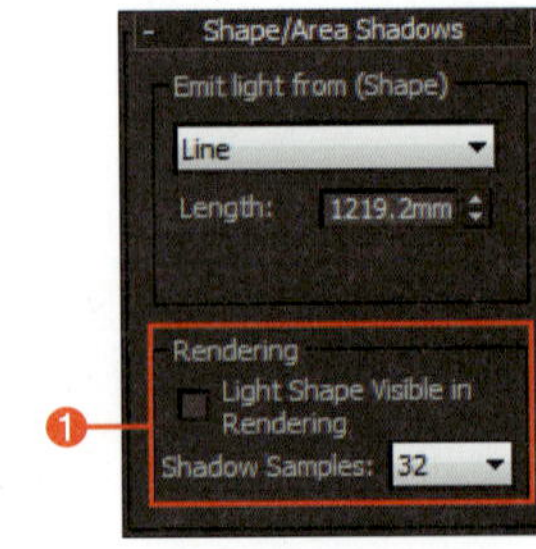

❶ **Rendering** : 설정하면 광원 오브젝트가 View 내에 있는 경우 광원 모양이 자체 조명(빛나는) 모양으로 렌더링됩니다. 해제하면 광원 모양이 렌더링되지 않고 투사하는 광원만 렌더링됩니다. 기본값은 해제입니다.

3ds Max의 기본 Camera, Light, Material을 활용하여 Scanline 렌더링하기

03

3ds Max에서 기본으로 제공되는 기능만으로 리얼하거나 퀄리티 높은 결과물을 만들어 내기에는 어느 정도 한계가 있는 것이 사실입니다. 하지만 기본 기능을 숙지하고 상황에 따라 적절하게 활용하면 프로젝트에서 효율적인 시간 관리와 함께 충분히 좋은 느낌을 어필할 수 있다고 생각합니다. 기본 Camera, Light, Material을 사용하여 Scanline 렌더링으로 결과물을 얻기까지의 과정을 실습합니다.

제품의 특성을 잘 보여줄 수 있는 Camera 설치하기

미리 제작한 Stand Light 제품 모델링을 활용하여 장면에 Camera를 설치하고 제품의 특성을 잘 보여줄 수 있는 View를 설정합니다.

:: 이번 예제에 사용할 3ds Max File의 Units/Gamma Setup

01 Menu Bar>Customize>Units Setup을 통해 다음과 같이 Unit을 세팅합니다.

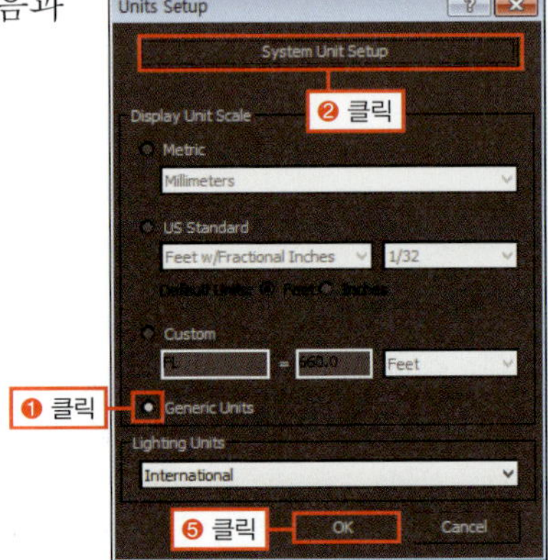

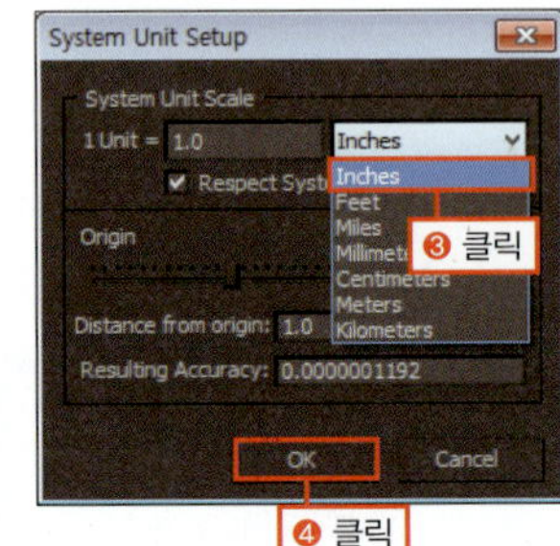

02 Menu Bar>Rendering>Gamma/LUT Setup을 통해 다음과 같이 Gamma를 비활성화합니다.

> **MEMO** · 부록 CD의 3ds Max File을 Open 또는 Import할 때 본인이 사용하는 3ds Max의 Units/Gamma Setup을 위 사항과 동일하게 세팅하면 파일이 문제없이 호환됩니다.

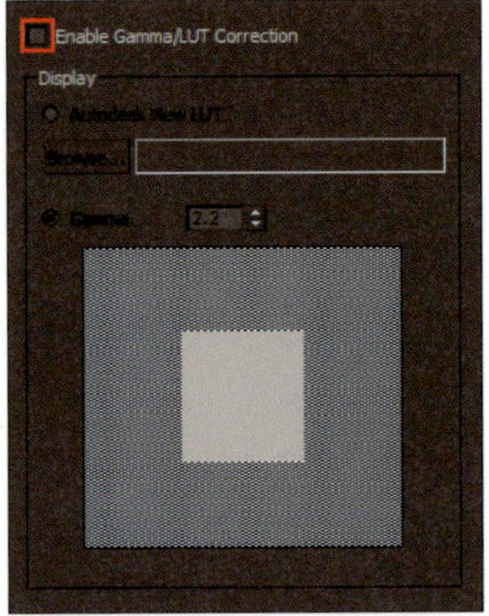

부록 CD의 Part 03>Lesson 03 폴더에서 'Scene_01(Scanline Render Setting).max' 파일을 불러옵니다.

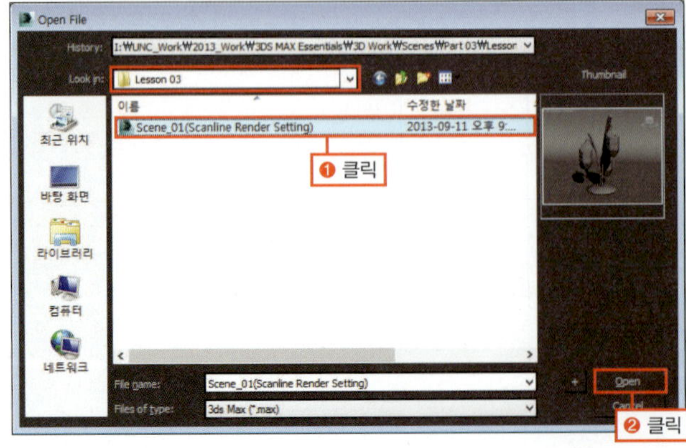

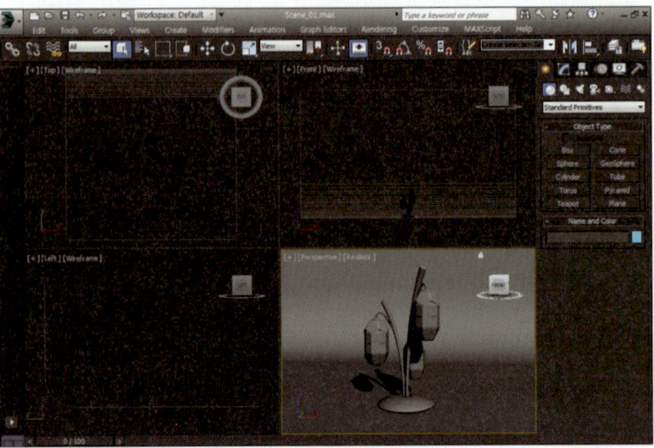

■ Target Camera 설치

Command Panel>Create>Cameras>
Standard에서 Target Camera를 선택한
후 Top View에서 마우스를 드래그하여
Camera를 설치합니다.

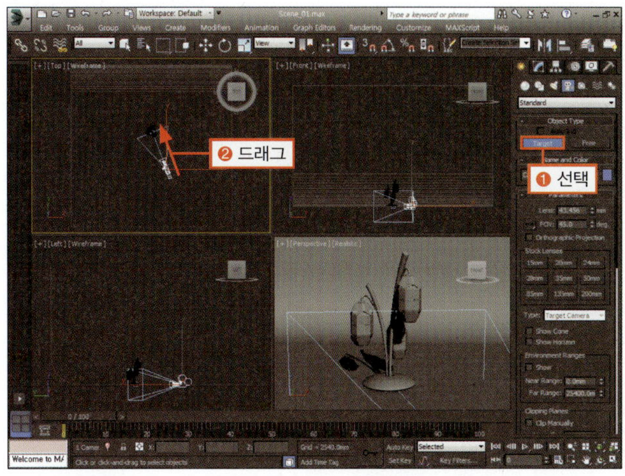

마우스 오른쪽 버튼으로 Perspective View를 활성화하고 키보드의 C를 눌러 Camera View로 전환
합니다.

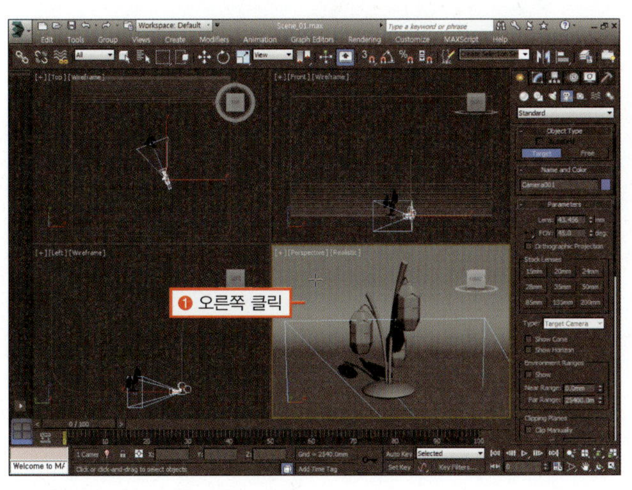

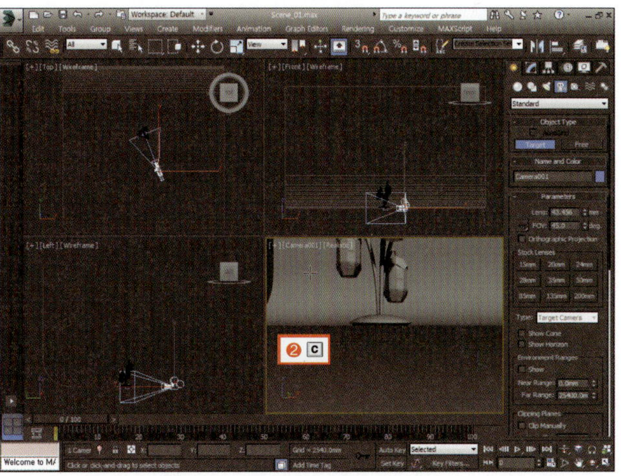

■ Camera, Target 위치 조절

Camera가 선택된 상태에서 키보드의
W를 눌러 Move를 활성화하고 좌표에
다음 값을 입력하여 Camera의 위치를
조절합니다.

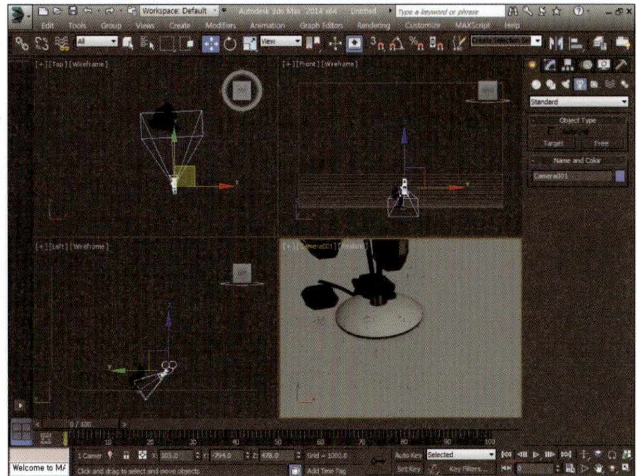

Viewport 이름 (Camera001)을 클릭하면 팝업되는 메뉴에서 Select Camera Target을 선택합니다.

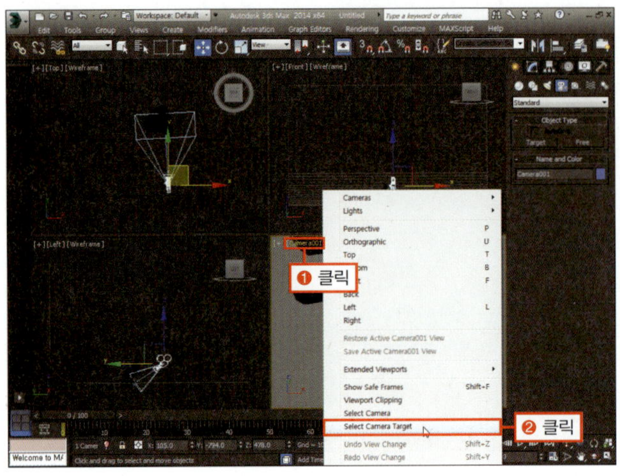
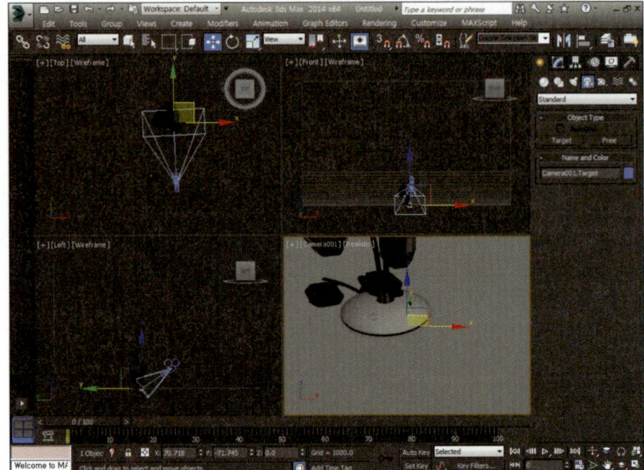

Camera Target도 좌표에 다음 값을 입력
하여 위치를 조절합니다.

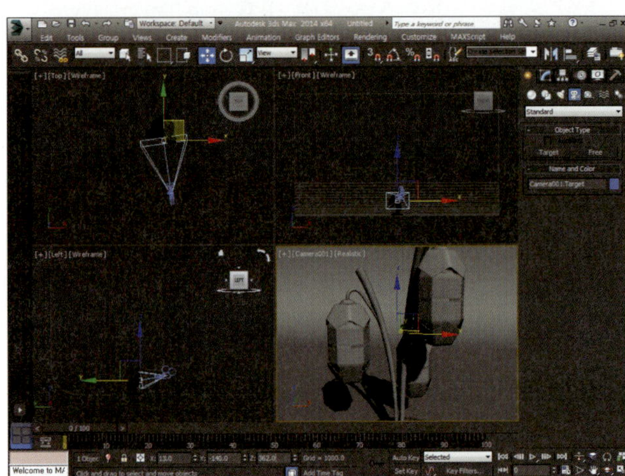

입력

3 Output Size 입력

Main Toolbar의 [Render Setup] 버튼
(🖼)을 클릭하여 Render Setup 창을 팝
업합니다. [Common] 탭의 Common
Parameters에서 Output Size의 Width,
Height에 다음 값을 입력하여 렌더링될
결과물의 사이즈를 조절합니다.

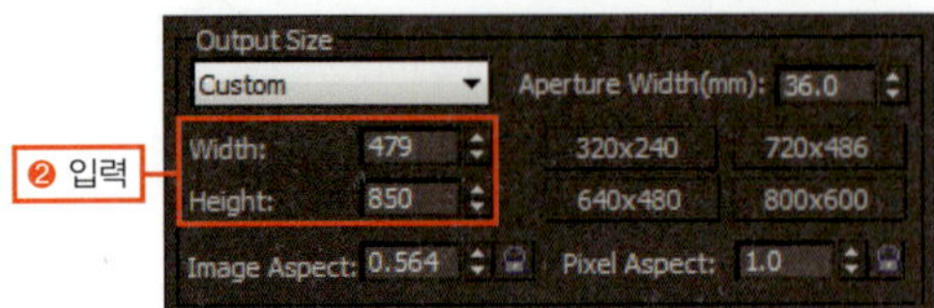

② 입력

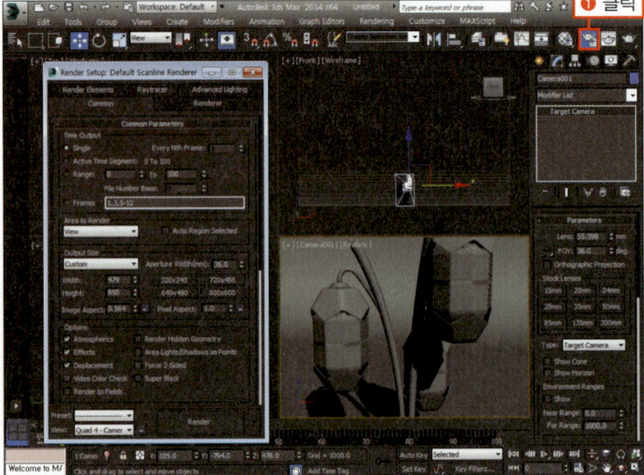

Render Setup 창에서 [Image Aspect]의 [Lock] 버튼(🔒)을 활성화하면 이후 렌더링 사이즈를 변경하더라도 결과물의 가로세로 비율이 현재 그대로 유지됩니다.

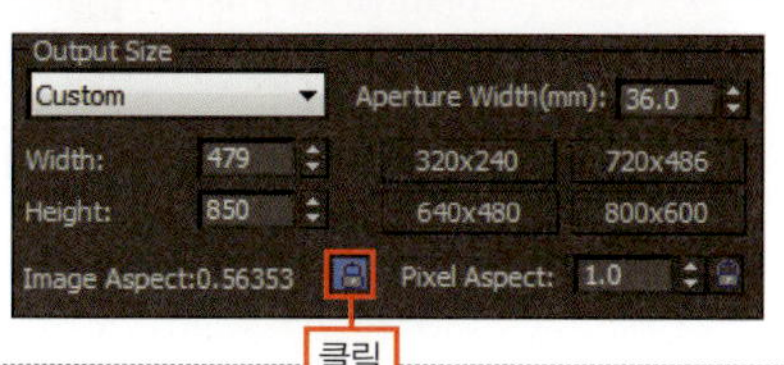

4 Show Safe Frames

Viewport 이름 ([Camera001])을 클릭하여 Show Safe Frames를 선택하거나 단축키 [Shift]+[F]를 눌러 Camera View가 설정한 렌더링 사이즈로 보이도록 설정합니다.

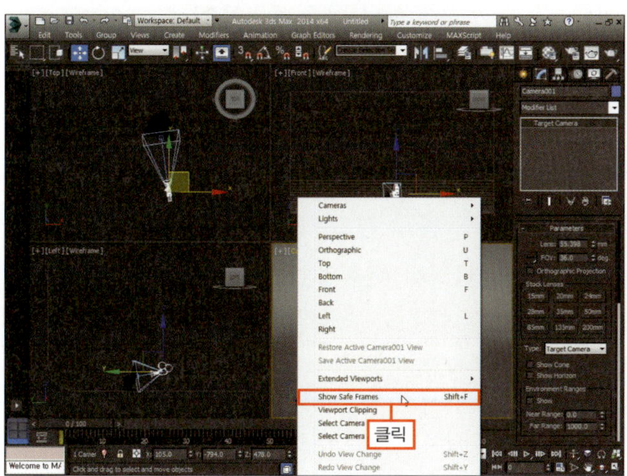

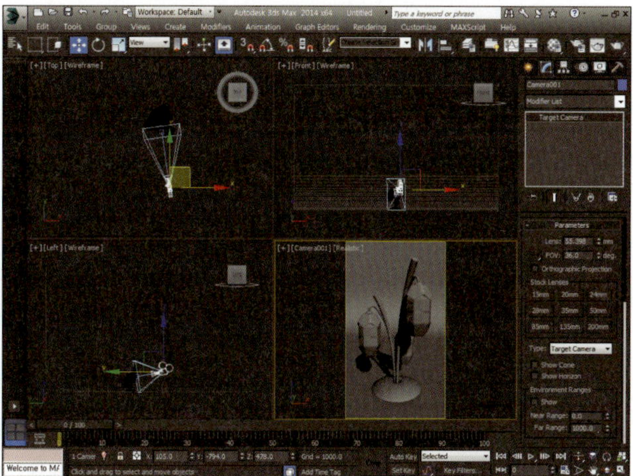

5 FOV 조절

Camera를 선택하고 Parameters에서 FOV에 '36'을 입력하여 Lens값을 변경하고 [Esc]를 눌러 입력을 완료합니다.

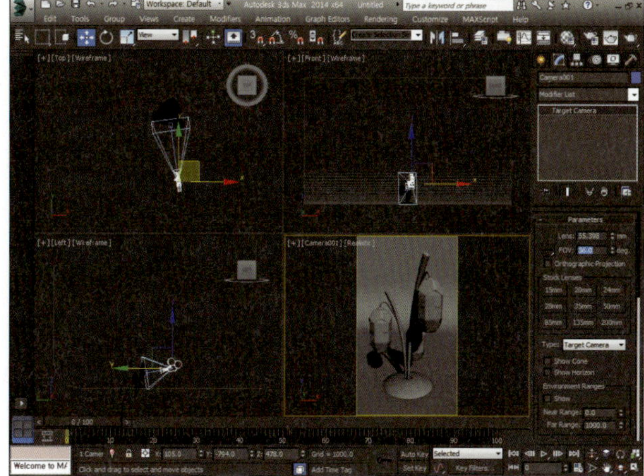

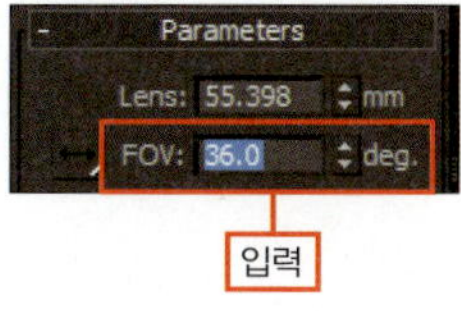

Camera001 View를 활성화한 상태에서 Main Toolbar의
[Render] 버튼(🖼)을 클릭하여 결과물을 확인합니다. 장면
에 설치된 조명이나 재질이 없기 때문에 3ds Max의 기본 설
정 상태로 렌더링됩니다.

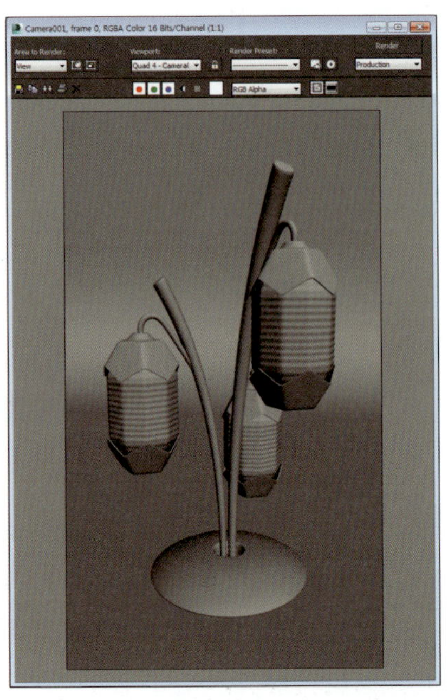

6 Lock To Viewport

팝업된 Render Frame 창에서 [Lock] 버튼(🔒)을 활성화하여 이후에도 계속
Camera001 View가 고정으로 렌더링될 수 있도록 설정합니다.

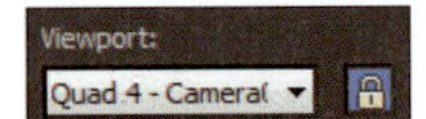

장면 전체의 분위기를 연출하기 위한 주요 Light 생성하기

제품의 특성이 부각될 수 있는 장면 분위기를 연출하기 위해 몇 가지 기본 Light를 설치합니다.

1 Target Spot Light 설치

먼저 장면에서 Main Light로 쓰일 Target Spot Light를 설치합니다.

Command Panel>Create>Lights>
Standard에서 Target Spot을 선택하고
Top View에서 마우스를 드래그하여
Light를 설치합니다. 키보드의 Esc 를 눌
러 Light 생성을 종료하고 다음 좌푯값을
입력하여 선택된 Spot Light의 위치를 조
절합니다.

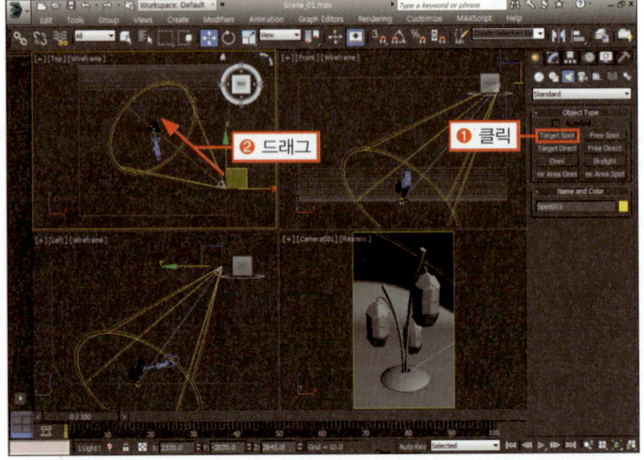

입력

Spot Light의 Target도 선택하고 좌표에
값을 입력하여 위치를 조절합니다.

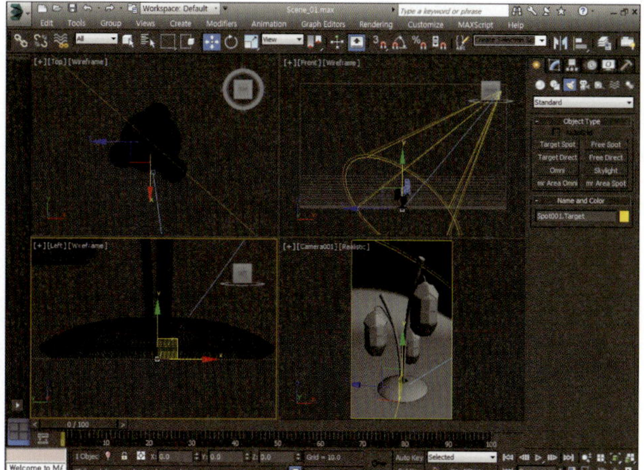

키보드의 Esc를 눌러 입력을 종료하고 키보드의 F9를 사용
하여 장면을 다시 렌더링합니다. 설치한 Spot Light가 렌더링
결과에 표현됩니다.

2 Target Spot Light 설정

장면에 설치한 'Spot001'을 선택한 후 Command Panel의 Modify에서 Light 설정을 다음과 같이 변경
합니다.

Multiplier에 0.6을 입력하여 밝기를 조금 낮추고 Decay Type을 Inverse로 선택하여 Start에 입력한 거
리로부터 빛이 감쇠되도록 설정합니다. Hotspot과 Falloff에 다음 값을 입력하여 빛의 범위를 조절합
니다.

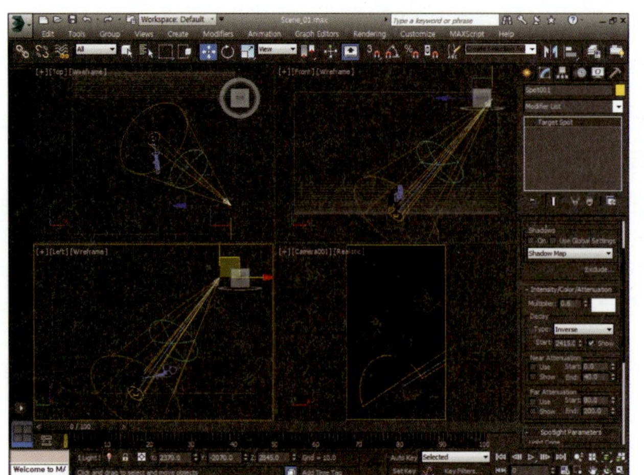
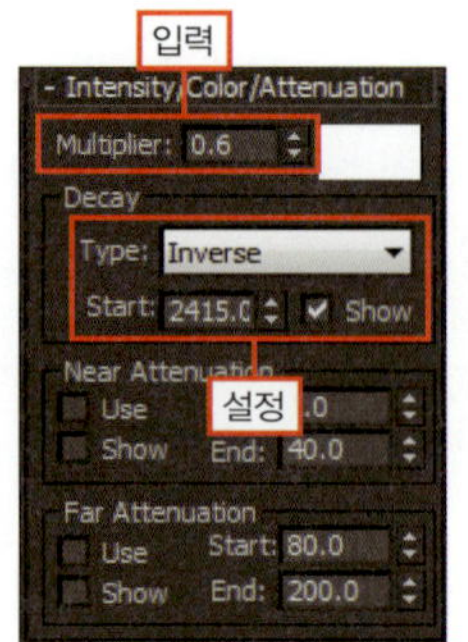

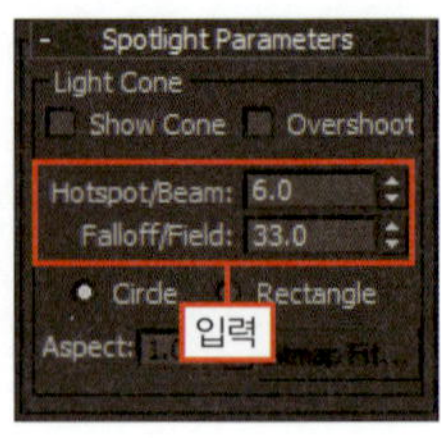

키보드의 F9를 눌러 장면을 다시 렌더링합니다. Light가 몇 개 더 추가될 예정이므로 아직까지는 결과물이 조금 어둡게 보입니다.

3 Omni Light 설치

장면에 블루 톤의 분위기를 연출하기 위해 Omni Light 1개를 설치합니다. 좌표에 다음 값을 입력하여 Omni Light의 위치를 조절합니다.

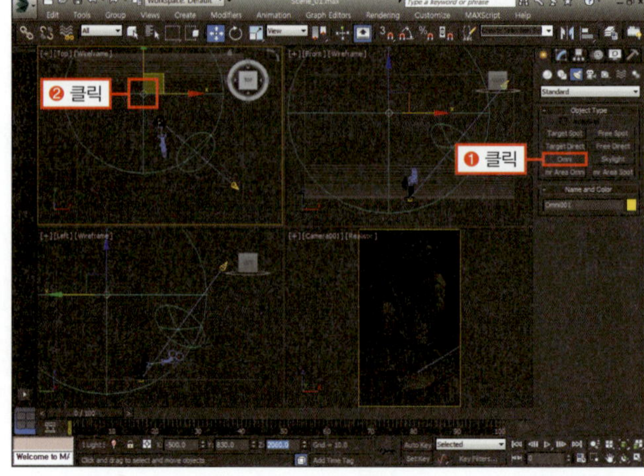

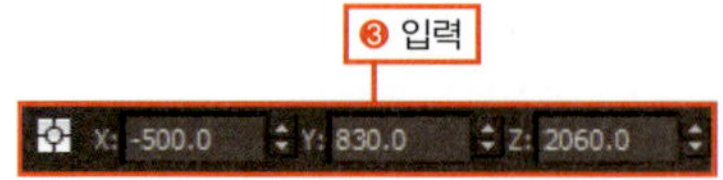

Modify Panel에서 Multiplier에 '0.3'을 입력하고 컬러값을 변경한 후 Decay 부분을 다음과 같이 설정합니다.

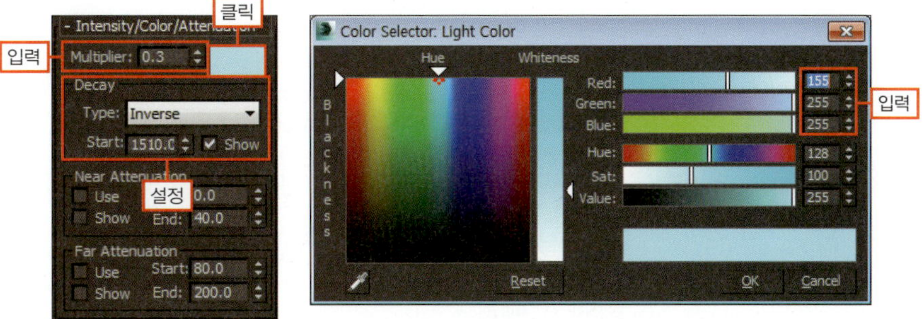

렌더링해보면 결과물에 전체적으로 푸른빛이 추가된 것을 확인할 수 있습니다.

Material Editor의 종류와 구성

3ds Max에서는 재질을 편집하기 위한 Editor 타입을 두 가지로 제공하고 있습니다. Compact Material Editor는 3ds Max를 설치하고 재질 창을 팝업했을 때 맨 처음 나타나는 화면으로 대부분 3ds Max 사용자들은 Compact 타입을 오랜 기간 익숙하게 사용해 왔습니다. 최근에는 Slate Material Editor 타입이 지원됨으로써 재질의 구조를 노드 형태로 확인하면서 편집할 수 있게 되었습니다. 각 타입의 화면 구성에 대해 간단히 알아보겠습니다.

Compact Material Editor의 Menu>Mode에서 Editor의 타입을 선택할 수 있습니다.

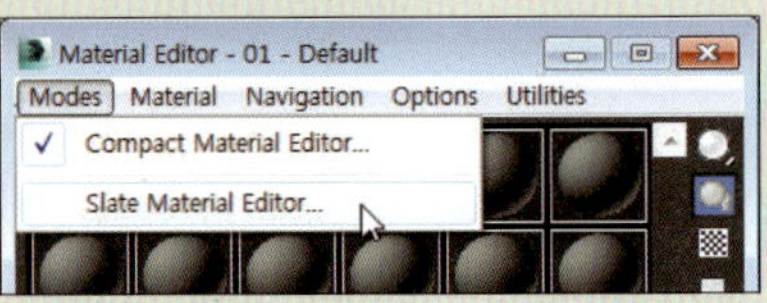

1 Compact Material Editor

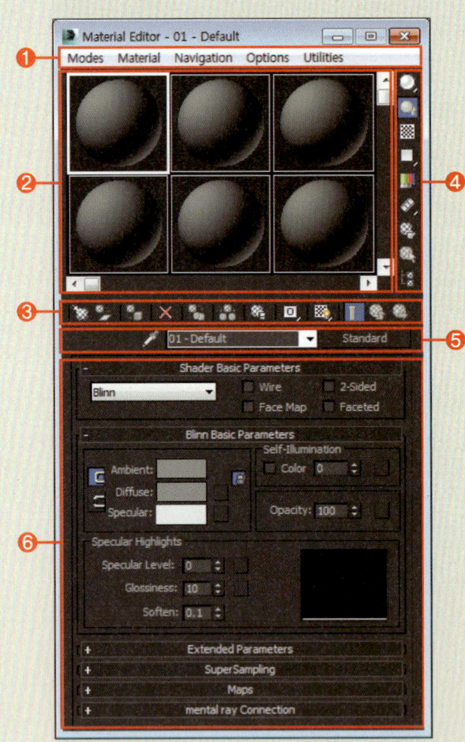

❶ **Menu bar** : 재질 편집기 메뉴 모음은 재질 편집기 창의 맨 위에 나타나며 재질 편집기 도구를 호출하는 다양한 방법을 제공합니다.

❷ **Sample Slots** : 샘플 슬롯을 사용하면 재질과 맵을 관리 및 미리보기할 수 있습니다. Compact Material Editor 컨트롤을 사용하여 재질을 변경하고 이 재질을 장면의 오브젝트에 적용할 수 있습니다. 재질을 적용하는 가장 간단한 방법은 샘플 슬롯을 뷰포트의 오브젝트로 드래그하는 것입니다.

❸ **샘플 슬롯 아래의 버튼** : Slate Material Editor의 Toolbar와 유사한 기능들이 모여 있습니다. 선택한 오브젝트에 재질을 적용하거나 뷰포트에서 적용된 Map을 미리 확인할 수도 있습니다.

❹ **샘플 슬롯의 오른쪽 버튼** : 이곳에서 샘플 슬롯에 구로 표시되는 모양을 다른 모양으로 바꿀 수 있습니다. 샘플 슬롯의 배경에 체크 모양 이미지를 활성화하여 투명한 재질에서 굴절되는 모양을 미리 확인할 수도 있으며 재질의 세부 옵션을 설정할 수도 있습니다.

❺ **도구 모음 아래의 컨트롤** : 스포이트 모양 아이콘을 활성화하여 장면에 있는 재질을 샘플 슬롯에 배치할 수 있습니다. 재질의 이름을 이곳에서 설정하며 Matrial/Map Browser를 팝업하여 사용할 재질과 맵의 유형을 선택할 수도 있습니다.

❻ **Parameter Editor** : 재질 및 맵에는 조절할 수 있는 다양한 매개 변수가 있습니다. 선택한 재질에 해당하는 매개 변수가 이곳에 나타납니다. Slate Material Editor와 동일한 Rollout들이 표시됩니다.

② Slate Material Editor

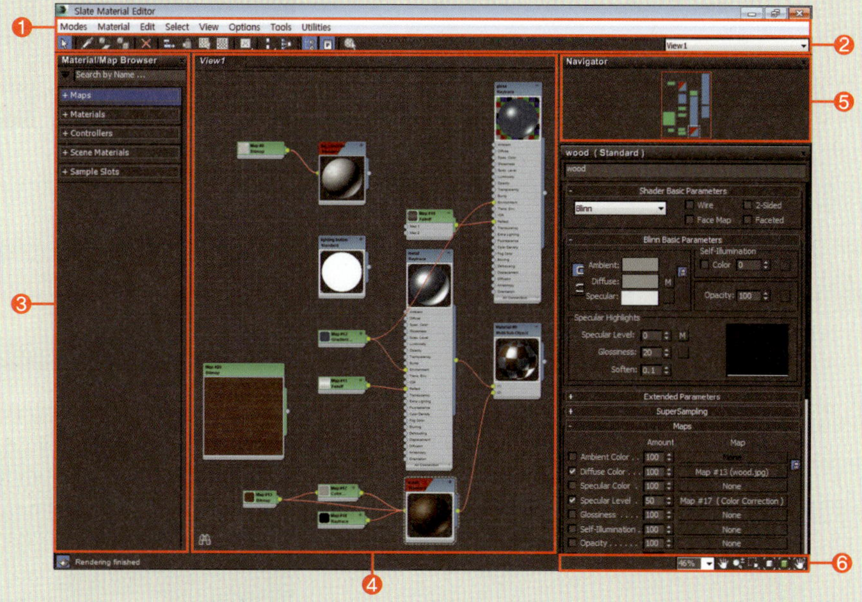

❶ **Menu bar** : Menu Bar에는 장면의 재질을 만들고 관리하는 데 사용되는 다양한 선택 항목이 있는 메뉴가 포함되어 있습니다.

❷ **Toolbar** : Toolbar에 있는 기능을 사용하여 여러 가지 명령을 빠르게 실행할 수 있습니다. 명령 중 일부는 Menu Bar에서도 사용할 수 있습니다. Toolbar에는 생성한 재질을 오브젝트에 적용하거나 제작한 재질노드를 정렬하는 기능 등이 포함되어 있습니다.

❸ **Material/Map Browser** : 이 패널에서는 Material/Map Browser가 표시됩니다. 재질을 편집하려면 재질을 Material/Map Browser 패널에서 View로 드래그합니다. 새 Material 또는 Map을 만들려면 Material 그룹 또는 Map 그룹에서 드래그합니다. Material/Map Browser 항목을 두 번 클릭하여 해당 Material 또는 Map을 활성 View에 추가할 수도 있습니다.

❹ **Active View** : 현재 활성화된 View에서는 Map 또는 각종 노드를 material components에 연결하여 재질 트리를 구성할 수 있습니다. 장면에 있는 재질에 대해 여러 개의 View를 만들고 그중 활성화할 View를 선택할 수 있습니다.

❺ **Navigator** : 기본적으로 Navigator는 Slate Material Editor의 오른쪽 위 모서리에 나타나며 활성화된 View에 재질 트리가 많은 경우 현재의 위치를 파악하는 데 도움이 될 수 있습니다.

❻ **View navigation** : View navigation에서 제공되는 버튼을 이용하여 활성화된 View를 이동하거나 확대·축소하는 등의 컨트롤을 할 수 있습니다.

Slate Material Editor를 활용하여 다양한 재질 편집하기

Material Editor의 구성에 대해 간단히 알아본 후 Slate Material Editor를 활용하여 배경의 콘크리트 재질과 조명 제품에 쓰이게 될 금속, 나무, 유리 등의 재질을 제작해보겠습니다.

:: 콘크리트 재질 표현하기

Stand Light 제품의 배경 오브젝트에 쓰일 콘크리트 재질을 세팅합니다.

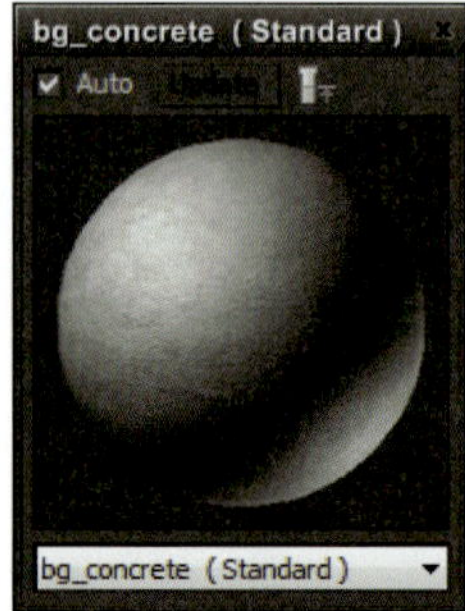
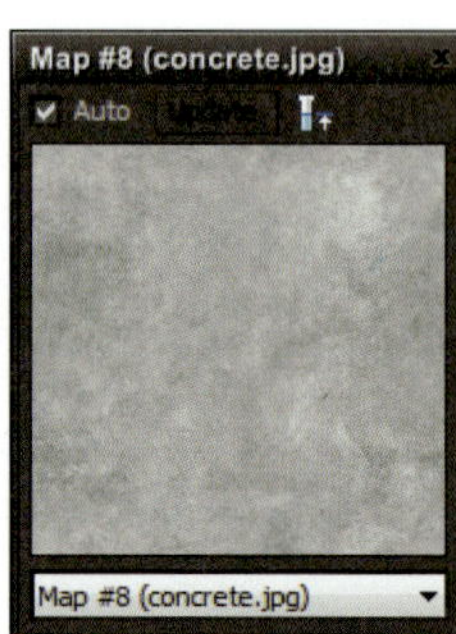

▣ Standard Material 생성

Main Toolbar의 [Material Editor] 버튼(▣)을 클릭하여 Slate Material Editor를 팝업합니다. Compact Material Editor일 경우에는 다음과 같이 Slate Material Editor를 선택합니다.

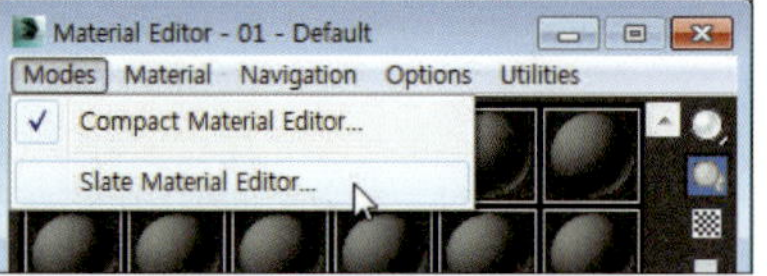

Toolbar의 [Material/Map Browser] 버튼(▣)을 활성화한 후 다음과 같이 클릭하여 새로운 Material을 생성합니다. 키보드의 Z를 눌러 생성된 재질 노드가 화면의 중심에 오도록 합니다.

Material/Map Browser에서 리스트가 보이지 않을 경우 마우스 오른쪽 버튼을 클릭하면 팝업되는 메뉴에서 다음 사항들이 체크되어 있는지 확인합니다.

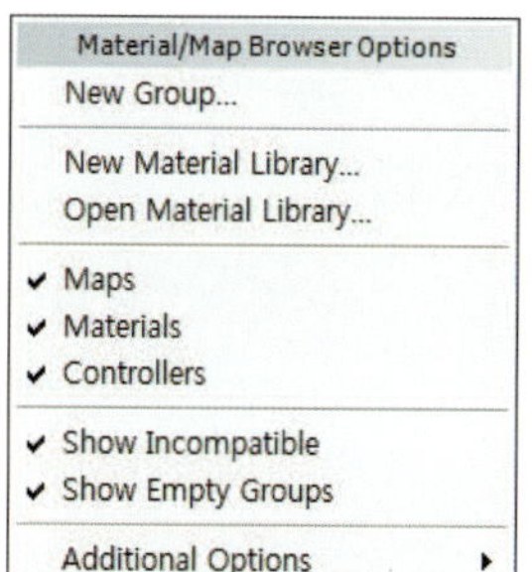

[**MEMO** · Slate Material Editor에서 키보드 단축키가 적용되지 않을 경우 Main Toolbar의 [Keyboard Shortcut Override Toggle] 버튼(■)이 활성화되었는지 확인합니다.

---

tip ▶ **Material Preview 사이즈 변경**

Material Preview를 더블클릭하면 사이즈를 변경할 수 있습니다.

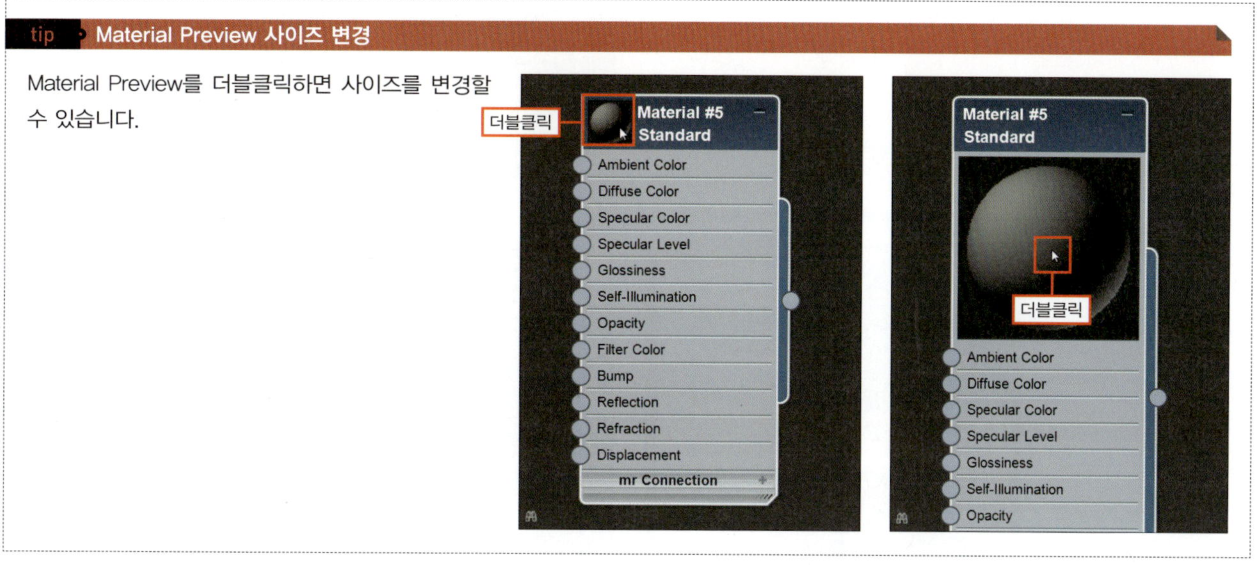

---

② Rename

생성한 Material에서 마우스 오른쪽 버튼을 클릭> Rename을 선택하여 재질 이름을 'bg_concrete'로 변경합니다.

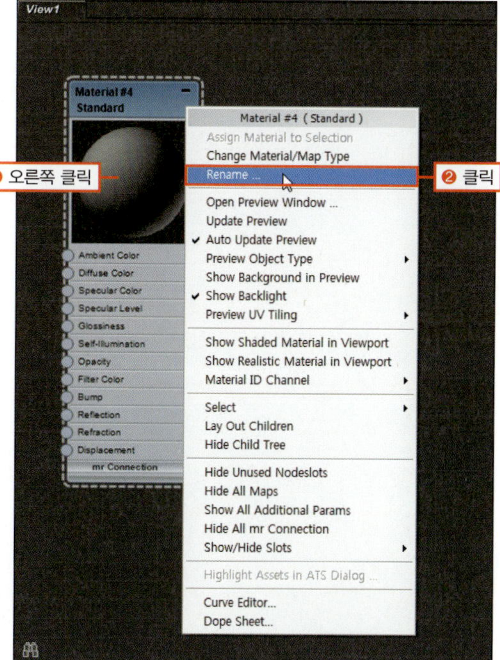

Diffuse Color 노드에서 마우스 왼쪽 버튼
을 클릭한 채 빈 공간 쪽으로 드래그합니
다. 팝업되는 메뉴에서 Standard>Bitmap
을 선택합니다.

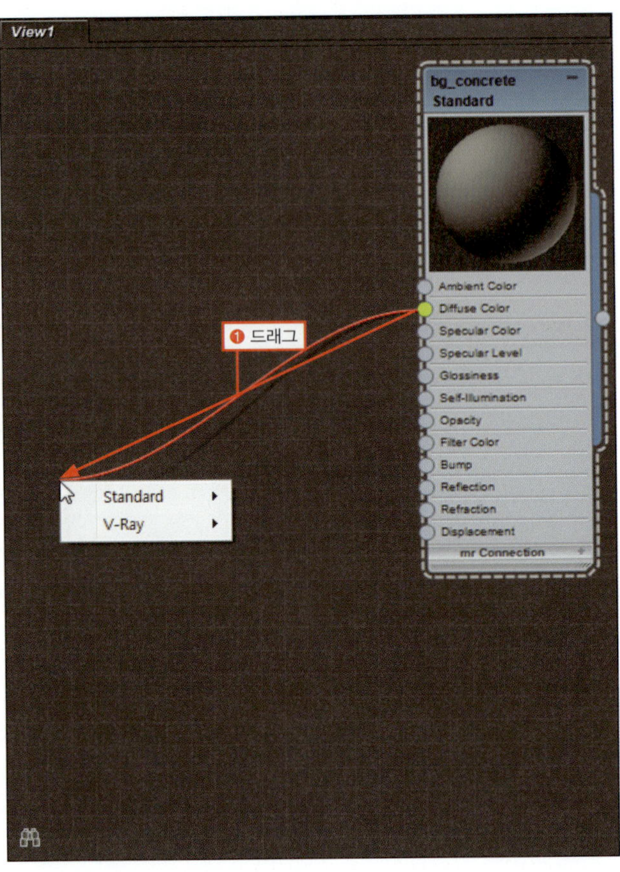

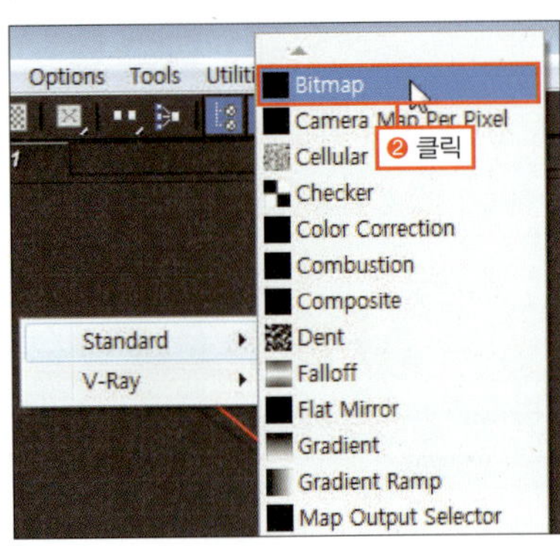

새로운 창이 팝업되면 부록 CD의 Part
03>Lesson 03 폴더에서 'concrete.jpg'
파일을 불러옵니다.

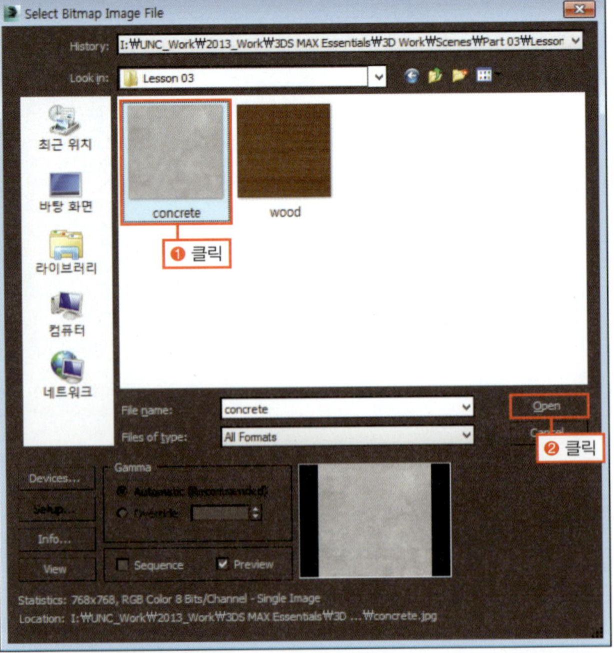

Diffuse Color에 'concrete.jpg' Map이
와이어로 연결되었습니다. bg_concrete
Standard의 상단을 더블클릭하면 Maps
Rollout에도 같은 항목이 추가된 것을 확
인할 수 있습니다.

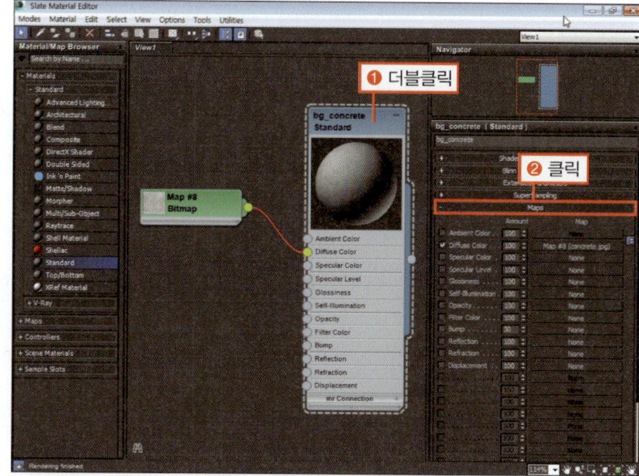

'concrete.jpg' Bitmap을 드래그하여
Specular Level과 Bump에도 각각 연
결합니다. Maps Rollout에서 Specular
Level에 '30'을 입력하여 재질의 하이라
이트가 너무 강하지 않도록 조절합니다.

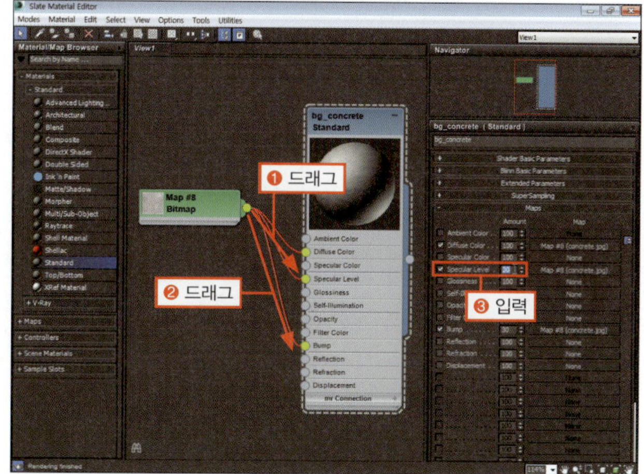

④ UVW Map 적용

키보드의 M을 이용해 Material Editor를
닫고 Viewport에서 'bg001' 오브젝트를
선택합니다.

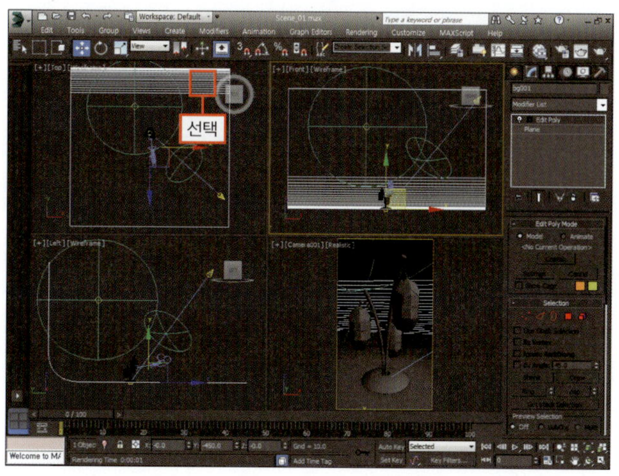

Modifier List에서 UVW Map을 적용하고 Parameters를 다음과 같이 설정합니다.

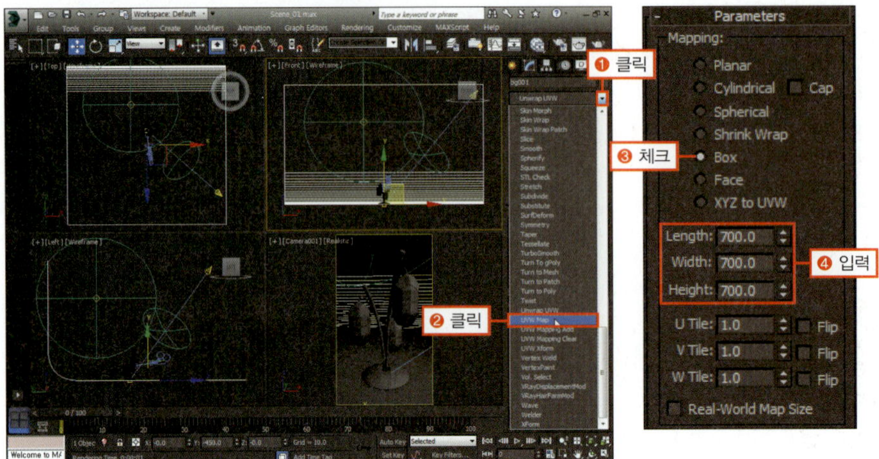

5 Assign Material to Selection

다시 키보드의 M을 눌러 Material Editor
를 팝업합니다. bg_concrete 재질을 선
택한 상태에서 [Assign Material to
Selection] 버튼(🔳)을 클릭하여 'bg001'
오브젝트에 적용합니다.

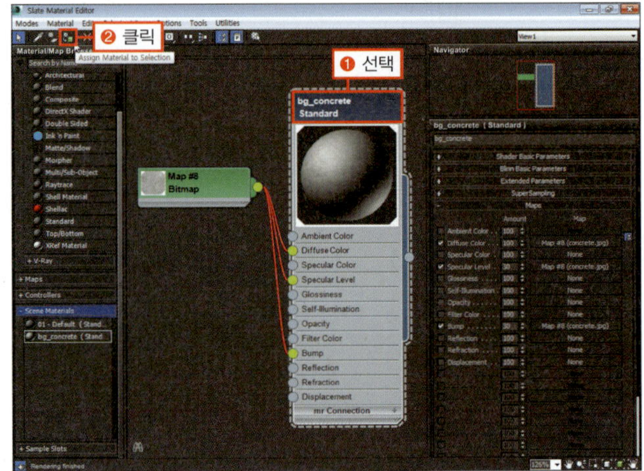

6 Show Shaded Material in Viewport

[Show Shaded Material in Viewport] 버튼
(🔳)을 클릭하여 적용한 재질의 Bitmap이
Viewport에서 보이도록 설정합니다.

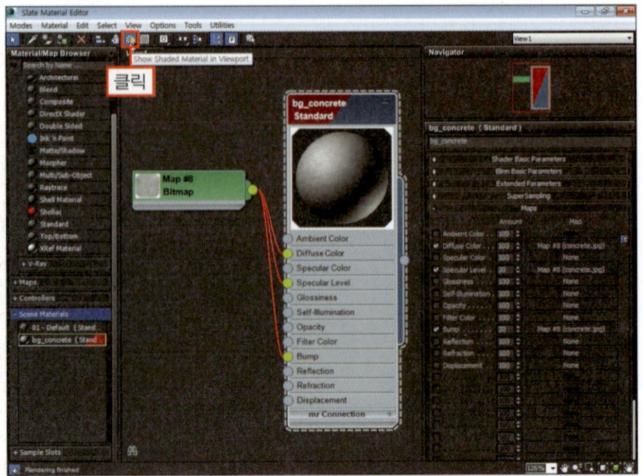

Viewport에서 'bg001'에 적용된 Map을 확인할 수 있습니다.

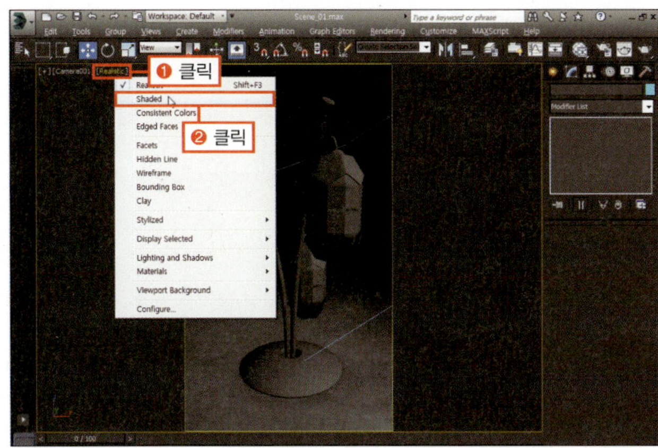 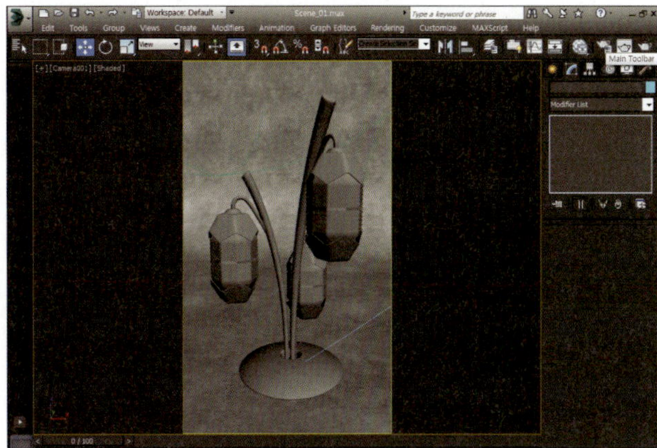

렌더링을 실행하고 결과물을 확인합니다. 바닥면에 콘크리트 재질이 적용되었습니다.

:: Multi/Sub-Object 재질 세팅하기

1개의 오브젝트에 2개 이상의 재질을 동시에 적용할 수 있는 Multi/Sub-Object를 세팅합니다.

 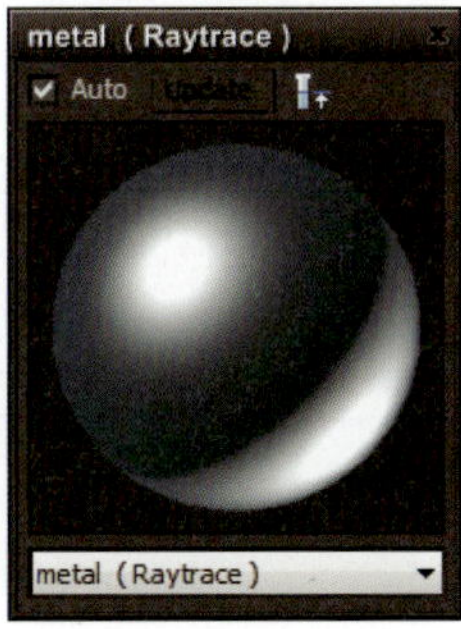 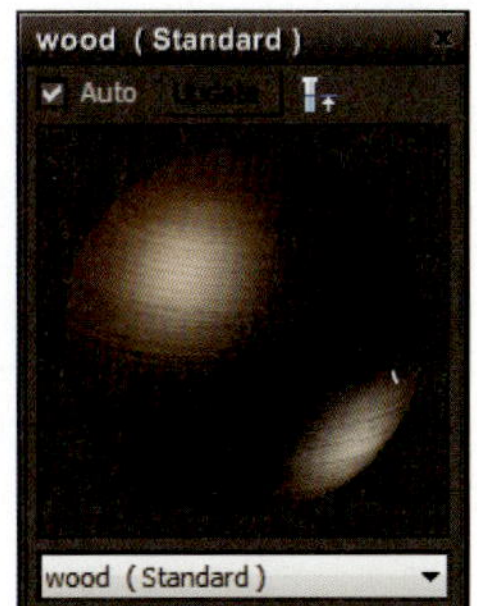

■1 Multi/Sub-Object 생성

Slate Material Editor에서 Material/Map Browser>Materials>Standard의 Multi/Sub-Object를 더블클릭하여 새로운 Material을 생성합니다.

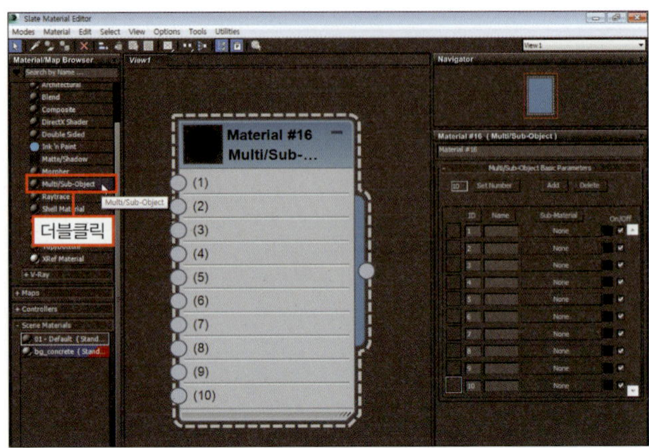

■2 Rename

생성한 Multi/Sub-Object Material에서 마우스 오른쪽 버튼을 클릭>Rename을 선택하여 재질 이름을 'stand light'로 변경합니다.

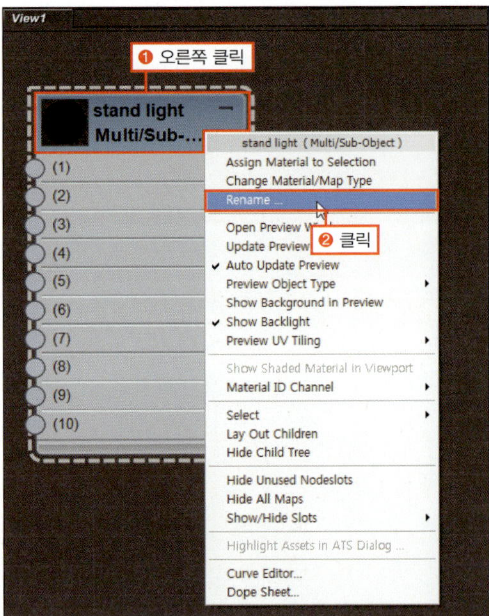

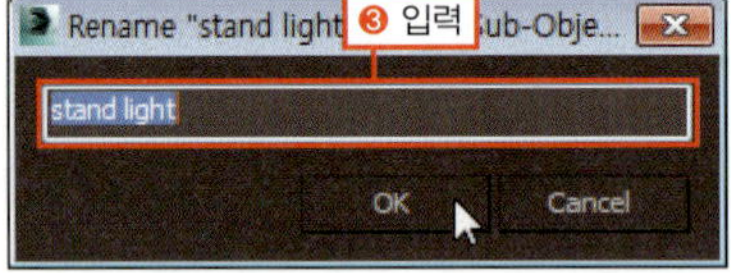

■3 Set Number

stand light Multi/Sub-Object 상단을 더블클릭하여 Material Parameter를 확인합니다. [Set Number] 버튼(Set Number)을 클릭하고 Material 개수를 2개로 변경합니다.

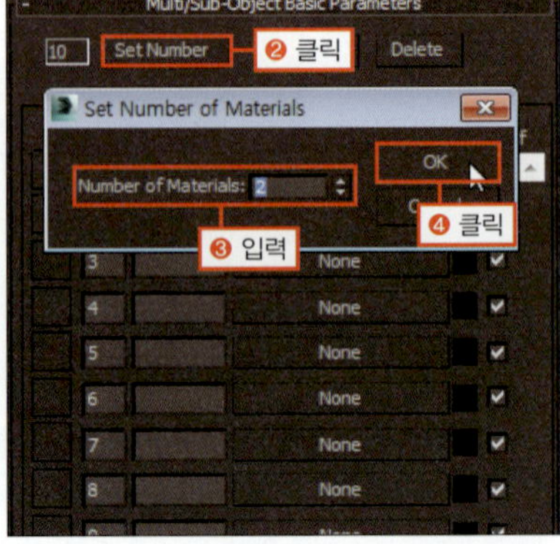

기본 10개였던 재질의 개수가 2개로 변경되었습니다. 빈 공간에 와이어링을 실행하여 1번 Material에는 Raytrace를 적용하고 2번 Material에는 Standard를 적용합니다.

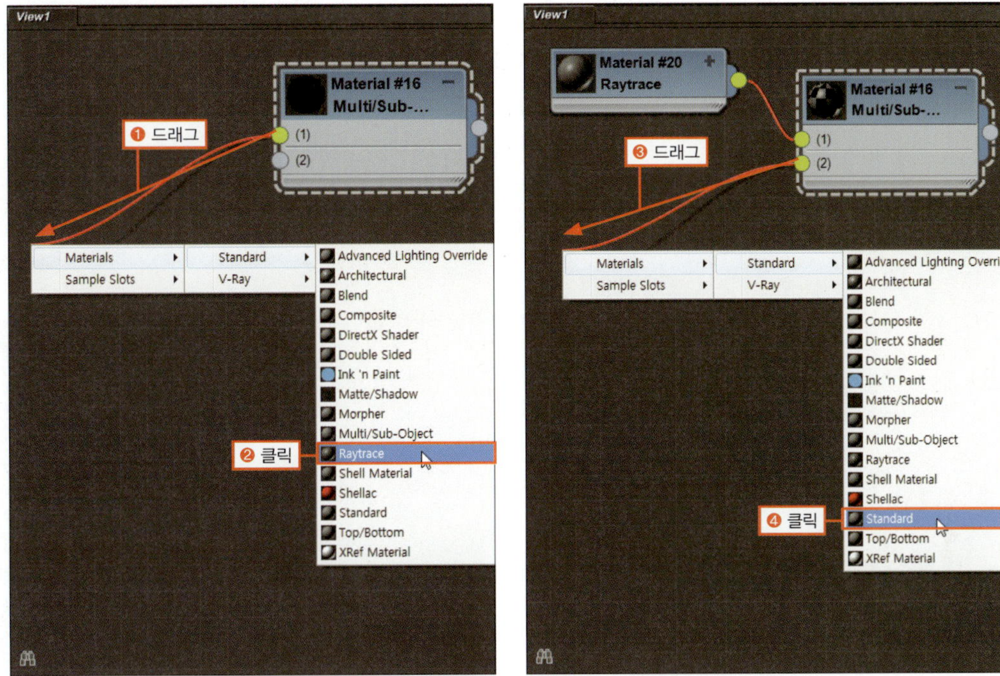

☑ Rename

[Collapse] 버튼(🔲)을 클릭하여 Material을 최소화한 후, 2개의 Material에 각각 이름을 지정합니다.

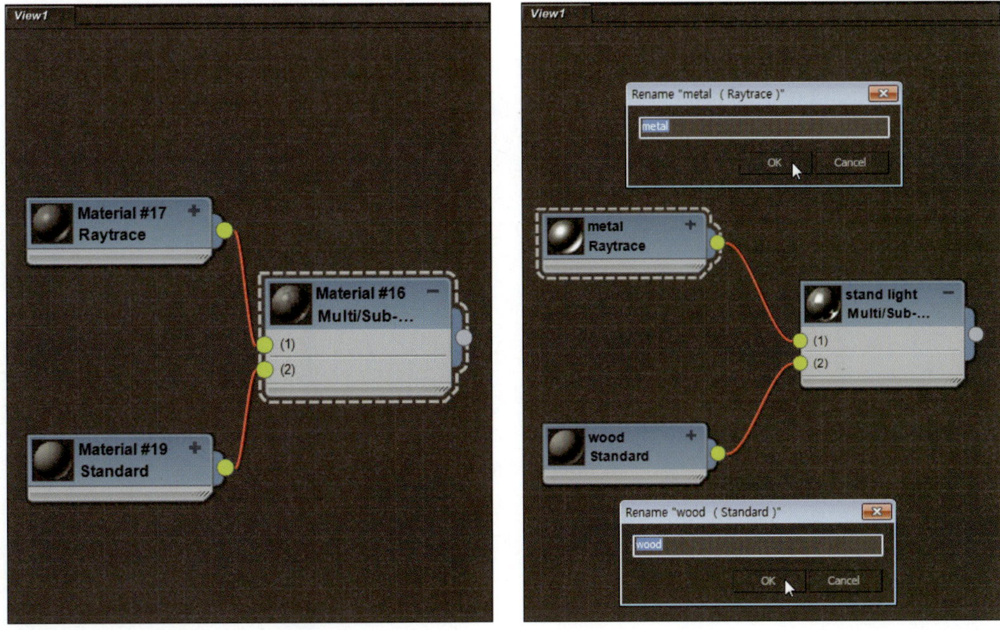

2개의 다른 재질을 가지고 있는 Multi/Sub-Object 생성을 완료했습니다. 지금부터는 각 ID의 세부적인 재질 세팅을 진행합니다.

∷ ID 1번 Raytrace를 활용하여 금속 재질 표현하기

Multi/Sub-Object의 1번에 해당하는 금속 재질을 세팅합니다.

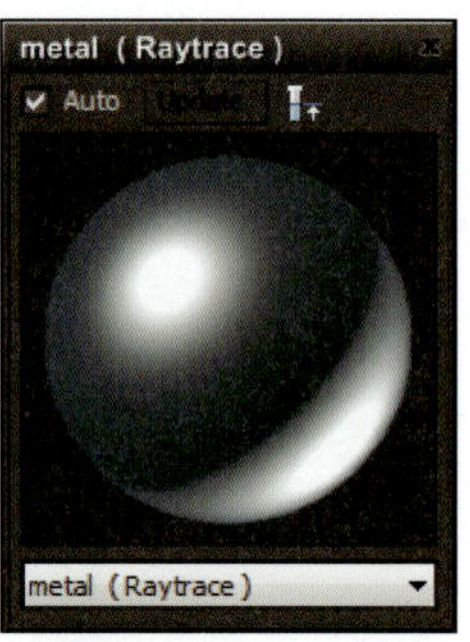

1 Raytrace Basic Parameters

이름을 변경한 Metal Raytrace를 더블클릭하여 Material Rollout
을 활성화한 후 Specular Highlight의 Specular Level에 '120',
Glossiness에 '20'을 각각 입력합니다.

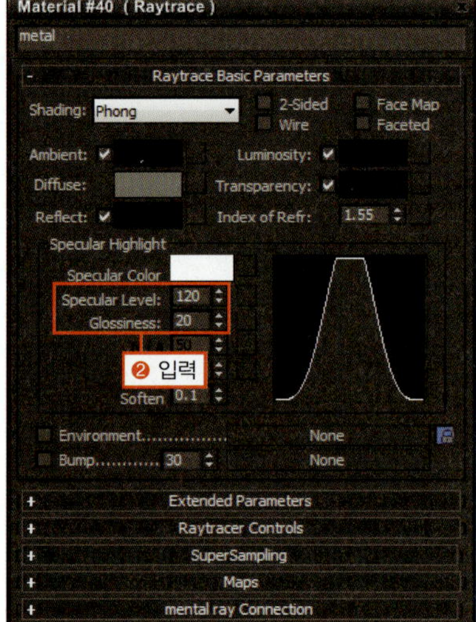
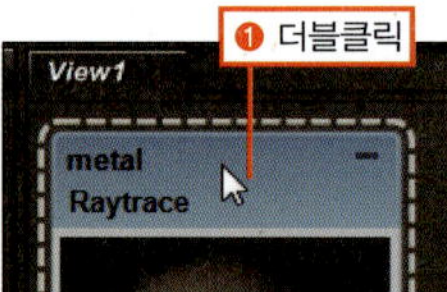

2 Reflect에 Falloff 적용

Reflect에서 그림과 같이 마우스를 드래그하여 Falloff
를 적용합니다.

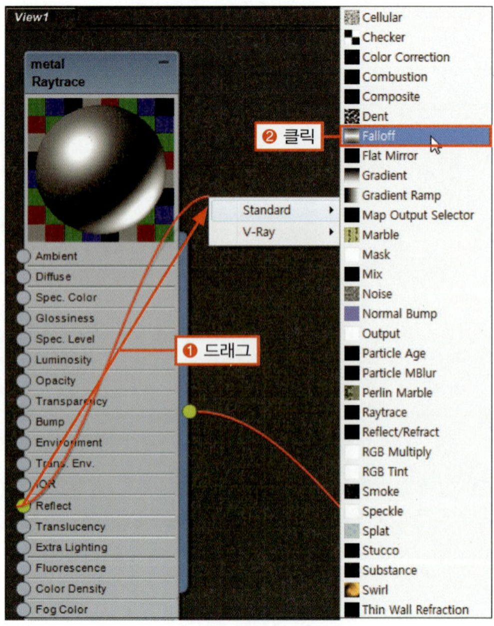

3 Mix Curve 조절

Falloff Map이 연결되면 더블클릭하여 Falloff Rollout을 활성화합니다. 포인터 2개를 이동하여 Mix Curve값을 다음과 같이 조절합니다. Reflect에 Falloff가 적용되면 Falloff의 세부 설정에 따라 재질의 중심부와 외곽의 반사값이 자연스럽게 변하도록 설정할 수 있습니다.

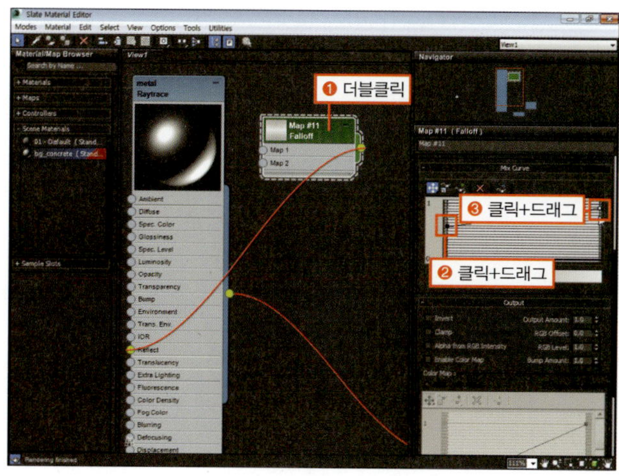

4 Show Background in Preview

metal Raytrace 재질을 선택한 후 [Show Background in Preview] 버튼(⬚)을 클릭하면 재질에 반사되는 모양을 미리 확인할 수 있습니다.

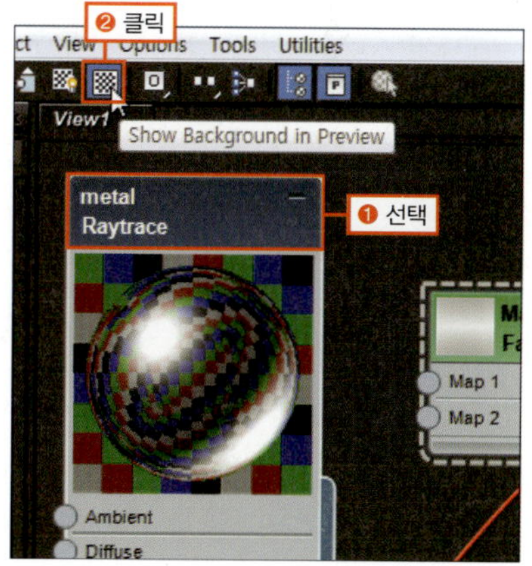

5 Environment에 Gradient Ramp 적용

Environment에 와이어링을 실행하여 Gradient Ramp를 적용합니다.

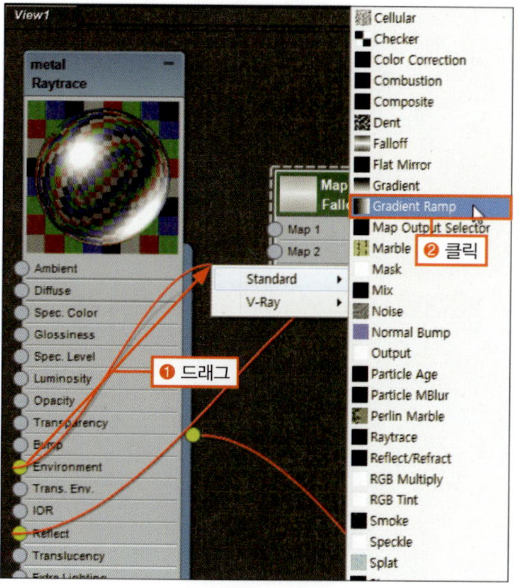

6 Gradient Ramp Parameters

Gradient Ramp를 더블클릭하여 Gradient Ramp Parameters를 활성화하고 Mapping 타입을 Screen으로 변경합니다.

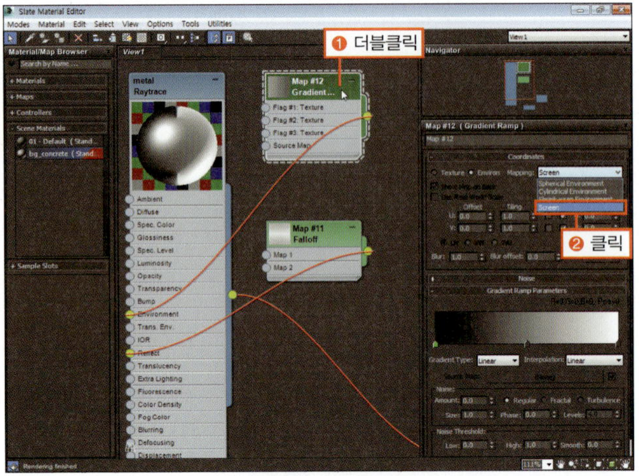

Gradient Ramp의 가운데 화살표에서 마우스 오른쪽 버튼을 클릭하고 Delete를 클릭하여 삭제합니다.

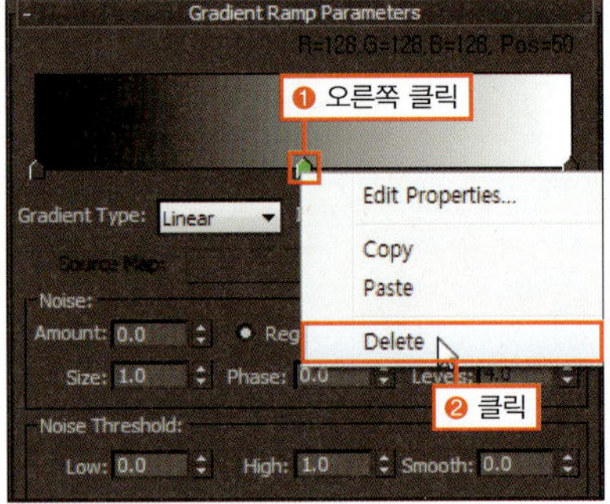

검은색 쪽 화살표를 더블클릭하면 컬러를 지정할 수 있는 새로운 화면이 팝업됩니다. Red, Green, Blue값을 다음과 같이 입력합니다.

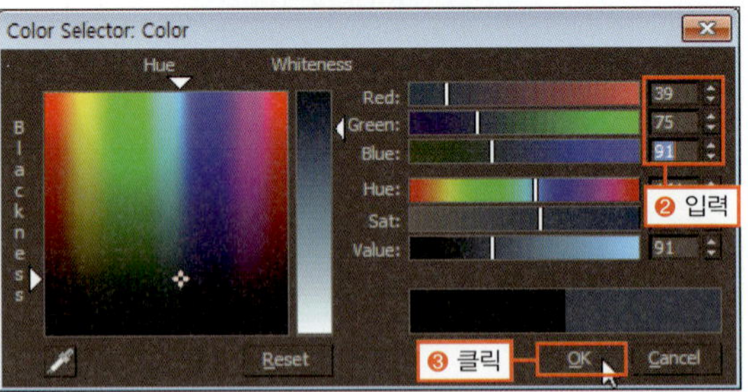

반대편 화살표도 선택하고 컬러를 변경합니다.

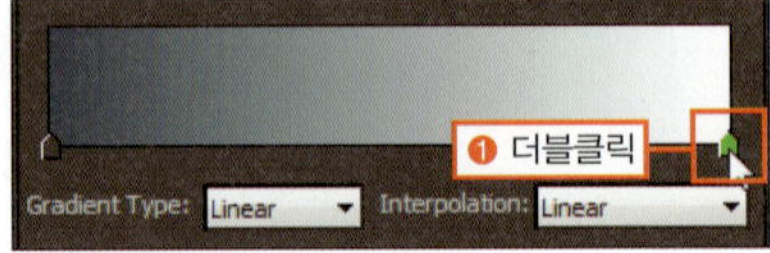

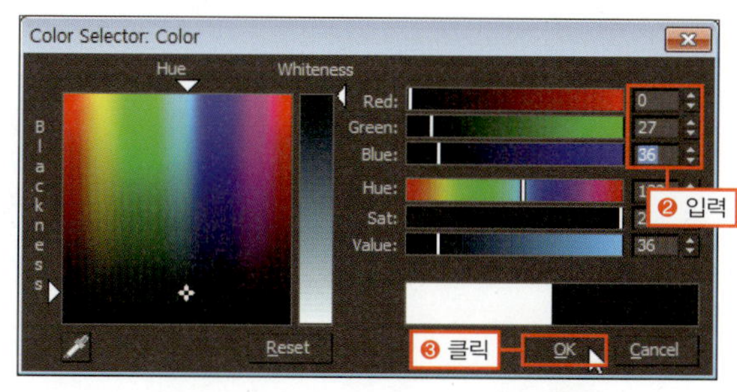

Multi/Sub-Object에서 금속 느낌을 표현하게 될 1번 Raytrace 재질의 세팅을 완료합니다.

Slate Material Editor의 노드가 복잡해졌을 경우 [Lay Out All] 버튼()을 사용하면 전체 재질 노드를 깔끔하게 정렬할 수 있습니다.

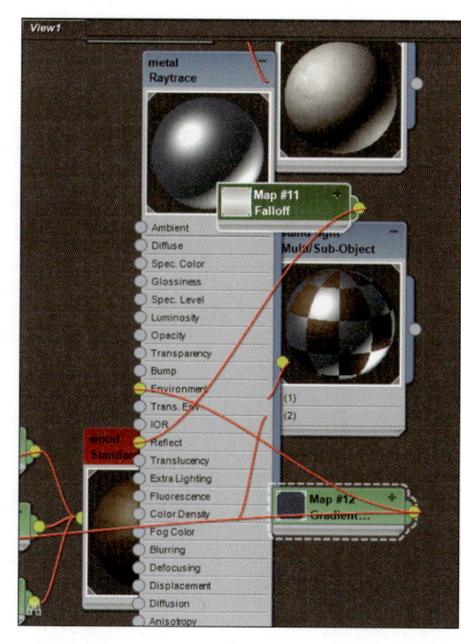
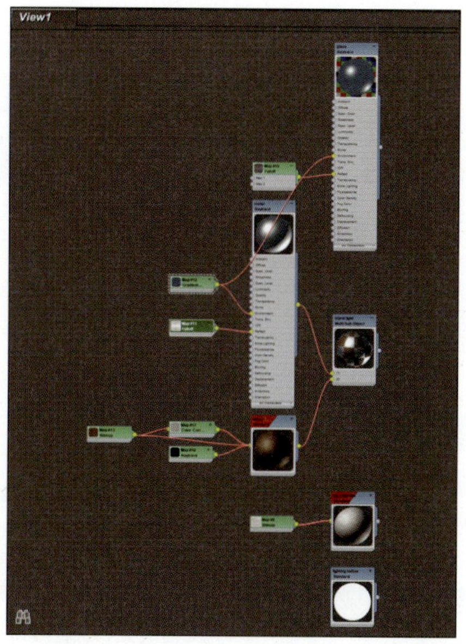

∷ ID 2번 Standard를 활용하여 나무 재질 표현하기

Multi/Sub-Object에서 나무 표현으로 사용할 2번 재질을 세팅합니다.

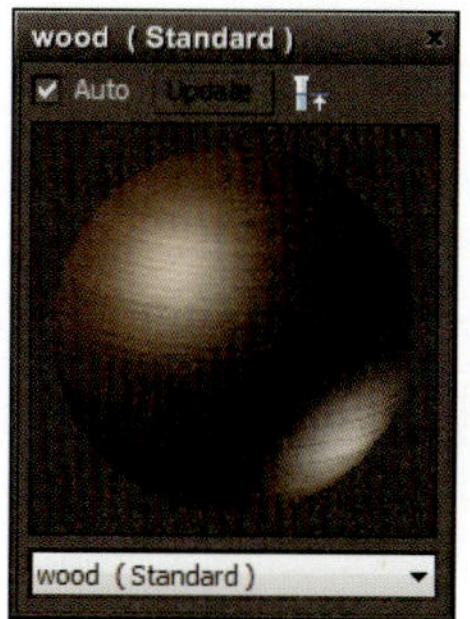

1 Bitmap 적용

Multi/Sub-Object에서 2번으로 지정
해두었던 Wood Standard를 선택하고
Diffuse Color에 Standard>Bitmap을 연
결합니다.

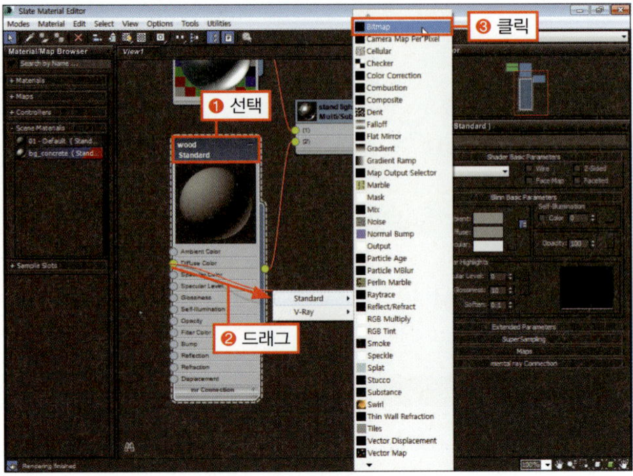

새로운 화면이 팝업되면 부록 CD의 Part 03>Lesson 03 폴더에서 'wood.jpg' 파일을 불러옵니다.

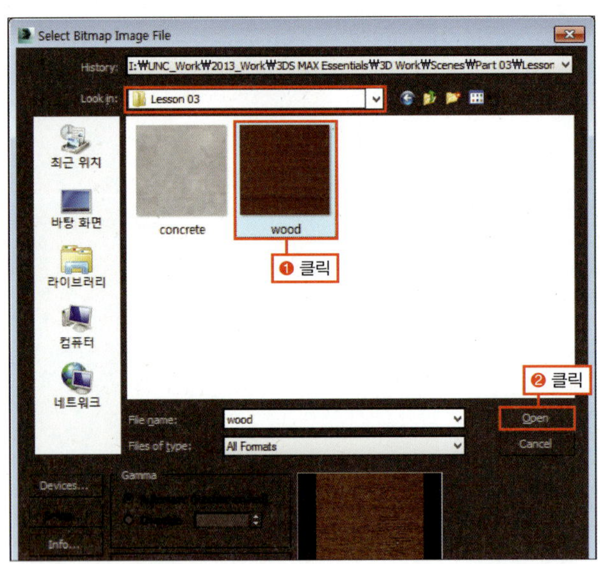
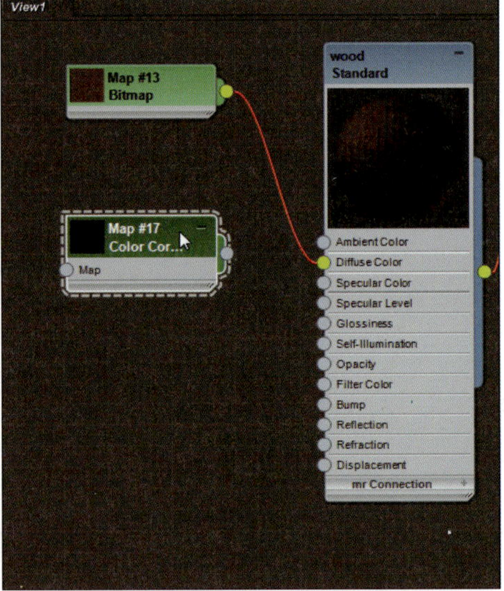

2 Color Correction 적용

View1의 빈 공간에서 마우스 오른쪽 버
튼을 클릭하고 Maps>Standard>Color
Correction을 선택합니다.

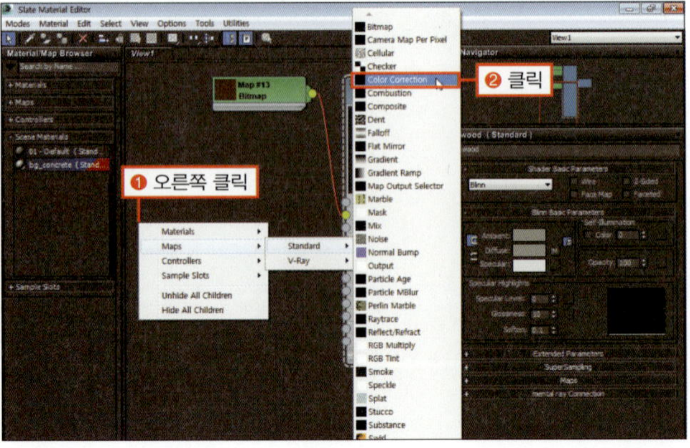

Color Correction이 생성되면 그림과 같이 드래그하여 wood가 적용된 Bitmap에 연결합니다.

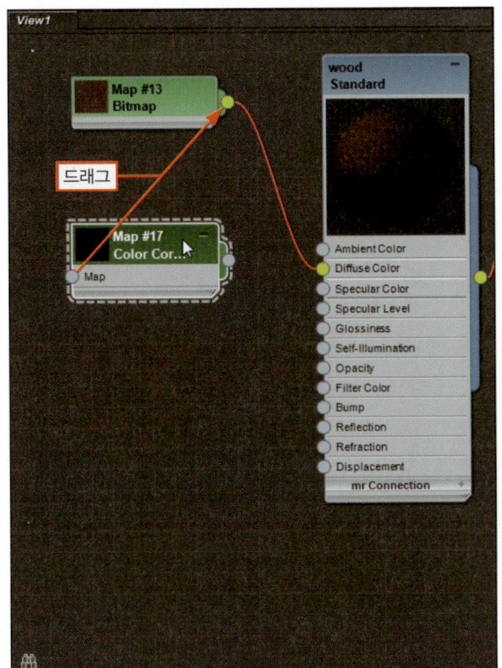 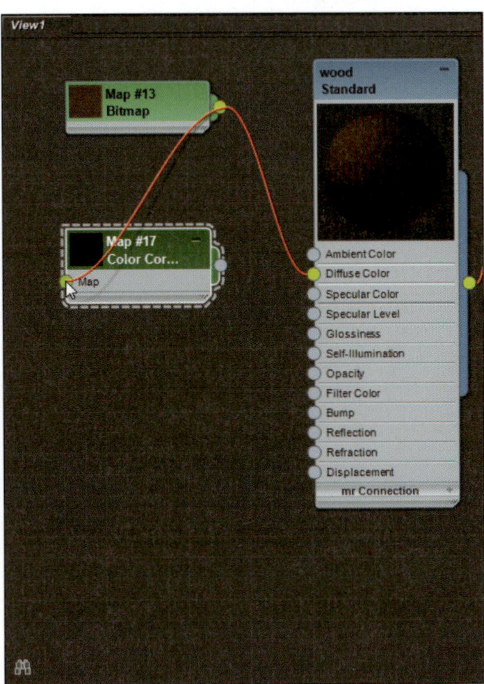

Wood Bitmap이 적용된 Color Correction
의 사이즈를 조금 키워 확인합니다.

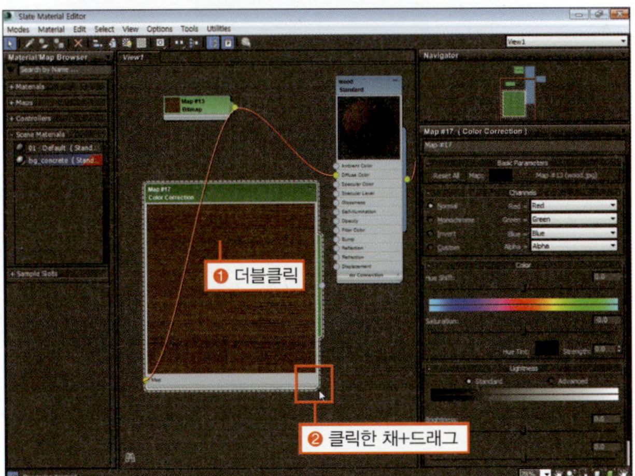

Preview 이미지를 더블클릭하면 이름과 이미지 영역이 분리되면서 조금 더 크게 확인할 수 있습니다.

이 상태에서 마우스를 모서리로 가져가면 모양이 조금 바뀌고 드래그하여 좀 더 큰 사이즈로 조절할 수 있습니다.

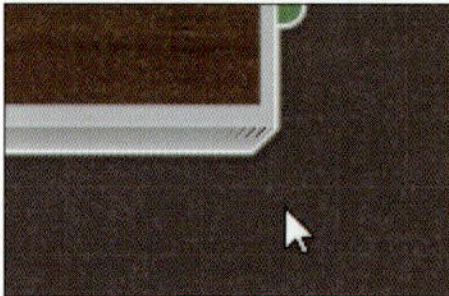
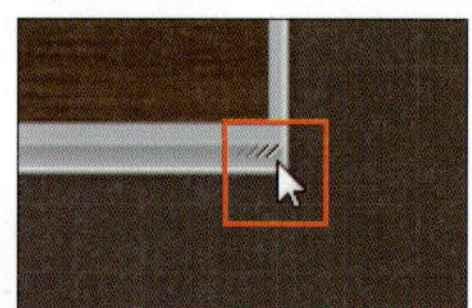

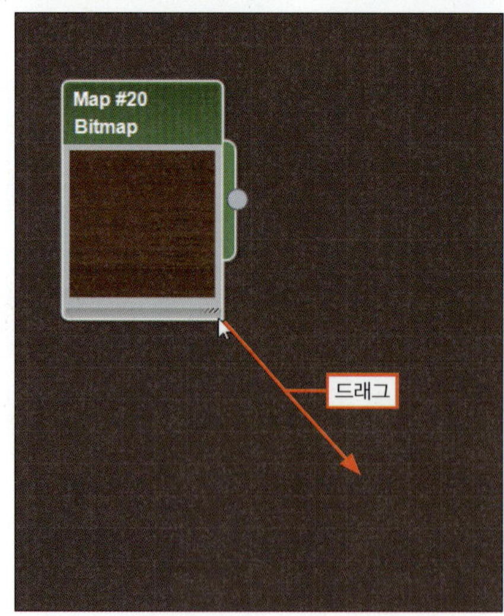

Color Correction Rollout의 Saturation, Brightness, Contrast에 원하는 값을 입력하여 컬러를 조절합니다.

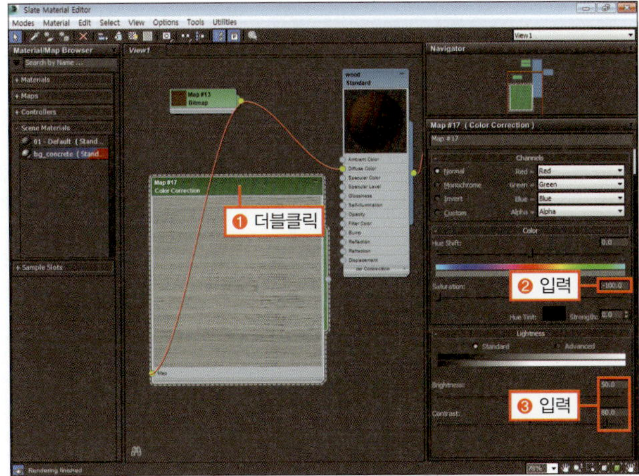

Wood Standard 재질을 더블클릭하여 선택한 후 그림과 같이 Color Correction을 Specular Level과 Bump에 각각 연결합니다.

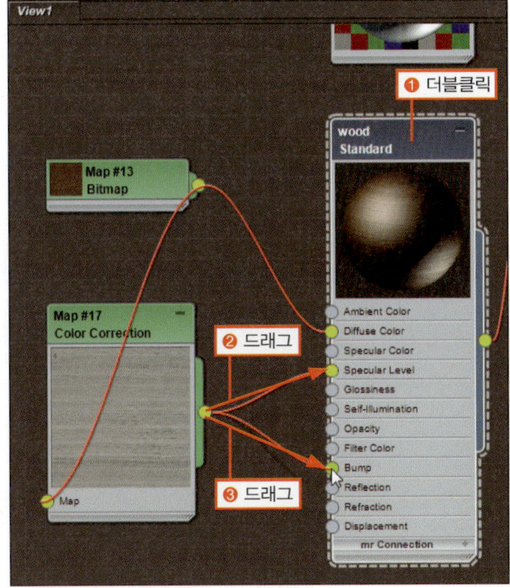

Wood Standard의 Maps Rollout을 클릭하여 확인합니다. Specular Level에 '50'을 입력하여 하이라이트가 너무 강하지 않게 조절하고 Bump에 '15'를 입력하여 표면이 돌출되는 정도를 조금 낮춰줍니다. Glossiness값에 '20'을 입력하여 오브젝트의 Specular 범위가 조금 좁아지도록 조절합니다.

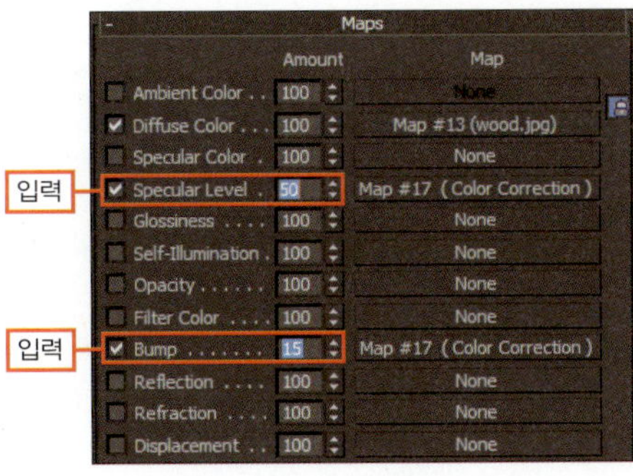

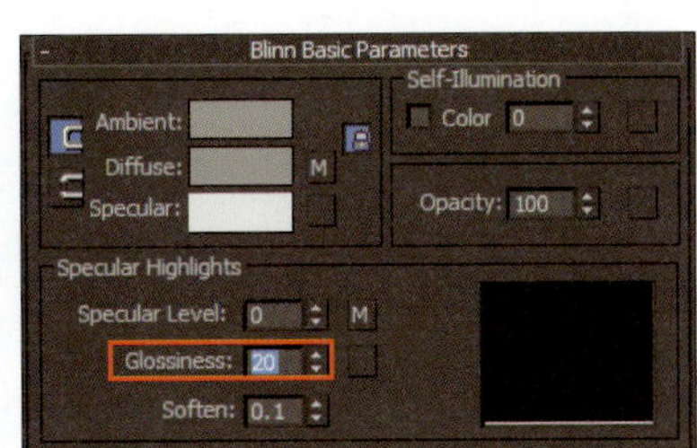

Reflection 노드에 Standard>Raytrace를 연결하여 나무 재질이 약한 반사값을 가지도록 설정합니다.

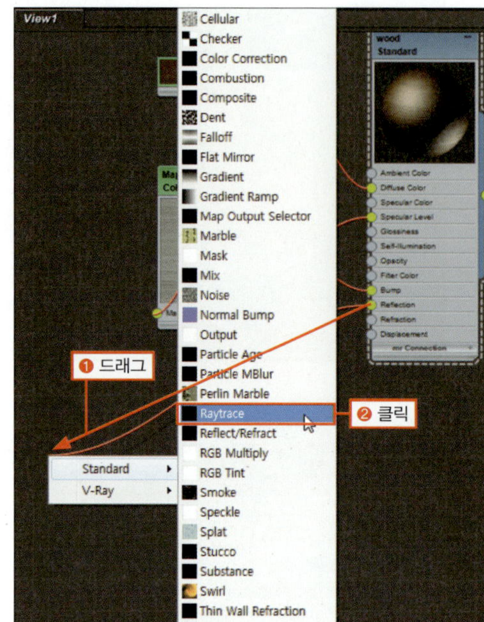
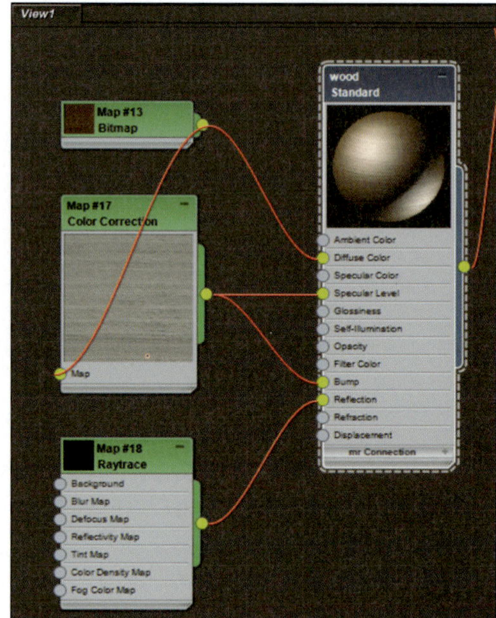

Maps Rollout의 Reflection에 '15'를 입력 하여 반사가 너무 많이 되지 않도록 조절 합니다.

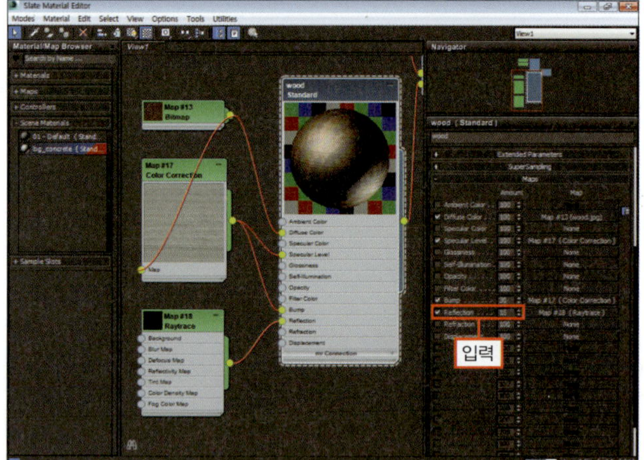

Multi/Sub-Object의 재질 세팅이 모두 완료되었습니다.

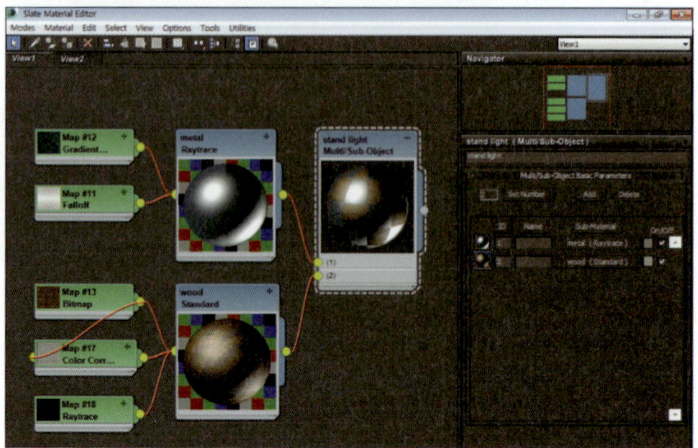

준비된 Multi/Sub-Object 재질을 오브젝트에 적용합니다. Viewport에서 키보드의 H 를 눌러 다음 리스트와 같이 오브젝트의 이름을 선택합니다. [OK] 버튼을 클릭하면 화면에 오브젝트들이 선택됩니다.

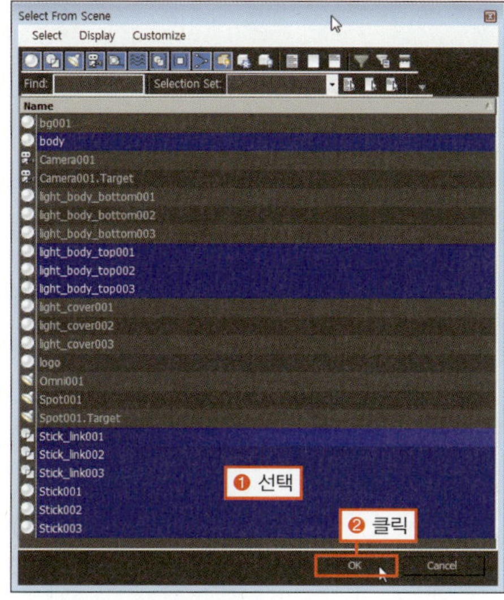

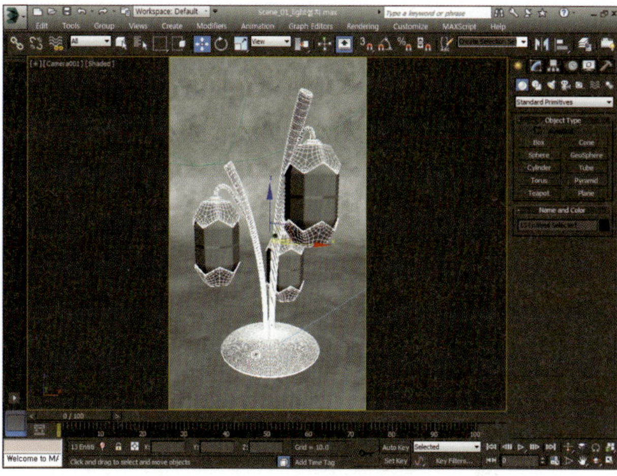

Slate Material Editor에서 제작한 Multi/Sub-Object 를 선택한 후 [Assign Material to Selection]( ) 버튼을 클릭하여 선택한 오브젝트에 적용합니다.

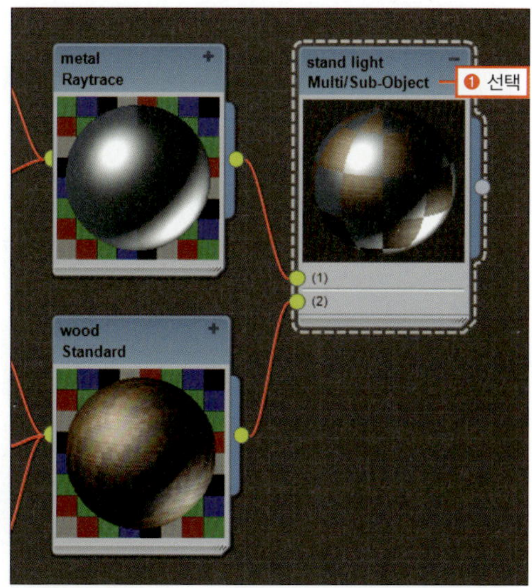

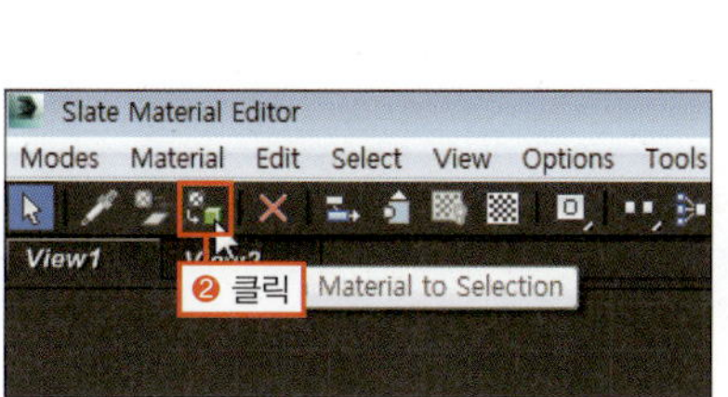

재질이 오브젝트에 적용되면 Preview 의 모서리에 흰색 삼각형이 활성화됩니다.

5 Show Shaded Material in Viewport

wood Standard 재질을 선택하고 Show [Shaded Material in Viewport] 버튼(⬚)을 클릭하여 적용한 재질의 Bitmap이 Viewport에서 보이도록 설정합니다.

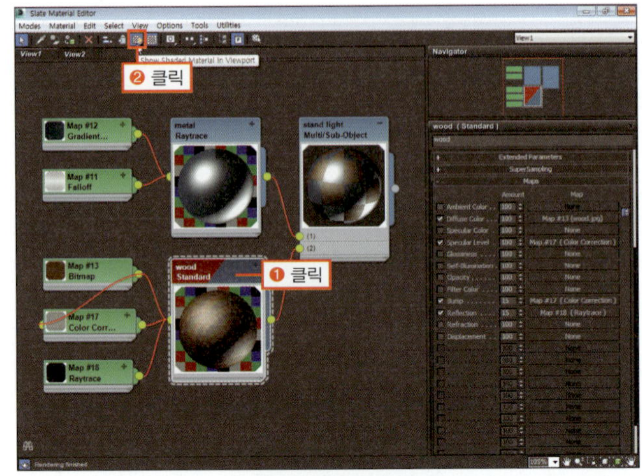

Viewport와 렌더링 결과물을 확인하면 선택한 오브젝트에 금속과 나무 재질이 적용된 것을 확인할 수 있습니다.

:: Raytrace를 활용하여 유리 재질 표현하기

Stand Light에서 램프의 유리 재질로 쓰일 glass Raytrace Material을 세팅합니다.

❶ Raytrace Material 생성

Slate Material Editor에서 Material/
Map Browser > Materials > Standard
의 Raytrace를 더블클릭하여 새로운
Material을 생성합니다.

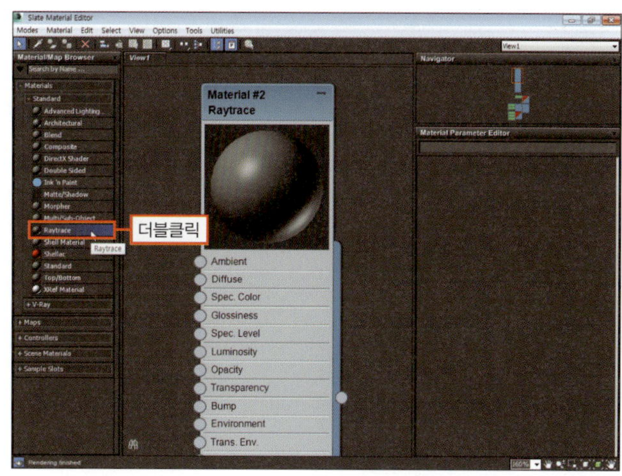

❷ Rename

생성한 Raytrace Material에서 마우스 오른쪽 버튼을 클릭한 후
Rename을 선택하여 재질 이름을 'glass'로 변경합니다.

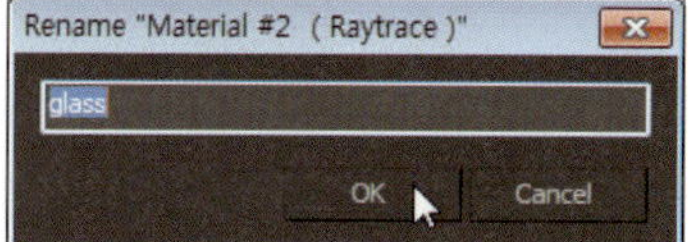

❸ Raytrace Basic Parameters

glass Raytrace Material을 더블클릭하여 Rollout을 활성화한 후
다음과 같이 설정을 변경합니다.

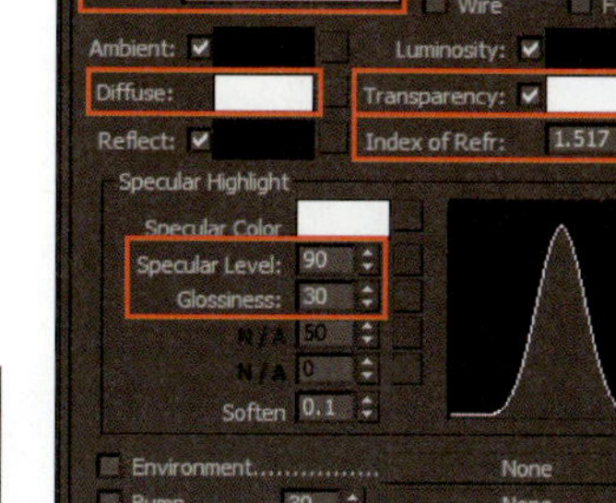

Diffuse와 Transparency의 컬러는 모두 다음과
같이 조절합니다.

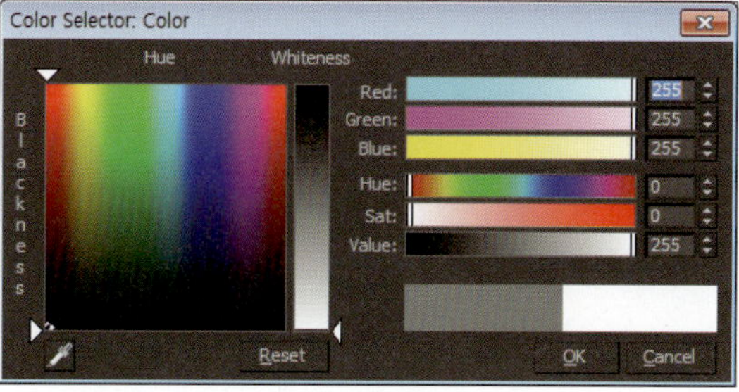

4 Show Background in Preview

[Show Background in Preview] 버튼(▓)을 활성화하여 유리 재
질에 굴절되는 모양을 미리 확인하면서 진행합니다.

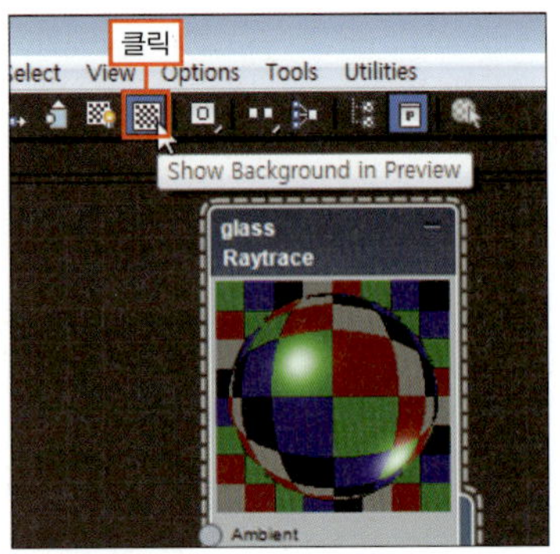

5 Reflect에 Falloff 적용

Reflect에 Falloff를 적용하고 Falloff Rollout의 Mix Curve를 그림과 같이 조절합니다.

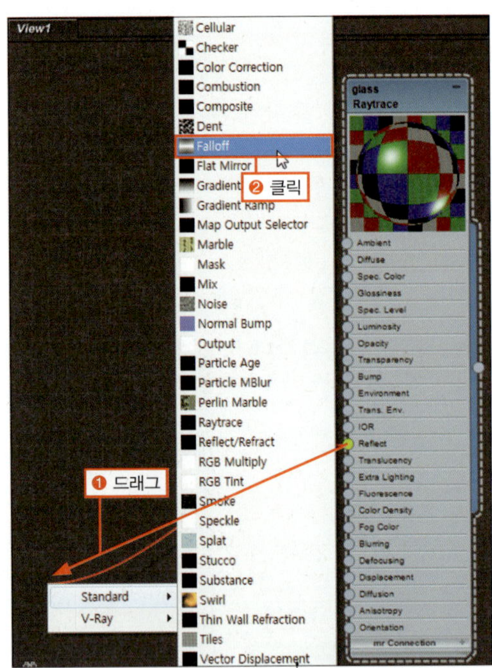

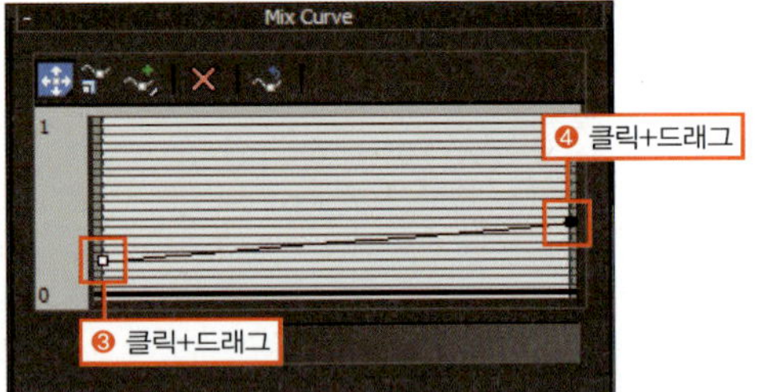

6 Environment에 Gradient Ramp 적용

Metal 재질에 적용했던 Gradient Ramp를 glass 재질
의 Environment에도 연결하여 적용합니다.

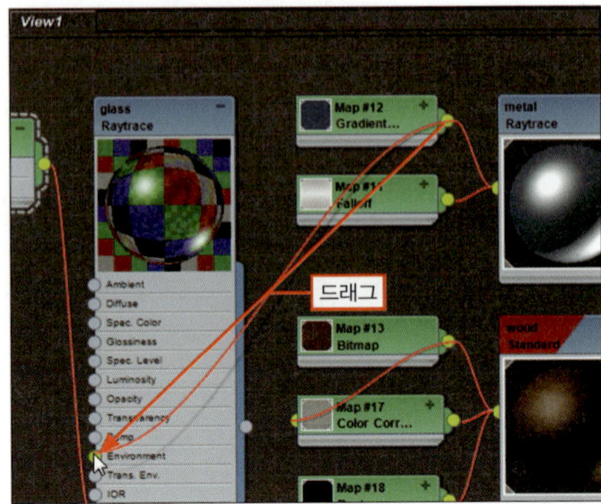

7 Assign Material to Selection

Viewport에서 키보드의 H를 눌러 다음 오브젝트들을 선택합니다.

Slate Material Editor에서 glass Raytrace Material을 선택한 후 [Assign Material to Selection] 버튼()
을 클릭하여 오브젝트에 재질을 적용합니다.

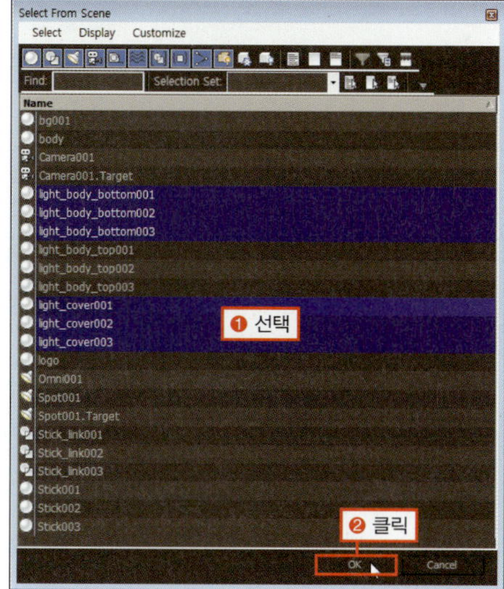

:: Standard를 활용하여 Lighting 효과 표현하기

제품에서 로고 형태의 On 버튼에 사용될 재질을 세팅합니다.

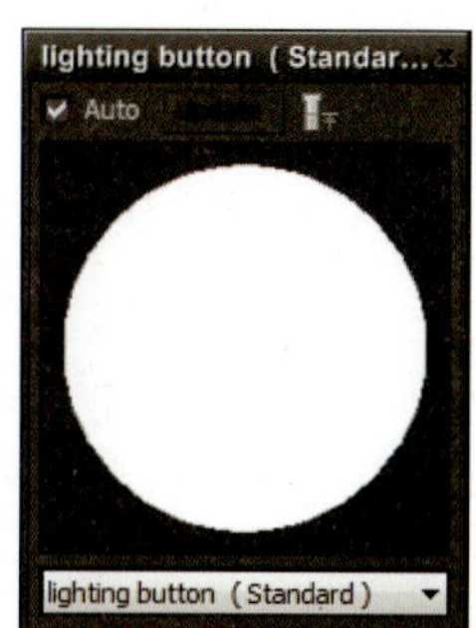

Slate Material Editor에서 Standard 재
질을 하나 생성하고 'lighting button'
으로 이름을 지정합니다. Self-Illumi
nation Color값을 100으로 조절합니다.

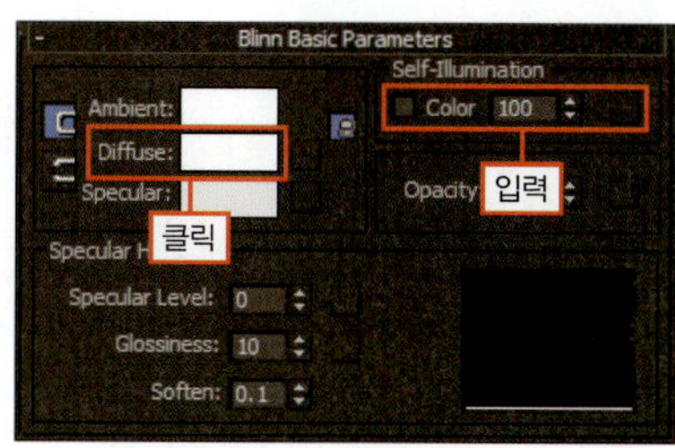

Diffuse 컬러는 다음과 같이 조절합니다.

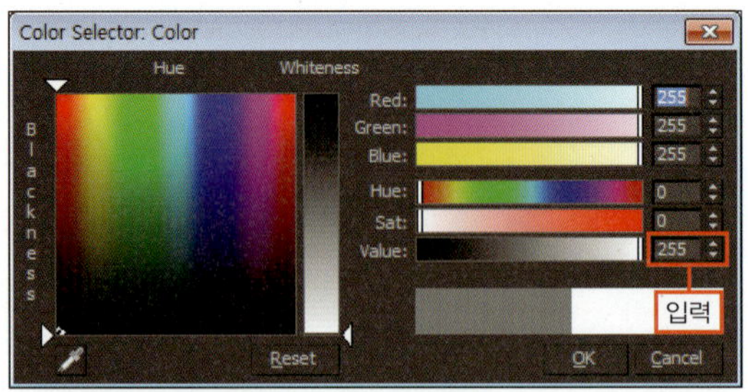

장면에서 'logo' 오브젝트를 선택하여 생성한 재질
을 적용합니다. 장면에 있는 모든 오브젝트 재질의
세팅을 완료합니다.

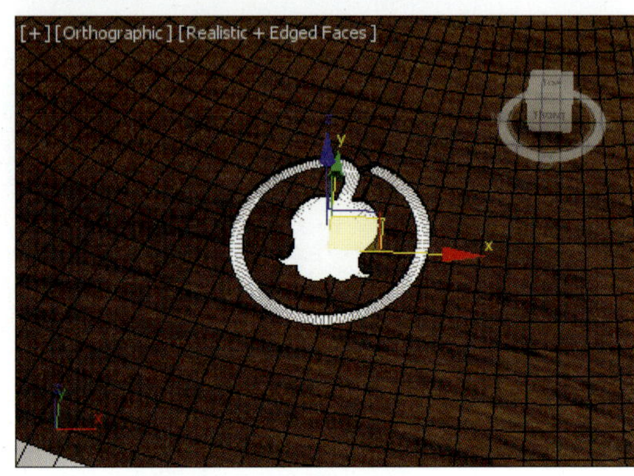

Effect 및 추가 기능들을 활용한 Scanline 렌더링

제품의 모든 재질과 기본라이트를 세팅했지만 아직까지는 결과물의 디테일 표현이 부족합니다. 포인트가 될 수 있는 라이트
를 추가로 설치하고 3ds Max에서 기본적으로 지원되는 Effect를 활용하여 결과물의 퀄리티를 높여보겠습니다.

:: Lamp Light 설치

램프에서 발산하는 빛을 표현하기 위해 장면에 Omni Light를 추가로 설치합니다.

■ Omni Light 설치

Top View의 그림과 같이 제품 가까운 곳
에 Omni Light를 설치합니다.

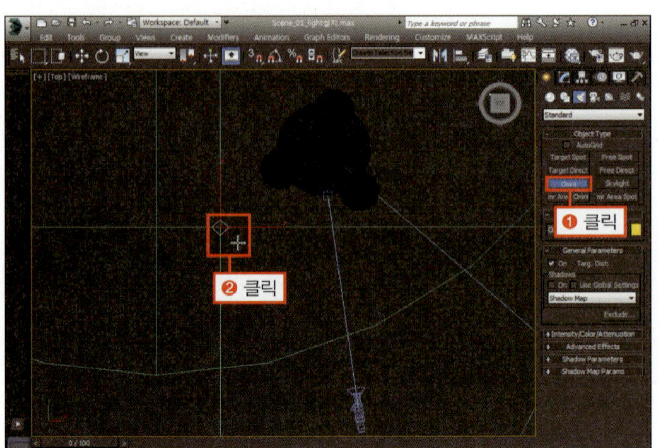

☑ Omni Light 설정

Modify Panel에서 램프의 투명 재질을 고려한 그림자 표현을 위해 Shadows를
켜고 Type을 Ray Traced Shadows로 선택합니다.

Multiplier에 '1.3'을 입력한 다음 RGB값을 사용하여 빛의 컬러를 조절합니다. Decay와 Far
Attenuation도 각각 설정하여 빛의 감쇠 효과를 조절합니다.

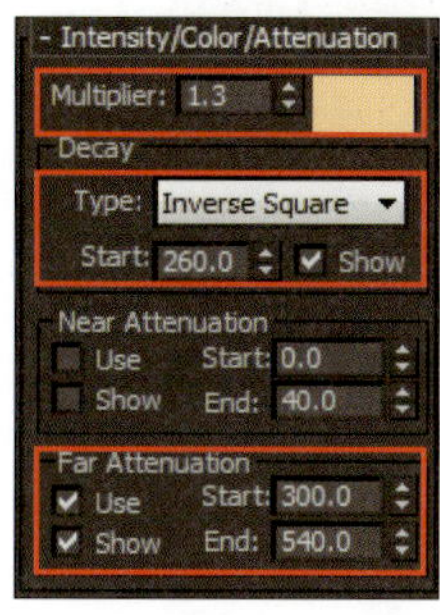
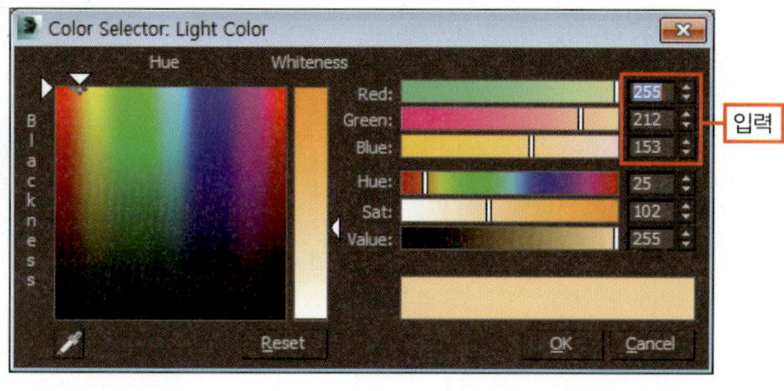

☑ Align Selection

Main Toolbar의 [Align] 버튼(圖)을 활성화하거나 단축키 Alt+A를 눌러 Align을 활성화한 후 정렬
할 오브젝트인 'light_body_top002'를 선택합니다. 새로운 창이 팝업되면 설정을 확인한 후 [OK] 버
튼을 클릭하여 실행합니다. Omni Light가 선택한 오브젝트의 Pivot Point 중심으로 정렬됩니다.

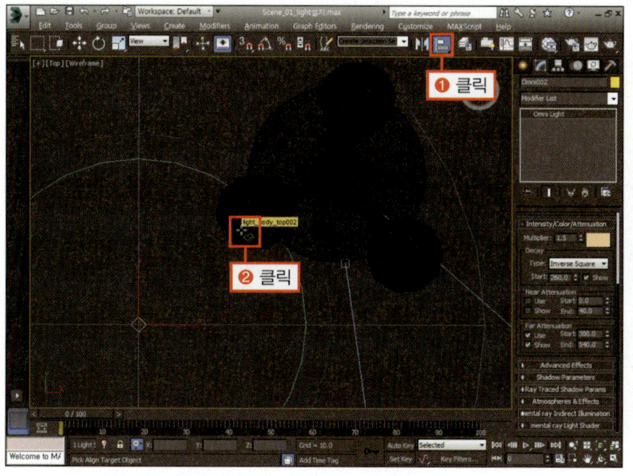
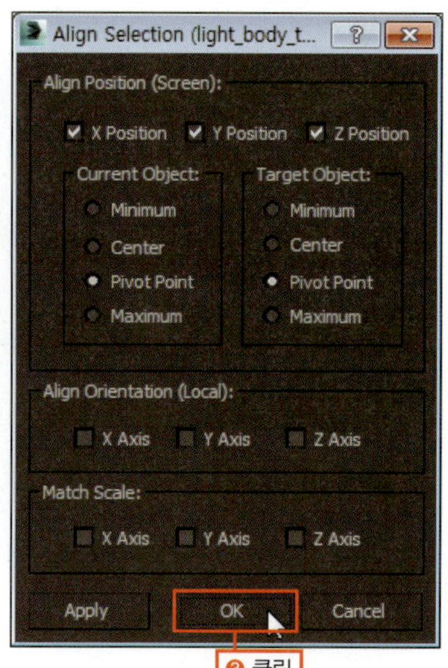

Omni Light를 Instance로 2개 더 복사하고 'light_body_top001'과 'light_body_top003'에 각각 정렬합니다.

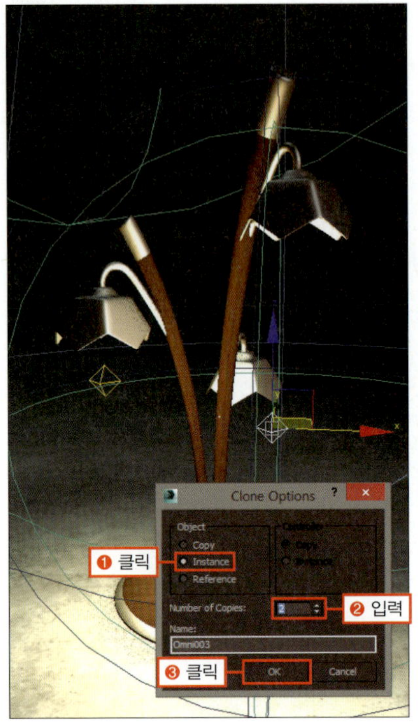
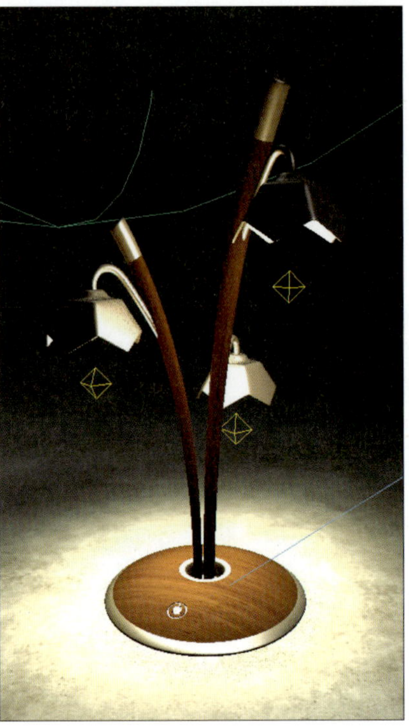

4 Light 위치 조절

Front View에서 Omni Lights를 선택하고 위치를 조금 위로 조절합니다.

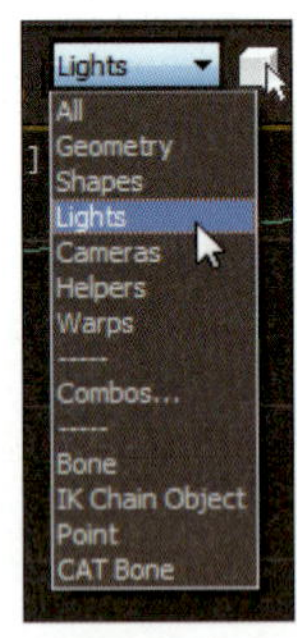

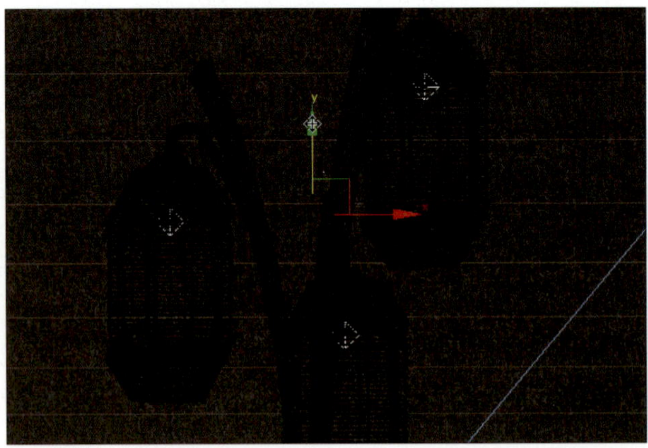

렌더링 결과물을 확인합니다. 램프 Light가 추가되어 좀 더 따뜻한 분위기가 연출되면서 재질의 특성들이 부각되었습니다. 다만 아직도 반사 재질들의 Specular가 조금 더 필요할 것 같습니다. 라이트를 하나 더 추가하고 재질의 Specular 부분을 컨트롤해봅니다.

:: Specular Light 추가

1 Omni Light 설치

Top View에서 Omni Light를 1개 더 설치하고 좌표에 값을 입력하여 위치를 조절합니다.

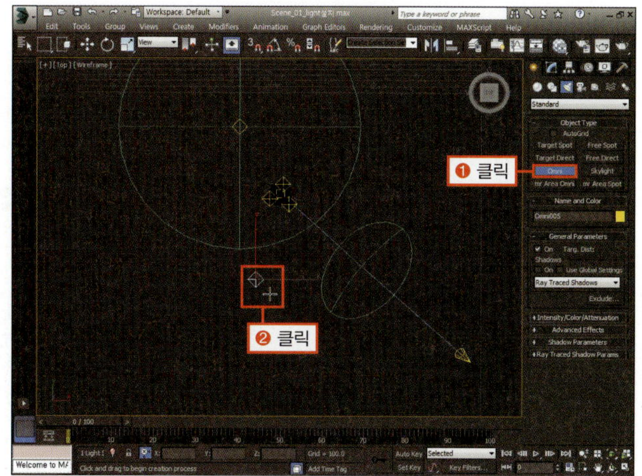

2 Omni Light 설정

다음과 같이 빛의 세기와 Decay값을 설정하고 Advanced Effects에서 Specular만 체크하여 추가한 Omni Light가 오브젝트들의 Specular에만 영향을 주도록 설정합니다.

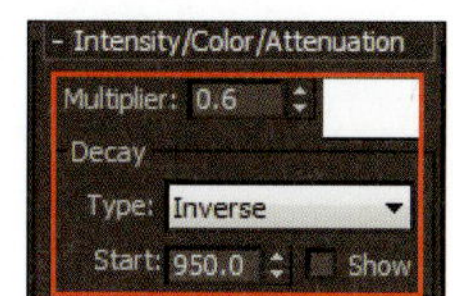

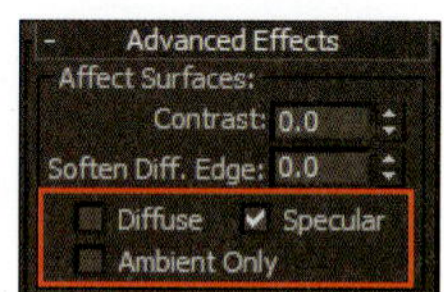

▲ Specular Light 추가 전

▲ Specular Light 추가 후

:: Lens Effect 사용

실제 카메라로 빛을 촬영하면 렌즈로 인해 여러 가지 현상들이 발생합니다. 3ds Max에서는 이러한 현상과 유사한 느낌을 연출할 수 있도록 Lens Effect라는 기능을 제공하고 있습니다. 간단하게 사용하는 방법을 알아보고 미리 세팅된 값을 불러와 렌더링해봅니다.

1 Add Lens Effect

Menu Bar>Rendering>Effects를 선택하여 Environment and Effects 창을 팝업합니다. [Add] 버튼(Add...)을 클릭하여 Effect 목록이 팝업되면 Lens Effect를 선택합니다.

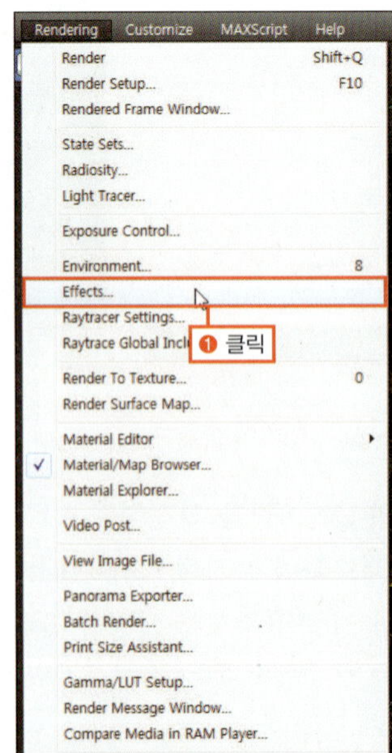

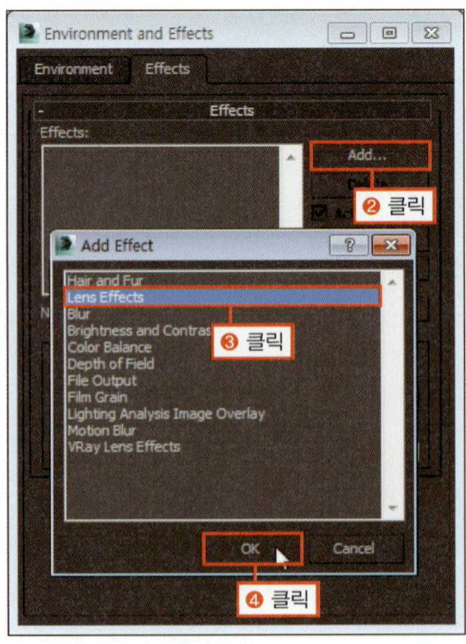

Lens Effects Globals Rollout에서 Pick Light를 활성화하고 Viewport에서 Lamp Light로 사용된 Omni 3개를 모두 선택합니다. 이때 Command Panel>Display>Hide by Category에서 Geometry와 Shapes를 체크하면 Light가 잘 보이게 되므로 좀 더 쉽게 선택할 수 있습니다.

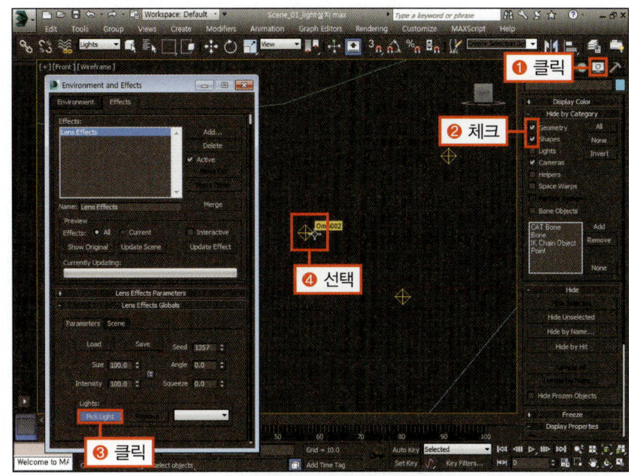

선택된 Light 목록을 확인합니다.

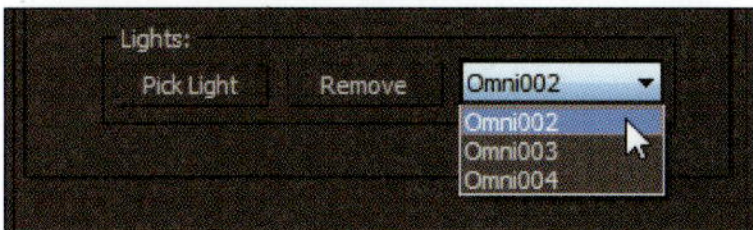

[Load] 버튼(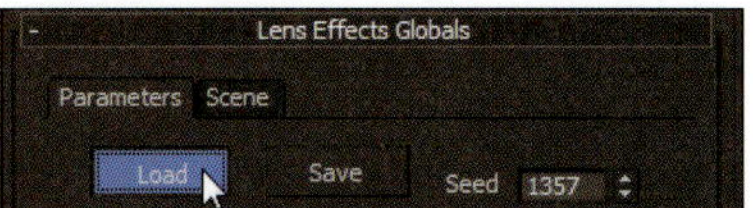)을 클릭하면 Load Lens Effect file을 선택할 수 있는 창이 팝업됩니다.

부록 CD의 Part 03>Lesson 03 폴더에서 'Stand Light_Lens Effects.lzv' 파일을 불러옵니다.

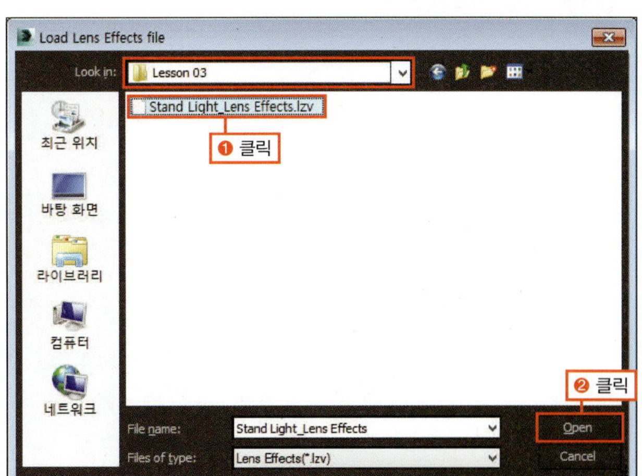

Lens Effects의 모든 설정이 불러온 'Stand Light_Lens Effects.lzv'값으로 세팅됩니다.

Lens Effects의 종류는 7가지가 제공되고 있으며 본 예제에서는 Glow, Auto Secondary Streak의 3가지 Effects가 사용되었습니다. 각 Effects를 선택하면 세부 세팅값을 조절할 수 있는 Rollout이 나타납니다.

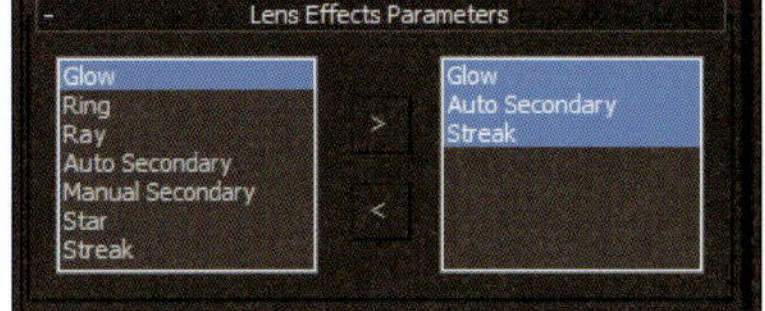

숨겨두었던 오브젝트들이 다시 보이도록 Command Panel>Display>Hide by Category에서 Geometry와 Shapes의 체크를 해제합니다.

4 Interactive

Preview에서 Interactive를 체크하고 [Update Scene] 버튼
(Update Scene)을 클릭하여 Effect가 적용된 렌더링이 진행되도록
합니다. Interactive이 체크되면 이후 변경되는 Effect에 대해
Rendered Frame Window에서 대화식으로 업데이트가 가능
합니다.

선택한 Omni Light에 대해 Lens Effects가 적용된 이미지가
렌더링되었습니다.

:: Scanline Render Setup

이제 거의 모든 과정이 완료되었습니다. Scanline Render
Setup에서 몇 가지 사항을 체크한 후 최종 렌더링합니다.

1 Render Setup

Main Toolbar에서 [Render Setup] 버튼(□)을 클릭하여
Render Setup 화면을 팝업합니다.

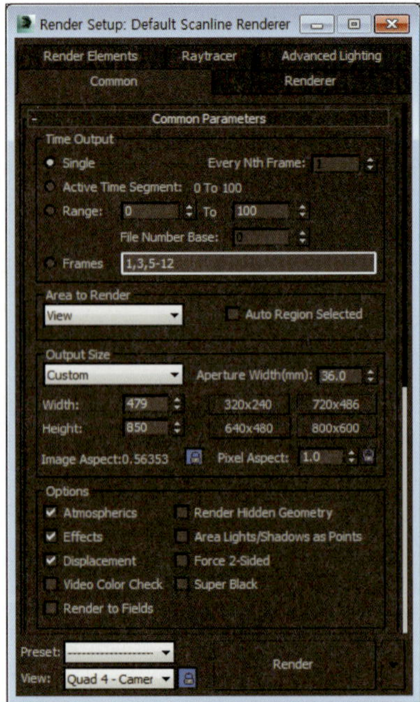

② Antialiasing

Renderer Panel의 Antialiasing에서는 Filter를 선택하여 이미지 품질을 다르게 설정할 수 있습니다. 기본으로 설정되어 있는 Area Filter도 무난한 이미지 품질을 보여 주지만 조금 더 선명한 이미지를 얻기 위해 Catmull-Rom을 선택합니다.

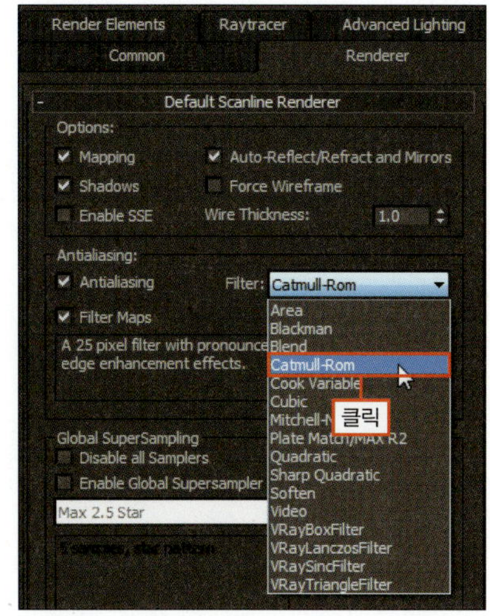

③ Global Ray Antialiasing

유리 재질과 같은 반사나 굴절이 있는 재질은 렌더링 결과물에 부분적으로 거칠거나 계단 현상과 같은 문제점이 나타날 수 있습니다. 이때는 Raytracer panel의 Global Ray Antialiaser를 활성화하여 반사나 굴절에 블러 효과를 줄 수 있습니다. 다만 이 옵션을 선택했을 때 렌더링 시간이 다소 오래 걸릴 수 있습니다.

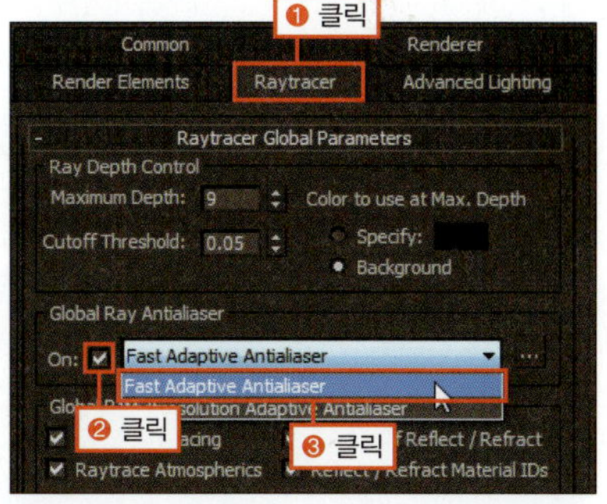

최종 렌더링된 이미지입니다.

04 PART

VRayRender를 활용하여 빈티지한 느낌의 실내 공간을 표현해보자!

이번 파트에서는 VRayRender를 사용하기 위한 Light 환경을 조성하고 Blend 재질과 오래된 느낌의 텍스처 등을 활용한 빈티지한 느낌의 재질들이 표현된 실내 공간을 연출해보겠습니다.

PART contents

Lesson 01 VRayRenderer를 설치하고 주요 기능에 대해 알아보기

Lesson 02 VRayPhysical Camera를 설치하고 VRaySun을 활용하여 햇살 표현하기

Lesson 03 스튜디오 형태의 실내 공간에 Light 환경 세팅하기

Lesson 04 Material을 적용하고 최종 렌더링하기

VRayRenderer를 설치하고 주요 기능에 대해 알아보기

01

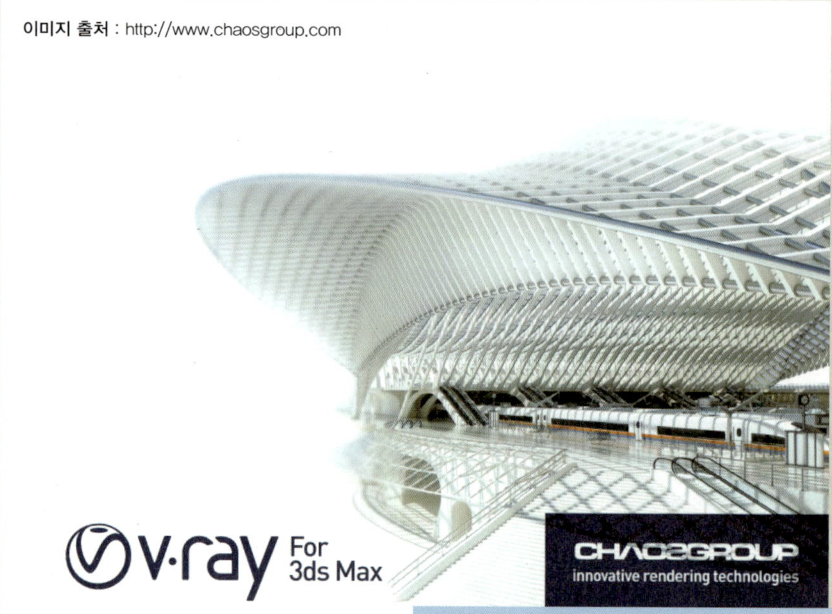

이미지 출처 : http://www.chaosgroup.com

카오스 그룹의 주요 개발품인 VRay for 3ds Max에 대해 알아보고, VRay Demo 버전을 다운로드하여 설치합니다.

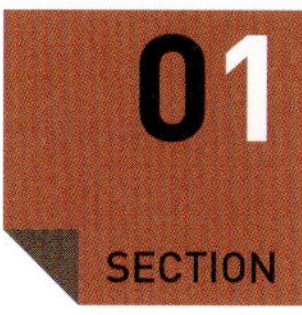

VRayRenderer 개요

VRay는 현재 3ds Max 유저들이 이용하는 외부 렌더러 중 가장 널리 쓰이고 있는 프로그램이라고 할 수 있습니다. VRay가 3ds Max뿐만 아니라 Maya, Rhino, SketchUp, SoftImage 등의 3D 프로그램을 지원함에 따라 여러 아티스트들에 의해 다양한 분야에서 활용되고 있으며 그에 발맞춰 VRay 기능들이 지속적으로 개선되고 있습니다. 이 과정에서는 VRay Adv 2.40.04 버전을 기준으로 진행합니다.

:: VRayRenderer란?

카오스 그룹의 주요 개발품인 VRay for 3ds Max를 이용하면, 3D 제작 프로세스 전체에 걸쳐 사용자들에게 완벽한 제어권을 제공하면서 쉽고 빠르게 사실적인 이미지를 제작할 수 있습니다.

VRay 2.0 for 3ds Max는 현재 GPUs에서도 작동하는 VRay RT의 인터랙티브 렌더링 시스템의 전례 없는 속도와 유연성, 그리고 뛰어난 VRay 렌더링 엔진의 힘을 겸비한 렌더링 솔루션입니다.

:: VRay 2.0 for 3ds Max의 주요 기능들

1 VRay RT GPU 기능 향상

매우 빠른 VRayRT GPU workflow에서 VRayProxy 오브젝트, 텍스처가 적용된 area와 mesh 라이트, Simple Skylight portals 그리고 VRayBlendMtl을 지원합니다.

2 VRayCarPaintMtl

Base와 Flake 그리고 Coat 레이어로 매우 아름다운 자동차 페인트 셰이더를 만들 수 있습니다.

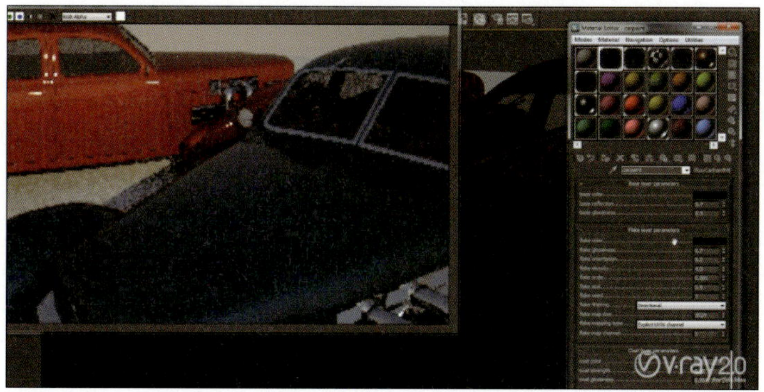

③ VRayHairMtl

새로운 셰이더로 헤어와 퍼(fur)를 지금껏 볼 수 없었던 품질과 컨트롤 그리고 속도로 렌더링합니다.

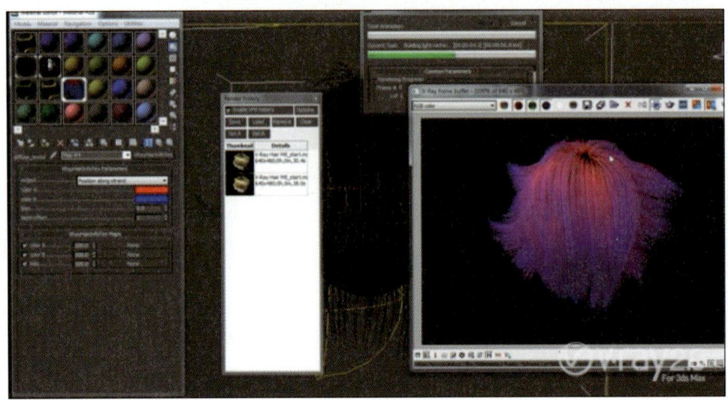

④ CPU & GPU의 인터랙티브 렌더링

VRay RT는 production 렌더러의 결과와 일치하는, 완벽하게 실용적인 인터랙티브 렌더링 엔진입니다. GPU 가속으로 훨씬 더 빠른 인터랙티브 렌더링 프로세스에 접근할 수 있습니다.

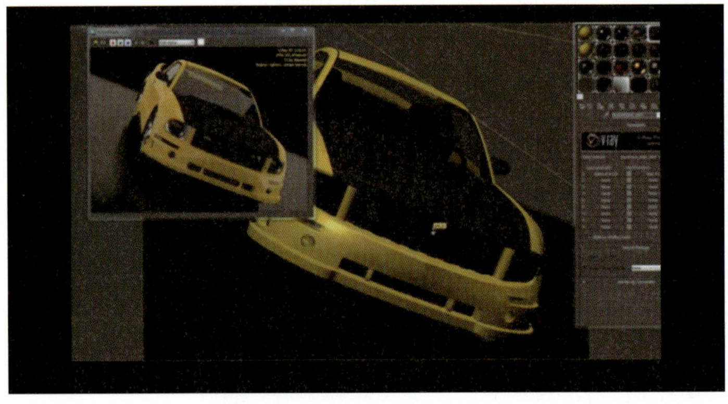

⑤ VRayLightSelect Render Element

장면에서 라이트가 영향을 주는 부분을 각각 추출한 후 모든 라이트들을 어떤 합성 소프트웨어에서든 다시 불러와 실시간으로 라이트들의 강도를 합성 단계에서 조절할 수 있습니다. 새로운 VRayLightSelect 기능을 사용하면 여러분도 라이팅의 달인이 될 수 있습니다.

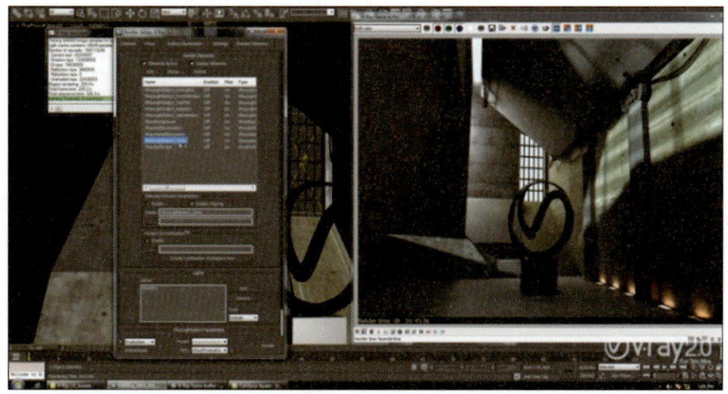

6 VRayMultiSubTex

ObjectID에 근거하여 서로 다른 텍스처를 적용하기 위해 VRayMultiSub Tex를 사용합니다.

:: 시스템 요구 사양

- 32bit 또는 64bit 버전의 3ds Max(Design) 9이나 그 이후의 버전 또는 Autodesk VIZ 2005/ 2006/2007/2008과 컴퓨터
- Windows XP 또는 Windows Vista, Windows 7, 32bit 또는 64bit 버전들(권장 사양 64bit)
- Intel Pentium IV 또는 SSE2 지원 가능 processor(권장 사양 Dual Pentium IV 또는 AMD Opteron 이나 그 이후)
- 128MB RAM과 최소 350MB Swap(권장 사양 4GB 또는 그 이상의 RAM, 4GB 또는 그 이상의 swap file)

:: 지원 플랫폼

- Autodesk® 3ds Max® 버전 9.0이나 그 이후의 버전

VRay Demo 다운로드 및 설치

카오스 그룹 홈페이지에서 회원 가입을 한 후 로그인을 하면 다운로드 메뉴에서 VRay Demo 버전을 다운로드할 수 있습니다. VRay Demo 버전을 다운로드하여 설치하는 과정에 대해 알아봅니다.

1 VRay Demo 다운로드

회원 가입을 한 후 로그인을 하고 다음과 같이 클릭하여 다운로드 페이지로 이동합니다.

페이지에서 2014용 VRay Demo 버전을 다운로드합니다.

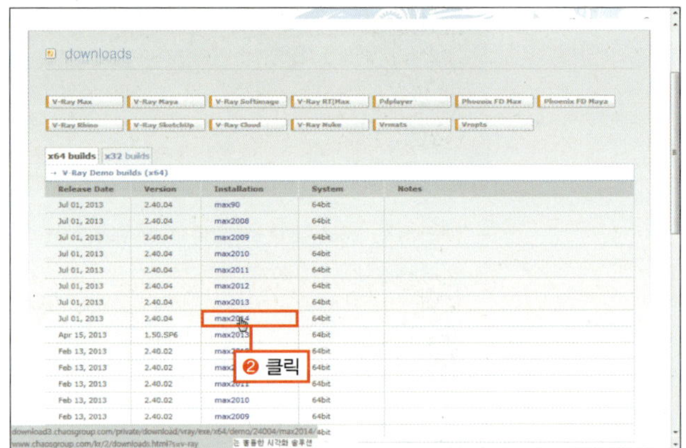

2 VRay Demo 버전 설치

다운로드한 파일을 더블클릭하여 VRay Demo 버전의 설치를 시작합니다.

vray_demo_2400
4_max2014_x64

VRay Demo 버전을 설치할 때 특별히 어려운 점은 없습니다. 다음과 같은 과정을 거쳐 VRay Demo 버전 설치를 완료합니다.

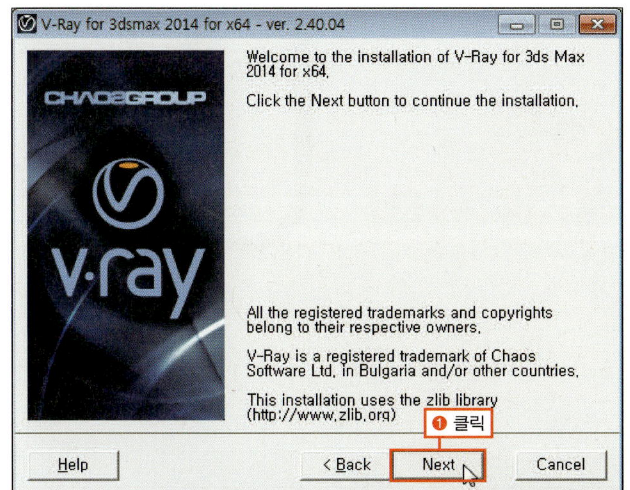
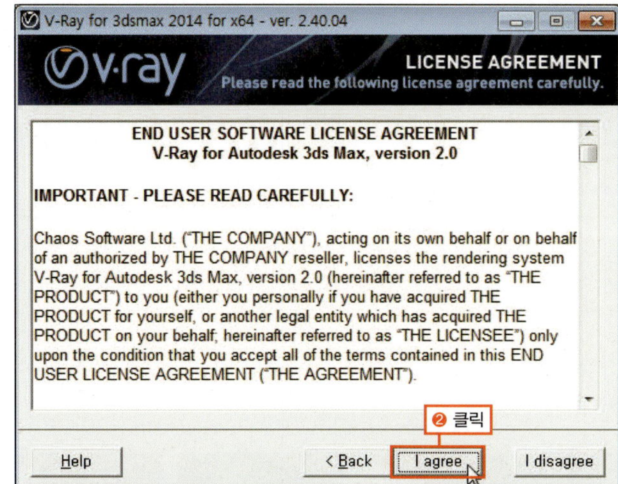
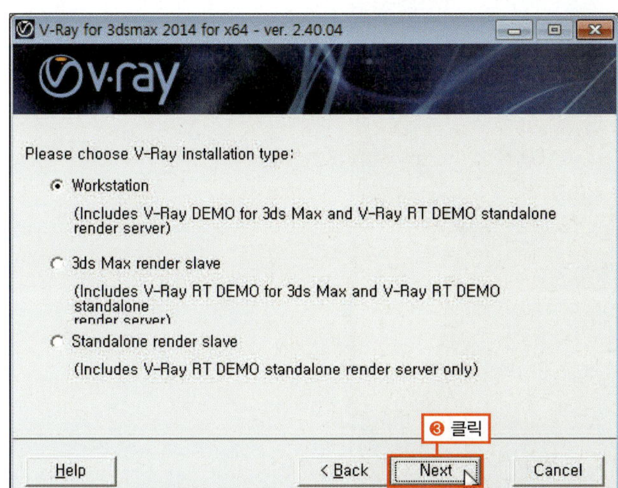
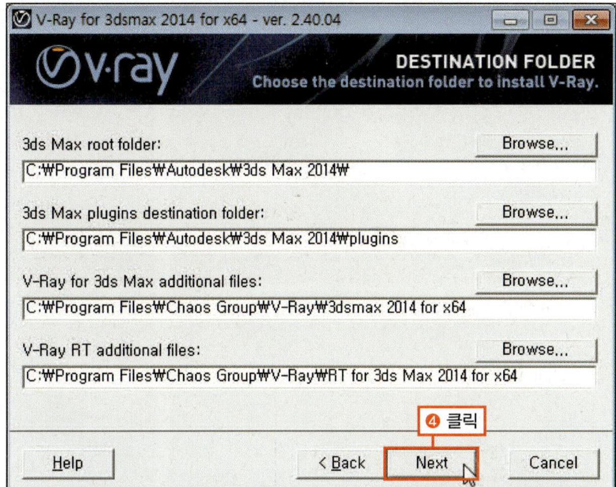
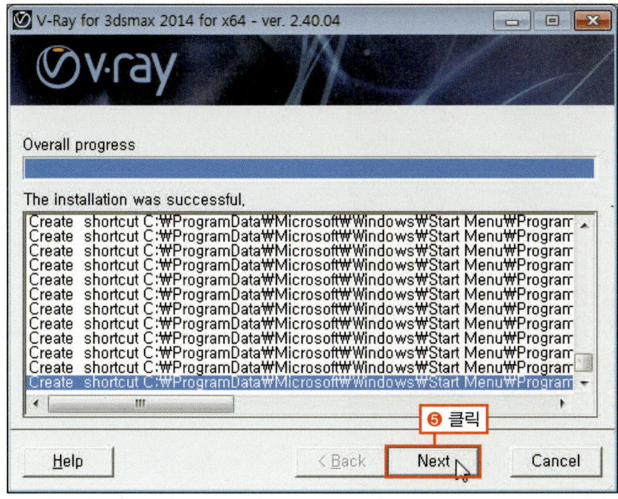
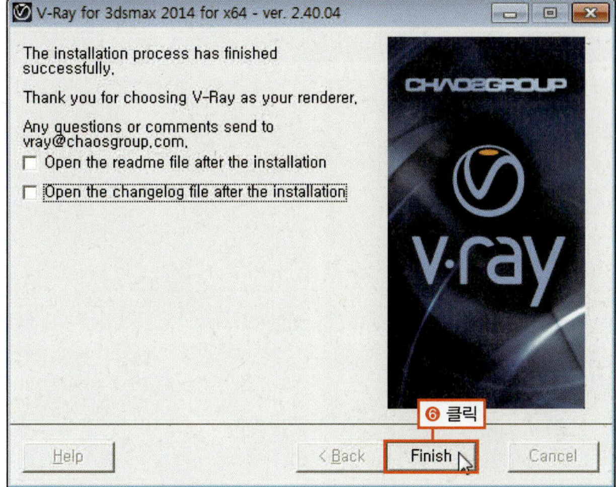

설치된 VRay Demo 버전은 제약 사항이 있기 때문에 렌더링 이미지와 재질 슬롯에 워터마크가 생성되고 분산 렌더링 등 일부 기능을 지원하지 않습니다.

VRayPhysical Camera를 설치하고 VRaySun을 활용하여 햇살 표현하기

PREVIEW

VRay를 사용하여 인테리어나 익스테리어 장면을 세팅할 때에는 실제 카메라로 대상을 촬영하듯 옵션을 설정할 수 있는 VRayPhysical Camera를 주로 사용합니다. 이와 함께 VRaySun, VRaySky를 사용하여 외부로부터 들어오는 햇살과 하늘의 느낌을 표현해보도록 합니다.

01 장면의 구조를 파악하고 VRayPhysical Camera로 View 세팅하기

준비되어 있는 스튜디오 공간의 모델링 구조를 파악한 후 VRayPhysical Camera로 장면의 특징을 잘 보여줄 수 있는 View 를 세팅합니다.

:: 이번 예제에 사용할 3ds Max File의 Units/Gamma Setup

01 Menu Bar>Customize>Units Setup을 통해 다음과 같이 Unit을 세팅합니다.

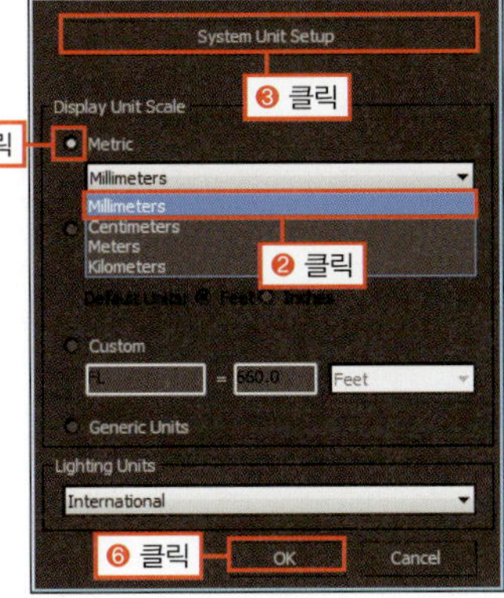
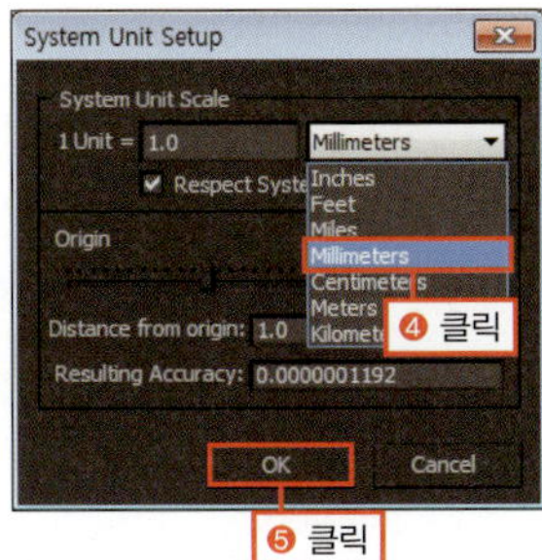

02 Menu Bar>Rendering>Gamma/LUT Setup을 통해 다음과 같이 Gamma를 비활 성화합니다.

[**MEMO** · 부록 CD의 3ds Max File을 Open 또는 Import할 때 본인이 사용하는 3ds Max의 Units/ Gamma Setup을 위와 동일하게 세팅하면 파일이 문제없이 호환됩니다.]

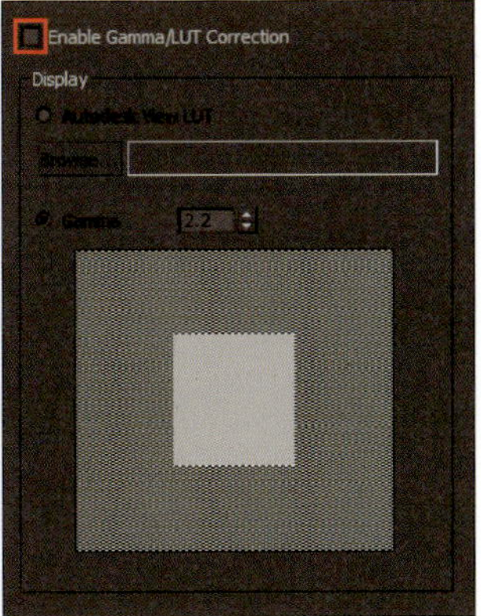

부록 CD의 Part 04>Lesson 02 폴더에서 'Scene_01(Studio Modeling).max' 파일을 불러옵니다.

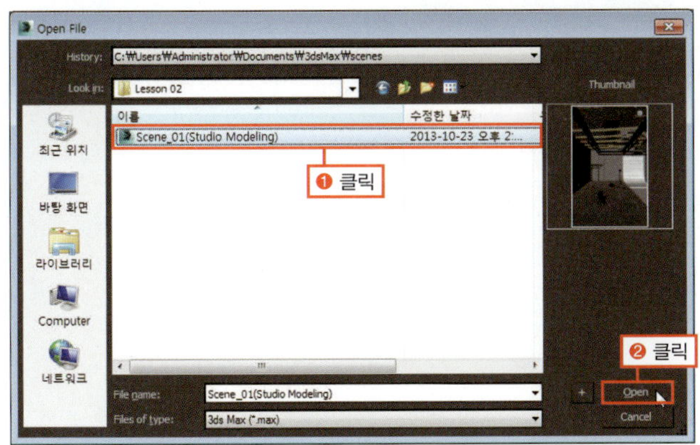

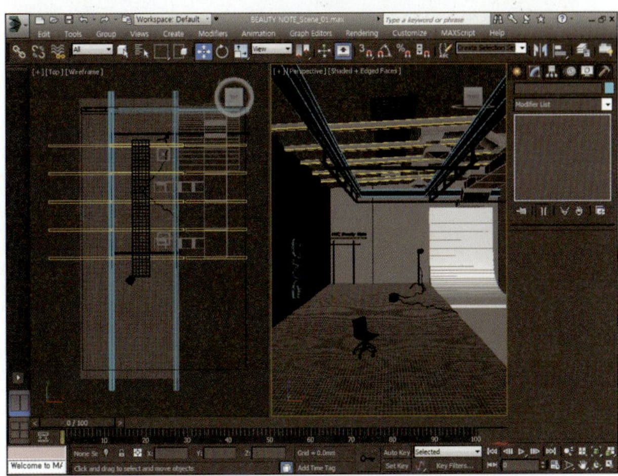

: : **스튜디오 장면의 구조 설명**

이 예제에 사용된 스튜디오 형태의 공간 모델링은 필자가 몇 년 전 우연히 보게 된 잡지의 사진에서 공간을 유추하여 만들었던 장면입니다.

구조를 간단하게 알아보면, 천장에 직사
각형으로 된 긴 구멍이 있어 외부로부터
빛이 들어오도록 되어 있고 환풍구 통로
와 철골 프레임 등이 천장의 큰 구조를
이루고 있습니다. 바닥에는 촬영에 관련
된 몇 가지 소품들이 배치되어 있는 매우
심플한 공간입니다.

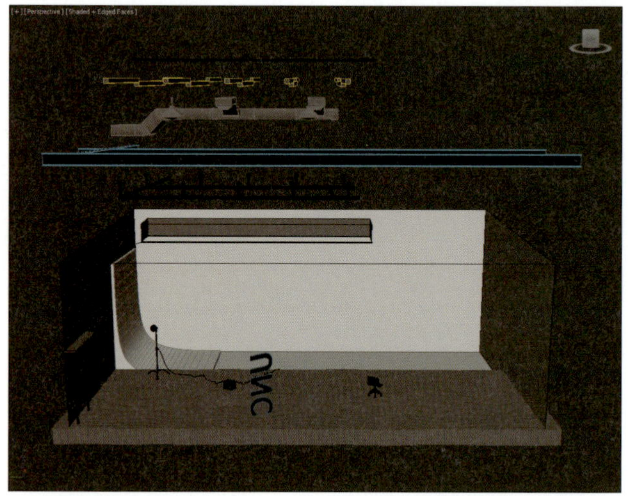

▲ 장면의 모델링 구성

▲ 천장의 구멍 부분과 환풍구 모델링

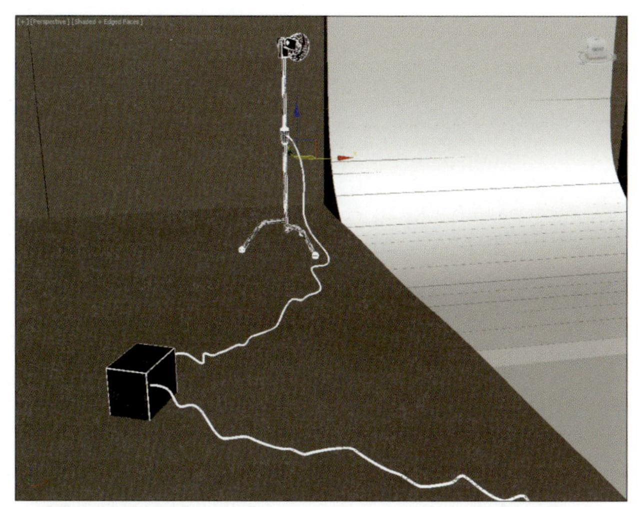

▲ 촬영에 관련된 몇 가지 소품

위 모델링 파일에 Light 환경을 세팅하고 재질을 적용하여 사실적이면서도 빈티지한 느낌의 공간을 표현합니다.

:: VRayPhysical Camera 세팅

■ VRayPhysical Camera 설치

Command panel>Create>Cameras>VRay에서 VRayPhysical Camera를 선택합니다.
Top View에서 마우스를 드래그하여 'VRayPhysicalCamera001'을 설치합니다.

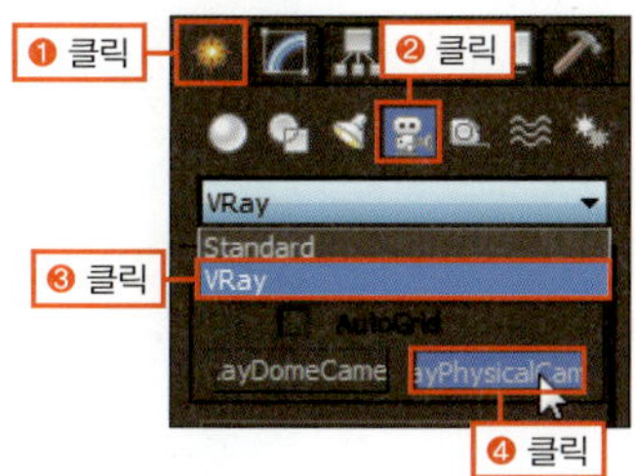

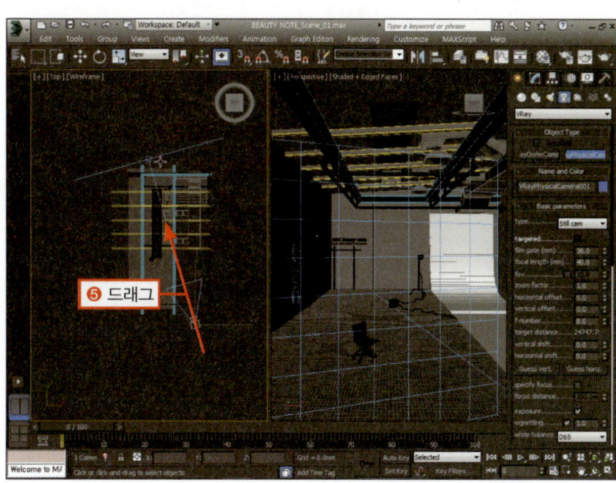

2 Camera View로 전환

마우스 오른쪽 버튼을 클릭하여 Pers-
pective View를 선택한 후 키보드의 `C`
를 눌러 'VRayPhysicalCamera001' View
로 전환합니다.

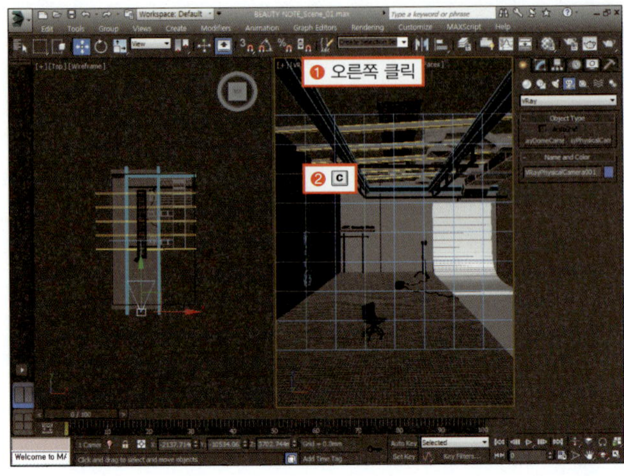

3 카메라 위치 조절

'VRayPhysicalCamera001'이 선택된 상
태에서 좌표에 다음 값을 입력하여 카메
라의 위치를 조절합니다.

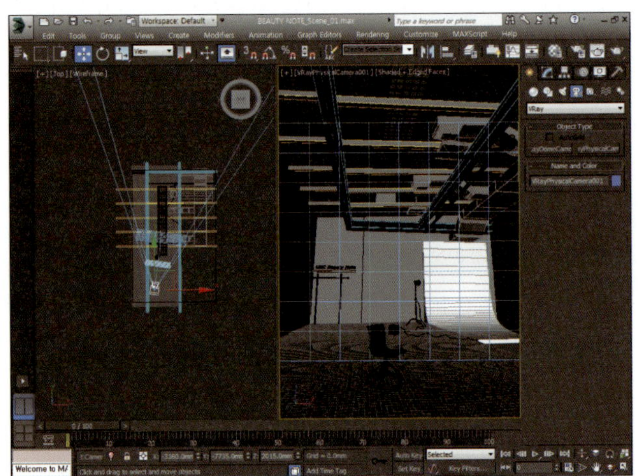

Viewport에서 Camera 이름>Select Camera Target을 클
릭합니다. Camera Target이 선택되면 좌표에 다음 값을
입력하여 Target의 위치를 조절합니다.

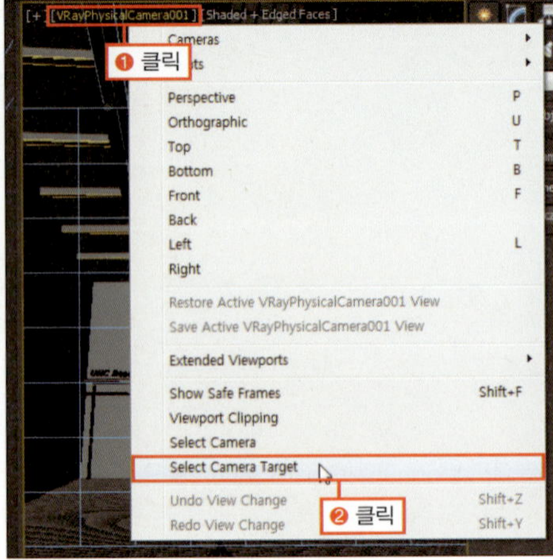

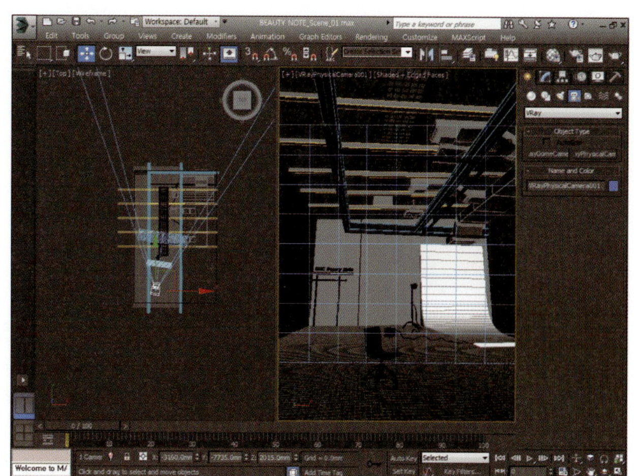

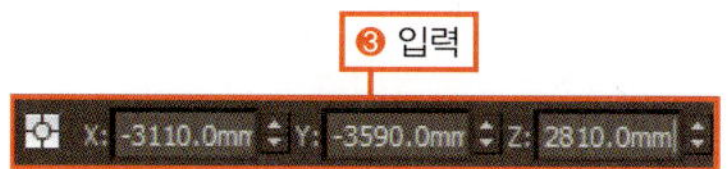

4 Look At Roll 조절

'VRayPhysicalCamera001'을 다시 선택
하고 Camera View에서 키보드의 F12를
눌러 화면이 팝업되면 Roll에 '-9'를 입력
하여 View가 조금 기울어지도록 조절합
니다.

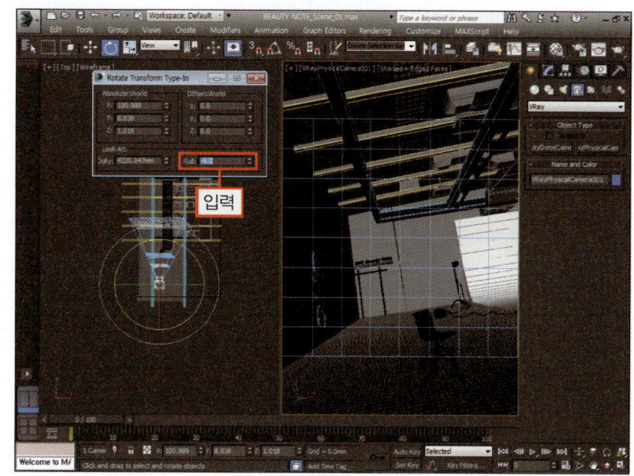

5 Basic Parameter 설정

'VRayPhysicalCamera001'의 Modify Panel에서 렌즈값을 다음과 같이 입력합니다. vignetting에 '1.5'
를 입력하고 white balance는 Neutral을 선택합니다. shutter speed에 '150'을 입력하여 카메라에 들
어오는 광량을 좀 더 늘려줍니다.

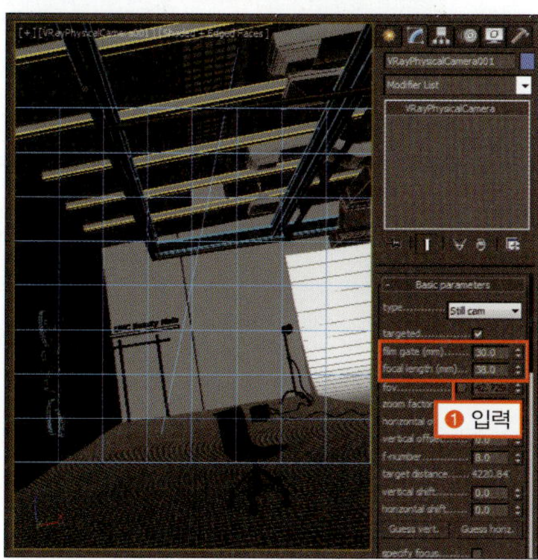

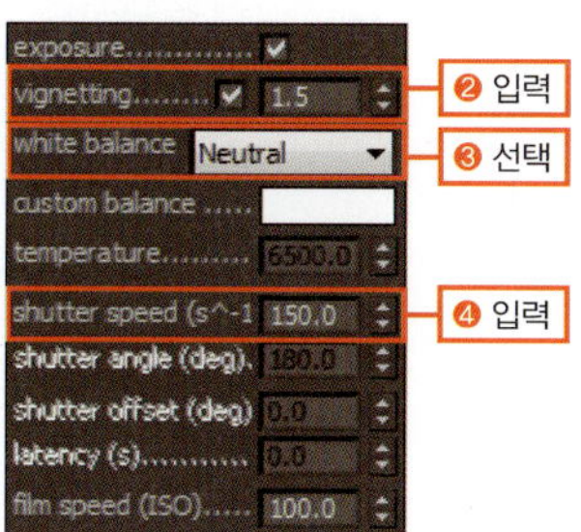

실제 카메라 촬영 시 이미지 외곽 부분에 도달하는 광량이 중심부 광량보다 적기 때문에 발생하는 광학적인 현상입니다. 해당 기능을 사용하면 좀 더 사진과 같은 느낌을 표현할 수 있습니다.

02 SECTION 테스트 렌더링을 위한 기본적인 VRayRender Setup

현재 상태에서 렌더링을 하면 모든 오브젝트에 VRay 재질이 적용되어 있기 때문에 검은색으로 렌더링됩니다. 본격적으로 장면 테스트를 시작하기 위해 VRaySun을 설치하고 VRayRender를 세팅합니다.

1 Assign Renderer

F10을 눌러 Render Setup 창을 팝업합니다. Common Panel의 Assign Renderer Rollout에서 다음과 같이 VRayRender를 선택합니다.

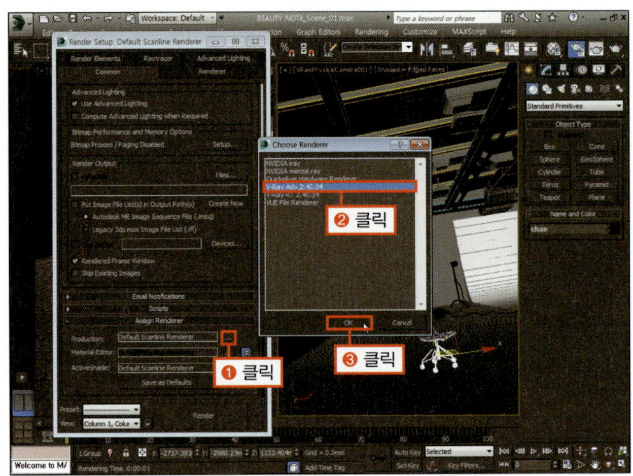

2 Output Size

Common Panel의 Output Size에서 렌더링될 결과물의 사이즈를 입력합니다. [Lock] 버튼(🔒)을 활성화하여 이후에 사이즈를 변경해도 비율은 고정될 수 있도록 설정합니다.

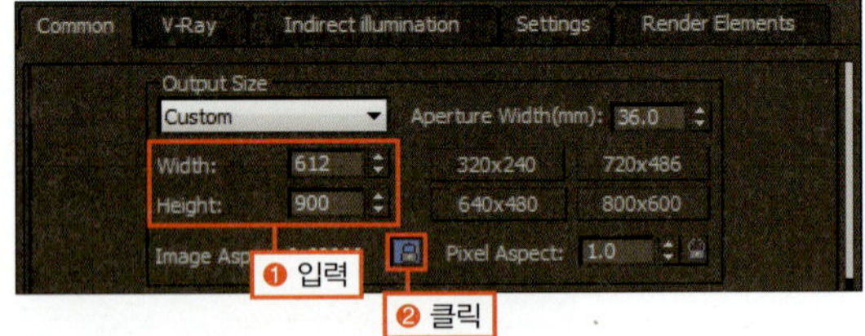

3 Override mtl

M을 눌러 재질 창을 팝업합니다. VRayPanel의 Override mtl을 체크한 후 그림과 같이 빈 슬롯 1개를 드래그하여 Instance로 복사합니다. 그런 다음, 렌더링을 실행하면 장면에 있는 모든 오브젝트는 Override mtl에 적용된 재질이 반영됩니다.

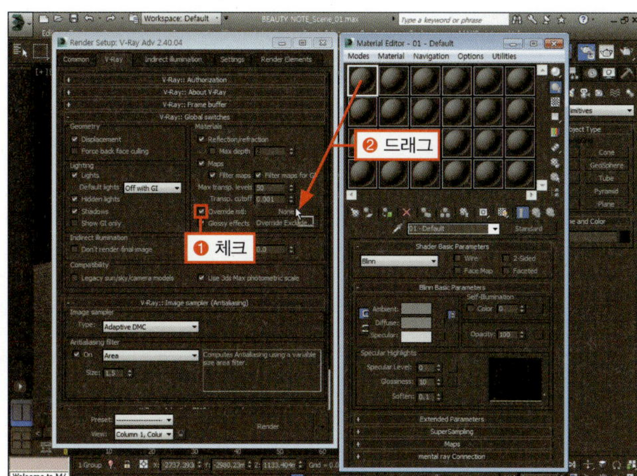

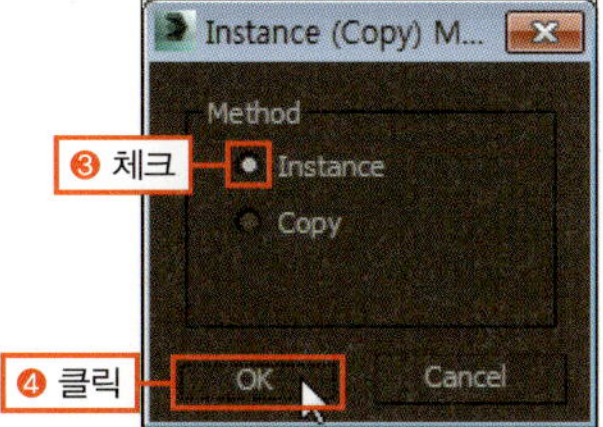

4 Antialiasing filter

Antialiasing filter는 VRaySincFilter로 선택하여 Area 보다 선명하게 렌더링되도록 합니다.

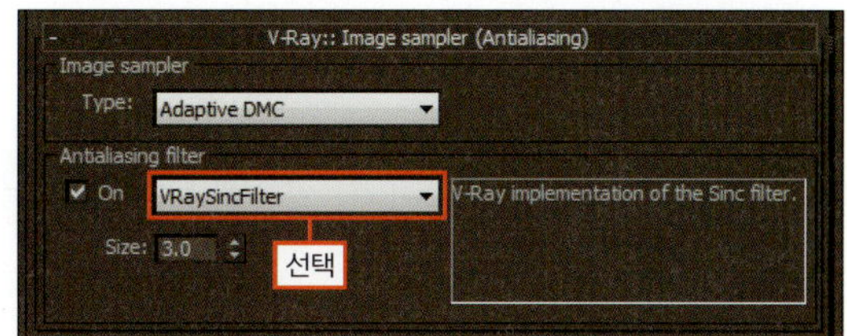

5 Indirect illumination(GI) 설정

Indirect illumination(GI)에서 On을 체크하고 Secondary Bounces Engine을 Light cache로 선택 합니다.

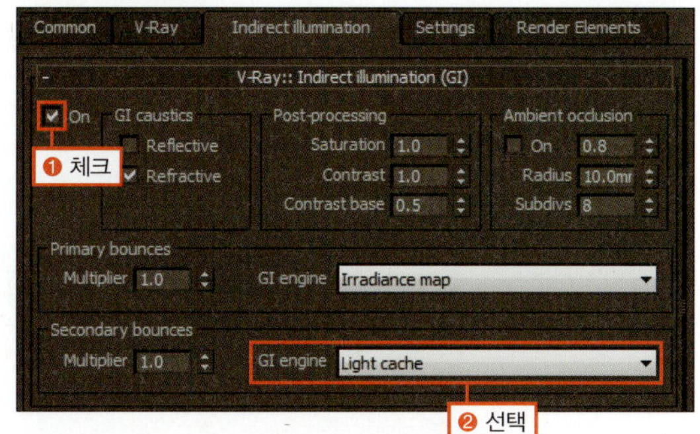

6 Irradiance map과 Light cache 설정

Irradiance map과 Light cache를 각각 다음과 같이 설정하여 테스트 렌더링을 위한 기본 설정을 완료합니다. Show calc. phase를 체크하면 각 엔진이 연산되는 과정을 렌더링 화면에서 확인할 수 있습니다.

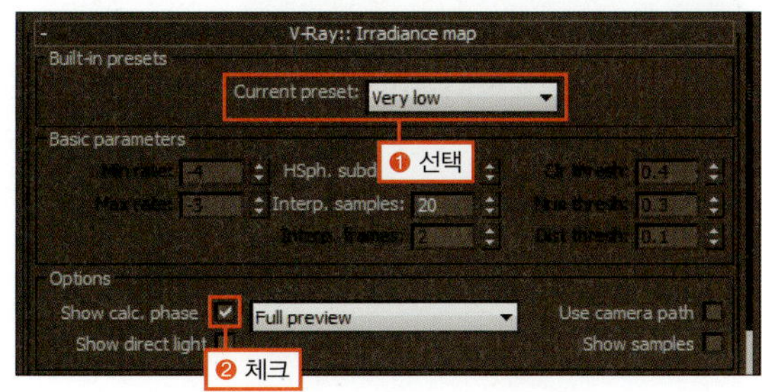

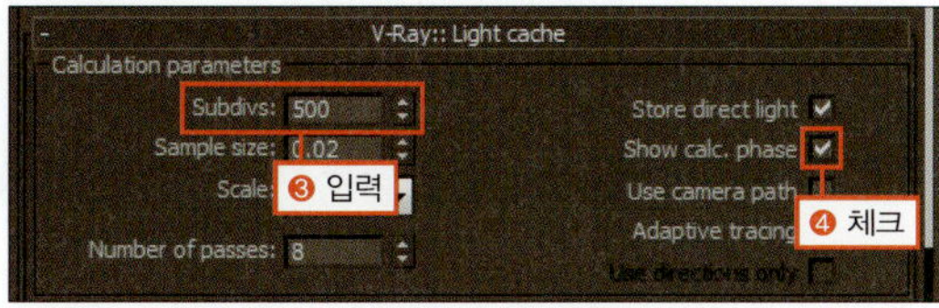

VRaySun을 설치하여 외부로부터 들어오는 햇살 표현하기

준비된 장면에 VRaySun을 설치하여 외부로부터 들어오는 햇살을 표현하고 설정에 따른 변화를 간단하게 살펴보겠습니다.

:: VRaySun 세팅하기

1 VRaySun 설치

Command Panel>Create>Lights>VRay에서 VRaySun을 선택하고 Top View에서 드래그하여 그림과 유사한 위치에 라이트를 설치합니다. 새로 팝업되는 창에서 [예(Y)] 버튼을 클릭하여 VRaySky가 배경에 적용되도록 합니다.

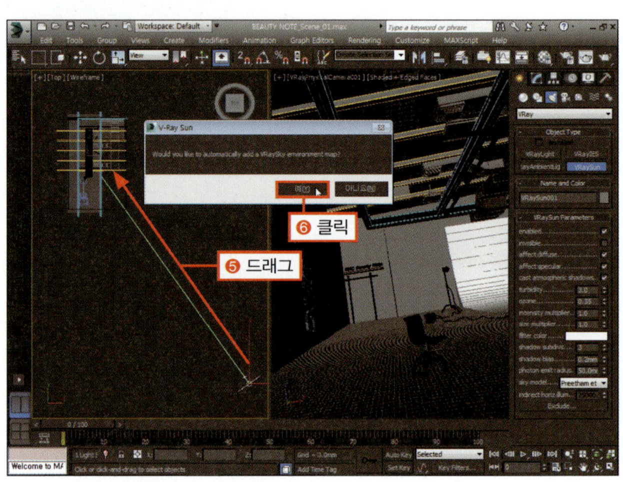

2 Light 위치 조절

설치한 VRaySun Light와 Target의 좌표에 각각 다음 값을 입력하여 위치를 조절합니다.

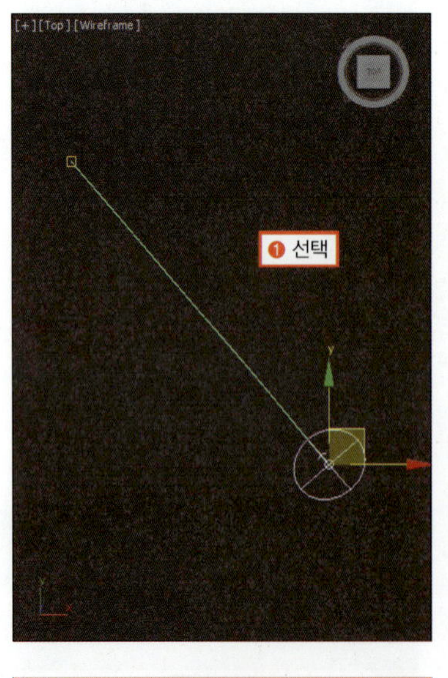

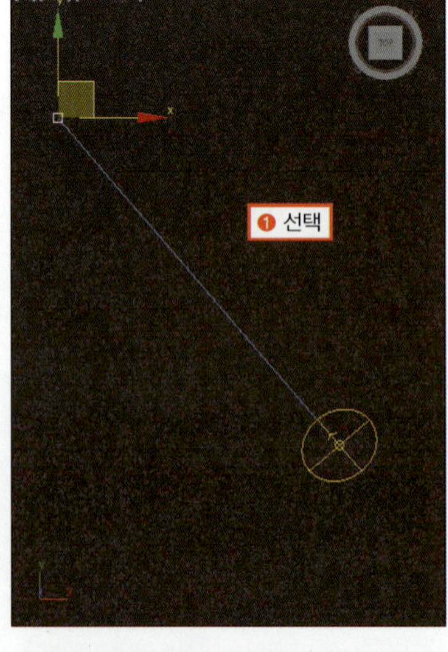

Front View에서 확인하면 그림과 같이
Light가 위치하게 됩니다.

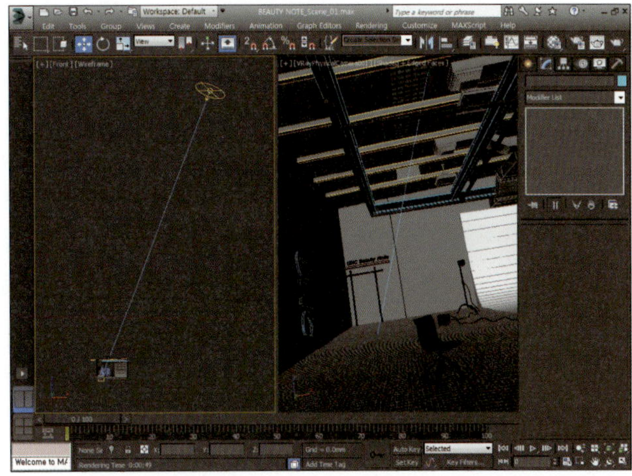

❸ Light 위치 조절

Camera View에서 단축키 Shift + F 를 눌러 Safe Frame을 활성화 한 후 키보드의 F9 를 눌러 렌더링
을 실행합니다. 천장의 공간을 통해 Sunlight가 들어오고 VRaySky가 배경에 적용되어 렌더링됩니다.
키보드의 8 을 눌러보면 Environment and Effects 화면이 팝업되고 Background에 VRaySky Map이
적용되어 있는 것을 확인할 수 있습니다.

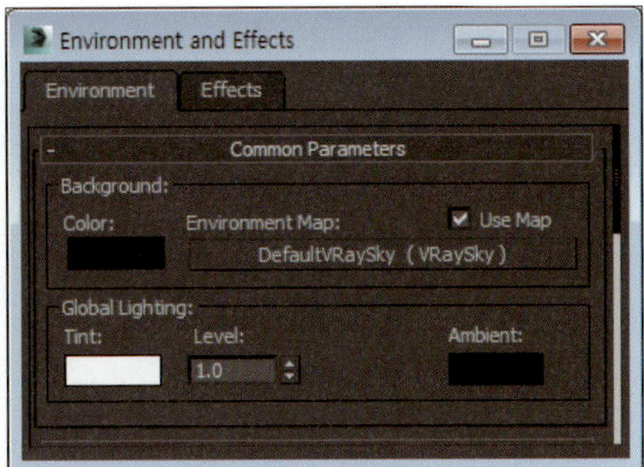

: : **VRaySun Light 설정에 따른 결과물 비교**

VRaySun Parameter의 옵션값을 변경하여 렌더링을 실행하고, 장면에 어울리는 적절한 설정을 찾아보도록 합니다.

❶ VRaySun Light Parameter의 기본 설정
장면에서 VRaySun을 선택하고 Command Panel>Modify를 클릭하면 VRaySun Parameter의 기본 설정을 확인할 수 있습니다.

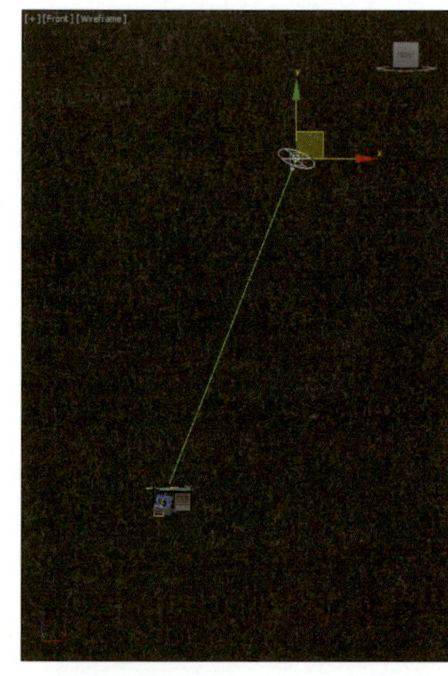
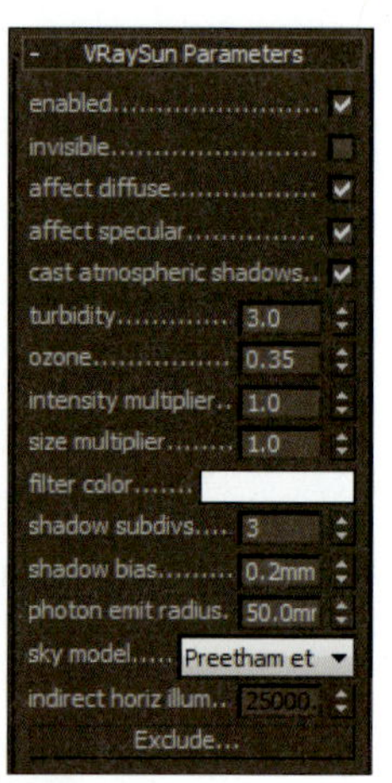

❷ Turbidity값 변경에 따른 결과물 차이점
Turbidity는 대기 중 먼지 입자의 탁한 정도를 나타냅니다. 최솟값 '2.0'을 사용하면 가장 맑은 대기가 표현되고 최댓값 '20.0'을 사용하면 뿌옇고 노란빛의 대기가 표현됩니다.

③ Ozone값 변경에 따른 결과물의 차이점

Ozone은 대기 중 오존의 양을 나타냅니다. 차이가 크지는 않지만 최솟값 '0.0'을 사용하면 좀 더 노란색이 표현되고 최댓값 '1.0'을 사용하면 약간 더 푸른빛이 표현됩니다.

Turbidity와 Ozone에 동일한 값을 사용하고 Sky Model을 변경하면 결과물의 차이를 다음과 같이 확인할 수 있습니다.

5 예제에 사용할 VRaySun Light Parameter의 일부 설정

맑은 날의 태양빛을 사용하고 하늘이 너무 파랗지 않도록
하기 위해 다음과 같이 VRaySun을 설정한 후 다음 예제를
진행합니다.

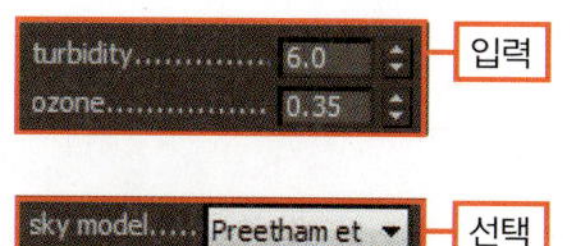

스튜디오 형태의 실내 공간에 Light 환경 세팅하기

03

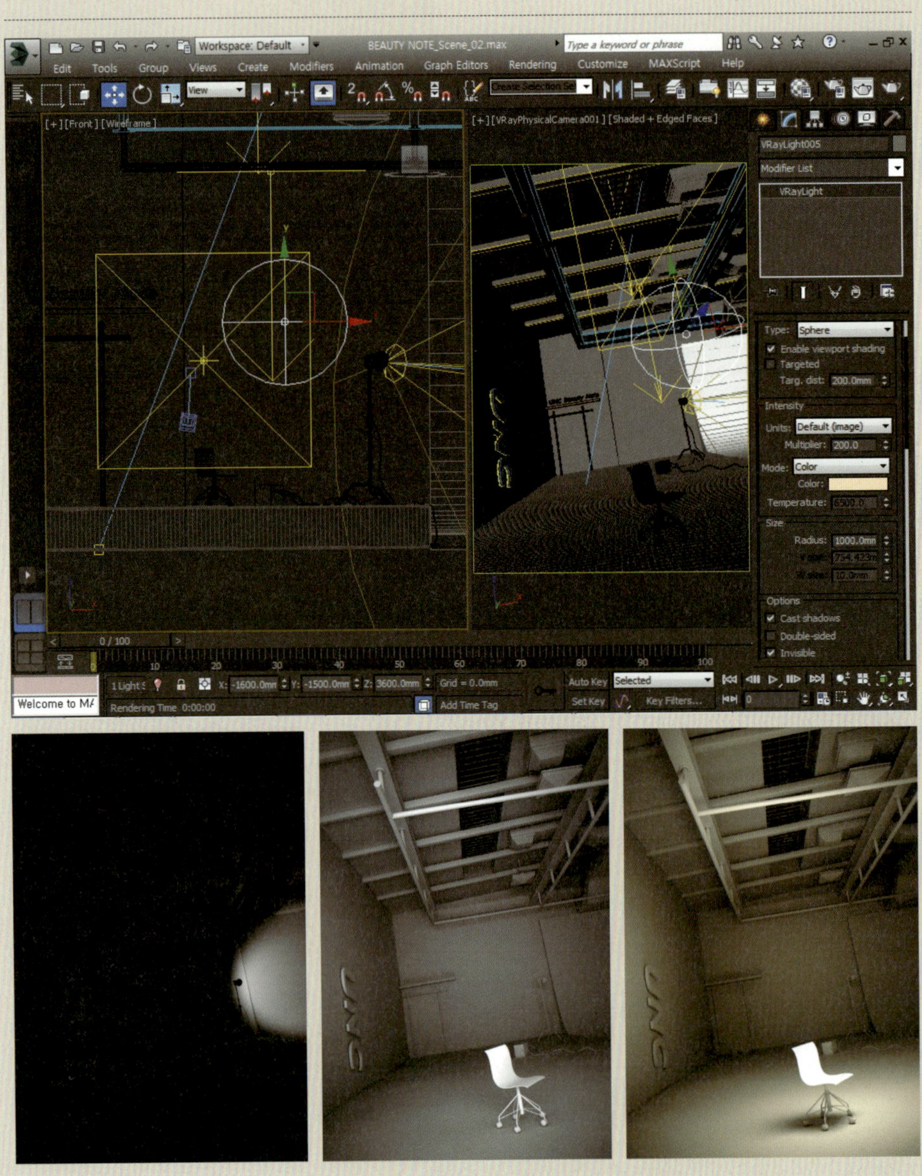

이 과정에서는 실내 공간에 몇 가지 Light를 추가 설치하여 외부에서 들어오는 햇살과 잘 어울리면서도 장면에 있는 구조와 특징이 잘 표현될 수 있도록 Light 환경을 구성해봅니다.

장면에 설치될 각 Light들의 역할에 대해 알아보기

간단한 공간이지만 장면에는 여러 가지 유형의 Light가 사용됩니다. 각 Light마다 쓰이는 용도와 특징에 차이가 있으므로 잘 파악해둔다면 이후 실내 공간에서 Light 표현이 필요한 부분에 사용할 수 있을 것입니다.

:: 장면에 쓰인 각 Light들의 효과 살펴보기

장면에는 VRaySun 이외에 총 6개의 Light가 추가로 설치되며 각 Light들은 결과물에서 다음 그림과 같은 표현을 하는 데 사용되고 있습니다. 각 효과들이 모두 조합되었을 때 최종 결과물과 같은 Light 느낌이 나오게 됩니다.

경우에 따라서는 각 Light의 효과 한 가지만을 사용하거나 2~3가지를 조합하여 색다른 분위기를 연출할 수도 있습니다.

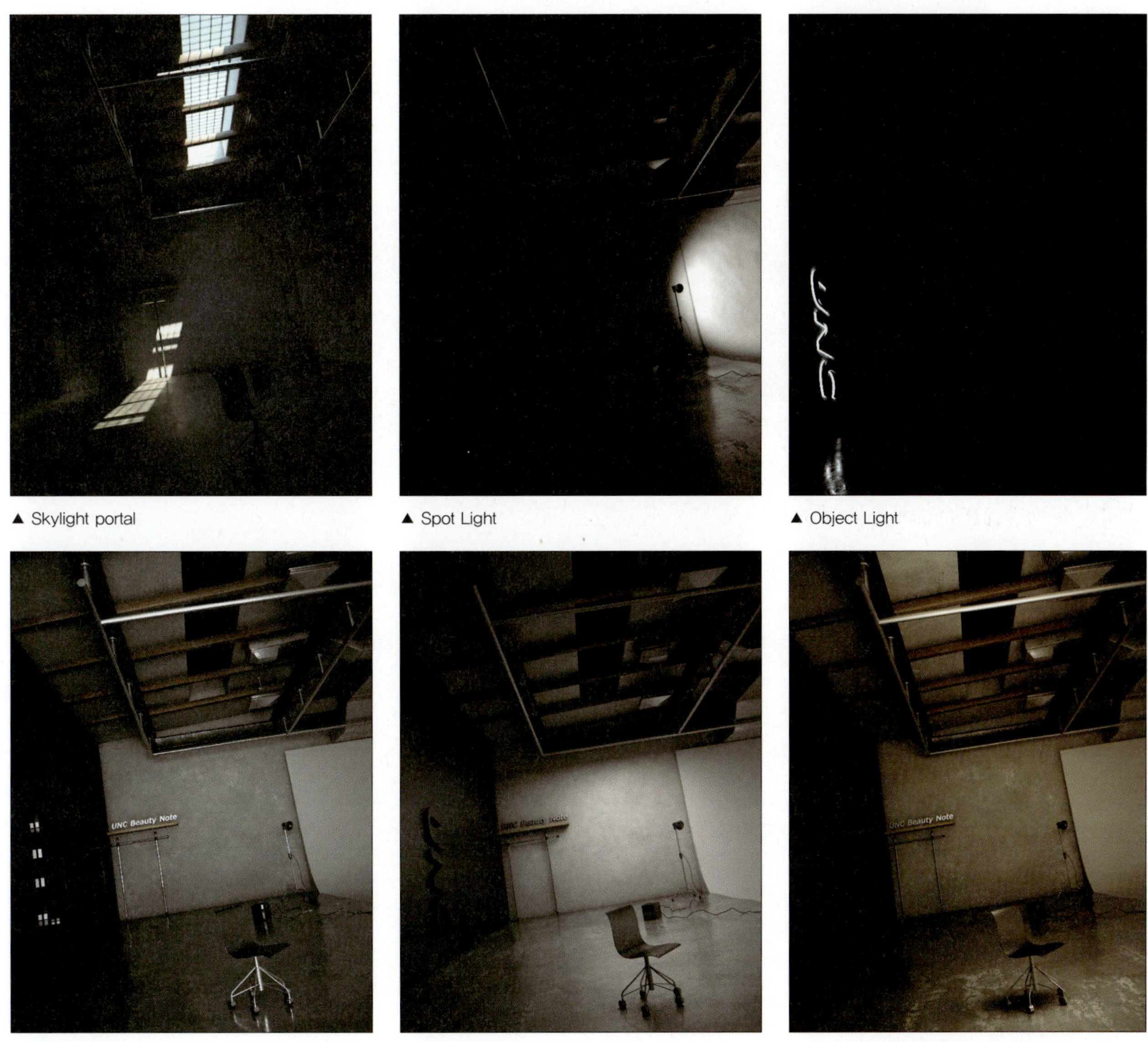

▲ Skylight portal   ▲ Spot Light   ▲ Object Light

▲ Front Light   ▲ Top Light   ▲ Point Sphere Light

▲ 각 Light 효과를 조합하여 표현한 결과물

실내 공간에 Light 설치하기

SECTION 02

각 Light가 표현하고 있는 부분들을 살펴보았습니다. 이제 직접 Light를 설치하여 장면과 어울리는 자연스러운 빛을 표현해봅니다.

:: SkyLight portal 사용하기

VRayLight의 SkyLight portal은 외부로부터 들어오는 빛이 실내로 더 잘 유입될 수 있도록 도와주는 역할을 합니다.

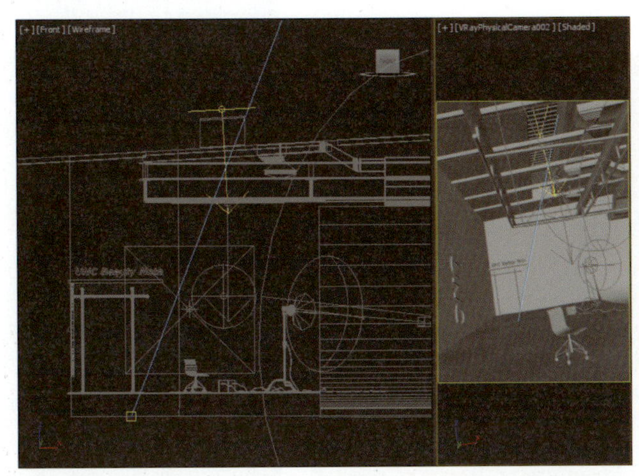

☑ VRayLight 설치

Command Panel>Create>Lights>VRay
에서 VRayLight를 선택한 후 Top View에
서 다음과 같이 설치하고 Light의 좌표에
다음 값을 입력하여 위치를 조절합니다.

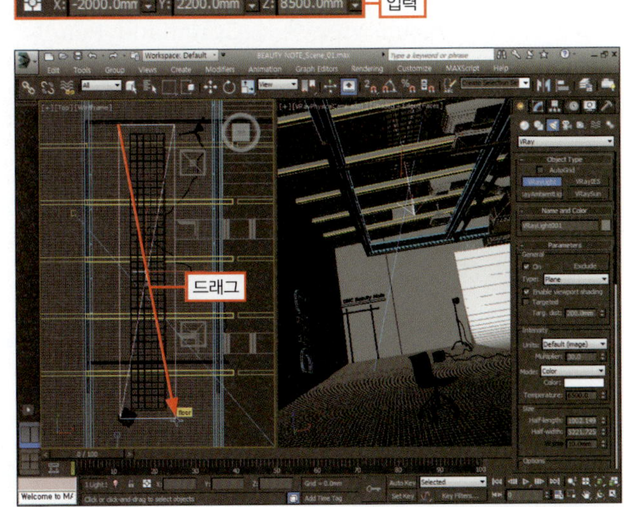

☑ VRayLight Parameter 설정

VRayLight Parameter의 Size에 다음 값을 입력하여 Light의 크기를 조절하고
Skylight portal과 Simple을 체크합니다.
이제 설치한 VRayLight는 자체 밝기값이 무시되고 외부에 설치된 VRaySun의
영향을 받아 실내로 빛을 유입시키는 역할을 하게 됩니다.

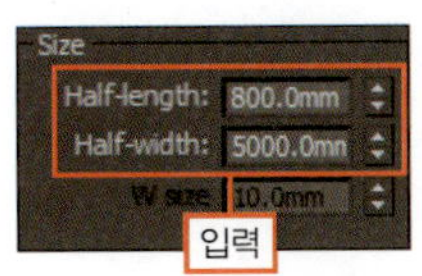

∷ Spot Light으로 조명 키트의 빛 표현하기

Spot Light를 설치하여 스튜디오 공간에 있는 조명 키트의 빛을 표현합니다.

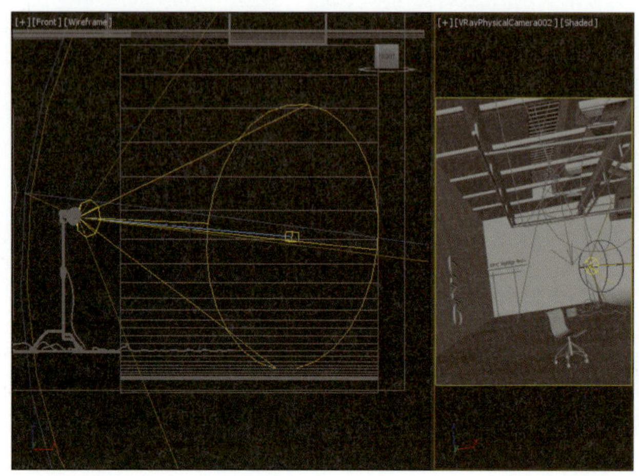

■ Target Spot Light 설치

Front View에서 Command Panel>
Create>Lights>Standard의 Target Spot
을 선택하여 장면에 설치하고 Light와
Target의 좌표에 각각 다음 값을 입력하
여 위치를 조절합니다.

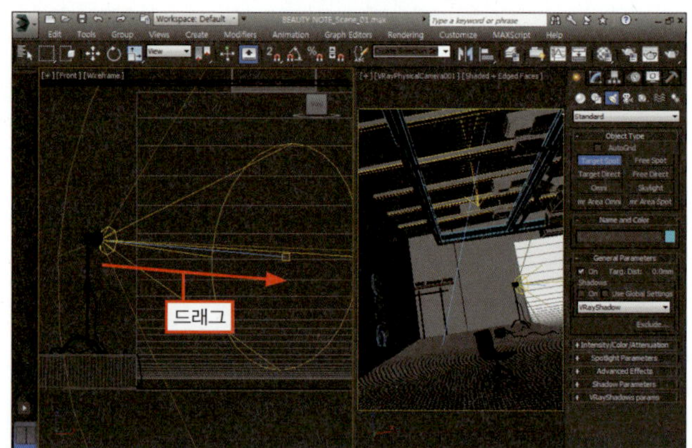

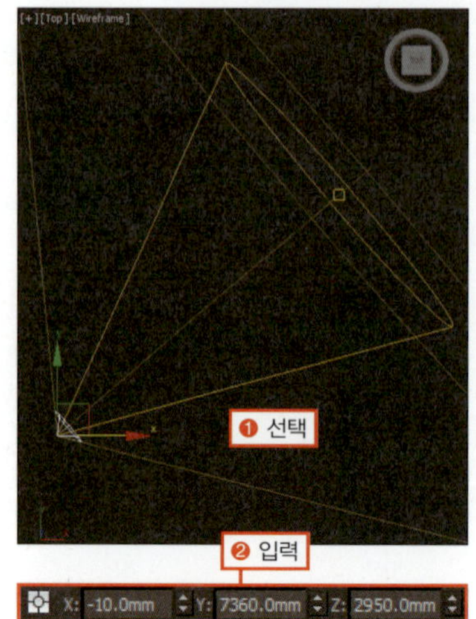

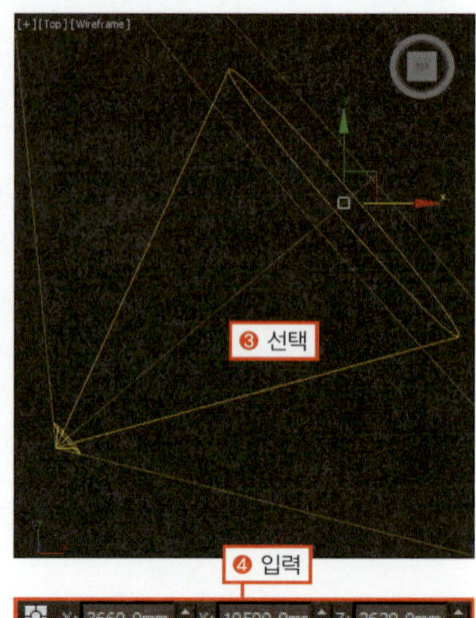

2 Target Spot Parameter 설정

설치된 Spot001의 Parameter
에서 Shadow on을 체크한 후
VRayShadow를 선택하여 Light
가 그림자를 가지도록 설정하
고 빛의 밝기와 범위를 각각 다
음과 같이 조절합니다.

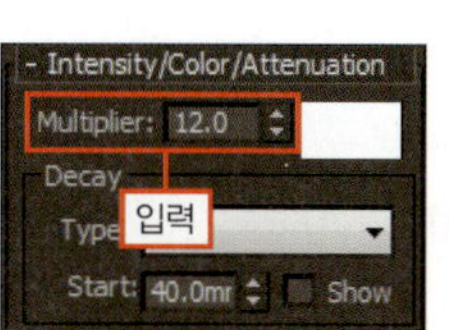
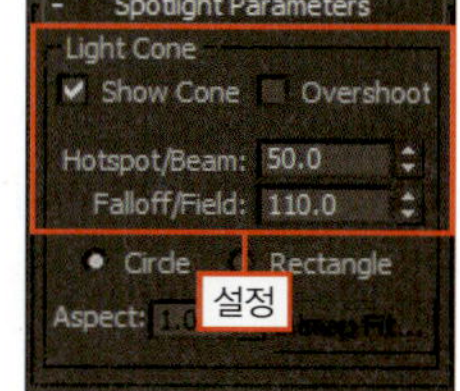

:: Object Light 표현

VRayRender에서는 Mesh 형태의 오브젝트를 Light로 활
용할 수 있습니다.

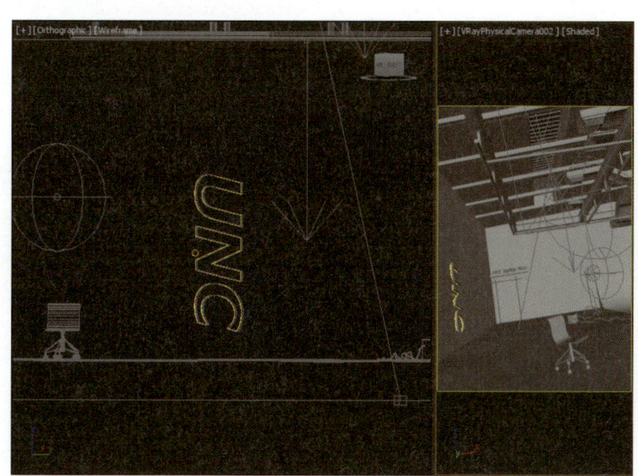

1 VRayLight 설치

Left View에서 장면의 UNC라고 쓰여 있
는 'Text003' 오브젝트 주변에 적당한 사
이즈의 VRayLight를 설치합니다.

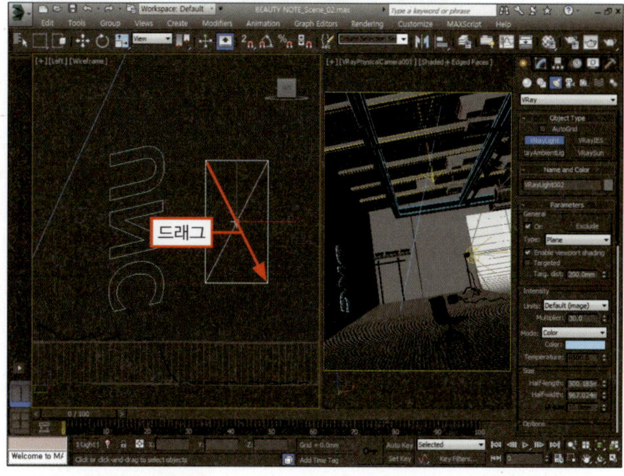

2 Pick mesh

VRayLight가 선택된 상태에서 Modify Panel을 클릭하고 Parameters에서 Light 타입을 Mesh로 변경합니다. Mesh light options에서 [Pick mesh] 버튼()을 활성화한 후 장면에서 'Text003' 오브젝트를 마우스로 선택하면 VRayLight가 오브젝트 모양으로 변형됩니다.

MEMO · 새로 설치하는 Light에서는 Skylight portal의 체크를 해제합니다.

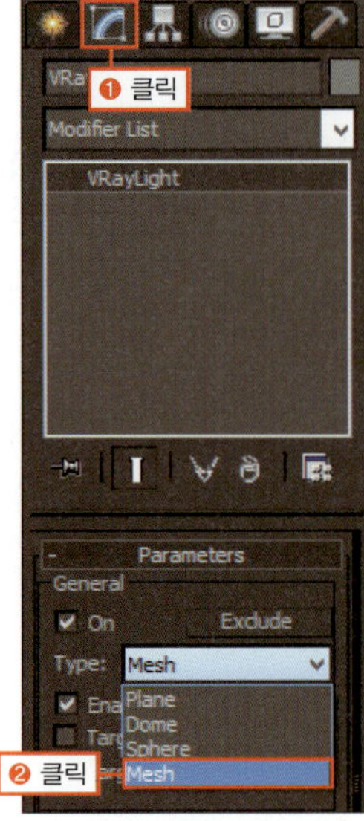

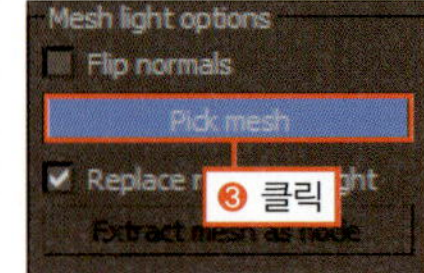

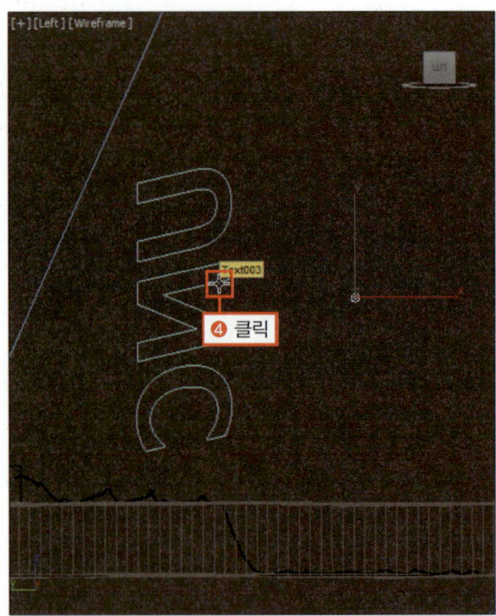

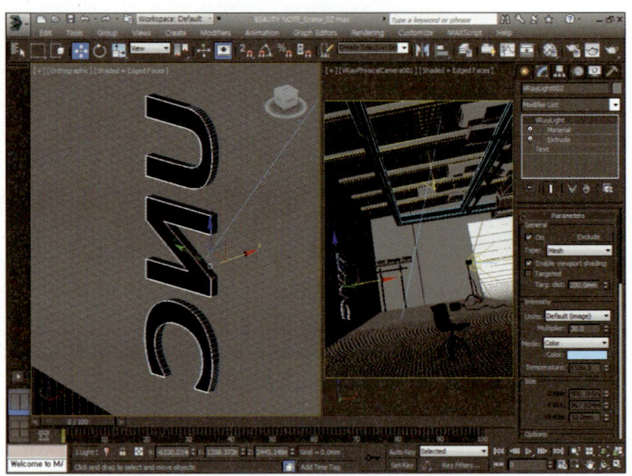

3 VRayLight Parameter 설정

모양이 변형된 'VRayLight002'의 Parameter에서 Multiplier에 '300'을 입력하여 밝기를 조절하고 Light Color의 RGB값에 다음 값을 입력하여 컬러를 변경합니다.

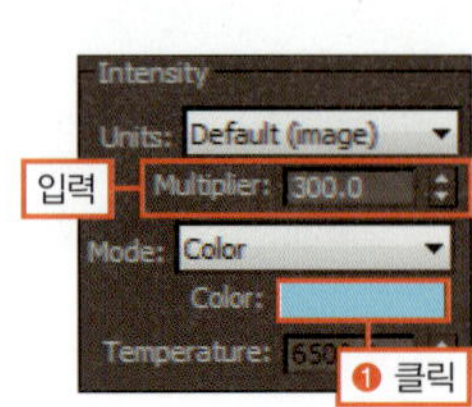

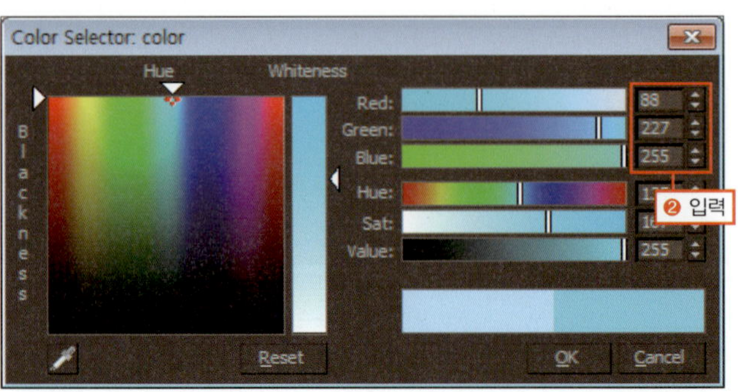

:: Front Light

Camera가 바라보고 있는 시선 쪽에서 빛을 발산하면 마치 카메라의 플래시를 터뜨린 순간이나 전면
에 라이트 패널이 설치된 것과 같은 느낌을 표현할 수 있습니다.

멀리 있는 오브젝트에 비해 가까운 쪽의 오브젝트가 밝
게 렌더링되기 때문에 장면에서 오브젝트 간의 거리감을
강조할 수 있습니다.

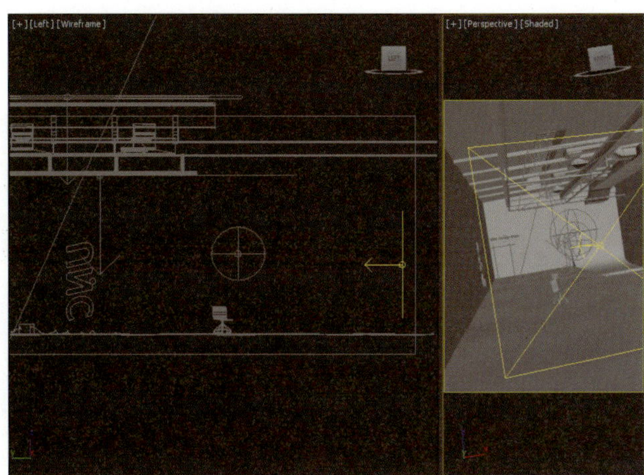

1 VRayLight 설치

Front View에서 Command Panel>
Create>Lights>VRay에서 VRayLight의
Type을 Plane으로 선택하고 장면에 설치
합니다.

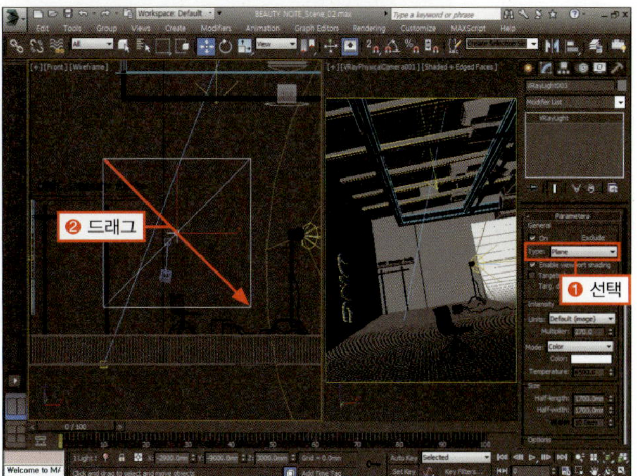

VRayLight의 좌표에 다음 값을 입력하여
위치를 조절합니다.

❷ VRayLight Parameter 설정

VRayLight Parameter의 Multiplier에 '270'을 입력하여 Light의 밝기를 조절한 후 Color를 흰색으로 바꾸고 Size를 다음과 같이 조절합니다.

:: Top Light

진행하고 있는 장면은 외부로부터 들어오는 빛의 양이 많지 않기 때문에 실내가 많이 어둡게 표현되고 있습니다. 공간의 상단에 VRayLight를 설치하여 강하지 않은 빛으로 실내 전체의 밝기를 조절하는 역할을 합니다.

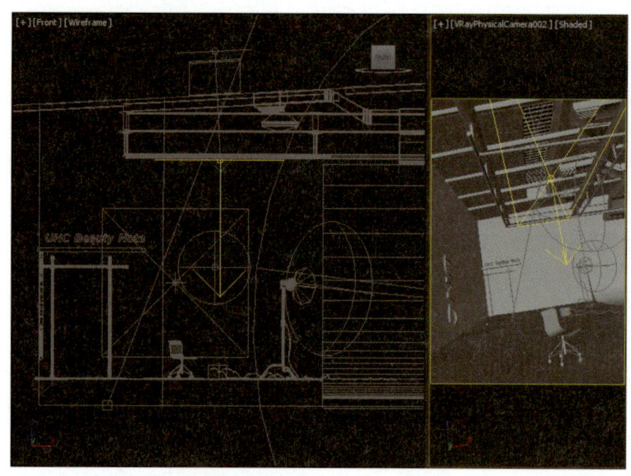

❶ VRayLight 설치

Top View에서 VRayLight를 추가로 설치하고 Light의 좌표에 다음 값을 입력하여 위치를 조절합니다.

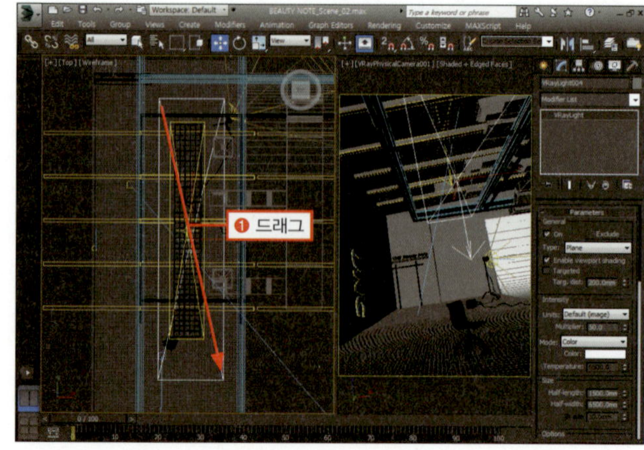

☑ VRayLight Parameter 설정

VRayLight Parameter의 Multiplier에 '50'을 입력하여 강
하지 않은 밝기로 장면 전체를 비추도록 조절하고 Size
를 다음과 같이 조절합니다.

Invisible을 체크하여 Light가 렌더링되지 않도록 하고
Affect reflections의 체크를 해제하여 Light가 장면의 오
브젝트에 반사되지 않도록 설정합니다.

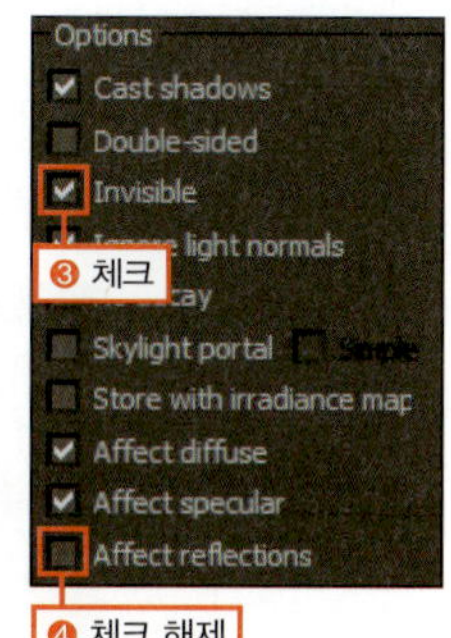

:: Point Sphere Light

다음 Light는 실내 장면에 쓰인 유일한 포인트 Light로, 설
치된 Light의 중심으로부터 모든 방향으로 빛을 발산하는
특징을 가지고 있습니다. 장면에서 시선이 많이 가거나
메인이 되는 부분의 밝기를 선택적으로 조절하는 역할을
합니다.

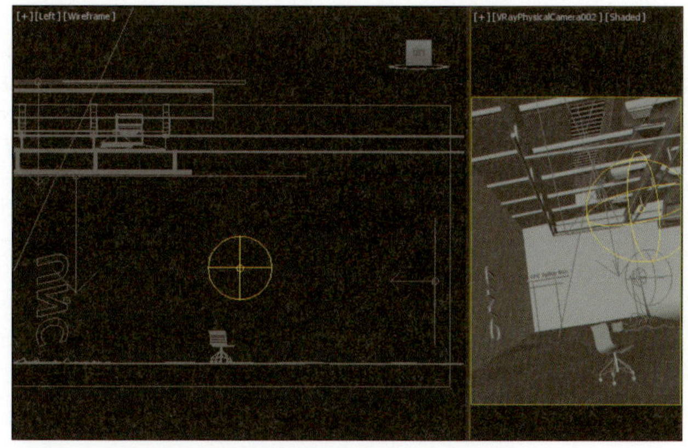

① VRayLight 설치

Front View에서 VRayLight를 추가 설치하고 Light Type을 Sphere로 선택합니다.

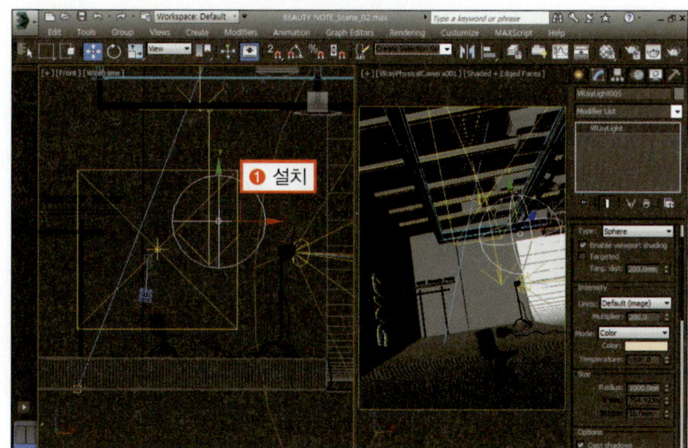

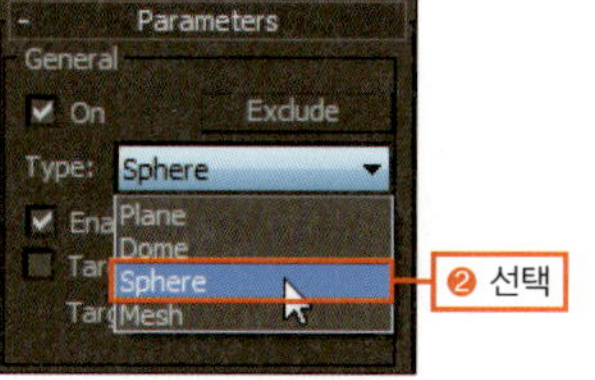

좌표에 다음 값을 입력하여 위치를 조절합니다.

☑ VRayLight Parameter 설정

VRayLight Parameter의 Multiplier에 '200'을 입력하고 Color와 Radius Size를 다음과 같이 조절합니다.

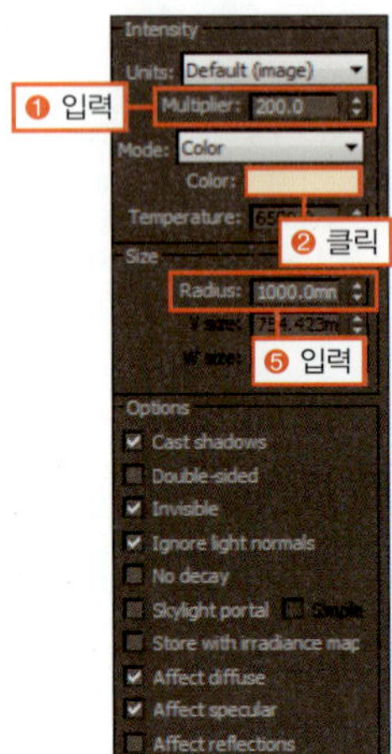

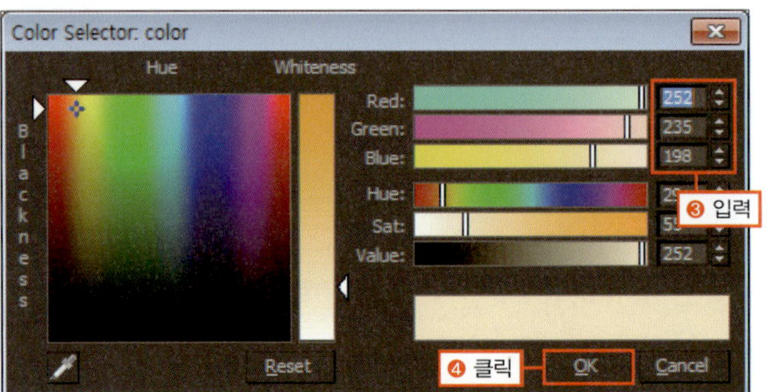

장면에 필요한 모든 Light의 설치를 완료합니다.

렌더링을 실행하여 6개의 라이트가 조합되어 표현된 결과물을 확인합니다. 아직 테스트를 위한 Render 설정이므로 퀄리티가 떨어지는 부분들이 보입니다. 최종 Render 세팅을 통해 깨끗한 결과물을 얻을 수 있는 방법은 이후 예제의 마지막 부분에서 알아봅니다.

Material을 적용하고
최종 렌더링하기

04

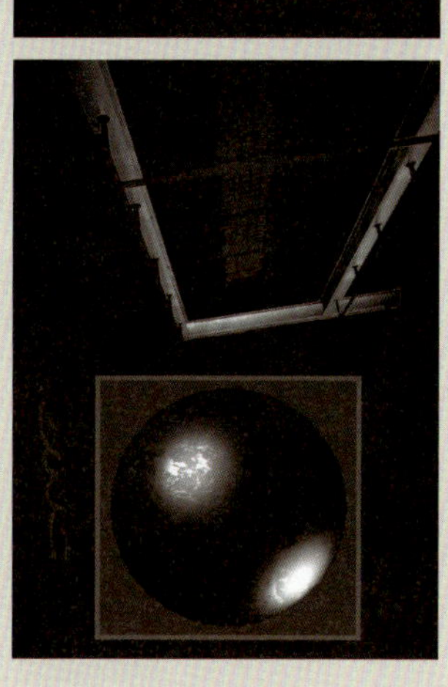

Light 설치를 마친 장면에 각 소재
의 특성이 반영된 Material을 편집
하여 적용하고 최종 렌더링을 위한
VRayRender 세팅을 진행합니다.

소재의 특성이 반영된 Material 제작하기

장면에 필요한 Light 환경이 세팅되었으므로 이제 오브젝트에 재질을 적용할 차례입니다. 평소 주변에 있는 사물의 질감이나 특성을 유심히 잘 관찰해두는 습관을 갖는다면 사실적인 재질을 표현하는 데 많은 도움이 될 수 있습니다. 주위에 있는 소재들을 떠올리거나 관찰하면서 Material 제작을 진행해봅니다.

:: 현재 장면의 재질 세팅 살펴보기

키보드의 M을 눌러 Slate Material Editor를 확인합니다. Compact 형태일 경우, 다음과 같이 선택하여 Slate Material Editor로 전환합니다.

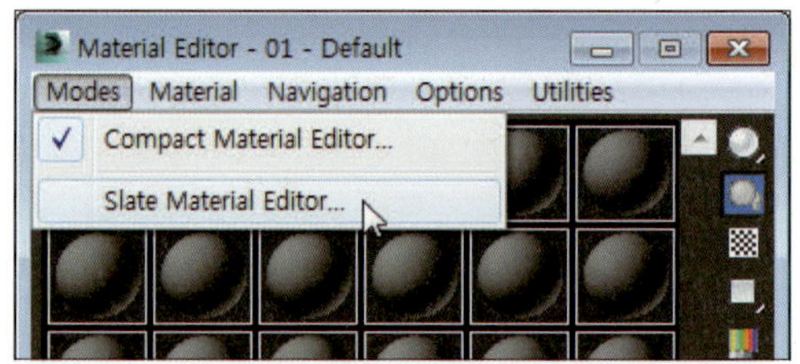

View 1에는 장면에 쓰일 주요 Material들이 VRayMtl로 세팅되어 있습니다. 각 Material은 해당 오브젝트에 적용되어 있는 상태입니다. 준비된 Material들을 편집하여 각 오브젝트 특성에 알맞은 재질을 표현해보도록 합니다.

:: Vintage floor Material

Vintage floor 재질은 장면의 'floor' 오브젝트에 적용되어 있습니다.
빈티지한 느낌의 바닥을 표현하기 위해 VRayBlendMtl을 활용하고 서로 다른 재질이 적용된 Map에 의해 혼합되는 과정을 알아봅니다.

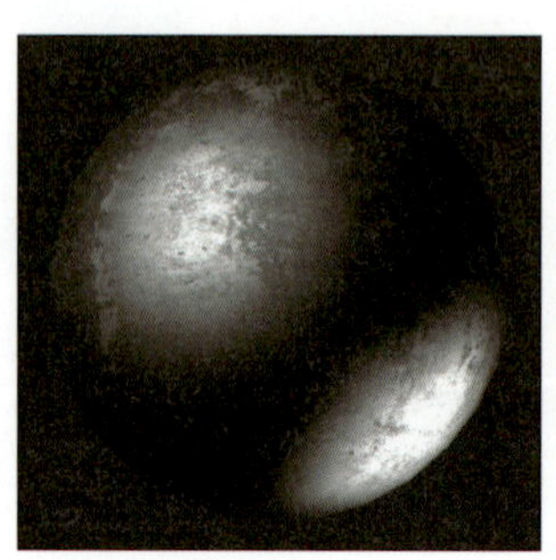

Vintage floor는 크게 두 가지의 재질이 혼합되어 있습니다. 유광 재질이 기본으로 깔려 있고 그 위에 무광 느낌의 재질이 Blend Map에 의해 혼합되어 표현되는 구조입니다. 조금 복잡해 보일 수 있는 구조이지만 상위 레벨의 재질부터 차근차근 세팅해보겠습니다.

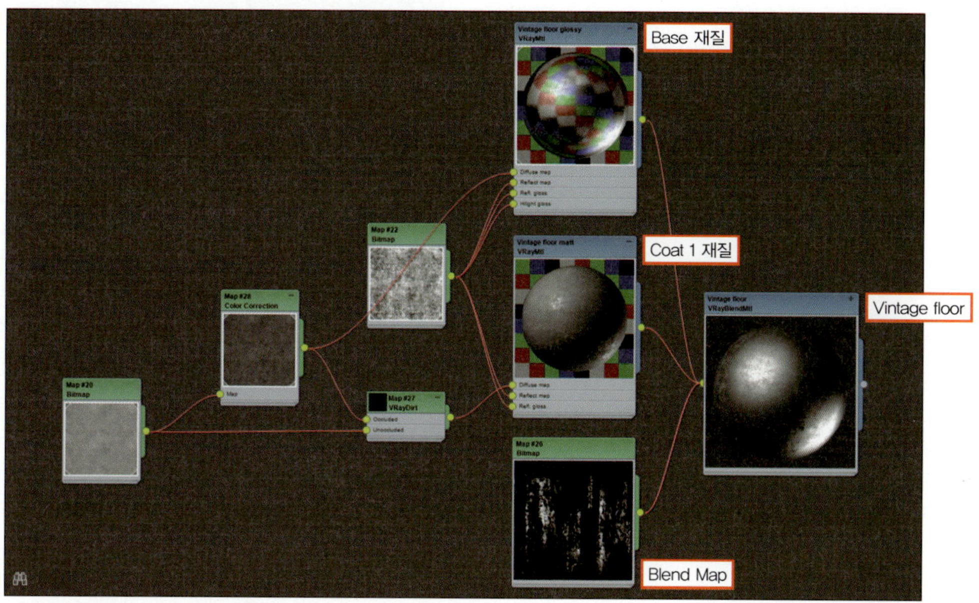

▲ 완성된 Vintage floor Material의 구조

1 VRayBlendMtl 생성

Slate Material Editor의 View1에서 미리 준비해둔 'Vintage floor glossy' 재질을 찾아 이름을 확인합니다. 빈 공간에 마우스 오른쪽 버튼을 클릭하여 리스트가 팝업되면 Materials>VRay의 VRayBlendMtl를 선택하고 새로운 재질을 생성합니다. 생성된 VRayBlendMtl를 적당한 위치에 가져다 놓은 후 이름을 'Vintage floor'라고 지정합니다.

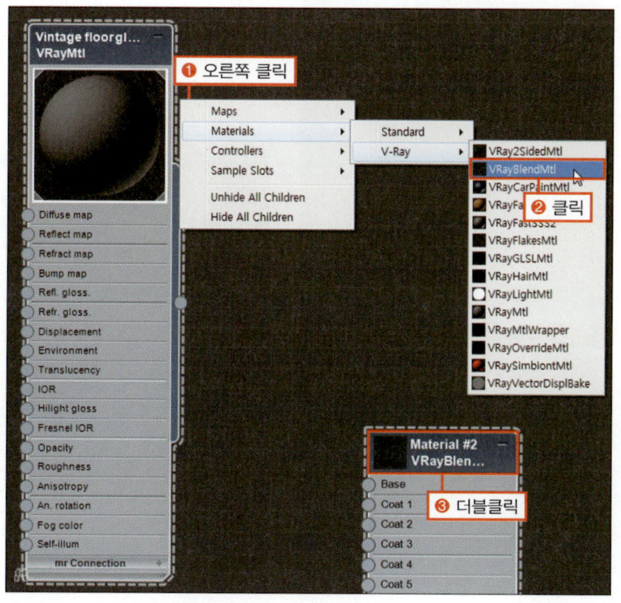

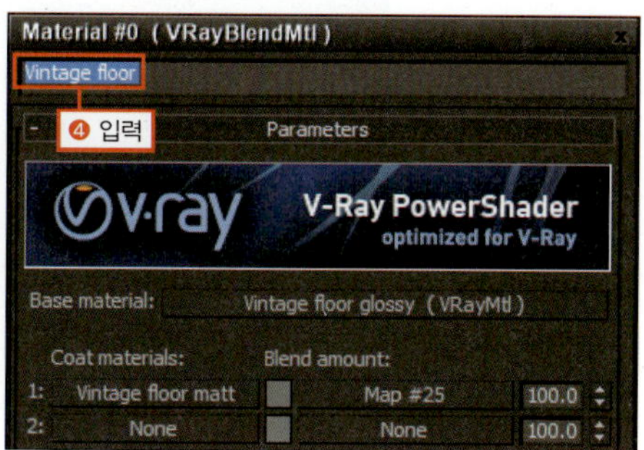

'Vintage floor glossy' 재질을 'Vintage floor'의 Base에 연결합니다.

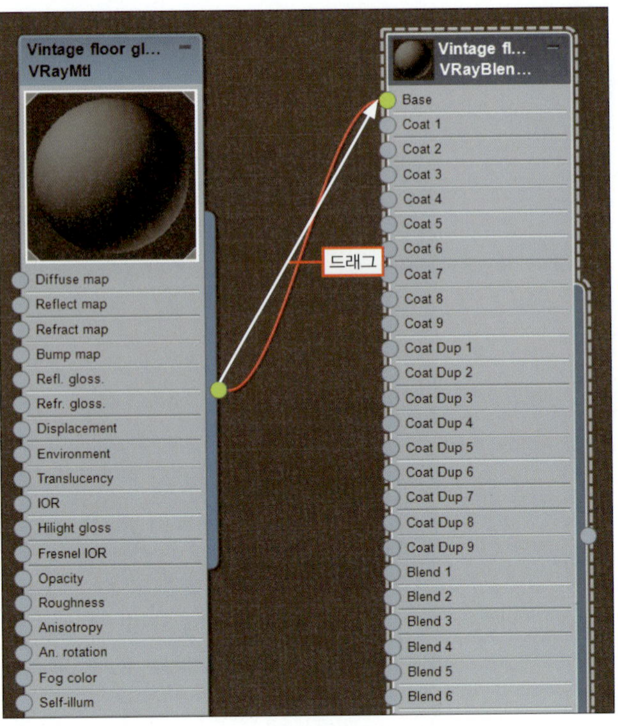

키보드의 Shift 를 누른 채 'Vintage floor glossy' 재질을 마우스로 드래그하면 동일한 재질이 복사됩니다. 복사한 재질을 더블클릭하여 선택한 후 이름을 'Vintage floor matt'로 변경합니다. 'Vintage floor matt' 재질을 VRayBlendMtl의 Coat 1에 연결하고 'Vintage floor'재질의 Parameters에서 적용 결과를 확인합니다.

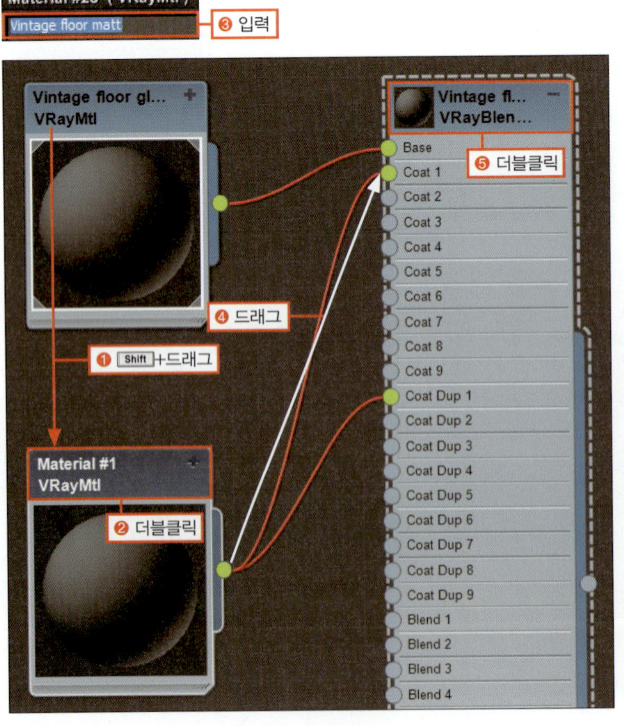

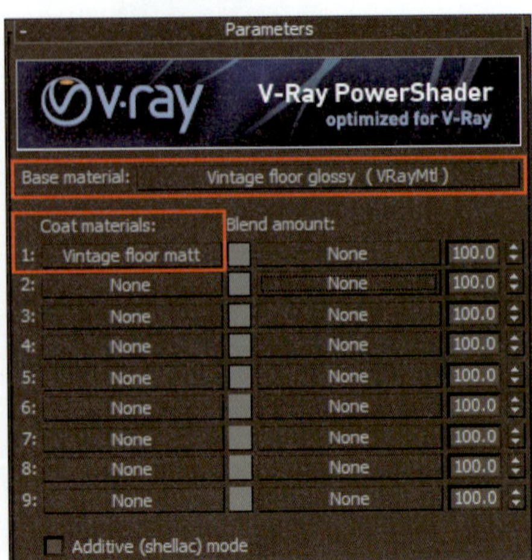

:: Base 재질 : Vintage floor glossy 세팅하기

VRayBlendMtl에 연결된 두 가지 재질 중에서 먼저 Base 재질인 'Vintage floor glossy'에 대한 세팅을 진행합니다.

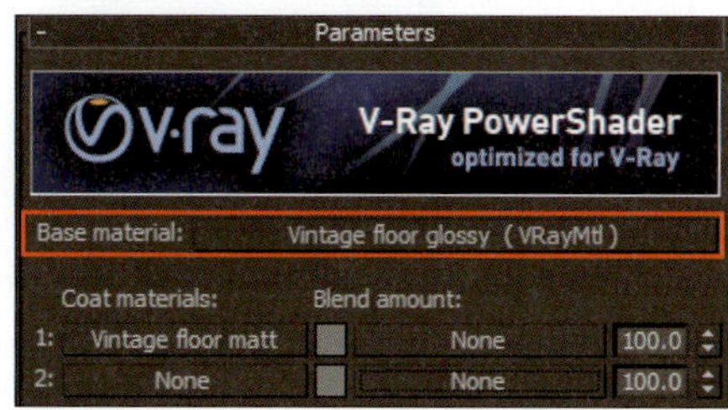

1 Basic Parameters 설정

'Vintage floor glossy' 재질의 상단을 더블클릭한 후 Basic Parameters의 옵션을 다음과 같이 설정합니다. Hilight glossiness값을 조절하면 재질에 맺히는 하이라이트의 범위를 조절할 수 있습니다. Subdivs값을 올려 최종 렌더링 시 깔끔한 반사가 이루어지도록 설정하고 하이라이트의 유형을 Ward로 선택합니다.

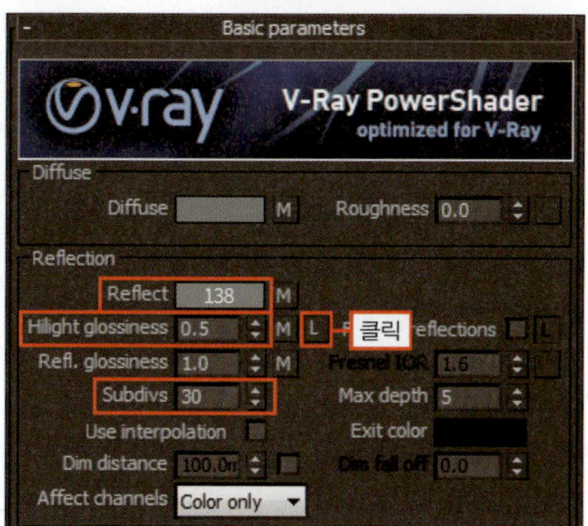

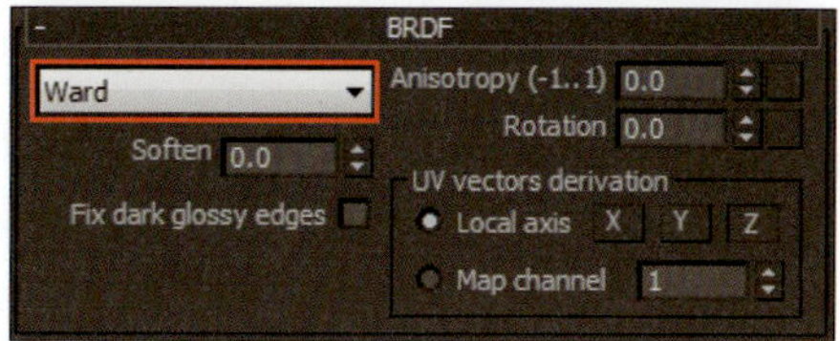

2 Diffuse의 Map 경로 및 설정

Diffuse에서 Bitmap을 선택한 후 부록 CD의 Part
04>Lesson 02 폴더에서 'Wall.jpg' 파일을 불러옵니다.

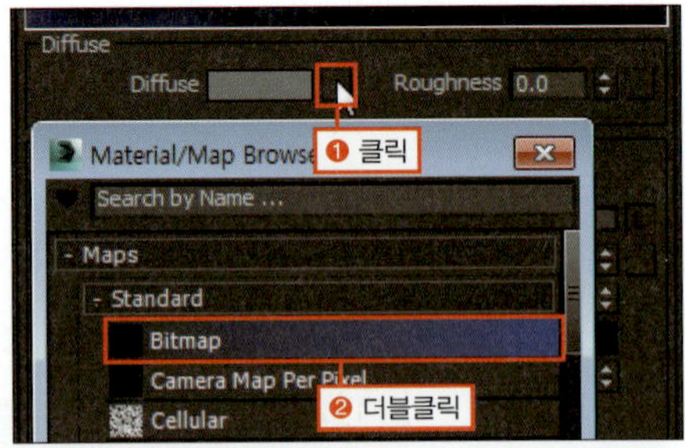

적용된 Bitmap을 선택하고 Blur에 '0.01'
을 입력하여 이미지가 선명하게 보이도
록 합니다.

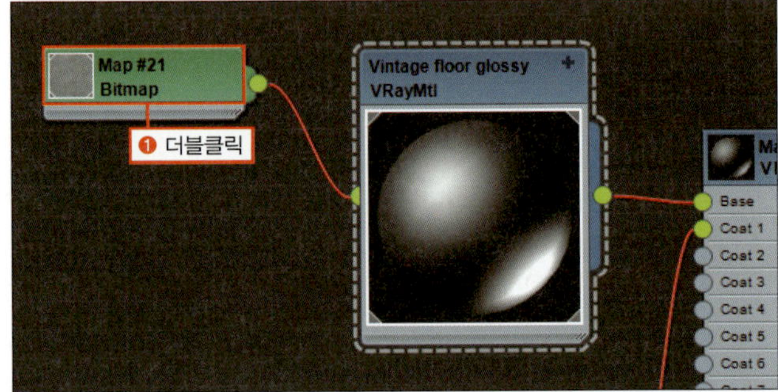

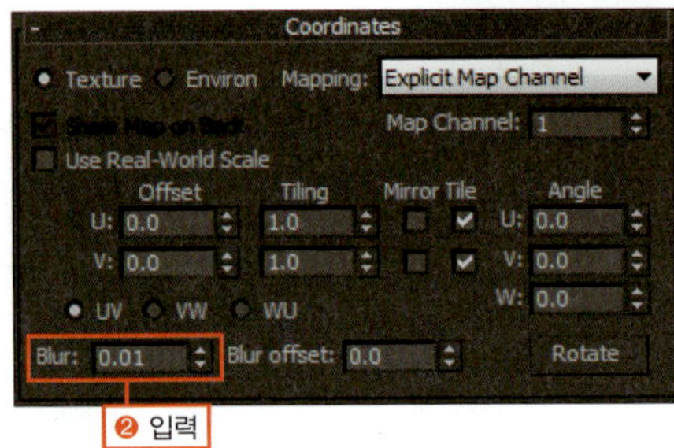

3 Diffuse의 Color Correction 설정

View의 빈 영역에서 Color Correction
을 추가하고 'Wall.jpg'의 Bitmap, Color
Correction, 'Vintage floor glossy'의
Diffuse map이 그림과 같은 구조가 되
도록 마우스로 연결합니다.

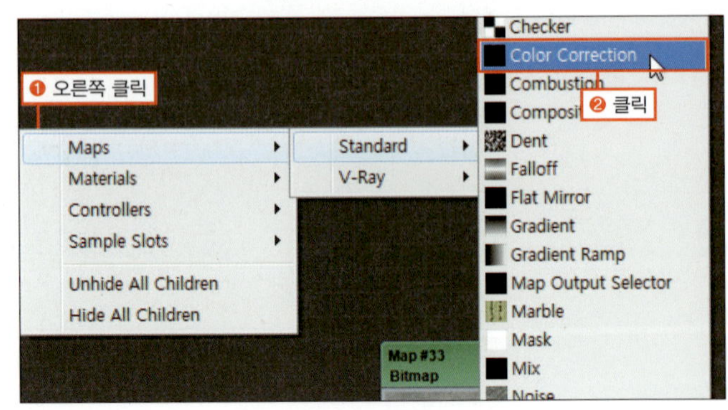

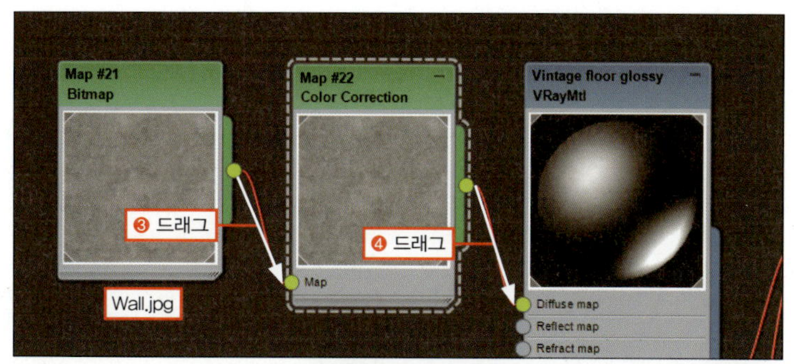

Color Correction을 더블클릭하여 선택하고 Brightness값을 변경하여 밝기를 조절합니다.

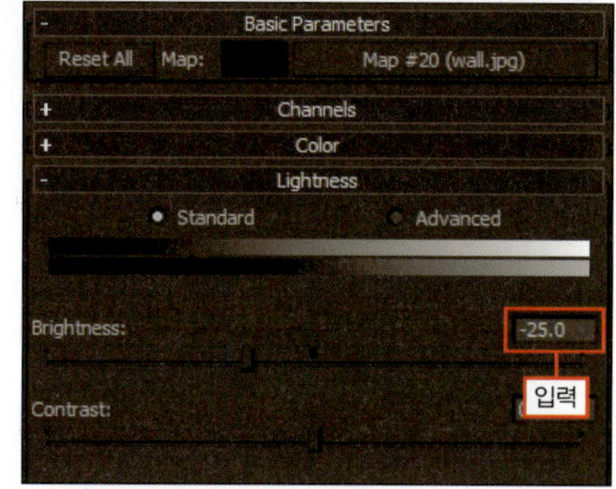

4 Reflect, Hilight gloss, Refl. gloss의 Map 경로 및 설정

View의 빈 영역에서 Bitmap을 추가하고 부록 CD의 Part 04>Lesson 02 폴더에서 'Wall_001.jpg' 파일을 불러옵니다.

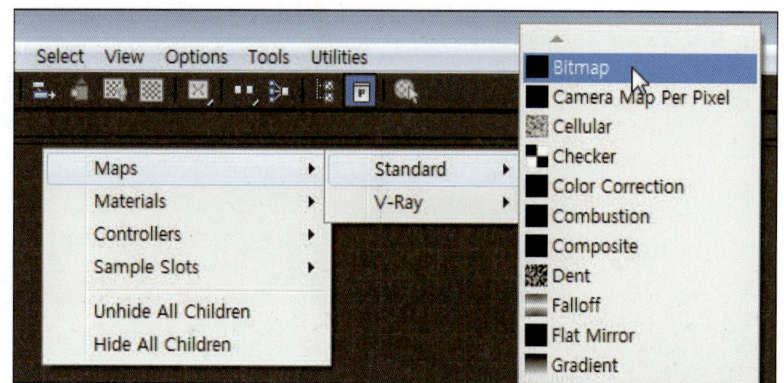

추가한 Bitmap을 선택한 후 Blur에 '0.01'을 입력하여 이미지에 Blur가 거의 없도록 설정합니다.

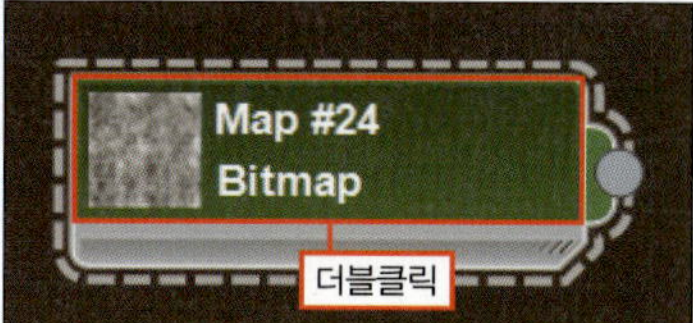

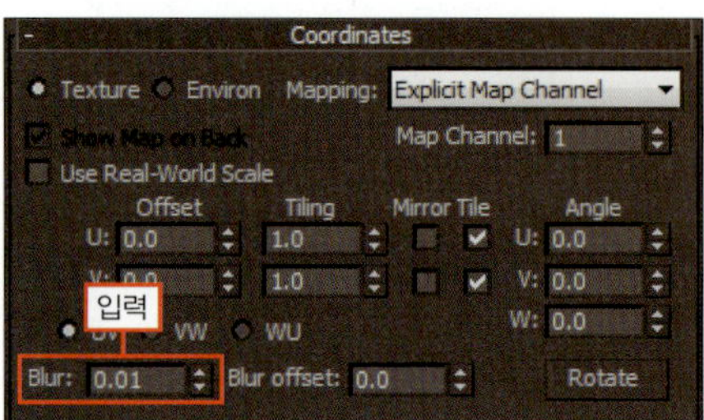

설정한 'Wall_001.jpg' Bitmap을 그림과 같이 'Vintage floor glossy'의 Reflect, Hilight gloss, Refl. gloss 항목에 드래그하여 연결하고 Maps Rollout에서 값을 조절합니다.

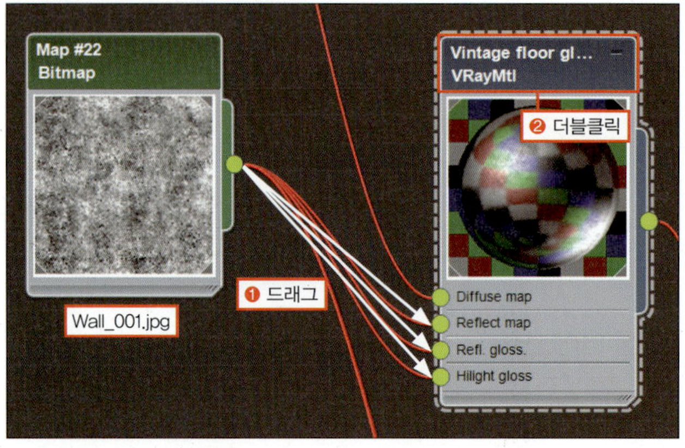

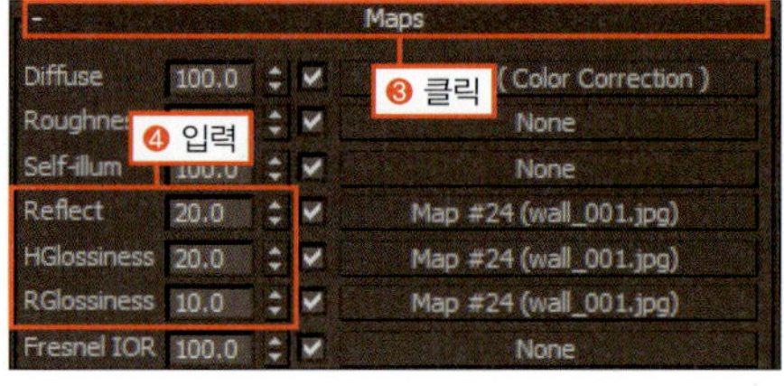

[**MEMO** · Reflect와 Refract를 잘 구분하여 적용합니다.]

tip ▸ **Hide Unused Nodeslots 활용하기**

재질 위에 마우스 오른쪽 버튼을 클릭하여 Hide Unused Nodeslots를 선택하면 적용된 항목만 보이도록 설정할 수 있습니다.

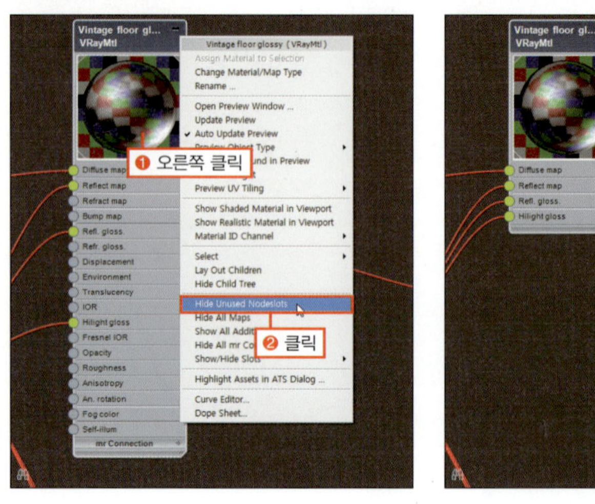

⑤ Maps 세팅 완료

세팅이 완료된 'Vintage floor glossy'의 Map 구조입니다.

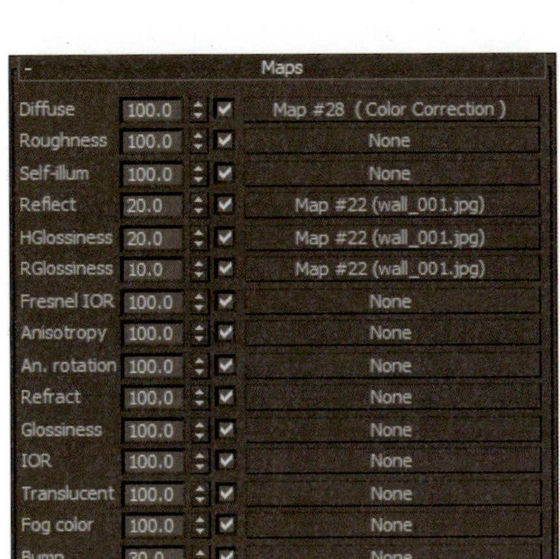

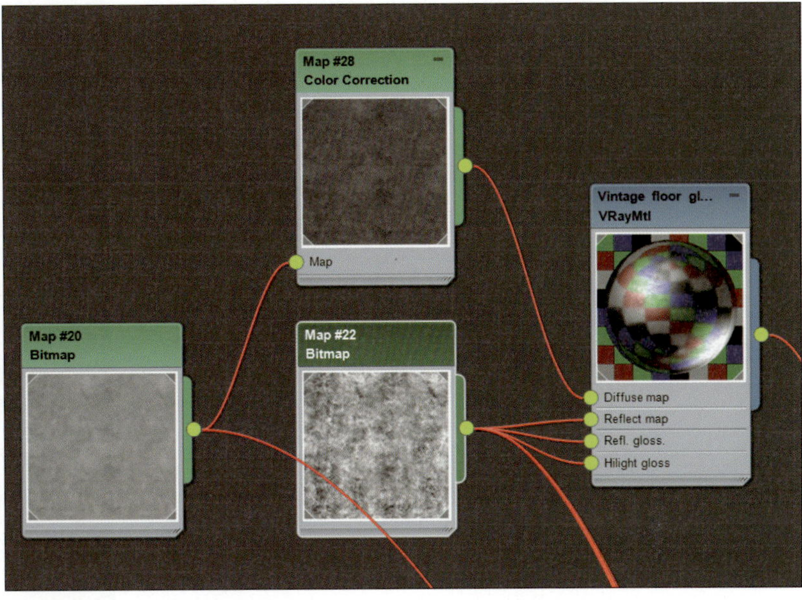

:: Coat 1 재질 : Vintage floor matt 세팅하기

이번에는 VRayBlendMtl의 Coat 1에 연결된 'Vintage floor matt'에 대한 세팅을 진행합니다.

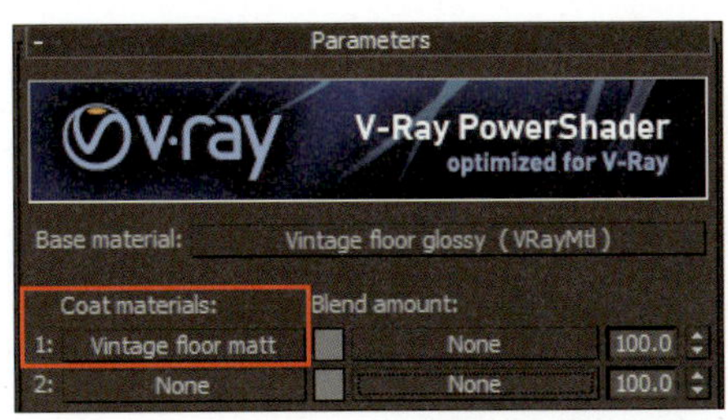

1 Basic Parameters 설정

'Vintage floor matt' 재질 상단을 더블클릭하
여 Basic Parameters의 옵션을 다음과 같이 설
정합니다.

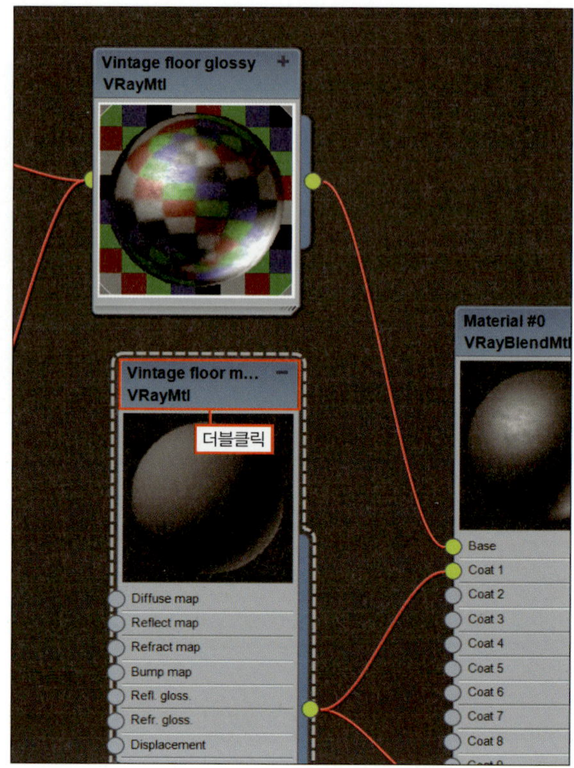

Fresnel reflections을 체크하여 해당 재질을 Camera View에서 보았을 때 반사가 너무 강해지지 않도
록 설정하고, 뿌연 반사가 이루어지는 재질이므로 Max depth에 '2'를 입력하여 반사의 횟수를 줄입
니다.

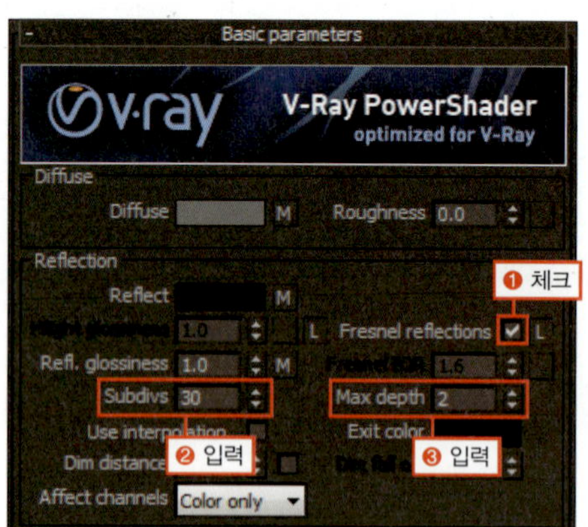

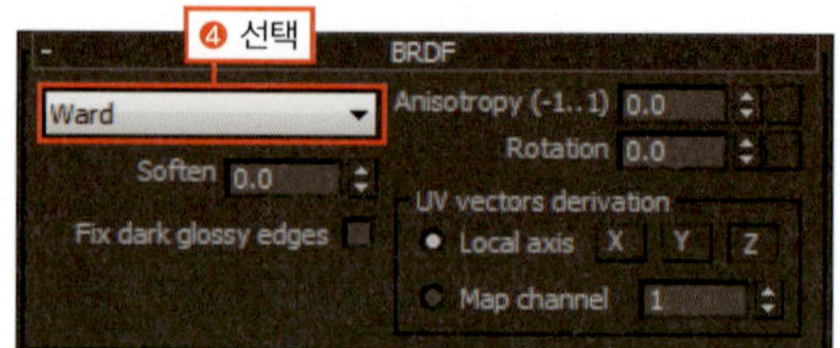

2 Maps 설정

'Vintage floor glossy' 재질에 사용했던 'Wall.jpg', 'Wall001.jpg'의 Bitmap을 다음과 같이 'Vintage floor matt' 재질의 각 항목에도 적용하고 Maps Rollout값을 변경합니다.

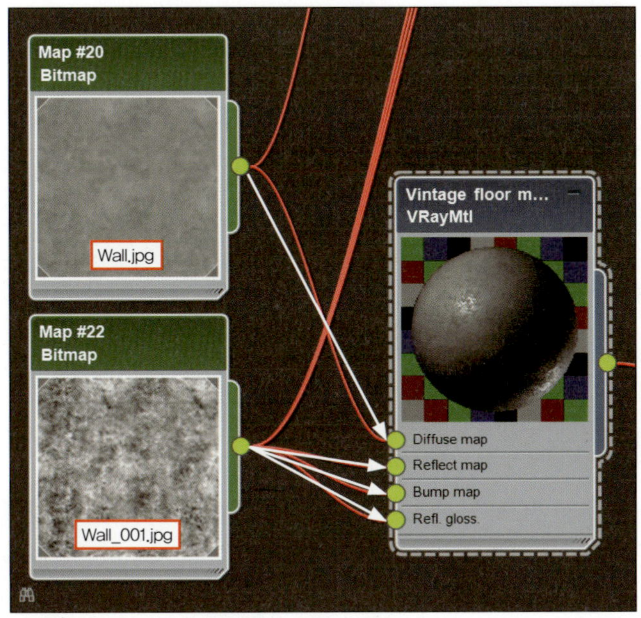

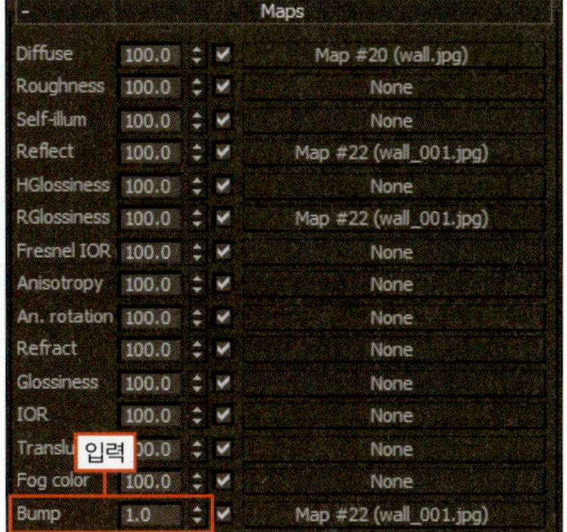

:: Blend Map : 적용하기

혼합될 두 가지 재질을 모두 세팅했습니다. 이제 두 재질의 상위 재질인 'VRayBlendMtl'를 선택하고 Blend Map을 적용합니다.

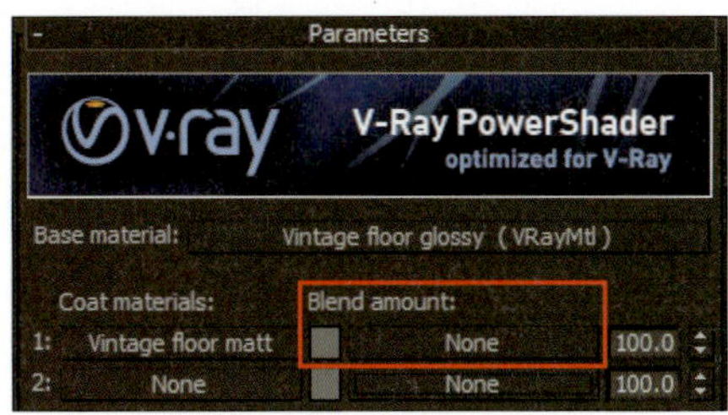

① Blend Map 경로 설정

Blend amount에 Bitmap Map을 적용하고 부록 CD의 Part 04>Lesson 02 폴더에서 'Wall_mask_001.
jpg' 파일을 불러옵니다. Base와 Coat 1에 적용된 두 가지 재질이 Map에 의해 혼합되도록 설정됩니다.

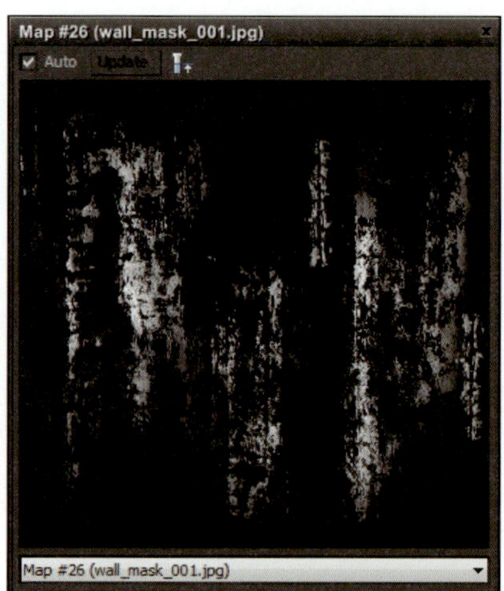

'Wall_mask_001.jpg'의 Bitmap을 선택하고 Blur에 '0.01'
을 입력하여 이미지에 Blur가 거의 적용되지 않도록 설정
합니다.

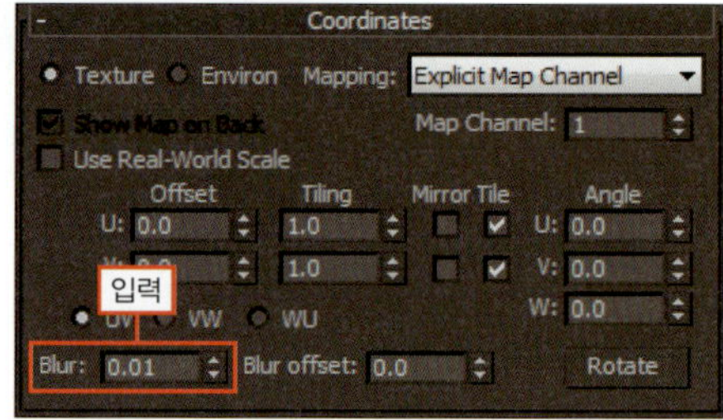

② 'floor' 오브젝트에 적용

'VRayBlendMtl'은 새로 추가된 재질이기
때문에 아직 바닥 재질에 완전히 적용되
지 않은 상태입니다. 장면의 'floor' 오브
젝트를 선택하고 [Assign Material to
Selection] 버튼(　)을 클릭하여 재질이
완전히 적용되도록 합니다.

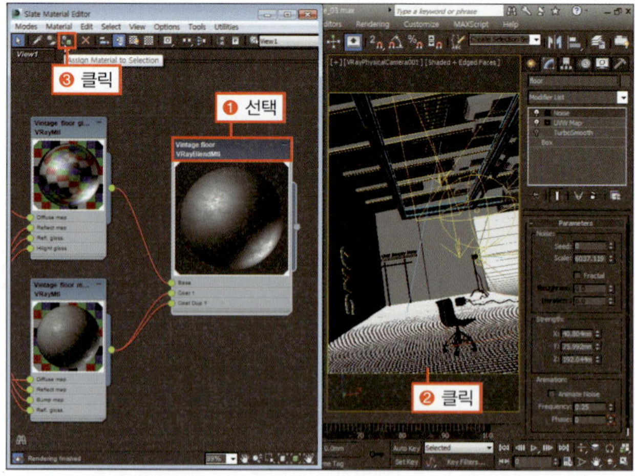

:: Wall Material

벽면의 재질에는 한 오브젝트의 ID에 따라 몇 가지 재질을 동시에 적용하기 위해 Multi/Sub-Object가 적용되어 있습니다. 실내 표현에서 자주 사용되는 콘크리트 재질과 광택이 있는 블루 톤의 벽을 표현해봅니다.

벽면은 아래 구조와 같이 크게 세 가지의 재질로 이루어져 있습니다.

이번에는 ID 1, 2번 재질을 편집하는 과정을 다루게 될 것입니다. 3번 재질은 카메라에서 보이지 않는 벽면의 흰색 컬러를 표현할 수 있도록 이미 세팅되어 있으므로 따로 과정을 진행하지 않겠습니다.

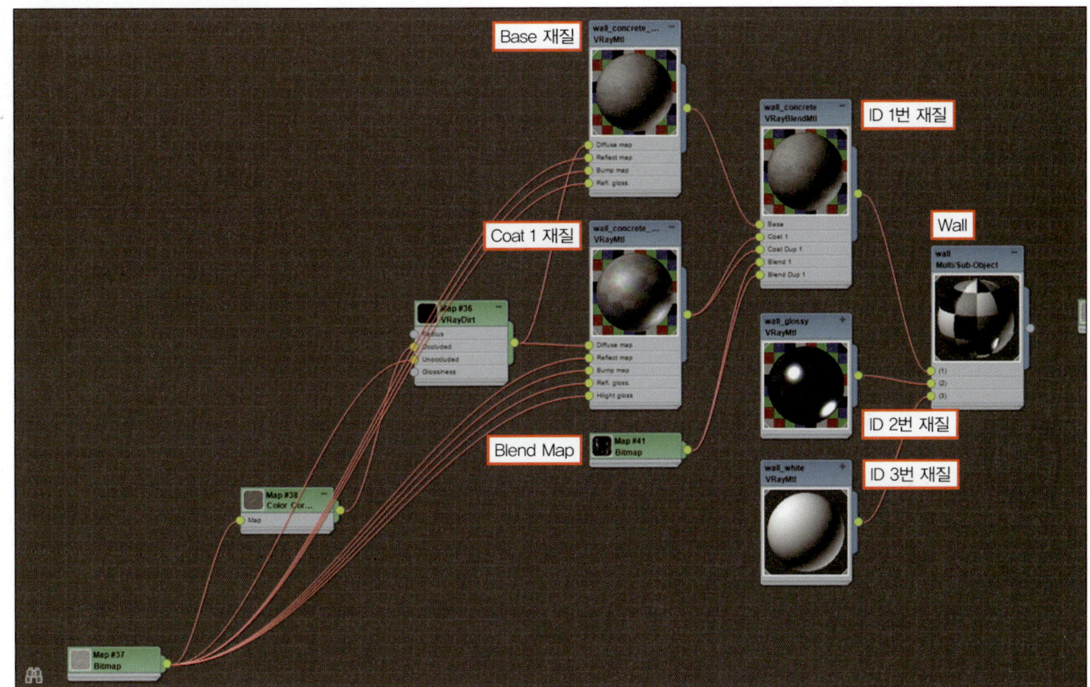

▲ 완성된 Wall Material의 구조

:: ID 1번 재질 : wall_concrete 세팅하기

Multi/Sub-Object의 ID 1번에 해당하는 'wall_concrete' 재
질에는 VRayBlendMtl이 미리 적용되어 있습니다. 이를 활용
하여 벽면과 천장에 사용된 콘크리트 재질을 세팅해봅니다.

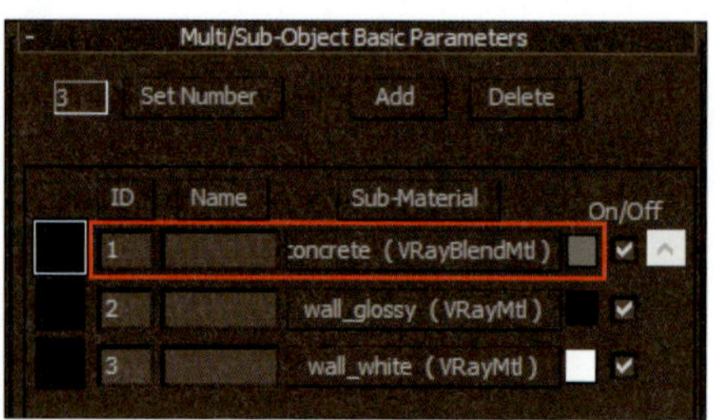

:: Base 재질 : wall_concrete_matt 세팅하기

VRayBlendMtl에 연결된 두 가지 재질 중에서 먼저 Base재
질인 'wall_concrete_matt'에 대한 세팅을 진행합니다.

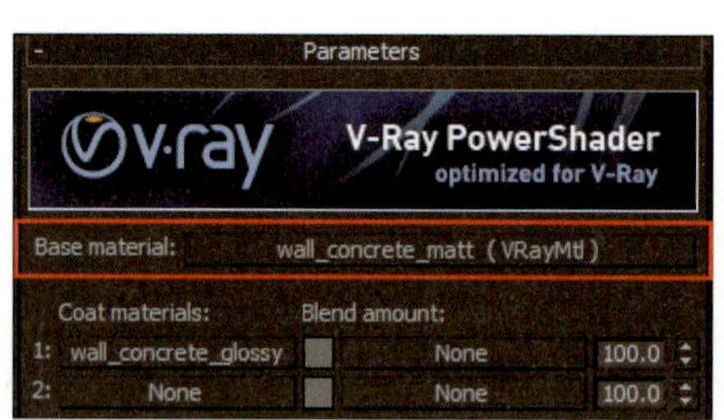

1 Basic Parameters 설정

VRayBlendMtl의 Base에 연결된 'wall_concrete_matt' 재질의 상단을 더블클릭하고 Basic Parameters
의 옵션을 다음과 같이 설정합니다.

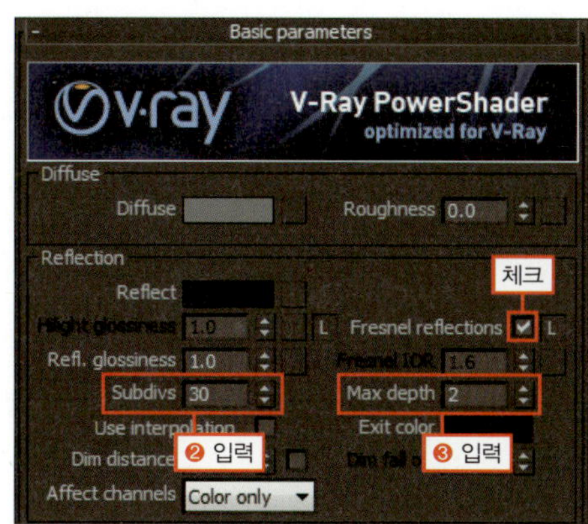

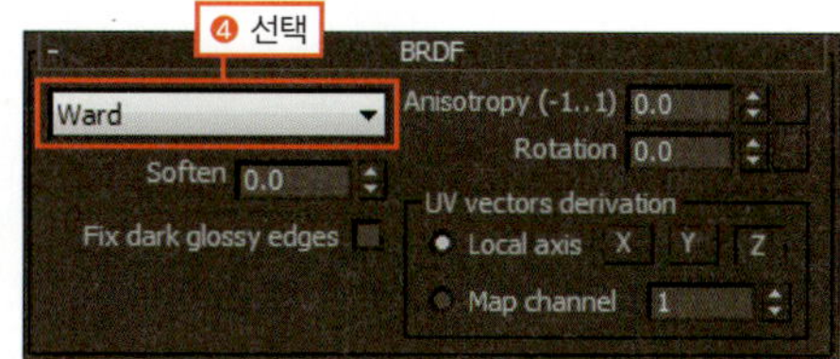

❷ Diffuse 설정

다음과 같이 Diffuse에 VRayDirt를 적용합니다.

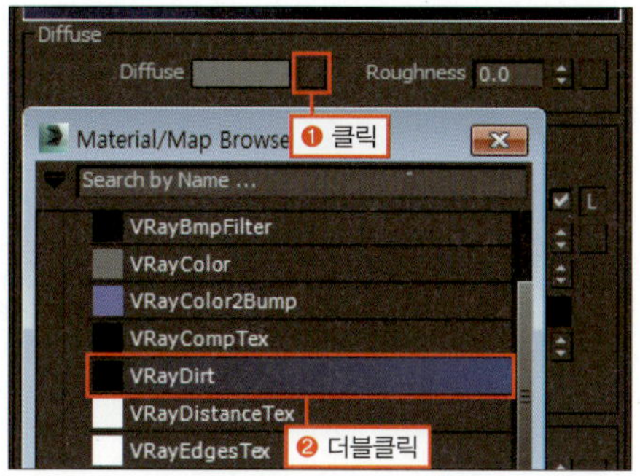

적용된 VRayDirt를 선택한 후 unoccluded color에 Bitmap을 적용합니다. 부록 CD의 Part 04>Lesson 02 폴더에서 'Wall.jpg' 파일을 사용합니다.

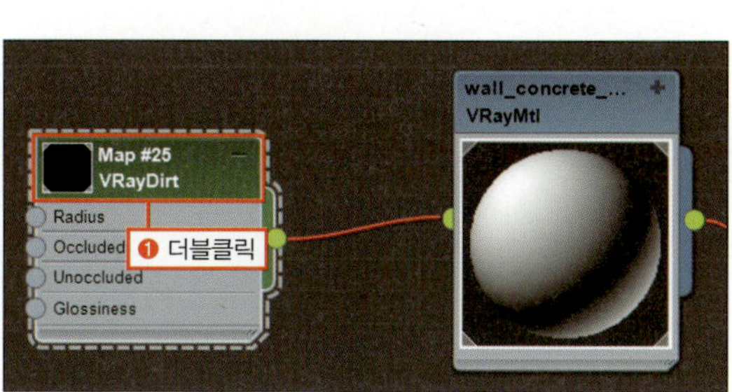

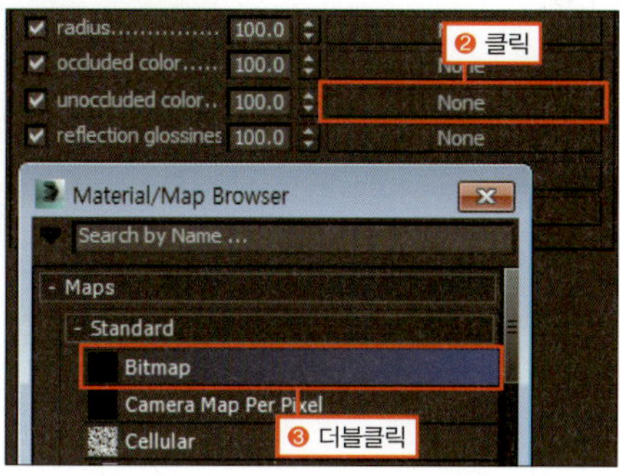

불러온 'Wall.jpg'의 Bitmap을 선택한 후 Blur값을 '0.3'으로 조
절합니다.

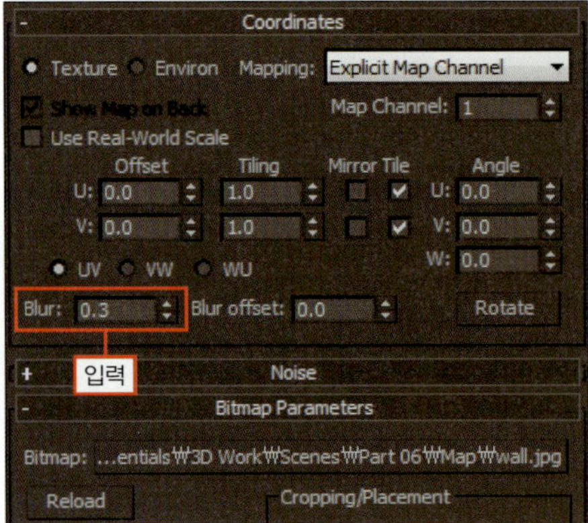

❸ Color Correction 설정

View의 빈 공간에서 Color Correction을 추가하고
다음과 같은 구조로 VRayDirt의 Occluded에 연결
합니다.

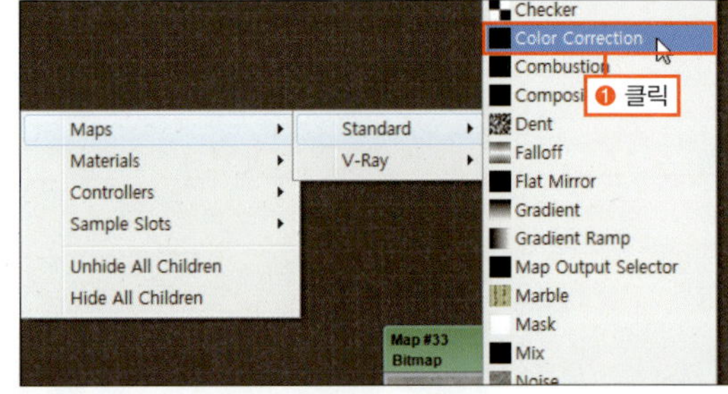

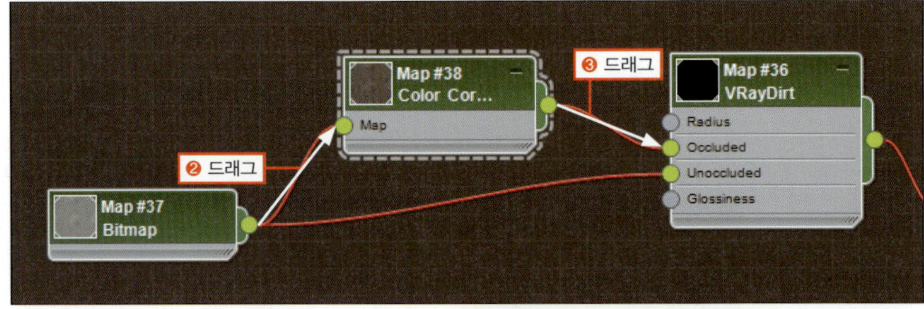

연결된 Color Correction을 선택하고 Brightness에 '-20'
을 입력하여 밝기를 조절합니다.

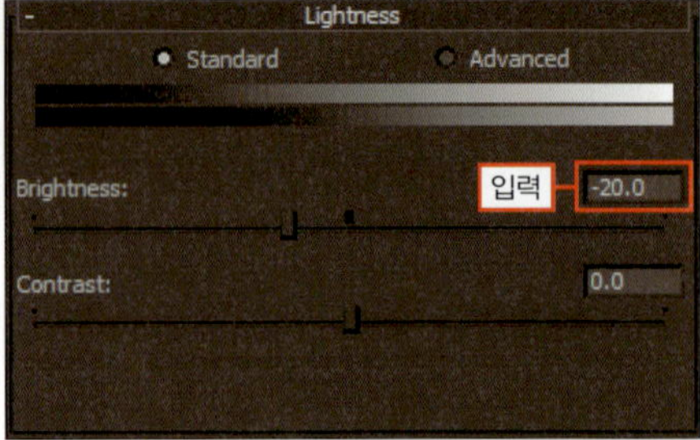

4 VRayDirt 설정

VRayDirt를 선택하고 radius값과 unoccluded color값을
조절하여 면과 면이 만나는 경계 부분이 설정한 값과 Map
에 의해 좀 더 어둡게 표현되도록 합니다.

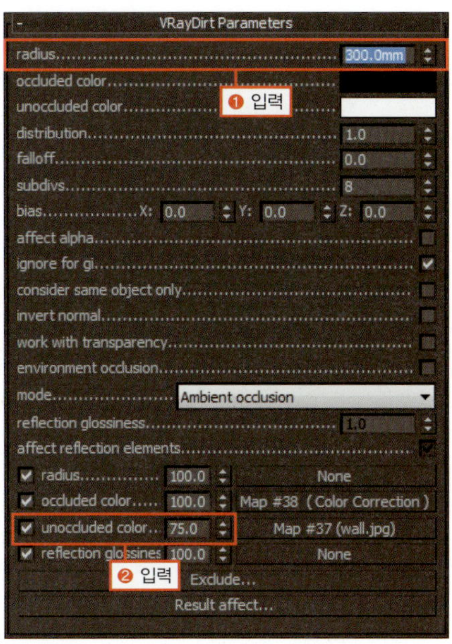

5 Reflect, Refl.gloss, Bump의 Map 설정

VRayDirt에 사용된 'wall.jpg'의 Bitmap을 그림과 같이 'wall_concrete_matt' 재질의 Reflect, Refl.gloss,
Bump 항목에 연결하고 Maps Rollout에서 값을 조절합니다.

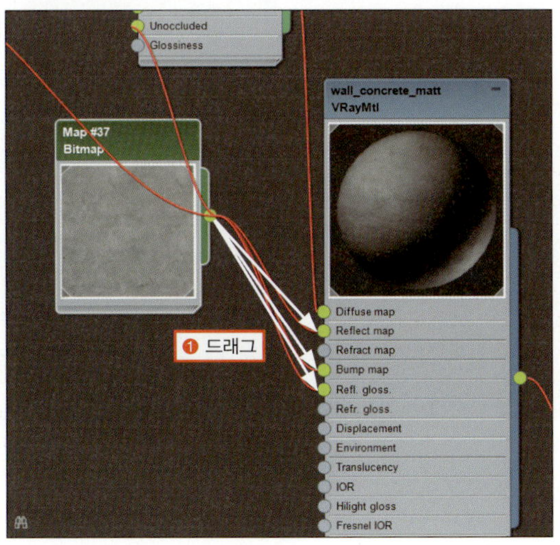

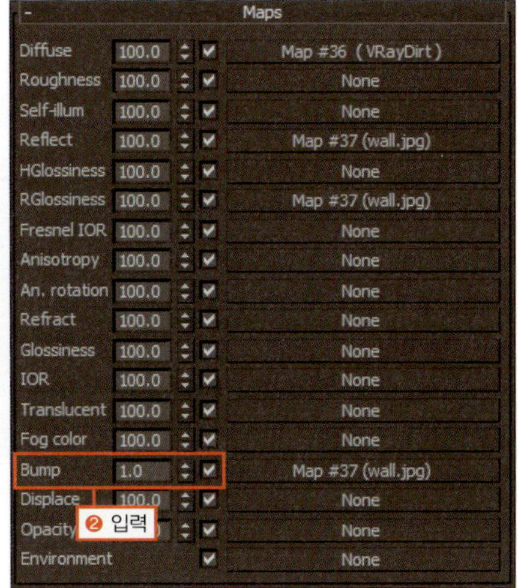

세팅이 완료된 'wall_concrete_matt'의 Map 구조입니다.

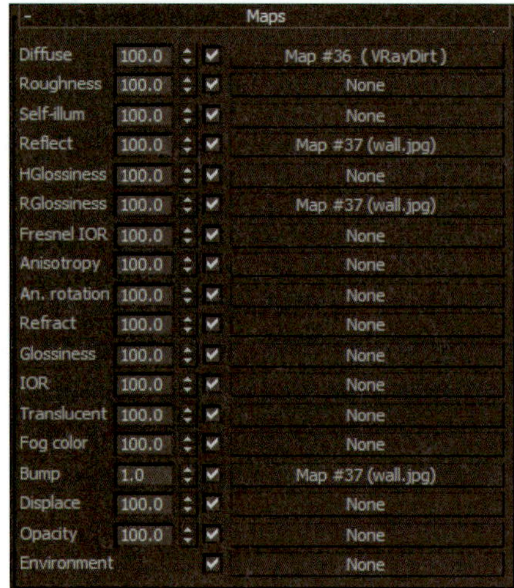

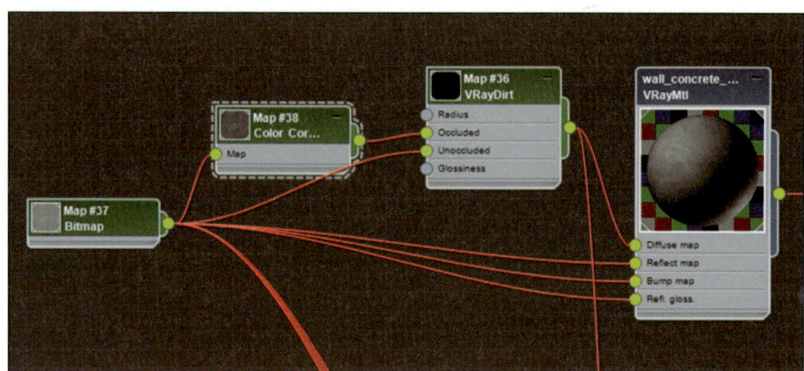

:: Coat 1 재질 : wall_concrete_glossy 세팅하기

VRayBlendMtl에 연결된 두 가지 재질 중에서 Coat 1에 적용
될 'wall_concrete_glossy'에 대한 세팅을 진행합니다.

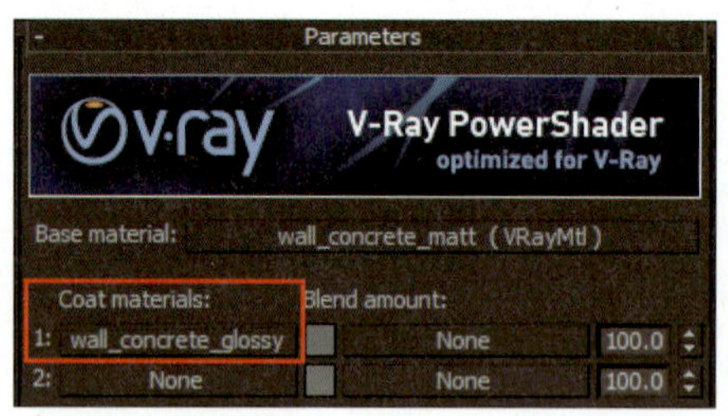

7 Basic Parameters 설정

'wall_concrete_glossy' 재질을 선택한 후 Basic Parameters 옵션을 다음과 같이 설정합니다.

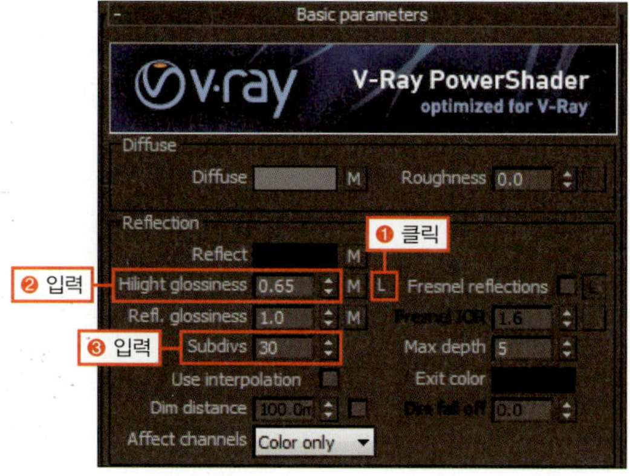

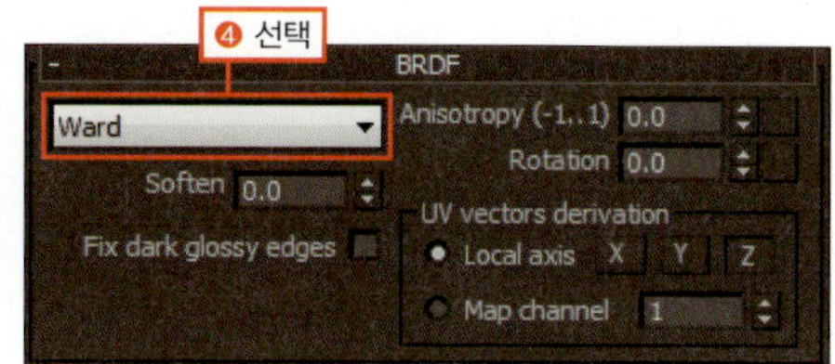

8 Maps 설정

'wall_concrete_matt' 재질의 Diffuse로 사용한 VRayDirt를 'wall_concrete_glossy'의 Diffuse에 동일하게 적용합니다.

Reflect, Refl.gloss, Bump, Hilight gloss에도 'wall_concrete_matt' 재질에 사용했던 'wall.jpg' Bitmap을 그림과 같이 연결하고 Maps Rollout의 값을 조절합니다.

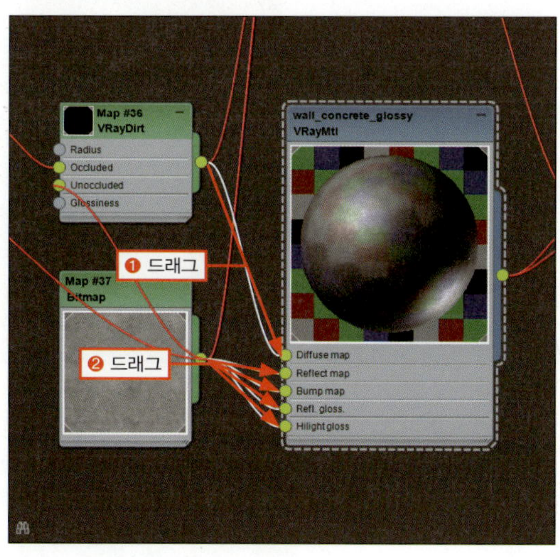

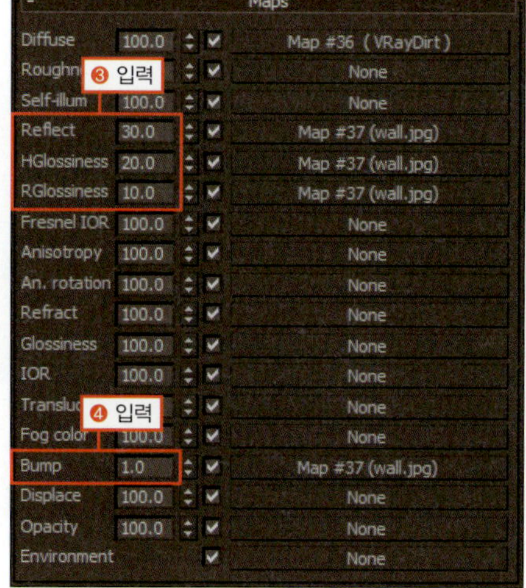

9 Blend Map 경로 및 설정

상위 재질인 'wall_concrete_glossy'를 더블클릭하여 선택합니다.

Blend amount에 Bitmap Map을 적용하고 부록 CD의 Part 04>Lesson 02 폴더에서 'Wall_mask_001.jpg' 파일을 불러옵니다. Base와 Coat 1에 적용된 두 가지 재질이 Map에 의해 혼합됩니다.

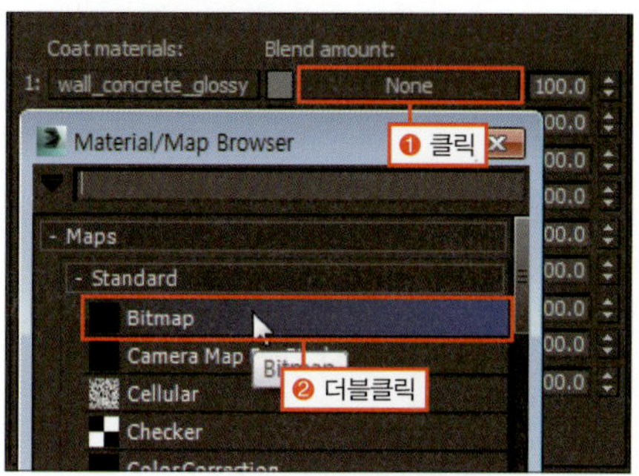

적용된 'Wall_mask_001.jpg'의 Bitmap을 선택한 후 Blur에
'0.3'을 입력합니다.

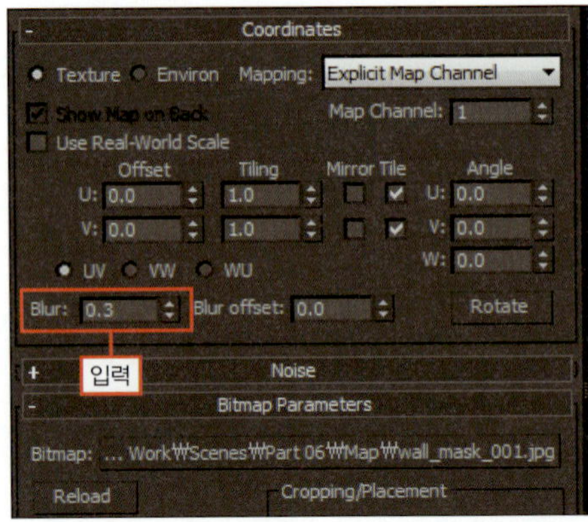

:: ID 2번 재질 : wall_glossy 세팅하기

Multi/Sub-Object의 ID 2번에 해당하는 'wall_glossy' 재질을
세팅해봅니다.

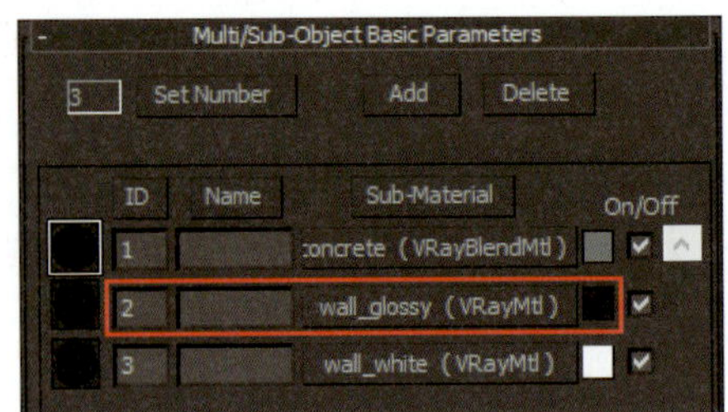

1 Basic Parameters 설정

'wall_glossy' 재질을 선택한 후 Basic Parameters 옵션을
다음과 같이 설정합니다. Diffuse Color는 미리 지정되어
있습니다.

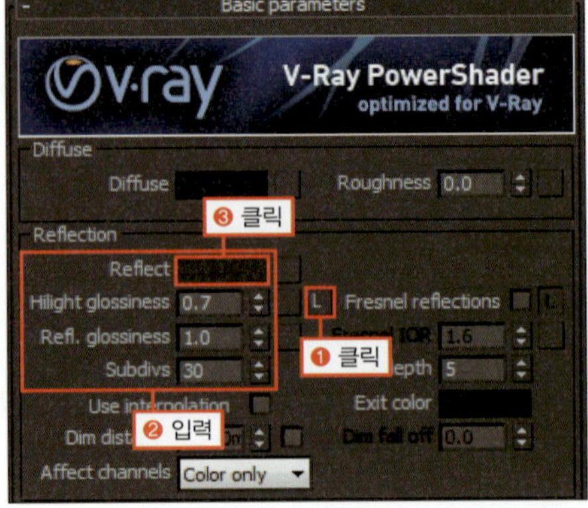

Reflect 컬러를 다음과 같이 변경하여 반사
되는 정도를 조절합니다.

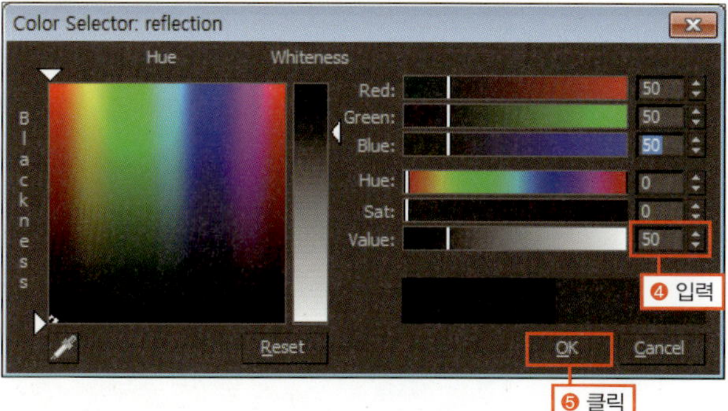

:: white wall Material

white wall은 기본 VRayMtl에서 컬러만 흰색으로 변경하고
Bump에 Noise를 사용하여 벽면의 거친 표면을 표현한 매우 간
단한 구조의 재질입니다.

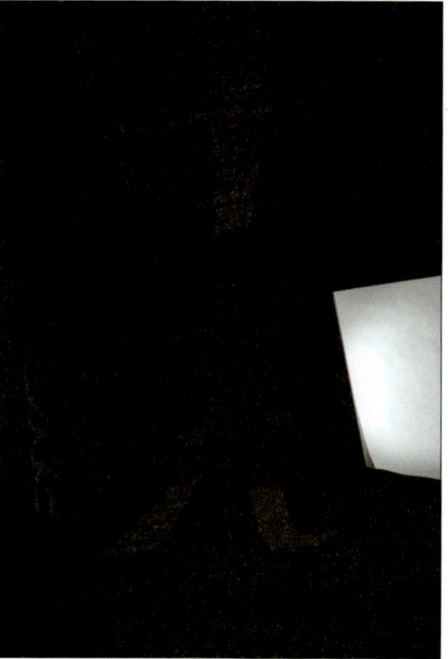

❶ Basic Parameters 설정

Slate Material Editor에서 'white wall' 재질을 선택한 후
Diffuse Color를 흰색으로 변경하고 나머지 설정을 모두
기본 그대로 사용합니다.

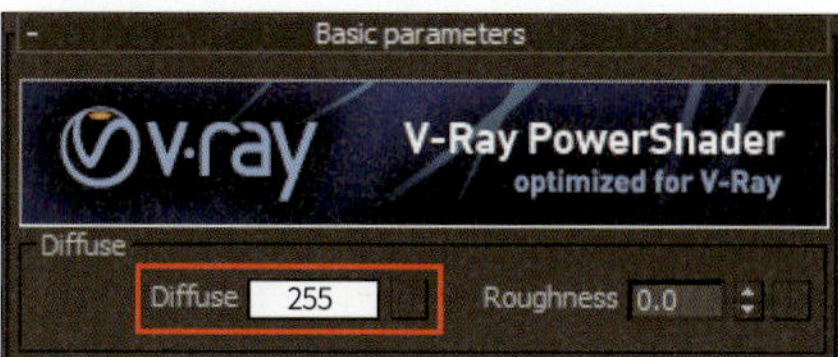

Bump에 Noise를 적용하고 다음과 같이 Parameters를 설정합니다.

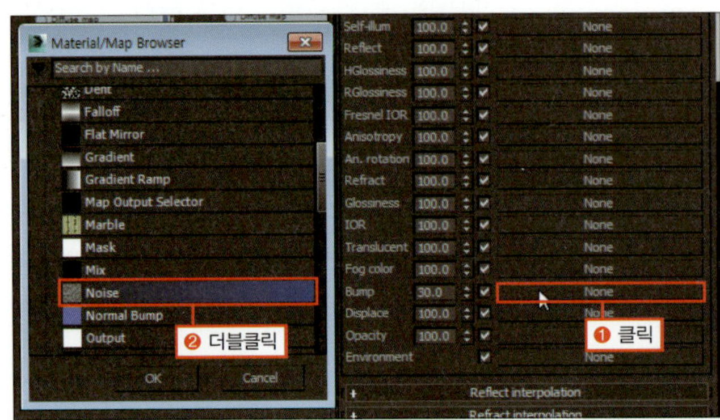

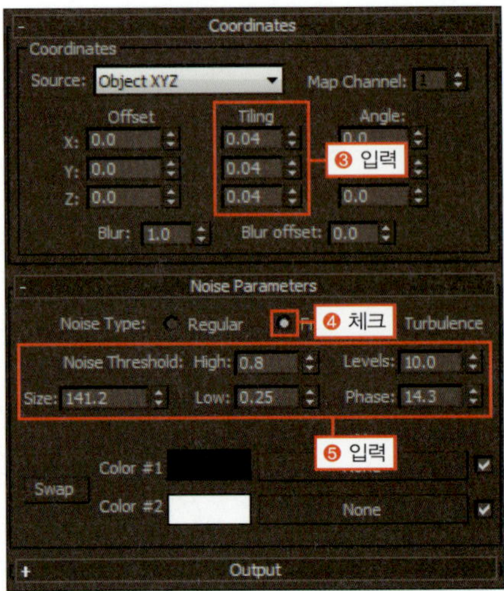

Bump에 '6'을 입력하여 표면이 돌출되는 정도를 조절합니다.

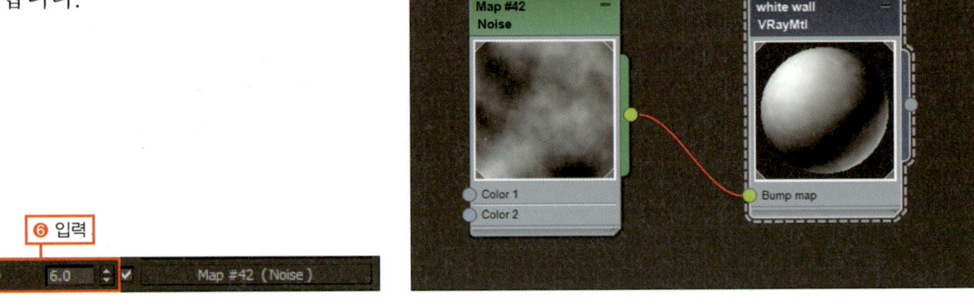

:: Wood Material

천장 구조물 중의 하나인 나무 재질을 표현해보겠습니다.

1 Basic Parameters 설정

Slate Material Editor에서 'wood' 재질을 선택하고 Parameter 설정을 다음과 같이 변경합니다.

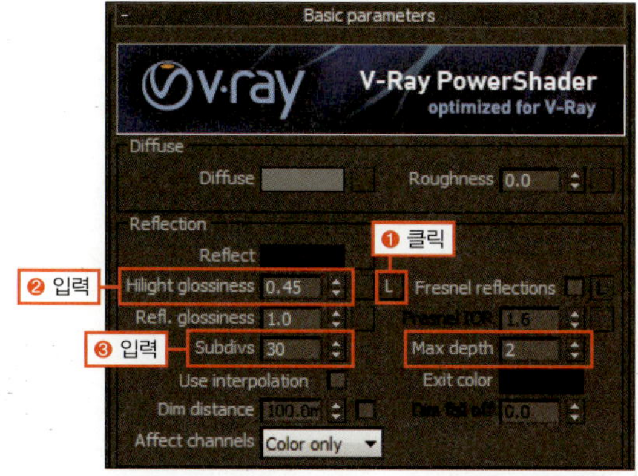

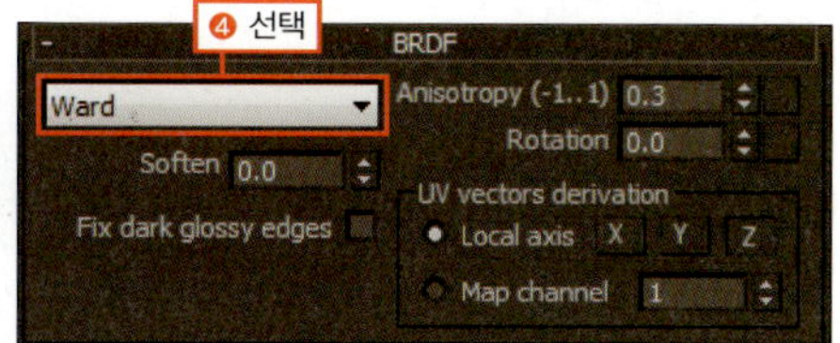

2 Maps 설정

'wood' 재질에는 총 2가지의 Bitmap Map이 사용되고 있고, 다음과 같은 구조로 연결되어 있습니다.
각 항목에 해당 Bitmap Map을 불러와서 연결하고 Reflect와 Bump값을 조절합니다.

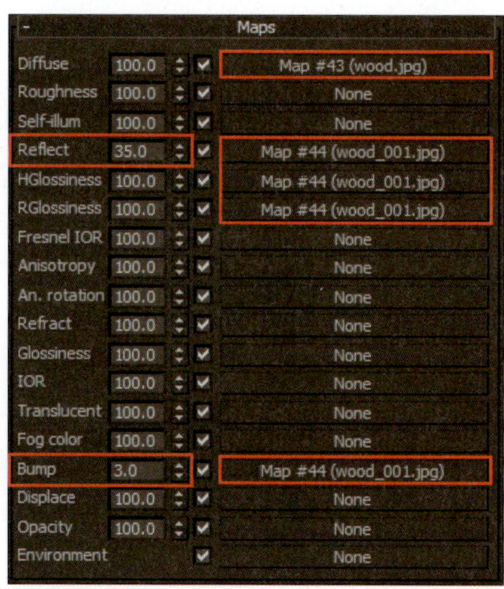

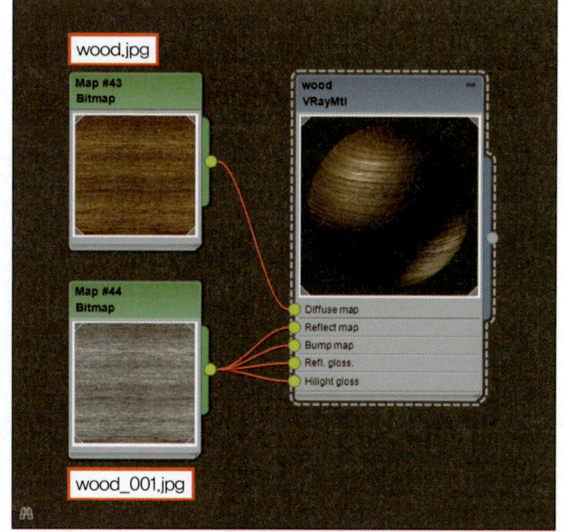

부록 CD의 Part 04>Lesson 02 폴더에서 'Wood.jpg'와
'Wood_001.jpg' 파일을 사용합니다. Blur값은 '0.3'으로
조절합니다.

:: Frame_old metal Material

'Frame_old metal'은 어두운 컬러의 금속을 표현한 재질로, 장면의 'frame' 오브젝트에 적용되어 있습니다. 오래된 공간의 느낌에서 너무 깨끗한 재질을 사용하면 이질감이 발생할 수 있습니다. Old Map을 활용하여 부식된 금속을 표현하고 빈티지한 느낌의 장면과 잘 어울릴 수 있도록 설정해봅니다.

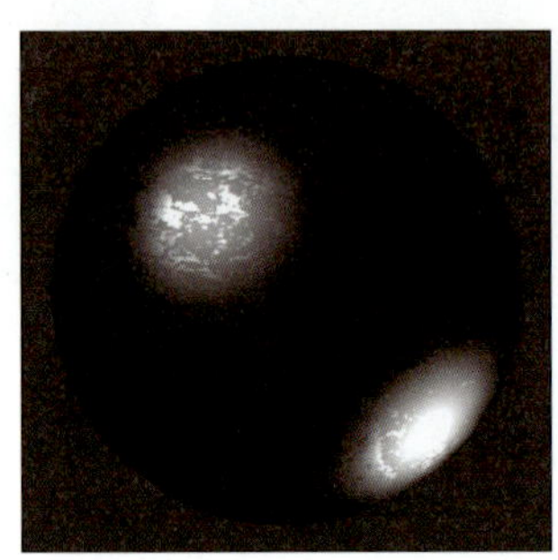

1 Basic Parameters 설정

Slate Material Editor에서 'Frame_old metal' 재질을 선택하고 Parameter 설정을 다음과 같이 변경합니다. Refl. glossiness값을 낮추면 '1'일 때 선명하게 이루어지던 반사를 점점 더 뿌옇게 조절할 수 있습니다.

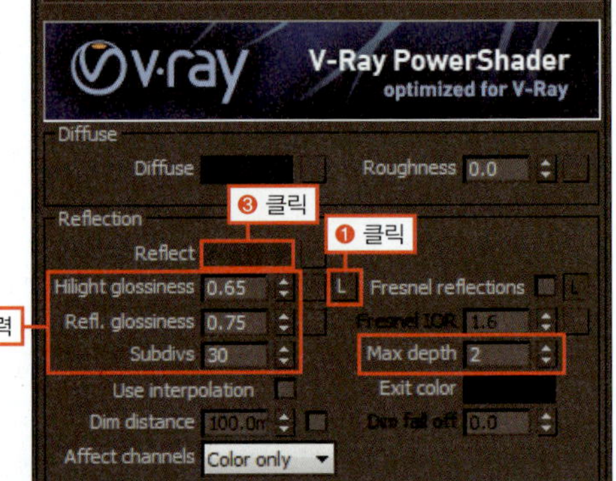

Reflect 컬러를 다음과 같이 변경하여 반사되는 정도를 조절합니다.

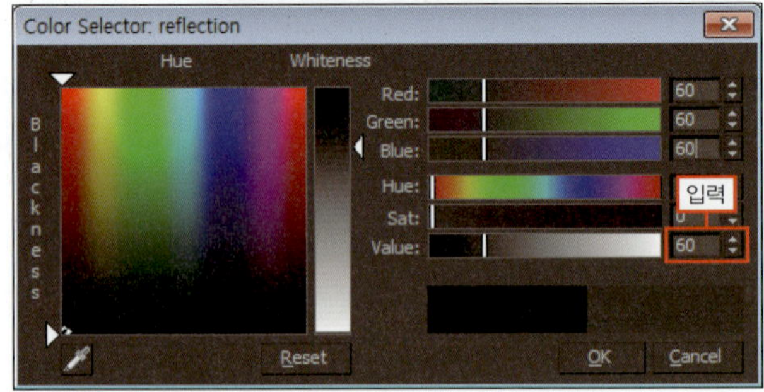

거친 느낌의 Bitmap Map을 적용한 후 다음
각 항목에 연결하고 값을 조절하여 금속 표면
의 부식된 느낌을 표현합니다.

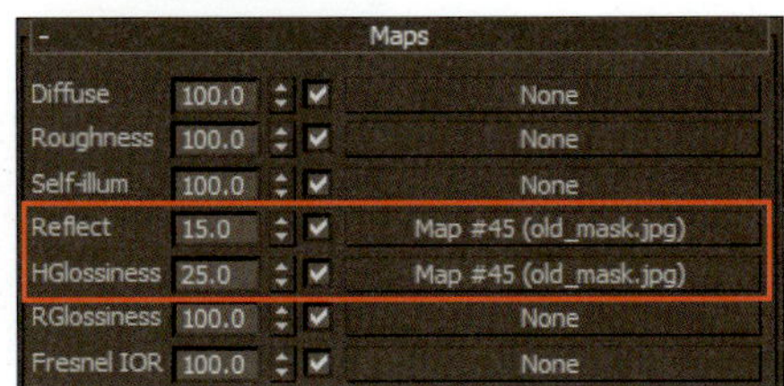

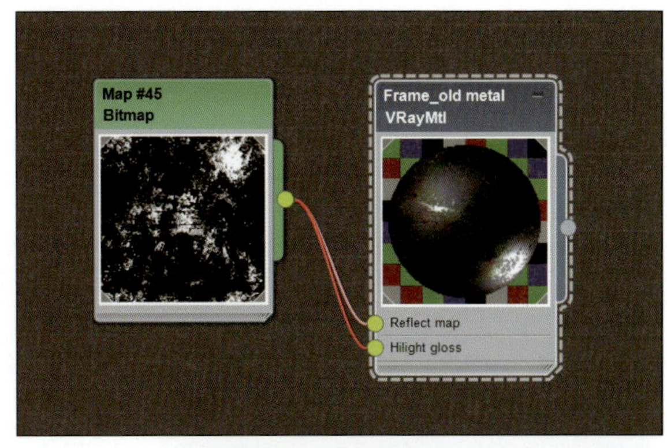

Bitmap Map은 부록 CD의 Part 04>Lesson 02 폴더의 'old_
mask.jpg' 파일을 사용하고 Blur값을 '0.3'으로 조절합니다.

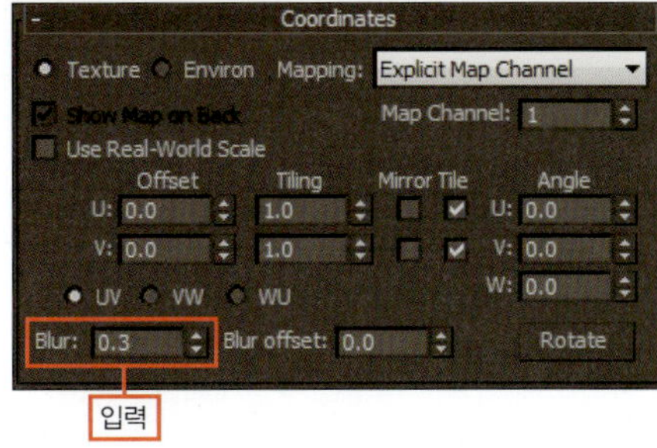

:: iron plate Material

장면에서 환풍구 역할을 하는 'Vents' 오브젝트에 'iron plate'
재질이 적용되어 있습니다. Metal Map을 사용하여 철판 느낌
의 재질을 표현하고 거친 Map을 사용하여 오래된 금속을 표
현하는 방법에 대해 알아봅니다.

Slate Material Editor에서 'iron plate' 재질을 선택한 후
Parameter 설정을 다음과 같이 변경합니다.

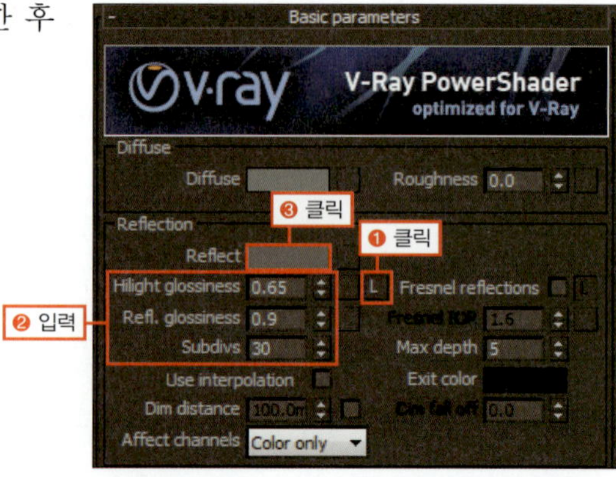

Reflect 컬러를 다음과 같이 변경하여 반사
되는 정도를 조절합니다.

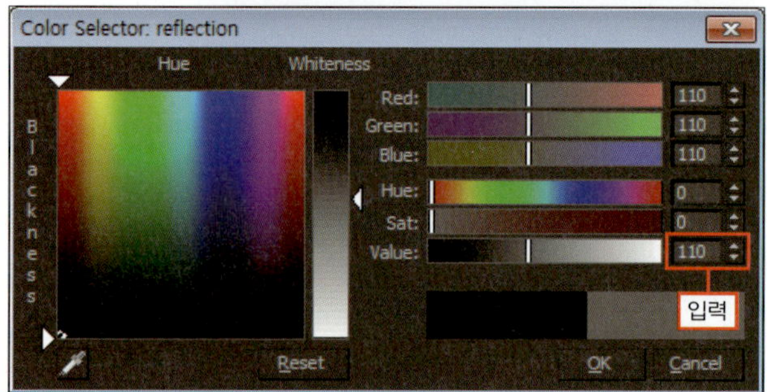

■ Maps 설정

금속 표면과 부식된 느낌을 표현할 Bitmap Map
을 각각 적용하고 다음 항목에 연결한 후 값을 조
절하여 사실적인 철판 느낌을 표현합니다.

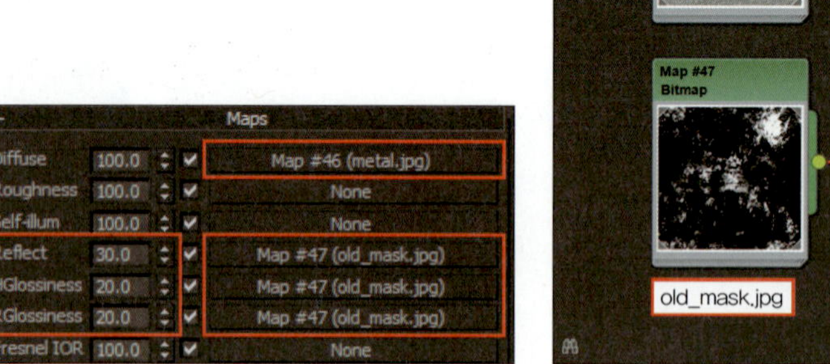

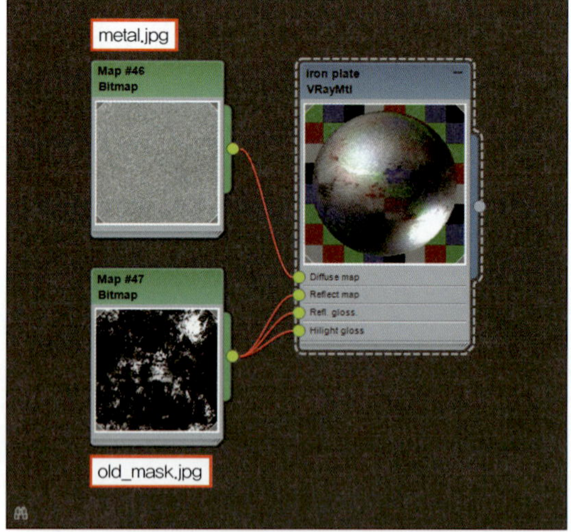

Bitmap Map은 부록 CD의 Part 04>Lesson 02 폴더의
'metal.jpg' 파일과 'old_mask.jpg' 파일을 사용하고 Blur값
은 '0.3'으로 조절합니다.

장면에 사용될 모든 재질의 세팅을 마쳤습니다. 현재 상태에서 렌더링을 실행하면 Override mtl이 체크되어 있기 때문에 세팅한 재질이 렌더링되지 않습니다. Render 설정을 다음과 같이 바꿔 테스트 렌더링을 실행하고 결과물을 확인합니다.

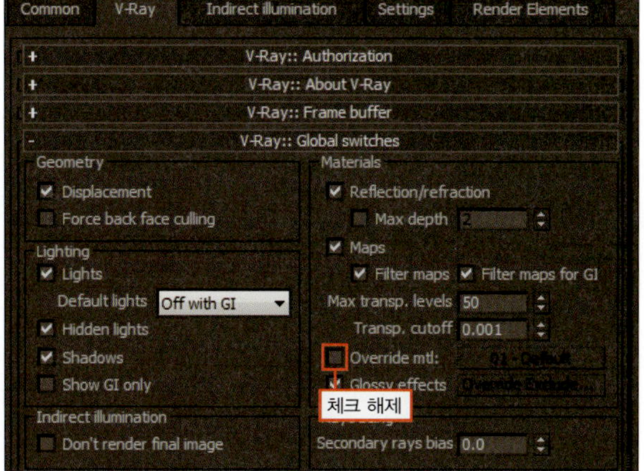

진행한 장면에는 Glossy Reflection 효과가 많이 사용되었습니다. 이러한 장면에서 Use light cache for glossy rays와 Pre-filter를 체크하면 렌더링 속도를 많이 단축할 수 있습니다.

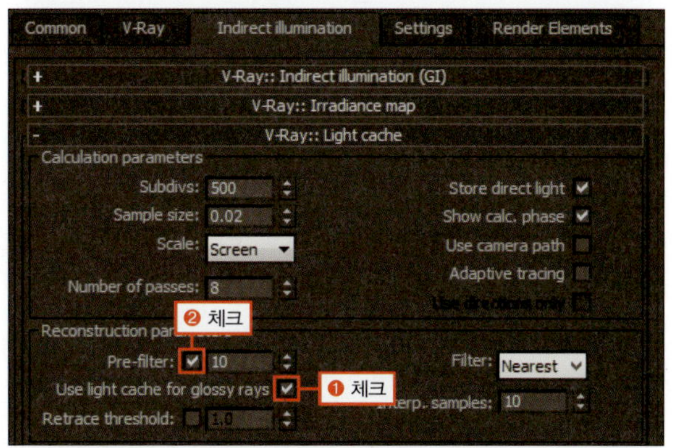

Global subdivs multiplier에 입력한 값에 따라 subdivs가 적용된 모든 설정이 영향을 받습니다. '0.2'를 입력하여 테스트 렌더링 시간이 단축되도록 설정합니다.

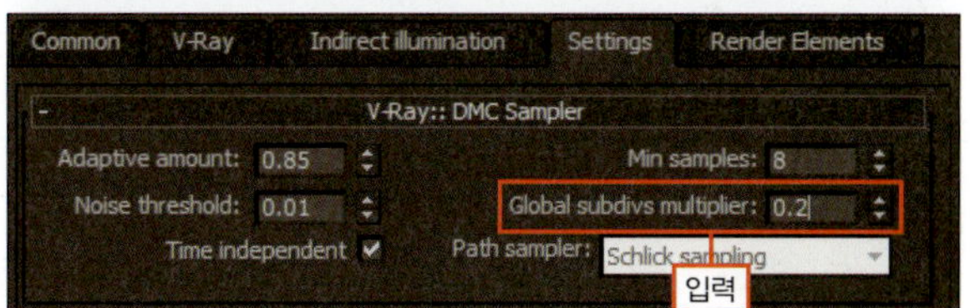

▲ 재질이 적용된 렌더링 결과물

최종 렌더링을 위한 VRayRender Setup

02 SECTION

최종 렌더링을 위해 VRayRender Setup과 각 Light의 설정을 조절하고 VRay frame buffer를 활용하여 최종 이미지를 완성합니다.

:: Final Light 세팅

1 VRayLight subdivs 설정

장면에 사용된 5개의 VRayLight를 각각 선택한 후 Sampling의 Subdivs값에 '16'을 입력하여 Light로 인해 생성되는 그림자가 좀 더 깨끗하게 렌더링되도록 설정합니다.

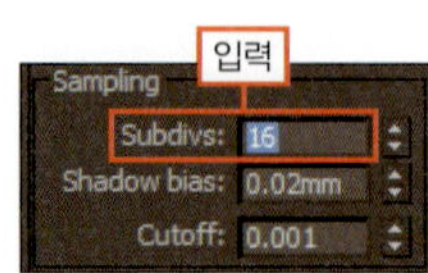

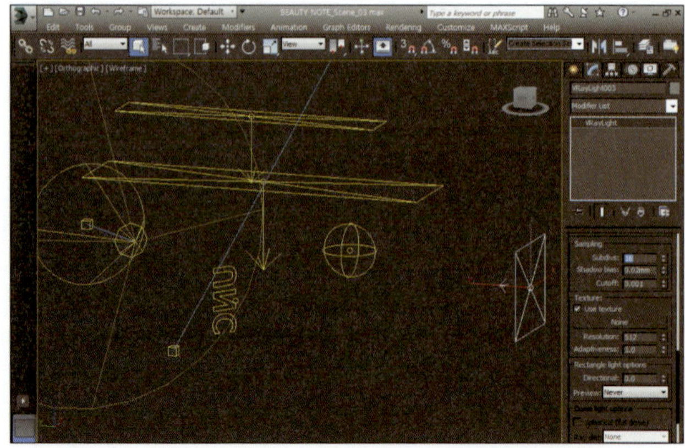

2 VRaySun 설정

VRaySun을 선택하고 Shadow Subdivs값
을 '16'으로 입력합니다. 실내 바닥에 드
리워진 그림자가 좀 더 깨끗하게 렌더링
되도록 합니다.

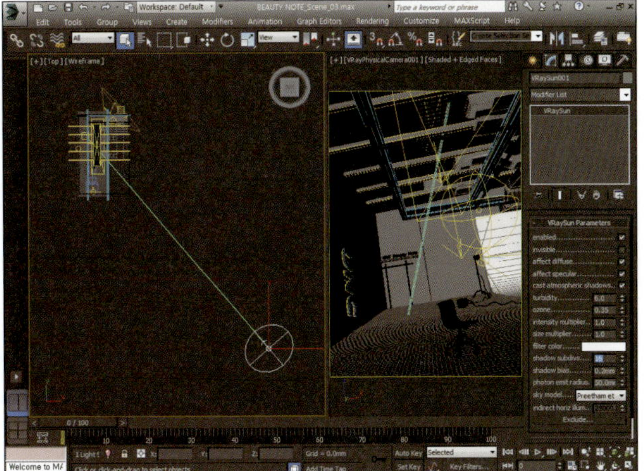

:: Final Render Setup

1 Ambient occlusion 활성화

Ambient occlusion을 활성화하고 Radius에 다
음 값을 입력하여 면과 면이 만나는 경계 부분
이 조금 어둡게 렌더링되도록 설정합니다.

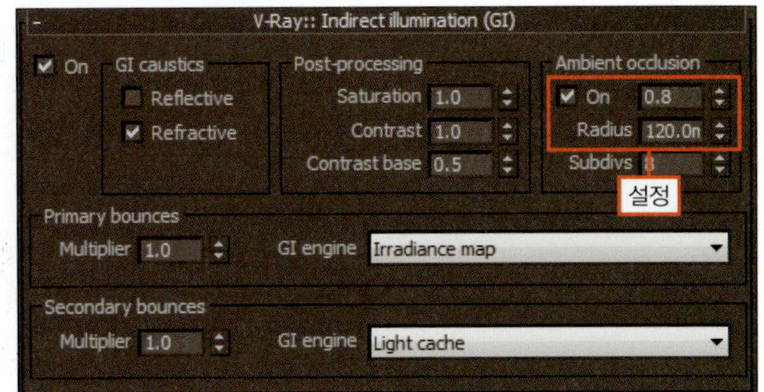

2 Irradiance map 설정

Current preset을 High로 선택하고 다음 값을
입력하여 테스트 시 장면에 존재했던 얼룩 현
상이 줄어들도록 설정합니다.

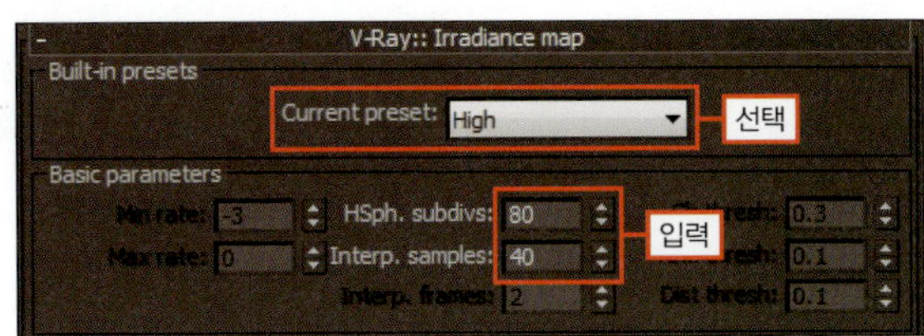

3 Light cache 설정

Light cache의 Subdivs값을 올리고 Sample
size를 변경하여 좀 더 조밀한 연산을 하도록
설정합니다.

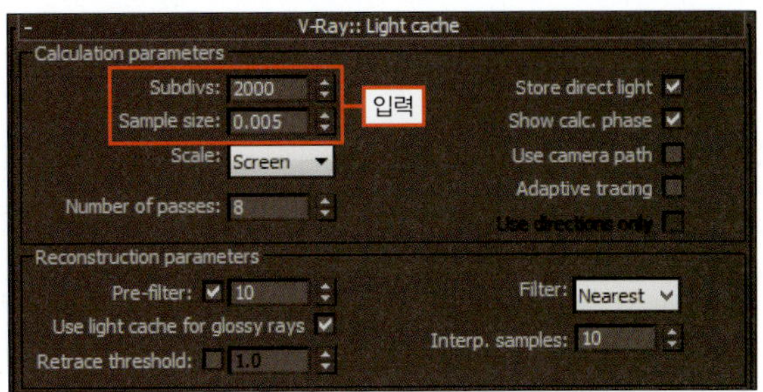

❹ DMC Sampler 설정

Noise threshold의 값을 낮춰 이미지의 노이
즈가 감소되도록 설정합니다. 값이 작을수록
렌더링 속도는 늘어납니다. Global subdivs
multiplier에 '1.5'를 입력하여 장면에 사용된
모든 subdivs 설정이 1.5배가 되도록 설정합니다.

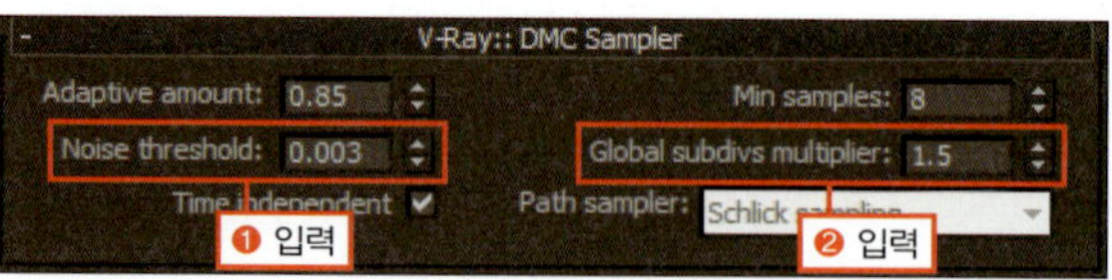

:: VRay frame buffer 활용

모든 설정이 완료되면 렌더링을 실행합니다. 렌더링이 진행될 때 VRay frame buffer의 하단 버튼을
다음과 같이 활성화하면 Color Corrections에서 이미지의 밝기나 대비 등을 조절할 수 있습니다. 각
항목을 조절하여 적당한 값을 찾아봅니다.

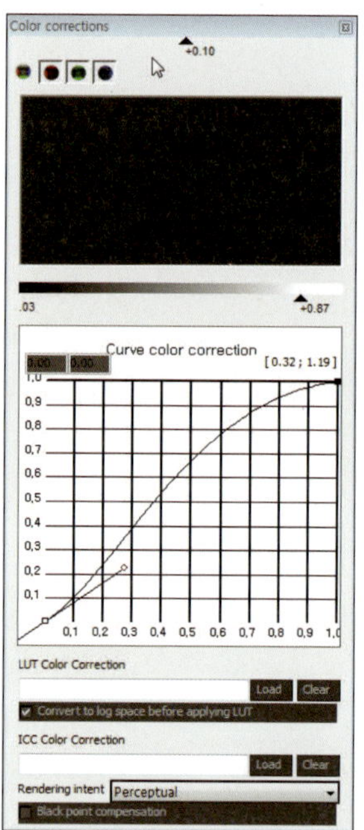

:: 최종 결과물

포토샵에서 부분적인 밝기나 채도를 조절하는 등의 후반 작업을 거치면 좀 더 나은 결과물을 얻을 수
있습니다.

▲ 재질이 적용된 렌더링 결과물

05 PART

정교한 손목시계를
제작하고 제품의 특징을
사실적으로 보여줄 수 있는
장면을 연출해보자!

이번 파트에서는 매우 작고 정교한 부품들이 모여 만들어진 손목시계를 제작해봅니다. 제품을 사실적으로 표현하기 위해서는 정확하고 디테일하게 모델링을 해야 합니다. 각종 부품들을 3ds Max의 여러 가지 모델링 기능을 활용하여 제작하고 Camera와 Light 환경을 세팅하여 사실적이면서도 제품의 특징이 잘 부각될 수 있는 장면을 구성해보겠습니다.

PART contents

손목시계 각 부품의
정교한 모델링하기

PREVIEW

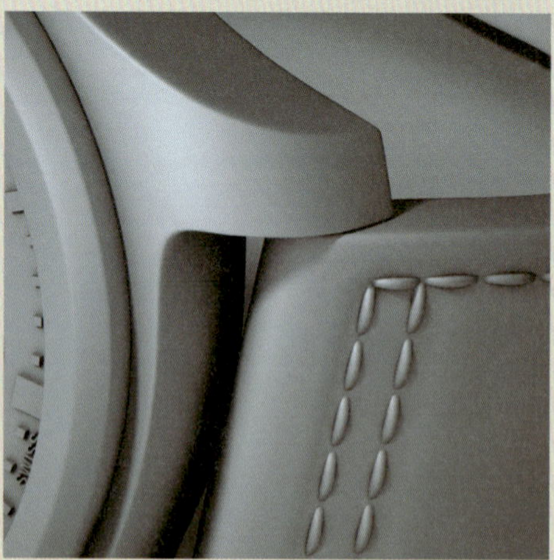

기계식 손목시계는 매우 정교하면서도 무수히 많은 부품들이 복잡한 구조를 이루고 있습니다. 이번 예제에서는 시계를 구성하는 부품 전체를 만드는 것이 아닌 Camera에서 주로 보이는 외부 부품 위주로 모델링을 진행합니다. 난이도가 높지 않으면서 시간을 조금 투자해야 하는 시곗바늘이나 눈금 모델링 등은 필자가 미리 제작해놓은 것들을 사용하고, 그 대신 핵심적인 모델링 기능이 많이 활용될 수 있는 부품들을 위주로 모델링 실습을 진행하겠습니다.

손목시계의 주요 부품 모델링하기

제작하려는 손목시계의 주요 부품으로는 케이스 몸체, 베젤, 케이스 덮개, 유리 등이 있습니다. 각 부품들을 다양한 방법을 활용하여 모델링해보겠습니다.

: : 이번 예제에 사용할 3ds Max File의 Units/Gamma Setup

01 Menu Bar>Customize>Units Setup을 통해 Unit을 다음과 같이 세팅합니다.

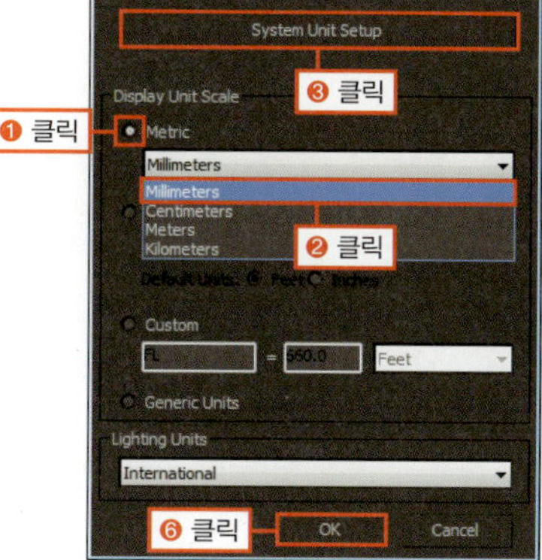

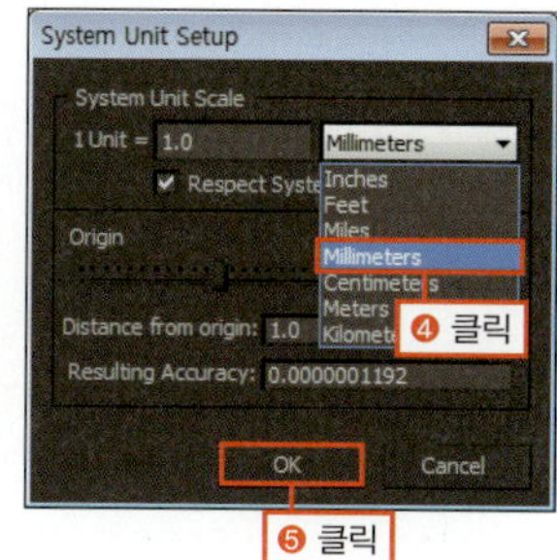

02 Menu Bar>Rendering>Gamma/LUT Setup을 통해 다음과 같이 Gamma를 비활성화합니다.

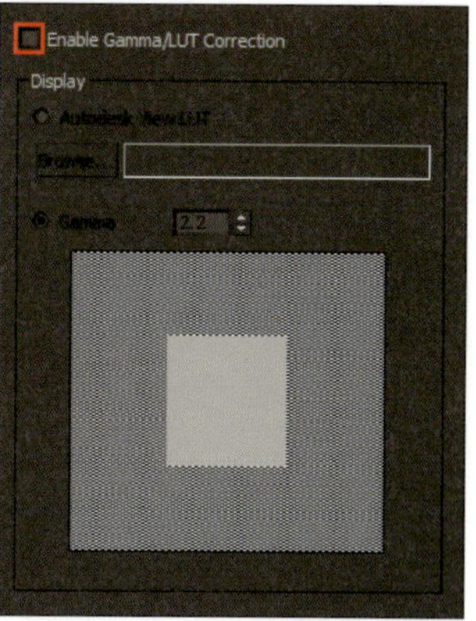

[**MEMO** · 부록 CD의 3ds Max File을 Open 또는 Import할 때 본인이 사용하는 3ds Max의 Units/Gamma Setup을 위 사항과 동일하게 세팅하면 파일이 문제없이 호환됩니다.]

: : Cylinder를 활용한 케이스 몸체 모델링

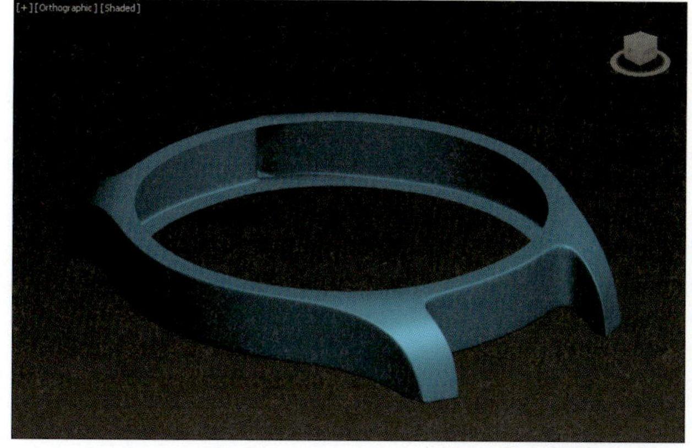

■ Cylinder 생성

Top View에서 Cylinder 1개를 생성하고 Parameters를 다음과 같이 조절합니다.

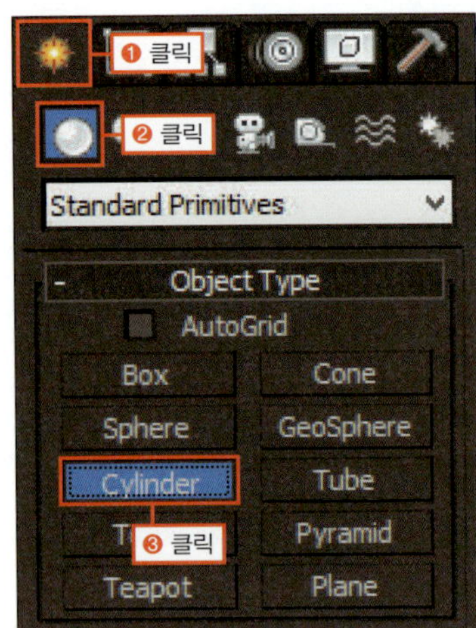 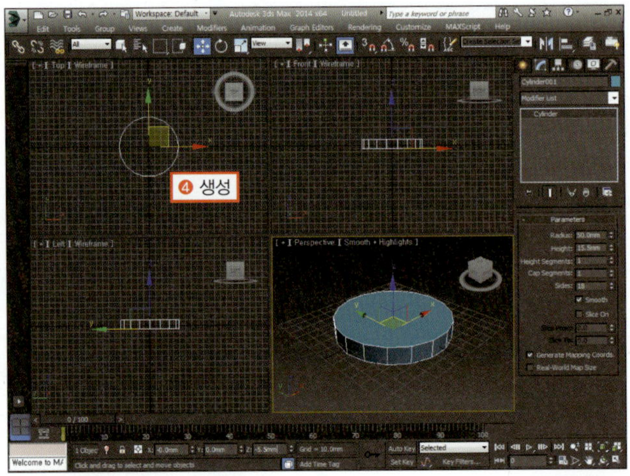 

좌표에 다음 값을 입력하여 위치를 조절합니다.

Viewport에서 마우스 오른쪽 버튼을 클릭하여 Quad Menu
가 팝업되면 Cylinder의 형태를 편집할 수 있도록 Editable
Poly로 변환합니다.

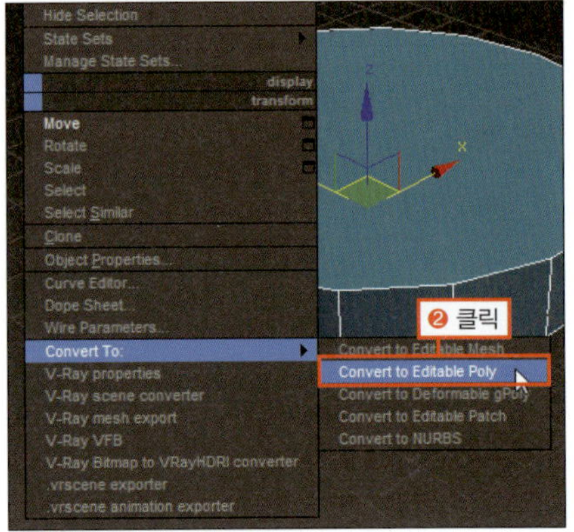

■ Polygon Extrude

Front View에서 그림과 같이 중심의 오른쪽 두 번째에 있는 Polygon을 선택한 후 Quad Menu의
Extrude Setting을 팝업합니다.

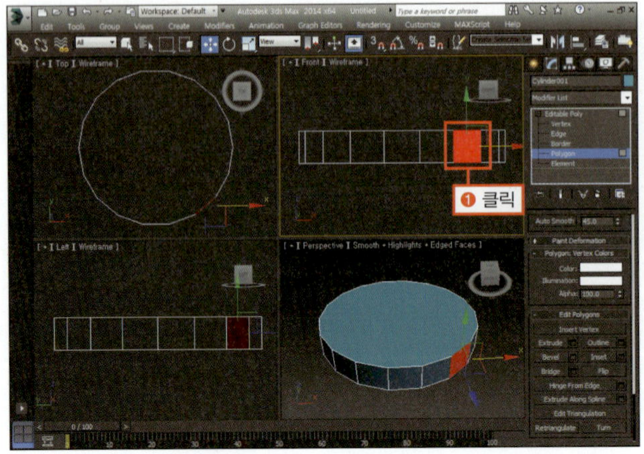 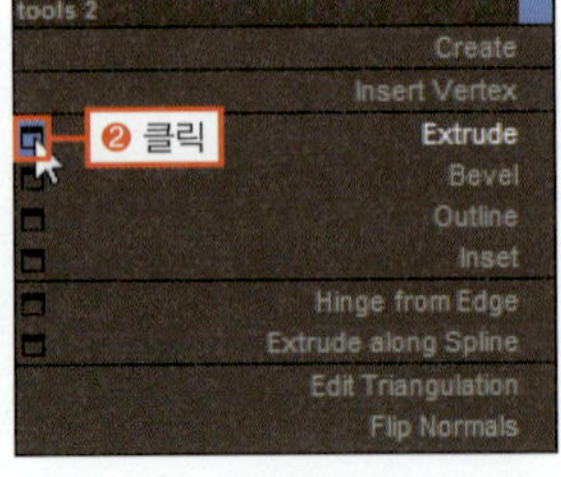

Height에 '20'을 입력하고 Extrude를 적용합니다.

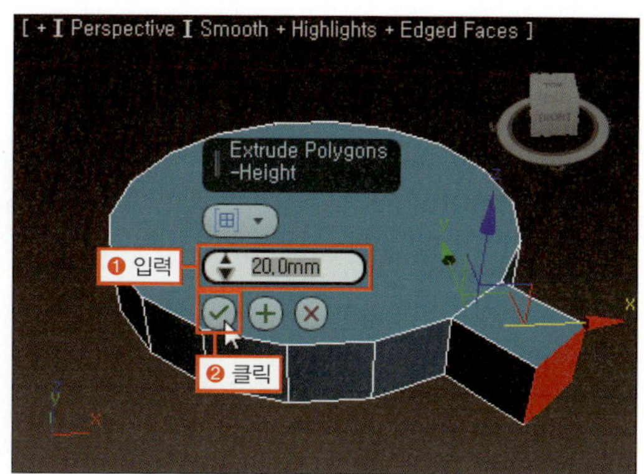

❸ Vertex 위치조절

Top View에서 그림과 같이 Vertex를 선택한 후 [Snaps Toggle] 버튼(3)을 클릭하여 Snap을 활성화합니다.

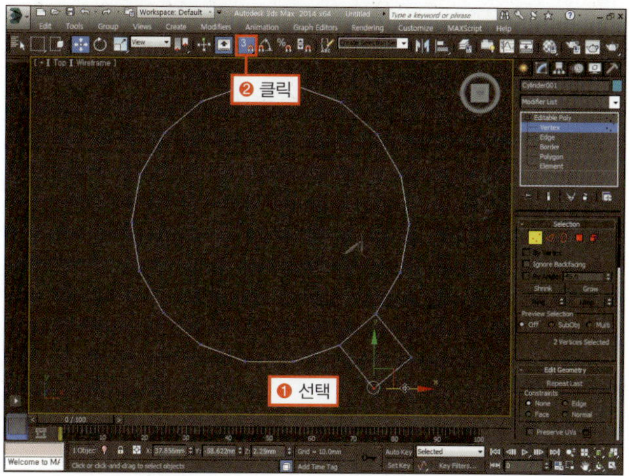

[Snaps Toggle] 버튼(3) 위에서 마우스 오른쪽 버튼을 클릭하여 Setting 화면이 팝업되면 Snaps Panel에서 Vertex와 Midpoint가 체크되어 있는지 확인한 후 Options Panel에서는 Enable Axis Constraints가 체크되어 있는지 확인하고 창을 닫습니다.

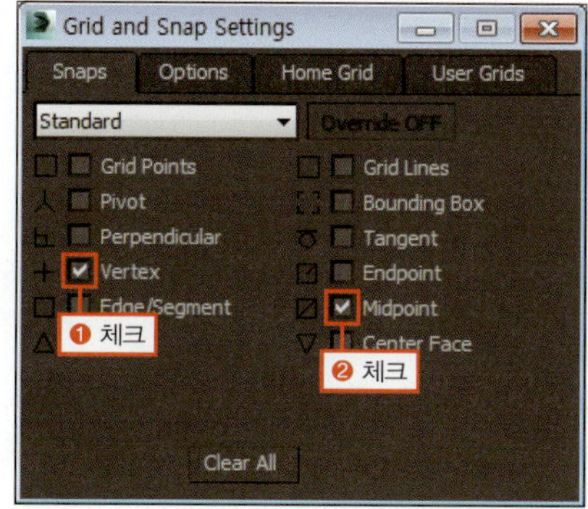

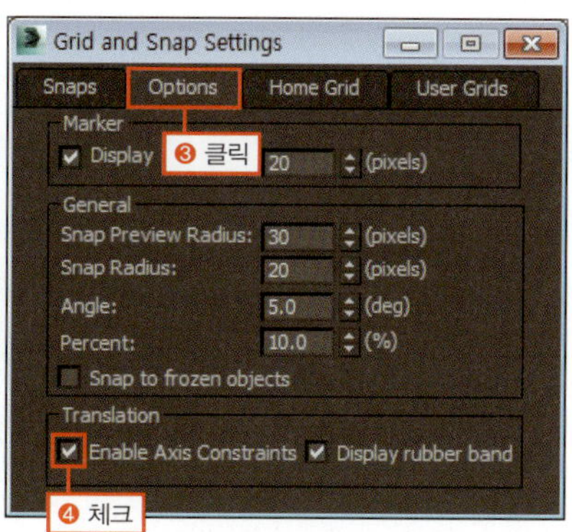

Top View에서 X 방향 핸들을 잡고 그림과 같이 초록색 라인으로 연결되어 있는 Vertex까지 마우스를 드래그하여 위치를 조절합니다.

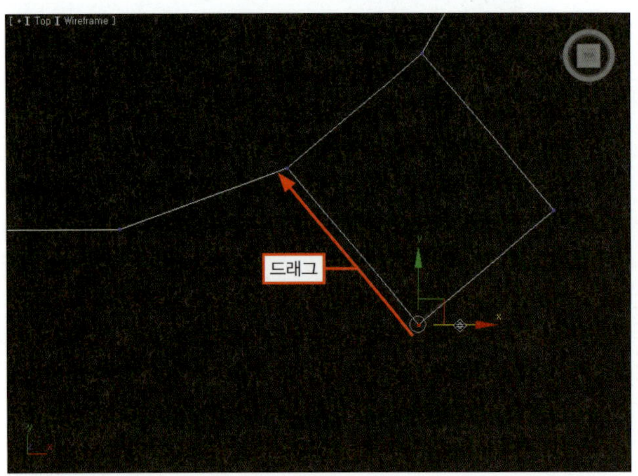

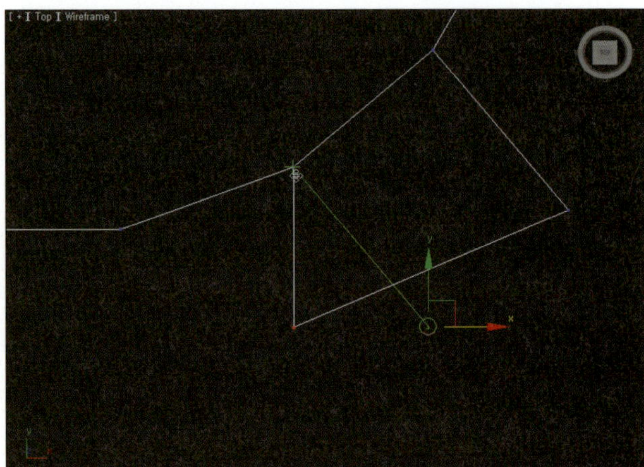

다음 2개의 Vertex를 선택하고 Offset Mode로 활성화한 후 X좌표에 '-2.7'을 입력하여 위치를 조절합니다.

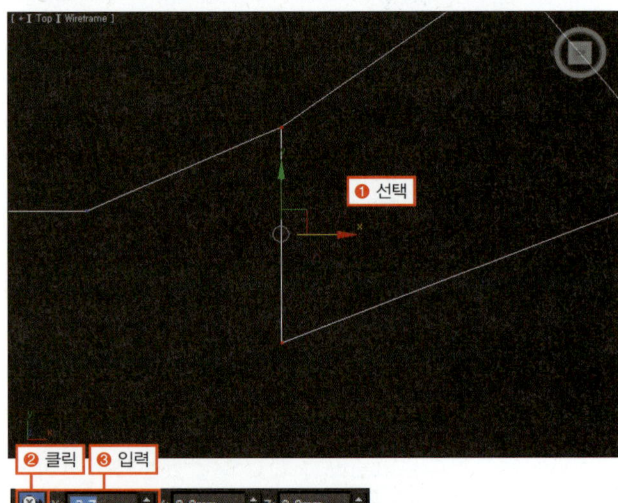

이번에는 1개의 Vertex를 선택하고 Y좌표에 '-1.7'을 입력하여 위치를 조절합니다.

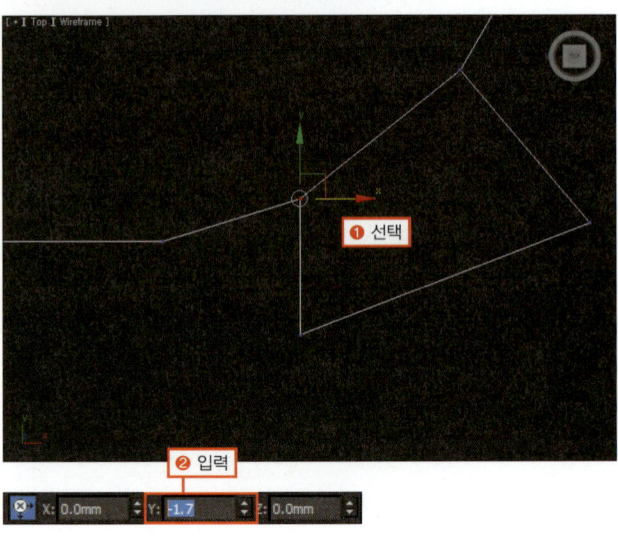

Absolute Mode(⬚)로 변경한 후 Vertex의 X, Y좌표에 다음 값을 입력하여 그림과 같은 위치가 되도록 조절합니다.

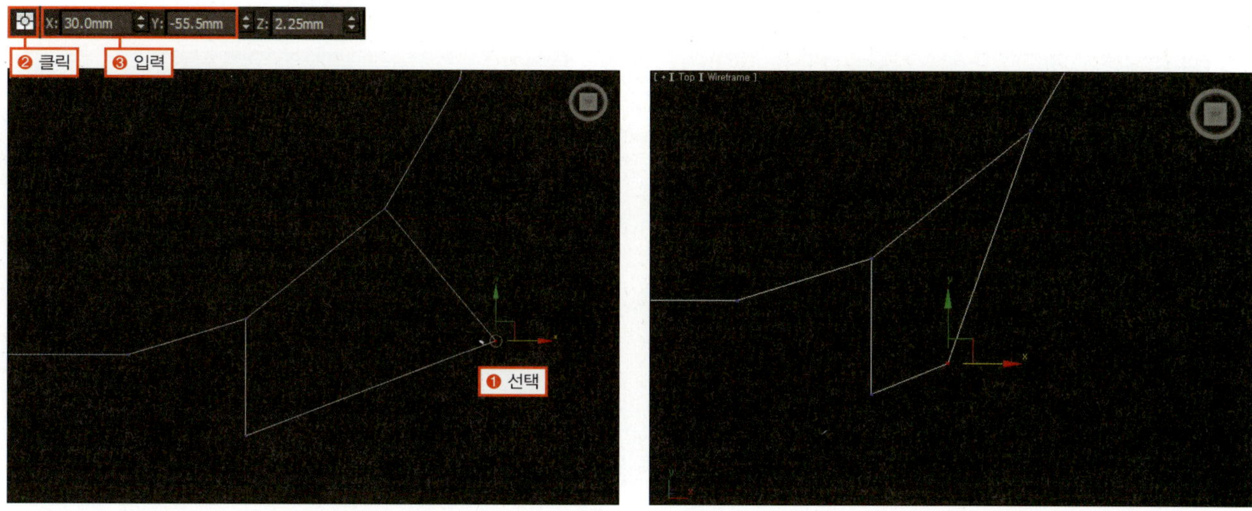

4 Connect Edge

View를 조금 돌려서 돌출된 부분의 Edge 4개를 선택하고 Quad Menu에서 Connect Setting을 클릭합니다.

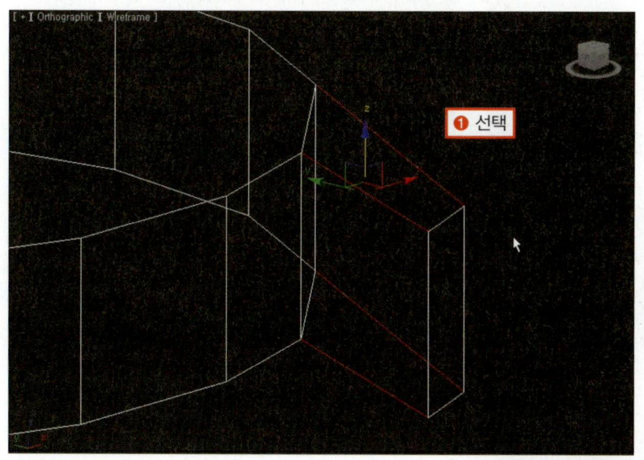

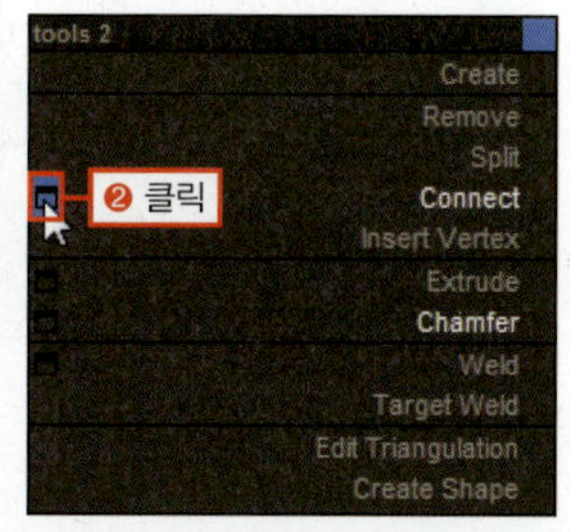

Segments에 '2'를 입력하고 Connect를 적용합니다.

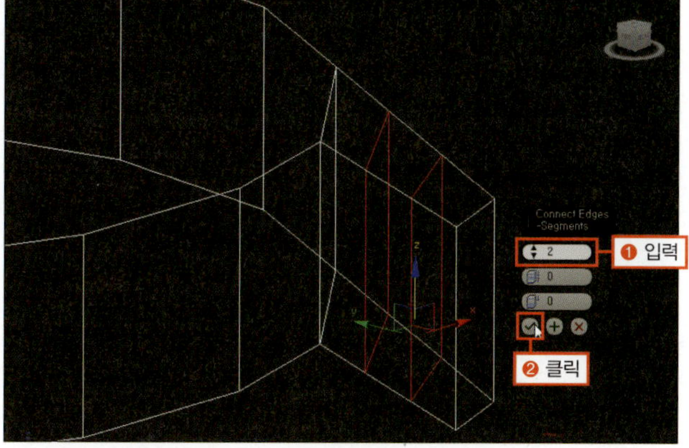

5 Vertex 위치 조절

Top View로 돌아가서 Offset Mode(⊠)를 활성화합니다.
다음 4개 Vertex의 좌표에 각각 다음 값을 입력하여 위치를 조절합니다.

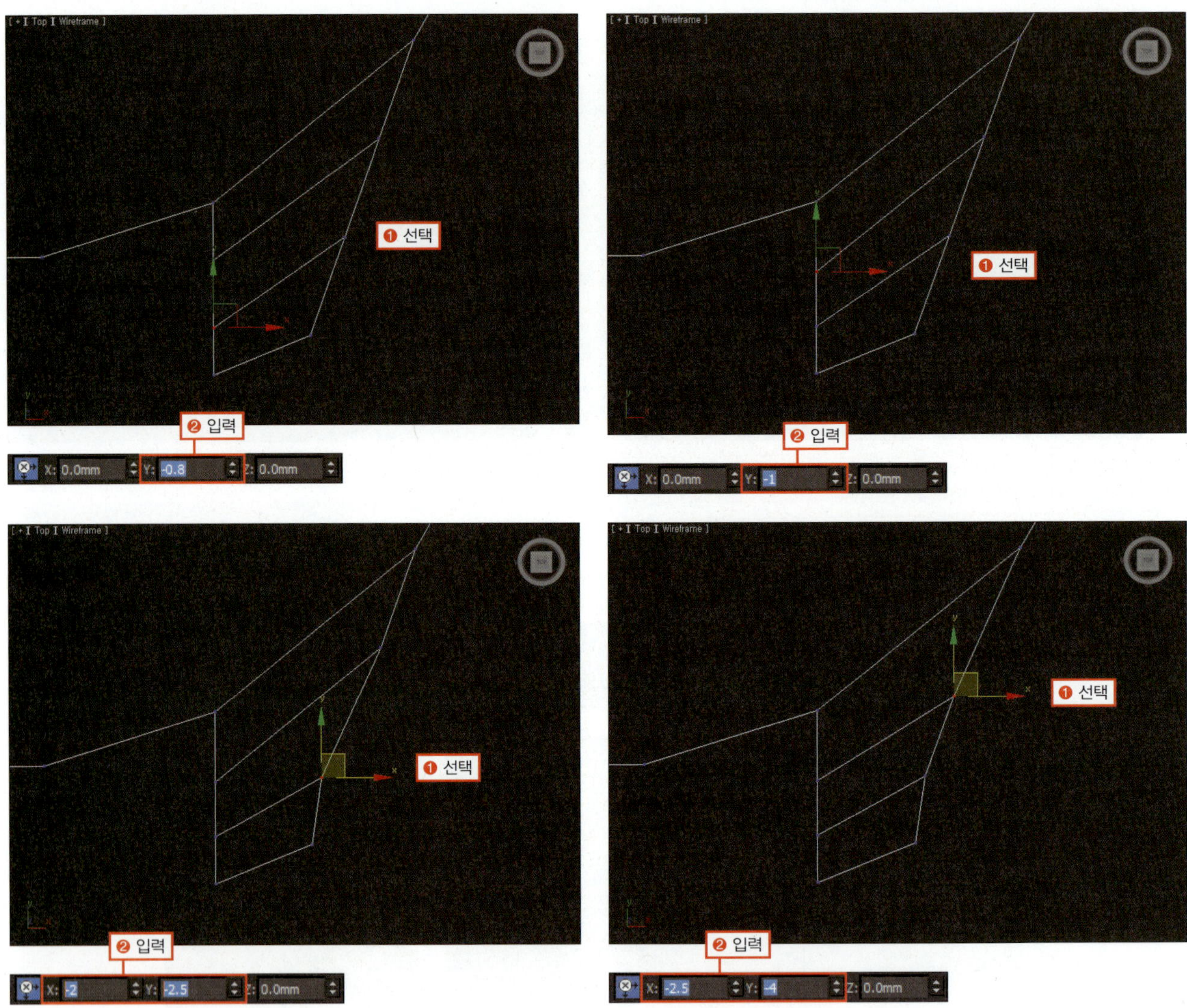

6 Vertex Target Weld

View를 조금 돌려서 Quad Menu의 Target Weld를 활성화하고 그림과
같이 Vertex 2개를 아래쪽으로 합칩니다.

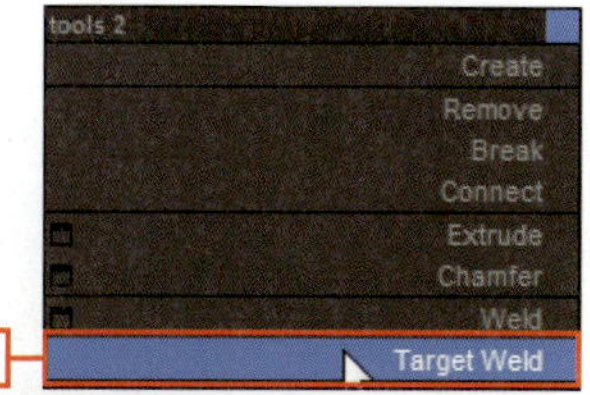

클릭

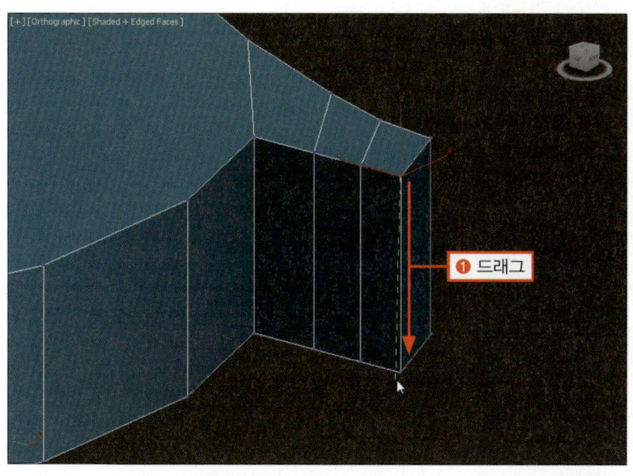

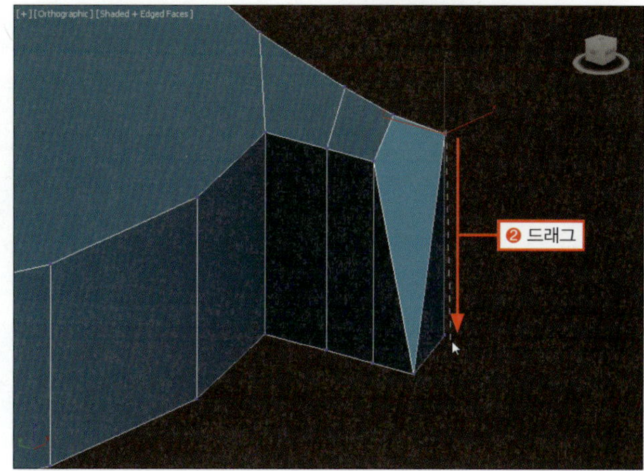

7 Polygon 위치 조절

아랫부분에 있는 Polygon 1개를 선택하
고 Z좌표에 다음 값을 입력하여 위치를
조절합니다.

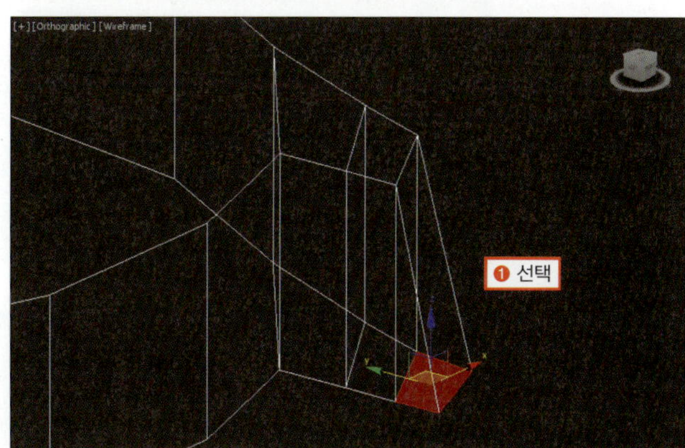

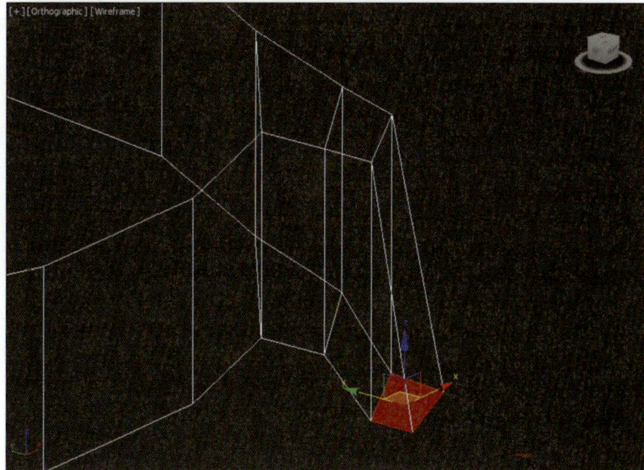

❷ 입력

8 Edge 위치 조절

다음 Edge 3개의 좌표에 각각 다음 값을 입력하여 위치를 조절합니다.

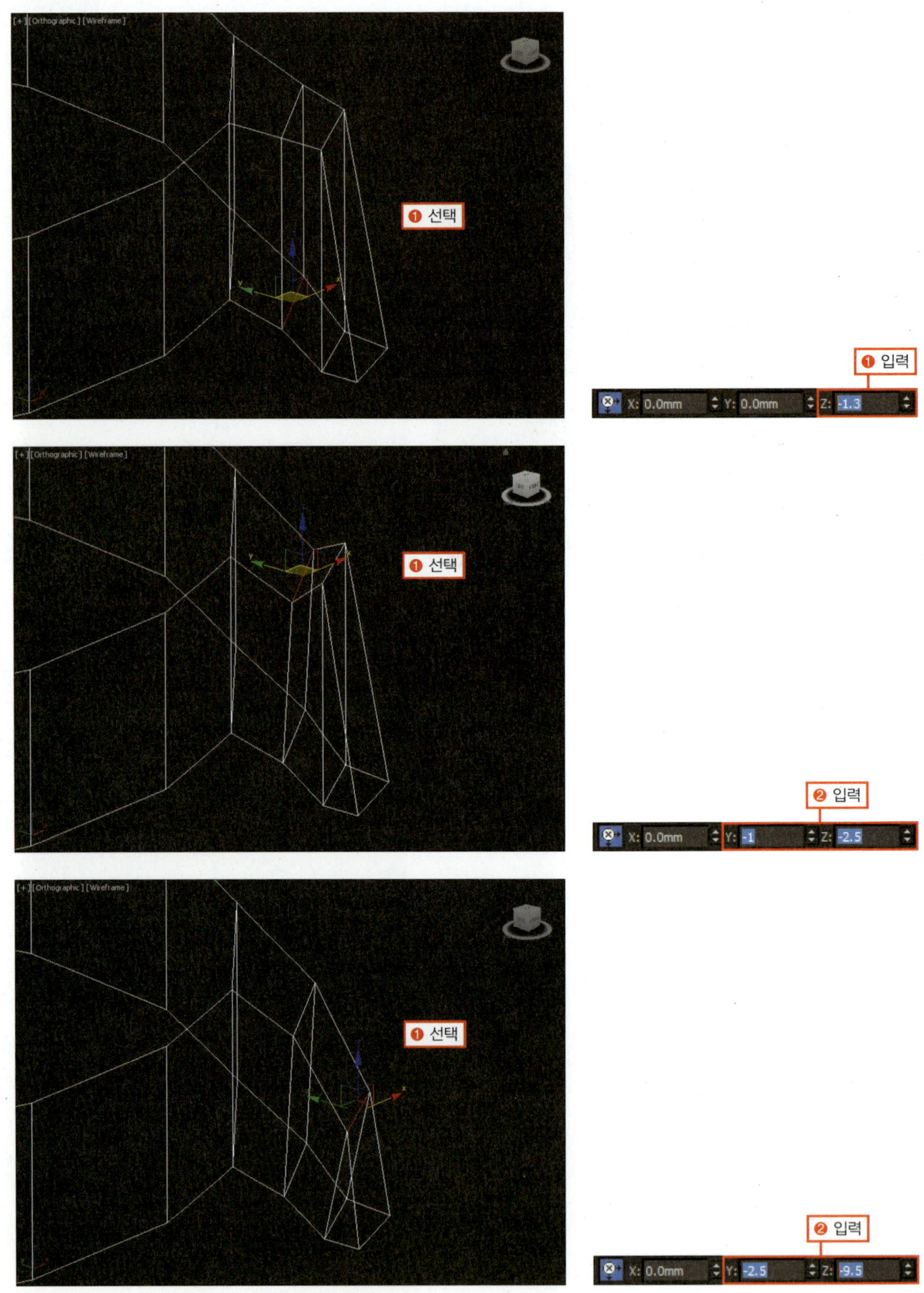

🔟 Polygon Bevel, 삭제

View를 변경하여 전체를 확인한 후 위아래 2개의 Polygon을 선택하고 Quad Menu의 Bevel Setting 을 클릭합니다.

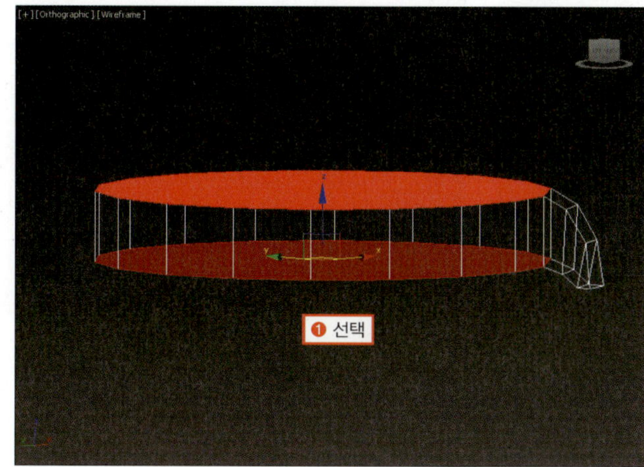

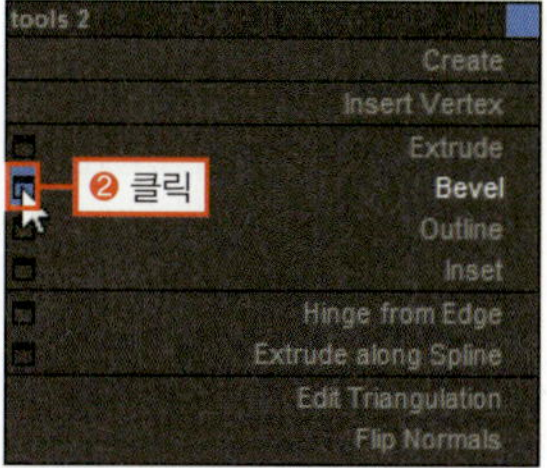

Height에 '0', Outline에 '-5'를 입력하고 ☑ 버튼을 클릭하여 적용합니다. Bevel 적용 후 선택되어 있는 Polygon은 키보 드의 Delete 를 눌러 삭제합니다.

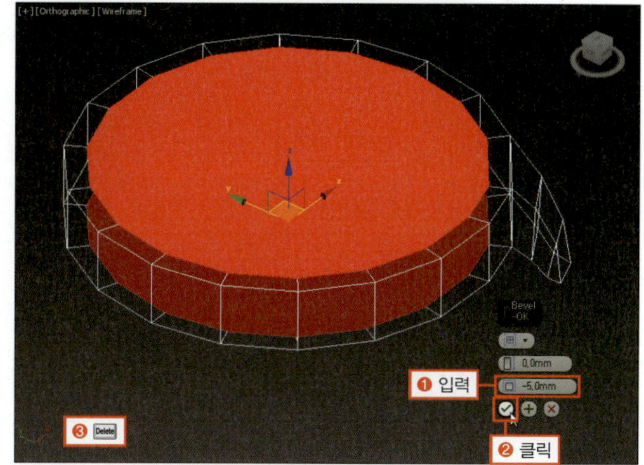

Top View에서는 그림과 같이 Polygon을 선택하고 삭제합니다.

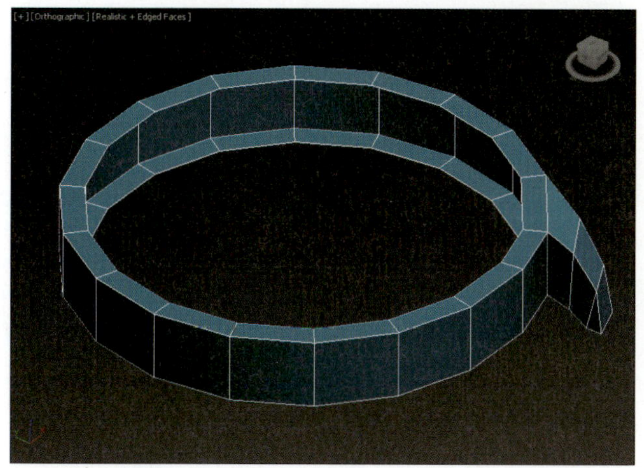

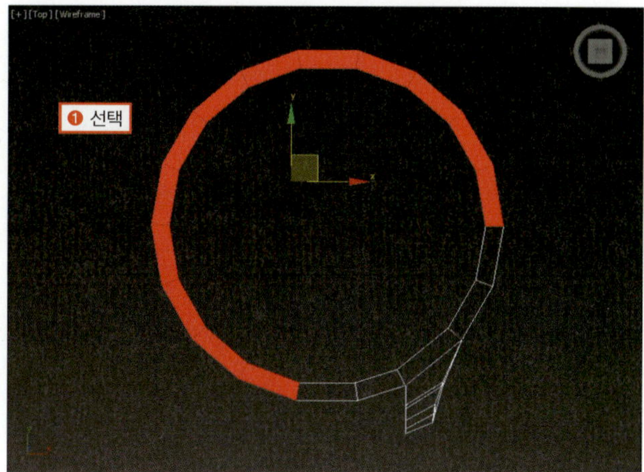

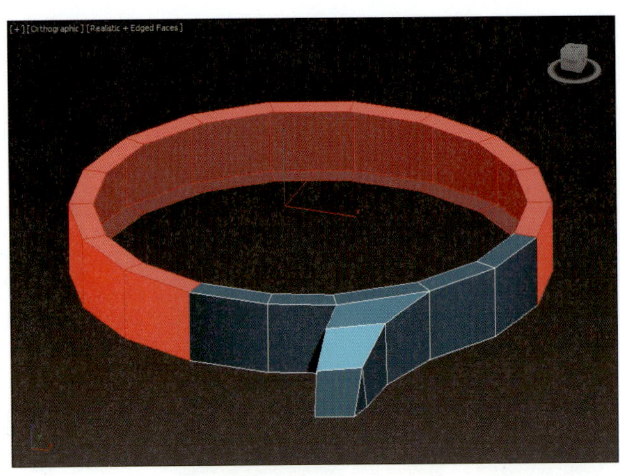
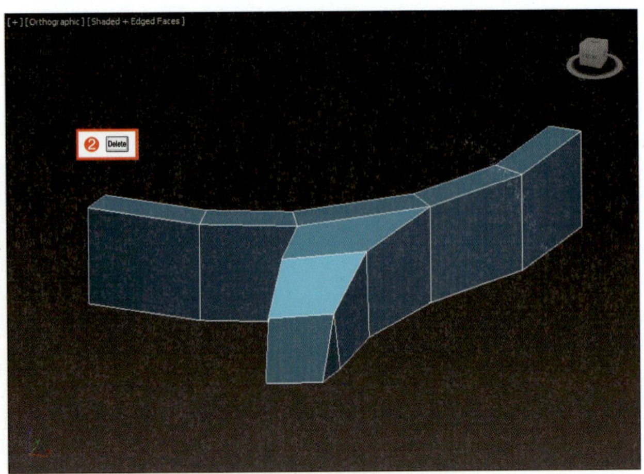

⑩ Edge Chamfer

키보드의 F3을 눌러 와이어로 확인하고 그림과 같이 오브젝트 테두리의 Edge들을 선택합니다. View
를 조금 돌려 안쪽의 Edge도 모두 선택되도록 합니다.

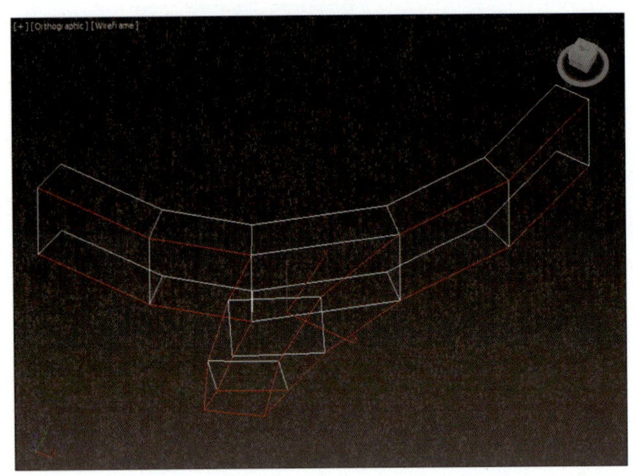
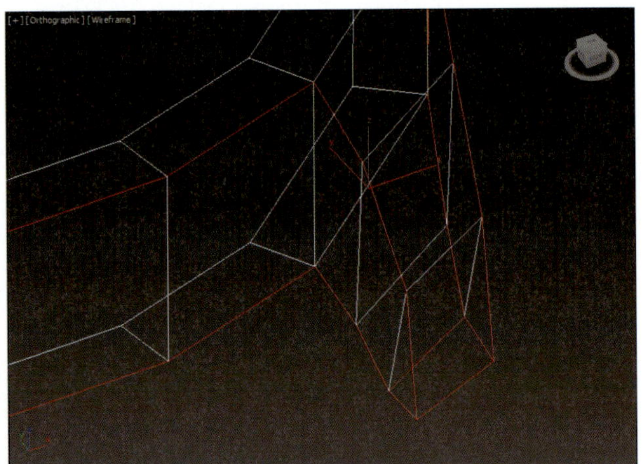

Chamfer Setting을 클릭하고 Edge
Chamfer Amount에 '0.1'을 입력한 후 ☑
버튼을 클릭합니다. 매우 얇은 간격으로
Edge Chamfer가 실행됩니다.

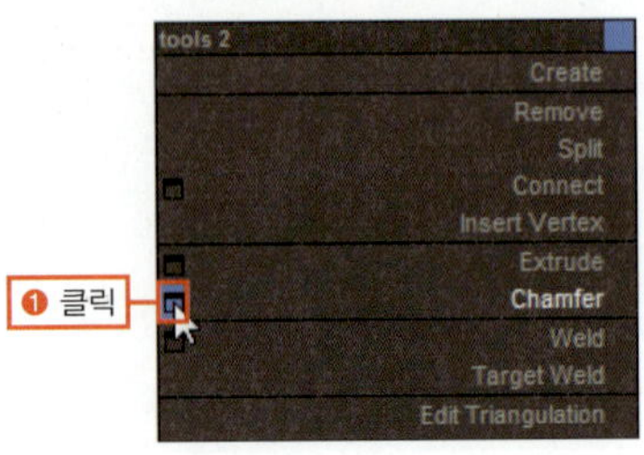

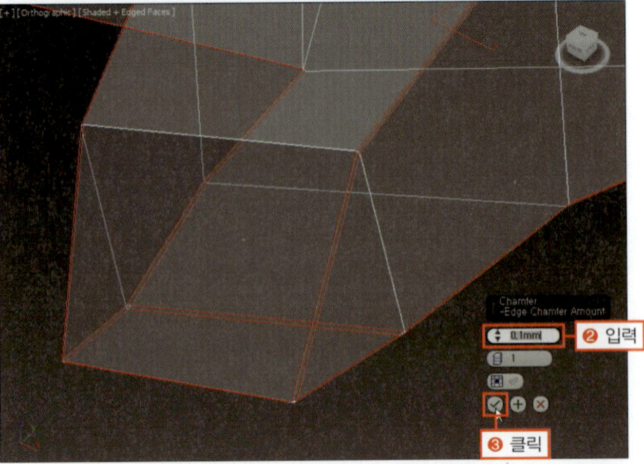

[**MEMO** · 지금부터는 Alt + X 를 사용하여 오브젝트를 반투명 상
태로 확인하면서 진행합니다.]

표시된 4곳 중에서 1번을 먼저 확대해보면 Edge Chamfer 실행으로 인해 면이 삼각형으로 이루어져 있는 것을 확인할 수 있습니다. 해당 부분들의 Vertex를 정리하여 이후 Turbo Smooth를 적용했을 때 면의 흐름이 자연스러울 수 있도록 수정합니다.

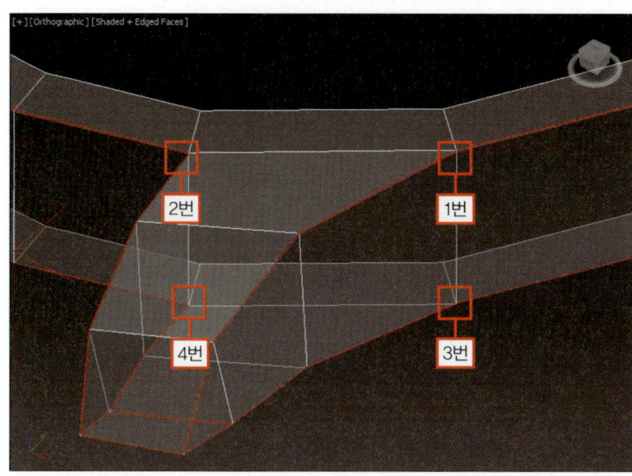

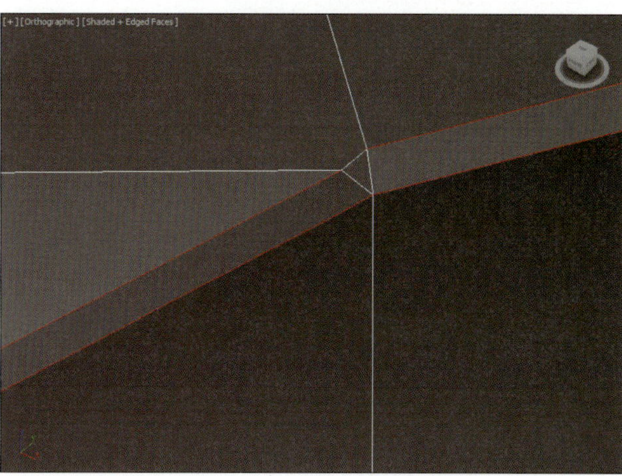

Vertex를 활성화한 후 Quad Menu의 Target Weld를 활성화합니다.

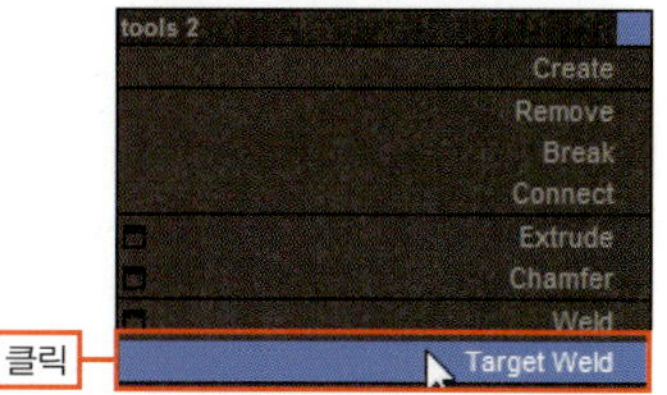

그림과 같이 드래그하여 Vertex를 합칩니다.

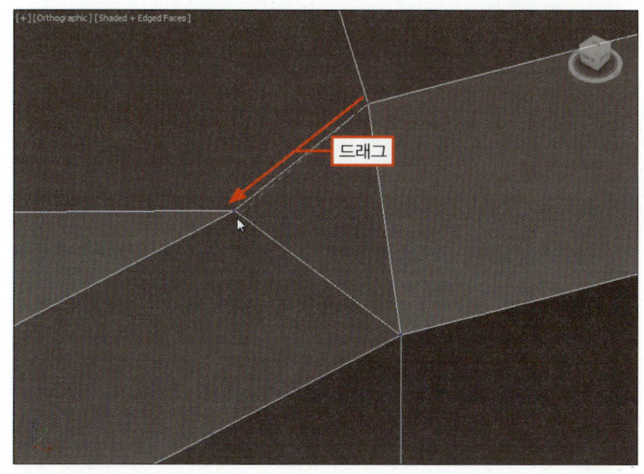

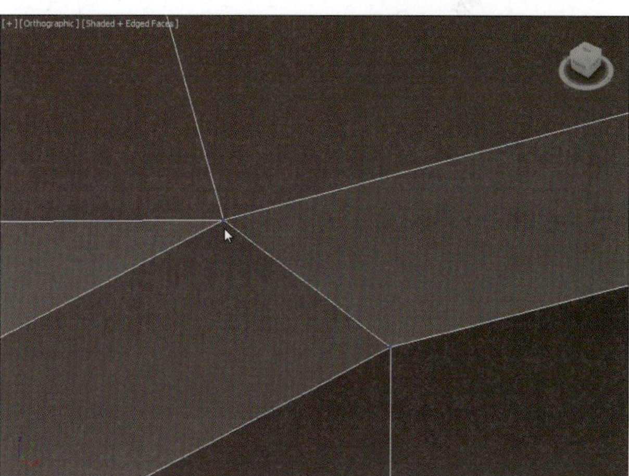

반대쪽 2번 부분도 Target Weld를 이용하여 Vertex를 정리합니다. 아랫부분의 2곳도 동일한 방법으로 정리합니다.

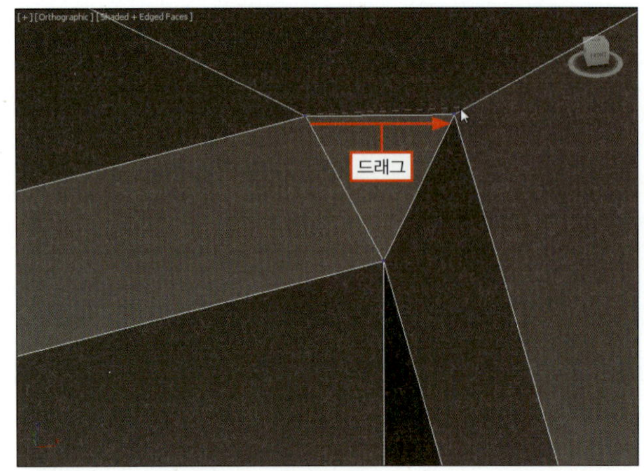

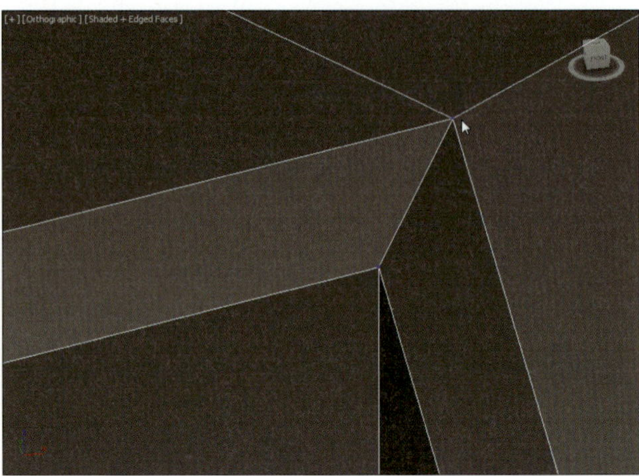

4곳의 Vertex 정리를 마친 후 Top View에서 위치를 확인합니다.

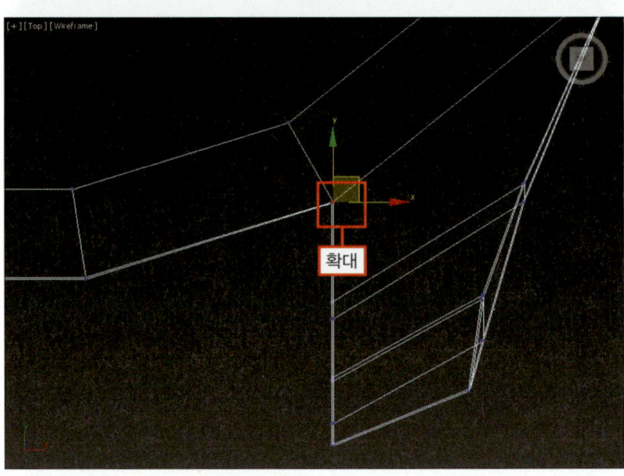

해당 부분을 확대해보면 간격이 조금 맞지 않는 것을 확인할 수 있습니다. 그림과 같이 위치를 옮겨서 정리합니다.

12 Connect

돌출되어 나오는 부분에 Edge를 추가하여 면의 흐름이 좀 더 부드럽게 되도록 합니다.

1번 Edge를 선택하고 키보드의 [Shift]를 누른 채 2번 Edge를 선택합니다. Ring Selection이 실행되면서
그림과 같이 Edge들이 한 번에 선택됩니다.

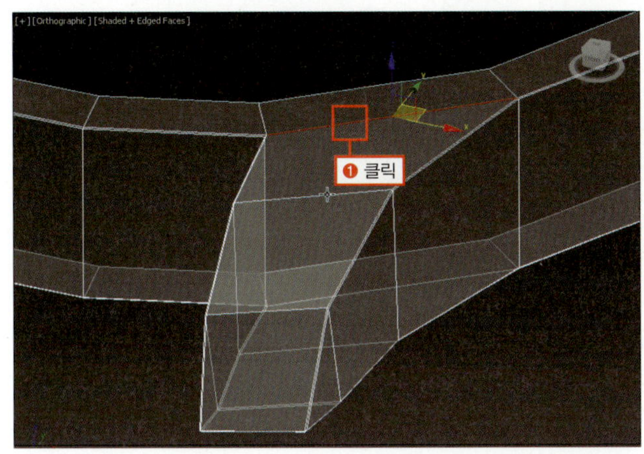

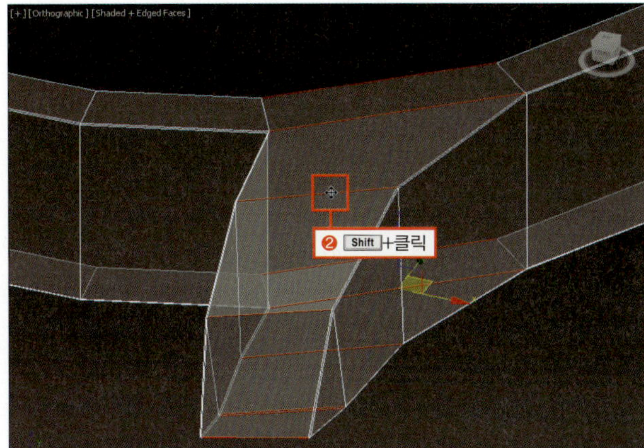

Connect Setting을 실행하고 Segment에
'1'을 입력하여 새로운 Edge가 생성되도
록 합니다.

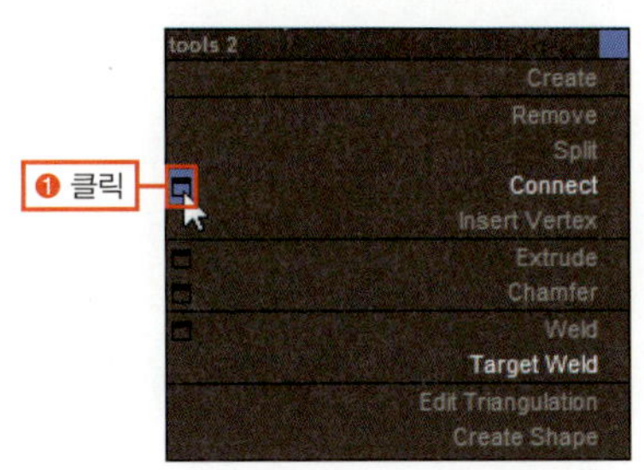

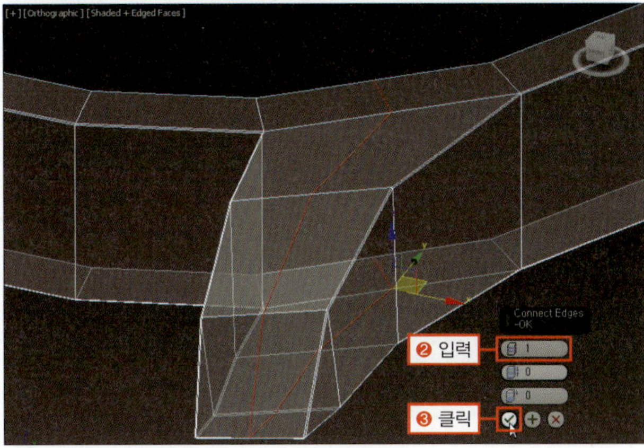

Top View에서 다음 Vertex를 드래그하여 선택하고 직선이 약간의 곡선 형태를 갖도록 위치를 조절합니다.

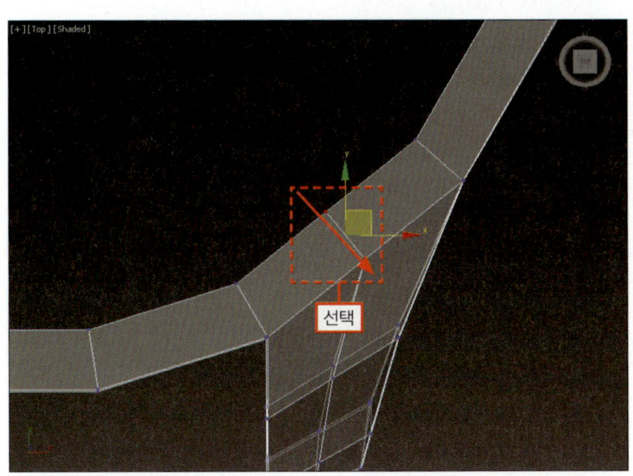

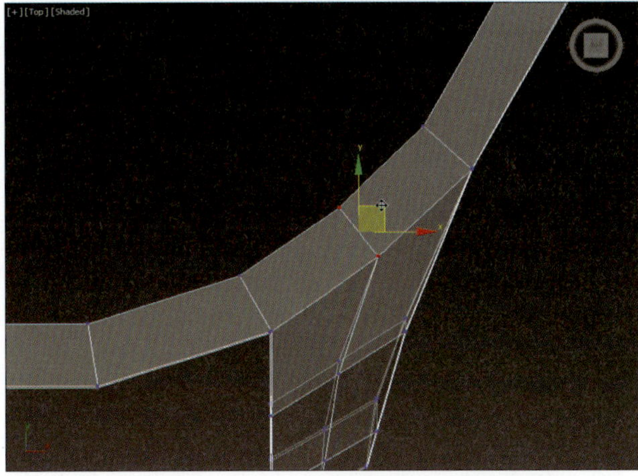

🔢 Mirror Copy, Attach

Main Toolbar의 [Mirror] 버튼(🔳)을 클릭
하여 창이 팝업되면 기준 좌표와 복사 방
법을 확인한 후 [OK] 버튼을 클릭하여 복
사를 실행합니다.

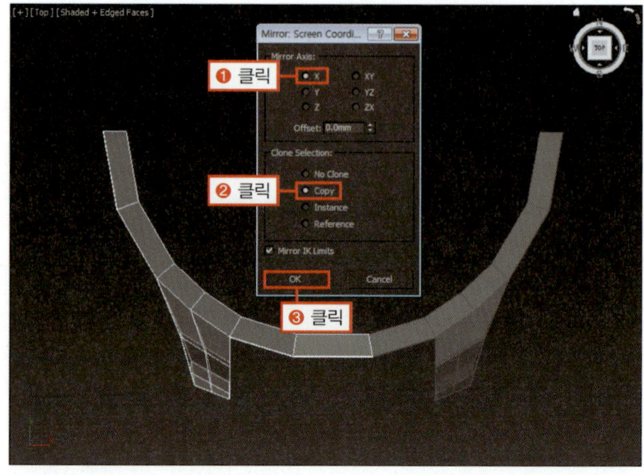

복사한 오브젝트에서 가운데 부분의 Polygon이 기존 오브젝트와 중첩되므로 키보드의 Delete 를 눌러 삭
제합니다.

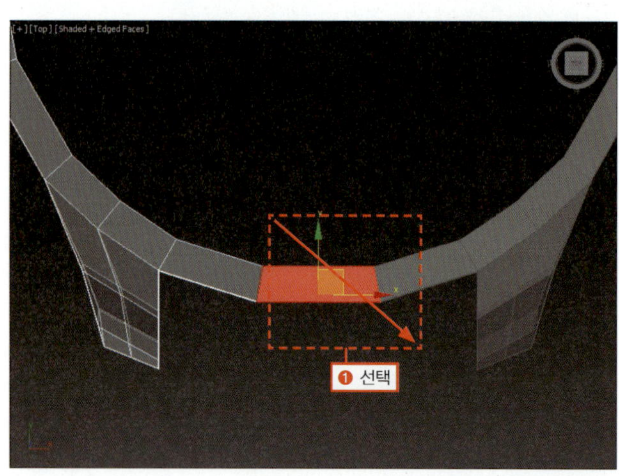

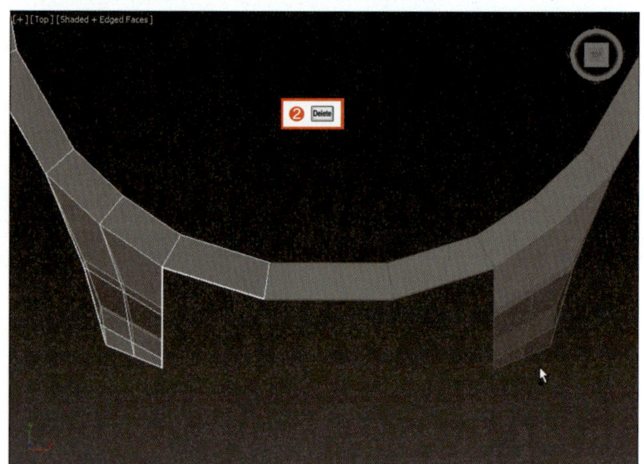

원본 오브젝트를 다시 선택하고 해당 부분을 확대해보면 이전의 Bevel 실행으로 인해 간격이 조금 벌
어져 있는 것을 확인할 수 있습니다. [Snap Toggle] 버튼(🔳)을 사용하여 Vertex의 위치를 조절합니다.

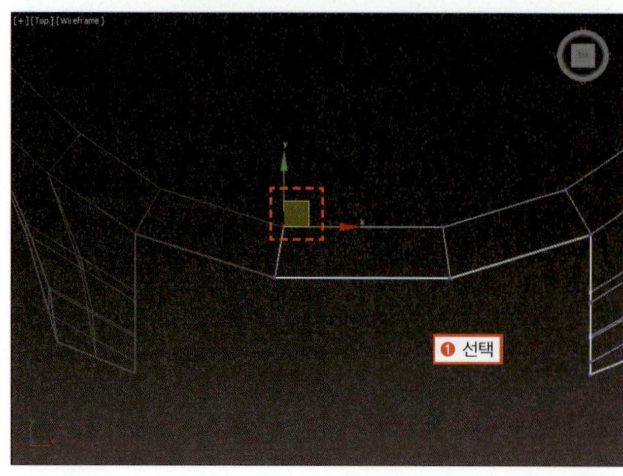

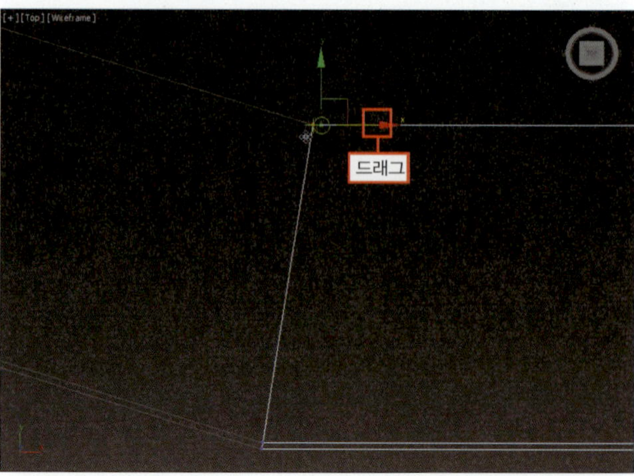

Attach를 활성화하고 복사한 오브젝트를 클릭하여 1개의 오브젝트로 합칩니다.

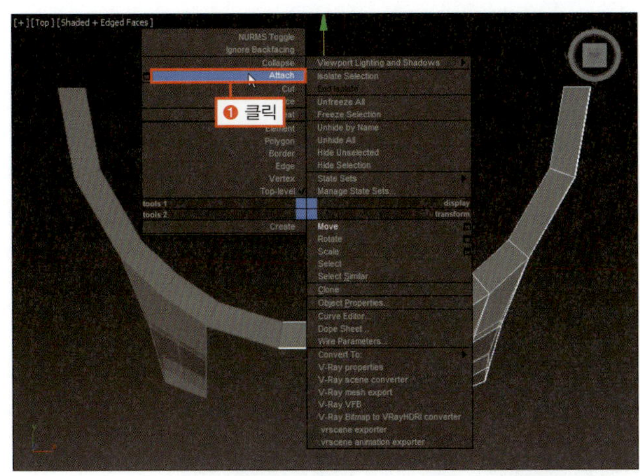

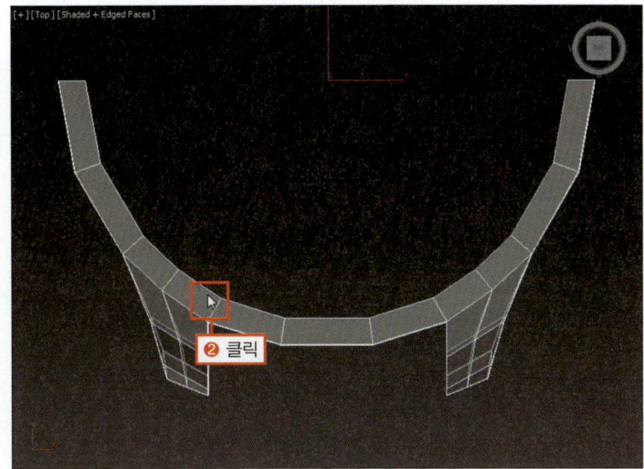

Main Toolbar의 [Mirror] 버튼(⋈)을 클릭하여 창이 팝업되면 기준 좌표와 복사 방법을 확인한 후 [OK] 버튼을 클릭하여 복사를 실행합니다.

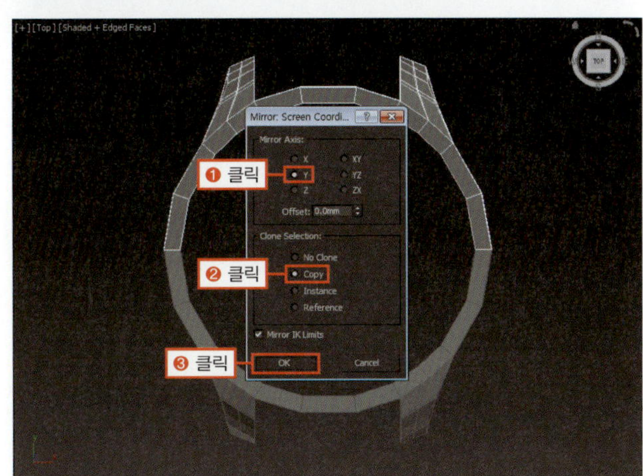

Attach를 활성화하고 나머지 오브젝트를 클릭하여 1개의 오브젝트로 합칩니다.

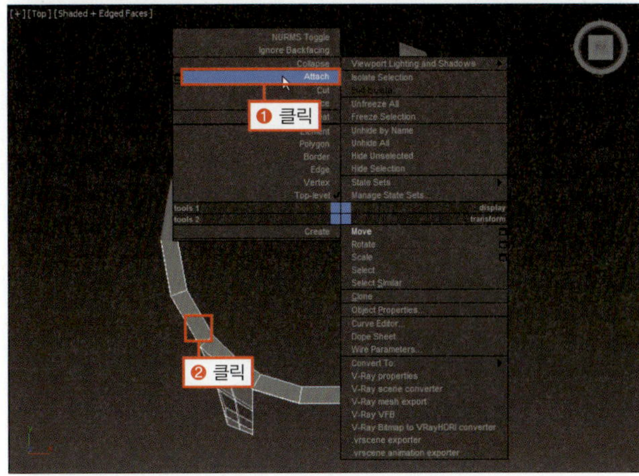

14 Vertex Weld

그림과 같이 전체 Vertex를 선택하고 Quad Menu의 Weld Setting을 팝업합니다.

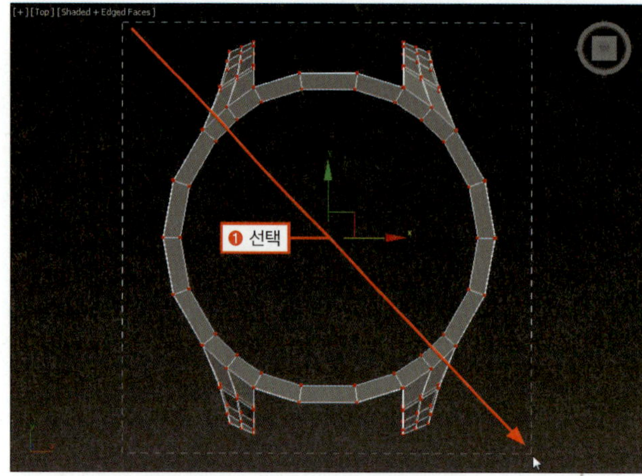

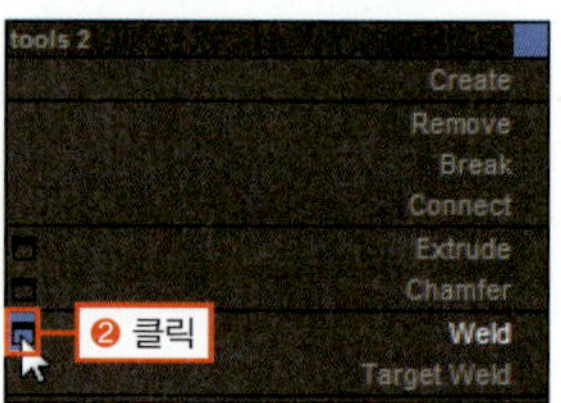

Weld Threshold값이 0.1mm일 때 Weld를 실행하면 Vertex 272개가 248개로 줄어든다는 정보를 미리 보여줍니다. 오브젝트를 복사하고 합쳤을 때 각각의 경계 부분에 있던 24개의 점이 완전히 합쳐지지 않았기 때문입니다. 버튼을 클릭하여 Weld를 적용합니다.

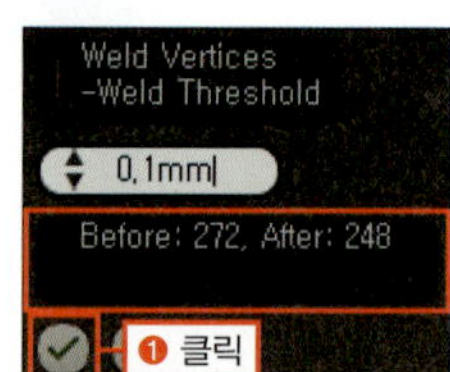

Weld가 제대로 실행되면 그림과 같이 동일 좌표에는 있었지만 합쳐지지 않았던 Vertex들이 합쳐집니다.

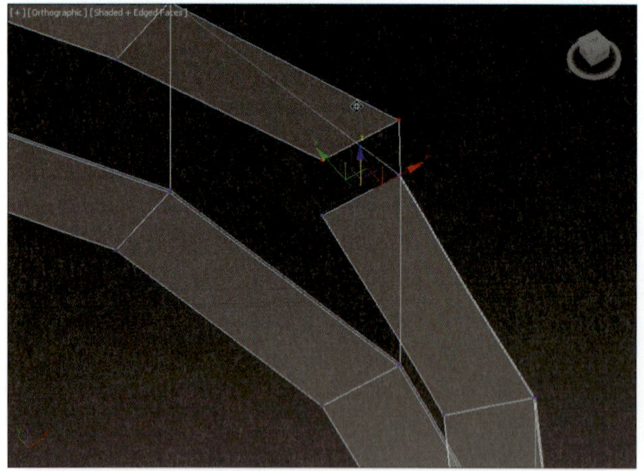

▲ vertex가 합쳐지지 않은 상태

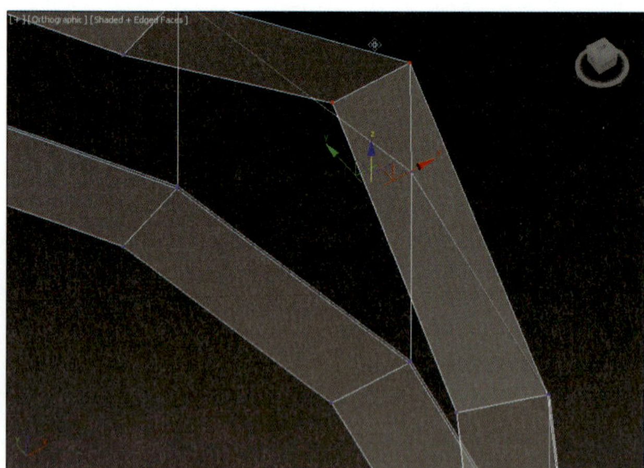

▲ vertex가 합쳐진 상태

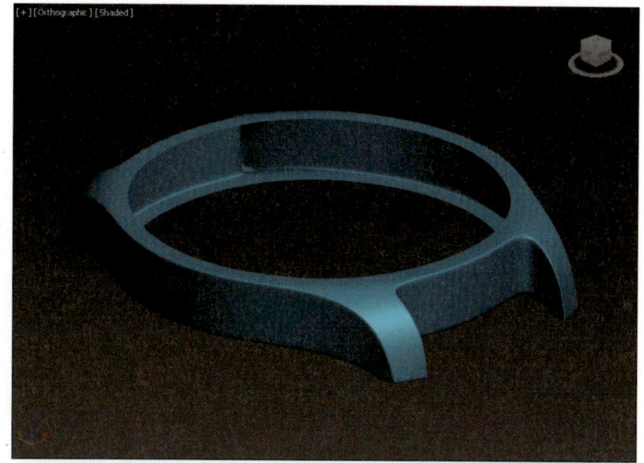

⑮ TurboSmooth

'Cylinder001' 오브젝트에 Modifier List의
TurboSmooth를 적용합니다.
Iterations값을 조절하고 모델링을 확인
합니다.

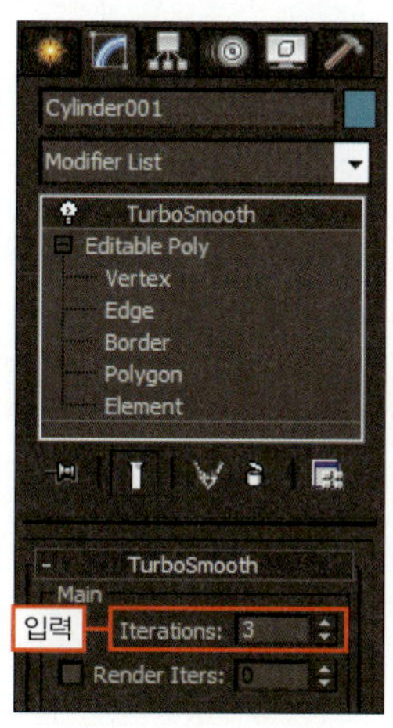

⑯ 오브젝트 이름 변경

시계 케이스 중에서 몸체 모델링이 완료되었습니다. 이후에 쉽게 찾을 수 있
도록 'Cylinder001'이었던 오브젝트 이름을 'case mid-part'로 변경합니다.

:: Bevel Profile을 활용한 베젤 모델링

미리 준비해 놓은 부품의 단면 Line을 활용하여 시계 케이스의 위쪽과 뒷부분의 프레임 역할을 하는
베젤 모델링을 진행합니다.

1 File Merge

화면 좌측 상단에 [Application] 버튼(▣)을
클릭하고 Import > Merge를 선택합니다.

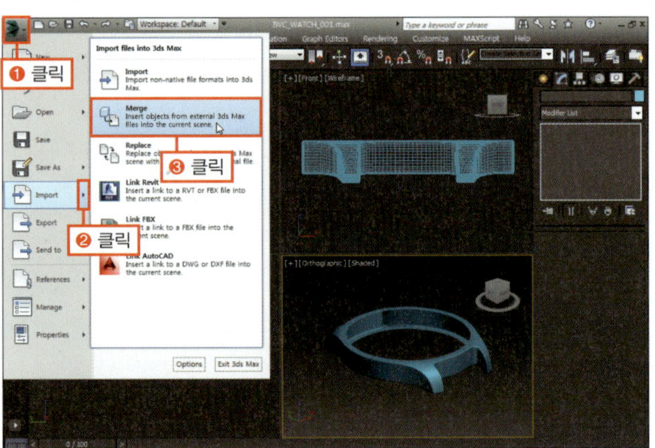

부록 CD의 Part 05>Lesson 01 폴더에서 'Scene_01(Besel Spline).max' 파일을 더블클릭으로 선택
합니다. 새로운 창이 팝업되면 All을 클릭하여 전체 리스트를 선택하고 [OK] 버튼으로 파일 Merge를
실행합니다.

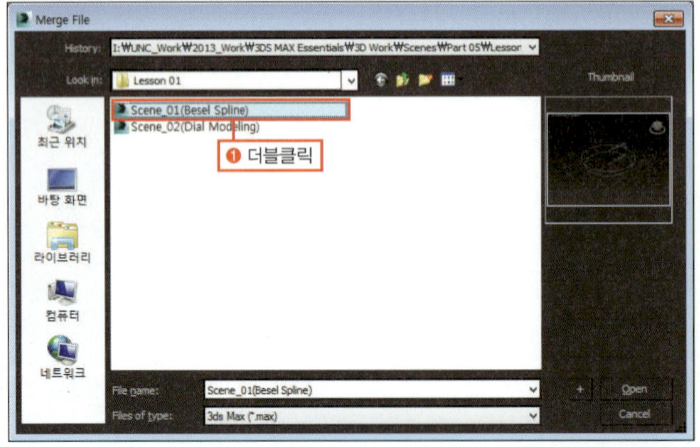

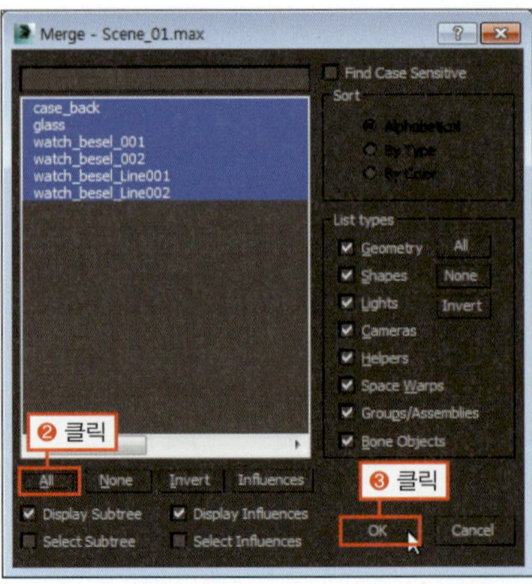

시계 부품의 단면으로 활용할 Line 오브
젝트 6개가 장면으로 불러집니다.

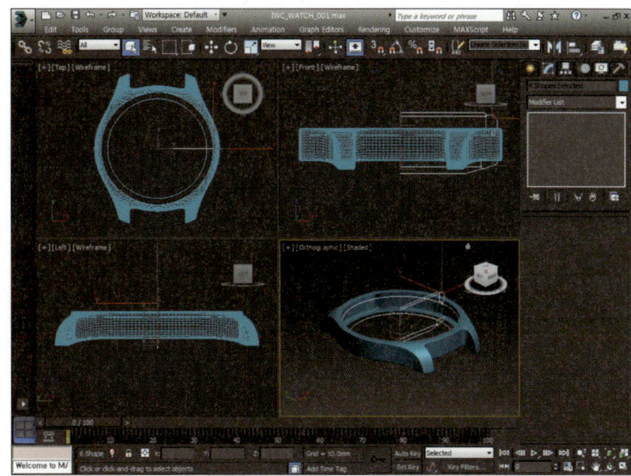

2 Hide Selection

제작이 완료된 'case mid-part' 오브젝트
는 Hide Selection을 적용하여 잠시 장면
에서 보이지 않도록 합니다.

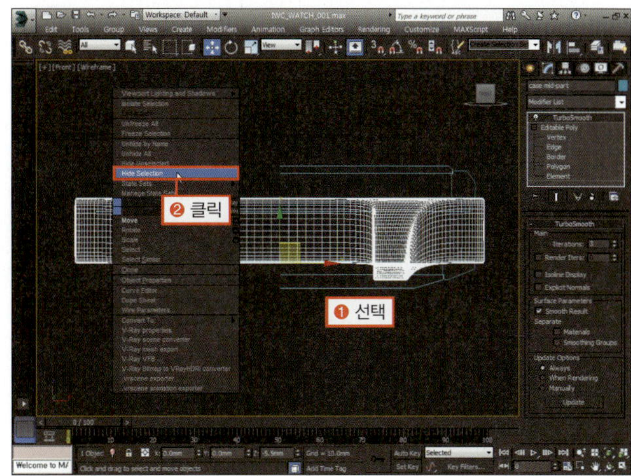

3 Bevel Profile 적용

'watch_besel_001' Circle을 선택하고 Modifier List에서 Bevel Profile을 적용
합니다. 단면이 될 오브젝트가 아직 적용되지 않았기 때문에 다음 그림과 같
이 보이게 됩니다.

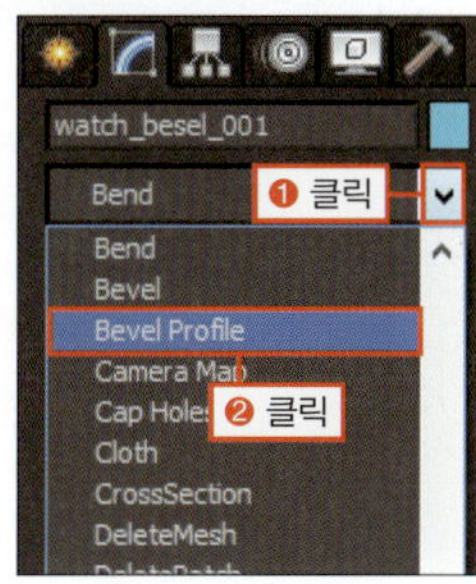

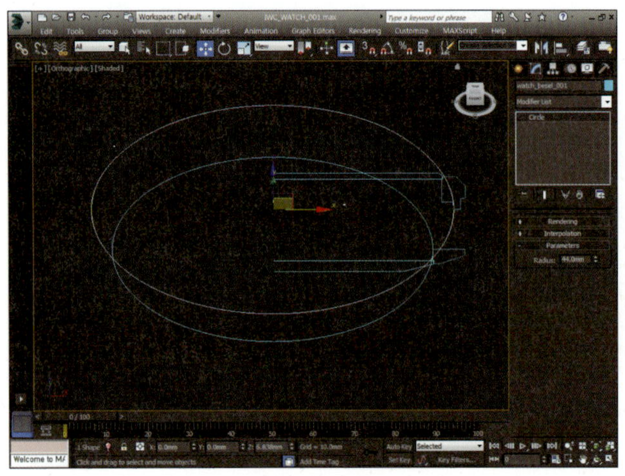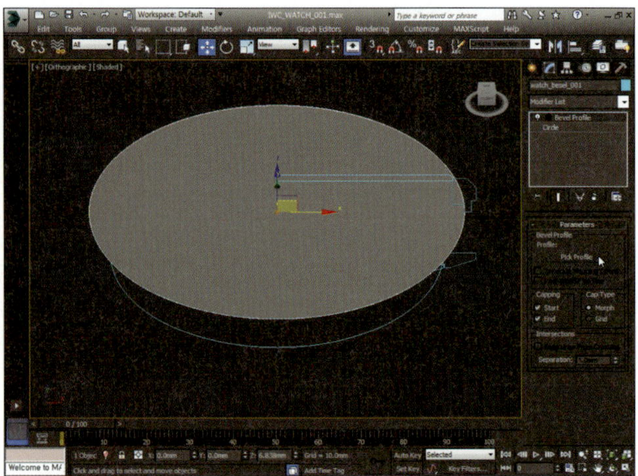

Bevel Profile의 Parameter에서 [Pick Profile] 버튼(Pick Profile)을 활성화한 후 단면으로 사용될 'watch_besel_Line001' 오브젝트를 마우스로 선택합니다. 선택한 Line을 단면으로 가지는 그림과 같은 오브젝트가 생성됩니다.

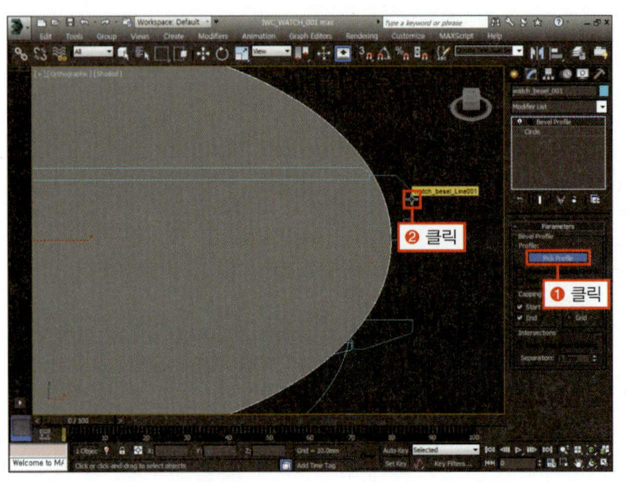

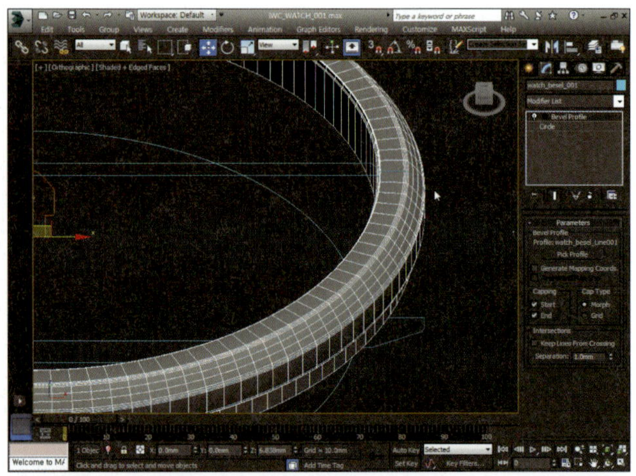

단면에 사용된 'watch_besel_Line001' 오브젝트는 Command Panel>Create> Shape>Spline에서 Line을 사용하여 생성하였으며 Fillet을 실행하여 곡면을 처리한 결과물입니다.

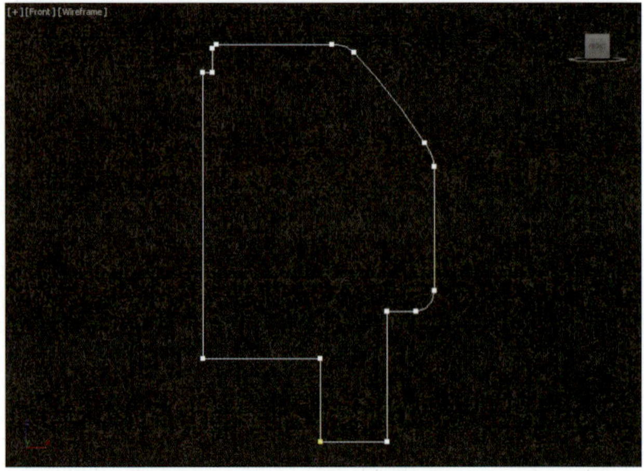

이번에는 아래쪽 'watch_besel_002'의 Circle을 선택한 후 Modifier List에서 Bevel Profile을 적용합니다.

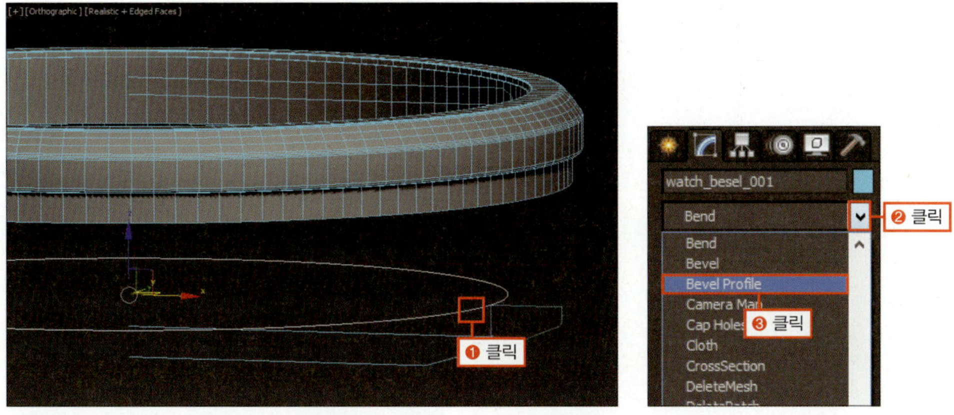

단면으로는 'watch_besel_Line002'을 사용합니다. 선택한 단면을 기반으로 한 오브젝트가 생성되었습니다.

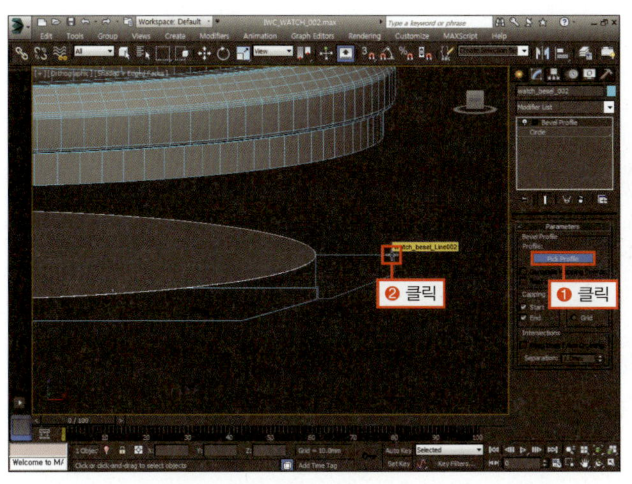

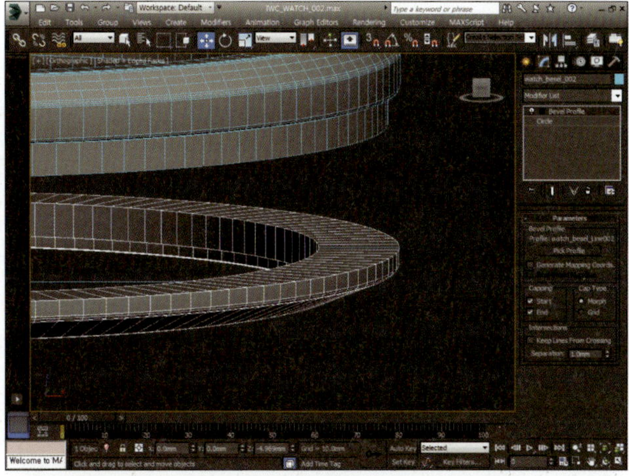

단면으로 사용한 'watch_besel_Line001'의 모양입니다. 해당 오브젝트 역시 Command Panel>Create>Shape>Spline에서 Line을 사용하여 생성하였으며 Fillet을 실행하여 곡면 처리한 결과물입니다.

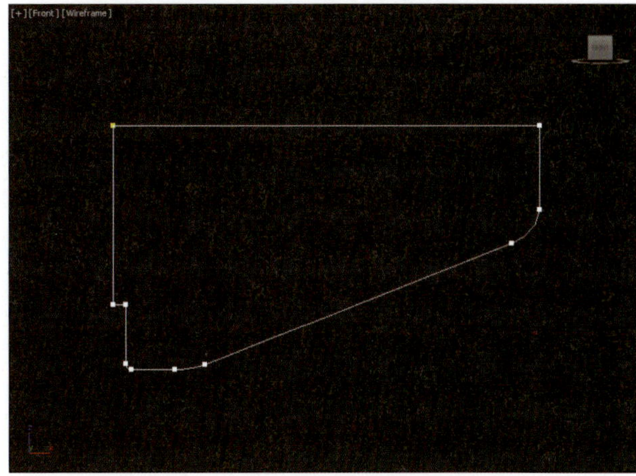

Bevel Profile을 활용한 시계의 위쪽과 아래쪽 베젤 제작을 완료합니다.

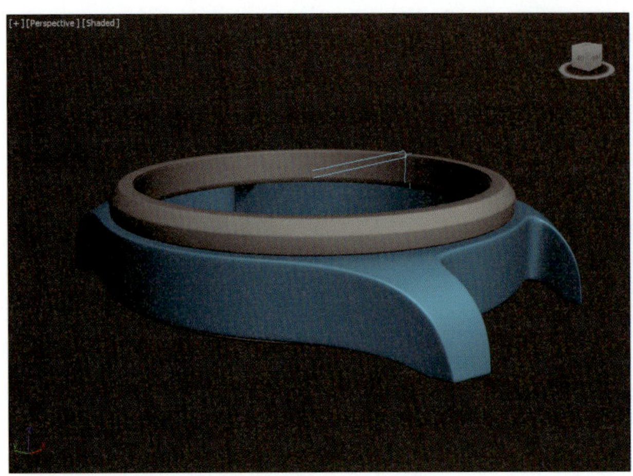
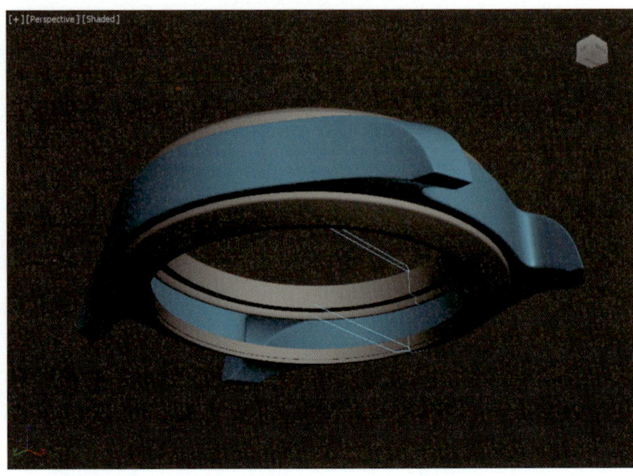

:: Lathe를 활용한 유리, 케이스 뚜껑 모델링

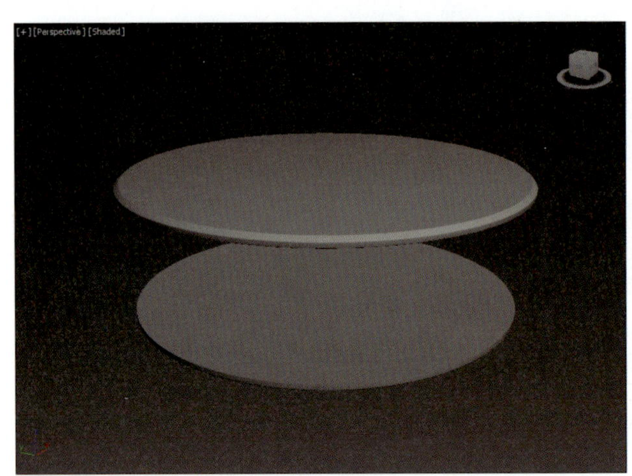
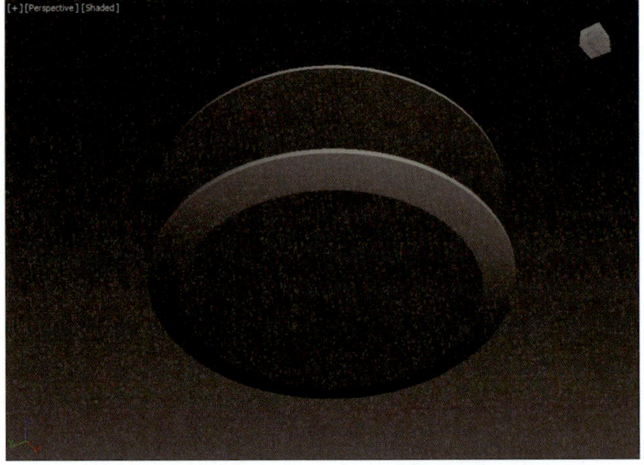

1 Lathe 적용

Front View에서 'glass'의 Line 오브젝트를 선택하고 Modifier List에서 Lathe
를 적용합니다.

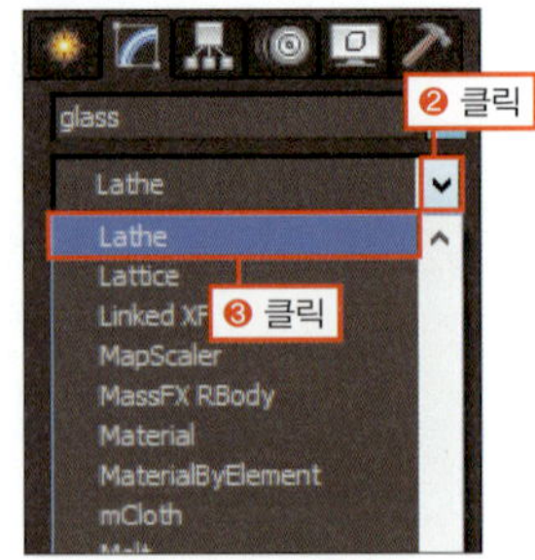

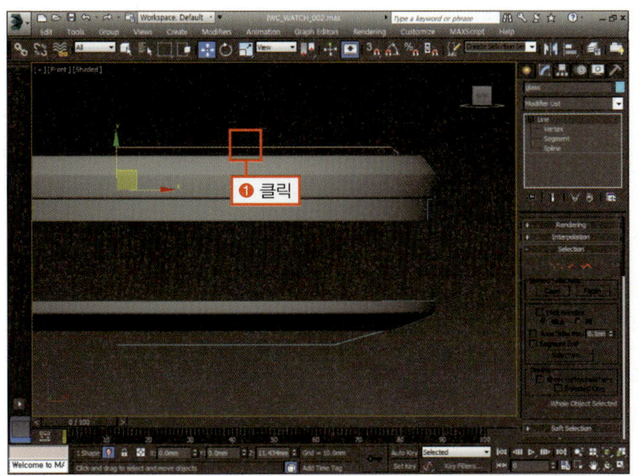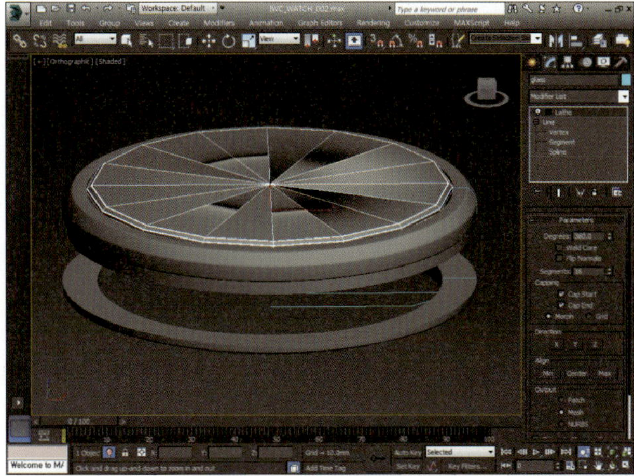

Lathe Parameter에서 Weld Core를 체크하여 중심점이 깨끗하게 합쳐지도록 하고 Flip Normals를 체크하여 면의 방향이 바뀌도록 설정합니다. Segment에 ‘100’을 입력하여 오브젝트가 부드럽게 보일 수 있도록 조절합니다.

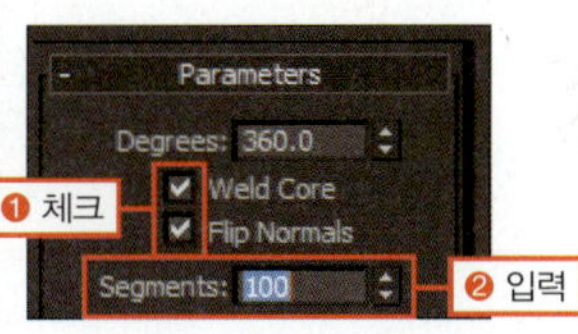

이번에는 ‘case_back’의 Line 오브젝트를 선택하고 Modifier List에서 Lathe를 적용합니다. 한 번 실행했던 명령이므로 동일한 설정값이 바로 적용됩니다.

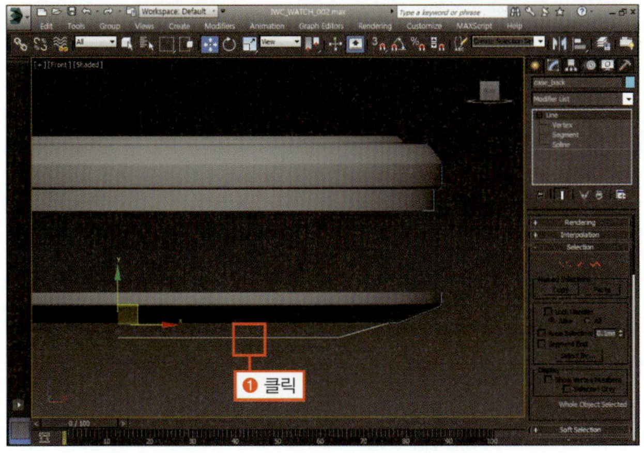

유리와 케이스 뚜껑으로 사용할 오브젝트 모델링을 완료합니다.

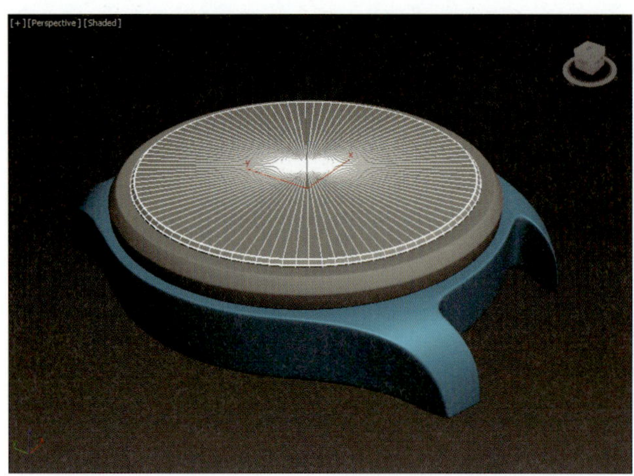
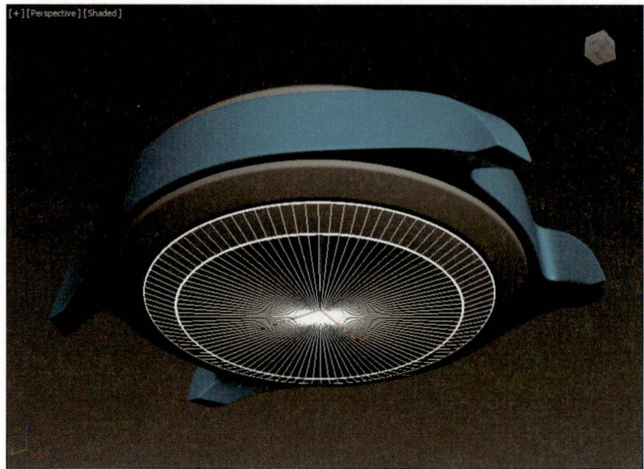

손목 밴드의 모델링과 스티치 표현하기

02
SECTION

제작하려는 시계의 손목 밴드는 표면이 올록볼록한 패브릭 소재에 스티치로 마감 처리가 되어 있습니다. 렌더링을 했을 때 이러한 특징들을 잘 표현할 수 있는 모델링 방법에 대해 알아봅니다.

:: 손목 밴드 모델링

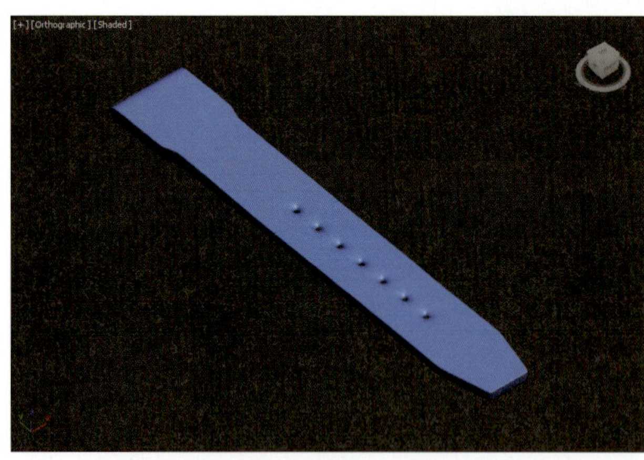
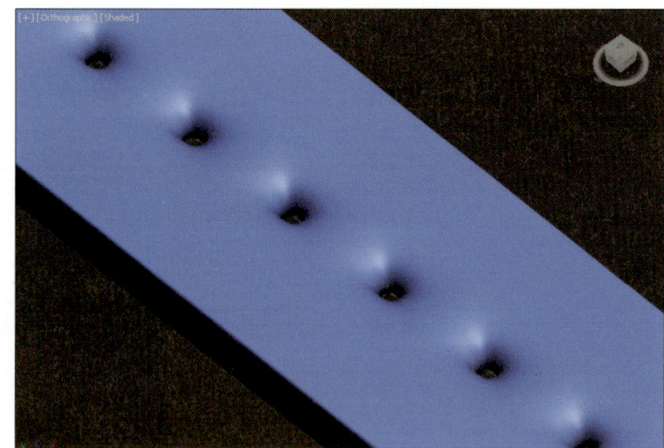

1 Box 생성

Top View에서 Box를 하나 생성하고 크기와 Segment를 다음과 같이 설정합니다.

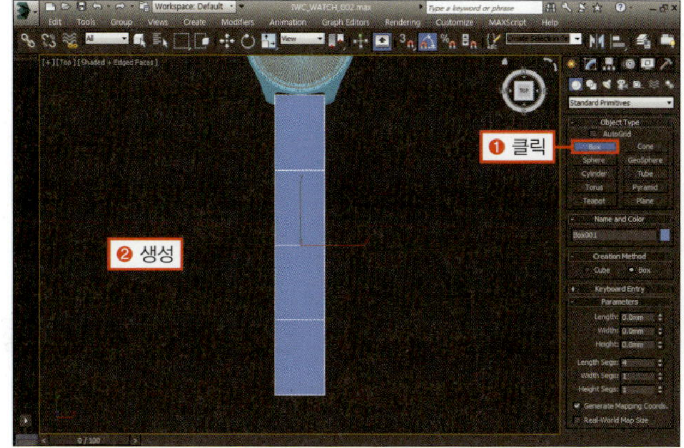

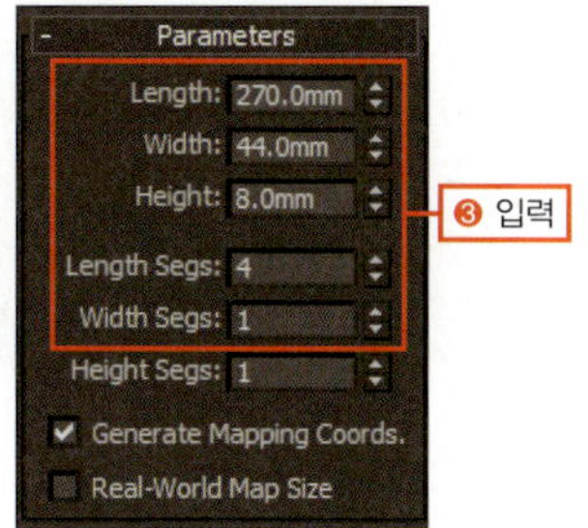

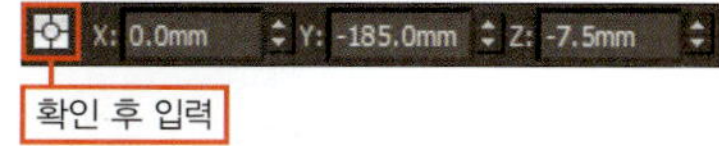

좌표에 다음 값을 입력하여 위치를 조절합니다.

2 Edit Poly 적용

생성한 Box의 Modifier List에서 Edit Poly를 적용합니다. 다음 Vertex를 선택하고 Y좌표에 '-88'을 입력하여 위치를 조절합니다.

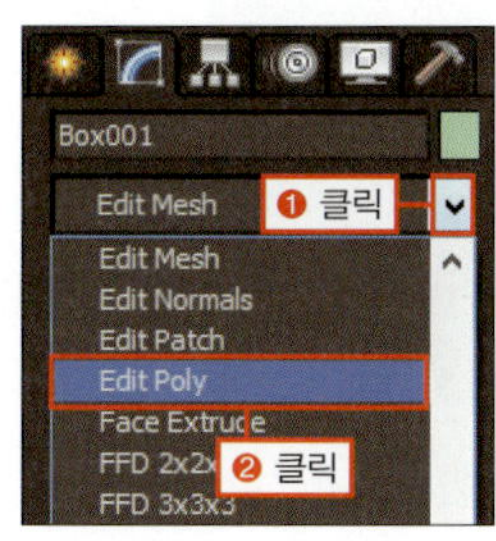

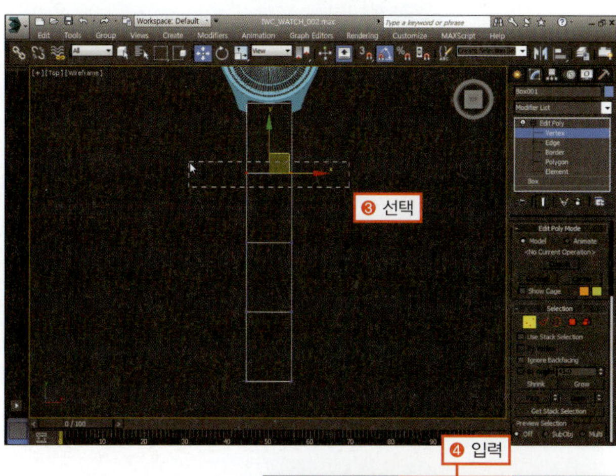

두 번째, 세 번째 줄의 Vertex들도 위치를 조절합니다.

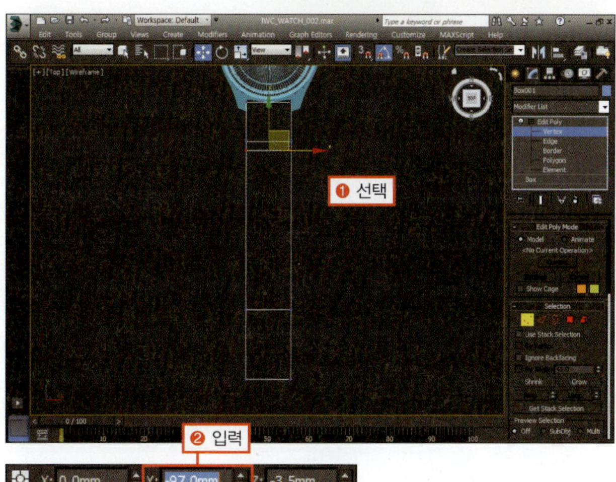

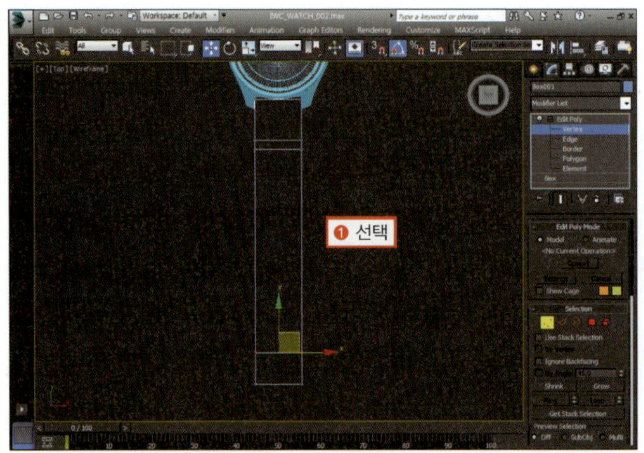

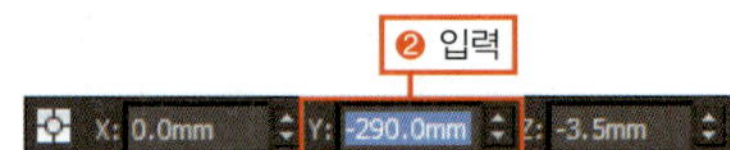

❸ Scale 조절

다음과 같이 Vertex를 선택하고 Select and Non-uniform으로 Scale 타입을 활성화합니다.

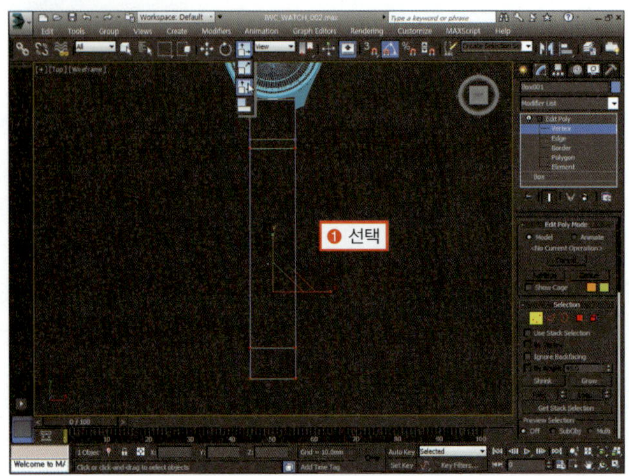

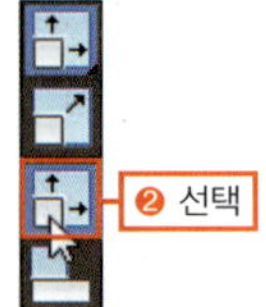

F12를 눌러 화면이 팝업되면 X좌표에 '87'을 입력하여 해당 방향으로만 스케일이 87% 줄어들도록 조절합니다.

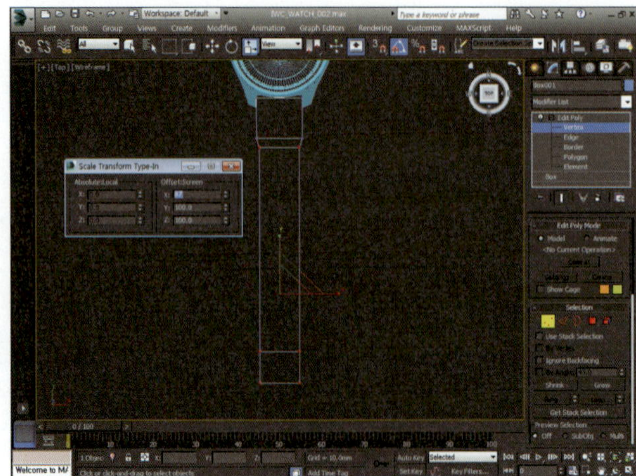

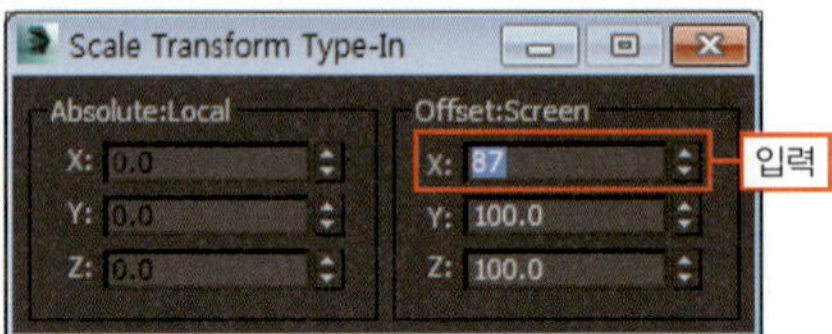

맨 아래의 Vertex를 선택한 후 X좌표에 다
음 값을 입력하여 스케일을 조절합니다.

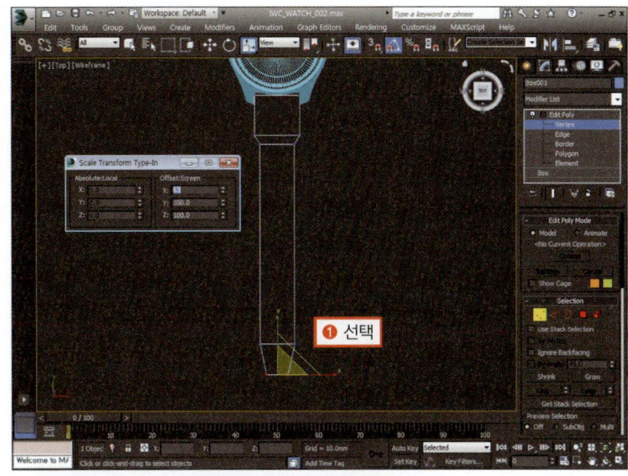

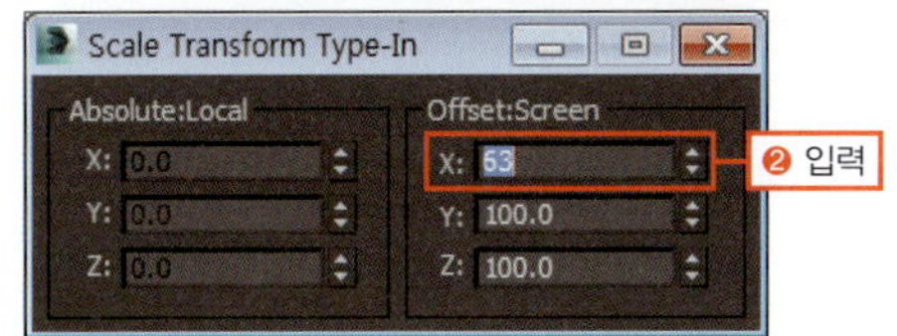

4 Edge Chamfer

Polygon을 활성화한 후 Selection Rollout에서 By Angle을 체크하고 '80'을 입
력합니다. 입력한 각도의 범위에 해당하는 Polygon을 한 번에 선택할 수 있습
니다.

그림과 같이 Polygon을 선택하고 키보드의 Shift 를 누른 채 Edge 버튼( )을 선택합니다.
선택했던 Polygon의 테두리에 해당하는 Edge가 선택됩니다.

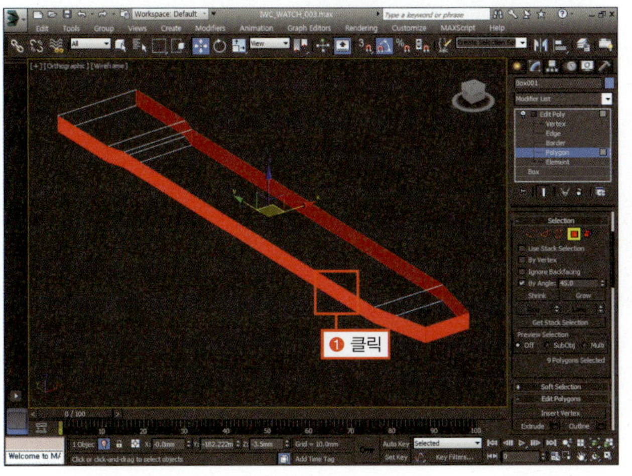

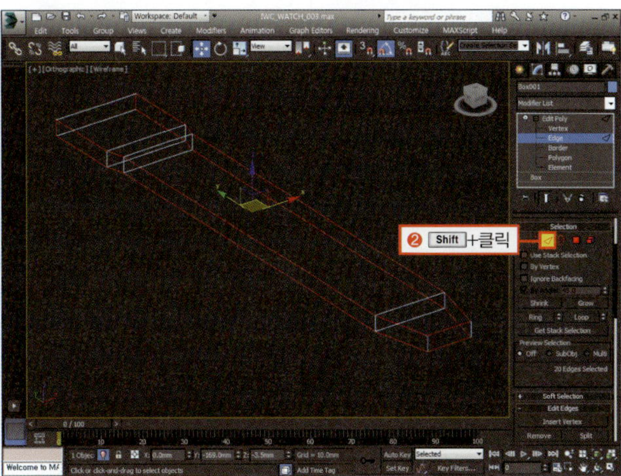

선택한 Edge에 Chamfer Setting을 실행하고 Amount에 '0.3'을 입력하여 Chamfer를 적용합니다.

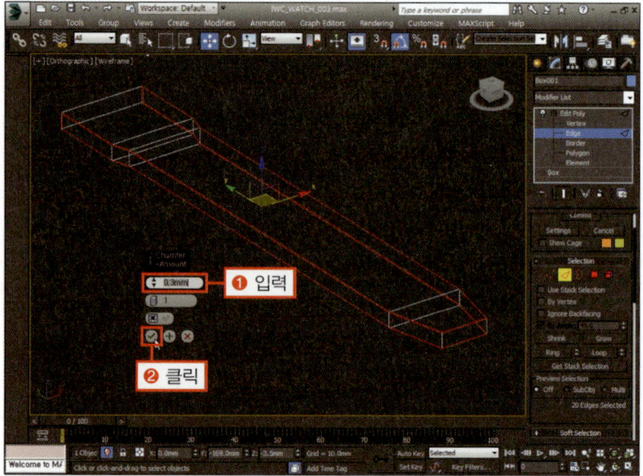

다음 선택한 Edge에도 Amount에 0.3을 입력하여 Chamfer를 적용합니다.

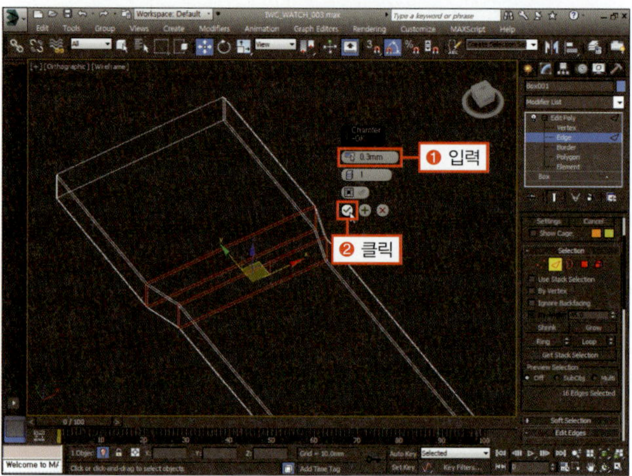

아래쪽에 있는 한 줄의 Edge를 선택하고 Amount에 '1'을 입력하여 Chamfer를 적용합니다.

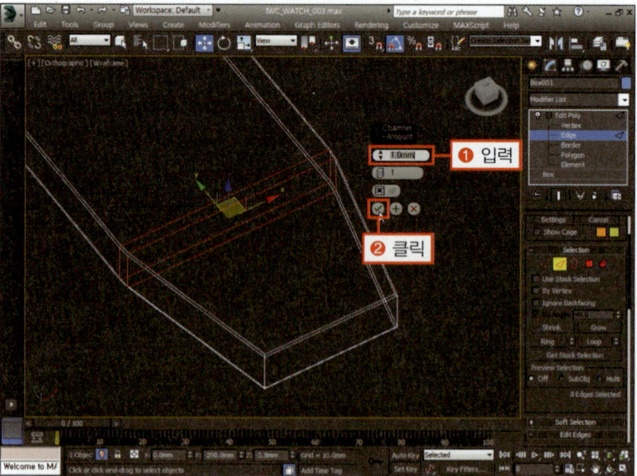

5 Connect

다음 Edge를 선택하고 Connect Setting을 실행합니다.

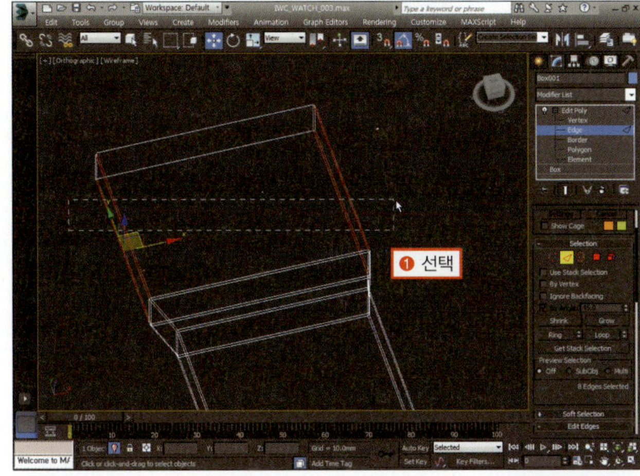

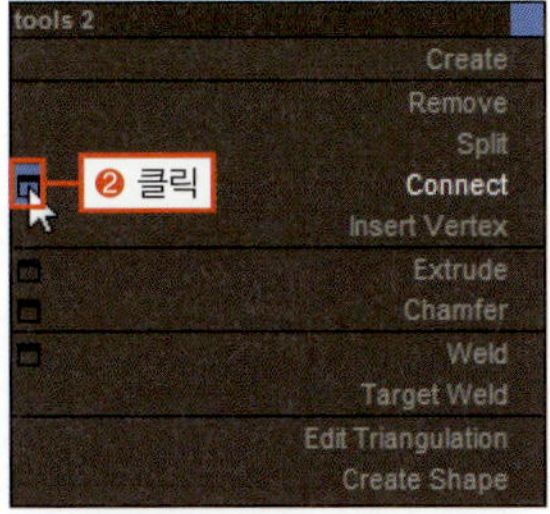

Slide에 '50'을 입력하여 해당 거리에 Edge가 생성되도록 합니다.

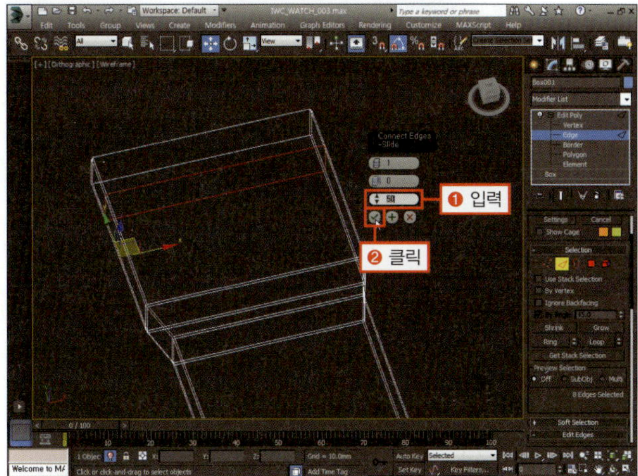

다음 Edge를 선택하고 이번에는 Slide에 '-75'를 입력하여 Connect를 적용합니다.

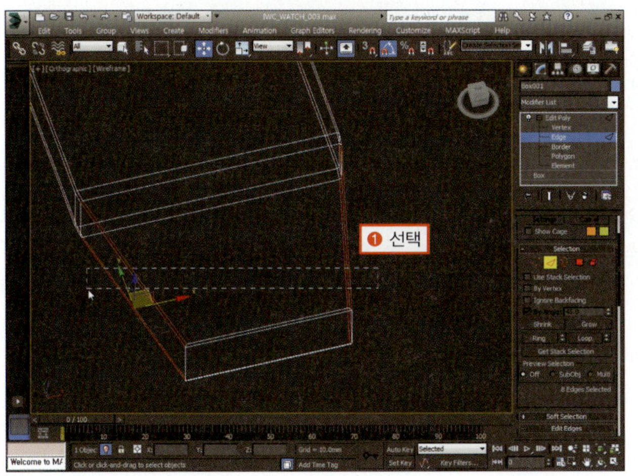

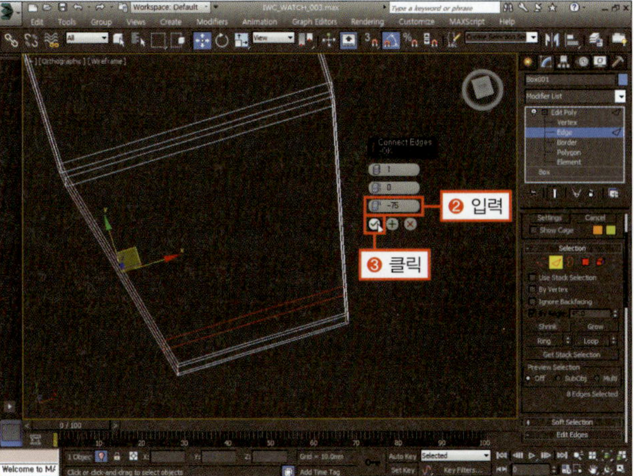

이번에는 그림과 같이 가운데에 있는 모든 Edge를 선택하고 Connect를 실행합니다.

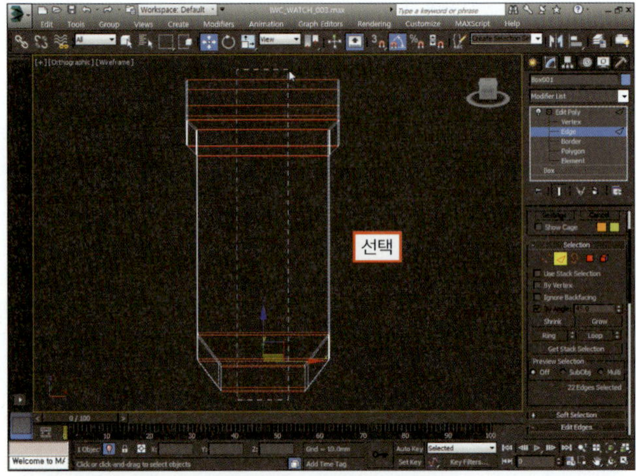

Segment에 '3', Pinch에 '55', Slide에 '0'을 입력하여 다음과 같이 Edge가 생성되도록 합니다.

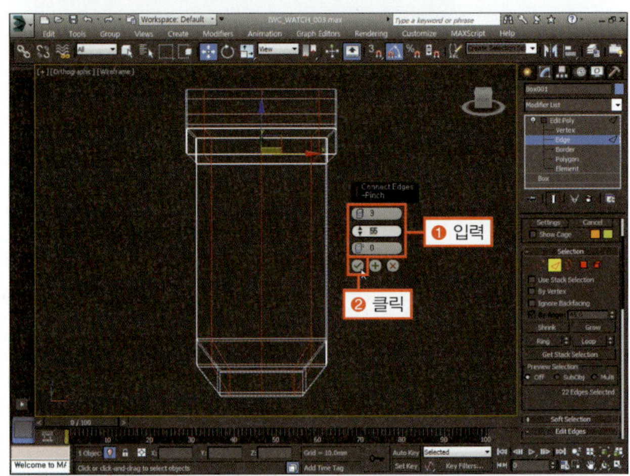

밴드의 구멍이 들어갈 자리에 Edge를 추가합니다. 그림과 같이 Edge를 선택하고 Connect를 실행합니다.

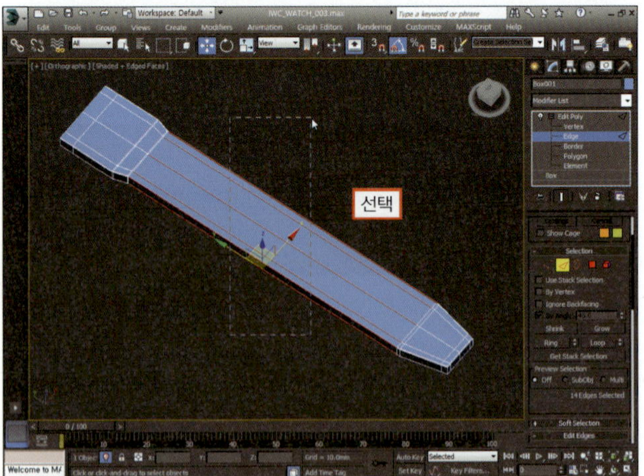

Segments, Pinch, Slide에 각각 다음 값을
입력하고 적용합니다.

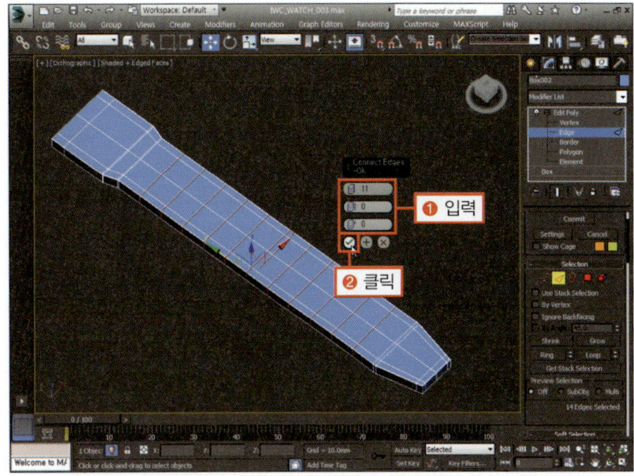

이후 스티치가 들어갈 부분을 고려하여 다음 Edge를 선택하고 Connect를 적용합니다.

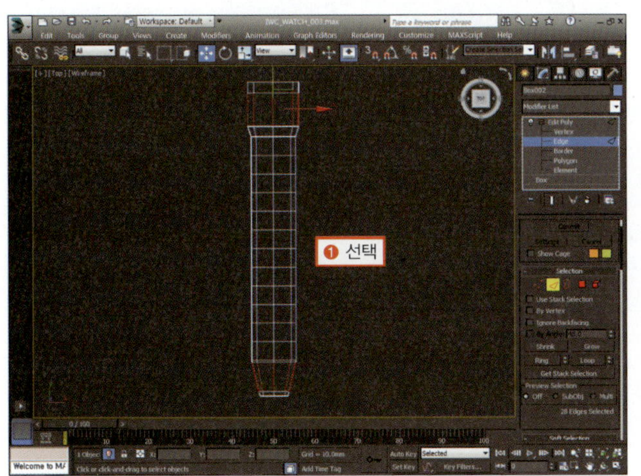

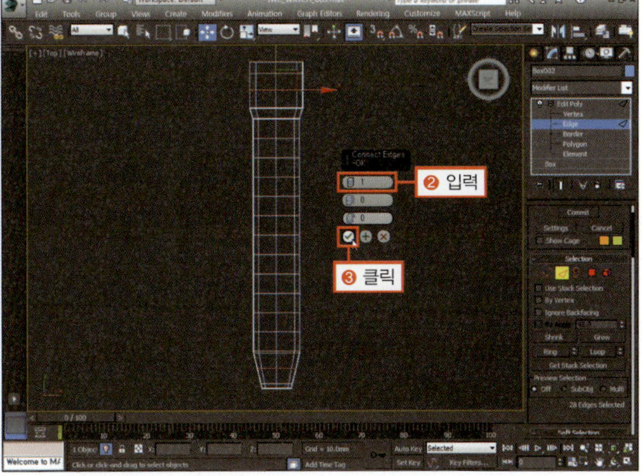

6 Vertex Chamfer

밴드 구멍이 생성될 부분의 다음 가운데 부분의 7개 Vertex를 선택하고 Chamfer를 실행합니다.

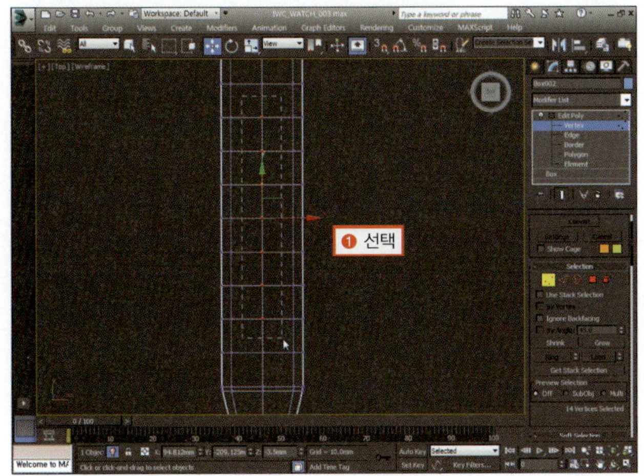

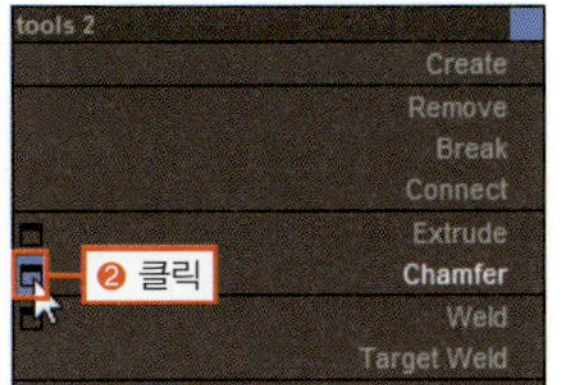

Amount에 '1'을 입력하고 Chamfer를 적
용합니다.

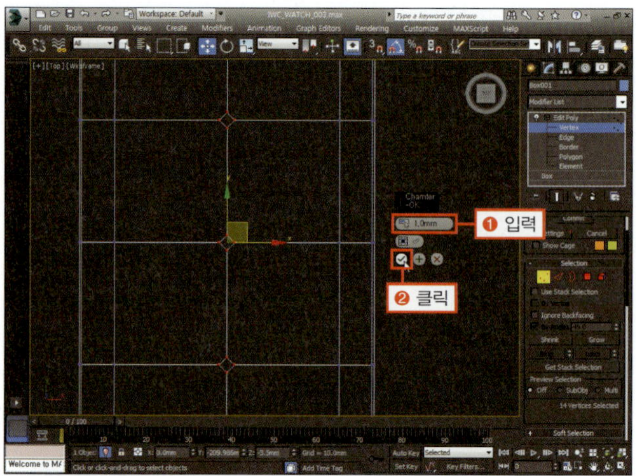

Chamfer가 적용되면 다음과 같이 Vertex
가 선택됩니다. 현재 상태에서 단축키
Shift + Ctrl 을 동시에 누른 상태에서
[Polygon] 버튼(■)을 클릭하면 선택한
Vertex에 해당하는 Polygon이 선택됩니다.

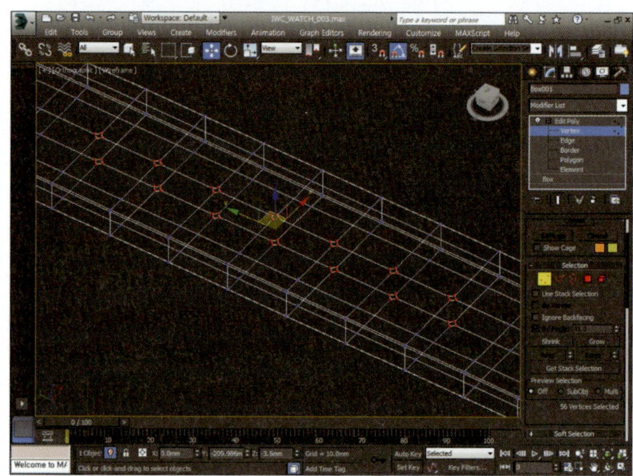

7 Polygon 삭제

선택된 Polygon은 키보드의 Delete 를 눌러
삭제합니다.

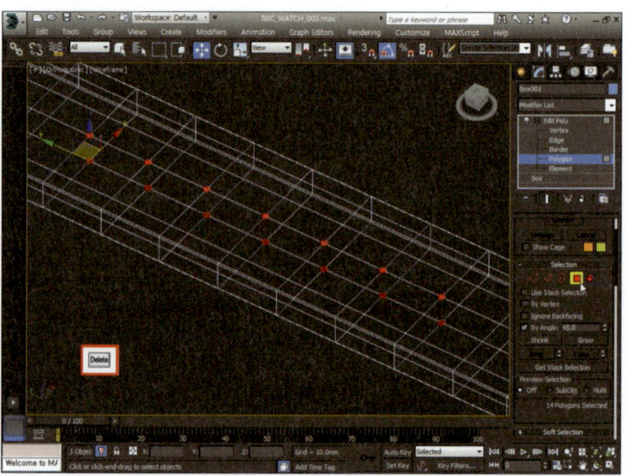

8 Border Extrude

Polygon이 삭제된 자리의 위쪽 Border
를 선택합니다.

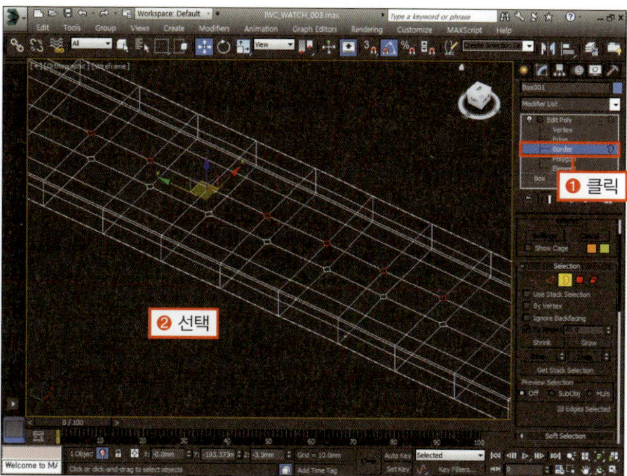

[Snaps Toggle] 버튼(🔒)을 활성화하고 키
보드의 Shift 를 누른 채 Z축 방향으로
Border를 이동하면 Extrude가 실행됩니다.

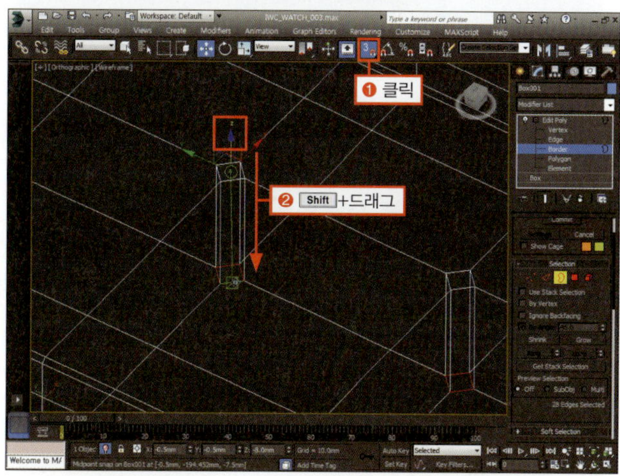

> **tip** ▸ **Snap이 제대로 되지 않을 때**

[Snaps Toggle] 버튼(🔒) 위에서 마우스 오른쪽 버튼을 클릭하여 Setting 창이 팝업되면 Snaps Panel에서 Vertex와
Midpoint가 체크되어 있는지 확인하고 Options Panel에서는 Enable Axis Constraints가 체크되어 있는지 확인한 후 창
을 닫습니다.

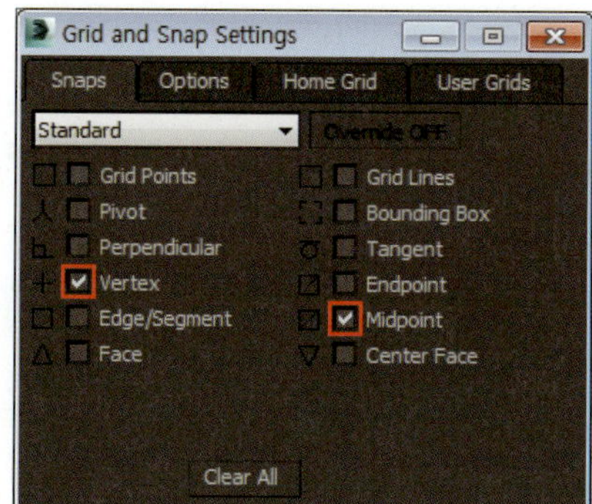
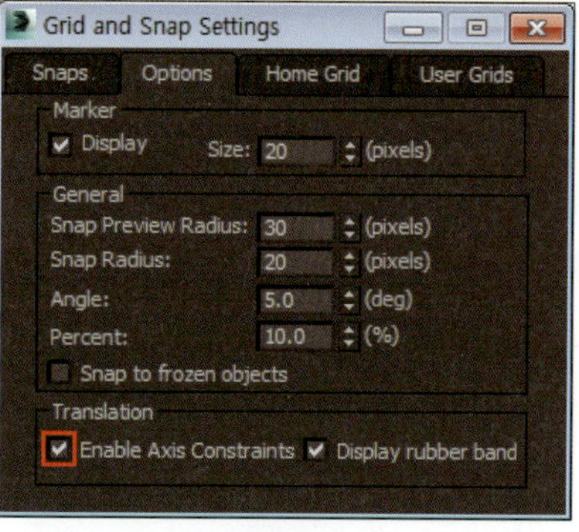

9 Vertex Weld

Vertex를 활성화한 후 단축키 Ctrl + A 를 눌러 모든 Vertex를 선택하고 Weld를 적용합니다.

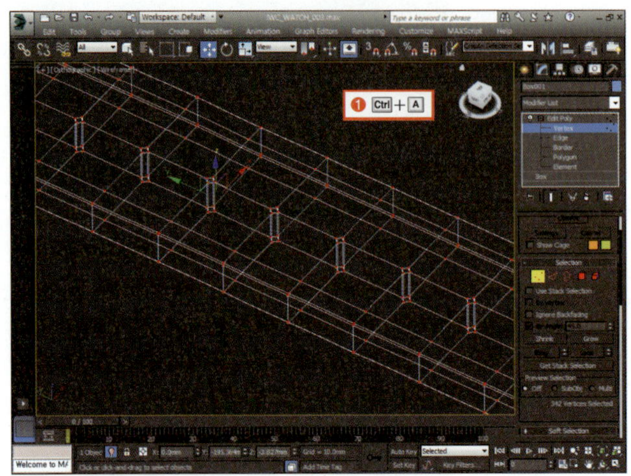

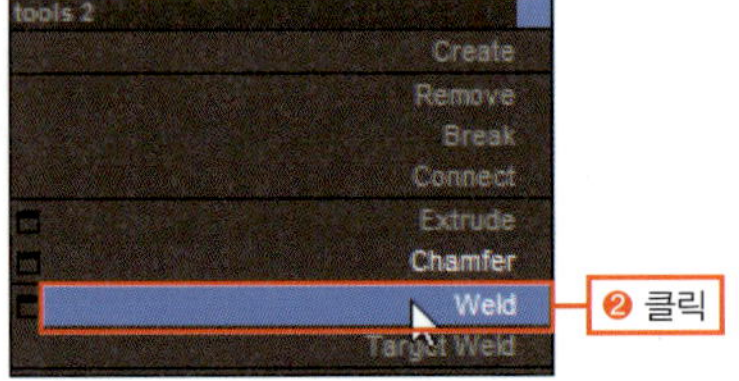

10 TurboSmooth 적용

Modifier List에서 TurboSmooth를 선택하여 적용하고 Iterations에 '2'를 입력합니다.

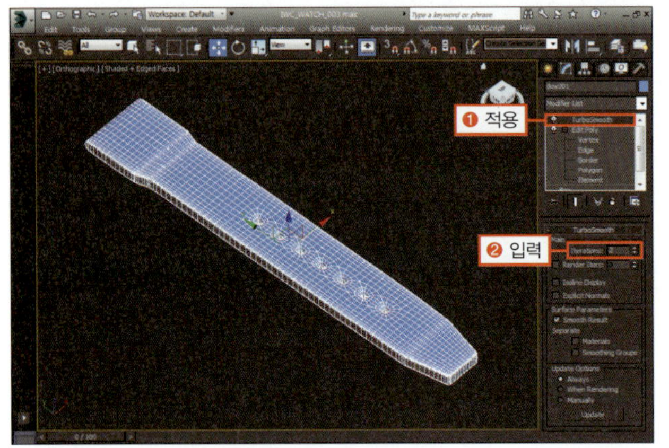

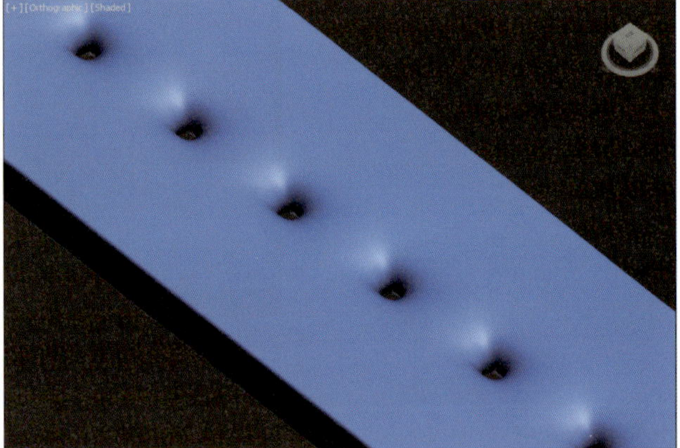

11 FFD(box) 적용

손목 밴드의 두께를 조절하기 위해 Modifier List에서 FFD(box)를 적용합니다. [Set Number of Points] 버튼(Set Number of Points)을 클릭하고 6×2×2로 Point 개수를 변경합니다.

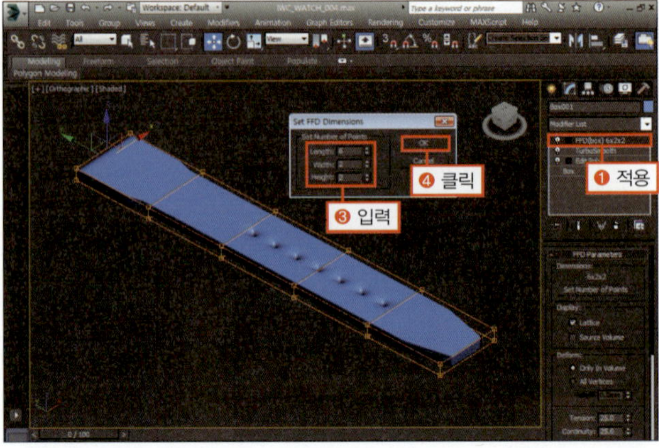

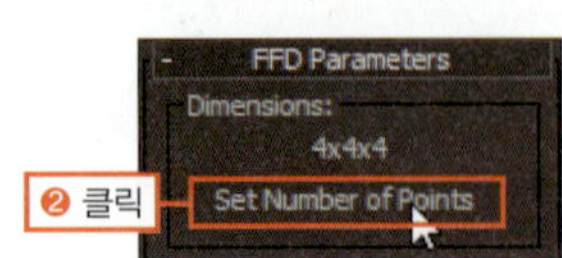

Left View에서 그림과 같이 Quad Menu
에서 Control Points를 활성화하고 마우
스로 조절할 Point를 선택합니다.

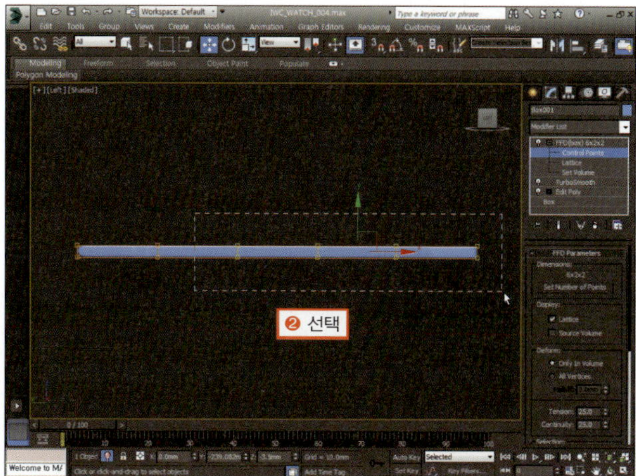

스케일을 활성화한 후 키보드의 F12를 눌러 입력창을 팝업시키고 Y좌표에 '60'을 입력하여 해당 방향
으로만 스케일이 줄어들도록 조절합니다.

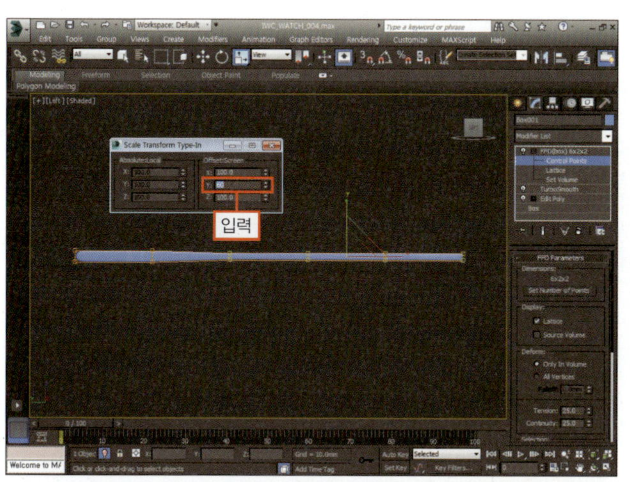

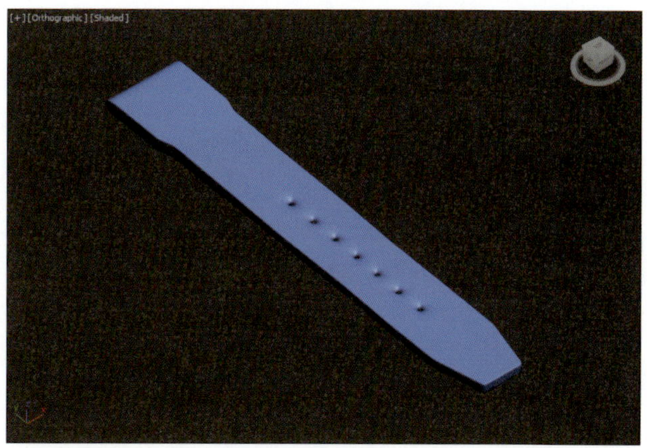

:: 오브젝트의 Shape를 활용한 스티치 표현

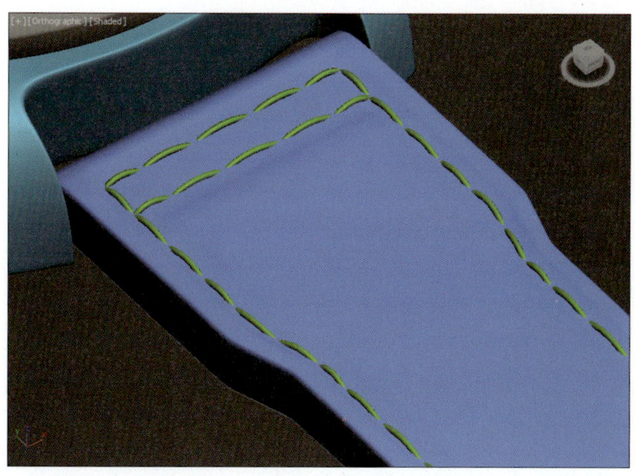

1 Edge 선택

스티치가 들어갈 자리의 라인을 추출하기 위해 제작한 손목 밴드에 Edit Poly를 적용합니다.

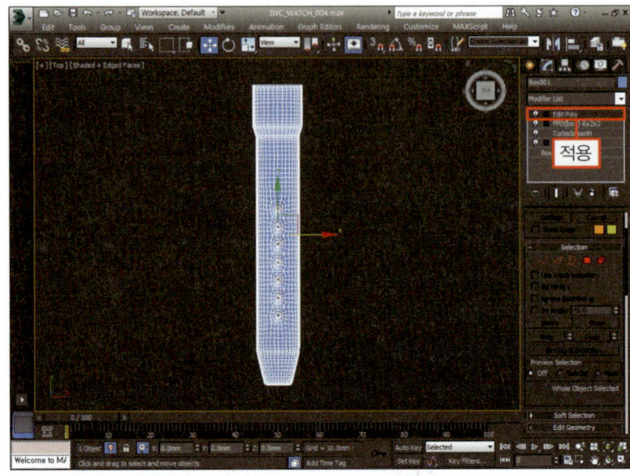

다음과 같이 Edge를 선택하고 [Loop] 버튼(　Loop　)을 클릭하여 연장선상의 Edge들을 모두 선택합니다.

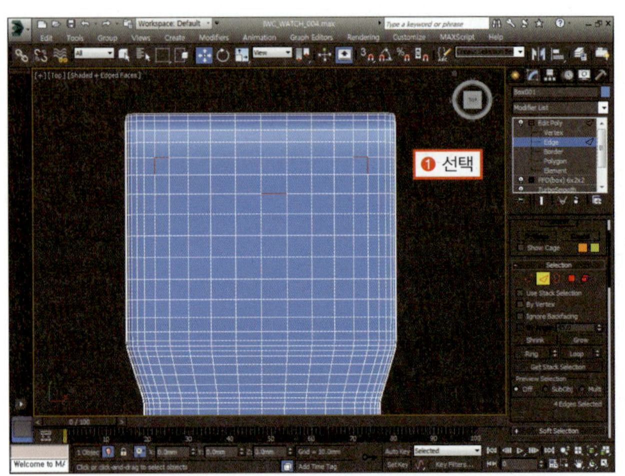
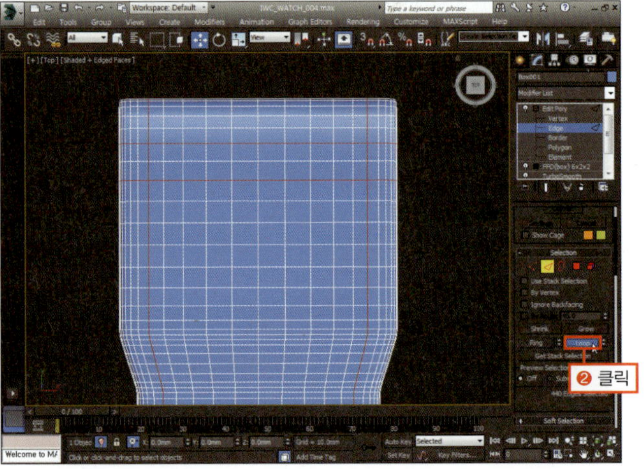

키보드의 Ctrl 을 누른 채 다음 2개의 Edge를 클릭하여 선택합니다.
한 번 더 [Loop] 버튼(　Loop　)을 클릭하여 연장선상의 Edge들을 모두 선택합니다.

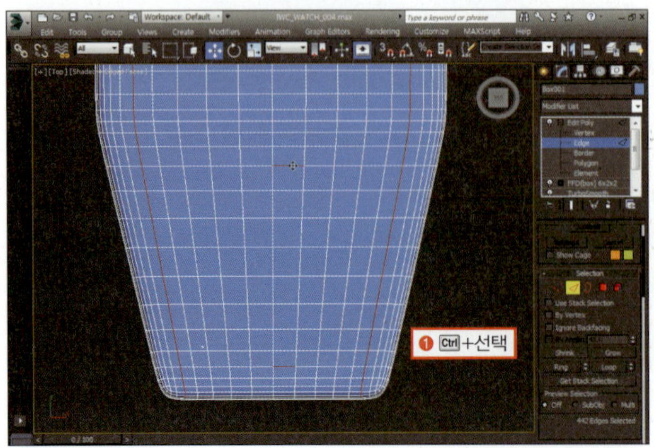
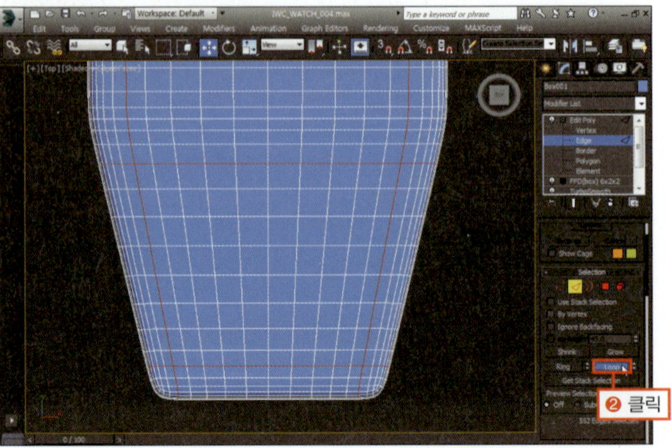

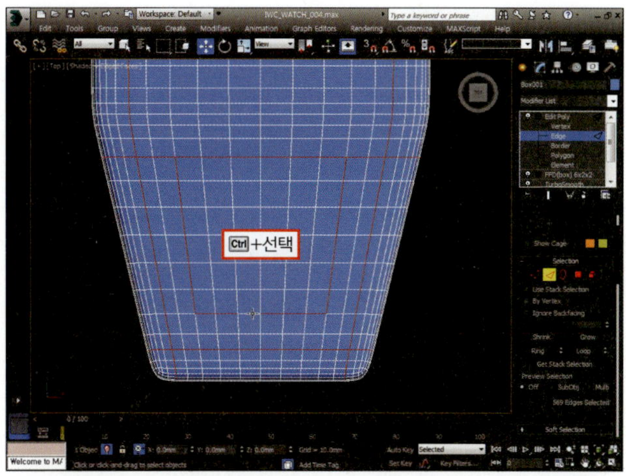

스티치 모양이 될 안쪽의 Edge도 Ctrl을 누른 채 클릭하여 선택합니다.

키보드의 F3을 눌러 Wireframe으로 확인합니다. 키보드의 Alt를 누른 채 마우스를 드래그하여 불필요한 Edge들이 선택에서 제외되도록 합니다.

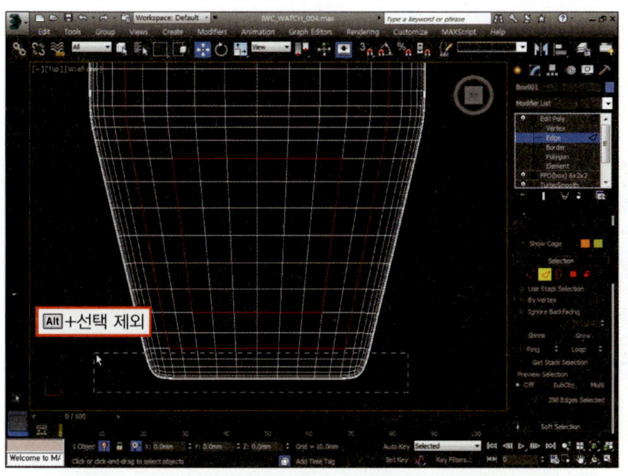

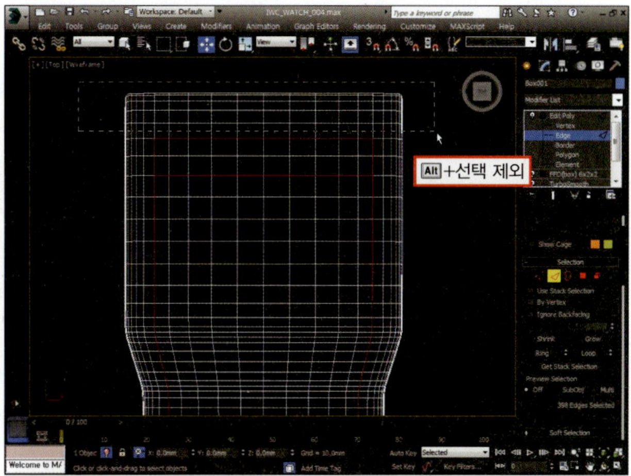

Front View에서 키보드의 Alt를 누른 채 다음과 같이 마우스를 드래그하여 아래쪽 Edge들이 선택에서 제외되도록 합니다.

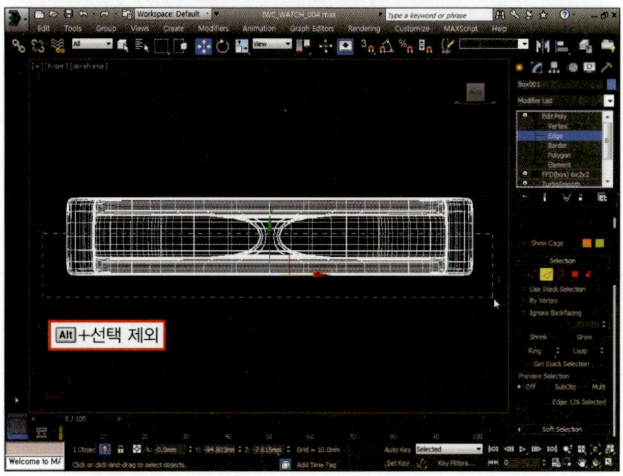

윗부분만 Edge가 잘 선택되어 있는지 View를 돌려 확인합니다.

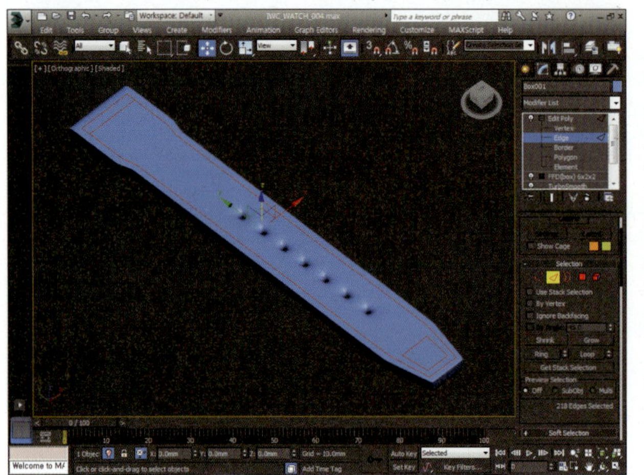 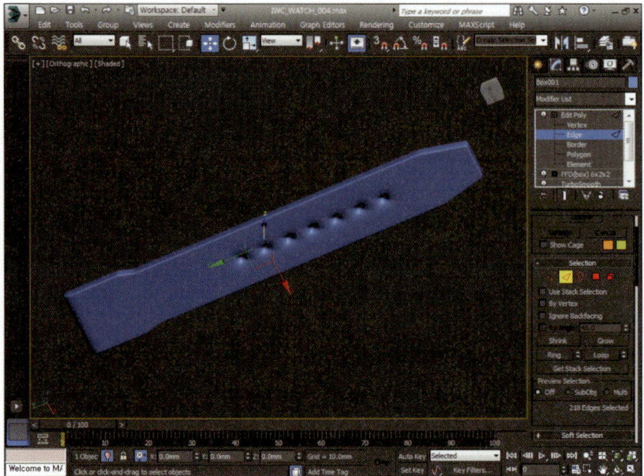

❷ Edge 위치 조절

선택한 Edge의 Z좌표에 '-1'을 입력하여
위치를 조절합니다. 아래로 들어간 작은
홈에 실밥이 위치하게 될 것입니다.

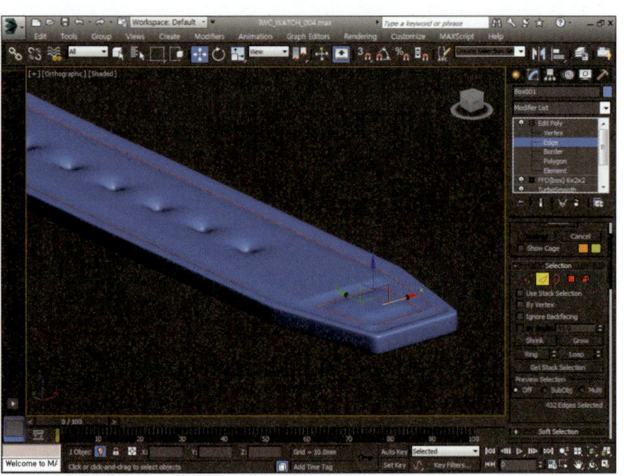

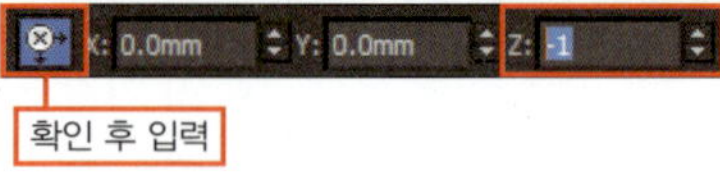

확인 후 입력

❸ Create Shape

Edit Edges Rollout에서 [Create Shape Setting] 버튼(■)을 클릭하여 창을
팝업합니다.

이름을 'band_stitch'라고 변경하고 Shape Type을 확인한 후 [OK] 버튼을 클릭하여 실행합니다.

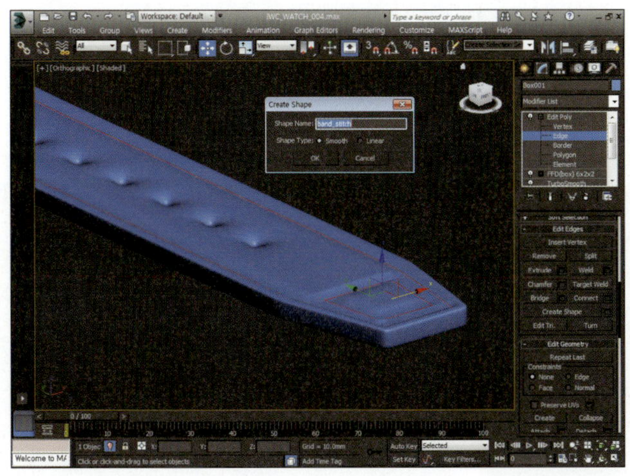

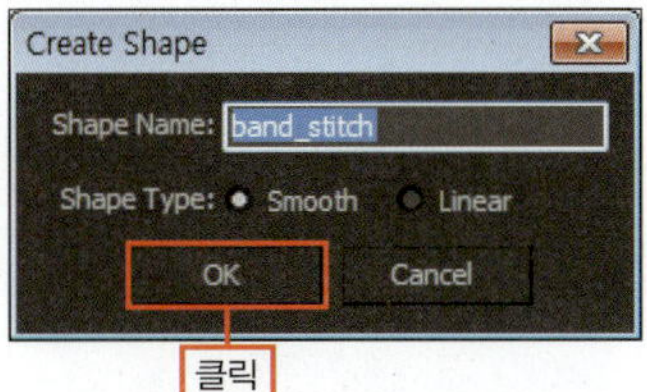

4 Select by Name

키보드의 H를 누르거나 [Select by Name] 버튼(📑)을 선택하고 창을 팝업합니다.
조금 전에 생성한 'band_stitch'를 클릭하

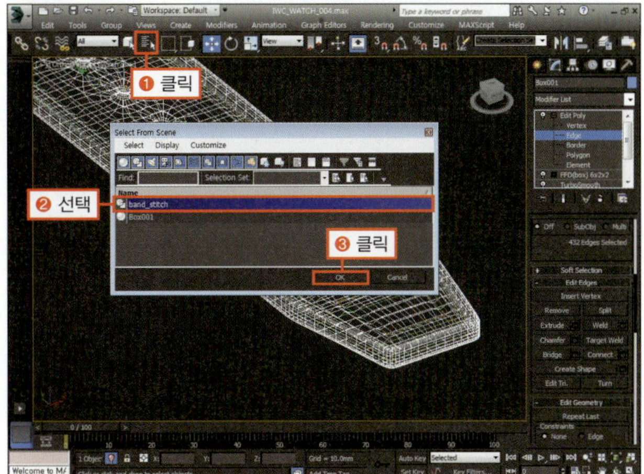

단축키 Alt+Q를 눌러 선택된 Shape만 보이도록 합니다.

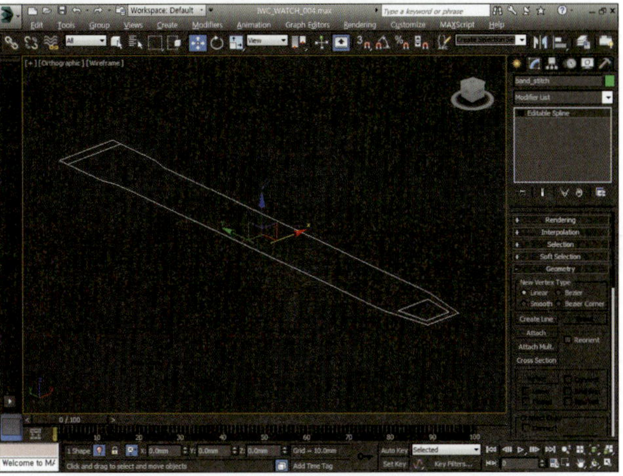

5 Vertex 속성 정리

생성된 Shape을 그대로 사용하기에는 중간 중간 너무 뭉쳐 있는 Vertex들이 문제가 될 수 있습니다. 균등한 Stitch 표현을 위에 뭉쳐 있는 Vertex들을 선택하여 삭제합니다. 완전히 균등하지 않아도 되므로 적당한 간격만 유지하도록 합니다.

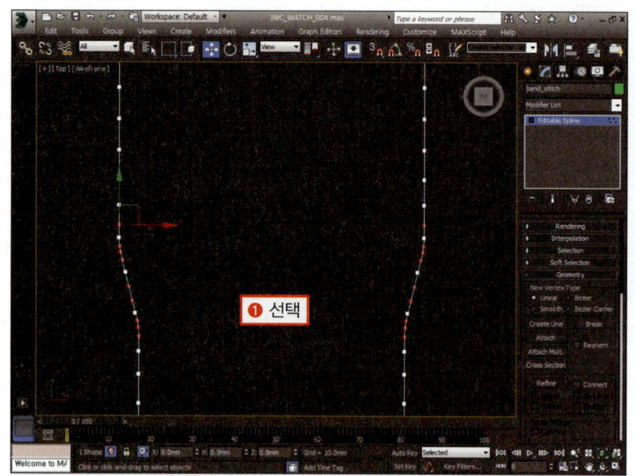

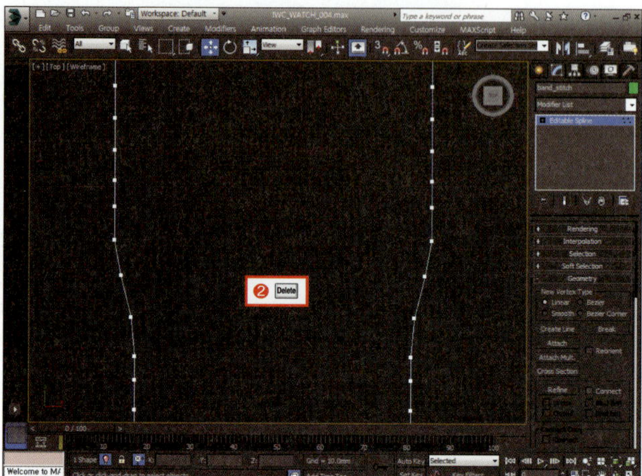

실밥의 올록볼록한 모양을 만들기 위해 부분적으로 Vertex 속성을 변경해야 합니다. 그림과 같이 한 칸씩 건너뛰고 모든 Vertex가 선택되도록 합니다.

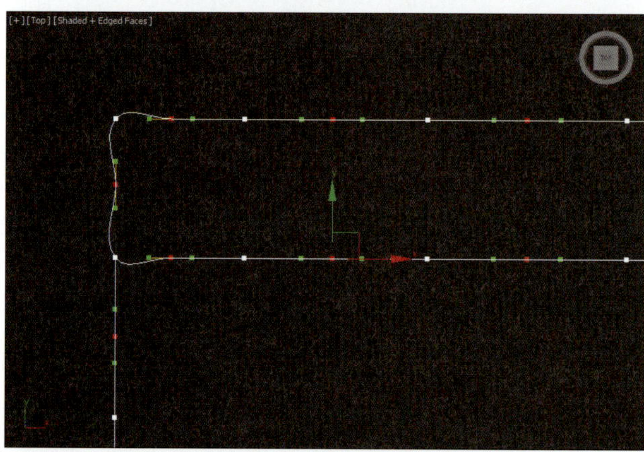

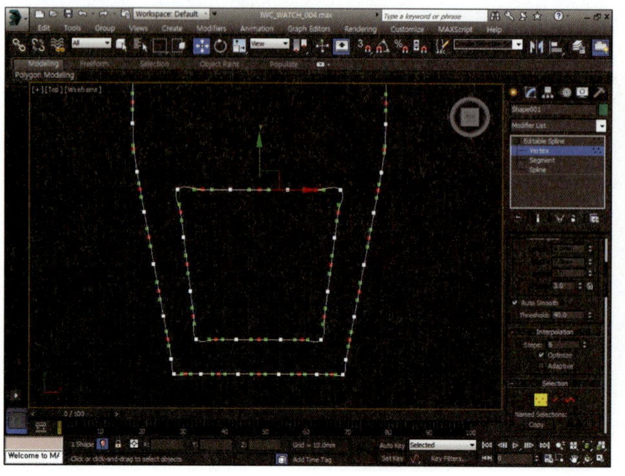

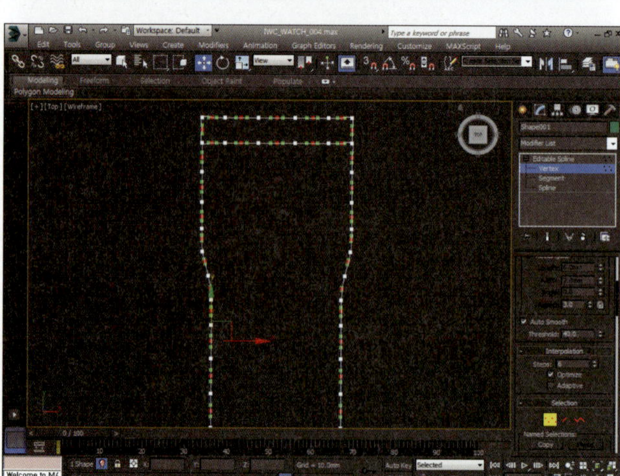

선택한 Vertex의 속성을 Smooth로 바꾸고 Z좌표에 다음 값을 입력하여 선택된 Vertex들이 조금 올라오도록 조절합니다.

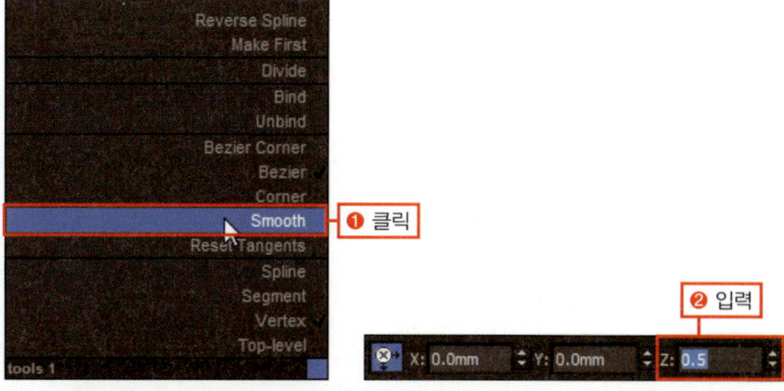

View를 바꿔 확인하면 다음과 같은 모양이 됩니다.

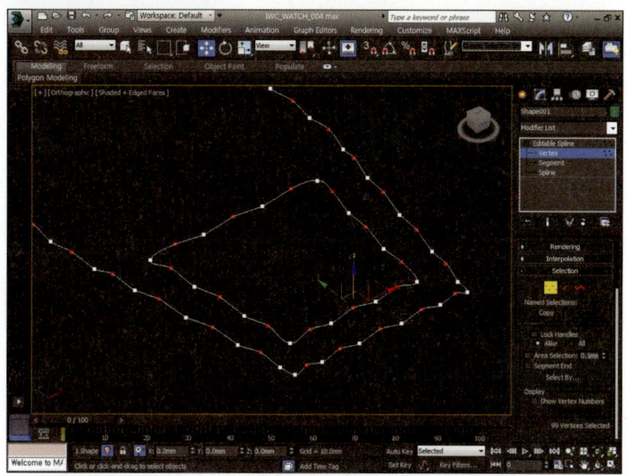

단축키 Ctrl + I 를 눌러 선택이 반전되도록 합니다. 선택된 Vertex의 속성은 Corner로 변경합니다.

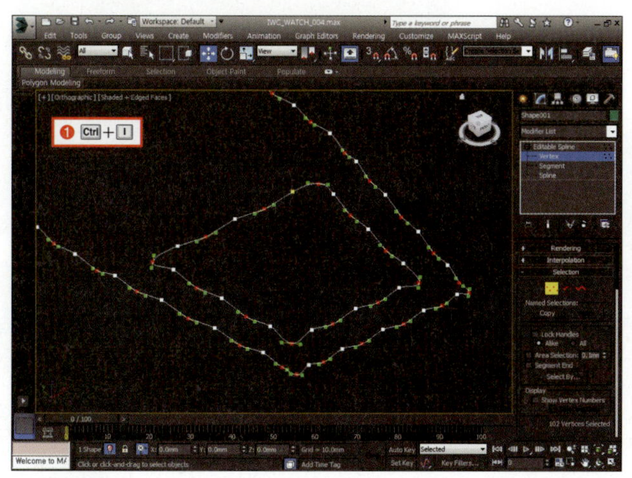

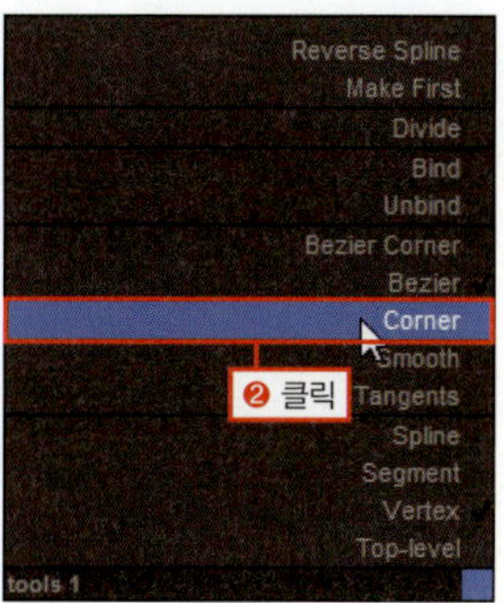

Z좌표에 '-0.5'를 입력하여 해당 방향으로 Vertex의 위치가 조금 내려가도록 조절합니다.

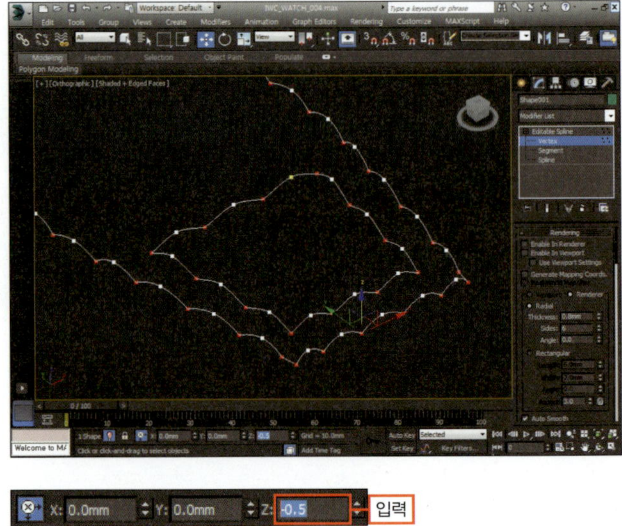

⑥ Rendering과 Interpolation Rollout

Rendering과 Interpolation Rollout을 다음과 같이 세팅하여 생성된 Shape이 렌더링될 수 있도록 합니다.

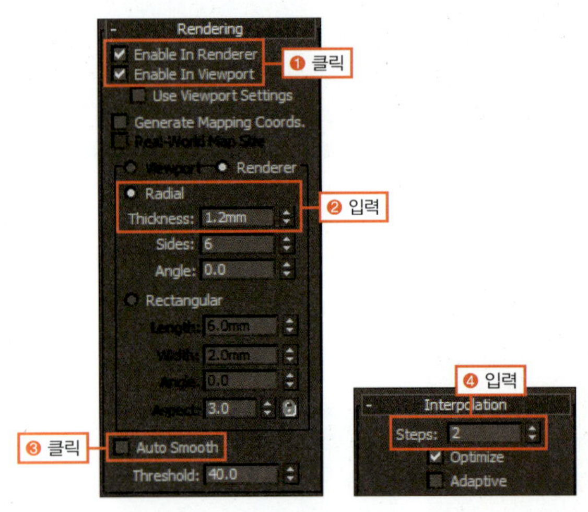

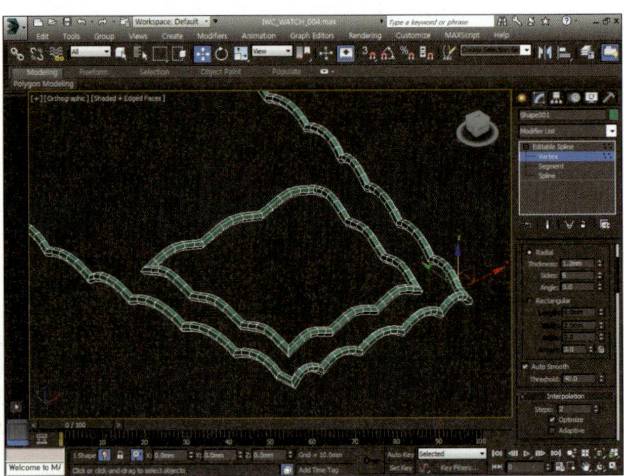

Quad Menu의 Unhide All을 클릭하여 숨겨둔 모든 오브젝트들이 보이도록 한 후 스티치 모델링이 제대로 들어갔는지 확인합니다.

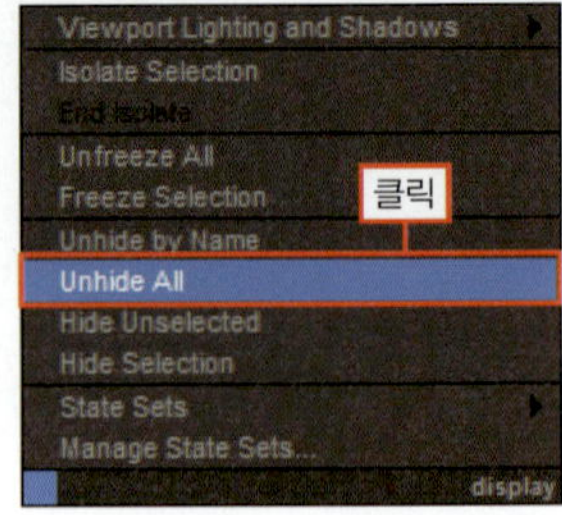

7 오브젝트 이름 변경

제작한 밴드 모델링을 선택하고 이름을 'long_band'라고 지정합니다.

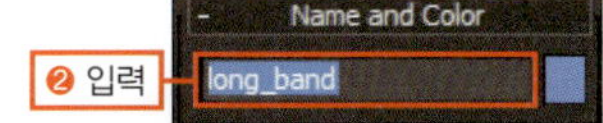

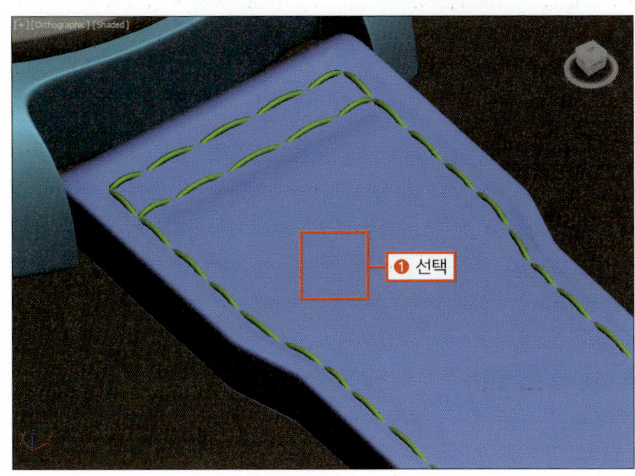

:: Bend, Noise 명령을 사용하여 자연스러운 형태 만들기

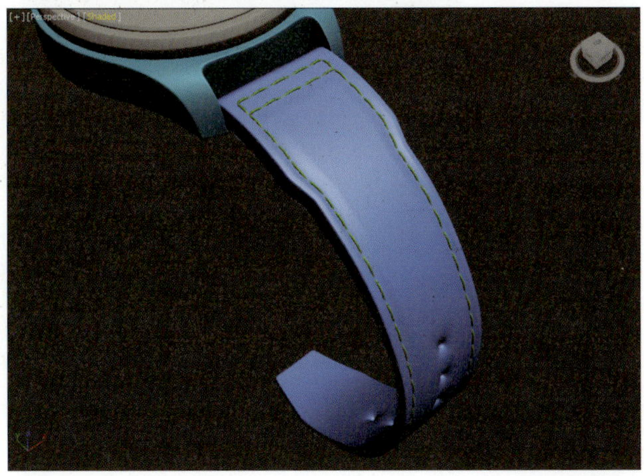

1 Pivot 변경하기

'long_band' 오브젝트를 선택하고 Command
Panel〉Hierarchy〉Adjust Pivot Rollout에서
[Affect Pivot Only] 버튼(Affect Pivot Only)을
활성화합니다. 좌표에 다음 값을 입력하여
Pivot의 위치를 조절합니다.

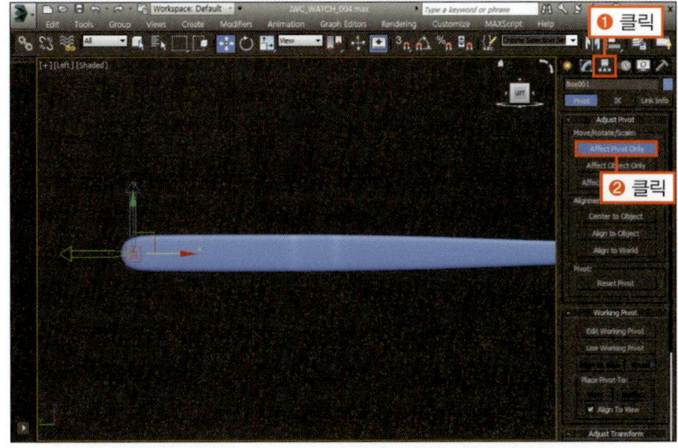

'band_stitch' 오브젝트도 선택하고 좌표
에 다음 값을 입력하여 Pivot의 위치를 조
절합니다.

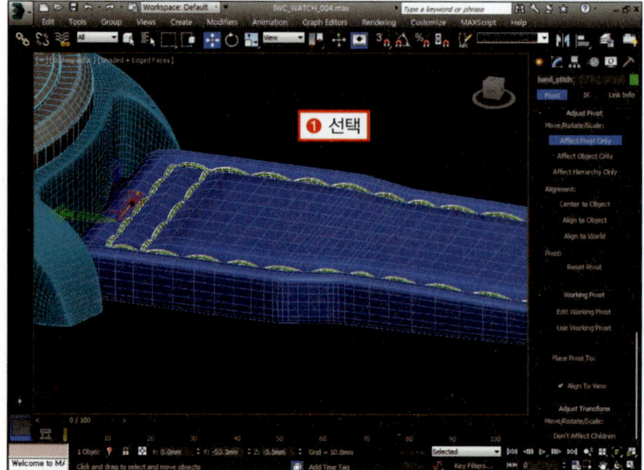

❷ 입력

변경이 완료되면 [Affect Pivot Only] 버튼(Affect Pivot Only)을 클릭하여 활성화를 완료합니다.

2 Noise 적용

'long_band' 오브젝트가 선택된 상태에
서 Modifier List의 Noise를 적용하고 다
음 값을 입력합니다. 시계 밴드는 패브릭
소재이므로 노이즈값에 따른 적당한 굴
곡이 좀 더 자연스러운 느낌을 표현할 것
입니다.

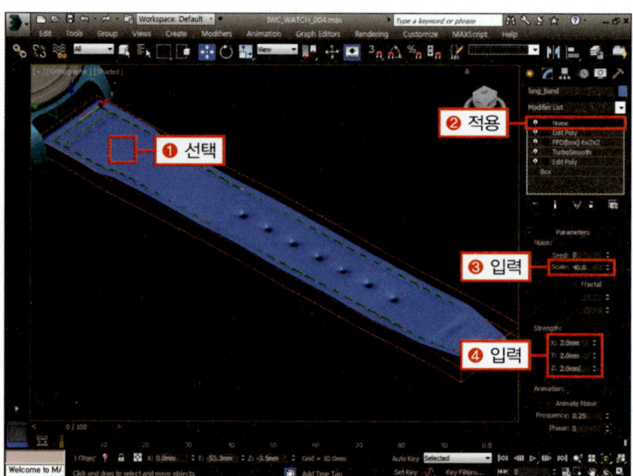

적용된 Noise Modifier 위에서 마우스 오른쪽 버튼을 클릭하
면 메뉴 화면이 팝업됩니다. Noise Modifier를 복사하여 'band_
stitch' 오브젝트의 Modifier 목록에 Paste Instanced로 붙여넣
습니다. Instanced로 복사되었기 때문에 이후 두 오브젝트에서
Noise Modifier를 변경하면 동시에 적용됩니다.

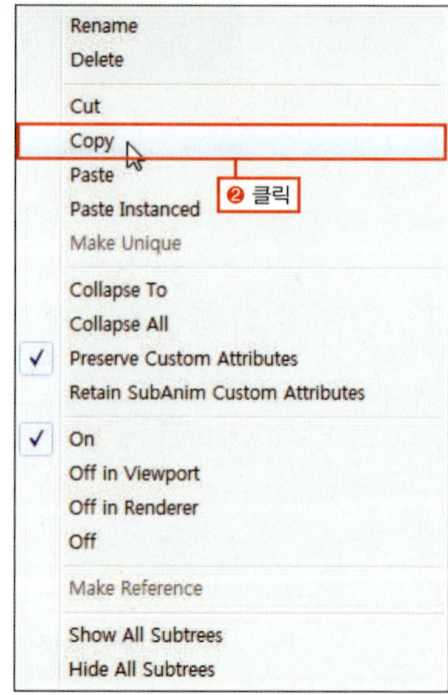

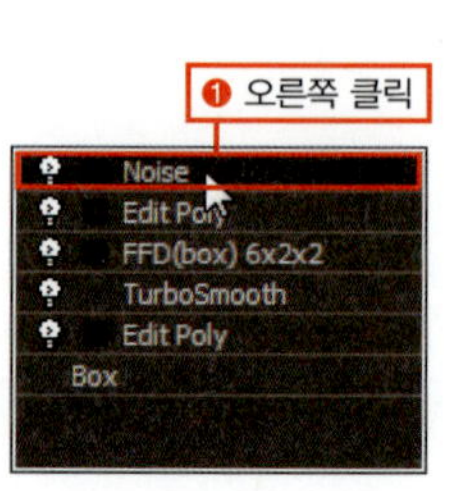

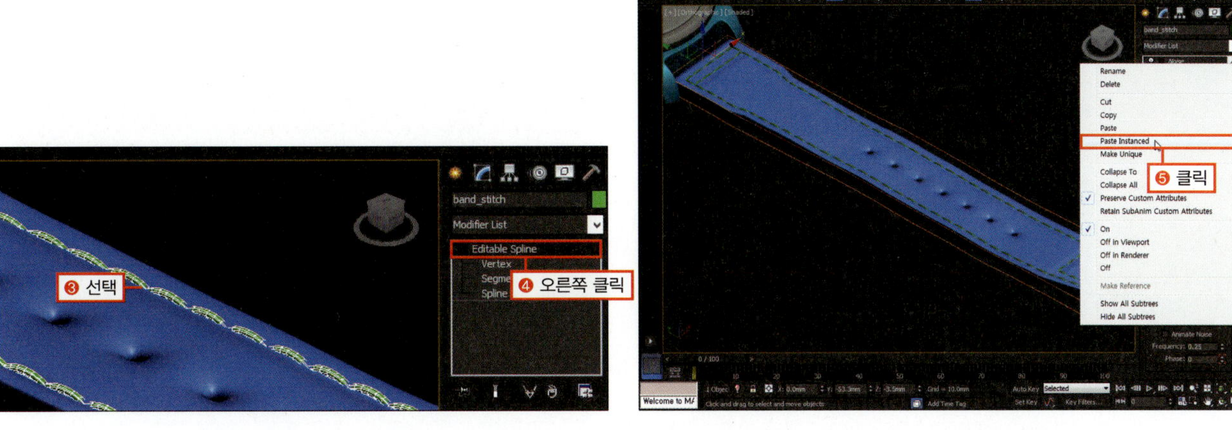

3 Bend 적용

'long_band' 오브젝트가 선택된 상태에서 Modifier List의 Bend를 적용하고 다음 값을 입력합니다.

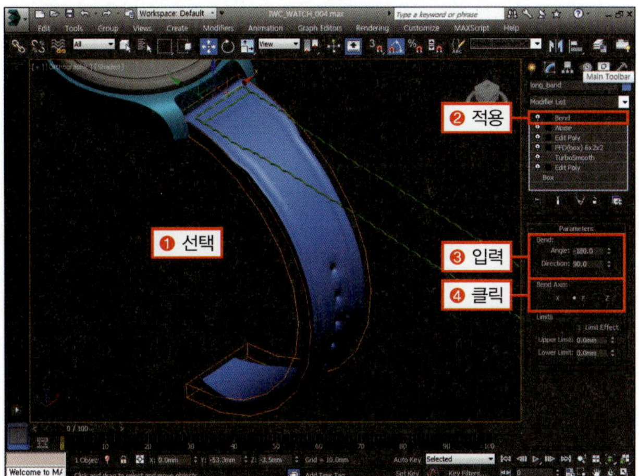

적용된 Bend를 복사하여 'band_stitch' 오브젝트에도 동일하게 적용합니다.

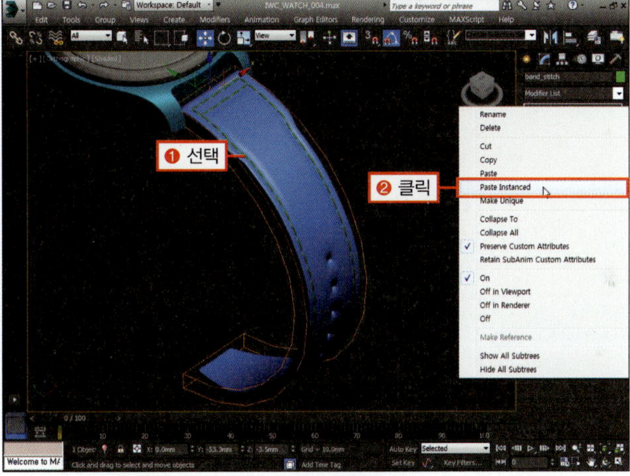

화면을 확대하여 확인합니다. Main Toolbar의 [Select and Link] 버튼(🔗)을 활성화합니다. 'band_stitch' 오브젝트 위에서 마우스 커서가 그림과 같이 바뀌면 마우스 왼쪽 버튼으로 드래그하여 'long_band'에 연결합니다.

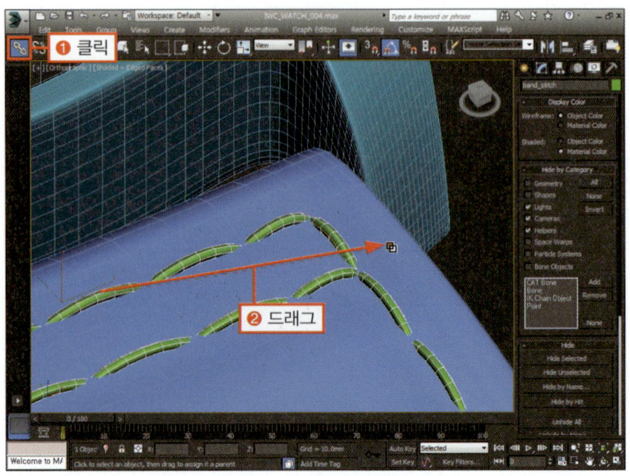

Left View에서 'long_band' 오브젝트를 더블클릭하면 링크된 오브젝트까지 동시에 선택됩니다. 이 상태에서 Main Toolbar의 [Mirror] 버튼(▨)을 클릭하여 창이 팝업되면 기준 좌표와 복사 방법을 확인한 후 [OK] 버튼을 클릭하여 복사를 실행합니다.

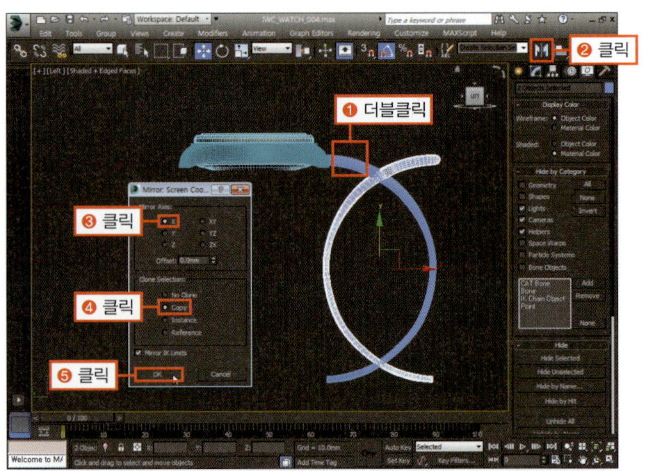

복사된 'long_band001' 오브젝트를 선택하고 좌표에 다음 값을 입력하여 위치를 조절합니다.

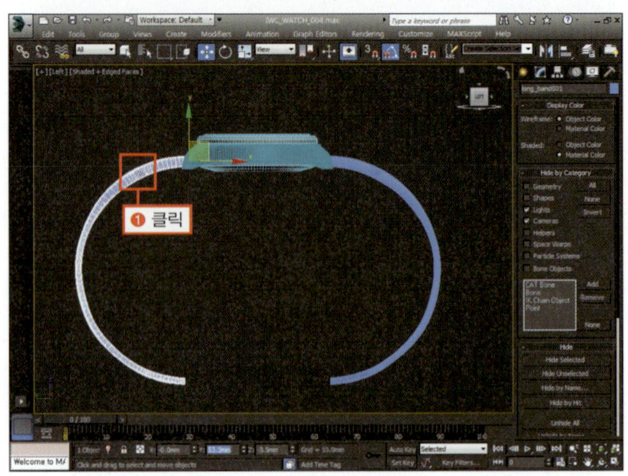

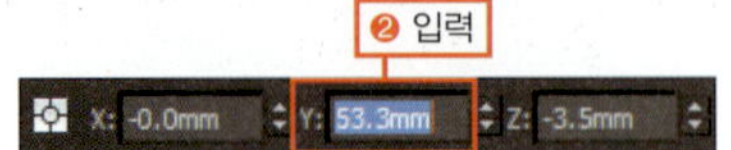

손목 밴드 모델링을 완료합니다.

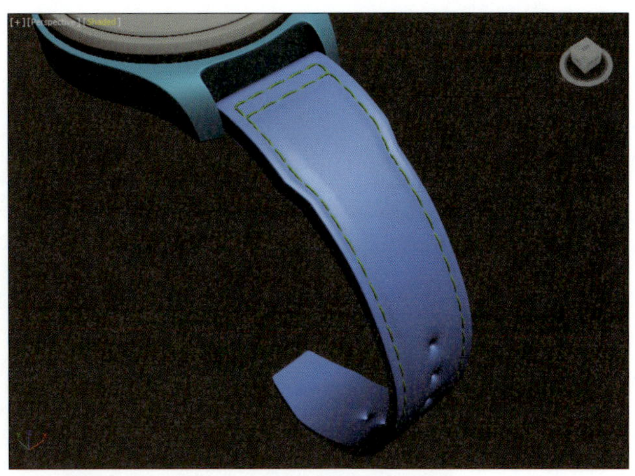

각종 시계 부품 모델링하기

SECTION 03

이번 Section에서는 시간을 맞출 때 사용하는 용두(Crown) 모델링을 진행하겠습니다. 시계에서 문자판 역할을 하는 다이얼(Dial), 인덱스(Index) 등은 미리 준비된 오브젝트를 불러와 배치할 것입니다. 문자판의 요소들이 복잡해 보이기는 하지만 Line 오브젝트의 기본적인 편집 기능을 익히고 시간을 조금만 투자한다면 Spline과 Text를 활용하여 어렵지 않게 제작할 수 있습니다.

:: 시간을 맞출 때 사용하는 용두(Crown) 모델링

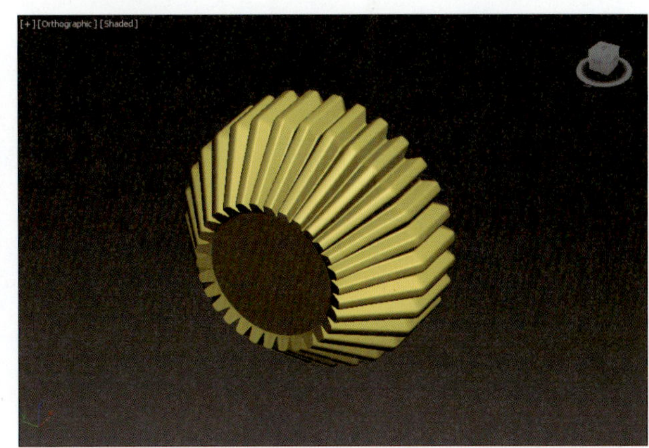

1 Cylinder 생성

Viewport에서 키보드의 V를 누르고 Right View를 선택하여 Cylinder 1개를 생성합니다.

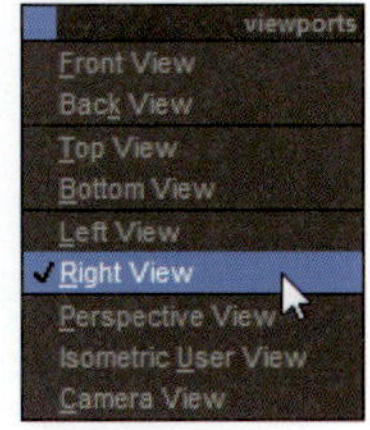

Cylinder의 Parameter를 다음과 같이 설정하고 위치를 조절합니다.

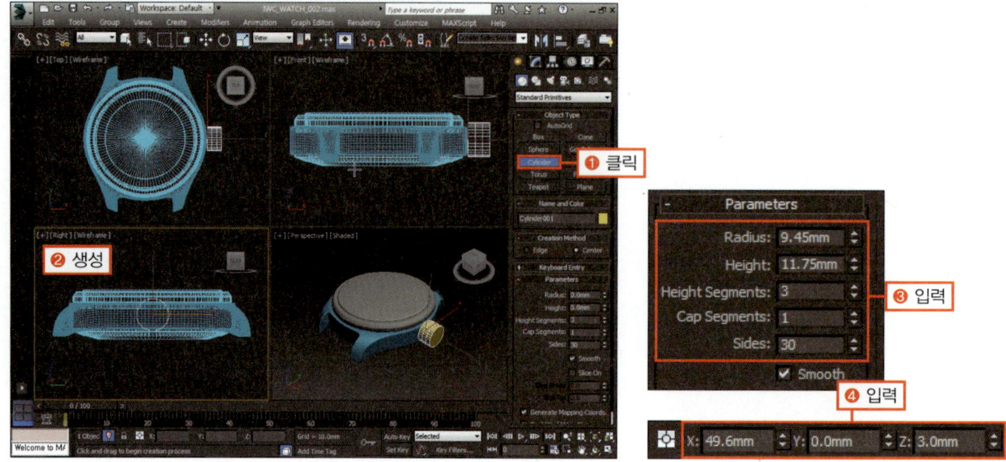

2 Editable Poly

Top View에서 단축키 Alt+Q를 눌러 Cylinder만 남기고 나머지 오브젝트는 안 보이도록 합니다.
Quad Menu에서 Editable Poly를 적용하고 오브젝트 편집을 시작합니다.

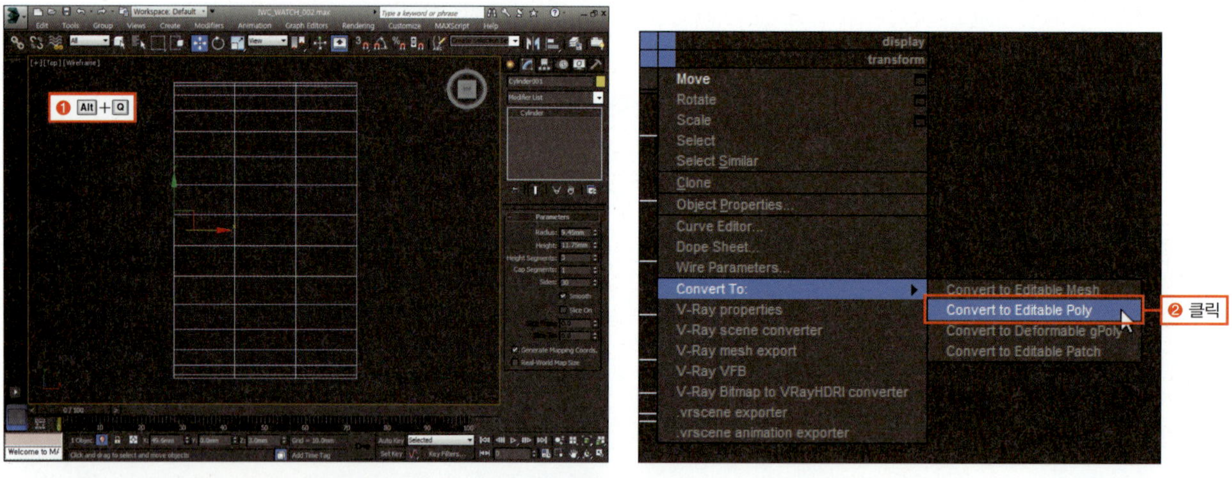

그림과 같이 Vertex를 드래그하여 선택하고 좌표에 다음 값을 입력하여 위치를 조절합니다.

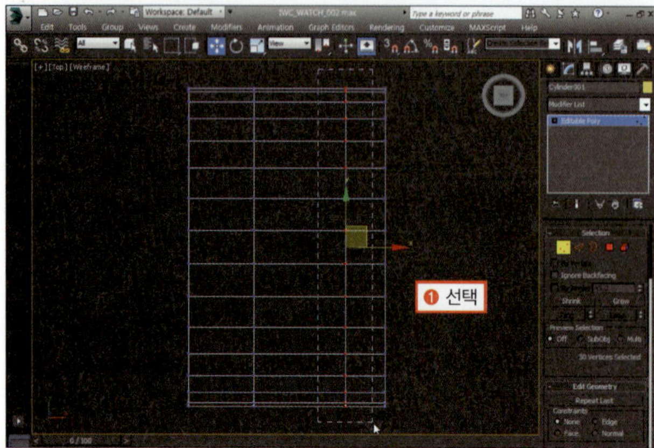

 PART 05 정교한 손목시계를 제작하고 제품의 특징을 사실적으로 보여줄 수 있는 장면을 연출해보자!

다음 선택한 Vertex의 위치도 조절합니다.

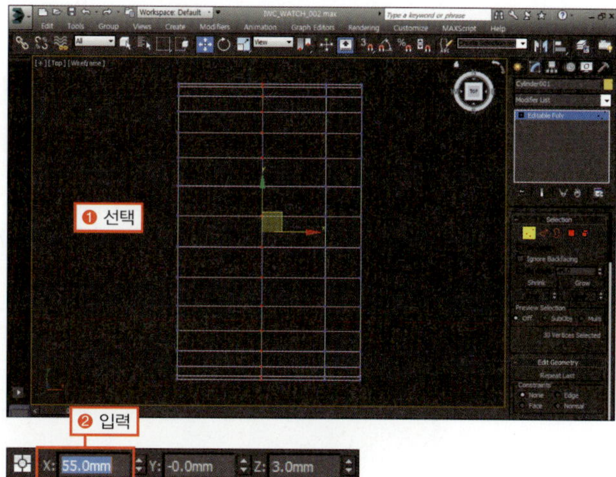

맨 우측 라인에 있는 Vertex들을 모두 선택하고 View를 조금 돌려서 [Scale] 버튼(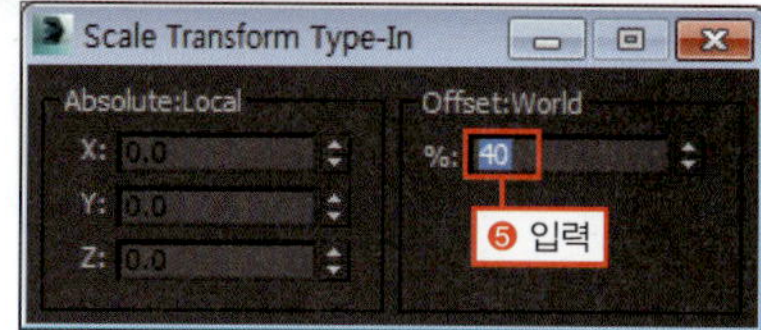)을 활성화합니다. 키보드의 F12를 누르면 새로운 창이 팝업됩니다.

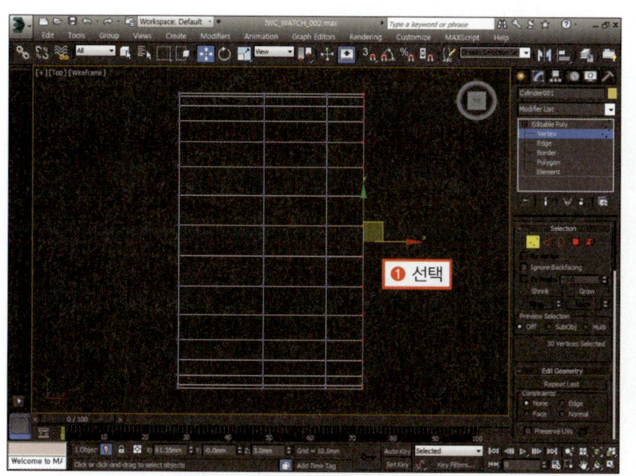

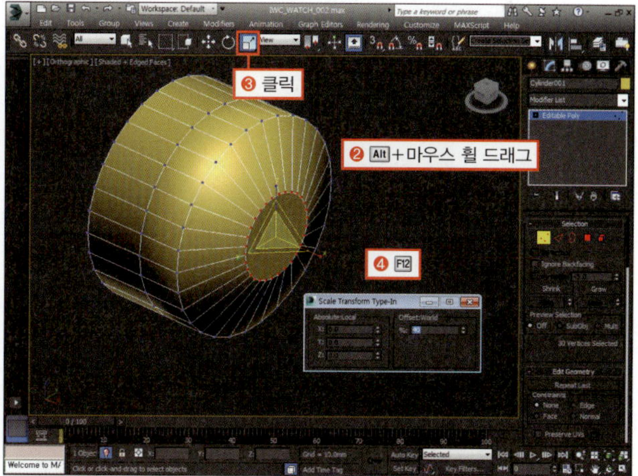

Offset: World에 '40'을 입력하여 스케일이 40% 줄어들도록 조절합니다.

반대쪽 Vertex도 선택하고 55%로 스케일을 조절합니다.

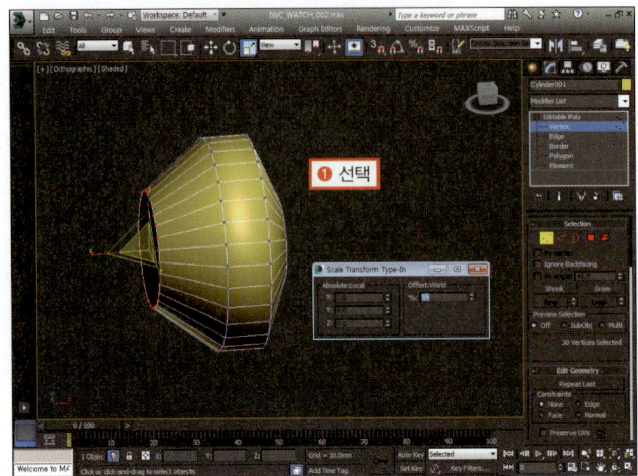

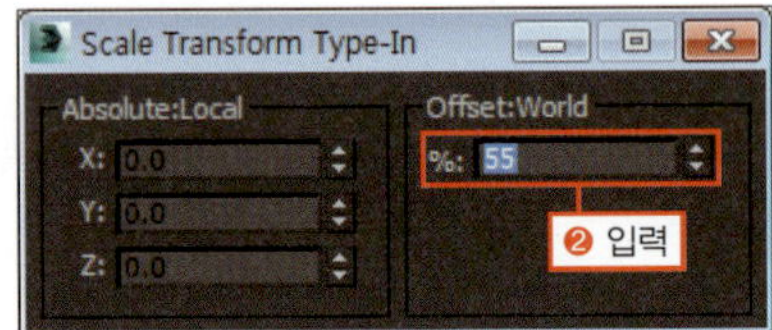

3 Polygon Bevel 적용

가장 위에 있는 다음 Polygon 3개를 선택하고 Bevel을 실행합니다.

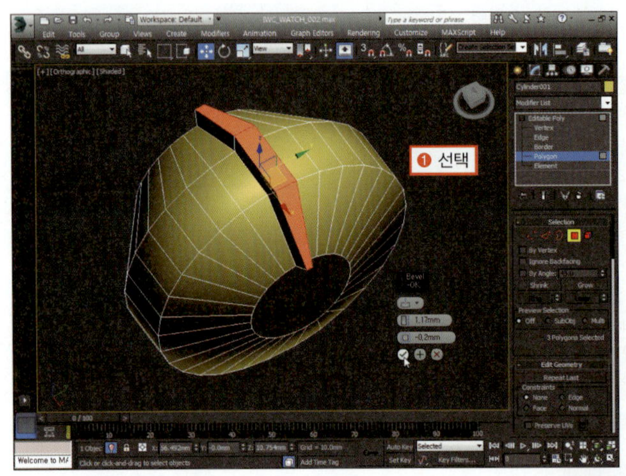

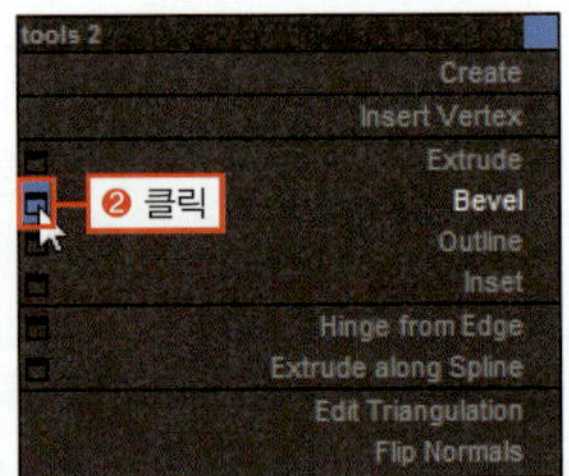

Bevel 타입을 Local Normal로 선택하고 다음 값
을 입력하여 Bevel을 적용합니다.

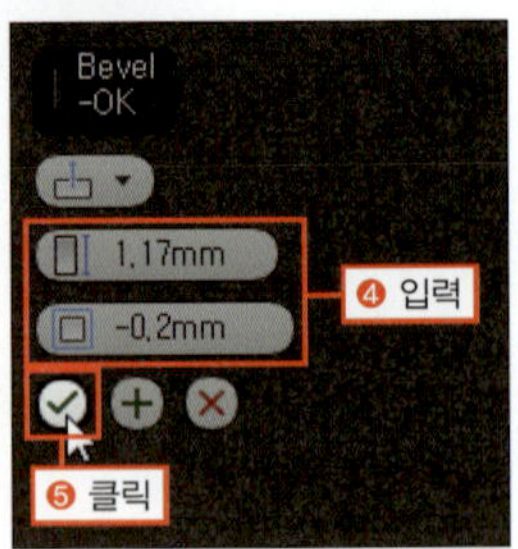

4 Scale 조절

Top View에서 Bevel이 적용된 Polygon 중에서 가운데 Polygon을 선택합니다.
Scale 타입을 Select and Non-uniform으로 변경합니다.

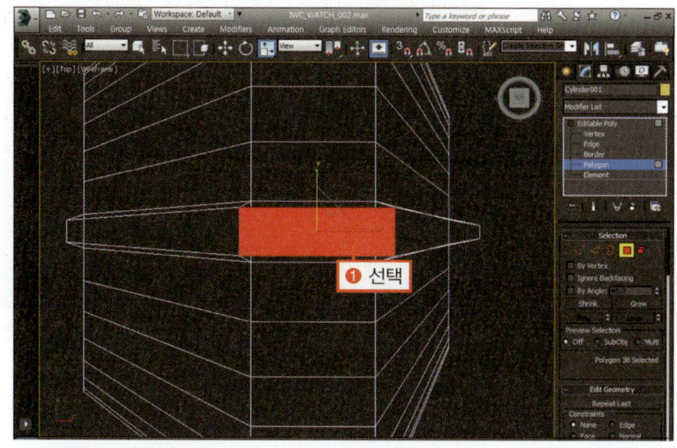

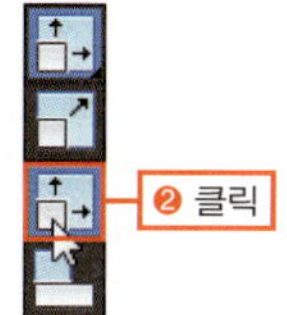

F12를 누르고 Y좌표에 '50'을 입력하여 해당 방향으로만 스케일이 50% 줄어들도록 조절합니다.

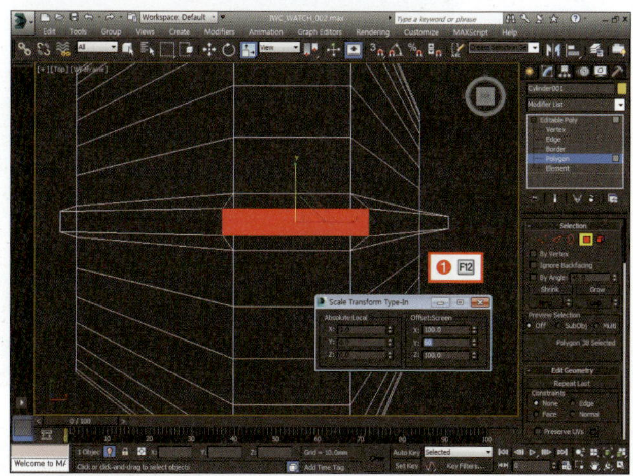

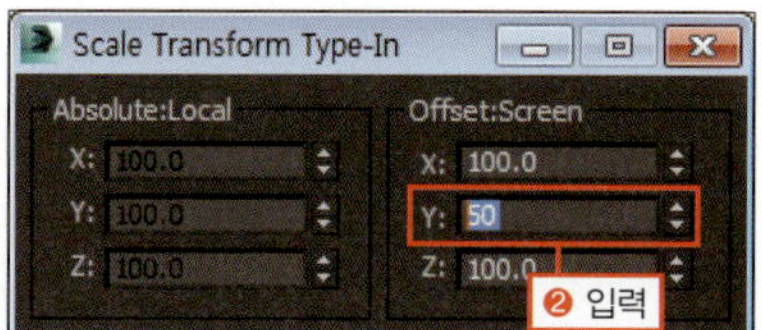

5 Edge Chamfer

이번에는 다음과 같이 Edge를 선택하고 Chamfer를 실행합니다.

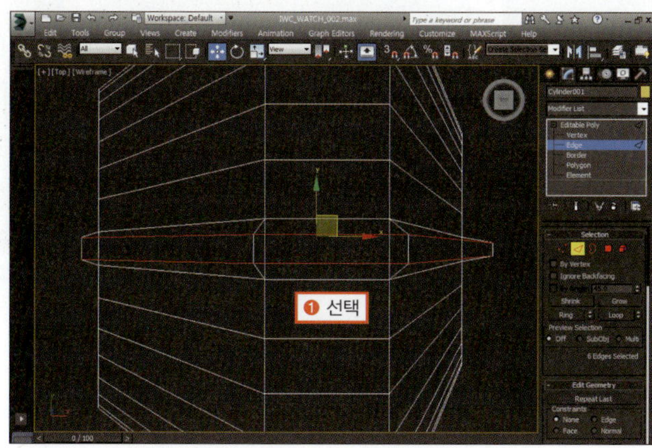

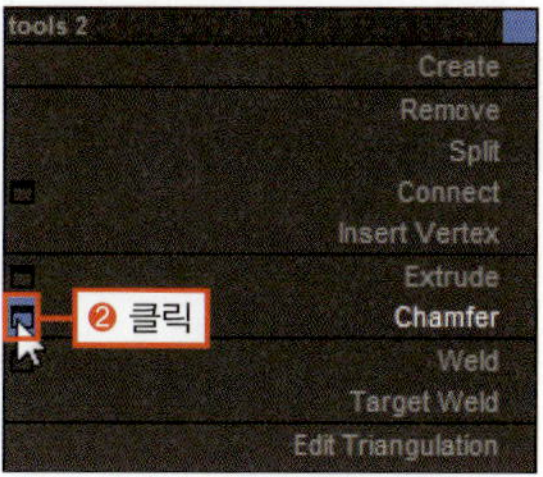

다음 값을 입력하여 Chamfer를 적용합
니다.

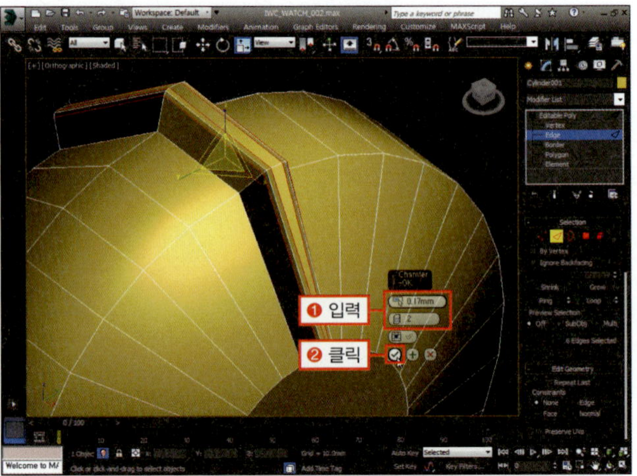

⑥ Polygon 삭제

Bevel로 돌출시킨 부분과 앞뒤의 원형
Polygon을 선택합니다. 단축키 Ctrl + I
를 눌러 선택이 반전되도록 한 후에 삭제
합니다.

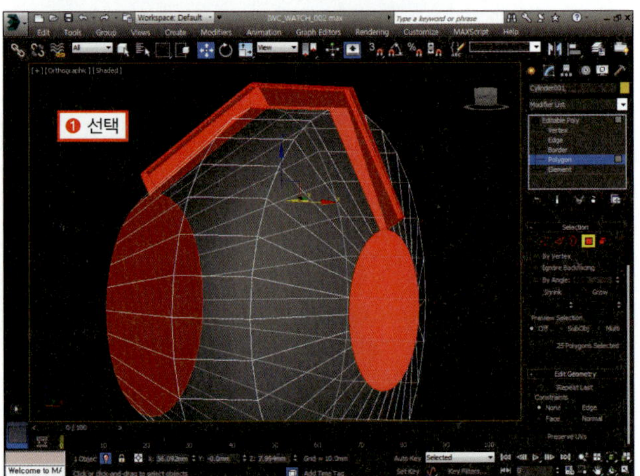

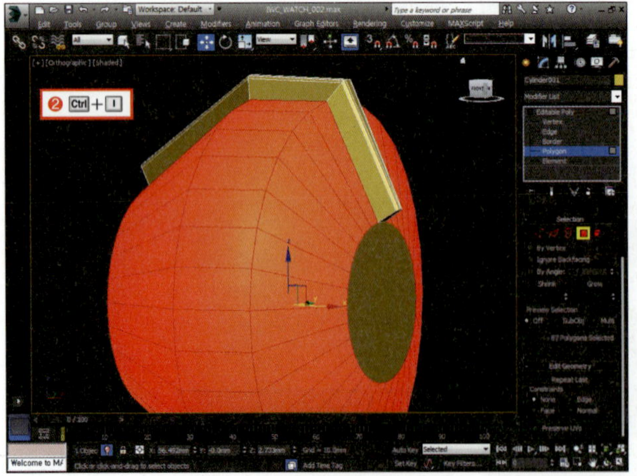

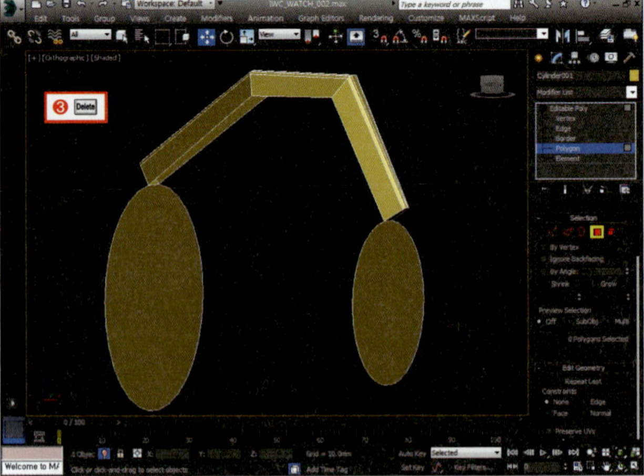

7 Detach

원형 Polygon 2개를 선택한 후 [Detach] 버튼(Detach)을 클릭합니다.

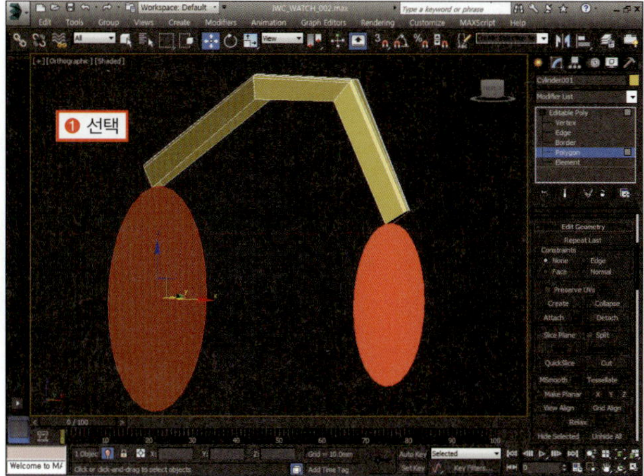

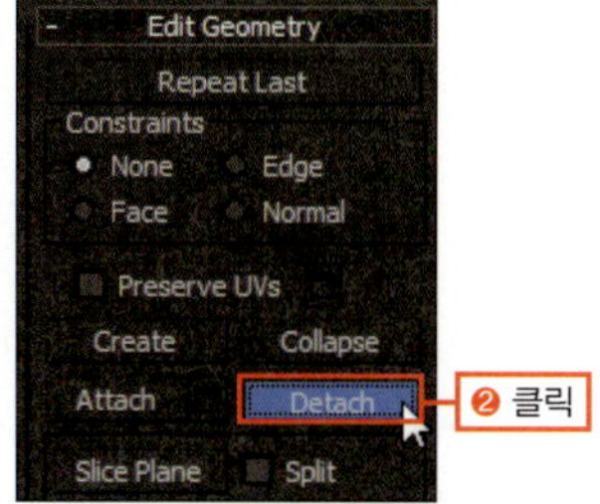

[OK] 버튼을 클릭하면 선택한 Polygon이 'Object001'이라는 별개의 오브젝트로 분리됩니다.

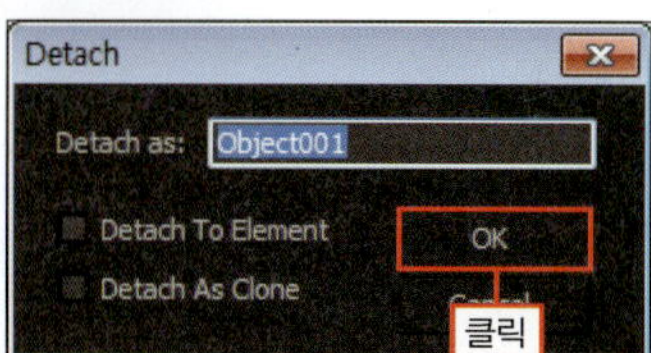

8 Rotate Copy

Right View에서 오브젝트를 확인합니다. [Rotate] 버튼(🔄)과 [Angle Snap] 버튼(🔩)을 활성화하고 [Angle Snap] 버튼(🔩) 위에서 마우스 오른쪽 버튼을 클릭하여 Setting 창을 팝업합니다. Angle에 '12'를 입력하여 이후 Snap을 활성화했을 때 12도씩 각도가 변경되도록 설정합니다.

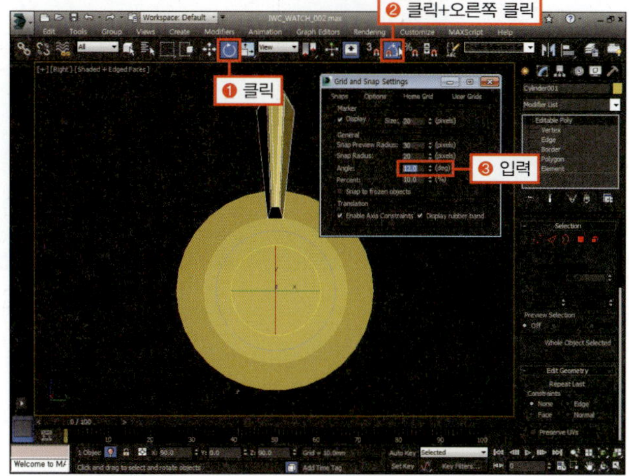

키보드의 Shift 를 누른 채 Z축을 기준
으로 오브젝트를 회전하면 정확히 12도
씩 오브젝트가 회전됩니다. 12도에서 마
우스를 릴리즈하여 창이 팝업되면 Copy
에 체크를 확인한 후 Number of Copies
에 '29'를 입력하여 복사를 실행합니다.

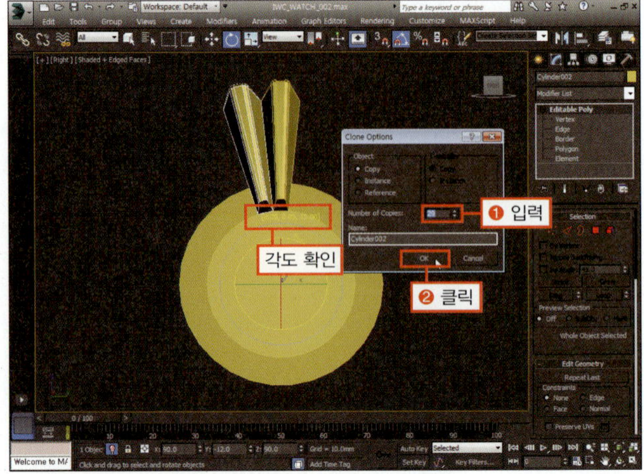

9 Attach

복사가 완료되면 복사된 마지막 오브젝트가 선택됩니다. Quad Menu를 호출하고 Attach Setting 창을
팝업합니다.

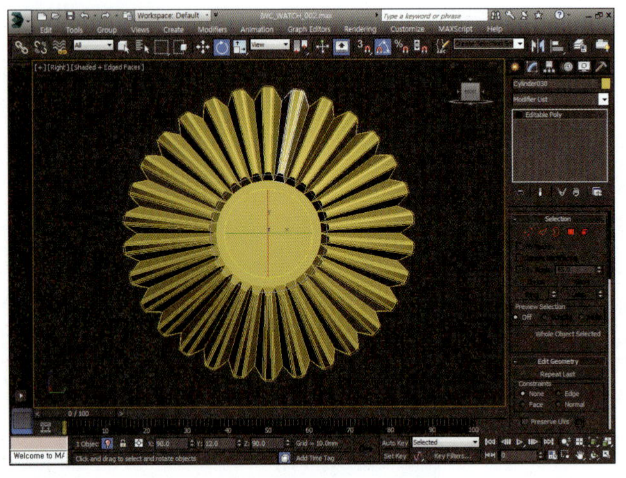

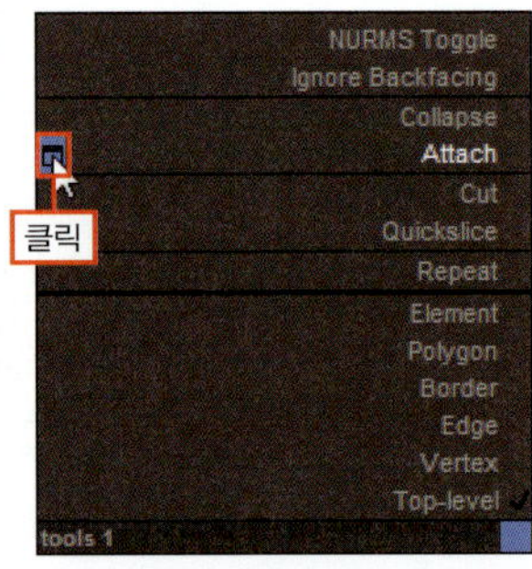

List에서 모든 오브젝트를 마우스 드래그로 선택한 후
Attach를 적용합니다.

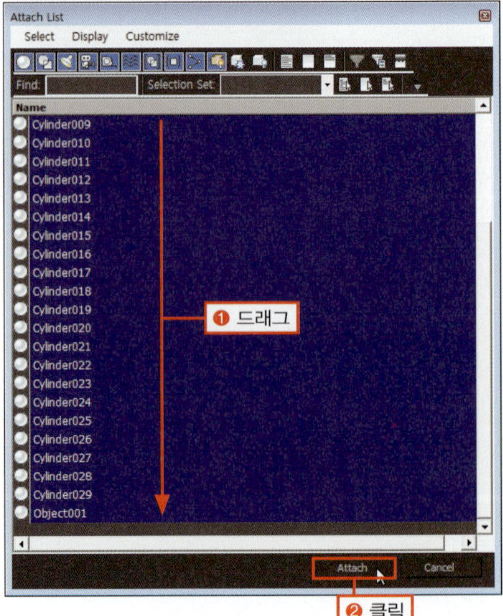

Attach가 적용되면 숨겨두었던 오브젝트들이 모두 나타납니다. 단축키 Alt + Q 를 눌러 다른 오브젝트들은 안 보이도록 한 후 계속하여 용두(Crown) 모델링을 진행합니다.

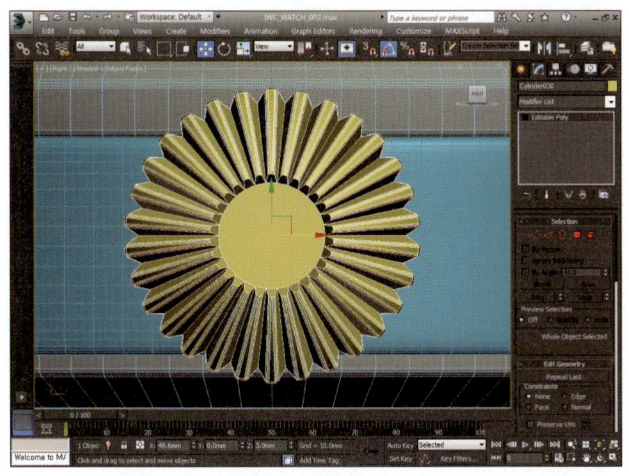

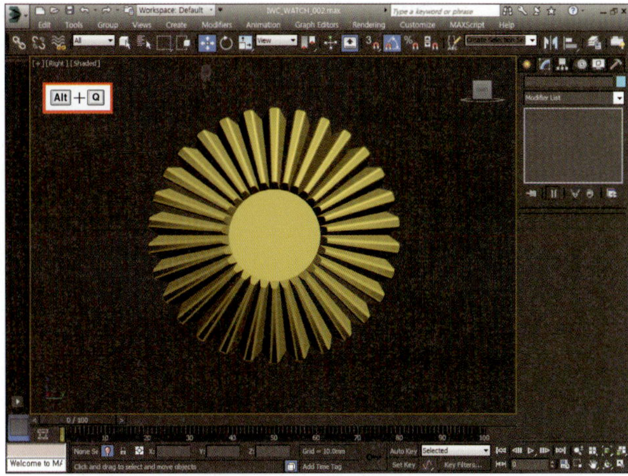

10 Weld

분리된 오브젝트를 Attach를 이용하여 합쳤으므로 그 연결 부분의 Vertex들이 아직 완전히 합쳐지지 않았습니다. 모든 Vertex를 선택한 후 Weld를 실행하여 Vertex들이 완전히 결합되도록 합니다.

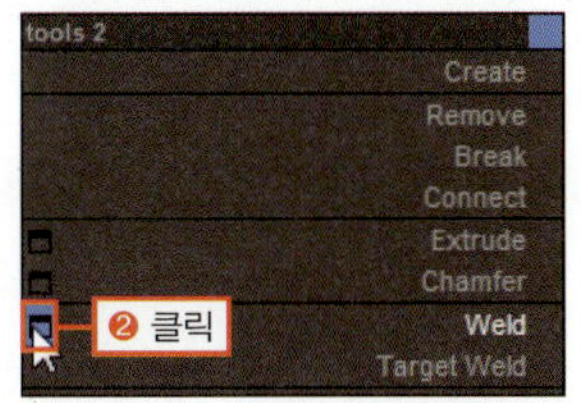

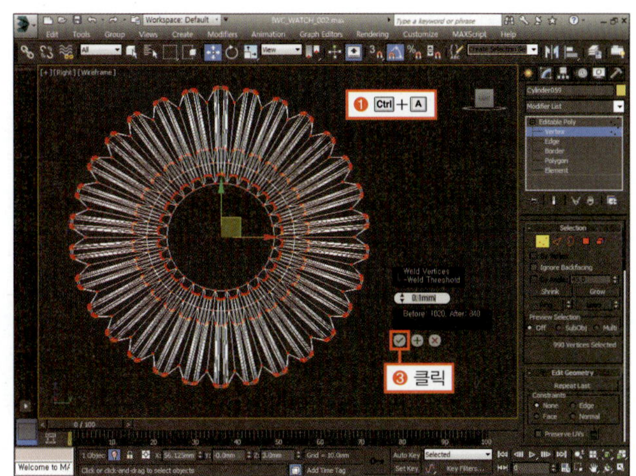

11 Modify Selection

그림과 같이 홈이 파인 곳의 Edge 1개를 선택합니다.

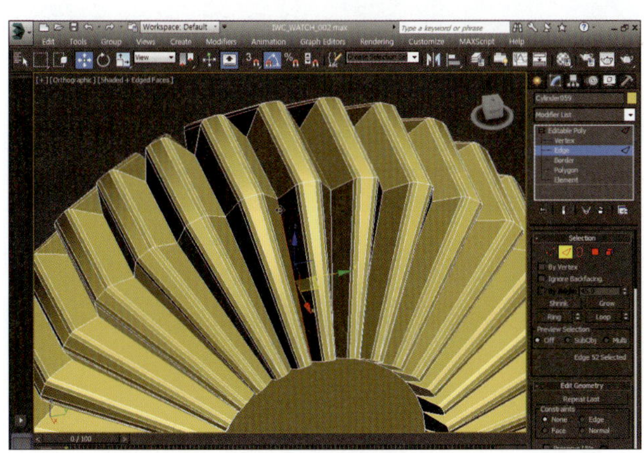

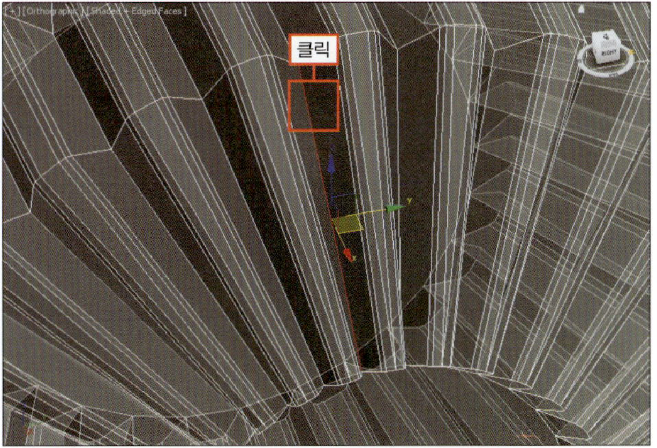

Main Toolbar의 [Toggle Ribbon] 버튼
(⬛)을 클릭하여 Ribbon 메뉴를 활성화
합니다.

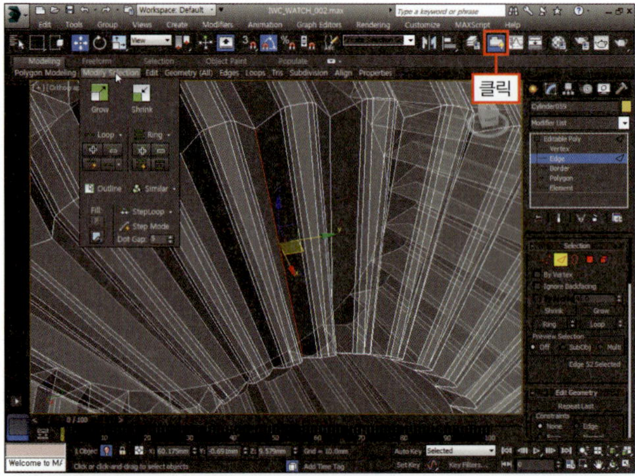

[Loop] 버튼(⬛ Loop)을 클릭하여 연장
선상에 있는 다른 Edge들을 선택합니다.

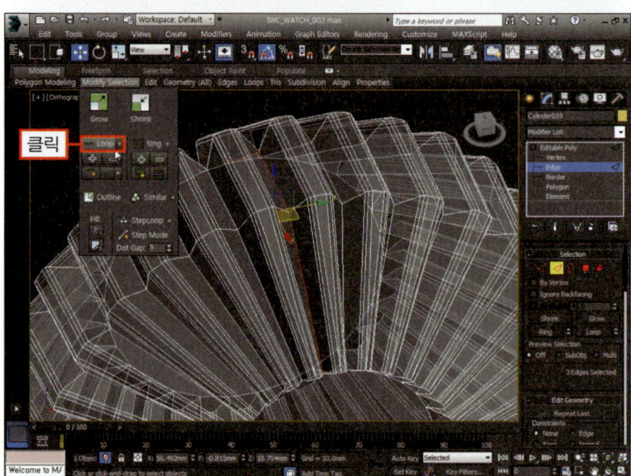

[Similar] 버튼(⬛ Similar)을 클릭하여 선
택된 Edge와 비슷한 동일선상에 있는 다
른 Edge들도 모두 선택되도록 합니다.

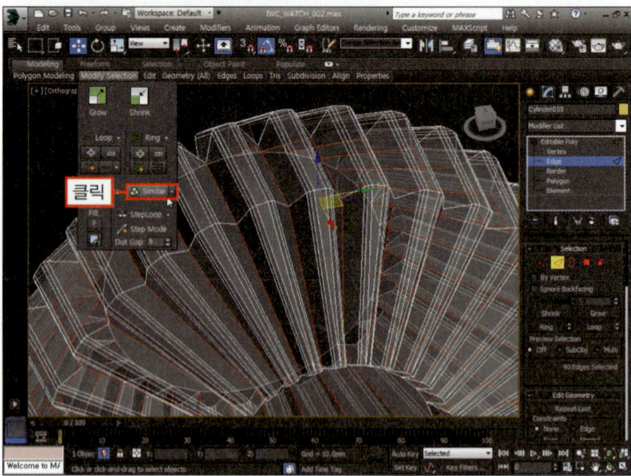

12 Edge에 Chamfer

선택한 Edge에 Chamfer를 실행하고 다
음 값을 적용합니다.

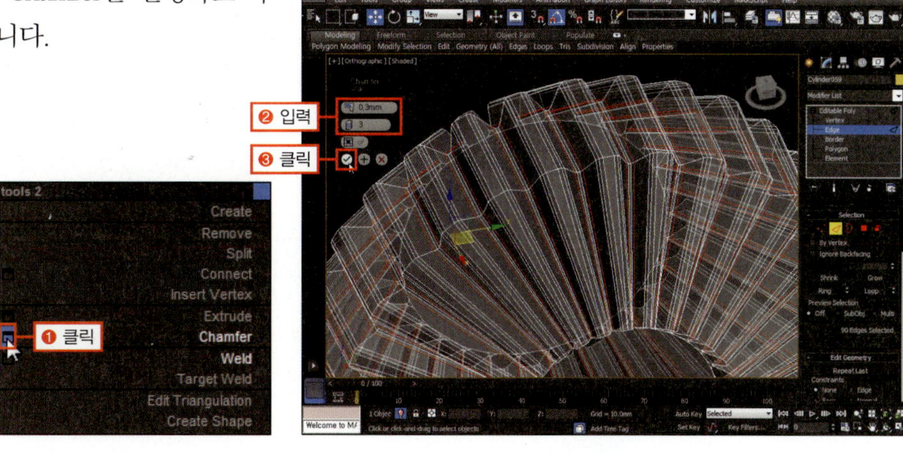

이번에는 그림과 같이 끝쪽의 두 Edge만을 선택하고 [Loop] 버튼()을 클릭하여 연장선상에
있는 다른 Edge들을 선택합니다.

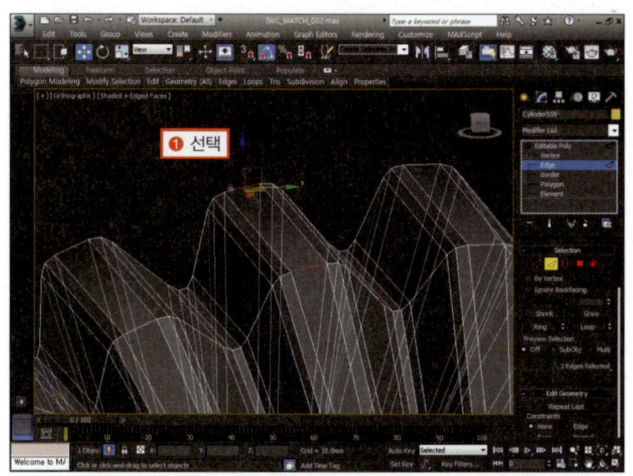

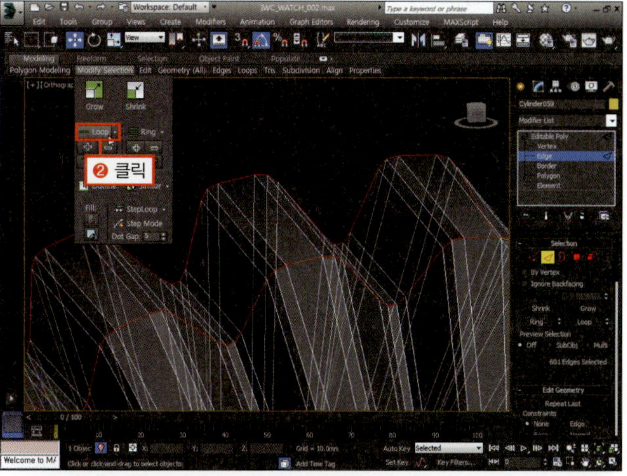

Chamfer를 실행하고 다음 값을 입력하
여 적용합니다.

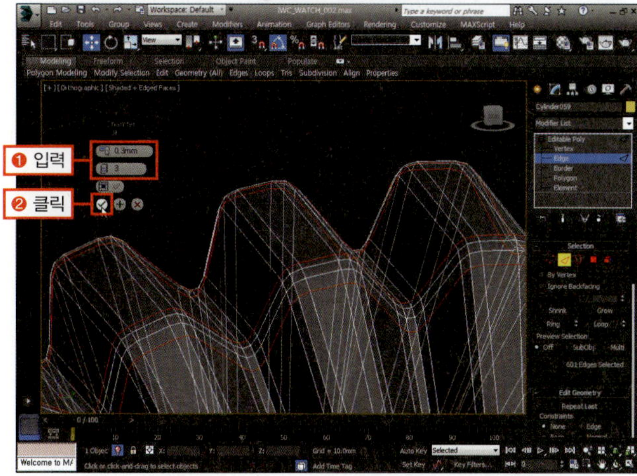

13 Auto Smooth

편집된 면들이 현재는 각이 져 보입니다.
Auto Smooth를 활용하여 부분적인 면들
이 부드럽게 보이도록 설정합니다.

단축키 Ctrl + A 를 눌러 모든 Polygon을
선택하고 [Auto Smooth] 버튼(Auto Smooth)
을 클릭합니다.

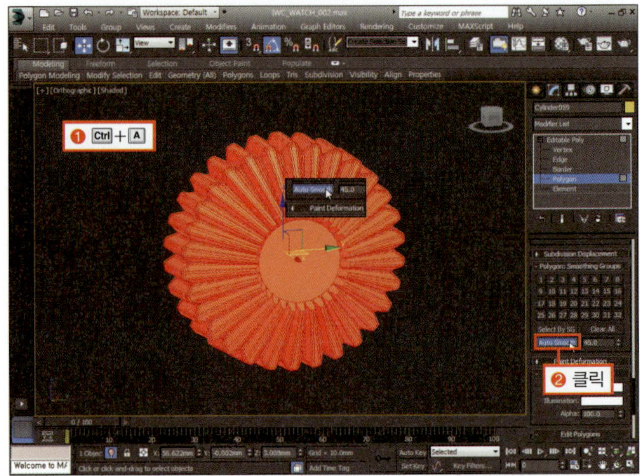

14 Clear All

앞뒤의 원형 Polygon을 선택하고 [Clear
All] 버튼(Clear All)을 클릭합니다.

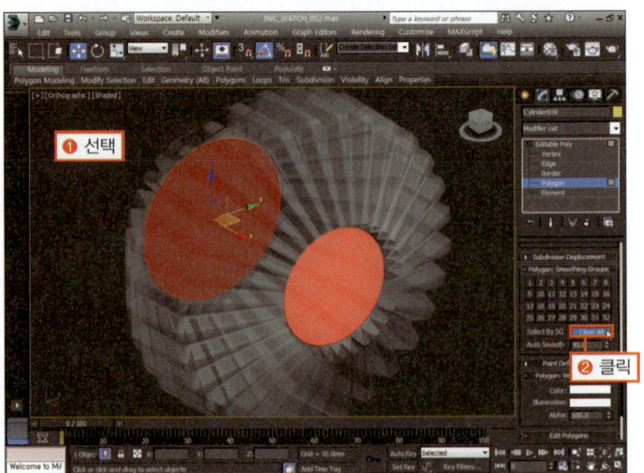

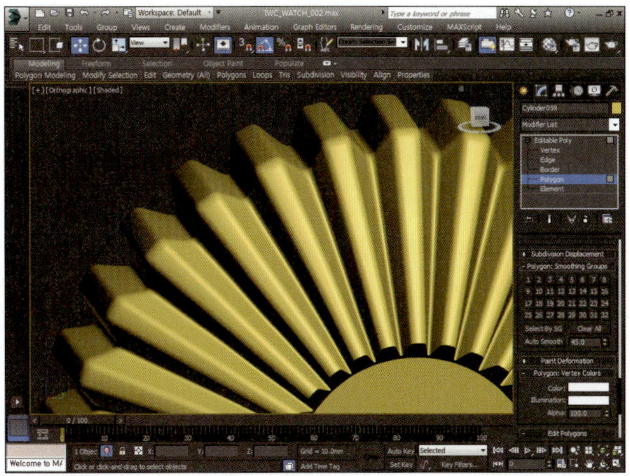

그림과 같이 원형 Polygon을 제외한 나머지 부분은 부드럽게 처리됩니다.

⓯ 오브젝트 이름 변경

제작한 오브젝트의 이름을 'crown'으로 바꾸고 용두(Crown) 모델링을 완료합니다.

:: 시계의 문자판 역할을 하는 다이얼(Dial), 인덱스(Index) 등 오브젝트 불러오기

1 File Merge

화면 좌측 상단의 [Application] 버튼( )을
클릭하고 Import>Merge를 선택합니다.

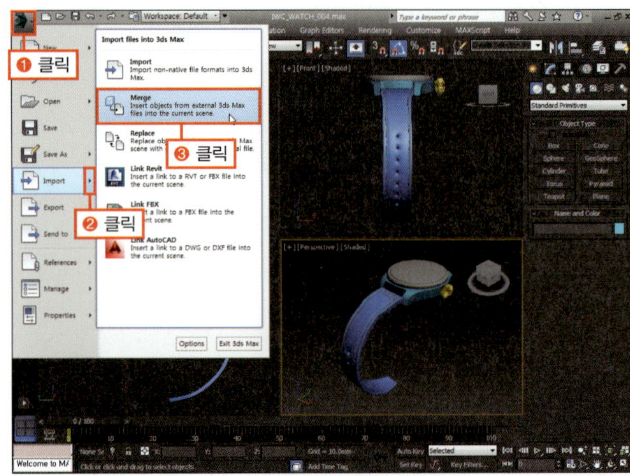

부록 CD의 Part 05>Lesson 01 폴더에서 'Scene_02(Dial Modeling).max' 파일을 더블클릭하여 선택합니다.
새로운 창이 팝업되면 [Watch_Dial]이라는 그룹 오브젝트를 선택하고 [OK] 버튼을 클릭하여 Merge를 실
행합니다.

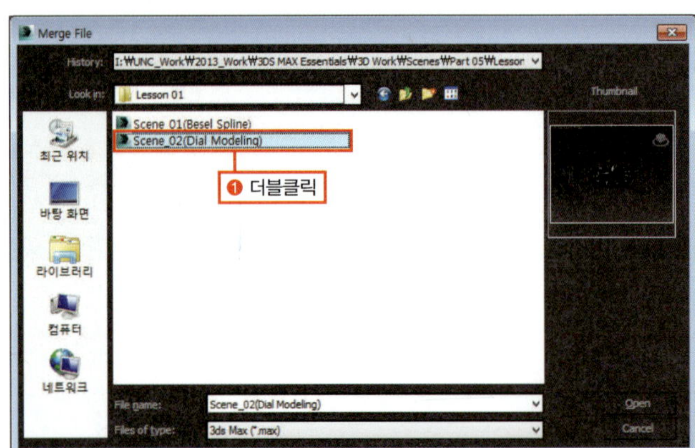

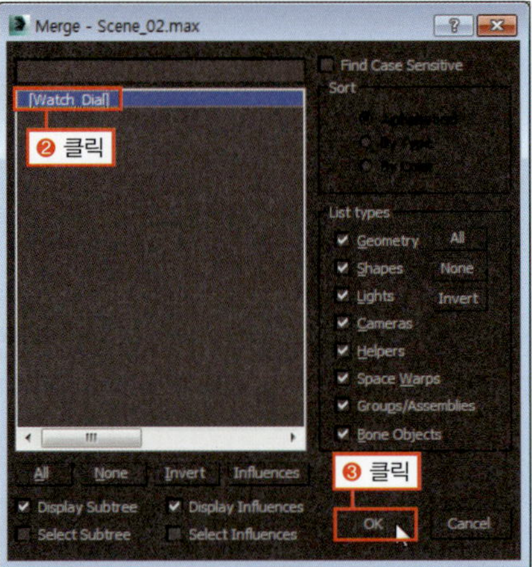

[Watch_Dial] 그룹 오브젝트가 장면으로 불
러집니다. 유리에 해당하는 오브젝트가 가
리고 있기 때문에 View에서 보이지 않고
있습니다.

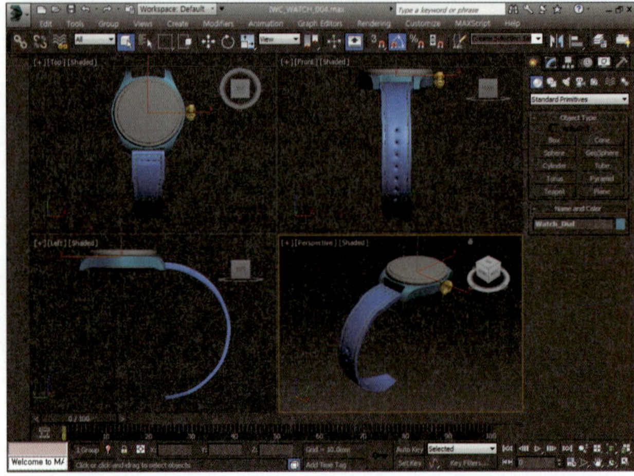

2 Display as Box

Top View에서 'glass' 오브젝트를 선택하
고 Object Properties를 선택합니다.

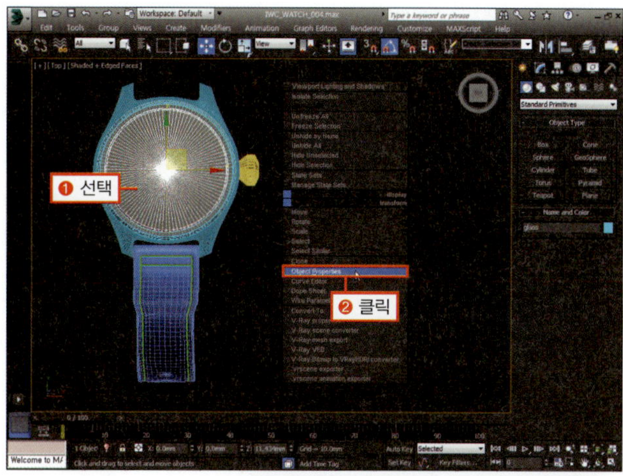

창이 팝업되면 Display as Box를 체크하고 창을 닫습니다.

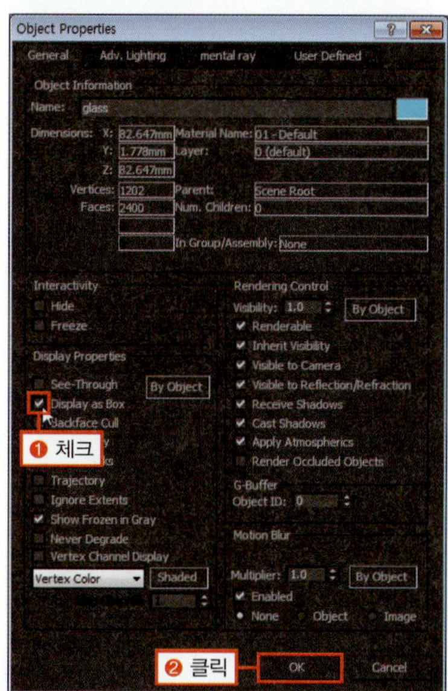

'glass' 오브젝트가 이제 Box 형태로 표시
되므로 불러온 [Watch_Dial] 그룹 오브젝
트를 확인할 수 있습니다.

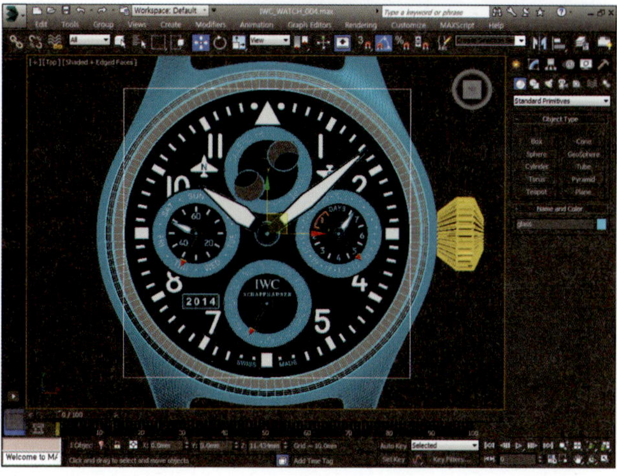

시계 문자판에는 간단한 모델링이지만
41개의 개체가 모여서 이루어져 있습니
다. 각 개체마다 이름이 부여되어 있고
효율적인 관리를 위해 'Watch_Dial'이라
는 그룹으로 묶여져 있습니다.

제품의 특징을 잘 보여줄 수 있는 Camera View를 설치하고 Light 세팅하기

02

모델링이 완료된 장면에 VRayPhysical Camera를 설치하고 손목시계와 같은 제품의 특징을 잘 부각시킬 수 있는 Light 환경을 세팅합니다.

VRayPhysical Camera 설치하기

Dummy를 활용하여 제품에 알맞은 위치를 설정하고 VRayPhysical Camera를 설치하여 렌더링될 View를 설정합니다.

:: Dummy를 활용하여 오브젝트 제어하기

1 Dummy 설치

Top View에서 Command Panel>Create>
Helper>Standard를 선택한 후 [Dummy]
를 눌러 시계 케이스 중심 부분에 설치합
니다.

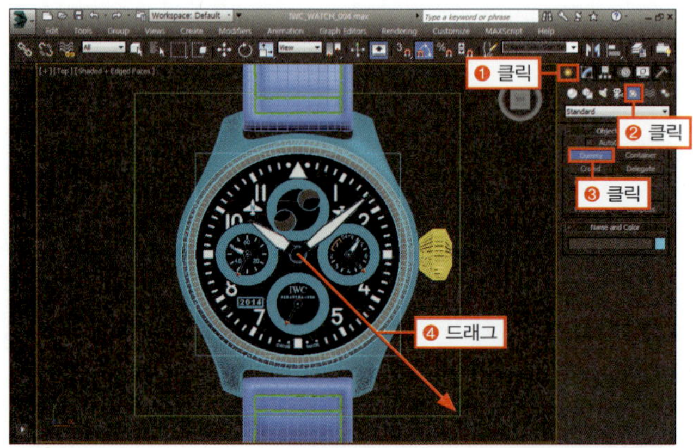

'Dummy001'의 Move 좌표에 다음 값을 입력합니다.

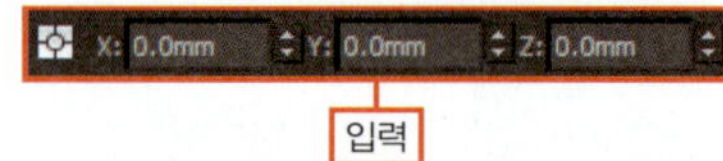

2 Select and Link

'Dummy001'을 제외한 모든 오브젝트를
선택하고 Main Toolbar의 [Select and
Link] 버튼(🔗)을 활성화합니다. 마우스
왼쪽 버튼으로 드래그하여 'Dummy001'
에 연결합니다.

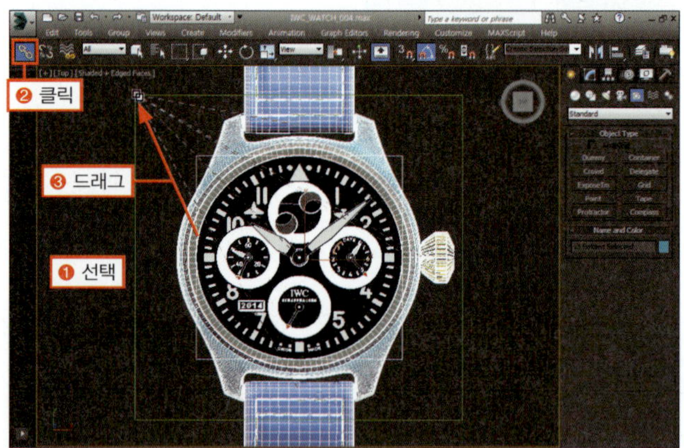

모든 오브젝트가 'Dummy001'에 링크되
었습니다. 이제 'Dummy001'의 움직임
에 따라 모든 오브젝트가 영향을 받게 됩
니다.

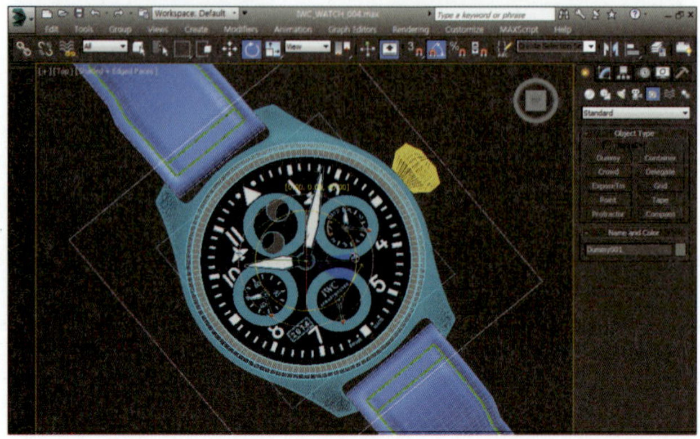

위치를 조절했던 'Dummy001'은 원래대로 복귀시킵니다. 를 활성화하고 좌표에 다음 값을 입력하여 카메라에 보일 오브젝트의 각도를 조절합니다.

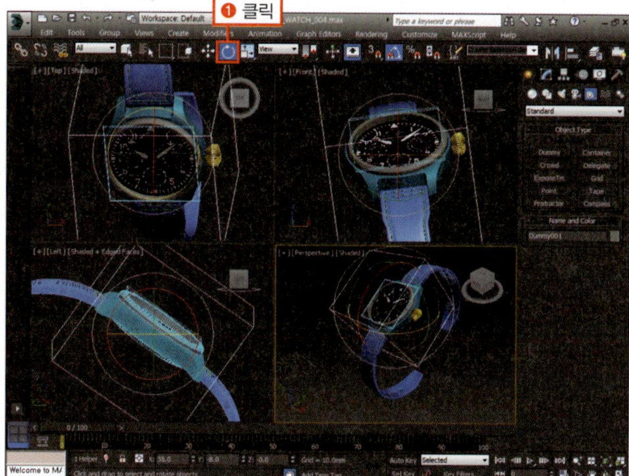

:: VRayPhysical Camera의 Basic parameter 세팅하기

1 VRayPhysical Camera 설치

Command panel>Create>Cameras>VRay에서 VRayPhysical Camera를 선택합니다. Top View에서 마우스를 드래그하여 'VRayPhysicalCamera001'을 설치합니다.

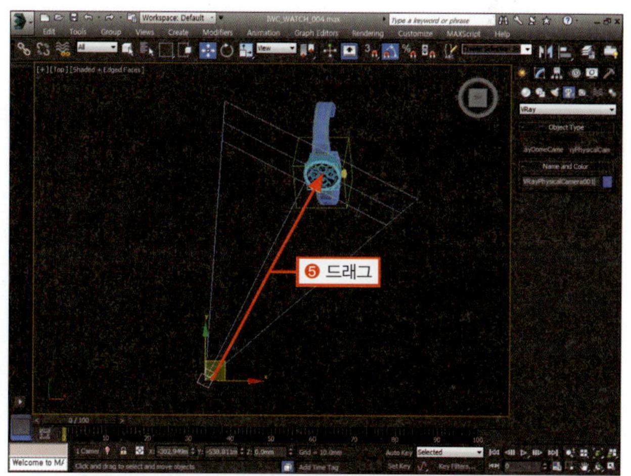

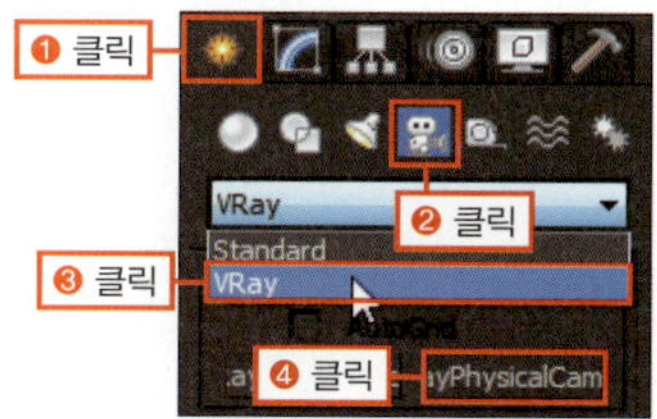

키보드의 **C**를 눌러 Camera View로 전환하고 선택된 카메라의 Move 좌표에 다음 값을 입력하여 위치를 조절합니다.

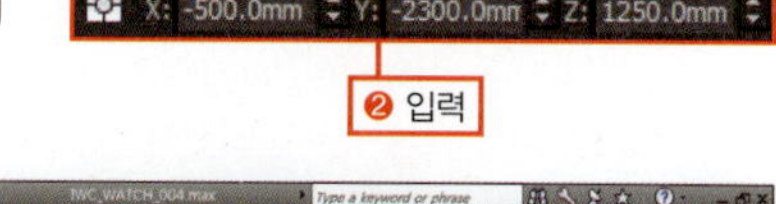

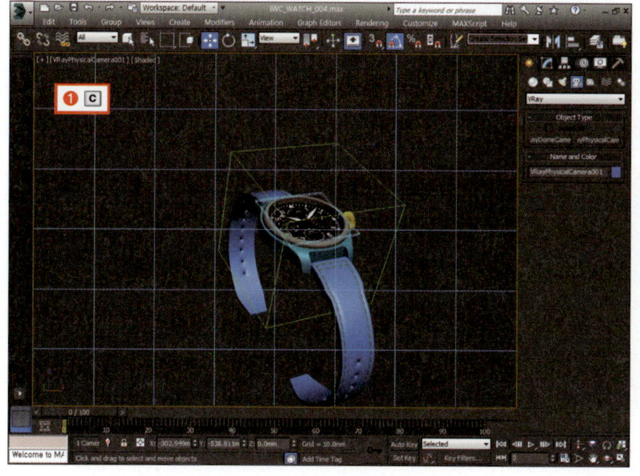

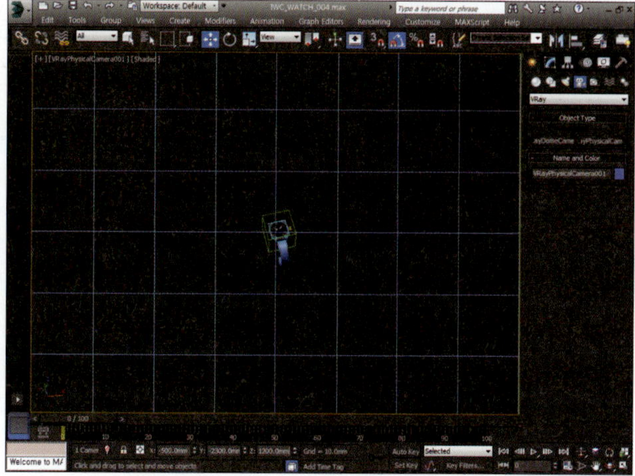

Camera 이름을 선택>Select Camera Target을 클릭합니다. Camera Target이 선택되면 좌표에 다음 값을 입력하여 위치를 조절합니다.

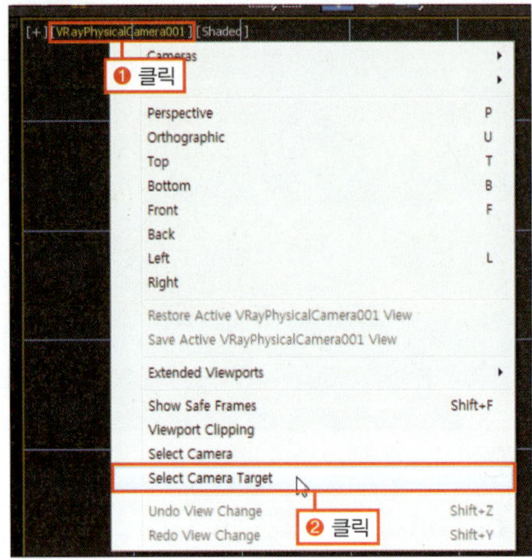 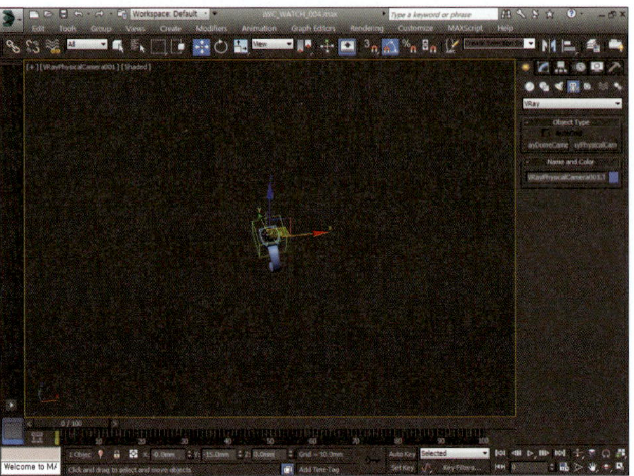

② VRayPhysicalCamera Parameter

다시 Select Camera를 선택하고 'VRayPhysicalCamera001'의 옵션을 조절합니다.

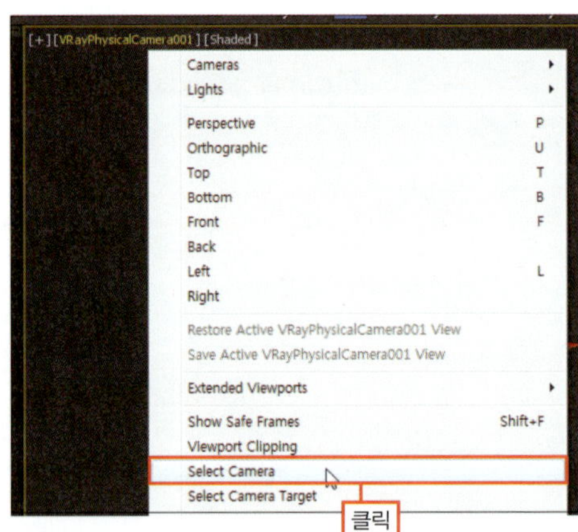

Basic Parameters에서 film gate와 focal length값을 다음과 같이 설정합니다.

 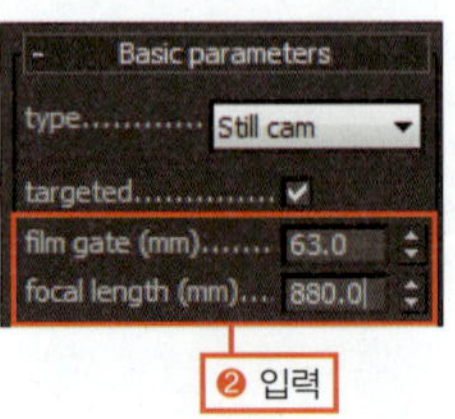

White balance를 Custom으로 설정하고 다음 값을 입력하여 컬러를 조절합니다.

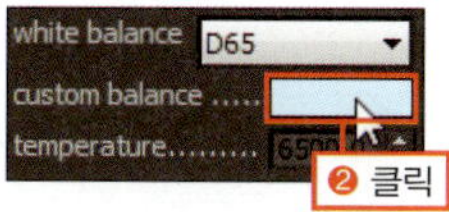
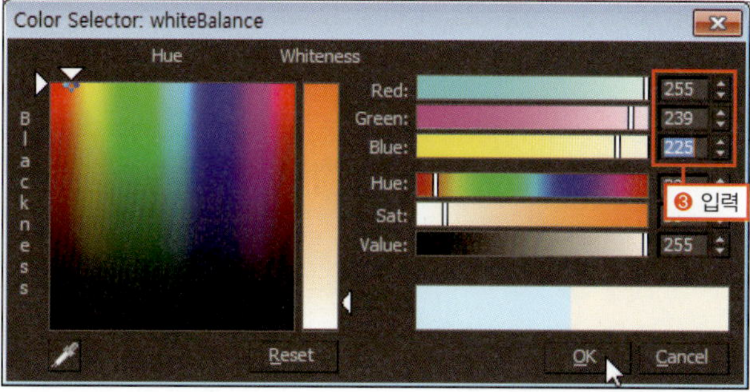

Shutter speed는 '150'을 사용합니다.

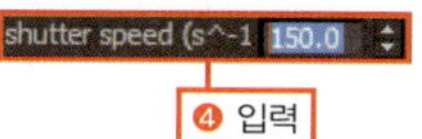

테스트 렌더링을 위한 기본적인 Camera Setting을 완료합니다.

3 Output Size

키보드의 F10 을 눌러 Render Setup 창을 팝업합니다.
Output Size에 다음 값을 입력하고 [Lock] 버튼(🔒)
을 클릭하여 렌더링 사이즈의 비율을 고정합니다.

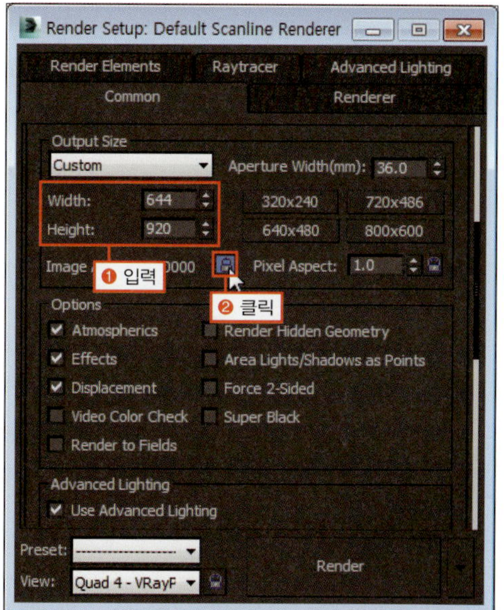

Viewport에서 Show Safe Frames를 활성
화하고 렌더링될 사이즈를 확인합니다.

:: Camera View에서 오브젝트 세팅하기

1 Local 기준 Rotate

'long_band' 오브젝트를 선택한 후 좌표 기준을 Local로 변경하고 [Select and Rotate] 버튼(🔵)을 활성화합니다.

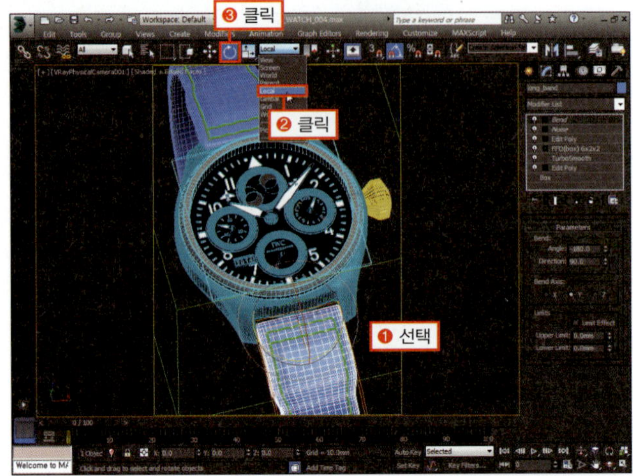

[Angle Snaps Toggle] 버튼(🔼) 위에서 마우스 오른쪽 버튼을 클릭하여 Setting 창이 팝업되면 Angle값이 '5'로 설정되어 있는지 확인한 후 창을 닫습니다.

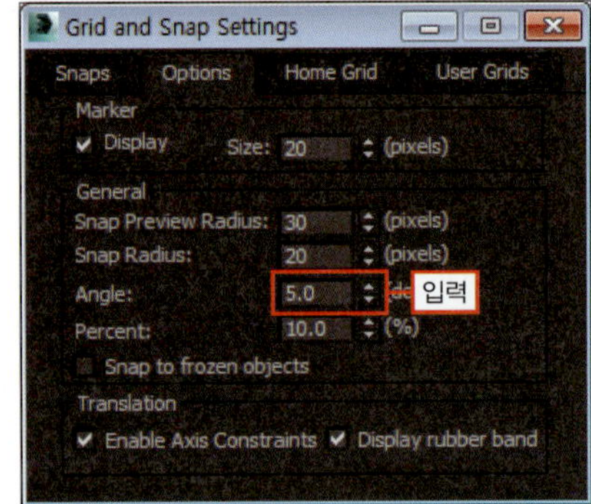

Local X축을 기준으로 65도 가량 회전하여 화면 안쪽으로 밴드가 들어오도록 조절합니다.

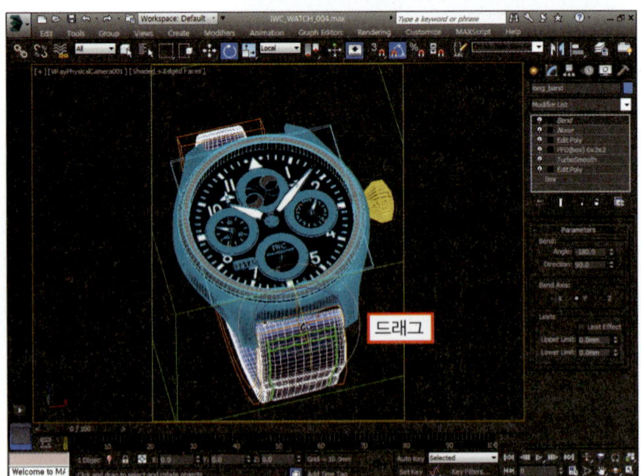

② Bend Angle 조절

반대편 밴드도 선택하여 화면 안쪽으로
들어오도록 회전한 후 Bend Modifier의
Angle값을 입력하여 시계 밴드의 모양을
조절합니다. 조절이 완료되면 기준 축을
Local에서 View로 되돌려 놓습니다.

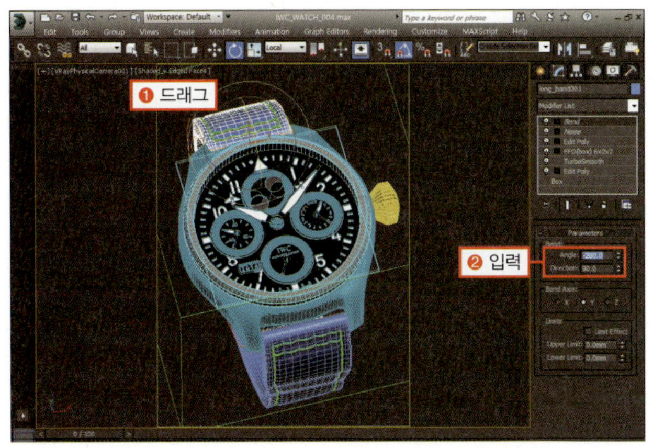

02 테스트 렌더링을 위한 VRayRender Setup과 Light 설치하기

SECTION

VRayRender를 활성화하여 테스트 렌더링을 위한 세팅을 진행하고 몇 가지 Light를 설치하여 장면의 광원을 조절하겠습니다.

① Layout 변경

Layout을 변경하여 Camera View와 세팅을 진행하는 Viewport가
동시에 잘 보이도록 한 후 다음 과정을 진행합니다. Viewport 한
곳을 Camera View로 변경합니다.

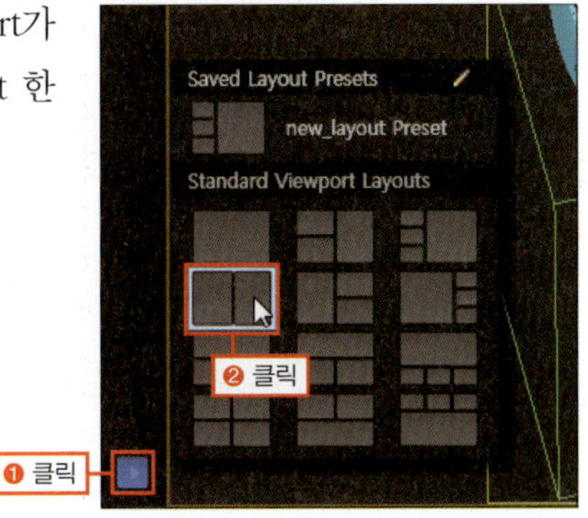

② Assign Render

키보드의 F10을 눌러 Render Setup 창을
팝업합니다. Common Panel의 Assign
Renderer Rollout에서 다음과 같이
VRayRender를 선택합니다.

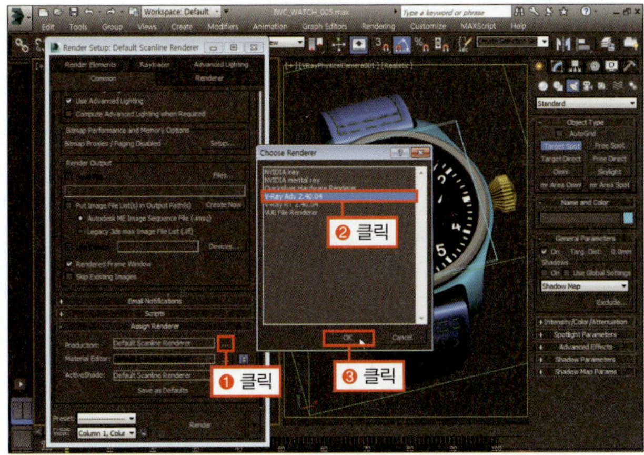

3 Spot Light설치

Front View에서 그림과 같이 Target Spot Light를 설치합니다.

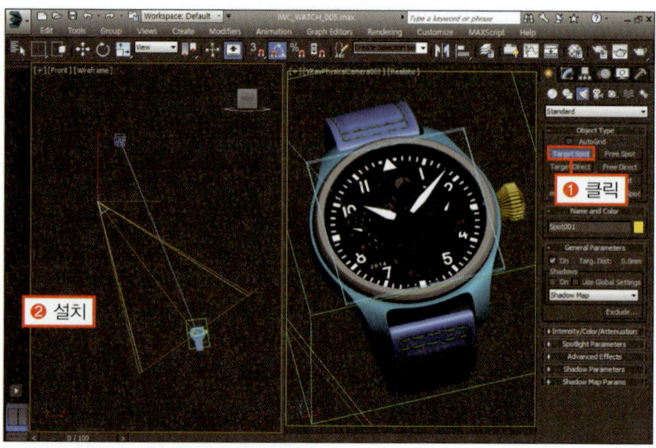

생성한 Light와 Target을 각각 선택하고 좌표에 다음 값을 입력하여 위치를 조절합니다.

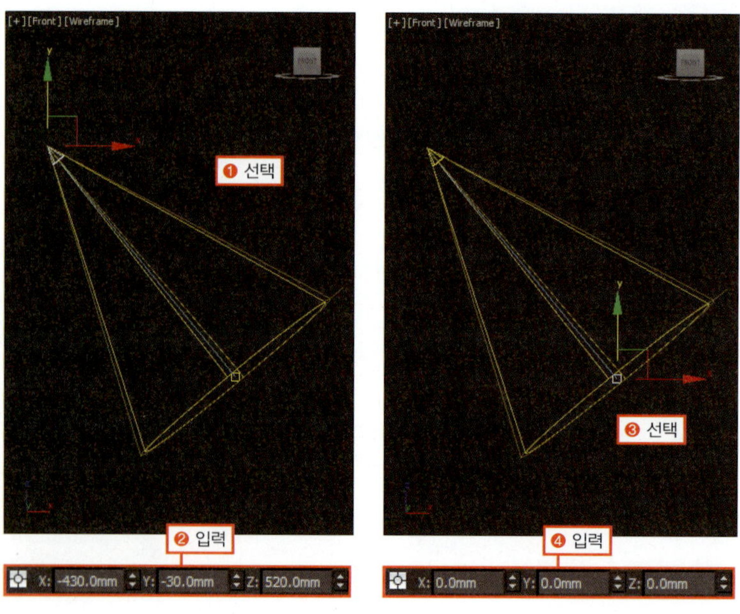

4 Spot Light 설정

Spot001의 옵션을 다음과 같이 설정합니다.

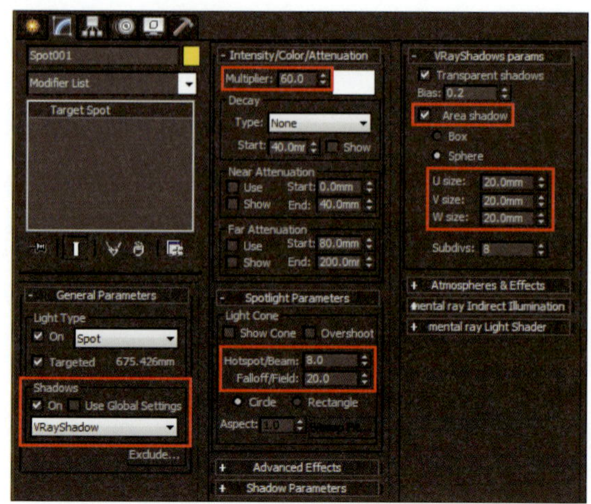

현재 상태에서 [Render Production] 버튼(■)을 클릭하여 렌더
링을 실행합니다. 재질이 적용되어 있지 않고 유리 부분은 투명
도가 없기 때문에 다음과 같은 이미지가 렌더링됩니다.

5 Renderable 설정

'glass' 오브젝트를 선택하고 Quad Menu의 Object Properties
설정 창을 팝업합니다. Renderable의 체크를 해제하여 Light
를 세팅하는 동안 잠시 렌더링되지 않도록 설정합니다.

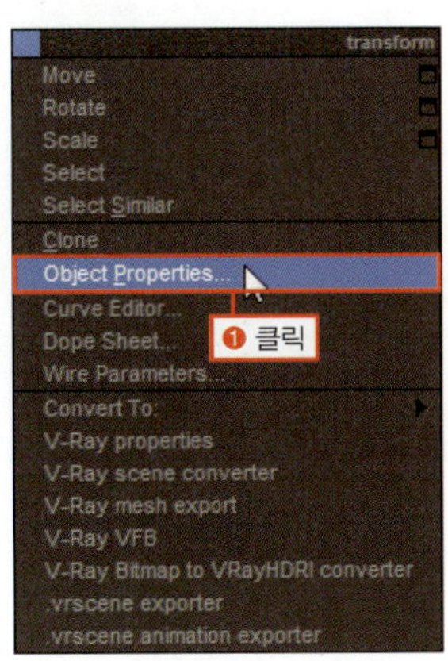

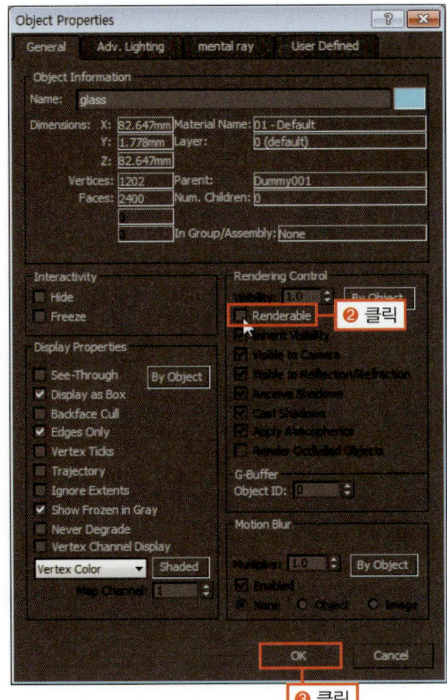

다시 렌더링을 실행하면 안쪽의 오브젝트도 확인할 수 있습니다.

6 Override mtl

빛에 의한 정확한 명암을 확인하기 위해 한 가지 재질로 테스트 렌더링을 진행합니다. 키보드의 F10 을 눌러 Render Setup 화면을 팝업한 후 VRayPanel의 Override mtl을 체크하고 바로 옆의 [None] 버튼(None)을 클릭합니다. Material/Map Browser가 팝업되면 그림과 같이 VRayMtl를 더블클릭하여 선택한 재질로 모든 오브젝트가 렌더링되도록 설정합니다.

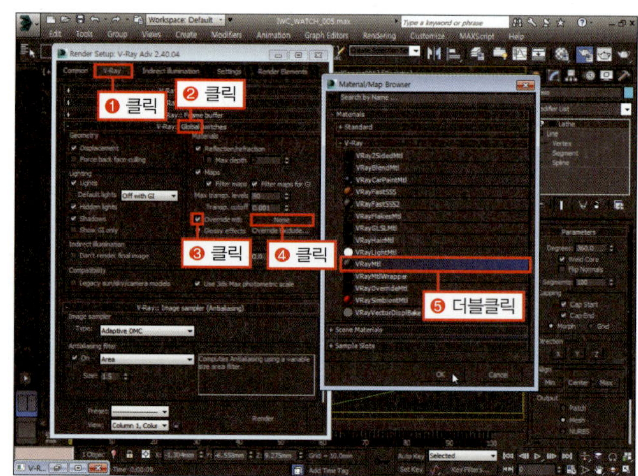

모든 오브젝트가 Override mtl에 적용한 재질로 렌더링됩니다. 이제 오브젝트의 명암을 정확하게 확인하면서 라이트를 추가합니다.

7 VRayLight 설치

Spot Light 하나만으로는 장면이 많이 어둡습니다. VRayLight를 추가하여 밝기를 조절합니다.

그림과 같이 Front View에서 VRayLight 를 설치합니다.

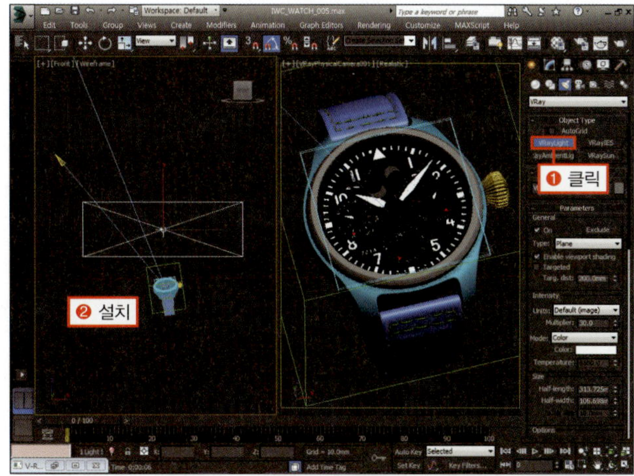

좌표에 다음 값을 입력하여 라이트의 위치를 조절합니다.

Left View에서 Light가 시계 쪽을 바라보도록 각도를 조절합니다.

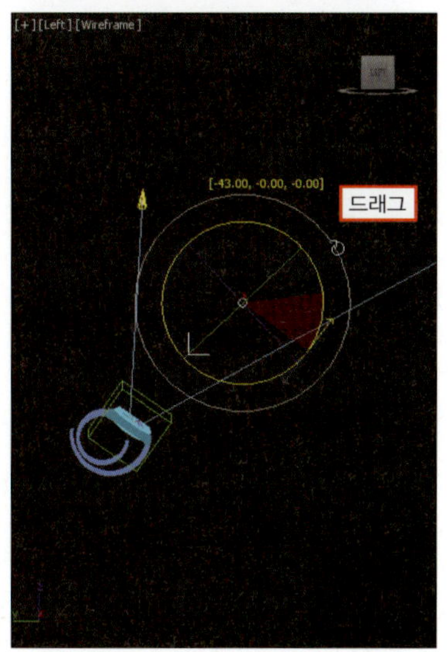

8 VRayLight 설정

VRayLight001의 옵션을 다음과 같이 설정합니다.

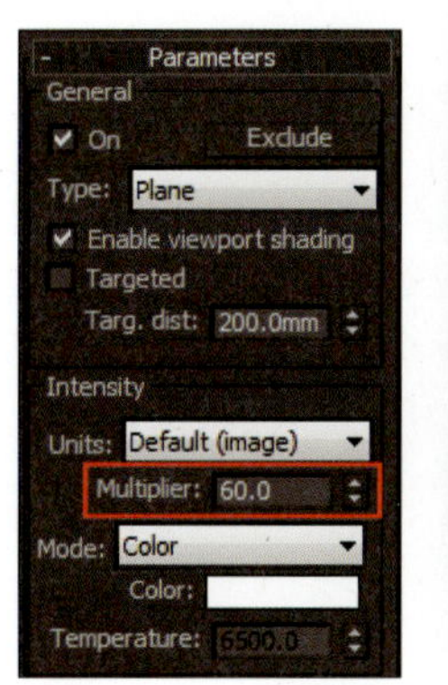
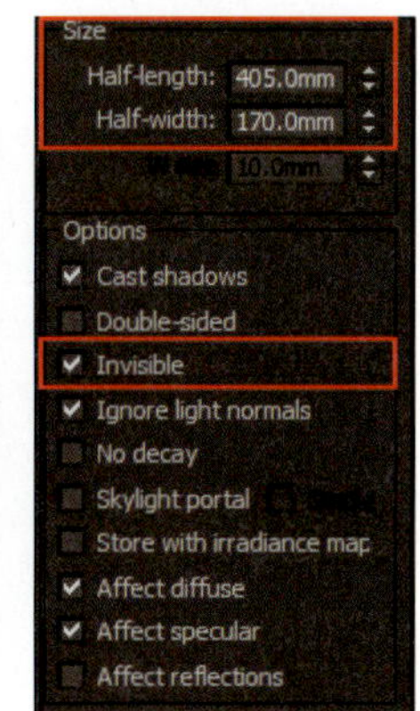

VRayLight를 추가하고 렌더링한 이미지입니다. 아직도 손목 밴
드의 앞쪽이 많이 어둡게 보입니다.

9 Omni Light 설치

Top View에서 시계 바로 앞쪽에 Omni
Light를 추가합니다.

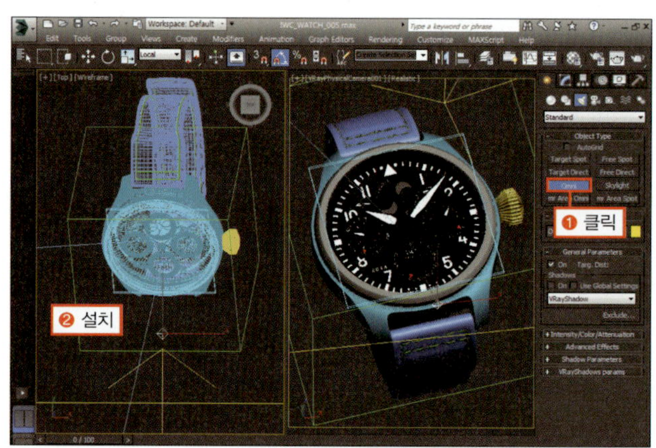

Left View에서 Omni Light의 Move 좌표에 다음 값을 입력하여
위치를 조절합니다.

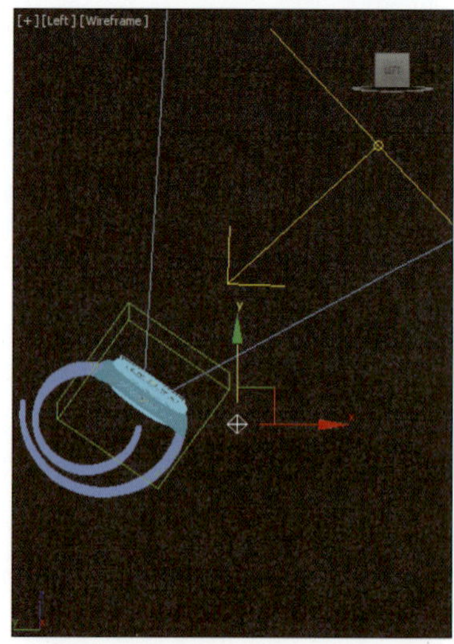

🔟 Omni Light 설정

설치한 Omni Light 옵션을 다음과 같이 설정한 후 렌더링을 실행
하여 결과물을 확인합니다.

HDRI 환경에서 사실적인 금속, 유리 재질을 제작하고 Unwrap UVW Map 활용하기

03

PREVIEW

손목시계에 사용되는 주요 재질 중에서 금속 재질과 유리 재질은 환경의 영향을 많이 받는 재질들입니다. HDRI 이미지를 활용하여 제품에 어울릴 수 있는 환경을 구성하고 패브릭 소재에 스티치 처리가 되어 있는 시계 밴드를 Unwrap UVW Map을 활용하여 제작합니다.

금속, 유리 재질을 세팅하고 적용하기

정확하면서 디테일한 모델링에 소재의 특성이 잘 드러난 재질이 적용되었을 때 사실적인 표현은 극대화됩니다. 특히 금속 재질과 유리 재질은 환경에 민감하게 반응하여 표현되므로 적절한 느낌을 찾기 위해서는 많은 테스트가 필요합니다. VRayMtl을 활용하여 사실적인 반사와 굴절을 표현할 수 있는 재질을 세팅해봅니다.

:: 금속 재질 제작하고 적용하기

1 VRayMtl 편집

키보드의 M을 눌러 Compact Material Editor를 팝업합니다. 다음 순서로 클릭하여 Material/Map Browser에서 VRayMtl을 불러옵니다.

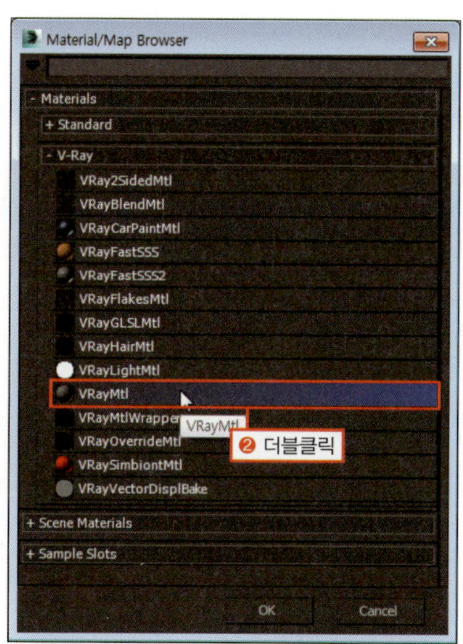

불러온 VRayMtl의 이름을 지정합니다.

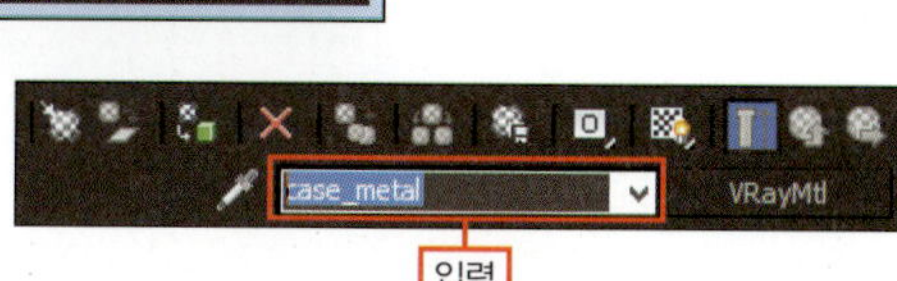

2 Diffuse 컬러 변경

VRayMtl의 Basic parameters에서 Diffuse 컬러를 검은색으로 변경합니다.

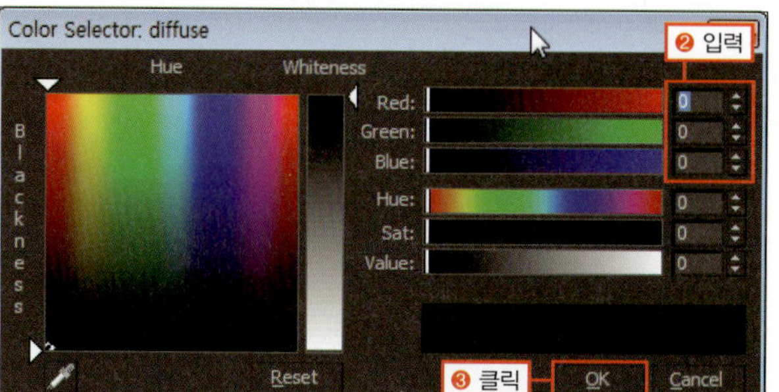

③ Falloff 적용

Reflect의 [None] 버튼(None)을 클릭하고 Material/Map
Browser에서 Falloff를 적용합니다.

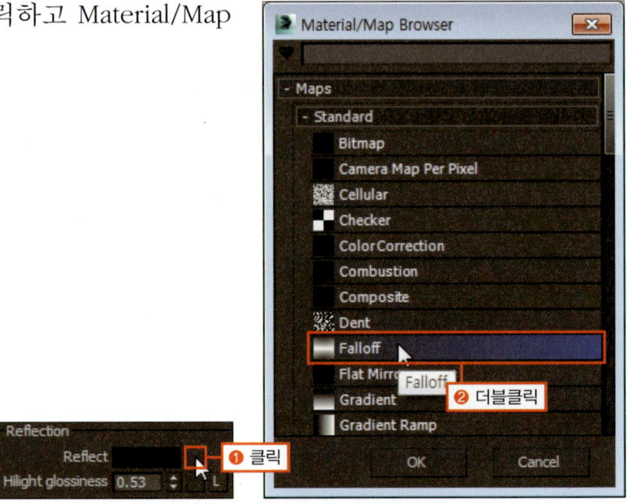

Falloff의 Mix Curve에서 [Move] 버튼(▦)을 활성화하여 양쪽 포인트의 위치를 조절하고 [Add Point] 버
튼(▦)으로 포인트를 추가한 후 마우스 오른쪽 버튼을 클릭하여 속성을 변경합니다. 컨트롤러를 움직
여 곡선을 부드럽게 조절합니다. Reflection에 Falloff가 적용되면 Falloff의 세부 설정에 따라 재질의 중심
부와 외곽의 반사값이 자연스럽게 변하도록 설정할 수 있습니다.

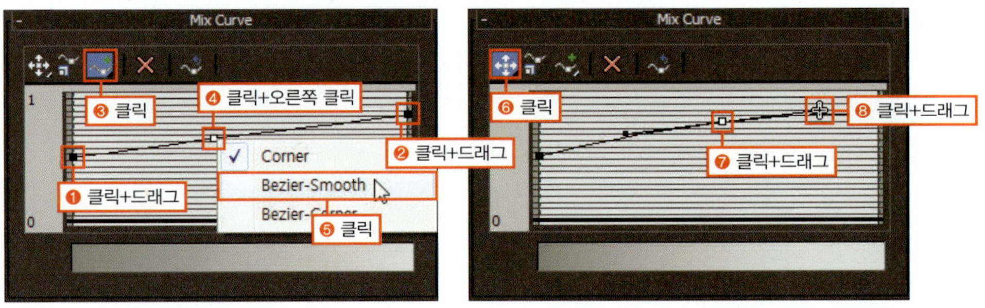

④ Glossiness값 변경

[Go to Parent] 버튼(▦)을 클릭한 후 Glossiness값을 각각 다
음과 같이 입력하여 금속 재질에서 하이라이트의 범위를 조
절하고 조금 덜 선명한 반사를 하도록 설정합니다.

5 Assign Material to Selection

'case mid-part'와 'watch_besel_001', 'crown' 3개의 오브젝트를 선택하고 [Assign Material to Selection] 버튼( )을 클릭하여 세팅한 재질을 적용합니다.

:: 유리 재질 제작하고 적용하기

1 VRayMtl 편집

새로운 VRayMtl을 하나 더 추가한 후 이름을 'glass'라고 지정하고 옵션을 다음과 같이 설정합니다. Reflection(반사) 부분을 다음과 같이 설정하여 적당한 반사를 하도록 하고 Refraction(투명도)에 다음 컬러를 적용하여 유리의 투명한 느낌을 표현하도록 설정합니다. Affect Shadow를 체크하면 유리와 같은 투명한 오브젝트의 그림자가 제대로 표현됩니다. IOR(굴절률)에 따라 투명 오브젝트에 굴절되는 모양이 달라집니다.

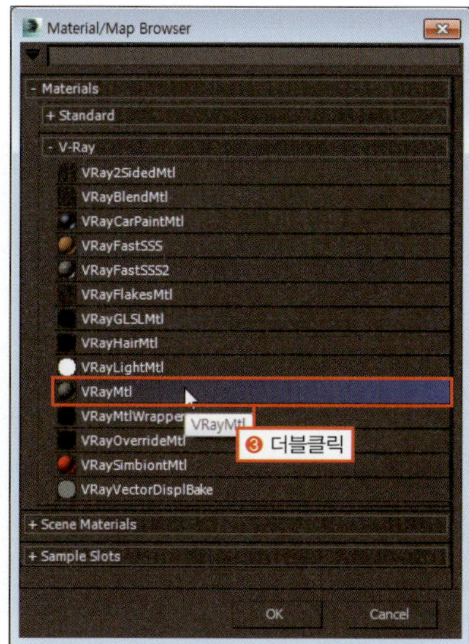

하이라이트 유형을 Phong으로 선택하고 Anisotropy
에 '0.2'를 입력하여 모양을 조금 변경합니다. Options의
Reflect on back side를 체크하여 유리의 뒷면에도 반사가
이루어지도록 설정합니다.

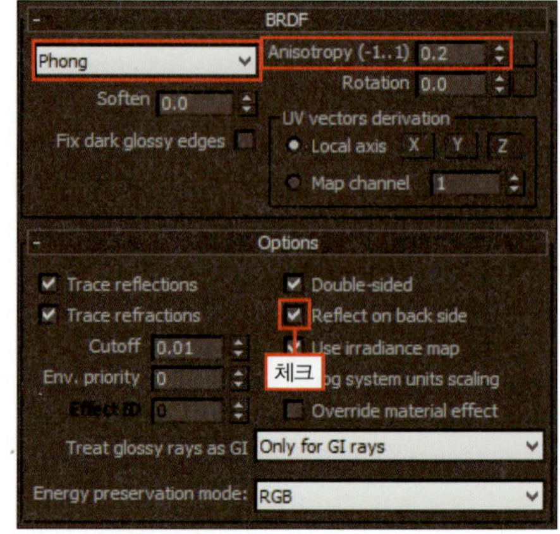

2 Assign Material to Selection

장면에서 'glass' 오브젝트를 선택하고
[Assign Material to Selection] 버튼(🔳)
을 클릭하여 재질을 적용합니다.

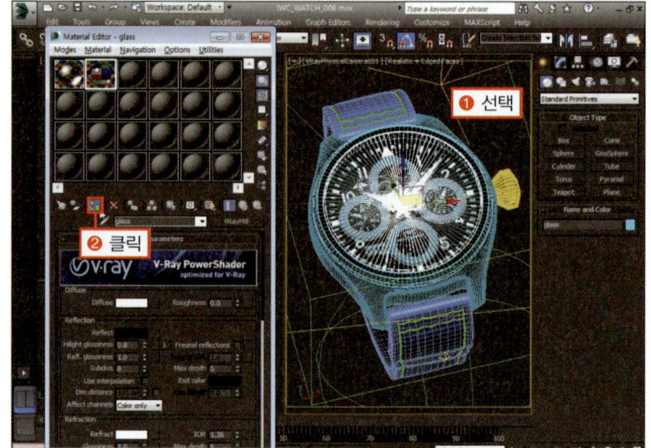

3 Renderable

Quad Menu에서 'glass' 오브젝트의 속성 창을 열고 Renderable
을 활성화하여 렌더링되도록 설정합니다.

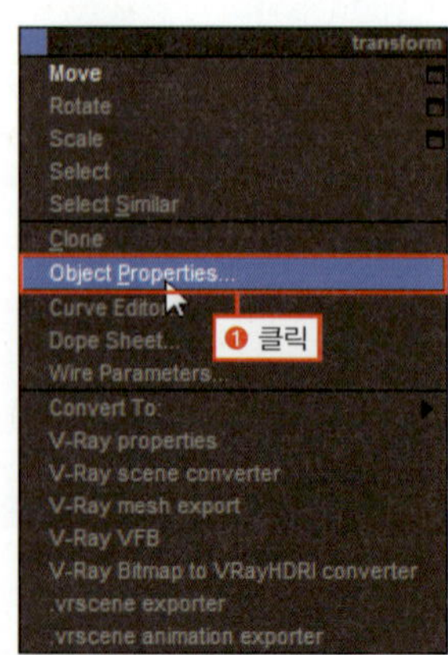
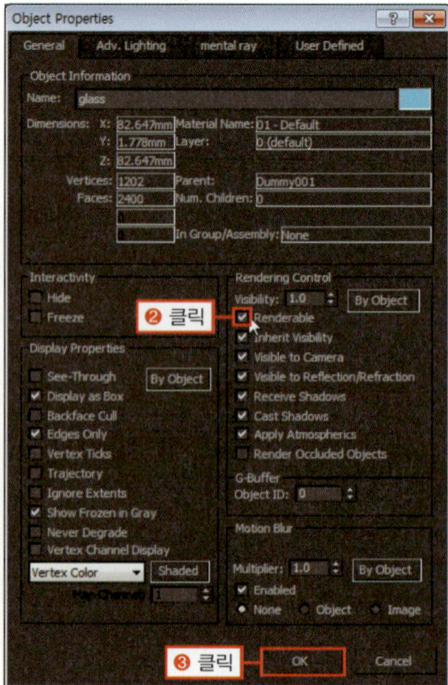

4 Override mtl 체크 해제

키보드의 F10 을 눌러 Render Setup을 열고 Override
mtl의 체크를 해제합니다. 이제부터는 각 오브젝트에
적용된 재질로 렌더링이 실행됩니다.

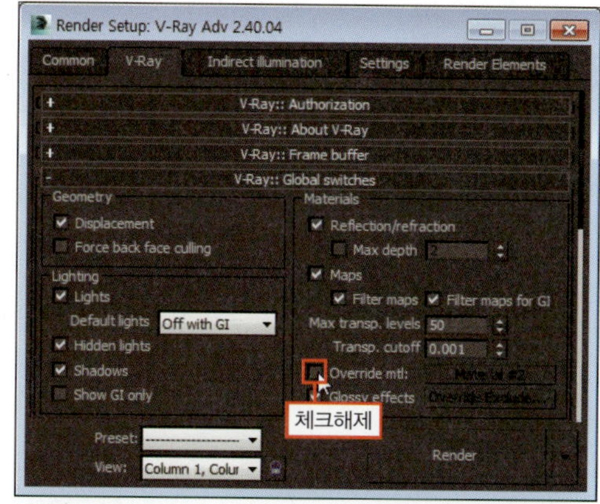

장면에 적용한 금속 재질과 유리 재질이
렌더링되었습니다. 반사와 투명도 표현
으로 인해 렌더링 시간이 조금 오래 걸릴
수 있습니다.

제품에 어울릴 수 있는 HDRI 환경 세팅하기

HDRI 이미지를 활용하면 제품 주변에 복잡한 구성을 하지 않더라도 실제 환경과 유사한 효과를 얻을 수 있습니다. 제품의 반사 재질에 어울릴 수 있는 HDRI 환경을 세팅해봅니다.

■ VRay HDRI 적용

Menu Bar>Rendering>Environment를 선택합니다.

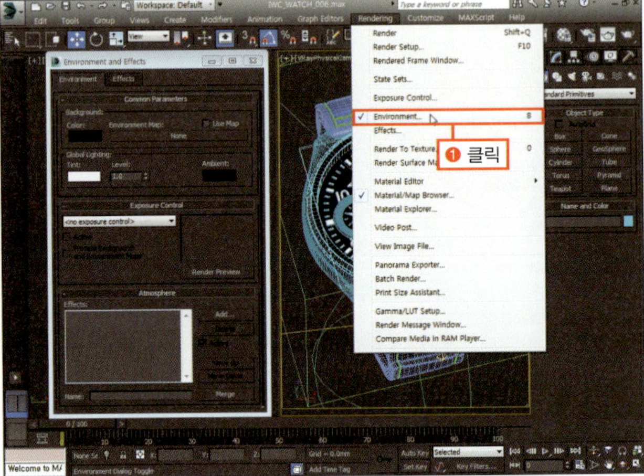

화면이 팝업되면 [None] 버튼(　None　)을 클릭하고 Material/Map Browser에서 VRayHDRI를 선택하여 적용합니다.

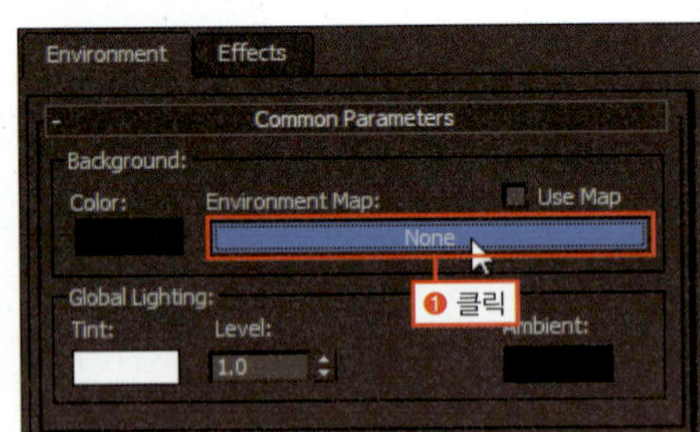

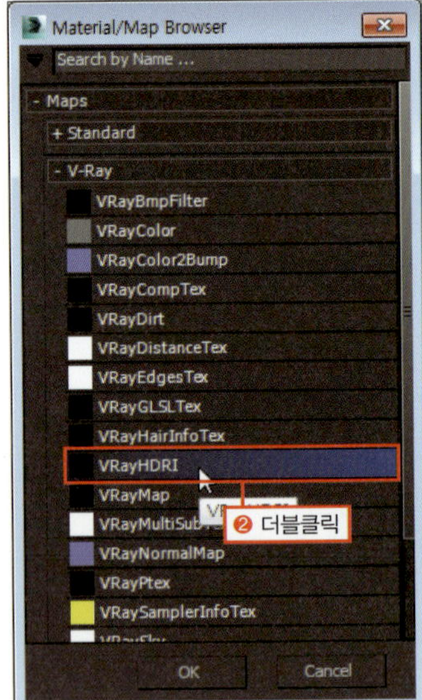

Material Editor를 팝업하고 Map #3 (VRayHDRI)
을 마우스로 드래그하여 Material Editor
의 빈 슬롯에 가져다 놓습니다.

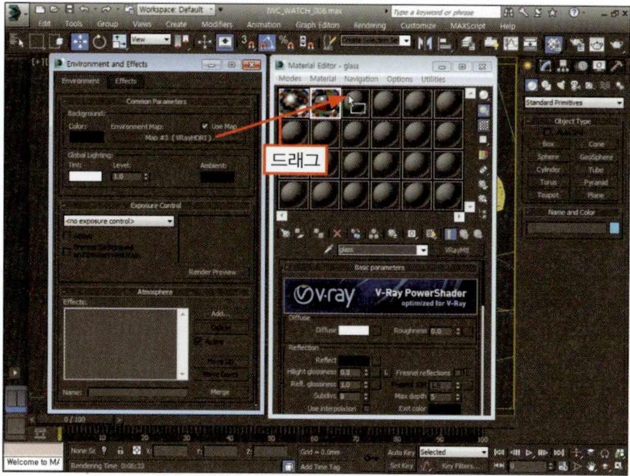

② VRayHDRI Map 복사

Instance를 선택한 후 [OK] 버튼을 클릭하면 재질 슬롯에 VRayHDRI
Map이 복사됩니다.

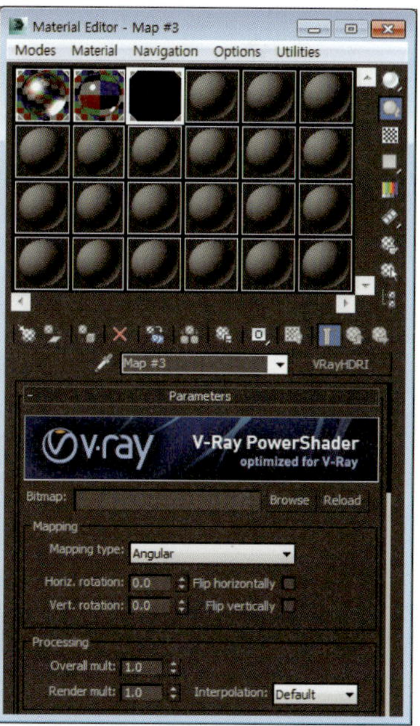

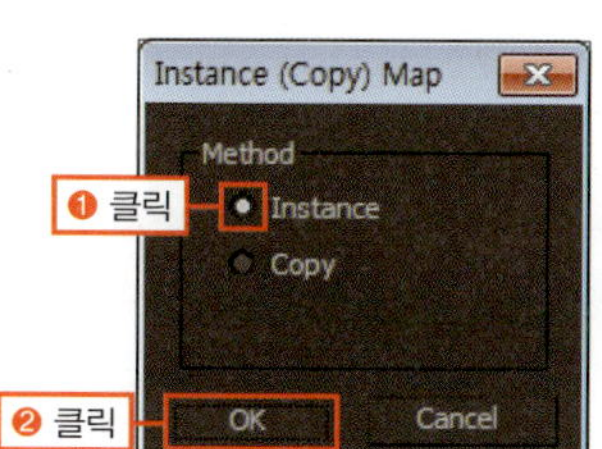

❸ HDRI 이미지 다운로드하기

HDRI 이미지는 bobgroothuis.com 사이트에서 무료로 제공되는 파일을 사용합니다. 아래 경로에서 FREE HDRI 360°-023의 Protospace-Utrecht-A 파일을 다운로드합니다. 해당 사이트의 다른 HDRI Map 또는 자신이 가지고 있는 HDRI Map을 사용하여 또 다른 느낌의 환경을 구성할 수도 있습니다.

[**MEMO** · HDRI 이미지 출처 : http://www.bobgroothuis.com/blog/2012/05/free—hdri—360—hdri—339w/]

❹ VRayHDRI Map 불러오기

복사된 VRayHDRI Map의 Parameters에서 [Browse] 버튼(Browse)을 클릭하여 다운로드한 'Protospace_A_Ref.hdr' 파일을 불러옵니다.

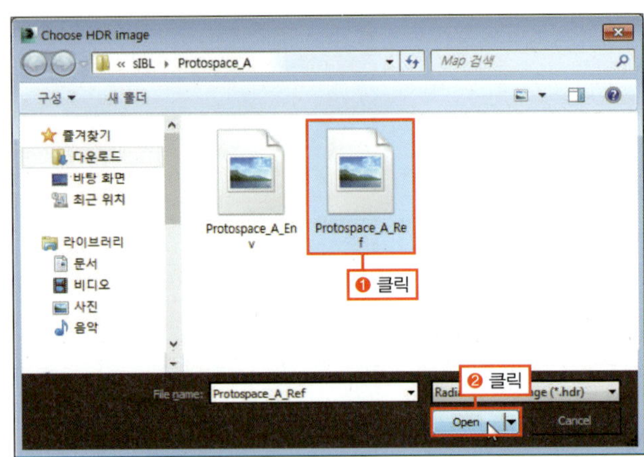

▲ 장면에 사용된 HDRI 이미지

❺ VRayHDRI Parameter 설정

VRayHDRI Parameter를 다음과 같이 설정합니다. Mapping type을 Spherical로 선택하여 구형 모드의 환경이 매핑되도록 하고 Horiz. rotation값을 조절하여 좌우로 환경 맵을 회전합니다. Processing에 각각 값을 입력하여 렌더링되는 HDRI 이미지의 밝기를 조절합니다.

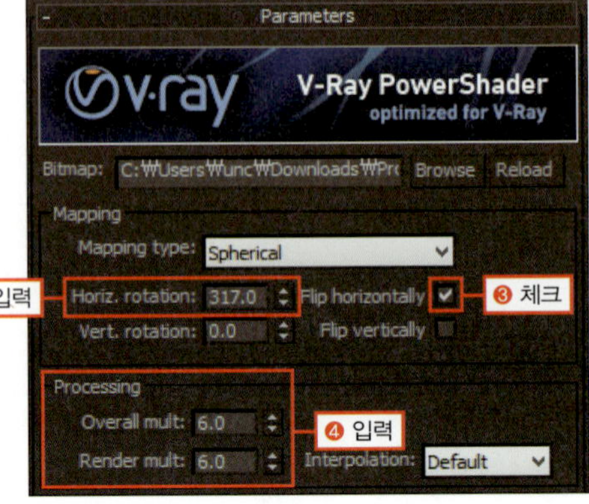

렌더링을 실행하면 VRayHDRI가 적용
된 이미지를 확인할 수 있습니다. 같은
HDRI 이미지에서도 Mapping 타입과 설
정에 따라 반사되는 모양이 많이 달라지
므로 여러 번의 테스트를 통해 가장 적절
한 이미지를 얻도록 합니다. 또한 사용되
는 HDRI 이미지에 따라 금속 재질의 느
낌은 많은 차이를 가지게 됩니다. 렌더링
하려는 제품의 종류와 연출하고자 하는
환경의 느낌에 따라 적절한 HDRI 이미지
를 선택하도록 합니다.

손목 밴드에 Unwrap UVW를 설정하고 Material 적용하기

손목 밴드 오브젝트에는 패턴이 있는 패브릭 소재가 사용됩니다. 이러한 유형의 오브젝트에 기본 Box나 Planar 형태로 맵 좌
표가 설정되면 모서리나 면이 꺾이는 부분에 패턴이 정상적으로 적용되지 않을 수 있습니다. 손목 밴드의 디테일한 표현을
위해 Unwrap UVW을 활용하여 맵 좌표를 설정하고 Texture와 Material을 제작하여 적용해봅니다.

:: Unwrap UVW 설정하기

■ Unwrap UVW 적용

'long_band' 오브젝트를 선택합니다.

Modifier 목록에서 Edit Poly를 클릭하고 Unwrap UVW를 선택하면 그림과 같이 Edit Poly의 상위 목
록에 적용됩니다.

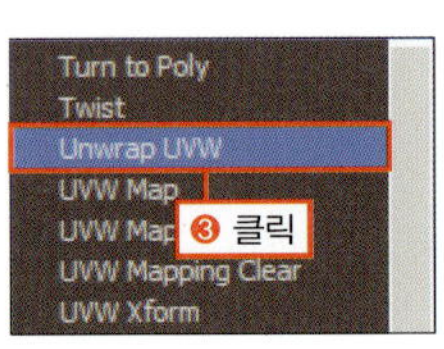

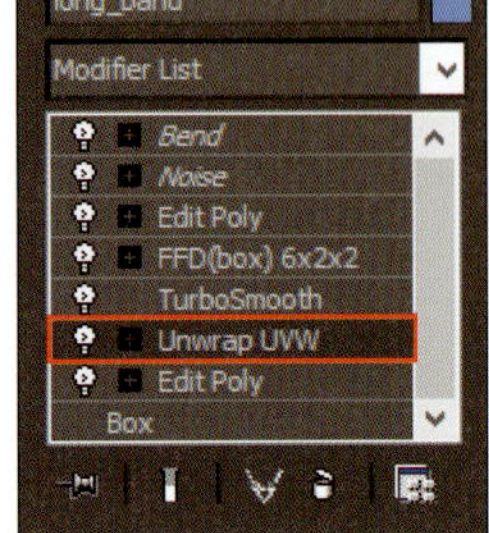

2 Open UV Editor

'long_band' 오브젝트의 Rollout에서 다음
버튼을 클릭하여 Editor를 불러옵니다.

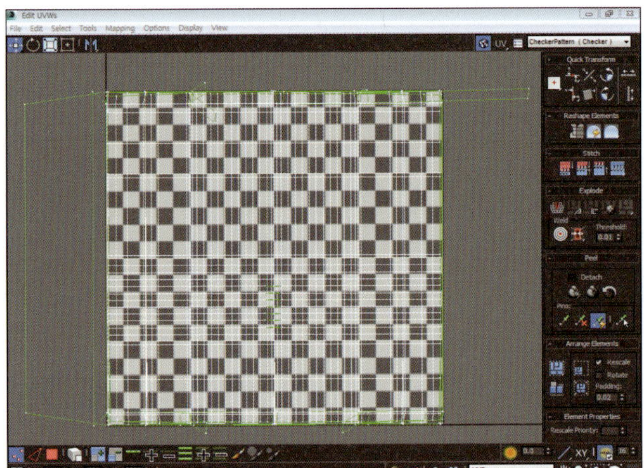

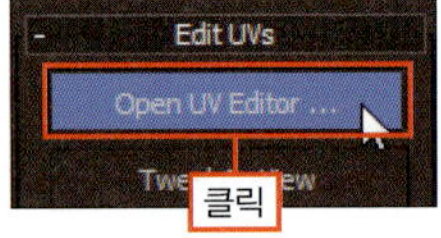

3 Normal Mapping

화면에서 마우스 오른쪽 버튼을 클릭하
여 Polygon을 활성화하고 전체 Polygon
을 선택합니다.

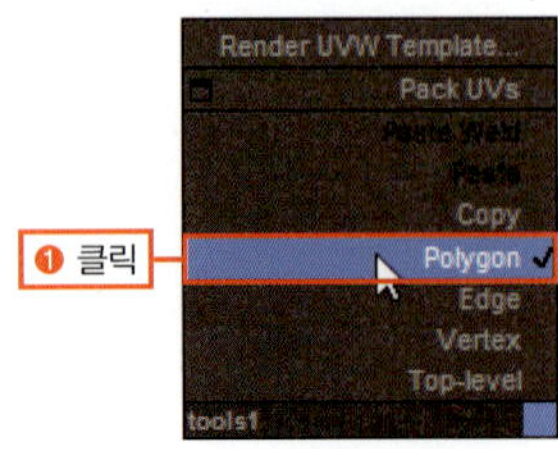

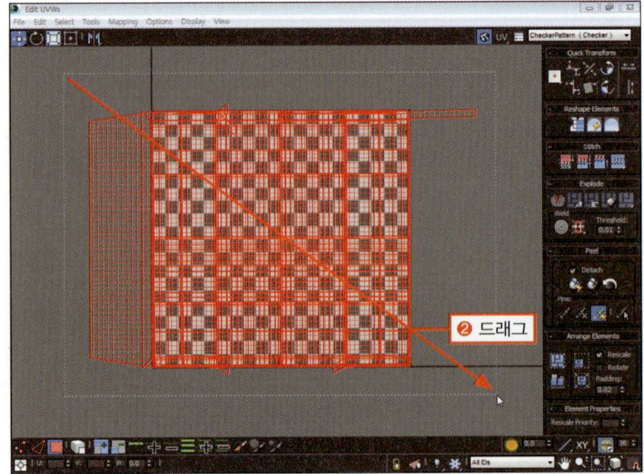

Menu>Mapping>Normal Mapping을 클릭하고 Box Mapping 타입을 선택한 후 [OK] 버튼을 클릭합니다.

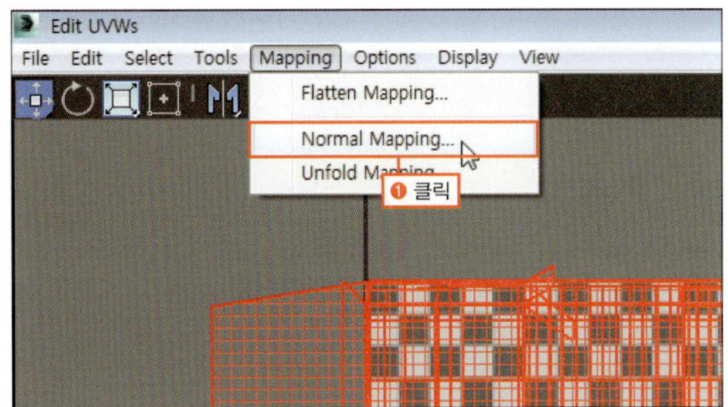

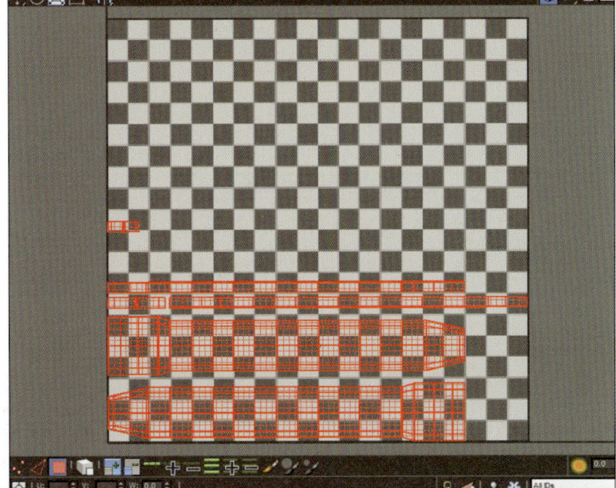

❹ Polygon 위치 조절

다음과 같이 밴드 앞면을 제외한 나머지 Polygon을 선택한 후 키보드의 Shift 를 누른 채 마우스를 화면 상단으로 드래그 하여 위치를 조절합니다.

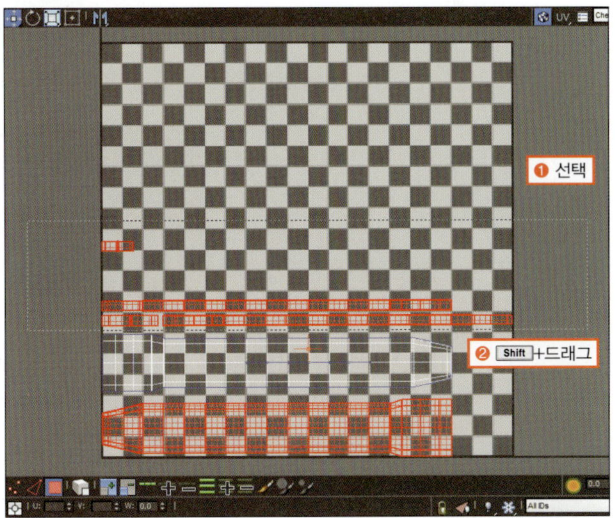

다음 Polygon을 선택하고 빈 공간의 중
심으로 오도록 위치를 조절합니다.

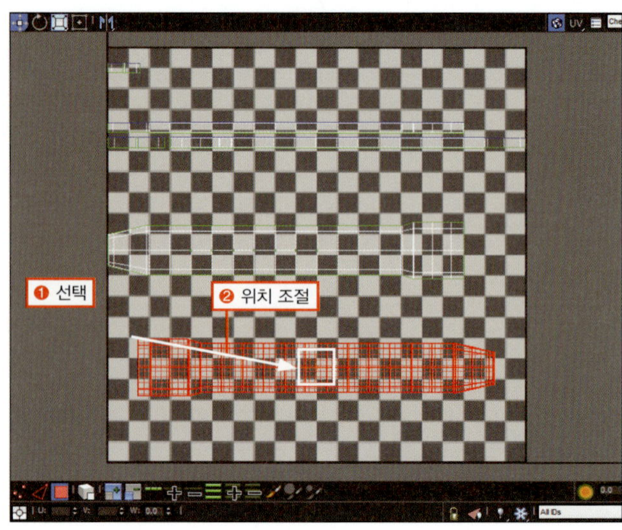

5 Stitch Selected

Quad Menu에서 Edge를 활성화하고, 다음 1개의
Edge를 클릭하여 선택합니다.

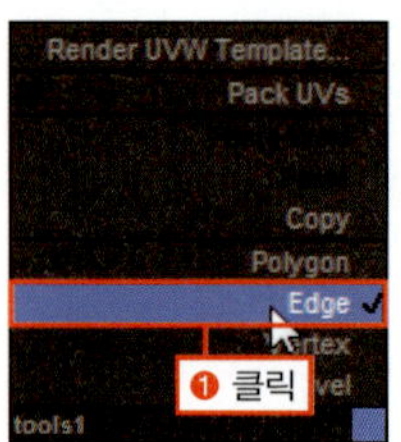

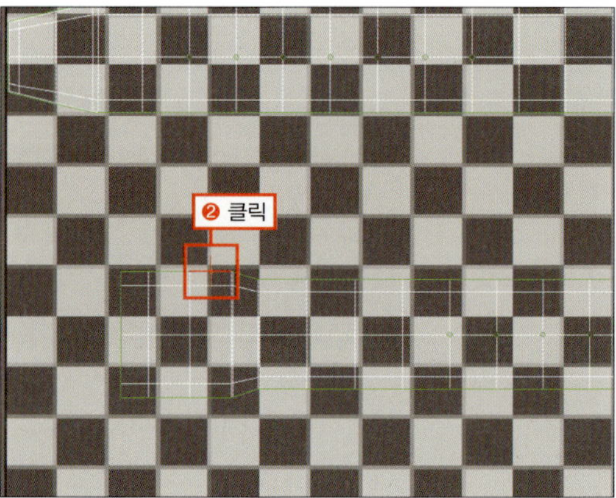

Stitch Selected를 실행하면 선택한 Edge에 인접한 부분이 자동으로 연결됩니다.

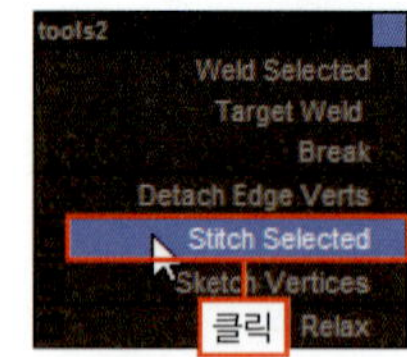

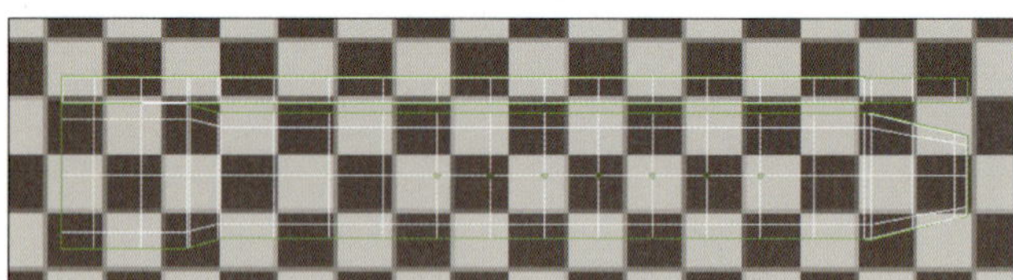

6 Vertex 위치 조절

Vertex를 활성화하여 다음과 같이 선택
한 후 Move를 활용하여 아랫방향으로
위치를 조절합니다.

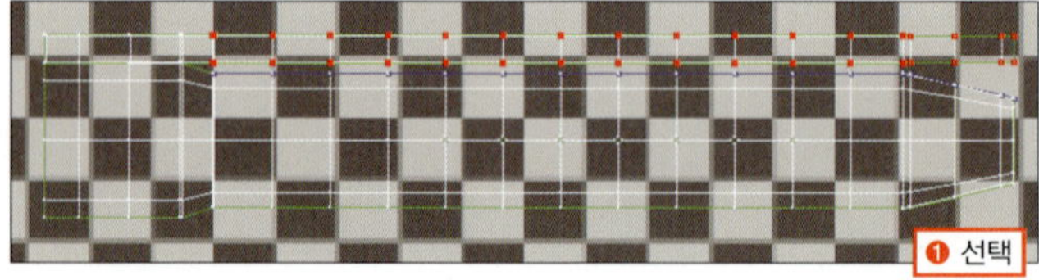

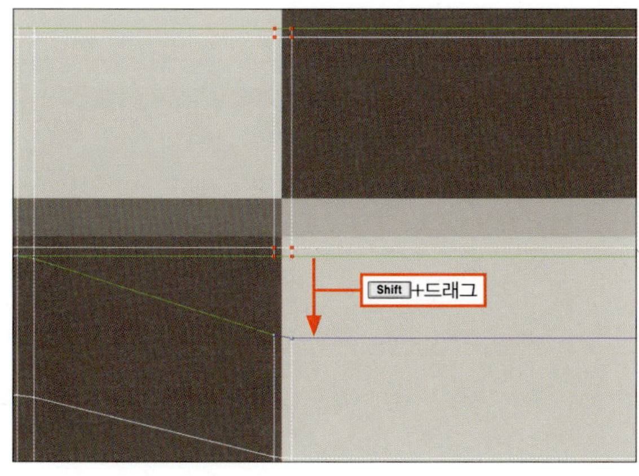

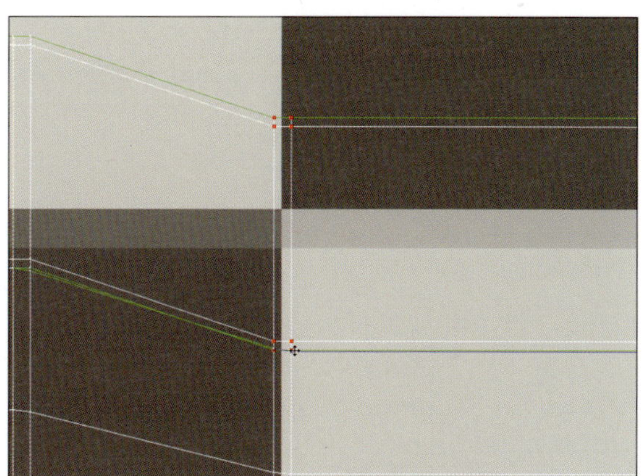

밴드의 끝부분도 Vertex의 위치를 조절합니다.

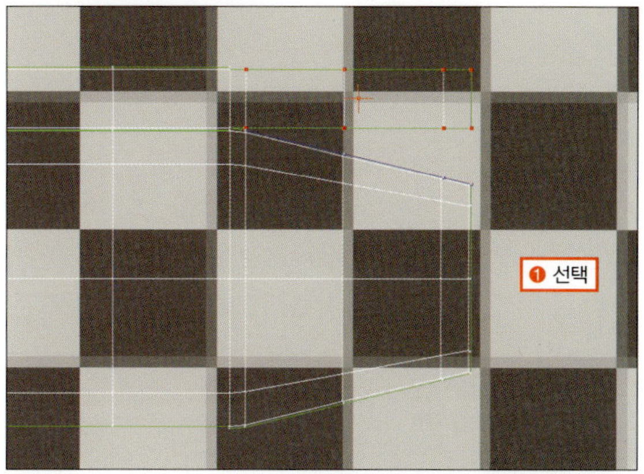

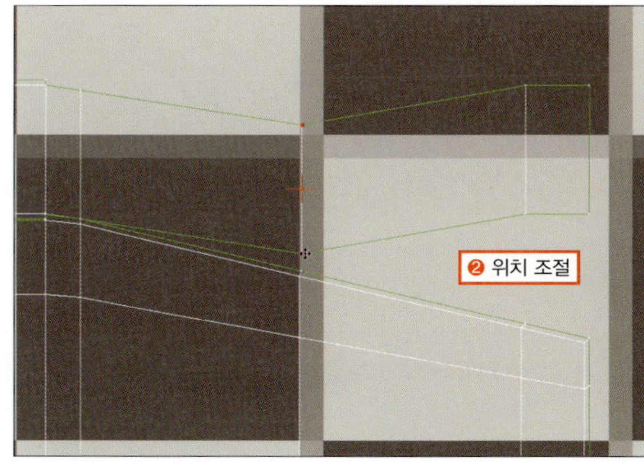

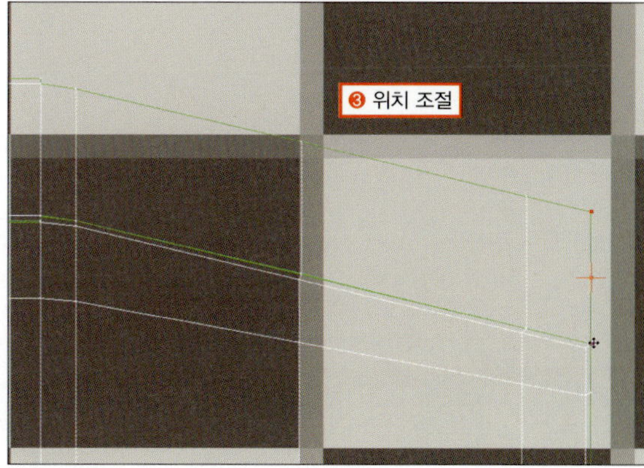

7 Weld Selected Subobject

다음 Vertex를 선택하고 을 클릭하여
Weld를 실행합니다.

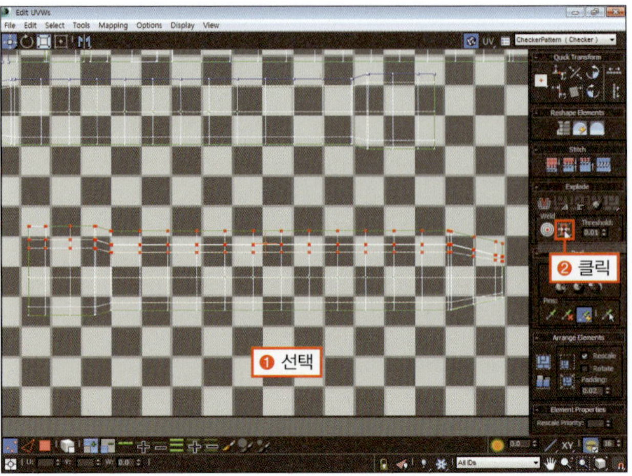

8 Stitch Selected

아랫부분의 Edge를 선택하고 Stitch
Selected를 활용하여 인접한 부분이 자
동으로 연결되도록 합니다. 윗부분과 동
일한 방법으로 아랫부분의 vertex 위치
를 조절합니다.

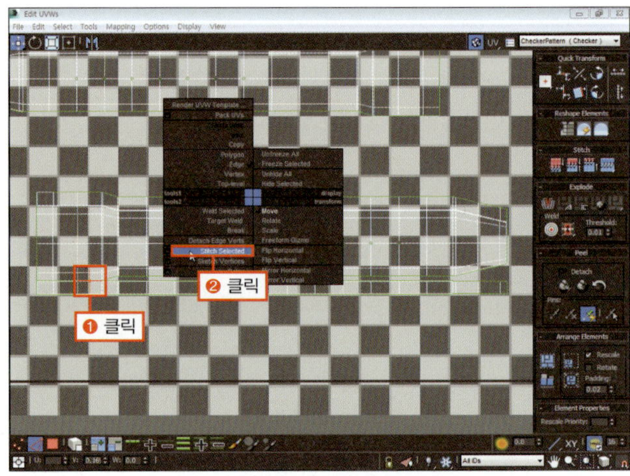

양옆의 Edge들도 Stitch Selected를 활용하여 인접한 부분을 연결합니다.

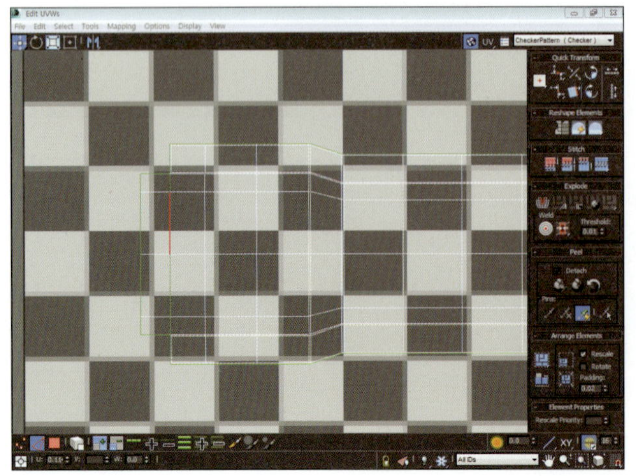
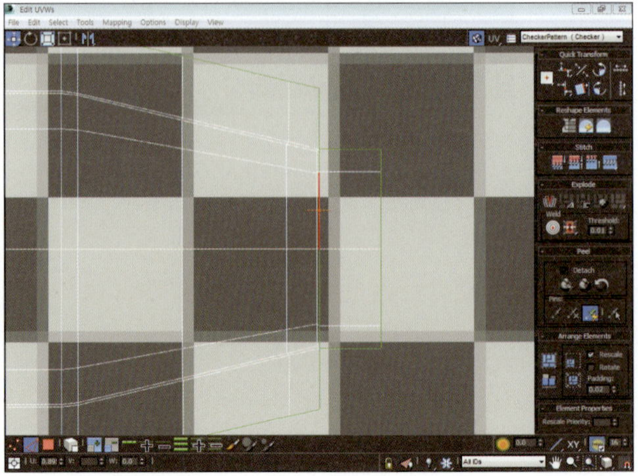

Vertex를 선택하고 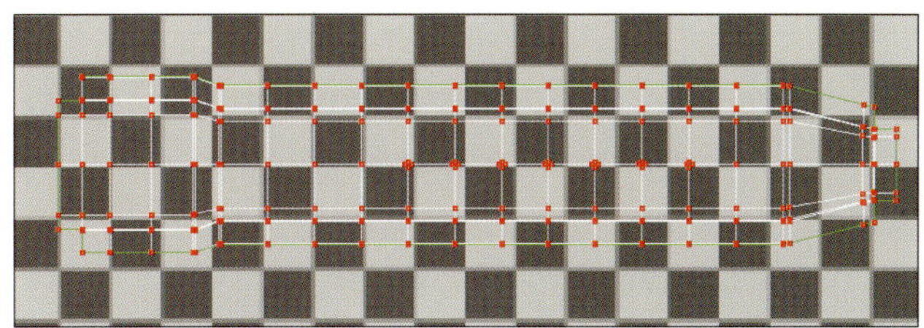을 클릭하여 Weld
를 실행합니다.

4군데 모서리는 각각 다음과 같은 방법으로
Edge를 연결하고 Vertex를 정리합니다.

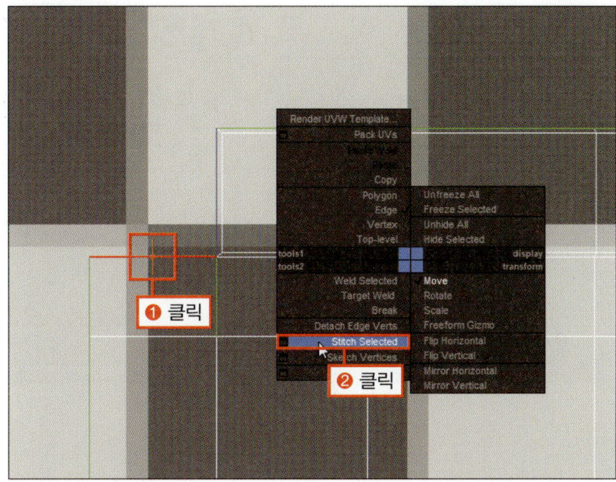

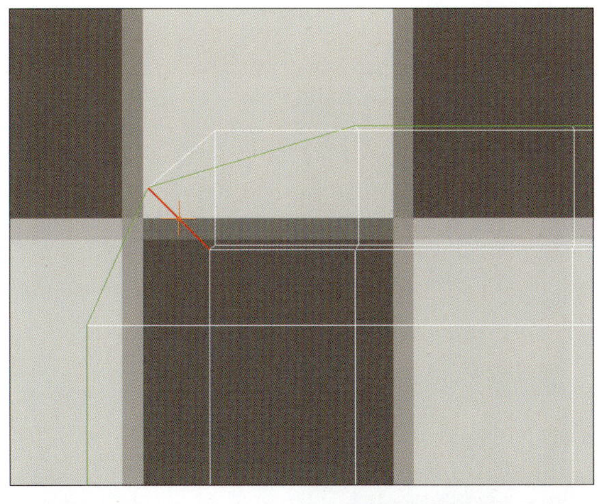

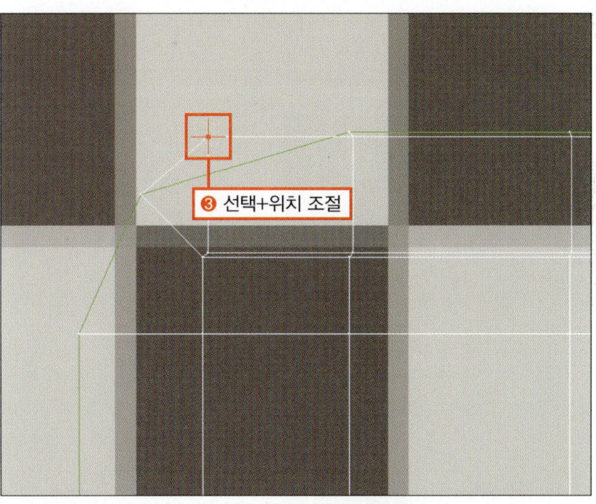

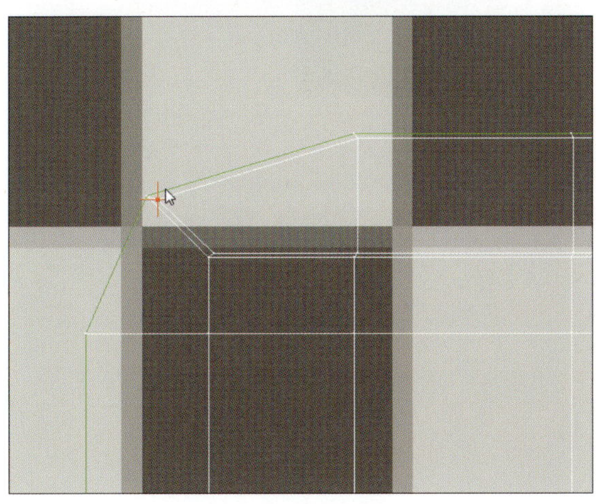

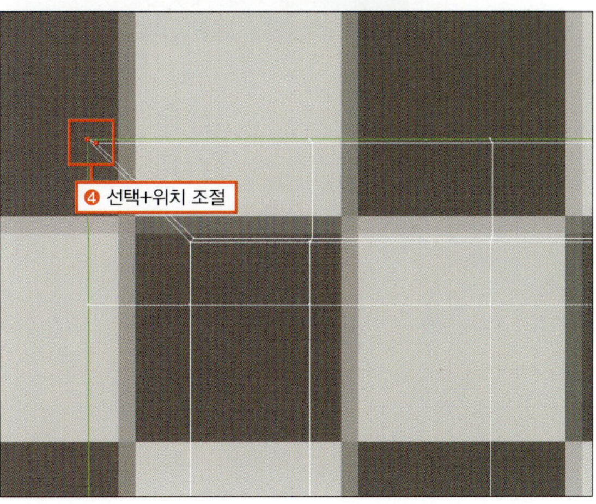

9 Pack : Custom

네 군데 모서리의 Vertex 정리가 완료되면 전체 Polygon을 선택하고 [Pack : Custom] 버튼(▣)을 클릭하여 화면에 맞게 정렬합니다.

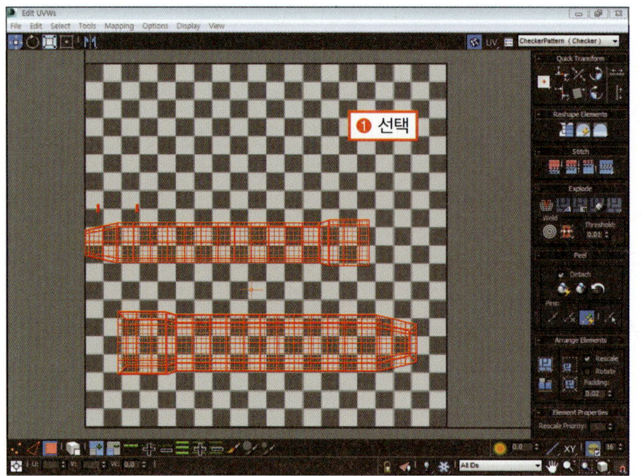

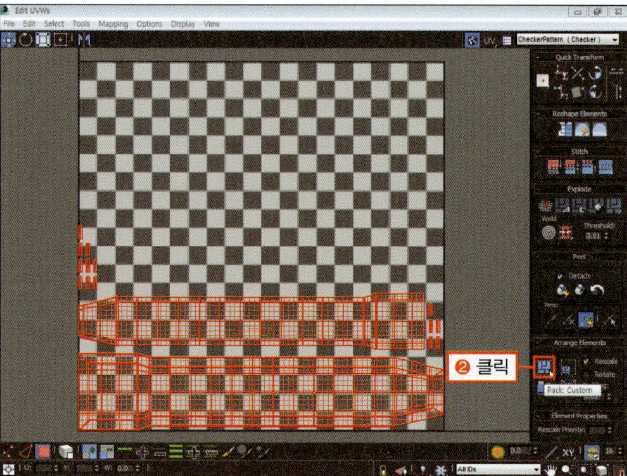

10 Render UVW Template

Menu>Tools>Render UVW Template를 클릭하고 다음과 같이 설정합니다.

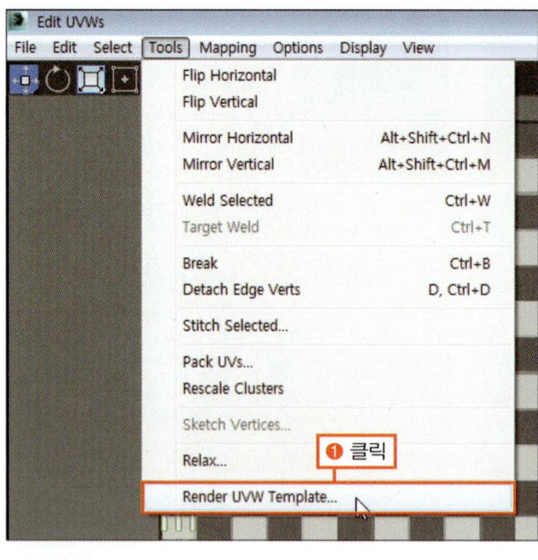

을 클릭하면 설정한 UV Template이 렌더링됩니다.

[Save Image] 버튼(█)을 클릭하고 이미지가 저장될 경로를 지정한 후 'Band'라는 이름으로 TIF 형식의 이미지를 저장합니다. Store Alpha Channel을 체크하여 알파 채널 이미지가 포함되도록 합니다.

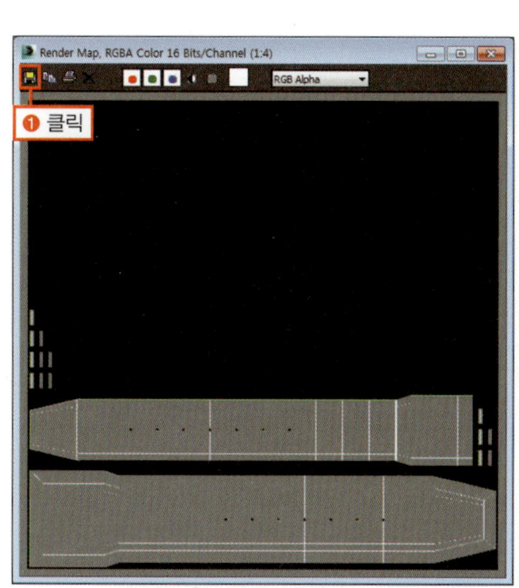

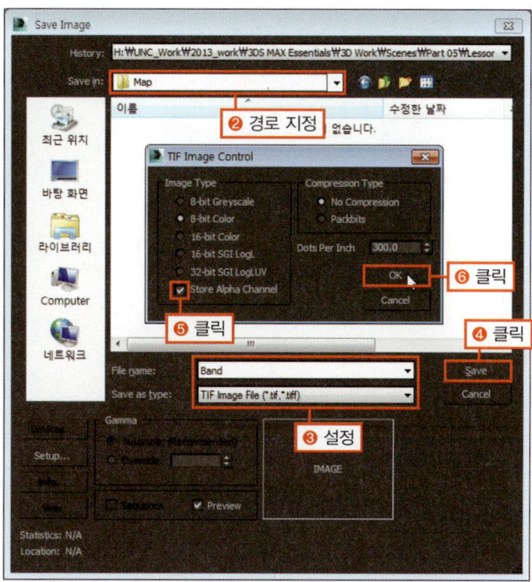

:: 손목 밴드 텍스처 제작

1 렌더링 이미지 열기

포토샵을 열고 저장한 'Band.tif' 이미지를 불러옵니다.

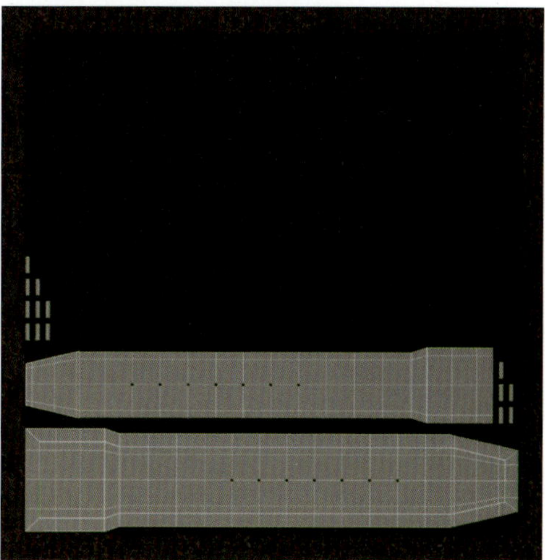

② Layer 구분

Alpha 채널을 활용하여 Layer를 다음과 같이 2개로 분리합니다.

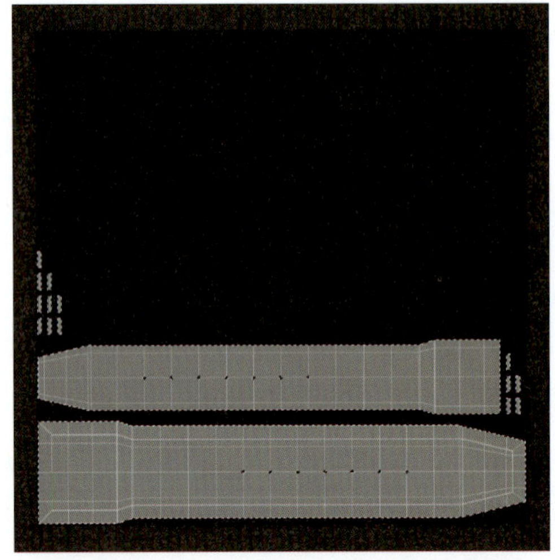

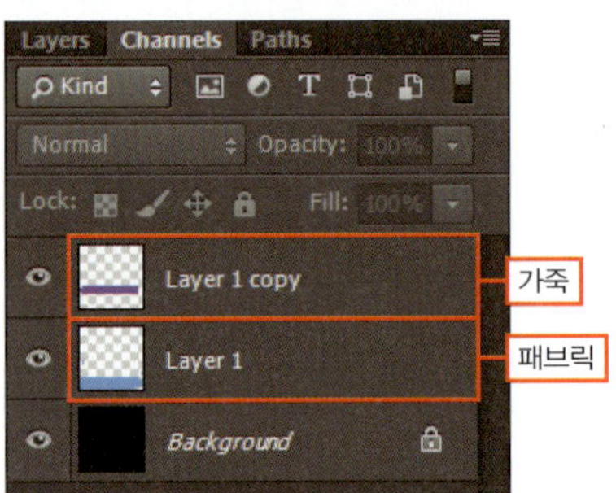

[**MEMO** · 적용된 컬러는 레이어의 구별을 설명하기 위해 사용된 것이므로 동일하지 않아도 됩니다.]

③ Layer1에 'fabric001.jpg' 적용

부록 CD의 Part 05>Lesson 01 폴더에서 'fabric001.jpg' 파일을 불러옵니다.

‘fabric001.jpg’ 이미지를 제작 중인 ‘Band.tif’에 복사합니다.

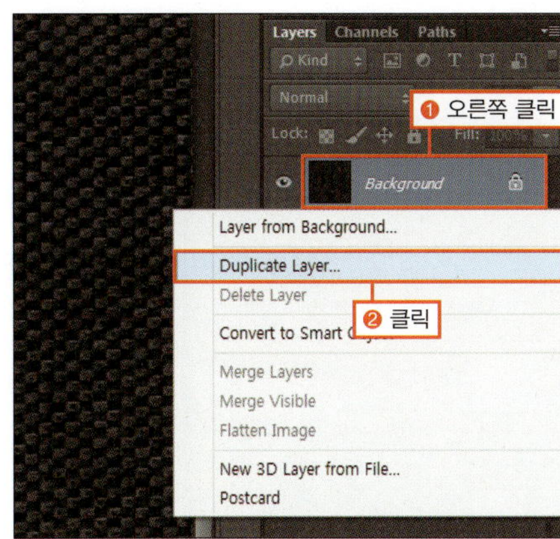
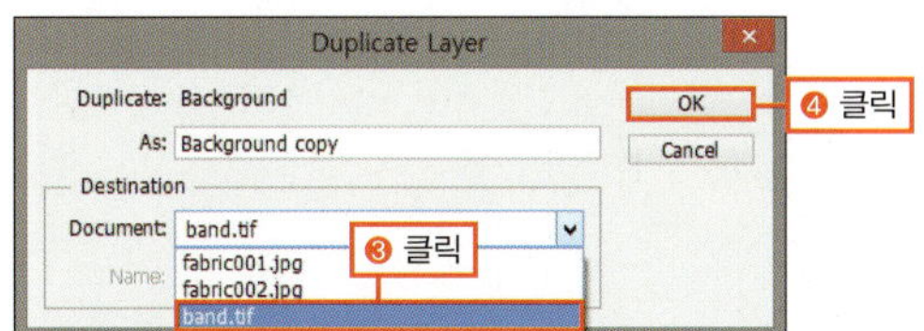

‘Band.tif’ 패널에서 ‘fabric001.jpg’ 레이어의 순서를 확인하고 레이어 경계 부분에서 키보드의 Alt를
누른 채 클릭하여 시계 밴드의 모양에만 이미지가 적용되도록 합니다.

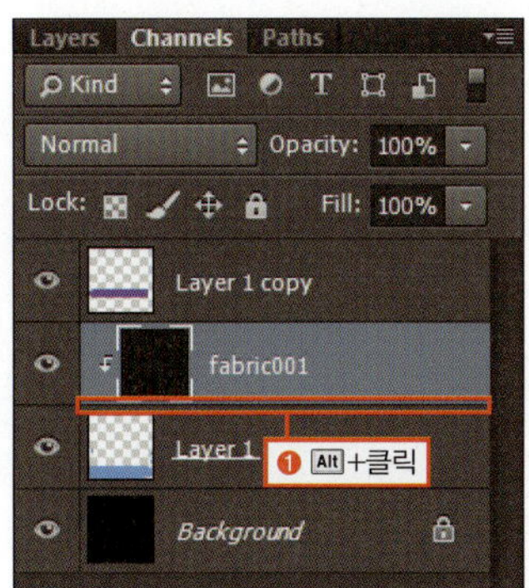

4 Layer1 copy에 ‘fabric002.jpg’ 적용

부록 CD의 Part 05>Lesson 01 폴더에서 ‘fabric002.
jpg’ 파일을 불러옵니다.

동일한 방법으로 'fabric002.jpg'를 다음 레이어에 적용하고 'Watch Band_Fabric'라는 이름의 jpg 파일
로 저장합니다.

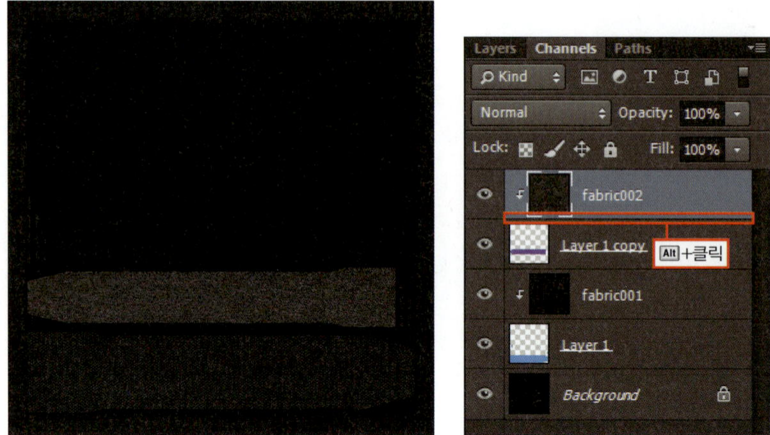

검은색 Layer를 하나 추가하고 Soft Light를 적용합니다.

이 이미지는 'Watch Band_Fabric_color'라는 이름의 jpg 파일로 저장합니다.

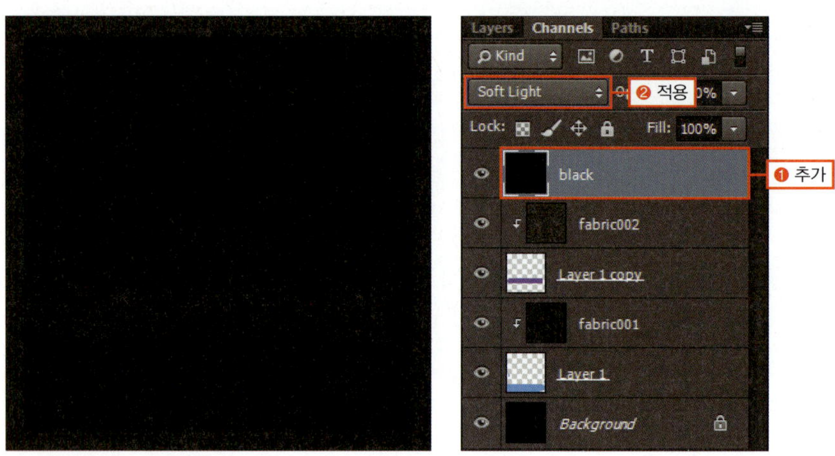

:: 패브릭 재질을 제작하고 적용하기

1 VRayMtl 편집

새로운 VRayMtl을 하나 더 추가한 후 이름을 'fabric'이라고 지정하
고 옵션을 다음과 같이 설정합니다.

부록 CD의 Part 05>Lesson 01 폴더에서 다음 이미지 파일을 불
러와 Maps의 각 항목에 적용하고 값을 조절합니다.

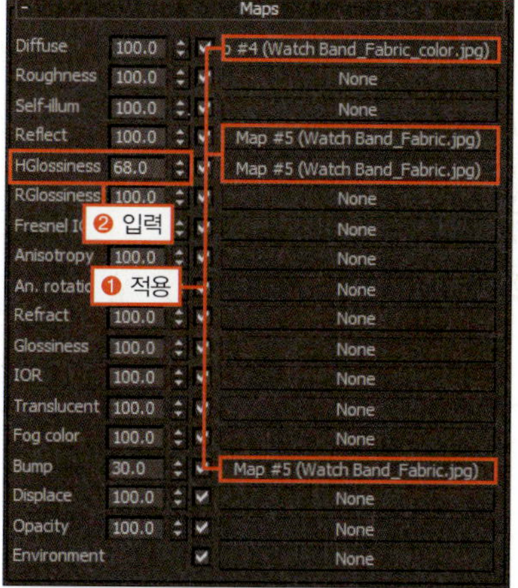

▲ Watch Band_Fabric_color.jpg

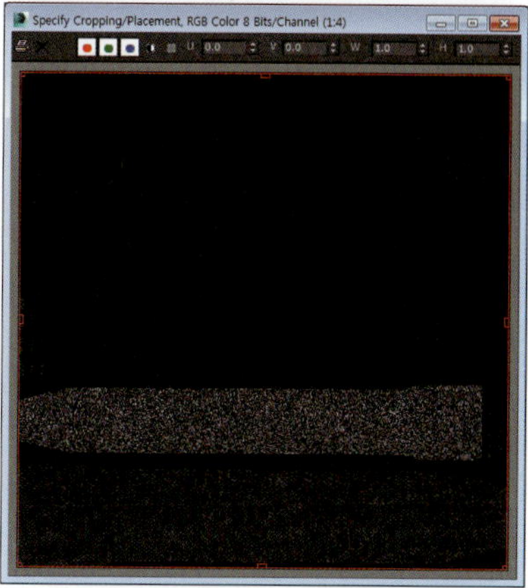

▲ Watch Band_Fabric.jpg

적용한 모든 Map의 Coordinates에서 Blur값을 '0.01'로
조절합니다.

2 Assign Material to Selection

'long_band', 'long_band001' 두 오브젝트
를 선택하고 [Assign Material to Selection]
버튼(📷)을 클릭하여 재질을 적용합니다.
[Show Shade Material in Viewpoint] 버튼
(📷)을 클릭하여 적용된 Map을 viewport
에서 확인합니다.

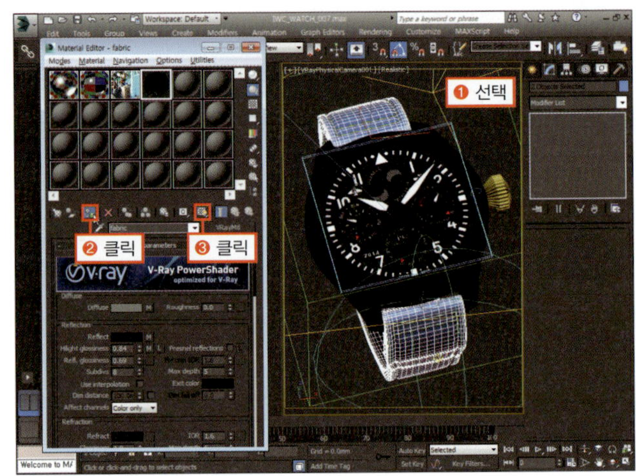

3 Unwrap UVW 복사 적용

'long_band'의 Unwrap UVW를 복사하여 'long_band001'의 동일한 위치에 붙여 넣습니다.

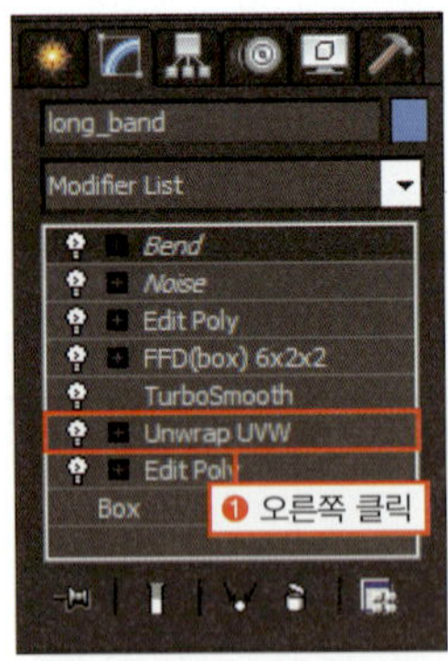

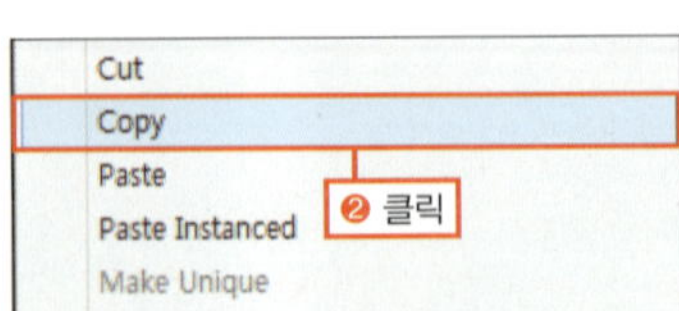

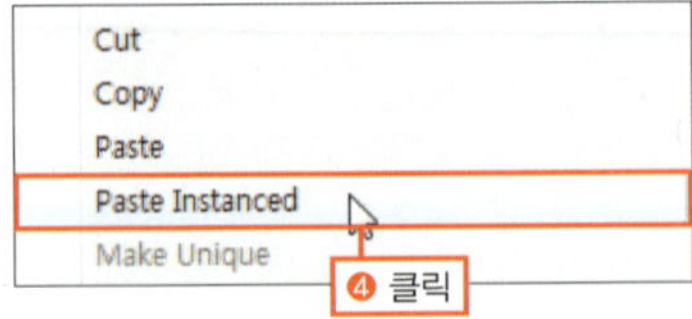

렌더링을 실행하여 시계 밴드에 적용된
재질을 확인합니다.

:: 스티치 재질 제작하고 적용하기

1 VRayMtl 편집

새로운 VRayMtl을 추가하고 이름을 'stitch'이라고 지정한 후 다음
과 같이 옵션을 설정합니다.

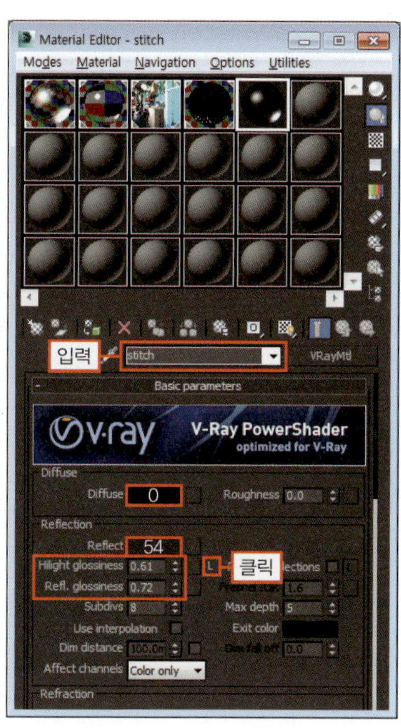

Maps의 Bump 항목에 부록 CD의 Part 05>Lesson 01 폴더에서 다음 이미지 파일을 적용합니다.

▲ fabric002.jpg

적용한 Map의 Coordinates에서 Blur값을 '0.01'로 조절합니다.

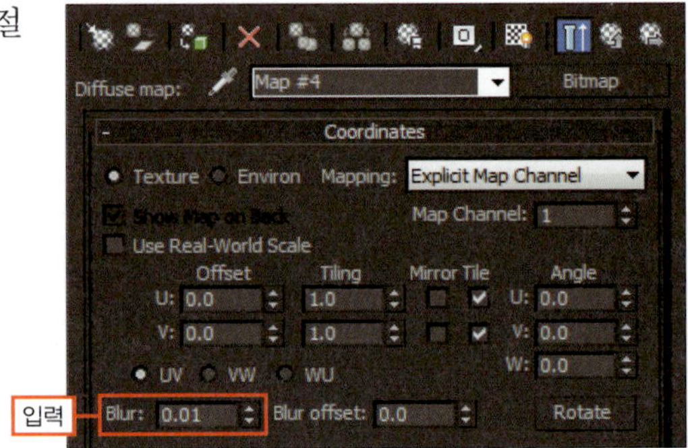

2 Assign Material to Selection

'band_stitch', 'band_stitch001' 두 오브젝트를 선택하고 [Assign Material to Selection] 버튼(⬚)을 클릭하여 재질을 적용합니다.

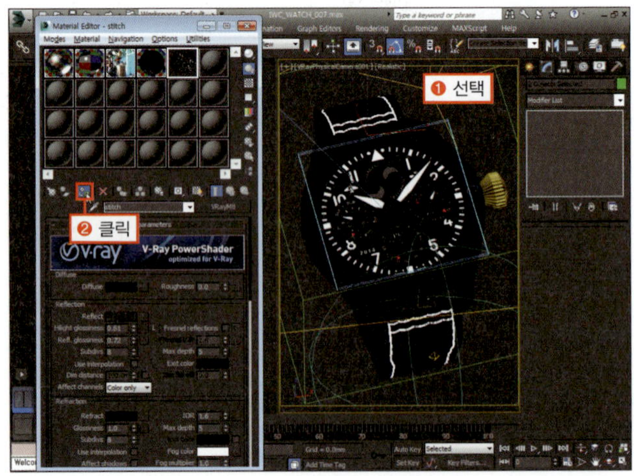

❸ UVW Map 적용

'band_stitch' 오브젝트를 선택하고 Modifier
List에서 UVW Map을 적용합니다. Mapping
타입을 Box로 체크하고 다음 값을 입력하
여 설정을 마칩니다. 설정한 UVW Map을
복사하여 반대편 'band_stitch001'에도 적용
합니다.

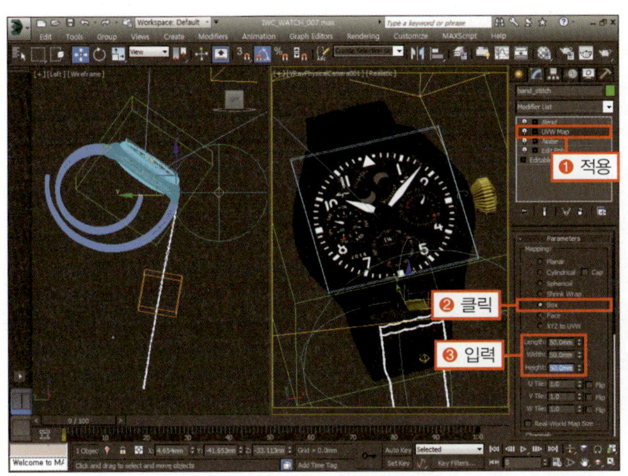

GI Render를 세팅하고 DOF를 사용하여 결과물의 퀄리티 높이기

04

P R E V I E W

제품에 사용될 모든 부품 모델링과 재질 적용이 완료되었습니다. 이제 GI Render 세팅을 통해 부분적인 밝기를 조절하고 DOF를 사용하여 전체적인 결과물의 퀄리티를 높여보겠습니다.

GI Render 세팅하기

진행하고 있는 예제의 장면에는 반사 재질이 많이 들어가고 환경에 해당하는 오브젝트가 없기 때문에 GI 효과가 최종 결과물에 미치는 영향이 그렇게 크지는 않습니다. 하지만 결과물을 크게 렌더링해야 할 경우 어두운 톤에서 GI 렌더 사용에 의한 차이가 발생하므로 GI 렌더 세팅을 통해 빛이 직접 닿지 않는 어두운 부분과 반사가 다소 낮은 재질이 적용된 곳의 밝기를 조절해보겠습니다.

1 Image Sampler 설정

키보드의 F10을 눌러 Render Setup 화면을 팝업합니다. Anti- aliasing filter를 VRaySincFilter로 선택하여 좀 더 선명한 이미지를 얻을 수 있도록 설정합니다.

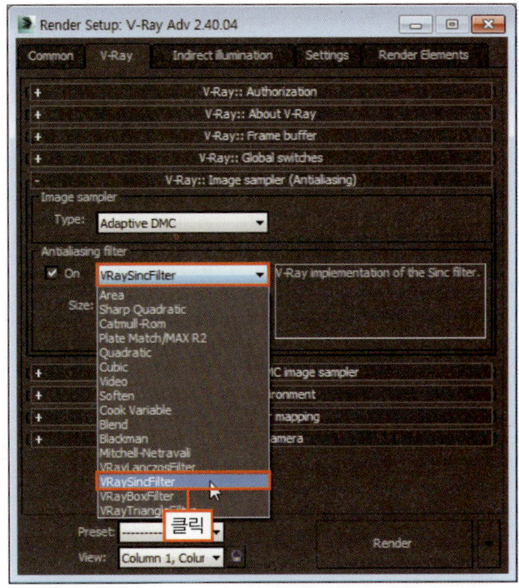

2 Indirect illumination(GI) 설정

GI 렌더를 활성화하고 두 번째 GI 엔진을 Light cache 로 선택합니다.

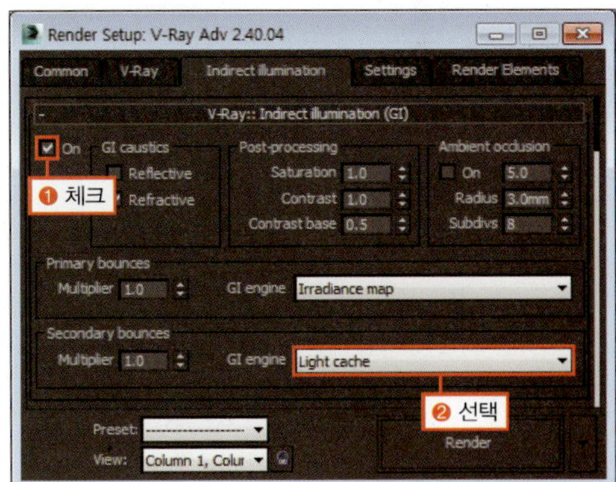

3 Indirect illumination(GI) 설정

Irradiance map의 preset을 High로 선택하고 Basic parameters의 설정값을 조금씩 올려줍니다. Show calc. phase를 체크하여 렌더링에서 계산되는 장면을 먼저 확인합니다.

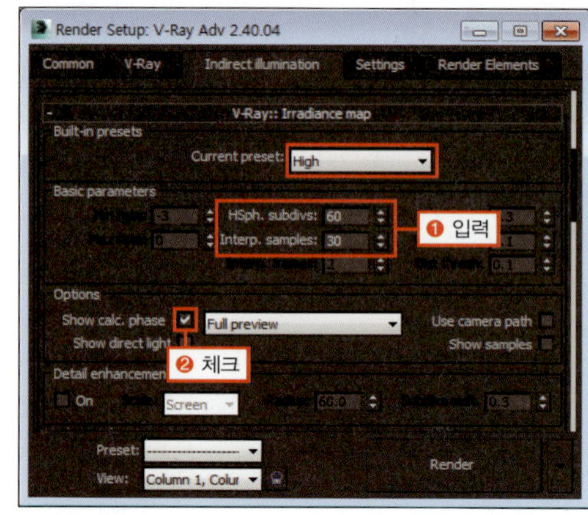

4 Light cache 설정

Light cache의 Subdivs값을 올리고 Show calc. phase 를 체크하여 렌더링에서 계산되는 장면을 확인합니다. 장면에는 Glossy 재질이 사용되므로 Use light cache for glossy rays와 Pre-filter를 체크하여 렌더링 시간이 절약되도록 설정합니다.

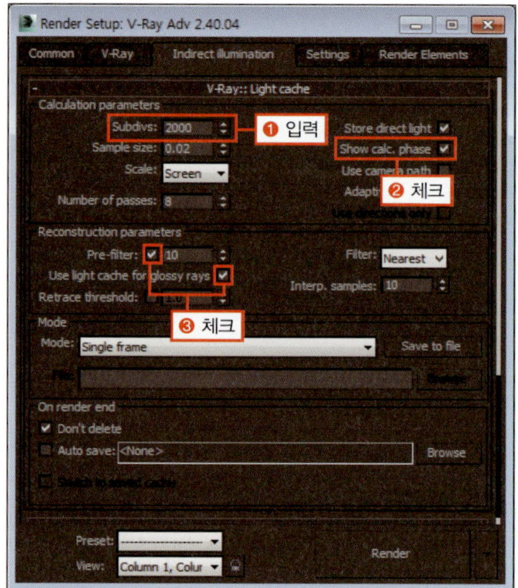

5 DMC Sampler 설정

Noise threshold값을 조절하여 이미지에 발생하는 노이즈가 줄어들도록 설정합니다.

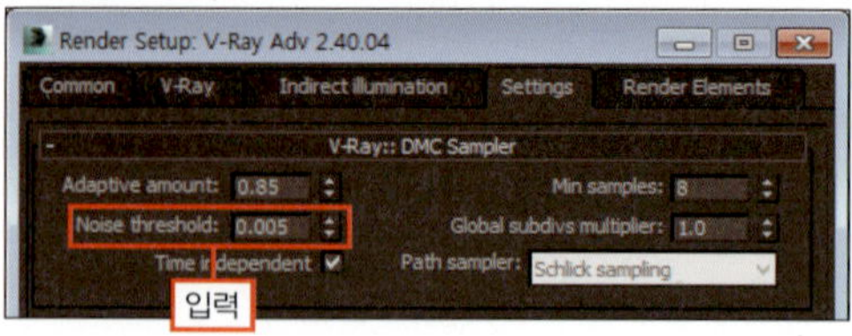

렌더링을 실행하여 결과물을 확인합니다.

VRayCamera의 Depth of field를 사용하여 최종 렌더 세팅하기

VRayCamera의 Depth of field를 사용하면 실제 카메라의 접사 렌즈를 사용하여 촬영한 효과를 표현할 수 있습니다. DOF가 활성화되도록 Camera 옵션을 설정하고 재질 설정을 높여 최종 이미지를 렌더링해보겠습니다.

:: Depth of field 설정

장면에 설치된 Camera를 선택하고 Bokeh effects와 Sampling Rollout의 옵션을 다음과 같이 설정합니다.

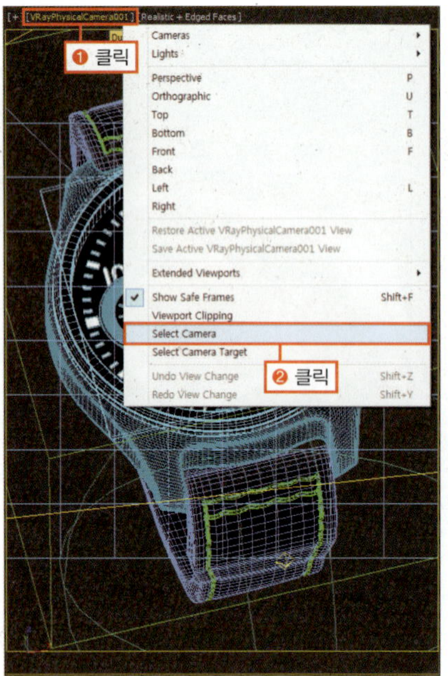

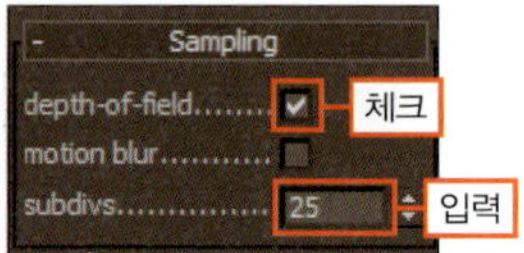

[**MEMO** · DOF를 사용하여 깨끗한 결과물을 얻으려면 상당한 렌더링 시간이 발생하므로 참고하여 사용할 수 있도록 합니다.]

:: 최종 재질의 Subdivs값 설정

'case_metal' 재질과 'fabric' 재질의 Reflection Subdivs값을 각각 다음과 같이 입력하여 장면의 주요 반사 재질이 좀 더 깨끗하게 렌더링되도록 설정합니다.

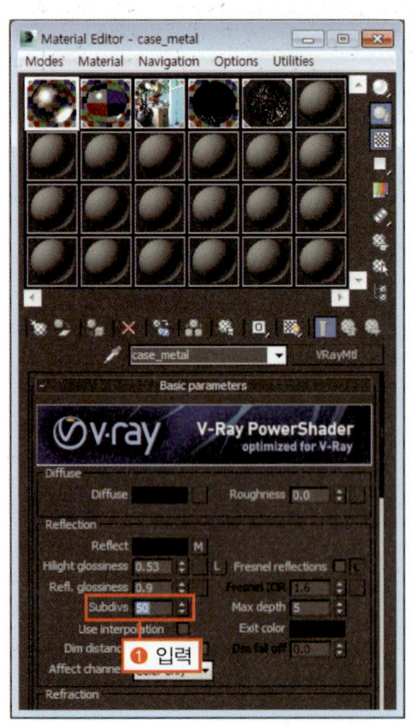

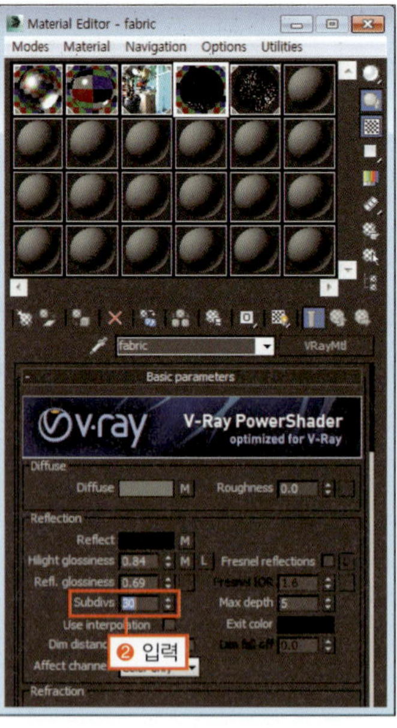

06 PART

제품 모델링 데이터를 활용하여 간단한 애니메이션을 제작해보자!

이번 파트에서는 모델링과 재질이 세팅되어 있는 3ds Max Scene을 활용하여 Key Animation을 생성하고 Track View에서 디테일한 Motion의 느낌을 편집하는 방법에 대해 알아보겠습니다. Motion이 세팅된 장면은 VRay를 활용하여 렌더링하고 3ds Max의 RAM Player에서 완성된 애니메이션 결과물을 확인합니다.

PART contents

제품 모델링 장면의 구조와 특징을 파악하고 ProBoolean을 활용한 모델링 방법에 대해 알아보기

01

아이폰은 심플하고 세련된 디자인으로 많은 사람들에게 사랑받고 있는 대표적인 제품 디자인 중 한 가지입니다. 구조가 간단하고 오브젝트 요소들이 매우 잘 정리되어 모델링을 진행하기가 비교적 쉬운 편입니다. 이번에는 제품 애니메이션을 목적으로 미리 제작해 놓은 아이폰 5 모델링과 장면의 구성에 대해 살펴보고, ProBoolean을 활용한 모델링 방법에 대해서도 간단하게 알아봅니다.

제품 모델링의 구조와 특징 살펴보기

SECTION 01

미리 준비해 놓은 파일을 열고 아이폰 5 모델링의 특징과 장면의 구성에 대해 살펴봅니다.

:: 이번 예제에 사용할 Max File의 Units/Gamma Setup

01 Menu Bar>Customize>Units Setup을 통해 다음과 같이 Unit을 세팅합니다.

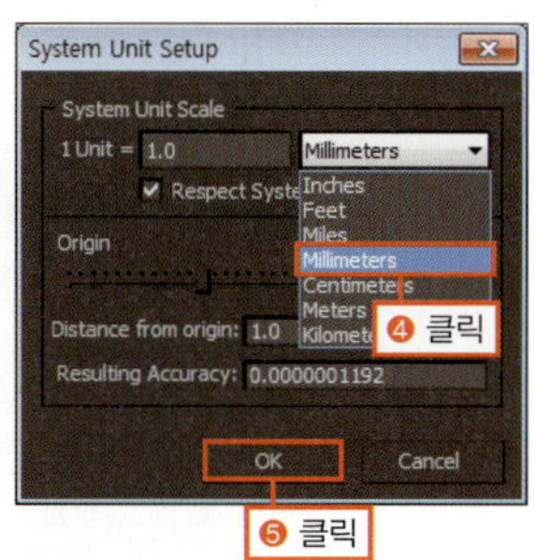

02 Menu Bar>Rendering>Gamma/LUT Setup을 통해 다음과 같이 Gamma를 비활성화합니다.

[**MEMO** · 부록 CD의 Max File을 Open 또는 Import할 때 본인이 사용하는 3ds Max의 Units/Gamma Setup을 위 사항과 동일하게 세팅하면 파일이 문제없이 호환됩니다.]

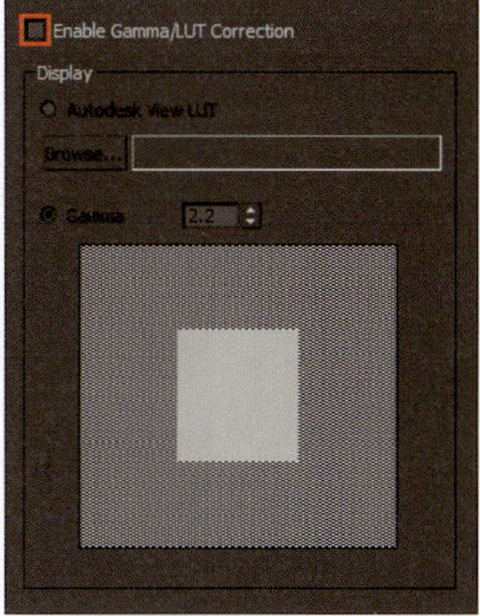

03 부록 CD의 Part 06>Lesson 01 폴더에서 'Scene_01(Iphone Modeling).max' 파일을 불러옵니다. 장면에는 아이폰 5의 모델링 데이터와 Free Camera가 세팅되어 있습니다.

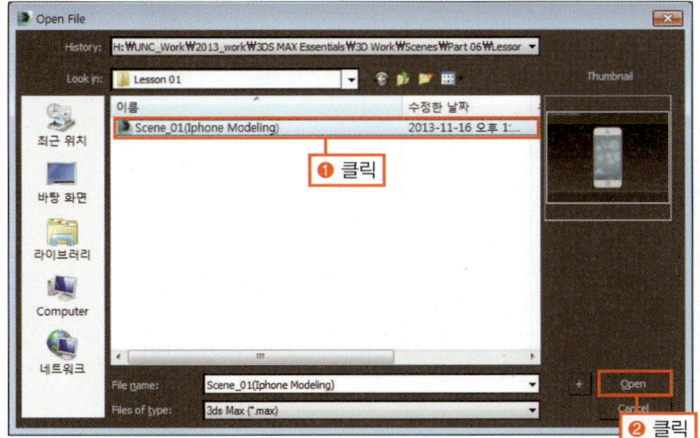
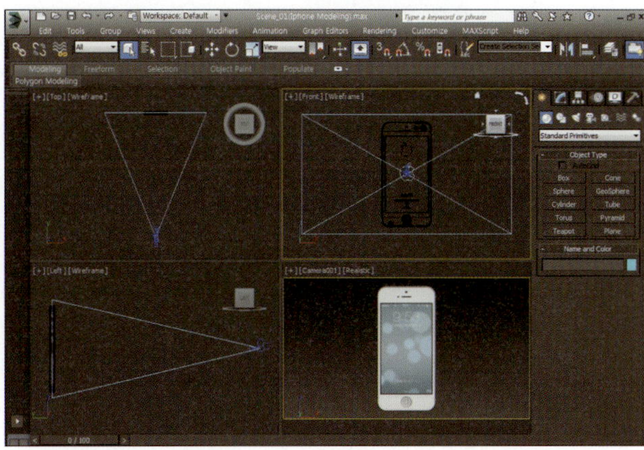

∷ 아이폰 5 모델링 살펴보기

제품의 특징을 표현하기 위한 모델링을 진행할 때는 결과물에서 보여주고자 하는 목적과 표현하고
자 하는 디테일 정도에 따라 매번 다른 모델링 방법을 선택하게 됩니다. 이번 예제에서 사용할 모델
링 데이터는 제품 외관의 특징을 간단한 영상으로 보여주려는 목적을 가지고 제작된 것입니다. 그렇
기 때문에 각 요소의 구조와 형태를 표현하기 위한 최소 수준의 폴리곤(Polygon)만을 사용하였습니
다. Viewport에서 준비되어 있는 모델링의 구조와 구성 요소를 한 번씩 살펴봅니다.

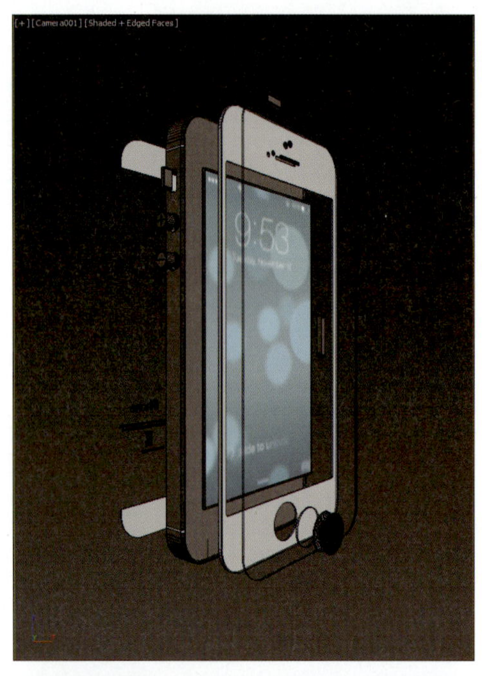

장면에 사용된 주요 재질에 대해 알아보기

불러온 Max 파일에는 모델링 데이터와 VRayMtl을 활용한 주요 재질들이 미리 세팅되어 있습니다. 아이폰의 질감을 표현하기 위해 사용된 여러 재질 중에서 특징이 될 만한 몇 가지 재질의 세팅 방법에 대해 알아봅니다.

:: 세팅된 재질 확인하기

장면에 쓰인 VRayMtl 재질을 확인하기 위해 키보드의 F10을 누르고 Render Setup에서 다음과 같이 VRayRenderer를 선택합니다.

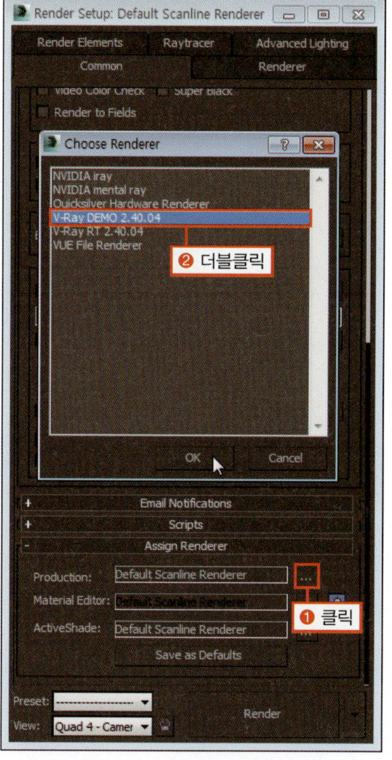

M을 눌러 Slate Material Editor가 팝업되면 전체 화면으로 전환하여 세팅된 재질들을 확인합니다.
Compact 형태일 경우 다음과 같이 선택하여 Slate Material Editor로 전환합니다.

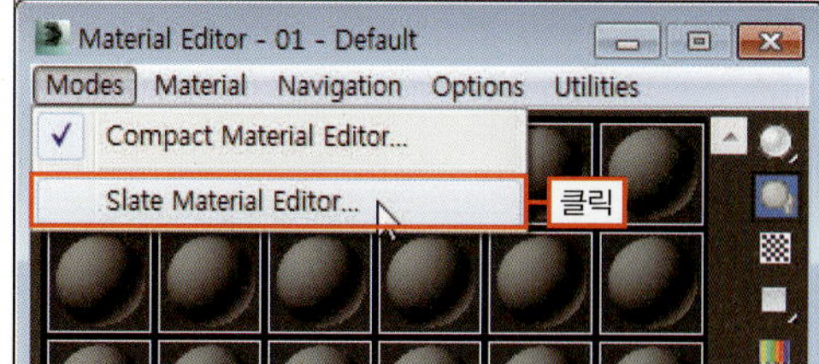

View1에는 알루미늄 관련 재질 외에도 여러 작은 부품들의 질감과 컬러를 표현하기 위해 다양한 재질들이 세팅되어 있습니다. 몇 가지 주요 재질을 제외한 대부분은 VRayMtl에서 컬러를 변경하거나 반사 정도를 조절하는 등의 간단한 편집으로 제작할 수 있습니다.

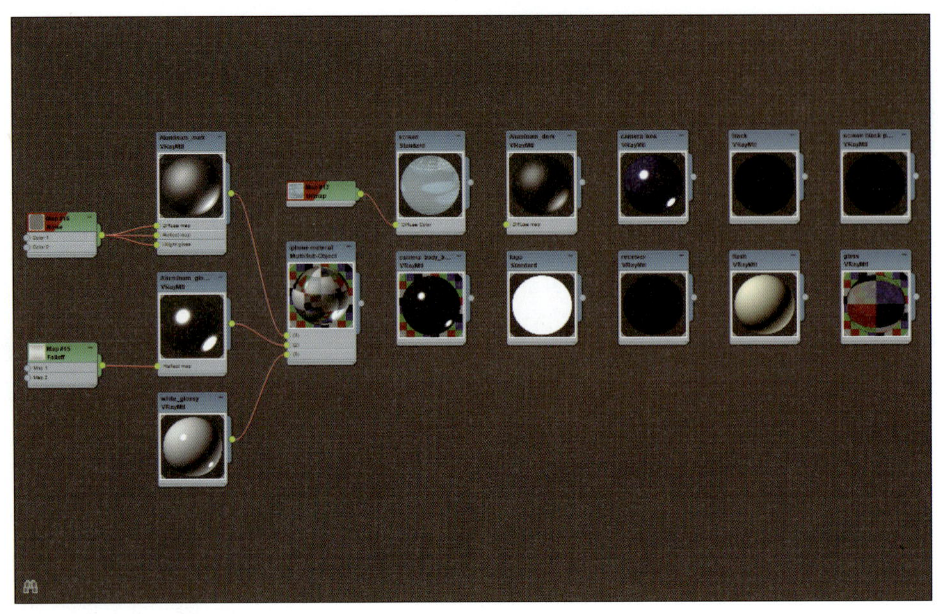

:: 실제 제품의 재질 살펴보기

아이폰 5 모델의 재질에 있어 가장 대표적인 특징 중 한 가지는 외곽 프레임과 뒷면을 이루고 있는 알루미늄 재질입니다. 무광의 밝은 금속 느낌이 기본 소재로 사용되었으며, 이와는 대조적으로 테두리의 얇은 라인에는 광택이 있는 소재가 사용되었습니다.

이와 같은 알루미늄 질감을 3ds Max에서 표현하기 위해 VRayMtl의 Refl. glossiness값을 이용하여 광택의 정도를 조절하고 특히 무광 알루미늄 재질에는 Noise를 추가로 사용하여 표면의 거친 느낌을 표현합니다.

MEMO · 아이폰 5 제품 이미지 출처 : http://www.apple.com/ 이 이미지는 아이폰 5의 실제 제품 사진입니다.

:: **Aluminum_matt Material**

무광 알루미늄 재질 표현을 위해 VRayMtl에 사용된 세팅값을
살펴봅니다.

무광 알루미늄 표면의 거친 느낌을 표현하기 위해 다음과
같이 설정하고 Maps의 각 항목에 Noise Map을 사용합니
다. Noise Parameters에서 사이즈에 '0.07'을 입력하여 입
자가 작게 표현되도록 설정합니다.

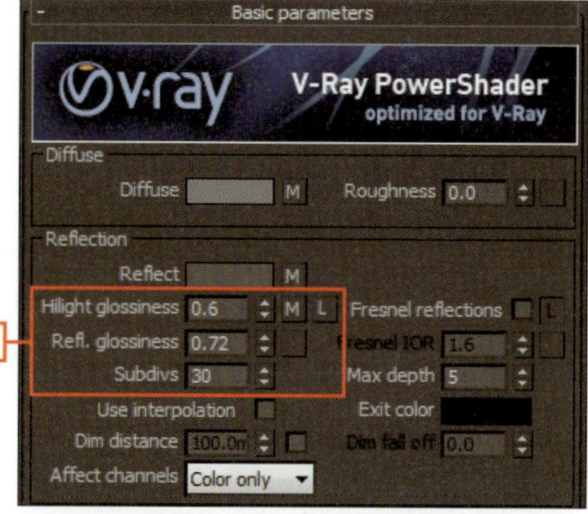

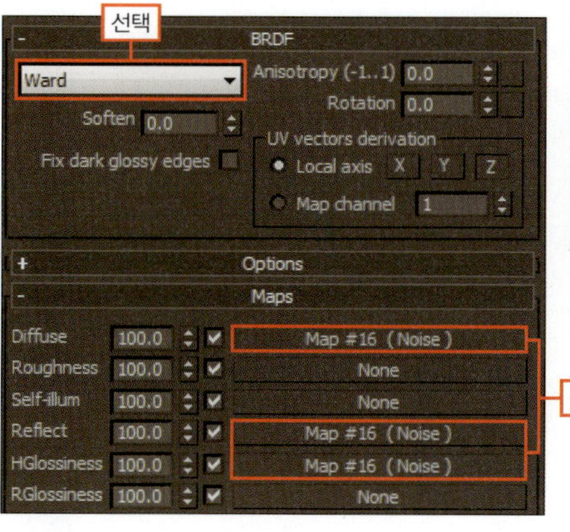

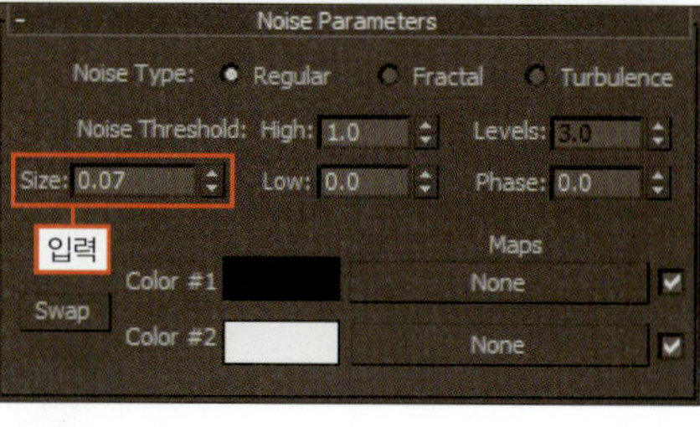

:: Aluminum_glossy Material

유광 알루미늄 재질 표현을 위해 VRayMtl에 사용된 세팅값을
살펴봅니다.

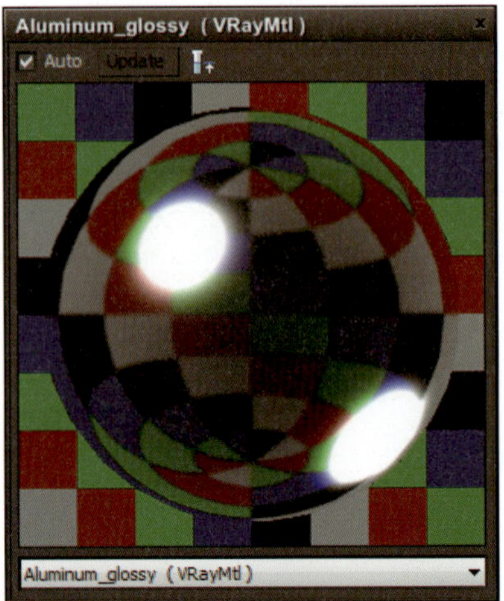

무광 알루미늄 표면과는 대조를 이루면서 광택이 있는 질
감을 표현하기 위해 다음과 같이 설정합니다. Reflect에는
Falloff의 Mix Curve를 다음과 같이 편집하여 적용합니다.

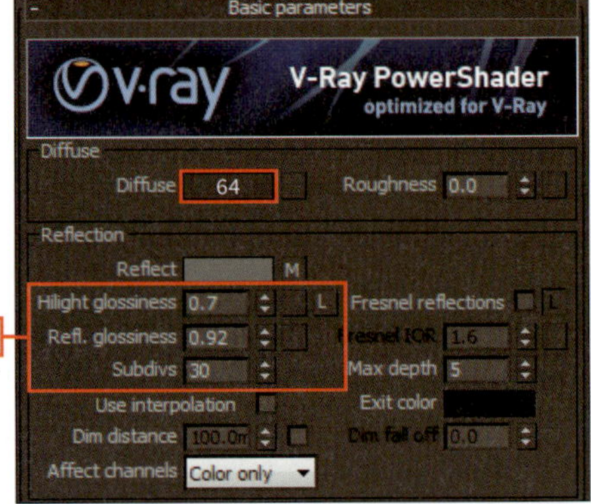

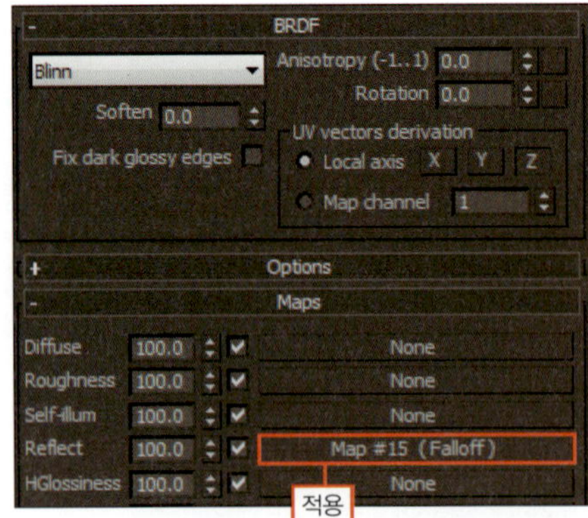

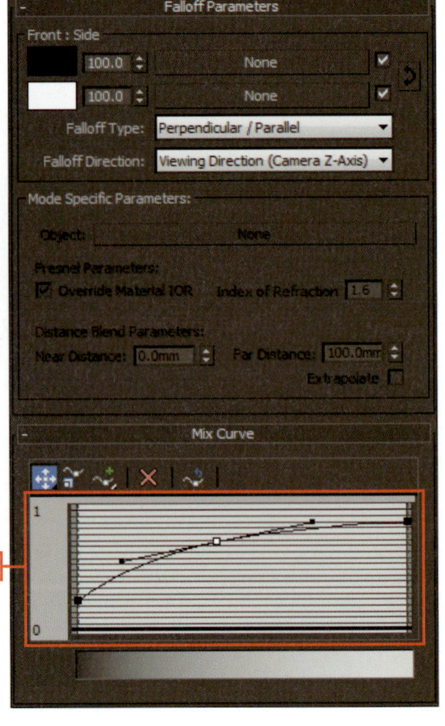

:: Glass Material

전면의 유리 재질을 표현하기 위해 VRayMtl에 사용된 세팅값
을 살펴봅니다.

제품 전면에 사용된 유리를 표현하기 위해 다음과 같은
설정을 사용합니다. IOR에 1.2를 입력하여 유리 재질이
지만 굴절이 너무 많이 발생하지 않도록 설정하고, Affect
shadows를 체크하여 투명도를 고려한 그림자가 생성되
도록 합니다.

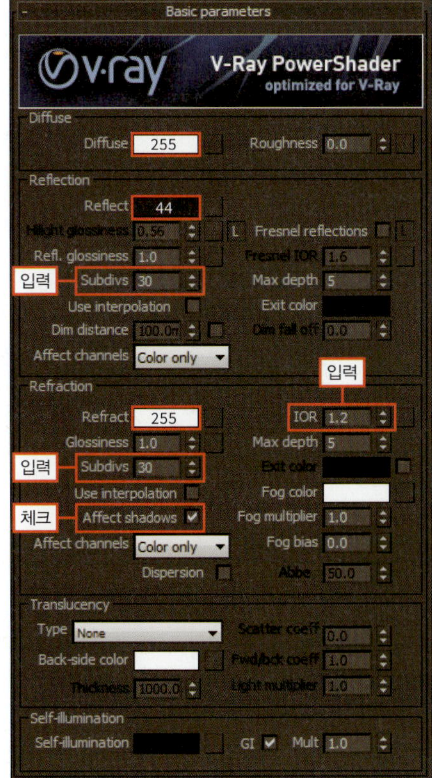

제품 전면에 사용되는 'front glass' 오브젝트는 유리 재질에 문제가 발생하지 않게 하기 위해 'front body' 오브젝트와 약간의 틈이 생기도록 위치가 조절되어 있습니다. 유리 재질이 적용된 오브젝트가 뒷면의 오브젝트와 겹치면 굴절이 제대로 표현되지 않거나 렌더링 결과물이 깨져 보이는 등의 문제가 발생할 수 있으므로 미세한 공간의 여유를 두는 것이 좋습니다. 정확한 공간 차이는 장면에서 직접 확인합니다.

▲ 설명을 위해 좀 더 간격을 벌려 놓은 모습

:: Screen Material

스크린 재질 표현을 위해 Standard 재질에 사용된 세팅값을 살펴봅니다.

'screen' 오브젝트에는 3ds Max의 기본 재질인 Standard
재질이 사용됩니다. Diffuse 컬러에 아이폰 5의 잠금 화면
을 캡처한 이미지가 적용되어 있으며, Self-Illumination값
을 이용하여 스크린의 밝기가 조절됩니다.

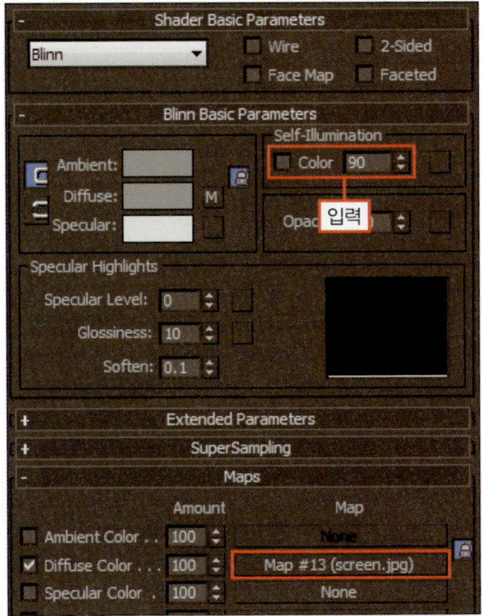

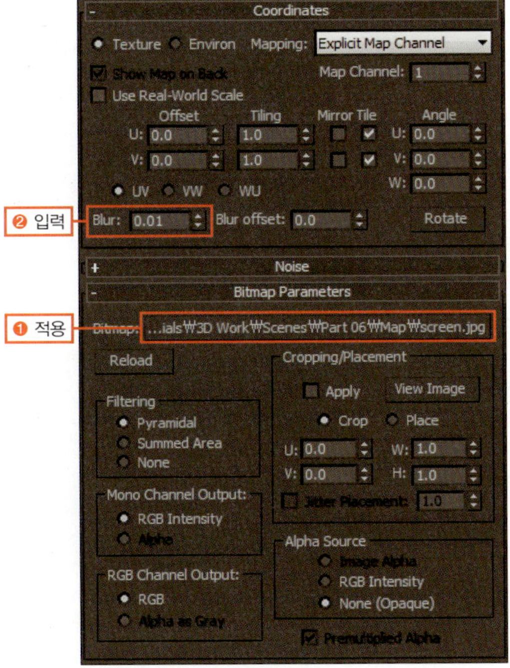

ProBoolean을 활용한 모델링

3ds Max의 ProBoolean이라는 기능을 활용하면 제품 모델링에서 버튼, 스피커가 들어갈 곳에 구멍을 표현할 수 있습니다. 미리 준비된 샘플 파일을 활용하여 ProBoolean의 사용법에 대해 간단히 알아봅니다.

1 파일 불러오기

부록 CD의 Part 06 > Lesson 01 폴더에서 'Scene_02(ProBoolean).max' 파일을 불러옵니다.

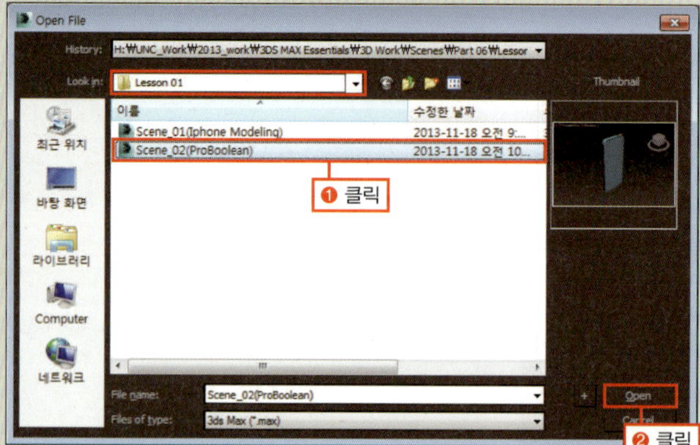
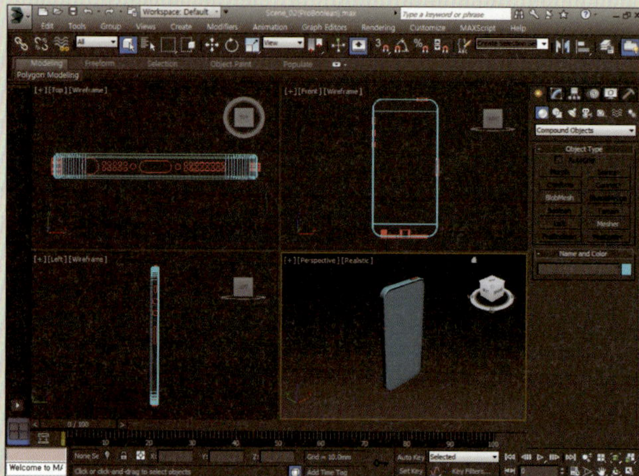

2 'Rectangle001' 오브젝트 설명

장면에는 ProBoolean을 실습하기 위한 2개의 오브젝트가 준비되어 있습니다.

'Rectangle001' 오브젝트는 Spline을 사용하여 각 요소들의 형태를 잡은 후 Extrude로 두께를 적용한 결과물입니다. 각 오브젝트들은 하나로 합쳐져 있는 상태입니다.

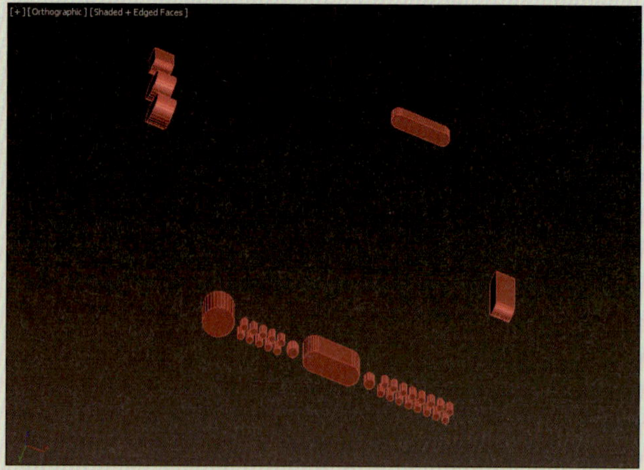

3 'Rectangle002' 오브젝트 설명

'Rectangle002' 오브젝트는 Spline으로 형태를 잡은 후 Bevel
Modifier를 적용하여 오브젝트의 두께를 표현했습니다. 유리가
매입될 부분과 뒷면의 구멍은 Edit Poly의 Polygon Cut, Bevel
기능을 활용하여 편집하였습니다.

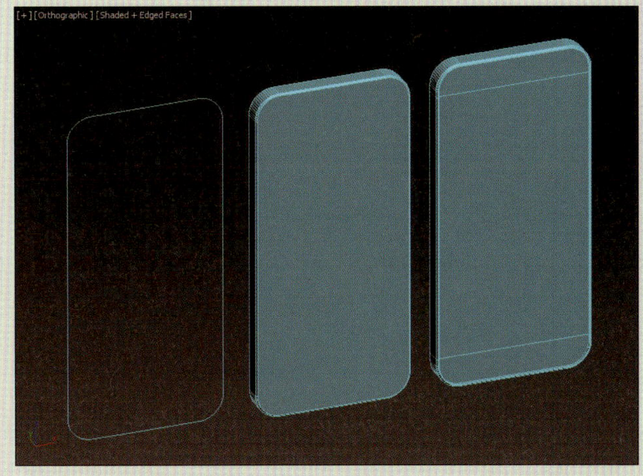

4 ProBoolean으로 오브젝트에 홈 생성하기

먼저 홈이 파이게 될 오브젝트에 해당하는 'Rectangle002'를
Viewport에서 선택합니다.

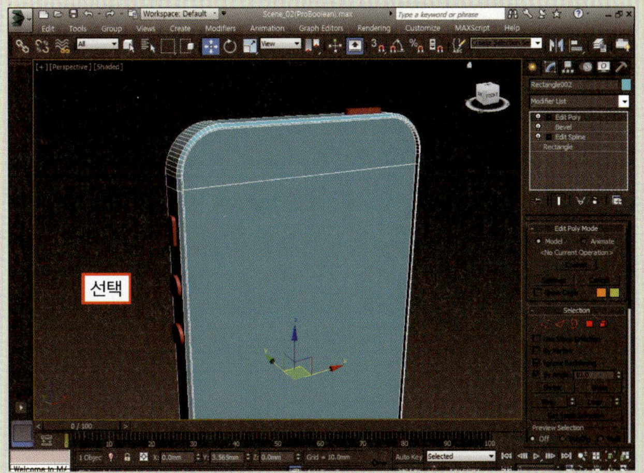

'Rectangle002'가 선택된 상태에서 Command Panel＞Create＞
Geometry＞Compound Objects에서 [ProBoolean] 버튼
(ProBoolean)을 클릭하여 기능을 실행합니다. [Start Picking] 버튼
(Start Picking)을 활성화한 후 'Rectangle001' 오브젝트를 마우스
로 선택합니다.

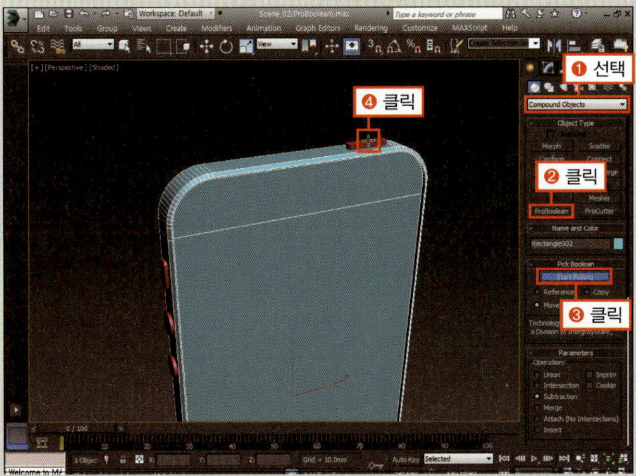

키보드의 Esc를 눌러 Start Picking을 마칩니다.

단축키 Alt+X를 눌러 오브젝트를 확인합니다. ProBoolean이 실행되어 오브젝트에 깔끔한 구멍이 생성되었습니다.

ProBoolean의 Parameters를 설정하면 지금처럼 교차하는 다른 오브젝트에 구멍을 낼 수 있고 서로 합치거나 나눌 수도 있습니다.

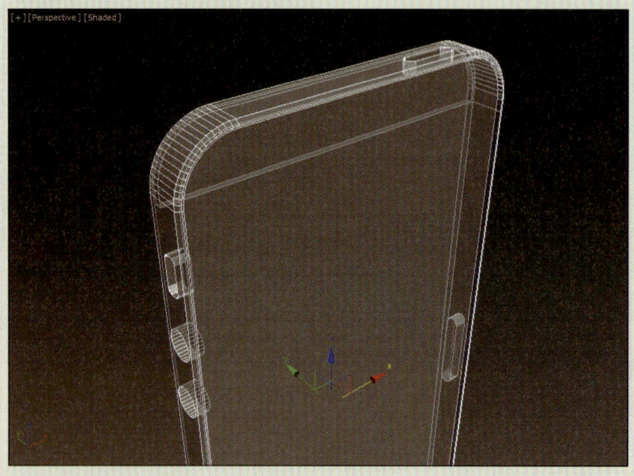
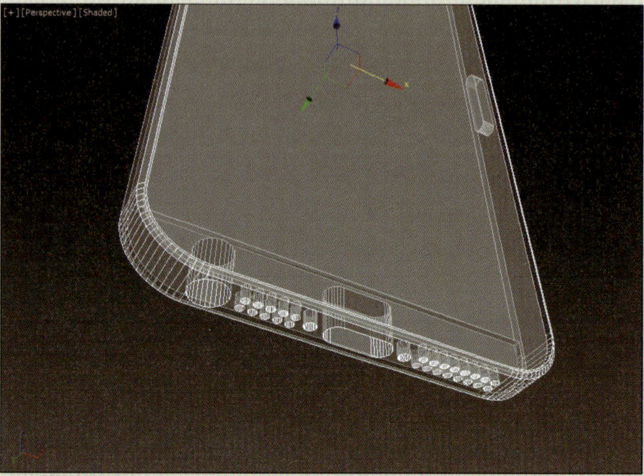

5 ProBoolean이 실행된 상태에서 Sub 오브젝트 수정하기

ProBoolean이 실행된 오브젝트에서 그림과 같이 1:Subtr - Rectangle001을 클릭하여 활성화한 후 Inst를 체크하고 [Extract Selected] 버튼(Extract Selected)을 클릭하여 실행합니다. Viewport를 확인하면 새로운 오브젝트가 복사되어 있고 이 오브젝트를 선택하여 수정하면 그 결과가 ProBoolean이 적용된 오브젝트에 실시간으로 반영됩니다.

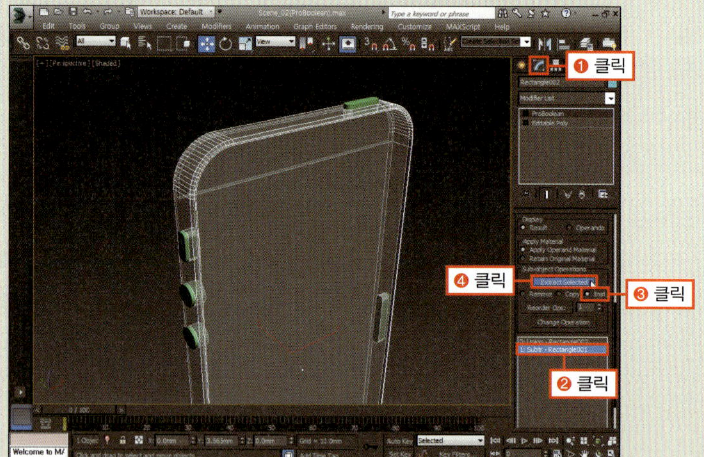

복사된 오브젝트에서 Vertex를 이동하면 ProBoolean이 적용된 오브젝트에 그대로 반영되는 것을 확인할 수 있습니다.

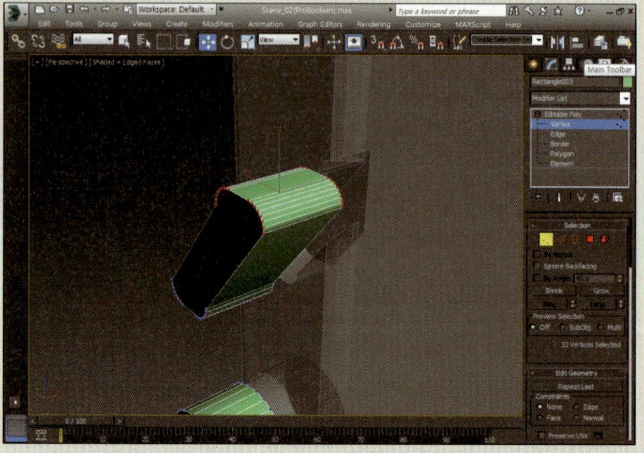

Key Animation을 생성하고 Curve Editor를 활용하여 Motion의 느낌 조절하기

02

P R E V I E W

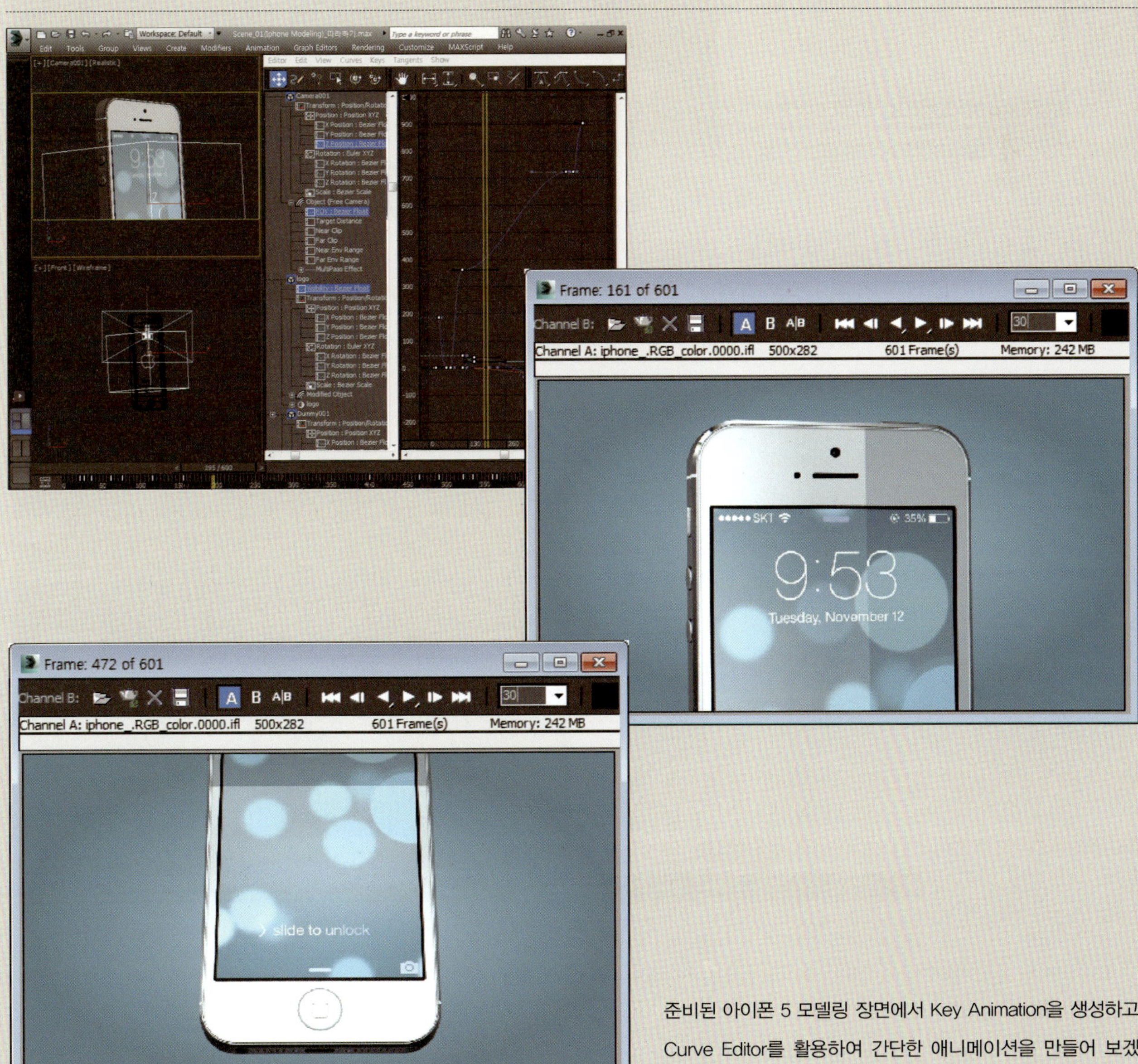

준비된 아이폰 5 모델링 장면에서 Key Animation을 생성하고 Curve Editor를 활용하여 간단한 애니메이션을 만들어 보겠습니다.

제품 모델링과 Camera에 Key Animation 생성하기

오브젝트들을 Dummy에 연결하고 Camera의 움직임을 활용하여 제품 외곽을 보여주는 간단한 Key Animation을 생성합니다.

부록 CD의 Part 06>Lesson 01 폴더에서 'Scene_01(Iphone Modeling).max' 파일을 불러옵니다.

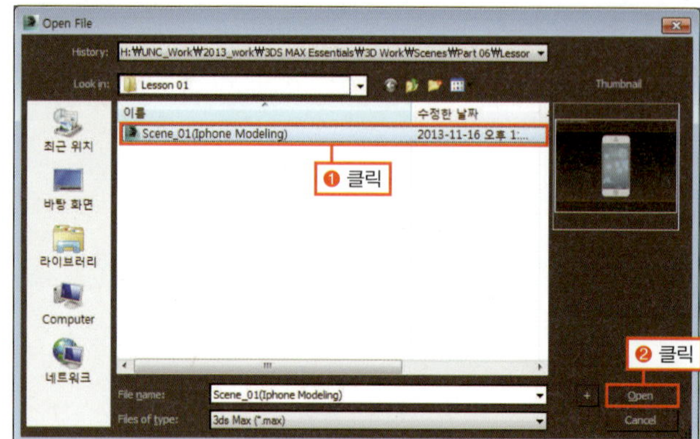

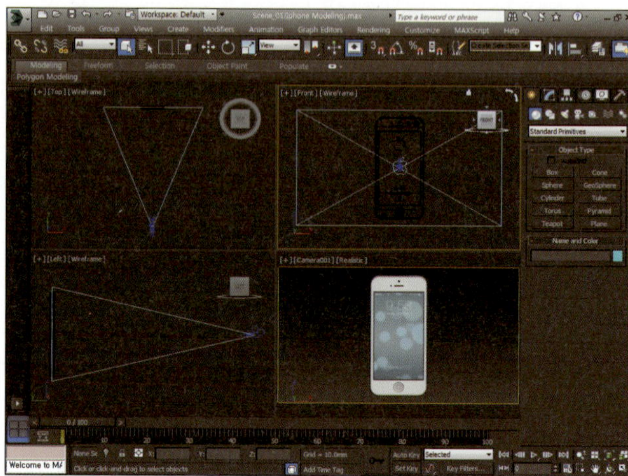

:: 오브젝트를 Dummy에 연결하고 Key Animation 생성하기

오브젝트를 Dummy에 연결하여 제품이 화면 상단에서 등장하고 몇 번 회전한 후 다시 화면 밖으로 빠져나가는 Key Animation을 생성해보겠습니다.

◼ 오브젝트를 Dummy에 연결

Top View에서 Dummy 1개를 생성하고 생성된 Dummy의 좌표에 다음 값을 입력하여 화면의 중심으로 위치를 조절합니다.

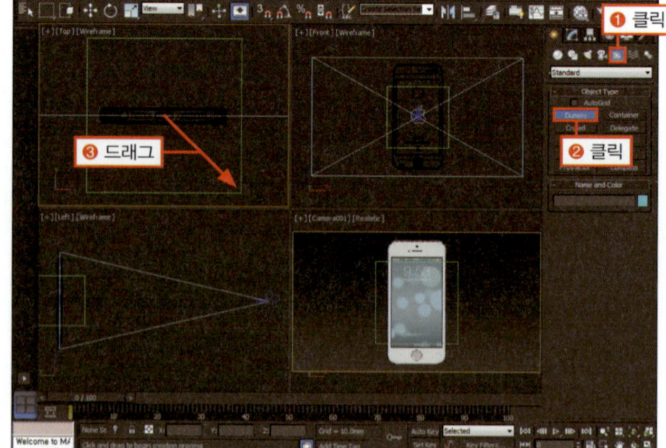

Main Toolbar의 [Select and Link] 버튼(🔗)을 활성화하고 다음과 같이 모든 오브젝트를 선택하여 Dummy에 연결합니다. 이제 Dummy의 움직임에 따라 연결된 오브젝트들이 같은 움직임을 가지도록 설정되었습니다.

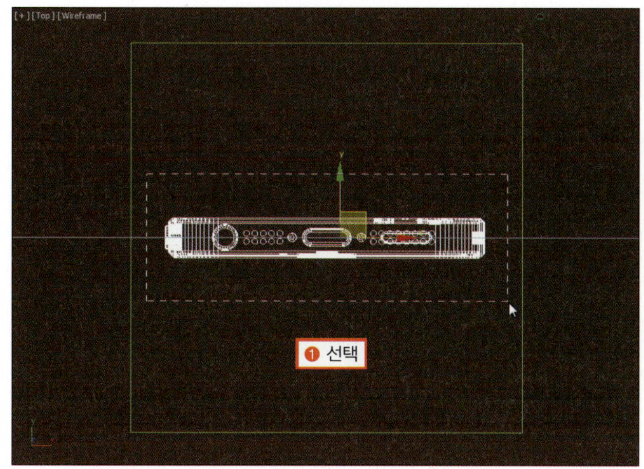

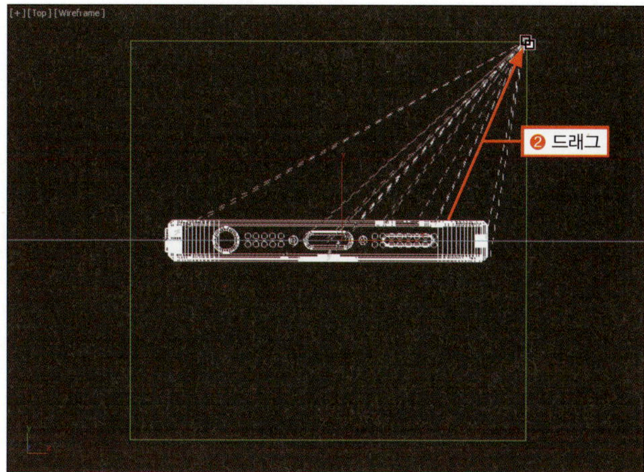

2 Time Configuration

3ds Max 화면의 우측 하단에 있는 [Time Configuration] 버튼(🔳)을 클릭하여 설정 화면을 팝업합니다. End Time에 '600'을 입력하고 [OK] 버튼을 클릭하여 Track Bar의 Frame 수를 '100'에서 '600'으로 조절합니다.

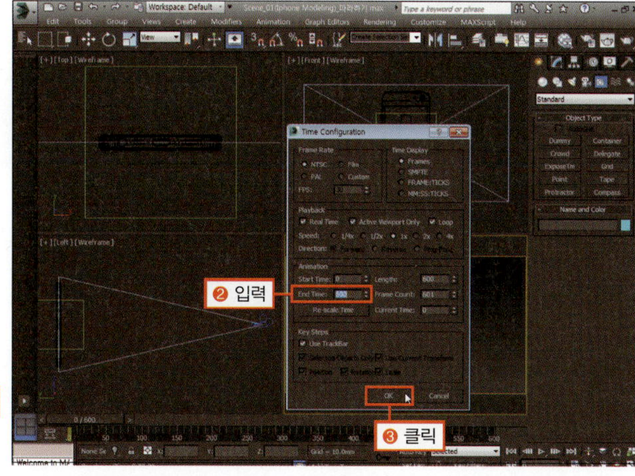

3 Animation 시작 위치 지정

Dummy를 선택한 후 Z좌표에 '185'를 입력하여 Animation이 시작될 제품의 위치를 지정합니다.

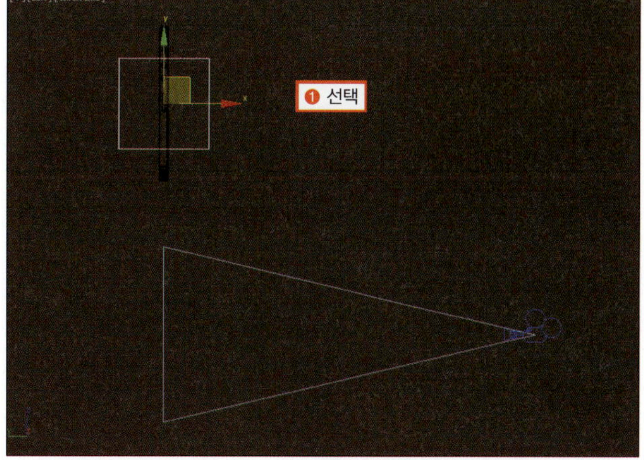

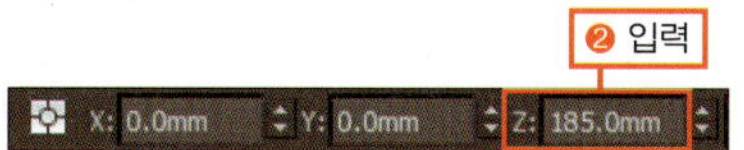

4 Z Position Key 생성

Time slider를 이동하거나 Animation playback controls에 값을 입력하여 Key Frame을 '35'로 이동한 후 [Set Key] 버튼(🔑)을 클릭하여 해당 Frame에 새로운 Key가 생성되도록 합니다.

Time slider를 60Frame으로 이동하고 [Auto Key] 버튼(Auto Key)을 활성화합니다 (단축키 N 으로도 가능). Z좌표에 '0'을 입력하여 Dummy의 위치를 조절합니다. Time slider를 이동하면 Dummy에 연결된 제품이 화면 중심으로 이동하는 Key Animation이 생성된 것을 확인할 수 있습니다.

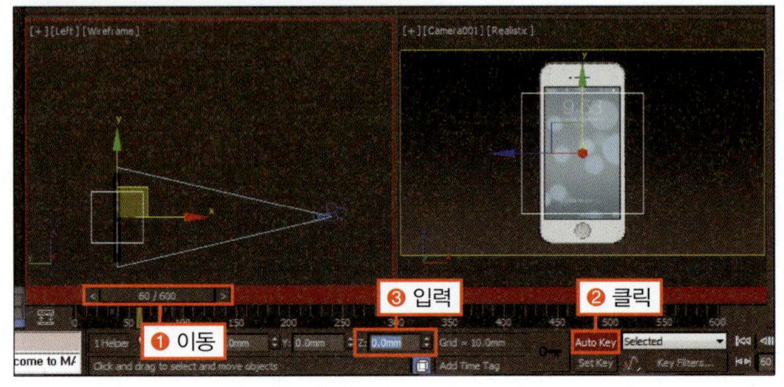

5 Z Rotation Key 생성

Time slider를 75Frame으로 이동하고 다시 [Set Key] 버튼(🔑)을 클릭하여 새로운 Key를 생성합니다.

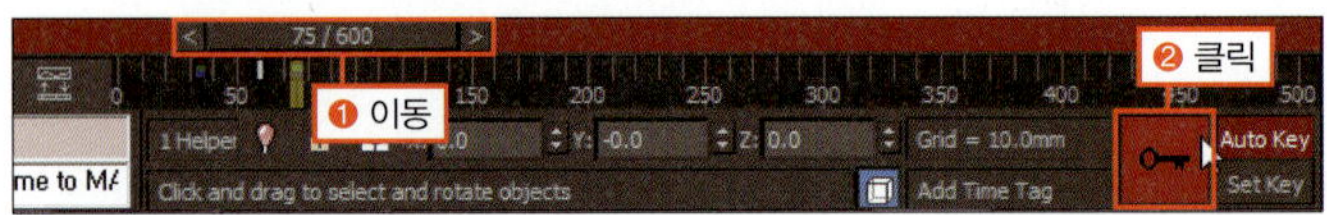

Time slider를 115Frame으로 이동하고 Main Toolbar의 [Angle Snaps Toggle] 버튼(🔒)과 [Select and Rotate] 버튼(🔄)을 활성화합니다. Camera View에서 Z축 핸들을 선택한 채 우측 방향으로 마우스를 드래그하여 360도 회전하는 Key가 생성되도록 합니다.

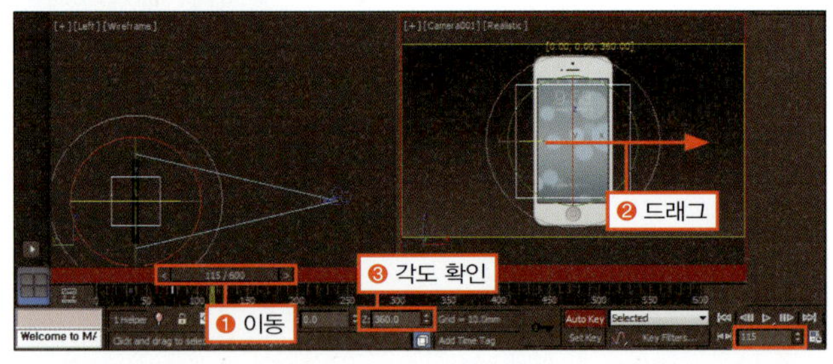

Time slider를 465Frame으로 이동하고 Z축을 기준으로 360도 회전하는 Key를 한 번 더 생성합니다. 첫 번째 회전보다 더 긴 Frame에서 같은 각도를 회전하도록 설정하였기 때문에 카메라에서 보면 매우 천천히 회전하는 모습을 확인할 수 있습니다.

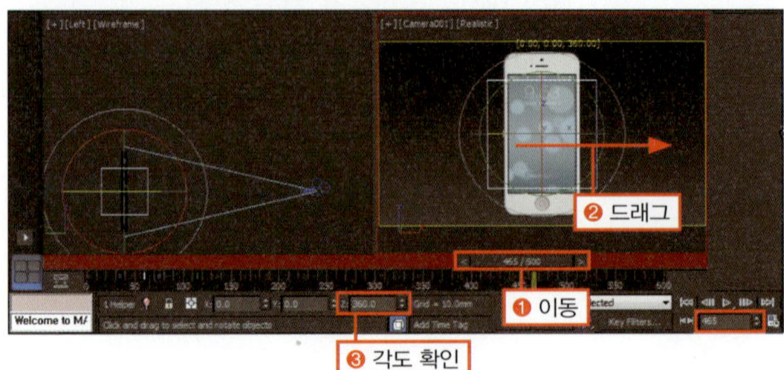

6 X Rotation Key 생성

465Frame의 Left View에서 X축 핸들을
선택한 채 마우스를 드래그하여 30도 만
큼 회전하는 Key가 생성되도록 합니다.

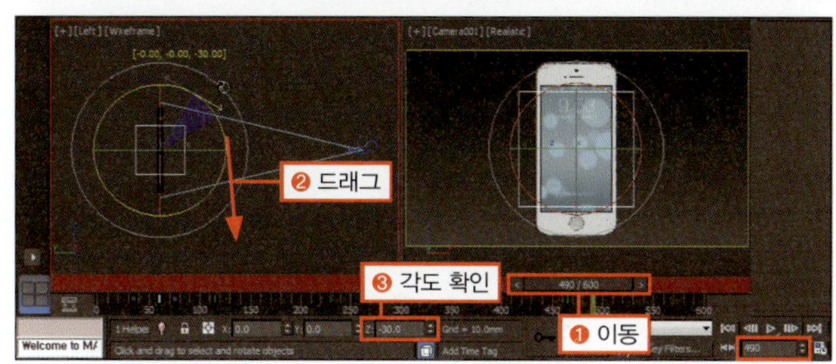

Time slider를 490Frame으로 이동하고
이번에는 X축으로 −30도 만큼 회전하
는 Key를 생성합니다.

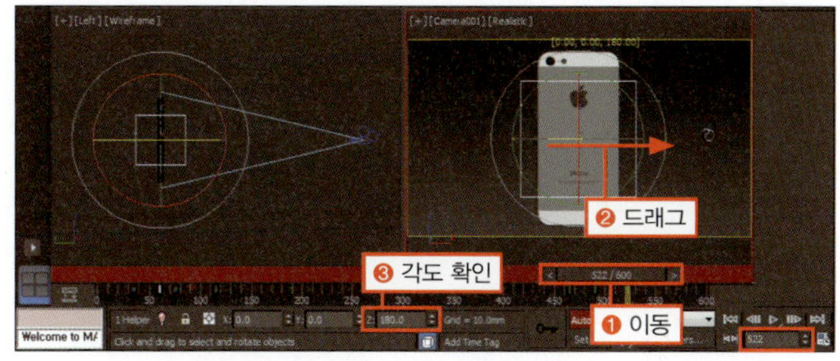

7 Z Rotation Key 생성

Camera View를 활성화하고 Time slider
를 522Frame으로 이동합니다. [Select
and Rotate] 버튼(￼)을 이용해 Z축을
기준으로 180도 회전하는 Key를 생성합
니다.

8 Z Position Key 생성

Time slider를 534Frame으로 이동하고
[Set Keys] 버튼(￼)을 클릭하여 새로
운 Key가 생성되도록 합니다.

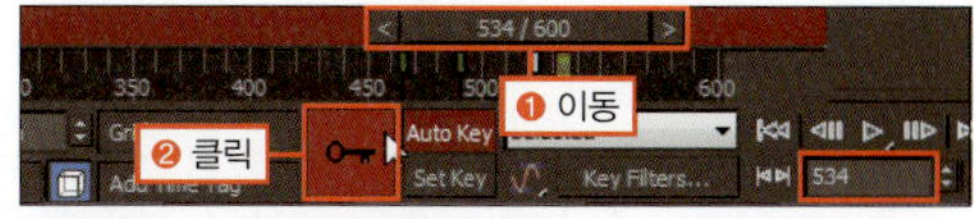

Left View에서 [Select and Move] 버튼(￼)
을 활성화한 후 Time slider를 560Frame으
로 이동하고 Z좌표에 '−185'를 입력하여
제품이 화면 밖으로 빠져나가는 Key가 생
성되도록 합니다.

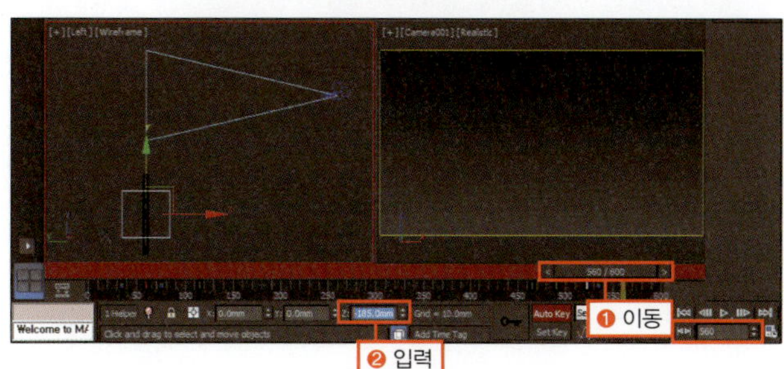

9 Key Animation 확인

Camera View에서 [Play Animation] 버튼(▶)을 클릭하고 생성된 Key Animation을 확인합니다.

아직 Camera Motion이 생성되지 않았고 Dummy의 Key값도 드래프트한 상태이기 때문에 Motion의 느낌이 썩 부드럽지는 못합니다. 다음 단계에서 Camera Motion을 추가해보겠습니다.

:: Camera에 Key Animation 생성

Camera가 움직이는 Key Animation을 생성하여 View에서 제품의 특징이 다양하게 보일 수 있도록 설정합니다.

1 Z Position Key 생성

장면의 Camera를 선택하고 Time slider를 115Frame으로 이동합니다. [Set Key] 버튼(🔑)을 클릭하여 새로운 Key를 생성합니다.

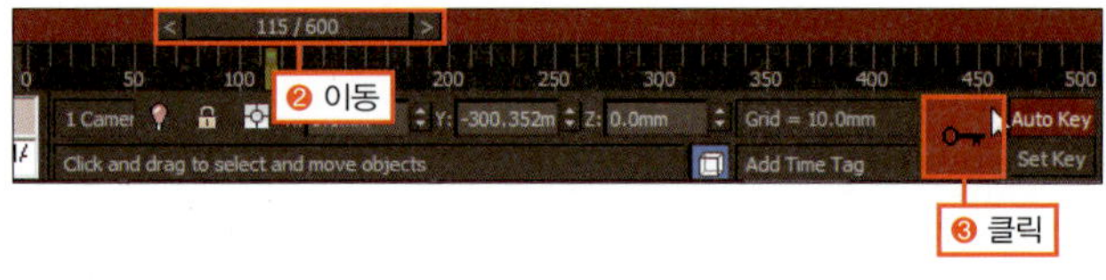

Time slider를 155Frame으로 이동한 후 Z좌표에 '38'을 입력하여 Camera View가 이동하는 Key를 생성합니다.

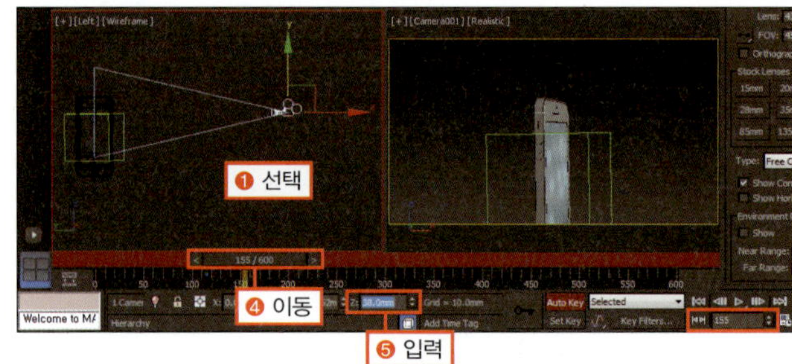

2 FOV Key 생성

'Camera001'의 Modify Panel을 선택하고 Parameters에서 FOV에 '22'를 입력하여 Camera의 화각이 변경되는 Key를 생성합니다.

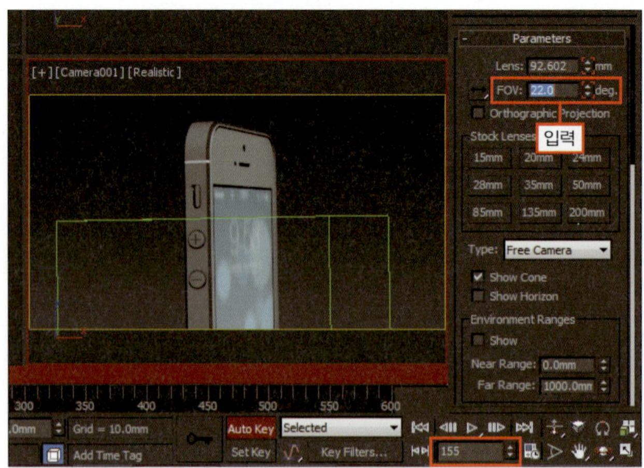

이때 FOV의 Key가 0Frame에서부터 생성됩니다. 해당 Key를 마우스로 선택하고 115Frame으로 이동합니다.

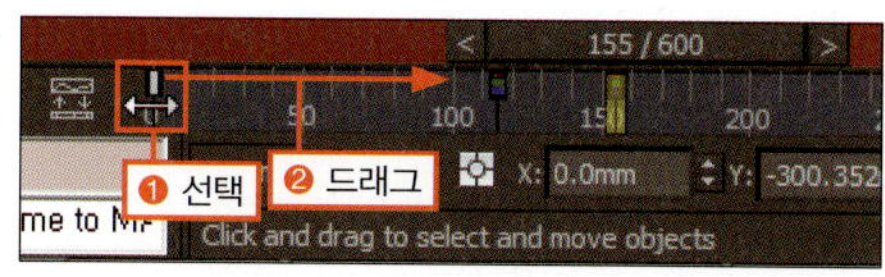
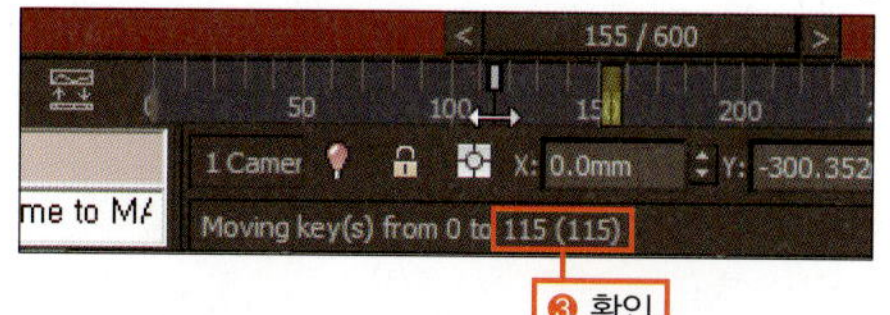

3 Z Position Key 생성

Time slider를 400Frame으로 이동한 후 Z좌표에 '-36'을 입력하여 Camera View가 제품 하단 방향으로 이동하는 Key를 생성합니다.

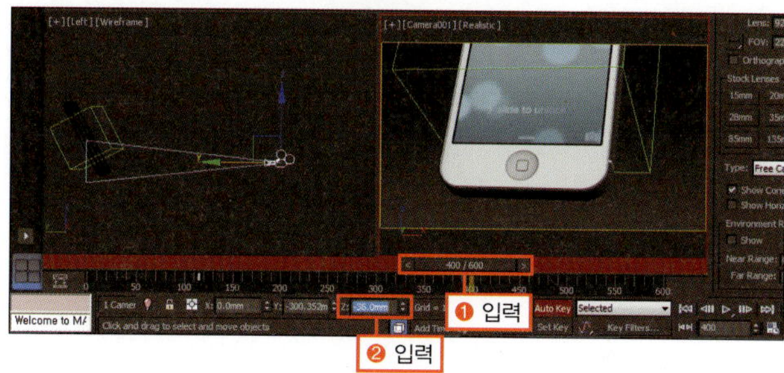

4 Z Position Key 복사

Time slider를 465Frame으로 이동한 후 400Frame의 Key를 마우스 드래그로 선택합니다. 키보드의 Shift 를 누른 채 선택한 Key를 드래그하여 465Frame으로 복사합니다.

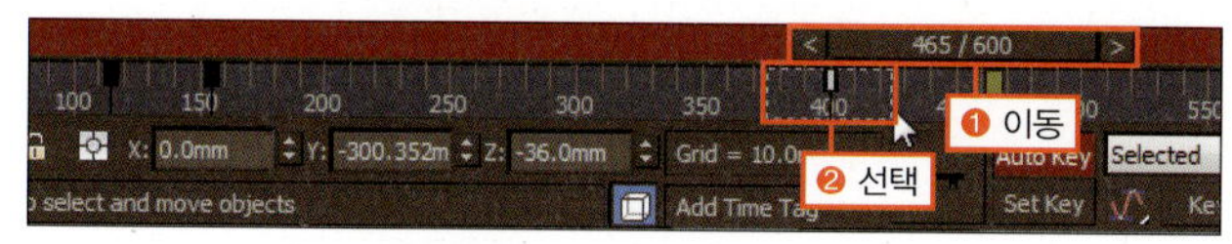
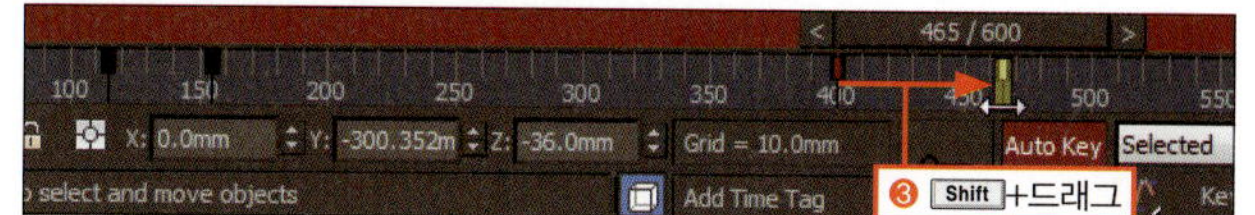

5 FOV Key 복사

155Frame에 생성된 Key 위에서 마우스 오른쪽 버튼을 클릭하면 다음과 같은 리스트가 팝업됩니다. Camera001:FOV를 선택하고 키보드의 Shift 를 누른 채 465Frame으로 드래그하여 선택된 Key를 복사합니다.

Camera001:FOV를 선택하면 팝업되는 설정 화면에서 Time 항목에 값을 입력하여 복사한 Key의 위치를 이동할 수도 있습니다.

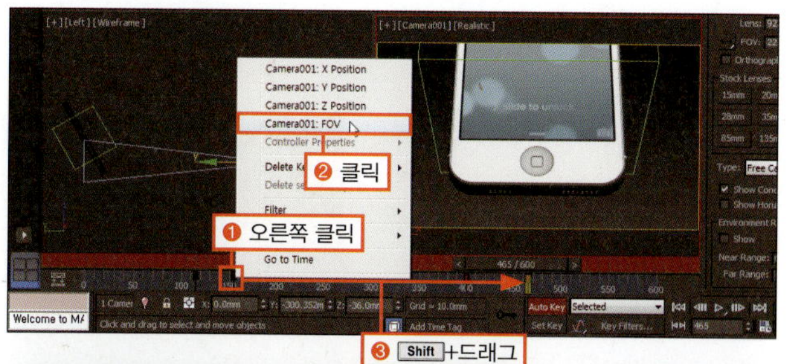
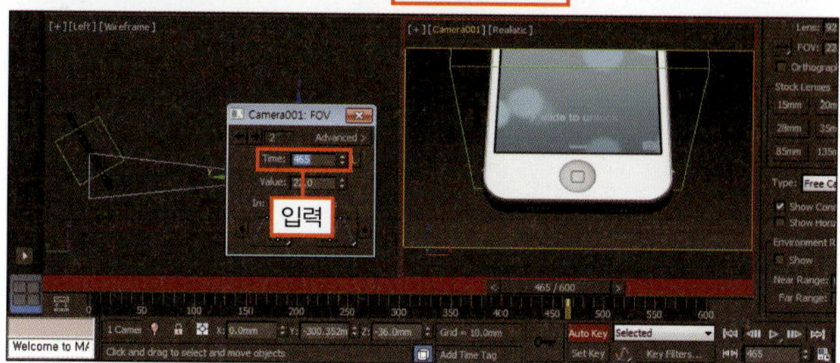

6 Z Position, FOV Key 복사

Time slider를 490Frame으로 이동한 후 115Frame의 Key를 마우스로 선택합니다. 키보드의 [Shift] 를 누른 채 490Frame으로 드래그하여 Key를 복사합니다. Camera001의 Z Position과 FOV값이 115Frame와 동일한 값으로 복사되었습니다.

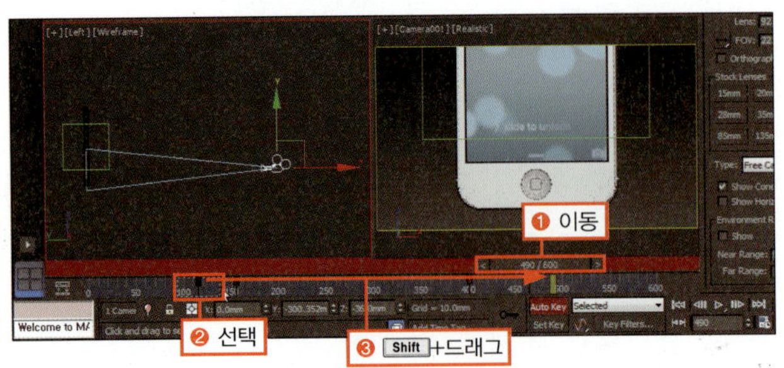

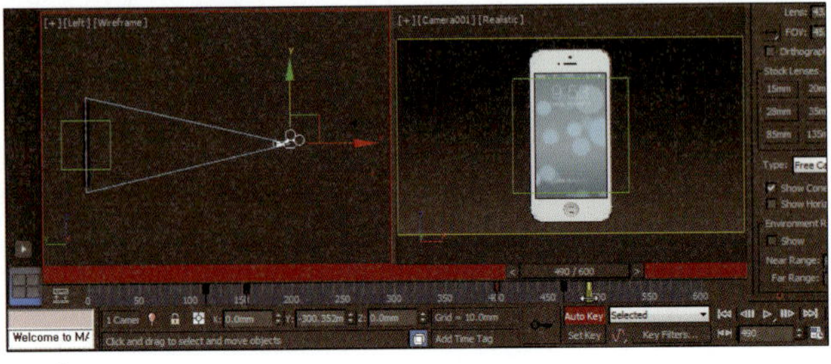

7 Key Animation 확인

Camera View를 활성화하고 [Play Animation] 버튼(▶)을 클릭하여 생성된 Key Animation을 확인합니다.

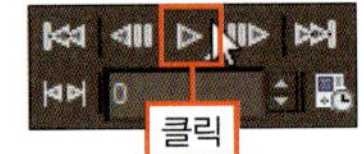

:: Logo 오브젝트에 투명도 Animation 생성

Animation의 시작과 끝에 제품의 로고가 나타났다 사라지는 Key를 생성해보겠습니다.

1 'logo' 오브젝트 Unhide

Time slider를 0Frame으로 이동한 후 Viewport에서 마우스 오른쪽 버튼을 클릭하여 Unhide by Name을 클릭합니다. 리스트에서 'logo' 오브젝트를 선택하고 Unhide를 실행합니다.

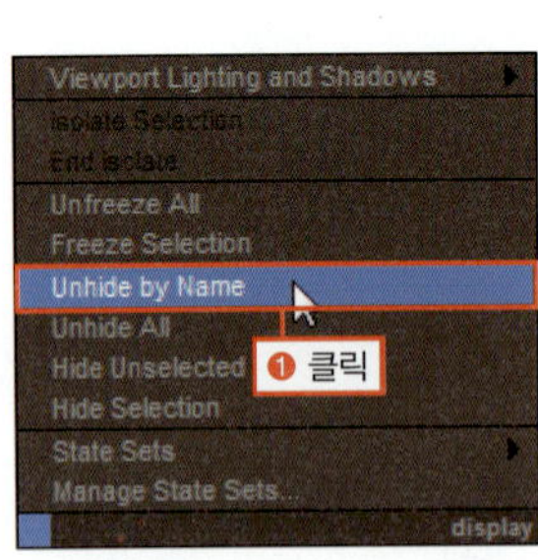

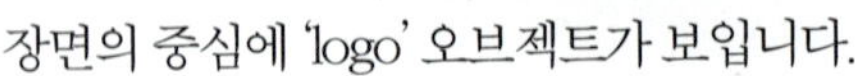

장면의 중심에 'logo' 오브젝트가 보입니다.

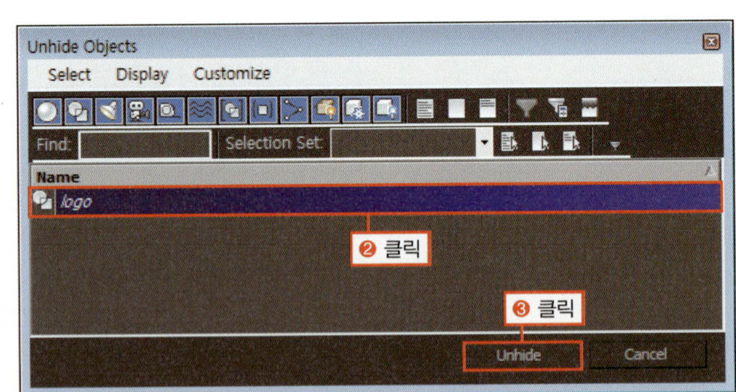

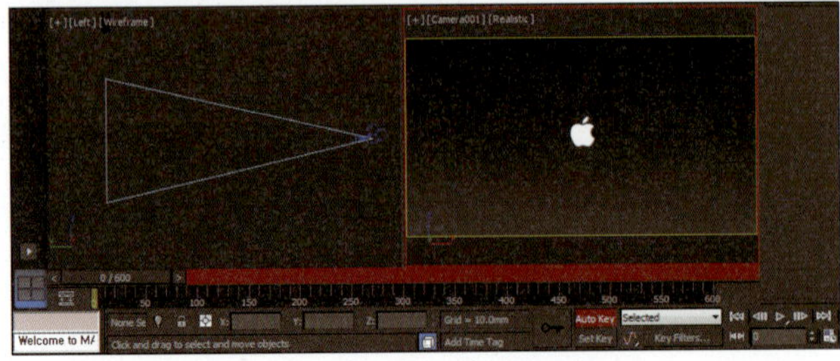

Time slider를 25Frame으로 이동한 후 'logo' 오브젝트를 선택하고 Viewport에서 마우스 오른쪽 버튼을 클릭하여 Object Properties 화면을 팝업합니다. Rendering Control에서 Visibility에 '0'을 입력하고 [OK] 버튼을 클릭하여 화면을 닫습니다.

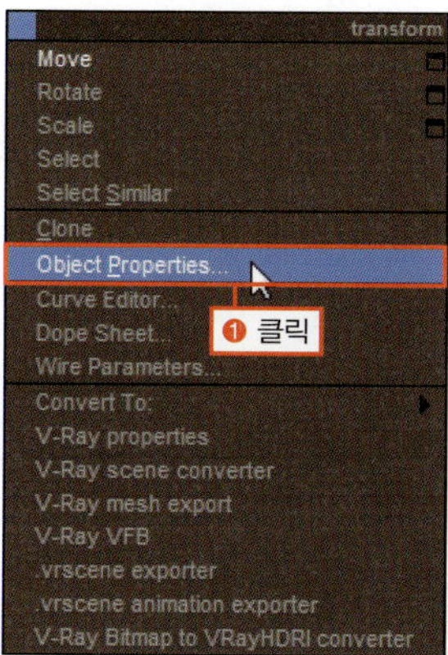
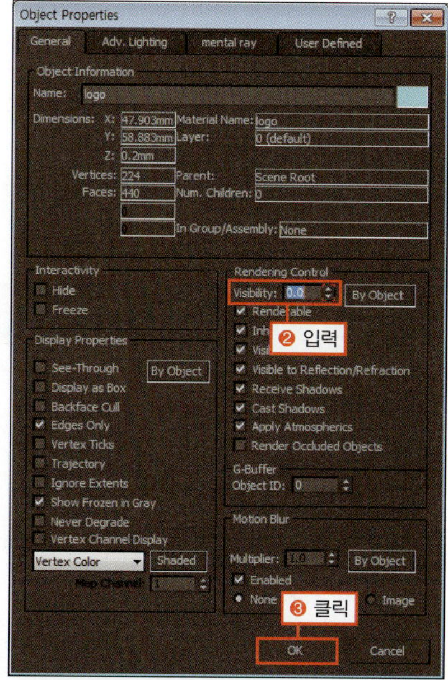

0Frame에서부터 25Frame까지 투명도가 0으로 변하는 Animation이 생성됩니다.

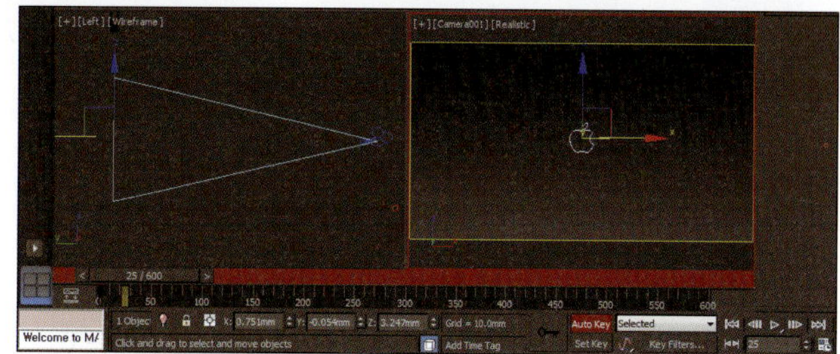

0Frame에 생성된 Key를 선택하고 20Frame으로 이동합니다. N을 눌러 Key Animation 생성을 완료합니다.

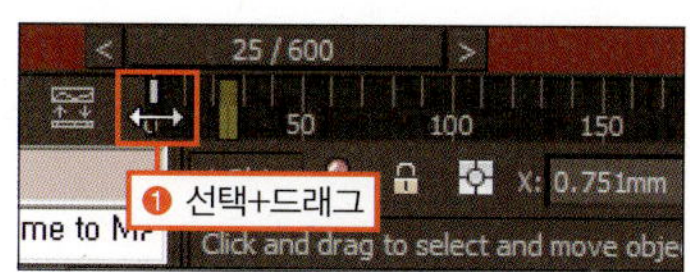
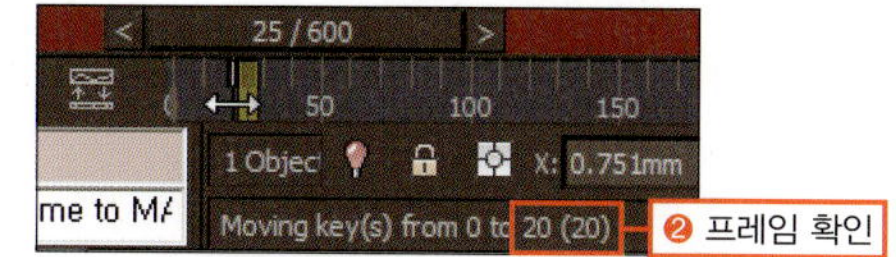

---

tip ▸ **Track Bar 컨트롤하기**

Track Bar에서 단축키와 마우스를 이용하면 손쉽게 Frame 개수를 변경하거나 Frame 전체를 이동하여 확인할 수 있습니다.

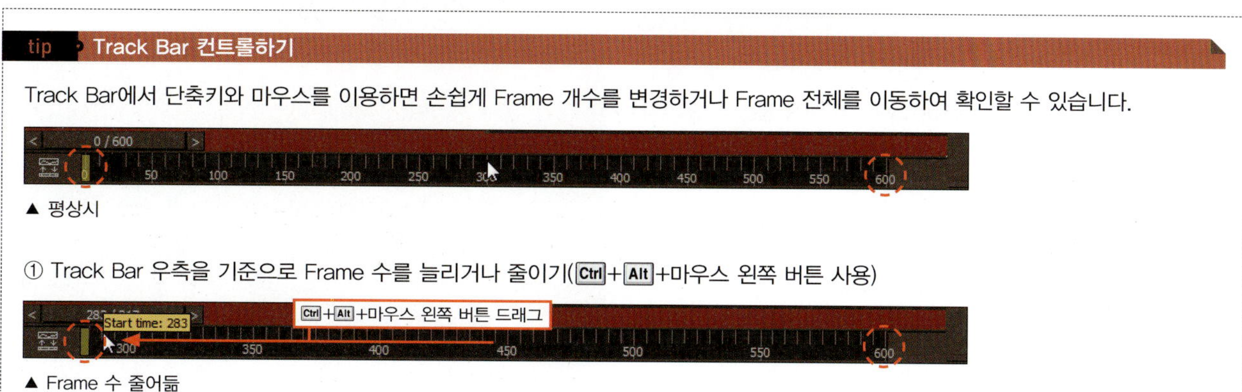

▲ 평상시

① Track Bar 우측을 기준으로 Frame 수를 늘리거나 줄이기(Ctrl + Alt +마우스 왼쪽 버튼 사용)

▲ Frame 수 줄어듦

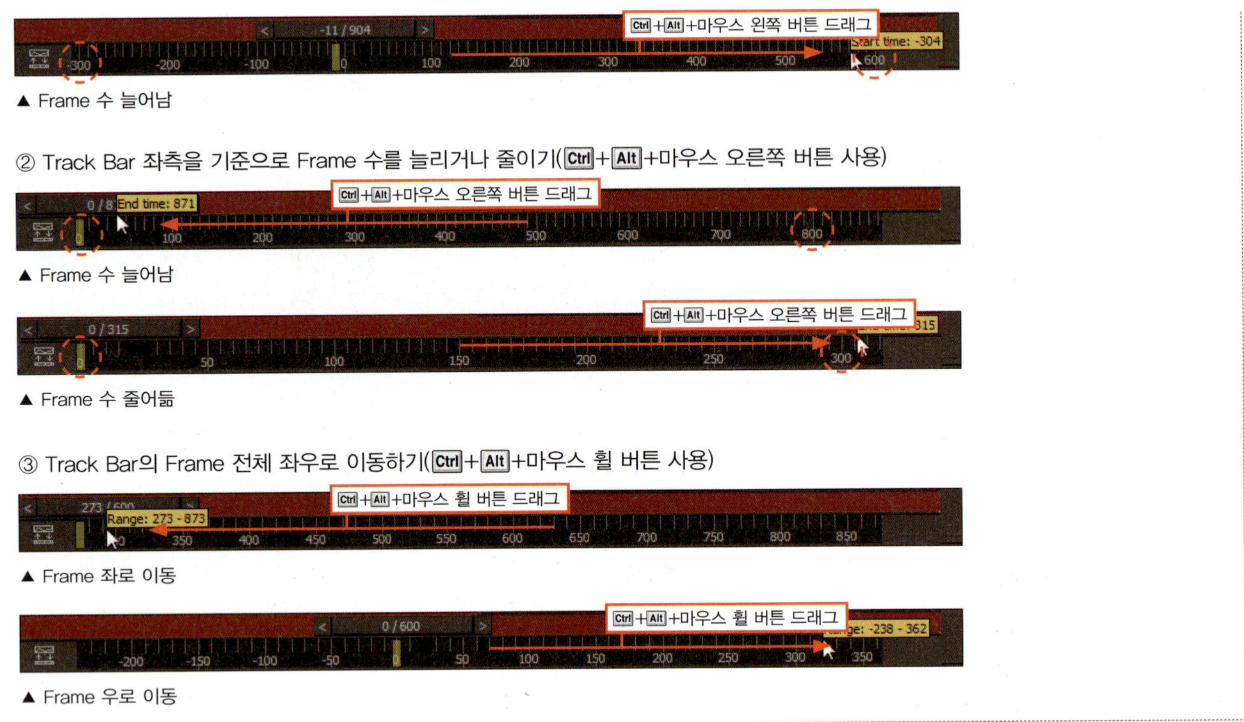

▲ Frame 수 늘어남

② Track Bar 좌측을 기준으로 Frame 수를 늘리거나 줄이기(Ctrl + Alt +마우스 오른쪽 버튼 사용)

▲ Frame 수 늘어남

▲ Frame 수 줄어듦

③ Track Bar의 Frame 전체 좌우로 이동하기(Ctrl + Alt +마우스 휠 버튼 사용)

▲ Frame 좌로 이동

▲ Frame 우로 이동

Curve Editor를 활용하여 Key Animation의 유형과 세부 옵션 조절하기

02 SECTION

Dummy와 Camera를 사용하여 제품 외곽을 보여주는 간단한 Key Animation을 생성했습니다. 생성된 Key Animation을 Curve Editor에서 확인하면서 모션의 디테일한 느낌을 조절해보겠습니다.

:: Dummy에 생성된 Key 편집하기

1 Curve Editor 열기

장면에서 Key Animation이 적용된 Dummy를 선택하고 Main Toolbar의 [Curve Editor] 버튼(▣)을 클릭하여 창을 팝업합니다. Dummy에 적용된 Key가 각 항목에 그래프로 표시됩니다.

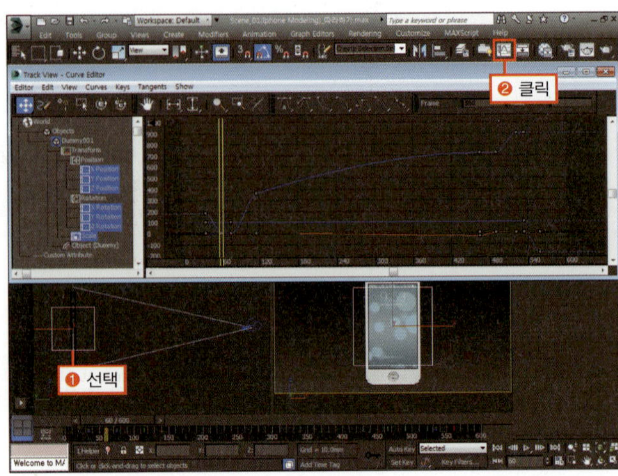

2 불필요한 Key 삭제

Ctrl 을 사용하여 그림과 같이 X, Y Position, Y Rotation, Scale 4항목만을 마우스로 클릭하여 선택합니
다. 선택된 항목의 Key가 Track View의 타임라인에 표시되면 그림과 같이 마우스를 드래그하여 Key
들을 선택합니다. 선택된 Key들은 Animation에 사용되지 않으므로 키보드의 Delete 를 눌러 삭제합니다.

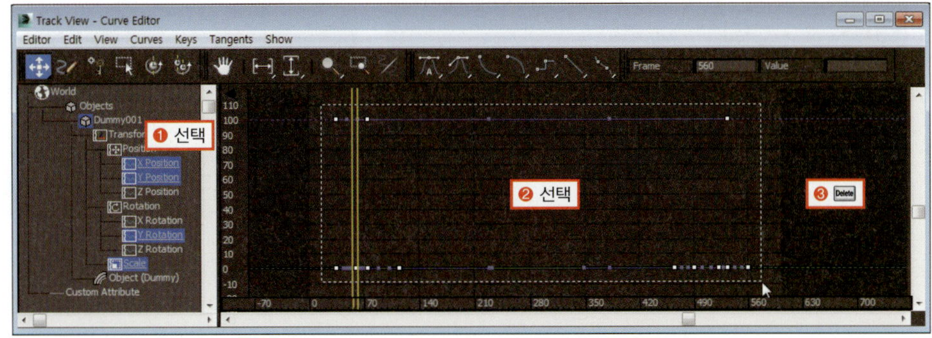

[**MEMO** · 마우스 가운데 휠 버튼을 회전하면 Track View를 확대 · 축소할 수 있으며 휠 버튼을 누른
채 마우스를 원하는 방향으로 드래그하면 Track View 전체를 이동하여 확인할 수 있습니다.]

3 Z Position에 생성된 Key 편집

Z Position에 대한 Key를 수정하여 제품이 화면 상하로 움직일 때의 Motion 느낌을 조절해보겠습니
다. Z Position 항목을 선택하고 75Frame에 있는 Key를 선택하여 삭제합니다.

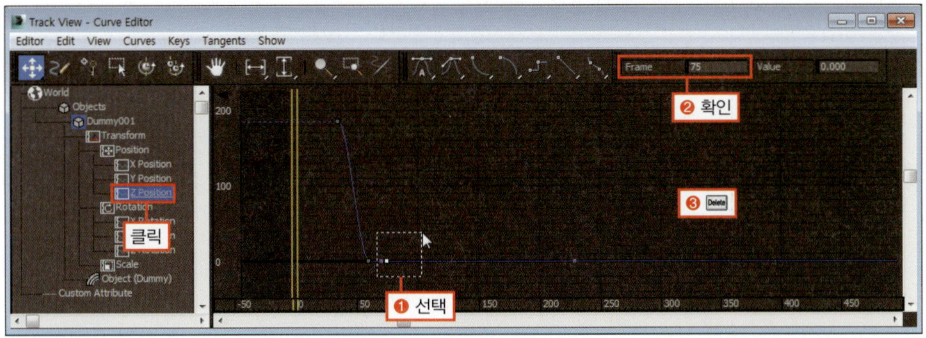

60Frame의 Key를 선택하고 Toolbar에서 [Set Tangents to Spline] 버튼( )을 클릭하여 속성을 변경
합니다. Key Point 좌우에 생기는 핸들을 조절하여 곡선의 형태를 조절할 수 있도록 설정됩니다.

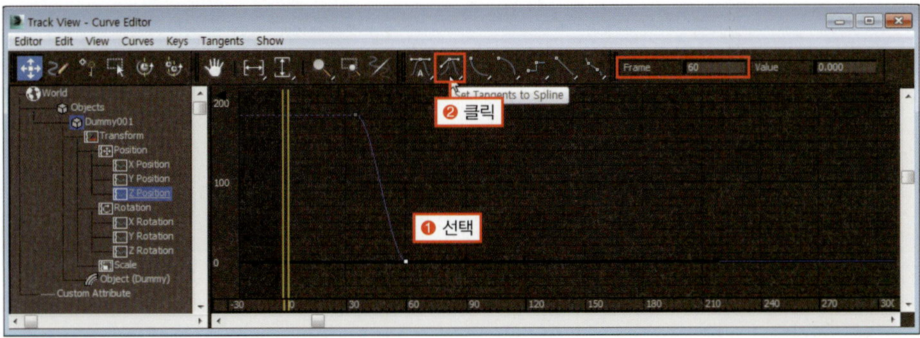

속성이 변경된 Key Point 위에서 마우스 오른쪽 버튼을 클릭하면 선택된 Key의 세부 옵션을 조절할 수 있는 화면이 팝업됩니다. [Advanced] 버튼(Advanced >)을 클릭하면 화면이 확장되고 좀 더 세부적인 설정을 진행할 수 있습니다.

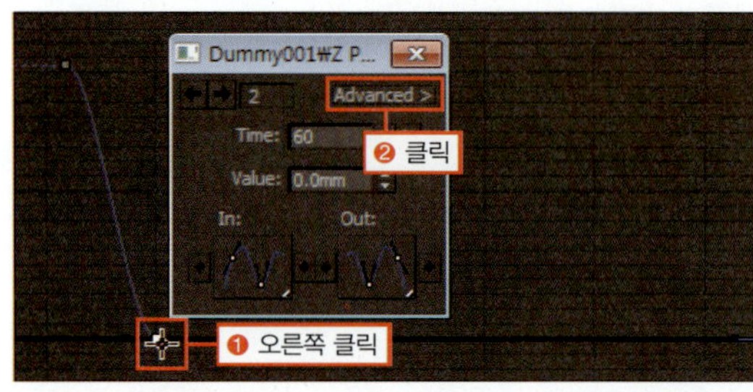
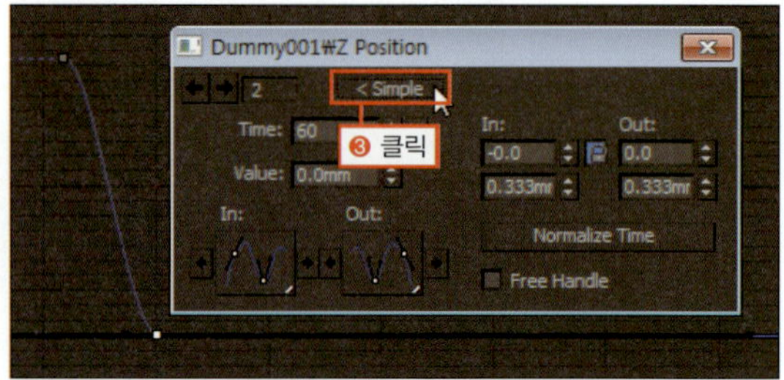

In 두 번째 항목에 '1.0'을 입력하여 선택된 Key의 좌측 곡선 형태가 조절되도록 하고 설정 화면을 닫습니다.

이 부분에서 조절된 곡선의 모양에 의해 화면 상단에서 제품이 등장할 때 모션의 속도감이 결정됩니다.

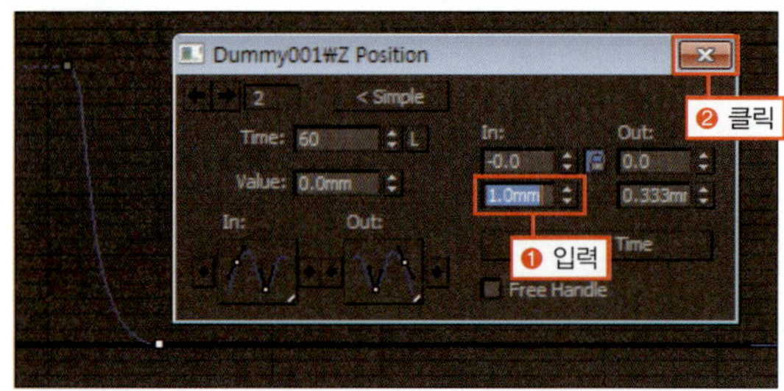

▲ 제품이 등장할 때 애니메이션의 일부

Key의 In, Out값을 변경하면 Camera View를 활성화하고 [Play Animation] 버튼(▶)을 클릭하여 수정된 Motion의 느낌을 확인합니다.

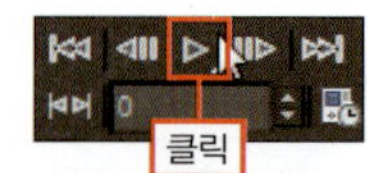

Track View에서 534Frame의 Key를 선택하고 [Set Tangents to Fast] 버튼(￬)을 클릭하여 속성을 변경합니다. Animation 마지막 부분에서 제품이 화면 밖으로 빠져나갈 때 좀 더 신속하게 움직이도록 조절됩니다.

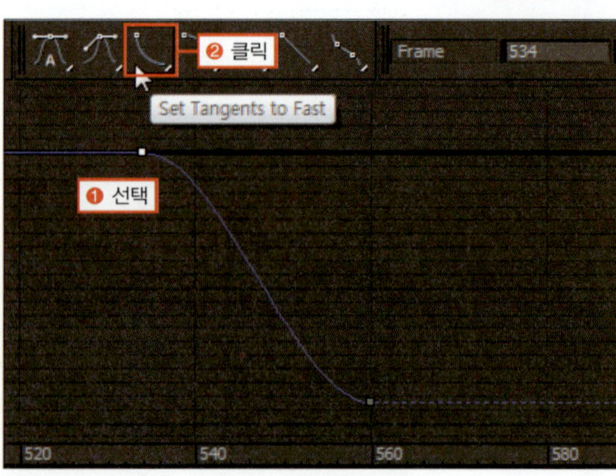

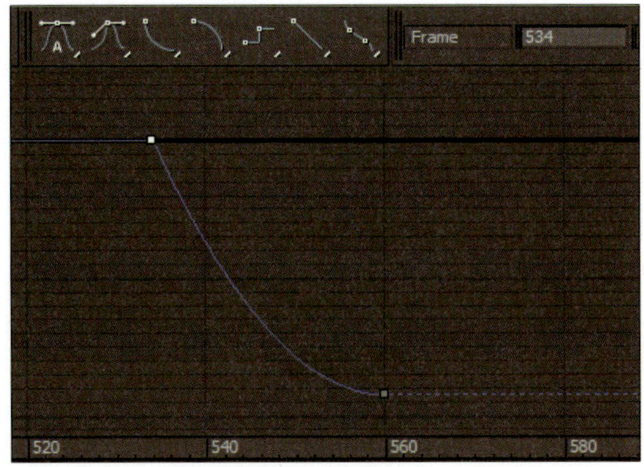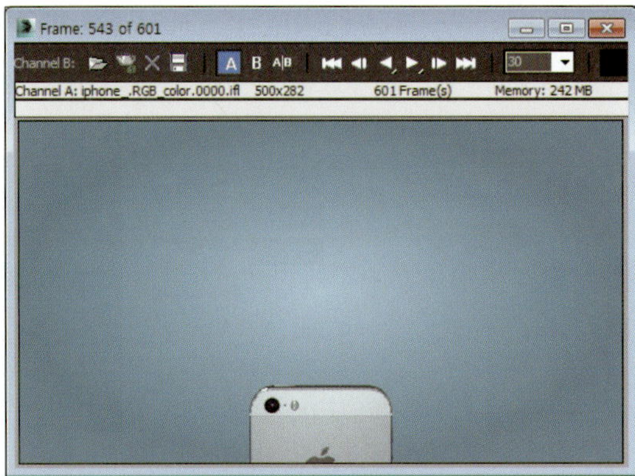

▲ 제품이 사라질 때 애니메이션의 일부

❹ X Rotation에 생성된 Key 편집

X Rotation에 대한 Key를 수정하여 제품이 X축을 기준으로 회전할 때 Motion의 느낌을 조절해보겠습니다.

X Rotation을 활성화하고 필요 없는 Key들을 선택하여 삭제합니다.

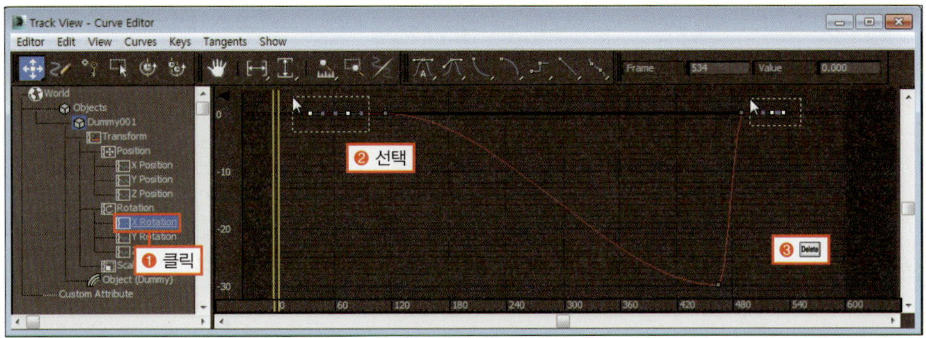

[**MEMO** · Toolbar의 [Frame Horizontal Extents] 버튼(圖)과 [Frame Value Extents] 버튼(圖)을 사용하면 활성화된 Frame과 Value를 Track View 화면 크기에 맞게 확대하여 확인할 수 있습니다.]

490Frame의 Key를 선택하고 [Set Tangents to Spline] 버튼(△)을 클릭하여 속성을 변경합니다. Key Point 위에서 마우스 오른쪽 버튼을 클릭하여 화면을 팝업한 후 In의 두 번째 항목에 '0.8'을 입력합니다.

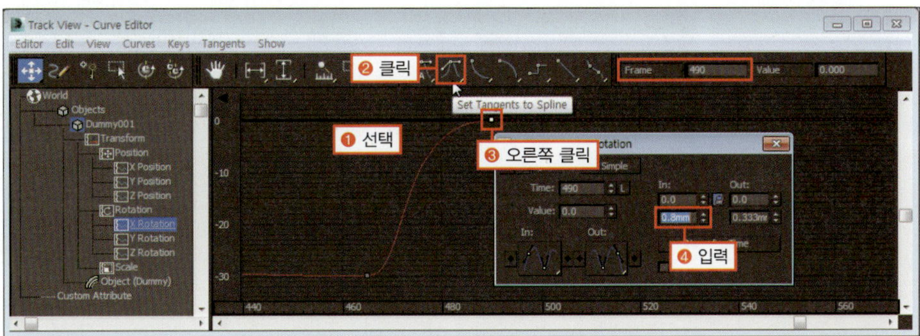

제품이 확대되어 보이다가 제자리로 회전하면서
되돌아 갈 때의 속도감을 조절했습니다.

▲ 회전 후 제자리로 돌아갈 때 애니메이션의 일부

5 Z Rotation에 생성된 Key 편집

Z Rotation에 대한 Key를 수정하여 제품이 Z축을 기준으로 회전할 때의 느낌을 조절해보겠습니다.
Z Rotation을 활성화하고 필요 없는 Key들을 선택하여 삭제합니다.

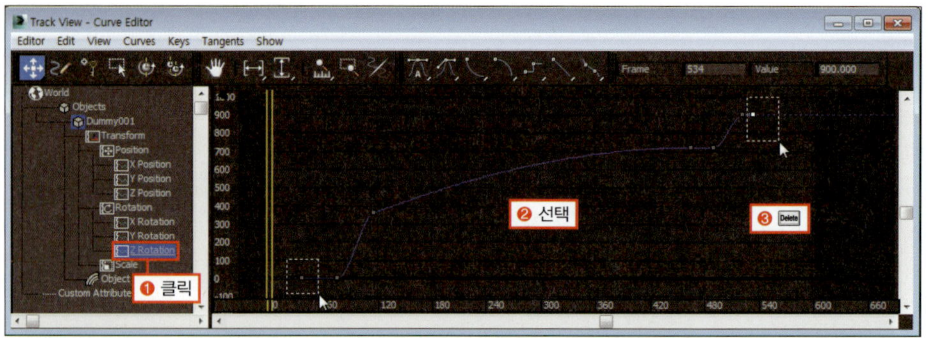

115Frame의 Key를 선택하고 [Set Tangents to Spline] 버튼(￼)을 클릭하여 속성을 변경합니다. Key
Point 위에서 마우스 오른쪽 버튼을 클릭하여 설정 화면을 팝업한 후 In 항목에 '0'과 '0.8'을 각각 입
력합니다.

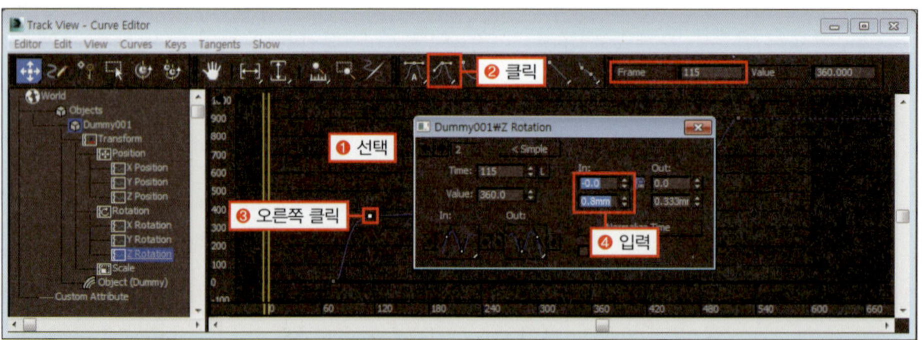

제품은 Z축을 기준으로 총 3번의 회전을 하게 되
는데 곡선의 형태가 수정됨으로써 1번째와 2번째
회전이 자연스럽게 연결되도록 조절되었습니다.

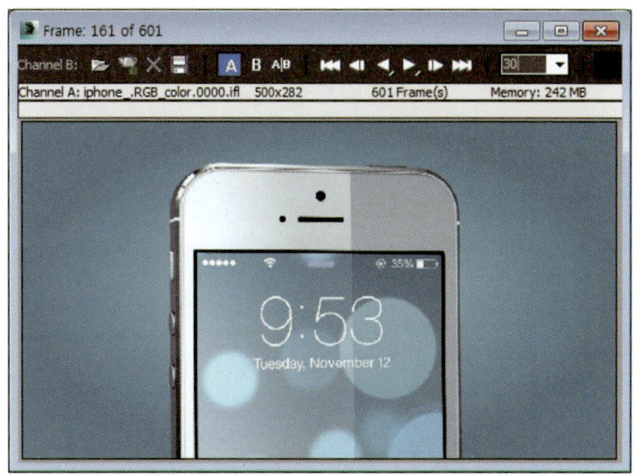

▲ 회전하는 애니메이션의 일부

115Frame이 활성화된 설정 화면에서 [Right arrows] 버
튼(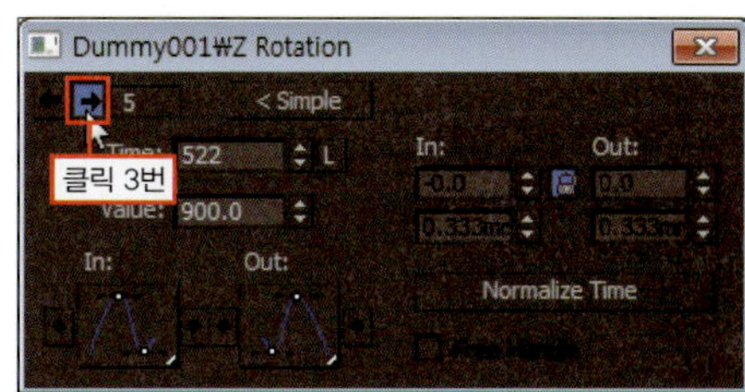)을 3번 클릭하여 522Frame의 설정 화면이 활성화
되도록 합니다.

마우스로 In 속성 버튼을 길게 클릭하여 Set Tangents to Spline으로 속성을 변경합니다.

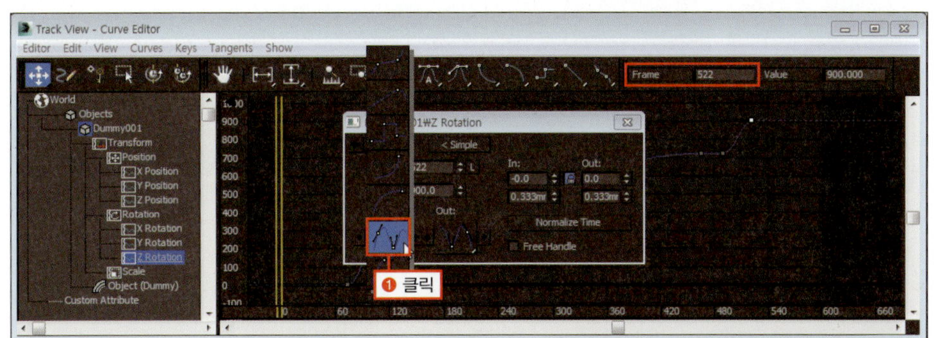

In 두 번째 항목에 '0.8'을 입력하여 3번째 회전
이 멈출 때 Motion의 속도감을 조절합니다.

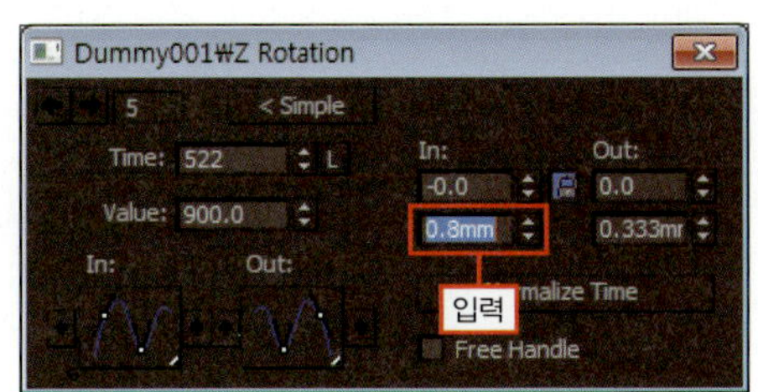

▲ 회전이 멈출 때 애니메이션의 일부

∷ Camera에 생성된 Key 편집하기

1 불필요한 Key 삭제

장면에서 Key Animation이 적용된 Free
Camera를 선택합니다. Camera에 적용된
Key가 각 항목별 곡선으로 표시됩니다.

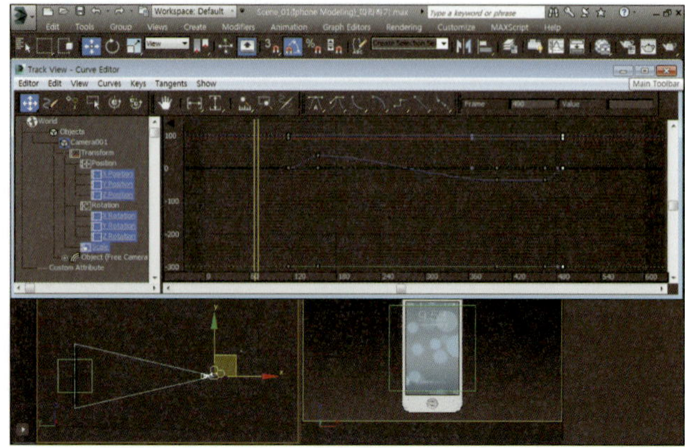

Ctrl 을 사용하여 Z Position을 제외한 6 항목만을 그림과 같이 선택합니다. 선택된 Key들은 Animation
에 사용되지 않으므로 마우스 드래그로 선택하고 키보드의 Delete 를 눌러 삭제합니다.

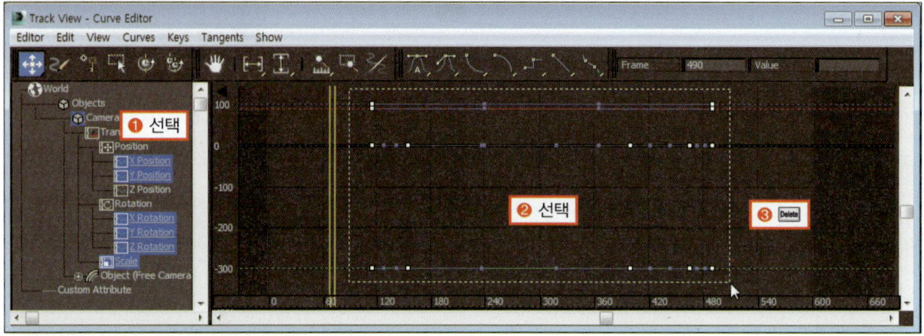

2 Z Position에 생성된 Key 편집

Z Position에 대한 Key를 수정하여 Camera가 상하로 움직일 때 View에서 보이는 Motion의 느낌을
조절해보겠습니다.

Z Position을 클릭하여 활성화한 후 키보드의 Ctrl 을 사용하여 155Frame과 490Frame의 Key를 동시
에 선택하고 Toolbar에서 [Set Tangents to Spline] 버튼(⟋⟍)을 클릭하여 속성을 변경합니다.

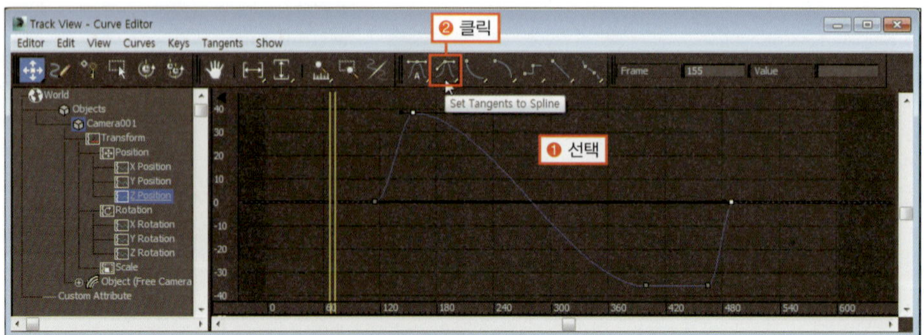

속성이 변경된 Key Point 위에서 마우스 오른쪽 버튼을 클릭하여 설정 화면을 팝업합니다. [Advanced] 버튼(Advanced >)을 클릭하고 In의 두 번째 항목에 '0.8'을 입력하여 선택된 2개 Key의 좌측 곡선 형태를 동시에 조절합니다.

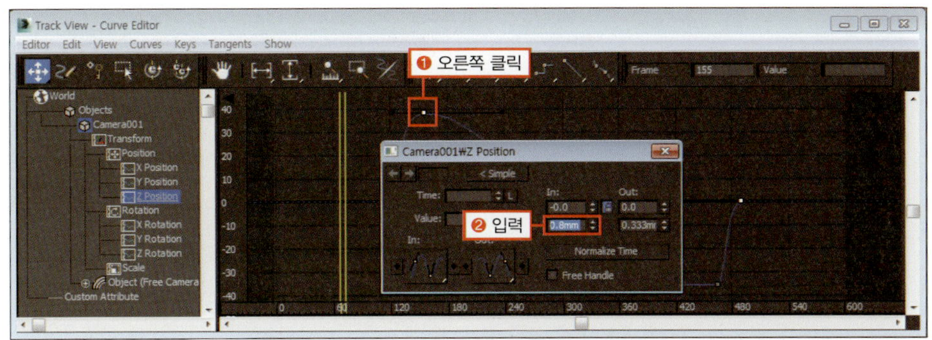

이 부분에서 조절된 곡선의 모양에 의해 Camera가 위, 아래로 이동할 때 모션의 속도감이 결정됩니다.

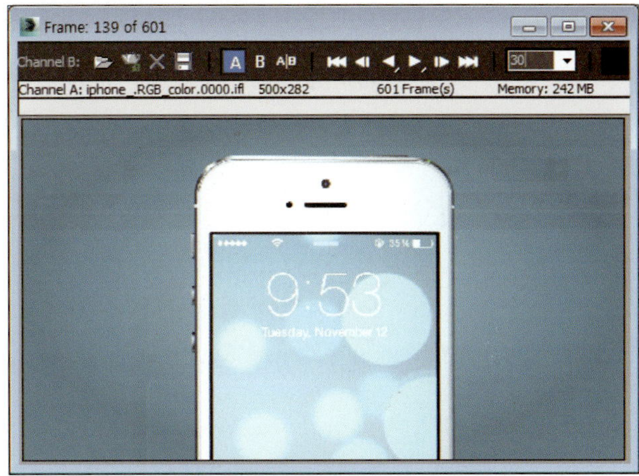

▲ 카메라가 위로 이동하는 애니메이션의 일부

③ Z Position에 생성된 Key 편집

FOV값에 생성된 Key를 수정하여 Camera FOV가 변경될 때 View에서 보이는 느낌을 조절해보겠습니다. 좌측의 항목에서 FOV를 선택하고 생성된 Key를 확인합니다.

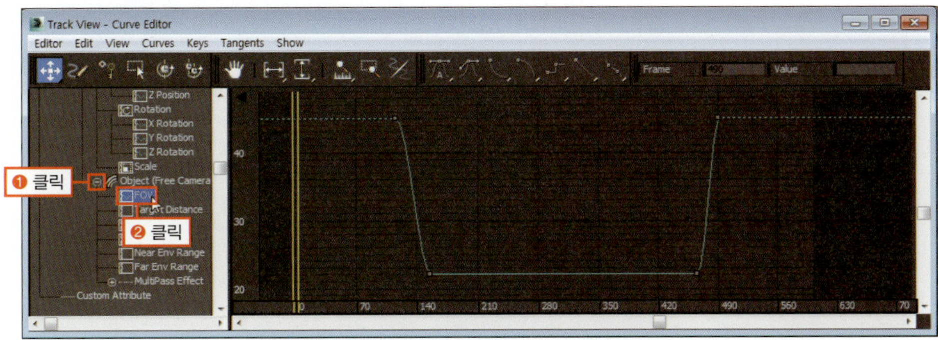

155Frame과 490Frame의 Key를 동시에 선택하고 Toolbar에서 [Set Tangents to Spline] 버튼(⚙)을 클릭하여 속성을 변경합니다. 설정 화면을 팝업하고 [Advanced] 버튼(Advanced >)을 클릭하여 세부 옵션을 확인합니다. In의 두 번째 항목에 '0.8'을 입력하여 2개 Key의 좌측 곡선 형태를 동시에 조절한 후 화면을 닫습니다.

이 부분에서 조절된 곡선의 모양에 의해 화면 카메라 화각이 변하는 속도감이 결정됩니다.

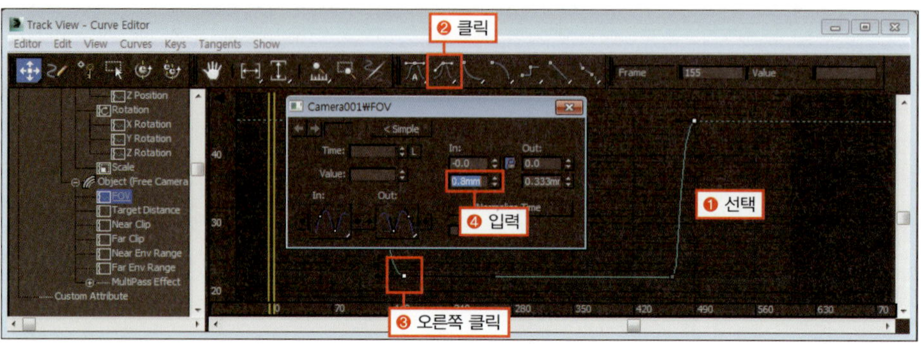

:: Logo 오브젝트에 생성된 Key 편집하기

현재 Logo 오브젝트에는 시작 부분에 투명도로 나타나는 Key만 적용되어 있습니다. Visibility Key를 복사하여 끝부분에서 Logo 오브젝트가 사라지도록 편집합니다.

■ Visibility Key 복사

장면에서 Key Animation이 적용된 'logo' 오브젝트를 선택합니다. 투명도 Animation이 적용된 Key가 표시됩니다.

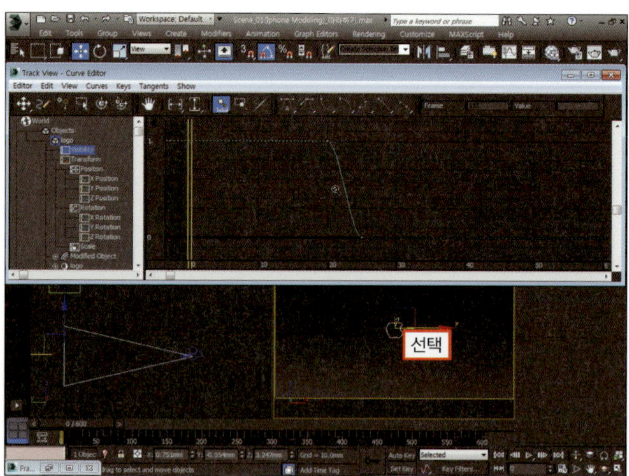

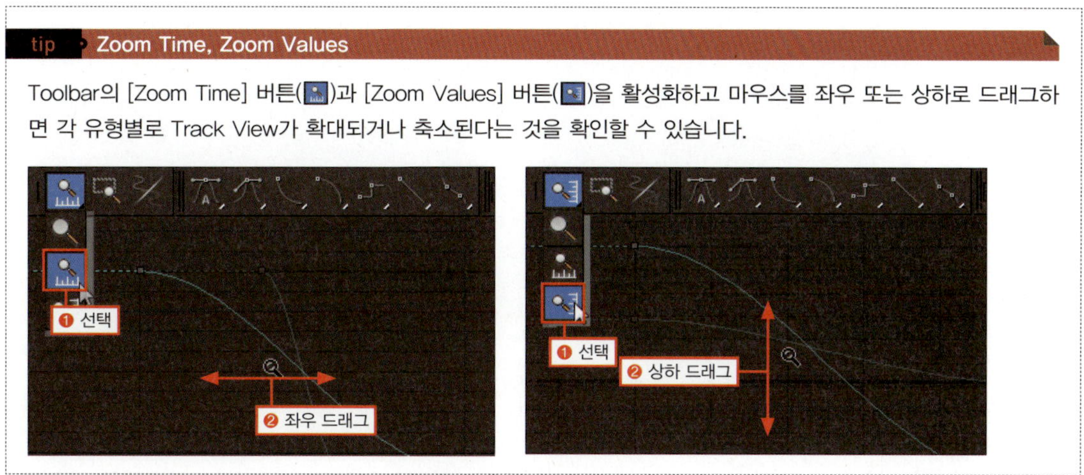

Toolbar의 [Zoom Time] 버튼(　)과 [Zoom Values] 버튼(　)을 활성화하고 마우스를 좌우 또는 상하로 드래그하면 각 유형별로 Track View가 확대되거나 축소된다는 것을 확인할 수 있습니다.

20Frame의 Key를 선택하고 단축키 Shift + Ctrl 을 누른 채 마우스를 우측으로 드래그하여 Key를 복사합니다.

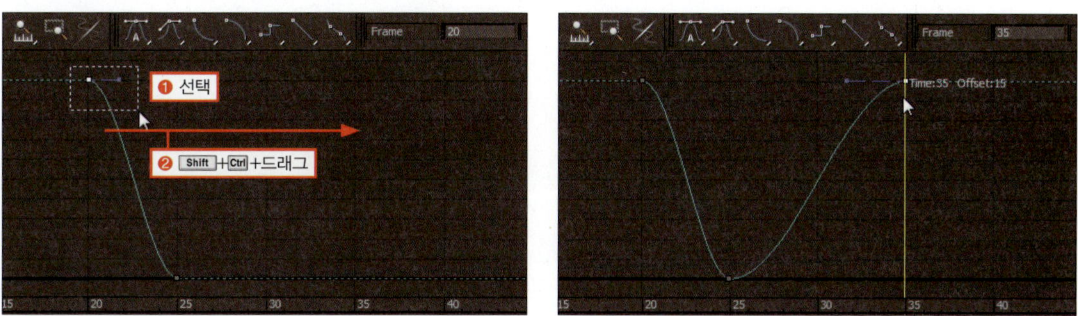

상단 Frame에 '565'를 입력하여 복사한 Key를 이동합니다.

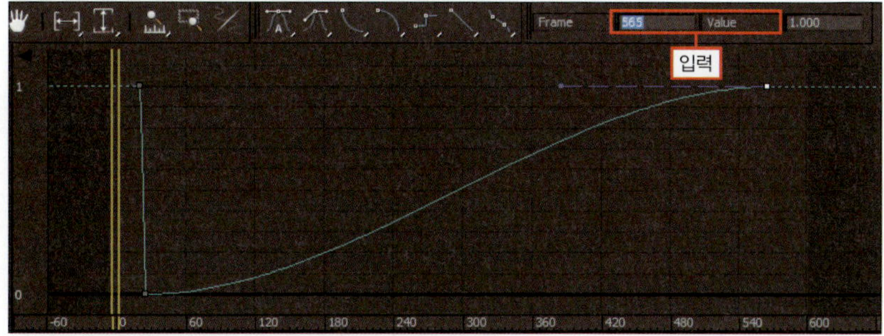

25Frame의 Key도 선택하여 복사하고 560Frame으로 이동합니다.

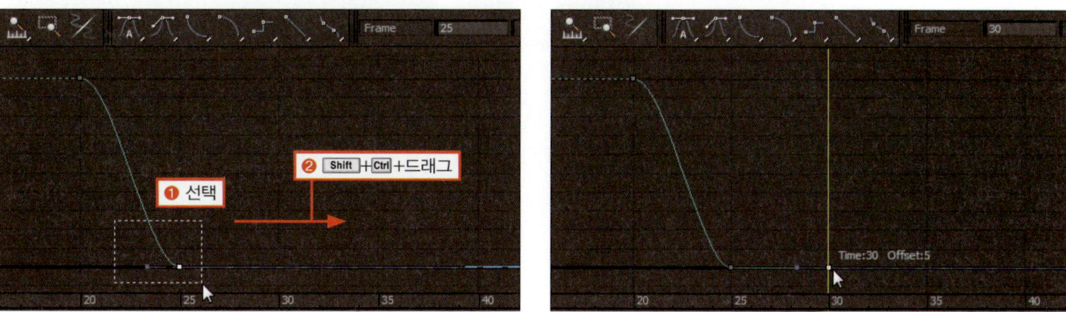

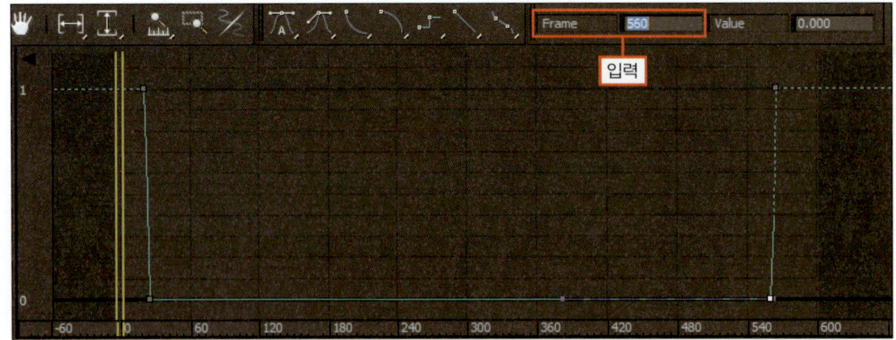

애니메이션 마지막 부분에서 Logo 오브
젝트가 사라지도록 설정했습니다.

▲ 로고가 사라지는 애니메이션의 일부

2 Animation 확인

Camera View를 활성화하고 [Play-Ani
mation] 버튼(▶)을 클릭하여 수정된
Animation을 확인합니다.

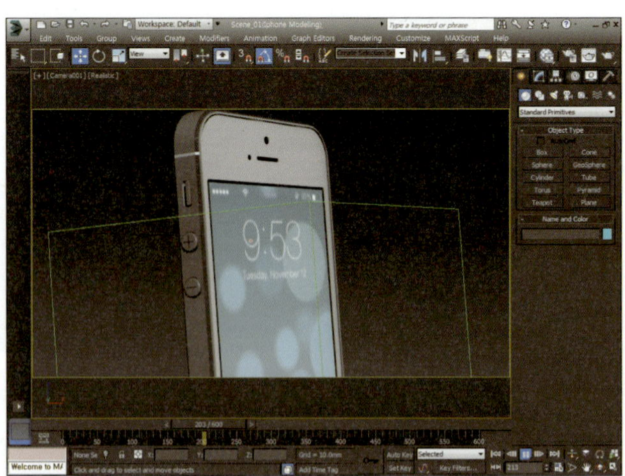

VRayRender를 활용하여 Animation Rendering을 위한 환경 세팅하기

03

PREVIEW

Key Animation을 적용한 장면에 VRayLight를 설치하고 Background를 구성하여 제품의 구조적 특징과 재질감이 잘 표현될 수 있는 환경을 세팅해보겠습니다.

VRayLight를 설치하고 금속 재질을 위한 HDRI 환경 조성하기

VRay의 Softbox가 적용된 Light를 설치하고 HDRI를 활용하여 자연스러운 금속 재질을 표현해보겠습니다.

:: VRayRender Setup

Render Setup에서 다음과 같이 VRayRenderer를 선택합니다.

Antialiasing filter를 VRaySincFilter로 선택하
고 이후 예제를 진행합니다.

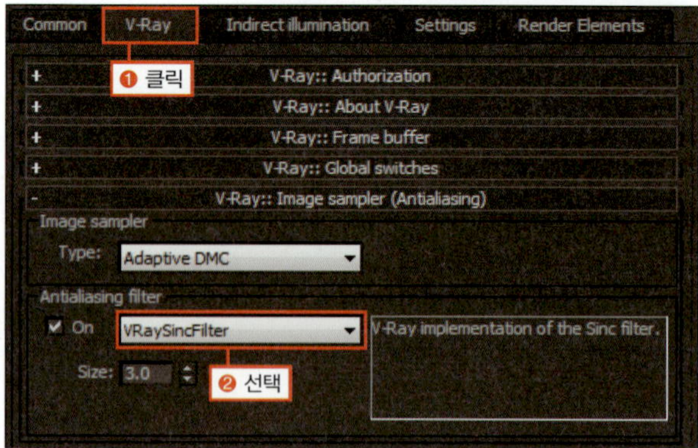

:: VRaySoftbox를 활용하여 Light 설치하기

일반적인 VRayLight가 오브젝트가 반사되면 밝고 또렷한 사각형의 Light 형태가 그대로 표현됩니다.
이 경우가 문제가 될 때 VRay에서 지원하는 Softbox를 Light Map으로 활용하면 스튜디오에서 사용되
는 조명과 유사한 반사체의 느낌을 표현할 수 있습니다. VRayLight를 설치하고 Softbox를 적용하는
방법을 알아보겠습니다.

1 VRayLight 설치

Front View에서 VRayLight를 설치하고 좌표에 다음 값을 입력하여 위치를
조절합니다.

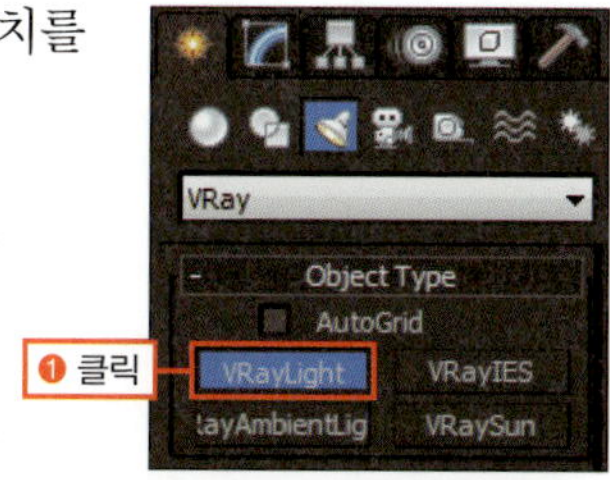

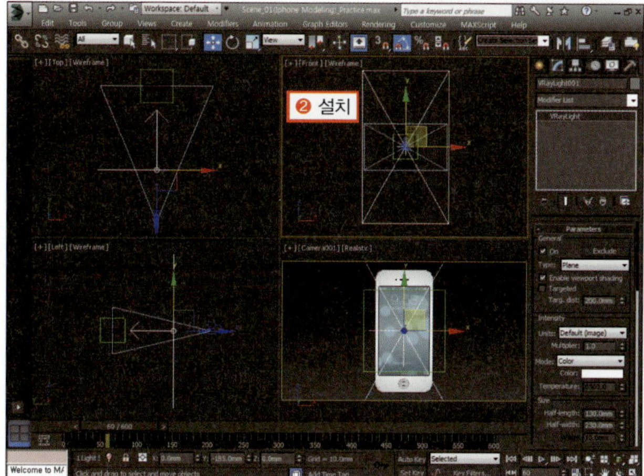

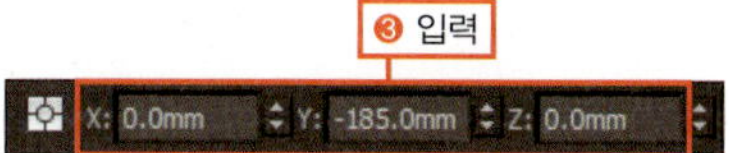

2 VRayLight Parameters 설정

VRayLight Parameters를 다음과 같이 설정합니다.

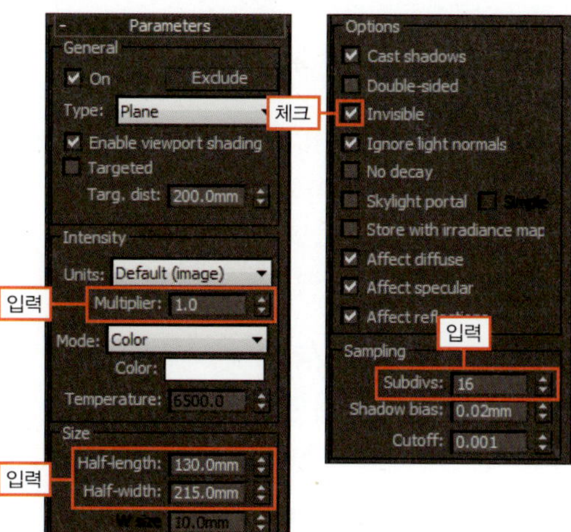

❸ VRaySoftbox 적용

VRayLight Parameters의 Texture에서 [None] 버튼(None)
을 클릭하고 VRaySoftbox를 선택합니다.

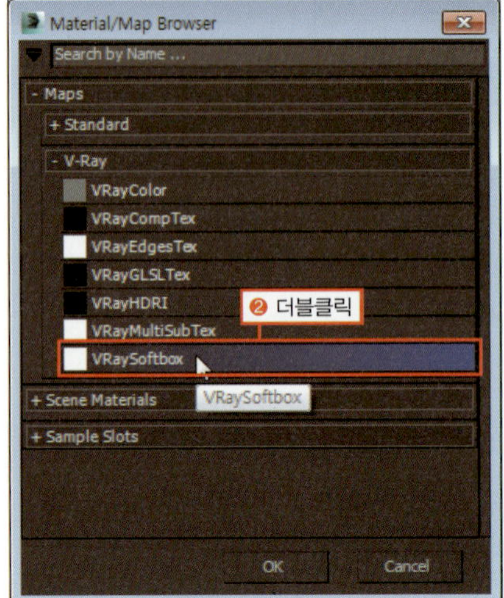

❹ VRaySoftbox Map 복사

M 을 눌러 Material Editor를 팝업합니다.
VRaySoftbox Map이 적용된 버튼을
Material Editor의 View에 끌어다 놓고
Instance로 복사합니다.

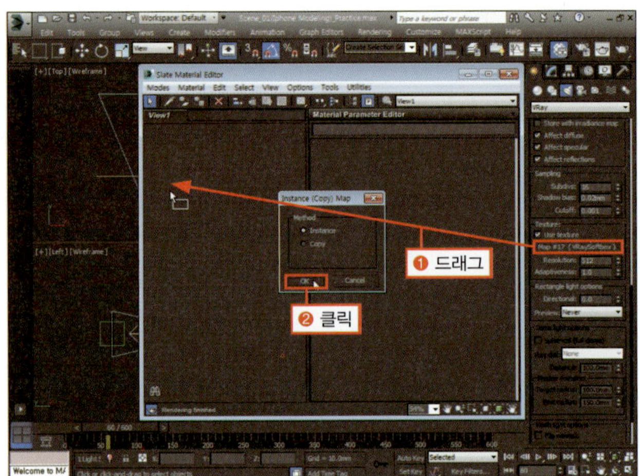

❺ VRaySoftbox Map 설정

복사된 VRaySoftbox Map 상단을 더블클릭하고 Base Parameters의 Base Color에 다음 값을 입력하
여 약간 푸른색을 띠도록 합니다.

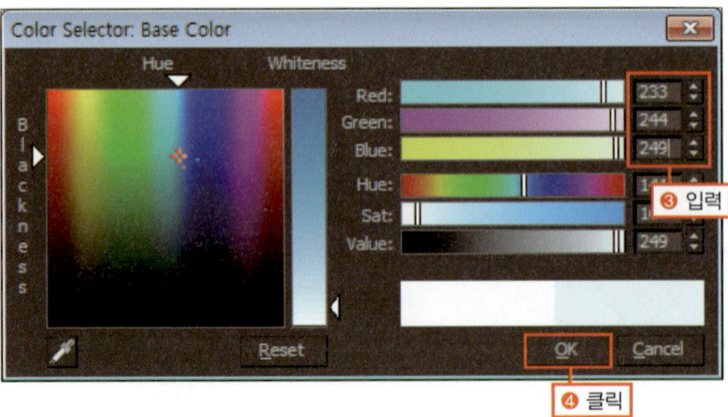

Gradients의 V Vignette에 'On'을 체크하
고 첫 번째 Color Mark를 더블클릭하여
다음과 같이 컬러를 변경합니다.

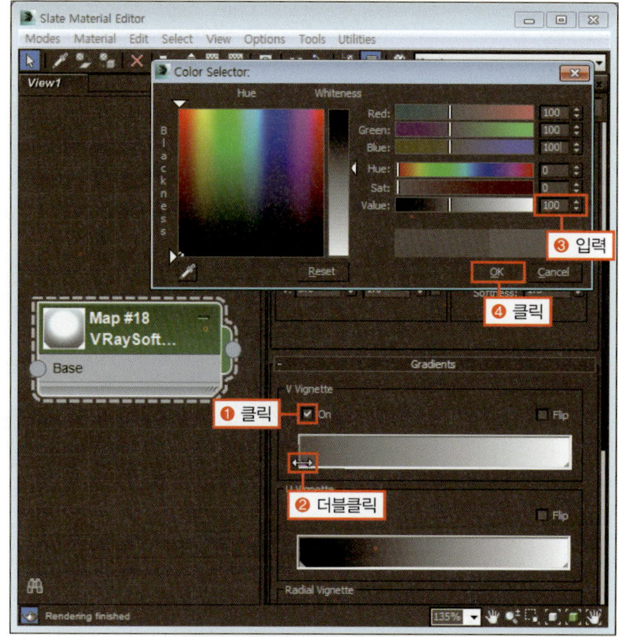

Hot Spot/Dark Spot을 활성화하고 Fading Option에서
Spot의 범위 및 모양을 설정합니다.

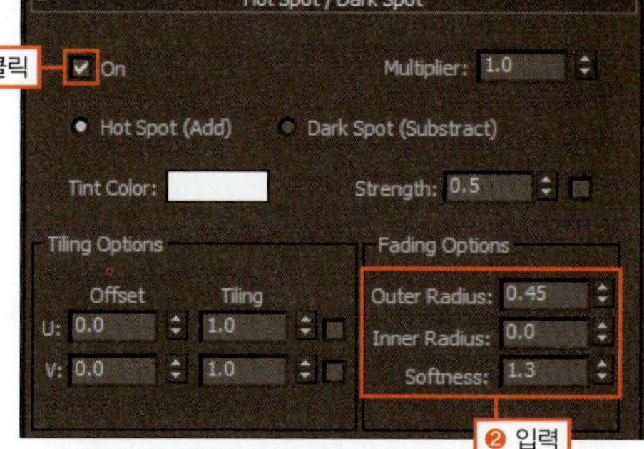

VRayLight는 다음과 같이 설정된 VRaySoftbox Map을
Texture로 사용합니다.

Top View에서 설치한 VRayLight를 키보드의 Shift 를 누른 채 다음과 같이 이동하여 복사합니다.

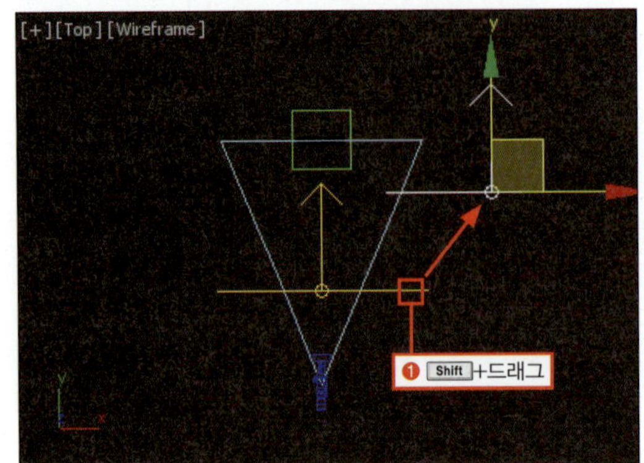

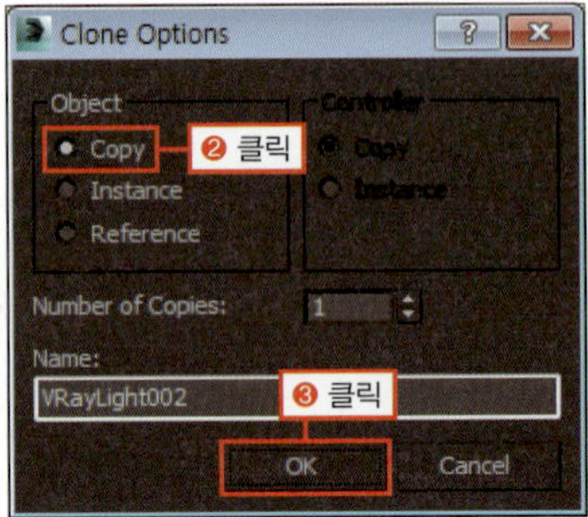

복사된 VRayLight의 Move 좌표에 다음 값을 입력
하여 위치를 조절하고 Z축을 기준으로 60도 회전
하여 Light가 오브젝트를 향하도록 합니다.

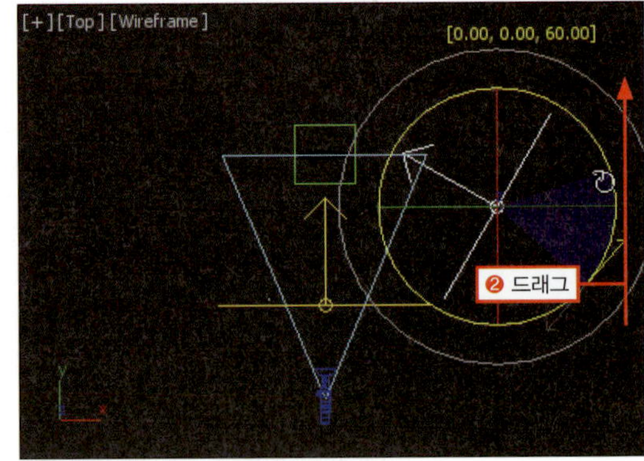

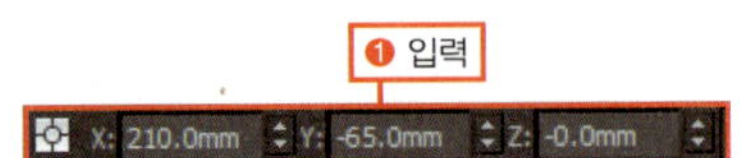

[Select and Move] 버튼(⊕)을 활성화한 후 Main Toolbar의 [Mirror] 버튼(◪)을 클릭합니다. X축을
기준으로 Instance 복사를 실행하고 복사된 Light의 X좌표에 '-210'을 입력하여 위치를 다음과 같이
조절합니다.

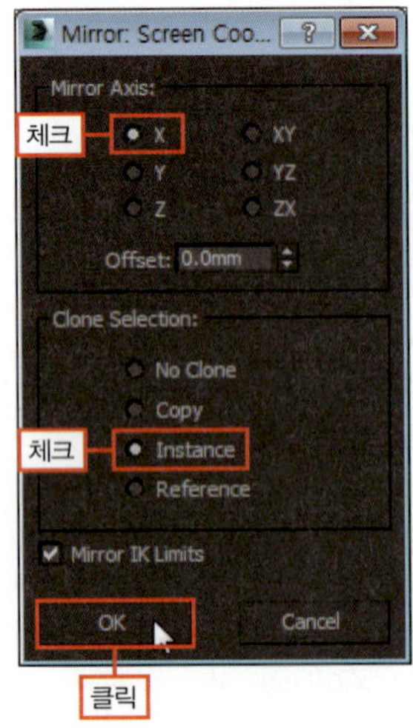

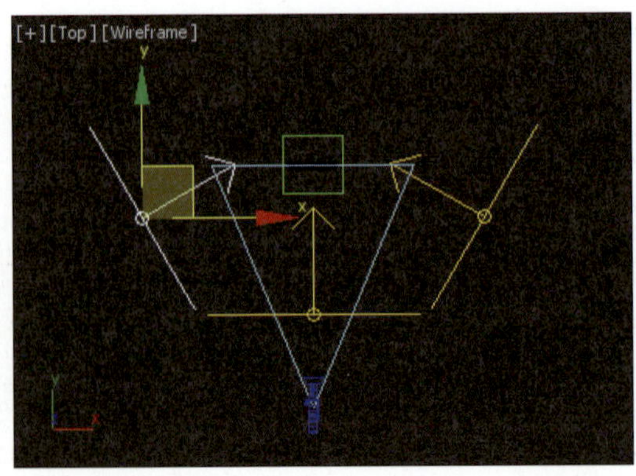

7 좌 · 우 VRayLight 설정

복사한 VRayLight의 설정을 다음과 같이 변경합니다.

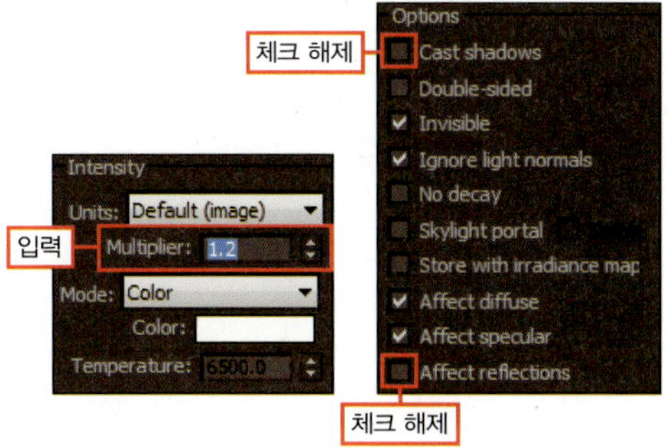

8 Top VRayLight 설치

Top View에서 정사각형 형태의 VRayLight를 다음과 같이 설치하고 다음 좌표를 입력하여 위치를 조절합니다.

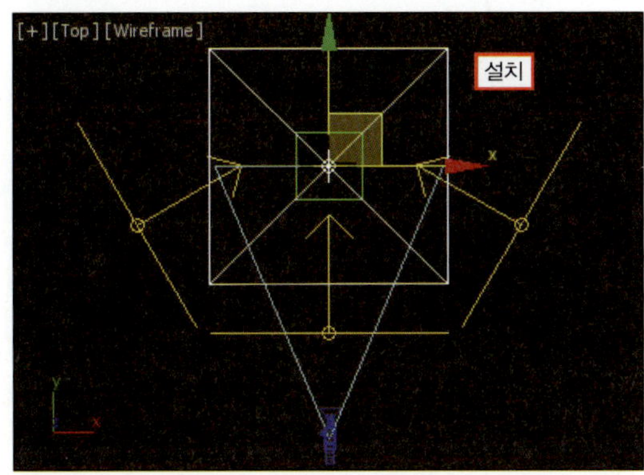

설치한 VRayLight의 설정을 다음과 같이 변경합니다.

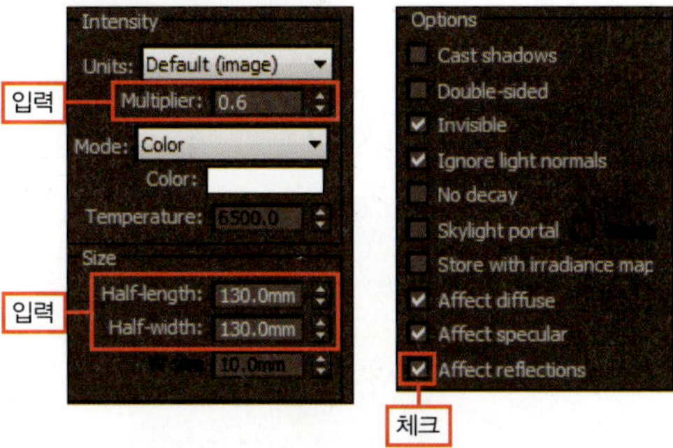

9 VRaySoftbox 적용

제품 정면에 설치했던 'VRayLight001'을 선택하여 Parameters를 확인합니다.

Texture에 적용된 [VRaySoftbox] 버튼(Map #18 (VRaySoftbox)) 위에서 마우스 오른쪽 버튼을 클릭하면 메뉴 화면이 팝업됩니다. Copy를 선택하고 장면의 상단에 설치한 'VRayLight004'를 선택하여 동일한 위치에 붙여 넣습니다. VRaySoftbox를 적용한 Light 설치를 모두 완료합니다.

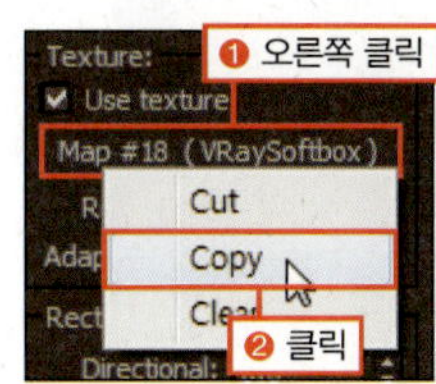

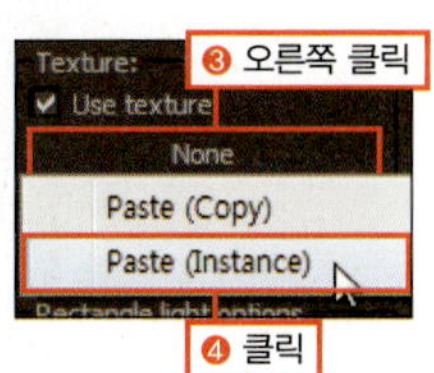

⑩ Omni Light 설치

Time Slide를 이용하여 465Frame으로 이동합니다.

465Frame의 Top View에서 Omni Light를 설치하고 Move 좌표에 다음 값
을 입력하여 위치를 조절합니다.

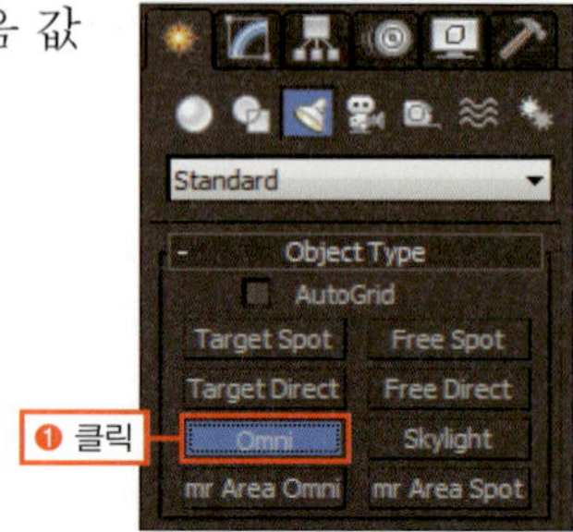

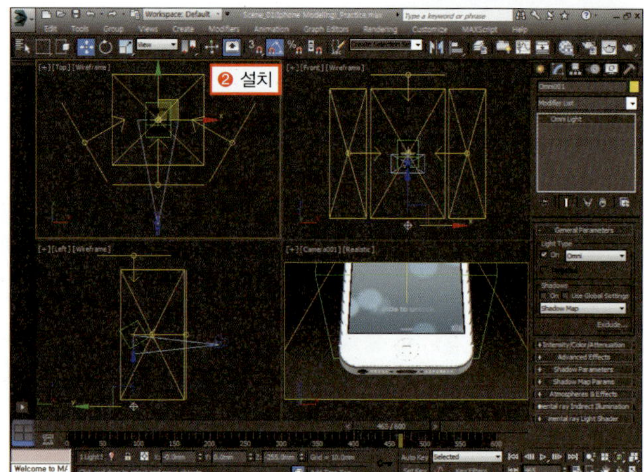

설치한 Omni Light의 설정을 다음과 같이 변경합니다. Advanced Effects를 다음과 같이 체크하여
Specular에만 영향을 주도록 설정합니다.

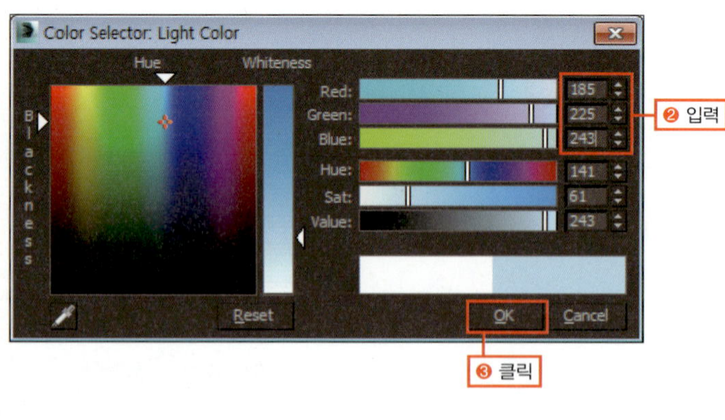

🔢 Dummy에 연결

Left View에서 Main Toolbar의 [Select
and Link] 버튼(🔗)을 활성화하고 설치
한 Omni Light를 Dummy에 연결합니다.
Dummy에 연결된 Omni Light는 제품과
같이 움직이면서 제품 하단에 은은하게
비춰지는 포인트 라이트 역할을 하게 됩
니다.

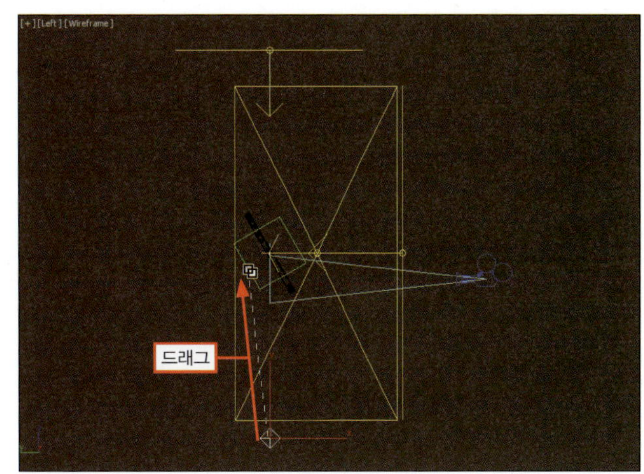

:: Background에 Map 적용하기

🔢 Environment Map 설정

Menu Bar>Rendering>Environment를 선택하면 Background를
설정할 수 있는 화면이 팝업됩니다.

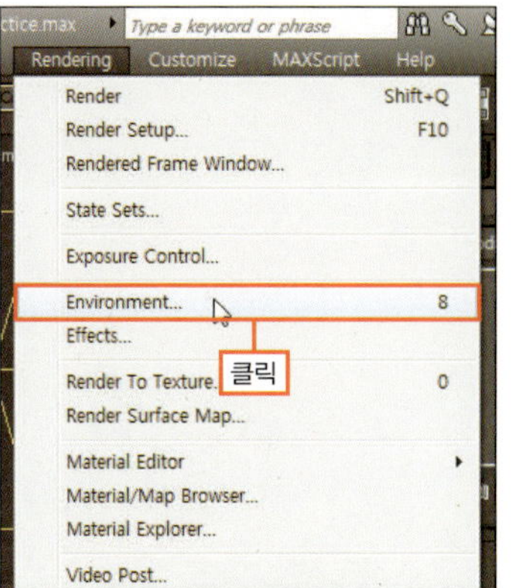

🔢 Gradient Ramp를 적용

[None] 버튼(None)을 클릭하
여 Standard Map의 Gradient
Ramp를 적용합니다.

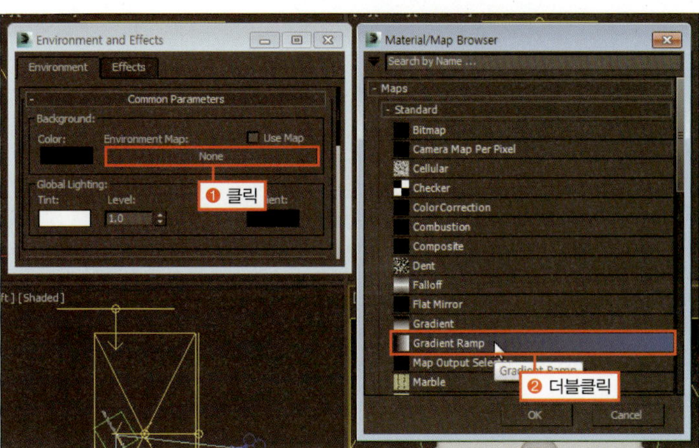

키보드의 M을 눌러 Material Editor를 팝업한 후 Environment에 적용된 [Gradient Ramp Map] 버튼(Map #19 (Gradient Ramp))을 Material Editor의 View에 드래그하여 복사합니다.

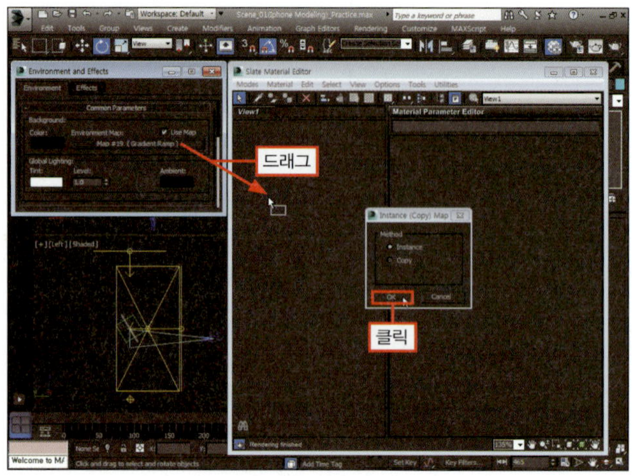

❸ Gradient Ramp Map 설정

복사된 Gradient Ramp 재질의 상단을 더블클릭하여 설정을 다음과 같이 변경합니다.

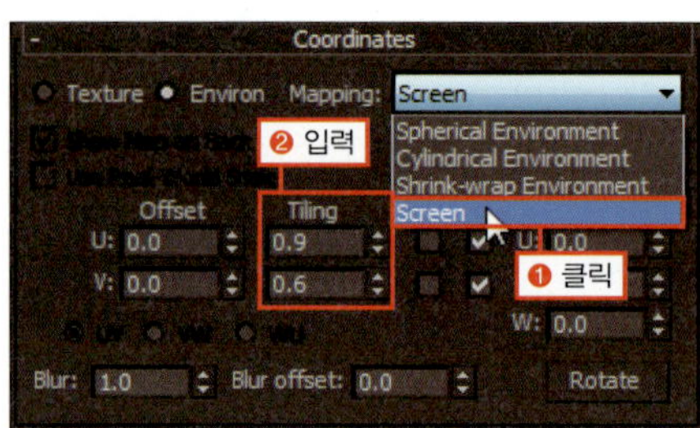

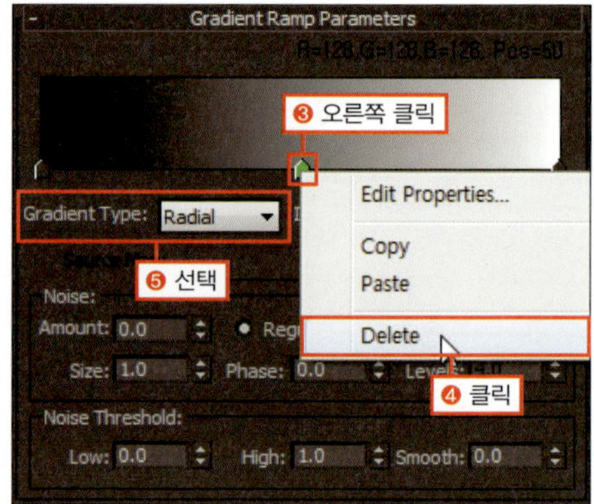

양끝의 Color Mark를 더블클릭하여 값을 다음과 같이 변경합니다.

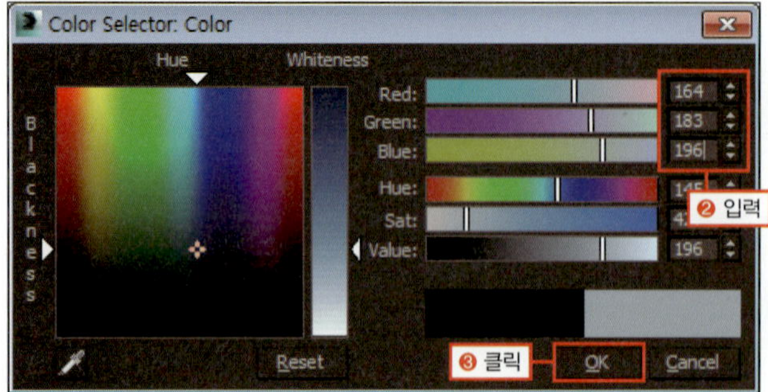

▲ 좌측 Color값

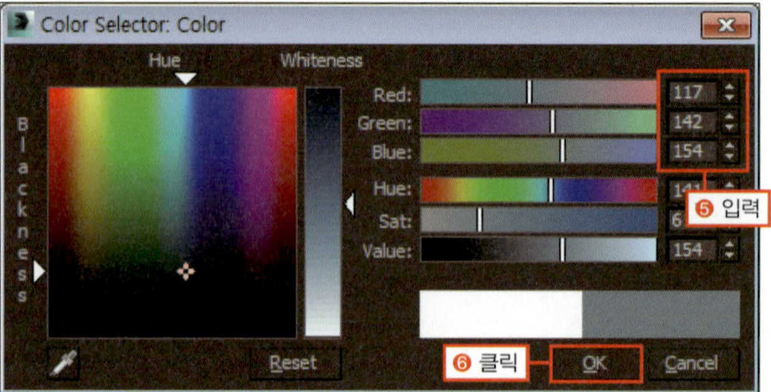

▲ 우측 Color값

Environment에 편집한 Gradient Ramp Map이 적용되어 배경이 다음과 같이 렌더링됩니다.

:: 금속 재질에 HDRI가 포함된 환경 맵 적용하기

앞 단계에서 적용한 Gradient Ramp Map은 Reflect값이 있는 재질의 오브젝트 표면에 반사되도록 설정되어 있습니다. Gradient Ramp Map을 사실적인 환경의 느낌을 표현할 수 있는 HDRI Map과 Mix하여 좀 더 자연스러운 금속느낌이 표현될 수 있도록 설정해봅니다.

1 Mix Map 적용

Material Editor에서 Aluminum_matt VRayMtl을 더블클릭으로 선택하고 Maps Rollout의 [Environment None] 버튼(None)을 클릭합니다. Map Browser가 팝업되면 Mix를 선택하여 적용합니다.

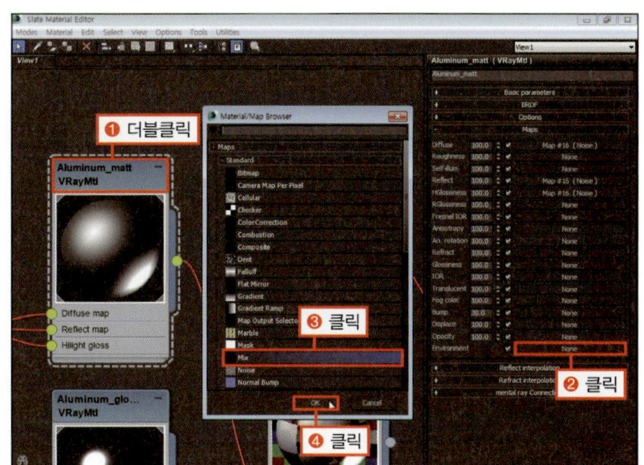

적용된 Mix Map을 선택하고 바로 이전 단계에서 Environment에 적용한 Gradient Ramp Map을 근처로 가져와 그림과 같이 Color 1에 연결합니다.

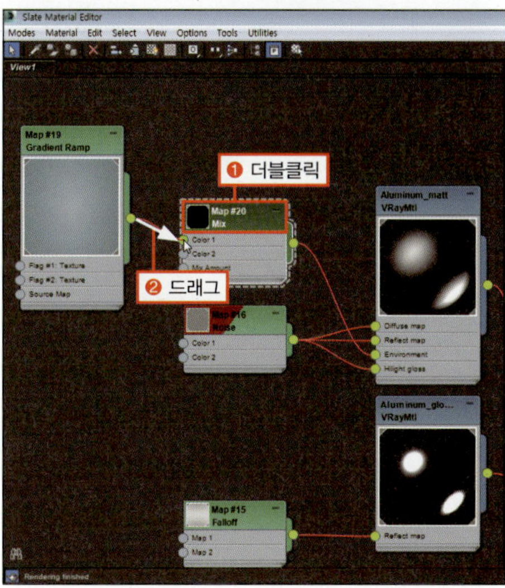

HDRI 이미지는 bobgroothuis.com 사이트에서 무료로 제공되는 파일을 사용합니다. 아래 경로에서 FREE HDRI 360°-006의 Backyard 파일을 다운로드합니다. 해당 사이트의 다른 HDRI Map 또는 자신이 가지고 있는 HDRI Map을 사용하여 또 다른 느낌의 환경을 구성할 수도 있습니다.

▲ 장면에 사용된 HDRI 이미지

[MEMO · HDRI 이미지 출처 : http://www.bobgroothuis.com/ blog/2012/05/free-hdri-360-hdri-339w/]

3 VRayHDRI 적용

Color #2의 [None] 버튼(None)을 클릭하여 VRayHDRI를 적용합니다.

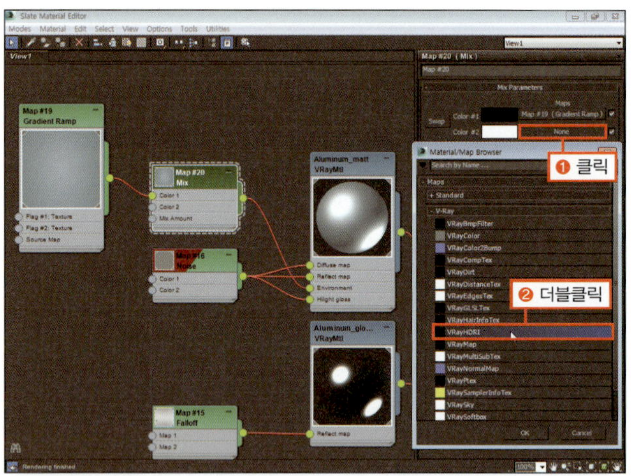

Color #2에 적용된 VRayHDRI를 선택하여 [Browser] 버튼(Browse)을 클릭하여 다운로드한 'Backyard_Ref.hdr' 파일을 불러온 후 Mapping type을 Spherical로 변경합니다.

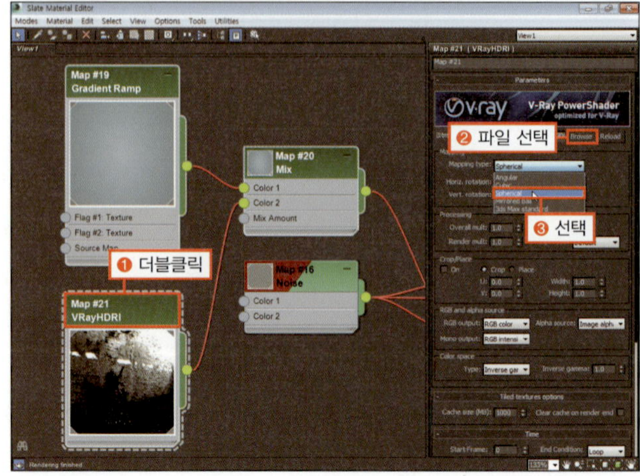

4 Mix Map 설정 및 적용

Gradient Ramp와 VRayHDRI가 적용된 Mix Map노드를 더블클릭으로 선택하고 Mix Amount값에 '30'을 입력합니다. 입력한 값에 의해 두 가지 Map이 혼합되어 표현됩니다.

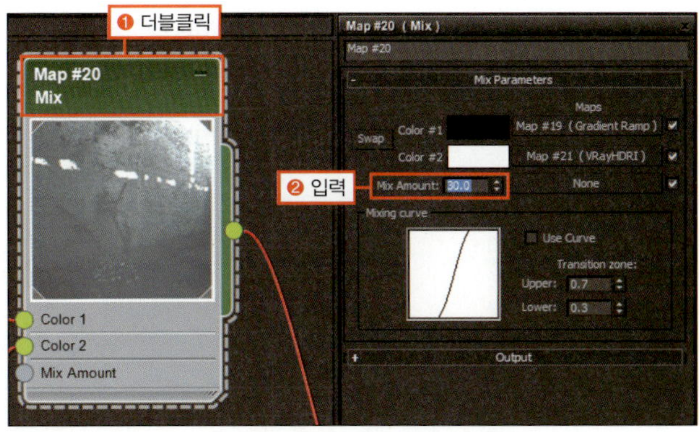

Mix Map의 상위 레벨인 Aluminum_matt VRayMtl을 선택한 후 Environment에 적용된 Mix Map을 마우스 오른쪽 버튼을 클릭하여 복사하고 Aluminum_glossy VRayMt의 동일한 위치에 Instance로 붙여 넣습니다.

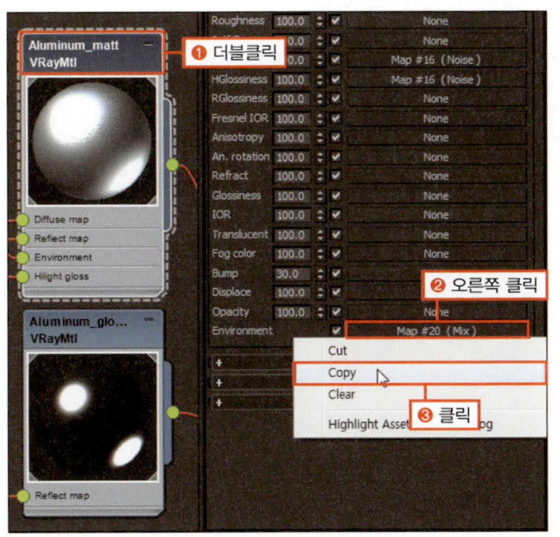
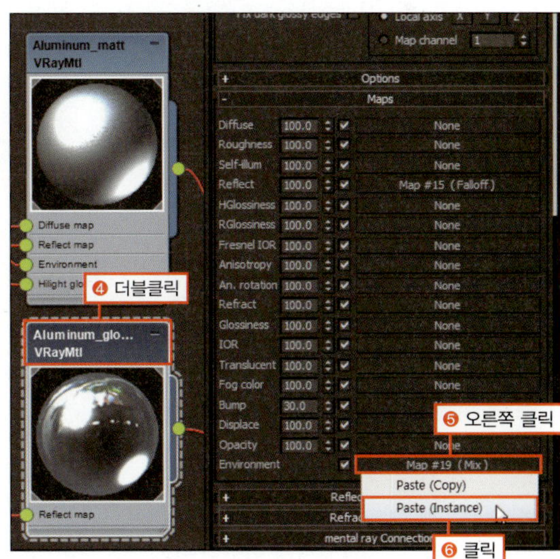

Material Editor에 세팅된 재질 중에서 Aluminum_dark VRayMtl도 더블클릭하여 선택하고 복사된 Mix Map을 동일하게 붙여 넣습니다.

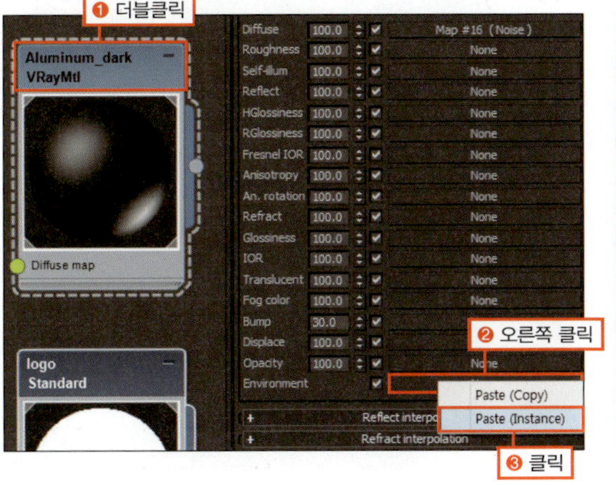
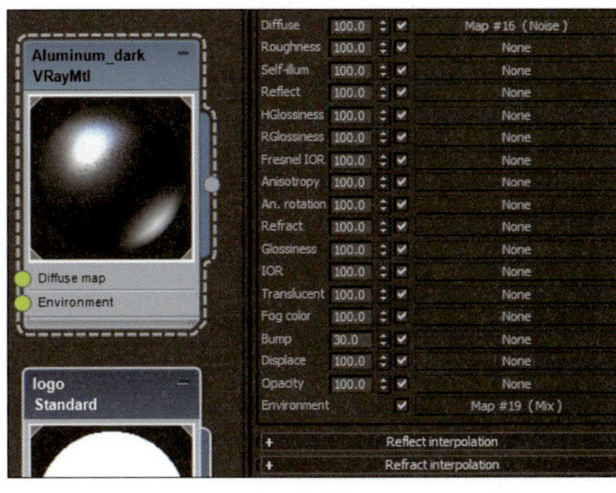

선택한 재질의 Environment 항목에 Map을 적용하면 Background의 설정과 관계없이 각 재질의 Environment에 적용된 Map이 반사에 사용됩니다. 전체 재질에 영향을 미치고 있는 Background의 설정을 부분적으로 다르게 적용하고자 할 때 유용합니다.

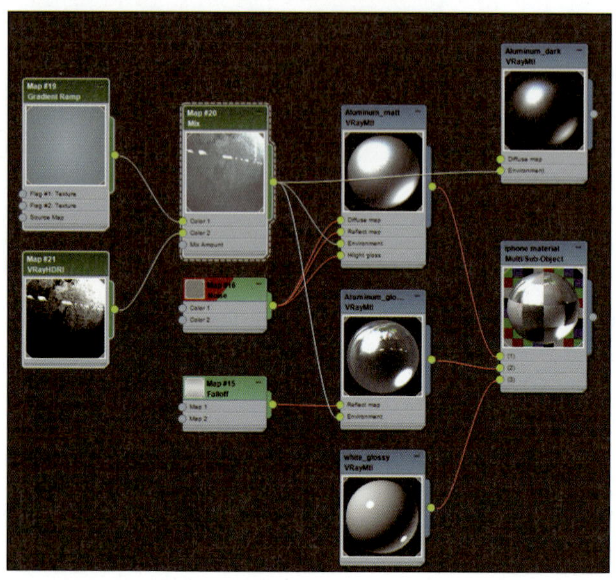

02 Animation이 적용된 전체 Frame을 Rendering하고 결과물 확인하기

재질 설정을 마지막으로 Rendering을 위한 모든 환경 세팅을 완료했습니다. 이제 전체 장면을 렌더링하고 최종 결과물을 확인하겠습니다.

:: Frame buffer의 Color Corrections 설정하기

1 Frame buffer의 Color Corrections

[Render Production] 버튼(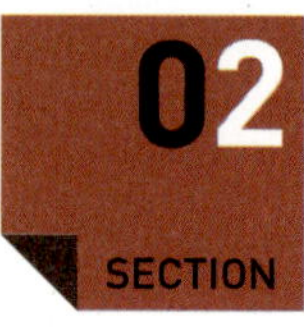)을 클릭하여 Frame buffer에 렌더링된 결과물을 확인합니다.

렌더링이 진행되는 동안 VRay frame buffer의 하단 버튼을 다음과 같이 활성화하고 Color Corrections에서 최종 이미지의 Color를 조절합니다.

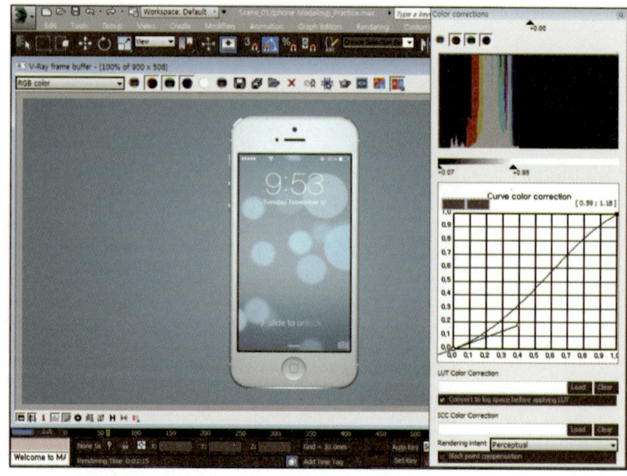

:: 전체 Frame을 Rendering 및 저장하고 결과물 확인하기

❶ DMC Sampler 설정

키보드의 F10을 눌러 Render Setup 화면을 팝
업하고 다음과 같이 최종 설정을 진행합니다.
렌더링 시간이 좀 더 소요되지만 subdivs값을
올려 좀 더 깨끗한 결과물을 얻도록 합니다.

❷ Range 설정

Active Time Segment를 체크하여 활성화되어
있는 모든 Frame이 렌더링되도록 설정합니다.

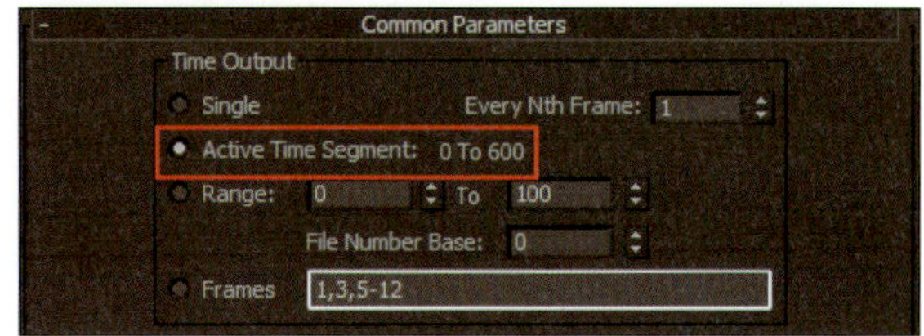

❸ 시퀀스 이미지 저장

VRay frame buffer의 Color Corrections이 적
용된 시퀀스 이미지를 저장하기 위해 Split
Render Channels에서 Save separate render
channels를 체크합니다. [Browser] 버튼을
클릭하여 시퀀스 이미지가 저장될 경로에 폴
더를 하나 만들고 이름과 포맷을 지정합니
다. Save alpha를 체크하면 같은 경로에 alpha
channel 이미지가 동시에 저장됩니다.

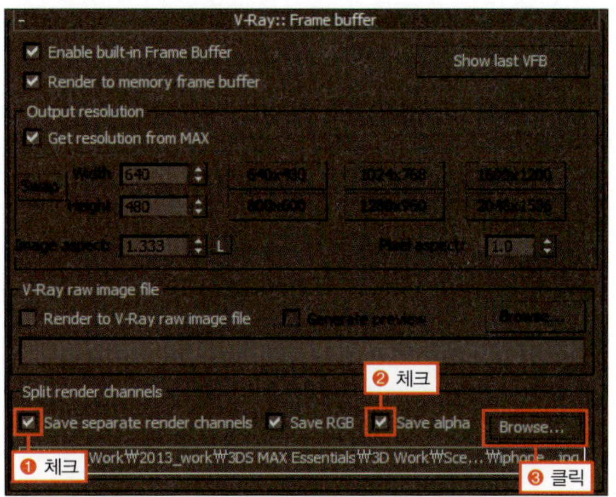

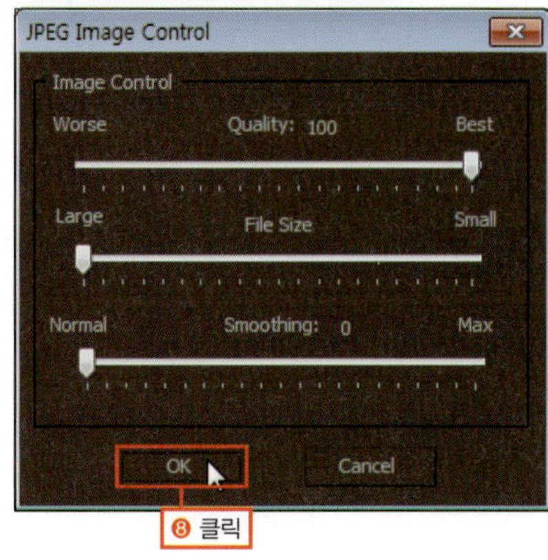

④ 렌더링 실행

Camera001 View를 확인하고 [Render Production] 버튼(■)을 클릭하여 렌더링을 실행합니다.
V-Ray frame buffer에 별도로 저장될 경로를 지정하였으므로 [예] 버튼을 누르고 렌더링을 계속 진
행합니다.

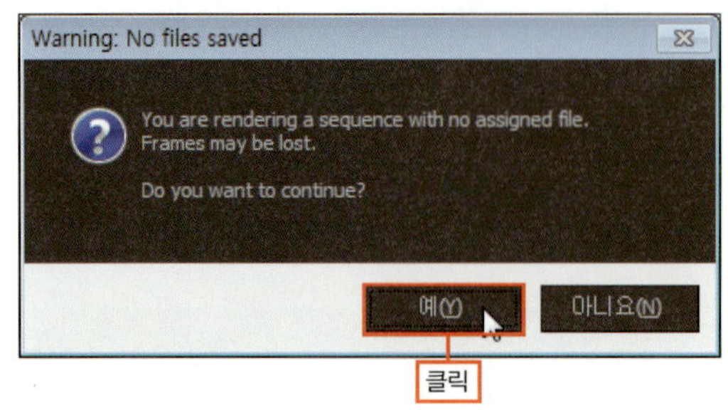

⑤ RAM Player 열기

렌더링이 완료되면 Menu Bar>Rendering>Compare Media in
RAM Player를 선택합니다.

⑥ 결과물 불러오기

RAM Player가 팝업되면 Channel A의 [Open] 버튼
(■)을 클릭하여 렌더링된 결과물이 있는 폴더에서
'iphone_.RGB_color.0000.jpg' 파일을 불러옵니다.

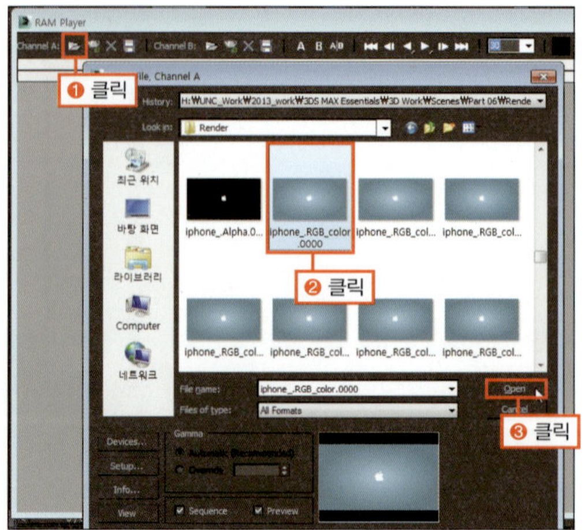

7 Loading File

화면이 팝업되면 각각 [OK] 버튼을 클릭하여
Loading File을 진행합니다.

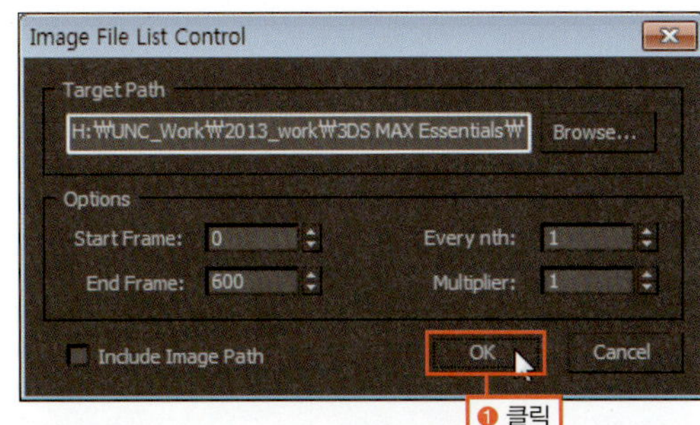

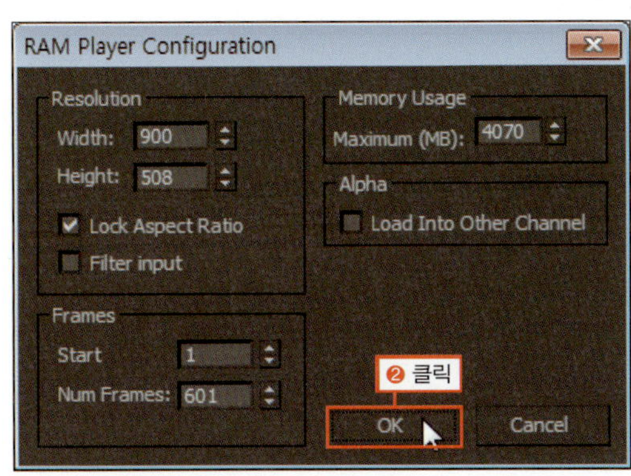

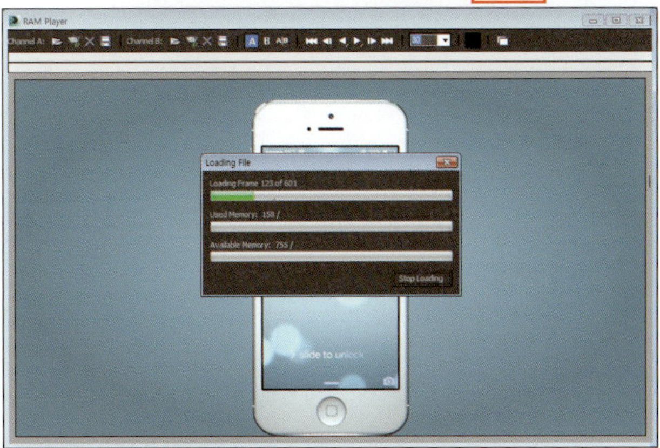

8 최종 렌더링 결과물 확인

Loading File이 완료되면 [Play] 버튼(▶)
을 클릭하고 최종 렌더링 결과물을 확인
합니다.

07 PART

VRay의 Caustics에 대해 알아보고 기능을 활용하여 다양한 이미지를 제작해보자!

Caustics란, 빛이 물체에 반사되거나 투명한 재질에 의해 굴절되고 산란하여 생기는 모양을 말합니다. 강한 햇빛이나 조명이 물, 유리컵, 금속 소재 등에 비쳐지면 물체가 가지고 있는 고유의 형태에 의해 독특한 빛의 모양을 만들어 냅니다. VRayRender에서는 이러한 효과를 Caustics의 기능을 활용하여 표현할 수 있습니다. 이번에는 Caustics를 생성하는 방법과 이를 활용하는 방법에 대해 알아보겠습니다.

PART contents

유리컵 오브젝트를 활용하여 VRayRender의 Caustics에 대해 알아보기

PREVIEW

VRay에서 Caustics가 생성되는 모양은 오브젝트의 형태에 가장 큰 영향을 받게 됩니다. 오브젝트의 곡선 디자인이 아름답거나 독특할 때 의도하지 않은 빛의 모양을 그려내기도 합니다. Caustics을 표현하기 위해 기본적으로 렌더링에서의 많은 연산 시간이 요구되므로 컨트롤하기가 까다로운 편이지만 각 세부 기능들을 테스트해보고 결과물에 미치는 영향을 잘 알아둔다면 이미지를 효율적으로 제작할 수 있을 것입니다.

유리컵을 모델링하고 Caustics 생성을 위한 환경 구성하기

SECTION 01

Spline을 활용하여 간단한 유리컵을 만들고 Light와 Material을 적용하여 Caustics가 생성될 수 있는 기본적인 환경을 구성합니다.

:: 이번 예제에 사용할 3ds MAX File의 Units/Gamma Setup

01 Menu Bar>Customize>Units Setup을 통해 다음과 같이 Unit을 세팅합니다.

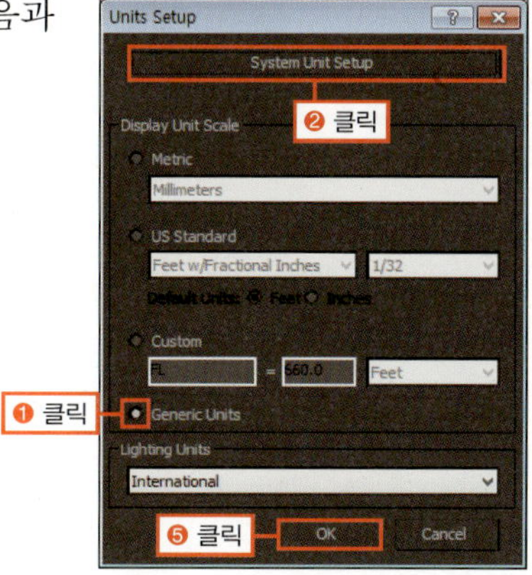 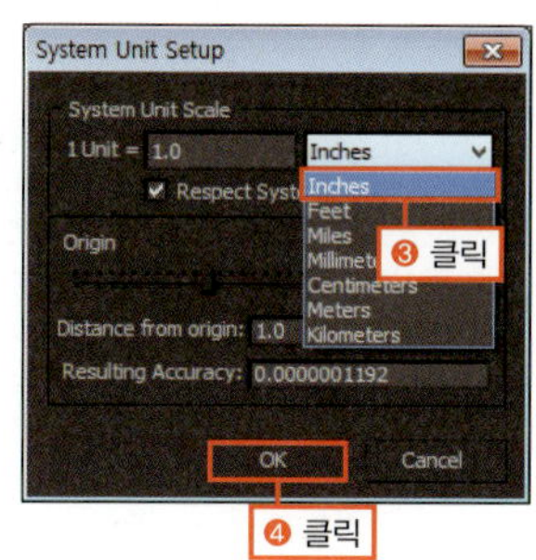

02 Menu Bar>Rendering>Gamma/LUT Setup을 통해 다음과 같이 Gamma를 비활성화합니다.

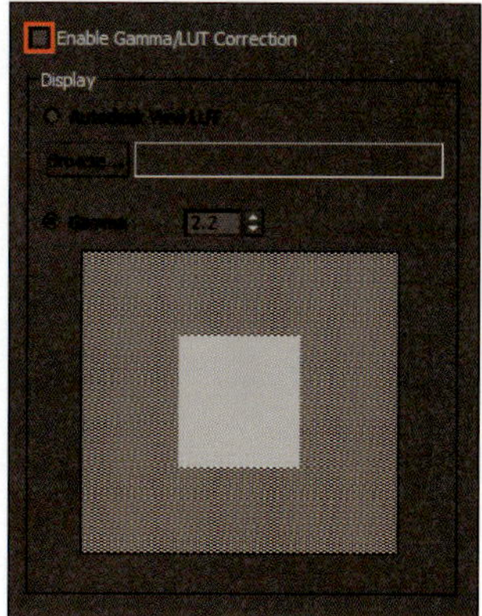

MEMO · 부록 CD의 3ds MAX File을 Open 또는 Import할 때 본인이 사용하는 3ds MAX의 Units/Gamma Setup을 위 사항과 동일하게 세팅하면 파일이 문제 없이 호환됩니다.

:: 유리컵, 바닥 모델링

■ File Open

부록 CD의 Part 07>Lesson 01 폴더에서 'Scene_01(Glass Cup Spline).max' 파일을 불러옵니다. 장면에는 유리컵의 단면으로 사용할 Spline 오브젝트가 세팅되어 있습니다. 효율적인 진행을 위해 미리 준비해둔 것이므로 이번 예제를 모두 마친 후 주변에 있는 유리컵 중 한 가지를 선정하여 직접 컵 오브젝트를 만들고 이후 과정들을 적용해볼 것을 권장합니다.

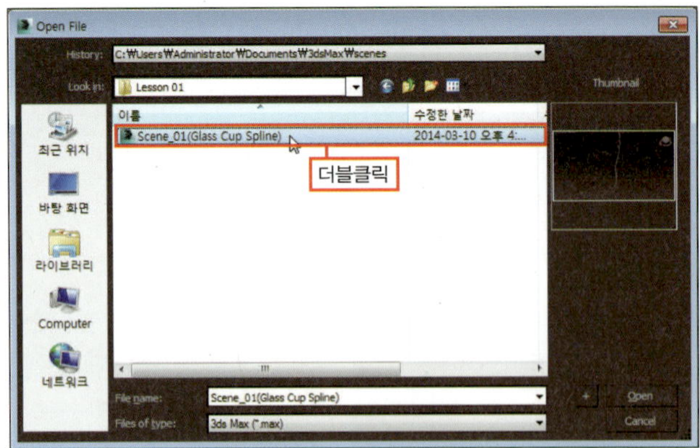 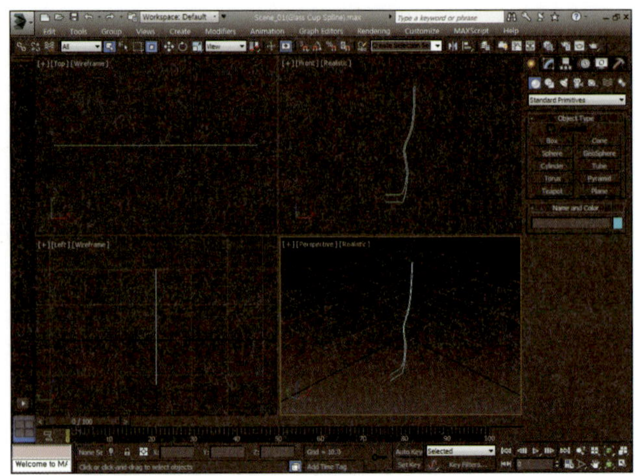

② Lathe Modifier 적용

Front View에서 'Shape001' 오브젝트를 선택한 후 Command Panel의 Modify>Modifier List에서
Lathe Modifier를 적용합니다.

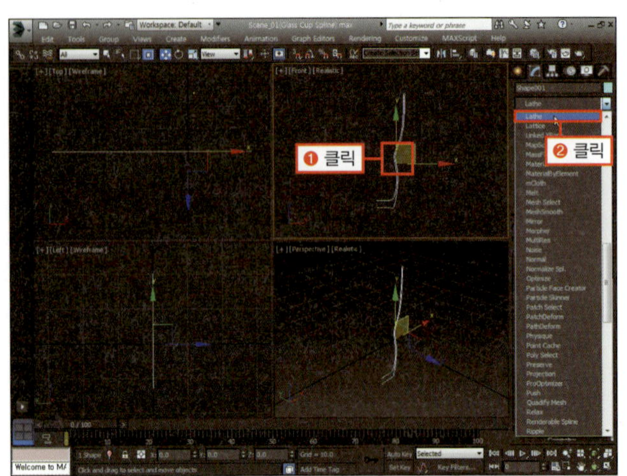

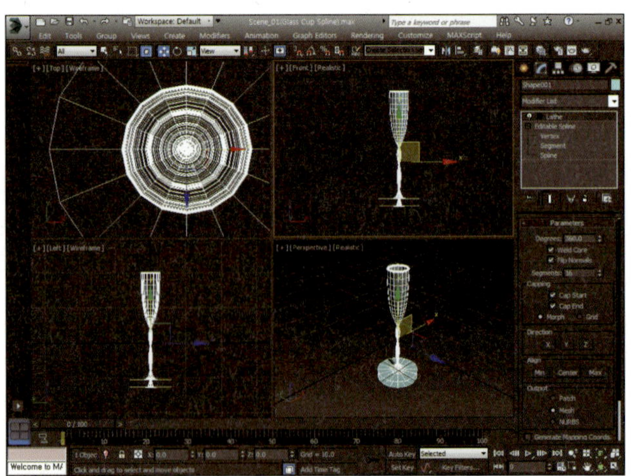

단축키 Alt + W 를 눌러 화면을 확장한 후 Lathe의 Parameters를 다음과 같이 설정합니다.

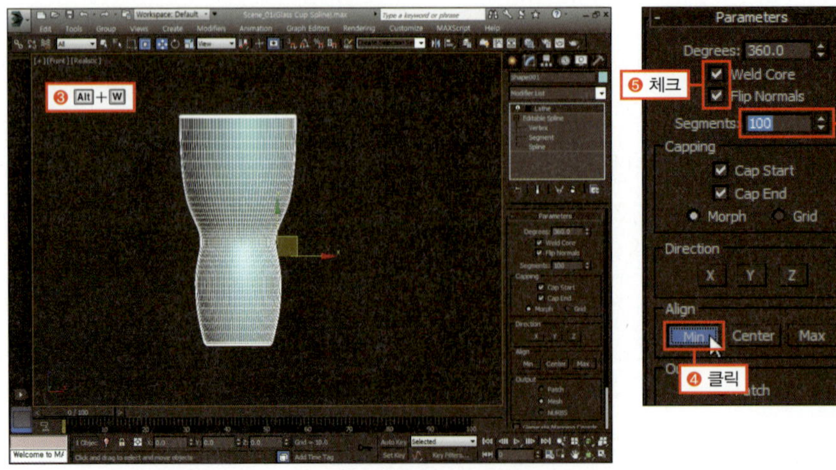

Editable Spline으로 돌아가서 [Show end result on] 버튼(■)을 활성화한 후 Interpolation의 Steps 값에 '25'를 입력하여 오브젝트의 곡선이 부드러워지도록 조절합니다.

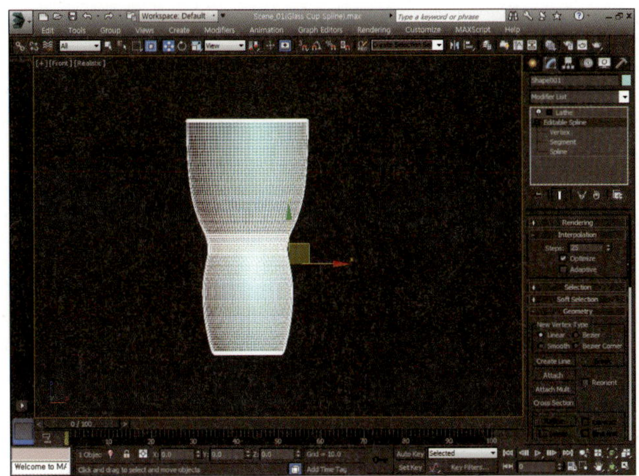
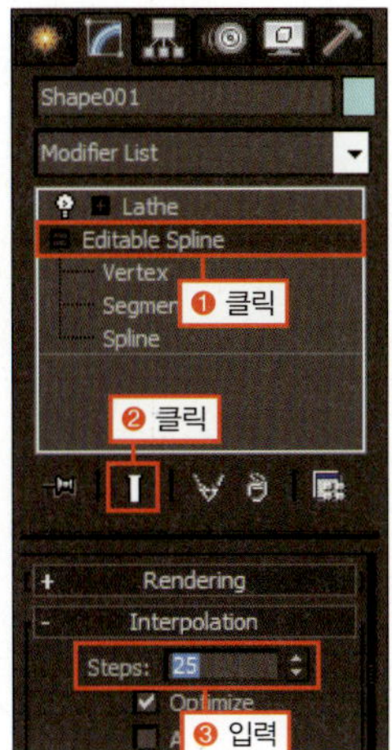

간단한 과정을 통해 Caustics 테스트에 사용할 유리컵 모델링을 완료했습니다. 이후 Caustics가 적용될 때 빛이 오브젝트에 굴절 및 확산되며 렌더링되기 때문에 오브젝트의 Polygon 개수가 부족하면 생성되는 빛의 모양이 각지게 표현될 수 있습니다. 충분한 Polygon을 사용하여 빛의 모양이 부드럽게 렌더링될 수 있도록 준비합니다.

4 Plane 생성

Top View에서 Create Panel의 [Plane] 버튼(　Plane　)을 활성화한 후 KeyboardEntry Rollout에서 다음 값을 입력하고 [Create] 버튼(　Create　)을 클릭하여 오브젝트가 놓일 바닥을 생성합니다.

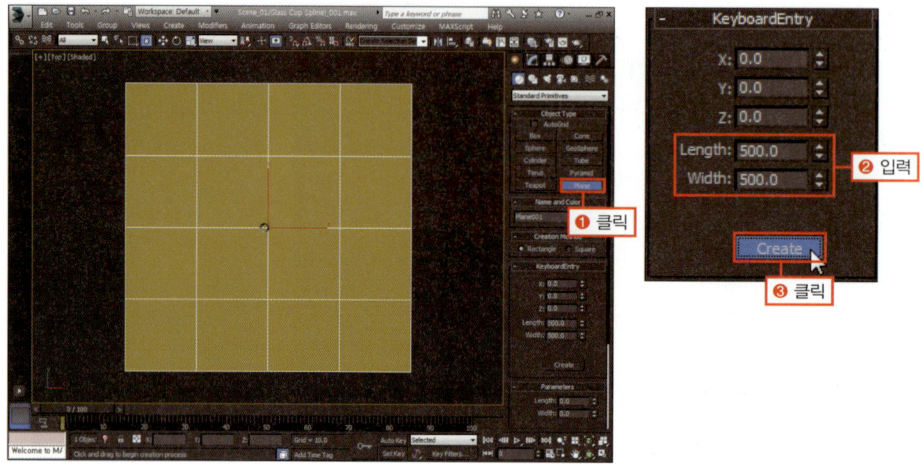

5 컵 위치 조절

Front View에서 컵 오브젝트를 선택한 후 생성된 바닥면의 위에 놓일 수 있도록 위치를 조절합니다. 이때 바닥면과 컵이 겹치지 않도록 주의합니다.

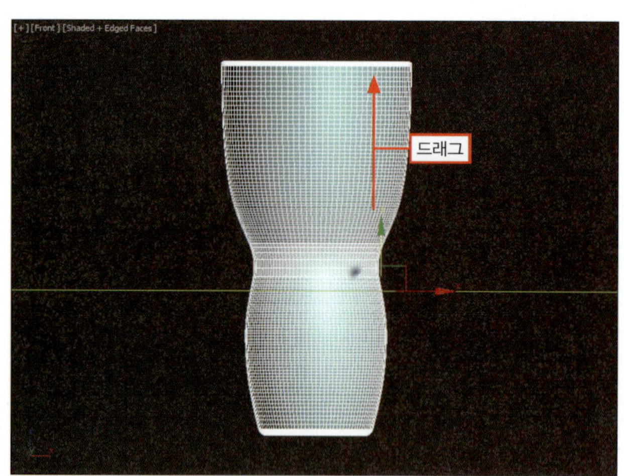

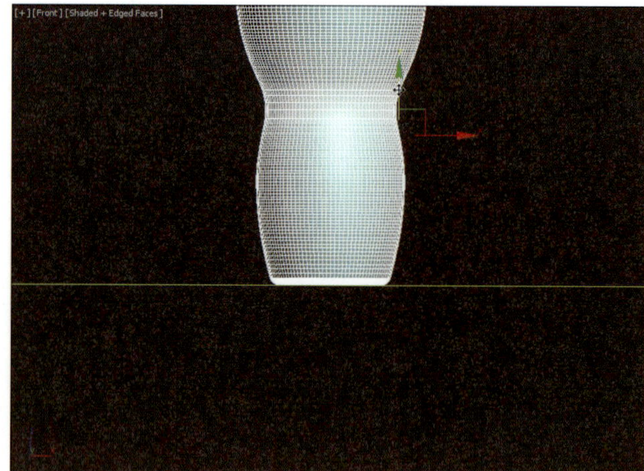

:: 기본 Render Setup과 Light 설치

1 Assign Renderer

키보드의 F10을 눌러 Render Setup 창을
팝업합니다. Common Panel의 Assign
Renderer Rollout에서 다음과 같이
VRayRender를 선택합니다.

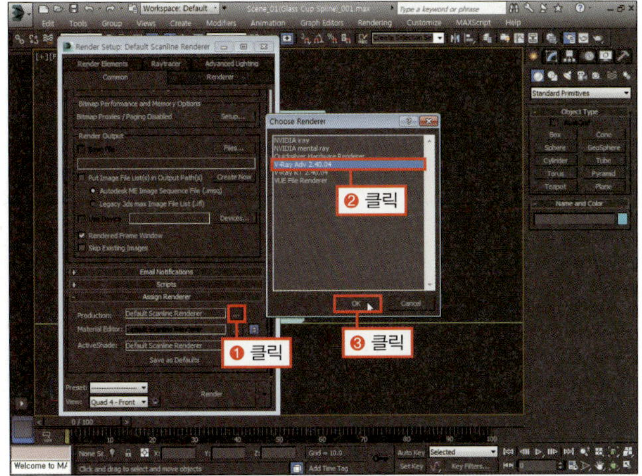

2 Output Size 설정

Common Panel의 Output Size에서 테스트
용 이미지의 사이즈를 입력합니다. [Lock]
버튼(🔒)을 활성화하여 이후에 사이즈를
변경해도 비율은 고정될 수 있도록 설정
합니다.

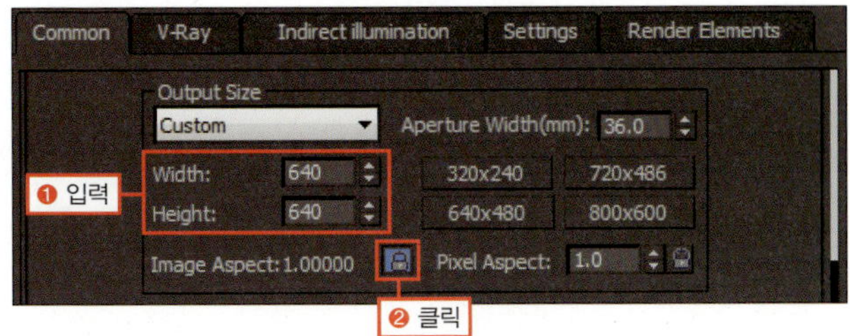

3 Target Spot Light 설치

Top View에서 Target Spot을 선택하여 장면에 설치합니다.

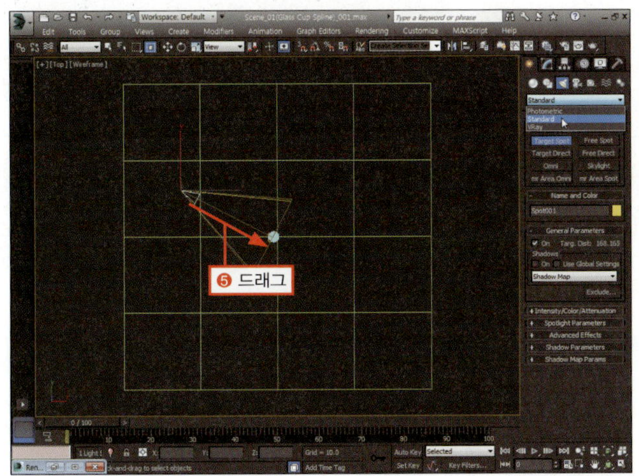

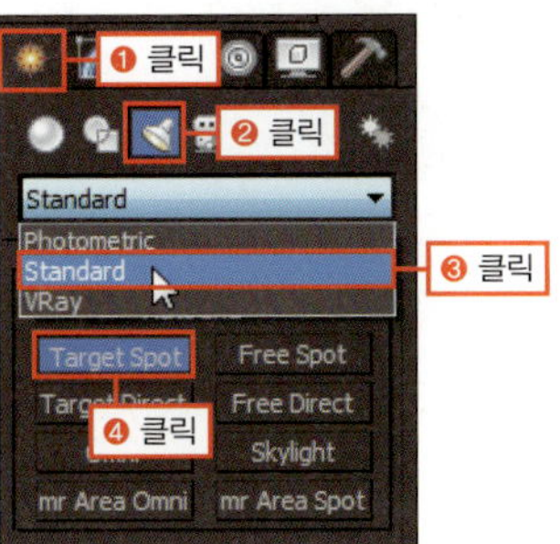

키보드의 F 를 눌러 Front View로 전환한 후 Y좌표 방향으로 Light의 위치를 그림과 같이 조절합니다. 키보드의 P 를 눌러 Perspective View로 전환하고 Ctrl + R 을 눌러 View를 회전합니다.

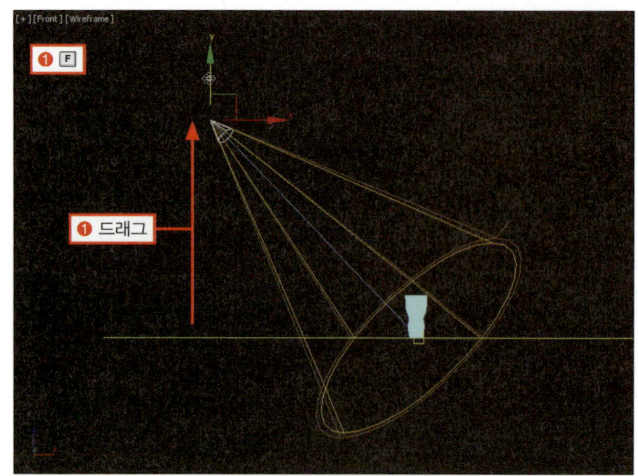
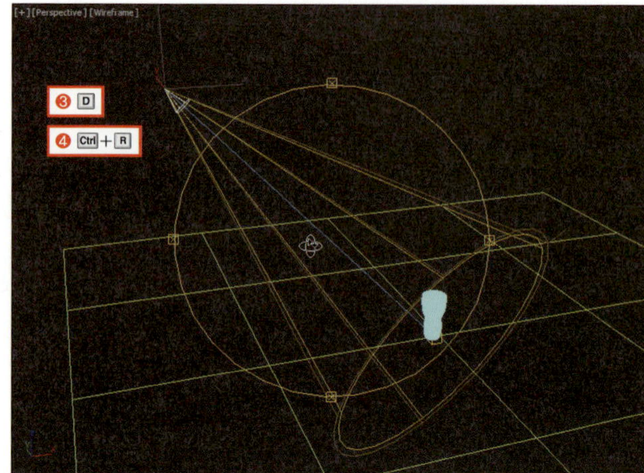

4 Viewport Realistic

Viewport 좌측 상단을 다음과 같이 클릭하여 View 상태를 Realistic으로 변경합니다. 이제 빛의 범위와 그림자 방향 등을 Viewport에서 직접 확인할 수 있습니다.

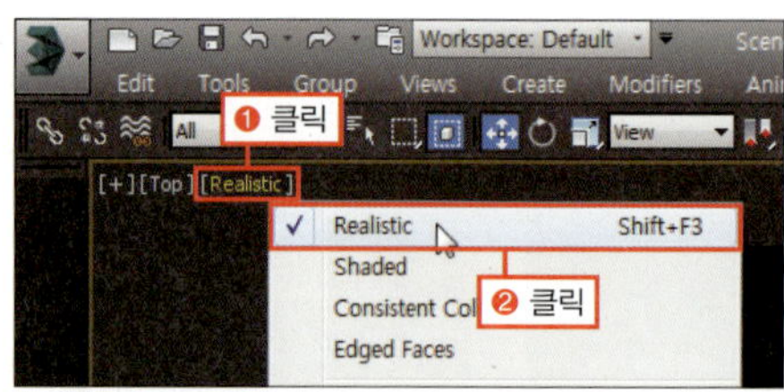
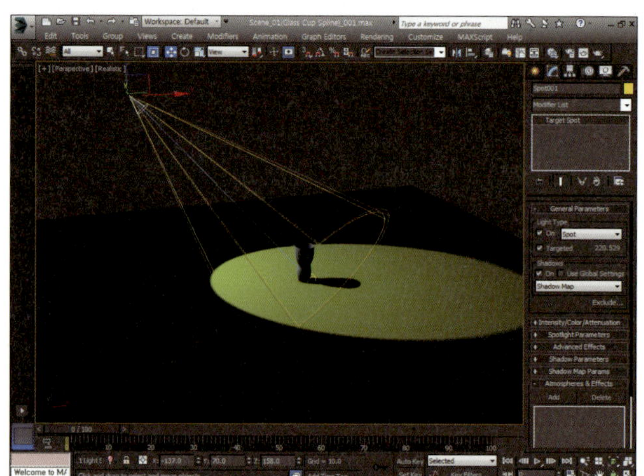

View 상태를 Realistic으로 변경해도 장면에 설치된 Light가 실시간으로 적용되지 않는 경우가 있습니다. 이때에는 Viewport 좌측 상단의 [+] 버튼을 클릭한 후 메뉴에서 Configure Viewports 설정 창을 팝업합니다. Light and Shadows에서 Scene Lights에 체크되어 있는지 확인한 후 [OK] 버튼을 클릭하면 Viewport에서 Light 상태를 실시간으로 확인할 수 있습니다.

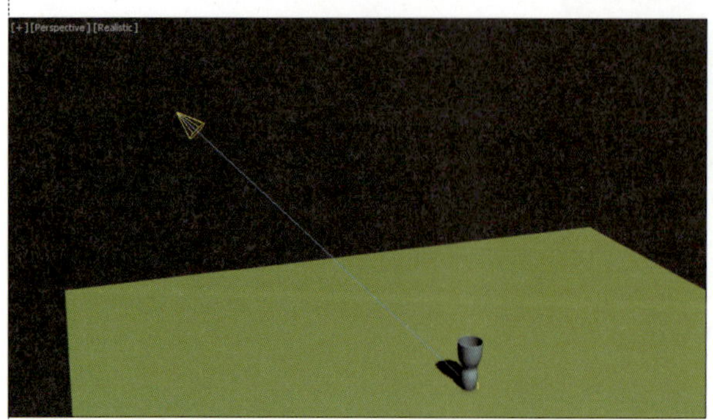
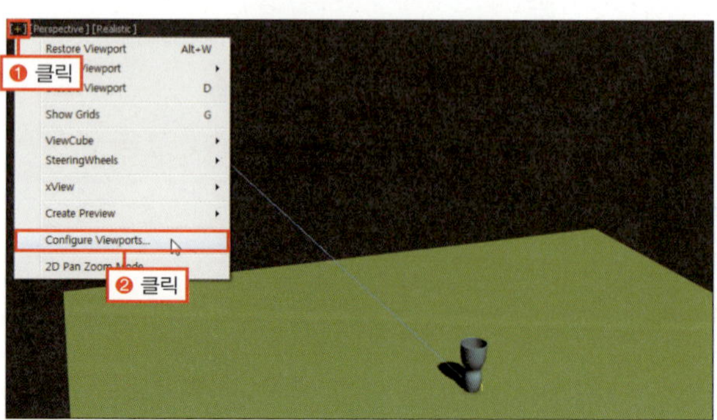

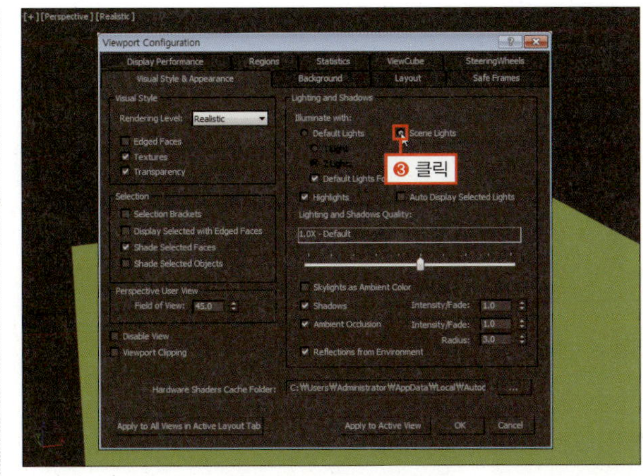
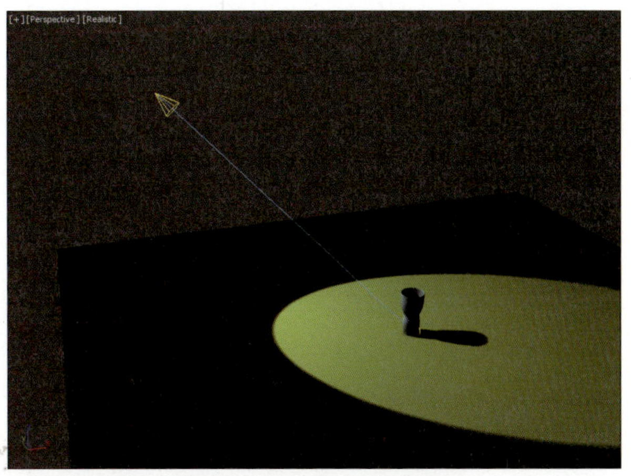

Target Spot을 선택한 후 General Parameters 에서 Shadow를 체크하여 활성화합니다. Move Gizmo를 이동하면 빛과 그림자의 방향이 실시간으로 바뀌는 것을 확인할 수 있습니다.

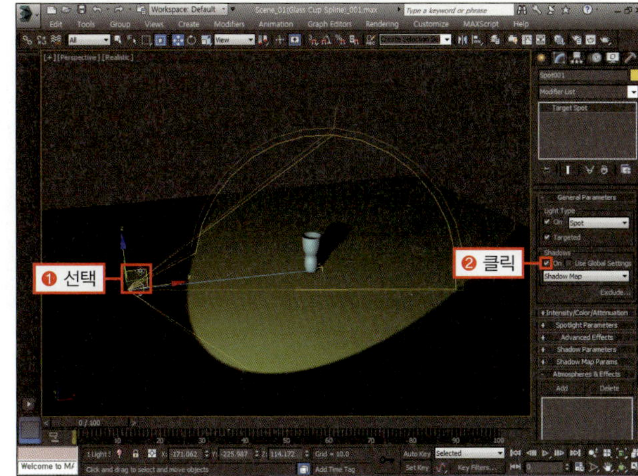

5 Light 위치 조절

Light와 Target의 좌표에 각각 다음 값을 입력하여 위치를 조절합니다. 적절한 높이에서 유리컵을 약간 비스듬하게 비추도록 설정하여 그림자와 Caustics가 조금 길게 형성되도록 합니다.

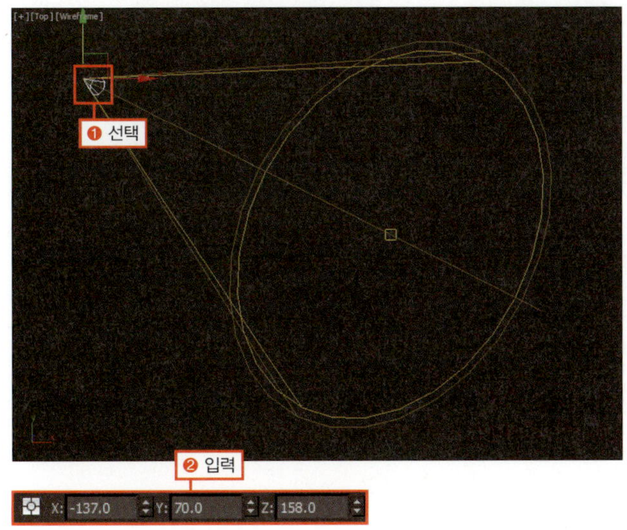
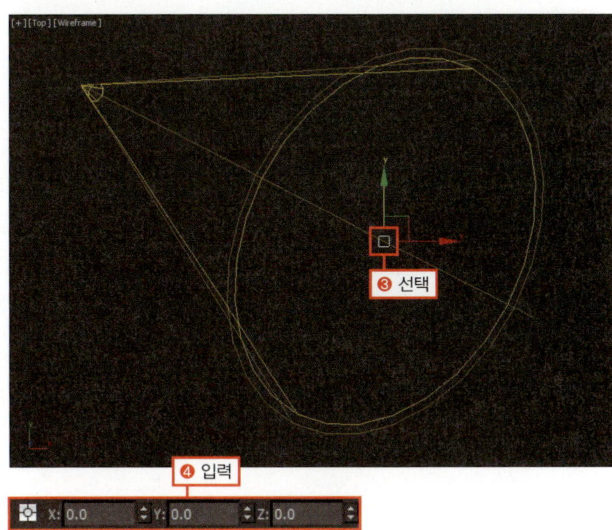

⑥ Light 설정

'Spot001' Light를 선택한 후 Modify Panel에서 다음과 같은 설정을 적용합니다. VRayShadow를 선택한 후 Area shadow를 활성화하여 자연스럽게 퍼지는 그림자가 생성되도록 합니다. Decay의 타입은 Inverse로 선택한 후 값을 입력하여 오브젝트 가까이에서 빛이 점점 감쇠되도록 설정합니다. Light Cone의 값을 다음과 같이 입력하여 빛의 범위를 조절합니다. 설정 시 Viewport에 적용되는 Light의 변화를 잘 확인합니다.

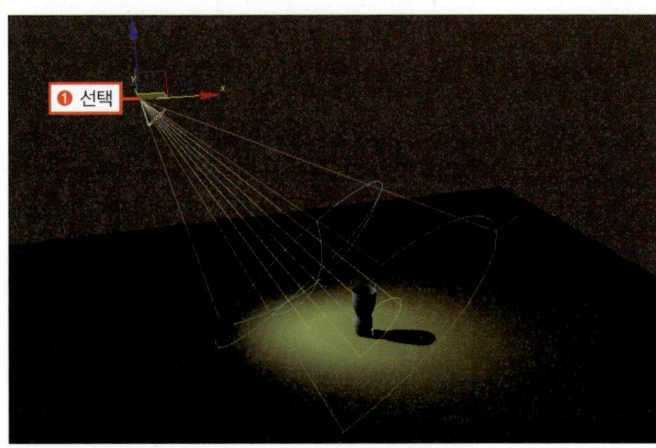

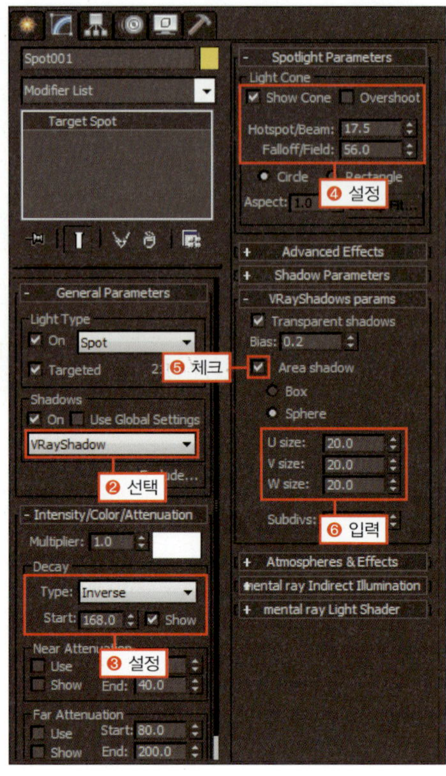

:: Camera View 설정

① Target Camera 설치

단축키 Shift + F 를 눌러 Safe Frame이 보이도록 한 후 마우스 휠 버튼과 [Orbit SubObject] 버튼(⬤)을 활용하여 Perspective View를 그림과 유사하게 변경합니다. 단축키 Ctrl + C 를 눌러 현재 View에 Camera를 설치합니다.

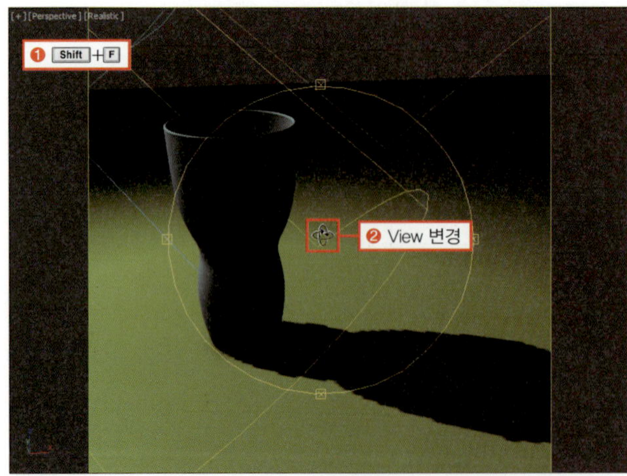

다음과 같이 Camera와 Camera Target을 각각 선택한 후 값을 입력하여 위치를 조절합니다.

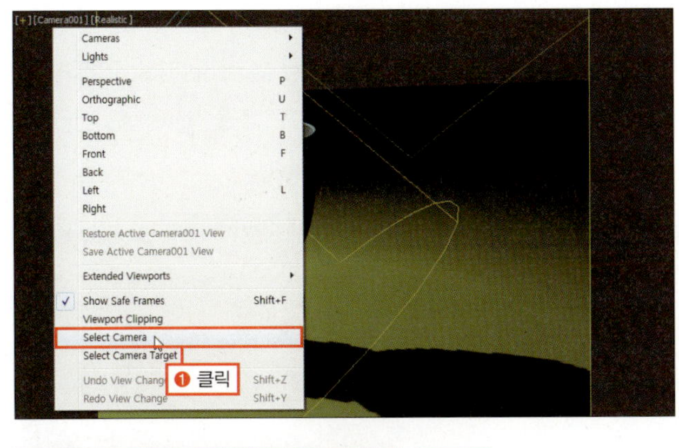

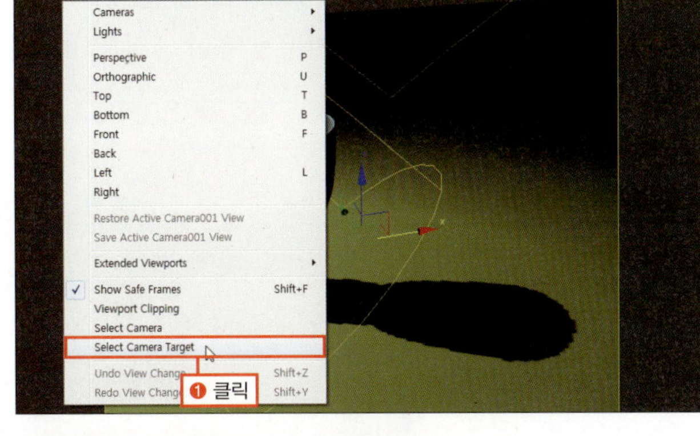

2 Lens값 조절

다시 Camera를 선택한 후 Modify Panel에서 Lens값에 '65'를 입력하여 화각을 조절합니다.

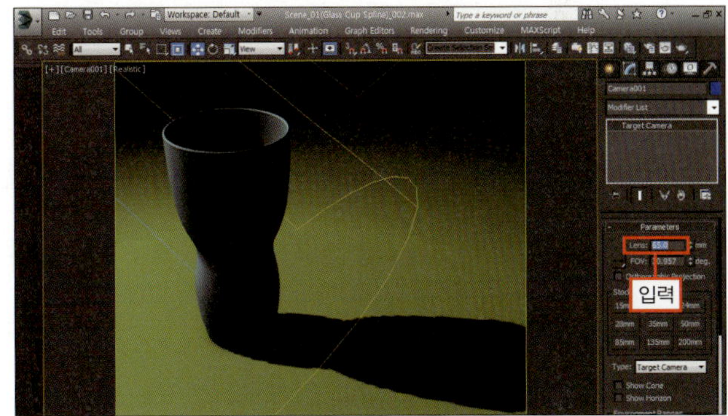

키보드의 F9를 눌러 현재 상태의 렌더링 결과물을 확인합니다. Area shadow가 적용되었고 나머지는 Viewport와 거의 유사한 느낌으로 렌더링되었습니다. Caustics 효과를 테스트하기 위한 Camera View가 설정되었습니다.

1 VRayMtl 적용

컵 오브젝트에 사용할 유리 재질을 세팅합니다. 키보드의 M을 눌러 Compact Material Editor를 팝업한 후 VRayMtl를 선택하여 장면의 컵 오브젝트에 적용합니다. 적용한 재질의 이름을 'glass'로 변경합니다.

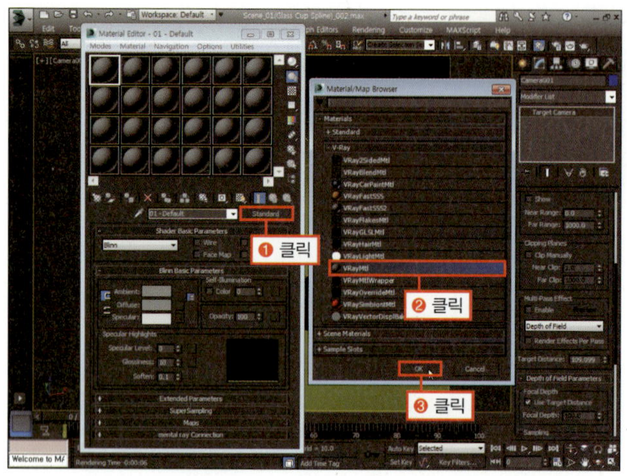
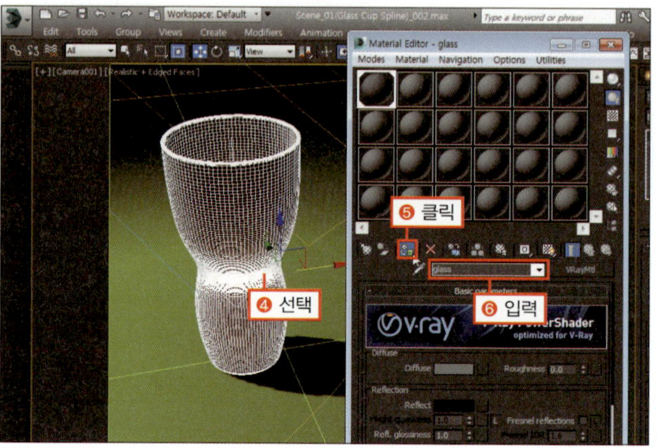

2 Reflection(반사) 설정

Reflect에 Falloff를 다음과 같이 적용하여 유리컵이 적당한 반사값을 갖도록 설정합니다. Hilight glossiness에 '0.7'을 입력하여 하이라이트가 생성되는 범위를 조절합니다. Caustics가 생성될 때 현재 설정한 Reflection(반사)값에 영향을 받게 될 것입니다.

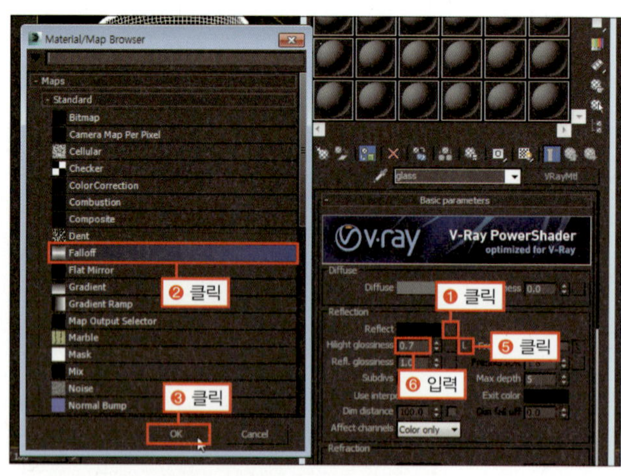
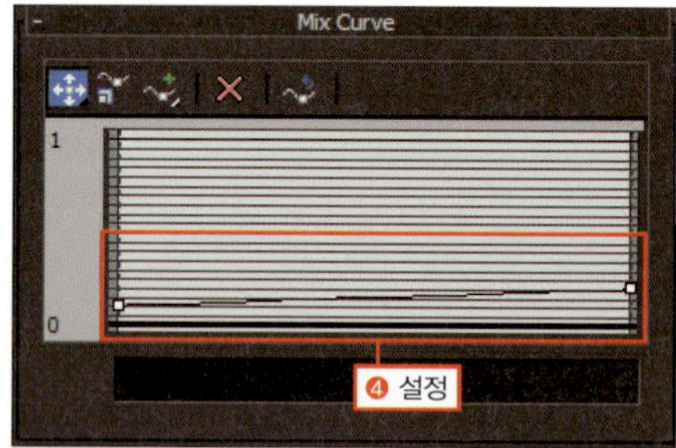

3 Refraction(투명도) 설정

Refract 컬러를 흰색으로 변경하여 유리컵이 완전한 투명도를 갖도록 설정합니다.

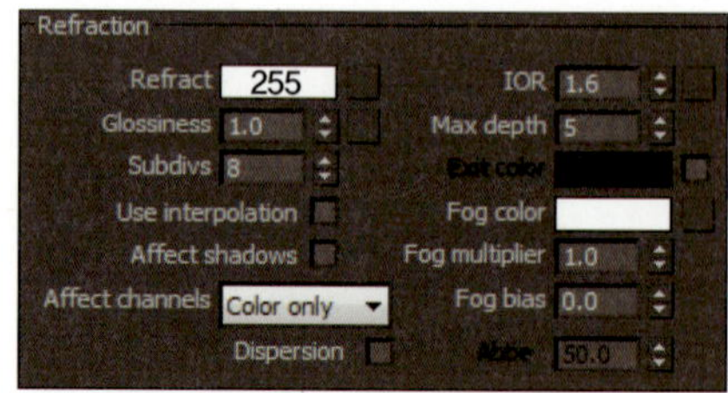

4 Shadow 설정

키보드의 F9 를 눌러 현재 상태의 렌더링 결과물을 확인합니다. 그림자 때문에 유리컵 아래 부분의 느낌을 확인하기가 어렵습니다. Spot Light의 Shadow를 잠시 끄고 이후의 테스트를 진행합니다.

5 floor 재질 적용

Caustics 효과를 잘 확인하기 위해 바닥의 재질은 무채색 계열로 적용합니다. 재질의 이름은 'floor'라고 입력합니다. Caustics를 생성하기 위한 기본 요소들을 모두 준비했습니다.

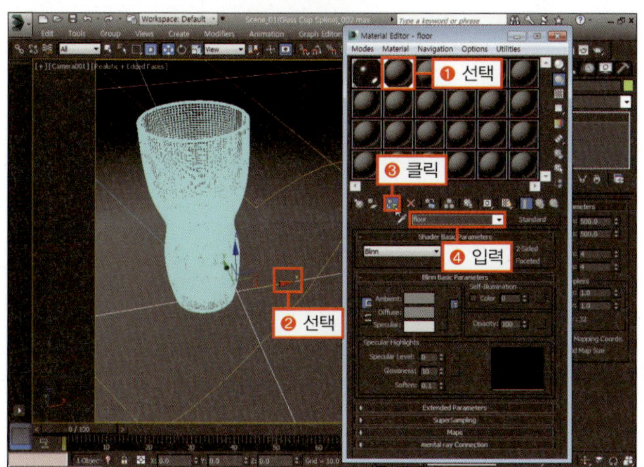

Caustics를 생성하고 설정값에 따른 변화 살펴보기

준비한 기본 요소들을 활용하여 Caustics이 생성되는 과정을 알아본 후 세부 기능을 파악하여 원하는 표현을 할 수 있도록 준비합니다.

:: Caustics 생성하기

1 Caustics 활성화

키보드의 F10을 눌러 Render Setup 창을 팝업합니다. VRayCaustics 항목에서 On을 체크합니다. Caustics가 활성화되면 렌더링 시작 시 Photon map을 계산하게 됩니다. 하지만 현재 상태에서 렌더링을 해도 이미지에서 Caustics 표현이 보이지 않습니다. Light와 오브젝트의 Caustics multiplier값의 조절이 필요합니다.

> **MEMO** · 이번 예제에서는 장면의 주 광원이 Spot Light일 때를 기준으로 설명합니다. VRayLight 사용 시 전반적인 세팅값을 다르게 적용해야 합니다.

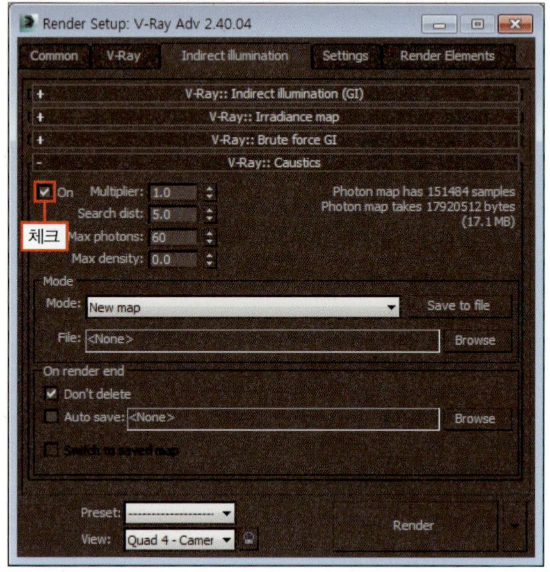

2 Caustics multiplier값의 조절

Render Setup에서 Object와 Light properties를 열고 Caustics multiplier에 다음 값을 각각 입력합니다.

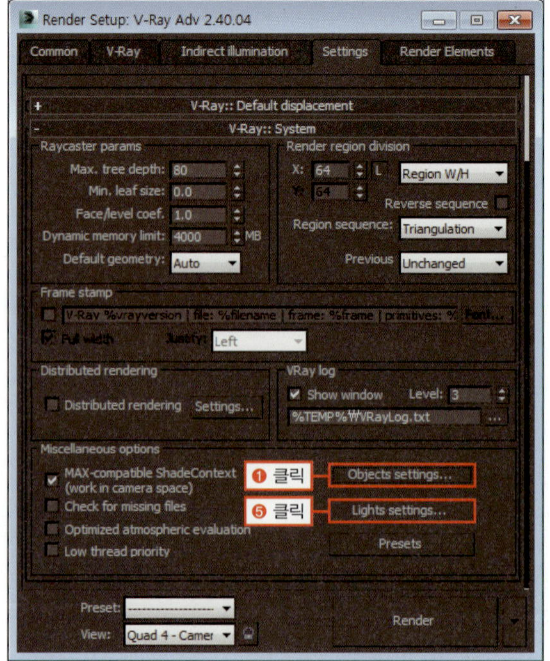

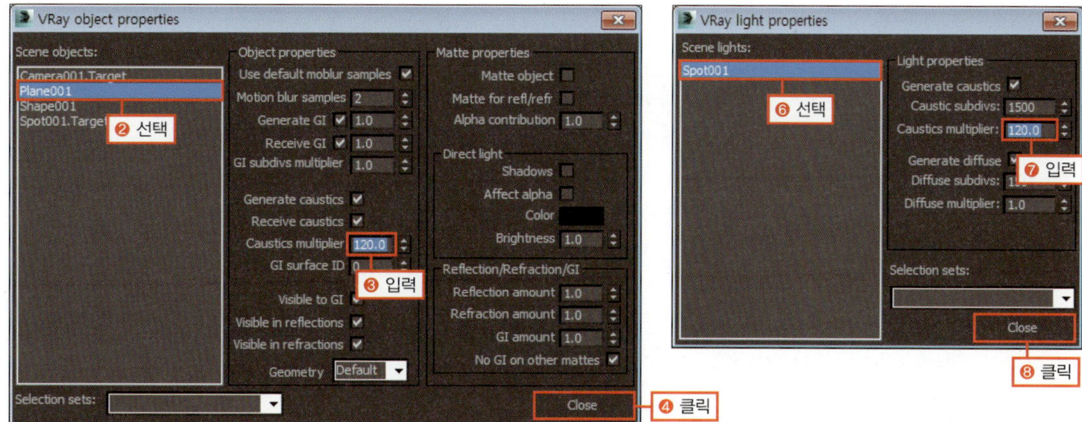

키보드의 F9를 눌러 현재 상태의 렌더링 결과물을 확인합니다. 밝기가 다소 약하기는 하지만 컵 오브젝트의 모양에 따라 빛이 굴절되어 Caustics가 렌더링되었습니다.

:: Caustics 설정값에 의한 결과물 변화 살펴보기

1 Caustics subdivs값에 의한 변화

VRayLight properties에서 Caustics subdivs값을 올릴수록 좀 더 깨끗한 Caustics 효과를 얻을 수 있습니다. 기본값은 1500이며 5000 이상의 값을 입력했을 때부터 빛의 모양이 제대로 표현되는 것을 알 수 있습니다. 최종 결과물에서 10000 정도의 값을 사용하면 매우 깨끗한 표현을 얻을 수 있지만 상대적으로 렌더링 시간이 많이 늘어납니다.

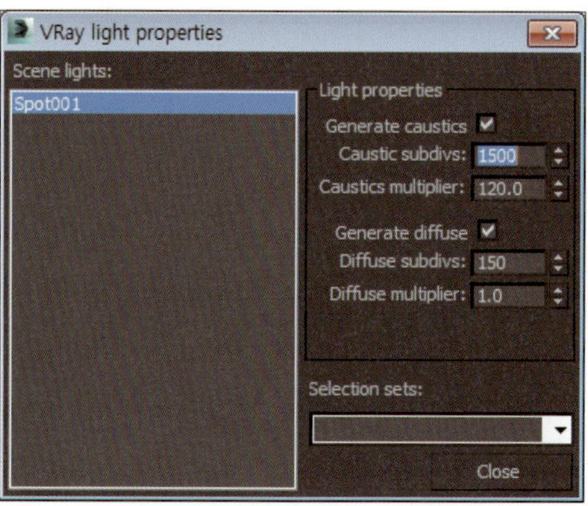

2 VRayCaustics 설정에 의한 결과물 변화

VRayCaustics에서는 설정한 Caustics의 전체적
인 밝기와 계산될 Photons의 값을 결정합니다.

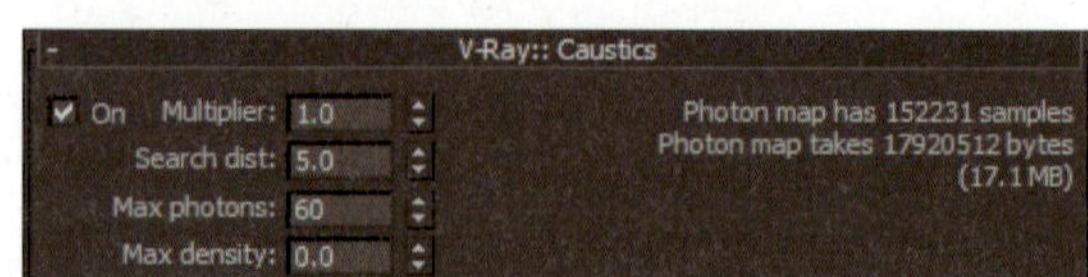

Multiplier값으로 Caustics의 전체적인 밝기를 조절합니다. 기본값은 '1.0'입니다.

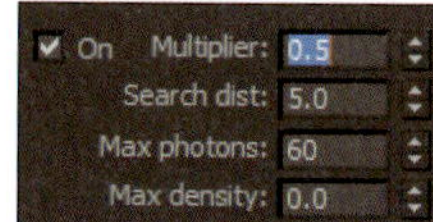

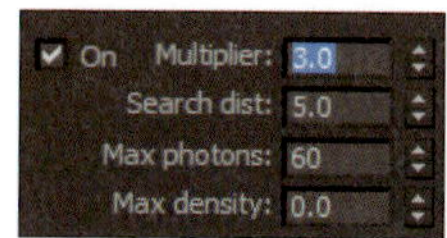

▲ Multiplier값에 의한 변화

Search dist값이 낮아지면 입자들의 Blur 효과가 줄어들게 됩니다. 경우에 따라 다를 수 있지만 기본값을 사용했을 때 적절한 Blur 효과를 표현합니다.

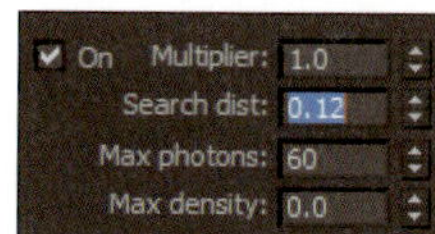

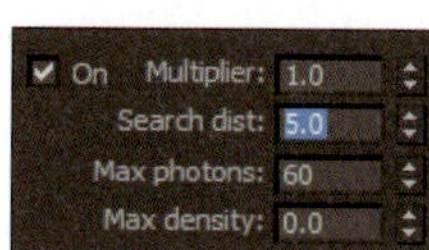

▲ Search dist값에 의한 변화

Max photons값으로 오브젝트의 모양에 의해 굴절되어 나오는 Photons의 양을 조절합니다. 기본값은 '60'입니다.

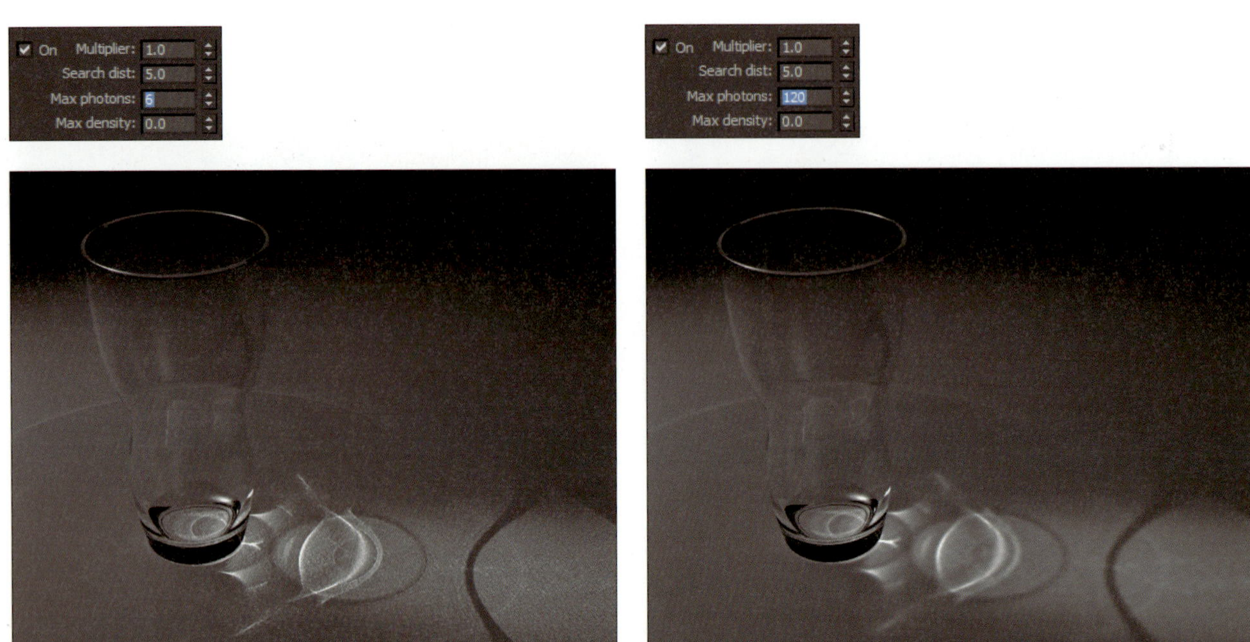

▲ Max photons값에 의한 변화

Max density값으로 Photon과 Photon 사이의 최소 거리를 측정하여 그 밀도를 설정합니다. 수치가 낮을수록 정밀한 계산을 하게 됩니다.

▲ Max density값에 의한 변화

:: **Glass 재질 설정에 의한 결과물의 변화 살펴보기**

1 Fog Color 설정

Material Editor를 연 후 'glass' 재질의 Fog Color에 Gradient Ramp를 적용하여 Color 가 적용된 Caustics 표현을 살펴봅니다. W 의 Angle값에 '-90'을 입력하여 Gradient 의 방향을 회전합니다. Gradient Ramp Parameters에서 각 Color Mark의 위치를 다음과 같이 설정합니다. 좌측의 Color Mark에는 아래 컬러값을 적용합니다.

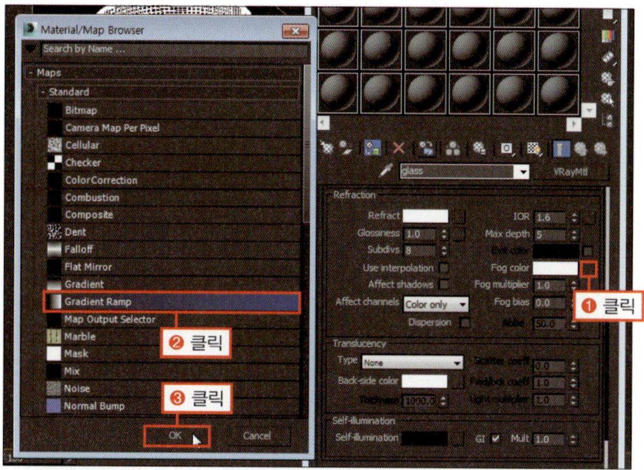

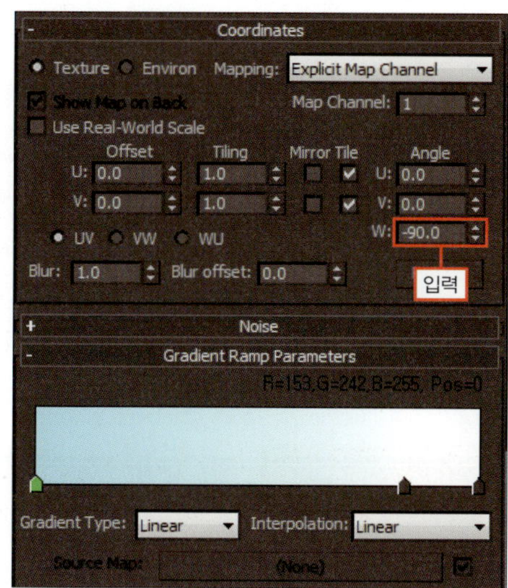

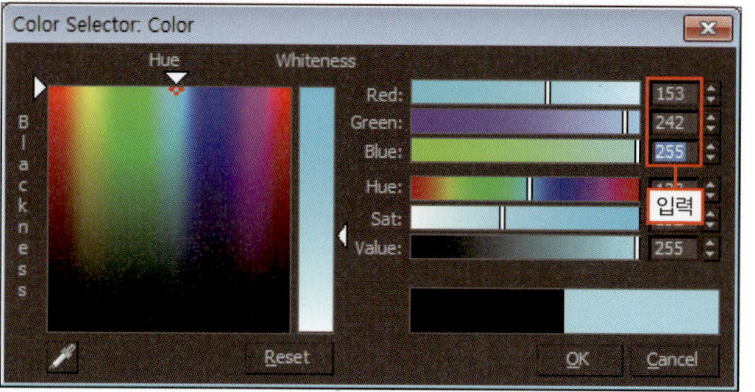

Gradient Ramp의 컬러 방향을 위에서 아래로 적용하기 위해 장면에서 컵 오브 젝트를 선택한 후 Modifier List의 UVW Map을 적용합니다.

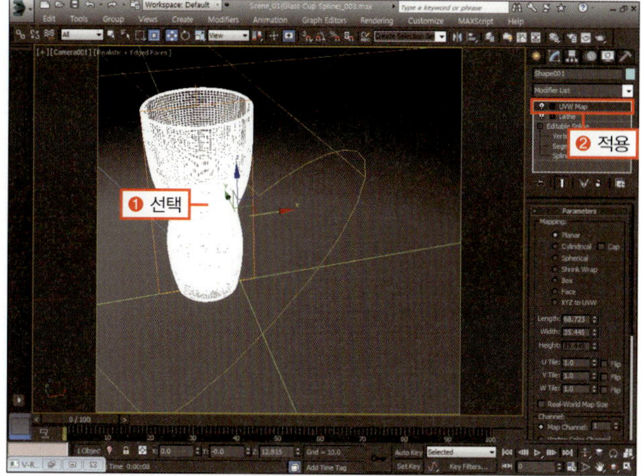

② Reflect on back side 설정, Caustics 관련 설정

Material Editor에서 'glass' 재질의 Options에 Reflection on back side를 체크하여 좀 더 디테일한 반사 표현을 하도록 설정합니다.

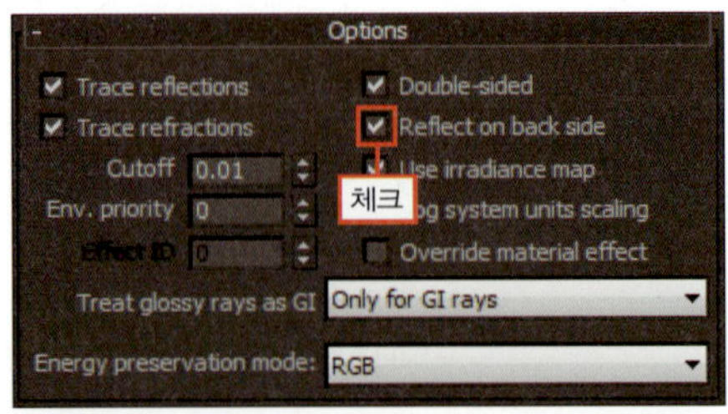

이후 예제 진행을 위해 Render Setup의 VRayCaustics를 다음과 같은 값으로 설정합니다. 밝기와 Photon값을 조금씩 올려주고 나머지는 기본값을 사용합니다.

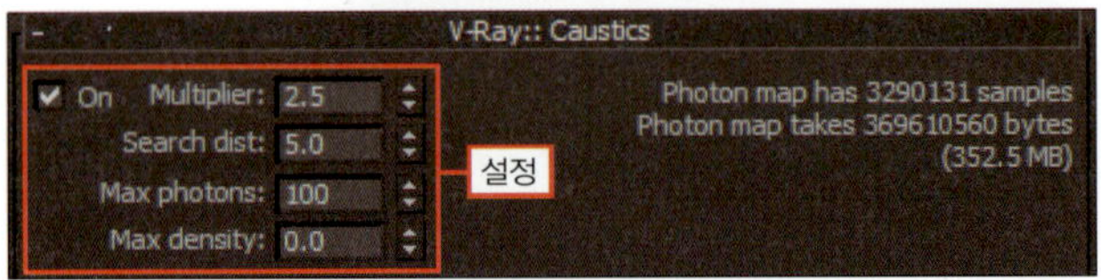

Render Setup>Settings>VRaySystem의 [Light settings] 버튼을 클릭하여 Light properties를 열고 Caustic subdivs에는 '7000~10000' Caustic multiplier 에 '150'을 각각 입력하여 Caustics가 좀 더 정밀하고 밝게 생성되도록 세팅합니다.

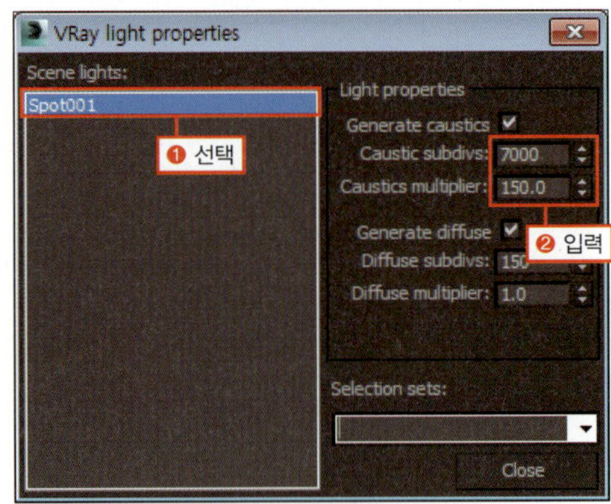

③ Fog multiplier값에 의한 차이

Caustics의 현재 설정을 유지하고 유리 재질의 Fog multiplier값을 다르게 적용한 렌더링 결과물을 확인합니다. Fog multiplier값이 올라가 재질의 투명도에 변화가 생기면 생성된 Caustics의 컬러에도 변화가 생깁니다. 이후 진행되는 예제에서는 Fog multiplier값 '1.0'을 사용하도록 합니다.

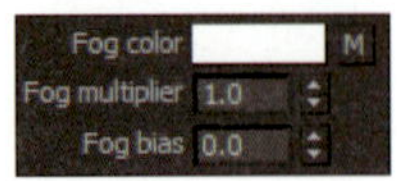

❹ Refraction IOR값에 의한 차이

Refraction의 IOR값, 즉 굴절률이 달라지면 당연히 Caustics의 모양도 다르게 렌더링됩니다. IOR값은 오브젝트의 형태와 더불어 Caustics의 모양을 결정짓는 중요한 요소입니다. 각 재질의 IOR값에 의한 변화를 살펴보고 이후 예제에서는 Refraction의 IOR에 '1.65'를 입력하여 납유리의 굴절률을 사용하도록 합니다.

▲ 일반 유리

▲ 납 유리

▲ 수정

▲ 다이아몬드

5 Dispersion

VRay 2.0 버전부터는 굴절 재질을 위한 Dispersion(분산) 기능이 지원됩니다. Dispersion은 빛이 다양한 컬러로 분산되어 좀 더 현실감 있는 표현을 할 수 있도록 도와줍니다. 렌더링 시간 등을 고려하여 이번 예제에서는 체크를 하지 않고 진행합니다.

:: **Photon map의 저장과 활용**

Caustics에서 정확한 결과물을 얻기 위해서는 설정을 높여야 하고 그만큼 렌더링 시간이 많이 늘어나게 됩니다. Caustics의 모양이 만족할 만한 수준으로 결정되면 Photon map을 저장하여 렌더링 시 매번 계산을 하지 않도록 설정할 수 있습니다.

1 From file Mode

Render Setup의 VRayCaustics에서 [Save to file] 버튼(Save to file)을 클릭하고 창이 팝업되면 Photon map이 저장될 경로와 이름을 지정합니다. 키보드의 F9를 눌러 렌더링을 하면 설정된 Photon map이 지정한 경로에 저장됩니다.

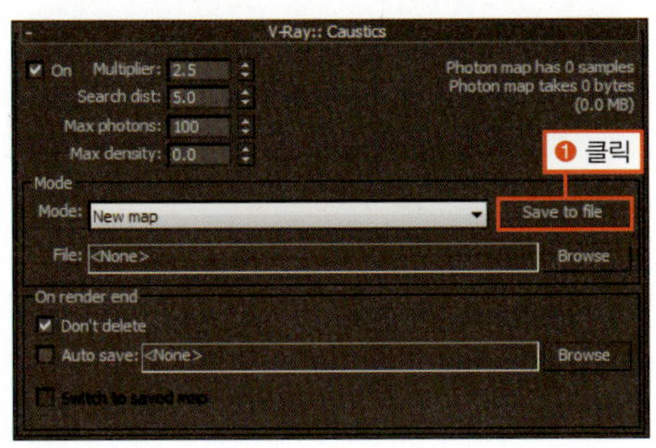

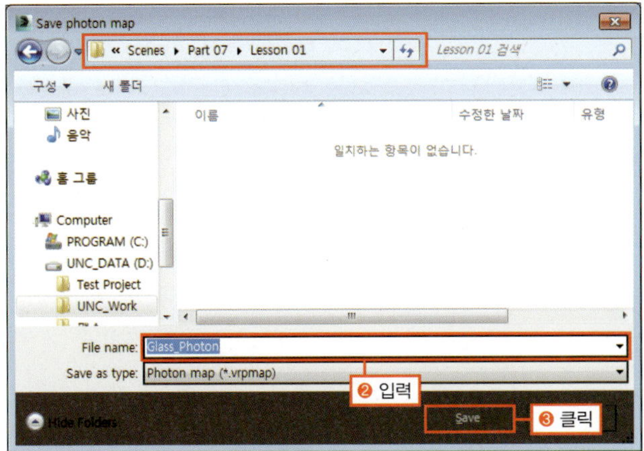

렌더링이 완료되면 From file 모드를 선택한 후 [Browse] 버튼(Browse)을 클릭하여 조금 전에 저장한 'Glass_Photon.vrpmap' 파일을 불러옵니다. 다시 렌더링을 실행하면 Photon map을 계산하지 않고 저장된 파일을 이용해 바로 렌더링이 진행됩니다. 이 방법을 활용하면 이후 장면에 다른 표현들을 추가할 때마다 Photon map 계산을 새로 하지 않아도 되므로 작업 시간을 단축할 수 있습니다.

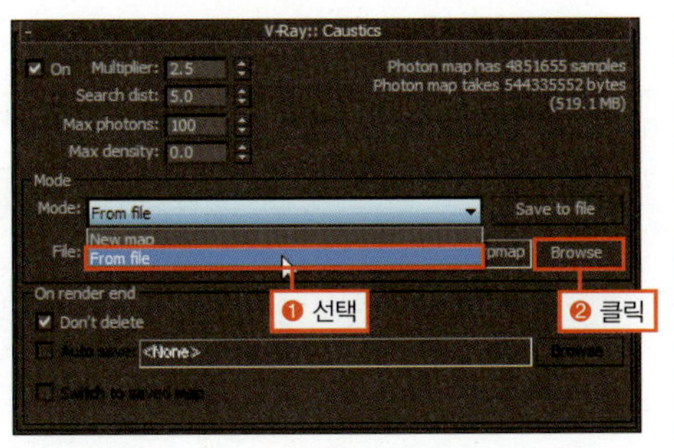

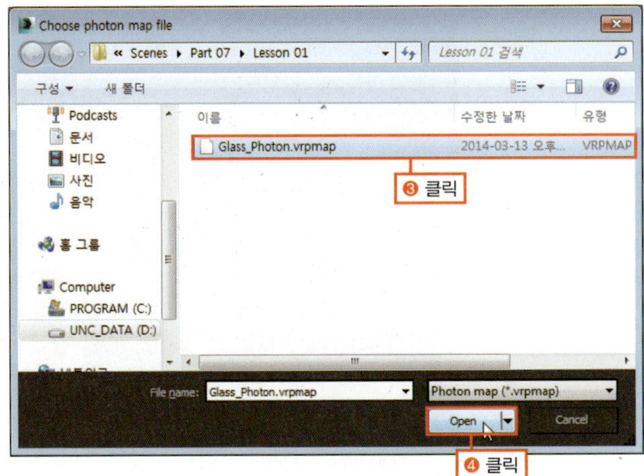

From file 모드를 활용하여 렌더링된 결
과물입니다.

② Area Shadow 적용

장면의 Spot Light를 선택한 후 Shadow를 활성화합니다.
좀 더 깨끗한 그림자를 얻기 위해 Subdivs값에 '32'를 입
력합니다.

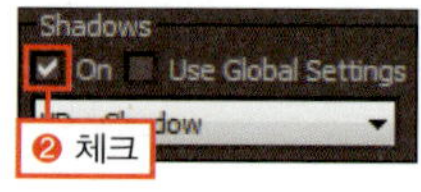
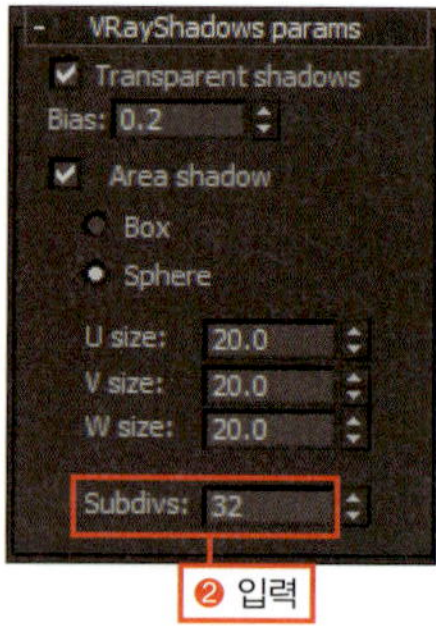

③ HDRI 적용

장면에 HDRI를 추가하여 좀 더 사실적인 유리 재질이 표현되도록 설정합니다. Material Editor와
Render Setup 창을 팝업한 후 다음과 같은 순서로 HDRI를 세팅합니다.

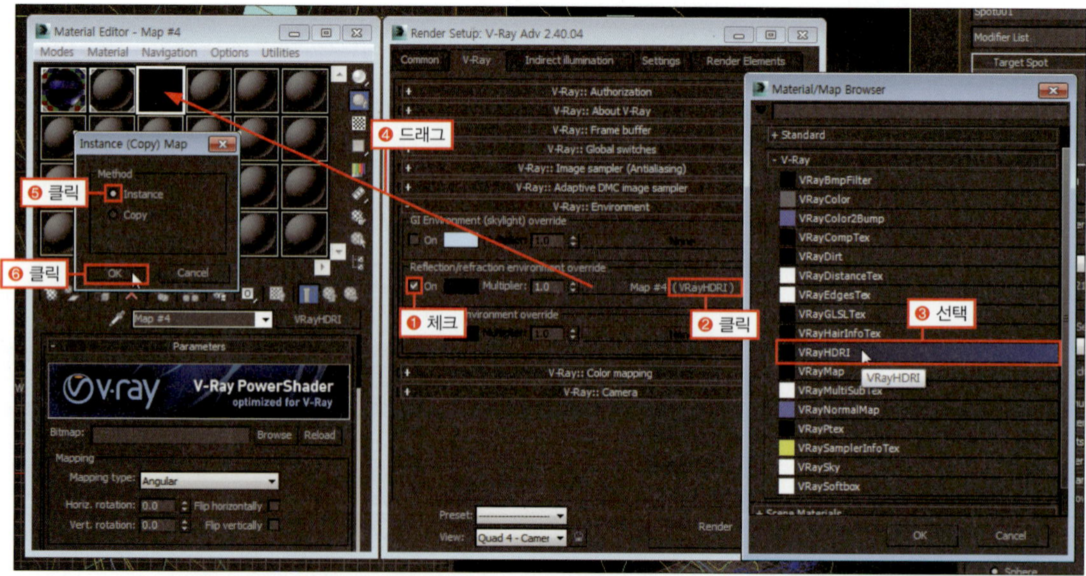

４ HDRI 이미지 다운로드하기

HDRI 이미지는 bobgroothuis.com 사
이트에서 무료로 제공되는 파일을 사용
합니다. 아래 경로에서 FREE HDRI 360°
-023의 'Protospace-Utrecht-A' 파일
을 다운로드합니다. Part 05에서 사용된
HDRI 파일과 동일하므로 참고하여 사용
하도록 합니다.

５ VRayHDRI Map 불러오기

복사된 VRayHDRI Map의 Parameters에서 [Browse] 버튼(Browse)을 클릭하여 다운로드한
'Protospace_A_Ref.hdr' 파일을 불러옵니다.

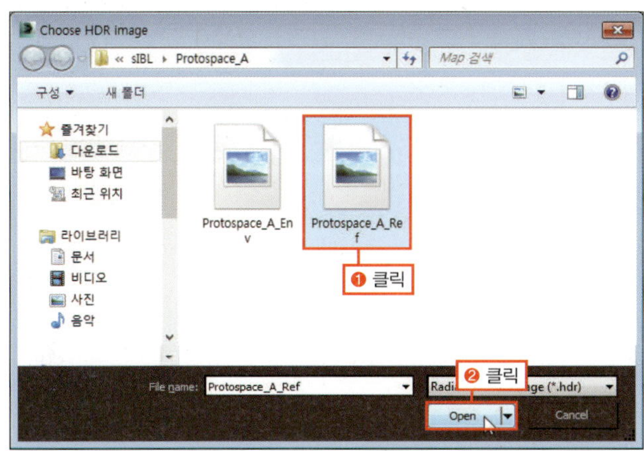

▲ 장면에 사용된 HDRI 이미지

６ VRayHDRI Parameter 설정

VRayHDRI Parameter를 다음과 같이 설
정합니다. Mapping type을 Spherical로
선택하여 구형 모드의 환경이 매핑되도
록 하고 Horiz. rotation값을 조절하여 환
경 맵에서 빛이 들어오는 방향을 조절합
니다.

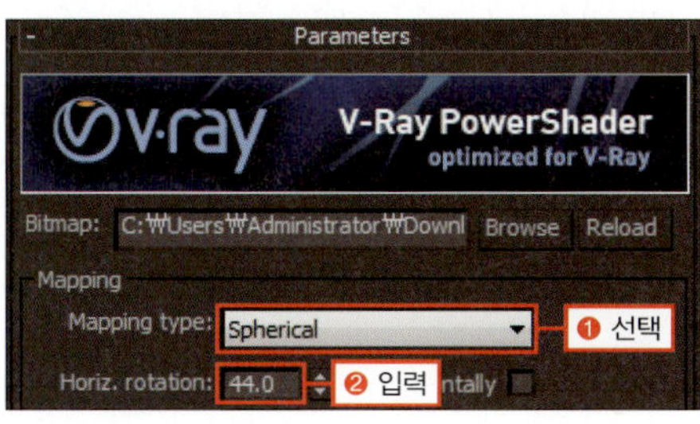

7 Multiplier값 변경

그림자가 추가되어 Caustics가 조금 어둡게 렌더링됐습니다. Caustics의 Multiplier 값을 '4.0'로 올려 좀 더 밝게 렌더링되도록 조절합니다.

Caustics의 기능을 활용하여 유리컵과 꽃, 나무 바닥이 있는 장면 연출해보기

P R E V I E W

Caustics의 각 세부 기능들이 결과물에 미치는 영향을 알아보았습니다. 진행된 Caustics 결과물에 꽃 오브젝트를 제작하여 추가하고 사실적인 바닥의 나무 재질을 표현하여 분위기 있는 장면을 연출해보겠습니다.

Wood Texture를 활용하는 방법에 대해 알아보기

좋은 결과물에서 Texture의 품질이 차지하는 비중은 매우 높습니다. 많은 Map 데이터를 수집하고 리서치를 해도 장면의 상황에 딱 알맞은 Texture를 바로바로 얻기는 쉽지 않습니다. 원하는 느낌의 Texture를 다운로드하여 장면에 적용할 수 있는 형태로 편집하는 방법을 알아보고 Map에 맞게 모델링을 진행하는 방법에 대해서도 알아보겠습니다.

∷ Wood Texture 다운로드

① CGTextures.com

CGTextures는 높은 퀄리티의 다양한 Texture를 보유하고 있는 사이트입니다. 각 카테고리별 분류가 매우 잘 되어 있어서 원하는 Texture를 찾기가 수월합니다. 회원 가입 후 로그인을 하면 대부분의 작은 이미지와 타일링이 되지 않는 원본 이미지는 무료로 다운로드할 수 있지만 타일링이 되면서 화질이 좀 더 높은 이미지나 매우 큰 사이즈의 이미지를 다운로드하기 위해서는 유료 회원 가입이 필요합니다.

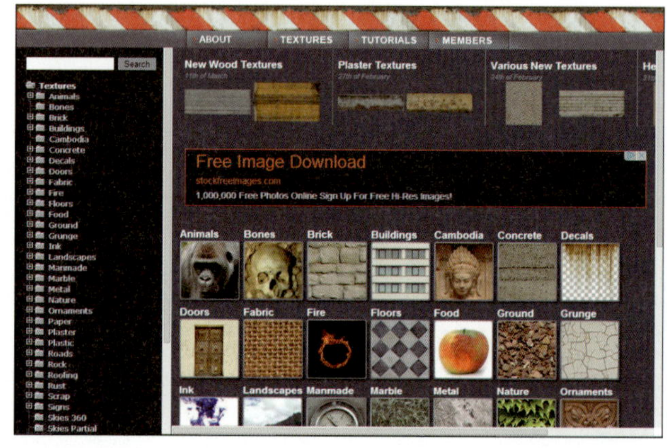

MEMO · 사이트 주소 : http://www.cgtextures.com/index.php

② 회원 가입, 로그인

사이트 상단 메뉴에서 Members>Free Account를 클릭하여 회원 가입 후 로그인을 합니다.

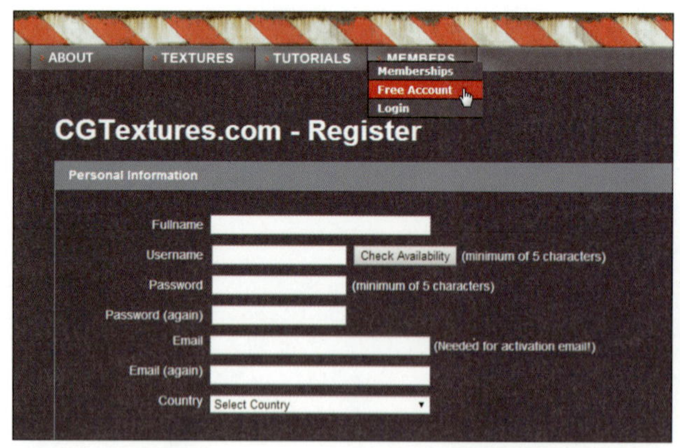

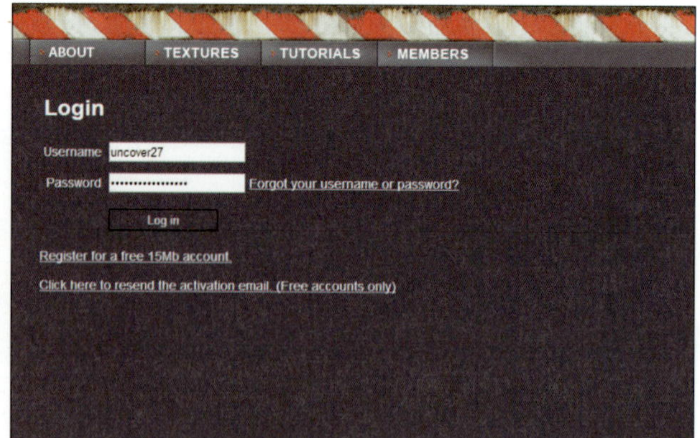

❸ Wood Texture 1 다운로드

사이트 좌측의 카테고리를 선택하거나 다음과 같은 경로를 통해 이번 예제에서 사용할 Wood Texture를 찾습니다. 검색을 통해 찾을 경우에는 Search 영역에 '32268'을 입력합니다.

이미지 섬네일 위에 마우스를 올려놓으면 Texture를 미리 볼 수 있습니다. 타일링이 되는 700픽셀 사이즈의 Wood Texture입니다. 이번 예제에서 진행하는 장면은 카메라가 대상에 매우 가깝게 근접하여 렌더링을 하게 됩니다. 무료로 제공되는 700픽셀 정도의 Texture를 사용할 경우 렌더링 결과물의 화질이 떨어질 수 있습니다. 유료 회원에 가입된 사용자라면 타일링이 되는 큰 사이즈의 이미지를 바로 다운로드하여 사용합니다.

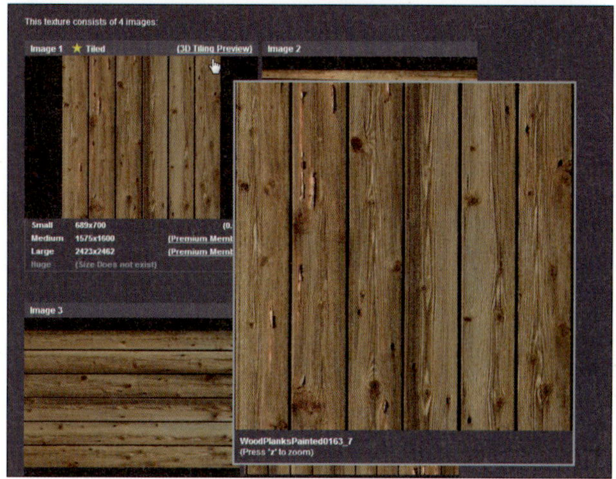

타일링이 지원되지는 않지만 넉넉한 사이즈의 원본 Texture는 무료로 다운로드할 수 있습니다. 이 Texture를 다운로드하여 타일링이 되는 Map으로 편집하는 과정을 알아보겠습니다. 다음과 같이 클릭하여 큰 사이즈의 Texture를 다운로드합니다.

4 Wood Texture 2 다운로드

Wood Texture 1과 혼합하여 사용할 다른 Texture를 찾아봅니다. 검색 필드에서 'WoodRough0106'을 입력하여 Texture가 검색되면 다음과 같이 클릭하여 Texture를 다운로드합니다.

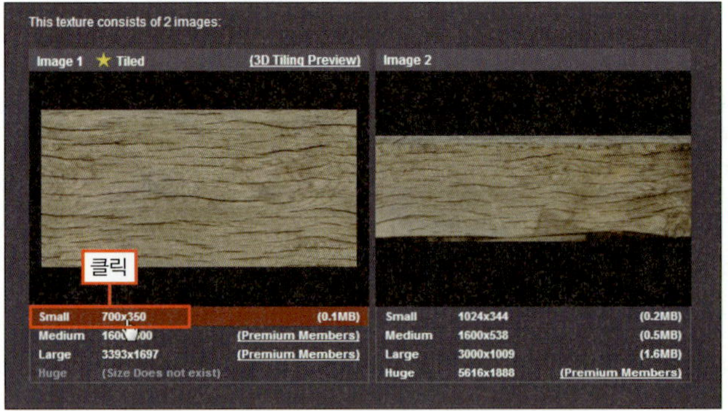

:: 타일링 맵으로 편집

1 이미지 불러오기

Photoshop에서 다운로드한 2개의 이미지를 불러옵니다.

② 가이드라인 생성

다운로드한 이미지에서 어떤 부분을 주로 이용할 것인지를 판단하여 진행합니다. 너무 못 자국이 많은 곳은 피하고 적당한 옹이 모양이 있는 곳을 선택하여 사용합니다. 단축키 Ctrl + R 을 눌러 Ruler가 보이도록 설정한 후 다음과 같이 드래그하여 가이드라인을 생성합니다.

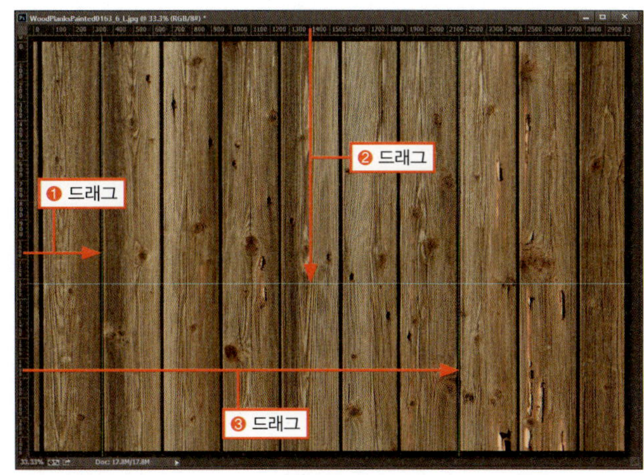

③ 선택 영역 복사, 붙여넣기

M 을 눌러 선택 툴을 활성화하고 드래그하여 다음 영역을 선택합니다. 단축키 Ctrl + C 를 눌러 선택된 영역의 이미지를 복사한 후 단축키 Ctrl + N 을 눌러 창이 팝업되면 'Wood_planks'라고 입력하고 새로운 작업 창을 생성합니다.

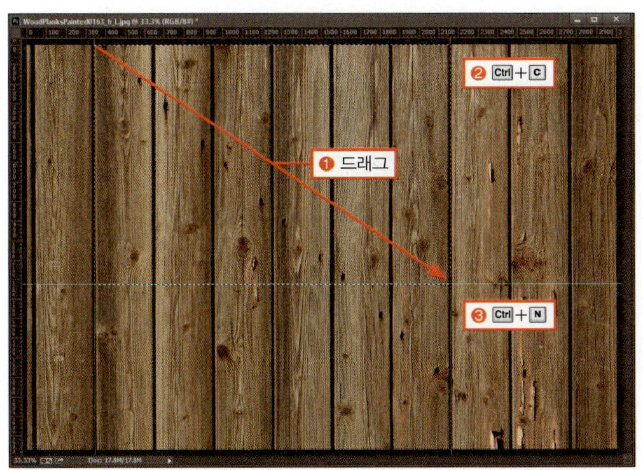

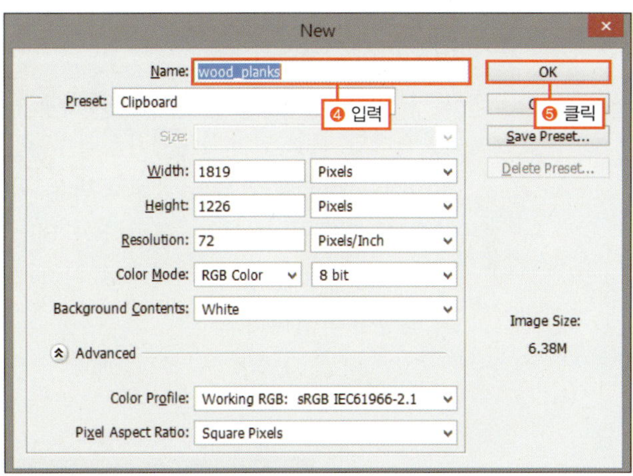

새로운 작업 창에서 단축키 Ctrl + V 를 눌러 복사된 이미지를 붙여넣습니다.

4 Canvas 사이즈 조절

단축키 Ctrl + Alt + C 를 누르면 Canvas의
사이즈를 조절할 수 있는 창이 팝업됩니
다. 다음과 같이 클릭하여 조절될 방향을
설정하고 Width와 같은 값을 입력한 후
[OK] 버튼을 클릭합니다.

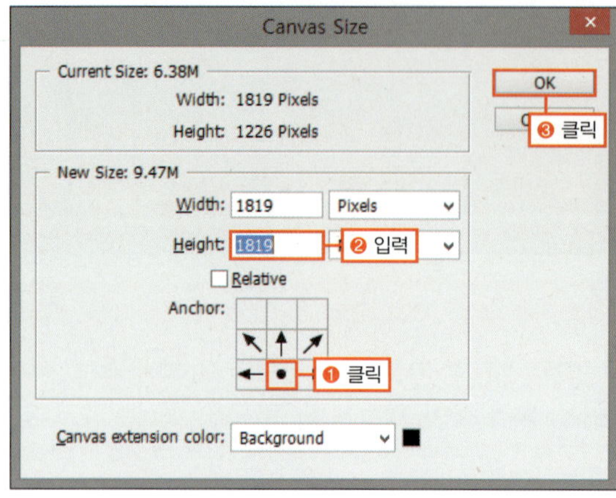

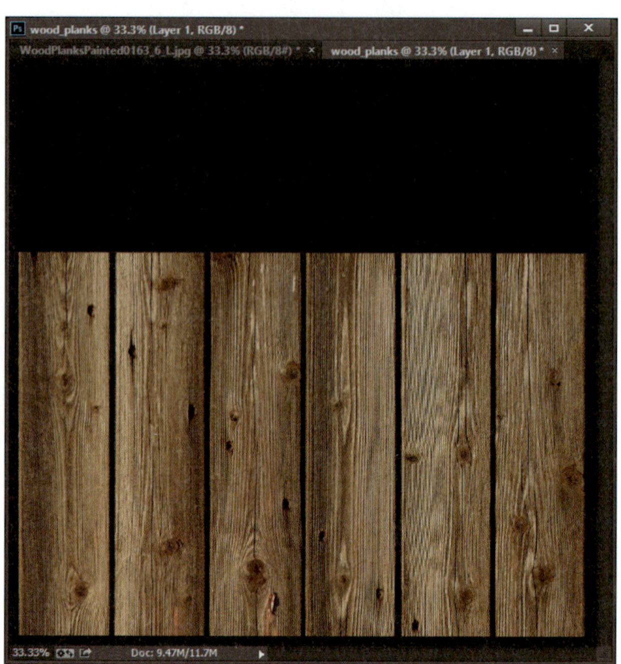

5 이미지 연결하기

단축키 Ctrl + J 를 눌러 동일한 Layer를 1
개 추가합니다. 단축키 Ctrl + T 를 눌러
이미지를 변형할 수 있는 상태로 바꾼 후
마우스 오른쪽 버튼을 클릭하여 Flip
Vertical을 선택합니다. 이미지의 위아래
의 방향이 바뀝니다.

뒤집힌 이미지를 화면 위로 드래그하여
경계가 서로 맞닿도록 조절합니다. 키보
드의 Enter 를 눌러 변형을 완료합니다.
뒤집힌 이미지가 경계 부분부터 다시 이
어집니다.

6 이미지 위아래 연결 부분 조절

현재이미지 그대로를 타일링 Map으로
사용하면 위아래 경계가 이어지지 않습
니다. 다음 Layer에서 아래 영역을 드래
그로 선택한 후 단축키 Ctrl + J 를 눌러
Layer를 추가합니다.

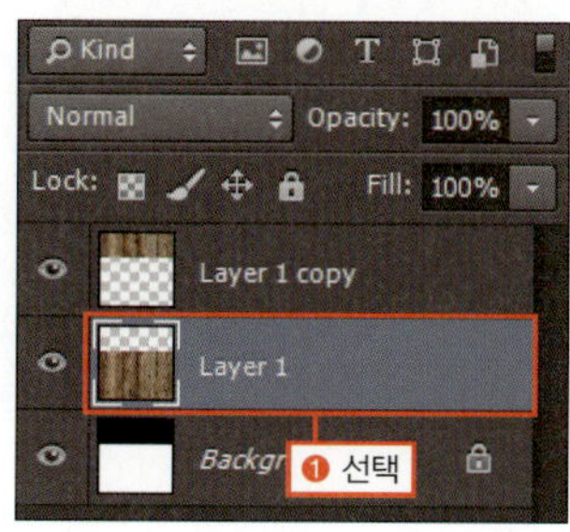

추가된 Layer를 맨 위로 올린 후 단축키 Ctrl + T 를 눌러 이미지를 변형할 수 있는 상태로 바꾸고 마우스 오른쪽 버튼을 클릭하여 Flip Vertical을 선택합니다.

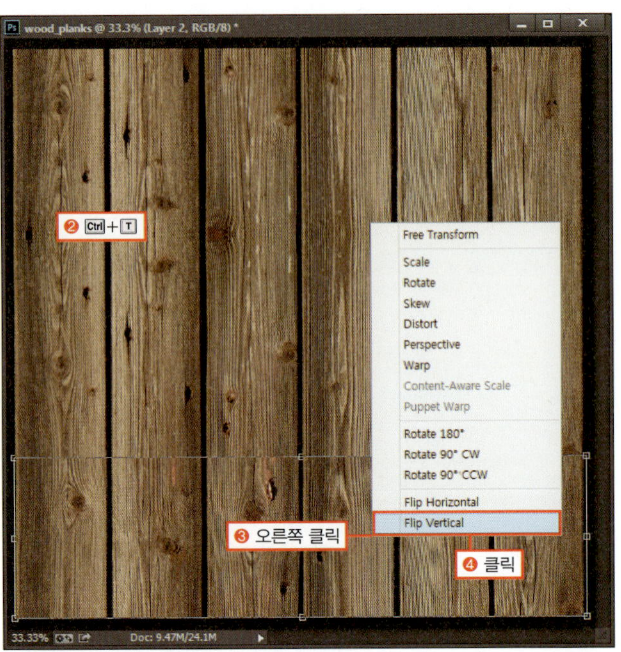

뒤집힌 이미지를 화면 가장 위로 이동하여 타일링 Map으로 사용했을 때 이미지 위아래의 경계가 서로 이어지도록 조절합니다. 키보드의 Enter 를 눌러 변형을 완료합니다.

Layer가 추가되어 이미지가 끊어져 보입
니다. Layer Mask를 적용한 후 검은색 브
러시를 이용하여 끊어지는 부분 없이 자
연스럽게 이어지도록 수정합니다.

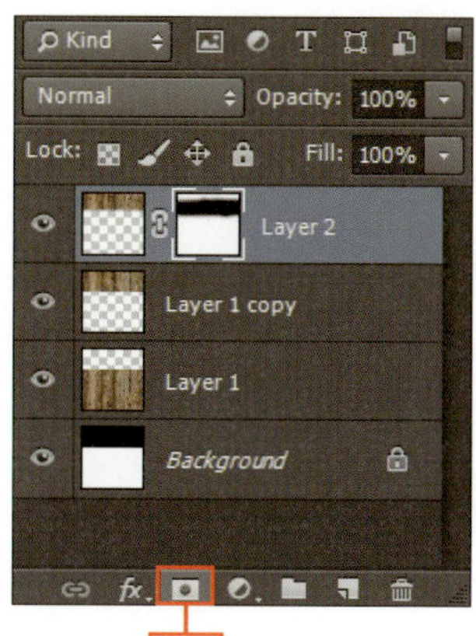

⑦ 부분 이미지 추가

나뭇결이 단조로워 보이지 않도록 다운
로드한 원본 이미지의 다른 부분도 사용
합니다. 다음 부분을 복사해서 현재 작업
창에 붙여넣습니다.

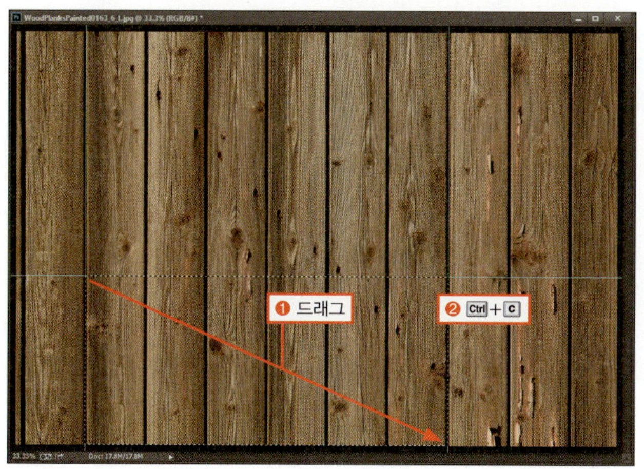

복사한 이미지에도 Layer Mask를 적용하고 검은색 브러시로 문질러 다음과 같이 이미지가 자연스럽게 보이도록 조절합니다. 추가된 이미지의 밝기가 조금 다를 수 있으므로 Levels를 추가하여 조절합니다.

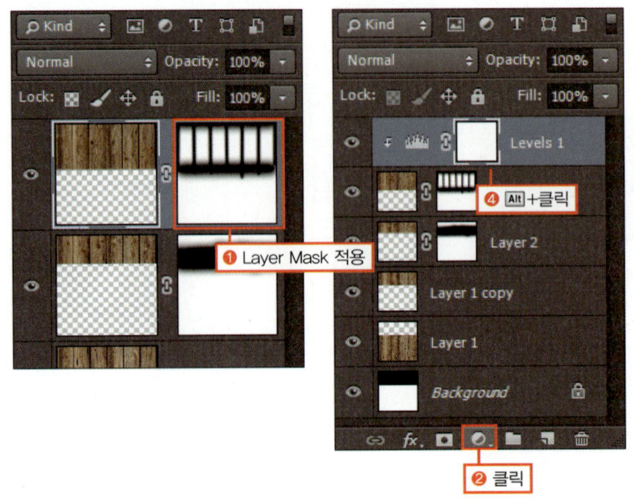
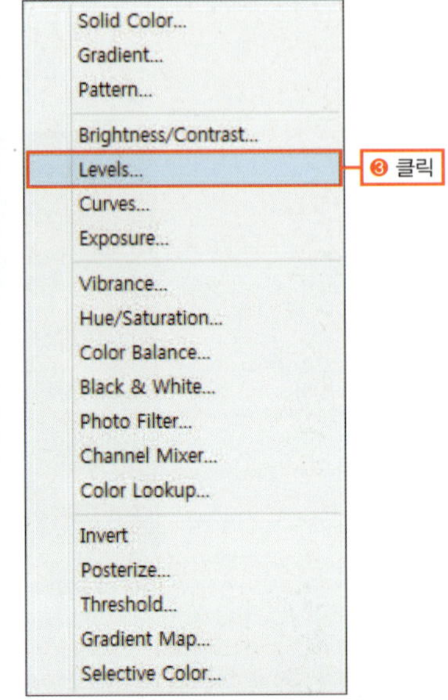

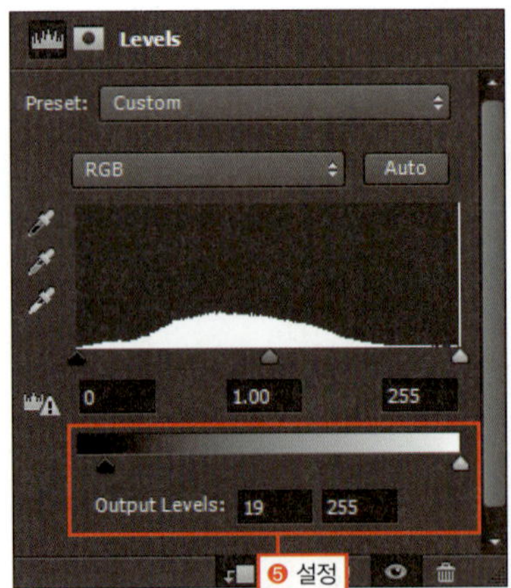

8 Define Pattern

다운로드한 다른 Wood Texture를 활성화한 후 Menu>Image>Image Rotation>90°CW를 클릭하여
회전하고 Menu>Edit>Define Pattern을 선택하여 패턴 이미지로 사용할 수 있도록 등록합니다.

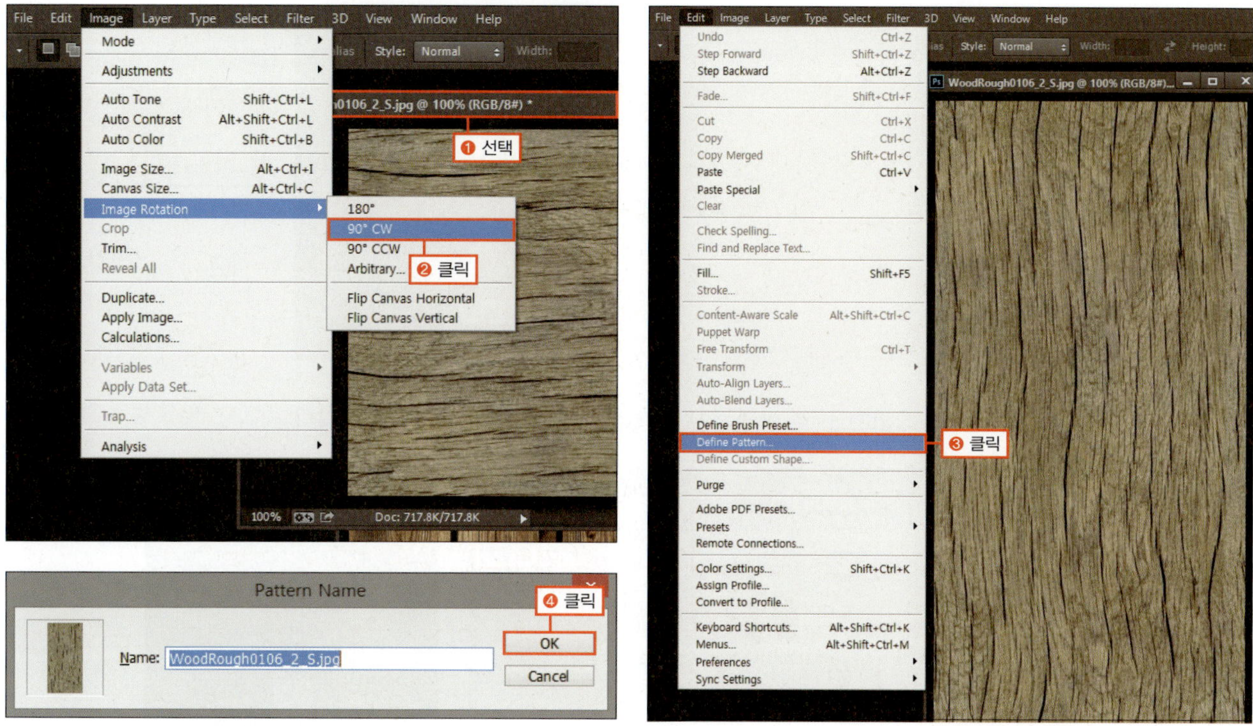

9 Pattern Overlay 적용

Wood_planks 작업 창을 다시 활성화합니다. 빈 Layer를 하나 추가한 후 Alt + Back Space 을 눌러 컬러
를 적용합니다.

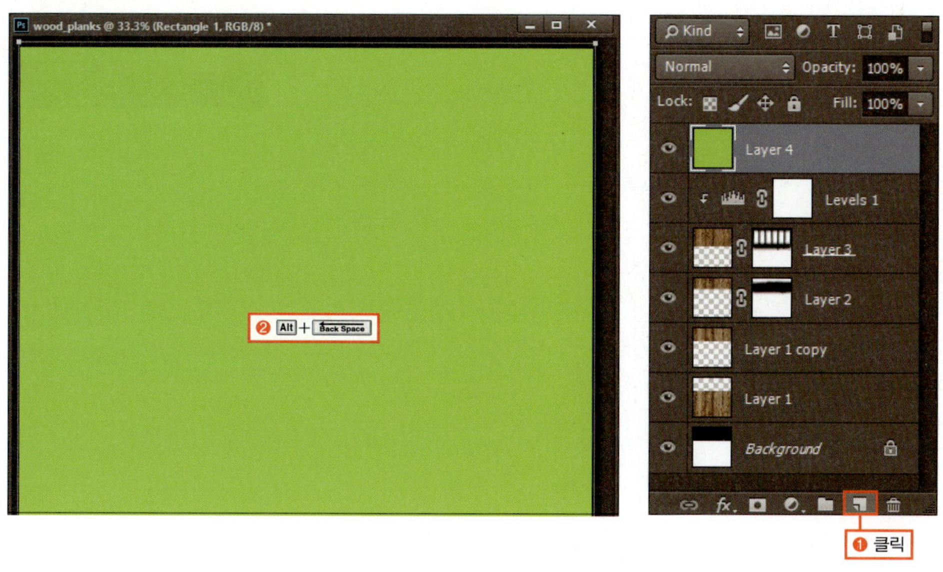

Fill값을 '0'으로 조절합니다. [Add a Layer Style] 버튼(_fx_)을 클릭하여 Pattern Overlay를 적용합니다.

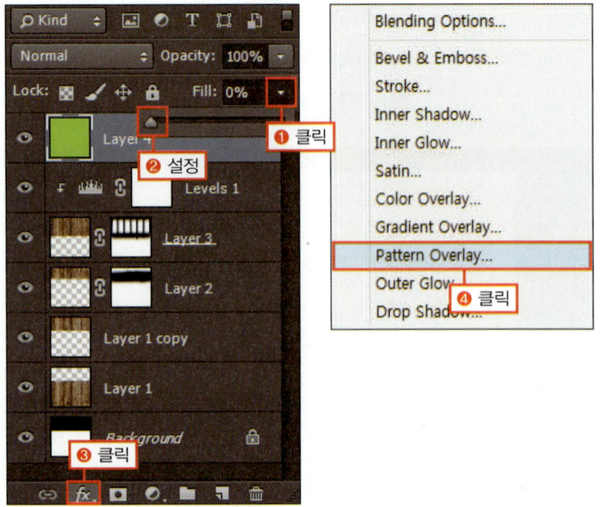

Blend Mode를 Soft Light로 변경하고 등록한 패턴을 선택하여 적용합니다.

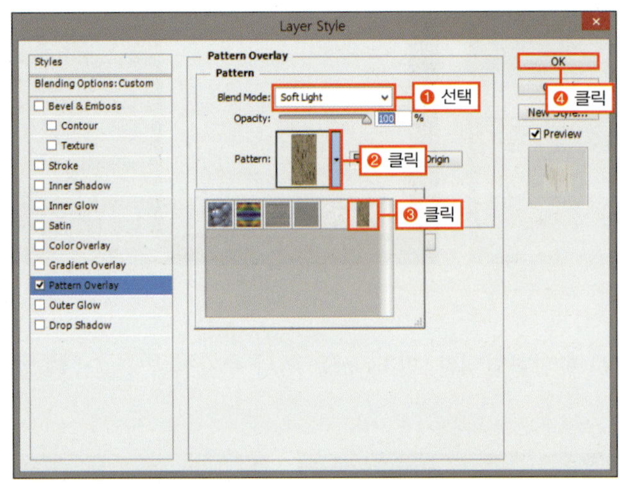

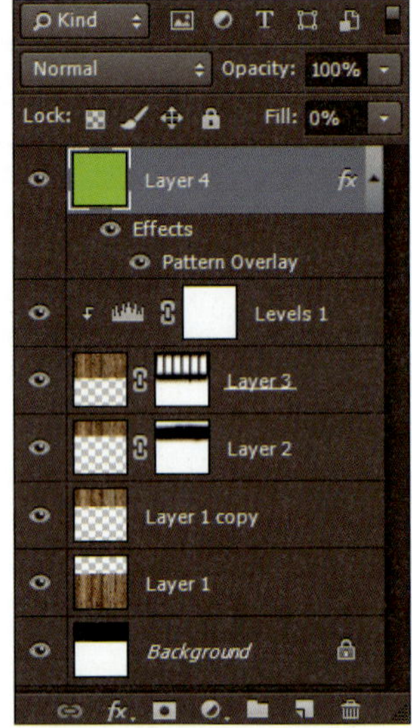

⑩ 'wood_planks.jpg' 저장

Hue/Saturation을 추가하여 채도를 조절하고 현재 상태의 이미지를 'wood_planks.jpg' 파일로 저장합니다.

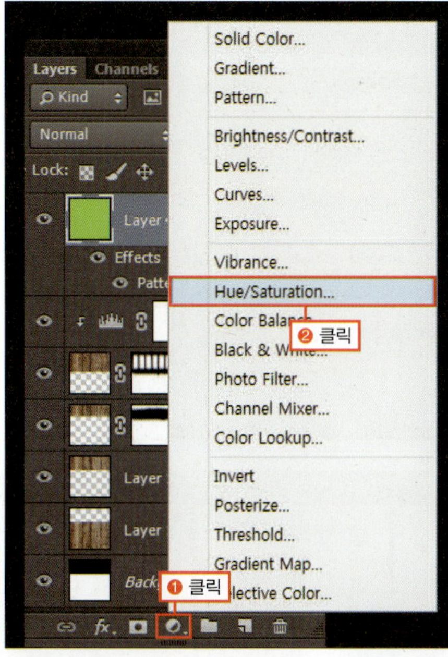

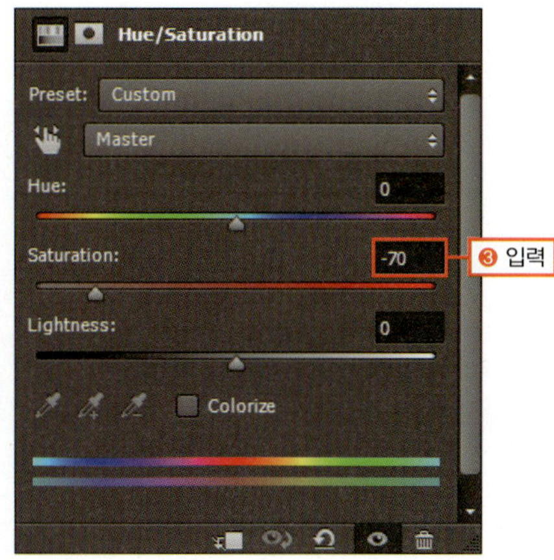

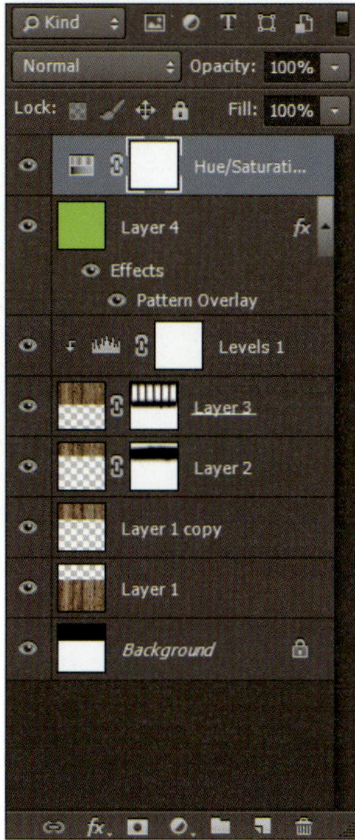

11 ‘wood_planks_001.jpg’ 저장

Levels과 Hue/Saturation을 추가하여 밝기와 채도를 한 번 더 조절하고 현재 상태의 이미지를 ‘wood_planks_001.jpg’ 파일로 저장합니다.

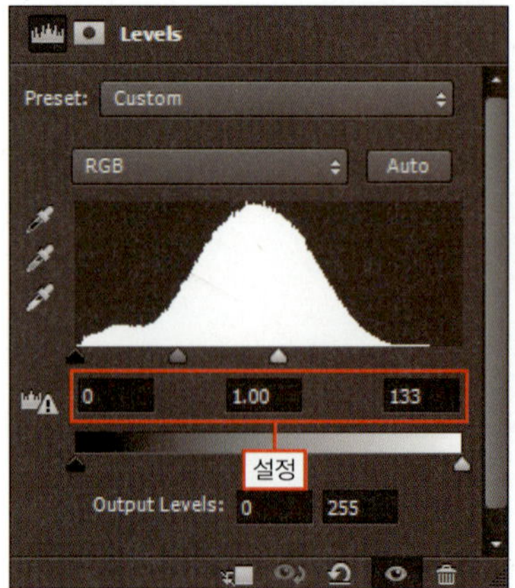

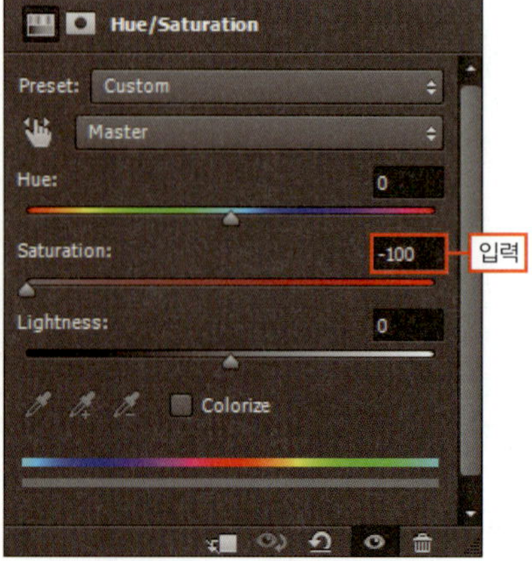

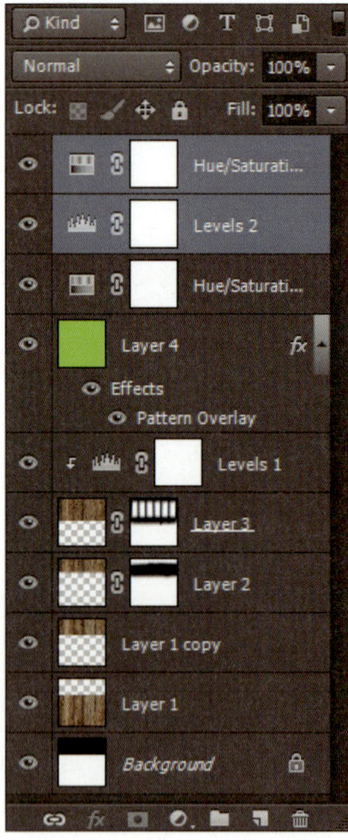

:: 바닥에 Wood Map을 적용하고 재질 세팅하기

1 Basic Parameters 설정

Material Editor에서 'floor' 재질을 선택한 후 Material/Map Browser를 열어 VRayMtl로 변경합니다. Reflection에서 Fresnel reflections를 체크하여 Camera View에서 보았을 때 반사가 너무 강하지 않도록 설정합니다.

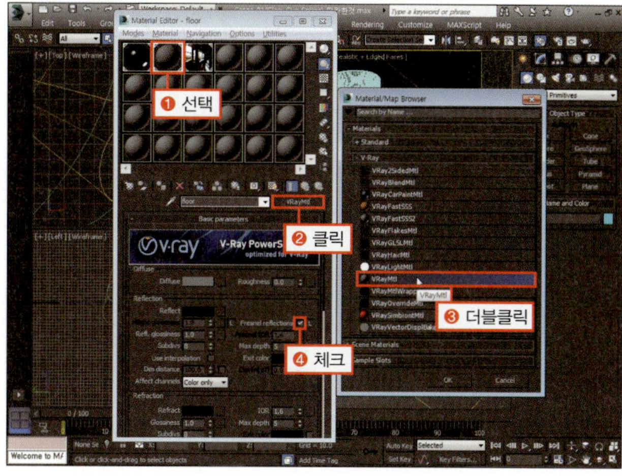

2 Maps 설정

Photoshop에서 편집한 Wood Map을 불러와서 Maps의 각 항목에 적용합니다.

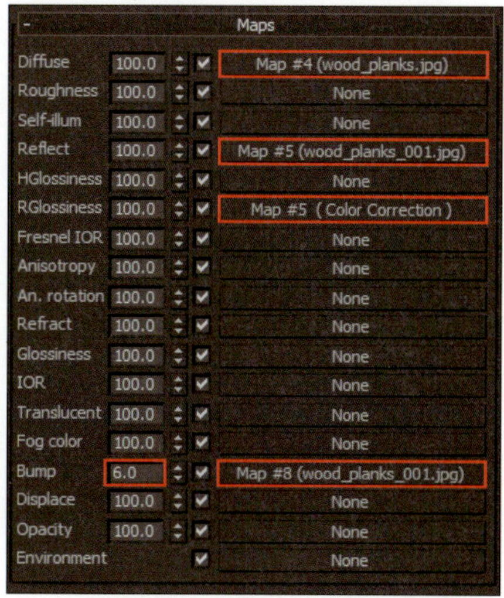

Diffuse와 Reflect 항목에는 Blur값을 '0.01'로 조절한 'wood_planks.jpg'와 'wood_planks_001.jpg'를 각각 적용합니다.

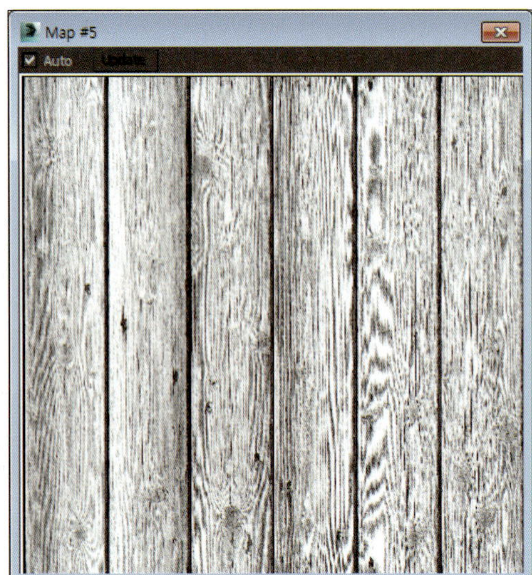

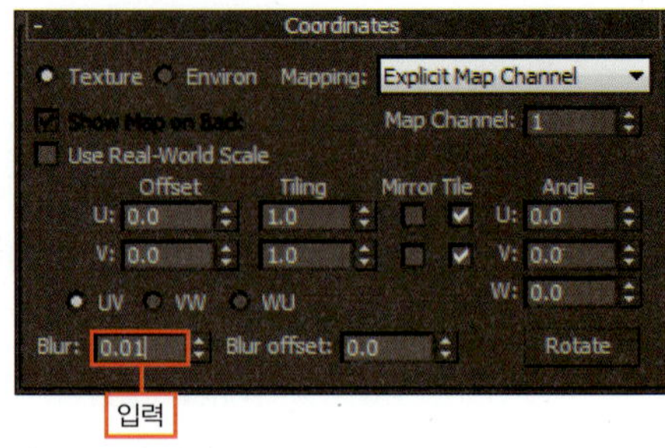

RGlossiness 항목에는 'wood_planks_001.jpg'에 Color Correction로 밝기를 조절한 Map을 적용합니다.

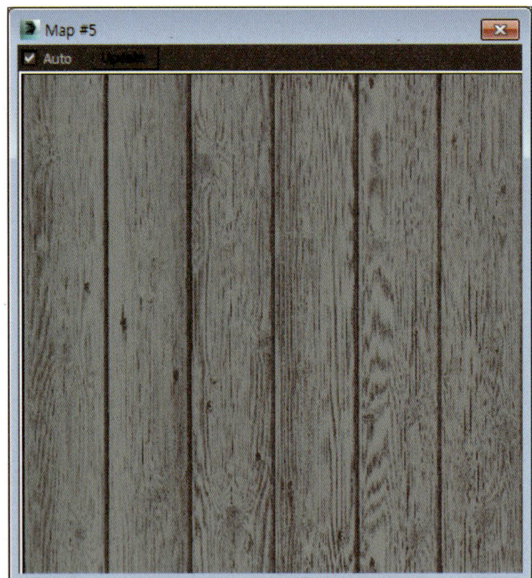

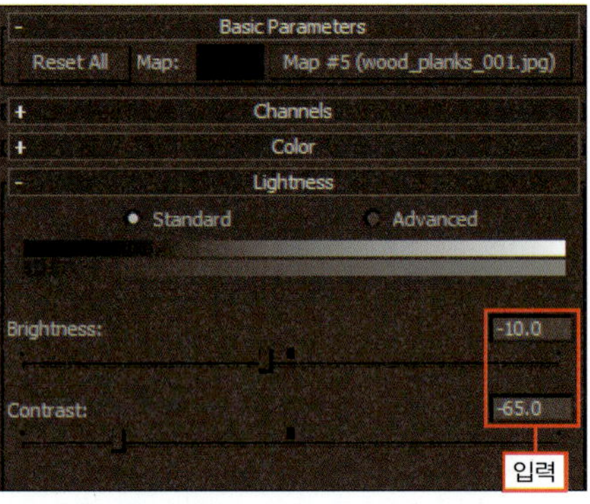

Bump 항목에는 Blur값을 '0.05'로 조절한 'wood_planks_001.jpg'를 적용하고 Bump값을 '6.0'으로 설정합니다.

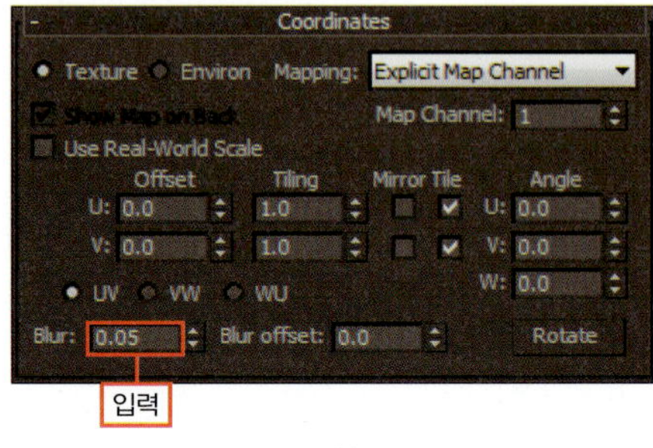

:: 바닥 디테일 모델링

1 Segment 설정

Material Editor의 [Show Shaded Material in Viewport] 버튼을 눌러 Viewport에서 Map이 적용된 결과를 확인합니다. 바닥 오브젝트를 선택한 후 Plane Parameters 에서 Segment값을 조절합니다.

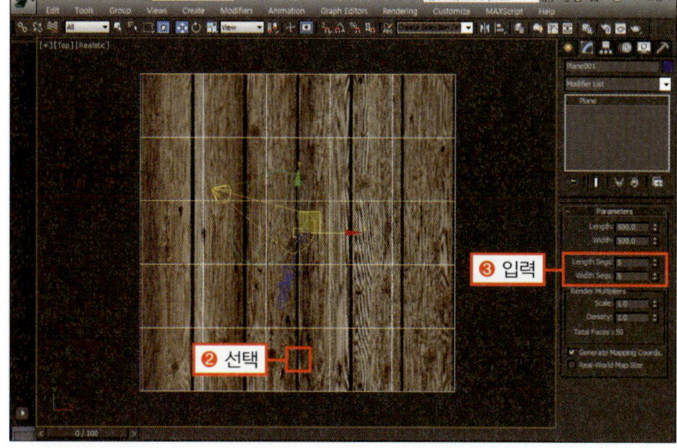

2 UVW Map 적용

UVW Map을 적용한 후 Length와 Width 값을 조절하여 Map이 타일링이 되도록 합니다.

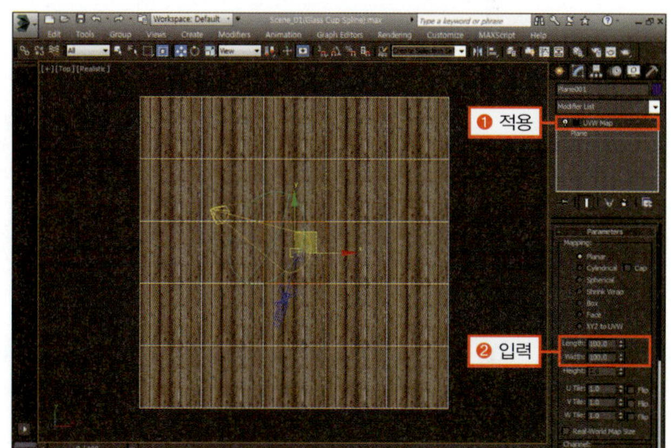

현재 장면을 Camera View에서 렌더링 합니다. 바닥에 적용한 나무 재질과 함께 Caustics가 렌더링되었습니다. 경우에 따라서는 현재 상태의 바닥 표현을 그대로 사용할 수도 있지만 부분적으로 좀 더 디테일한 모델링을 진행하여 결과물의 퀄리티를 높이도록 합니다.

3 Edit Poly 적용

Plane Parameters에서 Width Segment값에
'30'을 입력하고 Edit Poly를 적용합니다.

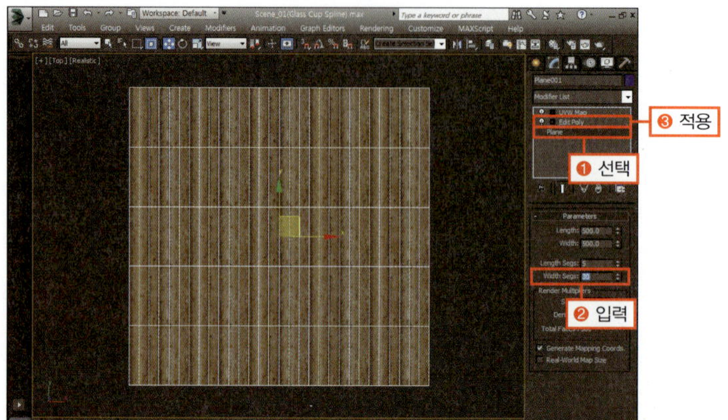

Edge를 활성화한 후 Modeling>Modify
Selection의 Loop와 Ring을 활용하여 그
림과 같이 Edge를 선택합니다.

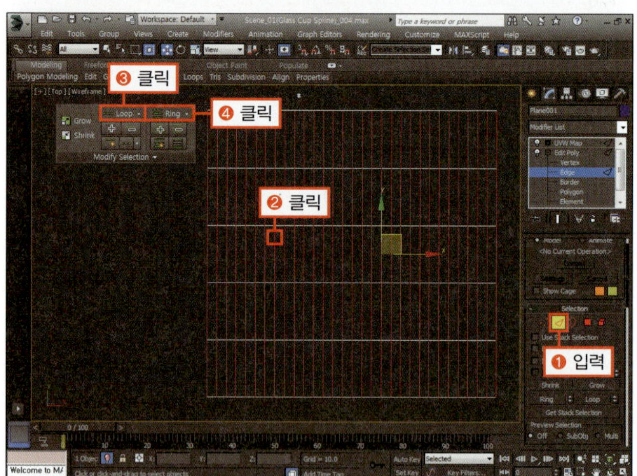

Quad Menu의 Chamfer를 활성화한 후
'0.4'를 입력하여 널빤지 간격만큼 벌어
지도록 설정합니다.

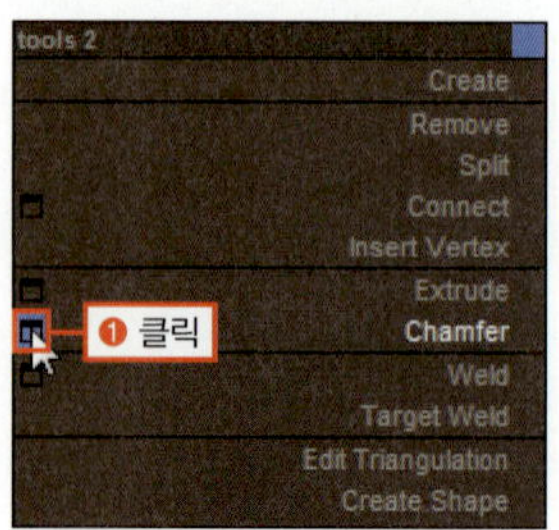

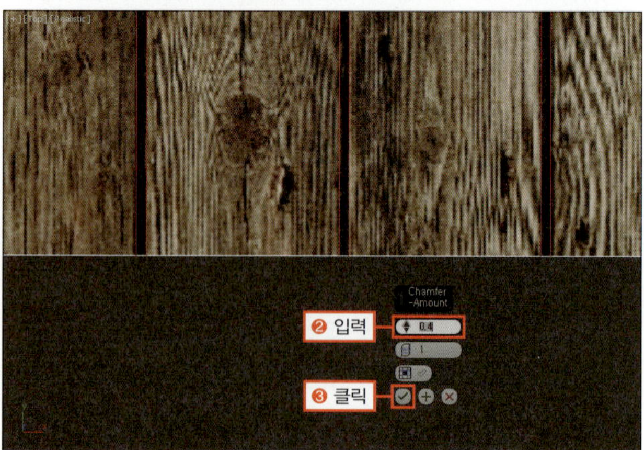

Polygon을 활성화한 후 키보드의 [Shift]를 활용하여 다음과 같이 한 줄을 선택합니다.

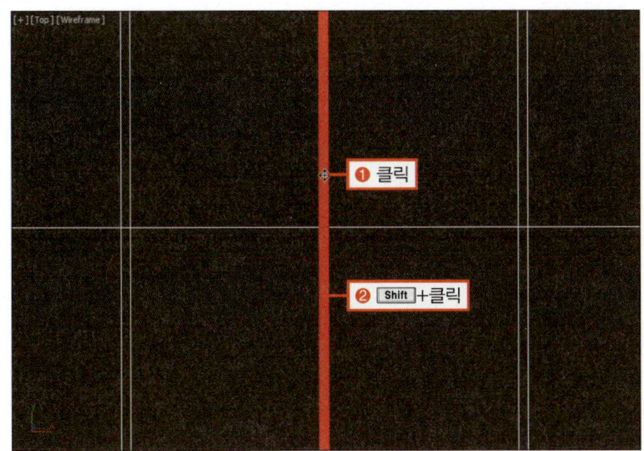

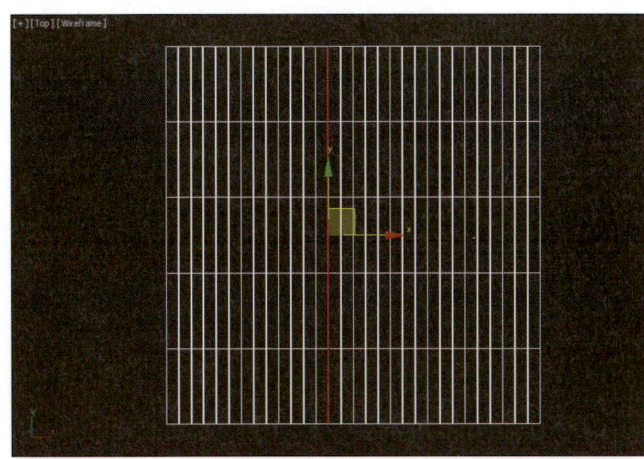

Modeling>Modify Selection의 Similar를 활용하여 다음과 같이 Polygon을 선택합니다.

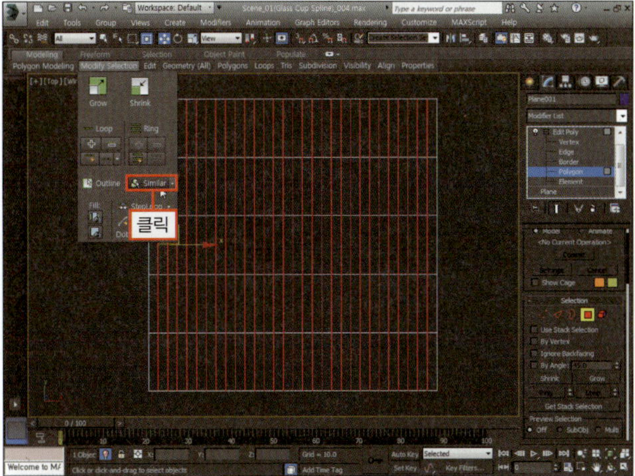

Quad Menu의 Bevel을 활성화한 후 Height와 Outline에 각각 다음 값을 입력합니다.

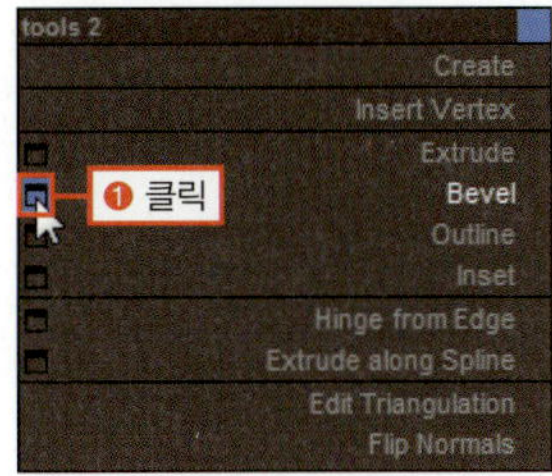

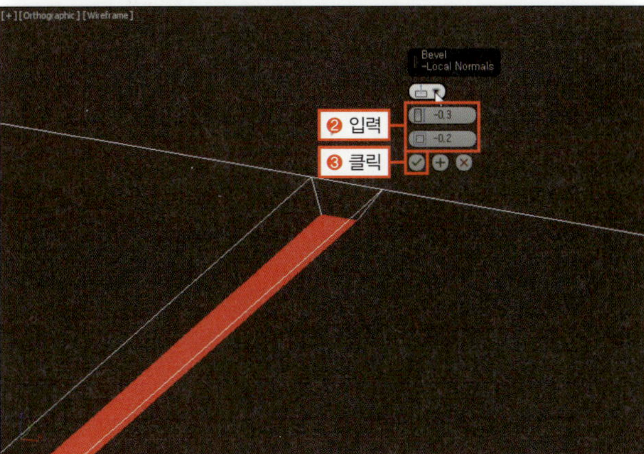

Top View에서 다음과 같이 드래그한 후 단축키 Ctrl + I 를 이용하여 필요 없는 Polygon을 선택하고
삭제합니다.

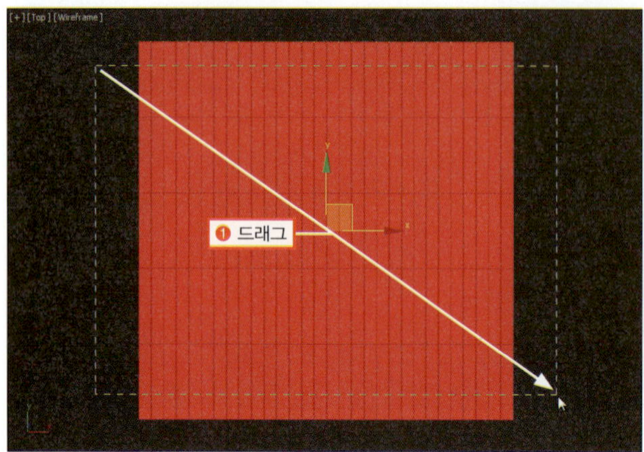

화면을 확대하여 다음 부분의 Edge를 선택하고 [Loop] 버튼(Loop)과 [Similar] 버튼(Similar)
을 차례대로 클릭하여 유사한 위치의 모든 Edge가 선택되도록 합니다.

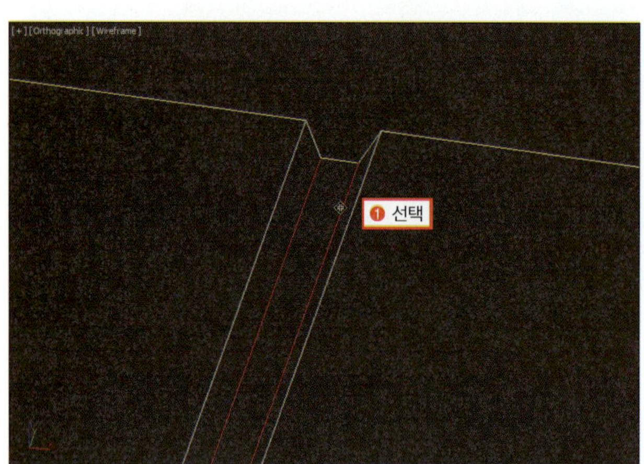

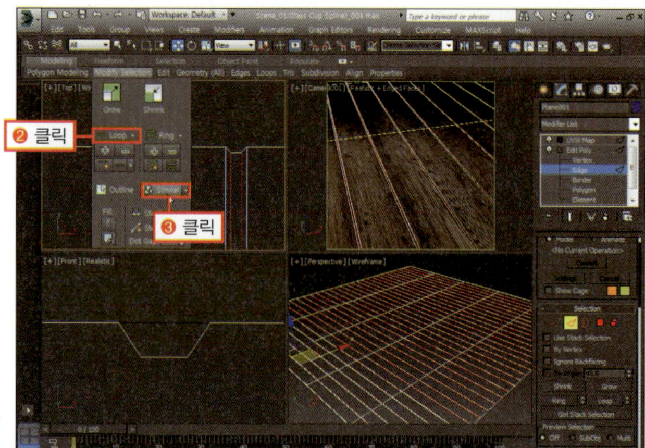

Quad Menu의 Chamfer를 활성화한 후 다음 값을 입력하여 모서리를 깎아줍니다.

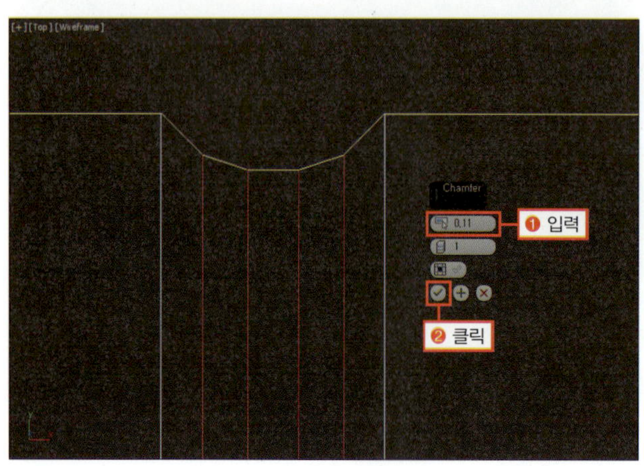

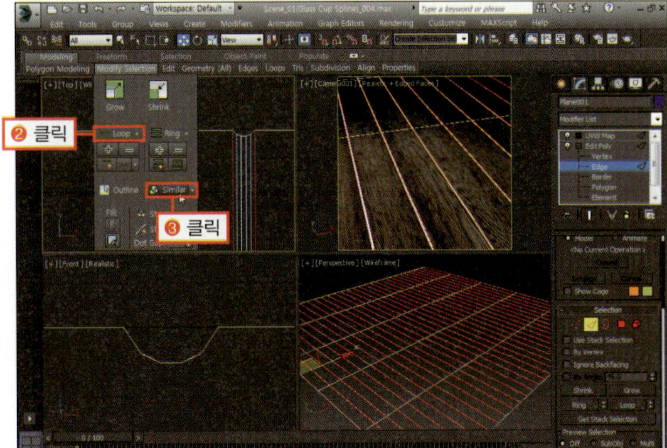

화면을 확대하여 다음 부분의 Edge를 선택하고 [Loop] 버튼(━ Loop ▾)과 [Similar] 버튼(🔍 Similar ▾)을 차례대로 클릭하여 유사한 위치의 모든 Edge를 선택합니다.

Quad Menu의 Chamfer를 활성화한 후 다음 값을 입력하여 모서리를 깎아줍니다.

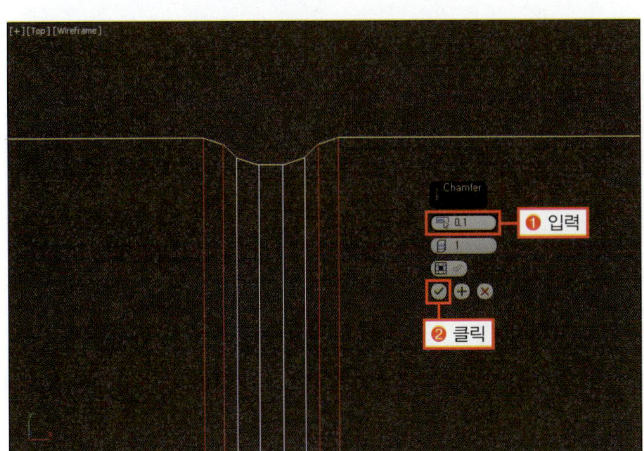

화면을 확대하여 다음 부분의 Edge를 선택하고 [Ring] 버튼(▤ Ring ▾)과 [Similar] 버튼(🔍 Similar ▾)을 차례대로 클릭하여 다음과 같이 Edge를 선택합니다.

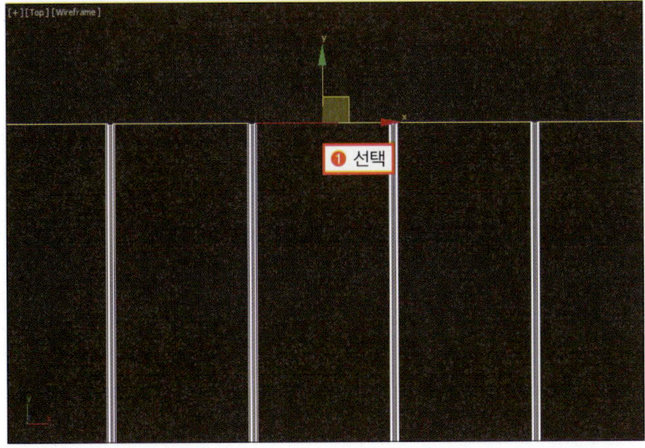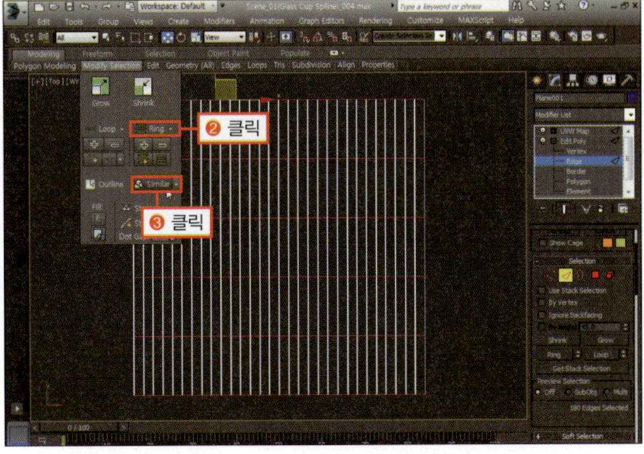

Connect를 활성화한 후 값을 입력하여 넓은 면에 Edge가 적당히 추가되도록 설정합니다.

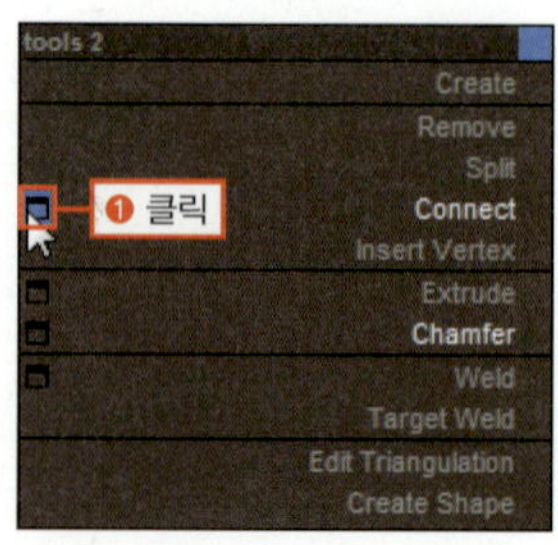

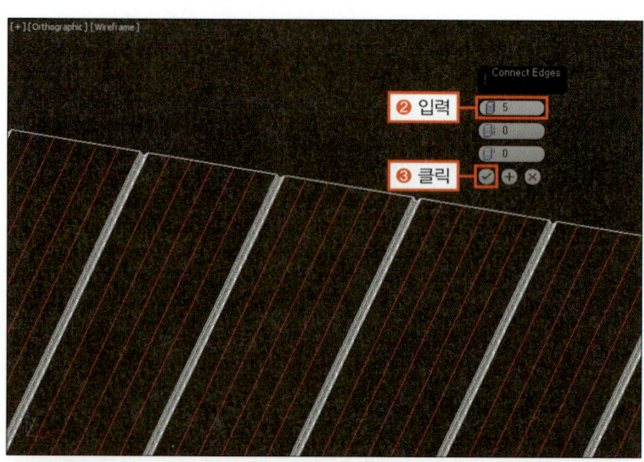

Chamfer가 실행된 부분을 확대하여 보면 다음과 같이 각이 져 있는 것을 확인할 수 있습니다. Element를 선택하고 Auto Smooth를 적용하여 면을 부드럽게 만들어줍니다.

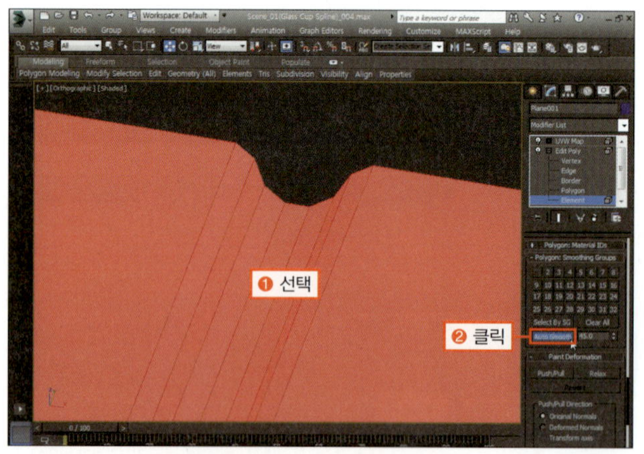

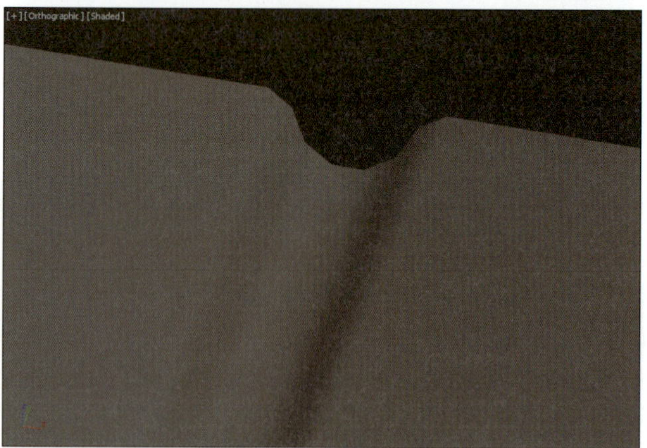

Floor 오브젝트를 선택한 후 Move 좌표에 다음 값을 입력합니다. Camera View에서 Caustics 효과와 나무 Texture의 특징이 좀 더 잘 보일 수 있도록 위치를 조절하였습니다.

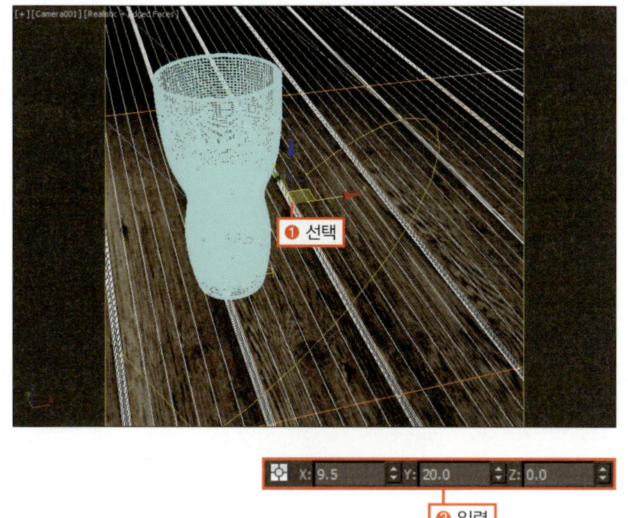

X: 9.5　Y: 20.0　Z: 0.0

장면에 Flower 오브젝트를 추가하고 모델링 방법 살펴보기

SECTION 02

Flower 오브젝트를 장면에 추가한 후 Morpher, Bend, Noise 등을 활용한 디테일 모델링 방법에 대해 살펴보겠습니다.

:: Flower 오브젝트 장면에 불러오기

1 File Merge

화면 좌측 상단에 [Application] 버튼( )>
Import>Merge를 선택합니다.

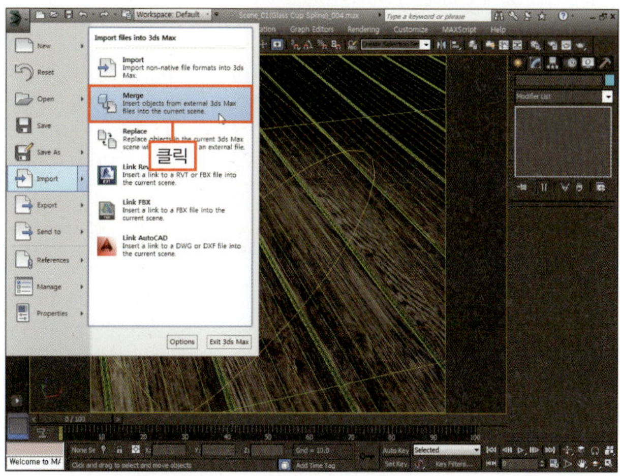

부록 CD의 Part 07>Lesson 02 폴더에서 'Scene_01(Flower Modeling).max' 파일을 더블클릭하여
선택합니다. 새로운 창이 팝업되면 모든 오브젝트를 선택한 후 [OK] 버튼을 클릭하여 Merge를 실행
합니다.

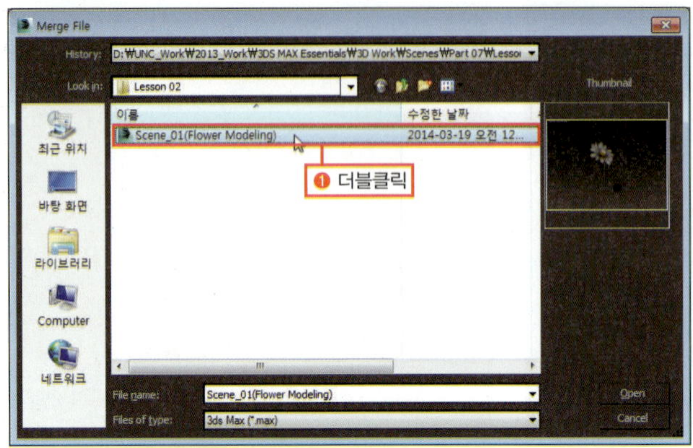
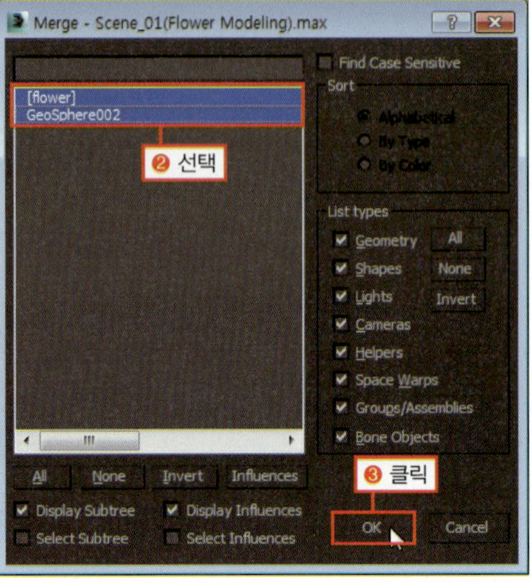

2 Flower 오브젝트 구성 살펴보기

Flower 오브젝트는 꽃술과 꽃잎, 줄기 오브젝트로 구성되어 있습니다. 비교적 근접한 Camera View
에서 보이게 될 대상이므로 조금 디테일하게 모델링을 진행했습니다. 장면에 불러온 각각의 오브젝
트를 선택한 후 Modify Panel에서 적용된 Modifier의 리스트를 한 번씩 확인해 봅니다.

줄기 오브젝트는 Spline을 활용하여 매우 간단하게 제작되었으며 꽃잎은 Plane에서부터 모양을 만든
후 Bend, Turbo Smooth, Noise Modifier 등을 적용하여 제작한 오브젝트입니다. 'GeoSphere002'는
꽃술을 모델링할 때 활용된 오브젝트로 독특한 형태를 제작하기 위해 조금 복잡한 방법으로 모델링
을 진행했습니다. 다음 과정에서는 Morpher를 활용하여 꽃술 모양의 오브젝트를 모델링하는 방법에
대해 자세히 알아보겠습니다.

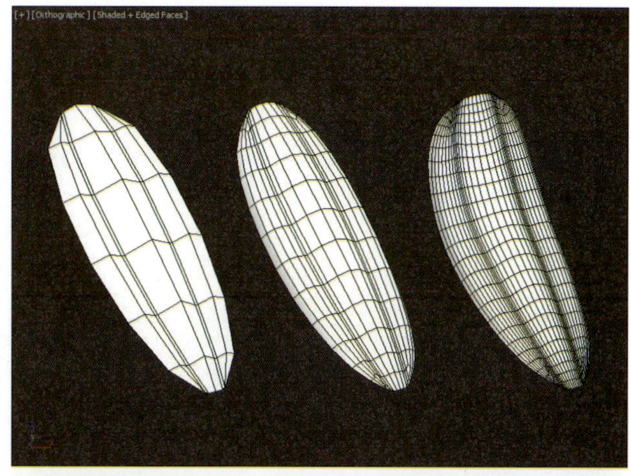

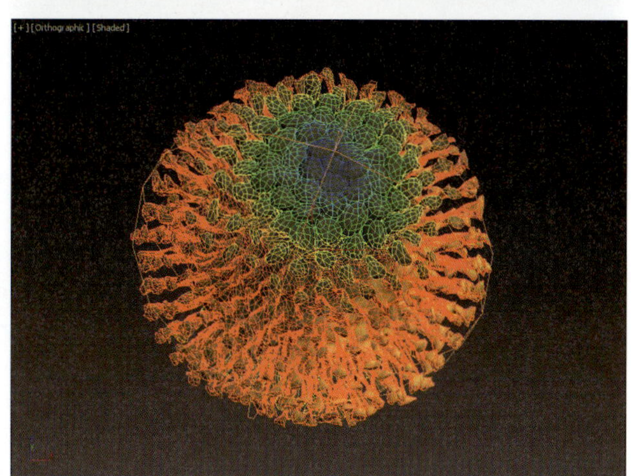

:: **Morpher를 활용한 꽃술 모델링 방법 살펴보기**

1 GeoSphere 생성, 편집

다음과 같이 Top View에서 GeoSphere
를 1개 생성한 후 Radius와 Segment값을
조절합니다.

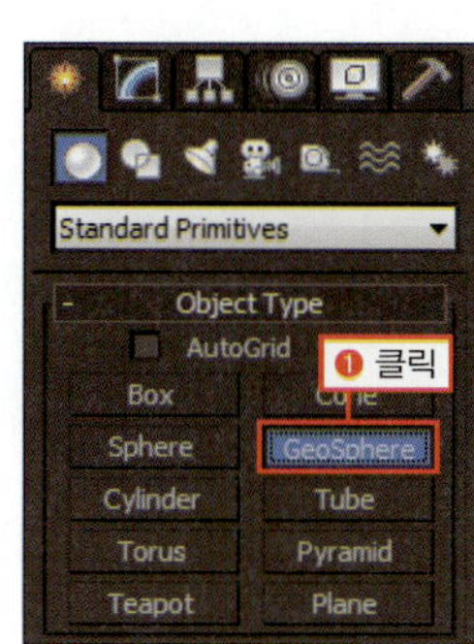

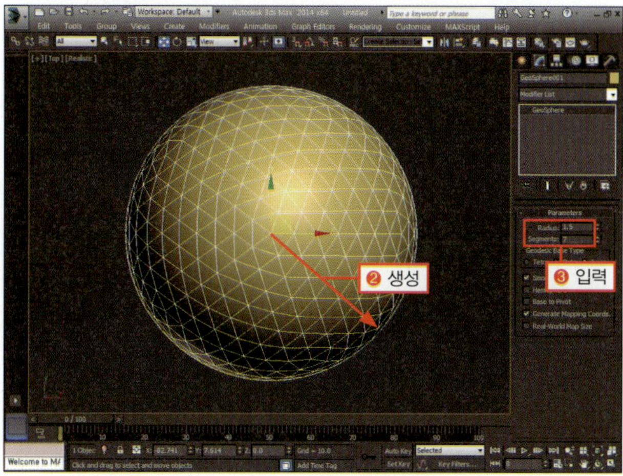

GeoSphere에 Edit Poly를 적용한 후 모든 Edge를 선택합니다. 그런 다음, Chamfer를 실행하여 Amount값에 '0.075'를 입력하고 [OK] 버튼을 클릭합니다.

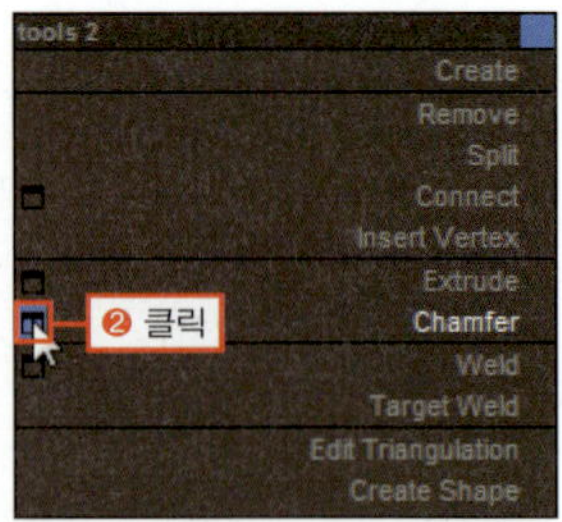

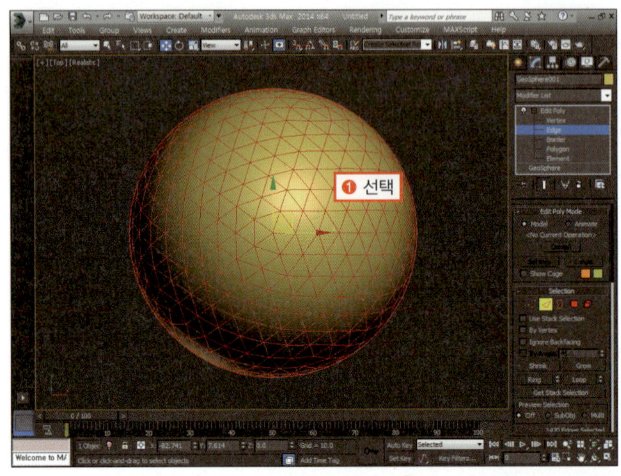

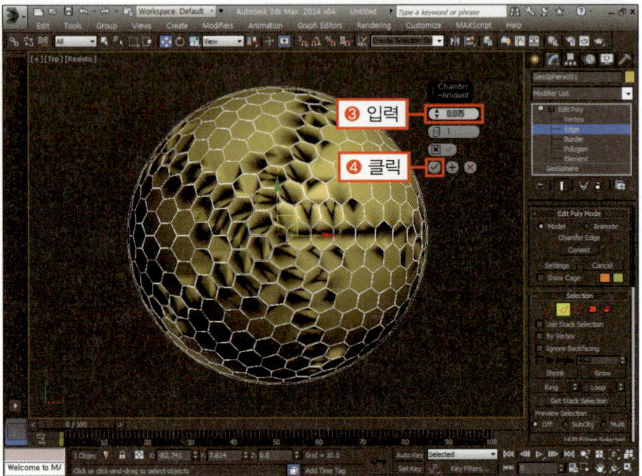

모든 Vertex를 선택한 후 Weld를 적용합니다. 인접한 Vertex들이 합쳐지면서 Polygon이 벌집 모양으로 깔끔하게 정리되었습니다.

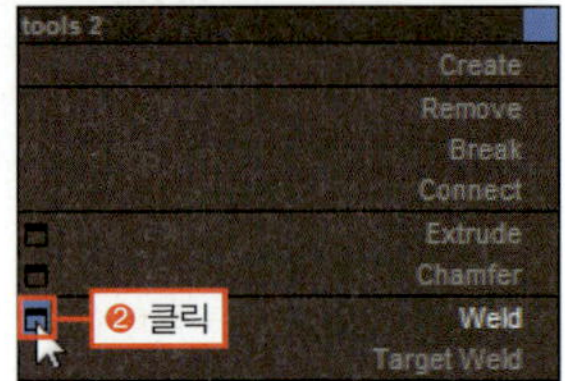

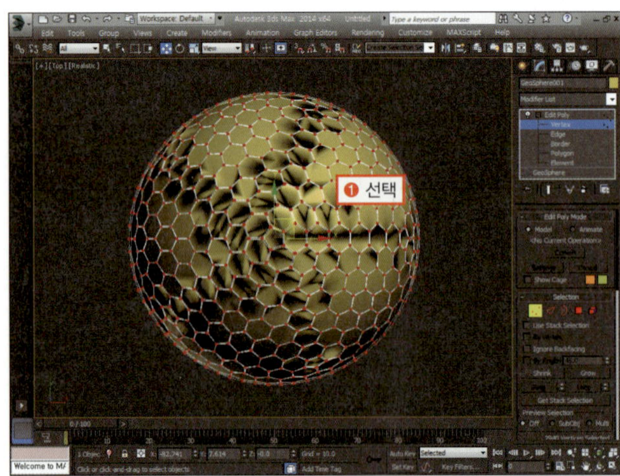

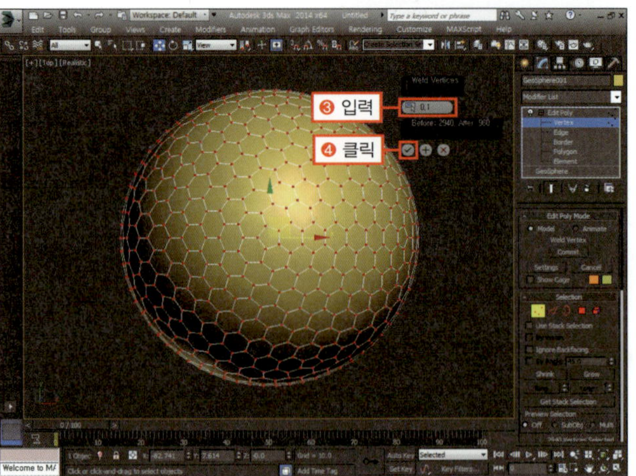

같은 오브젝트를 이용하여 다른 두 가지
모양으로 편집하기 위해 현재 오브젝트
를 하나 복사해둡니다.

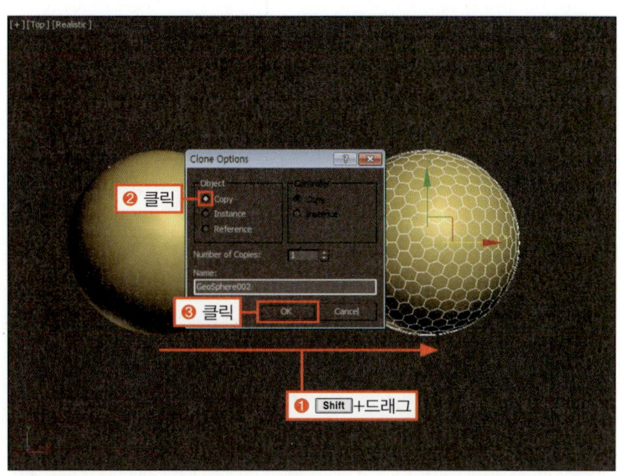

❷ GeoSphere001 모양 만들기

Polygon 전체를 선택하고 Bevel을 실행합니다.

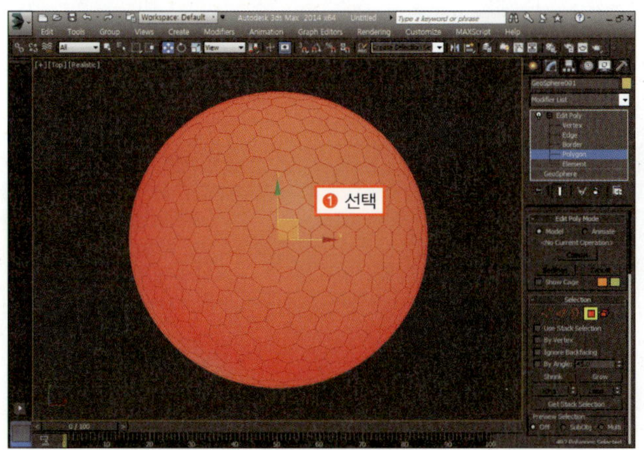

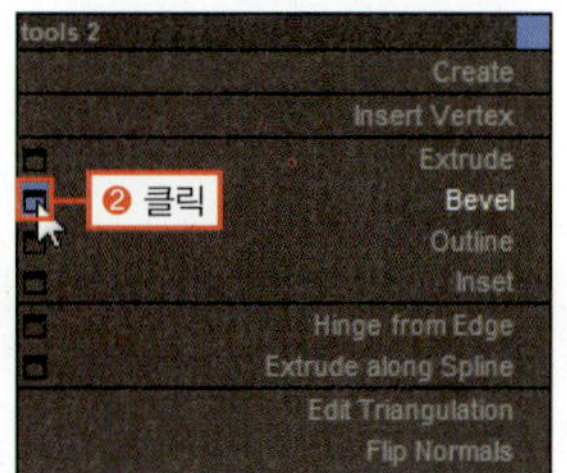

Bevel 타입을 By Polygon으로 선택한 후 Outline에 '0.08'을 입력하고 [+] 버튼을 클릭합니다. 그런
다음 Bevel이 한 번 더 실행되면 Height에 '0.1'을 입력하여 면이 돌출되도록 하고 [+] 버튼을 클릭합
니다.

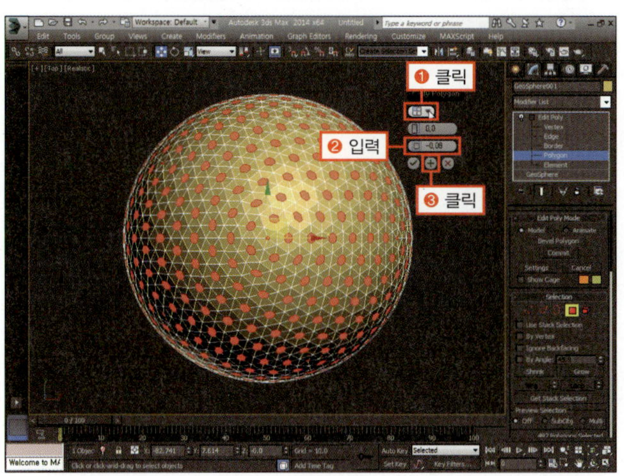

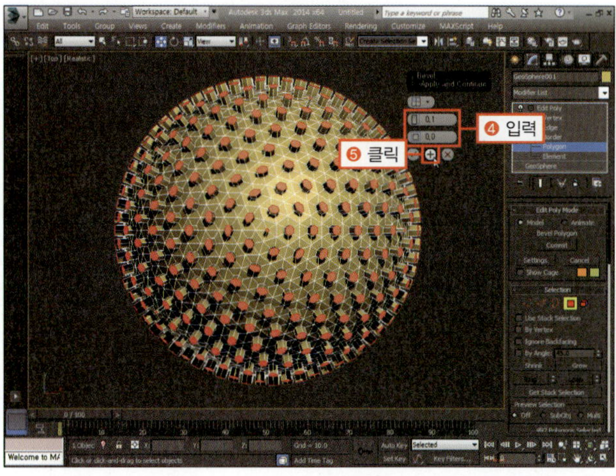

Outline에 '0.08'을, Height에 '0.14'을 입력하여 면이 돌출되면서 조금 퍼지는 모양을 만든 후 [+] 버튼을 클릭합니다. Bevel이 한 번 더 실행되면 Outline에 '0.08'을 Height에 '-0.14'을 입력하여 면이 돌출되면서 모이는 모양을 만든 후 Bevel 실행을 완료합니다.

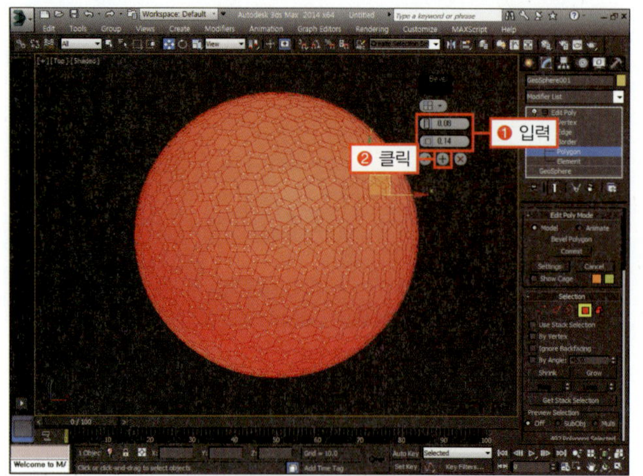
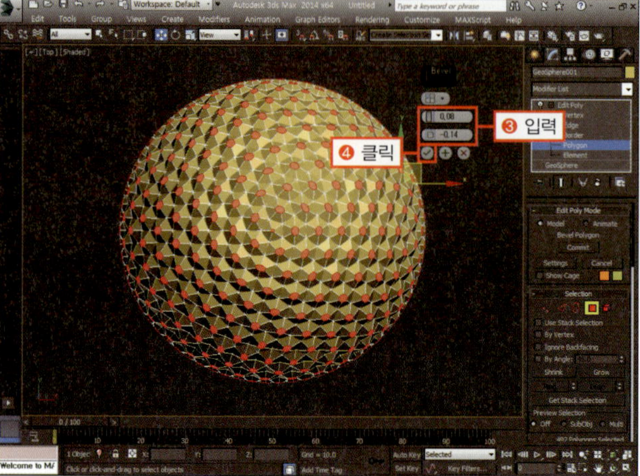

Bevel이 적용된 오브젝트의 일부분의 모양입니다. 이렇게 편집된 'GeoSphere001'에 TurboSmooth를 적용하고 모양을 확인합니다.

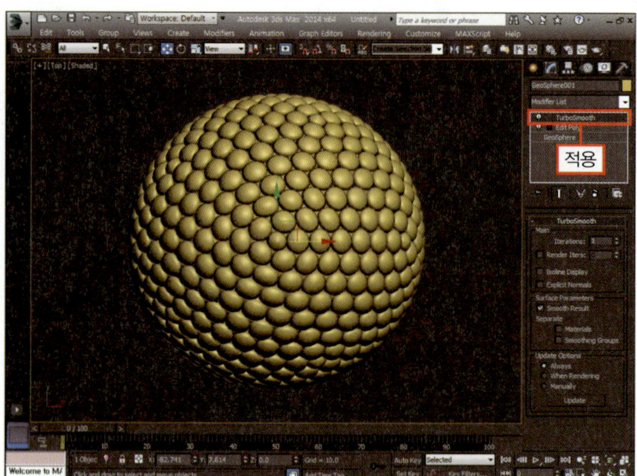

복사해둔 'GeoSphere002'를 선택한 후 Bevel을 실행합니다. Bevel 타입을 By Polygon으로 선택한 후 Outline에 '0.0'을, Height에 '0.1'을 입력한 후 [+] 버튼을 클릭합니다.

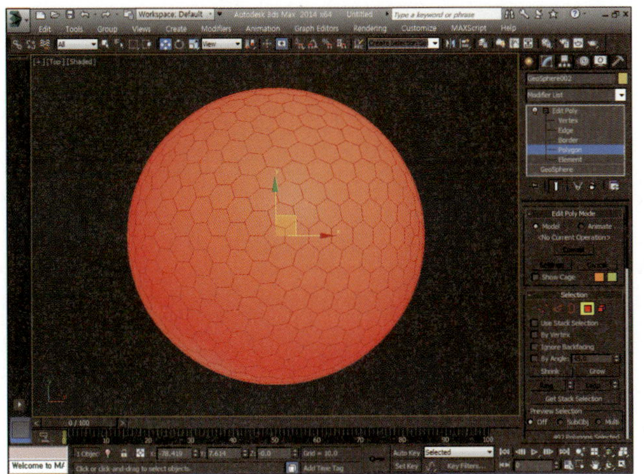
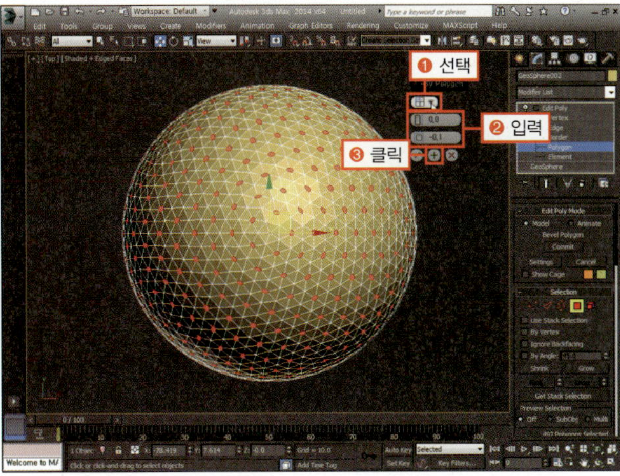

Bevel이 한 번 더 실행되면 Outline에 '0.35'를, Height에 '0.0'을 입력하여 면이 길게 돌출되도록 하고 [+] 버튼을 클릭하여 같은 값으로 한 번 더 길게 돌출되도록 합니다.

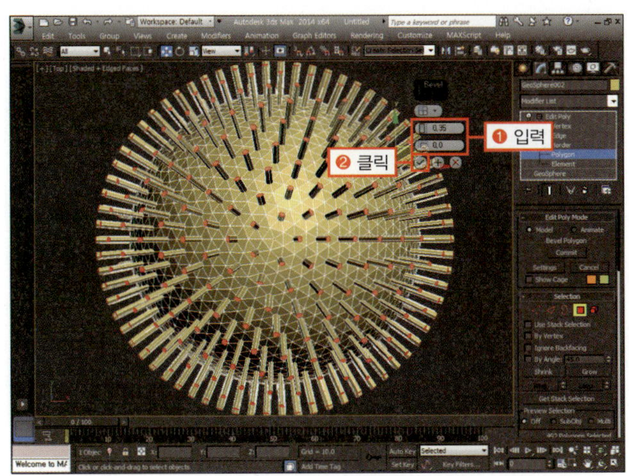
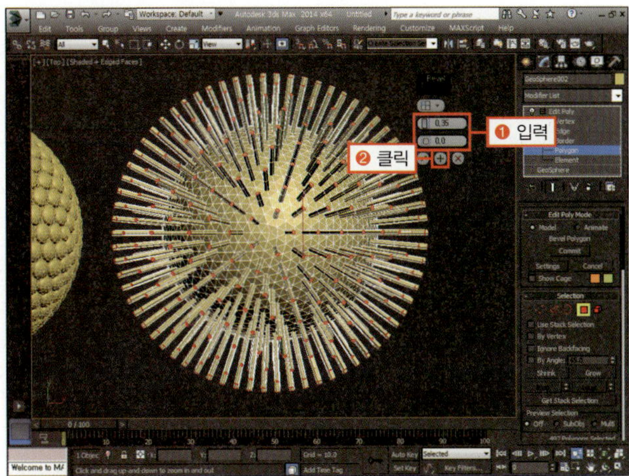

[+] 버튼을 클릭하여 Bevel이 한 번 더 실행되면 Outline에 '0.15'를 Height에 '0.1'을 입력하여 끝부분에서 면이 조금 퍼지는 형태를 만들어줍니다.

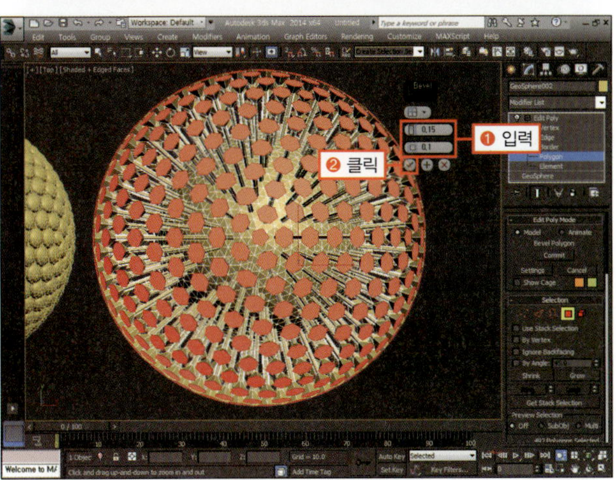

Bevel이 적용된 오브젝트의 일부분의 모양입니다. 이렇게 편집된 'GeoSphere001'에 TurboSmooth
를 적용하고 모양을 확인합니다.

 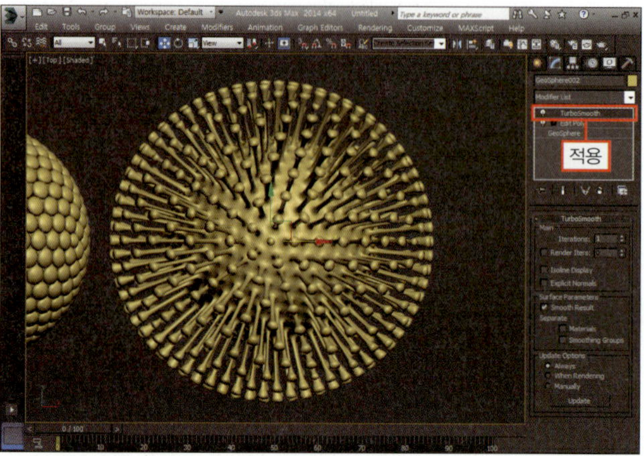

4 Push 적용

편집된 2개의 GeoSphere 오브젝트에 각각 Push Modifier를 적용합니다. 이후 이 기능을 이용하면
오브젝트의 모양을 좀 더 통통하게 하거나 홀쭉하게 수정할 수 있습니다. 'GeoSphere001'에는 Push
Value값 '1.0'을 입력한 후 진행합니다.

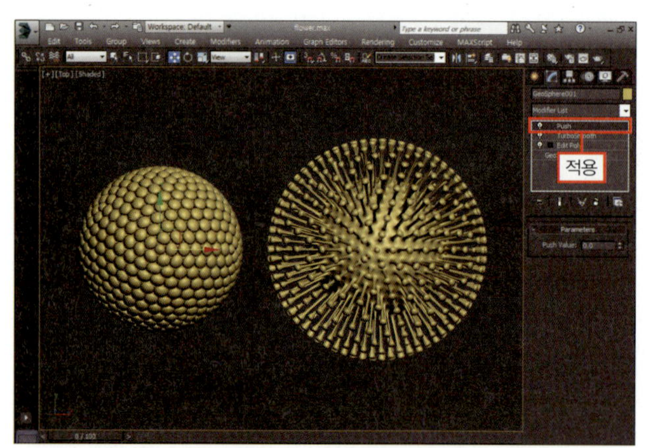 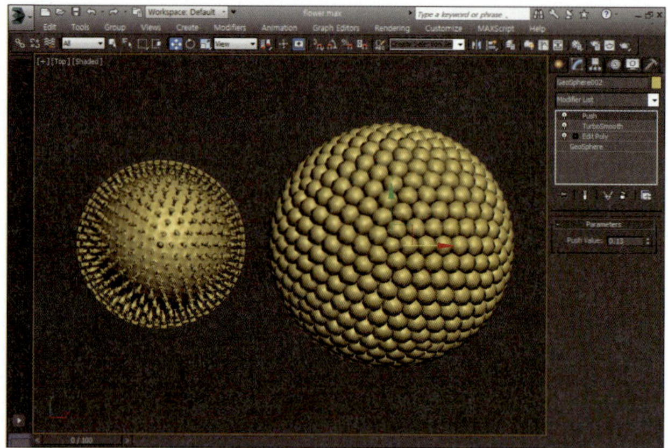

5 Soft Selection 선택

'GeoSphere001'에 Morpher를 부분적으
로 적용하기 위해 Edit Poly를 적용합니
다. 다음과 같이 드래그하여 Vertex를 선
택하고 Use Soft Selection을 체크합니다.
Falloff, Pinch, Bubble값을 입력하여 선
택 범위를 조절합니다.

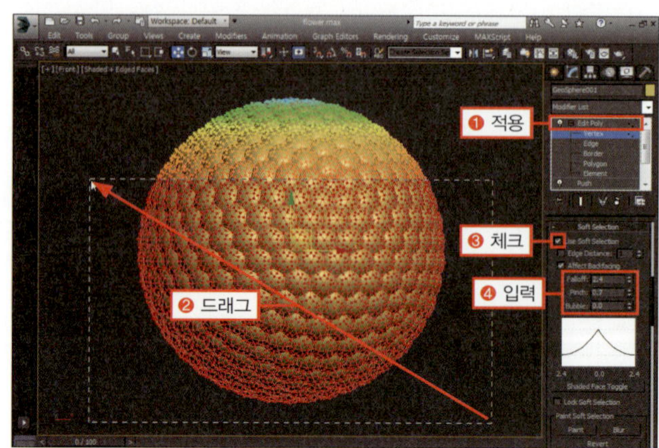

⑥ Morpher 적용

Soft Selection을 이용하여 Vertex가 선택된 상태에서 Modifier List의 Morpher 적용합니다. [Pick Object from Scene] 버튼(Pick Object from Scene)을 활성화한 후 'GeoSphere002'를 클릭합니다.

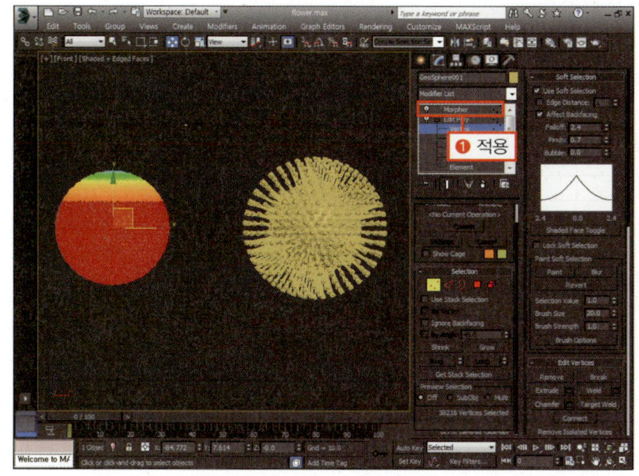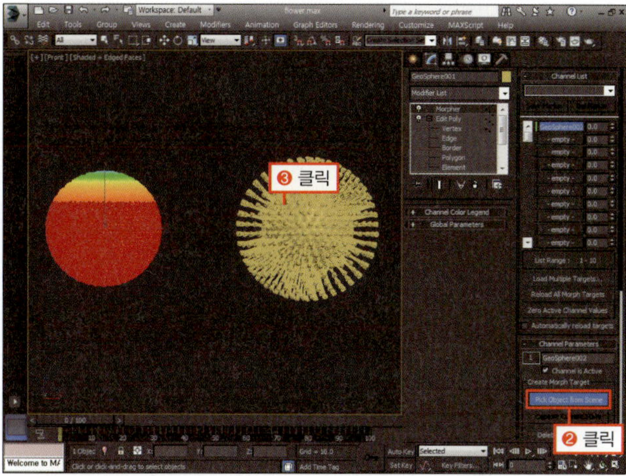

Channel List 'GeoSphere002'가 등록되어 있는지 확인한 후 값에 '100'을 입력합니다. 'GeoSphere001'의 모양이 선택된 Vertex에 의해 부분적으로 'GeoSphere002'의 모양으로 변형됩니다. Morpher가 적용된 후에도 Edit Poly에서 Vertex의 선택 범위를 변경할 수 있습니다.

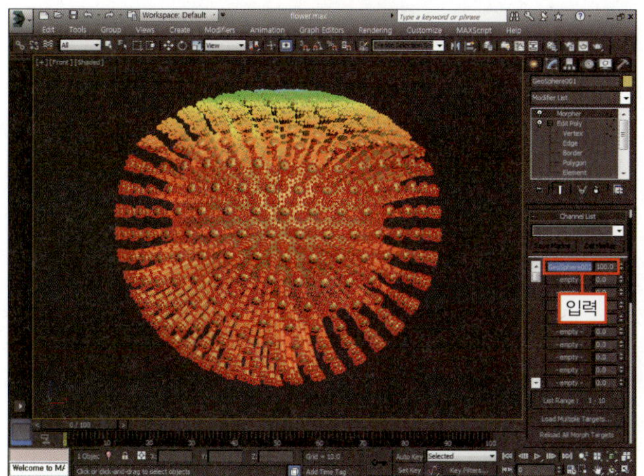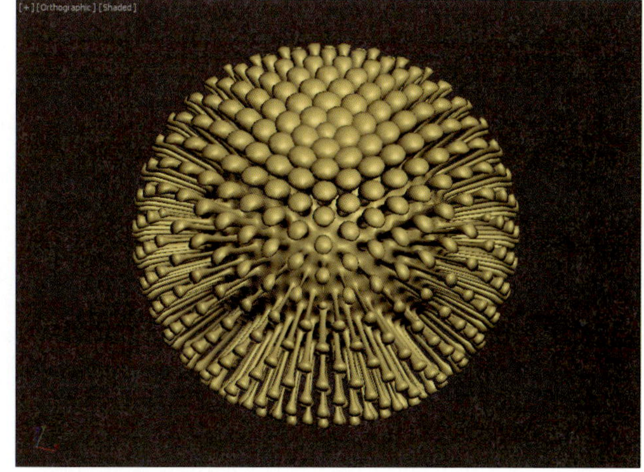

⑦ Noise 적용

Edit Poly를 다시 한 번 적용하고 Soft Selection을 이용하여 Vertex의 선택 범위를 조절합니다. Noise 를 적용하여 오브젝트 아랫부분의 모양이 조금 찌그러지도록 조절합니다.

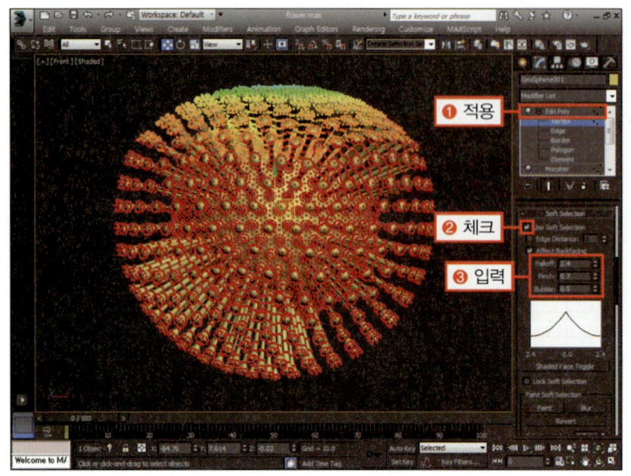

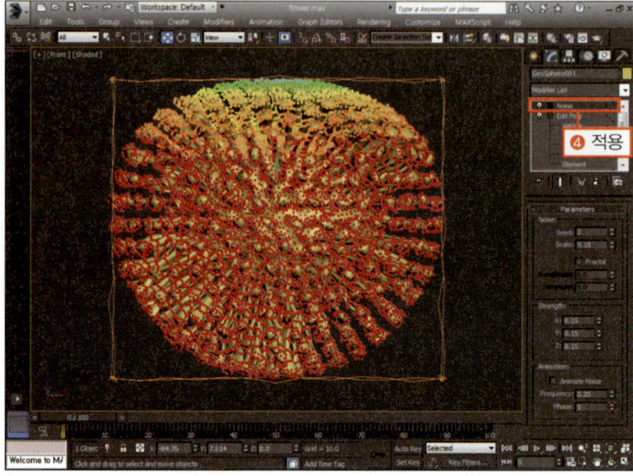

⑧ UVW Map 적용, 최종 모델링

UVW Map을 Shrink Wrap 타입으로 설정 하고 Diffuse Color에 Gradient Ramp를 적용한 최종 모델링입니다. 여러 가지 기 능을 활용하여 조금 독특한 형태의 모델 링을 하는 방법에 대해 알아보았습니다. 각 기능들을 잘 숙지해둔다면 유사한 형 태의 다른 결과물에 적용하여 여러 가지 모양을 만들 수 있을 것입니다.

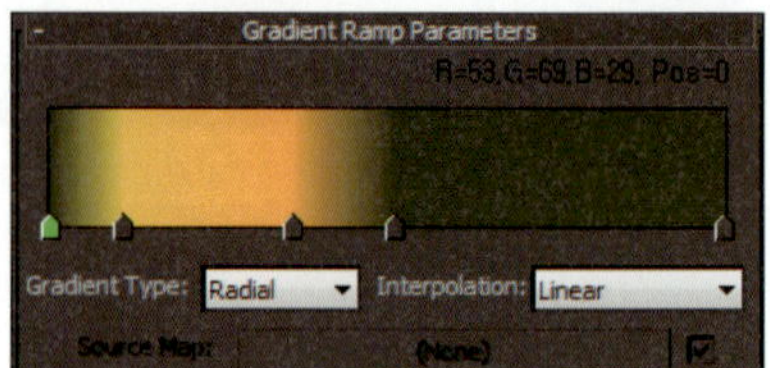

∷ Omni Light 추가

1 Omni Light 설치

장면에 Omni Light를 1개 설치하여
Flower 오브젝트만 부분적으로 밝기를
조절합니다.

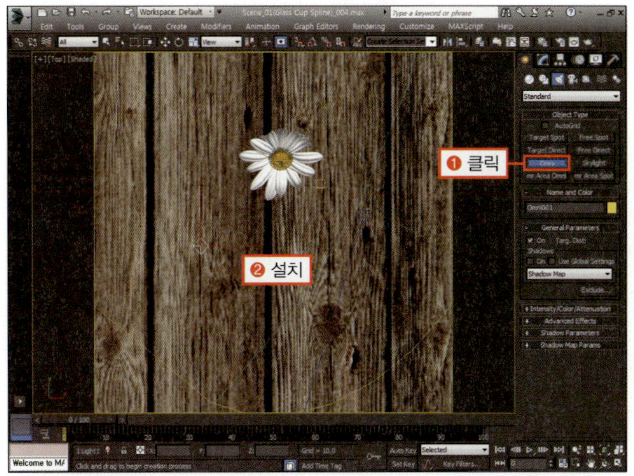

2 Align, 위치 조절

Camera View에서 단축키 Alt + A 를 눌
러 Align을 활성화한 후 컵 오브젝트를
클릭합니다. 창이 팝업되면 다음과 같이
체크하여 Light가 컵의 중심에 정렬되도
록 설정합니다.

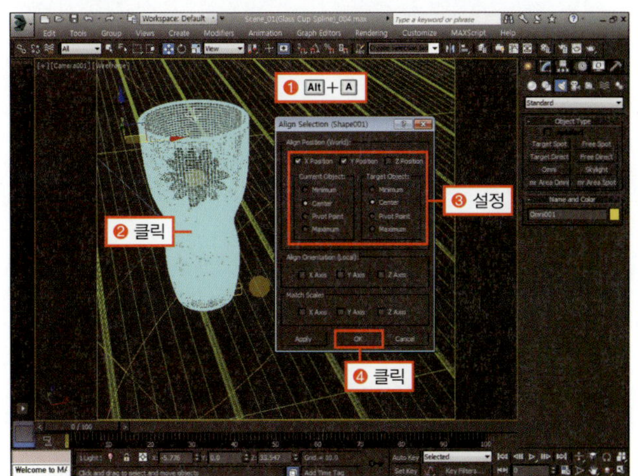

Move Z좌표에 '33'을 입력하여 Light의 높이를 조절합니다.

3 Omni Light 설정

Omni Light의 Modify Panel에서 설정을 다음과 같이 변경합니다. VRayShadow를 활성화한 후 Exclude/Include 창을 팝업하고 다음과 같이 클릭하여 장면 전체 오브젝트 중에서 오직 [flower]만 Omni Light의 영향을 받도록 조절합니다. 빛의 밝기와 범위를 조절한 후 Area shadow를 활성화하여 부드러운 그림자를 만들도록 설정합니다.

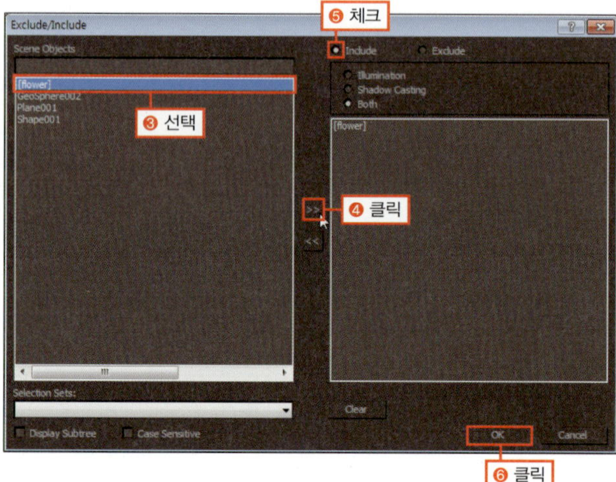

03
SECTION

렌더링 환경을 세팅하고 Render Elements를 활용하여 최종 결과물 만들기

장면 연출을 위한 모든 요소들을 준비했습니다. Caustics와 Depth of field 등 최종 렌더링을 위한 설정을 진행하고 Render Elements 결과물을 활용하여 Photoshop에서 이미지 후반 작업을 진행해보겠습니다.

∷ **Render 세팅하기**

1 Output Size 설정

최종 렌더링할 이미지의 사이즈를 입력합니다.

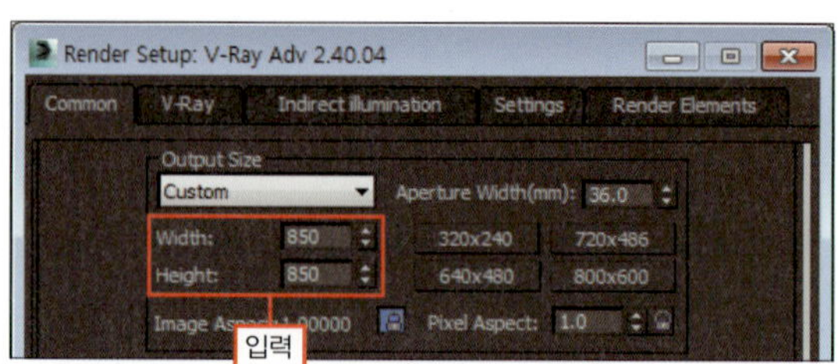

② Image Sampler 설정

Antialiasing filter를 VRaySincFilter로 선택하여
좀 더 선명한 이미지를 얻을 수 있도록 설정합
니다.

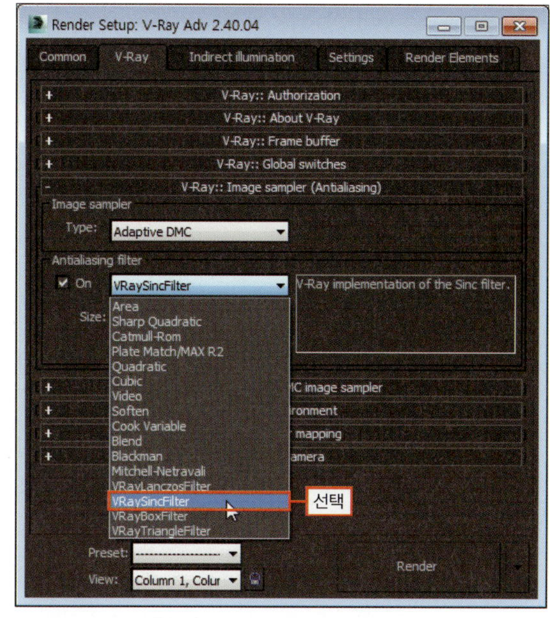

③ Environment 설정

Reflection에 적용되어 있는 VRayHDRI를 드래그하여 GI Environment에 복사합니다. VRayHDRI Map
이 장면 전체에 Skylight로 사용됩니다.

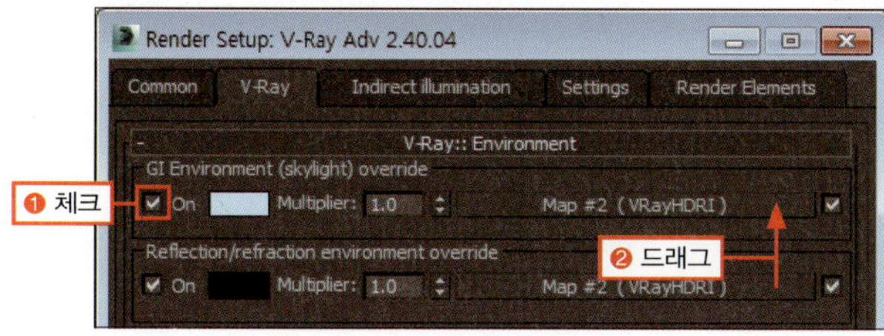

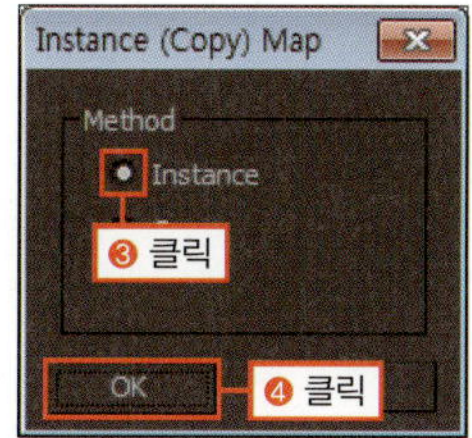

④ Depth of field 설정

Camera Rollout의 기능을 활용하여 Depth of
field를 설정할 수 있습니다. 장면의 Camera를
선택한 후 Target값이 '109'인지 확인합니다.
Get from camera를 체크하여 장면의 Camera
Target위치에 초점이 맞도록 설정하고 Aperture
값에 '2.0'을 입력하여 이미지에 Blur가 적용되
는 정도를 조절합니다. Subdivs값을 올리면 깨
끗한 결과물을 얻을 수 있지만 많은 시간이 소요
되므로 결과물에 따라 적당한 값을 사용합니다.

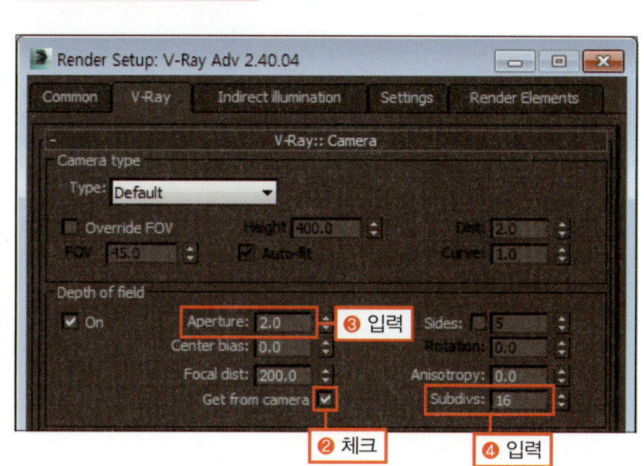

5 Indirect illumination(GI) 설정

GI 렌더를 활성화한 후 두 번째 GI 엔진을 Light cache로 선택합니다. Ambient occlusion에 체크한 후 Radius값에 '1.0'을 입력합니다.

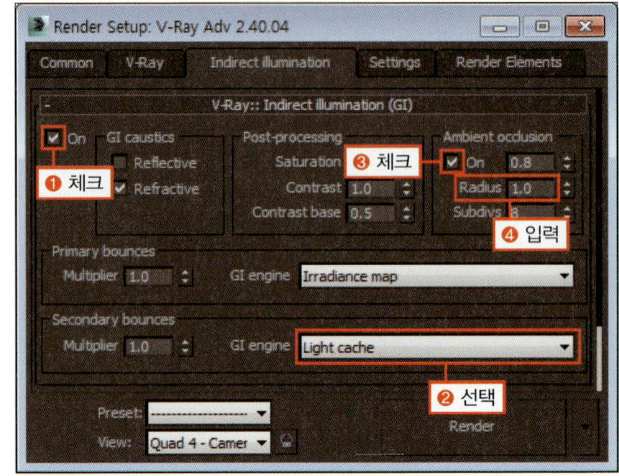

6 Irradiance map 설정

Irradiance map의 preset을 High로 선택한 후 Basic parameters의 설정값을 조금씩 올려줍니다. Show calc. phase를 체크하여 렌더링에서 계산되는 장면을 먼저 확인합니다.

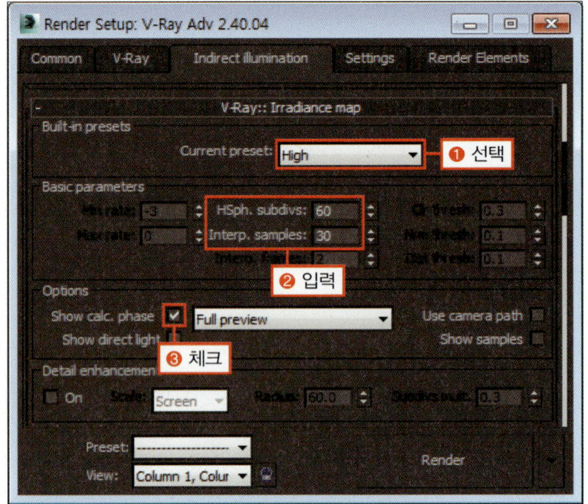

7 Light cache 설정

Light cache의 Subdivs값을 올리고 Show calc. phase를 체크하여 렌더링에서 계산되는 장면을 확인합니다. 장면에는 Glossy 재질이 사용되므로 Use light cache for glossy rays를 체크하여 렌더링 시간이 절약되도록 설정합니다.

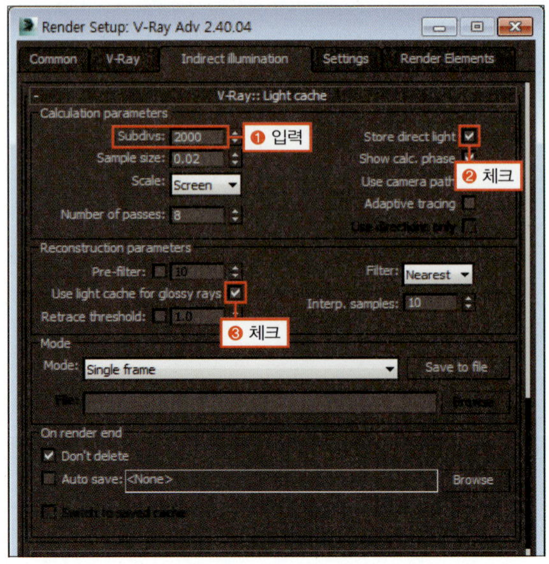

8 Render Elements 설정, 최종 렌더링

[Add] 버튼(　Add ...　)을 클릭하여 다음 항목을 선택합니다. 최종 렌더링을 할 때 선택한 항목의 Render Element를 얻을 수 있습니다. Split render channels의 [Browse] 버튼(　Browse...　)을 클릭하여 렌더링된 결과물들이 해당 경로에 저장되도록 설정합니다.

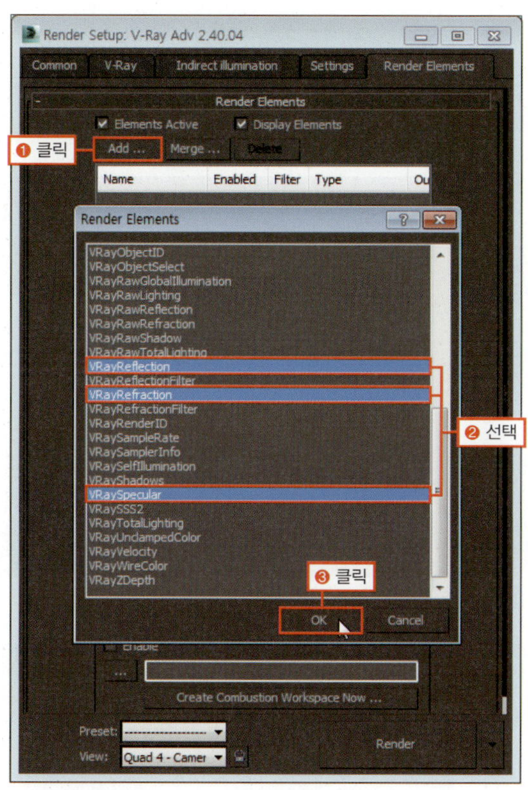

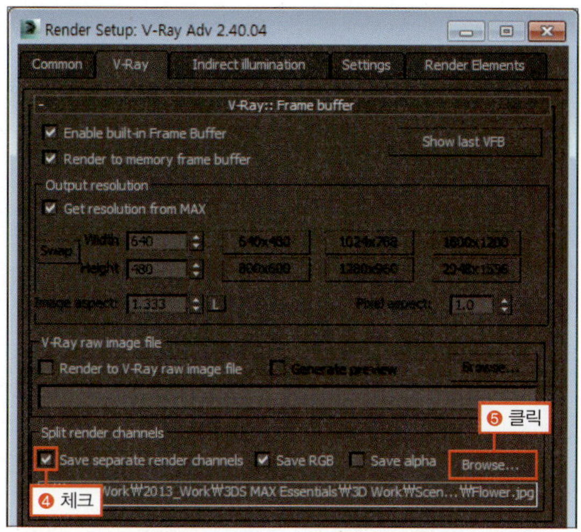

9 최종 Caustic 설정

장면에 오브젝트가 추가되고 변경된 부분들이 있으므로 New map을 선택하여 Photon Map을 다시 계산하도록 설정합니다. [Render] 버튼(　Render　)을 클릭하여 최종 렌더링을 실행합니다.

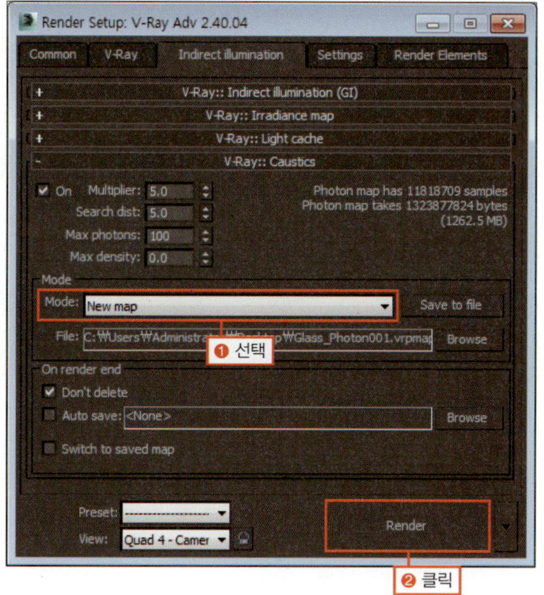

Split render channels에서 설정한 경로의 폴더를 확인합니다. 렌더링 원본 이미지와 VRayReflection, VRayRefraction, VRaySpecular 이미지가 저장되었습니다.

▲ 렌더링 원본

▲ VRayReflection

▲ VRayRefraction

▲ VRaySpecular

1 이미지 불러오기

렌더링된 이미지들을 Photoshop으로 불러옵니다. 3장의 Channel 이미지를 원본이미지 Layer 위에 올려놓습니다.

2 Channel별 이미지 활용

각 이미지의 Blend Mode와 Opacity값을 조절합니다. 각 Channel별 이미지를 활용하면 반사, 굴절, 하이라이트에 해당하는 부분만을 별도로 조절할 수 있습니다.

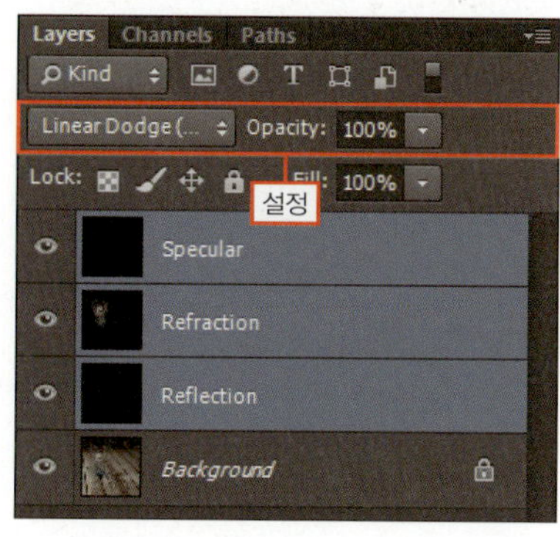

▲ VRayReflection
Blend Mode : Linear Dodge(Add)
Opacity : 50%

▲ VRayRefraction
Blend Mode : Color Dodge
Opacity : 20%

▲ VRaySpecular
Blend Mode : Linear Dodge(Add)
Opacity : 100%

Refraction Layer를 선택한 후 [Add a mask] 버튼(■)을 클릭하여 Mask를 적용합니다. 검은색 브러시로 꽃 부분을 문질러 밝기를 조금 줄입니다.

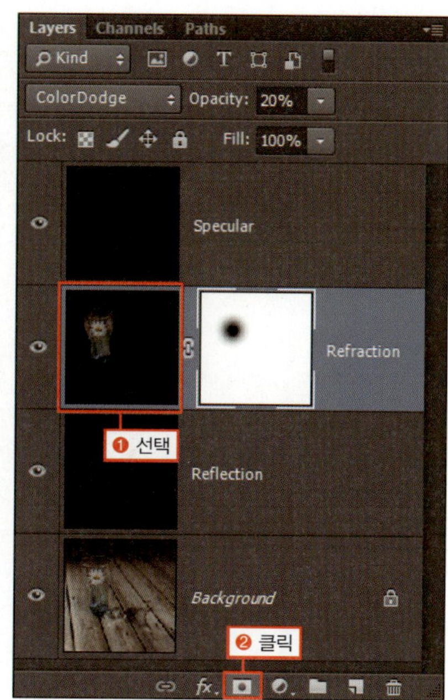

③ Color Lookup

[Create new fill or adjustment layer] 버튼(●)을 클릭하여 Color Lookup의 TealOrangePlus Contrast.3DL을 적용합니다. 장면의 특성에 따라 다른 3DLUT File을 적용하여 색다른 분위기를 연출할 수 있습니다.

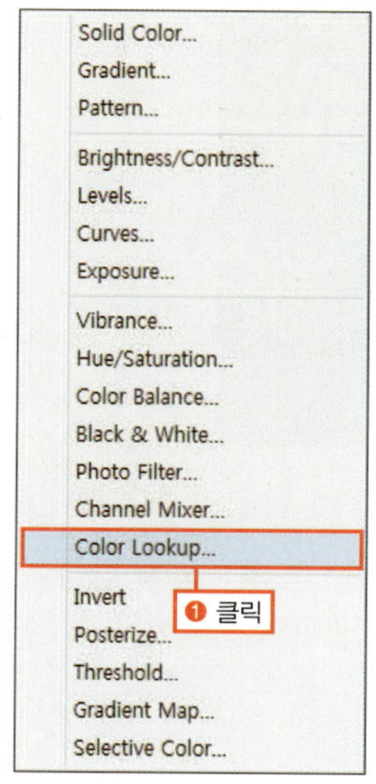

[**MEMO** · Color Lookup은 Photoshop CS6 이상의 버전에서 지원되는 기능입니다.]

▲ Color Balance와 Curves

Color Balance와 Curves를 추가하여 컬러 느낌과 밝기를 조금씩 조절하고 최종 이미지를 완성합니다.

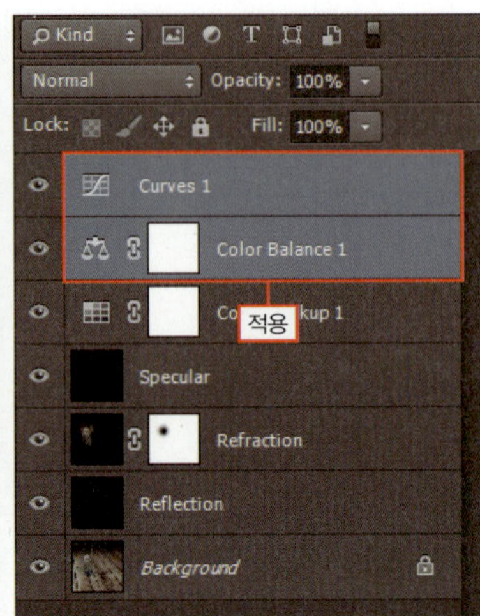

Color Balance의 Highlights를 선택하여 Yellow Color가 조금 줄어들도록 하고 Curves의 곡선을 다음과 같이 설정하여 이미지의 대비가 조금 높아지도록 조절합니다.

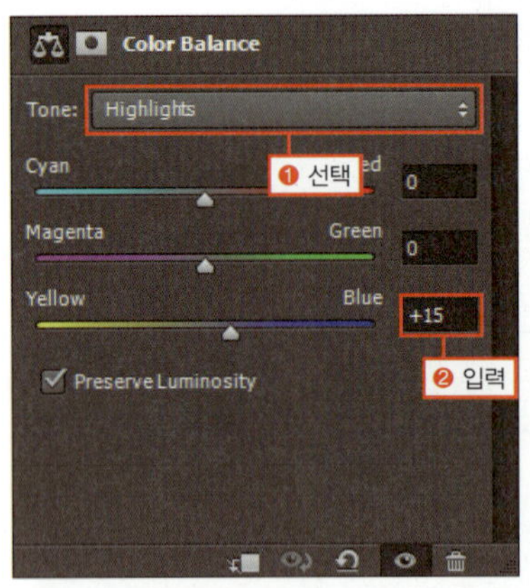

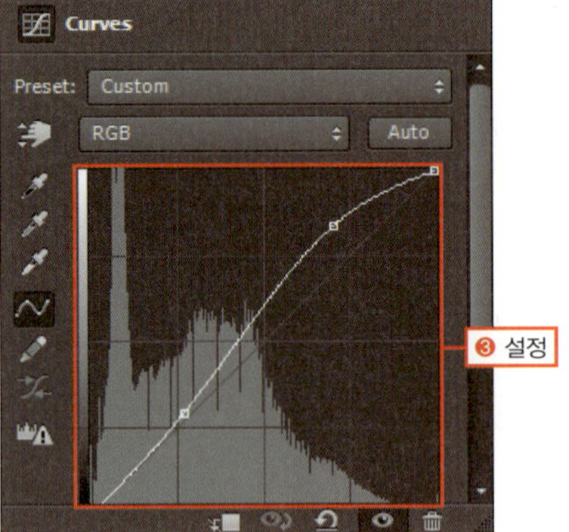

비교적 간단한 과정을 거쳐 이미지 후반 작업을 완료했습니다. 각 단계에 적용된 값을 변경하거나 추가로 필요한 Channel 이미지를 활용하여 자신만의 색깔이 묻어나는 결과물을 만들어 봅니다.

텍스트를 활용하여 나만의 월페이퍼 디자인하기

VRayCaustics를 활용한 예제를 통해 각 기능별 활용 방법을 알아보았습니다. 이번 과정에서는 Caustics의 몇 가지 주요 기능과 Max의 Text 오브젝트를 이용하여 나만의 월페이퍼를 디자인해보겠습니다.

01 Max의 Text를 이용하여 오브젝트를 모델링하고 Caustics 생성하기

SECTION

월페이퍼에 사용할 Text 오브젝트를 제작한 후 Light와 Material을 적용하여 Caustics가 생성될 수 있는 기본적인 환경을 구성합니다.

∷ 이번 예제에 사용할 3ds MAX File의 Units/Gamma Setup

01 Menu Bar>Customize>Units Setup을 통해 다음과 같이 Unit을 세팅합니다.

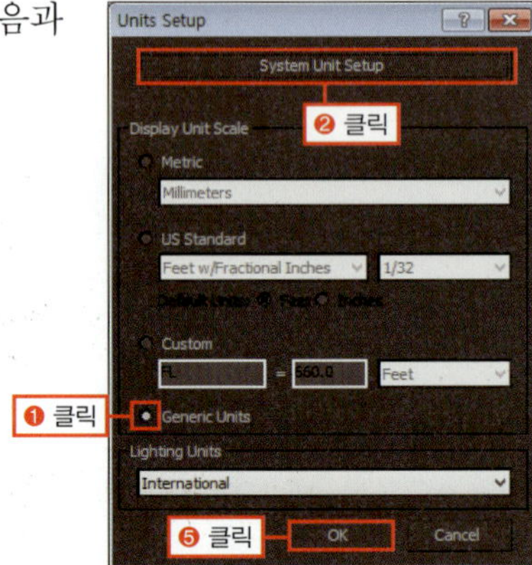

02 Menu Bar>Rendering>Gamma/LUT Setup을 통해 다음과 같이 Gamma를 비활성화합니다.

[**MEMO** · 부록 CD의 3ds MAX File을 Open 또는 Import할 때 본인이 사용하는 3ds MAX의 Units/ Gamma Setup을 위 사항과 동일하게 세팅하면 파일이 문제없이 호환됩니다.]

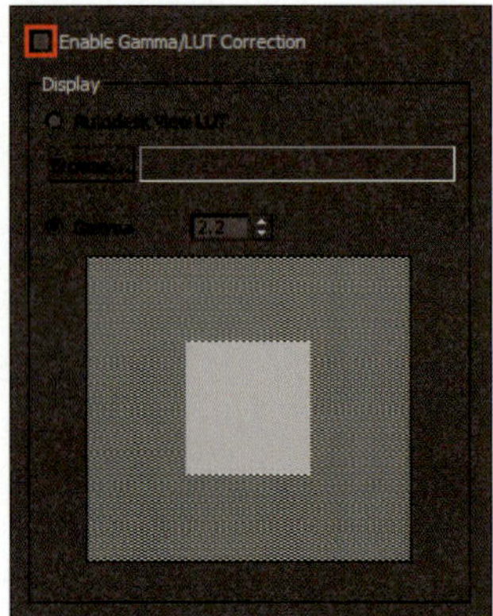

∷ Text 오브젝트, 바닥 모델링

■ Text 생성

Front View에서 Command Panel>Create>Shapes>Splines에서 [Text] 버튼(Text)을 활성화합니다. Viewport를 클릭하여 Text 오브젝트를 생성한 후 Font를 선택하고 Size를 조절합니다. 자신이 선호하는 Font를 사용해도 무방하지만 디테일 모델링을 진행하기 위해서 너무 얇지 않은 Font를 선택합니다.

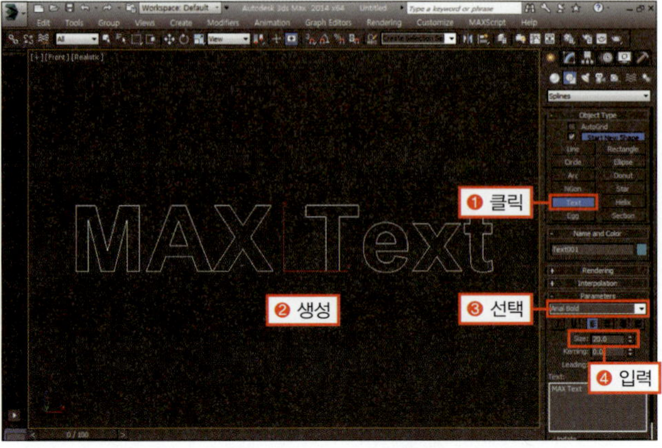

Parameters의 Text 영역에서 자신의 영
문 아이디나 이름으로 Text를 수정합니
다. 진행하는 예제에서는 '3ds MAX'를
입력하고 진행하겠습니다.

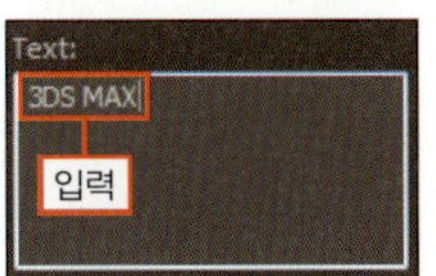

② Bevel 적용

Text 오브젝트의 두께를 표현하기 위해 Command Panel의 Modify>Modifier List에서 Bevel Modifier
를 적용합니다.

View를 조금 돌려 확인하면서 Bevel
Values값을 조절합니다. Level 2, 3을 체
크하면 그림과 같이 앞뒤로 돌출된 오브
젝트를 만들 수 있습니다.

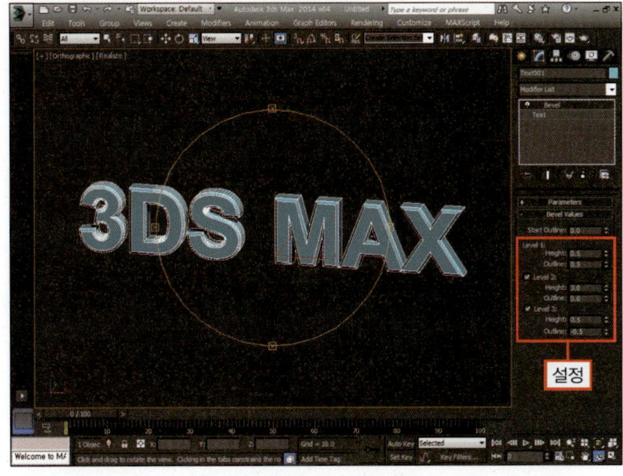

❸ Edit Poly 적용, 형태 수정

Text 오브젝트의 형태를 수정하기 위해 Modifier List에서 Edit Poly를 적용합니다. Main Toolbar의 [Window selection] 버튼(■)을 활성화하고 Right View에서 다음과 같이 드래그하여 Edge를 선택합니다.

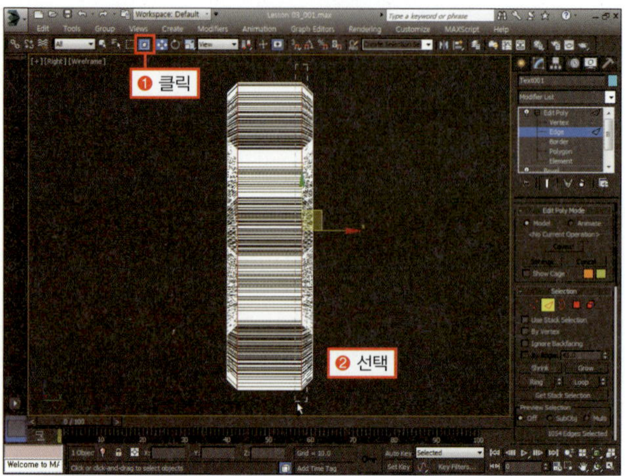

Quad Menu의 Chamfer를 활성화한 후 Amount에 '0.55'를 Segments에 '5'를 입력하여 오브젝트의 모서리가 둥글게 되도록 수정합니다.

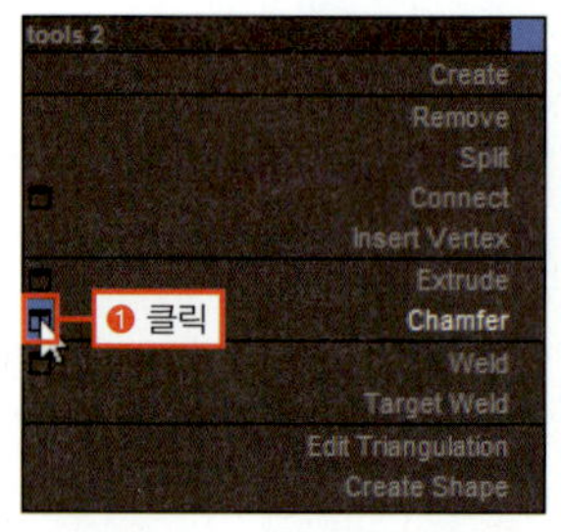

Polygon을 활성화한 후 Selection Rollout에서 By Angle을 체크하고 '20'을 입력합니다. [Window Selection] 버튼(■)을 클릭하여 [Crossing selection] 버튼(■)으로 전환한 후 Right View에서 다음과 같이 드래그하여 앞뒤 면을 제외한 모든 Polygon을 선택합니다.

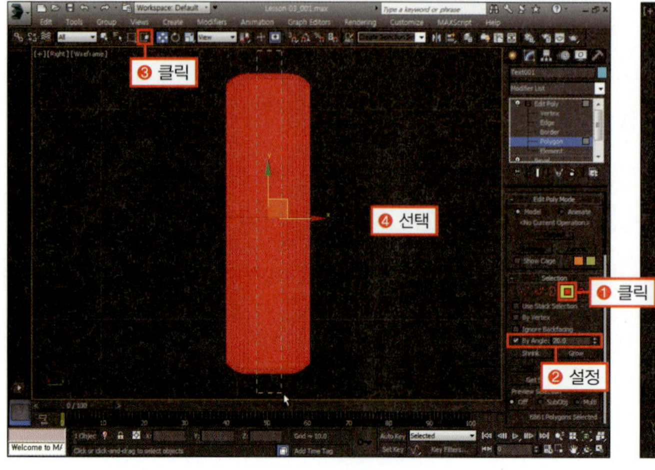

Smoothing Groups Rollout의 [Auto Smooth] 버튼(Auto Smooth)을 클릭하여 선택한 면이 그림과 같이 부드러워지도록 설정합니다.

4 Plane 생성

Top View에서 [Plane] 버튼(Plane)을 활성화한 후 KeyboardEntry Rollout에서 다음 값을 입력하고 [Create] 버튼(Create)을 클릭하여 오브젝트가 놓일 바닥을 생성합니다.

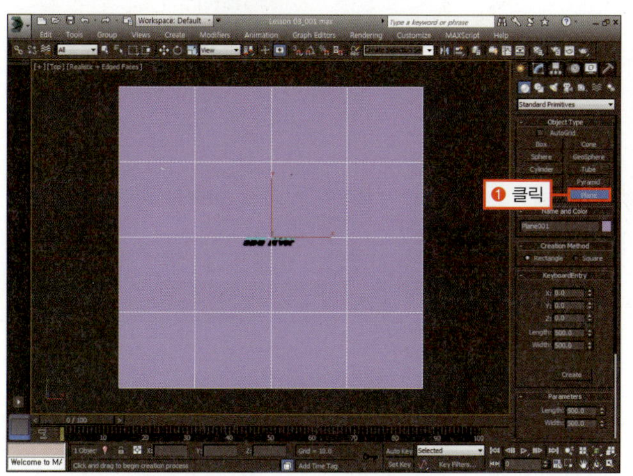

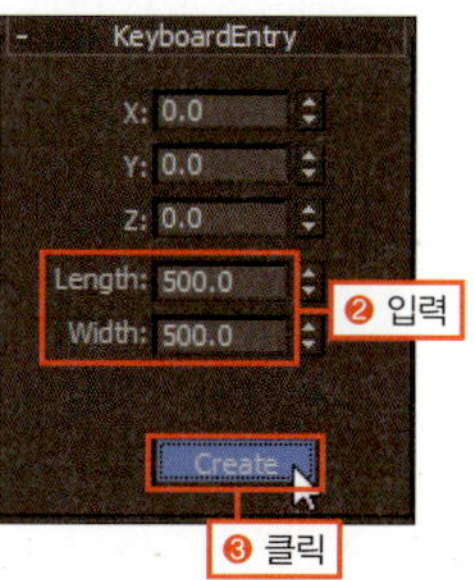

5 Text 오브젝트 위치 조절

Text 오브젝트를 선택한 후 Move 좌표에
다음 값을 입력하여 생성된 바닥의 중심
에 올라가도록 조절합니다.

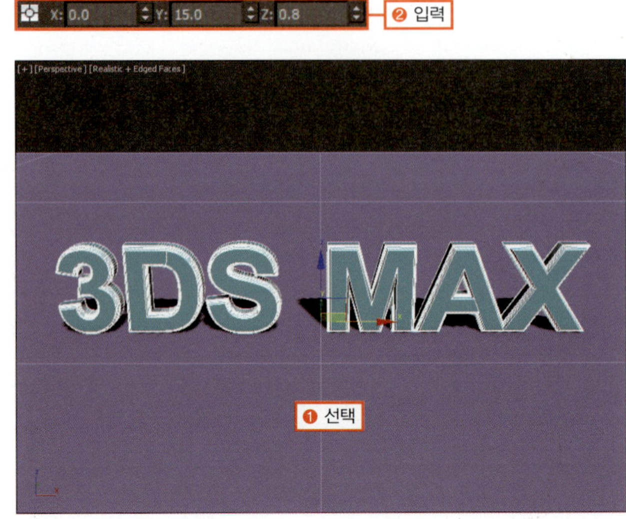

:: 기본 Render Setup과 Light 설치

1 Assign Renderer

키보드의 F10을 눌러 Render Setup 창을
팝업합니다. Common Panel의 Assign
Renderer Rollout에서 다음과 같이
VRayRender를 선택합니다.

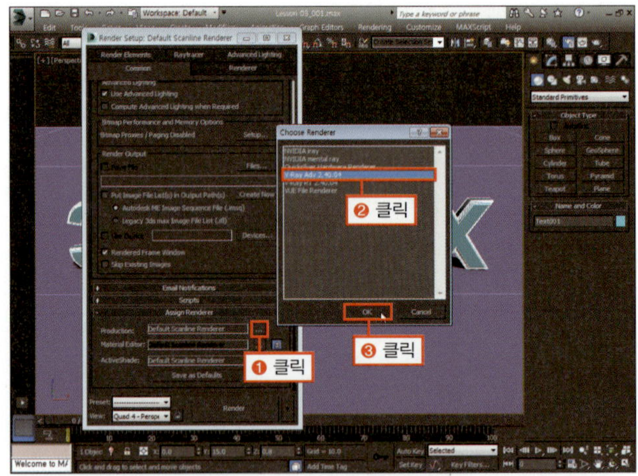

2 Output Size 설정

Common Panel의 Output Size에서 렌더
링될 월페이퍼의 사이즈를 입력합니다.
[Lock] 버튼(🔒)을 활성화하여 이후에
사이즈를 변경해도 비율은 고정될 수 있
도록 설정합니다.

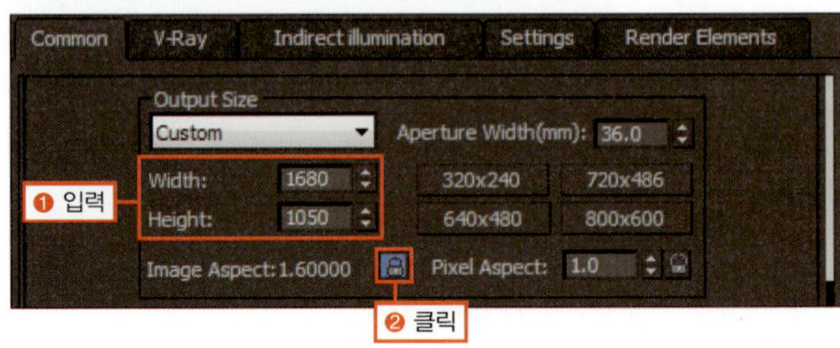

Left View에서 Target Spot을 선택한 후 다음과 같이 드래그하여 장면에 설치합니다.

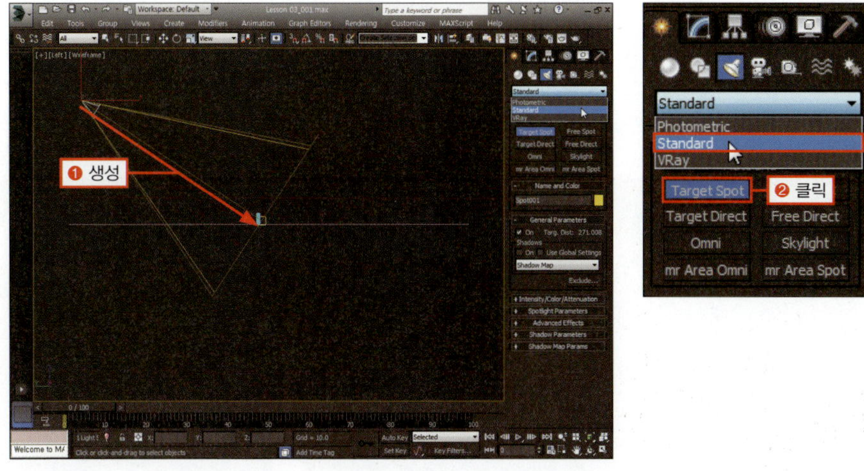

Light와 Target의 좌표에 각각 다음 값을 입력하여 위치를 조절합니다. 장면의 뒤쪽에서 오브젝트를 비추도록 설정되었습니다.

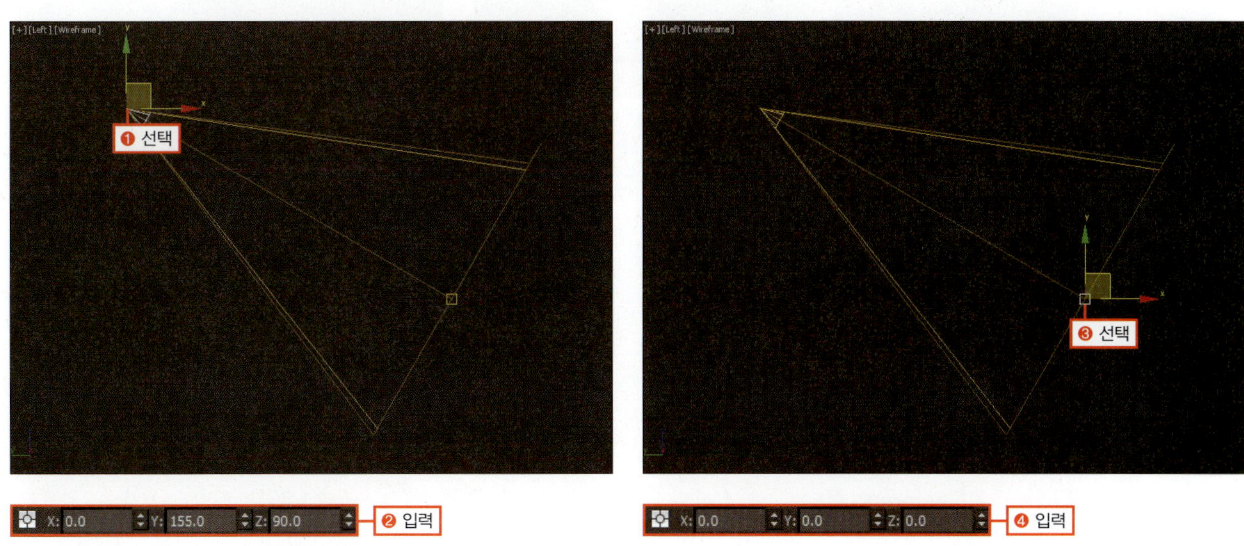

❹ Light 설정

'Spot001' Light를 선택한 후 Modify Panel에서 다음과 같은 설정을 적용합니다. VRayShadow의 Area shadow를 활성화한 후 Subdivs값을 입력하여 자연스럽게 퍼지는 그림자가 생성되도록 합니다. Decay의 타입은 Inverse로 선택하고 값을 입력하여 오브젝트 가까이에서 빛이 점점 감쇠되도록 설정합니다. Light Cone의 값을 다음과 같이 입력하여 빛의 범위를 조절합니다. 설정 시 Viewport에 적용되는 Light의 변화를 잘 확인합니다.

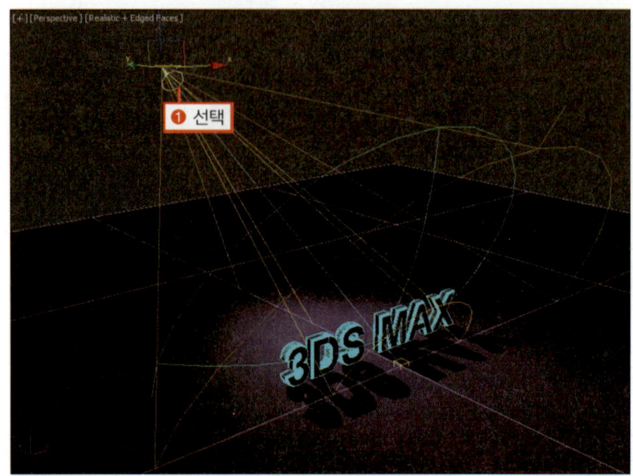

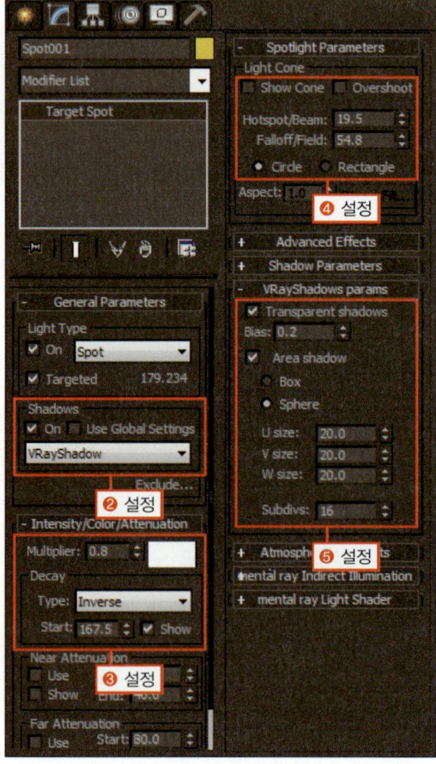

:: Camera View 설정

❶ Target Camera 설치

Left View에서 Target Camera를 장면에 설치하여 라이트와 반대 방향에서 오브젝트를 바라보도록 설정합니다.

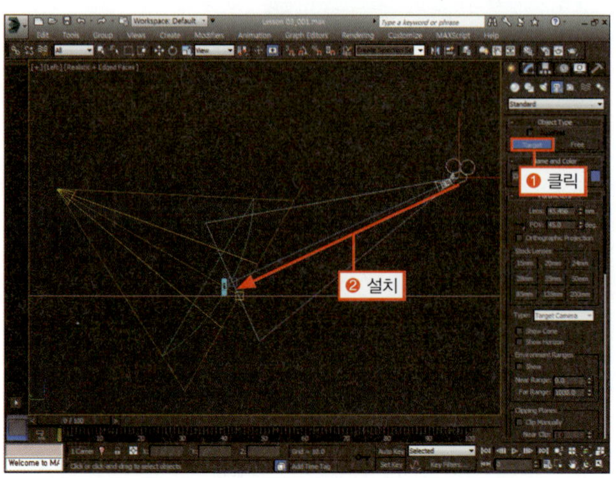

키보드의 C를 눌러 Camera View로 전환한 후 단축키 Shift + F 를 눌러 Safe Frame을 활성화합니다.

다음과 같이 Camera와 Camera Target을 각각 선택한 후 값을 입력하여 위치를 조절합니다.

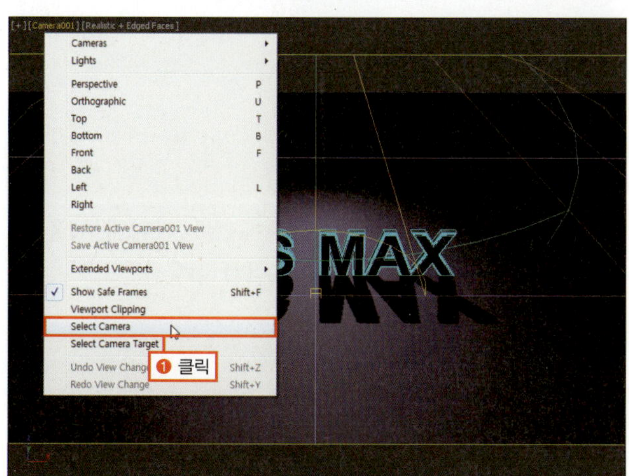

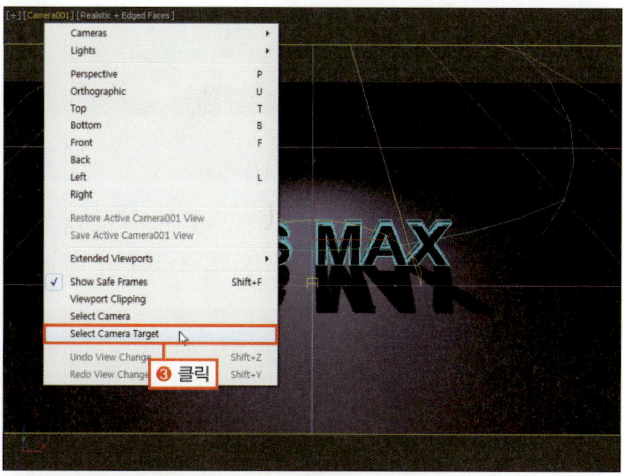

다시 Camera를 선택한 후 Modify Panel
의 Parameters에서 Lens값에 '35'를 입력
하여 화각을 조절합니다.

:: 재질 세팅 및 적용

■ VRayMtl 적용(투명 재질)

Text 오브젝트에 사용할 투명 재질을 세팅합니다.

키보드의 M 을 눌러 Compact Material Editor를 팝업한 후 VRayMtl를 선택하고 장면의 Text 오브젝트에 적용합니다. 적용한 재질의 이름은 'glass'로 변경합니다.

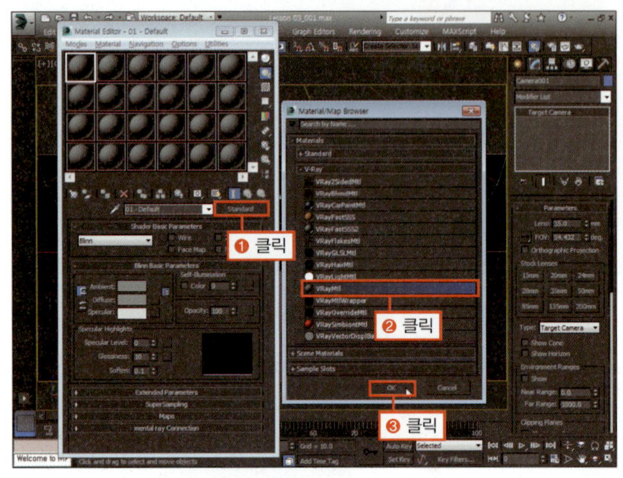
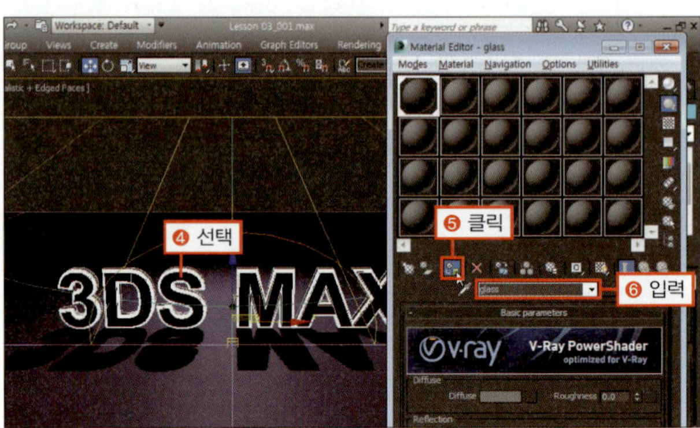

■ Reflection(반사) 설정

Reflect에 Falloff를 다음과 같이 적용하여 유리컵이 적당한 반사값을 갖도록 설정합니다. Hilight glossiness에 '0.3'을 입력하여 하이라이트가 너무 강하게 생성되지 않도록 조절합니다.

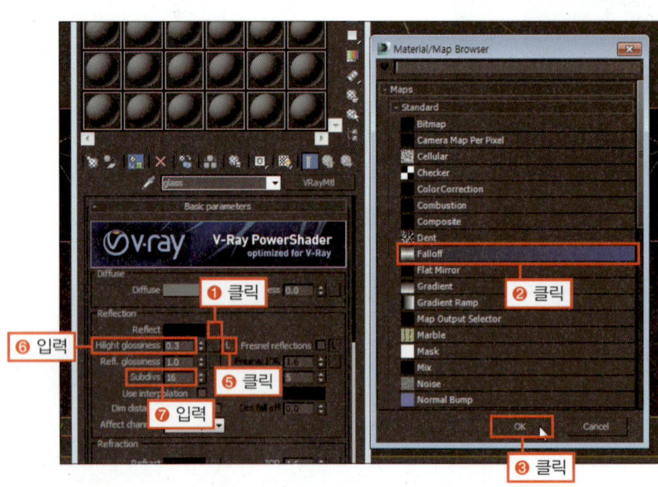
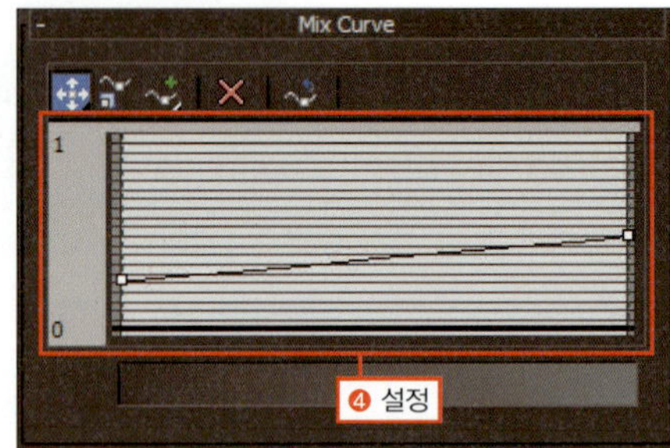

3 Refraction(투명도) 설정

Refract 컬러를 흰색으로 변경하여 유리컵이 완전한 투명도를 갖도록 설정합니다. Fog color는 다음 값을 입력하여 조절하고 Fog multiplier에 '0.2'를 입력하여 강도를 조절합니다.

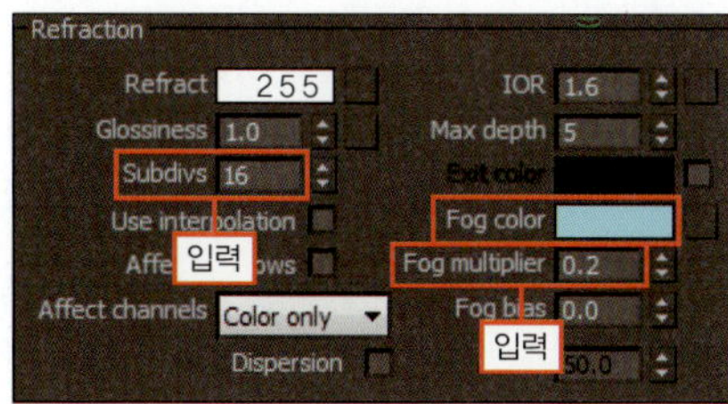
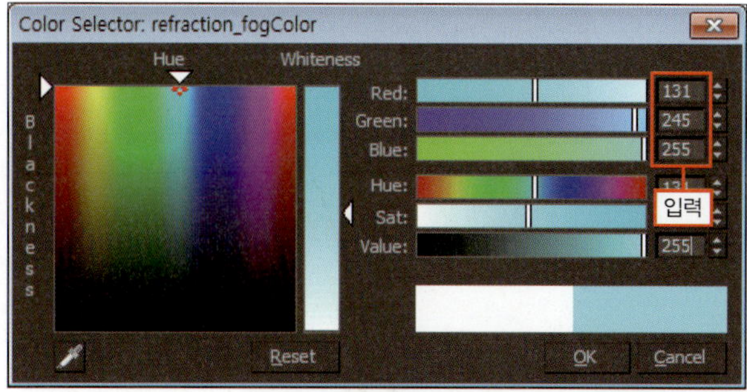

Options에서 Reflect on back side를 체크하여 좀 더 디테일한 반사를 하도록 설정합니다.

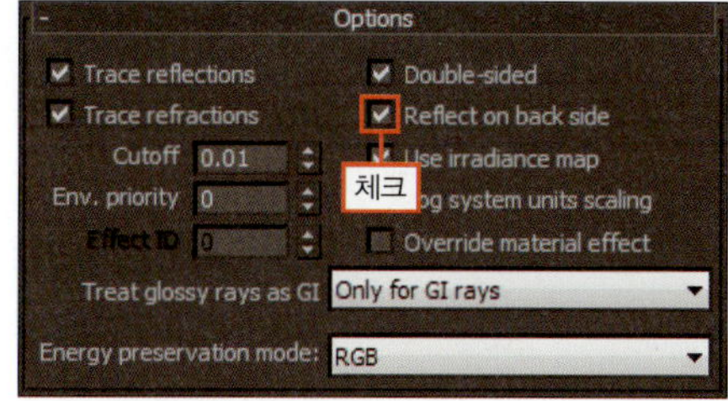

4 VRayMtl 적용(바닥 재질)

Material Editor에서 VRayMtl 1개를 추가한 후 이름을 'floor'로 변경합니다. Diffuse와 Bump 항목에 부록 CD의 Part 07>Lesson 03 폴더에서 'wall.jpg'를 불러와 적용하고 값을 조절합니다. Blur값은 '0.01'을 사용합니다.

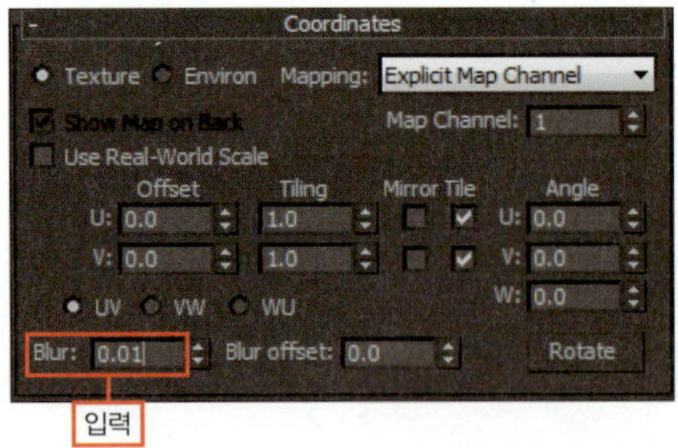

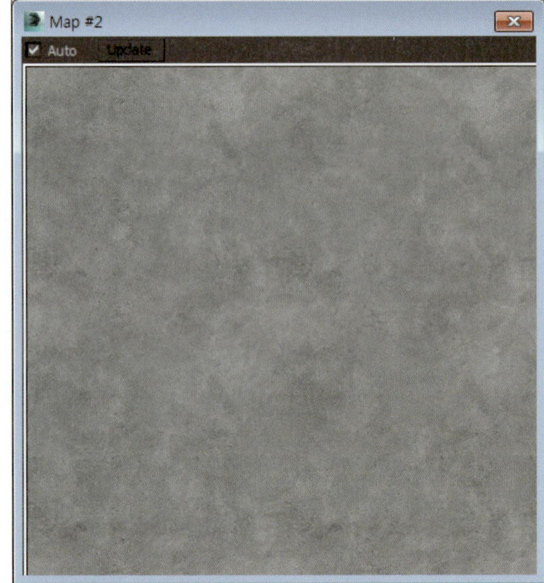

바닥 오브젝트를 선택한 후 [Assign Material to Selection] 버튼(　)을 클릭하여 세팅한 재질을 적용하고, [Show Shaded Material in Viewport] 버튼(　)을 클릭하여 Viewport에서 Map이 적용된 결과를 확인합니다.

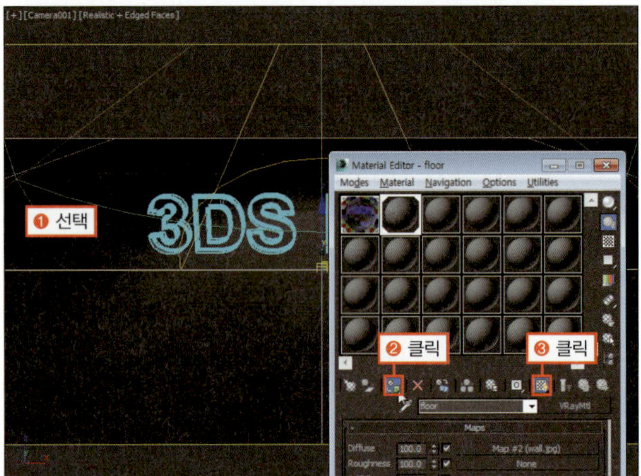

UVW Map을 적용한 후 Length와 Width 값을 입력하여 Planar 형태에서 Map이 타일링되도록 설정합니다.

:: Caustics 생성하기

1 Caustics 활성화, 세팅

F10 을 눌러 Render Setup 창을 팝업한 후
VRayCaustics 항목에서 'On'을 체크합니
다. Multiplier에 '6.0'을 입력하여 Caustics
가 좀 더 밝게 생성되도록 하고 Max
photons에 '100'을 입력하여 계산되는
Photon의 양을 조절합니다.

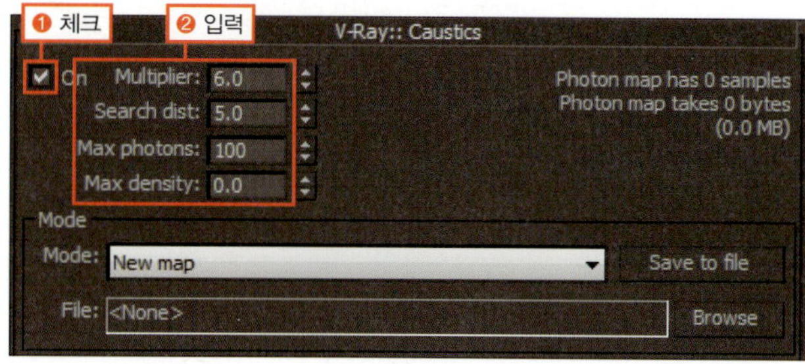

2 Object, Light properties 설정

Render Setup에서 Object와 Light properties를
열고 Caustics multiplier에 다음 값을 각각 입력
합니다. Light properties의 Caustic subdivs에는
'7000'을 입력하여 Caustics가 좀 더 정밀하게
생성되도록 세팅합니다.

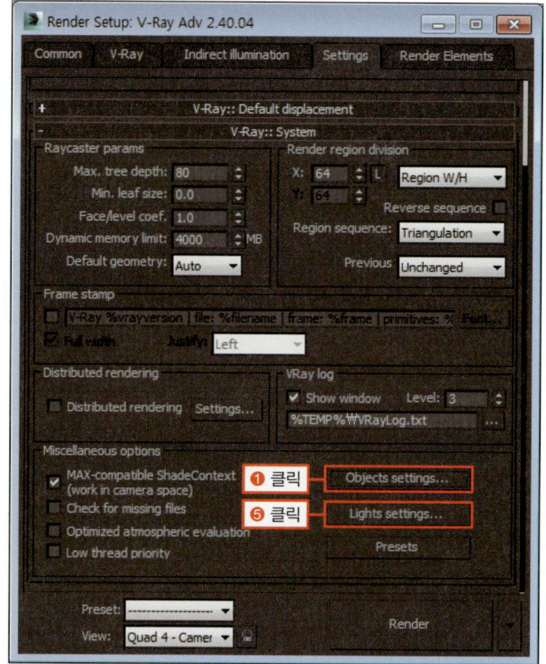

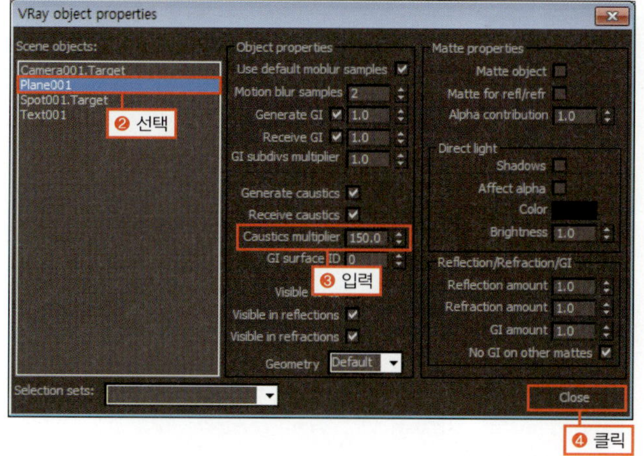

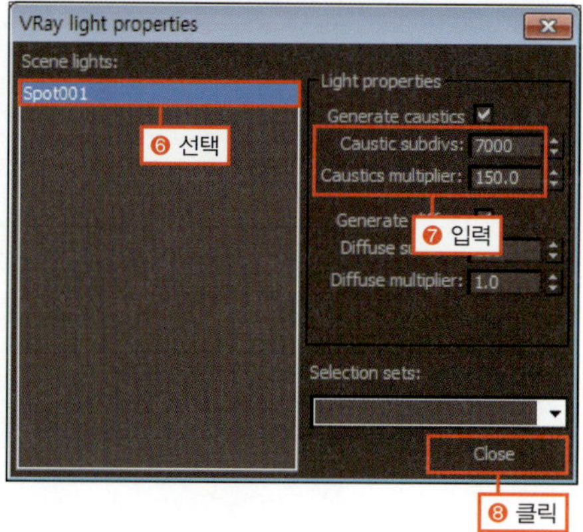

키보드의 F9를 눌러 현재 상태의 렌더링 결과물을 확인합니다. Text 오브젝트의 모양에 따라 빛이 굴절되어 바닥에 Caustics가 표현되었습니다.

:: 오브젝트 배열 수정, Noise 적용

1 오브젝트 배열 수정

Text 오브젝트의 Edit Ploy에서 Element 를 활성화한 후 각 글자의 위치와 회전값 을 조금씩 조절합니다. 글자들을 너무 정 직하게 세워놓는 것보다는 위치에 조금 씩 변화를 주었을 때 재질이나 Caustics 에 훨씬 자연스럽고 풍부한 느낌이 표현 될 수 있습니다.

2 Noise 적용

Text 오브젝트에 적용되어 있는 투명 재질의 Bump값에 Noise를 적용하여 굴절되는 빛들이 좀 더 자 연스럽게 표현되도록 설정합니다.

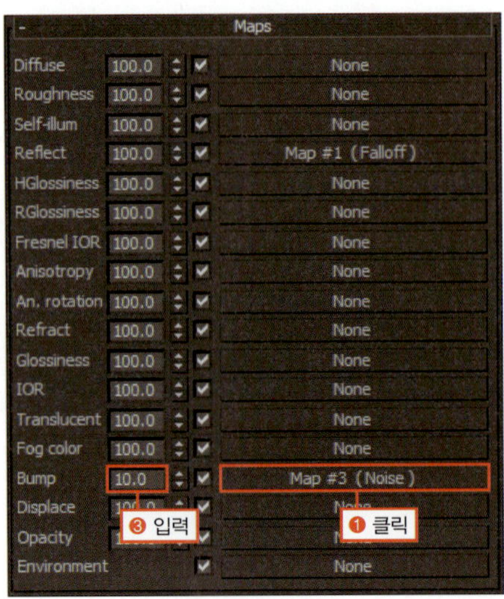

Noise Map의 Size는 다음과 같이 조절합니다.

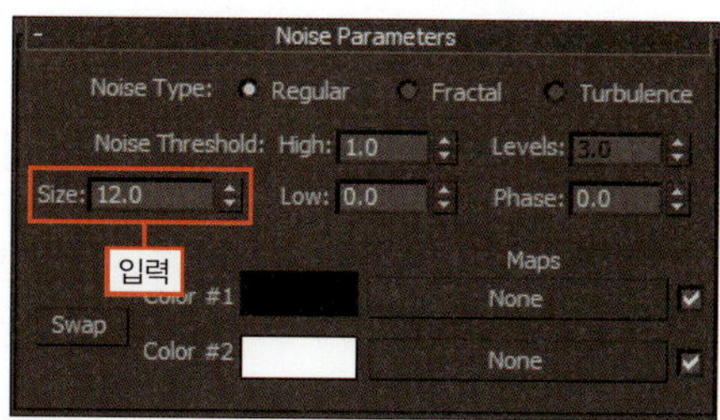

UVW Map을 사용하여 Noise Map이 오브
젝트에 Planar 형태로 적용되도록 합니다.

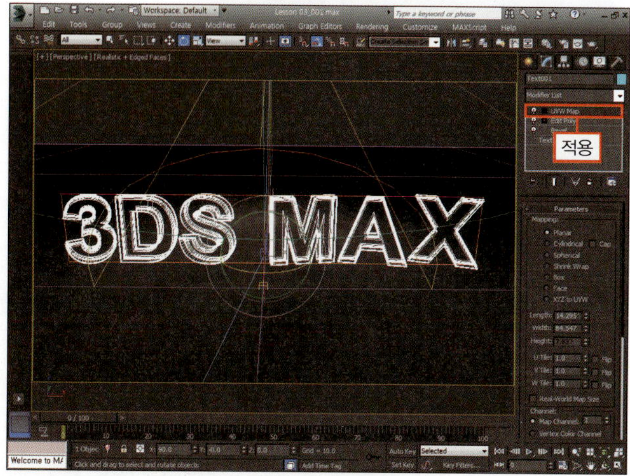

키보드의 F9를 눌러 현재 상태의 렌더링 결과물을 확인합니다. Text 오브젝트의 배열이 수정되고
Noise Map에 의해 빛의 굴절에 변화가 생기면서 좀 더 자연스러운 느낌이 만들어졌습니다.

HDRI 환경을 세팅하고
Render Elements를 활용하여 최종 월페이퍼 만들기

월페이퍼에 필요한 Caustics 세팅을 완료했습니다. HDRI 환경을 세팅하여 투명 재질이 좀 더 사실적으로 표현되도록 하고 Render Elements에서 렌더링한 결과물을 활용하여 이미지 후반 작업을 진행해보겠습니다.

:: HDRI 세팅

1 HDRI 적용

장면에 HDRI를 추가하여 유리 재질이 좀 더 사실적으로 표현되도록 설정합니다. Material Editor와 Render Setup 창을 팝업한 후 다음과 같은 순서로 HDRI를 세팅합니다.

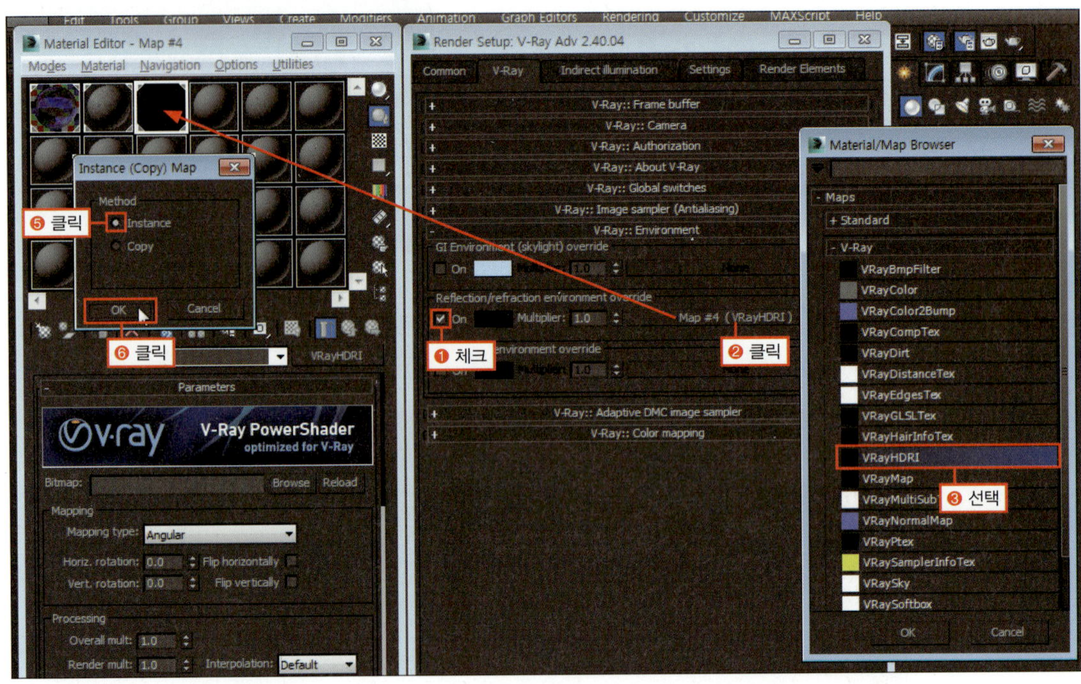

2 HDRI 이미지 다운로드하기

HDRI 이미지는 bobgroothuis.com 사이트에서 무료로 제공되는 파일을 사용합니다. 아래 경로에서 FREE HDRI 360° -023의 Protospace-Utrecht-A 파일을 다운로드합니다. Part 05에서 사용된 HDRI 파일과 동일하므로 참고하여 사용하도록 합니다. 해당 사이트의 다른 HDRI Map 또는 자신이 가지고 있는 HDRI Map을 사용하여 또 다른 느낌의 투명 재질을 표현할 수도 있습니다.

[MEMO · HDRI 이미지 출처 : http://www.bobgroothuis.com/ blog/2012/05/free-hdri-360-hdri-339w/]

❸ VRayHDRI Map 불러오기

복사된 VRayHDRI Map의 Parameters에서 [Browse] 버튼(Browse)을 클릭하여 다운로드한 'Protospace_A_Ref.hdr' 파일을 불러옵니다.

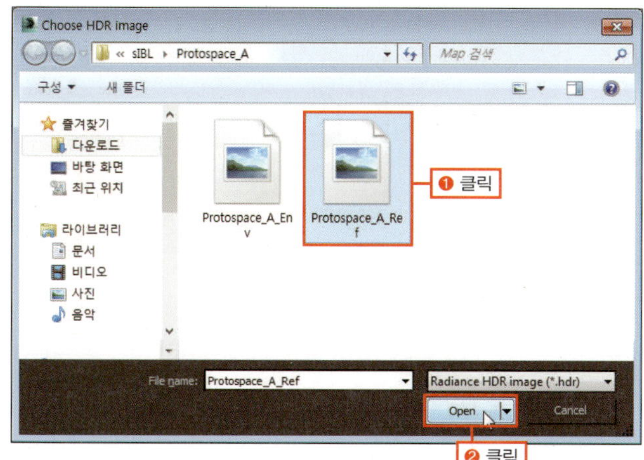

▲ 장면에 사용된 HDRI 이미지

❹ VRayHDRI Parameter 설정

VRayHDRI Parameter를 다음과 같이 설정합니다. Mapping type을 Spherical로 선택하여 구형 모드의 환경이 매핑되도록 한 후 Flip horizontally에 체크하고 Horiz. rotation값을 조절하여 환경 맵에서 빛이 들어오는 방향을 조절합니다.

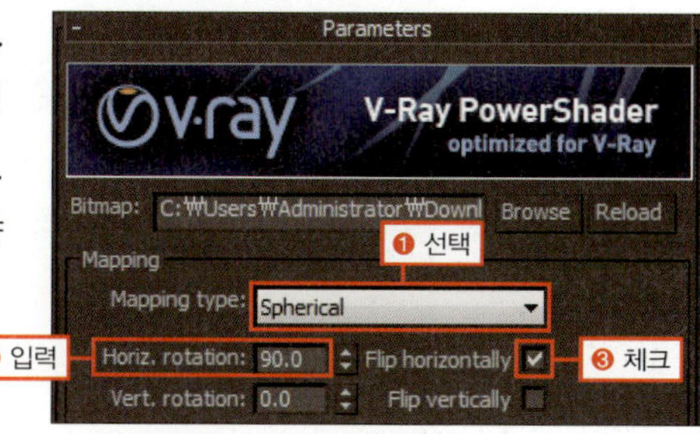

∷ Render Setup

❶ Image Sampler 설정

키보드의 F10 을 눌러 Render Setup 창을 팝업하고 최종 세팅을 진행합니다. Antialiasing filter를 VRaySincFilter로 선택하여 좀 더 선명한 이미지를 얻을 수 있도록 설정합니다.

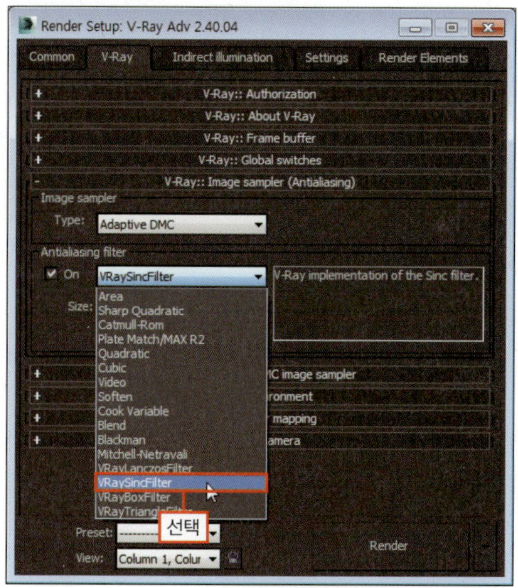

2 Depth of field 설정

Camera Rollout의 Depth of field에 On을 체크
합니다. Get from camera를 체크하여 장면의
Camera Target 위치에 초점이 맞도록 설정하고
Aperture값에 '3.0'을 입력하여 이미지에 Blur가
적용되는 정도를 조절합니다. Subdivs값에 '32'
를 입력하여 좀 더 깨끗한 결과물을 얻을 수 있
도록 합니다.

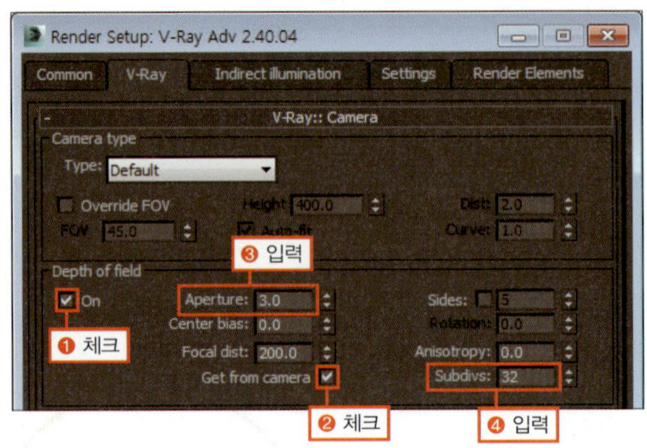

3 Render Elements 설정, 최종 렌더링

Render Elements의 [Add] 버튼(Add ...)을 클릭하여 이미지 후반 작업에 사용될 다음 항목을 선택
합니다. Split render channels의 [Browse] 버튼(Browse...)을 클릭하여 렌더링된 결과물들이 지정한
경로에 저장되도록 설정합니다.

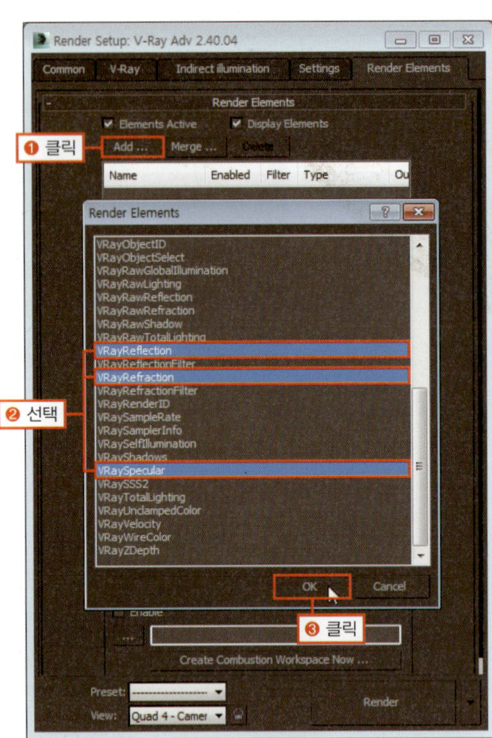

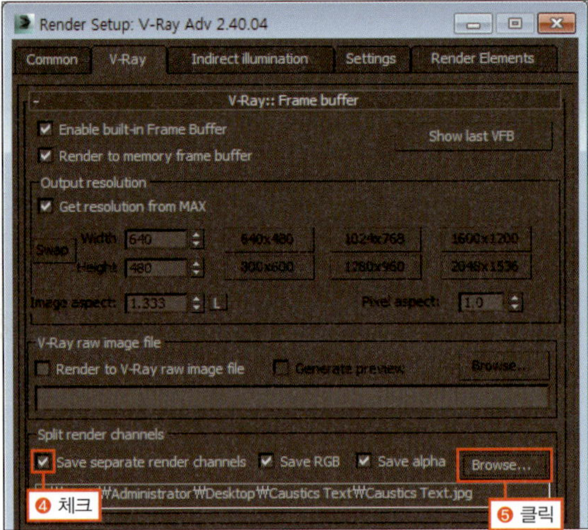

4 Render Elements 설정, 최종렌더링

키보드의 F9 를 눌러 최종 렌더링을 진행한 후 Split render channels에서 설정한 경로의 폴더를 확인합니다. 렌더링 원본 이미지와 VRayReflection, VRayRefraction, VRaySpecular 이미지가 저장되었습니다.

▲ 렌더링 원본

▲ VRayReflection

▲ VRayRefraction

▲ VRaySpecular

:: 최종 이미지 만들기

1 이미지 불러오기

렌더링된 이미지들을 Photoshop으로 불러옵니다. 3장의 Channel 이미지를 원본 이미지 Layer 위에 올려놓습니다.

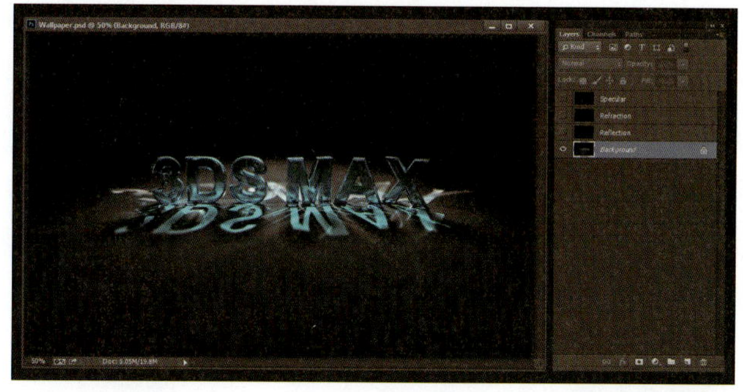

2 Channel별 이미지 활용

각 이미지의 Blend Mode와 Opacity값을 조절하여 반사와 굴절에 해당하는 부분만의 느낌을 별도로
조절합니다.

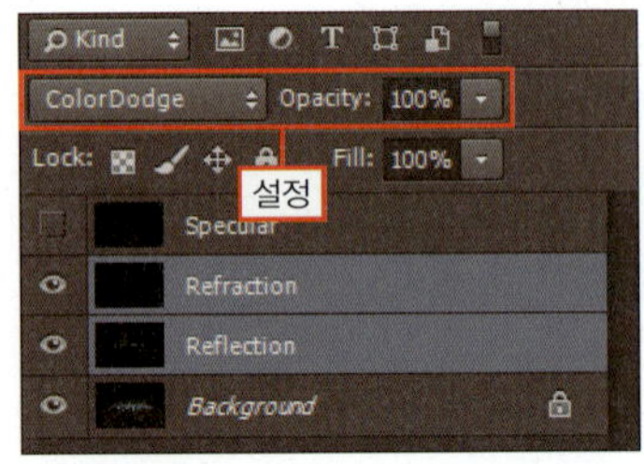

▲ VRayReflection
Blend Mode : Linear Dodge(Add)
Opacity : 100%

▲ VRayRefraction
Blend Mode : Color Dodge
Opacity : 100%

Specular Layer를 선택한 후 오른쪽 마우스를 클릭하여 Smart Object로 전환합니다. 상단 Menu>
Filter>Blur>Gaussian Blur를 클릭한 후 창이 팝업되면 Radius에 '7.0'을 입력하여 Blur가 적용되도록
합니다.

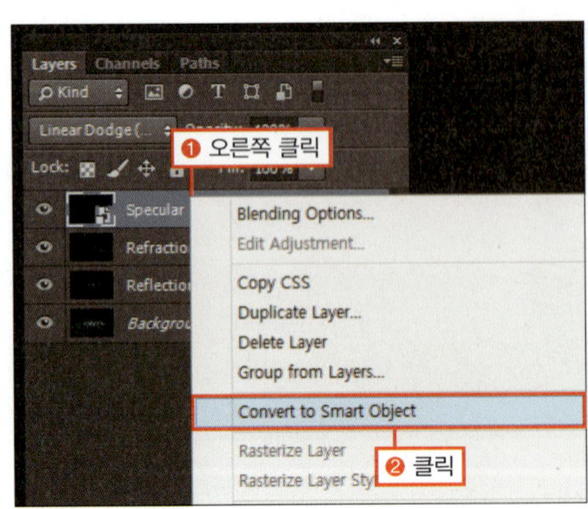

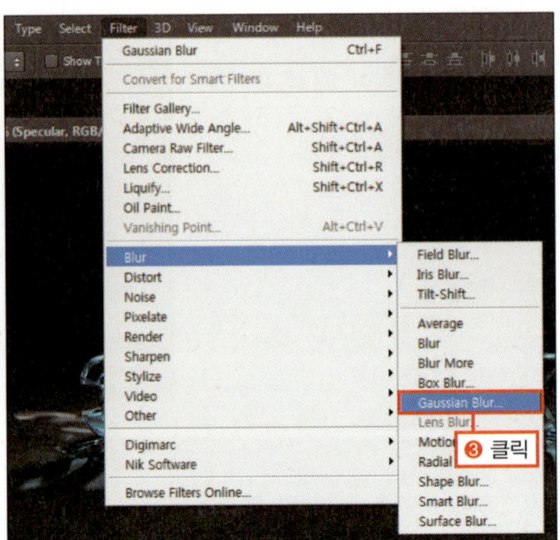

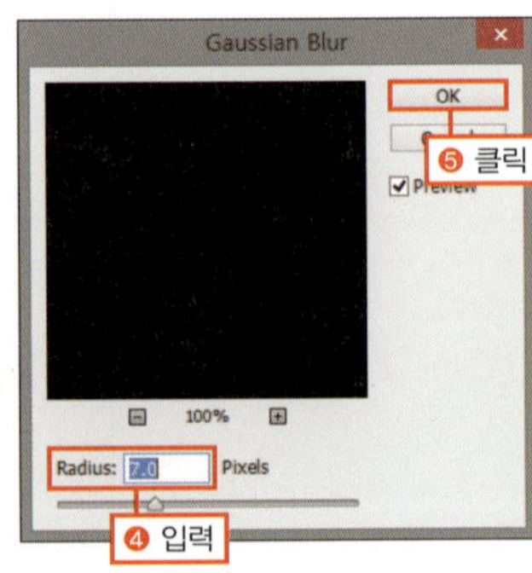

Blur가 적용된 Specular Layer의 Blend Mode와 Opacity값을 조절하여 하이라이트를 강조합니다.

▲ VRaySpecular
Blend Mode : Linear Dodge(Add)
Opacity : 100%

3 Color Lookup

[Create new fill or adjustment layer] 버튼( )을 클릭하여 Color Lookup의 filmstock_50.3DL을 적용합니다. 장면의 특성에 따라 다른 3DLUT File을 적용하여 색다른 분위기를 연출할 수도 있습니다.

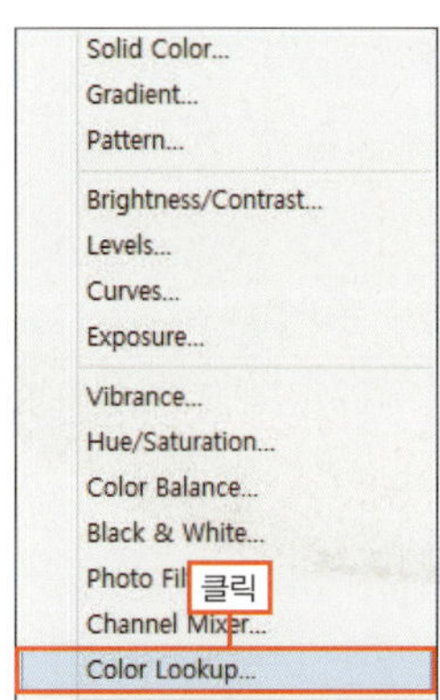

[**MEMO** · Color Lookup은 Photoshop CS6 이상의 버전에서 지원되는 기능입니다.]

간단한 이미지 후반 작업을 통해 나만의 월페이퍼를 완성했습니다. 각 단계에 적용된 값을 변경하거나 추가적으로 필요한 Channel 이미지를 활용하여 자신만의 색깔이 묻어나는 월페이퍼를 디자인해 봅니다.

▲ 최종 완성된 월페이퍼

디자이너를 위한
3ds Max 2014

발행일 / 2014년 5월 20일 발행
　　　　2017년 11월 10일 2쇄

저　자 /　신 선 호
발행인 /　정 용 수
발행처 /　예문사
주　소 /　경기도 파주시 직지길 460(출판도시) 도서출판 예문사
T E L /　031) 955-0550
F A X /　031) 955-0660
등록번호 / 11-76호
기　획 /　오렌지페이퍼

정가 : 32,000원

• 이 책의 어느 부분도 저작권자나 발행인의 승인 없이 무단 복제하여 이용할 수
  없습니다.
• 파본 및 낙장은 구입하신 서점에서 교환하여 드립니다.

예문사 홈페이지 http://www.yeamoonsa.com

978-89-274-0997-7　13000

이 도서의 국립중앙도서관 출판시도서목록(CIP)은 서지정보유통지원시스템
홈페이지(http://seoji.nl.go.kr)와 국가자료공동목록시스템(http://www.nl.go.kr/
kolisnet)에서 이용하실 수 있습니다.(CIP제어번호: CIP2014013455)